समाज–विज्ञान

विश्वकोश

खण्ड 1

ज्ञान शांति मैत्री

महात्मा गांधी अंतरराष्ट्रीय हिंदी विश्वविद्यालय, वर्धा (महाराष्ट्र)

समाज-विज्ञान विश्वकोश

खण्ड 1

सम्पादक

अभय कुमार दुबे

फ़ेलो और निदेशक, भारतीय भाषा कार्यक्रम,
विकासशील समाज अध्ययन पीठ, नयी दिल्ली

सहायक-सम्पादक

बीर पाल सिंह यादव

असिस्टेंट प्रोफ़ेसर एवं प्रकाशन प्रभारी
महात्मा गांधी अंतरराष्ट्रीय हिंदी विश्वविद्यालय, वर्धा (महाराष्ट्र)

राजकमल प्रकाशन

ISBN : 978-81-267-2587-8

मूल्य : ₹ 8000 (छह जिल्दों में)

पहला संस्करण : 2013
दूसरा संस्करण : 2015

प्रकाशक : राजकमल प्रकाशन प्रा. लि.
1-बी, नेताजी सुभाष मार्ग, दरियागंज
नयी दिल्ली-110 002

शाखाएँ : अशोक राजपथ, साइंस कॉलेज के सामने, पटना-800 006
पहली मंजिल, दरबारी बिल्डिंग, महात्मा गांधी मार्ग, इलाहाबाद-211 001
36 ए, शेक्सपियर सरणी, कोलकाता-700 017

वेबसाइट : www.rajkamalprakashan.com
ई-मेल : info@.rajkamalprakashan.com

सम्पादकीय सहयोग
नरेश गोस्वामी, कमल नयन चौबे, सुमेल सिंह सिद्धू, मनोहर नायक, मनोज मोहन

डिज़ाइन : मृत्युंजय चटर्जी
अनुक्रमणिका : मंजू खन्ना
टंकण एवं अन्य सहयोग : चंदन शर्मा, संजय कुमार

मुद्रक : बी.के. ऑफसेट
नवीन शाहदरा, दिल्ली-110 032

SAMAJ-VIGYAN VISHWAKOSH-1
Edited by Abhay Kumar Dubey

खण्ड 1

सलाहकार-मण्डल

रविकांत
एसोसिएट फ़ेलो, विकासशील समाज अध्ययन पीठ, दिल्ली

राकेश पाण्डेय
एसोसिएट फ़ेलो, विकासशील समाज अध्ययन पीठ, दिल्ली

राजकुमार
प्रोफ़ेसर, हिंदी विभाग, बनारस हिंदू विश्वविद्यालय, वाराणसी (उप्र)

राजीव भार्गव
निदेशक और वरिष्ठ फ़ेलो, विकासशील समाज अध्ययन पीठ, दिल्ली

राधावल्लभ त्रिपाठी
प्रोफ़ेसर, डॉ. हरीसिंह गौर विश्वविद्यालय, सागर (मप्र)

विजय बहादुर सिंह
पूर्व निदेशक, विकासशील समाज अध्ययन पीठ, दिल्ली

शैल मायाराम
वरिष्ठ फ़ेलो, विकासशील समाज अध्ययन पीठ, दिल्ली

सौम्यव्रत चौधरी
वरिष्ठ फ़ेलो, सेंटर फॉर स्टडीज़ ऑफ़ सोशल साइंसेज़, कोलकाता (पश्चिम बंग)

सतीश देशपांडे
प्रोफ़ेसर, दिल्ली स्कूल ऑफ़ इकॉनॉमिक्स, नयी दिल्ली

स्मिता तिवारी जस्सल
विज़िटिंग फ़ेलो, विकासशील समाज अध्ययन पीठ, दिल्ली

सुधीश पचौरी
प्रोफ़ेसर और डीन, दिल्ली विश्वविद्यालय, दिल्ली

हिलाल अहमद
एसोसिएट फ़ेलो, विकासशील समाज अध्ययन पीठ, दिल्ली

लेखक-मण्डल

अभय कुमार दुबे
फ़ेलो और निदेशक, भारतीय भाषा कार्यक्रम,
विकासशील समाज अध्ययन पीठ, दिल्ली

अजय कुमार पांडेय
स्वतंत्र अध्येता, बलिया (उप्र)

अनामिका
फ़ेलो, नेहरू मेमोरियल म्यूज़ियम ऐंड लाइब्रेरी, नयी दिल्ली

अनुराग पांडेय
अनुसंधानकर्ता, राजनीतिशास्त्र विभाग, दिल्ली विश्वविद्यालय, दिल्ली

अनुष्का सिंह
अनुसंधानकर्ता, राजनीतिशास्त्र विभाग, दिल्ली विश्वविद्यालय, दिल्ली

अमितेश कुमार
अनुसंधानकर्ता, हिंदी विभाग, दिल्ली विश्वविद्यालय, दिल्ली

अम्बिका दत्त शर्मा
विभागाध्यक्ष, दर्शनशास्त्र विभाग, डॉ. हरीसिंह गौर विश्वविद्यालय, सागर (मप्र)

अम्बरीष सक्सेना
मीडिया विशेषज्ञ, नयी दिल्ली

अविनाश कुमार
ऑक्सफ़ेम, नयी दिल्ली

अविनाश झा
पुस्तकालयाध्यक्ष,
विकासशील समाज अध्ययन पीठ, दिल्ली

आकांक्षा कुमारी
शोधार्थी, स्त्री-अध्ययन विभाग, महात्मा गांधी अंतरराष्ट्रीय हिंदी विश्वविद्यालय, वर्धा (महाराष्ट्र)

आदित्य निगम
वरिष्ठ फ़ेलो, विकासशील समाज अध्ययन पीठ, दिल्ली

आलोक टंडन
स्वतंत्र अध्येता, समाज-दर्शन, हरदोई (उप्र)

इंद्रजीत कुमार झा
अनुसंधानकर्ता, राजनीतिशास्त्र विभाग,
दिल्ली विश्वविद्यालय, दिल्ली

उपासना पाण्डेय
असिस्टेंट प्रोफ़ेसर, राजनीतिशास्त्र विभाग,
वसंत महिला महाविद्यालय, वाराणसी (उप्र)

अंकिता पाण्डेय
असिस्टेंट प्रोफ़ेसर, इंद्रप्रस्थ कॉलेज,
दिल्ली विश्वविद्यालय, दिल्ली

कनक तिवारी
अध्यक्ष, छत्तीसगढ़ संस्कृति प्रतिष्ठान, रायपुर (छत्तीसगढ़)

कमल नयन चौबे
जूनियर फ़ेलो, नेहरू मेमोरियल म्यूज़ियम ऐंड लाइब्रेरी,
नयी दिल्ली

कविता रतूड़ी
अनुसंधानकर्ता, जवाहरलाल नेहरू विश्वविद्यालय, नयी दिल्ली

कृष्णदत्त पालीवाल
पूर्व विभागाध्यक्ष, हिंदी विभाग, दिल्ली विश्वविद्यालय, दिल्ली

गोपाल प्रधान
एसोसिएट प्रोफ़ेसर, भारतरत्न डॉ. भीमराव आम्बेडकर विश्वविद्यालय, दिल्ली

धीरूभाई शेठ
पूर्व निदेशक, विकासशील समाज अध्ययन पीठ, दिल्ली

नरेश गोस्वामी
अनुसंधानकर्ता, भारतीय भाषा कार्यक्रम, विकासशील समाज अध्ययन पीठ, दिल्ली

नवीन चंद्र
अनुसंधानकर्ता, दिल्ली विश्वविद्यालय, दिल्ली

निर्मल कुमार पाण्डेय
अनुसंधानकर्ता, भारतीय इतिहास अनुसंधान परिषद, नयी दिल्ली

पंकज कुमार झा
अनुसंधानकर्ता, राजनीतिशास्त्र विभाग, दिल्ली विश्वविद्यालय, दिल्ली

पुनीत कुमार
विभागाध्यक्ष, राजनीतिशास्त्र विभाग, गवर्नमेंट एस.एम.एस. पी.जी. कॉलेज, शिवपुरी (मप्र)

प्रियव्रत शुक्ल
प्रोफ़ेसर, रानी दुर्गावती विश्वविद्यालय, जबलपुर (मप्र)

प्रीति सागर
एसोसिएट प्रोफ़ेसर, साहित्य विभाग, महात्मा गांधी अंतरराष्ट्रीय हिंदी विश्वविद्यालय, वर्धा (महाराष्ट्र)

बालगोविंद सिंह
विभागाध्यक्ष, शिक्षा विभाग, रमेश झा महिला कॉलेज, सहरसा (बिहार)

बीर पाल सिंह यादव
असिस्टेंट प्रोफ़ेसर, साहित्य विभाग, महात्मा गांधी अंतरराष्ट्रीय हिंदी विश्वविद्यालय, वर्धा (महाराष्ट्र)

मनहर चरण
पूर्व शोधार्थी, अहिंसा एवं शांति विभाग, महात्मा गांधी अंतरराष्ट्रीय हिंदी विश्वविद्यालय, वर्धा (महाराष्ट्र)

मनीष मिश्र
पोस्ट-डॉक्टरल रिसर्च एसोसिएट, राजीव गाँधी समकालीन अध्ययन पीठ, बरकुतल्लाह विश्वविद्यालय, भोपाल (मप्र)

मीना मनरल
असिस्टेंट प्रोफ़ेसर, कुमायूँ विश्वविद्यालय, अल्मोड़ा (उत्तराखण्ड)

मोहन दास नैमिशराय
पूर्व फ़ेलो, उच्च अध्ययन संस्थान, शिमला (हिमाचल प्रदेश)

योगेश अटल
पूर्व निदेशक (समाज-विज्ञान), यूनेस्को

रवि दत्त वाजपेयी
स्वतंत्र लेखक, ऑस्ट्रेलिया

राकेश श्रीवास्तव
स्वतंत्र लेखक और अनुवादक, नयी दिल्ली

राजकुमार
प्रोफ़ेसर, हिंदी विभाग, बनारस हिंदू विश्वविद्यालय, वाराणसी (उप्र)

राधावल्लभ त्रिपाठी
प्रोफ़ेसर, डॉ. हरीसिंह गौर विश्वविद्यालय, सागर (मप्र)

रोहित मिश्र
समाज-कार्य विभाग, लखनऊ विश्वविद्यालय, लखनऊ (उप्र)

विकास कुमार
असिस्टेंट प्रोफ़ेसर, ज़ाकिर हुसैन कॉलेज, नयी दिल्ली

विजय कुमार झा
अनुसंधानकर्ता, सेंटर फ़ॉर वुमंस डिवेलपमेंट स्टडीज़, नयी दिल्ली

विवेक रत्न
असिस्टेंट प्रोफ़ेसर, राजनीतिशास्त्र विभाग, दिल्ली विश्वविद्यालय, दिल्ली

विश्वनाथ मिश्र
असिस्टेंट प्रोफ़ेसर, राजनीतिशास्त्र विभाग,
आर्य महिला पीजी कालेज, वाराणसी (उप्र)

वीरभारत तलवार
प्रोफ़ेसर, जवाहरलाल नेहरू विश्वविद्यालय, नयी दिल्ली

वैभव सिंह
असिस्टेंट प्रोफ़ेसर, हिंदी विभाग, दयाल सिंह कॉलेज, नयी दिल्ली

शम्भू जोशी
असिस्टेंट प्रोफ़ेसर, महात्मा गांधी अंतरराष्ट्रीय हिंदी विश्वविद्यालय, वर्धा (महाराष्ट्र)

श्यामा सिंह
रिसर्च एसोसिएट, सम्पूर्णानंद संस्कृत विश्वविद्यालय, वाराणसी (उप्र)

शिवानी चोपड़ा
फ़ेलो, उच्च अध्ययन संस्थान, शिमला (हिमाचल प्रदेश)

श्रुति
एसोसिएट प्रोफ़ेसर, हिंदी विभाग, लखनऊ
विश्वविद्यालय, लखनऊ (उप्र)

हिलाल अहमद
फ़ेलो, विकासशील समाज अध्ययन पीठ, दिल्ली

सुकेश लोहार
अनुसंधाकर्ता, हिंदी विभाग, बनारस हिंदू विश्वविद्यालय, वाराणसी (उप्र)

सुप्रिया पाठक
असिस्टेंट प्रोफ़ेसर, स्त्री-अध्ययन विभाग, महात्मा गांधी अंतरराष्ट्रीय हिंदी विश्वविद्यालय, वर्धा (महाराष्ट्र)

सुमेल सिंह सिद्धू
स्वतंत्र अध्येता और इतिहासकार, दिल्ली

सुनील कुमार,
अनुसंधानकर्ता, राजनीतिशास्त्र विभाग, दिल्ली विश्वविद्यालय, दिल्ली

संजय सिंह बघेल
एसोसिएट प्रोफ़ेसर, हिंदी पत्रकारिता, आत्माराम सनातन धर्म कॉलेज, साउथ कैम्पस, नयी दिल्ली

संजय कुमार
फ़ेलो, विकासशील समाज अध्ययन पीठ, दिल्ली

संदीप जोशी
निदेशक, मध्य प्रदेश समाज-विज्ञान अनुसंधान संस्थान, उज्जैन (मप्र)

दो शब्द

महात्मा गांधी अंतरराष्ट्रीय हिंदी विश्वविद्यालय, वर्धा की स्थापना जिन उद्देश्यों को लेकर हुई थी उनमें से एक हिंदी को विश्व-भाषा बन सकने के लिए आवश्यक संसाधन प्रदान करना भी था। 1975 में नागपुर में आयोजित प्रथम विश्व हिंदी सम्मेलन में पारित पहला प्रस्ताव ही इस महत्त्वाकांक्षी सदिच्छा से भरा हुआ था कि हिंदी को संयुक्त राष्ट्र की आधिकारिक भाषाओं में स्थान मिले। ज़ाहिर था कि कोई भाषा संयुक्त राष्ट्र की व्यवहृत भाषाओं में से एक तभी बन पायेगी जब उसमें ज्ञान के उच्चतर अनुशासनों का पठन-पाठन हो और उसके माध्यम से गम्भीर शोध भी हो सके। इसलिए यह स्वाभाविक ही था कि जब इसी सम्मेलन में पारित दूसरे प्रस्ताव के अनुसार वर्धा में हिंदी विश्वविद्यालय की स्थापना हुई तो उसके अधिनियम में उससे यही सारी अपेक्षाएँ भी की गयी थीं। विश्वविद्यालयों का काम सिर्फ़ डिग्रियाँ बाँटना नहीं होता, बल्कि उनका एक महत्त्वपूर्ण दायित्व ज्ञान का उत्पादन भी है। किसी भाषा-विश्वविद्यालय के लिए तो यह दायित्व गुरुतर हो जाता है, ख़ास तौर से तब जब उस भाषा में इन अनुशासनों के पठन-पाठन के लिए स्तरीय पाठ्य सामग्री का नितांत अभाव हो। हिंदी विश्वविद्यालय ने इस चुनौती को स्वीकार कर न सिर्फ़ कई अनुशासनों में एम.ए., एम.फ़िल और पी-एच.डी. कार्यक्रमों को हिंदी माध्यम से पढ़ना-पढ़ाना और शोध कराना शुरू किया है बल्कि इन अनुशासनों के लिए हिंदी में स्तरीय पाठ्य सामग्री का निर्माण भी अपनी गतिविधियों का एक महत्त्वपूर्ण अंग बना लिया है।

हिंदी विश्वविद्यालय इस समय सौ से अधिक खण्डों में समाजशास्त्र, स्त्री-अध्ययन, शांति, अहिंसा, मानवशास्त्र, डायस्पोरा-अध्ययन, फ़िल्म और नाटक, अनुवाद प्रौद्योगिकी तथा तुलनात्मक साहित्य जैसे अनुशासनों में पाठ्य सामग्री का निर्माण करा रहा है। इस महती परियोजना में मौलिक लेखन के साथ-साथ विभिन्न भाषाओं में उपलब्ध महत्त्वपूर्ण सामग्री का हिंदी में अनुवाद कराना भी शामिल है। इस पूरी कार्य-योजना का एक उद्देश्य यह भी स्पष्ट करना है कि किसी भाषा विश्वविद्यालय का काम सिर्फ़ कहानी-कविता पढ़ा कर नहीं चलेगा बल्कि उसे अपनी भाषा को इतना समृद्ध और समर्थ बनाना होगा कि समाज-विज्ञान जैसे क्षेत्रों में भी अभिव्यक्ति के लिए उसका इस्तेमाल हो सके। सौभाग्य से विश्वविद्यालय से जुड़े अकादमिक समुदाय ने यह बात भली-भाँति समझ ली है कि यदि हिंदी को विश्व-भाषा बनने के लिए तैयार करना है तो उन्हें विश्व-स्तरीय पाठ्य सामग्री तैयार करने की इस महत्त्वाकांक्षी परियोजना में प्राणपण से जुटना होगा। आशा है कि अगले दो-तीन वर्षों में सभी खण्ड छप कर पाठकों को उपलब्ध हो सकेंगे। हमारा मानना है कि ज्ञान सहज सुलभ हो इसलिए प्रयास यह भी होगा कि सारी सामग्री विश्वविद्यालय की वेबसाइट

www.hindivishwa.org
अथवा
www.hindisamay.org

पर विश्व भर के हिंदी पाठकों को निःशुल्क उपलब्ध हो सके।

स्तरीय पाठ्य सामग्री निर्माण की इस कड़ी में प्रस्तुत है छह खण्डों का **समाज विज्ञान विश्वकोश**। अभय कुमार दुबे के सम्पादन में यह विश्वकोश हिंदी में अपनी तरह का पहला और अनूठा प्रयास तो है ही, मुझे पूरा विश्वास है कि पाठक इसे विश्व की समृद्ध भाषाओं— अंग्रेज़ी, फ्रेंच, रूसी इत्यादि में प्रकाशित सामग्री से किसी भी मायने में कमतर नहीं पाएँगे।

—विभूति नारायण राय
कुलपति

भूमिका

महात्मा गांधी अंतरराष्ट्रीय हिंदी विश्वविद्यालय द्वारा प्रायोजित समाज-विज्ञान और मानविकी के छह खण्डीय विश्वकोश की रचना के पीछे मुख्य तौर पर चार उद्देश्य काम कर रहे हैं। पहला, हिंदी-क्षेत्र के छात्रों, अध्यापकों, पत्रकारों, साहित्यकारों, बुद्धिजीवियों और गम्भीर अध्ययन में रुचि रखने वाले अनगिनत पाठकों के लिए समाज-विज्ञान और मानविकी का एक संक्षिप्त परिचयात्मक स्रोत तैयार करना। दूसरा, इस तरह के ज्ञानकोशों के दायरे में भारत की वह मौजूदगी रेखांकित करना जो अभी तक कमोबेश अदृश्य रही है। तीसरा, समाज-विज्ञान और मानविकी की विभिन्न शाखाओं के विविध विषयों के बारे में अनुवाद का सहारा लिए बिना हिंदी में एक सामान्य सीमा तक पारदर्शी सम्प्रेषण सम्भव करके दिखाना। चौथा, समाज-विज्ञान (समाजशास्त्र, मानवशास्त्र, राजनीतिशास्त्र, अर्थशास्त्र, भाषाशास्त्र, मनोविज्ञान, स्त्री-अध्ययन, सेक्शुअलिटी-अध्ययन, संस्कृति-अध्ययन, अंतर्राष्ट्रीय संबंध-अध्ययन, फ़िल्म-अध्ययन, टीवी-अध्ययन आदि) और मानविकी (साहित्य, इतिहास और दर्शनशास्त्र) के बीच खड़ी की गयी कृत्रिम दीवार लाँघ कर अनुशासनगत सीमाओं का सम्मान करते हुए इन दोनों धाराओं का परस्पर-निर्भर और परस्परव्यापी चरित्र रेखांकित करना।

इक्कीसवीं सदी के दूसरे दशक में समाज-विज्ञान और मानविकी का क्षेत्र उन इंद्रियानुभववादी आग्रहों के परे जा चुका है जो अट्‌ठारहवीं सदी में रचे गये फ्रेंच *इनसाइक्लोपीदी* के मर्म में थे। इस क्षेत्र में वस्तुनिष्ठता की जकड़बंदी और प्रत्यक्षवादी दृष्टिकोण से पूरी तरह छुटकारा पाने की सचेत जद्दोजहद भी चल रही है। यह एक ऐसा संघर्ष है जिसके सकारात्मक परिणामों के सबूत के तौर पर ही पाठकों को समाज-विज्ञान और मानविकी से संबंधित प्रविष्टियाँ एक साथ एक जगह मिल रही हैं। मानवीय चिंतन की मूलभूत संरचनाओं में कोई हस्तक्षेप करने का इरादा रखने के बजाय इस कोश ने अपनी सामग्री के उत्पादन के लिए विभिन्न अनुशासनों के बीच परस्परव्यापी क्षेत्रों, अनुसंधान-रणनीतियों, पद्धतियों, बहसों और घटनात्मक विकासक्रम पर स्वयं को केंद्रित किया है। आकार में कहीं छोटा और महत्त्वाकांक्षा में कहीं सीमित यह कोश इनसाइक्लोपीडिया की स्थापित परम्परा में इसलिए भी आता है कि यह उस अंतरानुशासनिकता पर टिका हुआ है जो साइक्लोपीडिया या इनसाइक्लोपीडिया शब्द का अंतर्निहित तात्पर्य है।

पश्चिमी परम्परा में ज्ञान के कोश की अवधारणा यूनानियों के उस आग्रह की देन है जिसके मुताबिक़ वे ज्ञान की विभिन्न शाखाओं के ऐसे एकीकृत स्रोत की रचना करना चाहते थे जिसकी मदद से सभी नागरिक शिक्षित किये जा सकें। सर्वशिक्षा का यह विचार यथास्थिति के पोषकों को चौंकाने वाला था। वे शिक्षा को एक ऐसे फ़ितने की तरह देखते थे जो स्थापित परम्परा और व्यक्ति के बीच फ़ासला पैदा कर देती है। उन्हें डर था कि इससे सत्ता और प्राधिकार की संरचनाओं को चुनौती देने की एक स्थायी आधार-भूमि बन जाएगी। ज्ञानकोश के साथ जुड़ी हुई ये चिंताएँ उस समय और मुखर हो गयीं जब युरोपीय ज्ञानोदय के बाद अट्‌ठारहवीं सदी में सर्व-शिक्षा की यह महत्त्वाकांक्षा आधुनिकता की ज्ञान संबंधी राजनीति के आग़ोश में जा कर और अधिक रैडिकल हो

गयी। इस परिवर्तन का श्रेय *इनसाइक्लोपीदी* के सम्पादकों डेनिस दिदेरो और अ'लम्बर्त को जाता है। अक्टूबर, 1747 में जब इन दोनों महानुभावों ने प्रकाशक के साथ ज्ञानकोश तैयार करने का क़रार किया तो उनके पास काफ़ी-कुछ ऐसा था जिसका रैडिकलाइज़ेशन किया जा सकता था। मसलन, 1704 में जॉन हैरिस कृत *लेक्सिकॉन टेक्निक्म, ऑर ऐन युनिवर्सल इंग्लिश डिक्शनरी ऑफ़ आर्ट्स ऐंड साइंसेज़, एक्सप्लेनिंग नॉट ओनली द टर्म्स ऑफ़ आर्ट्स बट, द आर्ट्स देमसेल्व्ज़* प्रकाशित हो चुका था। 1728 में हैरिस के अनुगामी के रूप में एफ़्राइम चेम्बर्स अपना द्विखण्डीय कोश ले कर ज्ञान के बाज़ार में आ चुके थे। इसका नाम उन्होंने *साइक्लोपीडिया* रखा, जबकि इससे पहले साइक्लोपीडिया या इनसाइक्लोपीडिया शब्द का इस्तेमाल न के बराबर ही होता था। जब चेम्बर्स से पूछा गया कि उन्होंने डिक्शनरी के बजाय साइक्लोपीडिया शीर्षक क्यों चुना, तो उनका जवाब था कि यह शब्द कला और विज्ञान की विभिन्न शाखाओं के आपसी संबंधों को कहीं ज़्यादा बेहतर ढंग से व्यक्त करता है। चेम्बर्स के इस कोश की ख्याति तेज़ी के साथ सारे युरोप में फैलती चली गयी। दस साल के भीतर उसके कई संस्करण बिक चुके थे और इतालवी समेत युरोपीय भाषाओं में उसका अनुवाद होने लगा था। दरअसल, दिदेरो और अ'लम्बर्त भी पहले चैम्बर्स के साइक्लोपीडिया का फ्रांसीसी में अनुवाद ही करना चाहते थे, लेकिन कुछ दिनों में ही उन्होंने अपने इरादों का नये सिरे से सूत्रीकरण कर डाला।

दिदेरो और अ'लम्बर्त ने तय किया कि उनका *इनसाइक्लोपीदी* समस्त ज्ञान का दस्तावेज़ीकरण करेगा, सभी तरह की कलाओं और हस्तकौशल को गम्भीर अध्ययन का विषय मानते हुए उनके बारे में जानकारियाँ देगा, ज्ञान की विभिन्न शाखाओं के वर्गीकरण और उनके अंतर-संबंधों पर विशेष ध्यान देगा और ज्ञानोदय से उद्‌भूत विचारों की रोशनी में चिंतन-मनन की सामान्य विधियों को स्थायी रूप से बदलने का प्रयास करेगा। पहले तीनों लक्ष्य तो हैरिस और चेम्बर्स ने भी वेधने की कोशिश की थी लेकिन यह चौथा मक़सद कुछ ख़ास तरह का था। सम्पादक-द्वय चाहते थे कि मध्ययुगीन तत्त्वमीमांसा ख़ारिज करके इंद्रियानुभववाद की रोशनी में वैज्ञानिक चिंतन की अनिवार्यता स्थापित की जाए, ताकि भविष्य की पीढ़ियाँ नये तरह से सोचने के लिए मजबूर हो जाएँ। उनके लिए इंद्रियानुभववाद का सीधा मतलब था इंद्रियों को सभी तरह के ज्ञान का एकमात्र प्रामाणिक स्रोत मानना और तब तक किसी भी दावे को ज्ञान की संज्ञा न देना जब तक वह अनुभव और प्रयोग की कसौटी पर खरा न साबित हो जाए। पाँच इंद्रियों के माध्यम से प्राप्त अनुभव पर ज़ोर देने वाले इस सिद्धांत के मुताबिक़ ज्ञान की प्रमाण-पुष्टि भी इंद्रियजनित प्रेक्षणीय अनुभव से ही होनी चाहिए थी। इंद्रियानुभववाद की जड़ें इस विचार में निहित थीं कि यह जगत केवल उतना ही है जितना वह हमें अपने बारे में बताने के लिए तैयार है। इसलिए इस जगत का हमें तटस्थ रूप से बिना किसी राग-द्वेष के प्रेक्षण करना चाहिए। प्रेक्षणीय सूचना प्राप्त करने के रास्ते में डाली गयी कोई भी बाधा ज्ञान को विकृत करके उसे मनमानी कल्पना का शिकार बना देगी। इंद्रियानुभववाद के गर्भ से ही प्रेक्षण, अनुभव और प्रयोग के वे आग्रह निकले जिन्होंने आगे चल कर आगमनात्मक तर्कपद्धति को प्रमुखता देते हुए विज्ञान के दर्शन पर अमिट छाप छोड़ी।

मानवीय इंद्रियजनित अनुभव को ज्ञानमीमांसक प्राथमिकता मिलने के सामाजिक, राजनीतिक और नैतिक फलितार्थ होने लाज़मी थे। मनुष्य और उसके इहलौकिक संसार को सभी तरह के चिंतन और समझ के केंद्र में आ जाना था। *इनसाइक्लोपीदी* का पाठक उस जिज्ञासु के रूप में सामने आया जो दावा कर सकता था कि उसमें तथ्य को मिथ्या से अलग करके जाँचने-परखने की क्षमता है। यह पाठक अपने इस मूल्य-निर्णय के लिए किसी उच्चतर प्राधिकार द्वारा थमाये गये प्रमाण की आवश्यकता से इनकार करने वाला था। स्वाभाविक तौर पर *आँसिएँ रेज़ीम* की नुमाइंदगी करने वाली तत्कालीन सामाजिक और राजकीय व्यवस्था इस नये ज्ञान और उसके आधार पर बनने वाले नये व्यक्ति में निहित सम्भवानाओं के प्रति किसी क़िस्म की ग़फ़लत में नहीं रह सकती थी। उसने जल्दी ही भाँप लिया कि दिदेरो और अ'लम्बर्त जिस ज्ञानकोश का खण्ड दर खण्ड प्रकाशन करते जा रहे हैं, वह अंततः राजशाही की वैधता के क्षय का ख़ामोश औज़ार साबित होगा। इसी के परिणामस्वरूप केवल तीन साल के भीतर-भीतर 1751 में पेरिस के आर्कबिशप ने *इनसाइक्लोपीदी* की भर्त्सना की और अगले साल रॉयल कौंसिल ऑफ़ स्टेट ने उसके प्रकाशन को प्रतिबंधित कर दिया। 1759 में पेरिस की संसद ने भी ज्ञानकोश रचने की इस परियोजना की निंदा की और एक आदेश के ज़रिये वे तमाम सुविधाएँ वापस ले ली गयीं जो दिदेरो और द'अलम्बर्त को मिली हुई थीं। इस तरह 1766 तक कोश रचने का यह प्रोजेक्ट सरकारी दमन का शिकार हो कर ठप पड़ा रहा। जैसा कि हमें पता है कि इस कोश के लेखकों में रूसो और कोंदोर्स जैसी हस्तियाँ शामिल थीं। अंततः सत्रह खण्डों में पूरे हुए इस विशाल ज्ञानकोश ने फ्रांसीसी और अमेरिकी क्रांतियों की नेतृत्वकारी हस्तियों के चिंतन पर निर्णायक असर डाला। बेंजामिन फ्रैंकलिन, जॉन ऐडम्स और थॉमस जेफ़रसन ने न केवल व्यक्तिगत रूप से इस कोश को ख़रीदा, बल्कि अपने राजनीतिक-बौद्धिक दायरों में इसे पढ़ने की सिफ़ारिश भी की। अगले दो सौ साल तक *इनसाइक्लोपीदी* की आधारभूत अवधारणाओं ने समाज-विज्ञानों के विमर्श को अपनी गिरफ़्त में बनाये रखा। इसकी प्रतिक्रिया भी हुई। कोई बीस साल बाद स्कॉटलैण्ड में

इनसाइक्लोपीडिया ब्रिटैनिका का पहला संस्करण प्रकाशित हुआ, जो घोषित रूप से दिदेरो और अ'लम्बर्त के कोश को 'विधर्मी' और 'अप्रामाणिक' मान कर उसके जवाब के तौर पर रचा गया था। *इनसाइक्लोपीदी* को विधर्मी इसलिए कहा गया था कि वह मानवीय ज्ञान के स्रोतों की नयी परिभाषा करने में लगा हुआ था, और वह अप्रामाणिक इसलिए क़रार दिया गया कि दिदेरो और अ'लम्बर्त की लेखक-मण्डली फ्रांस की मशहूर बौद्धिक हस्तियों से बनी थी और सम्पादक-द्वय उनके द्वारा लिखी गयी लम्बी-लम्बी प्रविष्टियों में उल्लखित तथ्यों की सच्चाई सुनिश्चित करने के फेर में नहीं पड़े थे।

हिंदी में कोश-रचना परम्परा की अध्येता श्रुति के अनुसार भारत में पारम्परिक विद्वत्ता के दायरे में *महाभारत* को सबसे प्राचीन ज्ञानकोश माना गया है। कई विद्वान पुराणों को भी ज्ञानकोश की श्रेणी में रखते हैं। रामअवतार शर्मा जैसे दार्शनिक ने तो *अग्निपुराण* को स्पष्ट रूप से ज्ञानकोश माना है। इन आग्रहों की उपेक्षा न करते हुए भी यह मानना होगा कि पश्चिमी अर्थों में ज्ञानकोश रचने की परम्परा भारत में अपेक्षाकृत नयी है। इससे पहले संस्कृत साहित्य में बेहद कठिन वैदिक शब्दों के संकलन कश्यप रचित *निघण्टु* और ईसा पूर्व सातवीं सदी में यास्क और अन्य विद्वानों द्वारा रचित उसके भाष्य *निरुक्त* की परम्परा मिलती है। इस परम्परा के तहत विभिन्न विषयों के *निघण्टु* तैयार किये गये जिनमें धन्वंतरि रचित आयुर्वेद का *निघण्टु* भी शामिल था। इसके बाद संस्कृत और हिंदी में नाममाला कोशों का उद्‌भव और विकास दिखायी देता है। *निघण्टु* और *निरुक्त* के अलावा श्रीधर सेन कृत *कोश कल्पतरु*, राजा राधाकांत देव बहादुर की 1822 की कृति *शब्द कल्पद्रुम*, 1873 से 1883 के बीच प्रकाशित तारानाथ भट्टाचार्य वाचस्पति कृत *वाचस्पत्यम* जैसी रचनाओं को संभवत: ज्ञानकोश की कोटि में रखा जा सकता है। पाँचवीं-छठी से लेकर अट्ठारहवीं सदी तक की अवधि में रचे गये अनगिनत नाममाला कोशों में अमर सिंह द्वारा रचित *अमरकोश* का शीर्ष स्थान है। कोश रचना के इस पारम्परिक भारतीय उद्यम के केंद्र में शब्द और शब्द-रचना थी। शब्दों के तात्पर्य, उनके विभिन्न रूप, उनके पर्यायवाची, उनके मूल और विकास-प्रक्रिया पर प्रकाश डालने वाले ये कोश ज्ञान-रचना में तो सहायक थे, पर इन्हें ज्ञानकोश की श्रेणी में नहीं रखा जा सकता था।

बीसवीं सदी के शुरुआती वर्षों में आधुनिक अर्थों में ज्ञानकोश रचने का काम शुरू हुआ। काशी की नागरी प्रचारिणी सभा द्वारा बनवाया गया *हिंदी ज्ञानकोश* इस सिलिसिले में उल्लेखनीय है। बांग्ला में साहित्य वारिधि और शब्द रत्नाकर की उपाधियों से विभूषित नगेंद्र नाथ बसु ने एक विशाल ज्ञानकोश तैयार किया। उसी तर्ज़ पर कलकत्ता से ही बसु के अनुभव का लाभ उठाते हुए उन्हें हिंदी में एक विशद ज्ञानकोश तैयार करने की ज़िम्मेदारी सौंपी गयी। पच्चीस खण्डों का यह ज्ञानकोश 1917 में छपा। ख़ुद गाँधी ने इसे उपयोगी बताते हुए अपनी संस्तुति में लिखा कि यह भारत की 'लिंगुआ-फ्रैंका' हिंदी के विकास में सहायक होगा। बसु ने भी इसी पहलू पर ज़ोर देते हुए पहले खण्ड में छपी अपनी छोटी सी भूमिका में उम्मीद जतायी कि जिस भाषा को 'राष्ट्र-भाषा' बनाने का यत्न चल रहा है, वह आगे जाकर राष्ट्र-भाषा बन ही जाएगी। साथ ही उन्होंने यह भी लिखा कि हिंदी का ज्ञानकोश बांग्ला का अनुवाद नहीं है, बल्कि मूलत: हिंदी में ही लिखा गया है। इन कोशों के अलावा हरदेव बाहरी रचित *प्रसाद साहित्य कोश*, प्रेमनारायण टण्डन कृत *हिंदी सेवीसंसार* और ज्ञानमंडल द्वारा प्रकाशित *साहित्यकोश* उल्लेखनीय है।

ज़ाहिर है कि ये कोश समाज-विज्ञान से उद्‌भूत होने वाले विमर्श की आवश्यकताएँ न के बराबर ही पूरी कर सकते थे। इसीलिये आधुनिक विश्वविद्यालयीय शिक्षा की ज़रूरतों के मद्देनज़र स्वातंत्र्योत्तर भारत में विभिन्न अनुशासनों के अलग-अलग कोश तैयार करने के कई प्रयास हुए। मराठी और ओडिया में भी ज्ञानकोश रचने के उद्यम किये गये। समाज-विज्ञान के विभिन्न अनुशासनों (समाजशास्त्र, मानवशास्त्र, अर्थशास्त्र, राजनीतिशास्त्र, मनोविज्ञान, मानव-भूगोल, इतिहास-सामाजिक और पुरातत्त्व-विज्ञान) का प्रतिनिधित्व करने का दावा करने वाला हिंदी का एक कोश श्याम सिंह शशि के प्रधान सम्पादकत्व में 2008 से प्रकाशित होना शुरू हुआ। मानव संसाधन विकास मंत्रालय के अनुदान से रिसर्च फ़ाउंडेशन का यह पाँच खण्डों का यह प्रकाशन 2011 तक जारी रहा। डॉ. शशि की इच्छा तो यह थी कि वे 1930-1935 के बीच प्रकाशित सेलिगमैन और जॉनसन द्वारा सम्पादित बीस खण्डों के विशाल *इनसाइक्लोपीडिया ऑफ़ द सोशल साइंसेज़* जैसी एक कृति हिंदी में तैयार करें। लेकिन उन्हें कोश-रचना के लिए धन और बौद्धिक संसाधन जुटाने में बहुत दिक़्क़तों का सामना करना पड़ा। उन्होंने पहले खण्ड की भूमिका में इन परेशानियों का ब्योरा दिया है। धनाभाव के बाद उन्हें सबसे ज़्यादा दिक़्क़त जिस काम में आयी, वह था हिंदी में प्रविष्टियाँ लिखवाना।

हमारा यह कोश *इनसाइक्लोपीदी* द्वारा अपनायी गयी ज्ञान की रैडिकल परिवर्तनवादी राजनीति की नुमाइंदगी नहीं करना चाहता। न ही उसके प्रतिक्रियास्वरूप अंग्रेज़ी में रचे गये *इनसाइक्लोपीडिया ब्रिटैनिका* के परम्परानिष्ठ सरोकारों में

इसकी रुचि है। वैसे भी ज्ञान के सभी क्षेत्रों को अपने दायरे में समेटने के बजाय यह कोश केवल समाज-विज्ञान और मानविकी तक सीमित है। इस विश्वकोश के इरादे 'राष्ट्रभाषा हिंदी' का प्रचार करने की परियोजना से भी नहीं जुड़े हैं। हाँ, यह ज़रूर है कि इस विश्वकोश में नगेंद्र नाथ बसु द्वारा सम्पादित कोश की तरह भाषा-केंद्रीयता का एक पहलू अवश्य है। लेकिन यह हिंदी की उस आत्मछवि से असम्पृक्त है जो उसे एक 'बेख़याली की राष्ट्र-भाषा' की तरह परिभाषित करके एक वर्चुअल क़िस्म का राष्ट्रवादी सुख प्राप्त करती है। अपने समकालीन विकास के ठोस धरातल पर हिंदी को अब इस बेख़याल आत्मछवि की आवश्यकता नहीं रह गयी है। हिंदी राष्ट्र-निर्माण की राजनीति से बहुत दूर निकल चुकी है और तमाम ग़ैर-हिंदी इलाक़ों में अखिल भारतीय सम्पर्क भाषा के तौर पर उसका प्रसार हो रहा है। इस प्रसार में मुख्य तौर पर राजकीय प्रोत्साहन का हाथ न होकर बाज़ार, मीडिया और सामाजिक-सांस्कृतिक क्षेत्र की प्रधान भूमिका है। 1960 और उसके बाद हुई दशवार्षिकी जनगणनाओं के आँकड़े बताते हैं कि सम्पर्क भाषा बनने के मामले में वह केवल तमिलनाडु में अंग्रेज़ी से पीछे है, वरना शेष दक्षिण भारत और बंगाल में उसकी और अंग्रेज़ी की हैसियत कमोबेश समकक्षता तक पहुँच चुकी है। गुजरात, महाराष्ट्र, ओडीशा, असम वग़ैरह में तो हिंदी दूसरी सबसे पसंदीदा भाषा के तौर पर बहुत आगे है। लेकिन इन सफलताओं के बावजूद कुछ ऐतिहासिक वजहों से विश्वविद्यालयों और शोध संस्थानों के लिए हिंदी मुख्यत: अनुवाद की भाषा रही है। इस विश्वकोश की भाषा-केंद्रीयता का आग्रह उसे अनुवाद की आवश्यकता पर नये सिरे से ज़ोर डालते हुए लेकिन लगभग स्थायी होती जा रही उसकी जकड़ से निकाल कर हिंदी में ही समाज-विज्ञान और मानविकी का शास्त्र लिखने की तरफ़ ले जाने का है। इस कोश की एक उपादेयता विकिपीडिया जैसे निर्बंध और असंख्य-केंद्रीयता वाले कोश के लिए भी है। हिंदी में विकिपीडिया की उपस्थिति तो है लेकिन वह अभी तक दमदार नहीं बन पायी है। नेट पर उपलब्ध इस कोश के लिए प्रामाणिक ग्रंथों से संदर्भन का अभाव भी खटकता है। हिंदी विश्वविद्यालय की कोशिश होगी कि आगे चल कर इस कोश को ऑनलाइन मुहैया कराया जाए ताकि विकिपीडिया के उपभोक्ता इसका समुचित इस्तेमाल करते हुए उसकी प्रविष्टियों का संवर्द्धन, संशोधन और पल्लवन करते रह सकें।

इस विश्वकोश के निर्माण की कहानी 2009 में शुरू हुई थी। पहले लक्ष्य यह था कि सभी स्थापित अवधारणाओं, विद्वानों, बहसों, प्रवृत्तियों और अहम घटनाओं के ऊपरे डेढ़ हज़ार की शब्द-संख्या के इर्द-गिर्द परिचयात्मक चरित्र वाली पाँच सौ प्रविष्टियाँ लिखी जाएँ। लेकिन जल्दी ही समझ में आ गया कि यह संख्या बहुत कम है और इसमें विभिन्न अनुशासनों के बहुत से पहलू प्रतिनिधित्व पाने से रह जाएँगे। फिर यह संख्या एक हज़ार की गयी और अंत में प्रविष्टियाँ हज़ार से ऊपर चली गयीं। विश्वकोश को एक संतुलित और प्रातिनिधिक रूप देने के लिए संख्या में यह बढ़ोतरी आवश्यक थी। विश्वकोश के विकास के साथ शुरू से ही जुड़े रहे देश के विख्यात समाज-वैज्ञानिकों और अन्य विद्वानों के सलाहकार-मण्डल की भी यही राय थी। विश्वकोश की यह योजना अक्सर प्रकाशित होते रहने वाले तमाम कोशों से अलग इसलिए थी कि इसमें भारत के बारे में भी पर्याप्त संख्या में प्रविष्टियाँ देने का प्रावधान था। मसलन, अगर दो प्रविष्टियाँ लोकतंत्र और सेकुलरवाद पर होनी थीं, तो इसी के साथ-साथ भारतीय लोकतंत्र और भारतीय सेकुलरवाद और उससे जुड़ी महत्त्वपूर्ण बहसों पर भी प्रविष्टियाँ शामिल की जानी थीं। अगर कुछ प्रविष्टियाँ भूमण्डलीकरण, उसके आयामों और उसके इतिहास पर होनी थीं तो कुछ प्रविष्टियों में यह भी केंद्रस्थ किया जाना था कि भारत में भूमण्डलीकरण की यह परिघटना क्या गुल खिला रही है। हिंदी-क्षेत्र के सांस्कृतिक और बौद्धिक इतिहास के बारे में पर्याप्त सामग्री देना भी इस योजना का एक विशिष्ट पहलू था। इसी तरह जेंडर, दलित, अल्पसंख्यक और आदिवासी आयामों की समुचित नुमाइंदगी करने का आग्रह भी शुरू से इस योजना में शामिल था। कोश की रचना जैसे-जैसे आगे बढ़ी, सलाहकारों के सुझावों को ध्यान में रखते हुए नये सरोकार भी जोड़े गये। मसलन, राज्यों की राजनीति और राजनीतिक दलों के बारे में प्रविष्टियाँ लिखी गयीं। आख़िरी दौर में भारतीय धर्म-दर्शन से जुड़ी प्रविष्टियाँ तैयार हुईं। ख़ास तौर से उन दार्शनिकों, विचारकों और सिद्धांतकारों के बौद्धिक परिचय लिखवाये गये जिन्हें अंग्रेज़ी और पश्चिम द्वारा थमाये गये सिद्धांतों के प्रभाव में लगभग अदृश्य कर दिया गया है। एक अलग तरह का पहलू संस्थान-निर्माताओं और राजनीतिक-सांस्कृतिक अग्रदूतों का जोड़ा गया। इसके पीछे मान्यता यह थी कि विमर्श जिस व्यावहारिक धरातल पर स्वयं को विकसित करता है उसकी रचना तो विश्वविद्यालयों और शोध-संस्थानों में न हो कर बहुआयामी सक्रियताओं के मैदान में ही होती है। कुछ सरोकार ऐसे थे जिन्हें कोश में शामिल करने की कोशिश नाममात्र के लिए ही हो सकी। जैसे, शिक्षा सदृश्य महत्त्वपूर्ण विषय पर प्रविष्टियों का पूरा समुच्चय नहीं नियोजित किया जा सका। इसी तरह नृत्य, संगीत और कलाएँ भी कुल मिला कर छूट ही गयीं। सलाहकारों की राय थी कि ज़िलों और प्रांतों की परस्परव्यापी सीमाओं पर आज भी जीवंत देश के विविध सांस्कृतिक क्षेत्रों पर भी प्रविष्टियाँ लिखवायी जाएँ। लेकिन समय रहते इससे संबंधित उपयुक्त विद्वत्ता न खोज पाने के कारण यह नहीं हो पाया। यह कोश भारत से इतर दक्षिण एशियायी और व्यापक एशियायी विद्वत्ता भी अपने पृष्ठों पर अंकित नहीं कर पाया।

प्रत्येक प्रविष्टि को एक बार सम्पादित करके कम से

कम दो सलाहकार-विद्वानों के पास पूर्व-समीक्षा के लिए भेजा गया। किसी विद्वान को सलाहकार बनाने का मुख्य आधार यह था कि उन्हें विमर्शी-हिंदी पढ़ने का अभ्यास हो। यह देख कर आश्चर्यमिश्रित प्रसन्नता हुई कि ज़्यादातर सलाहकारों ने प्रविष्टियों को बारीकी से पढ़ा और उन पर विस्तार से टिप्पणियाँ कीं। इस प्रक्रिया में कई प्रविष्टियाँ ख़ारिज हो गयीं। बड़े पैमाने पर संशोधन तजवीज़ किये गये। ऐसा भी हुआ कि कुछ प्रविष्टियों को आंशिक संशोधन और कुछ को सम्पूर्ण पुनर्लेखन के दौर से गुज़रना पड़ा। छह खण्डों में विश्वकोश की डिज़ायन को अंतिम रूप देने तक लगातार प्रविष्टियों के पाठन और सुधार की प्रक्रिया चलती रही। तीन हज़ार से ज़्यादा पृष्ठों में फैले इस कोश में देशी-विदेशी नामों और अन्य शब्दों की वर्तनी संबंधी समरूपता सुनिश्चित करना एक कभी न सम्पूर्ण होने वाली प्रक्रिया साबित हुई। फिर भी कोशिश की गयी है कि एक हद तक पाठकों को समरूपता दिखायी पड़े।

कोश में प्रविष्टियों का क्रम भरसक अकारादि क्रम से है। कोश को पाठकों के लिए सहज उपयोगी बनाने के लिए हर खण्ड के शुरू और अंत में विस्तार से अनुक्रमणिकाएँ दी गयी हैं। शुरू की अनुक्रमणिकाएँ तीन हैं। सबसे पहले है प्रविष्टि-क्रम और फिर उसी प्रविष्टि-क्रम को अंग्रेज़ी में दिया गया है। तीसरी अनुक्रमणिका विषयानुसार है। इन्हें इस प्रकार बाँटा गया है : अर्थशास्त्र, इतिहास, अंतर्राष्ट्रीय संबंध, गाँधी विचार, दर्शन, भारत संबंधी प्रविष्टियाँ, मनोविज्ञान, मार्क्सवादी विमर्श, मीडिया-अध्ययन, फ़िल्म-अध्ययन, टीवी-अध्ययन, राजनीतिशास्त्र, व्यक्तित्व-कृतित्व, समाजशास्त्र, मानवशास्त्र, स्त्री-अध्ययन, सेक्शुअलिटी-अध्ययन, साहित्य-अध्ययन और भाषाशास्त्र। चूँकि ज्ञान का संसार अनुशासनों की सीमाओं में बँटा भी है और उन्हें सतत लाँघता भी रहता है, इसलिए एक प्रविष्टि एक से अधिक श्रेणी में रखे जाने की पात्रता रखती है।

यह विश्वकोश पचास से ज़्यादा लेखकों ने मिल कर लिखा है। इनमें एक प्रविष्टि लिखने वाले लेखक भी हैं, और सौ से ज़्यादा प्रविष्टियाँ लिखने वाले भी। हिंदी में हालाँकि तस्वीर धीरे-धीरे बदल रही है, फिर भी कुल मिला कर इस दुनिया की प्रधान गतिविधि आज भी रचनात्मक साहित्य और पत्रकारिता ही है। ज़्यादातर प्रतिभाएँ स्वांत:सुखाय लेखन की अभ्यस्त हैं। न्यूनतम शब्दों का प्रयोग करके कसा हुआ विमर्शी पाठ रचने के बजाय विशेषणों और अलंकारिक अभिव्यक्तियों से भरपूर शैली का प्रकोप है। आख्यानात्मक की बजाय व्याख्यानात्मक रवैया हावी है। हिंदी-क्षेत्र में हर समय जारी रहने वाली बेतहाशा सांस्कृतिक राजनीति का वॉटरमार्क भी इस लेखन पर लगा रहता है। इसलिए शुरू में तो डर लग रहा था कि पता नहीं एक ख़ास तरह के पाठक वर्ग की माँग पूरी करने वाली शैली और उसके लिए बनाये गये प्रारूप के अनुसार संक्षिप्त और ठोस विमर्शी लेखन करने वाले सक्षम लोग मिलेंगे भी या नहीं। प्रारम्भ के इन अंदेशों के दूर होने में समय लगा। लोग जुड़े लेकिन धीरे-धीरे, कारवाँ बना, भले ही देर से।

विश्वविद्यालयों में पढ़ाने वाले शिक्षकों, स्थापित प्रोफ़ेसरों, युवा अनुसंधानकर्ताओं, शोध संस्थानों से जुड़े विद्वानों, गम्भीर लेखन करने वाले पत्रकारों, साहित्यकारों और स्वतंत्र बुद्धिजीवियों से मिल कर बना यह लेखक-मण्डल हिंदी के विमर्शी संसार की आधार-शिला है। इसमें विदुषियाँ भी शामिल हैं, दलित बुद्धिजीवी और अल्पसंख्यक समाज से आये लेखक भी। यह जमात हिंदी-समाज के भीतरी लोकतंत्र का प्रमाण है। कहना न होगा कि ये लेखक बड़ी मुश्किल से मिले और कई बार संयोगवश ही कोश-लेखन में शामिल हो पाए। इनमें से कुछ को यह शिकायत होना स्वाभाविक है कि उनकी लिखी सभी प्रविष्टियों का इस्तेमाल नहीं हो पाया, बावजूद इसके कि उन्हें सघन सम्पादन के बाद कोश में शामिल किया जा सकता था। दरअसल, कोश की अंतिम तस्वीर आख़िरी आठ-नौ महीने में ही ज़्यादा साफ़ हुई और यह शिनाख़्त की जा सकी कि इस तरह के प्रयास के लिए श्रेयस्कर बौद्धिक और सामग्रीगत संतुलन कैसे हासिल किया जा सकता है। इस प्रक्रिया में भी कुछ लिखी जा चुकी प्रविष्टियाँ छँटाई की शिकार हुईं। अगर हमारे पास डेढ़ हज़ार प्रविष्टियाँ डालने का मौक़ा होता तो इन्हें भी लिया जा सकता था। ख़ुद मुझे अपनी लिखी हुई ऐसी कई प्रविष्टियाँ वापस लेनी पड़ीं जो शुरुआती दौर में लिखी गयी थीं। ऐसी प्रविष्टियाँ तो अनगिनत हैं जिनकी शक्ल सम्पादन की प्रक्रिया में तक़रीबन बदल गयी। अस्सी फ़ीसदी प्रविष्टियों का प्रारम्भिक हिस्सा पुनर्लेखन से गुज़रा। पाठकों को यह भी लगेगा कि ज़्यादातर प्रविष्टियों की शैली और ढाँचा काफ़ी-कुछ एक सा है। कोश के लिहाज़ से समरूपता की यह प्रतीति एक ख़ूबी मानी जा सकती है, भले ही शैलीगत और भाषागत विविधता के पैरोकारों को समरूपता के इस आरोपण से कुछ दिक़्क़त हो। यहाँ यह कहना ज़रूरी है कि सभी प्रविष्टियों को एक ही साँचे में ढालने की सम्पादकीय कोशिश एक सीमा तक ही सफल हो सकती थी। जैसे दर्शनशास्त्र की प्रविष्टियों के पाठ और उपनिवेशवाद विरोधी आंदोलन का ब्योरा देने वाली या राज्यों की राजनीति की जानकारी देने वाली प्रविष्टियों के पाठ में सघनता के स्तर पर काफ़ी अंतर मिलेगा। इसी तरह पश्चिमी राजनीतिक

सिद्धांत का परिचय देने वाली प्रविष्टियों और इतिहास संबंधी बहसों पर लिखी प्रविष्टियाँ भी अपना आपसी अंतर स्वयं रेखांकित करेंगी। ख़ास कर साहित्य से संबंधित प्रविष्टियों का लहज़ा कुछ अलग तरह का दिखेगा।

इनसाइक्लोपीडिया रचने का प्रशिक्षण कहीं नहीं मिलता। इस कला को तो कोश रचने की प्रक्रिया में ही सीखना पड़ता है। लम्बे अरसे तक परिश्रम, धीरज और नियोजन की मिली-जुली ख़ुराक पर गुज़र-बसर करनी पड़ती है। यह सहनशक्ति और टिकाऊपन की परीक्षा भी है। सम्पादक के साथ जुड़े विद्वानों और अन्य सहयोगियों को भी कमोबेश इसी प्रक्रिया से गुज़रना पड़ता है। इसलिए इस कोश के पूरे होने में सभी का श्रेय है। जो शुरू से आख़िर तक सक्रिय रहे, जो कुछ देर में शामिल हुए या जो अपना वायदा आंशिक रूप से ही पूरा कर पाये, उनका हिस्सा तो है ही— जिन्होंने सिर्फ़ राय दी वे भी किसी न किसी रूप में इसकी पूर्णता के भागीदार हैं। अपने सलाहकार-मण्डल के प्रतिष्ठित सदस्यों और लेखक-मण्डल के अध्यवसायी सदस्यों के साथ मैं ऐसे सभी साथियों का तहे-दिल से शुक्रगुज़ार हूँ।

मैं महात्मा गांधी अंतरराष्ट्रीय हिंदी विश्वविद्यालय के कुलपति विभूति नारायण राय का विशेष तौर पर आभारी हूँ जिन्होंने चार साल पहले मेरा यह प्रोजेक्ट स्वीकार किया और फिर इस लम्बे दौर में लगातार मेरे प्रयासों को पुष्ट करते रहे। उनके द्वारा किये गये निरंतर उत्साहवर्धन और वित्त-पोषण के कारण यह परियोजना बीच की एक अवधि के अपवाद को छोड़ कर चलती रही। वर्धा और दिल्ली में उनके साथ हुई बैठकों में हर बार कोश के बारे में उपयोगी चर्चा हुई और उनके कारगर सुझावों पर अमल करने से कोश की रचना-प्रक्रिया को सकारात्मक गति मिल सकी। यद्यपि इस कोश का विचार सबसे पहले मेरे एक प्रकाशक मित्र के दिमाग़ में आया था, पर विश्वविद्यालय की तरफ़ से यह कोश श्री राय का ही मानस-पुत्र है। उनकी दिलचस्पी और मार्गदर्शन के बिना इसकी कल्पना भी नहीं की जा सकती थी। विश्वविद्यालय के प्रकाशन विभाग के प्रभारी बीरपाल सिंह यादव भी इस लम्बे दौर में लगातार सहयोग करते रहे। मैं उनके प्रति भी आभारी हूँ।

हालाँकि यह कोश हिंदी विश्वविद्यालय का है, पर इसकी बौद्धिक और रचनागत तैयारी विकासशील समाज अध्ययन पीठ (सीएसडीएस), दिल्ली में हुई है। मैं इस संस्था के निदेशक प्रोफ़ेसर राजीव भार्गव के साथ-साथ अपने साथी-सहयोगी फ़ैकल्टी-सदस्यों का भी आभारी हूँ कि उनके द्वारा दी गयी सहायता, सुविधाओं, गुंजाइशों और छूट के कारण ही मैं यह काम कर पाया। अध्ययन पीठ के भारतीय भाषा केंद्र के सहयोगी विद्वान और मेरे मित्र आदित्य निगम, राकेश पाण्डेय और रविकांत ने क़दम-क़दम पर अपने उपयोगी और विशेषज्ञ-सुझावों से कोश की गुणवत्ता सुधारने में महत्त्वपूर्ण योगदान दिया। भारतीय भाषा कार्यक्रम के पितामह और देश के वरिष्ठ राजनीतिक समाजशास्त्री प्रोफ़ेसर धीरूभाई शेठ, चुनाव-अध्ययन के विशेषज्ञ प्रोफ़ेसर विजय बहादुर सिंह और विश्वविद्यालय द्वारा नियुक्त पुनरीक्षण समिति के अध्यक्ष प्रोफ़ेसर गंगा प्रसाद विमल ने अपनी पहलक़दमी से कोश को उस समय उबारा जब उसका काम ठप पड़ा हुआ था। भाषा कार्यक्रम के साथ जुड़े हुए युवा समाजशास्त्री नरेश गोस्वामी, इतिहासकार सुमेल सिंह सिद्धू और राजनीतिशास्त्री कमल नयन चौबे ने मुस्तैदी से अधिकतम प्रविष्टियाँ पढ़ कर सम्पादन की प्रक्रिया में मेरी बहुत मदद की। इसी तरह वरिष्ठ पत्रकार मनोहर नायक ने उत्सुकता और लगाव के साथ कोश की ग़लतियाँ निकालने और उन्हें दुरुस्त करने का मुश्किल काम अंजाम दिया। इस प्रक्रिया को और गति देने के लिए आख़िरी दौर में हमें मनोज मोहन का सहयोग भी मिला। कम्प्यूटर पर काम करने वाले चंदन और आखिरी दौर में जुड़े संजय के अध्यवसाय का उल्लेख करना भी आवश्यक है। कोश की अनुक्रमणिका बनाने वाली मंजू खन्ना और कोश के डिज़ाइनर मृत्युंजय चटर्जी के निर्णायक योगदान के बिना इस कोश को पाठकोपयोगी नहीं बनाया जा सकता था। कोश के प्रकाशक राजकमल प्रकाशन के प्रबंध निदेशक अशोक माहेश्वरी ने काम को गति देने के लिए आवश्यक सहयोग प्रदान किया। सीएसडीएस में अपने अध्ययन-कक्ष और घर में मौजूद डेक्सटॉप कम्प्यूटरों में भरी हुई प्रविष्टियों के बीच इधर से उधर दिन-रात दौड़ते हुए मैं अपनी तमाम बेचैनियों के बावजूद यह विराट काम कर पाया, इसमें मेरी पत्नी मीना तिवारी का अलिखित और मौन योगदान रेखांकित करना ज़रूरी है। मैं इन सभी मित्रों और सहयोगियों का बहुत-बहुत आभारी हूँ। इन सभी ने मिल कर न उबारा होता तो मैं हज़ार से ज़्यादा प्रविष्टियों के लाखों शब्दों के बोझ के नीचे दब कर फ़ना हो जाता।

इस कोश की रचना एक महा-यज्ञ की तरह थी जिसमें कुछ न कुछ आहुतियाँ हवन-कुंड के बाहर भी गिरी होंगी। इसलिए दिल्ली के उमस भरे बरसाती दिनों में लिखी गयी इस भूमिका के आख़िर में यह कहना एक बार फ़िर ज़रूरी है कि कोश की सफ़लता में सभी का साझा है। लेकिन इसकी कमियों का ज़िम्मेदार सिर्फ़ मैं हूँ।

— अभय कुमार दुबे

प्रविष्टि-क्रम

List of Entrees

विषयानुसार प्रविष्टि-क्रम

अर्थशास्त्र

इतिहास

अंतर्राष्ट्रीय संबंध

गाँधी-विचार

दर्शन

भारत संबंधी प्रविष्टियाँ

मनोविज्ञान

मार्क्सवादी विमर्श

मीडिया-अध्ययन, फ़िल्म-अध्ययन, टीवी-अध्ययन

राजनीतिशास्त्र

व्यक्तित्व-कृतित्व

समाजशास्त्र, मानवशास्त्र

स्त्री-अध्ययन, सेक्शुअलिटी-अध्ययन

साहित्य-अध्ययन, भाषाशास्त्र

प्रविष्टियाँ

अ

अतिक्रमण-1

(सामान्य और रुग्ण की द्वंद्वात्मकता)

(Transgression-1)

अतिक्रमण निषिद्ध की कामना से जुड़ा है। वास्तव में कामना पैदा ही इसलिए होती है क्योंकि किसी विचार या इच्छा पर प्रतिबंध लगा दिया जाता है। निषिद्ध की कामना के कारण ही किसी नियम या नैतिक सिद्धांत, आदर्श, स्वीकृत व्यवहार या सामाजिक सीमाओं का उल्लंघन या अतिक्रमण किया जाता है। इस पद का उपयोग सामान्यतः सामाजिक जीवन और सीमित अर्थ में विचलन के अध्ययन के लिए भी किया जाता है। सामाजिक जीवन में कई तरह के व्यवहारों जैसे विक्षिप्तता, हस्तमैथुन, समलैंगिकता, विवाहेतर रिश्तों तथा व्यभिचार आदि को सामाजिक इतिहास में अलग-अलग समय पर अतिक्रमण की श्रेणी में रखा जाता रहा है। लेकिन इसी जगह विचलन और अतिक्रमण के बीच फ़र्क़ करना भी ज़रूरी है। विचलन का अध्ययन अधिकांशतः व्यक्ति के स्तर पर किया जाता है, और अतिक्रमण का समाज के स्तर पर। इन दोनों के बीच का संबंध माइक्रो और मैक्रो जैसा है।

अतिक्रमण समझे जाने वाले कृत्यों को या तो आपराधिक माना जाता रहा है या फिर मानसिक रुग्णता का पर्याय। समाज में अक्सर नैतिकता के ख़ास मानक या आदर्श गढ़ने की कोशिश की जाती है और उनके आधार पर कुछ व्यवहारों को अतिक्रमण की श्रेणी में रखा जाता है। लेकिन एक समय के बाद ऐसे प्रयासों की व्यर्थता स्वतः साबित हो जाती है। ऐसे में इन बिंदुओं पर विचार करना वाकई दिलचस्प है कि समाज अतिक्रमण से कैसे निपटता है, और अगर लोग अतिक्रमण से बाज़ नहीं आते तो फिर समाज उन्हें कैसे दण्डित करता है। यहाँ अतिक्रमण के साथ कुछ और भी उप-प्रश्न जुड़े हैं। मसलन, कुछ लोग समाज के आदर्शीकृत व्यवहार का अतिक्रमण क्यों करना चाहते हैं। और अगर हम यह मानते हैं कि अतिक्रमण व्यक्तिगत कामना से उपजता है तो फिर ऐसा क्यों होता है कि अतिक्रमण की कुछ ख़ास घटनाओं पर किसी तरह का क़ानूनी प्रतिबंध न होते हुए भी समाज के व्यापक हिस्सों में उनकी भर्त्सना और निंदा की जाती है। मध्यकाल में अच्छे और बुरे की अवधारणाएँ मुख्यतः धर्म-चिंतन के दायरे में आती थीं। लेकिन युरोपीय ज्ञानोदय के बाद धर्म और विश्वास की सत्ता खंडित हुई तो ये अवधारणाएँ समाजशास्त्र का सरोकार बनने लगीं। समाज के आदर्शीकृत व्यवहार तथा नैतिक आदर्शों की कसौटियों पर धार्मिक चिंतकों से लेकर नीत्शे, दुर्ख़ाइम, फ्रॉयड, फ़ूको, जॉर्ज बॉते, विक्टर टर्नर और मैरी डगलस ने भी विचार किया है।

समाज द्वारा निर्धारित 'सामान्य' या 'रुग्ण' के बीच हमेशा एक द्वंद्वात्मक संबंध होता है। सही या ग़लत अथवा अच्छे या बुरे का आदर्शीकृत मानक असल में एक ऐसा इलाक़ा है, जिसमें विचारों और मतों को लेकर हमेशा एक तरह की जद्दोजहद चलती रहती है। इस इलाक़े की सीमाओं पर कुछ ताक़तवर लोग हमेशा मुस्तैद रहते हैं और वही तय करते हैं कि किस काम, व्यवहार, विचार या विश्वास को स्वीकार्य माना जाए। लेकिन इसके साथ यह भी सच है कि व्यवहार का यह नैतिक सीमांकन या हदबंदी ही लोगों में उसके उल्लंघन की कामना पैदा करती है। कई बार निषिद्ध का अतिक्रमण करना मज़ेदारी का पर्याय मान लिया जाता है।

आधुनिक विचार-परम्परा में नीत्शे पहले विचारक थे जिन्होंने दया, परोपकार और सज्जनता जैसी अच्छाइयों को आक्रोश की राजनीति कहा था। नीत्शे का मानना था कि यह

युरोप में ईस्टर से पहले होने वाले कार्निवालों में अतिक्रमण अस्वीकार्य नहीं था. बाख़्तिन ने इन कार्निवालों का अध्ययन करके बताया है कि इनमें भड़ैती, स्वाँग और उपहास के ज़रिये अभिजन समूहों की दमनकारी परम्पराओं पर तंज़ कसा जाता था.

कमज़ोरों, क्षुद्रों और दमितों यानी एक ऐसी बहुसंख्यक जमात की राजनीति होती है जिसका मक़सद ताक़तवर और श्रेष्ठि वर्ग की सत्ता-आकांक्षा को ध्वस्त करना होता है। ईसाइयत में ताबेदारी और इच्छाओं के दमन को उदात्त गुण माना जाता था, लेकिन आधुनिकता के उदय तथा ईश्वर के अस्तिव की संदिग्धता के साथ सत्य और सत्ता के आधुनिक रूपों ने इच्छाओं का दमन करना शुरू कर दिया। इसका प्रभाव यह भी हुआ कि व्यक्ति की वह क्षमता कुंठित होने लगी जिसके दम पर वह परम्परा की अनुगामिता और औसत प्रतिभा के दबावों से परे जा सकता था। नीत्शे का विचार है कि अतिक्रमण का आशय अप्रश्नेय को चुनौती देना है।

दुर्ख़ाइम के अनुसार एक नैतिक व्यवस्था के रूप में समाज की सामूहिक चेतना साझे लक्ष्यों, मूल्यों, कसौटियों, विश्वासों, कर्म और व्यवहार पर निर्भर करती है। यह सामूहिक चेतना कुछ चीज़ों को सामान्य और सही मानती है और जिन व्यवहारों को ग़लत या रुग्णता का प्रतीक मानती है उनके दमन और प्रतिबंध की बात करती है। इसके सबूत अपेक्षाकृत बंद और बँधे पारम्परिक समाजों से लेकर खुले और आधुनिक समाज के नियमों में देखे जा सकते हैं। समाज के ऐसे नियम एक ही साथ दमनकारी भी हो सकते हैं और किन्हीं मूल्यों को पुनः प्रतिष्ठित भी कर सकते हैं। लेकिन ऐसे समाज भी विचलन से सुरक्षित नहीं होते थे। दूसरे सिरे से कहा जाये तो विचलन के कारक इसी समाज के अंदर से पैदा होते थे। इसी तर्ज़ पर आधुनिक समाज भी अतिक्रमण को कुछ इस दृष्टि से प्रोत्साहित करता है ताकि समय-समय पर अतिक्रमण के प्रति एक सामूहिक क्षोभ संगठित किया जा सके। दुर्ख़ाइम के मुताबिक़ यह सामूहिक क्षोभ इस मायने में उपयोगी होता है कि इससे समाज की मान्यताओं और आदर्शों को पुनः मज़बूत होने का मौक़ा मिलता है। कर्मकाण्डों की नाटकीयता तथा उनका भावनापूर्ण आयोजन ऐसी ही भूमिका निभाते हैं। संतों और महात्माओं का समाज भी तब तक निरापद नहीं रह सकता जब तक उस समाज में पापी न हों। इससे अतिक्रमण से अछूते लोगों में सामाजिक नियमों और आदर्शों के प्रति आस्था मज़बूत होती है। आम धारणा यह है कि दण्ड से भले और अच्छे लोगों को एकजुट होने की प्रेरणा मिलती है। इसी तरह त्योहार जैसे ख़ास अवसरों पर किया जाने वाला असामान्य व्यवहार भी समाज के नियमों और बंधनों को नवीकृत करने का अवसर होता है। यह बात एक सीमित संदर्भ में उत्तर भारत में होली के त्योहार से समझी जा सकती है। इस दिन सम्मान और शिष्टाचार की सामान्य व्यवस्था स्थगित हो जाती है। जिन स्त्रियों के प्रति सामान्य दिनों में गरिमा और सम्मान का व्यवहार किया जाता है, इस दिन उनके साथ शिष्ट मज़ाक़ और थोड़ी बहुत शाब्दिक छेड़छाड़ का बुरा नहीं माना जाता।

अतिक्रमण से निपटने और उसके साथ सामंजस्य बिठाने के लिए समाज कई बार संक्रमण की एक संकरी और औपचारिक व्यवस्था भी विकसित करता है। एक विद्वान के अनुसार समाज की संरचनाएँ ख़ुद ही ऐसी प्रतिसंरचनाओं को प्रोत्साहन देती हैं ताकि अतिक्रमण की घटनाओं का असर समाज के केंद्रों के बाहर ही निःशेष हो जाए। दमनकारी माने जाने वाले समाजों में भी अतिक्रमण एक कामना के रूप में उपस्थित रहता है। भारत में विवाह के आयोजन के दौरान एक ऐसा ही दृश्य उपस्थित होता है। बारात जाने वाले दिन रात के समय घर की स्त्रियाँ अनुपस्थित पुरुषों के बारे में ऐसी यौनिक चर्चा करती हैं जिसे सामान्य दिनों में अभद्र और मर्यादाहीन व्यवहार कहा जाएगा। गालियाँ गाने, खोड़िया तथा नकटौरा आदि के अलावा अन्य क्षेत्रीय नामों से प्रचलित यह प्रथा विवाह की संस्था में आये बदलावों के बावजूद अब भी किसी न किसी रूप में बनी हुई है। इसी तरह दुनिया के तमाम बड़े महानगरों में ऐसे तमाम गुप्त

ठिकाने होते हैं, जहां सेक्स और नशीली दवाएँ आसानी से उपलब्ध हो जाती हैं, क़ानूनी तौर पर यह सब अपराध की श्रेणी में आता है। लेकिन यह छोटा और गुप्त संसार एक छोटे स्तर पर हमेशा सक्रिय रहता है। शेष समाज के लिए वह तब तक कोई ख़बर नहीं बनता जब तक वह समाज की वृहत्तर और सम्मानित संस्थाओं को प्रभावित नहीं करने लगता।

युरोप में ईस्टर से पहले कार्निवाल भी एक ऐसा ही समय और अवसर होता था जब अतिक्रमण को अगर खुला प्रोत्साहन नहीं दिया जाता था तो उसे निरा अस्वीकार्य भी नहीं माना जाता था। बाख़्तिन ने मध्यकाल में होने वाले कार्निवालों का अध्ययन करके बताया है कि ऐसे लोकप्रिय आयोजन प्रहसन, उपहास, भड़ैती, स्वाँग और सामान्यत: असामान्य मानी जाने वाली हरकतों के ज़रिये समाज के वर्चस्वशाली और अभिजन समूहों की दमनकारी परम्पराओं पर तंज़ कसने का काम करते थे। कार्निवाल के तमाशे में चर्च के ऐन बगल में मैक़दा हो सकता था और एक गोलमटोल राजा मरियल से व्यक्ति के साथ युद्ध लड़ कर जीत का जश्न मना सकता था। इस अवसर पर किसान सामूहिक तौर पर शराब पी कर नाचते-नाचते गाते थे। इस दिन वे हर ऐसा काम करने को स्वतंत्र थे जो आम दिनों में वर्जित माना जाता था। इस तरह कार्निवाल रोज़मर्रा के जीवन का एक सांस्कृतिक शीर्षासन था जिसमें अतिक्रमण को न केवल बर्दाश्त किया जाता था बल्कि उसका जश्न मनाया जाता था। वह अभिजन संस्कृति, उसके सौंदर्यबोध और उसकी श्रेष्ठता का प्रतिपक्ष था। बाद में व्यापारी वर्ग के प्रसार और कॉफ़ी हाउस व शराबघरों का व्यापक प्रसार होने से धीरे-धीरे मेलों-ठेलों और कार्निवाल का अवसान होने लगा।

देखें : डेविड एमील दुर्ख़ाइम, फ्रेड्रिख़ नीत्शे-1 और 2, युरोपीय ज्ञानोदय, विचलन, सेक्शुअलिटी।

संदर्भ

1. सी. जेंक्स (2003), *ट्रांसग्रेशन,* रॉटलेज, लंदन.
2. सी. जारविस (1999), *ट्रांसग्रेसिंग द मॉडर्न : एक्सप्लोरेशंस इन द वेस्टर्न एक्सपीरिएंस ऑफ़ अदरनैस,* ब्लैकवेल, ऑक्सफ़र्ड.
3. एमील दुर्ख़ाइम (1984, 1893), *द डिवीज़न ऑफ़ लेबर इन सोसाइटी,* अनु. डब्ल्यू.डी. हाल्स, मैकमिलन, बेसिंगस्टोक.
4. पी. स्टायलब्रास और ए. व्हाइट (1986), *द पॉलिटिक्स ऐंड द पोयटिक्स ऑफ़ द ट्रांसग्रेशन,* कार्नेल युनिवर्सिटी प्रेस, इथाका, एनवाई.
5. फ्रेड्रिख़ विल्हेल्म नीत्शे (1989), *द जीनियोलॅजी ऑफ़ मॉरल्स,* विंटेज, न्यूयॉर्क.

—नरेश गोस्वामी

अतिक्रमण-2

(सामाजिक परिवर्तन की सम्भावना)

(Transgression-2)

अतिक्रमण के बारे में एक तथ्य यह भी उल्लेखनीय है कि नियमों और रीतियों की मुख़ालफ़त के ज़रिये वह सामाजिक परिवर्तन का कारक भी बन सकता है। सामाजिक परिवर्तन के ऐसे दौर में विचलन वास्तव में नवाचार तथा नयी नैतिक परिस्थितियों का आधार भी बन सकता है। इस तरह किसी युग विशेष में जिस व्यवहार को अतिक्रमण माना जाता है वही दूसरे दौर में स्वीकार्य होकर बाद में आदर्श भी बन सकता है। यह बात सेक्शुअलिटी की अवधारणाओं पर ख़ास तौर पर लागू होती है। उदाहरण के लिए एक समय समलैंगिकता, हस्तमैथुन करने या विवाह से पहले यौन-संबंध स्थापित करने को अपराध अथवा मानसिक रोग या दोनों ही माना जाता था।

मैरी डगलस ने पवित्रता के अध्ययन में कहा है कि दूषण को ऐसा अतिक्रमण माना जाता है जो अभिजनों की सत्ता और समाज की नैतिक संहिता के लिए ख़तरा पैदा करता है। इसलिए समाज के कुछ ख़ास तरह के लोगों और कार्यों को निषिद्ध घोषित कर दिया जाता है। भारत में जाति प्रथा का संरक्षण और जाति के सामाजिक संबंधों की मर्यादा ऐसे ही विधि-विधानों के ज़रिये स्थापित की गयी थी। पवित्रता की ऐसी निर्मितियों के दम पर ही वर्ग, जातीय श्रेष्ठता और जेंडर की सीमाएँ क़ायम की गयी थीं। संक्षेप में, समाज कुछ कार्यों या व्यक्ति को दूषित घोषित करके उनका बहिष्कार करने लगता है। यह सामाजिक कार्रवाई इसलिए की जाती है ताकि ऐसे लोग समाज की मर्यादाओं का उल्लंघन न कर पायें।

मिशेल फ़ूको ने अतिक्रमण की परिघटना पर अलग कोण से विचार किया है। फ़ूको के चिंतन में समाज की लघु संस्थाएँ और संरचनाएँ प्रमुख थीं। उनका मानना है कि कसौटियों का निर्माण तथा अतिक्रमण की परिभाषाएँ केवल सामूहिक फ़ैसलों का मामला नहीं होतीं। बल्कि गहराई से देखें तो समाज की उन संस्थाओं में पैबस्त उस स्थानीय ज्ञान/सत्ता का प्रतिबिम्ब होती हैं, जो स्वयं विशेषज्ञों द्वारा गढ़ी गयी अर्थ और परिभाषाओं की व्यवस्था से सम्पृक्त होती हैं। ऐसी किसी भी व्यवस्था में विशेषज्ञ ही यह तय करते हैं कि कौन सा व्यवहार या कार्य अतिक्रमण की श्रेणी में आता है और किस व्यवहार को ठीक या उचित माना जाए। मसलन, बुद्धिवाद और तर्क-बुद्धि के उदय के बाद युरोप के वाणिज्य, शासन, और संस्कृति में आत्मनियंत्रण और किसी भी कार्य को विधिवत तरीक़े से करने को महत्त्व दिया जाने लगा। इसका प्रभाव यह हुआ कि विक्षिप्त व्यक्ति के विचारों

भारत में होली के त्योहार पर सम्मान और शिष्टाचार की सामान्य व्यवस्था स्थगित हो जाती है. कई जगहों पर होली में जेंडर-समीकरण भी उलट जाता है. ब्रज प्रदेश में होने वाली बरसाने की होली में स्त्रियाँ पुरुषों के साथ लट्ठमार होली खेलती हैं.

और व्यवहार, अतार्किक तथा अनियंत्रित चीज़ को असामान्य और विचलनकारी घोषित किया जाने लगा। मनोचिकित्सा के विज्ञान को फ़ूको ज्ञान/सत्ता की इसी व्यवस्था की अभिव्यक्ति मानते हैं। फ़ूको के अनुसार ज्ञान की व्यवस्था में विशेषज्ञ ही सामान्य और असामान्य की कोटियाँ तय करने लगते हैं। इस तरह जो कार्य या व्यवहार विशेषज्ञों द्वारा निर्धारित कोटियों के अनुकूल नहीं बैठता उसे असामान्य या विचलन कहकर विवादास्पद बना दिया जाता है।

अतियथार्थवादी विचारक जॉर्ज बॉते ने भी अतिक्रमण के प्रश्न पर गहराई से विचार किया है। उन्होंने अतिक्रमण, अपराध और असामाजिक समझे जाने वाले व्यवहार को विकसित पूँजीवाद के अनिवार्य लक्षण मानते हुए दावा किया कि पूँजीवादी सभ्यता में ऐसी कोई बंदिश नहीं रह गयी है जिसका उल्लंघन न किया जा सके। बॉते ने कहा कि मनुष्य साथ-साथ चलने वाले दो मनोभावों से प्रभावित रहता है। एक तरफ़ वह त्रास से घबरा कर भागता है, और दूसरी तरफ़ उसमें उसी की तरफ़ खिंचने की प्रवृत्ति भी होती है। वह वर्जनाओं का पालन भी करता है और उनके उल्लंघन में भी लगा रहता है। बॉते अतिक्रमण में निहित 'आनंदपूर्ण त्रास' जैसे अंतरविरोध का स्रोत एक हद तक हिंसा और कामुकता में देखते हैं।

एक अन्य स्तर पर देखें तो आधुनिकता में सायास नियंत्रण और तार्किकता के तक़ाज़े भी अतिक्रमण को जन्म देते हैं। असल में अतार्किकता, विक्षिप्तता, आदिम की अनियंत्रित अन्यता और स्त्री, आधुनिकता के ऐसे स्याह पक्ष हैं जो सत्ता से लगातार बहस तलब रहते हैं। उनकी यह अन्यता सिर्फ़ भय को ही जन्म नहीं देती बल्कि प्रच्छन्न कामनाओं का भी सृजन करती हैं। इसी कारण उन्हें निषिद्ध क़रार दे दिया जाता है ताकि आधुनिकता की तार्किक मगर दमित पवित्रता को बचाया जा सके।

पूर्व-आधुनिक काल में अतिक्रमण के दोषी पाये जाने वाले लोगों को इस तरह बहिष्कार, भर्त्सना और सार्वजनिक उपहास का शिकार बनाया जाता था कि उनके लिए पूरा जीवन एक लम्बी पीड़ा और यातना बन जाता था। लेकिन आधुनिक काल में भी अतिक्रमण को दण्डित किया जाता है। इसके लिए कुछ महीन तरीक़े ईज़ाद किये गये हैं। संस्थाओं में विरोधी विचारधारा के लोगों के प्रवेश के रास्ते बंद करना एक ऐसा ही महीन तरीक़ा है। यह एक विडम्बना है कि इसके बावजूद समाज ही ऐसे विशेषज्ञों को संरक्षण देता है जो सामाजिक तौर पर उपजे अतिक्रमण को परिभाषित करते हैं और उससे निपटने के उपाय भी सुझाते हैं।

कई विद्वानों ने फ्रॉयड की मनोवैज्ञानिक दृष्टि और मार्क्स के सामाजिक दर्शन के औज़ारों से भी अतिक्रमण के आधुनिक रूपों को समझने का प्रयास किया है। एक विद्वान के अनुसार पूँजीवाद के आरम्भिक दौर में यौनिक दमन इसलिए वैध ठहराया जाता था क्योंकि तब वह कामगारों में पूँजीवादी व्यवस्था के प्रति अनुकूलन का भाव पैदा करता था। लेकिन द्वितीय विश्व-युद्ध के बाद उपभोक्ता समाज का विस्तार होने लगा तो दमन की पाबंदियों को ढीला करने की ज़रूरत महसूस की जाने लगी। इस प्रवृत्ति को इसलिए बढ़ावा दिया गया ताकि लोग पैसा बचाने के बजाय उसे खर्च करना सीखें। कई समाज-विज्ञानियों का तर्क है कि उपभोक्तावाद की मौलिक संचालक शक्ति उसके यौनिक प्रतीकों से समझी जा सकती है। उनकी दलील है कि उपभोक्तावाद को सेक्शुअलिटी से इसलिए जोड़ा गया क्योंकि सेक्स एक बिकाऊ उत्पाद है। यौन प्रतिबंधों में ढील देने का प्रभाव यह पड़ा कि लोगों में बचत और सादगी के मूल्य कमज़ोर पड़ने लगे। लेकिन समाज को इन यौनिक अतिक्रमणों को सामान्यता का दर्जा भी देना था लिहाज़ा उपभोक्तावाद के तहत यौनिक संतुष्टि की कल्पनाओं को किसी ख़ास उत्पाद के उपभोग के साथ नत्थी कर दिया गया। इस तरह उपभोक्तावादी समाज विवाह-पूर्व सेक्शुअलिटी को सहन करने की स्थिति में इसलिए आ सका क्योंकि उसके यौनिक दमन का उत्पादों में विरेचन कर दिया गया। इसे एक सर्व-वर्चस्वकारी संरचना में आभासी स्वतंत्रता के तौर पर बढ़ावा दिया गया।

इस तरह अतिक्रमण मनुष्य समाज का महज़ सार्वभौमिक पहलू ही नहीं है। वह इस तथ्य को समझने में भी मदद करता है कि भिन्न-भिन्न समाजों में विचलनकारी व्यवहार की धारणा और ज़मीन किस तरह गढ़ी जाती है और ऐसे व्यवहार को किस तरह नियंत्रित किया जाता है। हाल के वर्षों में एक तरफ़ पूँजीवाद से उपजे संकटों और दूसरी ओर उपभोक्ता-अर्थव्यवस्था के विस्तारमूलक दबावों के मद्देनज़र अतिक्रमण नामालूम हाशियों से उठकर मुख्यधारा में शामिल हो चुका है। अगर कपड़ों, साज-सिंगार, जीवन तथा संगीत शैली आदि पर ध्यान दें तो यह चिह्नित करना मुश्किल नहीं रह जाता कि नैतिकता और अतिक्रमण के बीच की विभाजक

सीमाएँ अब उतनी स्थिर नहीं रह गयी हैं। यह सही है कि अतिक्रमण कोई सुविधाजनक स्थिति या विचार नहीं होता लेकिन इसके साथ यह भी सत्य है कि यही अतिक्रमण समाज की आंतरिक संरचनाओं को उजागर करने के क्रम में उन्हें परिवर्तन के लिए भी तैयार करता है।

देखें : ज़िग्मंड फ्रॉयड-1 और 2, कार्ल हाइनरिख़ मार्क्स-1, 2, 3 और 4, मिशेल पॉल फ़ूको-1 और 2.

संदर्भ

1. मिशेल फ़ूको (1971), *मैडनैस ऐंड सिविलाइज़ेशन : अ हिस्ट्री इनसेनिटी इन द एज ऑफ़ रीज़न*, टेविस्टॉक, लंदन.
2. एम. प्रेस्डी (2001), *कल्चरल क्रिमिनोलॅजी ऐंड द कार्निवाल ऑफ़ क्राइम*, रॉटलेज, लंदन.
3. मैरी डगलस (1966), *प्योरिटी ऐंड डेंजर : ऐन ऐनालिसिस ऑफ़ द कंसेप्ट ऑफ़ पॉल्यूशन ऐंड टैबू*, रॉटलेज ऐंड कीगन पॉल, लंदन.
4. मिख़ाइल बाख़्तिन (1968), *रैबिलियाज़ ऐंड हिज़ वर्ल्ड*, अनु. एच. इस्वोल्स्की, एमआईटी प्रेस, केम्ब्रिज, एमए.

—नरेश गोस्वामी

अतिनाटकीय अभिव्यक्ति

(Melodrama)

फ़िल्म-अध्ययन ने कथांकन की एक महत्त्वपूर्ण विधि के रूप में अतिनाटकीयता या मेलोड्रामा पर विशेष रूप से ग़ौर किया है। ऐसे कला-समीक्षकों की कमी नहीं है जो मेलोड्रामा को अतिरंजना की उपज बता कर घटिया क़िस्म की कला के तौर पर ख़ारिज कर देते हैं। कला के अतिरिक्त अन्य क्षेत्रों में भी अतिनाटकीयता को सतहीपन और अ-गम्भीरता का परिचायिक माना जाता है। मसलन, 'मेलोड्रैमेटिक पॉलिटिक्स' एक ऐसा फ़िक़रा है जिसके साथ कोई गम्भीर राजनेता ख़ुद को जोड़ना पसंद नहीं करेगा। दूसरी तरफ़ हक़ीक़त यह है कि प्राचीन और मध्ययुगीन कला-रूपों की इस विरासत ने उन्नीसवीं सदी के दौरान आधुनिकता के विकास के साथ-साथ अपनी सामाजिक अहमियत स्पष्ट रूप से प्रमाणित करने में कामयाबी हासिल की है। अभिव्यक्ति के एक प्रभावशाली प्रकार के रूप में आधुनिकता ने उसका जम कर सामाजिक उपयोग किया है। हॉलीवुड में तीस से साठ के दशक की अवधि पर मेलोड्रामा का बोलबाला माना जाता है। सत्तर के दशक में कई अध्येताओं ने अतिनाटकीयता की व्याख्या के विद्वत्तापूर्ण प्रयास करके मेलोड्रामा को कला-अध्ययन की सम्मानजनक विषयवस्तु बना दिया है। भारतीय रंगमंच और सिनेमा में तो मेलोड्रामा शुरू से लेकर आज तक कथांकन की प्रधान विधि के रूप में जमा हुआ है। भारतीय फ़िल्म-अध्ययन का मेलोड्रामा के अध्ययन में विशेष योगदान है। रवि वासुदेवन को इस क्षेत्र का महारथी माना जाता है।

वैसे तो मेलोड्रामा में लगभग सभी कला-विधाओं और सिनेमा के सभी प्रकारों (जैसे ऐतिहासिक, धार्मिक और अपराध फ़िल्में) करते हुए पाया जा सकता है, पर उसका मुख्य क्षेत्र पारिवारिक और नैतिक मूल्यों का दायरा है। उन्नीसवीं सदी में पूँजीवाद के उभार के साथ जब निजी सम्पत्ति और उसके स्वामित्व की विरासत का प्रश्न उठा तो परिवार और उसे बचाने वाले मूल्यों की हिफ़ाज़त पूँजीवाद के बार-बार और लगातार पुनरुत्पादन की केंद्रीय भूमि बन गयी। औद्योगिक क्रांति के कारण परिवार पर दबाव बढ़ता जा रहा था। कारख़ाना आधारित श्रम पुरुषों को घर-बार से अलग कर देता था। मध्यवर्गीय स्त्रियाँ श्रम बाज़ार से क़दम खींचती जा रही थीं, और मज़दूर वर्गीय स्त्रियाँ और बच्चे उत्तरोत्तर उजरत कमाने की तरफ़ बढ़ रहे थे। इस प्रक्रिया ने सर्वहारा वर्ग का ज़बरदस्त शहरीकरण किया। शहर भीड़ भरे होने लगे। मध्यवर्ग ने चौंक कर देखा कि एक तरफ़ तो वह कुलीन वर्ग के तिरस्कार और उत्पीड़न का शिकार है और दूसरी तरफ़ ग़रीबों की भीड़ उसे त्रस्त कर रही है। इस अंतर्विरोधी परिस्थितियों में मेलोड्रामा युगीन दुविधाओं, पितृसत्ता और वर्ग-विभेद के कारण उपजी त्रासदियों का संदेश-वाहक बन गया।

पूँजीवाद के कारण मनुष्य के परायेपन और प्रौद्योगिकी द्वारा उस पर थोपे गये निर्वैयक्तीकरण के कारण उपजी दुश्चिंताओं के कारण मेलोड्रामा की सामाजिक उपयोगिता में ज़बरदस्त इज़ाफ़ा हुआ। उसने वर्ग-ध्रुवीकरण को व्यक्त करते हुए उसके मुक़ाबले नाटकीय समरसता का नज़ारा पेश किया। बूर्ज्वा मूल्य उस समय तक पूरी तरह स्थापित नहीं हुए थे, इसलिए मेलोड्रामा द्वारा निर्वैयक्तीकरण की पीड़ाओं का प्रतिकार दैनंदिन जीवन के दायरे में व्यक्ति के नायकत्व की आभा से करवाया गया।

मेलोड्रामा ने घर और बाहर का भेद अपनी तरह से स्पष्ट किया। उसकी निगाह में स्त्री घर के भीतर अभिरुचियों की निर्धारक और आगार थी, और पुरुष घर के बाहर न्याय और नियंत्रण का वाहक था। इस प्रकार मेलोड्रामा ने सामाजिक परिवर्तन और आधुनिकीकरण की प्रक्रिया के दायरे में परिवार की स्थिति को परिभाषित करने की भूमिका निभायी। उसने स्त्री-दर्शकों को विशेष रूप से आकर्षित किया, क्योंकि मेलोड्रामा के ज़रिये स्त्री-पात्रों को लगता था कि उन्हें अपने हाशिये से निकलने का रास्ता मिल रहा है।

भारत में अतिनाटकीयता की परम्परा नौटंकी, लावनी, तमाशा और पारसी थिएटर से होते हुए फ़िल्म-संस्कृति में परिष्कृत ढंग से विकसित हुई है. भारतीय सिनेमा संवाद, संगीत, नृत्य, प्रहसन, रहस्य-रोमांच और चित्र-विचित्र का एक संगम होने के कारण अतिनाटकीयता के पारम्परिक रूपों को जीवित रख सका.

इसीलिए अतिनाटकीय अभिव्यक्ति के समाजशास्त्र की जाँच न केवल मार्क्सवादी और मनोवैश्लैषिक उपादानों से की गयी, बल्कि नारीवादी विद्वानों ने भी उसकी गवेषणा में काफ़ी ऊर्जा ख़र्च की। उन्होंने बताया कि परिवार के दायरे में पुरुष ख़ुद को एक विचित्र स्थिति में पाता है जिसमें घर के बाहर सम्पन्न होने वाले उत्पादन के बजाय प्रजनन की प्रमुखता होती है। यह क्षेत्र अ-सक्रिय क़िस्म का होने के नाते कुछ कम पौरुषपूर्ण होता है। पुरुष को कुछ न कुछ समझौते करने पड़ते हैं, लैंगिक विभेद कुछ नरम पड़ जाते हैं और मज़बूरन पारिवारिक मूल्यों की एक समझ बनानी पड़ती है। ये परिस्थितियाँ उसके भीतर छिपे हुए स्त्रीपन को कुछ और उभार देती हैं। स्त्री-दर्शकों को यह परिस्थिति अपने अनुकूल लगती है।

दूसरी तरफ़ वे पाती हैं कि पर्दे पर दिखाया जा रहा स्त्री-किरदार किस तरह परिवार के मूल्य और नैतिकताओं को बचाने के लिए यौन-दमन और दुस्साहसिक यौन-संतुष्टि के प्रयासों के बीच झूल रहा है। इससे उन्हें अपने ख़ुद के अनुभव साकार होते हुए दिखते हैं। भले ही उनके अपने घर की समस्याओं का समाधान न हुआ हो, पर स्क्रीन पर दिखाये जा रहे समाधान और उसमें पुरुष की अपेक्षाकृत सिर झुका कर की गयी भागीदारी उन्हें काफ़ी भाती है। नारीवादियों का मानना है कि परिवार के दायरे में स्त्री के दृष्टिकोण के बोलबाले से एक स्वैरकल्पना का जन्म होता है। इसलिए जिन फ़िल्मों के उपसंहार में स्त्री पराजित दिखायी जाती है, वे भी स्त्री-दर्शकों के लिए आनंद और संतोष का ज़रिया बन जाती हैं।

मेलोड्रामा की एक अन्य विशेषता यह है वह उत्पीड़ित पर रोशनी डाल कर ही सार्थक हो सकता है। वह उत्पीड़ित ज़मींदार द्वारा सताया गया किसान, किसी कुटिल खलनायिका द्वारा फँसाया गया नेक इनसान, किसी चरित्रहीन पुरुष द्वारा 'ख़राब' की गयी भोली-भाली बाला, या समाज व क़ानून की निष्ठुरताओं की मार खाने वाला अपराधी हो सकता है। मेलोड्रामा त्याग की मनोवृत्ति को बढ़ावा देने का औज़ार भी है। उसके प्रभाव में स्त्रियाँ तो त्याग करते हुए दिखायी जाती ही हैं, पुरुष-प्रधान मेलोड्रामा (जैसे अपराध फ़िल्में) में चरित्रका समाहार अक्सर पुरुष द्वारा दी गयी अपनी क़ुर्बानी के रूप में प्रदर्शित किया जाता है। मेलोड्रामा एक विरोधाभासी संरचना भी है, क्योंकि उसे नाटकीय गतिशीलता दिखानी पड़ती है और वह भी ज़्यादातर परिवार के स्थिर दायरे में। इसके लिए फ़िल्मकार को अक्सर फ़्लैशबैक का इस्तेमाल करके कथानक का चक्रीय निरूपण करना पड़ता है।

भारतीय संदर्भ में मेलोड्रामा के विविध स्रोत हैं। भारतीय फ़िल्मों को अतिनाटकीय अभिव्यक्ति की विरासत कई स्रोतों से प्राप्त हुई। एक तरफ़ नौटंकी, तमाशा और लावनी जैसे ग्रामीण लोकनाट्यों की स्थापित और लोकप्रिय अतिनाटकीयता थी, और दूसरी ओर थी पश्चिमी भारत में जन्मे पारसी थिएटर की शहरी अतिनाटकीयता। लखनऊ में फ़ारसी के मसनवी सरीखे रोमानी आख्यानों के साथ ब्रजभाषा से टँकी हुई संगीतात्मकता और नृत्य ने नाटकों की एक और परम्परा को जन्म दिया। लखनऊ में ही पनपी दास्तानगोई परम्परा की भी इसमें ख़ास भूमिका थी। दास्तान में रज़्म (युद्ध), बज़्म (नाच-गाने और फ़ँसाने की महफ़िल), तिलिस्म और ऐय्यारी का संयोग था। इस लिहाज़ से देखा जाए तो आग़ा हश्र कश्मीरी, राधेश्याम कथावाचक और नारायण प्रसाद बेताब जैसे नाटककार भारतीय अतिनाटकीयता के पुरोगामी थे। फ़िल्म-संस्कृति के विकास में पारसियों को गहरी दिलचस्पी थी (जे.एफ़. मदन, आर्देशिर ईरानी, वाडिया परिवार और सोहराब मोदी)। इन तमाम पहलुओं ने मिल कर भारतीय रंगमंच को अतिनाटकीयता से सम्पन्न किया। चारों तरफ़ से खुले हुए मंच की जगह जब केवल एक तरफ़ से खुले हुए मंच पर नाटक खेले गये तो भी उसके अभिनेता पहले की ही तरह दर्शकों की मुँह करके उससे सीधा संवाद करते रहे। उन्होंने दर्शकों और अपने बीच की अदृश्य दीवार के पीछे मंच को एक सीलबंद स्पेस मानने से इनकार कर दिया। पुरोदर्शन की यह विशिष्ट भारतीय परम्परा अतिनाटकीय अभिव्यक्ति

की संहिताओं के सर्वथा अनुकूल थी। इसके अलावा भारतीय सिनेमा संवाद, संगीत, नृत्य, प्रहसन, रहस्य-रोमांच और चित्र-विचित्र का कुछ ढीला-ढाला जमावड़ा था, इसलिए भी वह अतिनाटकीयता के पारम्परिक रूपों को जीवित रख सका।

देखें : अनुपस्थिति-उपस्थिति, कला सिनेमा, अवाँगार्द और प्रति-सिनेमा, टीवी और समाचार, टीवी और सेक्शुअलिटी, टीवी और टीवी-अध्ययन, तीसरा सिनेमा, तीसरी दुनिया का सिनेमा, दक्षिण भारतीय सिनेमा और राजनीति, नारीवादी फ़िल्म-सिद्धांत, फ़िल्म और सेक्शुअलिटी, फ़िल्मांतरण, फ़िल्म-सिद्धांत, फ़्लैश-बैक, भारतीय सिनेमा-1, 2 और 3, भारतीय फ़िल्म-अध्ययन, भारतीय स्टार सिस्टम, रियलिटी टीवी, विचारधारा और हिंदी सिनेमा, वृत्त-चित्र, सेलेब्रिटी, सोप ओपेरा, सिनेमाई यथार्थवाद, नव-यथार्थवाद, सोवियत सिनेमा, स्टार, हिंदी सिनेमा का समाजशास्त्र।

संदर्भ

1. रवि वासुदेवन (2010), *द मेलोड्रैमेटिक पब्लिक : फ़िल्म फ़ॉर्म ऐंड स्पेक्टेटरशिप इन इण्डियन सिनेमा,* परमानेंट ब्लैक, दिल्ली.
2. क्रिस्टियन ग्लैडहिल (सम्पा.) (1987), *होम इज़ व्हेयर हार्ट इज़ : स्टडीज़ इन मेलोड्रामा ऐंड द वुमॅन फ़िल्म्स,* ब्रिटिश फ़िल्म इंस्टीट्यूट, लंदन.
3. पीटर ब्रुक्स (1976), *द मेलोड्रैमेटिक इमेजिनेशन,* कोलम्बिया युनिवर्सिटी प्रेस, न्यूयॉर्क.
4. ई.ए. कप्लान (1992), *मदरहुड ऐंड रिप्रज़ेंटेशन : द मदर इन पॉप्युलर कल्चर ऐंड मेलोड्रामा,* रॉटलेज, लंदन और न्यूयॉर्क, 1992
5. लौरा मलवी (1975), 'नोट्स ऑन सिर्क ऐंड मेलोड्रामा', *मूवी,* अंक 25.

—अभय कुमार दुबे

अधिकार

(Rights)

कोई भी राजनीतिक बहस अधिकारों का हवाला दिये बिना नहीं हो सकती। रोज़मर्रा की ज़िंदगी भी अधिकारों की भाषा बोले बिना पूरी नहीं होती। राजनीति में अगर जीवन के अधिकार, काम के अधिकार, शिक्षा के अधिकार, गर्भपात के अधिकार, स्वतंत्र अभिव्यक्ति के अधिकार, समानता के अधिकार, सामाजिक न्याय के अधिकार और सम्पत्ति के अधिकार जैसी चर्चाएँ होती हैं, तो रोज़ाना की ज़िंदगी में नौजवान देर से घर लौटने और मन-मर्ज़ी के कपड़े पहनने के अधिकारों का दावा करते रहते हैं। इसके उलट माँ-बाप की तरफ़ से उनकी गतिविधियों को नियंत्रित करने का अधिकार बुलंद किया जाता है। अधिकारों की यह भाषा हमेशा से ही ऐसी नहीं थी। आधुनिकता से पहले के ज़मानों में अधिकार का मतलब होता था सत्ता या विशेष सुविधा, जिसे भोगने का हक़ सामंतों या पुरोहितों के पास था। राजा दैवी अधिकार से राज्य करता था। यहाँ तक कि यूनान के नगर-राज्यों के प्रत्यक्षलोकतंत्र में भी सिर्फ़ थोड़े-बहुत दास-मालिक पुरुषों को ही नागरिकता के अधिकार मिले हुए थे। भारतीय समाज में भी अधिकारों का पदानुक्रमवादी विन्यास प्रचलित रहा है। आधुनिकता ने अधिकारों के इस तात्पर्य और समीकरण को बदल दिया। सत्रहवीं सदी के युरोप में प्राकृतिक अधिकारों के सिद्धांत का प्रतिपादन हुआ। अट्ठारहवीं सदी में स्वतंत्रता के अमेरिकी घोषणा-पत्र ने कुछ अधिकारों को अविभाज्य क़रार दिया। इसके फ़ौरन बाद फ्रांसीसी क्रांति ने मनुष्यों और नागरिकों के अधिकारों का युगप्रवर्तक सूत्रीकरण किया। उन्नीसवीं सदी में अधिकारों का दायरा मानवाधिकारों तक विस्तृत हुआ। बीसवीं सदी के उत्तरार्ध में अधिकारों का विचार आधुनिक समाज की पुनर्रचना का प्रमुख आधार बन कर उभरा।

आज अधिकार का मतलब है एक ख़ास तरह से सक्रिय रहने का हक़ या अपने साथ ख़ास सुलूक करवाने का हक। और, यह हक़ किसी ख़ास वर्ग या तबके के लिए नहीं, बल्कि सार्वभौम रूप से हर व्यक्ति के लिए उपलब्ध माना जाता है। मनुष्य के रूप में, नागरिक के रूप में, व्यक्ति के रूप में या किसी समूह के सदस्य के रूप में सभी को मतदान करने, अपनी राय देने या आर्थिक प्रगति करने का अधिकार है। ये अधिकार कर्त्तव्य से इस मायने में भिन्न हैं कि व्यक्ति जब चाहे इन्हें इस्तेमाल न करने का चुनाव कर सकता है। मसलन, मतदान कर्त्तव्य नहीं बल्कि अधिकार इसलिए है कि मतदाता वोट न डालने के लिए भी स्वतंत्र है। अधिकार एक ऐसा प्रत्यय है जिसमें दो लोग भागीदार होते हैं। एक वह जो अधिकार का धारक है, और दूसरा वह जो अधिकार का प्रेक्षक है। प्रेक्षक अधिकार के दावे को प्राप्त करने में धारक की या तो सकारात्मक मदद करता है या उसमें नकारात्मक बाधा डालता है।

दिलचस्प बात यह है कि अधिकार संबंधी अवधारणा तो सभी को स्वीकार्य है, पर इस बात पर वाद-विवाद होता रहता है कि कौन से अधिकार किसे मिलने चाहिए और उनका आधार कैसे तय किया जाए। इस बहस का रचनात्मक पक्ष यह है कि अधिकारों का दायरा लगातार बढ़ता जा रहा है : स्त्रियों के अधिकार, बच्चों के अधिकार, अल्पसंख्यकों के अधिकार, समलैंगिकों के अधिकार, विकलांगों के अधिकार और पशुओं के अधिकारों से लेकर अधिकारों की अवधारणा का विस्तार अपनी देह का अंत करने के अधिकार तक हो गया है। लेकिन, सभी समाज और राज्य अपने सभी वासियों को

ये सभी अधिकार सहजता से नहीं देते। अक्सर अधिकारों को प्राप्त करने के लिए संघर्ष करना पड़ता है, आंदोलन चलाये जाते हैं और कभी-कभी लम्बी लड़ाइयों के बावजूद अधिकार प्राप्त नहीं हो पाते। कभी-कभी अधिकार क़ानूनी रूप से मिल जाते हैं, पर उन्हें समाज के गले उतारने के लिए लम्बा इंतज़ार करना पड़ता है।

अधिकारों की भाषा में जाने पर कई तरह की पेचीदगियों का सामना भी करना पड़ता है। मसलन, क्या मनुष्य के जीवित रहने का अधिकार किसी भ्रूण को भी मिलना चाहिए? अगर हाँ, तो गर्भपात के अधिकार का क्या मतलब रह जाएगा? क्या अधिकार सामाजिक हैसियत और जैविक आवश्यकताओं के आधार पर भी दिये जा सकते हैं? क्या मानव की श्रेणी में न आने वाली प्रजातियों के अधिकारों की भी फ़िक्र की जानी चाहिए? अगर दो वयस्क स्त्री और पुरुष विवाह करने का फ़ैसला करते हैं और उनका यह मिलन उस समुदाय के सांस्कृतिक अधिकारों के लिहाज़ से आपत्तिजनक है तो उस सूरत में व्यक्ति के अधिकार को प्राथमिकता दी जानी चाहिए या समुदाय के अधिकार को?

अधिकारों की कुछ प्रमुख क़िस्में हैं : नकारात्मक और सकारात्मक अधिकार; नागरिक, राजनीतिक और सामाजिक अधिकार; वैधानिक और नैतिक अधिकार; मानवाधिकार।

समाज और राज्य के अ-हस्तक्षेप पर आधारित अधिकार नकारात्मक कहलाते हैं। उदाहरण के लिए समाज और राज्य से अपेक्षा की जाती है कि वे स्वतंत्रता, जीवन और सम्पत्ति के अधिकारों में दख़लअंदाज़ी नहीं करेंगे। जीवन के अधिकार के तहत कोई किसी की हत्या नहीं कर सकता, पर इसका मतलब यह भी नहीं निकाला जा सकता कि अहस्तक्षेप की यह बाध्यता किसी को जीवित रखने या ठीक से जीवित रहने में किसी की मदद का कर्त्तव्य भी आरोपित करती हो। इसके उलट जैसे ही सकारात्मक अधिकारों की बात आती है, वहाँ समाज के अन्य सदस्यों और राज्य के कर्त्तव्यों का प्रश्न सामने आ जाता है। मिसाल के लिए स्वास्थ्य का अधिकार, बुनियादी रोज़ी-रोटी का अधिकार और रोज़गार का अधिकार राज्य और समाज से माँग करता है कि इनकी पूर्ति के लिए अनुकूल परिस्थितियाँ बनायी जाएँगी।

बीसवीं सदी के मध्य तक नागरिक अधिकार और राजनीतिक अधिकारों को अलग-अलग माना जाता था। सम्पत्ति रखने, अनुबंध करने, अदालत में जाने, अपने धर्म में निष्ठा रखना, प्रेस और अभिव्यक्ति की आज़ादी जैसे अधिकार नागरिक अधिकारों की श्रेणी में आते थे। वोट देना और सरकारी पदों पर रहना राजनीतिक अधिकार थे, जिन्हें केवल वयस्क पुरुषों के लिए ही सुरक्षित रखा गया था। दोनों तरह के अधिकारों के बीच का यह अंतर नागरिकों को तरह-तरह की श्रेणियों में बाँट कर देखता था। इस विचार के तहत स्त्रियों को केवल सीमित अधिकार ही दिये जाते थे। इसी तरह गोरी चमड़ी से वंचित लोग भी नागरिकता के पूरे अधिकारों से वंचित थे। स्त्री अधिकार आंदोलन और फिर पचास और साठ के दशक में चले अफ़्रीकी मूल के अमेरिकनों क़े नागरिक अधिकार आंदोलन ने नागरिक और राजनीतिक अधिकारों के इस स्थापित अंतर को भंग कर दिया। धीरे-धीरे नागरिक, राजनीतिक और सामाजिक अधिकारों को अलग-अलग मानने की प्रवृत्तियों का व्यावहारिक रूप से अंत हो गया। इसमें अधिकारों की तीन श्रेणियों की भूमिका रही : अट्ठारहवीं सदी में जिन्हें नागरिक अधिकार (सम्पत्ति, अनुबंध, क़ानूनी मदद और धार्मिक निष्ठा) माना जाता था, उन्नीसवीं सदी में जिन्हें आर्थिक कल्याण के अधिकारों की संज्ञा दी जाती थी (आहार, आश्रय, स्वास्थ्य और रोज़गार) और बीसवीं सदी में जिसे सांस्कृतिक अधिकारों (भाषाई अधिकार, देशज लोगों के अधिकार, अल्पसंख्यक जातीयताओं का राजनीतिक स्वायत्तता का अधिकार) का नाम दिया गया।

अधिकारों की अवधारणा को समझने के लिए विधिक और नैतिक अधिकारों का फ़र्क़ साफ़ होना बहुत ज़रूरी है। विधिक अधिकार क़ानून सम्मत होते हैं और उन्हें अदालतों द्वारा लागू किया जा सकता है। इन अधिकारों के साथ दिक़्क़त यह है कि ऐसे कई अधिकार समाज की निगाहों में उचित नहीं माने जाते। जैसे, 1992 तक एक अंग्रेज़ पति क़ानूनन अपनी पत्नी के साथ बलात्कार कर सकता था, जबकि समाज द्वारा इस तरह के व्यवहार को भर्त्सना योग्य समझा जाता था। वेज़ली होफ़ेल्ड ने विधिक अधिकारों को चार श्रेणियों में बाँट कर परिभाषित करने का यत्न किया है : वे अधिकार जिनके साथ कोई कर्त्तव्य जुड़ा हुआ नहीं है, यानी जिन्हें भोगने या न भोगने के लिए व्यक्ति स्वतंत्र है, वे अधिकार जिनके साथ दावेदारी जुड़ी हुई है, यानी जो किसी दूसरे पर कर्त्तव्य आरोपित करते हैं, वे अधिकार जो क़ानूनी शक्तियाँ प्रदान करते हैं, और वे अधिकार जिनके ज़रिये व्यक्ति किन्हीं बाध्यताओं की अधीनता से बच सकता है।

नैतिक अधिकार क़ानूनी रूप से लागू नहीं किये जा सकते। व्यक्ति जब किसी दूसरे द्वारा किये गये आश्वासन की पूर्ति की अपेक्षा रखता है तो इसका मतलब यह हुआ कि वह अपने नैतिक अधिकार का दावा कर रहा है। वह मानता है कि उसे वह मिलना ही चाहिए जिसका उससे वायदा किया गया है। नैतिक अधिकारों के साथ दिक़्क़त यह है कि उनकी संरचना क़ानून से इतर और बेहद अस्पष्ट होती है। इसीलिए उपयोगितावादी दार्शनिक जेरेमी बेंथम नैतिक अधिकारों के विचार को ख़ारिज कर देते हैं। बेंथम का कहना था कि नैतिक अधिकार केवल उन विधिक अधिकारों की दावेदारी के अलावा कुछ नहीं है, जिनके बारे में माना जाता है कि उन्हें होना चाहिए।

अधिकारों का विचार आधुनिक युग की शुरुआत में विकसित हुए प्राकृतिक अधिकारों के सिद्धांत से विकसित हुआ है। इसकी समझ के लिए अधिकार की अवधारणा के सैद्धांतिक सफ़र पर एक निगाह डाली जा सकती है।

देखें : अधिकार : सैद्धांतिक यात्रा, अमेरिकी क्रांति, उपयोगितावाद, एडमण्ड बर्क, जॉन लॉक, जेरेमी बेंथम, जॉन स्टुअर्ट मिल, जॉन रॉल्स, फ्रांसीसी क्रांति, बहुसंस्कृतिवाद, भारत में मानवाधिकार, भारत में मानवाधिकार आंदोलन, मानवाधिकार, थॉमस हॉब्स, नागरिकता, नागरिकता : अन्य परिप्रेक्ष्य-1 और 2, नागर समाज, नागर समाज : भारतीय बहस, रॉबर्ट नॉज़िक।

संदर्भ

1. पपिया सेनगुप्ता तालुकदार (2008), 'राइट्स', संकलित : राजीव भार्गव और अशोक आचार्य (सम्पा.), *पॉलिटिकल थियरी : ऐन इंट्रोडक्शन,* पियर्सन एजुकेशन, नयी दिल्ली.
2. ऐंड्रू हेवुड (2004), 'राइट्स, ऑब्लीगेशंस ऐंड सिटीज़नशिप', *पॉलिटिकल थियरी : ऐन इंट्रोडक्शन,* पालग्रेव मैकमिलन, न्यूयॉर्क.
3. रोनाल्ड ड्वॉरकिन (1994), *टेकिंग राइट्स सीरियसली,* संशोधित संस्करण, डकवर्थ, लंदन.
4. आर. मार्टिन (1993), *अ सिस्टम ऑफ़ राइट्स,* क्लैरेंडन प्रेस, ऑक्सफ़र्ड.

—अभय कुमार दुबे

अधिकार : सैद्धांतिक यात्रा

(Theories of Rights)

अधिकारों की आधुनिक अवधारणा के मर्म में सभी को समान अधिकारों का आग्रह निहित है। लेकिन इस मुक़ाम तक पहुँचने में राजनीतिक चिंतकों को बहुत लम्बा समय लगा है। प्राचीन काल से ही राज्य और व्यक्ति के बीच समुचित संबंधों पर विचार होता रहा है। यूनानी नगर-राज्यों में ये संबंध नागरिक होने या नागरिक न होने की स्थितियों पर आधारित थे। नागरिक का दर्जा प्राप्त होने का मतलब था समुदाय के राजनीतिक जीवन में सीधी भागीदारी और निर्वाचित होने पर शासन की ज़िम्मेदारियाँ निभाने का अधिकार। लेकिन अधिकारों का धारक होने की यह हैसियत केवल सम्पत्तिवान (दास-मालिक) पुरुषों को ही हासिल थी। बाक़ी सभी के अधिकार कमतर थे। यहाँ तक कि दास-मालिकों के परिवार की स्त्रियाँ भी नागरिक नहीं मानी जाती थीं। अधिकारों के इस विषम बँटवारे पर पहला सवालिया निशान प्राकृतिक अधिकारों के सिद्धांत के रूप में लगा जिसके प्रतिपादन का श्रेय थॉमस हॉब्स को जाता है। प्राकृतिक अधिकारों की इस थीसिस को 1690 में प्रकाशित जॉन लॉक ने *टू ट्रीटाइज़ ऑन सिविल गवर्नमेंट* में विकसित किया। अधिकारों की यह सैद्धांतिक यात्रा अट्ठारहवीं और उन्नीसवीं सदी में उपयोगितावादी विमर्श (जेरेमी बेंथम और जॉन स्टुअर्ट मिल) के रास्ते से गुज़री। बीसवीं सदी में जॉन रॉल्स ने अधिकारों का सिद्धांतीकरण लोकहितकारी समतामूलक राज्य की रोशनी में किया। रॉल्स के बाद रॉबर्ट नॉज़िक के स्वतंत्रतावाद और फिर बहुसंस्कृतिवादी चिंतन ने इस विमर्श में नये आयामों का योगदान किया।

सत्रहवीं सदी में प्रकाशित अपनी विख्यात रचना *लेवायथन* में हॉब्स ने 'प्रकृत अवस्था' की संकल्पना की है। वे मानते थे कि किसी संगठित राजनीतिक प्राधिकार और सरकार की ग़ैरमौजूदगी में हर व्यक्ति बिना किसी रोक-टोक के प्राकृतिक दायरे में अपने हितों की सिद्धि के लिए हर समय परस्पर युद्धरत रहने के लिए मजबूर है। इससे पहले कि मनुष्य इस प्राणांतक संघर्ष की भेंट चढ़ जाए, अपनी उत्तरजीविता के लिए वह स्वयं को राज्य के प्राधिकार के हवाले कर देता है। इसके लिए उसे प्रकृत अवस्था के अपने अधिकार स्वेच्छा से त्यागने पड़ते हैं। लेकिन, हॉब्स राज्य की आधीनता में भी प्रकृत अवस्था का एक अधिकार सुरक्षित रखने की सिफ़ारिश करते हैं और वह अधिकार है जीवन का अधिकार। अर्थात् राज्य द्वारा दिया गया आत्महत्या करने का आदेश मानने के लिए व्यक्ति बाध्य नहीं है।

जॉन लॉक 'प्रकृत अवस्था' की संकल्पना से तो सहमत हैं, पर वे यह नहीं मानते कि इस हालत में मनुष्य लगातार एक-दूसरे के ख़िलाफ़ युद्धरत रहने के लिए मजबूर है। हॉब्स के विपरीत उनकी मान्यता है कि प्रकृत अवस्था के तहत मनुष्य अपनी कार्रवाइयाँ और गतिविधियाँ अपने हिसाब से व्यवस्थित करने के लिए पूरी तरह स्वतंत्र है। वह केवल प्रकृति के नियमों के अधीन रहता है जहाँ सभी एक-दूसरे के समान हैं और सभी के पास एक सी सत्ता और एक सा न्याय-क्षेत्र है। प्रकृत अवस्था की यह परिभाषा करके लॉक इस निष्कर्ष पर पहुँचते हैं कि हर व्यक्ति को जीवन और स्वतंत्रता का प्राकृतिक अधिकार भोगने का हक़ है। वह जिस तरह चाहे अपनी सम्पत्ति का इस्तेमाल कर सकता है, बशर्ते उसकी वह कार्रवाई दूसरों के वैसे ही अधिकार में बाधा न डालती हो। प्राकृतिक अधिकारों के इस सिद्धांतीकरण ने एक तरफ़ तो अधिकारों की अवधारणा की बुनियाद रखी, और दूसरी तरफ़ इसकी आलोचनाओं के ज़रिये अट्ठारहवीं और उन्नीसवीं सदी में उपयोगितावादियों ने इसका आगे विकास किया।

लॉक की अवधारणा को 1776 के 'अमेरिकन डिक्लेरेशन ऑफ़ इण्डिपेंडेंस' में मूर्तिमान स्वरूप मिला। इसके मुताबिक़ जीवन, सम्पत्ति और सुख प्राप्त करने के

अधिकार की हिफ़ाज़त की ज़िम्मेदारी राज्य की संस्था पर डाली गयी। 1789 के 'फ्रेंच डिक्लेरेशन ऑफ़ राइट्स ऑफ़ मैन ऐंड सिटीज़ंस' ने इन तीन अधिकारों के साथ उत्पीड़न के मुक़ाबले सुरक्षा और प्रतिरोध का अधिकार भी जोड़ दिया।

प्राकृतिक अधिकारों के विचार को बर्क, मार्क्स और बेंथम की तरफ़ से आलोचना का सामना करना पड़ा। एडमण्ड बर्क का तर्क था कि प्राकृतिक अधिकारों का दावा एक निरर्थक और अमूर्त तत्त्वचिंतन के अलावा कुछ नहीं है। उन्होंने कहा कि मनुष्य के वास्तविक अधिकार प्राकृतिक न हो कर सामाजिक होते हैं। उन्होंने अधिकारों की सार्वभौम दावेदारी को भी यह कहते हुए आड़े हाथों लिया कि यह थियरी राष्ट्रीय और सांस्कृतिक विविधताओं की अनदेखी करती है। मार्क्स का असंतोष मुख्य तौर पर प्राकृतिक अधिकारों को व्यक्ति के स्तर पर परिभाषित करने से जुड़ा था। मार्क्स के मुताबिक़ यह व्याख्या मानव को न केवल समुदाय से काट कर देखती है, बल्कि प्रकृति से भी काट देती है जिसके साथ उसका आत्यंतिक रिश्ता है। इसलिए यह धारणा न तो प्राकृतिक है और न ही सार्वभौम। दरअसल, पूँजीवादी दर्शन द्वारा गढ़े गये *अपने अहं में डूबे व्यक्ति* को ही प्राकृतिक अधिकारों का सिद्धांत एक सार्वभौम श्रेणी की तरह पेश करना चाहता है।

जेरेमी बेंथम को अधिकारों के उपयोगितावादी सिद्धांत का प्रतिपादन करने का श्रेय जाता है। उनका विचार था कि प्राकृतिक अधिकारों की दावेदारी अस्पष्ट और बेमतलब है। इन अधिकारों पर होने वाले विवादों का निबटारा हिंसा से ही हो सकता है। इसलिए ज़रूरी है कि अधिकारों का एक बुद्धिसंगत सिद्धांत प्रतिपादित किया जाए। बेंथम ने कहा कि अधिकारों को संस्थागत रूप देने के लिए बनाये जाने वाले क़ानून उपयोगिता पर आधारित होने चाहिए ताकि समुदाय को उसका अधिकतम लाभ मिल सके। बजाय इसके कि केवल कुछ लोगों की ख़ुशी और सुख का ख़याल रखा जाए, अधिकतम लोगों के लिए सुख की उपलब्धि करने की कोशिश होनी चाहिए। बेंथम ने अपने इस आग्रह को वैज्ञानिक स्पर्श देने के लिए उपयोगिता नापने की एक गणितीय विधि भी तजवीज़ कर डाली। बेंथम का विचार राजनेताओं, नीति-निर्माताओं और सिद्धांतकारों के बीच काफ़ी लोकप्रिय हुआ। धीरे-धीरे इस उसूल को सार्वजनिक नैतिकता के मर्म अर्थात् मानव-कल्याण को मूर्तिमान करने वाले सिद्धांत के रूप में देखा जाने लगा।

उपयोगिता संबंधी बेंथम के दावे को चार भागों में बाँट कर समझा जा सकता है : पहला, हममें से हर व्यक्ति अपने सुख का आकलन करने में सक्षम है; दूसरा, सरकार के लिए नीति बनाने वाले भी इस सुख का आकलन कर सकते हैं; तीसरा, सुख के आकलन की प्रकृति मात्रात्मक है यानी सुख हम सभी के भीतर एक ऐसी चीज़ है जिसे एक संख्या में नापा जा सकता है; चौथा, एक व्यक्ति के भीतर का सुख किसी दूसरे व्यक्ति के भीतर के सुख में जोड़ा जा सकता है। अर्थात्, न केवल व्यक्तियों के सुखों की तुलना की जा सकती है, बल्कि उनका योगफल निकाल कर सम्पूर्ण सुख का पता लगाया जा सकता है। दरअसल, बेंथम की मान्यता थी कि सुख केवल आनंद की अनुभूति का पर्याय है, न कि बहुविधि अनुभवों और अनुभूतियों का। बेंथम के इस सूत्रीकरण की काफ़ी आलोचना हुई। यहाँ तक कि उनके दर्शन से प्रभावित हो कर स्वयं उपयोगितावादी बन जाने वाले जॉन स्टुअर्ट मिल ने भी माना कि आनंद की अनुभूति मात्रा में ही नहीं, बल्कि गुण में भी हर व्यक्ति के लिए अलग-अलग होती है।

उपयोगितावाद के समर्थकों ने बेंथम के सूत्रीकरण की ख़ामियाँ समझ कर उनके सिद्धांत की डिज़ाइन बदलने का भी प्रयास किया है। जॉन वॉन न्यूमान, ऑस्कर मोरगेस्टर्न और लियोनार्ड सेवेज द्वारा प्राथमिकताओं की संतुष्टि को आधार बना कर उपयोगिता को नापने की तजवीज़ की गयी है। इसके बावजूद उपयोगितावाद के आलोचकों का विचार है कि सम्पूर्ण उपयोगिता को अधिकतम करने की थीसिस अपने-आप में अन्याय को जन्म देने के अंदेशों से ग्रस्त है। वे कहते हैं कि अगर उपयोगिता को अधिकतम करने के लिए समाज के किसी एक हिस्से का दरिद्रीकरण भी करना पड़े, तो उपयोगितावाद उसका समर्थन करता नज़र आयेगा। बेंथम की थियरी की ऐसी ही समस्याओं के कारण समाज-विज्ञान के हलकों में उपयोगितावाद आजकल फ़ैशन से बाहर होता जा रहा है।

1971 में प्रकाशित अपनी विख्यात रचना *अ थियरी ऑफ़ जस्टिस* में जॉन रॉल्स ने सामाजिक समझौते की परिकल्पना की है। यह समझौता रॉल्स के अनुसार न्याय की उस अवधारणा के इर्द-गिर्द सम्पन्न होगा जिसके अनुसार समाज का संचालन होना चाहिए। रॉल्स का विचार है कि उनका सामाजिक समझौता उपयोगितावादियों के मुक़ाबले व्यक्ति को अधिक गम्भीरता से लेता है। उपयोगितावादी गणनाओं में व्यक्तियों की सीमाएँ एक-दूसरे में घुलमिल जाती हैं और उनके कल्याण का योगफल निकाला जाता है। रॉल्स अपने न्याय-सिद्धांत को समतामूलक राज्य की अवधारणा के तहत व्यक्ति की विशिष्टता पर पर्याप्त बल देने वाला मानते हैं। उनका विचार है कि अधिकारों की आवधारणा न्याय के इसी विचार पर आधारित होनी चाहिए।

रॉल्स की रचना के प्रकाशन के चार वर्ष बाद ही रॉबर्ट नॉज़िक की रचना *एनार्की, स्टेट ऐंड यूटोपिया* प्रकाशित हुई। अपने स्वतंत्रतावादी दर्शन के मुताबिक़ नॉज़िक ने प्रतिपादन किया कि हर व्यक्ति के पास सम्पत्ति के स्वामित्व के कुछ अधिकार होते हैं जिन्हें अपने आप में सम्पूर्ण और अविभाज्य समझा जाना चाहिए। समुदाय को होने वाले लाभों के नाम

पर व्यक्ति के इन अधिकारों में न तो कटौती की जानी चाहिए और न ही इनका किसी और तरह का उल्लंघन होना चाहिए। नॉज़िक न्याय की ऐसी किसी भी अवधारणा को ख़ारिज करते हैं जो व्यक्ति-स्वातंत्र्य में बाधक होती हो। उन्होंने न्याय की ऐतिहासिक धारणा का प्रवर्तन किया है जिसके मुताबिक़ अधिकारों का निर्धारण किया जाना चाहिए।

समुदायवादियों का तर्क है कि व्यक्ति को संसाधनों के वितरण की इकाई मानना उचित नहीं है। बजाय इसके 'समुदाय' या 'समूह' को आधार बना कर अधिकारों की संकल्पना की जानी चाहिए। एक श्रेणी के रूप में व्यक्ति किसी अमूर्त स्पेस में स्थित नहीं है, इसलिए उसकी ख़ुशहाली और स्वतंत्रता केवल समुदाय के दायरे के भीतर ही सम्भव है। हालाँकि समुदायवादी न्याय और अधिकारों की अवधारणा के महत्त्व को कम करके नहीं आँकते, पर अधिकारों की व्यक्ति आधारित व्याख्या की आलोचना करते हुए वे इस निष्कर्ष पर पहुँचते हैं कि अधिकारों की राजनीति की जगह सभी के समान हित की राजनीति पर ज़ोर दिया जाना चाहिए।

अधिकारों की व्यक्ति आधारित अवधारणा को बहुसंस्कृतिवादियों ने भी चुनौती दी है। उन्होंने उदारतावादी लोकतांत्रिक राज्य के भीतर सामाजिक और सांस्कृतिक विभेदों का प्रश्न उठाते हुए अल्पसंख्यकों के अधिकारों की रक्षा के मुद्दे की तरफ़ ध्यान खींचने में सफलता प्राप्त की है।

देखें : अधिकार, अमेरिकी क्रांति, उपयोगितावाद, एडमण्ड बर्क, जॉन लॉक, जेरेमी बेंथम, जॉन स्टुअर्ट मिल, जॉन रॉल्स, फ्रांसीसी क्रांति, बहुसंस्कृतिवाद, भारत में मानवाधिकार, भारत में मानवाधिकार आंदोलन, मानवाधिकार, थॉमस हॉब्स, नागरिकता, नागरिकता : अन्य परिप्रेक्ष्य-1 और 2, नागर समाज, नागर समाज : भारतीय बहस, रॉबर्ट नॉज़िक।

संदर्भ

1. थॉमस हॉब्स (1946), *लेवायथन,* बेसिल ब्लैकवेल, ऑक्सफ़र्ड, 1946.
2. जे. वाल्ड्रन (सम्पा.) (1984), *थियरीज़ ऑफ़ राइट्स,* ऑक्सफ़र्ड युनिवर्सिटी प्रेस, ऑक्सफ़र्ड, 1984.
3. जॉन स्टुअर्ट मिल (1972), 'यूटिलिटेरियनिज़म', संकलित : एच.बी. एक्टन, *यूटिलिटेरियनिज़म, लिबर्टी ऐंड रिप्रज़ेंटेटिव गवर्नमेंट,* ई.पी. डटन, न्यूयॉर्क.
4. जॉन रॉल्स (1971), *अ थियरी ऑफ़ जस्टिस,* हार्वर्ड युनिवर्सिटी प्रेस, केम्ब्रिज, एमए,
5. रॉबर्ट नॉज़िक (1974), *एनार्की, स्टेट ऐंड यूटोपिया,* बेसिक बुक्स, न्यूयॉर्क.
6. पापिया सेनगुप्ता तालुकदार (2008), 'राइट्स', संकलित : राजीव भार्गव और अशोक आचार्य (सम्पा.), *पॉलिटिकल थियरी : ऐन इंट्रोडक्शन,* पियर्सन एजुकेशन, नयी दिल्ली.

—अभय कुमार दुबे

अधिकारी-तंत्र

(Bureaucracy)

अधिकारी-तंत्र के लिए प्रयुक्त अंग्रेज़ी शब्द ब्यूरोक्रैसी से जो अर्थ निकलता है वह है कार्यालय का तंत्र या शासन। फ्रांसीसी भाषा के शब्द ब्यूरो का मतलब है कार्यालय और यूनानी शब्द क्रैसी का अर्थ है तंत्र अथवा शासन। अधिकारी-तंत्र या आधुनिक नौकरशाही के उदय के पीछे औद्योगिक क्रांति और उसके परिणामों की भूमिका है। बड़े पैमाने पर होने वाले उत्पादन-वितरण, नियोजन और राष्ट्रवाद के उदय ने ऐसी व्यवस्था की ज़रूरत पैदा की जो विभिन्न कार्यों के बीच समन्वय स्थापित करते हुए शासन का स्थायी ढाँचा मुहैया करा सके। यह सही है कि औद्योगिक क्रांति व आधुनिकता के उदय से पहले भी राजा-सामंत किसी न किसी रूप में अधिकारी-तंत्र का प्रयोग करते थे। प्राचीन मौर्य व गुप्त साम्राज्य, रोम, मिस्र, चीन और युरोप में राजाज्ञा का पालन करने और उसके नाम पर शासन करने वाला तंत्र रहता था। चीन में हान राजवंश के ज़माने में कनफ़्यूशसवादी अधिकारी-तंत्र भी इसका एक प्राचीन उदाहरण है। कौटिल्य रचित *अर्थशास्त्र* में विभिन्न कार्यों के लिए नियुक्त अधिकारियों के पद और कार्यों का उल्लेख मिलता है। लेकिन आधुनिक युग में इस तंत्र को भिन्न लक्ष्यों के लिए अधिक सुदृढ़ बना कर इसका अधिक सेकुलर रूप विकसित किया गया। इसकी स्थापना कुछ विशेष आधुनिक अवधारणाओं के आधार पर की गयी। निर्वैयक्तिकता, विशिष्टीकरण व अनुशासन जैसे गुणों के आधार पर इसका संचालन करने का प्रयास किया गया। क़ानूनी अधिकार और कर्त्तव्यों की स्पष्ट परिभाषा और सीमा तय की गयी।

समाजशास्त्र में नौकरशाही का आदर्श प्रारूप सर्वाधिक व्यवस्थित रूप से जर्मन समाजशास्त्री मैक्स वेबर ने दिया है। उन्होंने नौकरशाही की 15 विशेषताएँ रेखांकित की हैं : सत्ता पद में निहित होती है न कि पद धारण करने वाले में, प्राधिकार की सीमा संगठन के नियमों के मुताबिक़ तय होती है; संगठन निर्वैयक्तिक रूप से अधिकारिक नीतियाँ लागू करने के लिए कार्रवाई करता है; संगठन की कार्रवाइयाँ विभिन्न श्रेणियों में बँटी जानकारी पर आधारित होती हैं; नियमों को औपचारिक रूप से संहिताबद्ध किया जाता है; अमूर्त नियम और नजीरें कार्रवाई का आधार बनती हैं; विशेषज्ञीकरण को प्रोत्साहन दिया जाता है; वैधता की सीमाएँ नौकरशाहाना और विशेषीकृत कार्रवाइयों के बीच स्पष्ट सीमा-रेखा के आधार पर तय होती हैं; कार्यभार का विभाजन व्यावहारिक स्तर पर और प्राधिकार की संरचना औपचारिक होती है; पदानुक्रम

के लिहाज़ से अधिकारों का बँटवारा होता है; शक्तियाँ कर्त्तव्य, दायित्व, अधिकार और ज़िम्मेदारी की पदावली में तय होती हैं; संगठन में पदों के लिए योग्यताएँ उपलब्धियों की औपचारिक परिभाषा के आधार पर तय की जाती हैं; पदोन्नति या तो वरिष्ठता के आधार पर होती है या योग्यता के आधार पर; पदानुक्रम के अनुसार वेतन निर्धारित होता है; संगठन में संचार, समन्वय और नियंत्रण पूरी तरह से केंद्रीकृत होते हैं।

वेबर ने इसके कई व्यवस्थागत व ढाँचागत पक्षों का विश्लेषण करते हुए आदर्श स्थितियों में पायी जाने वाली इसकी विशिष्टताओं का विवेचन किया है। उन्होंने नौकरशाही को पश्चिमी समाजों में जारी तार्किकीकरण या रैशनलाइज़ेशन की प्रक्रिया का अहम हिस्सा बताया। यह सुसंगतीकरण का मुख्य तर्क नियमों व प्रक्रियाओं को महत्त्व देता है, न कि भावनाओं और पूर्वग्रहों को। इसीलिए वेबर ने इसकी कार्यशैली में निहित निर्वैयक्तिकता पर बार-बार बल दिया। अर्थात् नौकरशाही का काम निजी स्वार्थ, भावना, लगाव या व्यक्तिगत विचार से परे संगठन के ठोस वस्तुनिष्ठ लक्ष्यों को प्राप्त करना होता है। नौकरशाही में अधिकारियों की निरंकुशता और इच्छा को निरपेक्ष संहिताओं और नियमों से नियंत्रित किया जाता है। हालाँकि इसे प्राय: सरकार से जोड़कर देखा जाता है, लेकिन अधिकारी-तंत्र शासन, शिक्षा, उद्योग-व्यापार और अन्य विभिन्न प्रकार के संगठनों में मौजूद रहता है।

अधिकारी-तंत्र से अपेक्षा की जाती है कि वह एकजुट होकर संगठन के लक्ष्य को प्राप्त करने की चेष्टा करेगा। अधिकारियों को निश्चित आयु तक सेवाएँ प्रदान करने का अवसर दिया जाता है और उस दौरान अन्य कामों से लाभान्वित न होने की अपेक्षा की जाती है। कार्यालय का एक पदानुक्रम होता है जिसके माध्यम से विभिन्न कामों का विभाजन यानी श्रम-विभाजन किया जाता है। अधिकारियों की नियुक्ति खुली प्रतियोगिता के माध्यम से होती है और नियुक्ति के बाद उन्हें विशेष प्रशिक्षण भी प्रदान किया जाता है। वेतन पद के आधार पर दिया जाता है और निश्चित कालखण्ड के बाद पदोन्नति के अवसर भी मिलते हैं। अधिकारी-तंत्र अपनी कार्यशैली के लिए मुख्य रूप से लिखित संहिता व नियमों से निर्देश प्राप्त करता है। अधिकारियों का सारा काम और निर्णय पूर्णत: लिखित होते हैं और इसके लिए फ़ाइलें तैयार की जाती हैं।

अत्यधिक नियमनिष्ठता, फ़ाइलों के अम्बार और सुस्त ढंग से काम किये जाने के कारण अधिकारी-तंत्र की आलोचना होती है। चूँकि फ़ाइलें किसी ज़माने में लाल फ़ीते से बाँधी जाती थीं, इसलिए नौकरशाही को लालफ़ीताशाही कह कर उसकी कार्य-शैली पर कटाक्ष भी किया जाता है। माना जाता है कि अधिकारी से ऊँचा तंत्र यानी सिस्टम है। कार्यालय में लोग भले आते-जाते रहें, सेवानिवृत्त होते रहें, पर कार्यालय का काम नहीं रुकता है। इसकी एक ख़ासियत यह भी है कि अधिकारी-तंत्र के कामकाज से नाख़ुश लोग निचले स्तर के अधिकारियों की शिकायत उच्च अधिकारियों से अपील के रूप में कर सकते हैं। इन शिकायतों के परिणामस्वरूप होने वाली कार्रवाइयों के कारण लोगों का तंत्र पर यक़ीन बना रहता है।

वेबर अधिकारी-तंत्र के विकास को पूँजीवाद के तर्कसंगत विकास के अनिवार्य अंग के रूप में देखते थे। उन्होंने सुसंगतीकरण को मुक्त बाज़ार, नये क़ानून, अर्थव्यवस्था, उत्पादन-वितरण के उच्चतर तरीक़ों व स्वतंत्र श्रमिकों के लिए आवश्यक बताया। लेकिन वेबर ने इसके कई नकारात्मक पक्षों की चर्चा भी की है। उनका आकलन था कि इस तंत्र का गठन जिन प्रवृत्तियों और औपचारिक क़िस्म के व्यक्तिनिरपेक्ष नियमों के आधार पर होता है, उससे सृजनशीलता और साहसिकता की भावना समाप्त हो जाती है। अत्यधिक तर्कसंगति के कारण पूँजीवादी ढाँचा उदासीनता और विरक्ति को जन्म देता है। मानवीय रचनात्मकता के अभाव में जीवन मशीनी, पूर्वनिर्धारित, नियमबद्ध और आकर्षणहीन हो जाता है। यांत्रिक सोच व नीरसता को तोड़कर कुछ नया करने के लिए उत्साह नहीं रहता।

ख़ुद अधिकारी-तंत्र के भीतर ये समस्याएँ पैदा हो जाती हैं। मौलिक सृजन और रचनात्मक जोखिम से हीन सभ्यता को वेबर ने अपने ही बनाये लोहे के पिंजड़े में फँसा हुआ क़रार दिया है। वेबर ने पूँजीवादी और साम्यवादी व्यवस्थाओं में नौकरशाही के बीच कोई बड़ा अंतर स्वीकार नहीं किया और नौकरशाही पर नियंत्रण के लिए उसे संसदीय शासन के कड़े अंकुश में रखने की वकालत की। एक अन्य समाजशास्त्री राबर्ट के. मर्टन ने अधिकारी-तंत्र की सीमाओं की चर्चा की है। अपने निबंध *ब्यूरोक्रैटिक स्ट्रक्चर ऐंड पर्सनैलिटी* में उन्होंने लिखा है कि अधिकारियों की कार्य-पद्धति व प्रशिक्षण संगठन के लक्ष्यों में बाधक भी हो सकता है। उनसे हमेशा नियमों व पूर्वनिर्धारित तरीक़ों का स्पष्ट पालन करने को कहा जाता है, लेकिन जब ऐसी परिस्थिति पैदा हो जाती है जिसमें नियम नहीं लागू हो सकते तो भ्रम पैदा होने लगते हैं। अधिकारीगण लक्ष्यपूर्ति की चिंता करने के स्थान पर नियमों से चिपके रहते हैं, क्योंकि उनकी तरक़्क़ी व नौकरी उसी पर निर्भर होती है। मर्टन के मुताबिक़, इस प्रकार की लालफ़ीताशाही संगठन व आम जनता के लिए नुक़सानदेह सिद्ध होती है। उसकी निर्वैयक्तिकता से आम जनों व तंत्र में दूरी पैदा हो जाती है। लोगों को महसूस होता है कि नौकरशाह संवेदनहीन और अहंकारी हैं और जनता की सेवा में उनकी कोई दिलचस्पी नहीं है।

बुद्धिजीवियों, लेखकों, कलाकारों आदि सृजनशील व्यक्तियों में अधिकारी-तंत्र के बारे में नकारात्मक भाव रहता है। फ्रांस के प्रसिद्ध लेखक बाल्ज़ाक ने इस तंत्र के विषय में यह टिप्पणी की थी : नौकरशाही एक ऐसा दैत्याकार तंत्र है

जिसका संचालन छुटभैये करते हैं। मार्क्सवाद अधिकारी-तंत्र को शासक वर्ग का अंग मानता है जिसका प्रयोग शोषकों की सहायता के लिए होता है। पुराने जर्मन राज्य (आँसिएँ रेज़ीम) के अनुभवों के आधार पर मार्क्स का मानना था कि इसमें नौकरशाह अपने भौतिक हितों के लिए राज्य के लक्ष्य को अपना निजी लक्ष्य बना लेते हैं। 1871 के पेरिस कम्यून का विश्लेषण करते हुए मार्क्स ने उसकी प्रशंसा इस आधार पर भी की थी कि उस दौरान अधिकारियों का वेतन आम श्रमिक के बराबर कर अधिकारी-तंत्र की अहमियत घटाने का प्रयास किया गया था। मार्क्स प्रशासन को कुछ विशेषज्ञ अधिकारियों के हाथ में देने की जगह उसमें जनभागीदारी के पक्षधर थे। अपनी कृति द *एटींथ ब्रूमेर ऑफ़ लुई बोनापार्ट* में उन्होंने इसे एक ऐसा परजीवी संगठन क़रार दिया है जिसने फ्रेंच समाज को किसी जाल की तरह अपनी गिरफ़्त में ले रखा था जिससे परिवर्तन की सभी गुंजाइशें बंद हो गयी थीं।

मार्क्सवाद का क्रांति-उपरांत अंतिम लक्ष्य राज्य की संस्था और उसके साथ ही अधिकारी-तंत्र के वर्तमान रूपों का उन्मूलन रहा है। लेकिन विडम्बना यह है कि सोवियत संघ में उसे समाप्त न किया जा सका और क्रांति के नायक लेनिन अपने अंतिम दिनों में सोवियत संघ में अधिकारी-तंत्र के बढ़ते प्रसार को लेकर चिंता व्यक्त करते रहे। एक नये प्रकार की नौकरशाही वहाँ पर मज़बूत होती चली गयी जिसे पार्टी नौकरशाही के नाम से जाना गया। इस सोवियत नौकरशाही के चरित्र और उद्‌गम पर ट्रॉट्स्की ने अपनी रचनाओं में गहन विचार किया है।

भारत में नौकरशाही का इतिहास कम से कम डेढ़ सौ साल पुराना है। यहाँ औपनिवेशिक शासन द्वारा सबसे पहले 1861 के एक अधिनियम के अंतर्गत भारतीय प्रशासनिक सेवा (आईसीएस) का गठन किया गया गया जिसमें अफ़सरों की चयन के ज़रिये नियुक्ति आरम्भ की गयी। दिलचस्प तथ्य यह है कि ब्रिटिश महाप्रभुओं ने इस तरह की नौकरशाही खड़ी करने का यह प्रयोग ब्रिटेन में भी किया था, पर वहाँ उनके पास इस तरह का ढाँचा नहीं था। आरम्भ में भारतीयों को इसमें प्रवेश करने से रोकने के लिए इसकी परीक्षाएँ केवल लंदन में होती थीं। उपनिवेशवाद के दौर में स्टील फ्रेम के नाम से विख्यात हो चुके नौकरशाही के ढाँचे को स्वतंत्रता के पश्चात नाम बदल कर वैसा का वैसा ही अपना लिया गया। आज़ाद भारत के पहले गृह मंत्री वल्लभभाई पटेल विशेष रूप से इसके पक्ष में थे। उनका कहना था कि ऐसे अधिकारी-तंत्र के बग़ैर भारत में अराजकता की स्थिति पैदा हो सकती है जिससे उसकी राष्ट्रीय एकता पर विपरीत असर पड़ेगा। स्वतंत्रता के बाद भारतीय नौकरशाही (जिसे बाबूतंत्र भी कहा जाता है) को संसदीय राजनीति के माध्यम से गठित सरकारों का सहयोगी माना गया। नेता व उद्योगपतियों से साँठगाँठ के आधार पर इस तंत्र की प्रेस, मीडिया व इंटरनेट पर ख़ासी आलोचना होती है। आलोचना का अहम मुद्दा यह है कि जहाँ नेता व व्यापारी-उद्योगपति काले धन व ग़लत आचरण की सज़ा पा सकते हैं, वहीं अधिकारियों को संविधान की धारा 311 के तहत विशेष सुरक्षा मिली हुई है।

देखें : *अर्थशास्त्र* और कौटिल्य, मैक्स वेबर, कार्ल हाइनरिख़ मार्क्स-1, 2, 3 और 4, लियोन ट्रॉट्स्की, वल्लभभाई पटेल, व्लादिमिर इलीच लेनिन।

संदर्भ

1. जूलियन फ्राएंड (1968), द *सोसियोलॅजी ऑफ़ मैक्स वेबर,* रैंडम हाउस, न्यूयॉर्क.
2. ए.डब्ल्यू. गाउल्डनर (1954), *पैटर्न्स ऑफ़ इंडस्ट्रियल ब्यूरोक्रैसी,* द फ्री प्रेस, ग्लेंको.
3. डेविड लेन (1970), *पॉलिटिक्स ऐंड सोसाइटी इन यूएसएसआर,* वाइडनफ़ील्ड ऐंड निकोलसन, लंदन.
4. पी.एम. ब्लाऊ और एम. डब्ल्यू. मेयर (1971), *ब्यूरोक्रैसी इन मॉडर्न सोसाइटी,* रैंडम हाउस, न्यूयॉर्क.
5. एम. आलब्रो (1970), *ब्यूरोक्रैसी,* पाल माल प्रेस, लंदन.

—वैभव सिंह

अनाल स्कूल

(Annales School)

इतिहास-लेखन का अनाल स्कूल अतीत को 'व्यापक और अधिक मानवीय दृष्टि' से देखने का हिमायती रहा है। मानविकी के सभी अनुशासनों को एकजुट करने का स्वप्न देखने के साथ-साथ इस स्कूल के इतिहासकारों ने प्रयोगधर्मी रवैया अपनाते हुए इतिहास को प्राचीन, मध्ययुगीन और आधुनिक अवधियों में बाँटने का विरोध किया। दूसरी तरफ़ उन्होंने समाजों को आदिम और सभ्य में विभाजित करके देखने की प्रवृत्ति भी ख़ारिज की। उन्होंने न केवल इतिहास लेखन के रूढ़िबद्ध ढाँचे को प्रश्नांकित किया, बल्कि अपने कृतित्व से यह भी साबित किया कि विराट प्रक्रियाओं पर गहन, विशद और मौलिक शोध कैसे किया जाता है। इतिहास लेखन की इस धारा का सूत्रपात फ्रांस की इतिहासकार-त्रयी ल्यूसियाँ फ़ेब्र, मार्क ब्लॉक तथा फ़र्नैंद ब्रॉदेल ने किया था। वैसे अगर इस समूह के कुलगुरु का नाम लेना हो तो वह फ़ेब्र का ही होगा। अनाल समूह का स्थायी सरोकार एक ऐसे इतिहास का लेखन रहा है जो बीसवीं सदी की ज़रूरतों को पूरा कर सके।

अनाल पत्रिका के 1946 के अंक में सम्पादकीय घोषणा के तौर पर फ़ेब्र ने यह दावा किया था। इस पत्रिका की स्थापना 1929 में फ़ेब्र और ब्लॉक ने की थी।

अनाल समूह की एक बुनियादी प्रस्थापना यह भी रही है कि ऐतिहासिक शोध के विषयों का निर्धारण विश्वविद्यालय की समितियों द्वारा नहीं बल्कि मौजूदा दौर की ज़रूरतों से तय होना चाहिए। इस मामले में फ़ेब्र का दृष्टिकोण साफ़ था कि विद्वत्ता स्वांत:सुखाय कर्म नहीं होता। इतालवी दार्शनिक रांके के इस मत से अनाल के संस्थापक असहमत थे कि शोध की प्रक्रिया से प्रगट होने वाला हर नया तथ्य यथार्थ के उस भवन की ईंट होता है जो शोध-प्रकिया पूरी होने के बाद ही स्पष्ट आकार लेता है। इसके विपरीत उनका मानना था कि इतिहास की वास्तु-योजना शुरू से ही स्पष्ट होनी चाहिए। शायद यही आग्रह था कि अनाल का सम्पादक मण्डल अपनी पहल पर लेख का विषय तय करने के बाद विशेषज्ञ विद्वानों से सम्पर्क करता था। एक तरह से कहें तो अनाल प्रबंधित इतिहास पर ज़ोर देता था। अनाल इतिहासकारों का मानना था कि इतिहासकार को दस्तावेज़ों पर नज़र डालने से पहले विषय या समस्या को चिह्नित करना चाहिए। अनाल समूह के बारे में एक बात यह भी कही जा सकती है कि उससे जुड़े इतिहासकार प्रचलित फ़ॉर्मूलों में यक़ीन नहीं करते थे। लेकिन इसी के साथ नये सिद्धांतों के प्रतिपादन में भी उनकी कोई रुचि नहीं थी। बहुत से विद्वानों का मत है कि अनाल स्वयं एक ऐतिहासिक प्रयोग था, जो बाद के वर्षों में विषयों के चयन के मामले में निस्तेज़ होता चला गया।

ल्यूसियाँ फ़ेब्र अराजकतावादी थे। उन्हें उन्नीसवीं सदी के युरोप की सांस्कृतिक परम्पराएँ फ़र्ज़ी लगती थी। अपनी वैचारिक बनावट में वे मध्यवर्गीय मानस और उसकी संस्कृति के धुर ख़िलाफ़ थे। उन्हें पश्चिम का सांस्कृतिक माहौल चौकस, कायर और पस्त लगता था। इसी के चलते उनकी रुचि ग़ैर-पश्चिमी संस्कृतियों में बढ़ी। अपने समय की बौद्धिक और अकादमिक संस्कृति से वे इस क़दर चिढ़े हुए थे कि समकालीन इतिहासकार उनकी निगाह में प्रदत्त चीज़ों के संकलनकर्ता भर थे। उनका मानना था कि इतिहास को सम्पूर्ण तथा वैश्विक होना चाहिए। उन्होंने आजीवन इतिहास की इसी दृष्टि के लिए प्रहरी और संगठनकर्ता का काम किया। उन्हें लगता था कि बीसवीं सदी का इतिहास-लेखन अलग तरह का होना चाहिए। चूँकि इस सदी के इतिहासकार चिंतन और कृतित्व के लिहाज़ से आख़री पड़ाव पर पहुँच गये हैं, इसलिए उनका इतिहास लेखन बाहरी घटनाओं के विवरण-संकलन से आगे नहीं बढ़ पा रहा है। फ़ेब्र ने आग्रह किया कि इतिहासकार को घटनाओं के बाहरी निरूपण के बजाय उन अप्रकट कारकों और शक्तियों के विश्लेषण करने का प्रयास करना चाहिए जिनसे मनुष्य की नियति तय होती है। राजनीतिक घटनाओं को क्रमवार रूप से प्रस्तुत करना कुछ उसी तरह की क़वायद होती है जैसे भूगर्भीय शक्तियों के तंत्र को समझे बिना धरती के भौगोलिक लक्षणों को समझने का प्रयास करना। उनकी पुस्तक *अ जियोग्राफ़ीकल इंट्रोडक्शन टू हिस्ट्री* (1922) को इस बात का उदाहरण माना जाता है कि इतिहासकार भूगोल और भूगर्भशास्त्र का अपने लेखन में कैसे उपयोग कर सकते हैं। फ़ेब्र को लगता था कि इतिहास को अल्पदर्शी विशेषज्ञों के वर्चस्व से तभी मुक्त किया जा सकता है जब उसकी सीमाओं को बढ़ा कर उसमें भूगोलवेत्ताओं, समाजशास्त्रियों, मानवशास्त्रियों, अर्थशास्त्रियों, मिथकों का तुलनात्मक अध्ययन करने वाले विद्वानों और भाषाविदों को शामिल किया जाए। संयोगवश इन अनुशासनों में भी बहुत से विद्वान ऐसे थे जो फ़ेब्र की ही तरह घटनाओं के गहरे यथार्थ को दीर्घावधि में देखने के पक्षधर थे। इसी प्रश्नाकुलतावश फ़ेब्र 1920 के आसपास इस नतीजे पर पहुँचे कि वे बनी बनायी प्रस्थापनाओं के फ़ेर में नहीं पड़ेंगे और इतिहास की उस दृष्टि से बचेंगें जिसमें पूर्व-प्रदत्त प्रस्थापनाओं के आधार पर हर चीज़ की व्याख्या करने का दुस्साहस किया जाता है।

इतिहास-लेखन के पारम्परिक तरीक़ों को ख़ारिज करने के बाद अनाल समूह के सामने चुनौती यह थी कि अपनी दावेदारियों को ग्राह्य बनाने की कसौटी कैसे तैयार की जाए। यह काम दुश्कर इसलिए था कि फ़ेब्र और उनके सहयोगी जिस इतिहास-लेखन की पैरवी कर रहे थे वह अभी प्रयोग की अवस्था में था। तीस के दशक में अनाल इतिहासकारों ने आर्थिक और सामाजिक इतिहास पर ध्यान देना शुरू किया। पहली नज़र में यह बात किसी भी सिरे से विशिष्ट नहीं लगती। लेकिन फ़ेब्र के अनुसार आर्थिक और सामाजिक इतिहास एक अस्पष्ट पद था जिसे आसानी से परिभाषित नहीं किया जा सकता था। दरअसल, अनाल इतिहासकार जिस तरह का इतिहास लिखना चाह रहे थे वह उपलब्ध नहीं था बल्कि उसकी खोज की जानी थी।

एक रैडिकल पत्रिका के रूप में *अनाल* की प्रतिष्ठा का कारण उसका वैचारिक और शोधगत नयापन था। लेकिन अनाल के इतिहासकार किसी राजनीतिक एजेंडे के पक्ष या प्रभाव में काम नहीं कर रहे थे। मौटे तौर पर उसके सरोकार वामपंथी या प्रगतिशील ही थे, पर उनकी दृष्टि वर्तमान पर केंद्रित थी। उन्होंने कभी इस बात को छिपाने या गोलमोल करने की कोशिश भी नहीं की कि वे अपने समय की घटनाओं को प्रभावित करना चाहते हैं। लेकिन जहाँ तक मार्क्सवाद को एक सिद्धांत के तौर पर स्वीकार करने की बात थी तो अनाल समूह उससे दूरी बनाकर चलता था। द्वितीय विश्व-युद्ध के बाद फ़ेब्र ने फ़ासीवाद पर लिखे एक महत्त्वपूर्ण सम्पादकीय में कहा था कि यह एक पुरानी दुनिया का अंत और नयी दुनिया की शुरुआत है जिसे समझने और उसके ख़तरों से निपटने के लिए

मार्क्सवाद सहित अन्य सभी पुराने औज़ारों को बदलना होगा। अनाल इतिहासकारों के अनुसार नाज़ीवाद और फ़ासीवाद की पराजय के बाद युरोप को उन समस्याओं से जूझना था जो अफ़्रीका, एशिया तथा दक्षिण अमेरिका के उपनिवेशीकरण से पैदा हुई थीं। इसके बाद अनाल इतिहासकारों ने पहली बार युरोप के बाहर देखना शुरू किया। पाँचवें दशक में अनाल ने तीसरी दुनिया के देशों में जनसंख्या वृद्धि पर ध्यान केंद्रित किया।

अनाल पत्रिका में प्रकाशित लेख अपनी संकल्पना और दृष्टि के स्तर पर जितने टटके होते थे, उतनी ही उनमें गहनता भी होती थी। मसलन, 1960 के अंक में योरुबा समुदाय की खेती के तौर-तरीक़ों, बोस्निया की स्वर्णखदानों, रोमन काल में उत्तरी अफ़्रीका के ऊँटों, अट्ठारहवीं सदी में चिली की अर्थव्यवस्था,खेती के उपकरणों में तकनीकी बदलाव आदि विषयों पर सामग्री प्रकाशित की गयी थी। इसी अंक में ज़ाक ली गॉफ़ ने मध्यकाल में समय की संकल्पना पर अपने लेख का खाका पेश किया था, लेवी-स्त्रॉस ने इतिहास और मानवशास्त्र के अंतर्संबंधों की थाह ली थी, मंद्रौ ने स्थापत्य की बारोक शैली, एलेक्ज़ेंडर कोयरे ने न्यूटन, गैलीलिओ और प्लेटो के अवदान तथा रोलाँ बार्थ ने रासीन के महत्त्व पर चिंतन किया था। विद्वत्ता और शोध की गहनता का ऐसा संगम तब से लेकर आज तक दुर्लभ रहा है। इसी तरह 1970 का अंक भी ऐसा ही विलक्षण था। इसमें एक तरफ़ भारत के देवी-देवताओं, फ्रांस के समकालीन स्कूलों, पेरू के कैथेड्रलों, अल्जीरिया के देहातों पर लेख थे, तो दूसरी ओर सूडान के सोने, बदुई जनजाति, परीकथाओं, फ्रॉयड, जलवायु के इतिहास, मस्तिष्क की संरचना तथा मई, 1968 के छात्र आंदोलन पर लेख थे। इतने सारे अनुशासनों, महाद्वीपों, और संस्कृतियों को एक साथ भेदने वाली दृष्टि एक विरल उपलब्धि ही कही जाएगी।

अनाल स्कूल के अवदान को लेकर विद्वानों में विवाद है। कुछ उसे नया करने के दावे का ऐसा इंतज़ार मानते हैं जो कभी पूरा नहीं हुआ। उनके अनुसार अनाल ने केवल विराट दावे भर किये और दावों की तुलना में बहुत कम हासिल किया। पर कुछ विद्वानों ने उसका संतुलित आकलन भी किया है। इन विद्वानों का ख़याल है कि अपने संघर्षकाल में जब ये इतिहासकार किसी सांस्थानिक ढाँचे के अंग नहीं बने थे, तब का अनाल ज़्यादा रचनात्मक था। जो विद्वान इतिहास-दर्शन में अनाल के योगदान को बहुत बुनियादी और संरचनात्मक मानते हैं उनका आकलन अनाल के शुरुआती दौर पर ही आधारित है।

अनाल की आलोचना के तौर पर मुख्य तर्क यह दिया जाता है कि इस धारा के इतिहासकार एक स्थूल क़िस्म के प्रत्यक्षवाद से ग्रस्त थे। वे मानते थे कि केवल ऐसे विषयों का अध्ययन ही किया जाना चाहिए जिनके आँकड़े पेश किये जा सकें। यह बात एक सीमा तक ही ठीक कही जा सकती है। असल में साठवें दशक में अनाल इतिहासकार गणना पर कुछ ज़्यादा ही ज़ोर दे रहे थे। इस दौर में जनसंख्या अध्ययन से लेकर, खाद्यान्नों के दाम, अटलांटिक के बंदरगाहों से आने-जाने वाले माल की माप-तौल के आँकड़ों आदि पर ख़ासा ध्यान दिया गया। लेकिन जब इस तकनीक को धार्मिक उत्साह मापने जैसे मुद्दे पर थोपा जाता था तो यह रवैया समस्याग्रस्त हो जाता था। इस तरह अनाल इतिहासकारों द्वारा वैज्ञानिक इतिहास लिखने का आग्रह साठवें दशक में अतिरेक का शिकार होता चला गया। यह बात सही है कि जब अनाल इतिहासकार किसी युग की मानसिकता का विश्लेषण करने के लिए साक्ष्य जुटाते थे तो यह निस्संदेह उनकी दीर्घावधि का इतिहास लिखने की चेष्टा ही थी। पर इस तकनीक को हर जगह फ़िट नहीं किया जा सकता था। ख़ुद अनाल समूह भी इस असंतुलन या एकतरफ़ापन को लेकर सचेत हो रहा था। अपनी पत्रिका के पचावसें अंक के सम्पादकीय में उसकी यह आत्मालोचना क़ाबिले-ग़ौर है कि एक समूह के तौर पर हम पद्धतियों पर ज़रूरत से ज़्यादा ज़ोर देने लगे हैं और अपना बुनियादी मिशन छोड़कर फ़ैशनपरस्त होते गये हैं। 1972 में ब्रॉदेल *अनाल* के सम्पादकीय मण्डल से हट गये। उनका मानना था कि अनाल अपनी मूल दिशा से भटक गया है। उनके अनुसार अब वह मानक स्थापित करने की जगह प्रचलित विषयों को ज़्यादा तरजीह देने लगा है, जबकि अनाल समूह की स्थापना का लक्ष्य सामाजिक यथार्थ को पुनर्संयोजित करके एक सम्पूर्ण और वैश्विक इतिहास लिखना था।

लेकिन इन कथित भटकावों के बावजूद अनाल का इतिहास लेखन में महती योगदान है। इस समूह ने विषयों के बीच हदबंदी तोड़ कर उनकी सम्भावनाओं को प्रगट किया। समकालीन इतिहास लेखन में सामाजिक इतिहास और मानव शास्त्र के सम्मिलन से जो सामाजिक इतिहास उभरा है वह अनाल की पूर्वपीठिका के बिना सम्भव नहीं था।

देखें : ल्यूसियाँ फ़ेब्र, फ़र्नैंद ब्रॉदेल, मार्क्सवादी इतिहास-लेखन, मार्क ब्लॉक, इतिहास और आख्यान।

संदर्भ

1. पीटर बर्क (1990), *द फ्रेंच हिस्टोरिकल रेवोल्यूशन : द अनाल स्कूल, 1929-1989,* पॉलिटि प्रेस, केम्ब्रिज.
2. एस. क्लार्क (1999), *द अनाल स्कूल : क्रिटिकल एसेसमेंट,* चार खण्ड, रॉटलेज, लंदन.
3. बी. ल्योन और एम. ल्योन (1991), *द बर्थ ऑफ़ अनाल हिस्ट्री : द लेटर्स ऑफ़ ल्यूसियाँ फ़ेब्र ऐंड मार्क ब्लॉक टू हेनरी पिरेन,* कोम. रॉयल द हिस्तरी, ब्रुसेल्स.
4. जी. हुपर्ट (1997), 'द अनाल एक्सपेरीमेंट', एम. बेंटले (सम्पा.), *कम्पैनियन टू मॉडर्न हिस्टीरियोग्राफ़ी,* रॉटलेज, लंदन.

—नरेश गोस्वामी

अनुदारतावाद

(Conservatism)

अनुदारतावाद का दार्शनिक सार यह है कि मानवीय जीवन हमेशा एक ऐसे तनाव का शिकार रहता है जिसकी तीव्रता राजनीतिक कार्रवाई के ज़रिये कुछ मंद तो की जा सकती है, लेकिन जिसे पूरी तरह से ख़त्म नहीं किया जा सकता। अनुदारतावाद के मुताबिक़ मानवीय अस्तित्व दुष्टता और दुःख का शिकार रहने के लिए अभिशप्त है, इसलिए अक़्लमंदी इसी में है कि किसी भारी-भरकम यूटोपियन योजना के ज़रिये बुनियादी परिवर्तन करने की कोशिश के बजाय इनके प्रभाव को न्यूनतम करने की तजवीज़ें की जाएँ। इसीलिए समाजवाद और उदारतावाद के विपरीत राजनीति के सीमित चरित्र की वकालत करते हुए अनुदारतावाद किसी क्रांतिकारी बदलाव या किसी बड़ी परिवर्तनकारी उथल-पुथल का समर्थन नहीं करता। दरअसल, अनुदारतावाद क्रांतिकारी राजनीति की आलोचना के ज़रिये ही विकसित हुआ है। उसके केंद्र में क्रमशः सुधार की धारणा है। वह चाहता है कि समाज की संरचनाएँ और संस्थाएँ पीढ़ी-दर-पीढ़ी धीरे-धीरे और स्थिर गति से विकसित हों। इसके दो फ़ायदे होंगे : पहला, व्यक्ति अपने अतीत से कटने के बजाय उससे जुड़ा हुआ महसूस करता रहेगा जिसके कारण उसके भीतर अपनी अस्मिता और संस्कृति की अनुभूति रची-बसी रहेगी। दूसरा, लम्बी अवधि में विकसित होने के कारण संस्थाएँ उनसे की जाने वाली अपेक्षाओं के तहत आकार ग्रहण करेंगी, क्योंकि इस दौरान उनकी ख़ामियों और अनपेक्षित परिणामों का पता चल जाएगा।

अनुदारतावाद क्रांतिकारी राजनीति की मुख्यतः चार आलोचनाएँ पेश करता है। सबसे पहले तो वह रूसो के इस दावे को ठुकराता है कि मनुष्य प्राकृतिक रूप से भला प्राणी है लेकिन दुष्ट सामाजिक और राजनीतिक संस्थाएँ उसे बुरा बनाती हैं। इसलिए इन संस्थाओं को नष्ट करके उनकी जगह बेहतर संस्थाएँ स्थापित कर दी जानी चाहिए। क्रांतिकारी राजनीति रूसो के इस प्रतिपादन में कट्टर यक़ीन रखती है। अनुदारतावाद कहता है कि इस विचार में ही बीसवीं सदी के तमाम विनाशकारी विचारधारात्मक संघर्षों की जड़ें छिपी हुई हैं।

दूसरे, अनुदारतावाद क्रांतिकारी राजनीति द्वारा प्रवर्तित बुद्धिवाद को ठुकराता है। बुद्धिवाद का मतलब है मानवीय बुद्धि की उत्कृष्टता में विश्वास और प्रकारांतर से यह मान्यता कि केवल मानवीय बुद्धि ही ऐसी संतोषजनक संस्थाएँ रच सकती है जो परम्पराओं और रीति-रिवाज़ों के बंधनों से आज़ाद होंगी। इसके लिए पहले से मौजूद जिन संस्थाओं को नष्ट करने की अपील की जाती है, वे उन लोगों द्वारा नहीं ठुकरायी जातीं जो उनके तहत जीवनयापन कर रहे होते हैं। बल्कि उन्हें ठुकराने का काम बुद्धिवादी सुधारक मनमाने ढंग से करते हैं। इन बुद्धिजीवियों ने मनुष्य के अधिकार, सबसे ज़्यादा लोगों की सबसे ज़्यादा ख़ुशी और सामाजिक न्याय जैसे अमूर्त विचार गढ़ लिए हैं जिनकी वेदी पर पहले से चली आ रही सामाजिक संस्थाओं को क़ुर्बान किया जाता है। अनुदारतावाद का आरोप है कि ऐसे मनमाने उसूलों से मनुष्य की मुक्ति नहीं होती, बल्कि जड़सूत्रवाद और अनन्यता का जन्म होता है। एडमण्ड बर्क से लेकर माइकेल ओकशॉट तक सभी अनुदारपंथियों का कहना है कि परम्परा और रीति-रिवाज़ों का तिरस्कार करने से उन स्वतःप्रेरित सामाजिक रिश्तों की अवहेलना होती है जिनके दम पर समाज टिका रहता है। नतीजे के तौर पर समाज की संरचनाएँ केवल दमन के सहारे चलाई जाती हैं। यही कारण है कि 1789 के बाद हुई सभी क्रांतियों का परिणाम तानाशाहियों में निकला है।

तीसरे, अनुदारतावाद मानवीय जीवट द्वारा मनुष्य के प्रारब्ध को गढ़ने का दावा करने वाले क्रांतिकारी सिद्धांत को भी आड़े हाथों लेता है। उसका कहना है कि इसी आशावाद का भीषण परिणाम राजनीतिक अतिवाद में निकला है। फ़ासीवाद इसी रवैये का परिणाम है।

चौथे, अनुदारतावाद चुनाव या जनमत संग्रह के ज़रिये हासिल की जाने वाली लोकप्रिय सम्प्रभुता की धारणा पर भी विश्वास नहीं करता। अगर कहीं लोकतंत्र की स्थापना हो गयी है तो अनुदारतावाद केवल इसी बात से संतुष्ट नहीं होता, क्योंकि उसकी निगाह में लोकतंत्र का होना ही अपने आप में स्वतंत्रता और सुशासन की गारंटी नहीं कर सकता। जनमत संग्रहों से अक्सर तानाशाहियाँ अपने लिए वैधता हासिल करती हैं।

कुछ आलोचकों द्वारा अनुदारतावाद को अक्सर दकियानूसी रँग कर पेश किया जाता है, मानो वह शोषितों की हकतलफ़ी के मुक़ाबले सुविधाभोगियों का समर्थक हो। कभी-कभी तो अनुदारतावाद को नाज़ियों से लेकर धार्मिक पुनरुत्थानवादियों तक से जोड़ दिया जाता है। आज के अनुदारतावाद की यह एक फूहड़ समझ है। असलियत यह है कि अनुदारतावाद किसी भी तरह के अतिवादी आंदोलन या विचार को पूरी तरह से ख़ारिज करता है। यह तो एक ऐसा आधुनिक विचार है जो राजनीति के सीमित चरित्र को बनाये रखने के लिए राजनीतिक समझौते, संतुलन और नरमदली रवैये को अपनाने पर ज़ोर देता है। मानवीय जीवन में राज्य की संस्था के सीमित हस्तक्षेप का पक्ष उदारतावाद भी लेता है, पर अनुदारतावाद उसकी तरह न तो व्यक्ति की अमूर्त अवधारणा में यक़ीन करता है, न ही मनुष्य के अधिकारों और सामाजिक समझौता के सिद्धांत में। अनुदारतावाद उपयोगितावाद और प्रगति के विचारों से भी सहमत नहीं है।

एडमण्ड बर्क को आधुनिक अनुदारतावाद का पितामह माना जाता है, यद्यपि इसका वैचारिक इतिहास अरस्तू और थॉमस हॉब्स की रचनाओं तक जाता है। बर्क ने यह विचार मुख्य तौर से फ्रांसीसी क्रांति की आलोचना करने के दौरान विकसित किया। उन्होंने दिखाया कि फ्रांस के क्रांतिकारी जनवादियों की योजनाएँ किस तरह नाकाम साबित हुईं और समाज को बड़े पैमाने पर अराजकता और हिंसा का सामना करना पड़ा। बर्क ने निष्कर्ष निकाला कि क्रांति करने के बजाय क़ानून का शासन, स्वतंत्र न्याय पालिका और प्रतिनिधित्वमूलक शासन की स्थापना करनी चाहिए। उन्होंने निजी सम्पत्ति की संस्थागत स्थापना का पक्ष लिया और राजनीतिक स्वतंत्रता की हिफ़ाज़त करने के लिए एक ऐसी विदेश नीति का सूत्रीकरण करने की वकालत की जिसके ज़रिये शक्ति-संतुलन क़ायम रखा जा सके। बर्क का विचार था कि शक्ति-संतुलन के माध्यम से ही अंतर्राष्ट्रीय शांति रखी जा सकती है। बर्क की इन सिफ़ारिशों से अंदाज़ा लगाया जा सकता है कि आधुनिक लोकतंत्र की मौजूदा शक्ल-सूरत बनाने में अनुदारतावाद की कितनी बड़ी भूमिका है।

अनुदारतावादी विचार की नकारात्मक छवि का कारण सम्भवतः फ्रांस, जर्मनी और ब्रिटेन की परिस्थितियों से जुड़े उसके प्रयोगों में निहित है। फ्रांस में इस दर्शन की नींव उन्नीसवीं सदी की प्रतिक्रियावादी परम्परा की है। आदम के जन्नत से निष्कासन और 'ओरिजिनल सिन' की अवधारणाओं के तहत ईसाइयत मानवीय प्रकृति को निराशावादी नज़रिये से देखती है। इसी दृष्टि के तहत फ्रांस में राजशाही और चर्च के पक्ष में तर्क गढ़े गये थे। दिलचस्प बात यह है कि जिस ईसाइयत ने एडमण्ड बर्क को सकारात्मक रूप से प्रेरित किया, उसी ने क्रांतियों के युग से पहले के संसार में फ्रांसीसी अनुदारतावादियों को एक प्रतिक्रियावादी यूटोपिया कल्पित करने की प्रेरणाएँ प्रदान कीं। चूँकि सीमित राजनीति की वकालत और यूटोपियायी कल्पनाएँ साथ-साथ नहीं चल सकती थीं, इसलिए यह परस्पर विपरीत समीकरण जल्दी ही निष्प्रभावी हो गया। इस फ्रांसीसी अनुभव के बरक्स जर्मनी में अनुदारतावाद धर्मशास्त्रीय भींच से तो बच निकला, पर इतिहास के सेकुलर दर्शन के चक्कर में फँस गया। इस दर्शन की मान्यता थी कि मनुष्य की मुक्ति का वाहक केवल एक सावयवी राज्य ही हो सकता है। इस आग्रह ने भी सीमित राजनीति के अनुदारतावादी उसूल को पुष्ट करने के बजाय कमज़ोर किया। जर्मन परम्परा प्रबल राष्ट्रवाद के आईने में ही स्वतंत्रता के विचार को कल्पित करने के लिए तैयार थी जिसके परिणामस्वरूप राजनीतिक उद्यम सांस्कृतिक एकता और नस्ली शुद्धता हासिल करने का पर्याय बन गया। फ्रांसीसी और जर्मन दुर्घटनाओं से आहत अनुदारतावाद को अपनी असली ज़मीन ब्रिटेन में मिली। उसका लचीला और संशयवादी रवैया ब्रिटेन के संविधान में अच्छी तरह से प्रतिबिम्बित हुआ।

आर्थिक प्रश्न पर अनुदारतावादी विचार का सर्वश्रेष्ठ प्रवक्ता फ्रेड्रिख़ हायक को माना जाता है। राज्य के हस्तक्षेप की आलोचना करने के लिए हायक ने कई दार्शनिक और मनोवैज्ञानिक अंतर्दृष्टियों का सहारा लिया। 1944 में प्रकाशित अपनी पुस्तक *द रोड टू सर्फ़डम* में उन्होंने कहा कि व्यक्ति हो या संस्था, मानवीय बुद्धि की एक सीमा है। एक समय में प्रचलित आर्थिक संबंधों की ठीक-ठीक समझ हासिल कर पाना मुश्किल होता है। दूसरे, लोग भौतिकशास्त्र के नियमों की तरह मनोवैज्ञानिक और आर्थिक नियमों का पालन नहीं करते, इसलिए समाज को नियंत्रित करने की सारी कोशिशें बुनियादी रूप से ग़लत होती हैं।

हायक के अनुसार महँगाई का मुक़ाबला करने के लिए बढ़ाई जाने वाली आमदनी का मतलब होता है अधिक नोट छापना, जबकि मुद्रास्फीति से निबटने के लिए मनी सप्लाई में कटौती की जानी चाहिए। चूँकि सरकार की नोट छापने और उनके परिसंचरण पर इजारेदारी होती है इसलिए मुख्यतः सरकार ही मुद्रास्फीति की ज़िम्मेदार होती है। अपने ख़र्चों और क़र्ज़ों के भुगतान के लिए सरकार हमेशा नोट छापने के प्रलोभन में फँसती है। सरकार की इस प्रवृत्ति को रोकने के लिए हायक ने बड़ी निजी फ़र्मों और बड़े बैंकों को अपनी मुद्रा छापने का अधिकार देने का सुझाव दिया। वे मानते थे कि नोट जारी करने वाली निजी कम्पनियाँ अपनी मुद्रा की प्रतिष्ठा की फ़िक्र करेंगी और उनमें कम से कम धन जारी करने की प्रवृत्ति होगी।

तीस और चालीस के दशक में आर्थिक नियोजन के पैरोकारों का दावा था कि अर्थव्यवस्था में सभी तरह की वस्तुओं की माँग और आपूर्ति का आकलन करके उसके मुताबिक़ दाम निर्धारित किये जा सकते हैं। नियोजन समर्थक यह भी कहते थे कि अर्थव्यवस्था इतनी जटिल होती है कि बाज़ार के अदृश्य हाथ पर छोड़ने के बजाय एक बेहतर गणितीय मॉडल के ज़रिये दाम अधिक सक्षमतापूर्वक निर्धारित किये जा सकते हैं। गालब्रेथ जैसे अर्थशास्त्रियों ने यह तर्क भी दिया कि बड़ी कम्पनियाँ एकाधिकारवादी हो कर बाज़ार की प्रतियोगिता को विकृत करती हैं। इसलिए सरकारी नियोजन द्वारा उनकी ताक़त को प्रति-संतुलित करना और ज़रूरी हो जाता है।

हायक ने अर्थव्यवस्था की जटिलता के तर्क को नियोजकों के ख़िलाफ़ इस्तेमाल करते हुए कहा कि माँग और आपूर्ति के सभी समीकरणों को कोई एक व्यक्ति या नियोजकगण नहीं समझ सकते। इसलिए नियोजन से केवल अयोग्यताएँ और दक्षताओं का ह्रास ही निकल सकता है। इसी तरह कींसियन शैली का समष्टिगत (मैक्रोइकॉनॉमिक) आर्थिक प्रबंधन भी दोषपूर्ण होने के लिए अभिशप्त है। वह बाज़ार की बारीक़ियों को नहीं समझ सकता। एकाधिकारी

पूँजी की ताक़त के सवाल पर उनका कहना था कि वह तो सरकारी क़दमों के कारण ही पैदा होती है। मसलन, घरेलू उत्पादन सरकार पर दबाव डालते हैं कि वह आयात हतोत्साहित करे और दूसरे उद्योगों को लाइसेंसिंग के ज़रिये रोके। हायक का विचार था कि अगर बड़ी फ़र्में ताक़तवर हो भी गयीं तो बाज़ार की प्रतियोगिता (नये प्रतिद्वंद्वियों का डर) उन्हें दक्षतापूर्वक काम करने के लिए मजबूर करेगी।

लेकिन हायक के इन तर्कों के बावजूद द्वितीय विश्व-युद्ध के बाद समाजवादी व्यवस्था और हस्तक्षेपकारी राज्य की कामयाबियों के कारण ब्रिटेन समेत सारी दुनिया के अनुदारतावादी अर्थव्यवस्था के प्रश्न को लेकर बहस में फँस गये। उनका एक पक्ष हस्तक्षेपकारी मध्यम मार्ग की पैरोकारी करने लगा, और दूसरा पक्ष उन्मुक्त पूँजीवादी व्यवस्था की वकालत करता नज़र आया। इसके परिणामस्वरूप लिबरल-कंज़रवेटिव थियरी का उदय हुआ जो इस समय अनुदारतावाद की व्यावहारिक राजनीतिक अभिव्यक्ति बनी हुई है।

देखें : अधिकार, अधिकार : सैद्धांतिक यात्रा, अरस्तू, अफ़लातून, अनुदारतावाद, उदारतावाद, उपयोगितावाद, एडमण्ड बर्क, क्रांति, ज्याँ-ज़ाक रूसो, जॉन लॉक, जेरेमी बेंथम, जॉन स्टुअर्ट मिल, जॉन रॉल्स, थॉमस हॉब्स, नागरिकता, नागरिकता : अन्य परिप्रेक्ष्य-1 और 2, नागर समाज, फ्रांसीसी क्रांति, फ्रेड्रिख़ वॉन हायक, बुद्धिवाद, माइकिल जोसेफ़ ओकशॉट, यूटोपिया, रॉबर्ट नॉज़िक, समाजवाद।

संदर्भ

1. एडमण्ड बर्क (1962), *ऐन अपील फ्रॉम द न्यू टू द ओल्ड विग्ज़* (1791), बॉब्स-मेरिल, न्यूयॉर्क.
2. माइकिल जोसेफ़ ओकशॉट (1962), *रैशनलिज़्म इन पॉलिटिक्स*, मेथ्युन, लंदन.
3. एफ़.ए. हायक (1944), *द रोड टू सर्फ़डम*, रॉटलेज, लंदन.
4. एन. ओसुलिवान (1976), *कंज़रवेटिज़्म*, डेंट, लंदन.

—अभय कुमार दुबे

अनुपस्थिति/उपस्थिति

(Absence/Presence)

अनुपस्थिति/उपस्थिति की अवधारणा फ़िल्म-अध्ययन की देन है। सिनेमा जिस प्रौद्योगिकी से रचा जाता है, वह चुनिंदा बिम्बों और ध्वनियों की सहायता से विभ्रम को यथार्थ बना कर पेश करती है। दर्शक मानता है कि पर्दे पर वह जो कुछ देख रहा है, वह एक ऐसी हक़ीक़त है जिसकी उसे जानकारी है। इस तरह सिनेमा उसे उपस्थित कर देता है जो वास्तव में अनुपस्थित है। लेकिन, इस अवधारणा का एक दूसरा पहलू भी है जिसके मुताबिक़ सिनेमा का पर्दा उसे अनुपस्थित कर देता है जो उपस्थित है या जिसे उपस्थित होना चाहिए। एक पूरी की पूरी फ़िल्म-शैली (अमेरिकी वेस्टर्न) ऐसी है जिसमें स्त्रियाँ या तो ग़ायब रहती हैं या फिर उन्हें दृश्य-सज्जा के महत्त्वहीन अंश की तरह ही इस्तेमाल किया जाता है। भारत में ऐसी फ़िल्मों की तर्ज़ पर 'काला सोना', 'खोटे सिक्के' या 'चाइना गेट' जैसी फ़िल्में बन चुकी हैं। स्त्रियों की यह अनुपस्थिति इन फ़िल्मों को केवल पुरुष दृष्टिकोण का प्रतिनिधि बना देती है (हालाँकि स्त्री-प्रधान वेस्टर्न फ़िल्मों का निर्माण भी हुआ है)। भारतीय संदर्भ में अनुपस्थिति/उपस्थिति का यह समीकरण एक भिन्न सामाजिक-राजनीतिक के संदर्भ में सामने आता है। मुसलमान समाज पर बनने वाली फ़िल्मों की एक पूरी शैली ऐसी है जिसमें हिंदू पात्र आम तौर से ग़ैरहाज़िर होते हैं। इसके अलावा बम्बइया फ़ार्मूले की नुमाइंदगी करने वाली ऐसी अनगित लोकप्रिय फ़िल्में हैं जिनमें स्त्री की उपस्थिति दृश्य-सज्जा से कुछ ही अधिक मानी गयी है। अनुपस्थिति/उपस्थिति के सिद्धांत की रोशनी में ऐसी तमाम फ़िल्मों का अध्ययन अभी शेष है।

उपस्थित होते हुए भी अनुपस्थित रहने वाले की श्रेणी में फ़िल्म का दर्शक भी आता है। दिलचस्प बात यह है कि उसकी अनुपस्थिति एक तरह की सक्रियता के ज़रिये व्यक्त होती है। वह देखने और सुनने वाले कर्ता की भूमिका अख़्तियार करता है। यानी जो व्यक्ति (स्त्री या पुरुष) स्क्रीन पर अनुपस्थित है, उसका होना फ़िल्म के होने की भी शर्त है। दरअसल, इस दर्शक-कर्ता की रचना फ़िल्मिक पाठ का तात्पर्य करती है। इसी के साथ एक दूसरी प्रक्रिया भी चलती है जिसके तहत दर्शक कर्ता के रूप में गढ़े जाते हुए भी फ़िल्मिक पाठ के तात्पर्यों को अपने तरीक़े से ग्रहण करता है। सिनेमा केवल व्यक्तियों की अनुपस्थिति और उपस्थिति का प्रपंच ही नहीं रचता, बल्कि वह ऐसा खेल समय के साथ भी खेलता है। वह अनुपस्थित अतीत को वर्तमान की निगाह से गढ़ कर सामने लाता है। इसी मुक़ाम पर नॉस्टेल्जिया की भूमिका सामने आती है।

अनुपस्थिति/उपस्थिति की अवधारणा मुख्यतः स्क्रीन और दर्शक के बीच बनने वाले गतिशील संबंध पर किये गये चिंतन का परिणाम है जिसमें मनोविज्ञान के विमर्श ने केंद्रीय भूमिका निभायी है। इसके लिए सिद्धांतकारों ने ज़िग्मंड फ्रॉयड और ज़ाक लकाँ द्वारा प्रवर्तित सिद्धांतों का सहारा लिया है। फ़िल्म किस तरह अवचेतन के स्तर पर काम करती है, इसे आईने में अपना अक्स देखने वाले बच्चे के उदाहरण से समझा जा सकता है। यह प्रक्रिया दो चरणों में चलती है। पहला चरणः माँ बच्चे को आईना दिखाती है जिसमें झाँकते

आकिरा कुरोसावा की मशहूर फ़िल्म *सेविन समुराई* में गाँव को आतंकित करने वाला डाकुओं का गिरोह आम तौर पर ओझल रहते हुए भी अपनी दहशतनाक उपस्थिति दर्ज कराता रहता है.

हुए तादात्म्य के पहले क्षण में बच्चा माँ के साथ एकता कल्पित करता है। लेकिन यह क्षण जल्दी ही तिरोहित हो जाता है, क्योंकि इसके फ़ौरन बाद ही बच्चे को माँ के साथ अपने अंतर (अगर वह बालक है) या समानता (अगर वह बालिका है) की अनुभूति होती है। यह प्रक्रिया बालक या बालिका को अपनी इयत्ता के साथ एक आभासी तादात्म्य कल्पित करने का मौक़ा देती है। लेकिन इयत्ता की इस प्रतीति का परिणाम माँ के खोने या उसके साथ संबंध-भंग में निकलता है। प्रक्रिया के इस चरण को लकाँ इमेजिनरी या काल्पनिक क़रार देते हैं। दूसरा चरण: माँ को खोने की अनुभूति बच्चे में उसे पाने की कामना पैदा करती है। लेकिन यह कामना पिता के रूप में एक तीसरे पक्ष के हस्तक्षेप के कारण सेक्शुलाइज़ या यौनीकृत हो जाती है। अब दर्पण में तीन बिम्ब हैं : माँ, बच्चा और पिता। पिता बच्चे की माँ तक पहुँच नहीं होने देता। वह अपने प्राधिकार का इस्तेमाल करते हुए 'नहीं' या 'नो' के रूप में भाषिक निषेध करता है। इसके माध्यम से बच्चे के क़दम भाषा की प्रतीक-व्यवस्था में पड़ते हैं। अब बच्चे या बच्ची के लिए पिता के भाषिक निषेध या 'पिता के क़ानून' का पालन करना लाज़मी है। माँ के प्रति आकर्षण से गुँथी हुई समाजीकरण की यह प्रक्रिया बालक के किसी अन्य स्त्री के साथ संबंध के रूप में सम्पूर्णता की उपलब्धि के साथ पूरी होती है। इसी तरह पिता के प्रति बालिका का आकर्षण किसी अन्य पुरुष के प्रति कामना में फलीभूत होता है। प्रक्रिया के इस दूसरे चरण को लकाँ सिम्बॉलिक या प्रतीकात्मक क़रार देते हैं।

मनोविज्ञान के अनुशासन से यह सिद्धांत लेकर सिनेमा के सिद्धांतकारों ने इसे रुपहले पर्दे के उस दर्पण का स्थान दिया है जो माँ बच्चे को दिखाती है। दर्शक बच्चे की जगह लेता है। कमोबेश वैसी ही प्रक्रिया चलती है। पुरुष या स्त्री दर्शक रजतपट की छवियों और ध्वनियों के साथ एक क्षणिक तादात्म्य स्थापित करते हुए उसके साथ एकता के सूत्र में बँधे हुए महसूस करते हैं। इसी के फ़ौरन बाद उन्हें अपने और पर्दे पर निरूपित किये जा रहे बिम्ब के साथ अंतर का एहसास होता है जिसके ज़रिये उन्हें एहसास होता है कि वे क्या नहीं हैं या उनके पास किसका अभाव है। यह प्रक्रिया अंत में दर्शक को उस मुक़ाम तक ले जाती है जहाँ वह ख़ुद की शिनाख़्त देखने और सुनने वाले कर्ता के रूप में कर पाता है।

फ़िल्म-अध्ययन बताता है कि अवचेतन के धरातल पर चलने वाली यह प्रक्रिया अंत में दर्शक को उसकी इयत्ता या आत्मपरकता प्रदान करती है। इसके बाद बारी आती है उस चाक्षुष आनंद की जो दर्शक अपनी स्वायत्त इयत्ता प्राप्त करने के बाद देखने के ज़रिये हासिल करता है। लेकिन, यह चाक्षुष आनंद दूसरी तरफ़ से दर्शक के भीतर पर्दे पर हरकत करती छवियों को देखने वाली अपनी निगाह के प्रति लज्जा और संकोच का भाव भी पैदा करता है। फ्रॉयड के सिद्धांत के मुताबिक़ दर्शक यहाँ उस बच्चे की तरह है जो देख रहा है पर जिसे देखते हुए नहीं देखा जा रहा है। इस जगह दर्शक के साथ वही घटित हो रहा है जो अपने माता-पिता को संभोग करते हुए देखने वाले बच्चे के साथ घटित होता है।

अनुपस्थिति/उपस्थिति एक ऐसा सिद्धांत है जिसके माध्यम से फ़िल्म-अध्ययन ने पर्दे पर निरूपित किये जाने वाले चरित्रों को नायकत्व की आभा देने की फ़िल्मिक युक्ति को भी समझने की चेष्टा की है। पचास के दशक की फ़िल्मों में मारलन ब्रांडो ने ऐसे किरदारों को निभाया था जिनमें वे अनुपस्थित होते हैं, पर जिनके इर्द-गिर्द पूरा विमर्श चलता है। यह विधि ब्रांडो के किरदारों को एक अनूठी प्रभावोत्पादकता से सम्पन्न कर देती थी। ऐसी कई विख्यात फ़िल्मों के उदाहरण दिये जा सकते हैं जिनमें अनुपस्थिति की युक्ति से वह काम लिया गया है जो उपस्थिति से सम्भव नहीं था। मसलन, आकिरा कुरोसोवा की फ़िल्म *सेविन समुराई* में गाँव को आक्रांत करने वाला डाकुओं का गिरोह आम तौर पर

अनुपस्थित रहता है लेकिन उनके खलनायकत्व का आतंक दर्शकों तक अधिक असरदार तरीक़े से पहुँचता है।

देखें : अतिनाटकीयता, कला सिनेमा, अवाँगार्द और प्रति-सिनेमा, ज़ाक लकाँ, टीवी और समाचार, टीवी और सेक्शुअलिटी, टीवी और टीवी-अध्ययन, तीसरा सिनेमा, तीसरी दुनिया का सिनेमा, दक्षिण भारतीय सिनेमा और राजनीति, नारीवादी फ़िल्म-सिद्धांत, फ़िल्म और सेक्शुअलिटी, फ़िल्मांतरण, फ़िल्म-सिद्धांत, फ़्लैश-बैक, भारतीय सिनेमा-1, 2 और 3, भारतीय फ़िल्म-अध्ययन, भारतीय स्टार सिस्टम, रियलिटी टीवी, विचारधारा और हिंदी सिनेमा, वृत्त-चित्र, सेलेब्रिटी, सोप ओपेरा, सिनेमाई यथार्थवाद, नव-यथार्थवाद, ज़िग्मंड फ्रॉयड-1 और 2, सोवियत सिनेमा, स्टार, हिंदी सिनेमा का समाजशास्त्र।

संदर्भ

1. जे.एल. बॉद्री (1986), 'आइडियॉलॅजीकल इफ़ेक्ट्स ऑफ़ द बेसिक सिनेमैटिक एप्रेटस', संकलित : पी. रोज़ेन (सम्पा.), *नैरेटिव, एप्रेटस, आडियॉलॅजी*, कोलम्बिया युनिवर्सिटी प्रेस, न्यूयॉर्क.
2. सी. मेट्ज़ (1975), '*द इमेजिनरी सिग्नीफ़ॉयर*', *स्क्रीन*, खण्ड 16, अंक 3.
3. एल. मुलवी (1975), *विज़ुअल प्लेज़र ऐंड नैरेटिव सिनेमा*, स्क्रीन, खण्ड 19, अंक 3.

—अभय कुमार दुबे

अनुसूचित जनजातियाँ

(Scheduled Tribes)

एंथ्रोपोलॅजिकल सर्वे ऑफ़ इण्डिया के मुताबिक़ भारत में 461 जनजातीय समुदाय रहते हैं। 2001 की जनगणना के अनुसार देश की कुल आबादी में उनका हिस्सा 8.2 प्रतिशत है। पंजाब, हरियाणा, दिल्ली, जम्मू और कश्मीर, चंडीगढ़ और पांडिचेरी को छोड़ कर जनजातीय आबादी देश के प्रत्येक हिस्से में पायी जाती है। अधिकांशत: पहाड़ी और जंगली इलाक़ों में बसने वाले इन समुदायों में हिंदू, ईसाई, मुसलमान और देशज आदिवासी धर्मों का अनुपालन करने वाले क़बीले शामिल हैं। उत्तर-पूर्व के मिज़ोरम, नगालैण्ड, मेघालय और अरुणाचल प्रदेश में जनजातीय आबादी बहुसंख्यक है। इन जनजातीय राज्यों के साथ-साथ मध्य भारत के नवगठित झाड़खण्ड और छत्तीसगढ़ राज्य भी आबादी के लिहाज़ से जनजातीय क़रार दिये जा सकते हैं। झाड़खण्ड के गठन में तो जनजातीय संगठन झाड़खण्ड मुक्ति मोर्चे द्वारा चलाई गयी लम्बी मुहिम की निर्णायक भूमिका रही है। मध्य प्रदेश, ओडीसा, गुजरात, असम, राजस्थान, महाराष्ट्र, बिहार, आंध्र प्रदेश और अंडमान-नीकोबार में भी जनजातियों की उल्लेखनीय आबादी है।

संविधान ने पिछड़े वर्ग के व्यापक दायरे में इन समुदायों को पूर्व-अछूत जातियों, किसान, कामगार और दस्तकार जातियों के साथ रखते हुए अनुसूचित जनजाति की श्रेणी के तहत दर्ज किया है। पूर्व-अछूत जातियों की ही तरह जनजातियों के लिए भी उनकी आबादी के प्रतिशत के मुताबिक़ विशेष प्रोत्साहन का प्रावधान करते हुए संविधान ने उन्हें दो तरह के आरक्षण दिये हैं : सरकारी नौकरियों और शिक्षा संस्थानों में; और चुनावी राजनीति में अलग निर्वाचन क्षेत्रों के रूप में जहाँ से केवल जनजातीय उम्मीदवार ही चुनाव लड़ सकते हैं। संविधान की अनुसूची में इन्हें शामिल करने का मुख्य आधार है सामाजिक बहिर्वेशन यानी बाक़ी भारतीय समाज से उनका भौगोलिक और सांस्कृतिक अलगाव। संविधान प्रदत्त विशेष प्रोत्साहनों का लाभ जनजातीय समुदायों तक पहुँचाने की देख-रेख का काम पहले एक आयुक्त स्तर के अधिकारी के ज़िम्मे था, लेकिन अब यह ज़िम्मेदारी राष्ट्रीय अनुसूचित जनजाति आयोग के पास है।

अनुसूचित जनजातियों को आदिवासी भी कहा जाता है, पर इस शब्द के साथ जुड़ा मूलवासी होने का तात्पर्य विवादास्पद है। संविधान सभा में जनजातीय नेता जयपाल सिंह ने आदिवासी शब्द को वैधानिक दर्जा देने की माँग भी की थी। पर डॉ. आम्बेडकर ने इसका विरोध करते हुए तर्क दिया था कि शेड्यूल्ड ट्राइब्स या अनुसूचित जनजाति का प्रयोग करने से ही इन समुदायों के लिए तजवीज़ किये जाने वाले विशेष प्रोत्साहनकारी उपायों पर ठीक से अमल किया जा सकेगा। भारत सरकार भी संयुक्त राष्ट्र में जनजातियों को भारत का मूलवासी या आदिवासी मानने का अधिकारिक रूप से विरोध करती रही है। अल्पसंख्यकों के ख़िलाफ़ भेदभाव रोकने और और उनकी सुरक्षा के लिए बनाये गये संयुक्त राष्ट्र उपआयोग के अलावा देशज लोगों के लिए बनाये गये कार्यदल में भारत सरकार ने तर्क दिया है कि अगर जनजातियों को देशज माना जाएगा तो देश में कुछ ऐसी श्रेणियाँ भी हैं जो इस दर्जे पर अपना दावा ठोकने लगेंगी। दूसरे, भारत सरकार का अंतर्राष्ट्रीय मंचों पर यह भी कहना है कि 'ट्राइब' और 'इंडीजिनस' पर्यायवाची पद नहीं हैं। सरकारी दावे का समर्थन करने वालों की मान्यता है कि भारत की जनजातियों की स्थिति अमेरिका और ऑस्ट्रेलिया के मूलवासियों से भिन्न है। ईसा से हज़ारों साल पहले से भारत में तरह-तरह के समुदायों का आगमन होता रहा है। इसलिए यह तय कर पाना मुश्किल है कि कौन बाहर से आया है और कौन पहले से यहाँ रहता था। जनजातीय समझे जाने वाले कई समुदाय ऐसे हैं जो जनजातीय न समझे जाने वाले समुदायों के बाद आये हैं। इस संदर्भ में उत्तर-पूर्व के समुदायों, ख़ासकर मिज़ो समुदाय, का ज़िक्र किया जाता है। सरकारी तर्क का विरोध करने वाले कहते हैं कि जनजातीय लोगों को देशज मानना या न मानना

कोई अवधारणात्मक प्रश्न न हो कर मुख्यत: राजनीतिक है। अगर उनके मानवाधिकारों की रक्षा करनी है तो उन्हें देशज की श्रेणी में रखने से अंतर्राष्ट्रीय मंचों पर अधिक लाभ होगा और भारत सरकार पर भी अधिक दबाव बनाया जा सकेगा।

दरअसल, संविधान ने आदिवासियों के अनुसूचित जनजाति होने का जिस तरह निर्धारण किया, उसमें भी बहुत सी समस्याएँ हैं। कई ऐसे आदिवासी समुदाय अनुसूचित जनजाति की श्रेणी से बाहर रह गये हैं, जो अपने रहन-सहन और दूसरी कसौटियों के आधार पर इस श्रेणी में आने के हक़दार हैं। संविधान ने किसी जनजाति को इस श्रेणी में डालने के लिए भौगोलिक अलगाव, जीवन स्तर बहुत ही सरल होने के साथ ही सामान्य पिछड़ेपन से लेकर सर्वात्मवादी (एनिमिस्ट) व्यवहार को शामिल किया है। कई बार जनजातियों की भाषाओं और उनकी शारीरिक विशेषताओं पर भी ध्यान दिया गया है। वर्ज़ीनियस खाखा मानते हैं कि इन कसौटियों के साथ समस्या यह है कि न तो इन्हें सही तरह से तैयार किया गया और न ही व्यवस्थित रूप से लागू किया गया। इस संदर्भ में समाजशास्त्री आंद्रे बेते की राय है कि किसी जनजाति को अनुसूचित जनजाति की श्रेणी में शामिल करने में राजनीतिक तकाज़ों को ज़्यादा तरजीह दी गयी। इस कारण बहुत से समुदाय अनुसूचित जनजातियों में शामिल किये जाने के लिए आंदोलन चलाते रहते हैं। यहाँ तक कि सरकार के पास इस बात का कोई स्पष्ट आँकड़ा नहीं है कि कितनी जनजातियाँ इस श्रेणी से बाहर हैं। इसी तरह, अनुसूचित क्षेत्रों के विस्तार के बारे में भी किसी स्पष्ट नीति का अभाव है। कई क्षेत्रों में बहुत से समुदायों द्वारा अपने क्षेत्र को अनुसूचित क्षेत्र घोषित करने की माँग की जाती है, लेकिन अब एक तरह से अनुसूचित क्षेत्रों के बारे में यह मान लिया गया है कि इनके विस्तार की आवश्यकता नहीं है। संविधान की छठी अनुसूची के अंतर्गत आने वाले क्षेत्रों में स्वायत्त ज़िलों की व्यवस्था ने स्थानीय समुदायों को कुछ अधिकार दिये हैं, लेकिन पाँचवी अनुसूची के प्रावधान बहुत ज़्यादा प्रभावकारी नहीं हो पाये। अब तक किसी राज्यपाल ने इन क्षेत्रों में लागू होने वाले किसी क़ानून को पुनर्विचार के लिए नहीं भेजा है। राज्यों में गठित जनजाति सलाहकार परिषद् केवल एक कर्मकाण्ड बनकर ही रह गयी है।

जनजातीय समुदायों की पहचान से जुड़े इस विवाद का असर संविधान द्वारा उनकी शिनाख़्त करने की पद्धति पर बिल्कुल नहीं पड़ा है। संविधान किसी समुदाय की अनुसूचित जनजाति के रूप में तक़रीबन उसी तरह से शिनाख़्त करता है जिस तरह किसी अनुसूचित जाति की शिनाख़्त की जाती है। राष्ट्रपति राज्यों के राज्यपालों से सलाह-मशविरा करके तय करता है कि किसी राज्य में किस समुदाय को जनजातियों की अनुसूची में शामिल किया जाएगा। एक बार सूची बन जाने के बाद उसमें तब्दीली करने का अधिकार केवल संसद के पास है। सरकारी नीति के समर्थकों का दावा है कि पिछले साठ साल का अनुभव बताता है कि पिछड़े वर्ग के अन्य सदस्यों के मुक़ाबले जनजातियों की पहचान करना अधिक आसान और कम विवादास्पद रहा है।

अंग्रेज़ सरकार ने क़बीलाई लक्षणों वाले इन समुदायों को बाक़ी समाज के हस्तक्षेप और शोषण से बचाने के लिए अलग-थलग रखने की नीति बनायी थी। इन इलाक़ों पर सामान्य क़ानून भी लागू नहीं होता था। 1935 के गवर्नमेंट ऑफ़ इण्डिया एक्ट के तहत पहली बार प्रांतीय विधायिकाओं में 'पिछड़ी हुई जनजातियों' के लिए प्रतिनिधित्व का प्रावधान किया गया। 1936 में ऐसी जनजातियों की एक सूची जारी की गयी जिसमें पंजाब और बंगाल को छोड़ कर बाक़ी सभी प्रांतों के जनजातीय समुदाय दर्ज किये गये थे। 1950 में अनुसूचित क्षेत्रों और अनुसूचित जनजातियों की जो सूची जारी की, वह अंग्रेज़ों द्वारा बनायी गयी सूची का ही संशोधित रूप थी। उसमें बंगाल की कुछ अनुसूचित जातियों को भी जोड़ दिया गया था। 1956 में किये गये संशोधन के मुताबिक़ कुछ नये समुदाय इसमें जोड़े गये जो अन्य पिछड़े वर्ग की श्रेणी में अस्थायी रूप से पड़े हुए थे। इन नये समुदायों में अधिकतर राजस्थान और मध्य प्रदेश के थे। 1976 में एक बार फिर कुछ नये समुदायों को इस सूची में शामिल किया गया।

दरअसल, आज़ादी मिलने के बाद संविधान निर्माताओं ने अंग्रेज़ों द्वारा अपनाया गया यह दोहरा रवैया जारी रखा। इन समुदायों को दोनों तरह का आरक्षण तो अनुसूचित जातियों की ही तरह दिया गया, पर जनजातियों के लिए अनुसूचित क्षेत्रों पर प्रत्यक्ष प्रशासनिक नियंत्रण, प्रत्यक्ष केंद्रीय वित्तीय उत्तरदायित्व, राज्यपालों से राष्ट्रपति द्वारा वार्षिक रपटें मँगाने और अनुपयुक्त क़ानूनों के प्रभाव से इन इलाक़ों को बचाने की नीतियाँ भी अपनायी गयीं। संविधान की पाँचवी और छठी अनुसूचियों के तहत अनुसूचित क्षेत्रों और जनजातीय इलाक़ों में भूमि के हस्तांतरण और सूदखोरी को रोकने के लिए नियम-क़ानून बनाये गये। जनजातीय सलाहकार परिषदों और स्वायत्तशासी परिषदों का प्रावधान किया गया। जनजातियों के बारे में सरकार की नीति एक ख़ास तरह के संतुलन को उपलब्ध करने की कोशिश से जुड़ी हुई है। शासन चाहता है कि उनका विकास भी हो यानी उनकी जीवन-स्थितियों में सुधार दिखायी पड़े, पर साथ में उनकी सांस्कृतिक विशिष्टता भी बनी रहे और सामाजिक-राजनीतिक मामलों में वे स्वायत्तता का उपभोग भी करते रहें। शासन यह उम्मीद करता है कि जनजातियों के दिये जाने वाले विशेष प्रोत्साहन से उनका विकास उनकी अपनी दिशा और आवश्यकता के मुताबिक़ होगा। नब्बे के दशक से सरकार ने कल्याण और विकास के बजाय जनजातियों के सशक्तीकरण को प्राथमिकता देनी शुरू की है। 1993 में 73वें और 74वें संविधान संशोधनों और

फिर पंचायत्स (एक्सटेंशन टू द शेड्यूल्ड एरियाज़) एक्ट, 1996 के माध्यम से राज्य ने पंचायतों और ग्राम सभाओं के सहभागी विकास का रास्ता खोला, जनजातीय मामलों के लिए अलग से मंत्रालय का गठन किया गया और जनजातीय वित्त और विकास निगम की स्थापना की गयी।

जहाँ तक आरक्षण और अन्य कल्याणकारी योजनाओं के ज़रिये राजकीय प्रयासों की सफलता का प्रश्न है, आँकड़ों के सहारे एक मिली-जुली तस्वीर बनती है जिसमें कोई पहलू सकारात्मक और कोई नकारात्मक लगता है। लेकिन, जनजातियों के मामले में आँकड़ों से इतर इन क्षेत्रों में होने वाली राजनीति आज़ादी के बाद से ही लोकतंत्र के लिए बहुकोणीय चुनौतियाँ पेश करती रही है। उत्तर-पूर्व के असम, नगालैण्ड, मिज़ोरम, मेघालय और अरुणाचल प्रदेश में रहने वाले नगा, मिज़ो, और बोडो जैसे विशाल जनजातीय समुदायों द्वारा पृथकतावादी मुहिमें इतिहास में दर्ज हो चुकी हैं। दूसरी ओर पश्चिम बंगाल, मध्य प्रदेश, ओडीशा, गुजरात, बिहार, महाराष्ट्र, झाड़खण्ड और छत्तीसगढ़ के जनजातीय बाशिंदों के बीच साठ के दशक के आख़िरी वर्षों से ही नक्सलवादी आंदोलन पनपा है। आज इसी आंदोलन के गर्भ से निकला माओवाद पिछले बीस वर्ष से भारतीय राज्य को हिंसक तौर-तरीक़ों से उखाड़ने की रक्तरंजित मुहिम चला रहा है। जनजातियों के बीच माओवादियों के क़दम जमने का एक असंदिग्ध कारण है : वैकासिक लोकतंत्र की इन क्षेत्रों तक अपेक्षाकृत कम पहुँच। भारतीय राज्य और विभिन्न संसदीय शक्तियों ने आपस में विवादास्पद गठजोड़ करके माओवाद से निबटने के लिए छत्तीसगढ़ के दाँतेवाड़ा इलाक़े में माओवाद विरोधी सलवा जुडूम आंदोलन चला कर आदिवासी जनता को एक विनाशकारी गृहयुद्ध में फँसा दिया है। तीसरे, आदिवासी इलाक़ों में धर्मांतरण की राजनीति ने भी सामाजिक शांति पर बुरा असर डाला है। एक तरफ़ ईसाई मिशनरी सक्रिय हैं और दूसरी तरफ़ उनकी प्रतिक्रिया में हिंदुत्ववादी नेतृत्व में वनवासी आश्रमों की गतिविधियाँ चल रही हैं। कुल मिला कर संविधान प्रदत्त दर्जे और विशेष प्रोत्साहनों के बावजूद भारतीय राज्य और जनजातियों के बीच संबंध राजनीतिक और सामाजिक रूप से विवादास्पद बना हुआ है।

देखें : आरक्षण, आदिवासी प्रश्न-1, 2, 3 और 4, अन्य पिछड़े वर्ग, अनुसूचित जातियाँ, गोविंद सदाशिव घुर्ये, छत्तीसगढ़, झाड़खण्ड, सामाजिक बहिर्वेशन, भारत में किसान-संघर्ष-1, 2 और 4, भारतीय राज्य, भारतीय संविधान-1 से 8 तक, माओवाद और माओ विचार, वेरियर एलविन।

संदर्भ

1. सव्यसाची (1998), *ट्राइबल फ़ॉरेस्ट-इवेलर्स ऐंड सेल्फ़ रूल : द कांस्टीट्युएंट असेम्बली डिबेट ऑन द फ़िफ़्थ ऐंड सिक्थ शेड्यूल्स*, इण्डियन सोशल इंस्टीट्यूट, नयी दिल्ली.
2. अखिलेश्वर पाठक (1994), *कांटेस्टेड डोमेन्स : द स्टेट, पेजेंट्स ऐंड फ़ॉरेस्ट्स इन कंटेम्परारी इण्डिया*, सेज पब्लिकेशन्स, नयी दिल्ली.
3. पी. शंकर (1999), *यह जंगल हमारा है : दण्डकारण्य के क्रांतिकारी आंदोलन का इतिहास*, (अनु. : पासंदी निर्मला), न्यू विस्टाज़ पब्लिकेशंस, दिल्ली (हिंदी संस्करण 2006).
4. भारत सरकार (1989), *अनुसूचित जातियों और अनुसूचित जनजातियों के आयुक्त की रिपोर्ट*, उनतीसवीं रिपोर्ट. नयी दिल्ली.

—अभय कुमार दुबे

अनुसूचित जातियाँ

(Scheduled Castes)

अस्वच्छ पेशों के साथ जन्मगत बंधनों में जकड़े और छुआछूत का शिकार रहे समुदायों को संविधान ने अनुसूचित जाति की श्रेणी में रखा है। संविधान जिन समुदायों को बैकवर्ड क्लासेज़ या पिछड़े वर्ग के तहत मानता है (जिन्हें ब्रिटिश प्रशासन ने 'डिप्रेस्ड क्लासेज़' की संज्ञा दी थी) उनमें सर्वाधिक वंचित समझी जाने वाली ऐसी 1,108 जातियाँ पहली अनुसूची में दर्ज हैं। 2001 की जनगणना के अनुसार कुल आबादी का यह 16.23 फ़ीसदी हिस्सा सभी राज्यों में बिखरा हुआ है। कुछ राज्यों में इनका संकेंद्रण 25 फ़ीसदी तक है। नैशनल सेम्पल सर्वे ऑर्गनाइज़ेशन के 61वें चक्र के अनुसार हिंदुओं में 22.2 फ़ीसदी, बौद्धों में 89.5 फ़ीसदी, ईसाइयों में 9 फ़ीसदी और सिक्खों में 37 फ़ीसदी अनुसूचित जातियाँ हैं। इन सभी के लिए संविधान में उनकी आबादी के संख्यात्मक हिस्से के मुताबिक़ दो क़िस्म के आरक्षण का प्रावधान किया गया है : सरकारी नौकरियों और शिक्षा संस्थानों में; और राजनीति में अलग निर्वाचन क्षेत्रों के रूप में जहाँ से केवल अनुसूचित जातियों के उम्मीदवार ही चुनाव लड़ सकते हैं। 1950 में आरक्षण का यह प्रतिशत 12.5 था जो 1970 में बढ़ा कर 15 फ़ीसदी कर दिया गया।

संविधान के शुरुआती प्रावधान के अनुसार एक आयुक्त स्तर का अफ़सर यह देख-रेख करने के लिए नियुक्त किया गया था कि अनुसूचित जातियों को मिलने वाले लाभ उन तक पहुँच रहे हैं या नहीं। बाद में हुए दो संविधान संशोधनों के परिणामस्वरूप अब अलग से गठित अनुसूचित जाति आयोग यह ज़िम्मेदारी निभाता है। 1979 में तैयार की गयी अनुसूचित जाति उपयोजना (एससीएसपी) ने इन समुदायों के सामाजिक, आर्थिक और शैक्षिक विकास में उल्लेखनीय भूमिका निभायी है। इस योजना के तहत गारंटी की जाती है कि सभी राज्यों

और केंद्र शासित प्रदेशों की वार्षिक योजनाओं का कम से कम 16 फ़ीसदी धन इन समुदायों की जीवन-दशाएँ सुधारने के लिए ख़र्च किया जाए। हाल ही में अनुसूचित जातियों को निजी क्षेत्र के उद्योगों में विशेष प्रोत्साहन देने के लिए अमेरिका के तर्ज़ पर डायवर्सिटी नीति अपनाने के प्रस्तावों का सूत्रीकरण किया गया है जिनके कार्यान्वयन के तौर-तरीक़ों पर विचार किया जा रहा है।

देश में आरक्षण विरोधियों की मुखर लॉबी होने के बावजूद अनुसूचित जातियों को मिलने वाली विशेष सुविधाओं का आम तौर पर खुल कर विरोध नहीं होता। विभिन्न सामाजिक और राजनीतिक शक्तियाँ मोटे तौर पर सरकारी सेवाओं, शिक्षा संस्थानों और चुनावी राजनीति में विशेष प्रोत्साहन के माध्यम से अनुसूचित जातियों में पैदा हो रहे मध्यवर्ग की परिघटना को सकारात्मक दृष्टि से देखती हैं। इस मध्यवर्ग को ही कुछ विद्वानों ने 'हरिजन इलीट' की संज्ञा दी है। हालाँकि सरकारी कर्मचारियों को राजनीति में भागीदारी करने की इजाज़त नहीं होती, पर अधिकारी तंत्र में धीरे-धीरे इन जातियों से आये अफ़सरों और कर्मचारियों की मौजूदगी का एक स्पष्ट राजनीतिक आयाम भी है। इसके परिणामस्वरूप न केवल इन जातियों का प्रत्यक्ष प्रतिनिधित्व करने वाली ताक़तवर राजनीतिक पार्टियों का विकास हुआ है, बल्कि धीरे-धीरे ही सही पर निश्चित रूप से देश के कुछ हिस्सों, विशेषकर उत्तर प्रदेश में, इन जातियों का राजनीतिक समुदाय भी उभरने लगा है।

उपनिवेशवाद विरोधी आंदोलन के दौरान गाँधी ने तत्कालीन अछूत जातियों को 'हरिजन' की संज्ञा दी थी। लेकिन, आज़ादी के बाद पूर्व-अछूतों के राजनीतिक और सांस्कृतिक आंदोलन ने इस संज्ञा को ख़ारिज करके स्वयं को 'दलित' कहना पसंद किया। दलितों को मिले राजनीतिक आरक्षण का इतिहास बीसवीं सदी के शुरुआती दशकों के घटनाक्रम से उकेरा जा सकता है। डिप्रेस्ड क्लासेज़ के प्रतिनिधित्व के सवाल पर गाँधी और आम्बेडकर के बीच हुई ऐतिहासिक बहस, गोलमेज़ सम्मेलनों के वाद-विवाद और दोनों नेताओं के बीच हुए पूना-पैक्ट के परिणामस्वरूप तत्कालीन ब्रिटिश सरकार ने अलग मतदाता मण्डल की माँग मानने के बजाय सिर्फ़ अनुसूचित जातियों की उम्मीदवारी वाले निर्वाचन क्षेत्रों का प्रावधान किया। ध्यान रहे कि सिर्फ़ अनुसूचित जातियों के उम्मीदवारों वाले निर्वाचन क्षेत्रों की जगह डॉ. आम्बेडकर दलितों के लिए पृथक मतदाता मण्डलों की माँग कर रहे थे। आज़ादी मिलने के बाद संविधान निर्माताओं ने भी आरक्षित निर्वाचन क्षेत्रों के इस प्रावधान को जारी रखा। इसके ज़रिये दलित जातियों की उनकी आबादी के बराबर विधायिकाओं में प्रतिनिधित्व की गारंटी हो गयी।

राजनीतिक आधुनिकता के संदर्भ में इस उपलब्धि को दलितों के सशक्तीकरण के एक अत्यंत महत्त्वपूर्ण आयाम के रूप में चिह्नित किया जा सकता है। लेकिन, कुछ दलित बुद्धिजीवियों और राजनेताओं की दृष्टि में निर्वाचन क्षेत्रों के आरक्षण से दलित जन-प्रतिनिधियों को अपनी सफलता के लिए ऊँची जाति के वोटरों पर निर्भर होना पड़ता है। बहुजन समाज पार्टी के संस्थापक कांशी राम ने अपनी पुस्तिका *चमचा युग* में इसी तर्क के आधार पर राजनीतिक आरक्षण की कठोर आलोचना की है। कांशी राम ने तर्क दिया है कि अगर गाँधी द्वारा अनशन करते हुए प्राण त्याग देने की धमकी के आगे आम्बेडकर न झुकते और पृथक मतदाता मण्डल प्राप्त करके मानते तो उनके ज़रिये दलितों का आत्मनिर्भर और स्वतंत्र नेतृत्व विकसित होता। मतदाता मण्डल मिला-जुला रहने से दलित जनता ऊँची जाति के उम्मीदवारों से अपना प्रतिनिधित्व कराने के लिए मजबूर है, और दलित उम्मीदवार ऊँची जातियों के वोट माँगने पर विवश हैं। कांशी राम के अनुसार इस व्यवस्था से दलित राजनीति में ऊँची जातियों के चमचों का ही जन्म हुआ है।

आरक्षण-नीति का इतिहास बताता है कि 1934 में पहली बार ब्रिटिश सरकार ने डिप्रेस्ड क्लास को उचित प्रतिनिधित्व देने के निर्देश जारी किये थे। चूँकि इन प्रयासों के वांछित परिणाम नहीं निकले इसलिए इस प्रश्न की दोबारा समीक्षा की गयी और 1943 में इन समुदायों के लिए 8.33 फ़ीसदी नौकरियाँ आरक्षित करने का फ़ैसला किया गया। यह प्रतिशत 1946 में बढ़ा कर 12.5 फ़ीसदी कर दिया गया। अंग्रेज़ छुआछूत की गुणार्थक परिभाषा करने के ख़िलाफ़ थे। संविधान निर्माताओं ने भी इसी रवैये को अपनाते हुए आम तौर पर अछूत समझे जाने वाले समुदायों को अनुसूचित जाति का दर्जा देने की प्रक्रिया का प्रावधान करने पर ही ज़ोर दिया। अनुसूचित जाति की सूची बनाने के लिए हर प्रदेश में छुआछूत से पीड़ित समुदायों की शिनाख़्त करके उनकी गणना की गयी। राष्ट्रपति को अधिकार दिया गया कि वह केंद्र सरकार के ज़रिये किसी भी समुदाय को इस अनुसूची में शामिल करवा सकता है, लेकिन अगर किसी समुदाय को इस अनुसूची से निकालना है तो यह अधिकार केवल संसद के पास सुरक्षित किया गया। 1950 में जब राष्ट्रपति के दस्तख़तों से शड्यूल्ड कास्ट ऑर्डर जारी हुआ तो उसने अनुसूचित जातियों की कमोबेश उन्हीं सूचियों पर मुहर लगायी जो अंग्रेज़ों ने 1936 में तैयार की थीं। फ़र्क़ केवल यह था कि इनमें चार सिक्ख जातियाँ भी शामिल कर दी गयी थीं और कुछ ऐसे इलाक़ों (राजस्थान, ग्वालियर, मध्यभारत) को भी रखा गया था जो पहले नहीं थे। इन सूचियों को पहले 1951 में और फिर 1956 में दुरुस्त किया गया। संशोधित सूचियों के मुताबिक़ 1971 तक उत्तर प्रदेश, राजस्थान और सभी सिक्ख पूर्व-अछूतों को मिला कर अनुसूचित जातियों की संख्या आठ करोड़ तक पहुँच गयी।

चूँकि कर्मकाण्डीय बहिर्वेशन हिंदू समाज की ही परिघटना है इसलिए कुछ लोग यह समझ बैठते हैं कि आरक्षण धार्मिक आधार पर हिंदू समाज में चलाया जाने वाला एक सुधार कार्यक्रम है। दरअसल, अनुसूचित जाति की श्रेणी के ज़रिये आरक्षण के प्रावधान हिंदुओं की इस धार्मिक समस्या का हल धार्मिक आधार पर करने के बजाय उसका समाधान समाज और राजनीति की सेकुलर ज़मीन पर करते हैं। आजकल मुसलमानों के बीच भी अस्वच्छ पेशों में लगे लालबेगी और हलालखोर जैसे समुदायों को अनुसूचित जाति की श्रेणी में लाने की चर्चा चल रही है। यह इस बात का सबूत है कि यह श्रेणी धार्मिक आधार पर कल्पित नहीं की गयी है। दूसरे बौद्धों और सिक्खों के बीच मौजूद पूर्व-अछूतों को भी अनुसूचित जाति का दर्जा दिया गया है। अनुसूची में शामिल करने के लिए जिन मानकों का सहारा लिया गया उनमें जाति एकमात्र न हो कर प्रमुख थी। भू-क्षेत्र और धर्म को भी मानक माना गया। अगर कोई जाति एक राज्य, एक ज़िले या एक क्षेत्र में अनुसूचित जाति है, तो ज़रूरी नहीं कि वह पड़ोस के राज्य या ज़िले में भी अनिवार्य रूप से वैसी ही मानी जाएगी।

देखें : अन्य पिछड़े वर्ग, अस्मिता की भारतीय राजनीति, अनुसूचित जनजातियाँ, आयोतीदास पांडीतर, आयंकाली, आम्बेडकर-गाँधी विवाद, कांशी राम, किशन फ़ागूजी बनसोड़े, गाड़गे बाबा, गोपाल बाबा वलंगकर, ज्योतिराव गोविंदराव फुले, जाति और जाति-व्यवस्था-1, 2, 3 और 4, बहुजन समाज पार्टी-1 और 2, भदंत आनंद कौसल्यायन, भीमराव रामजी आम्बेडकर, भारतीय संविधान-1 से 8 तक, स्वामी अछूतानंद हरिहर।

संदर्भ

1. आंद्रे बेते (2000), 'दि शेड्यूल्ड कास्ट्स : ऐन इंटररीजनल पर्सपेक्टिव', *जर्नल ऑफ़ इण्डियन स्कूल ऑफ़ पॉलिटिकल इकॉनॉमी,* खण्ड 12, अंक 3-4.
2. कांशी राम (1998), *चमचा युग : द एज ऑफ़ साइकोफ़ेंट्स,* (अनु. रामगोपाल आज़ाद), समता प्रकाशन, नागपुर.
2. विजय बहादुर सिंह (2003), 'दलितों के अभिजन', अभय कुमार दुबे (सम्पा.), *आधुनिकता के आईने में दलित,* लोक-चिंतन ग्रंथमाला, सीएसडीएस-वाणी, दिल्ली.
3. मार्क गैलेंटर (1992), *कम्पीटिंग इक्वलिटीज़ : लॉ ऐंड बैकवर्ड क्लासेज़ इन इण्डिया,* ऑक्सफ़र्ड युनिवर्सिटी प्रेस, नयी दिल्ली.

—अभय कुमार दुबे

अन्य पिछड़े वर्ग

(Other Backward Classes)

अपनी पारम्परिक सामाजिक और शैक्षिक दुर्बलताओं के कारण विशेष प्रोत्साहन और आरक्षण के पात्र समझे जाने वाले समुदायों को संविधान समग्र रूप से पिछड़े वर्ग की श्रेणी में रखता है। इन्हीं पिछड़े वर्गों में अनुसूचित जाति और अनुसूचित जनजाति के अलावा एक तीसरी उपश्रेणी अन्य पिछड़े वर्गों की है। इसके तहत किसानी और दस्तकारी के स्वच्छ पेशों में लगी वे जातियाँ आती हैं जिन्हें वर्णक्रम में कर्मकाण्डीय दृष्टि से शूद्र माना जाता रहा है और जो ब्राह्मण, क्षत्रिय और वैश्य की तरह उपनयन संस्कार की अधिकारी अर्थात् द्विज नहीं मानी जातीं। ये जातियाँ छुआछूत का शिकार तो नहीं रही हैं, पर जन्म के आधार पर उनके साथ भेदभाव किया जाता रहा है। अन्य पिछड़े वर्ग की यह श्रेणी हिंदू समाज तक सीमित नहीं है। इस उपश्रेणी में मुसलमान, ईसाई और अन्य अल्पसंख्यक समुदायों की इसी से मिलती-जुलती सामाजिक स्थितियों वाली जातियों को भी शुमार किया गया है। ग़ौरतलब है कि संविधान ने 'वर्ग' की श्रेणी का इस्तेमाल मार्क्सवादी अर्थों में न करके एक सामाजिक वर्ग कल्पित किया है जिसमें वर्ग के पिछड़े होने की निशानी जाति प्रदत्त सामाजिक उपेक्षा को माना गया है। जिसके परिणाम इन समुदायों के आर्थिक और शैक्षिक रूप से वंचित होने में निकले हैं। जातियों के पिछड़ेपन को मानक बना कर एक वर्ग के रूप में कल्पित करना सेकुलर कल्पनाशीलता का प्रमाण था, लेकिन शूद्र वर्ण की जातियों के संदर्भ में संविधान द्वारा दी गयी पिछड़ेपन की यह जातिगत परिभाषा आगे चल कर बेहद विवादास्पद साबित हुई। सार्वजनिक जीवन पर आरक्षण बनाम योग्यता (मैरिट) और जातिगत पिछड़ापन बनाम आर्थिक पिछड़ापन की बहस सामने आयी।

राष्ट्रीय आबादी में अन्य पिछड़े वर्गों के प्रतिशत को लेकर विवाद है। मण्डल आयोग ने इनकी संख्या 52 प्रतिशत बतायी थी, पर राष्ट्रीय सर्वेक्षण (04-05) की अस्थायी रपट में यह संख्या घटा कर 41 फ़ीसदी कर दी गयी है। संख्या पर जारी इस मतभेद के बावजूद इस तथ्य में कोई संदेह नहीं है कि अन्य पिछड़ा वर्ग आबादी की दृष्टि से इस देश का सबसे बड़ा मिला-जुला समूह है। सरकार ने राष्ट्रीय पिछड़ा वर्ग आयोग और पिछड़ों के विकास में मदद करने के लिए राष्ट्रीय पिछड़ा वर्ग वित्त और विकास निगम का गठन किया है। आयोग द्वारा बनायी गयी इन समुदायों की सूची अपनी प्रकृति में गतिशील है अर्थात् बदलती हुई सामाजिक परिस्थितियों का ख़याल करके जातियों और समुदायों को इससे निकाला और

इसमें जोड़ा जा सकता है। पिछड़े वर्गों की प्रशासनिक देख-रेख गृह मंत्रालय के तहत काम करने वाले बैकवर्ड क्लासेज़ सेल द्वारा की जाती थी। 1985 में अलग से समाज कल्याण मंत्रालय का गठन किया, जिसे 1998 के बाद से सामाजिक न्याय और सशक्तीकरण मंत्रालय के नाम से जाना जाता है।

संविधान अन्य पिछड़े वर्गों को सरकारी नौकरियों और उच्च-शिक्षा में 27 फ़ीसदी आरक्षण देता है, पर अनुसूचित जातियों व जनजातियों की भाँति उन्हें किसी तरह का राजनीतिक आरक्षण प्राप्त नहीं है। सार्विक मताधिकार और भूमि सुधारों के मिले-जुले प्रभाव के तहत इन समुदायों की राजनीतिक धाक पहले से ही जमी हुई है। भू-स्वामी होने के कारण देश के कई इलाक़ों में ये प्रभुत्वशाली जातियों की तरह उभर आये हैं और उनकी हैसियत ऊँची जातियों से कम नहीं रह गयी है।संसद और विधायिकाओं में उनका प्रतिनिधित्व बढ़ता जा रहा है। चुनावी लोकतंत्र में सत्ता पाने की इच्छा रखने वाली कोई भी पार्टी उनकी उपेक्षा की जुर्रत नहीं कर सकती। न केवल अन्य पिछड़े वर्ग के दायरे में आने वाली कई बड़ी जातियों के प्रत्यक्ष नेतृत्व में चलने वाली पार्टियाँ प्रदेशों में सत्ता की दावेदार हैं, बल्कि राष्ट्रीय दलों में भी इन जातियों की लॉबी ज़बरदस्त है। लेकिन, इस असाधारण राजनीतिक सफलता के बावजूद शिक्षा से वंचित होने के कारण नौकरशाही और विभिन्न आधुनिक पेशों में इन जातियों की मौजूदगी उनकी सामाजिक उपस्थिति के मुक़ाबले काफ़ी कम है।

संविधान के अनुच्छेद 340 के तहत अपने दायित्व का निर्वहन करने के लिए सरकार ने इन समुदायों की स्थितियों की पड़ताल करने के लिए 1953 में काका कालेलकर के नेतृत्व में एक आयोग बनाया जिसकी रपट 1956 में तत्कालीन गृह मंत्री गोविंद बल्लभ पंत के ज्ञापन के साथ संसद में रखी गयी। आयोग ने 2399 समुदायों को पिछड़े वर्ग की श्रेणी में माना और उनमें से 837 को अति-पिछड़ा क़रार दिया था। आयोग की सिफ़ारिश थी कि प्रथम श्रेणी की सरकारी नौकरियों में इन पिछड़े समुदायों को 25 फ़ीसदी, द्वितीय श्रेणी की नौकरियों में 33.3 फ़ीसदी और तीसरी व चौथी श्रेणी की नौकरियों में 40 फ़ीसदी आरक्षण दिया जाना चाहिए। आयोग ने सभी तकनीकी और पेशेवर प्रशिक्षण देने वाले संस्थानों में पिछड़ों को 70 फ़ीसदी आरक्षण देने का सुझाव भी दिया था। इसके अलावा आयोग का कहना था कि 1961 की जनगणना का आधार जाति को बनाया जाना चाहिए और सभी स्त्रियों को पिछड़े वर्ग का सदस्य मान कर चलना चाहिए, भले ही उनका जन्म ऊँची जातियों में क्यों न हुआ हो।

गृह मंत्री के ज्ञापन में इन संस्तुतियों की आलोचना करते हुए कहा गया कि कुछ जातियों की पिछड़े के तौर पर शिनाख़्त से जाति संबंधी मौजूदा भेदभाव और मज़बूत होंगे जिससे एक जातिविहीन समतामूलक भारत की रचना में बाधा आयेगी। संसद ने न तो कालेलकर रपट पर चर्चा की और न ही उसके द्वारा किन्हीं वैकल्पिक मानकों की तजवीज़ की गयी। 1961 में केंद्र ने राज्यों को ज़रूर लिखा कि वे अगर चाहें तो पिछड़ेपन की परिभाषा अपने हिसाब से तय कर सकते हैं। लेकिन अगर वे जाति के बजाय आर्थिक मानक को अपनाएँगे तो बेहतर होगा। ज़ाहिर है कि केंद्र सरकार जाति को पिछड़ेपन का सबूत मानने के लिए तैयार नहीं थी।

केंद्र के इस क़दम का नतीजा यह हुआ कि दक्षिण भारतीय राज्यों में (जहाँ सामाजिक बराबरी के आंदोलन मज़बूत स्थिति में थे) पिछड़ों को आरक्षण का लाभ मिलने की स्थितियाँ बनीं। वैसे भी इन राज्यों में बीस के दशक से ही जाति आधारित आरक्षण का सिलसिला चल रहा था। वहाँ की सरकारों ने अन्य पिछड़े वर्गों की सूची में नयी जातियों को जोड़ा और आरक्षण का प्रतिशत बढ़ाया। लेकिन उत्तर भारतीय राज्यों में ऊँची जातियों के जारी दबदबे के तहत इस आवश्यकता पर ध्यान नहीं दिया गया। आरक्षण की भनक पड़ते ही बिहार में 1978 में और गुजरात में पहले 1980-81 में और फिर 1985 में इसके ख़िलाफ़ आंदोलन हुए। इसके विपरीत दक्षिण भारतीय राज्यों की आरक्षण समर्थक तत्परता ने विरोध में होने वाले आंदोलनों की सम्भावना को तरफ़दारी के आंदोलनों में बदल दिया।

जनता पार्टी के नेतृत्व में केंद्र की पहली ग़ैर-कांग्रेस सरकार ने अपने चुनावी आश्वासन के मुताबिक़ 1979 में बिंदेश्वरी प्रसाद मण्डल के नेतृत्व में दूसरा पिछड़ा वर्ग आयोग बनाया। इसने केवल हिंदू समाज में ही 3743 समुदायों को पिछड़ा क़रार दिया और उनके लिए 27 फ़ीसदी आरक्षण की सिफ़ारिश की। मण्डल आयोग की रपट की आम तौर पर केवल नौकरियों में आरक्षण के लिए चर्चा होती है, पर यह तो उस रपट का केवल एक पहलू था। मण्डल आयोग चाहता था कि पिछड़े वर्ग की सघन आबादी वाले चुने हुए इलाक़ों में प्रौढ़ शिक्षा के समयबद्ध कार्यक्रम चलाये जाने चाहिए, इन क्षेत्रों में पिछड़ेवर्ग के छात्रावासों से युक्त स्कूलों की स्थापना करके ग़रीब छात्रों के लिए हर तरह की सुविधाएँ मुहैया करायी जानी चाहिए, व्यावसायिक प्रशिक्षण देने पर ज़ोर दिया जाना चाहिए, सभी वैज्ञानिक, प्रौद्योगिकीय और पेशवर शिक्षा देने वाले संस्थानों में भी इन वर्गों को 27 फ़ीसदी आरक्षण मिलना चाहिए।

जब तक इस आयोग की रपट आती, जनता पार्टी की सरकार जा चुकी थी। दिलचस्प बात यह है कि 11 अगस्त, 1982 में जब यह रपट संसद में पेश की गयी तो सांसदों ने एक मत से इसका समर्थन किया। लेकिन, पहले इंदिरा गाँधी और फिर राजीव गाँधी के नेतृत्व में कांग्रेस सरकार ने इस रपट पर अमल टालते रहना मुनासिब समझा। सम्भवतः उनका तर्क भी वही था जो 1956 की कांग्रेस सरकार का था, कि इससे

जातिगत पहचानें मज़बूत होंगी और जाति-वर्ग विहीन समाज बनाने में अड़चन आयेगी।

सात अगस्त, 1990 को राष्ट्रीय मोर्चे की ग़ैर-कांग्रेसी सरकार ने विश्वनाथ प्रताप सिंह के प्रधानमंत्रित्व में मण्डल आयोग की सिफ़ारिशों को लागू करने का फ़ैसला किया और 13 अगस्त की इसकी अधिसूचना जारी कर दी। इसकी प्रतिक्रिया में उत्तर भारत में ज़बरदस्त आरक्षण विरोधी आंदोलन फूट पड़ा जिसके तहत शिक्षित युवकों द्वारा आत्मदाह जैसे भीषण अतिवादी क़दम तक उठाये गये। सुप्रीम कोर्ट ने 1 अक्टूबर को इस अधिसूचना पर स्थगन आदेश दिया। 1991 में हुए मध्यावधि चुनाव में ख़ुद को सामाजिक न्याय के मसीहा की तरह पेश करने की वी.पी. सिंह की रणनीति नाकाम रही और केंद्र में कांग्रेस की अल्पसंख्यक सरकार सत्तारूढ़ हुई। सुप्रीम कोर्ट ने इस सरकार से मण्डल रपट पर अपना रवैया साफ़ करने के लिए कहा। चूँकि इस सरकार को उपचुनावों का सामना करना था और उसके ख़ुद के बचे रहने पर सवालिया निशान लगा हुआ था, इसलिए मण्डल विरोध का रवैया छोड़ कर उसने समर्थन का नज़रिया अपनाया और 25 सितम्बर को नयी संशोधित अधिसूचना जारी की। इसके तहत अन्य पिछड़े वर्ग को 27 फ़ीसदी आरक्षण देने के साथ-साथ 10 फ़ीसदी आरक्षण आर्थिक रूप से पिछड़ी हुई ऊँची जातियों को भी दिया गया। 16 नवम्बर, 1992 को सुप्रीम कोर्ट ने फ़ैसला देते हुए अन्य पिछड़े वर्गों को 27 फ़ीसदी आरक्षण पर अपनी मुहर लगा दी। परिणामस्वरूप ओडीशा, राजस्थान, उत्तर प्रदेश और पश्चिम बंगाल में पहली बार पिछड़ों को आरक्षण मिला। गुजरात और पंजाब में उनके आरक्षण का प्रतिशत बढ़ गया।

मण्डल आयोग ने 27 फ़ीसदी प्रावधान पचास फ़ीसदी आरक्षण की सीमा को ध्यान में रखते हुए किया था। लेकिन 1991 से 1996 के बीच कांग्रेस की सरकार ने इस संवैधानिक सीमा का अतिक्रमण किया। उसने तमिलनाडु और कर्नाटक विधानसभाओं द्वारा भेजे गये उन विधेयकों को मंज़ूरी दे दी जिनके कारण कुल आरक्षण की सीमा पचास फ़ीसदी के ऊपर चली गयी। केंद्र सरकार ने इससे भी आगे जा कर तमिलनाडु के क़ानून को संविधान की नौवीं अनुसूची में शामिल करके उसकी न्यायिक समीक्षा की सम्भावना भी समाप्त कर दी।

मण्डल आयोग की रपट जिस अंदाज़ में लागू की गयी, उसने उसे पिछड़े वर्गों के लिए एक तरह की रोज़गार योजना और सामाजिक सशक्तीकरण की भूमिका निभायी। सुप्रीम कोर्ट ने अपने फ़ैसले में जिस मलाईदार परत (क्रीमी लेयर) की चर्चा की थी, उसे नज़रंदाज करना और पिछड़ी जातियों की सूची को बढ़ाते चले जाने के साथ पार्टियों के राजनीतिक निहित स्वार्थ जुड़ गये। अन्य पिछड़े वर्ग सामाजिक और संवैधानिक श्रेणी तो पहले से ही थे, मण्डल रपट ने उन्हें राजनीतिक और क़ानूनी श्रेणी में भी बदल दिया।

देखें : अस्मिता की भारतीय राजनीति, अनुसूचित जनजातियाँ, अनुसूचित जातियाँ, आयोतीदास पांडीतर, आयंकाली, आम्बेडकर-गाँधी विवाद, कांशी राम, किशन फ़ागूजी बनसोड़े, गाड़गे बाबा, गोपाल बाबा वलंगकर, ज्योतिराव गोविंदराव फुले, जाति और जाति-व्यवस्था-1, 2, 3 और 4, बहुजन समाज पार्टी-1 और 2, भदंत आनंद कौसल्यायन, भीमराव रामजी आम्बेडकर, भारतीय संविधान-1 से 8 तक, स्वामी अछूतानंद हरिहर।

संदर्भ

1. आंद्रे बेते (1992), *द बैक्वर्ड क्लासेज़ इन कंटेम्परेरी इण्डिया,* ऑक्सफ़र्ड युनिवर्सिटी प्रेस, नयी दिल्ली.
2. हिरण्मय कार्लेकर (1992), *इन द मिरर ऑफ़ मण्डल : सोशल जस्टिस, कास्ट, क्लास, ऐंड द इनडिविजुअल,* अजंता पब्लिकेशंस, नयी दिल्ली.
3. पी. राधाकृष्णन (1996), 'मण्डल कमीशन : अ सोसियोलॅजीकल क्रिटीक', एम.एन. श्रीनिवास (सम्पा.), *कास्ट, इट्स ट्वेंटियथ सेंचुरी अवतार,* पेंगुइन, नयी दिल्ली.
4. एस.एन. सिंह (1996), *रिज़र्वेशन पॉलिसी फ़ॉर बैकवर्ड क्लासेज़,* रावत पब्लिकेशंस, नयी दिल्ली.
5. क्रिस्टॉफ़ जैफ्रेलो (2003), *इण्डियाज़ साइलेंट रेवोल्यूशन : द राइज़ ऑफ़ लो कास्ट्स इन नॉर्थ इण्डियन पॉलिटिक्स,* परमानेंट ब्लैक, नयी दिल्ली.

—अभय कुमार दुबे

अन्य / अन्यीकरण

(Other/Otherisation)

किसी भी व्यक्ति के लिए उसकी इयत्ता से जो पृथक है वह उसके लिए अन्य की श्रेणी में आता है। अन्य अगर नहीं है तो उसे तरह-तरह के विमर्शों का सहारा लेकर गढ़ा जाता है या किसी का अन्यीकरण किया जाता है, ताकि उसके बरक्स अपने आप को और जगत में अपने स्थान को परिभाषित किया जा सके। इसी प्रक्रिया में अपना-पराया या हम-वे जैसे परस्पर-विपरीत द्विभाजन बनते हैं। उन्नीसवीं और बीसवीं सदी में उपनिवेशवाद को उचित और न्यायसंगत ठहराने के लिए अन्य को सबसे ज़्यादा गढ़ा गया ताकि उपनिवेशक के लिए 'सामान्य' और उपनिवेशित के लिए 'असामान्य' की श्रेणियाँ तय की जा सकें : सामान्य यानी बुद्धिसंगत, विज्ञान सम्मत, सभ्य, सुसंस्कृत, प्रगतिशील, आधुनिक, उद्यमी; असामान्य अर्थात् आदिम, अंधविश्वासी, अवैज्ञानिक, पिछड़ा, असभ्य, भावुक। उत्तर-औपनिवेशिक विमर्श ने ज़ाक लकाँ के मनोविश्लेषण का सहारा ले कर अन्य और अन्यीकरण

का विस्तार से उपयोग किया है। एडवर्ड सईद ने अन्य और अन्यीकरण के माध्यम से पूर्व के बारे में युरोपियन चिंतन की युग-प्रवर्तक आलोचना की है।

उपनिवेशवाद द्वारा अन्य की अवधारणा के इस भीषण दोहन के स्रोत पश्चिमी दर्शन में मिलते हैं। चूँकि देकार्त मनुष्य की निजता या 'मैं' को सर्वोच्च प्राथमिकता देते हैं इसलिए उनके दर्शन में उसकी हैसियत कमतर हो जाती है जो 'मैं' नहीं है या जो 'अन्य' है। हसर ने इसी आधार पर अन्य का सूत्रीकरण प्रति-अहं (आल्टर ईगो) के तौर पर किया। लेकिन लेविनास ने इस विचार को कमतर दर्जे से निकालने की कोशिश करते हुए दावा किया कि अन्य के माध्यम से जब अपने ही यक़ीन को चुनौती मिलती है तो नतीजे के तौर पर नीतिशास्त्रीय प्रश्न खड़े होते हैं। अन्य को मिलने वाली प्राथमिकता अपने आप में नीतिशास्त्र की सत्तामूलकता पर प्राथमिकता के समान हो जाती है। दरअसल, अन्य को जैसे ही लेविनास द्वारा दी गयी नीतिशास्त्रीय प्राथमिकता से वंचित किया जाता है, वैसे ही अन्य की अवधारणा के विनाशकारी राजनीतिक दोहन का अंदेशा पैदा हो जाता है।

अन्य संबंधी चिंतन की इस परम्परा को देरिदा ने आगे बढ़ाते हुए सवाल पूछा कि क्या अन्य का अन्यत्व शुरुआत से जोखिमग्रस्त नहीं है यानी क्या अन्य का जो अन्यत्व शुरू में था वह वैसा ही न रह कर बाद में कुछ और नहीं हो जाता। देरिदा द्वारा किये गये अन्य के इस विखण्डन से पहले सार्त्र के अस्तित्ववाद में इयत्ता और अन्य के बीच रिश्तों का संधान मिलता है। अपनी रचना *बीइंग ऐंड नथिंगनेस* में सार्त्र ने अन्य की अवधारणा का विस्तार से इस्तेमाल करते हुए आत्म-चेतना और अस्मिता संबंधी विचारों का सूत्रीकरण किया है।

उत्तर-औपनिवेशिक सिद्धांत में जिस अन्य का इस्तेमाल किया गया है कि उसके आधार में आत्मपरकता का विचार है। आत्मपरकता या सब्जेक्टिविटी का ख़याल फ्रॉयड द्वारा विकसित मनोविश्लेषण की देन है। फ्रॉयड के बाद मुख्य रूप से लकाँ के मनोवैश्लेषिक और संस्कृति संबंधी चिंतन में दो तरह के अन्य मौजूद हैं। इनके बीच का फ़र्क़ काफ़ी पेचीदगी पैदा करता है, पर उत्तर-औपनिवेशिक सिद्धांत के लिए ख़ासा उपयोगी है।

ज़ाक लकाँ का पहला अन्य वह है जिसके बरक्स व्यक्ति बचपन में अपनी इयत्ता पहचानने की शुरुआत करता है। बच्चे के पास देह है और अनुभूतियाँ हैं, पर दोनों के बीच आवश्यक समन्वय नहीं है। ऐसी हालत में जब बच्चा आईने में अपना अक्स देखता है तो उसे अपने पृथक अस्तित्व की अनुभूति होती है। अपनी ही छवि को देखने के इस मनोवैज्ञानिक खेल के दो अनिवार्य पहलू हैं। पहला, उसे अपनी छवि कम से कम इतनी तो अपने जैसी लगनी ही चाहिए कि वह उसमें ख़ुद को पहचान सके। दूसरा, लेकिन वह छवि उससे इतनी पृथक भी होनी चाहिए कि वह छवि के भीतर पहचानी गयी इयत्ता का स्वामी बनने का पूर्वानुमान लगा सके। अपनी ही इयत्ता हासिल करने के ख़याल से ही व्यक्ति के अहं को उसका आधार मिलता है, और उसकी यानी कर्ता की अस्मिता परिभाषित होती है। उत्तर-औपनिवेशिक सिद्धांत लकाँ द्वारा प्रतिपादित इस पहले अन्य का इस्तेमाल यह जानने में करता है कि उपनिवेशित की अन्यीकरण की प्रक्रिया कैसे चलती है। साम्राज्यवादी विमर्श द्वारा हाशिये पर धकेले जा चुके उपनिवेशितों की शिनाख़्त अपने उपनिवेशक मालिक की संस्कृति से भिन्नता और पृथकता के आधार पर की जाती है। उपनिवेशक अपने से अलग उपनिवेशित पर पूर्वानुमानित स्वामित्व के आधार पर अपने अहं की रचना करता है।

लकाँ का दूसरा अन्य पहले के मुक़ाबले बड़ा है। कर्ता को उसकी अस्मिता दिलाने में उसकी भूमिका कहीं अधिक है। दरअसल इस अन्य की निगाह में ख़ुद को देख कर अपनी अस्मिता का भान करता है। यह बड़ा अन्य दूसरे कर्ताओं, जैसे बच्चे के माँ-बाप, में मूर्तिमान हो जाता है। बच्चे से अलग होते ही या बच्चे के बरक्स अन्यत्व प्राप्त करते ही माँ उसकी कामना का पहला केंद्र बन जाती है। दूसरी तरफ़ इसी अन्य के प्रतीक-रूप में पिता की छवि उभरती है। उत्तर-औपनिवेशिक लकाँ के इस दूसरे अन्य को साम्राज्यिक केंद्र और औपनिवेशिक विमर्श के रूप में देखता है। इस विमर्श से वह शब्दावली और पदावली निकलती है जिसके आईने में लकाँ के छोटे अन्य यानी हाशिया-स्थित उपनिवेशित को उसकी अस्मिता दिखायी पड़ती है। साथ ही यह बड़ा अन्य एक ऐसा संदर्भ बिंदु भी है जिसे उपनिवेशित लगातार सम्बोधित करता रहता है। इस बड़े अन्य से ही वह विचारधारात्मक ढाँचा मिलता है जिसके तहत उपनिवेशित की दुनिया संबंधी समझ बनती है।

अन्यीकरण के विचार का सूत्रीकरण गायत्री चक्रवर्ती स्पिवाक ने किया है। उन्होंने अंग्रेज़ कैप्टन ज्योफ़री बिर्च और उसके अफ़सर मेजर-जनरल ऑक्टरलनी द्वारा लॉर्ड मोइरा के बीच में हुए पत्र-व्यवहार के अध्ययन के ज़रिये अन्यीकरण की तीन मिसालें पेश की हैं। पहली मिसाल में स्पिवाक दिखाती हैं कि भारत के देहात में कैप्टन बिर्च की घुड़सवार हस्ती एक अन्य के रूप किस तरह युरोप की नुमाइंदगी करते हुए अपनी शर्तों पर भारतवासियों की औपनिवेशिक आत्मपरकता को जन्म दे रही है। दूसरी मिसाल में जनरल ऑक्टरलनी की तरफ़ से गिरिजनों को कपटी, क्रूर और विश्वासघाती बताते हुए उनकी धरती ब्रिटिश राज के हवाले करने के अपने दायित्व पर बल दिया गया है। स्पिवाक के मुताबिक़ ऑक्टरलनी के इस विवरण में उपनिवेशित भारतवासी अन्य के रूप में साम्राज्यवाद के लक्ष्य की तरह उभरते हैं। तीसरी मिसाल लॉर्ड मोइरा द्वारा ऑक्टरलनी को लगायी गयी लताड़ की है। मोइरा

इस बात पर नाराज़ हैं कि ऑक्टरलनी ने आधी तनख़्वाह पाने वाले निचले तबके के भारतीयों को देशी रियासतों के नियमित फ़ौजियों के साथ काम करने की इजाज़त क्यों दी। स्पिवाक दिखाती हैं कि मोइरा के वृत्तांत में औपनिवेशिक सरकार और देशी रियासतों का पृथक्कीकरण किया गया है। तीनों अंग्रेज़ों द्वारा एक-दूसरे को लिखे गये ये पत्र साम्राज्य की अन्यता स्थापित करने के साथ-साथ देशी पहाड़ी रियासतों के 'सच्चे' इतिहास की रचना भी करते जाते हैं।

1978 में एडवर्ड सईद की रचना *ओरिएंटलिज़्म* के प्रकाशन ने पश्चिम के सांस्कृतिक साम्राज्यवाद पर पड़े विद्वत्ता के पर्दे को हटा कर दिखाया कि किस तरह युरोपीय लेखकों, साहित्यकारों और अनुसंधानकर्ताओं द्वारा किया गया अफ़्रीका, एशिया और मध्य-पूर्व का चित्रण तथ्यों पर आधारित न हो कर कुछ पूर्व-निर्धारित रूढ़ियों पर टिका हुआ है। प्राच्यवाद की यह बौद्धिक परियोजना सभी पूर्वी समाजों को तर्कबुद्धि से वंचित, दुर्बल और स्त्रैण 'अन्य' के रूप में पेश करती है, और पश्चिम को बुद्धिसंगत, बलवान और पौरुषपूर्ण दिखाया जाता है। पश्चिमी विद्वत्ता में तो यह दुराग्रह रचा-बसा है ही, साम्राज्यवादी प्रभुत्व के तहत बहुत से पूर्वी विद्वानों ने भी इसे आत्मसात कर लिया है। इस प्रक्रिया में पश्चिम सभ्यता का मानक बन गया है जिसमें 'एग्ज़ॉटिक' प्राच्य फ़िट नहीं हो सकता। इस प्रकार ऑक्सीडेंट (पश्चिम) अपने विपरीत ध्रुव की तरह ओरिएंट (पूर्व) को रचता है।

देखें : इयत्ता, परस्पर विपरीत द्विभाजन, उपनिवेशवाद, ज़ाक लकाँ, एडवर्ड विलियम सईद, रेने देकार्त, एडमण्ड हसर और घटनाक्रियाशास्त्र, ज़िग्मंड फ्रॉयड-1 और 2, मनोविश्लेषण, उत्तर-औपनिवेशिकता, ज्याँ-पाल सार्त्र, अस्तित्ववाद, ज़ाक देरिदा, गायत्री चक्रवर्ती स्पिवाक।

संदर्भ

1. एडवर्ड सईद (1979), *ओरिएंटलिज़्म,* विंटेज, न्यूयॉर्क.
2. लीला गाँधी (1988), *पोस्टकोलोनियल थियरी : अ क्रिटिकल इंट्रोडक्शन,* कोलम्बिया युनिवर्सिटी प्रेस, न्यूयॉर्क.
3. ज़ाक लकाँ (1968), *द लेंग्वेज ऑफ़ सेल्फ़ : द फ़ंक्शन ऑफ़ लेंग्वेज इन साइकोऐनालिसिस,* अनु. एंथनी विल्डेन, जॉन होपकिंस युनिवर्सिटी प्रेस, बाल्टीमोर, एमडी.
4. एम.सी. बूनग्राफ़ (1992), 'अदर/अदर', अनु. मार्गरेट व्हिटफ़र्ड, एलिज़ाबेथ राइट (सम्पा.), *फ़ेमिनिज़म ऐंड साइकोऐनालिसिस : अ क्रिटिकल डिक्शनरी,* ब्लैकवेल, ऑक्सफ़र्ड.
5. गायत्री चक्रवर्ती स्पिवाक (1985), 'दि रानी ऑफ़ सिमूर', फ़्रांसिस बार्कर वग़ैरह (सम्पा.), *युरोप ऐंड इट्स अदर्स, खण्ड 1, प्रोसीडिंग्ज़ ऑफ़ द इसेक्स कांफ्रेंस ऑन द सोसियोलॅजी ऑफ़ लिटरेचर,* युनिवर्सिटी ऑफ़ ससेक्स, कोलचेस्टर.

—अभय कुमार दुबे

अफ़लातून (प्लेटो)

(Plato)

मनुष्य की बौद्धिक संस्कृति, दार्शनिक और राजनीतिक चिंतन के इतिहास में प्राचीन एथेंस के विचारक अफ़लातून (427-347 ईसापूर्व) का योगदान सर्वोपरि है। पिछले ढाई हज़ार साल से उनके द्वारा प्रतिपादित विचार राजनीतिक सिद्धांतों का अभिन्न अंग बने हुए हैं। अफ़लातून (प्लेटो) ने ही पहली बार राजनीतिक-विधिक प्रश्नों के एक व्यापक समूह का दार्शनिक निरूपण किया। हालाँकि अपने ज़माने में उनका नज़रिया अभिजनतंत्र के पक्ष में था, लेकिन आदर्श राज्य की अफ़लातूनी संकल्पना जैसे ही उसके देश-काल से पृथक करके देखी जाती है, उसमें से मार्गदर्शक राजनीतिक सिद्धांत निकलने लगते हैं। प्लेटो की सृजनात्मक विरासत के नकारात्मक पहलू भी कोई कम शिक्षाप्रद नहीं हैं। जैसे ही कोई कहता है कि हम अफ़लातून के बताए हुए राज्य में नहीं रहना चाहेंगे, वैसे ही यह प्रश्न पैदा होता है कि तो फिर कैसा राज्य रहने योग्य है। अफ़लातून के चिंतन को यह श्रेय दिया जा सकता है कि उसके बाद इस सवाल का जवाब देना कहीं आसान हो गया। प्लेटो की रचना *रिपब्लिक* में उनका राजनीतिक दर्शन सर्वाधिक प्रखरता से व्यक्त हुआ है। इसके अतिरिक्त उनकी अन्य दो विख्यात रचनाएँ हैं *पॉलिटिक्स* या *स्टेट्समेन* और *लाज़।* उनके कई संवाद भी हैं, जैसे *क्रिटो, एपोलोजी* और *गोर्गियाज़* जिन्हें अहम राजनीतिक सिद्धांतों का स्रोत माना गया है। ख़ास तौर से *गोर्गियाज़* में अफ़लातून ने शक्ति (पावर) का असाधारण विवेचन किया है।

दिलचस्प बात यह है कि अफ़लातून ने अपनी सारी बातें सुकरात के मुँह से कहलायी हैं, जो उनके अध्यापक और मित्र थे। ज़ाहिर है कि यह समस्त लेखन संवादों के रूप में है, और इसमें सुकरात राजनीति और समाज के बारे में वे तमाम सिफ़ारिशें करते हुए दिखते हैं जो प्लेटो करना चाहते हैं। इस तरह से सुकरात का ऐतिहासिक व्यक्तित्व उनके शिष्य की कल्पनाओं के सुकरात से गड्डमड्ड हो जाता है। चूँकि सुकरात ने कभी कोई रचना नहीं लिखी (वे केवल मित्रों के बीच प्रश्नोत्तर की प्रक्रिया में अपनी द्वंद्वात्मक पद्धति के आधार पर दार्शनिक चर्चाएँ किया करते थे। कोई नया दर्शन रचने के बजाय उनका मक़सद तो लोगों को यह समझाना था कि वे जो जानते हैं उसे ज्ञान की संज्ञा नहीं दी जा सकती), इसलिए अफ़लातून की बातों में झाँक कर उनके अपने विचारों का पता भी लगाया जाता है।

रिपब्लिक का पहला अध्याय सुकरात और सोफ़ीवादी दार्शनिक थ्रेसीमेकस के बीच बहस के रूप में लिखा गया है।

अफ़लातून (प्लेटो) (427-347 ईसा पूर्व)

थ्रेसीमेकस की तरफ़ से मिली चुनौती में यह दावा निहित है कि न्याय का मतलब सिर्फ़ एक ही हो सकता है : सत्तारूढ़ का हित। अगर शासक द्वारा अपने फ़ायदे के लिए बनाये गये न्याय के नियमों से कोई असंतुष्ट है तो वह सत्तारूढ़ के कोप से बचने का कौशल दिखाते हुए अवज्ञा के ज़रिये अपना हित साध सकता है। थ्रेसीमेकस का कहना है कि महज़ न्यायसम्मत रहने से कुछ फ़ायदा नहीं होने वाला। अफ़लातून के सुकरात जवाब में साबित करते हैं कि थ्रेसीमेकस के तर्क के विपरीत न्यायसम्मत होना और न्याय के पक्ष में होना ही लाभकारी है। इसके लिए प्लेटो न्याय को व्यापक फलक पर परिभाषित करते हैं। वे न्यायप्रद राज्य की कसौटियाँ बनाते हैं और फिर देखते हैं कि क्या ये कसौटियाँ व्यक्ति के संदर्भ में भी लागू हो सकती हैं।

अफ़लातून की निगाह में हर तरह का राज्य आर्थिक आवश्यकताओं से उद्भूत है। अगर हर व्यक्ति अपनी क़ाबिलियत के मुताबिक़ ठीक से काम करे तो एक न्यूनतम राज्य शांति और समरसता के साथ काम कर सकेगा, जिसमें नागरिकों को फ़ुरसत की अवधि भी पर्याप्त रूप से मिलेगी। समय के साथ इस राज्य की संरचना धीरे-धीरे पेचीदा होती जाएगी और अंततः इसमें तीन वर्ग बन जाएँगे : संरक्षक या शासकों का वर्ग (गार्जियंस), फ़ौजी वर्ग और कार्यपालिका (ऑक्ज़ीलरीज़) और उत्पादक वर्ग (प्रोड्यूसर्स)। शासकों में राज्य की प्रज्ञा मूर्तिमान होगी, फ़ौजी वर्ग में साहस और पराक्रम तथा उत्पादकों में आत्मसंयम मूर्तिमान होगा, जिसके मुताबिक़ वे शासकों की मर्ज़ी से राज्य की आर्थिक आवश्यकताएँ पूरी करने के लिए उत्पादन करेंगे। न्याय एक अतिरिक्त ख़ूबी (प्रज्ञा, साहस और आत्मसंयम के अलावा) के रूप में नहीं होगा, बल्कि वह उन संबंधों के रूप में होगा जिनके मुताबिक़ फ़ौजी और उत्पादक वर्ग संरक्षकों द्वारा तय की गयी सीमाओं में रहेंगे। ज़ाहिर है कि न्याय का यह चरित्र पदानुक्रम पर आधारित है जिसमें गार्जियंस सबसे ऊपर हैं। लेकिन, यह न्याय तब उपलब्ध होगा जब ये तीनों वर्ग मिल-जुल कर काम करेंगे। यानी जब हर व्यक्ति अपनी क्षमता के मुताबिक़ बिना दूसरे के काम में दख़ल दिये हुए अपनी ज़िम्मेदारी पूरी करेगा तो एक न्यायप्रद आदर्श राज्य उपलब्ध हो सकता है।

अफ़लातून ने पाँच क़िस्म के राज्यों की चर्चा की है : अभिजाततंत्र, मान्यजनतंत्र (टाइमोक्रेसी), अल्पतंत्र, जनतंत्र और निरंकुशतंत्र। अभिजाततंत्र को छोड़ कर राज्य के बाक़ी सभी रूप उनकी निगाह में दोषपूर्ण हैं। अपने आदर्श राज्य में श्रेणी विभाजन बनाये रखने के लिए वे एक मिथक के प्रचार की सिफ़ारिश करते हैं, कि वैसे तो तीनों श्रेणियों के लोग आपस में भाई हैं (अर्थात् उनमें दास कोई नहीं है), पर उन्हें ध्यान रखना चाहिए कि जिस ईश्वर ने उन्हें गढ़ा है उसने शासन की योग्यता रखने वालों की आत्मा में स्वर्ण, उनके सहायकों की आत्मा में रजत और कृषकों व शिल्पियों की आत्मा में लोहा और ताँबा डाला था। इस प्रकार विषमता की औचित्य-स्थापना के बाद अफ़लातून यह अंदेशा भी व्यक्त करते हैं कि इसकी अपरिवर्तनीयता आवश्यक होते हुए भी स्वर्ण से रजत या लौह-ताम्र संतान भी पैदा हो सकती है। उनके मुताबिक़ इसके नतीजे राज्य के लिए विनाशकारी हो सकते हैं।

इस न्याय का व्यक्ति के लिए क्या महत्त्व होगा? अफ़लातून सुकरात से कहलवाते हैं कि व्यक्ति की आत्मा तीन हिस्सों में विभक्त है : बुद्धि, अभिलाषा और जीवट। आदर्श राज्य भी तीन भागों में बँटा था, और व्यक्ति की आत्मा भी। राज्य की ही तरह अभिलाषा और जीवट को बुद्धि के मार्गनिर्देशन में चलना है। इस तरह एक न्यायी राज्य और न्यायी व्यक्ति में कोई फ़र्क़ नहीं है। प्लेटो राज्य की उत्पत्ति के इतिहास पर प्रकाश डालते हुए अपनी पदानुक्रमागत व्यवस्था क़ायम रखने के लिए शिक्षा की आवश्यकता पर ज़ोर देते हैं। उनकी दिलचस्पी पहले दोनों वर्गों की शिक्षा और प्रशिक्षण में है। मसलन, 18 वर्ष की आयु तक ही सभी संरक्षकों और योद्धाओं को साहित्य, संगीत और खेल-कूद में समान निपुणता प्राप्त कर लेनी चाहिए। फिर दो साल की फ़ौजी ट्रेनिंग के बाद उनमें से कुछ को दर्शन और गणित की शिक्षा देनी चाहिए। फिर व्यावहारिक प्रशासन का अनुभव प्राप्त करने का नम्बर आयेगा। इनमें से पचास को चुन कर शासक बनाया जाना चाहिए। इस प्रकार प्लेटो 'फ़िलॉसॅफ़र किंग' की अवधारणा तक पहुँचते हैं। उनका आग्रह है कि दार्शनिकों को राजनीति और शासन में भाग लेने से परहेज़ नहीं करना चाहिए। उत्तम

और आदर्श राज्य तब तक स्थापित हो ही नहीं सकता जब तक राजा और दार्शनिक की मिली-जुली ख़ूबियाँ शासन नहीं करेंगी।

अफ़लातून कहते हैं कि दोनों वर्गों को मितव्यता और सामुदायिकता में यक़ीन रखना होगा ताकि वे सारा समय राज्य की हित-चिंता में लगा सकें। उनके लिए निजी सम्पत्ति और परिवार की संस्था का अस्तित्व भी नहीं होगा। दोनों वर्ग एक ही हॉल जैसे आवास में सम्मिलित जीवन गुज़ारेंगे। उनकी सभी भौतिक ज़रूरतें उत्पादक (कृषक और शिल्पी) वर्ग पूरा करेगा। उनके बच्चे एक सुव्यवस्थित कार्यक्रम के तहत पैदा किये जाएँगे और राज्य की नर्सरी में उनका लालन-पालन होगा। इन दोनों वर्गों के बच्चों को अपने माँ-बाप या भाई-बहिनों का पता नहीं होगा। वे सभी को अपने सम्भव नातेदार के रूप में देखेंगे। अफ़लातून इस मामले में स्पष्ट हैं कि इन दोनों वर्गों की स्त्रियों को पुरुषों जैसे अधिकार ही मिलेंगे : समान शिक्षा, समान ट्रेनिंग और शासन करने व युद्ध में भागीदारी की समान ज़िम्मेदारियाँ। अफ़लातूनी राज्य औसत सम्पन्नता को आदर्श मानता है।

अपनी दो अन्य रचनाओं *स्टेट्समेन* और *लॉज़* में प्लेटो उन परिस्थितियों पर विचार करते हैं जिनमें उनका आदर्श 'फ़िलॉसॅफ़र किंग' उपलब्ध नहीं होगा। ऐसे में वे दूसरे नम्बर की प्राथमिकता यानी उत्तम क़ानूनों की व्यवस्था पर ज़ोर देते हैं, जिनके ज़रिये स्थापित मर्यादाओं में रह कर शासक उत्तम शासन दे सकता है। *लॉज़* में प्लेटो ने जिस राज्य की संकल्पना पेश की है वह एक राजकीय धर्म की अतिरिक्त संकल्पना के बावजूद *रिपब्लिक* के आदर्श राज्य की अपेक्षा अधिक समतामूलक लगता है। दरअसल, इन कृतियों को रचने तक अफ़लातून को अपने राजनीतिक अनुभव से यह एहसास हो चुका था कि उनका कल्पित 'फ़िलॉसॅफ़र किंग' मिलना मुश्किल है, इसलिए वे एक प्रशिक्षित शासक के बुद्धिसंगत निर्णय की अपेक्षा औपचारिक क़ानूनों के तहत चलाये जाने वाले शासन पर अधिक भरोसा करने लगे थे।

अफ़लातून का जन्म एथेंस के एक कुलीन घराने में हुआ था। शुरु में वे राजनीति में प्रवेश करना चाहते थे, पर पेलोपोनेसियन युद्ध (431-404 ईसापूर्व) में एथेंस की पराजय के कारण पेरीक्लीज का लोकतांत्रिक संविधान उखाड़ दिया गया, और उसकी जगह तीस तानाशाहों की मण्डली ने ले ली। इस शासन की निर्ममता और अनैतिकता से उन्हें बेहद निराशा हुई। लेकिन जब थ्रेसीबुलुस के नेतृत्व में हुए तख़्तापलट के ज़रिये वहाँ फिर से लोकतंत्र स्थापित हुआ, तो कुछ ऐसी परिस्थितियाँ बनीं कि प्लेटो के मित्र और अध्यापक सुकरात को फ़र्ज़ी आरोप लगा कर मौत के घाट उतार दिया गया। अफ़लातून को इससे बहुत सदमा लगा, और उन्होंने अपना बाक़ी जीवन सुकरात की बौद्धिक शान दोबारा स्थापित करने में खपा दिया। हालाँकि प्लेटो पाइथागोरस, हीरेक्लाइटस, परमेनिडीज़, डेमॉक्रिटस और सोफ़ीवादियों के विचारों से परिचित थे, पर सुकरात के साथ गुज़ारे गये नौ वर्षों ने न केवल उनके दार्शनिक, नैतिक और राजनीतिक ज्ञान को गहनतर बनाया, वरन उसे एक स्वतंत्र विचारधारा का रूप देने में भी सहायता प्रदान की। अफ़लातून ने एथेंस के पास अकादेमिकस नामक एक रमणीक स्थल पर एक बाग़ ख़रीद कर अपना विद्यालय खोला। 'अकादमी' के नाम से मशहूर यह विद्यालय एक हज़ार साल तक चलता रहा। अरस्तू और कुछ जाने-माने विचारक इसी अकादमी की देन थे।

प्लेटो द्वारा प्रतिपादित शक्ति, न्याय, सामाजिक समस्वरता, शिक्षा और स्वाधीनता से संबंधित चिंतन ने नीत्शे, हीगेल, मिल और रूसो जैसे अलग-अलग तरह के विचारकों को प्रभावित किया है। उनके श्रम-विभाजन के सिद्धांत की मार्क्स और एंगेल्स ने प्रशंसा की है। इसी तरह सम्पत्ति, परिवार और स्त्रियों के बारे में उनके विचारों ने भी सिद्धांतकारों की कई पीढ़ियों का मार्गदर्शन किया है। *रिपब्लिक* के बारहवें अध्याय में की गयी निरंकुशतंत्र की उनकी आलोचना असाधारण मानी जाती है। दूसरी ओर, आलोचकों ने प्लेटो पर आरोप लगाया है कि उनका फ़िलॉसॅफ़र-किंग वास्तव में एक निरंकुश शासक होगा, क्योंकि जिन उत्पादकों पर उसका शासन होगा वे प्लेटो के मुताबिक़ बिना माई-बापनुमा सरकार के अपने जीवन और राज्य का संचालन करने में असमर्थ होंगे। आलोचकों का कहना है कि जिस प्रकार के ज्ञान को अफ़लातून द्वारा महत्त्व दिया गया है, वह दरअसल स्वाधीनता के बजाय अस्वाधीनता भी पैदा कर सकता है।

देखें : अरस्तू, *अर्थशास्त्र* और कौटिल्य, ग्योर्ग विल्हेल्म फ्रेड्रिख़ हीगेल, ज्याँ-ज़ाक रूसो, निकोलो मैकियावेली, नीतिशास्त्र और अर्थशास्त्र, मार्सिलियस पाडुआ के, राज्य, सुकरात, संत थॉमस एक्विना।

संदर्भ

1. *राजनीतिक सिद्धांतों का इतिहास* (1985), अनु. बुद्धिप्रसाद भट्ट, खण्ड-1, प्रगति प्रकाशन, मास्को.
2. जे. ऐनाज़ (1981), *ऐन इंट्रोडक्शन टू प्लेटोज़ रिपब्लिक,* क्लैरेंडन प्रेस, ऑक्सफ़र्ड.
3. जे. कोलमेन (2000), *अ हिस्ट्री ऑफ़ पॉलिटिकल थॉट,* खण्ड-1, ब्लैकवेल, ऑक्सफ़र्ड.
4. आर.सी. क्रॉस और ए.डी. वूज़ली (1964), *प्लेटोज़ रिपब्लिक : अ फ़िलॉसॅफ़िकल कमेंट्री,* मैकमिलन, लंदन.
5. जी. क्लोस्को (1986), *द डिवेलपमेंट ऑफ़ द प्लेटोज़ थियरी,* मेथ्यून, लंदन और न्यूयॉर्क.

—अभय कुमार दुबे

अब्दुल हमीद

(Abdul Hameed)

हक़ीम शब्द का भारत में प्रचलित अर्थ चिकित्सक है जबकि इसके अरबी मूल हिक्मा का मतलब है ज्ञान और विद्वत्ता। हक़ीम अब्दुल हमीद (1908 -1999) ने अपने कामों से साबित किया कि हक़ीम का वास्तविक अर्थ दूरदृष्टा, मनीषी और ज्ञानी होता है। अब्दुल हमीद को भारत में यूनानी चिकित्सा के वैज्ञानिक-नवजीवन का प्रणेता होने का श्रेय दिया जाता है। उन्होंने अपने जीवन काल में 25 बेहतरीन संस्थानों की रचना की। यूनानी चिकित्सा प्रणाली का जीर्णोद्धार करने के अलावा हक़ीम अब्दुल हमीद ने अपने कुछ मित्रों के साथ मिलकर इण्डियन इंस्टीटयूट ऑफ़ इसलामिक स्टडीज़ की स्थापना की थी, आज भारत में इसलामिक विषयों पर अध्ययन करने का एक प्रमुख केंद्र है। हक़ीम भारतीय भाषाओं के बहुत बड़े हिमायती थे। उन्होंने 1969 में ग़ालिब की सौवीं पुण्यतिथि पर ग़ालिब अकादमी की स्थापना की थी। भारत-पाक के बँटवारे से हक़ीम अब्दुल हमीद भी अछूते नहीं रहे। उनके छोटे भाई बँटवारे के बाद पाकिस्तान चले गये। शायद वे भारत-पाक समस्या का हल किसी लचीली संघीय व्यवस्था में देखते थे। इसीलिए उन्होंने जामिया हमदर्द में दक्षिण एशिया अध्ययन संस्थान और इण्डियन इंस्टीटयूट ऑफ़ फ़ेडरल स्टडीज़ की भी स्थापना की थी। हमदर्द फ़ार्मेसी भारत के अलावा बांग्लादेश व पाकिस्तान में भी है। एक तरह से हमदर्द उस बृहत् लचीली संघीय व्यवस्था का एक उदाहरण ही है।

1906 में उनके पिता हक़ीम हाफ़िज़ अब्दुल मज़ीद ने पुरानी दिल्ली की गलियों में एक छोटे से यूनानी दवाखाने की स्थापना की। इस दवाख़ाने को नाम दिया गया हमदर्द दवाखाना, जो इसके संस्थापक के बुनियादी फ़लसफ़े का प्रतिबिम्ब था। इस छोटे से दवाख़ाने का उद्देश्य सिर्फ़ कुछ रोगों का इलाज नहीं बल्कि रोगियों का दर्द बाँटना और प्राचीन यूनानी चिकित्सा प्रणाली में सुधार लाना था। हक़ीम साहब स्वयं एक कुशल यूनानी चिकित्सक और यूनानी पद्धति की दवाइयों के निपुण दवासाज़ भी थे। हक़ीम अब्दुल मज़ीद ने देखा कि हर यूनानी चिकित्सक अपनी दवाइयों को बेहद गोपनीयता से अपने ही नुस्ख़े से बनाता है जिसके चलते मरीज़ लम्बे समय तक एक ही हक़ीम पर निर्भर हो जाता है। उन्होंने यह भी देखा कि दवाओं के निर्माण का कोई निश्चित मापदण्ड भी नहीं है। हक़ीम अब्दुल मज़ीद ने यूनानी दवाओं को बनाने की इस पुरानी और रहस्यमय प्रक्रिया को बदलने का निश्चय किया ताकि इसका लाभ अधिक से अधिक लोगों को मिल सके। यूनानी चिकित्सा की लोकप्रियता बढ़ाने और इसकी

हक़ीम अब्दुल हमीद (1908-1999)

दवाइयों के मानकीकरण के लिए हक़ीम साहब ने उनका बड़े पैमाने पर उत्पादन करने का निर्णय लिया। बहुत थोड़े ही समय में उनके हमदर्द दवाखाने में निर्मित दवाइयां, यूनानी चिकित्सा की शुद्धता एवं उच्च गुणवत्ता का पर्याय बन गयीं। दुर्भाग्यवश हक़ीम अब्दुल मज़ीद अपने ख़्वाब को पूरा करने से बहुत पहले ही इस दुनिया से रुख़सत हो गये।

1922 में पिता के इंतकाल के बाद मात्र 14 साल की उम्र में अब्दुल हमीद पर हमदर्द दवाख़ाने और अपने सारे परिवार की ज़िम्मेदारी आ गयी। उन्होंने तिब्बिया कॉलेज दिल्ली से यूनानी चिकित्सा की पढ़ाई पूरी की। एक यूनानी चिकित्सक के रूप में उन्होंने अपने पिता द्वारा स्थापित हमदर्द दवाखाने में ही अपना व्यवसाय शुरू किया। जहाँ अन्य हक़ीम पाठ्य पुस्तकों से अर्जित ज्ञान के आधार पर ही रोगियों का इलाज करते थे वहीं हक़ीम अब्दुल हमीद ने पाठ्य पुस्तकों के अलावा अन्य चिकित्सा ग्रंथों के अध्ययन, मर्ज़ और रोगी के लक्षणों की गहन पड़ताल अपनी प्रयोगशाला में किये अनुसंधानों के आधार पर करनी शुरू की। इस सबसे ऊपर उन्होंने इलाज तजवीज़ करने में हक़ीम के अंतर्बोध (इंट्यूशन) को भी अहमियत दी।

हक़ीम अब्दुल हमीद भली प्रकार से जानते थे कि दवाओं व चिकित्सा के मानकीकरण के बिना यूनानी चिकित्सा आधुनिक चिकित्सा विज्ञान के सामने कमतर ही साबित होगी। इसलिए उन्होंने यूनानी दवा-निर्माण प्रक्रिया को अटकलबाज़ी और टोटकों के स्थान पर प्रामाणिक, वैज्ञानिक पद्धति में बदलने की कमर कसी। लेकिन इन दवाओं के बड़े पैमाने पर उत्पादन

में अनेक कठिनाइयाँ भी थीं। सबसे पहले तो उन्हें निर्माण के लिए ऐसी दवाओं को चुनना था जो न केवल प्राचीन विद्या से मान्यता प्राप्त और वास्तविक हों बल्कि आधुनिक व्यक्ति की आदतों और स्वभाव के अनुरूप भी हों। यूनानी दवाओं के निर्माण में दूसरी बड़ी समस्या यह थी कि विभिन्न औषधि संग्रहों में एक ही दवा के लिए अलग-अलग सूत्र दिये गये थे। इसके अलावा प्रोसेसिंग की सही जानकारी प्राप्त करना भी बेहद मुश्किल था। इतनी सारी अड़चनों के बाद भी हक़ीम अब्दुल हमीद द्वारा स्थापित हमदर्द लेबोरेटरी ने यूनानी दवाओं के अन्वेषण, गुणवत्ता में सुधार और उन्नत उत्पादन तकनीक के नये मानदण्ड स्थापित किये। हमदर्द ने व्यापक रूप से मान्यता प्राप्त दवाओं की उत्पादन प्रक्रिया उनके रासायनिक संगठन जैसे तकनीकी ज्ञान को अनुसंधान एवं प्रयोगों के बाद हमदर्द भेषज विज्ञान (करब्दीनहमदर्द) के रूप में प्रकाशित किया है। इसी प्रकार हमदर्द की प्रयोगशालाओं द्वारा निरंतर अनुसंधान के परिणामस्वरूप कुछ पूरी तरह से नयी दवाओं को भी ईजाद किया गया है।

हक़ीम अब्दुल हमीद ने यूनानी चिकित्सा के प्रसार और सुधार के लिए कई नये चिकित्सकों को अपने संसाधनों से प्रशिक्षण दिया। इसके अलावा हक़ीम ने युवा हक़ीमों के प्रशिक्षण के लिए औपचारिक शिक्षा संस्थानों की शुरुआत की। यूनानी चिकित्सकीय ज्ञान और विद्या के प्रसार के लिए हक़ीम ने एक बेहद अनूठी स्वास्थय पत्रिका *हमदर्द-ए-सेहत* का प्रकाशन शुरू किया।

हक़ीम अब्दुल हमीद ने अपने सामजिक दायित्वों में शिक्षा और स्वास्थ्य को सर्वोपरि दर्जा दिया और इसके लिए उन्होंने हमदर्द नैशनल फ़ाउंडेशन की स्थापना की। 1962 में हक़ीम अब्दुल हमीद ने चिकित्सा शास्त्र के इतिहास एवं चिकित्सकीय शोध के लिए एक संस्थान की स्थापना की ताकि औषधीय अनुसंधान को बढ़ावा दिया जा सके। हक़ीम अब्दुल हमीद जानते थे कि आधुनिक चिकित्सा विज्ञान पारम्परिक चिकित्सा पद्धति को भ्रामक मानता है, लेकिन भारत जैसे विशाल देश के हर ग्राम में आधुनिक चिकित्सा, डॉक्टर, अस्पताल आदि पहुँचाना असम्भव है। इस संस्थान द्वारा हक़ीम अब्दुल हमीद यह साबित करना चाहते थे कि चिकित्सा शास्त्र की आधुनिक व यूनानी परम्परागत पद्धतियाँ एक ही स्रोत से निकली हैं। उन्होंने यूनानी चिकिस्ता के औपचारिक अध्यापन के लिए सेफ़िया हमीदिया तिब्बी कॉलेज, बुरहानपुर और पुरानी दिल्ली में हमदर्द तिब्बी कॉलेज की स्थापना भी की।

अपने बारे में हक़ीम अब्दुल हमीद ने कहा था कि उगते सूरज ने मुझे कभी बिस्तर में नहीं पाया। 22 जुलाई, 1999 को उगते सूरज ने उन्हें पहली बार बिस्तर में पाया, लेकिन उस समय वे चिरनिद्रा में लीन थे।

देखें : आर.के. तलवार, इला भट्ट, ई. श्रीधरन, उदारतावादी लोकतंत्र, कमला देवी चट्टोपाध्याय, गिजुभाई बधेका, ग़ैर-कांग्रेसवाद, पी.एस. वारियर, लोकतंत्र, देवकी जैन, धोंडो केशव कर्वे, नीरा देसाई, भारत में प्रातिनिधिक लोकतंत्र, भारत में सार्विक मताधिकार, भारतीय लोकतंत्र का संस्थानीकरण-1, 2 और 3, राज्यों का पुनर्गठन-1, 2 और 3, विक्रम साराभाई, वी.के.आर.वी. राव, विद्याबेन शाह, संस्था, संस्थान और संस्थानीकरण।

संदर्भ

1. डॉ. आबिद राडबेदार (2011), *अ रोल मॉडल फ़ॉर लीडर्स ऑफ़ चेंज इन इण्डिया ह.क़ीम अब्दुल हमीद एज़ सीन बाइ हिज़ कंटेम्परेरीज़*, एजुकेशनल पब्लिशिंग हाउस, नयी दिल्ली.
2. हदीब खान एवं डा. आबिद राडबेदार (सम्पा.) (2011), *तबीब नहीं, ह.क़ीम !*, एजुकेशनल पब्लिशिंग हाउस, नयी दिल्ली.
3. डॉ. आबिद राडबेदार (2011), *हयात-ए-हमीद*, एजुकेशनल पब्लिशिंग हाउस, नयी दिल्ली

—रवि दत्त वाजपेयी

अबू-अला मौदूदी

(Abu-Ala Moududi)

मौलाना अबू-अला-मौदूदी (1903-1979) को एक ओर जमात-ए-इसलामी हिंद और पाकिस्तान के संस्थापक, इसलामी विचारक और सक्रिय इसलामिक राजनीतिज्ञ के तौर पर जाना जाता है, वहीं उनकी एक दूसरी छवि उन्हें विवादस्पद चिंतक, कट्टर धार्मिक राजनीति के प्रवर्तक, दक्षिण एशिया में इसलामिक अलगाववाद के जनक और राजनीतिक इसलाम के मसीहा के रूप में पेश करती है। मौदूदी को उनकी इन स्थापित छवियों से अलग करके उनके विचारों की मौलिकता को राजनीतिक संदर्भ से जोड़ कर समझने की विधिवत कोशिशें बहुत ही कम हुई हैं। सेकुलरवाद बनाम इसलाम, आधुनिकता बनाम इसलाम, और लिबरल इसलाम बनाम रैडिकल इसलाम जैसी बहसों ने आज मौलाना मौदूदी के विचारों को पुनः प्रासंगिक कर दिया है। हाल के वर्षों में कुछ विश्लेषकों ने मौलाना मौदूदी के राजनीतिक विचारों और जमात-ए-इसलामी की बदलती राजनीति के बीच के फ़र्क़ को भी चिह्नित किया है। इस बदलते बौद्धिक विमर्श के नज़रिये से मौदूदी के विचारों पर नये सिरे से रोशनी डालना अब काफ़ी हद तक मुमकिन है।

मौदूदी का जन्म 1903 में औरंगाबाद के एक धार्मिक मुसलमान परिवार में हुआ। उनके पिता स्वयं एक मौलाना थे

और चिश्तिया फ़िरक़े से प्रभावित थे। मौदूदी की प्रारम्भिक शिक्षा उनके घर पर ही हुई। बाद में उन्होंने अंग्रेज़ी और अरबी भाषाएँ भी सीखी। उन्होंने अपने राजनीतिक लेखन की शुरुआत पत्रकारिता से की। वे *ताज, मुसलिम* और *अल-जमियत* जैसे मज़हबी-सियासी अख़बारों से जुड़े रहे। पत्रकारिता के इस अनुभव ने मौदूदी को अपने तंज़ीमी (संगठनात्मक) रुझानों को अमली जामा पहनाने की प्रेरणा दी। परिणामस्वरूप, वे पंजाब आ गये और 1941 में जमात-ए-इसलामी की स्थापना की। इस दौर में मौदूदी मुसलिम लीग के विरोधी थे। उनका मत था कि पाकिस्तान की माँग का आधार इसलामिक राज्य की अवधारणा होनी चाहिए, न कि मुसलिम राष्ट्रीयता।

विभाजन के बाद मौदूदी पाकिस्तान चले गये और पाकिस्तानी जमात-इ-इसलामी की स्थापन की। 1948 में मौदूदी ने शरीअत की स्थापना के लिए अपनी पहली सियासी तहरीक़ शुरू की। इसी दौर में उन्होंने कश्मीर में जिहाद का फ़तवा दिया और कादियानियों को ग़ैर-मुसलमान बताते हुए उन्हें इसलाम के लिए एक फ़ितना करार दे दिया। पाकिस्तान सरकार ने मौदूदी की इन राजनीतिक सरगर्मियों पर कड़ा क़दम उठाते हुए उन्हें गिरफ़्तार कर लिया। मौदूदी और पाकिस्तान सरकार के बीच यह जद्दोजहद लम्बे समय तक जारी रही। 1953 में उन्हें सज़ा-ए-मौत दी गयी जो बाद में उम्र क़ैद में तब्दील किये जाने के बाद फिर पूरी तरह से ख़त्म कर दी गयी। 1964 में मौदूदी को पुन: गिरफ़्तार कर लिया गया। 1965 में उन्हें रिहा किया गया और उनके नेतृत्व में जमात ने 1965 के भारत-पाक युद्ध में पाकिस्तानी सरकार का समर्थन किया। 1971 में मौदूदी में पाकिस्तान की एकता का आह्वान किया और बंगाली मुसलमानों को इसलाम के नाम पर पाकिस्तान के साथ जुड़े रहने की सलाह दी। यही कारण था कि पूर्वी पाकिस्तान की सूबाई जमात ने बांग्लादेश आंदोलन का सीधा विरोध किया। मौदूदी की यह कोशिश बेकार रही और 1971 में न सिर्फ़ बांग्लादेश बना बल्कि भारत की तर्ज़ पर बांग्लादेश की जमात-ए-इसलामी का भी जन्म हुआ। 1972 में अपने गिरते स्वाथ्य और सिमटती राजनीति के कारण मौदूदी ने जमात के अमीर के पद से इस्तीफा दे दिया। 1972 से 1979 तक वे एक लेखक के तौर पर सक्रिय रहे। 1979 में वे गुर्दे के इलाज के लिए अमेरिका गये, जहाँ उनका निधन हो गया। मौदूदी के शव को पाकिस्तान लाकर लाहौर में दफ़्न किया गया। मौदूदी की राजनीतिक ज़िंदगी की यह कहानी उनके राजनीतिक विचारों से जुड़ी हुई है। इसलिए यह जरूरी है कि मौदूदी के पुन: विश्लेषण के लिए उनकी राजनीति और विचारधारा के अंतर्संबंधों को देखा जाए। इस संदर्भ में तीन बिंदु उल्लेखनीय है।

मौदूदी के लिए राजनीति समाज का सबसे महत्त्वपूर्ण कार्यक्षेत्र है। राजनीति की यही केंद्रीयता उनकी इसलामिक

मौलाना अबू-अला मौदूदी (1903-1979)

समझ का मूल बिंदु है। मौदूदी के लिए राजनीतिक सक्रियता और धार्मिक विश्वास आपस में जुड़े हुए हैं। उनके लिए मुसलमान होने का मतलब धार्मिक तौर पर सक्रिय, राजनीतिक तौर पर जाग्रत और व्यावहारिक तौर पर कर्मशील होना है। यह प्रवृत्ति बीसवीं सदी के दक्षिण एशियाई राजनीतिक चिंतन का अभिन्न अंग रही है और मौदूदी इस का कोई अपवाद नहीं हैं।

इस संबंध में मौदूदी की पुस्तक *इसलामिक लॉ ऐंड कांस्टीट्यूशन* (1960) उल्लेखनीय है। इस किताब में मौदूदी इसलामिक राज्य के सिद्धांत का विस्तार करते हैं। उनके अनुसार इसलामिक राजनीति की पहली बुनियाद अल्लाह की सम्प्रभुता है। उनके अनुसार मनुष्यों का मनुष्यों के लिए क़ानून बनाना अल्लाह की सत्ता को चुनौती देना है। इसी आधार पर वे पश्चिमी लोकतांत्रिक राज्य की आलोचना करते हैं। उनका मत है कि लोकतांत्रिक प्रभुसत्ता का विचार बहुसंख्यकवाद को जन्म देता है। इसके बरक्स इसलामिक राज्य अल्लाह के क़ानून पर आधारित होने के कारण सिद्धांतों की राजनीति स्थापित करता है। इसलामिक राज्य का मक़सद न केवल व्यक्ति की स्वतंत्रता, आर्थिक बराबरी और सामाजिक न्याय की स्थापना करना है, बल्कि ऐसी परिस्थितियों का निर्माण करना भी है जो व्यक्ति के सर्वांगीण सामाजिक और रूहानी विकास में सहायक हो सके।

मौदूदी के चिंतन का दूसरा पहलू उनके लेखन में मौजूद विशिष्ट आधुनिकता है। मौदूदी का इसलाम मुसलमानों को चौदह सौ साल पीछे ले जाने की अपील नहीं करता। इसके बिलकुल उलटे मौदूदी इसलाम को बीसवीं सदी की राजनीतिक आधुनिकता के संदर्भों में पुन: परिभाषित करने की परियोजना ले कर चलते हैं। इस उद्देश्य में वे इसलामी

इतिहास, मुसलिम आधुनिकता और भावी इसलामी राजनीतिक भविष्य का एक खाका पेश करते हैं। उल्लेखनीय बात यह है कि मौदूदी इसलाम के इतिहास और क़ुरान में स्थापित राजनीतिक आदर्शों के बीच फ़र्क़ करते है। ख़िलाफ़त का ज़िक्र करते हुए वे लिखते हैं : 'ख़िलाफ़त सिर्फ़ नाम की थी। वास्तव में यह राजशाही थी जिसका इसलाम से कोई वास्ता नहीं था। इसी का नतीजा यह हुआ कि सामाजिक और नैतिक पतन शुरू हो गया।'

मौदूदी जिस इसलामिक राज्य के सिद्धांत की रूपरेखा पेश करते हैं वह परम्परागत ऐतिहासिक ख़िलाफ़त राज्य नहीं है। मौदूदी का राज्य एक आधुनिक राज्य है जिसका मूल स्रोत आधुनिक इसलाम है। वह आधुनिक इसलाम जो महज़ धार्मिक रीति-रिवाज़ों का समुच्चय नहीं है, बल्कि एक आधुनिक राजनीतिक विचारधारा है। मौदूदी की मशहूर रचना *तह.फ़ीर-उल-क़ुरान* (कुरान की व्याख्या) इस तथ्य को साबित करती है। क़ुरान की इस व्याख्या में वे क़ुरान की आयतों को आधुनिक राजनीतिक चिंतन के नज़रिये से देखते हैं और क़ुरान की वर्तमान प्रासंगिकता को इंगित करते है।

मौदूदी के चिंतन की तीसरी विशेषता उनके लेखन का बदलता स्वरूप है। उनका 1947 से पहले का लेखन उनके 1960-70 के लेखन से भिन्न है। मौदूदी की राजनीतिक क्रियाशीलता और चिंतन में मौजूद तारतम्यता इसका एक महत्त्वपूर्ण कारण है। बदलते राजनीतिक परिवेश ने मौदूदी को अपने विचारों को पुनर्परिभाषित करने और यहाँ तक कि बदलने के लिए भी मजबूर किया। इस संबंध में दो उदाहरण दिये जा सकते है। मौदूदी का साठ के दशक का लेखन यह दर्शाता है कि इस समय में वे अपने राजनीतिक सिद्धांतों को तत्कालीन पाकिस्तान की व्यावहारिकता के संबंध में पुन: विकसित कर रहे थे।

उनका मशहूर लेख 'इसलामिक लॉ ऐंड इट्स इंट्रोडक्शन इन पाकिस्तान' (1963) इसका सटीक उदाहरण है। इस लेख में उन्होंने पाकिस्तान में इसलामिक राज्य की अनिवार्यता को शरीअत की व्यापक व्याख्या से साबित करने की कोशिश की है। दूसरा उदहारण उनकी *तह.फ़ीर-उल-क़ुरान* का प्रस्तुतीकरण है। 1971 में जब जमात-इ-इसलामी हिंद ने इसका हिंदी अनुवाद प्रकाशित किया तो मौदूदी ने उसकी एक नयी भूमिका लिखी। इस भूमिका में उन्होंने हिंदी को भारत की राष्ट्रभाषा स्वीकार करते हुए हिंदी द्वारा क़ुरान के व्यापक प्रसार की बात कही। यह तथ्य इस बात को स्पष्ट करता है कि मौदूदी अपने बौद्धिक-राजनीतिक जीवन के अंतिम वर्षों में चालीस के दशक की उर्दू राजनीति से कहीं दूर जा चुके थे। बदलाव को समझने की यही ख़ूबी मौदूदी को विशुद्ध दक्षिण एशिया के राजनीतिक चिंतक के तौर पर स्थापित करती है।

मौदूदी की विचारधारा और राजनीति की आलोचना नितांत ज़रूरी है। यह सही है कि उनके विचार लोकप्रिय आंदोलनों और व्यापक लोकतांत्रिक प्रक्रियाओं पर इसलामवाद को आरोपित करते हैं और उनकी राजनीत दक्षिणपंथी है। लेकिन इस राजनीति और विचारधारा की विश्लेषणात्मक आलोचना के लिए आवश्यक है कि मौदूदी का गम्भीर अध्ययन किया जाए। शायद तभी साम्प्रदायिकता के विमर्श की राजनीति चिह्नित हो पायेगी।

देखें : अबुल क़लाम आज़ाद, आरक्षण और धर्म, प्रारम्भिक इसलाम, जवाहरलाल नेहरू, बांग्लादेश के लिए मुक्ति संग्राम, भारतीय इसलाम, उपनिवेशवाद, उपनिवेशवाद विरोधी आंदोलन-1, 2 और 3, उपनिवेशवाद विरोधी संघर्ष में स्त्री-नेतृत्व-1, मोहनदास कर्मचंद गाँधी-1, 2 और 3, मुहम्मद इक़बाल, मुहम्मद अली जिन्ना।

संदर्भ

1. अबू-अला मौदूदी (1960), *द कांस्टीट्यूशन ऐंड लॉ ऑफ़ इसलामिक स्टेट* (अनु. और सम्पा. ख़ुर्शीद अहमद), इसलामिक पब्लिकेशंस, लाहौर.
2. इरफ़ान अहमद (2009), 'जीनियालॉजी ऑफ़ द इसलामिक स्टेट : रिफ़्लेक्शंस ऑन मौदूदीज़ पॉलिटिकल थॉट ऐंड इस्लामिज़म', *द जर्नल ऑफ़ रॉयल एंथ्रोपोलॉजी इंस्टीट्यूट.*
3. अबू-अला मौदूदी (1963), *अ शॉर्ट हिस्ट्री ऑफ़ रिवाइवलिस्ट मूवमेंट इन इसलाम,* इसलामिक पब्लिकेशंस, लाहौर.

—हिलाल अहमद

अबुल क़लाम आज़ाद

(Abul Kalam Azad)

भारतीय स्वतंत्रता संग्राम के प्रमुख राष्ट्रवादी नेताओं में एक, स्वाधीन भारत के पहले शिक्षा मंत्री और इसलामिक धर्मशास्त्र के विद्वान अबुल क़लाम आज़ाद (1888-1958) आधुनिक भारत के सबसे प्रभावशाली बौद्धिकों में से एक थे। सेकुलर तथा लोकतांत्रिक राजनीति की पैरोकारी करते हुए आज़ाद ने सैयद अहमद द्वारा शुरू की गयी अलीगढ़ परम्परा को ख़ारिज किया जिसके केंद्र में ब्रिटिश राज के प्रति निष्ठा थी। उन्होंने राष्ट्रीय आंदोलन में मुसलमान समुदाय की एकता और भागीदारी के लिए एक इसलामिक कार्यक्रम पेश करने की कोशिश की जिस पर जमाल अल-दीन अफ़ग़ानी और शिबली नोमानी के विचारों का स्पष्ट प्रभाव था। इन दोनों से काफ़ी प्रभावित आज़ाद ने इसलाम के संदर्भ में भारतीय राजनीति

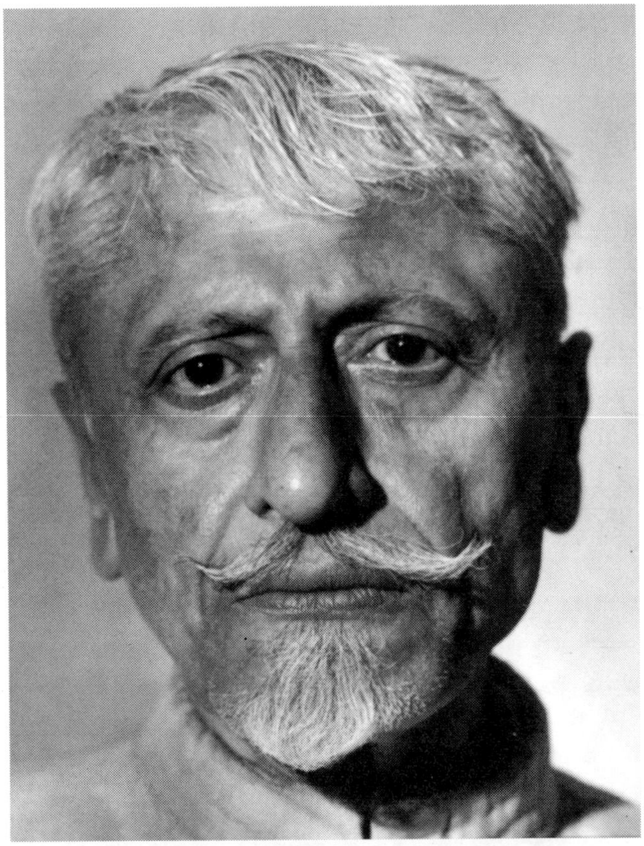
मौलाना अबुल क़लाम आज़ाद (1888-1958)

का विश्लेषण किया। उनके इसलामी दृष्टिकोण का भू-क्षेत्रीय राष्ट्रवाद, अखिल इसलामवाद और साम्राज्यवाद विरोध से कोई टकराव नहीं था। बंगाल विभाजन की समाप्ति, कानपुर मसजिद की घटना, जलियाँवाला बाग काण्ड और अंग्रेज़ी शासकों की मुस्लिम विरोधी नीति के कारण आज़ाद की यह स्पष्ट समझ बनी कि साम्राज्यवादी शासन लोकतांत्रिक नहीं हो सकता है। इसलिए उन्होंने भारतीय राष्ट्रीय कांग्रेस में शामिल होकर देश की आज़ादी के लिए लड़ने का फ़ैसला किया।

आज़ाद मानते थे कि एक राज्य प्रणाली के तौर पर ख़िलाफ़त के ख़त्म होने से मुसलमान राजनीति का रोमांटिक दौर ख़त्म हो गया है। उनके सामने यह भी साफ़ था कि देश की आज़ादी के लिए आध्यात्मिक राजनीति और अखिल-इसलामवाद के साधनों का प्रयोग बेमतलब है। इस समझ के कारण आज़ाद राष्ट्रवाद के क़रीब आये और एक मौलाना के रूप में उन्होंने घोषणा की कि इसलाम के पैग़म्बर ने मानवीय बंधुता के सत्य की उद्घोषणा की है। आज़ाद ने निष्कर्ष निकाला कि इसलाम साम्प्रदायिक और नस्ली पूर्वग्रहों को नकारता और राष्ट्रवाद को बढ़ावा देता है। इसलिए हर मुसलमान भारतीय राष्ट्र का सदस्य है। वे मानते थे कि धर्म के आधार पर मुसलमान ख़ुद को व्यापक भारतीय समाज से अलग करके एक पृथक राष्ट्र की माँग नहीं कर सकते क्योंकि वे भारतीय राष्ट्रीयता की अविभाज्य एकता का अंग हैं।

अपने बहुत से समकालीनों के विपरीत आज़ाद ने इस बात पर ज़ोर दिया कि हिंदुओं और मुसलमानों को अपनी स्थिति और हित पर हिंदुओं और मुसलमानों के रूप में विचार न करके उन्हें किसान या ज़मींदार, मज़दूर या पूँजीपति के रूप में विचार करना चाहिए। वे मानते थे कि वास्तविक आज़ादी तब तक नहीं आ सकती है जब तक हर व्यक्ति को अवसर की समानता और आर्थिक आज़ादी न मिले।

आज़ाद ने इसलाम को दासता का विरोध करने वाली ताक़त के रूप में देखा। इसलिए उन्होंने दावा किया कि इसलाम और लोकतंत्र के बीच कोई टकराव नहीं होना चाहिए। पैग़ंबर की सम्प्रभुता और ख़िलाफ़त की अवधारणा लोकतांत्रिक समानता के सिद्धांत के अनुरूप है। उन्होंने इस बात पर भी ज़ोर दिया कि लोगों को यह पूरा अधिकार है कि वे असत्य और अन्याय पर आधारित सरकार के ख़िलाफ़ बग़ावत करें। वे मानते थे कि हमारा युग बुनियादी रूप से एक लोकतांत्रिक युग है। इसने पूरी दुनिया में लोगों को समानता, स्वतंत्रता और बंधुता की भावना ने प्रेरित किया है। एशियाई देशों को इन मूल्यों के अनुसार अपने शासन और समाज का निर्माण करना चाहिए।

भारतीय राजनीति में आज़ाद की भूमिका और उनके राजनीतिक विचारों का वस्तुनिष्ठ और आलोचनात्मक विश्लेषण नहीं किया गया है। या तो उन्हें मुसलिम लीग के नेताओं की तरह ही ख़ारिज कर दिया गया, या फिर उन्हें बग़ैर किसी आलोचना के स्वीकार कर लिया गया। मोइन शाकिर का मानना है कि धर्म के एक बड़े विद्वान के रूप में आज़ाद की छवि और उनकी धर्म आधारित राजनीति किसी भी दूसरे नेता की तुलना में उच्च वर्ग के मुसलमानों के हितों के ज़्यादा अनुरूप थी। राष्ट्रवाद और लोकतंत्र की उनकी अवधारणा और समाज के बारे में उनका नज़रिया बूर्ज्वा चेतना के अनुरूप था। लेकिन आज़ाद के नेतृत्व को मुसलमान समुदाय ने इसलिए स्वीकार नहीं किया, क योंकि मुसलिम लीग ने 'धर्म ख़तरे में है' जैसा नारा देते हुए 'इसलामिक राज्य' का वायदा किया। इन नारों और वायदों ने मुसलमान जनता को ज़्यादा आकृष्ट किया। इसके अलावा मुसलमानों के उच्च वर्ग को लगा कि जिन्ना एक अलग राज्य के निर्माण में सफल हो सकते हैं। आज़ाद का कांग्रेस के साथ बहुत गहरा जुड़ाव था। इस कारण से वे मुसलमानों के उच्च वर्ग में अलोकप्रिय भी हो गये थे।

असल में कांग्रेस ने आज़ाद को अपने मुसलमान चेहरे के तौर पर पेश किया। लेकिन वे मुसलिम लीग द्वारा की जाने वाली अस्मिता की राजनीति के आगे नहीं टिक पाये। आज़ाद की राजनीति का अध्ययन करने वाले विद्वानों ने यह भी देखा कि समानता की तरफ़दारी करने के बावजूद दरअसल उनका रुझान देश में बूर्ज्वा वर्चस्व स्थापित करने की ओर ही था। मज़दूर-हितों के सवाल पर उन्होंने कोई रैडिकल रुख़ नहीं

अपनाया। असल में कई दफ़ा उन्होंने सरकार या पूँजीपतियों के हितों की ही तरफ़दारी की। उन्होंने 1946 में हुई कई मज़दूर हड़तालों की आलोचना की। मज़दूरों की एक प्रमुख शिकायत राशन में कटौती थी, लेकिन आज़ाद ने सार्वजनिक रूप से इसका स्वागत किया। आज़ाद ख़ुद पश्चिमी शिक्षा से अलग रहे थे। लेकिन भारत के शिक्षा मंत्री के रूप में वे वैकल्पिक शिक्षा की कोई रूपरेखा प्रस्तावित नहीं कर पाये।

इन आलोचनाओं के बावजूद इस बात में किसी शक की गुंजाइश नहीं है कि आज़ाद आधुनिक भारत के सबसे महत्त्वपूर्ण व्यक्तित्वों में से एक थे। उन्होंने इसलामिक मूल्यों और आधुनिक सामाजिक, राजनीतिक, आर्थिक चिंतन को क़रीब लाने में संजीदा भूमिका अदा की। उग्र इसलामिक राष्ट्रवाद के बजाय उन्होंने सर्वधर्म समभाव वाले सेकुलर राष्ट्रवाद की वकालत की। उन्होंने गाँधी के अहिंसक राजनीति के मूल्यों को आगे बढ़ाने में काफ़ी योगदान दिया। भारतीय संविधान के निर्माण और आज़ादी के बाद के शुरुआती दशक में शासन को स्थिर और मूल्यपरक बनाये रखने में भी उनकी ज़बरदस्त भूमिका रही।

आज़ाद का वास्तविक नाम मोहिउद्दीन अहमद था। उनका जन्म 1888 में मक्का में हुआ था। उनके पिता खैरुद्दीन देहलवी बहुत दिनों तक मक्का में रहे थे। वहीं उन्होंने एक अरब महिला से शादी की थी जो अबुल क़लाम की माँ थीं। आज़ाद के पिता एक सूफ़ी थे। उन्होंने आज़ाद को घर पर ही धर्मशास्त्र के साथ-ही-साथ अरबी, फ़ारसी और उर्दू की भी शिक्षा दी। बाद में आज़ाद ने अपना अधिकांश लेखन उर्दू में ही किया। उन्होंने उर्दू में क़ुरान पर एक टीका लिखी जिसे एक ऐतिहासिक योगदान माना जाता है। पारम्परिक इसलामिक ग्रंथों के अध्येता होने के साथ वे ज्ञान के दूसरे रूपों के अध्ययन में भी गहरी रुचि रखते थे। वे ऐसे पश्चिमी ज्ञान और मूल्य का स्वागत करते थे जो इसलाम की नैतिक शिक्षाओं के अनुरूप लगता था। वे बौद्धिक रूप से ख़ुद को मध्ययुगीन भारतीय विद्वान शेख अहमद सरहिंदी का अनुयायी मानते थे। सरहिंदी भारतीय इसलाम के एक सुधारक थे, लेकिन उन्होंने उस सूफ़ीवाद का विरोध किया जो इसलामिक रूढ़िवाद की बजाय हिंदू एकात्मवादी दर्शन के ज़्यादा क़रीब था। आज़ाद ने अपने लेखन में सैयद अहमद खाँ की भी काफ़ी तारीफ़ की है, हालाँकि वे उनके द्वारा अपनायी गयी अंग्रेज़-निष्ठा के आलोचक थे।

1912 में आज़ाद ने एक साप्ताहिक पत्रिका *अल-हिलाल* का प्रकाशन शुरू किया। फिर 1915 में उन्होंने *अल-बलाग़* पत्रिका प्रकाशित करनी शुरू की। इन पत्रिकाओं और अपनी दूसरी गतिविधियों द्वारा वे मुसलमानों में एक ऐसी धार्मिक भावना जगाना चाहते थे जिससे वे ख़ुद को भारतीय राष्ट्रवाद से जोड़ सकें। वे चाहते थे कि मुसलमान ज़्यादा से ज़्यादा संख्या में देश की आज़ादी के संघर्ष में शामिल हों। 1916 में अंग्रेज़ों ने उनके प्रेस को बंद करवा दिया। आज़ाद को उनकी गतिविधियों के लिए क़ैद करके जेल में डाल दिया गया। जेल में उन्होंने अपनी आत्मकथा *तज़्क़िरा* लिखी।

अपनी राजनीतिक गतिविधियों और भारतीय राष्ट्रीय कांग्रेस की सदस्यता के कारण आज़ाद महात्मा गाँधी और जवाहरलाल नेहरू के सम्पर्क में आये। आज़ाद ने सबसे पहले असहयोग और ख़िलाफ़त आंदोलन के दौरान गाँधी के साथ काम किया। आज़ाद मुसलमानों और गाँधी के बीच जुड़ाव की एक मुख्य कड़ी बन गये, क्योंकि वे मुसलमानों के बीच अहिंसक राजनीतिक गतिविधियों का प्रसार करना चाहते थे। वे 1923 में भारतीय राष्ट्रीय कांग्रेस के सबसे युवा अध्यक्ष बने। बाद में वे 1940 से 1946 में कांग्रेस के अध्यक्ष रहे।

आज़ाद को मुख्य रूप से उनकी विद्वत्ता और मौलिकता के लिए याद किया जाता है। 1921-1923 के बीच जब उन्हें दूसरी बार गिरफ़्तार किया गया था, तो उन्होंने क़ुरान पर एक टीका लिखी। यहं बाद में *तरजुमान अल-क़ुरान* शीर्षक से 1931 में प्रकाशित हुई। यह टीका अपूर्ण है, लेकिन अपने पहले खण्ड के लिए बहुत ही प्रसिद्ध है। यह पहला खण्ड पूरी तरह से कुरान के पहले अध्याय *अल-फ़ातिहा* पर केंद्रित है। उनकी एक और मशहूर आत्मकथात्मक किताब *इण्डिया विंस फ़्रीडम* है, जिसकी पूरी पांडुलिपि उन्होंने राष्ट्रीय अभिलेखागार को इस हिदायत के साथ सौंप दी थी कि उनकी मृत्यु के तीस साल के बाद उसे प्रकाशित किया जाए। यह किताब अपने सम्पूर्ण रूप में 1988 में प्रकाशित हुई।

देखें : आरक्षण और धर्म, प्रारंभिक इसलाम, भारतीय इसलाम, उपनिवेशवाद, उपनिवेशवाद विरोधी आंदोलन-1, 2 और 3, उपनिवेशवाद विरोधी संघर्ष में स्त्री-नेतृत्व-1, मुसलिम राजनीतिक विचार, मोहनदास कर्मचंद गाँधी-1, 2 और 3, जवाहरलाल नेहरू, मुहम्मद इक़बाल, मुहम्मद अली जिन्ना, अबू-अला मौदूदी।

संदर्भ

1. इयान डगलस हेंडरसन (1988), *अबुल क़लाम आज़ाद : ऐन इंटेलेक्चुअल ऐंड रिलीजस बायोग्राफ़ी*, ऑक्सफ़र्ड युनिवर्सिटी प्रेस, नयी दिल्ली.
2. हुमायूँ कबीर (सम्पा.) (1959). *मौलाना अबुल क़लाम आज़ाद : अ मेमोरियल वोल्यूम*, एशिया पब्लिशिंग हाउस, नयी दिल्ली.
3. मोइन शाकिर (1986), 'डायनामिक्सि ऑफ़ मुसलिम पॉलिटिकल थॉट', संकलित, थॉमस पैंथम और केनेथ एल. ड्यूश (सम्पा.), *पॉलिटिकल थॉट इन मॉडर्न इण्डिया*, सेज पब्लिकेशंस, नयी दिल्ली.
4. अबुल क़लाम आज़ाद (2000), *इण्डिया विंस फ़्रीडम*, ओरिएंट ब्लैकस्वान, नयी दिल्ली.

—कमल नयन चौबे

अभिजन

(Elite)

सामाजिक जीवन के किसी भी क्षेत्र में नियंत्रणकारी संरचनाओं के शीर्ष पर मौजूद छोटे से और अपेक्षाकृत समरूप समूह को अभिजन की संज्ञा दी जाती है। इसके समानार्थक लैटिन शब्द 'इलीट' का मतलब है चुना हुआ या सर्वश्रेष्ठ। इलीट बनने के लिए लिए सत्ता, सुविधा, योग्यता और संगठन और नेतृत्वकारी क्षमता होना अनिवार्य है। किसी भी व्यवस्था या प्रणाली को जारी रखने के लिए ज़रूरी समझा जाता है कि उसके संचालन की बागडोर कुछ सुयोग्य व्यक्तियों के समूह के हाथ में रहे और समय-समय पर उनकी जगह लेने के लिए वैसी ही क्षमताओं से लैस लोगों का चयन किया जाता रहे। यह आग्रह शीर्ष या नेतृत्व में अभिजन की निरंतरता की गारंटी करता है।

अभिजन सिद्धांत के प्रमुख व्याख्याकार विलफ्रेडो परेटो का कहना है कि इलीट में ख़ास तरह के मनोवैज्ञानिक गुण होते हैं जिनके आधार पर कुटिलता, छल, ताक़त और फ़ैसलाकुन पहल क़दमी का इस्तेमाल करते हुए वह सत्ता पर क़ाबिज़ रहता है। चूँकि अभिजनों का गुट छोटा सा होता है इसलिए उसे अधिक संगठित और सुसंगत रूप से कार्रवाई करने में आसानी होती है। उसके सदस्य आपस में लगातार सम्पर्क बनाये रखते हैं जिससे आपसी मतैक्य के आधार पर नीति-निर्माण की प्रक्रिया में बाधा नहीं पड़ती। ऐसी बात नहीं कि अभिजन हमेशा ही अपनी सत्ता बचाने में कामयाब रहते हों। उनकी विफलता का दोष आम तौर पर राजनीतिक कौशल या इच्छा-शक्ति के अभाव पर मढ़ा जाता है। समाज के साथ जीवंत सम्पर्क रखते हुए नये विचारों को ग्रहण करके अपना पुनर्संस्कार करते रहने वाले अभिजन लम्बे अरसे तक टिके रहते हैं। जो अभिजन ऐसा नहीं करते, उनका वक़्त जल्दी पूरा हो जाता है और उनके ख़िलाफ़ खड़ा हुआ प्रति-अभिजन किसी 'मास' या जनसमूह का नेतृत्व करता हुआ उनके हाथ से सत्ता छीन लेता है।

शुरू में अभिजन सिद्धांत एक लोकतंत्र विरोधी अवधारणा थी जिसका सूत्रीकरण शासकों के प्राधिकार को न्यायसंगत ठहराने के लिए किया गया था ताकि युरोप में विकसित हो रही लोकतांत्रिक शासन पद्धति की वैधता को चुनौती दी जा सके। आगे चल कर बीसवीं सदी के मध्य में इस सिद्धांत की अंतर्दृष्टियों से लोकतांत्रिक सिद्धांत को पुष्ट करने की चेष्टा की गयी। इसके पीछे मक़सद साम्यवादी या फ़ासीवादी नेतृत्व में चल रहे जनांदोलनों से उदारतावादी लोकतंत्र को बचाना था। लोकतंत्र में आवश्यक नहीं कि सारे अभिजन सत्ता में ही हों। आज की लोकतांत्रिक व्यवस्थाओं में अभिजनों के कई समूह सत्ता की बागडोर अपने हाथ में रखने के लिए आपस में प्रतियोगिता करते हुए देखे जा सकते हैं। पहले से जमे हुए अभिजन-समूह की सदस्यता ग्रहण करने के लिए लोकतंत्र के मंच पर नये अभिजनों का आगमन होता रहता है। शुरू में अभिजनों का चयन केवल उच्च वर्ग से ही किया जाता था, लेकिन अब निचले और वंचित समझे जाने वाले तबक़ों की नेतृत्वकारी शक्तियाँ भी अभिजनों की श्रेणी में शामिल कर ली जाती हैं। वह लोकतंत्र अधिक सफल और टिकाऊ समझा जाता है जिसके अभिजनों का आकार बढ़ता रहता है। इसके विपरीत जहाँ अभिजन अपना आकार बढ़ने के ख़िलाफ़ मोर्चाबंदी कर लेते हैं, उन लोकतंत्रों में व्यवस्था बार-बार संकटग्रस्त होती रहती है।

अभिजन सिद्धांत मूलतः इस प्राचीन विश्वास पर आधारित है कि प्रत्येक समाज मुट्ठी भर शासकों और बहुसंख्यक शासितों में बँटा होता है। प्लेटो ने शासन करने के लिए ऐसे लोगों की शिनाख़्त करने का सुझाव दिया था जिनके पास हुकूमत करने के लिए आवश्यक प्रकृति-प्रदत्त योग्यताएँ हों। इतिहास और राजनीति को समझने का यह एक प्रचलित तरीक़ा है कि उन अभिजनों का अध्ययन किया जाए जिनके पास समाज के विभिन्न क्षेत्रों के संचालन के लिए निर्णय लेने के अधिकार रहे हैं। बीसवीं सदी की शुरुआत में इतालवी समाजशास्त्रियों गेटानो मोस्का और विलफ्रेडो परेटो के साथ-साथ मोस्का के जर्मन अनुयायी रॉबर्ट मिचेल्स ने लोकतांत्रिक व्यवस्थाओं के विकास के ख़िलाफ़ प्रतिक्रिया करते हुए दावा किया कि अभिजनों का शासन मानवीय इतिहास का एक प्रमुख लक्षण है। यह सूत्रीकरण उन्नीसवीं सदी में मार्क्सवाद द्वारा प्रवर्तित और पुष्ट समतामूलक समाज के सिद्धांत के ख़िलाफ़ था। ये सिद्धांतकार मार्क्स से इस बारे में तो सहमत थे कि अतीत में समाजों का नेतृत्व अल्पसंख्यकों के हाथों में रहा है, पर उनका यह भी कहना था कि ये अल्पसंख्यक समूह अनिवार्य तौर पर उत्पादन के साधनों के स्वामी नहीं थे। उनके प्रभुत्व का स्रोत आर्थिक नहीं था, बल्कि उनकी सत्ता विविध स्रोतों से आती थी। यह अलग बात है कि अपने प्रभुत्व का लाभ उठा कर अभिजन बड़े पैमाने पर धन-सम्पत्ति जमा कर लेते थे। मोस्का और परेटो का यह भी कहना था कि भविष्य के समाजों के नेतृत्व (चाहे वे राजशाहियाँ हों, कुलीनतंत्र हों या लोकतंत्र) का पैटर्न भी ऐसा ही रहने वाला है। हालाँकि इन विद्वानों ने आग्रहपूर्वक कहा कि उनका समाज-विज्ञान किसी मूल्य से बँधा हुआ नहीं है, पर इटली में उभरते हुए फ़ासीवाद के प्रति उनकी हमदर्दी किसी से छिपी हुई नहीं थी। परेटो और मिचेल्स तो सीधे-सीधे फ़ासीवाद के समर्थक थे, और उदारपंथी मोस्का वामपंथ से अपनी नाराज़गी के कारण फ़ासीवाद को एक मजबूरी की तरह देखते थे। कुल मिला कर इन तीनों सिद्धांतकारों की कोशिश थी कि संसदीय व्यवस्था केवल उच्च और मध्यवर्ग की भागीदारी तक ही सीमित रहनी चाहिए। वे मज़दूरों और किसानों के प्रतिनिधित्व वाली संसद को तिरस्कारपूर्ण दृष्टि से देखते थे।

मार्क्सवादी सिद्धांतकारों और लोकतांत्रिक बहुलतावाद के पैरोकारों ने इस अभिजनवाद को कड़ी चुनौती दी। मार्क्सवादियों ने कहा कि यह सिद्धांत अभिजनों के प्रभुत्व के बुनियादी आधार की शिनाख़्त करने में नाकाम रहा है। अभिजन चाहे फ़ौजी हों, धार्मिक हों, राजनीतिक हों या सांस्कृतिक; उनके प्रभुत्व की बुनियाद आर्थिक वर्ग-संबंधों में देखी जानी चाहिए। बहुलतावादियों का तर्क था कि आधुनिक, विकसित और उदारपंथी समाजों में सत्ता और प्रभुत्व के लिए विविध हितों के बीच प्रतियोगिता होती है। इसलिए मुट्ठी भर अभिजनों का गुट सर्वांगीण प्रभुत्व कभी स्थापित नहीं कर पाता। निर्णय की प्रक्रिया का केंद्र सिर्फ़ एक ही नहीं होता। इस हक़ीक़त के विपरीत अभिजनवाद के पैरोकार उदारतावाद के आधार पर खड़े समाजों में सत्ता और उसके स्रोतों का अध्ययन करने के लिए त्रुटिपूर्ण पद्धति अपनाते हैं।

हालाँकि अभिजन सिद्धांत लोकतंत्र विरोधी था, पर बीसवीं सदी के मध्य में जोसेफ़ शुमपीटर ने लोकतांत्रिक सिद्धांत में अभिजन सिद्धांत का समावेश किया। उन्होंने कहा कि लोकतंत्र में भी शासन अभिजनों के हाथ में ही रहना चाहिए ताकि व्यवस्था को प्रभावी और स्थिर हुक्मरान लगातार मिलते रहें। बस शर्त यह है कि ऐसे अभिजनों का चयन लोकतांत्रिक प्रक्रियाओं के माध्यम से किया गया हो। यह वैचारिक इंजीनियरिंग करने के पीछे शुमपीटर का उद्देश्य उदारतावादी लोकतंत्र को फ़ासीवाद अथवा कम्युनिज़म का समर्थन करने वाले व्यवस्था-विरोधी अभिजनों के नेतृत्व में चलने वाले आंदोलनों से बचाना था।

बहुलतावादी सिद्धांत को आड़े हाथों लेते हुए शुमपीटर ने कहा कि सत्ता और निर्णय की बहुकेंद्रीयता का उदारतावादी दावा सही नहीं है। दरअसल प्रभुत्व के लिए आपस में होड़ करने वाले समूहों का नियंत्रण कुछ थोड़े से नेताओं के हाथ में रहता है जो आवश्यक नहीं कि अपने समूह के सदस्यों की इच्छाओं और ज़रूरतों के हिसाब से ही चलते हों। इसलिए समूहों के बीच की प्रतियोगिता उनके नेताओं के बीच की प्रतियोगिता बन जाती है। नतीजे के तौर पर बहुलतावादी लोकतंत्र अभिजनवादी लोकतंत्र में बदल जाता है। इस विचार के तहत लोकतंत्र का टिकाऊपन और विकास अपेक्षाकृत निष्क्रिय नागर समाज पर निर्भर न हो कर, उसके अभिजनों की सक्रियता और प्रतिबद्धता का ही परिणाम होता है।

लोकतांत्रिक व्यवस्था हो या निरंकुशता, अभिजनों के महत्त्व से पूरी तरह से इनकार करना मुश्किल है। कुछ विद्वानों का तर्क है कि उदारतावादी लोकतंत्र के व्याख्याकार ज़्यादा ध्यान जनसमूहों के प्रभाव में लिए जाने वाले फ़ैसलों पर देते हैं। इस तरह अभिजनों द्वारा ली गयी पहल क़दमियों की भूमिका पर पूरा प्रकाश नहीं पड़ पाता। इलीट-स्टडी में दिलचस्पी रखने वाले समाज-वैज्ञानिक सामाजिक जीवन के विभिन्न क्षेत्रों के नेताओं की सामाजिक और शैक्षिक पृष्ठभूमि की जाँच करके यह पता लगाने की कोशिश करते हैं कि किन कारकों के प्रभाव में उन्हें अभिजन-समूह में शामिल किया गया। अगर समाज के किसी हिस्से में एक से ज़्यादा अभिजन समूह सक्रिय हैं तो यह पता लगाया जाता है कि उनके बीच किस तरह का सामाजिक, राजनीतिक, आर्थिक और विचारधारात्मक अंतर्संबंध है; और उनमें एकीकृत होने की सम्भावनाएँ हैं या नहीं। इलीट-स्टडी का एक दूसरा आयाम अभिजनों और जनता के बीच संबंधों का अध्ययन है। इसमें यह जानने की कोशिश की जाती है कि ऊपर से नीचे और नीचे से ऊपर इस तरह के संबंध का संचार किस तरह होता है। इस संबध की ख़ामियाँ-ख़ूबियाँ तय करती हैं कि इलीट को प्रतिस्थापित करने की इच्छा रखने वाली ताक़तों की स्थिति क्या है। इस विश्लेषण से ही तय होता है कि किसी विशिष्ट अभिजन को हटाने के लिए शांतिपूर्ण या क्रांतिकारी तरीक़ों के पीछे क्या कारण काम कर रहे थे।

अमेरिकी अभिजन का अध्ययन करने वाले सी. राइट मिल्स ने 'पावर इलीट' की अवधारणा का सूत्रीकरण किया है। मिल्स के अनुसार संयुक्त राज्य अमेरिका में तीन तरह के अभिजन एकीकृत हो कर हुकूमत करते हैं। ये हैं औद्योगिक, राजनीतिक और फ़ौजी। दिलचस्प बात यह है कि अन्य सिद्धांतकारों के विपरीत मिल्स यह दिखाते हैं कि अभिजनों की इस तिकड़ी से मिल कर बनने वाला पावर इलीट लोकतंत्र के लिए किस तरह से नुक़सानदेह है।

अभिजन सिद्धांत ने संस्कृति-अध्ययन के क्षेत्र में भी हस्तक्षेप किया है। मास सोसाइटी के उभार की आलोचना करने वाले यह मान कर चलते हैं कि समकालीन मास मीडिया और उससे निकलने वाली लोकप्रिय जन-संस्कृति अभिजन संस्कृति की श्रेष्ठता के लिए घातक होती है।

देखें : अफ़लातून, विलफ्रेडो परेटो, कार्ल हाइनरिख़ मार्क्स-1, 2, 3 और 4, मार्क्सवाद, फ़ासीवाद, जोसेफ़ शुमपीटर।

संदर्भ

1. विलफ्रेडो परेटो (1935), *द माइंड ऐंड सोसाइटी* (1916), हारकोर्ट ब्रेस, न्यूयॉर्क; केप, लंदन.
2. जोसेफ़ शुमपीटर (1976), *कैपिटलिज़म, सोशलिज़म ऐंड डेमॉक्रैसी,* एलेन ऐंड अनविन, लंदन, पाँचवाँ संस्करण.
3. टॉम बॉटमोर (1966), *इलीट्स ऐंड सोसाइटी,* पेंगुइन, हार्मंड्सवर्थ.
4. जी.एल. फ़ील्ड और जे. हिगली (1980), *इलीटिसिज़म,* रॉटलेज ऐंड कीगन पॉल, लंदन.
5. जी. मोस्का (1939), *द रूलिंग क्लास* (1896), अनु, और सम्पा, : ए. लिविंग्स्टन, न्यूयॉर्क, मैकग्रा-हिल.

—अभय कुमार दुबे

अभिलेखागार

(Archive)

सूचना आधारित समाज के उदय से पहले अभिलेखागार का मतलब था शासन द्वारा वर्गीकृत इबारतों और दस्तावेज़ों का वह संकलन जो एक केंद्रीकृत बंदोबस्त के तहत किसी इमारत में रखा जाता है। आरकाइव की व्युत्पत्ति यूनानी भाषा के शब्द आरकी से हुई है जिसका एक मतलब है प्रारम्भ और दूसरा मतलब है नियमानुसार आदेश। यह व्युत्पत्ति बताती है कि अभिलेखागार ऐतिहासिक रूप से सरकारों, सत्ता और क़ानून की संरचनाओं द्वारा तय किये गये प्रबंधकताओं से क्यों बँधे रहे हैं। जिस जगह सरकार द्वारा दस्तावेज़ रखने का इंतज़ाम होता है, वह विशेष अधिकारों से घिरी होती है। इसमें एक ख़ास क्रम और नियम के अधीन सामग्री का भंडारण किया जाता है। यह प्रक्रिया अभिलेखागार को एक तरह की शारीरिकता और राजनीति से सम्पन्न कर देती है। अभिलेखागार का स्पेस कोई साधारण जगह नहीं होती। वह एक साथ पब्लिक स्पेस भी है, और प्राइवेट भी। प्राइवेट इसलिए कि इसे नियंत्रित और संचालित करने के लिए आरकंस यानी मजिस्ट्रेट या प्रबंधक नियुक्त किये जाते हैं, और पब्लिक इसलिए कि आरकाइव लोगों को अपने भीतर प्रवेश करने की इजाज़त भी देता है। डिजिटल प्रौद्योगिकी के चलन के बाद आरकाइव और उसके स्पेस का यह रिश्ता पूरी तरह से बदल गया है। आज भी लाइब्रेरियों और म्यूज़ियमों में अभिलेखागारों का रख-रखाव होता है, लेकिन आज के आरकाइव अधिकतर वर्चुअल स्पेस में बनाये और इस्तेमाल किये जाते हैं। यू ट्यूब, विकीपीडिया या फ़ेसबुक जैसे वेब 2.0 एप्लीकेशनों के कारण अभिलेखागारों का संस्थागत संदर्भ बदल गया है, जिसने सूचना, ज्ञान और सत्ता के समीकरण को नीचे से ऊपर तक बदल डाला है।

अभिलेखागारीय प्रौद्योगिकी और उसमें आये परिवर्तनों पर ज़ाक देरिदा और मिशेल फ़ूको ने गहन विचार किया है। दोनों का मक़सद अलग-अलग है। फ़ूको अपनी रचना *आर्कियालॅजी ऑफ़ नॉलेज* में रिनेसाँकालीन, क्लासिकल और आधुनिक युग की ज्ञानमीमांसाओं को संचालित करने वाले विमर्श संबंधी नियमों की शिनाख़्त करना चाहते हैं। इसलिए उन्होंने आरकाइव को सबसे पहले एक ऐसे नियम के रूप दिखाया है जो तय करता है कि किसी वक्तव्य में क्या कहा जा सकता है। फिर उन्होंने उसकी पहचान एक प्रणाली के रूप में की है जो वक्तव्यों को विलक्षण घटनाओं की तरह पेश करने और संचालित करने का काम अंजाम देती है। फ़ूको के विपरीत देरिदा ने 1994 में दिये गये एक भाषण *द कंसेप्ट ऑफ़ आरकाइव : अ फ्रायडियन इम्प्रेशन* में अभिलेखागार और मानवीय स्मृति के संबंधों की जाँच की है,। उनका प्रस्ताव है कि डिजिटल प्रणालियों के ज़रिये वर्चुअल स्पेस में सूचनाओं के भंडारण की अकूत क्षमता उपलब्ध हो जाने के बाद अभिलेखागार की अवधारणा पर दोबारा ग़ौर किया जाना चाहिए। आरकाइव के इतिहास में प्रवेश करते हुए देरिदा ध्यान दिलाते हैं कि यूनान में राजनीतिक सत्ता से लैस नागरिकों के पास क़ानून बनाने और उसकी नुमाइंदगी का अधिकार होता था। अपने इसी सार्वजनिक प्राधिकार के तहत उनके घरों पर अधिकारिक दस्तावेज़ों या अभिलेखों का भण्डारण किया जाता था। इस तरह एक सत्तारूढ़ व्यक्ति के अधिकार-क्षेत्र में अभिलेखागार रखने की शुरुआत हुई। एक विद्वान ने अभिलेखागार की तुलना देकार्तवादी मस्तिष्क से की है जिसका नियंत्रण उस देह के स्वामी के पास रहता है जिसमें उस मस्तिष्क का वास है। इसमें कोई शक नहीं कि प्राचीन यूनान द्वारा स्थापित अभिलेखागार संबंधी परम्पराओं ने आधुनिक युग में भी विमर्श और ज्ञान की राजनीति को प्रभावित करना जारी रखा। लेकिन, सूचना-समाज के आविर्भाव की घोषणा करने वाले डिजिटल युग ने इस स्थिति को उलट दिया है। आज के ज़माने में निजी ज़िंदगियाँ एक रुटीन के तौर पर सार्वजनिक स्पेसों में सजा कर दिखायी जाती हैं। ये स्पेस अक्सर सभी की आवाजाही के लिए खुले रहते हैं। इन्हें इस्तेमाल और संचालित करने वालों का इन पर काफ़ी ढीला-ढाला क़िस्म का नियंत्रण रहता है। इंटरनेट ने वर्गीकृत सामग्री तक एक आदमी की पहुँच आसान बना दी है। न केवल यह बल्कि वह साधारण व्यक्ति ख़ुद अपनी ज़िंदगी का अभिलेखागार बना कर दूसरों के लिए पेश कर सकता है। यू ट्यूब पर लोगों द्वारा पोस्ट किये गये जीवनीपरक वीडियो, सोशल नेटवर्किंग साइट्स पर चस्पाँ की गयी परिजनों की तस्वीरें और दर्ज किये गये अपने निजी ऊहापोह पहली नज़र में महत्त्वहीन लग सकते हैं। पर उनसे पता चलता है कि अभिलेखागार के आधारभूत सामाजिक या सांस्कृतिक ढाँचे में कितना बड़ा परिवर्तन आ गया है। जो परिघटना सरकारी और सार्वजनिक थी, अब उत्तरोत्तर निजीकृत होती जा रही है।

1967 में प्रकाशित अपनी रचना *राइटिंग ऐंड डिफ़रेंस* में देरिदा ने फ्रॉयड की इस बात के लिए आलोचना की थी कि वे ऐसी मशीनों की सम्भावना देख पाने में असमर्थ रहे जो मानवीय स्मृति की भाँति यादों का भंडारण कर सकती हैं। उसी आलोचना को आगे बढ़ाते हुए देरिदा अपने इस भाषण में कहते हैं कि मीडिया प्रौद्योगिकी में हुई प्रगति ने मानस की संरचना में तब्दीलियाँ की हैं और संस्कृति को भी बदल डाला है। अगर फ्रॉयड के ज़माने में ई-मेल की सुविधा होती तो मनोविश्लेषण भी कुछ और होता। ई-मेल सम्भव होने के बाद अब मनोविश्लेषण का भविष्य बदल जाएगा। देरिदा अपने इस

तर्क के ज़रिये यह कहते हुए प्रतीत होते हैं कि मीडिया की प्रौद्योगिकी किसी सामग्री के भंडारण की निष्क्रिय वाहक नहीं होतीं। बल्कि वह अभिलेखागार बनाने में सक्रिय भूमिका निभाती है। यहाँ तक कि उसके यूज़र को भी प्रभावित करती है। दिलचस्प बात यह है कि 1995 में जिस समय देरिदा यह व्याख्यान दे रहे थे, मीडिया प्रौद्योगिकी का विकास ई-मेल से बहुत आगे बढ़ चुका था। इंटरनेट अपने शुरुआती रूप में सामने आ चुका था। शब्दों, बिम्बों और ध्वनियों के हायपरटेक्स्चुअल अभिलेखागार के रूप में इंटरनेट की शिनाख़्त मुश्किल नहीं थी।

प्रौद्योगिकी में होने वाले परिवर्तनों और जीवन पर पड़ने वाले उनके प्रभाव को नज़रअंदाज़ करने के लिए देरिदा ही नहीं, बल्कि फ़ूको और फ्रॉयड को भी दोषी ठहराया जा सकता है। जिस तरह देरिदा केवल ई-मेल के मूल्यांकन तक ही रुक जाते हैं, उसी तरह कभी फ्रॉयड मिस्टिक पैड जैसी आदिम प्रौद्योगिकी पर ही विचार करके रह गये थे। फ़ूको तो अभिलेखागार की परिघटना पर चिंतन करते हुए 1850 के आसपास प्रचलित प्रौद्योगिकियों से आगे नहीं बढ़े। इन तीनों महान विद्वानों की मिसालों से लगता है कि शब्दों का लेखन और इबारत तैयार करने का आचरण उनके लिए कितना केंद्रीय था। दरअसल, मल्टीमीडिया प्रौद्योगिकी ने अभिलेखागार का लिखित शब्द के साथ रिश्ता पहले जैसा नहीं रहने दिया है। आज लफ़्ज़ों से बनी इबारतें ही नहीं, बल्कि ध्वनियाँ और बिम्बों के आरकाइव भी बनाये और क़ायम रखे जा सकते हैं।

अभिलेखागार संबंधी चिंतन में पिछले बीस वर्ष में काफ़ी प्रगति हुई है। देरिदा ने फ्रॉयड की रचनाओं का विश्लेषण करते हुए जो प्रश्न उठाये थे, वे अपनी सीमाओं के बावजूद प्रौद्योगिकीय विकास के आईने में भविष्य को देखने का आह्वान करते थे। वेब 2.0 नामक प्रौद्योगिकी ने आज हर व्यक्ति को किसी दूसरे द्वारा बनाये गये आरकाइव में दखलंदाजी करने, उसे समृद्ध करने और उसका रूप बदलने की इजाज़त दे दी है।

देखें : सूचना समाज, ज़ाक देरिदा, मिशेल पॉल फ़ूको-1 और 2, दिन-प्रतिदिन के अभिलेखागार, डिजिटल डिवाइड, इंटरनेट, ज़िग्मंड फ्रॉयड-1 और 2.

संदर्भ

1. ज़ाक देरिदा (2003), *आरकाइव फ़ीवर : अ फ्रॉयडियन इम्प्रेशन*, युनिवर्सिटी ऑफ़ शिकागो प्रेस, शिकागो.
2. माइक फ़ेदरस्टोन (2001), 'आरकाइविंग कल्चर्स', *ब्रिटिश जर्नल ऑफ़ सोसियोलॉजी*, खण्ड 51, अंक 1.
3. जोक ब्राउवर और अर्जुन मुल्डर (सम्पा.) (2003), *इनफ़ॉर्मेशन इज़ एलाइव : आर्ट ऐंड थियरी ऑन आरकाइविंग ऐंड रिट्रीविंग डेटा*, वी2/ऐनएआई, रोटरडम.
4. एम. दिलैंदा (2003), 'दि आरकाइव बिफ़ोर ऐंड आफ़्टर फ़ूको', संकलित : जोक ब्राउवर और अर्जुन मुल्डर (सम्पा.), *इनफ़ॉर्मेशन इज़ एलाइव : आर्ट ऐंड थियरी ऑन आरकाइविंग ऐंड रिट्रीविंग डेटा*, वी2/ऐनएआई, रोटरडम.

—अभय कुमार दुबे

अभिरुचि

(Taste)

अभिरुचि या टेस्ट समाजशास्त्र की केंद्रीय अवधारणाओं में से एक है। पहले अभिरुचि पर दार्शनिक रूप से सौंदर्यशास्त्र के तहत विचार किया जाता था। लेकिन आज अभिरुचि का मसला केवल क्लासिकल क़िस्म के दार्शनिक चिंतन या निजी पसंद-नापसंद तक ही सीमित नहीं रह गया है। उसके ज़रिये अच्छे और बुरे के बीच, आस्वादपूर्ण और आस्वादहीन के बीच, सुंदर और असुंदर के बीच फ़र्क़ ही नहीं किया जाता, बल्कि निजी प्राथमिकताओं और सामाजिक रूप से विकसित प्राथमिकताओं और आदतों के बीच एक सम्पर्क सूत्र भी बनाया जाता है। समाज में स्थापित अभिरुचि के मानक व्यक्तियों के बीच स्वत:स्फूर्त अनुक्रियाओं को जन्म देते हैं, जिनके आधार पर व्यक्तियों की व्यवहारशैलियाँ बनती हैं, या उनकी कसौटी पर कस कर दूसरों के आचरण की आलोचना या सराहना की जाती है। अभिरुचि के आधार पर लोगों का वर्ग या सामाजिक दर्जा तय होता है। अभिरुचि का ज़िक्र होते ही जिस विद्वान का नाम सामने आता है, वे हैं फ्रांसीसी समाजशास्त्री पिएर बोर्दियो। 1979 में फ्रेंच में प्रकाशित उनकी रचना *डिस्टिंक्शन : अ सोशल क्रिटीक ऑफ़ द जजमेंट ऑफ़ टेस्ट* ने अभिरुचि संबंधी समाजशास्त्रीय विमर्श को सर्वाधिक प्रभावित किया है। बोर्दियो ने यह किताब सौंदर्यमूलक परख के इमैनुएल कांट द्वारा किये गये विश्लेषण की आलोचना के रूप में लिखी थी। दरअसल, बोर्दियो कांट की आलोचना के माध्यम से दिखाना चाहते थे कि सौंदर्यशास्त्रीय दर्शन के तहत अभिरुचि के जिन मानकों को वस्तुनिष्ठ और वैध क़रार दिया जाता है उनका असली सामाजिक उद्‌गम क्या है।

किसी चीज़, आचरण, व्यवहार या किसी कृति को अच्छा-बुरा, सराहने लायक या उपेक्षणीय मानने के पीछे आम तौर पर एक़दम निजी पंसद या नापंसद की भूमिका होती है। रुचि का प्रश्न मुख्य तौर पर आत्मनिष्ठ समझा जाता है। लेकिन कांट ने अपनी रचना *द क्रिटीक ऑफ़ जजमेंट*

में यह दिखाया कि अपनी पसंद व्यक्त करते समय हम यह अपेक्षा रखते हैं कि दूसरे भी हमारी इस परख में सहभागी होंगे। इस तरह हम अपनी आत्मनिष्ठता को वस्तुनिष्ठता में बदलना चाहते हैं। जितने ज़्यादा लोग किसी एक परख में सहभागी होंगे, अभिरुचि का मानक उतना ही व्यापक और सार्वभौम होगा। इसी मुक़ाम पर आकर अभिरुचि का प्रश्न दार्शनिक न रह कर तथ्यगत बन जाता है। बावजूद इसके कि चीज़ों के बारे में लोगों की राय एक-दूसरे से अक्सर काफ़ी अलग होती है, मूल्यांकन के वे मानक अधिक प्रतिष्ठित और स्वीकार्य समझे जाते हैं जिन पर किसी समूह ने अपनी मुहर लगा दी हो। यह समूह ऊँचे लोगों का समाज, हाई सोसाइटी या उच्चवर्गीय माना जाता है। अभिरुचि के मामले में समाज की इसी ऊपरी परत को पूरे समाज की नुमाइंदगी दे दी जाती है। इसी के आधार अभिरुचि के सर्वस्वीकार्य मानक स्थापित किये जाते हैं।

समाज-विज्ञानियों और चिंतकों को यह जानने में हमेशा दिलचस्पी रही है कि अभिरुचि का कौन सा मानक नितांत निजी है, और कौन सा सामान्य। इंद्रियानुभववादी दार्शनिक डेविड ह्यूम ने अपने अभिरुचि संबंधी लेखन में यह सवाल उठाया था। वे यह जानने में तथ्यगत रूप से दिलचस्पी रखते थे कि किसी भी समाज या संस्कृति में अभिरुचि के मानक कितने लोगों को स्वीकार्य हैं। विमर्श की यही परम्परा उन समाजशास्त्रीय अध्ययनों की पूर्वपीठिका है जो आज यह पता लगाने का यत्न करते हैं कि जीवन-शैली के चुनाव और उपभोक्ता प्राथमिकताओं के पीछे दरअसल अभिरुचि के कौन से मानक काम कर रहे हैं। यह प्रश्न जितना संगीत, कला और साहित्य के क्षेत्र के लिए वैध है, उतना ही घर चुनने, पोशाक पसंद करने या खान-पान तय करने के लिए भी है। मार्केट रिसर्च का मक़सद एक ऐसे मार्गदर्शक उसूल का पता लगाना होता है जिसके जिसके आधार पर तय किया जा सके उपभोक्ताओं की रुचि के मुताबिक़ कौन सा उत्पादन किया जाना चाहिए, या विज्ञापन में कौन सा फ़िकरा इस्तेमाल करके उनकी रुचि को स्पर्श देना चाहिए।

व्यक्ति और उसके सामाजिक अस्तित्व के बीच संबंध के प्रश्न में समाजशास्त्रियों की दिलचस्पी शुरू से ही रही है। वे जानने की कोशिश करते रहे हैं कि आख़िर किसी समुदाय के सदस्यों को आपस में जोड़ने वाली बातें कौन सी होती हैं। इस क्षेत्र में जॉर्ज ज़िमेल का योगदान उल्लेखनीय है। ज़िमेल के मुताबिक़ अभिरुचि की समानता व्यक्तियों के बीच फ़ासलों और यहाँ तक कि विरोध को भी ख़त्म कर देती है। साझी अभिरुचि या व्यवहार-शैली या शिष्टता के माध्यम से लोग एक मुश्तरका सामाजिक समूह की सदस्यता घोषित करते हैं और साथ में उसी के माध्यम से अपने व्यक्तित्व की ख़ूबियों को भी सुरक्षित रखते हैं। चाहे कला हो या सामाजिक जीवन, अभिरुचि के माध्यम से लोग किसी एक शैली में साझेदार होते हुए भी अपनी निजता, शख़्सियत और विशिष्टता क़ायम रख सकते हैं।

ज़िमेल ने फ़ैशन को आधुनिकता की एक अहम परिघटना की तरह पढ़ने की कोशिश की है। फ़ैशन एक ऐसी शै है जो लगातार बदलती रहती है, जो क्षणभंगुर क़िस्म की है। फ़ैशन जब होता है तो ख़ूब होता है, पर अचानक वह नहीं रह जाता। फ़ैशन के ज़रिये दैनंदिन जीवन में साधारण लोग वह हासिल कर सकते हैं जिसे कांट ने अभिरुचि का अंतर्विरोध क़रार दिया था। फ़ैशन एक साथ किसी एक क्षण में सामाजिक रूप से स्वीकार्य शैलीगत प्राथमिकता की अभिव्यक्ति होने के साथ-साथ एक निजी वक्तव्य भी है। चूँकि वह नक़ल होने के साथ अपनी विशिष्टता का बयान भी है, इसलिए वह इस अंतर्विरोध को सफलतापूर्वक व्यक्त कर पाता है। फ़ैशनपरस्तों का समुदाय अभिरुचि का समुदाय भी माना जाता है।

अभिरुचि के मानक हमेशा ऊपर से नीचे की तरफ़ रिस-रिस कर पहुँचते हैं। इसे 'ट्रिकलडाउन इफ़ेक्ट' कहा जाता है। चाहे रहन-सहन की कोई शैली हो, खान-पान हो या फ़ैशन; सबसे पहले उसका चलन समाज की ऊपरी परतों में होता है। इस धारणा के दो मतलब हैं और दोनों एक-दूसरे के विपरीत हैं। पहला, निचले तबके ऊपरी तबक़ों के स्टाइल की नक़ल करते हैं, और उनकी कोई अलग विशिष्ट अभिरुचि नहीं होती। जब तक उच्च वर्गों का फ़ैशन निचले वर्गों तक आ पाता है, तब तक उच्च वर्ग किसी और फ़ैशन को अपना लेते हैं। दूसरा, बावजूद इसके कि अभिरुचि का सफ़र ऊपर से नीचे होता है और ऊपर व नीचे के बीच समय का अंतराल भी दिखता है, पर कुल मिला कर यह तथ्य ऊपरी परत और निचली परत की अभिरुचियों के एक समान होने का प्रमाण भी है। सामाजिक अनुकरण की यह प्रक्रिया एक तो माँग पर आधारित होती है, दूसरे ऊर्ध्वगामिता की इच्छा भी इसकी चालक शक्ति के तौर पर काम करती है।

थोर्स्टाइन वेबलन ने उपभोग और प्रदर्शनप्रियता का बेहतरीन अध्ययन किया है। इसके पीछे धारणा यह है कि आज के प्रौद्योगिकीय ज़माने में पहले की तरह श्रम और उसके फलितार्थ उतने दृश्यमान नहीं रह गये हैं। इसी तरह अमीरी और उसकी अभिव्यक्तियाँ भी उस तरह दृश्यमान नहीं है जिस तरह पहले के युगों में हुआ करती थीं। दो एक से फ़्लैटों में रहने वाले लोगों की अमीरी में ज़मीन-आसमान का अंतर हो सकता है। इसीलिए अपनी धन-सम्पत्ति का दिखावा करने की ज़रूरत पड़ती है। अभिरुचि का दिखावा भी इसी का हिस्सा है। एक ऐसी सुंदर या अनूठी वस्तु, जिसकी ज़ाहिरा तौर पर कोई उपयोगिता नहीं है, अपने मालिक को काफ़ी प्रतिष्ठा दिला सकती है। उस वस्तु के स्वामित्व के आईने में व्यक्ति

का सामाजिक दर्जा दिखायी देता है। इसी तरह पेरिस में होने वाले फ़ैशन शो का अध्ययन करके हरबर्ट ब्लूमर ने दिखाया है कि किस तरह फ़ैशन सामूहिक चुनाव के ज़रिये अभिरुचि का निर्धारक बन जाता है। ब्लूमर यह भी दिखाते हैं कि फ़ैशन डिज़ाइनर जब कई तरह की पोशाकों में से शो के लिए चुनते हैं तो कोई ज़रूरी नहीं कि उस समय वे किसी ताक़तवर या प्रतिष्ठामूलक समूह की प्राथमिकताओं का पालन कर रहे हों। ब्लूमर का अध्ययन इशारा करता है कि अभिरुचि का सामूहिक निर्माण जिस सामाजिक गतिशीलता के ज़रिये होता है, वह लाज़मी तौर पर उच्चता के बोध पर आधारित नहीं होती।

ख़ास बात यह है कि सामाजिक अभिरुचि के निर्माण के ये अध्ययन बोर्दियो द्वारा निकाले गये कुछ निष्कर्षों पर प्रश्न-चिह्न लगाते हैं। बोर्दियो का कहना था कि शासक वर्ग की या कुलीन वर्ग की अभिरुचि ही मानक बन जाती है। लेकिन दूसरे समाजशास्त्रियों ने शैक्षिक अवसरों के लोकतंत्रीकरण के बाद नतीजा निकाला है कि उच्च वर्गों की रुचि और साधारण वर्गों की रुचि के बीच विशिष्टता या नफ़ासत के आधार पर अंतर होने के बजाय एक तरह की समावेशी समानता पायी जाने लगी है। उत्तरी अमेरिका में संगीत संबंधी अभिरुचियों का अध्ययन बताता है कि ऊँचे और अभिजन शिक्षा संस्थानों में पढ़े हुए युवक और निचले स्तर से आने वाले युवकों की संगीत संबंधी पसंद एक सी होती है। इसी तरह बोर्दियो ने सामाजिक अभिरुचि के जेंडर संबंधी कोण पर भी ध्यान नहीं दिया था। परवर्ती अध्ययनों ने दिखाया है कि किस तरह जेंडर संबधी विभेद अभिरुचि के निर्माण में निर्णायक भूमिका अदा करते हैं। स्त्रियाँ विशेष तौर पर म्यूज़ियम जाना, कलादीर्घाओं में जाना, थिएटर जाना और क्लासिकल नृत्य देखना पसंद करती हैं। कोई ज़रूरी नहीं कि ऐसी स्त्रियाँ अमीर तबके की ही हों। मध्यवित्तीय स्त्रियाँ भी ऐसी सांस्कृतिक अभिरुचियों की वाहक होती हैं।

देखें : पिएर बोर्दियो, इमैनुएल कांट, सौंदर्यशास्त्र, डेविड ह्यूम, जॉर्ज ज़िमेल।

संदर्भ

1. जुक्का ग्रोनाव (1997), *द सोसियोलॅजी ऑफ़ टेस्ट,* रॉटलेज, न्यूयॉर्क.
2. पिएर बोर्दियो (1986), *डिस्टिंक्शन : अ सोशल क्रिटीक ऑफ़ द जजमेंट ऑफ़ टेस्ट,* रॉटलेज, लंदन.
3. आर.ए. पीटरसन और आर.एम. कर्न (1996), 'चेंजिंग हाईब्राउ टेस्ट : फ्रॉम स्नॉब टू ओमनीवोर', *अमेरिकन सोसियोलॅजिस्ट रिव्यू,* अंक 61.
4. थोर्स्टाइन वेबलेन (1999), *द थियरी ऑफ़ लेज़र क्लास,* रैंडम हाउस, न्यूयॉर्क.
5. जॉर्ज ज़िमेल (1997), *ज़िमेल ऑन कल्चर : सिलेक्टिड राइटिंग्स,* एम. फ़ेदरस्टोन और डी. फ़्रिस्बी (सम्पा.), सेज, लंदन.

—अभय कुमार दुबे

अमर्त्य कुमार सेन

(Amartya Kumar Sen)

बीसवीं सदी के आख़िरी दशकों में आर्थिक कर्ता के रूप में व्यक्ति की भूमिका को नये ढंग से परिभाषित करने का श्रेय भारतीय अर्थशास्त्री और दार्शनिक अमर्त्य कुमार सेन (1933-) को जाता है। वे भारत के एकमात्र अर्थशास्त्री हैं जिन्हें नोबेल पुरस्कार से सम्मानित किया गया है। कल्याणकारी अर्थशास्त्र और विकासवादी अर्थशास्त्र के दायरे में अपनी दार्शनिक अंतर्दृष्टियों का इस्तेमाल करते हुए अमर्त्य सेन ने दिखाया है कि मनुष्य केवल तर्कसंगत ढंग से उपयोगिता का अधिकतम दोहन करने वाला प्राणी ही नहीं होता, उसके भीतर एक तात्त्विक मूल्य निहित होता है। अमर्त्य सेन ने अपनी व्याख्याओं से आर्थिक प्रणाली के उद्देश्यों को बदलने का प्रयास भी किया। उनका आग्रह है कि किसी अर्थव्यवस्था के अच्छे होने की निशानी केवल यह नहीं है कि वह वस्तुएँ और सेवाएँ मुहैया करा पा रही है या नहीं। देखना यह चाहिए कि उसके तहत कितने लोगों का जीवन बेहतर हो पाया है। समकालीन अर्थशास्त्रियों में अमर्त्य सेन अकेले हैं जिन्होंने आर्थिक वृद्धि और आर्थिक विकास की धारणाओं को अलग-अलग परिभाषित करते हुए दावा किया कि वृद्धि का मतलब विकास नहीं होता। वृद्धि का पता प्रति व्यक्ति आमदनी बढ़ने से लगाया जा सकता है, पर विकास की कसौटी जीवन-प्रत्याशा, शिक्षा, स्वास्थ्य और साक्षरता है। सेन के विमर्श का केंद्रीय पहलू मानवीय सम्भावनाओं को साकार करने और मानवीय क्षमताओं की रचना और अभिवृद्धि रही है। वे मानते हैं कि केवल इसी के ज़रिये समाज और परिवार के भीतर व्यक्ति की ख़ुशहाली परवान चढ़ सकती है। मानवीय क्षमताओं के विकास को अर्थशास्त्र का असली मक़सद मानने वाले अमर्त्य सेन ने अल्पविकास के स्त्रियों पर पड़ने वाले विपरीत असर का भी अध्ययन किया है। उन्होंने विलफ्रेडो परेटो द्वारा प्रतिपादित अनुकूलतम परिस्थिति के सिद्धांत की सुसंगत आलोचना भी की है।

शांतिनिकेतन, बंगाल के एक गाँव में पैदा हुए अमर्त्य सेन ने राजनीतिक दर्शन और अर्थशास्त्र की शिक्षा कोलकाता के प्रेसीडेंसी कॉलेज में प्राप्त की। 1943 में बंगाल के अकाल ने उनके मानस पर अमिट छाप छोड़ी और उसी की वजह से उनकी अर्थशास्त्र में रुचि बढ़ी। ट्रिनिटी कॉलेज, केम्ब्रिज से पियरो स्राफ़ा और जोआन रॉबिंसन के निर्देशन में पीएचडी करने के बाद उन्होंने कुछ दिन जादवपुर विश्वविद्यालय में पढ़ाया और फिर केम्ब्रिज चले गये। अमर्त्य सेन ने दिल्ली स्कूल ऑफ़ इकॉनॉमिक्स और फिर लंदन स्कूल ऑफ़ इकॉनॉमिक्स में भी अध्यापन किया। 1977 में उन्होंने ऑक्सफ़र्ड के

न्यूफ़ील्ड कॉलेज में पढ़ाया और फिर राजनीतिक अर्थशास्त्र के ड्रमंड प्रोफ़ेसर हो गये। उनसे पहले एजवर्थ और हिक्स जैसे विद्वान इस पद पर रह चुके थे। 1987 में अमर्त्य सेन को हार्वर्ड विश्वविद्यालय में दर्शन और अर्थशास्त्र का प्रोफ़ेसर बनया गया। 1998 में इंग्लैण्ड लौट कर वे ट्रिनिटी कॉलेज के प्रधानाध्यापक नियुक्त किये गये। 1994 में उन्हें अमेरिकन इकॉनॉमिक एसोसिएशन का अध्यक्ष चुना गया।

अमर्त्य सेन कल्याणकारी अर्थशास्त्र की इन पारम्परिक धारणाओं से सहमत नहीं हैं कि मुक्त विनिमय के ज़रिये बुद्धिसंगत व्यवहार करने वाले व्यक्तियों की खुशहाली में वृद्धि हो सकती है। अधिकतर अर्थशास्त्री इस मान्यता पर चलते हैं कि व्यक्ति आम तौर पर बुद्धिसंगत और तार्किक ढंग से व्यवहार करते हैं, इसलिए वे कई सम्भव क्रियाओं के परिणामों पर ग़ौर करके तय करते हैं कि उनके लिए सर्वाधिक लाभकारी क़दम कौन सा हो सकता है। अर्थशात्रियों का यह विश्वास ही उन्हें परेटो ऑप्टिमल (अनुकूलतम परिस्थिति) का पैरोकार बनाता है। सेन का तर्क है कि उपयोगिता का सही अर्थ बजाय व्यक्ति को वह करने की इजाज़त होनी चाहिए जो वह करना चाहता है, बशर्ते वह दूसरों को वह करने से न रोक रहा हो जो वे करना चाहते हैं। अर्थात् बहुमत की राय के आधार पर अल्पमत को मजबूर करना उदारतावाद नहीं हो सकता।

अमर्त्य सेन कहते हैं कि व्यक्ति के कल्याण का उपयोगितावादी विश्लेषण अपर्याप्त है इसलिए हमें किसी और परिप्रेक्ष्य की आवश्यकता है। उन्होंने क्षमताओं की समानता हासिल करने का विचार दिया है। वे आमदनी या संसाधनों की समता के बजाय लोगों की क्षमताओं को बराबर करने पर ज़ोर देते है। अमर्त्य सेन के मुताबिक़ अगर सामाजिक नीति इस तरह बनायी जाए कि उसके आधार पर लोग विभिन्न काम करने लायक क्षमताएँ विकसित कर सकें तो समता का आदर्श प्राप्त किया जा सकता है। मसलन, अगर किसी क्षेत्र में निरक्षरता है, तो संसाधनों की समता में यक़ीन करने वालों के लिए यह पर्याप्त होगा कि राज्य और समाज उपलब्ध संसाधन किताबों और शिक्षा संबंधी सेवाओं पर ख़र्च करें। पर, क्षमताओं की समता के पैरोकार चाहेंगे कि लोगों के भीतर शिक्षा नामक एक आंतरिक योग्यता पैदा करने की गारंटी की जाए। अमर्त्य सेन चाहते हैं कि विषमता का विश्लेषण करते समय मानवीय विविधता का पूरी बारीकी से ध्यान रखा जाना चाहिए। यह विविधता आंतरिक (उम्र, जेंडर, प्रतिभाएँ, स्वास्थ्य आदि) भी होती है और बाह्य (सम्पत्ति का स्वामित्व, सामाजिक पृष्ठभूमि, पर्यावरण स्थितियाँ आदि) भी। मसलन, वैसे तो हर स्त्री जेंडर संबंधी भेदभाव की शिकार होती है, पर दलित स्त्री और ऊँची जाति की स्त्री की परिस्थितियाँ एकदम अलग-अलग हो सकती हैं। इसी तरह दिल्ली की एक दलित

अमर्त्य कुमार सेन (1933-)

स्त्री और राजस्थान या हरियाणा की किसी सवर्ण विधवा की जीवन-स्थितियों के बीच फ़र्क़ का ध्यान रखा जाना चाहिए। सामाजिक नीतियाँ अगर इन अंतरों का ख़याल करके बनायी जाएँगी तो क्षमताओं की समता अधिक बेहतर ढंग से प्राप्त की जा सकेगी। अमर्त्य सेन मानते हैं कि आर्थिक वृद्धि और विकास एक साथ भी क़दम बढ़ाते हैं, पर ऐसा हमेशा हो यह ज़रूरी नहीं होता। चीन, श्रीलंका और कोस्टारिका के उदाहरण देते हुए उन्होंने बताया कि इन देशों में आर्थिक वृद्धि के आँकड़े बेहतर नहीं हैं, पर सही नीतियों के ज़रिये व्यक्ति की क्षमताओं का विकास कहीं बेहतर हुआ है। इसलिए विकासशील देशों को मानवीय क्षमताओं और सम्भावनाओं के विकास पर ज़्यादा ज़ोर देना चाहिए। उत्पादन और आमदनी के स्तर में वृद्धि से ज़्यादा महत्त्वपूर्ण है बढ़ती हुई साक्षरता दर और औसत आयु में बढ़ोतरी।

अकाल और भूख पर सेन द्वारा किये गये अध्ययनों से अर्थशास्त्रियों को इन समस्याओं के असली कारणों को समझने में मदद मिली है। 1981 में प्रकाशित अपनी रचना *पॉवर्टी ऐंड फ़ेमिन* में उन्होंने दिखाया कि लोकतांत्रिक व्यवस्थाओं में अकाल नहीं पड़ते। ज्याँ ड्रेज़ के साथ किया गया उनका अध्ययन कहता है कि भारत में 1943 के बाद से कोई अकाल नहीं पड़ा, लेकिन 1958 से 1961 के बीच चीन में एक ऐसा अकाल पड़ा जिसमें डेढ़ से तीन करोड़ लोगों की जान चली गयी, हालाँकि भारत के मुक़ाबले चीन ने भुखमरी को ज़्यादा नियंत्रित किया है। सेन के इस हस्तक्षेप से पहले विकासवादी अर्थशास्त्री मानते थे कि खाद्यान्न की कम उपज होने के कारण ही अकाल पड़ते हैं। सेन ने बताया कि खाद्यान्न की सप्लाई से ज़्यादा महत्त्वपूर्ण वितरण का प्रश्न है। देश के एक हिस्से में लोगों की क्रय क्षमता अधिक होने के कारण खाद्य की अधिक माँग हो सकती है, और दूसरे हिस्से में उसकी आपूर्ति अपर्याप्त

रह सकती है। यह स्थिति एक हिस्से में उसकी बहुतायत और दूसरे में अकाल पैदा कर सकती है।

देखें : अर्थ-विज्ञान का समाजशास्त्र, आर्थिक जनसांख्यिकी, अल्फ्रेड मार्शल, अंतर्राष्ट्रीय मुद्रा कोष, आधार और अधिरचना, ऑस्कर रायज़ार्ड लांगे, ऐडम स्मिथ, करारोपण, कल्याणकारी अर्थशास्त्र, क्लासिकल अर्थशास्त्र, कार्ल हाइनरिख़ मार्क्स-3, कार्ल मेंगर, कींसियन अर्थशास्त्र, गुन्नार मिर्डाल, जोआन रोबिंसन, जान कैनेथ गालब्रेथ, जान मेनार्ड कींस, जान स्टुअर्ट मिल, जोसेफ़ शुमपीटर, जैव विविधता, ट्रस्टीशिप, डेविड रिकार्डो, ढाँचागत समायोजन कार्यक्रम, थॉमस मन और वणिकवाद, थॉमस रॉबर्ट माल्थस, दक्षता, धन, नियोक्लासिकल अर्थशास्त्र, नीतिशास्त्र और अर्थशास्त्र, निकोलस काल्दोर, नियोजन, नियोजन : मार्क्सवादी विमर्श, पण्य, पण्य-पूजा, पेटेंट, पॉल सेमुअलसन, पियरो स्राफ़ा, पूँजी, प्रतियोगिता, फ्रांस्वा केस्ने और प्रकृतिवाद, फ्रेड्रिख़ वॉन हायक, बहुराष्ट्रीय निगम, बाज़ार, बाज़ार की विफलताएँ, बाज़ार-समाजवाद, बौद्धिक सम्पदा अधिकार, ब्रेटन वुड्स प्रणाली, भारत में बहुराष्ट्रीय निगम, भारत में नियोजन, भारत में पेटेंट क़ानून, भारत में शेयर संस्कृति, भूमण्डलीकरण और पूँजी बाज़ार, भूमण्डलीकरण और वित्तीय पूँजी, भूमण्डलीकरण और वित्तीय उपकरण, मार्क्सवादी अर्थशास्त्र, मिल्टन फ्रीडमेन, मूल्य, राजकोषीय नीति और मौद्रिक नीति, रॉबर्ट ओवेन, विलफ्रेडो परेटो, विश्व व्यापार संगठन, विश्व बैंक, विलियम पेटी, विलियम स्टेनली जेवंस, वैकासिक अर्थशास्त्र, शोषण, साइमन कुज़्नेत्स।

संदर्भ

1. आरजो क्लैमर (1989), 'अ कनवरज़ेशन विद् अमर्त्य सेन', *जर्नल ऑफ़ इकॉनॉमिक पर्सपेक्टिव्ज़*, खण्ड 3, अंक 1.
2. मिशेल मैकफ़र्सन, 'अमर्त्य सेन', वारेन जे. सेमुअल्स (सम्पा.), *न्यू हॉरीज़ंस इन इकॉनॉमिक थॉट : एप्रेज़ल्स ऑफ़ लीडिंग इकॉनॉमिस्ट्स*, एडवर्ड एल्गर, हांट्स, इंग्लैण्ड.
3. लुई पटरमैन (1992), 'अमर्त्य सेन (बॉर्न 1933)', अरेस्टिस और सॉयर (सम्पा.), *बॉयोग्राफ़िकल डिक्शनरी ऑफ़ डिसेंटिंग इकॉनॉमिस्ट्स*, एडवर्ड एल्गर, हांट्स, इंग्लैण्ड.

—अभय कुमार दुबे

अमेरिकीकरण

(Americanisation)

अमेरिकीकरण के विचार का प्रचलित अर्थ अमेरिकी मीडिया कम्पनियों के विश्व-प्रभुत्व की आलोचना की देन है। मोटे तौर पर इसे संस्कृति-उद्योग और सांस्कृतिक साम्राज्यवाद के परस्परव्यापी तात्पर्य या पर्याय की तरह भी देखा जाता है। लेकिन ऐसे भी कुछ पहलू हैं जो अमेरिकीकरण को इन दोनों से अलग करते हैं। इनमें प्रमुख है अमेरिकीकरण की अभिव्यक्ति का युरोपीय संस्कृतियों द्वारा प्रयोग। पश्चिमी युरोप के अमीर देश वैसे तो राजनीति, अर्थनीति और समरनीति में अमेरिका के अभिन्न सहयोगी हैं, पर संस्कृति के संदर्भ में वे इसके ज़रिये संयुक्त राज्य अमेरिका की संस्कृति के प्रसारवादी चरित्र पर आपत्ति करते हैं। इस लिहाज़ से अमेरिकीकरण पूँजीवादी सांस्कृतिक शिविर के अंतर्विरोधों का परिचायक भी है। फ्रांस, जर्मनी और इटली जैसे जी-सात देशों की मान्यता है कि अमेरिकी विचारधारा, जीवन-शैली और प्रवृत्तियाँ टेलिविज़न कार्यक्रमों, हॉलीवुड की फ़िल्मों, पॉप म्यूज़िक और खान-पान के माध्यम से उनके अपने सांस्कृतिक मूल्यों और परम्पराओं को पृष्ठभूमि में धकेले दे रही हैं। मसलन, इतालवी आलोचक यह देख कर चिंतित हैं कि उनकी जनता पास्ता की जगह हैमबर्गर और ऑपेरा की जगह माइकल जैक्सन सरीखी संगीत-नृत्य परम्परा को उत्तरोत्तर अपनाती जा रही है। इसी तरह अपनी भाषा को सबसे श्रेष्ठ मानने की ख़ुराक पर पले फ्रांसीसियों और जर्मनों को यह देख कर सांस्कृतिक अंदेशे सताने लगे हैं कि अमेरिकी रुतबे के कारण अंग्रेज़ी का बौद्धिक और सांस्कृतिक प्रभाव बढ़ता जा रहा है। अमेरिकीकरण का यही अर्थ धीरे-धीरे एशियाई संस्कृतियों के पैरोकारों द्वारा भी भूमण्डलीकरण की आलोचना के एक अहम मुहावरे की तरह अपनाया जाने लगा है। भूमण्डलीकरण के आलोचकों के बीच कोकाकोलाइज़ेशन या मैकडनलाइज़ेशन जैसे मुहावरों का अक्सर इस्तेमाल होता है।

अमेरिकी संस्कृति के संक्रामक चरित्र के प्रति अंदेशे भूमण्डलीकरण की विश्वव्यापी प्रक्रिया शुरू होने के काफ़ी पहले से व्यक्त किये जा रहे हैं। मज़दूर वर्ग की संस्कृति के दृष्टिकोण से ब्रिटिश समाजशास्त्री और बरमिंघम सेंटर फ़ॉर द कल्चरल स्टडीज़ के संस्थापक रिचर्ड होगार्ट की 1957 में प्रकाशित रचना द *यूज़िज़ ऑफ़ लिटरेसी* ने अमेरिकीकरण की विस्तृत आलोचना पेश की थी। होगार्ट ने अमेरिकी और ब्रिटिश लोकप्रिय उपन्यासों की तुलना करते हुए आरोप लगाया था कि अमेरिकी उपन्यासों में सेक्स और हिंसा का संदर्भच्युत इस्तेमाल किया जाता है। पचास के दशक के ब्रिटिश 'मिल्क बारों' के विश्लेषण के ज़रिये होगार्ट ने अंग्रेज़ युवकों पर अमेरिका के असर की शिनाख़्त करते हुए दिखाया कि उनके बीच अमेरिकी शैली में 'मॉडर्न' और 'कूल' होना किस तरह तरह प्रचलित होता चला गया। होगार्ट को इस बात में कोई संदेह नहीं था कि अमेरिका से आ रही ये सांस्कृतिक हवाएँ 'जीवन-विरोधी' हैं। यह एक दिलचस्प तथ्य है कि अमेरिकीकरण की जिस प्रक्रिया पर युरोपीय देश आज आपत्ति कर रहे हैं, उसने अपना आधार द्वितीय विश्व-युद्ध के बाद और शीत-युद्ध के दौरान प्राप्त किया था। एक तरह से यह अमेरिकीकरण विश्व-युद्ध से जर्जर हो चुके युरोप की ज़रूरत था। यही वह दौर था जब अमेरिकी बिजनेस मॉडल ने युरोप

अमेरिकीकरण का एक नाम कोकाकोलाइज़ेशन भी है.

के स्थानीय व्यापारिक प्रारूपों को अपनी सफलता के कारण पीछे धकेल दिया। व्यवसाय प्रबंधन के लिए एमबीए की डिग्री मुख्यत:पहले केवल अमेरिका में दी जाती थी, लेकिन आज यह डिग्री युरोप समेत दुनिया भर में कुशल व्यवसाय-प्रबंधन का पर्याय मानी जाती है।

अमेरिका द्वारा प्रवर्तित 'दक्षता आंदोलन' युरोपीय देशों की आर्थिक और बौद्धिक संस्कृति (जिसमें उद्योगपति, सामाजिक जनवादी, इंजीनियर, वास्तुशिल्पी, शिक्षाविद्, अकादमीशियन, मध्यवर्ग, नारीवादी और सामाजिक कार्यकर्ता भी शामिल हैं) द्वारा कम से कम साठ-सत्तर साल पहले ही आत्मसात कर लिया गया था। इस आंदोलन के तहत हुए सुसंगतीकरण के दौरान युरोप में न केवल मशीनों और कारख़ानों के माध्यम से बढ़ी हुई उत्पादकता हासिल की गयी, बल्कि इससे मध्यवर्गीय और मज़दूरवर्गीय जनता के जीवन-स्तर में भी काफ़ी सुधार आया। इस आंदोलन को जर्मनी में नाज़ियों और युरोप के अन्य हिस्सों में कम्युनिस्टों द्वारा आक्रमण का निशाना बनाया गया, लेकिन उसकी सामाजिक स्वीकृति एक असंदिग्ध तथ्य बन चुकी है।

अमेरिका से व्यापारिक संस्कृति का प्रवाह किस तरह एकतरफ़ा रहा है, यह निवेश के आँकड़ों से स्पष्ट हो सकता है। 1950 से 1965 के बीच युरोप में अमेरिकी निवेश आठ सौ फ़ीसदी बढ़ा, जबकि इसी दौरान युरोप का अमेरिका में निवेश केवल 15 से 28 फ़ीसदी तक ही बढ़ सका। अमेरिकी निवेश में हुई ज़बरदस्त वृद्धि के पीछे अमेरिकी प्रौद्योगिकीय श्रेष्ठता की भूमिका भी रही है। शीत-युद्ध की समाप्ति के बाद अब पश्चिमी युरोप को सोवियत ख़ेमे की तरफ़ से किसी क़िस्म का फ़ौजी ख़तरा नहीं रह गया है। अर्थात् अपने रक्षक के रूप में अब उसे अमेरिका की ज़रूरत पहले की तरह नहीं है। युरोपीय संघ की रचना भी हो चुकी है, और युरोप एकीकृत आर्थिक संरचना के रूप में अमेरिका से होड़ कर रहा है। इस नयी स्थिति के परिणामस्वरूप आज अमेरिकी निवेश, अमेरिकी विज्ञापनों, व्यापारिक तौर-तरीक़ों, कर्मचारी संबंधी नीतियों और अमेरिकी कम्पनियों द्वारा अंग्रेज़ी भाषा के इस्तेमाल पर आपत्तियाँ होने लगी हैं। इसकी शुरुआत फ्रांस से हुई थी जिसका प्रसार अब ग़ैर-अंग्रेज़ी भाषी युरोप में हो चुका है। युरोपीय आलोचकों को यह देख-सुन कर काफ़ी उलझन होती है कि अमेरिका ख़ुद को युरोपीय समाजों के राजनीतिक अभिजनवाद के मुक़ाबले कहीं अधिक लोकतांत्रिक, वर्गेतर और आधुनिक संस्कृति के रूप में पेश करता है। इसके जवाब में इन आलोचकों का दावा है कि अमेरिकी प्रभाव राजनीतिक और सांस्कृतिक दायरों में युरोपीय समाजों की अभिरुचियों को भ्रष्ट कर रहा है।

लेकिन, अमेरिकीकरण का मतलब हमेशा से ही नकारात्मक नहीं था। इसके सकारात्मक पहलुओं की शिनाख़्त बीसवीं सदी के पहले दशक से की जा सकती है। 1907 से ही अमेरिका के भीतर इसका हवाला दुनिया की दूसरी संस्कृतियों से वहाँ रहने आये समुदायों द्वारा अमेरिकी रीति-रिवाज़ों और प्रवृत्तियों को अपनाने की प्रक्रिया के रूप में दिया जाता रहा है। इस सिलसिले को 'मेल्टिंग पॉट' की परिघटना के तौर पर भी देखा जाता है। 1893 में इतिहासकार फ्रेड्रिक जैक्सन टर्नर ने एक लेख के ज़रिये पहली बार इस अवधारणा का प्रयोग यह दिखाने के लिए किया कि अमेरिकी संस्कृति और अन्य संस्थाएँ केवल एंग्लो-सेक्सन लोगों की देन नहीं हैं। उन्हें रचने में युरोप से अमेरिका में बसने आयी तरह-तरह की संस्कृतियों का योगदान है। इसके बाद धीरे-धीरे मेल्टिंग पॉट का मुहावरा सांस्कृतिक आत्मसातीकरण के पर्याय के तौर पर लोकप्रिय होता चला गया।

यहाँ यह उल्लेख करना आवश्यक है कि बौद्धिक क्षेत्रों में भी अमेरिकी संस्कृति के प्रभावों को सभी पक्षों द्वारा नकारात्मक दृष्टि से नहीं देखा जाता। संस्कृति-अध्ययन के क्षेत्र में सक्रिय कुछ विद्वानों का ख़याल है कि बाज़ारू संस्कृति को नीची निगाह से देखने के बजाय साधारण जनों द्वारा उसे आत्मसात करने के यथार्थ की सकारात्मक समीक्षा की जानी चाहिए। इनका दावा है कि अमेरिकी सांस्कृतिक उत्पादों से जन-मानस की मुठभेड़ एकांगी नहीं बल्कि विभेदीकृत और विविधतामूलक है। हेबडिगी ने अपनी 1979 में प्रकाशित रचना

में दिखाया है कि किस तरह ब्रिटिश मज़दूरवर्गीय युवकों ने अमेरिकी फ़ैशन और म्यूज़िक की मदद से अपनी अपेक्षाकृत शक्तिहीन और अधीनस्थ वर्गीय हैसियत में प्रतिरोध का समावेश किया है। अमेरिका ब्रिटिश युवकों के लिए एक आधुनिक, उन्मुक्त और रोमानी संस्कृति का आकर्षक नज़ारा पेश करता है, जिसके बरक्स शास्त्रीय युरोपीय संगीत और 'अच्छी' किताबों वाली पारम्परिक ब्रिटिश संस्कृति उन्हें ख़ारिज करने लायक लगती है।

संस्कृति-अध्ययन से निकले इस तरह के विद्वानों ने 'डलास' और 'डायनेस्टी' जैसे अमेरिकी टीवी सीरियलों का विश्लेषण करके पाया कि उन्हें देखते हुए लोग जिन निष्कर्षों पर पहुँचते हैं उन पर स्थानीय परिवेश का गहरा असर होता है। मसलन, 'डलास' देखने वाला अरब दर्शक उसे पश्चिमी पतनशीलता के उदाहरण के रूप में ग्रहण करता है, जबकि एक रूसी यहूदी उसे पूँजीवाद की आत्मालोचना मान कर चलता है। इन विद्वानों के अनुसार अमेरिका को एक प्रभुत्वशाली शक्ति मानने का मतलब यह नहीं है कि उसे दुनिया की सांस्कृतिक अस्मिता के ऊपर अपना अंतिम फ़ैसला थोपने वाली ताक़त भी मान लिया जाए। ये लोग सांस्कृतिक प्रवाहों को एकतरफ़ा नहीं मानते, बल्कि अमेरिकी हवाओं के मुक़ाबले भारत के बॉलीवुडीय मनोरंजन, लातीनी अमेरिका के 'टेलिनॉवेल' और जापानी टीवी उत्पादों का ज़िक्र करते हैं। इन विद्वानों ने यह तर्क भी दिया है कि सेटेलाइट लाइसेंसों के सस्ती दर पर उपलब्ध होने से टीवी कार्यक्रम बनाने की अंतर्निहित राजनीति में काफ़ी विविधता आयी है। पहले खाड़ी युद्ध के समय मीडिया जगत में 'गल्फ़ वार टीवी प्रोजेक्ट' ने सफलतापूर्वक युद्धविरोधी झंडा बुलंद किया था। हालाँकि अमेरिकी मीडिया में ये प्रवृत्तियाँ अभी हाशिये पर ही हैं, पर उन्होंने मुख्यधारा के माध्यमों को चुनौती देने की शुरुआत कर दी है।

देखें : टीवी और टीवी अध्ययन, बाज़ारू संस्कृति, बहुसंस्कृतिवाद, युरोकेंद्रीयता, संस्कृति, संस्कृति-अध्ययन, संस्कृति : मार्क्सवादी परिप्रेक्ष्य, संस्कृति-उद्योग, सांस्कृतिक साम्राज्यवाद, सोप ओपेरा।

संदर्भ

1. एम.एम. गॉर्डन (1964), *एसिमिलेशन इन अमेरिकन लाइफ़ : द रोल ऑफ़ रेस, रिलीजन ऐंड नैशनल ऑरिजन,* ऑक्सफ़र्ड युनिवर्सिटी प्रेस, ऑक्सफ़र्ड.
2. जे. प्लेंडर (2003), *गोइंग ऑफ़ द रेल : ग्लोबल कैपिटल ऐंड क्राइसिस ऑफ़ लेजिटिमेसी,* वाइली, चिशेस्टर.
3. यू. हैनेर्ज़ (1992), *कल्चरल कॉम्प्लेक्सिटी,* कोलम्बिया युनिवर्सिटी प्रेस, न्यूयॉर्क.

—अभय कुमार दुबे

अमेरिकी क्रांति

(American Revolution)

अठारहवीं सदी के उत्तरार्ध में उत्तर अमेरिका स्थित ब्रिटेन के तेरह उपनिवेशों द्वारा अपनी आज़ादी के लिए किया गया सफल राजनीतिक और फ़ौजी संघर्ष विश्व-इतिहास में अमेरिकी क्रांति के नाम से दर्ज है। इसके परिणामस्वरूप न केवल संयुक्त राज्य अमेरिका की स्थापना हुई, बल्कि उपनिवेशवाद विरोधी भावना का सारी दुनिया में प्रसार हुआ। अपनी सीमाओं के बावजूद राजशाही विरोधी इस क्रांति ने गणतांत्रिक संस्थाओं की स्थापना की। युरोपीय ज्ञानोदय के वैचारिक आदर्शों पर आधारित इस घटनाक्रम ने 1789 की युगप्रवर्तक फ्रांसीसी क्रांति का रास्ता साफ़ किया। पूरे युरोप में बदलाव की लहर चलने लगी और लातीनी अमेरिका के स्वतंत्रता आंदोलन को प्रेरणा प्राप्त हुई।

सत्रहवीं सदी की वैचारिक और राजनीतिक उथल-पुथल (जैसे, ग्लोरियस रेवोल्यूशन और ज्ञानोदय में स्काटलैण्ड और इंग्लैण्ड के विद्वानों की प्रमुख भागीदारी) के बावजूद अठारहवीं सदी के मध्य में ब्रिटिश समाज सामंती ऊँच-नीच के बंधनों में जकड़ा हुआ था। इसके विपरीत अटलांटिक के दूसरी तरफ़ उसी के उपनिवेशों में प्राधिकार विरोधी और व्यक्तिवाद को प्रोत्साहन देने वाली प्रवृत्तियाँ विकसित हो रही थीं। इसमें प्यूरिटनिज़्म, कुलीन वर्ग की ग़ैरमौजूदगी और अपेक्षाकृत आसानी से हासिल हो सकने वाले ज़मीन के मालिकाने की प्रमुख भूमिका थी। इन्हीं कारणों से अमेरिका की धरती सामाजिक गतिशीलता की उस परिघटना से दो-चार हो रही थी जिसके बारे में तत्कालीन युरोप सोच भी नहीं सकता था। शुरू में जिस चार्टर के आधार पर वहाँ उपनिवेश स्थापित किये गये थे उसके अनुसार ब्रिटिश प्रशासकों ने अमेरिका में बसने वाले अंग्रेज़ों को अपने मामलों का बंदोबस्त ख़ुद करने के लिए काफ़ी छूट दी। सदी के मध्य तक बहुत बड़ी संख्या में श्वेत वयस्क पुरुषों को वोट का अधिकार भी मिल चुका था। प्रेस की आज़ादी और धार्मिक स्वतंत्रता भी थी। इस प्रक्रिया में ये उपनिवेश मानस के स्तर पर अपने मातृ-देश से अलग होते चले गये। जो कभी अंग्रेज़ थे, इस समय तक ख़ुद को अमेरिकी के रूप में देखने लगे।

विद्रोह के हालात तब बनने शुरू हुए जब 1756 से 63 के बीच ब्रिटेन और फ्रांस के बीच सात वर्षीय युद्ध ख़त्म हुआ। ब्रिटिश राजनेताओं के सामने समस्या यह थी कि वे युद्ध के कारण जमा हो गये कर्ज़े के बोझ को कैसे उतारें, अपनी पश्चिमी सीमाओं की रक्षा कैसे करें और अमेरिकी उपनिवेशों के मूल निवासी इण्डियनों के साथ चलने वाले युद्ध

1776 में पाँच सदस्यीय कमेटी ने अमेरिकी स्वतंत्रता की घोषणा का मसविदा तैयार करके फ़िलाडेल्फ़िया में हुई दूसरी कांटिनेंटल कांग्रेस के सामने पेश किया. चित्र : जॉन टर्नबुल

के लिए संसाधनों का जुगाड़ कैसे करें। इन्हीं लक्ष्यों की पूर्ति के लिए ब्रिटेन ने नयी राजस्व नीति (1794 का सुगर एक्ट) बनायी जिसके परिणामस्वरूप अमेरिकी उपनिवेशों पर कई नये (जैसे, 1765 का स्टाम्प एक्ट और 1767 का टाउनशेंड एक्ट) कर थोप दिये गये। अमेरिकनों ने इस नीति का डट कर विरोध किया। उनका कहना था कि यह सुशासन के स्थापित नियमों के ख़िलाफ़ है, क्योंकि आज़ाद लोगों पर बिना उनकी मर्ज़ी या उनके प्रतिनिधियों की सहमति के बिना टैक्स नहीं लगाये जा सकते (अमेरिकनों का तर्क था कि ब्रिटिश संसद में उनका प्रतिनिधित्व नहीं है, जबकि ब्रिटेन का कहना था हाउस ऑफ़ कामंस में उनका 'वर्चुअल रिप्रेज़ेंटेशन' है)। उपनिवेशों ने टैक्स देने से इनकार कर दिया, विरोधस्वरूप रैलियाँ होने लगीं, अमेरिकी अख़बार विरोध की आवाज़ उठाने लगे और आर्थिक बहिष्कार शुरू हो गया।

शुरू में उपनिवेशों के पास संयुक्त प्रतिरोध की कोई योजना नहीं थी, पर 1774 में ब्रिटिश फ़ौजी न्यायाधिकार के तहत आने वाले बोस्टन के समर्थन में पहली कांटीनेंटल कांग्रेस हुई जिसने जीवन, स्वाधीनता और सम्पत्ति के अधिकारों का प्रश्न उठाया। इस तरह उपनिवेशों में रहने वाले अंग्रेज़ों के जायज़ अधिकारों पर ज़ोर देने से शुरू इस आंदोलन के केंद्र में धीरे-धीरे ज्ञानोदय द्वारा प्रवर्तित मनुष्य के अधिकारों की अवधारणा आ गयी। राजनीतिक और सामाजिक सुधारों की ऐसी माँगें होने लगीं जिनके लिए अमेरिकी अनुदारपंथी तैयार नहीं थे। लेकिन, उदारतावादियों और रैडिकलों के बहुमत के सामने उनकी नहीं चली। अप्रैल, 1775 में ब्रिटेन के ख़िलाफ़ सशस्त्र संघर्ष शुरू हुआ जिसे चलाने के लिए सभी उपनिवेशों ने एक राष्ट्र, एक फ़ौज, एक केंद्रीय विधायिका, एक कार्यपालिका और विदेश विभाग की स्थापना की। 1776 में स्वतंत्रता की औपचारिक घोषणा के ज़रिये उपनिवेशों ने ब्रिटेन से अपना नाता तोड़ दिया। ब्रिटेन से युद्ध में पराजित हो चुके फ्रांस और स्पेन ने भी ख़ुफ़िया तौर पर हथियारों, गोला-बारूद और अन्य आपूर्ति के ज़रिये क्रांतिकारियों का साथ देने का निर्णय किया। जॉर्ज वाशिंगटन के नेतृत्व में चले स्वतंत्रता युद्ध में पराजित होने के बाद 1783 की पेरिस संधि के जरिए ग्रेट ब्रिटेन को मजबूरन नये राष्ट्र को स्वीकार करना पड़ा। ब्रिटिश उपनिवेश प्रणाली में पड़ने वाली यह पहली दरार थी।

हालाँकि अमेरिकी क्रांति के कारणों में सम्पत्ति के अधिकारों के प्रश्न बहुत अहम था, पर आर्थिक न हो कर यह मुख्यत: एक राजनीतिक क्रांति थी जिसके मर्म में लोकतांत्रिक शासन का आग्रह विद्यमान था। इसके शीर्ष पर सेमुअल एडम्स, पैट्रिक हेनरी, जॉर्ज वाशिंगटन, थॉमस पेन, बेंजामिन फ्रेंकलिन, जॉन एडम्स, थॉमस जेफ़र्सन, जेम्स मेडिसन और एलेक्ज़ेंडर हेमिल्टन जैसी हस्तियाँ थीं, जिनके लिए गणतंत्रवादी आदर्श सर्वोपरि थे। 1776 में क्रांति की शुरुआत में प्रकाशित होते ही

बेहद लोकप्रिय होने वाली थॉमस पेन की कृति *कॉमन सेंस* में इन्हीं आदर्शों पर ज़ोर दिया गया था। प्यूरिटन, संघवादी, बैप्टिस्ट और प्रेसबिटेरियन ईसाई सम्प्रदायों ने भी क्रांति के पक्ष में प्रचार किया। धर्म, दर्शन और राजनीति की मिली-जुली शिक्षाओं ने क्रांति के विचार को ग़रीबों, अमीरों, स्त्रियों, पुरुषों, देहातों, शहरों, किसानों और व्यापारियों में समान रूप से लोकप्रिय कर दिया। क्रांतिकारी युद्ध ने जीवन के हर क्षेत्र को प्रभावित किया। युद्ध के बाद सभी राज्यों में लिखित संविधानों के ज़रिये नागरिक अधिकारों की गारंटी की गयी, चर्च और राज्य में पार्थक्य स्थापित किया गया, जनमत संग्रह की पद्धति और संवैधानिक उपायों के ज़रिये सत्ता पर जनता के अधिक नियंत्रण का बंदोबस्त किया गया। मतदान का अधिकार अधिक विस्तृत हुआ और कार्यपालिका को विधायिका का नियंत्रण स्वीकार करना पड़ा।

अपनी इन तमाम खूबियों के बावजूद अमेरिकी क्रांति ने घरेलू मोर्चे पर रैडिकल परिवर्तन अंजाम नहीं दिया। तत्कालीन आर्थिक और सामाजिक संरचनाओं को नये सिरे रचने की कोई कोशिश नहीं की गयी। इस लिहाज़ से उसके फ़ौरन बाद हुई फ्रांसीसी क्रांति और बीसवीं सदी की शुरुआत में हुई रूसी क्रांति कहीं अधिक रैडिकल थी। क्रांतिकारी युद्ध के बाद भी राजनीतिक और आर्थिक सत्ता उन्हीं हाथों में रही जिनके पास पहले थी। अमेरिका के मूल निवासियों के बड़े हिस्से ने तो क्रांति में भाग लेने के बजाय ब्रिटेन का साथ दिया था। अफ्रीकी-अमेरिकनों (अश्वेतों) ने क्रांतिकारी दावेदारियों में आज़ादी और बराबरी की भावना देख कर ब्रिटेन के ख़िलाफ़ युद्ध में भाग लिया, पर उनकी उम्मीदें पूरी नहीं हुईं। 1777 में उत्तरी हिस्से में दासता धीरे-धीरे ख़त्म की गयी, पर दक्षिणी हिस्से में दास प्रथा पर आधारित कपास की खेती में वृद्धि होती चली गयी।

देखें : क्रांति : मार्क्सवादी विमर्श, क्यूबा की क्रांति, चीन की कम्युनिस्ट क्रांति, थॉमस पेन, दास प्रथा, फ्रांसीसी क्रांति, बोल्शेविक क्रांति, युरोपीय पुनर्जागरण, युरोपीय ज्ञानोदय, सन् 1857 का संग्राम-1, 2, 3 और 4.

संदर्भ

1. ई.पी. डगलस (1955), *रिबेल्स ऐंड डेमॉक्रैट्स : द स्ट्रगल फ़ॉर ईक्वल पॉलिटिकल राइट्स ऐंड मैजोरिटी रूल ड्यूरिंग द अमेरिकन रेवोल्यूशन*, क्वाड्रेंगल पेपरबैक्स, शिकागो.
2. आई. बार्न्स (2000), *द हिस्टोरिकल एटलस ऑफ़ द अमेरिकन रेवोल्यूशन*, रॉटलेज, न्यूयॉर्क.
3. ई. कंट्रीमेन (1981), *अ पीपुल इन रेवोल्यूशन : द अमेरिकन रेवोल्यूशन ऐंड पॉलिटिकल सोसाइटी इन न्यूयॉर्क, 1760-1790*, जॉन हॉपकिंस युनिवर्सिटी प्रेस, बाल्टीमोर.

—अभय कुमार दुबे

अरस्तू

(Aristotle)

प्राचीन यूनान के महान चिंतक अरस्तू (384-322 ईसा पूर्व) पहले दार्शनिक थे जिन्होंने राजनीतिक जीवन की स्वाभाविकता और उपयुक्तता को अपनी अवधारणाओं का आधार बना कर घोषित किया कि मनुष्य प्राकृतिक रूप से एक राजनीतिक प्राणी है। अपने गुरु अफ़लातून (प्लेटो) से आगे जाते हुए अरस्तू ने कहा कि राज्य यानी *पोलिस* ही एकमात्र ऐसी व्यवस्था है जिसमें रह कर मनुष्य अपनी प्रकृति के अनुकूल जीवन उपलब्ध कर सकता है। अफ़लातून और अरस्तू का सम्मिलित योगदान भविष्य के राजनीतिशास्त्र की नींव डालने वाला साबित हुआ। अफ़लातून अगर आदर्श राज्य की कल्पना करते हैं तो अरस्तू वैज्ञानिक दृष्टिकोण अपनाते हुए उन तमाम प्रविधियों और तौर-तरीक़ों का तकनीकी विश्लेषण करते हैं जिनके ज़रिये राज्य को संगठित किया जा सकता है। अरस्तू विविध रुचियों और विद्वत्ताओं से सम्पन्न एक धुरंधर लेखक थे। उन्होंने राजनीति ही नहीं बल्कि भौतिकशास्त्र, तत्त्वचिंतन, तर्कशास्त्र, मनोविज्ञान, सौंदर्यशास्त्र और नीतिशास्त्र के क्षेत्र में भी प्रभावशाली रचनाएँ कीं। उनके राजनीति, राज्य और नीति संबंधी विचारों का सर्वश्रेष्ठ प्रतिनिधित्व उनकी विश्वविख्यात कृतियों *पॉलिटिक्स* और *निकोमेकियन इथिक्स* (निकोमेकस अरस्तू के बेटे का नाम था) में होता है।

अरस्तू ने अपने अध्ययन की शुरुआत जीवविज्ञान से की और उसी के आधार पर अपना बुनियादी दृष्टिकोण बनाया। विज्ञान को उन्होंने तीन मुख्य श्रेणियों में बाँटा : सैद्धांतिक, उत्पादक और व्यावहारिक। नीतिशास्त्र और राजनीतिशास्त्र उनकी निगाह में व्यावहारिक विज्ञान थे। उन्होंने दुनिया को प्रयोजनमूलक दृष्टि से देख कर दावा किया कि ब्रह्मांड में हर बात का एक विशिष्ट प्रयोजन होता है। अर्थात् कोई चीज़ तभी उत्तम मानी जा सकती है जब वह अपना *टेलोस* यानी प्रयोजन सफलतापूर्वक पूरा कर ले। मनुष्य का टेलोस है *इयुडाइमीनिया* हासिल करना। अरस्तू के लिए *इयुडाइमीनिया* अपने शाब्दिक अर्थ 'सुख' से परे जाता है। उनके सुख की मंज़िल है आजीवन नैतिक स्वास्थ्य और उसे हासिल करने के लिए निरंतर सक्रियता। इसके ज़रिये मनुष्य अपनी ख़ास *डायनामिस* यानी वह क्षमता उपलब्ध करेगा जिसे प्राप्त करना केवल उसी के बस की बात है। केवल जीवित रहने से यह नहीं हो सकता, क्योंकि वनस्पतियाँ और अन्य प्राणी भी जीवित होते हैं। मनुष्य की ख़ास बात यह है कि उसके पास बुद्धि है जिसका प्रयोग करना वह जानता है, क्योंकि केवल बुद्धि होना काफ़ी नहीं है। अरस्तू की निगाह में केवल जानना ही काफ़ी नहीं है, बल्कि जानने को बेहतर तरीक़े से अंजाम

अरस्तू (348–322 ईसा पूर्व)

देना भी ज़रूरी है। मनुष्य तभी उत्तम बन सकता है जब वह बुद्धि को अच्छी तरह से सद्गुणों के मुताबिक़ प्रयुक्त कर सके। इस तरह अरस्तू प्रतिपादित करते हैं कि सद्गुणों के अनुसार बुद्धिसंगत गतिविधियाँ करके सुख की प्राप्ति करना ही वह प्रयोजन है जिसकी स्थापना प्रकृति ने मनुष्य में की है। वे सद्गुणों को दो अर्थों में समझते हैं : सामान्य नैतिक सद्गुणों और बौद्धिक सद्गुणों के संदर्भ में। बौद्धिक सद्गुणों में अरस्तू सैद्धांतिक प्रज्ञा की चर्चा करते हैं जो एक दार्शनिक गतिविधि है। भौतिक जगत की अनिश्चितताओं से सर्वथा मुक्त इस गतिविधि को अंजाम देते समय मनुष्य अनिवर्चनीय आनंद की प्राप्ति करते हुए पीड़ा या कामना से रहित हो कर चिरंतन अपरिवर्तनीय स्थिति में पहुँच सकता है। लेकिन, कोई भी व्यक्ति हमेशा इस तरह की परम उदात्त, अमूर्त और दैनंदिन जीवन से कटी हुई हालत में नहीं रह सकता। इसलिए उसे सुख की वह क़िस्म हासिल करनी होगी जिसका आजीवन एहसास किया जा सके। इसी जगह अरस्तू नैतिक सद्गुणों की आवश्यकता पर ज़ोर देते हैं जो अमूर्त बौद्धिकता में नहीं बल्कि रोज़मर्रा के उत्तम आचरण के ज़रिये हासिल हो सकती है। यह काम केवल राज्य और राजनीति के दायरे में हो सकता है जो एक स्वाभाविक संस्था है, सहज विकास का फल है और जिसमें परिवार व बस्ती जैसा सहज साहचर्य सम्भव है।

चूँकि नीतिशास्त्र की तरह राजनीति भी अरस्तू के लिए एक व्यावहारिक विज्ञान है इसलिए वे उसके अध्ययन का प्लेटो से भिन्न तथ्यगत और वर्गगत तरीक़ा अपनाते हैं। वे अपने छात्रों को राजनीतिक संरचनाओं और 158 संविधानों के इतिहास का अध्ययन करने का काम देते हैं। अरस्तू की रचना *पॉलिटिक्स* इसी वैचारिक परियोजना का परिणाम है। इसमें स्पार्टा, कार्थेज, क्रेट और एथेंस जैसे संविधानों की चर्चा है। इसमें अरस्तू प्लेटो समेत अन्य दार्शनिकों के काम की व्याख्या भी पेश करते हैं।

शासन के तीन प्रमुख तत्त्वों (विचारात्मक, कार्यपालिका संबंधी और विधि संबंधी) की चर्चा करते हुए वे कहते हैं कि नागरिक वही हो सकता है जो विचारात्मक और न्यायिक कामों में सक्रिय भागीदारी कर सके। इसके लिए उसे एक सीमा तक तर्क क्षमताओं, फ़ुरसत और शिक्षा से सम्पन्न होना होगा। यानी केवल स्वाधीन पैदा हुए, ग़ैर-दस्तकार पुरुष ही नागरिक बन सकते हैं। अरस्तू की मान्यता थी कि कुछ लोग केवल आदेश पालन करने लायक दास ही हो सकते हैं। वे स्वामी-दास संबंध को प्राकृतिक मानते थे। स्त्रियों के बारे में उनका कहना था कि वे भी दासों की तरह दूसरों के मार्गदर्शन में ख़ुश रहना चाहती हैं, हालाँकि उनमें बुद्धिगत क्षमताएँ होती हैं जिन्हें मनोभावों की अधीनता के कारण गौण हो जाना पड़ता है। दस्तकार और शारीरिक श्रम करने वालों के पास चूँकि फ़ुरसत का समय नहीं होता, इसलिए वे सक्रिय राजनीतिक भागीदारी करने लायक बौद्धिक विकास करने में अक्षम रहते हैं। अरस्तू *पोलिस* में बाहर से आये लोगों को भी राजनीतिक भागीदारी से वंचित करते हैं। इस तरह उनके राज्य में केवल थोड़े से लोगों को ही राजनीति में हिस्सा लेने का अधिकार रह जाता है।

पॉलिटिक्स के तीसरे और चौथे अध्याय में वर्गीकरण की पद्धति का सहारा ले कर अरस्तू संविधानों का अध्ययन पेश करते हैं। अरस्तू इन संविधानों की व्याख्या करते हुए बारीक़ियों में जाते हैं और अपने ही द्वारा उचित-अनुचित की परवाह किये बिना निष्पक्षता से विश्लेषण करते हैं। उनके सामने तकनीकी प्रश्न हैं स्थिरता और परिवर्तन के। वे उन तौर-तरीक़ों की तजवीज़ करते हैं जिनके सहारे बुरे या नाकारा संविधानों को भी कारगर और स्थिर बनाया जा सकता है। 'अल्पसंख्यता' और 'बहुसंख्यता' के बीच संतुलन क़ायम करने का सुझाव देते हुए वे कम से कम लोगों को बहिष्करण या अलगाव में डालने की तरकीब बताते हैं। यानी संविधान आधार के लिहाज़ से जितना व्यापक और उदार होगा, उतना ही स्थिर होगा। संविधान जितने 'शुद्ध' स्वरूप का आग्रह करेगा, उसके नतीजे लोगों के असंतोष में निकलेंगे। मसलन, अल्पतंत्र ग़रीबों और बहुसंख्यकों को नाराज़ करने के लिए अभिशप्त है, पर लोकतंत्र में अमीरों का असंतुष्ट होना लाज़मी है। इसीलिए अरस्तू सुझाव देते हैं कि अल्पतंत्रों को अधिसंख्य लोगों को सत्ता में हिस्सेदारी देने की कोशिश करनी चाहिए और लोकतंत्र को सम्पत्ति के पुनर्वितरण के बारे में संयमित रवैया अपनाते हुए अमीरों को

विभिन्न पदों पर बैठाना चाहिए। अरस्तू की निगाह में सबसे अच्छा संविधान वह है जिसमें राजसत्ता विशाल मध्यवर्ग पर आधारित होती है। मध्यवर्ग इतना अमीर नहीं होता कि लोगों में उसके ख़िलाफ़ नाराज़गी पैदा हो सके, पर वह इतना ग़रीब भी नहीं होता कि असंतुष्ट हो कर अमीरों से उनकी सम्पत्ति छीनने में जुट जाए। इसी जगह पर अरस्तू सिद्धांत के रूप में बीच के रास्ते के पैरोकार के रूप में उभरते हैं।

चूँकि अरस्तू राजनीति और नैतिकता में निकट का संबंध मानते हैं, इसलिए वे संविधान को एक नैतिक परिघटना के रूप में भी देखते हैं। अरस्तू के मुताबिक़ संविधान की नैतिक गुणवत्ता केवल उसके संगठन या उसकी स्थिरता में निहित नहीं होती, बल्कि वह उसमें इरादतन पैदा की जाती है। इसलिए संविधान की नैतिक योग्यता केवल कुछ ख़ास तरह के संविधानों में ही हो सकती है। उनकी निगाह में तीन तरह के संविधान (राजतंत्र, कुलीनतंत्र और 'पॉलिटी' यानी संयत जनतंत्र) उचित हैं; तीन अन्य तरह के संविधान (निरंकुशतंत्र, अल्पतंत्र और लोकतंत्र) अनुचित हैं।

अरस्तू का जन्म यूनान के स्टेगीरस नामक छोटे से नगर में हुआ था। उनके पिता मैसीडोनिया के राजा के दरबार में वैद्य थे। पिता की मृत्यु के बाद सत्रह साल की उम्र में वे एथेंस चले आये और प्लेटो की अकादमी में शिक्षा ग्रहण की और वहीं अध्यापन करने लगे। उन्हें उम्मीद थी कि प्लेटो की मृत्यु के बाद उन्हें ही अकादमी का मुखिया बनाया जाएगा, पर ऐसा न होने पर वे निराश हो कर यूनान के दूसरे नगरों में आसरा ढूँढ़ने निकल पड़े। तीन साल बाद उन्हें मैसीडोनिया के राजा फ़िलिप द्वितीय ने अपने बेटे सिकंदर (जो बाद में विश्व-विजेता बने) का शिक्षक नियुक्त किया। दो साल बाद वे फिर एथेंस लौट आये और अपना विद्यालय लाइसियस स्थापित किया। एथेंस में अरस्तू पर सिकंदर से संबंधों के कारण संदेह किया गया। ख़ुद को असुरक्षित मान कर (एथेंस में सुकरात को ईश्वर-विरोधी होने के फ़र्ज़ी आरोप में मृत्युदण्ड दिया जा चुका था) उन्होंने एथेंस छोड़ दिया जिसके कुछ महीने बाद ही अपनी माता की जन्मभूमि कैल्सियस में उनका देहांत हो गया। एथेंस छोड़ने का कारण बताते हुए अरस्तू ने व्यंग्य से कहा था कि वे एथेंसवासियों को दर्शन के ख़िलाफ़ एक और अपराध करने का मौक़ा नहीं देना चाहते थे।

राजनीतिशास्त्र में अरस्तू की वैचारिक विरासत की उपेक्षा करना असम्भव है। पोलीबियस और सिसेरो जैसे सिद्धांतशास्त्री उनसे बहुत प्रभावित थे। स्टोइकवादियों के ज़रिये उनकी कई प्रस्थापनाएँ ईसाई दर्शन में पहुँचीं। टामस एक्विना, दाँते, पाडुआ के मार्सिलियस, मैकियावेली, जाँ बोदाँ, रूसो और हीगेल ने अपने-अपने युगों में अपने-अपने तरीक़ों से अरस्तू की रचनाओं से बहुत कुछ सीखा। लेकिन, उनकी राज्य संबंधी धारणा को आलोचना का निशाना बनाया गया है। आलोचकों का कहना है कि उन्होंने राज्य को जिस तरह से एक परा-अस्तित्व के रूप में कल्पित किया है उससे वह सर्वसत्तावादी बन जाता है। उसके तहत रहने वाला व्यक्ति यानी नागरिक किसी स्वाधीन मूल्य से सम्पन्न न रह कर ख़ुद को पूरी तरह से राज्य के हवाले करने के लिए मजबूर है। इसी तरह स्त्रियों और दासों के बारे में उनके विचार *पॉलिटिक्स* के पहले अध्याय में व्यक्त उन विचारों के अंतर्विरोध में हैं जिनमें अरस्तू ने राज्य के विकास के परिवार की संस्था यानी घर के विकास (जो स्त्रियों और दासों के योगदान का फलितार्थ है) के साथ जोड़ा है।

देखें : अफ़लातून, *अर्थशास्त्र* और कौटिल्य, कार्ल हाइनरिख़ मार्क्स-1, 2, 3 और 4, ग्योर्ग विल्हेल्म फ्रेड्रिख़ हीगेल, ज्याँ-ज़ाक रूसो, चार्ल्स-लुई द सेकोंद मोंतेस्क्यू, निकोलो मैकियावेली, नीतिशास्त्र और अर्थशास्त्र, मार्सिलियस पाडुआ के, राज्य, सुकरात, संत थॉमस एक्विना।

संदर्भ

1. *राजनीतिक सिद्धांतों का इतिहास* (1985), अनु. बुद्धिप्रसाद भट्ट, खण्ड-1, प्रगति प्रकाशन, मास्को.
2. डब्ल्यू.एफ़.आर. हार्डी (1968), *अरिस्टोटल्स एथिकल थियरी,* ऑक्सफ़र्ड युनिवर्सिटी प्रेस, ऑक्सफ़र्ड.
3. एम. डेविस (1996), द *पॉलिटिक्स ऑफ़ फ़िलॉसफ़ी,* लैनहेम एमडी. राउमेन ऐंड लिटिलफ़ील्ड.
4. आर. क्राउट (1955), *अरिस्टोटल,* ऑक्सफ़र्ड युनिवर्सिटी प्रेस, ऑक्सफ़र्ड.
5. आर.जी. मुलगन (1977), *अरिस्टोटल्स पॉलिटिकल थियरी,* क्लैरेंडन प्रेस. ऑक्सफ़र्ड.

—अभय कुमार दुबे

अरविंद घोष

(Aurobindo Ghosh)

श्री अरविंद के नाम से विख्यात अरविंद घोष (1872-1950) विख्यात राष्ट्रवादी क्रांतिकारी, स्वतंत्रता सेनानी, कवि और योगी होने के साथ-साथ भारतीय आध्यात्मिक दर्शन के अन्यतम प्रतिनिधि थे। उन्होंने तत्त्वचिंतन और कॉस्मिक प्रज्ञा को मानवता के सामाजिक-आर्थिक अस्तित्व से जोड़ने का अनूठा प्रस्ताव किया। उनका आग्रह था कि आध्यात्मिक उन्नति अलगाव में होने के बजाय एक सामुदायिक प्रक्रिया है। राबर्ट मेकडरमॅट ने लिखा है कि श्री अरविंद में राजनीति और आध्यात्मिकता का, राजनीति और योग का एवं पश्चिमी और भारतीय मूल्यों का परिपक्व संश्लेषण करने की असाधारण क्षमता थी। स्वतंत्रता आंदोलन के सबसे लोकप्रिय नेताओं में

एक अरविंद अपनी राजनीतिक वक्तृता और पत्रकारिता के लिए भी विख्यात थे। 1905 से 1910 तक उन्होंने अंग्रेज़ों के ख़िलाफ़ सशस्त्र क्रांतिकारी आंदोलन संगठित करने में अगुआ भूमिका निभायी। हालाँकि वायसराय लॉर्ड मिण्टो ने उन्हें ब्रिटिश साम्राज्य के लिए सर्वाधिक ख़तरनाक व्यक्ति क़रार दिया था, लेकिन वैचारिक स्तर पर उनके राष्ट्रवाद में आक्रामकता या तिक्तता का स्पर्श नहीं था। वे अपने राष्ट्रवाद को 'मानवीय एकात्मकता के आदर्श' के रूप में देखते थे। अलीपुर बम काण्ड में गिरफ़्तार होने के बाद जेल की तन्हाई में उन्हें गहन आध्यात्मिक अनुभूतियाँ हुईं। मुक़द्दमे का फ़ैसला अपने पक्ष में होने के बाद अरविंद ने जेल से निकल कर अपने जीवन का दूसरा अध्याय शुरू किया। वे फ्रेंच उपनिवेश पांडिचेरी (अब पुडुचेरी) चले गये और वहाँ एक आश्रम की स्थापना करके अपना बाक़ी जीवन (1910-50) राजनीतिक और आध्यात्मिक सम्पूर्णता की खोज में गुज़ारा।

उल्लेखनीय है कि बीसवीं सदी के हिंदू-राष्ट्रवादी अरविंद के राजनीतिक विचारों को अपने लिए प्रेरणा का स्रोत बताते हैं। सम्भवत: इसके पीछे अरविंद द्वारा कही गयी वे बातें हैं जिनमें वे भारतीय राष्ट्रवाद की परिभाषा 'अपने रुझानों और परम्परा में अधिकांशत: हिंदू' के रूप में करते हैं। मुसलिम लीग के गठन पर प्रतिक्रिया करते हुए अरविंद ने यह सवाल भी उठाया था कि मुसलमान अपनी राजनीतिक दावेदारी कैसे पेश करेंगे? एक भाई की तरह मज़बूती से हिंदुओं का हाथ थाम कर या किसी प्रतिद्वंद्वी पहलवान की तरह अखाड़े में अपनी जकड़बंदी के ज़रिये?

लेकिन, अरविंद के विचार का यह मुख्य पहलू नहीं था। उन्होंने पश्चिमी उदारतावाद और दर्शन की समग्र आलोचना की और कहा कि मनुष्य को स्वायत्त मस्तिष्क के रूप में देखने का विचार यानी तर्क-बुद्धिवाद जीवन का मानक नहीं बन सकता। वे मनुष्य को एक स्वयंप्रेरित प्रणाली मानने के लिए तैयार नहीं थे। उपयोगितावाद के इस राजनीतिक दर्शन की सम्भावनाओं को उन्होंने अहमियत देने से इनकार कर दिया कि अधिकतम लोगों को ख़ुशी पहुँचा कर समाज का कल्याण किया जा सकता है। उनकी मान्यता थी कि मनुष्य होना अपने आप में अंतिम न हो कर एक संक्रमणशील अवस्था है। जगत का क्रम-विकास जारी है जिसके तहत मानव अगले चरण में अतिमानव के रूप में विकसित होगा। उनका विश्वास था कि ऐसा हो कर रहेगा, क्योंकि यही प्रकृति की अंतर्चेतना और प्रक्रियाओं का तर्क है। अरविंद कहते थे कि केवल सरकारी मशीनरी और सामाजिक गतिविधियों के ज़रिये मनुष्य जाति अपने पर्यावरण को सम्पूर्णता प्रदान नहीं कर सकती। उसका बाह्य पर्यावरण तब तक यह उपलब्धि नहीं कर सकता जब तक उसके भीतर की आत्मा सम्पूर्णता प्राप्त नहीं करती।

कलकत्ता में जन्मे डॉ. के.डी. घोष और स्वर्णलता देवी

अरविंद घोष (1872-1950)

के तीसरे पुत्र का बचपन अपनी वय और वर्ग के अन्य बच्चों से अलग तरह का था। पश्चिमी मूल्यों और शिक्षा के प्रबल समर्थक होने के कारण डॉ. घोष का फ़ैसला था कि वे अपनी संतानों को किसी भी क़िस्म की भारतीय शिक्षा से वंचित रखेंगे। उन्होंने तीनों बेटों को मैनचेस्टर भेजा जहाँ एक पादरी उन्हें अलग से पढ़ाता था। पिता का निर्देश था कि पढ़ाई-लिखाई के दौरान भारत या उसकी संस्कृति का ज़िक्र तक नहीं होना चाहिए। वे तीनों को आईसीएस बनाना चाहते थे। लेकिन, छात्र जीवन में इतनी प्रतिभा केवल अरविंद ने प्रदर्शित की। आईसीएस की परीक्षा में उत्तीर्ण ढाई सौ प्रतियोगियों में उनका स्थान ग्यारहवाँ था। चूँकि वे अंग्रेज़ों की नौकरी करने के लिए तैयार नहीं थे, इसलिए उन्होंने इसके लिए अनिवार्य घुड़सवारी की प्रतियोगिता में जानबूझ का अनुपस्थित होने का तरीक़ा अपनाया। इंग्लैण्ड से लौटने के बाद उन्होंने महाराजा बड़ौदा के यहाँ नौकरी कर ली।

बड़ौदा में उन्हें भारतीय संस्कृति का गहन अध्ययन करने का मौक़ा मिला। उन्होंने हिंदुस्तानी, संस्कृत और बांग्ला का अध्ययन किया। इंग्लैण्ड में ज्ञान के जिन-जिन रूपों से उन्हें दूर रखा गया था, उन सभी से उनका सम्पर्क हुआ। तबादला होने पर उन्होंने बड़ौदा कॉलेज में फ्रांसीसी भाषा पढ़ाई। अध्यापन की अपनी रूढ़िमुक्त शैली के कारण अरविंद छात्रों में ख़ासे लोकप्रिय थे। इसी दौरान उनका पहला कविता संकलन प्रकाशित हुआ और उन्होंने स्वतंत्रता संग्राम में दिलचस्पी लेनी शुरू की। बड़ौदा में अंग्रेज़ विरोधी गतिविधियों

पर पाबंदी थी, इसलिए अरविंद ने बंगाल और मध्य प्रदेश में कार्यरत प्रतिरोध संगठनों से नाता जोड़ लिया। तिलक और भगिनी निवेदिता से उनका सम्पर्क हुआ। बड़ौदा में ही उन्होंने बाघा जतिन को फ़ौजी प्रशिक्षण दिला कर क्रांतिकारियों का संगठन करने बंगाल भेजा। उन दिनों कलकत्ता में अनुशीलन समिति के तहत काम कर रहे तीन समूहों में एक का नेतृत्व अरविंद के हाथ में था। अनुशीलन समिति के गर्भ से निकली अति-उग्रवादी युगांतर पार्टी की विचारधारात्मक बुनियाद अरविंद ने ही रखी। बंकिम के उपन्यास *आनंदमठ* से प्रभावित हो कर अपने भाई के साथ संन्यासी विद्रोह की तर्ज़ पर एक बगावत संगठित करने का विफल प्रयास भी उन्होंने किया। यही दौर था जब उन्होंने योगाभ्यास करना शुरू किया और 1904 तक प्रति दिन चार-पाँच घंटे योगासन करते हुए बिताने लगे। बंग भंग के ख़िलाफ़ उभरे जन-आक्रोश से प्रभावित हो कर वे कांग्रेस के गरम दल के साथ हो गये, और तिलक द्वारा की गयी पूर्ण स्वराज की दावेदारी में अपनी आवाज़ भी मिलाई। तिलक और अरविंद के विचारों ने कांग्रेस में हलचल मचा दी। बंगाल में विपिन चंद्र पाल ने इन्हीं विचारों के प्रचार के लिए *बंदेमातरम्* नामक पत्र प्रकाशित करना शुरू किया जिसमें अरविंद की उपनिवेशवाद विरोधी रचनाएँ नियमित रूप से प्रकाशित होने लगीं। इस क्रांतिकारी पत्रकारिता के फलस्वरूप उन्हें अंग्रेज़ों का कोपभाजन बनना पड़ा। अरविंद ने स्वयं गिरफ़्तारी दी और नक़द ज़मानत पर रिहा हुए। उनकी गिरफ़्तारी में निहित सनसनी ने उन्हें राष्ट्रीय नायक का दर्जा दिलाया। रवींद्रनाथ ठाकुर ने उनकी सराहना में एक कविता रची। 1907-8 के दौरान उन्होंने पुणे, बड़ौदा और मुम्बई की यात्राएँ कीं, भाषण दिये और विभिन्न संगठनों से सम्पर्क किया। मई, 1908 में उन्हें अलीपुर बम काण्ड (जिसमें ख़ुदीराम बोस को फाँसी की सज़ा हुई थी) में भागीदारी के आरोप में गिरफ़्तार कर लिया गया।

जेल जाने से पहले ही अरविंद की मुलाक़ात महाराष्ट्र के एक योगी विष्णु भास्कर लेले से हो चुकी थी। लेले की शिक्षाओं के आधार पर उन्होंने तीन दिन के एकांतवास में योगसाधना करके अपनी पहली आध्यात्मिक अनुभूति का साक्षात्कार भी कर लिया था। निर्वाण यानी सम्पूर्ण आंतरिक मौन की यही अनुभूति जेल की तन्हाई में और गहन हुई और अरविंद को लगा कि स्वयं स्वामी विवेकानंद उन्हें यौगिक शिक्षा दे रहे हैं। साल भर चलने के बाद सबूतों के अभाव में मुक़द्दमा छूट जाने के बाद अरविंद ने अपना विख्यात 'उत्तरपाड़ा व्याख्यान' दिया और सक्रिय राजनीति छोड़ कर चिंतन-मनन में लीन हो गये। 1910 में कभी न लौटने के लिए उनके क़दम पुडुचेरी में पड़े। अपने आश्रम में चार साल तक गहन यौगिक साधना करने के बाद उन्होंने 64 पृष्ठ की मासिक समीक्षा पत्रिका निकाली जिसमें उनका आध्यात्मिक चिंतन शृंखलाबद्ध हो कर प्रकाशित होता रहा। 1926 में वे अपनी सहयोगी श्री माँ (मीरा रिचर्ड) को आश्रम सौंप कर एकांतवास में चले गये। जीवन के इसी दौर में उन्होंने 24 हज़ार पंक्तियों का अपना महाकाव्य *सावित्री* रचा। तीस के दशक में अरविंद और उनके शिष्यों के बीच हुआ पत्र-व्यवहार उनके वैचारिक योगदान के लिहाज़ से बहुत मूल्यवान साबित हुआ। उनकी कई आध्यात्मिक शिक्षाएँ *लैटर्स ऑन योगा* में दर्ज हैं।

अरविंद ने पश्चिमी चिंतन ही नहीं, भारतीय चिंतन के भी कई आग्रहों को ख़ारिज किया। उनकी मुख्य दार्शनिक उपलब्धि थी क्रम-विकास की अवधारणा (जिसे डार्विन की देन समझा जाता है) को वेदांत के विचार में स्थापित करना। सांख्य दर्शन यह विचार कई सदी पहले पेश कर चुका था, पर अरविंद वेदांत और क्रम-विकास के अपने संश्लेषण को डार्विनवाद और सांख्य की भौतिकतावादी प्रवृत्तियों से मुक्त रखा। उन्होंने अस्तित्व (पदार्थ) और चेतना दोनों के साथ-साथ क्रम-विकास का प्रस्ताव किया। उनके मुताबिक़ चेतना का विकास अस्तित्व के साथ होता है, और अस्तित्व चेतना के परिणामस्वरूप विकसित होता है। सृष्टि की प्रक्रिया में दो केंद्रीय गतियों को रेखांकित करते हुए अरविंद ने सर्वव्याप्त ब्रह्म से चेतना के अंतर्वलयन (इनवोल्यूशन) और भौतिक स्वरूपों के क्रम-विकास (इवोल्यूशन) की ओर इंगित किया। अंतर्वलयन अर्थात् पदार्थ समेत जगत के विभिन्न स्वरूपों की अभिव्यक्ति और क्रम-विकास अर्थात् भौतिक स्वरूपों का जीवन, चेतना और मानस की तरफ़ उत्थान। इस प्रकार वे सच्चिदानंद (सत्-चित्-आनंद) की धारणा तक पहुँचे। उन्होंने अद्वैत वेदांत के मायावाद की सीमाओं को समझ कर ब्रह्म और जगत की विविधता के बीच सूत्र की उलझन हल करने के लिए उस समय तक संधान से परे रहने वाली चेतना के उच्चतर स्तर यानी सुपरमाइंड (सत्य चेतना) उपलब्ध करने का सुझाव दिया।

पचहत्तर वर्ष की उम्र में श्री अरविंद के देहांत के बाद श्री माँ ने उनके आदर्शों के आधार पर *ऑरोविलो* नामक अंतर्राष्ट्रीय नगर बसाने का प्रयोग किया। यह नगर आज भी पुडुचेरी स्थित अरविंद आश्रम से दस किमी. दूर अपने लगभग दो हज़ार वासियों के साथ जीवन और जगत के नये प्रयोगों में व्यस्त है।

श्री अरविंद का चिंतन बौद्धिक धरातल पर नयी ज़मीन तोड़ने वाला तो था, पर उसके आधार पर किसी भी सामाजिक आंदोलन की स्थापना नहीं हो सकी। उनके विचारों से प्रेरित हो कर 'एकात्मक बहुलवाद' का सिद्धांत रचने वाले राजनीतिक दार्शनिक वी.आर. मेहता ने कहा भी है कि श्री अरविंद का संदेश केवल उनकी दीक्षाप्राप्त छोटे से समूह तक ही सिमट कर रह गया। इसका कारण केवल यह नहीं है कि उस संदेश को पुरानी पड़ चुकी भाषा में व्यक्त किया गया था, बल्कि यह भी है कि उन्होंने इन आदर्शों की पूर्ति के लिए किसी ठोस

कार्ययोजना की तजवीज़ नहीं की।

देखें : आशिस नंदी-1 और 2, आज़ादी के लिए सशस्त्र संघर्ष-1, आनंद केंटिश कुमारस्वामी, उपयोगितावाद, जोसेफ़ चेल्लादुरै कुमारप्पा, बंकिम चंद्र चट्टोपाध्याय, मेघनाद साहा, यशदेव शल्य, रजनी कोठारी, वासुदेव शरण अग्रवाल, चेतपट वेंकटसुब्बन शेषाद्रि, विवेकानंद, हिंदुत्व।

संदर्भ

1. रामधारी सिंह 'दिनकर' (2008), *श्री अरविंद : मेरी दृष्टि में,* लोकभारती प्रकाशन, नयी दिल्ली.
2. डी.पी. चट्टोपाध्याय (1976), *हिस्ट्री, सोसाइटी ऐंड पॉलिटी : इंटीग्रल सोसियोलॅजी ऑफ़ श्री अरविंद,* मैकमिलन, नयी दिल्ली.
3. वी.पी. वर्मा (1976), *पॉलिटिकल फ़िलॉसफ़ी ऑफ़ श्री अरविंद,* मोतीलाल बनारसीदास, दिल्ली.
4. रॉबर्ट मैकडरमॅट (1971), अरविंद की रचना 'माइंड ऑफ़ लाइट' का परिचय, ई.पी. डटन, न्यूयॉर्क.
5. वी.आर. मेहता (1978), *बियांड मार्क्सिज़्म : टुवर्ड्स ऐन आल्टरनेटिव पर्सपेक्टिव,* मनोहर, दिल्ली.
6. केनेथ एल. ड्यूश (1986), 'श्री अरविंद ऐंड द सर्च फ़ॉर पॉलिटिकल ऐंड स्पिरिचुअल परफ़ेक्शन', संकलित : थॉमस पेंथम और केनेथ एल. ड्यूश (सम्पा.), *पॉलिटिकल थॉट इन मॉडर्न इण्डिया,* सेज, नयी दिल्ली.

—अभय कुमार दुबे

अरनॉल्ड जोसेफ़ टॉयनबी

(Arnold Joseph Toynbee)

बीसवीं सदी में इतिहास-लेखन के अनुशासन को गहराई से प्रभावित करने वाले ब्रिटिश इतिहासकार अरनॉल्ड जोसेफ़ टॉयनबी (1889-1975) न केवल एक प्रचुर रचनाकार थे, बल्कि उनकी इतिहास-दृष्टि भी उनकी विशाल कृतियों की ही तरह सभी स्थानों और कालावधियों को अपने आगोश में समेटने की कोशिशों की नुमाइंदगी करती है। टॉयनबी ने प्राचीन से लेकर आधुनिक इतिहास पर तो अपनी क़लम चलाई ही, उन्होंने धर्म, समकालीन घटनाक्रम और इतिहास की प्रकृति पर भी जम कर लिखा। अपने इतिहास विषयक सिद्धांतों का प्रतिपादन उन्होंने अपनी किताब *अ स्टडी ऑफ़ हिस्ट्री* में किया है। विद्वानों ने इस रचना को ओसवाल्ड स्पेंगलर की कृति *द डिक्लाइन ऑफ़ द वेस्ट* जैसा माना है। दरअसल, स्पेंगलर और टॉयनबी समकालीन थे। स्पैंगलर ने अपनी यह कृति युवावस्था में लिखी थी और टॉयनबी ने प्रौढ़ावस्था में। दोनों में समानता इस बात को लेकर रही कि दोनों ने ही विश्व-इतिहास के अध्ययन में सभ्यता को केंद्र में रखा तथा अपने अध्ययन की विषय-वस्तु बनाया। दोनों ने ही सभ्यता रूपी इकाइयों को विभक्त किया। स्पेंगलर ने उनकी संख्या आठ बतायी जबकि टॉयनबी ने तेईस। स्पेंगलर के अनुसार सभ्यताएँ विभिन्न निश्चित अवस्थाओं से गुजरती हैं। टायनबी स्पैंगलर के इस विचार से भिन्न मत रखते हैं, पर दोनों इस बात से सहमत हैं कि पश्चिमी सभ्यता प्रश्नांकित होने के दौर से गुज़र रही है।

लंदन में जन्मे टॉयनबी ऑक्सफ़र्ड के विनचेस्टर कॉलेज और बल्लीओल कॉलेज में शिक्षा से ग्रहण की। एक छात्र के रूप में परिश्रमी और प्रतिभाशाली टॉयनबी शुरू से इतिहासकार बनना चाहते थे। उन्हें लगता था कि इतिहास के धरातल पर दुनिया में न जाने कितना काम करना अभी बाक़ी है। 1912 में उन्होंने बल्लीओल कॉलेज में एक शिक्षक के रूप काम करना शुरू किया। प्रथम विश्व-युद्ध के दौरान ब्रिटिश कार्यालय के राजनीतिक खुफ़िया विभाग के लिए तथा 1919 में पेरिस शांति सम्मेलन के लिए एक प्रतिनिधि के रूप में कार्य किया।

टॉयनबी का विचार है कि सभ्यताओं को अनुशासित अध्ययन के माध्यम से नहीं समझा जा सकता। वे अपने अध्ययन को अनुभवाश्रित बताते हैं। वे अपनी कृति के प्रारम्भिक भागों में अपनी बातें कहने के लिए मनोविज्ञान सहित विभिन्न सामाजिक विज्ञानों का उपयोग करते हैं। यह मानते हुए कि विभिन्न संस्कृतियाँ एक-दूसरे को प्रभावित करती हैं, टॉयनबी स्पेंग्लर की यह मान्यता अस्वीकार करते हैं कि प्रत्येक सभ्यता अलग-अलग विकसित होती है और उसके बाद सभ्यताओं का अंत होता जाता है। उनका मूलभूत विचार है कि ऐतिहासिक अध्ययन की सबसे छोटी सुबोधगम्य इकाई सम्पूर्ण समाज होता है न कि एक पक्षीय रूप से निर्धारित उनके कुछ अंश जैसे आधुनिक युग के राष्ट्र-राज्य अथवा यूनानी-रोमन युग के नगर-राज्य। सभ्यता के संदर्भ में टॉयनबी का विचार है कि सभी सभ्यताओं का इतिहास कुछ निश्चित संदर्भों में समानान्तर और समसामायिक होता है। टॉयनबी ने सभ्यताओं की उत्पत्ति से जुड़ी अपनी अवधारणाओं की रोशनी में स्पेंग्लर की दावेदारियों को मताग्रही करार दिया।

सभी सभ्यताओं के इतिहास को कुछ निश्चित संदर्भों में समानान्तर और सामयिक मानने की समझ टॉयनबी ने अपने विद्यार्थियों को थ्यूसिडाइडिस का इतिहास पढ़ाते हुए बनायी थी। थ्यूसिडाइडिस द्वारा 431 ईसा पूर्व रची गयी *हिस्ट्री ऑफ़ पेलोपोनीशियन वॉर* को टॉयनबी ने हेलेनिक समाज के विघटन का काल माना। टॉयनबी को पढ़ाते समय लगा कि जो अनुभव वे 1914 की घटनाओं से आधुनिक विश्व के परिदृश्य में कर रहे हैं, यही अनुभव थ्यूसिडाइडिस ने अपने ज़माने में कर लिया था। इस आधार टॉयनबी ने अपने युग

अरनॉल्ड जोसेफ़ टॉयनबी (1889-1975)

को आधुनिक तथा थ्यूसिडाइडिस के युग को प्राचीन क़रार देने जैसी अवधारणा को निरर्थक बताते हुए दोनों युगों की समकालीनता रेखांकित की। इसी समझ को आधार बनाकर टॉयनबी ने यूनानी-रोमन सभ्यताओं का अध्ययन किया तथा उनके इतिहास को सभ्यताओं के तुलनात्मक अध्ययन के प्रतिमान के रूप में ग्रहण किया।

टॉयनबी के आलोचकों के अनुसार सभ्यताओं का तुलनात्मक अध्ययन सिद्धांत रूप में तो सम्भव है लेकिन सामग्री की अनुपलब्धता के कारण यह व्यवहारत: असम्भव है। टॉयनबी ने अपनी इस आलोचना को स्वीकार करते हुए कहा कि यद्यपि कुछ स्थितियों में प्रत्येक 'घटना' विलक्षण और अतुलनीय है, लेकिन वह इस स्थिति में भी किसी वर्ग विशेष में आ सकती है। कोई भी दो जीवित शरीर-रचनाएँ एक जैसी नहीं होती (जैसे जानवर और पौधे) लेकिन इसके बावजूद प्राणी विज्ञान, वनस्पति विज्ञान तथा मानव जाति-विज्ञान की वैधता समाप्त नहीं होती। टॉयनबी ने अपने समर्थन में मानव जीवन की घटनाओं और अपने विचार बिंदुओं को समझने के लिए अरस्तू की तीन पद्धतियों का हवाला दिया : तथ्यों का सुनिश्चितीकरण और उनका संग्रह, तथ्यों के तुलनात्मक अध्ययन द्वारा कुछ सामान्य नियमों की व्याख्या, और 'कल्पना' के रूप में तथ्यों की कलात्मक पुनर्रचना।

टॉयनबी सभ्यताओं की उत्पत्ति और विकास के संबंध में भौतिक या भौगोलिक परिवेश के कारण नहीं मानते हैं। इसे वे एक अपरिभाष्य तत्त्व का परिणाम मानते हैं जो ऊपरी तौर से मनोवैज्ञानिक प्रकार का है। इसे स्पष्ट करते हुए टॉयनबी पुराणों का आश्रय लेते हैं और प्लेटो के हवाले से कहते हैं कि विज्ञान और मिथक दोनों का साथ-साथ प्रयोग अवांछनीय नहीं है। वे पुराणों की भाषा सुनने के लिए वैज्ञानिक-सिद्धांत से अपनी आँखें बंद कर लेने के लिए कहते हैं। उनके अनुसार सभ्यताओं की उत्पत्ति के अनेक कारण हैं। यह अपने आप में कोई अस्तित्व नहीं एक सम्बन्ध है। सृष्टि दो अलौकिक व्यक्तियों के मिलन और उनकी अन्त:क्रियाओं का परिणाम है। हर बार यह योजना एक पूर्ण भिन्न राज्य के रूप में फलीभूत होती हैं। इस आधार पर सभ्यता की उत्पत्ति का कारण एक अन्त:क्रिया है। सभ्यता के विकास के क्रम में टॉयनबी का कहना है कि व्यक्ति सामाजिक वर्ग के रूप में निरंतर आने वाली चुनौतियों का सामना करते हैं जिससे सभ्यता का विकास होता है और यह क्रम प्रक्रियात्मक रूप में निरंतर चलता रहता है। सभ्यता के विकास और लक्षण के संबंध में टॉयनबी सैनिक या सामाजिक शक्ति के विकास को सभ्यता के विकास के लक्षण के रूप में नहीं बल्कि सभ्यता के पतनोन्मुखी होने का संकेत मानते हैं। सामान्यत: भौतिक विकास को सभ्यता का लक्षण माने जाने की जगह वे आंतरिक प्रक्रिया को ही सभ्यता का विकास मान कर चलते हैं। उनके अनुसार इसके लिए आत्म-निश्चय ही अनिवार्य शर्त है। इसके विपरीत स्पेंगलर के अनुसार सभ्यता का विकास जैविकीय सिद्धांत पर आधारित होने के कारण उसका विघटन भी अनिवार्य हो जाता है। एक दूसरे मत के अनुसार प्रजातिगत वर्ण-संस्कार सभ्यता के विघटन का मूल कारण है। लेकिन टॉयनबी प्रजातियों से सभ्यता का कोई संबंध नहीं मानते। सभ्यता-विघटन के बारे एक सिद्धांत यह भी रहा है कि चूँकि सभ्यता का उत्थान हुआ है तो उसका विघटन और पतन भी निश्चित होगा है। टॉयनबी के अनुसार सभ्यताओं के पतन के आधार उनकी भावी कुण्डली बनायी जा सकती है। उनके अनुसार सभ्यता का विघटन उनका न तो एकभू-क्षेत्र में सीमित होने को वजह से होता है और न ही मानव जन्म या नैसर्गिक विपत्तियों की वजह से। सभ्यता का विघटन आत्मघात की वजह से होता है। उनकी मान्यता है कि व्यक्तियों में क्रियात्मक शक्ति का ह्रास ही सभ्यता के विघटन का मूल कारण है। इसे ही उन्होंने आत्मघात कहा है।

टॉयनबी का विचार है कि सभ्यता के विघटन के दौर में समाज सत्ताधारी अल्पसंख्यक, आंतरिक सर्वहारा और बाह्य सर्वहारा जैसे तीन भाँगों में बँट जाता है। स्पेंगलर के विपरीत टॉयनबी नहीं मानते कि विघटन के बाद सभ्यता समाप्त हो जाती है। उनके विचार से विघटन के बाद भी ये भाग उपलब्धि करना जारी रखते हैं। विघटन के समय तीनों भाग निस्सारता की स्थिति में नहीं होते बल्कि तीनों ही महत्त्वपूर्ण भूमिका निभाते हैं।

टॉयनबी मानते हैं कि सभ्यता के विघटन से मनुष्य जिन दुखों का अनुभव करता है, वे अनुभव ही प्रगति का कारक बनते हैं। अर्थात् कठिनाइयाँ ही आगे बढ़ना सिखाती हैं। वे सभ्यता और धर्म को एक रथ जैसा मानते हैं। उनके अनुसार रथ के पहियों की गति सभ्यता की गति है तथा रथ धर्मस्वरूप है। जिस प्रकार पहिये घूमते रहते हैं और रथ आगे बढ़ता रहता है वैसे ही समय की गति के साथ-साथ सभ्यता जन्म लेती है, विकसित होती हैं और उसका पतन होता है। इस आधार पर यह भी कहा जा सकता है कि टॉयनबी सभी सभ्यताओं को दार्शनिक आधार पर एक जैसा मानते हैं।

देखें : अनाल स्कूल, ओसवाल्ड स्पेंगलर, ल्यूसियाँ फ़ेब्र, फ़र्नैंद ब्रॉदेल, मार्क्सवादी इतिहास-लेखन, मार्क ब्लॉक, इतिहास और आख्यान।

संदर्भ

1. गुरुदेव सिंह (2004), 'टॉयनबी की इतिहास मीमांसा', गोविंद चंद्र पाण्डेय (सम्पा.) *इतिहास : स्वरूप एवं सिद्धांत,* राजस्थान हिंदी ग्रंथ अकादमी, जयपुर.
2. फ्रैंक वान अल्स्ट (2004), 'बीसवीं शताब्दी : इतिहास लेखन की पाश्चात्य अवधारणाएँ' अनु. : विनय कुमार, गोविंद चंद्र पाण्डेय (सम्पा.) *इतिहास : स्वरूप एवं सिद्धांत,* राजस्थान हिंदी ग्रंथ अकादमी, जयपुर.

—अजय कुमार पाण्डेय

अराजकतावाद
(Anarchism)

राज्य के नियंत्रण से पूरी तरह स्वतंत्र समाज की पैरोकारी करने वाला विचार अराजकतावाद कहलाता है। यह अवधारणा किसी भी तरह के सरकारी, व्यापारिक, औद्योगिक, वाणिज्यिक, धार्मिक, शैक्षिक या पारिवारिक नियंत्रण को अस्वीकार करती है। अराजकतावाद का विश्वास है कि मानवीय प्रकृति स्वतंत्रता, न्याय और ख़ुशहाली के लिए ही बनी है। मानव-समाज बिना किसी बाहरी हस्तक्षेप के शांति, सहकार और उत्पादन के साथ रहने में सक्षम है; और मनुष्य अपना शासन स्वयं कर सकता है। अराजकतावादियों के मुताबिक़ ऐसा समाज बनाना कठिन नहीं है जिसमें व्यक्तिगत स्वतंत्रता अधिकतम होगी, भौतिक वस्तुओं का समान बँटवारा होगा और आपसी सलाह-सुमति के साथ सभी लोग व्यक्तिगत और सामाजिक ज़िम्मेदारियों को बाँट लेंगे। अराजकतावादी चिंतन का इतिहास प्राचीन

प्योत्र अलेक्सेईविच क्रोपाटकिन (1842-1921)

काल के यूनानी दार्शनिकों तक जाता है। स्टोइक चिंतक, ख़ास तौर से ज़ेनो (ईसा पूर्व 336-264) इसके लिए मशहूर हैं। आधुनिक युग में अराजकतावाद की सबसे महत्त्वपूर्ण व्याख्या करने का श्रेय विलियम गॉडविन की 1793 में प्रकाशित कृति *इन इनक्वारी कंसर्निंग पॉलिटिकल जस्टिस ऐंड इट्स इनफ़्लुएंस ऑन जनरल वर्चू ऐंड हैपीनैस* को जाता है। लेकिन ख़ुद को अराजकतावादी कहने वाले पहले दार्शनिक उन्नीसवीं सदी के पूर्वार्ध में सक्रिय रहे फ्रांसीसी चिंतक पिएर जोसेफ़ प्रूधों थे। जहाँ तक लक्ष्यों और कल्पनाशीलता का सवाल है, अराजकतावादियों में मतैक्य दिखता है। पर अपने ख़यालों की दुनिया को धरती पर उतारने के प्रश्न पर उनके बीच मतभेद पाये जाते हैं। मोटे तौर पर अराजकतावादियों की चार धाराएँ पायी जाती हैं : व्यक्तिवादी, परस्परतावादी, सामूहिकतावादी और साम्यवादी।

जर्मनी के निहिलिस्ट (नाशवादी) दार्शनिक मैक्स स्टर्नर को अराजकतावादी व्यक्तिवाद का प्रमुख चिंतक माना जाता है। इस विचार के मुताबिक़ व्यक्ति और उसकी सम्प्रभुता पूरी तरह से अनुलंघनीय रहनी चाहिए। स्टर्नर कहते हैं कि व्यक्ति को ईश्वर, राज्य या किसी भी नैतिकता की परवाह किये बिना अपनी मर्ज़ी से पहलक़दमी ले कर सक्रिय रहने का अधिकार दिया जाना अनिवार्य है। हालाँकि इस क़िस्म के अराजकतावादी लेन-देन और समझौता (कांट्रेक्ट) के ज़रिये सामाजिक संबंध बनाने की वकालत करते हैं, पर व्यक्ति की

पिएर–जोसेफ़ प्रूधों (1809–1865) और उनके बच्चे. चित्र : गुस्ताव कौरबे

निजता की बेतहाशा और अहंवादी पैरोकारी करने के कारण उनके कार्यक्रम की व्यावहारिकता काफ़ी कम हो जाती है। उन्नीसवीं सदी में अमेरिकी अराजकतावादी जोसैया वारेन ने इस तरह के अराजकतावाद के आर्थिक बंदोबस्त का एक खाका पेश करने की कोशिश की। उन्होंने मेहनत के घंटों का भंडार करने वाले 'टाइम स्टोर्स' की स्थापना की। उनकी तजवीज़ थी कि श्रम की मुद्रा के ज़रिये लोगों के बीच समतामूलक वाणिज्य हो सकता है। अमेरिकी अराजकतावादियों ने बाज़ार आधारित अर्थव्यवस्था की कड़ी आलोचना की। उन्होंने, विशेषकर लायसेंडर स्पूनर ने अमेरिकी संविधान पर ज़बरदस्त आक्रमण करते हुए उस समझौतापरक सिद्धांत की ख़ामियों को दिखाया जिसे राज्य की संस्था का आधार माना जाता है। व्यक्तिवादी अराजकतावाद की प्रेरणाएँ बीसवीं सदी में पनपे स्वतंत्रतावाद के विचार में ढूँढ़ी जा सकती हैं।

सामूहिकतावादी अराजकतावाद के प्रमुख चिंतक बकूनिन माने जाते हैं। सामूहिकतावादियों को न तो प्रूधों द्वारा की गयी छोटे किसानों और कारीगरों की तरफ़दारी पसंद थी, और न ही वे कार्ल मार्क्स द्वारा प्रवर्तित समाजवादी विचार के समर्थक थे। मार्क्स के कम्युनिज़्म को अधिनायकवादी क़रार देने वाला यह विचार एक ऐसे भविष्य की कल्पना करता है जिसमें मज़दूर संगठित हो कर पूँजी को अपने हाथ में ले लेंगे। संगठित मज़दूरों के हाथ में ही उत्पादन के साधन रहेंगे। सामूहिक फ़ैसले के आधार पर आमदनी का वितरण होगा। जो जितना श्रम करेगा उसका हिस्सा भी उतना ही बड़ा होगा।

परस्परतावादी अराजकतावाद व्यक्तिवाद और सामूहिकतावाद के बीच का रास्ता था जिसके सूत्रीकरण का श्रेय प्रूधों को जाता है। प्रूधों ने सम्पत्ति और कम्युनिज़्म के बीच तालमेल बैठाते हुए एक ऐसी आर्थिक प्रणाली की वकालत की जिसके तहत व्यक्ति को निजी या सामूहिक तौर पर अपने उत्पादन के साधनों (जैसे औज़ार, ज़मीन आदि) का मालिक होने का अधिकार तो होगा, पर उसे उजरत अपने श्रम के मुताबिक़ ही मिलेगी ताकि समाज में समानता क़ायम रखी जा सके। इस अर्थव्यवस्था में विनिमय इस नैतिक मूल्य पर आधारित था कि व्यक्ति केवल उतना ही माँगेगा जितना वह स्वयं देने के लिए तैयार हो। प्रूधों ने उत्पादकों को न्यूनतम ब्याज दर पर ऋण देने वाले बैंकों की स्थापना का प्रस्ताव भी किया। इसमें कोई शक नहीं कि प्रूधों के आर्थिक प्रयोग कामयाब नहीं हुए, पर उनके फ्रांसीसी अनुयायियों ने पहले कम्युनिस्ट इंटरनैशनल की शुरुआत पर अपना प्रभाव छोड़ा। बाद में सामूहिकतावादियों ने उन्हें किनारे धकेल दिया।

साम्यवादी अराजकतावाद यह मान कर चलता है कि कम्युनिज़्म की स्थापना के लिए राज्य की संस्था अनावश्यक है। प्रिंस क्रोपाटकिन इस धारा के प्रमुख दार्शनिक थे। उनका कहना था कि मनुष्य परस्पर एकता और सहयोग के नैसर्गिक गुणों से सम्पन्न होता है जिनके प्रभाव में सम्पत्ति संबंध विभेद अपने–आप ख़त्म होते चले जाएँगे। समाज का हर व्यक्ति शामलाती संसाधनों का इस्तेमाल करेगा। मज़दूरों की स्वयंसेवी एसोसिएशनें आपूर्ति की ज़रूरतों के हिसाब से उत्पादन–प्रक्रिया का नियोजन करेंगी। कम्यून अपने सदस्यों की आवश्यकताओं की शिनाख़्त करेगा जिससे माँग तय होगी। कम्यूनों का आपसी महासंघ होगा जो सड़कें बनाने, रेलवे प्रणाली और अन्य सम्पर्क–संचार की सुविधाओं की फ़िक्र करेगा। लोगों को काम करने के लिए भौतिक प्रोत्साहन की आवश्यकता नहीं होगी। निजी सम्पत्ति की ग़ैर–मौजूदगी के तहत समाज में अपराधियों से निबटने के लिए अनौपचारिक तौर–तरीक़े अपनाये जाएँगे और क़ानून की दमनकारी मशीनरी की ज़रूरत नहीं पड़ेगी। साम्यवादी अराजकतावादियों का ख़याल था कि जब तक निजी सम्पत्ति पर आधारित विभेदों को ख़त्म करने लायक मानवीय एकता नहीं बन जाती, तब तक सामूहिकतावादी नज़रिया अपनाया जा सकता है।

उन्नीसवीं सदी का बौद्धिक–राजनीतिक इतिहास मार्क्सवादियों और अराजकतावादियों के बीच बहस से भरा हुआ है। अराजकतावादी चाहते थे कि राज्य की संस्था को फ़ौरन मंसूख करने की तजवीज़ की जानी चाहिए, पर मार्क्सवादी राज्य को ख़त्म करने के पक्षधर होते हुए भी पहले मज़दूरों के राज्य की स्थापना करना चाहते थे। अराजकतावादियों का कहना था कि सर्वहारा का राज्य भी कुल मिला कर विषमता और उत्पीड़न का माध्यम बन जाएगा। बकूनिन तो समाजवादी राज्य को एक फ़ौजी बैरक की संज्ञा देते थे जिसमें लोग नगाड़े की आवाज़ पर सोयेंगे, जागेंगे और श्रम करेंगे। यह एक ऐसा राज्य होगा जिसमें चालाक और शिक्षित लोग सरकारी सुविधाएँ भोगेंगे। 1846 में अपनी रचना *दर्शन की दरिद्रता* के ज़रिये मार्क्स ने प्रूधों की कड़ी आलोचना की। प्रथम कम्युनिस्ट इंटरनैशनल में जब बकूनिनपंथियों ने प्रूधों के अनुयायियों को

पराजित कर दिया तो उन्हें मार्क्स के अनुयायियों से लोहा लेना पड़ा। इस संघर्ष के परिणामस्वरूप 1872 में इंटरनैशनल टूट गया।

राज्य की संस्था की मुख़ालफ़त करने के कारण अराजकतावादी किसी भी तरह के संसदीय विचार के भी ख़िलाफ़ रहते हैं। वे चुनावों में भाग नहीं लेते। समाज के क्रांतिकारी रूपांतरण में विश्वास के कारण ज़्यादातर अराजकतावादी सभी तरह के प्राधिकार और आर्थिक संस्थाओं के ख़िलाफ़ जन-विद्रोह की अपील करने का कार्यक्रम पेश करते हैं। चूँकि उनकी योजना में किसी बड़े प्राधिकार की गुंजाइश नहीं है, इसलिए वे स्वत:स्फूर्त और स्थानीय स्तर की छोटी-छोटी बग़ावतों की रणनीति अपनाने की वकालत करते हैं। साम्यवादी अराजकतावाद ने उन्नीसवीं सदी के आख़िरी सालों में व्यक्तिगत स्तर पर आतंकवादी कार्रवाइयों की मुहिम भी चलाई जिसके तहत राजनेताओं और प्रमुख उद्योगपतियों की हत्याएँ भी की गयीं।

योहान कैस्पर श्मिड्ट उर्फ़ मैक्स स्टर्नर (1806-1856) : फ्रेड्रिख़ एंगेल्स द्वारा बनाया गया व्यंग्य चित्र.

उन्नीसवीं सदी में स्पेन, इटली, बेल्जियम और फ्रांस में अराजकतावादी काफ़ी सक्रिय थे। अमेरिका में 1905 में फ्रांस के अनारको-सिंडिकलिज़्म से प्रेरित ट्रेड यूनियन आंदोलन भी चला। बीसवीं सदी में साठ और सत्तर के दशक में बौद्धिक हलकों में अराजकतावादी विचार की साख बढ़ती हुई दिखायी दी। पॉल गुडमेन और डेनियल गुइरिन ने शिक्षा और सामुदायिकता के क्षेत्र में अराजकतावादी हस्तक्षेप किये। आजकल अराजकतावादी सिद्धांत का कोई विशेष प्रभाव नहीं दिखायी देता। लेकिन, इस सर्वसत्तावाद, अधिनायकवाद और निरंकुशता के आलोचकों के तर्कों में इस सिद्धांत की आहटें सुनी जा सकती हैं। समाजवादी विचार परम्परा में अराजकतावाद किसी न किसी रूप में हमेशा मौजूद रहता है। उदारतावादियों को अभिव्यक्ति की आज़ादी से संबंधित अपने ढुलमुलपन से मुक्त करने में भी अराजकतावाद की भूमिका से इनकार नहीं किया जा सकता। शांतिवाद के तहत सभी तरह की हिंसा से मुक्ति के आग्रह में भी इस विचार की प्रेरणाएँ रही हैं। स्वतंत्रतावाद के विचार पर तो अराजकतावाद की छाप स्पष्ट है ही, पर्यावरणवादी आंदोलन ने भी अपने कई आग्रह उससे प्राप्त किये हैं।

देखें : अधिकार, अधिकार : सैद्धांतिक यात्रा, अरस्तू, अफ़लातून, अनुदारतावाद, अन्य-अन्यीकरण, उदारतावाद, उपयोगितावाद, एडमण्ड बर्क, क्रांति, ज्याँ-ज़ाक रूसो, जॉन लॉक, जेरेमी बेंथम, जॉन स्टुअर्ट मिल, जॉन रॉल्स, थॉमस हॉब्स, नागरिकता, नागरिकता : अन्य परिप्रेक्ष्य-1 और 2, नागर समाज, फ्रेड्रिख़ वॉन हायक, बुद्धिवाद, माइकिल जोसेफ़ ओकशॉट, मिशेल पॉल फ़ूको-1 और 2, यूटोपिया, रॉबर्ट नॉज़िक, राज्य, स्वतंत्रतावाद, सर्वसत्तावाद, समाजवाद, सरकारियत।

संदर्भ

1. ए. कार्टर (1974), *द पॉलिटिकल थियरी ऑफ़ एनारकिज़्म,* वाइल्डवुड हाउस, लंदन.
2. एल.आई. क्रिमरमैन और एल. पैरी (सम्पा.) (1966), *पैटर्न्ज़ ऑफ़ एनार्की,* एंकर, न्यूयॉर्क.
3. डी. मिलर (1984), *एनारकिज़्म,* डेंट, लंदन.
4. एम. टेलर (1982), *कम्युनिटी, एनार्की ऐंड लिबर्टी,* केम्ब्रिज युनिवर्सिटी प्रेस, केम्ब्रिज.

—अभय कुमार दुबे

अरुणा आसफ़ अली

(Aruna Asaf Ali)

अरुणा आसफ़ अली (1909–1996) सन् 1942 के 'अंग्रेज़ो भारत छोड़ो' की जुझारू नेता, भारतीय मज़दूर आंदोलन और स्त्री-आंदोलन की प्रमुख हस्ती थीं। वे एक जागरूक और निर्भीक पत्रकार भी थीं। उन्होंने *लिंक* जैसी राजनीतिक पत्रिका और *पैट्रियट* जैसे दैनिक पत्र की स्थापना भी की। भारत छोड़ो आंदोलन में कांग्रेस के सभी प्रमुख नेताओं की गिरफ़्तारी हो जाने के बाद बहुत छोटी सी अवधि के लिए उपनिवेशवादी मुहिम का नेतृत्व स्त्रियों के हाथों में चला गया था। ख़ास बात यह है कि उन्हें यह नेतृत्व औपचारिक रूप से नहीं दिया गया था, बल्कि इन स्त्रियों ने आपातस्थिति में आगे बढ़ कर यह उत्तरदायित्व अपने ऊपर लिया था। लेकिन इसका परिणाम यह निकला कि अरुणा आसफ़ अली और उनकी सहयोगी महिला नेताओं की अगुआई में सविनय-अहिंसक-शिष्ट-संवैधानिक दायरे में चलने वाली सीमित विरोध प्रक्रिया आक्रामक और सीधे टकराव के प्रतिरोध में बदल गयी। इस परिवर्तन का स्त्रियों के राजनीतिककरण की प्रक्रिया पर असर पड़ना लाज़मी था। कांग्रेस तत्कालीन सामजिक-पारिवारिक व्यवस्था को चुनौती दिये बिना ही स्त्रियों को स्वतंत्रता आंदोलन में जोड़ना चाहती थी। स्त्री-अधिकारों की समानता के सवाल पर कांग्रेस का दृष्टिकोण घोर परम्परावादी था। अधिकतर स्त्रियाँ आंदोलन के प्रमुख व्यक्तियों के परिवारों की सदस्य थीं। उनमें से किसी को आंदोलन के नीतिगत और दूरगामी निर्णय लेने का अधिकार नहीं था। इसी रवैये के मुताबिक़ कांग्रेस के वरिष्ठ नेताओं, विशेषकर गाँधी ने कांग्रेस और भारत के स्वतंत्रता आंदोलन के लिए इन प्रवृत्तियों को बेहद ख़तरनाक माना। उन्होंने अति-उत्साही स्त्रियों को ऐसे आक्रामक अभियान से बचने का निर्देश दिया। अरुणा आसफ़ अली के हाथ में उपनिवेशवादी आंदोलन का नेतृत्व बहुत ही कम समय रहा, पर उन्होंने इसी बाच में परम्पराओं को तोड़ने की परम्परा बनायी और हर जगह उस समय के स्थापित ढर्रे को तोड़ कर जीने और काम करने का नया तरीक़ा बनाया।

अरुणा आसफ़ अली को अपनी विद्रोही तबीयत पारिवारिक पृष्ठभूमि से विरासत में मिली थी। 16 जुलाई, 1909 को तत्कालीन पंजाब (अब हरियाणा) के कालका में उपेंद्रनाथ गांगुली और अम्बालिका के घर में अरुणा गांगुली का जन्म हुआ। अरुणा के नाना त्रैलोक्यनाथ सान्याल पूर्वी बंगाल के बारीसाल के एक ज़मींदार परिवार के थे। युवावस्था में उन्होंने ब्रह्म समाज की सदस्यता ले ली थी जिसके कारण उन्हें व उनकी पत्नी को उनके पैतृक घर से निकाल दिया गया। इसी कारण सान्याल परिवार को गम्भीर आर्थिक संकट का सामना करना पड़ा। त्रैलोक्यनाथ ने भक्ति-गीत लिखने आरम्भ किये जो ब्रह्म समाज के संगीत का एक प्रमुख हिस्सा बने। अपने गीतों की अतिशय लोकप्रियता से त्रैलोक्यनाथ ने अपने आप को आर्थिक-सामजिक रूप से पुनर्स्थापित किया। अरुणा के दादा अर्थात् उपेंद्रनाथ गांगुली के पिता भी ब्रह्म समाज के अनुयायी थे और उन्होंने ब्राह्मण सजातीयों के सामजिक पूर्वग्रहों के बावजूद उपेंद्रनाथ को अमेरिका और इंग्लैंड में होटल व्यवसाय सीखने के लिए लिए भेजा था। उपेंद्र और अम्बालिका का विवाह दोनों परिवारों की सम्मति से दीवानी अदालत में पंजीकरण के बाद ब्रह्म समाज के मंदिर में हुआ था। बचपन में अरुणा और उनकी बहन पूर्णिमा को पढ़ने के लिए लाहौर के सेक्रेड हार्ट कॉन्वेंट में भेजा गया। अरुणा को ईसाई धर्म इतना भा गया कि उन्होंने ईसाई साध्वी बनने का विचार कर लिया। पता लगते ही घबड़ा कर उनकी माँ ने उन्हें नैनीताल के एक दूसरे स्कूल में स्थानांतरित कर दिया। स्कूली शिक्षा समाप्त करने के बाद अरुणा ने कोलकाता के गोखले स्मृति स्कूल में पढ़ाने का काम शुरू किया।

छुट्टियों में अरुणा अपनी बहन पूर्णिमा बनर्जी और उनके पति के पास इलाहाबाद गयीं। उसी समय प्रख्यात बैरिस्टर व कांग्रेस के सदस्य आसफ़ अली भी कोलकाता से दिल्ली के रास्ते में बनर्जी परिवार के घर पर रुके। यहीं आसफ़ अली और अरुणा की मुलाक़ात हुई। कुछ दिनों के बाद उन्होंने विवाह करने का निर्णय लिया। अरुणा के पिता इस विवाह के पूर्णत: ख़िलाफ़ थे इसलिए यह उपेंद्रनाथ गांगुली के निधन के बाद ही सम्भव हो पाया। सितम्बर, 1928 में यह विवाह नैनीताल में इसलामिक रीति से हुआ। अरुणा का नाम बदल कर कुलसुम ज़मानी रखा गया। 19 वर्षीय अरुणा और उनके पति आसफ़ अली में 22 साल का अंतर था। यह शादी उस समय की एक बेहद विवादास्पद घटना थी। विवाह के बाद अरुणा ने उर्दू सीखना आरम्भ किया ताकि वे अपने पति की उस शायरी को पढ़ सकें जो आसफ़ अली अपनी पत्नी के लिए लिखते थे। 1928 के नमक सत्याग्रह में भाग लेने के बाद आसफ़ अली को गिरफ़्तार कर लिया गया। इसके बाद अरुणा ने भी इस सत्याग्रह में हिस्सा लिया। चूँकि अरुणा ने निजी मुचलका भरने से इनकार कर दिया इसलिए उन्हें बिना किसी निश्चित पते और रोज़गार का व्यक्ति मानकर आवारागर्दी के जुर्म में लाहौर जेल भेज दिया गया।

1931 के गाँधी-इरविन समझौते के बाद जब सत्याग्रहियों को जेल से छोड़ने का निर्णय हुआ तो इससे अरुणा को कोई लाभ नहीं हुआ। अन्य क़ैदियों के विरोध के बाद ही अरुणा जेल से छूट पायीं। स्वतंत्रता आंदोलन में भागीदारी के दौरान 1932 में अरुणा को दोबारा गिरफ़्तार करके दिल्ली स्थित जेल भेजा गया। यहाँ अरुणा ने क़ैदियों

अरुणा आसफ़ अली (1909-1996)

के लिए बेहतर व्यवहार की माँग को लेकर भूख हड़ताल की। इससे क़ैदियों की दशा में कुछ सुधार तो किया गया लेकिन स्वयं अरुणा को यहाँ से अम्बाला जेल भेज दिया गया। अम्बाला की पुरुष-जेल में अरुणा को एकांतवास में रहना पड़ा। यहाँ अरुणा की भगत सिंह से मुलाक़ात हुई जिसके कारण उन्हें इस क्रांतिकारी नेता को क़रीब से जानने का मौक़ा मिला। मोतीलाल नेहरू, भूलाभाई देसाई और आसफ़ अली भगत सिंह, सुखदेव व राजगुरु के मुक़द्दमे में बचाव पक्ष के वकील थे।

1942 में अरुणा अपने पति आसफ़ अली के साथ कांग्रेस के मुम्बई अधिवेशन में भाग लेने के लिए आयीं। यहीं कांग्रेस ने ऐतिहासिक 'भारत छोड़ो' प्रस्ताव पारित किया। 9 अगस्त, 1942 की सुबह तक कांग्रेस के सभी प्रमुख नेताओं को जेल में डाल दिया गया। हुकूमत का मानना था कि नेतृत्वविहीन आंदोलन जल्दी ही समाप्त हो जाएगा। इस नेतृत्व-शून्यता के समय सैकड़ों पुलिस वालों के सामने अरुणा ने अदम्य साहस का प्रदर्शन करते हुए कांग्रेस अधिवेशन स्थल ग्वालियर टैंक मैदान पर तिरंगा झंडा फहराया। इसके बाद लाठी चार्ज, गिरफ़्तारियों और प्रशासनिक दमन का सिलसिला शुरू हो गया। अरुणा पुलिस से बचने के लिए भूमिगत हो गयीं। बदले में सरकार ने उनके दिल्ली के घर व गाड़ी को नीलाम करके उनकी गिरफ़्तारी पर पाँच हज़ार रुपये का इनाम घोषित कर दिया। उनके भूमिगत होने के इस दौर के बारे में कई किंवदंतियाँ प्रसिद्ध हैं कि उन्हें सरकारी अधिकारियों के घर पर भी शरण दी जाती थी। एक बूढ़ी अंग्रेज़ महिला के घर अरुणा मेहमान बन कर भी रहीं। इसी दौरान अरुणा समाजवादी आंदोलन के क़रीब आयीं। 1944 में अरुणा ने राममनोहर लोहिया के साथ मिल कर *इंक़िलाब* समाचार पत्र का सम्पादन भी किया। भूमिगत जीवन में गाँधी ने अरुणा के ख़राब स्वास्थ्य के बारे में जान कर उन्हें आत्मसमर्पण करने और इनाम की राशि को हरिजन कल्याण में लगाने का आग्रह किया। 1946 में अरुणा ने जब आत्म समर्पण किया तो उनके ऊपर लगे सारे अभियोग हटा लिए गये थे।

अरुणा आसफ़ अली ने कांग्रेस के प्रमुख नेताओं से ब्रिटिश शाही नौसेना में दुर्भावनापूर्ण व्यवहार और रंगभेद से पीड़ित भारतीय विद्रोही नौ-सैनिकों के साथ खड़े होने की माँग की जिसे कांगेस ने स्वीकार नहीं किया। अरुणा आसफ़ अली 1946 की अंतरिम सरकार बनाने के कांग्रेस के फ़ैसले के पक्ष में नहीं थीं। जब आसफ़ अली को अमेरिका का राजदूत बनाया गया तो भी अरुणा उनके साथ नहीं गयीं। 1948 में अरुणा ने सोशलिस्ट पार्टी की सदस्यता ली। 1952 वे भारतीय कम्युनिस्ट पार्टी की सदस्य बनीं। 1953 में बैरिस्टर आसफ़ अली का देहांत हुआ। अरुणा को भारतीय कम्युनिस्ट पार्टी की महिला शाखा नैशनल फ़ेडरेशन ऑफ़ वुमंस लीग का राष्ट्रीय प्रमुख नियुक्त किया गया। वे अखिल भारतीय महिला कांफ्रेंस की दिल्ली शाखा की अध्यक्ष भी रहीं।

अरुणा आसफ़ अली ने 1958 में एक साप्ताहिक पत्रिका *लिंक* और 1962 में एक दैनिक समाचार पत्र *पैट्रियट* की स्थापना भी की। उनके इस नये बौद्धिक अभियान में डॉ. ए.वी. बगिला और सम्पादक एदाता नारायण ने प्रमुख भूमिका निभायी। *लिंक* के सहयोगियों में तत्कालीन भारत के बेहद प्रभावशाली लोगों के नाम शामिल थे : फ़िरोज़ गाँधी, एम. चेलापति रवि, के.एम. पणिक्कर, वी.के. कृष्ण मेनन, के.डी. मालवीय और पोथेन जोसफ़। पत्रिका और अख़बार के लिए अरुणा ने अपना सारा समय लगा दिया। आरम्भिक दिनों में कांग्रेस सरकार ने भी इसे विज्ञापन और हर तरह का समर्थन प्रदान किया। लेकिन इंदिरा गाँधी की मृत्यु के बाद से इस प्रकाशन संस्था को सरकार की ओर से विज्ञापन देना बंद कर दिया गया। इसके बाद यह अख़बार आर्थिक रूप से कमज़ोर हो गया। कर्मचारियों के वेतन और भविष्य-निधि को लेकर शंकाएँ उठने लगीं।

ऐसी हालत में अरुणा ने अकेले ही अपने मित्रों और शुभचिंतकों से आर्थिक अनुदान लिया ताकि कर्मचारियों को समय पर भुगतान सुनिश्चित किया जा सके। उन्होंने कर्मचारियों को हर साल दीवाली बोनस भी दिया। अरुणा ने आर्थिक सहयोग के लिए संदिग्ध छवि के लोगों से भी परहेज़ नहीं किया। उनका कहना था कि लोग कहेंगे मैं कर चोरों से मदद ले रही हूँ, पर भीख के लिए फैलाया गया हाथ

यह नहीं देखता कि उसकी हथेली पर रखा पैसा किस रंग का है। प्रकाशन संस्था को चालू हालत में रखने के अपने तमाम प्रयासों के बावजूद पुराने दोस्तों और कम्पनी के साथी निदेशकों ने अरुणा को *लिंक* से अपने सारे संबंध तोड़ लेने के लिए मजबूर कर दिया। अरुणा के जानकार कहते हैं कि 1993 में इस बेदख़ली के बाद अरुणा ने बहादुरशाह ज़फ़र मार्ग स्थित लिंक हाउस में एक बार भी पैर नहीं रखा। अपने जीवन के आख़िरी दिनों में अरुणा बिस्तर पर ही रहीं और ख़राब स्वास्थ्य के चलते 29 जुलाई, 1996 को उनका निधन हो गया।

देखें : आनंदीबाई जोशी, उपनिवेशवाद विरोधी आंदोलन में स्त्री-नेतृत्व-1 और 2, ऐनी बेसेंट, कमला देवी चट्टोपाध्याय, पण्डिता रमाबाई सरस्वती, महादेवी वर्मा, दुर्गाबाई देशमुख, संतोष कुमारी देवी।

संदर्भ

1. जी.एन.एस. राघवन (2007), *अरुणा आसफ़ अली : एक संवेदनशील क्रांतिकारी,* नैशनल बुक ट्रस्ट , नयी दिल्ली.
2. मनमोहन कौर (1968), *रोल ऑफ़ वुमॅन इन फ्रीडम मूवमेंट 1857-1947,* स्टर्लिंग पब्लिशर्स, नयी दिल्ली.

—रवि दत्त वाजपेयी

अरुणाचल प्रदेश

(Arunachal Pradesh)

सूर्योदय का प्रदेश कहे जाने वाले उत्तर-पूर्वी राज्य अरुणाचल प्रदेश की राजधानी ईटानगर है। इस राज्य के उत्तर में चीन, दक्षिण में असम और नगालैण्ड राज्य हैं; तथा इसके पूर्व और पश्चिम में क्रमशः बर्मा और भूटान स्थित हैं। मुख्यतः जनजातीय आबादी वाले अरुणाचल प्रदेश का भौगोलिक क्षेत्रफल 83,743 वर्ग किमी है। इस लिहाज़ से यह भारत का चौदहवाँ सबसे बड़ा राज्य है। 2011 की जनगणना के अनुसार यहाँ की कुल जनसंख्या 1,382,611 है और इस लिहाज़ से भारत में इसका छब्बीसवाँ स्थान है। भारत के सबसे कम जनसंख्या घनत्व वाले इस राज्य में एक किलोमीटर में 16.5 व्यक्तियों का औसत है। यहाँ की साक्षरता दर 66.95 प्रतिशत है। अंग्रेज़ी यहाँ की सरकारी भाषा है। अरुणाचल की एकसदनीय विधायिका में कुल 60 सदस्य होते हैं। यहाँ से लोकसभा के दो और राज्यसभा का एक सदस्य चुना जाता है। गुवाहाटी उच्च न्यायालय ही अरुणाचल प्रदेश के उच्च न्यायालय की भी भूमिका निभाता है। अरुणाचल प्रदेश की संसदीय राजनीति बहुत ज़्यादा उथल-पुथल से भरी रही है। यहाँ की राजनीति में केंद्र से ज़्यादा स्थानीय मुद्दे हावी रहते हैं और अमूमन उत्तर-पूर्व के अन्य राज्यों की तरह यहाँ भी केंद्रीय राजनीति का बहुत सीधा प्रभाव नहीं पड़ता है। मुख्यतः यहाँ कांग्रेस का प्रभुत्व रहा है, पर व्यक्तिवाद के उभार के कारण इस पार्टी को एक बार मुँह की भी खानी पड़ी है और इसी चक्कर में थोड़े समय के लिए यहाँ भारतीय जनता पार्टी को भी सरकार बनाने का मौक़ा मिला है।

अरुणाचल प्रदेश के संदर्भ में एक उल्लेखनीय बात यह है कि चीन अभी इसे एक विवादास्पद क्षेत्र मानता है और कई मर्तबा किसी वरिष्ठ भारतीय मंत्री या अधिकारी द्वारा यहाँ यात्रा करने पर भी वह अपनी आपत्ति भी जताता है। लेकिन अरुणाचल प्रदेश में होने वाले लगातार चुनावों और उसमें लोगों की भागीदारी को देखते हुए यह कहा जा सकता है कि अरुणाचल प्रदेश के लोग उसे भारत का ही अभिन्न हिस्सा मानते हैं।

अरुणाचल प्रदेश में तक़रीबन बीस मुख्य जनजातियाँ हैं, जो बहुत सी उप-जनजातियों में बँटी हुई हैं। मुख्य रूप से मंगोल और तिब्बत-बर्मा मूल की जनजातियों में अडी, निशी, अपतानी, वांचो, सिंगपो, तंगशा, तगीन, मिशियम, मोनपा, अका, नोक्टे, मिरीस आदि मुख्य हैं। ये बीस से ज़्यादा भाषाएँ बोलती हैं, जिनमें से चौदह भाषाओं का उपयोग प्राथमिक शिक्षा में शिक्षा के माध्यम के रूप में किया जाता है। सामाजिक व्यवस्था के तौर पर ये जनजातियाँ पितृवंशीय हैं और इनमें उत्तराधिकार ज्येष्ठाधिकार आधारित होता है। 2001 की जनगणना के अनुसार यहाँ की जनसंख्या का 34.6 प्रतिशत हिंदू, 18.7 ईसाई, 13 प्रतिशत बौद्ध, 1.9 प्रतिशत मुसलमान और 30.7 प्रतिशत एनिमिस्ट धर्मावलम्बी है। यहाँ की जनजातियाँ झूम खेती भी करती हैं जिसके तहत एक ख़ास जगह पर जंगलों को जला कर वहाँ पर कुछ सालों तक खेती की जाती है और फिर उस जगह को छोड़ कर दूसरी जगह यही कार्रवाई की जाती है। चावल यहाँ की मुख्य फसल है। तक़रीबन 95 प्रतिशत जनसंख्या खेती पर निर्भर है लेकिन पहाड़ी इलाक़ा होने के कारण यहाँ खेती के लिए ज़मीन कम है। अक्सर यह राज्य अपने दम पर अपनी खाद्य-ज़रूरतें पूरा नहीं कर पाता है।

महाभारत और कालिका पुराण में इस राज्य का उल्लेख मिलता है। लेकिन इसके शुरुआती इतिहास के बारे में बहुत कम जानकारी है। 1826 में अंग्रेज़ों ने बर्मा (वर्तमान म्याँमार) के साथ यनाबो की संधि की और इसके परिणामस्वरूप ब्रह्मपुत्र घाटी पर उनका नियंत्रण हो गया। 1838 में अंग्रेज़ों ने इस पूरे क्षेत्र को अपने क़ब्ज़े में ले लिया और यहाँ के प्रशासन के लिए

अरुणाचल प्रदेश : कांग्रेस का प्रभुत्व और फिर वापसी

अपने एजेंट को नियुक्त किया। जनजातीय संस्कृति के विशिष्ट चरित्र और इस क्षेत्र का पिछड़ापन देखते हुए अंग्रेज़ों ने 1874 में शेड्यूल्ड डिस्ट्रिक्ट एक्ट (अनुसूचित ज़िला अधिनियम) और 1880 में असम फ्रंटियर ट्रैक्ट रेग्युलेशन लागू किया। 1913 में उन्होंने नॉर्थ ईस्ट फ्रंटियर एजेंसी (नेफ़ा) का गठन किया। लेकिन अंग्रेज़ों का इस क्षेत्र पर सीधा नियंत्रण काफ़ी सीमित ही रहा। अगले साल, यानी 1914 में तिब्बत से मिलने वाली 885 किमी लम्बी सीमा-रेखा को मैकमोहन लाइन क़रार देते हुए अंतर्राष्ट्रीय सीमा का दर्जा दिया गया। यह दूसरी बात है कि चीन ने कभी भी इस सीमा को स्वीकार नहीं किया। द्वितीय विश्व युद्ध के पहले तक यहाँ बाहरी लोगों के आने पर पाबंदी थी।

स्वतंत्रता प्राप्ति के बाद भारतीय संविधान में इस क्षेत्र को ज़िला परिषदों (डिस्ट्रिक कौंसिल्स) के अंतर्गत स्वायत्तशासी स्थिति प्रदान की गयी। 1954 में यह क्षेत्र नॉर्थ ईस्ट फ्रंटियर एरिया के रूप में असम के राज्यपाल के तहत आ गया। 1962 में चीन ने इसी इलाक़े की तरफ़ से भारत पर हमला किया। इससे भारत सरकार को यह अहसास हुआ कि उसकी उत्तरी सीमा बहुत ही असुरक्षित है। इसीलिए इस सीमा को मज़बूत बनाने की प्रक्रिया शुरू हुई। 20 जनवरी, 1972 को भारत सरकार ने इस क्षेत्र को एक केंद्रशासित प्रदेश का दर्जा दिया और इसका नाम अरुणाचल प्रदेश रख दिया गया। 20 फ़रवरी, 1987 को अरुणाचल प्रदेश को पूर्ण राज्य का दर्जा दिया मिला।

अरुणाचल प्रदेश के एक अलग राज्य बनने से पहले 1975 से ही यहाँ मुख्यमंत्री और विधानसभा का प्रावधान कर दिया गया था। कांग्रेस के पी.के. थुंगन (13 अगस्त, 1975–18 सितम्बर, 1979) यहाँ के पहले मुख्यमंत्री बने। उनके बाद पीपुल्स पार्टी ऑफ़ अरुणाचल प्रदेश के नेता टोमो रीबा कुछ समय के लिए मुख्यमंत्री रहे। जनवरी 1980 में फिर से कांग्रेस की सरकार बन गयी और गेगांग अपांग राज्य के मुख्यमंत्री बने। पूर्ण राज्य का दर्जा मिलने के बाद भी यहाँ की राजनीति पर कांग्रेस का क़ब्ज़ा बरकरार रहा। गेगांग अपांग लम्बे समय (18 जनवरी, 1980–19 जनवरी, 1999) तक राज्य के मुख्यमंत्री बने रहे । लेकिन सितम्बर, 1996 में इन्होंने कांग्रेस से बग़ावत करके अपनी अलग पार्टी अरुणाचल कांग्रेस बनायी। 1998 में यह पार्टी विभाजन के दौर से गुज़री। इस पार्टी के नेता मुकुट मिथी अपने साथ 40 विधायकों को तोड़ने में सफल रहे जो साठ सदस्यों वाली विधानसभा में पूर्ण बहुमत दिलाने वाली संख्या थी। मुकुट मिथी 19 जनवरी 1999 से 3 अगस्त 2003 तक राज्य के मुख्यमंत्री रहे।

शुरुआत में अरुणाचल कांग्रेस के इन दोनों धड़ों ने केंद्र के अटल बिहारी वाजपेयी सरकार का समर्थन किया। बाद में मुकुट मिथी ने अपनी पार्टी का विलय कांग्रेस में कर दिया। 2003 में गेगांग अपांग के कारण मुकुट मिथी की सरकार गिर गयी और 3 अगस्त, 2003 को गेगांग अपांग ही फिर से राज्य के मुख्यमंत्री बने। चूँकि उन्होंने अपनी पार्टी का भाजपा में विलय कर दिया जिससे पहली बार किसी उत्तर-पूर्वी राज्य में भाजपा की सरकार बनी। लेकिन 2004 के लोकसभा चुनावों में भाजपा की हार के बाद वे काग्रेंस में लौट गये। 2004 में कांग्रेस ने अरुणाचल की सत्ता में वापसी की और गेगांग अपांग ही राज्य के मुख्यमंत्री बने रहे। लेकिन 9 अप्रैल, 2007 को राज्य में कांग्रेसी विधायकों के दबाव के कारण उन्हें मुख्यमंत्री पद से इस्तीफ़ा देना पड़ा। उनके बाद दोरजी खांडू राज्य के मुख्यमंत्री (9 अप्रैल, 2007–30 अप्रैल ,2011) बने। इन्हीं के नेतृत्व में कांग्रेस ने 2009 में हुआ विधानसभा चुनाव जीता। लेकिन 30 अप्रैल, 2011 को हेलीकॉप्टर दुर्घटना में इनकी मौत हो गयी। इसके बाद नबम टुकी राज्य के मुख्यमंत्री बने जो 2013 तक इस पद पर क़ायम हैं।

अरुणाचल प्रदेश की राजनीति में कांग्रेस का वर्चस्व रहा है। लेकिन गेगांग अपांग के रूप में एक मज़बूत नेता के उभार ने पार्टी को पीछे करके व्यक्ति को उससे ज्यादा मज़बूत बना दिया। इसी कारण अपांग ने 1996 में अपनी पार्टी बनायी। उसके बाद कुछ समय तक राज्य में एक व्यक्ति आधारित राजनीति का दौर चला। इसका नतीजा 1998 में अपांग की पार्टी अरुणाचल कांग्रेस में विभाजन होने और अरुणाचल कांग्रेस (मिथी) के निर्माण के रूप में सामने आया। एक तरह से 1996 से 2004 तक के दौर को राज्य में ग़ैर-कांग्रेसी राजनीति का दौर माना जा सकता है। गेगांग अपांग 2003 में भाजपा शामिल हो गये और अरुणाचल प्रदेश में पहली बार भाजपा की सरकार बनी। लेकिन 2004 के लोकसभा चुनावों के बाद राज्य की राजनीति में कांग्रेस की वापसी हुई। लेकिन इस दफ़ा कांग्रेस में एक व्यक्ति पार्टी से ज़्यादा मज़बूत नहीं हो पाया। 2007 में अपांग को मुख्यमंत्री पद छोड़ना पड़ा। यद्यपि अगले मुख्यमंत्री दोरजी खांडू एक मज़बूत नेता थे, लेकिन वे पार्टी पर उस तरह हावी नहीं हुए थे जैसे नब्बे के दशक में अपांग हावी हो गये थे।

हाल ही में अरुणाचल प्रदेश में कुछ विद्रोही समूह भी काफ़ी सक्रिय हो गये हैं। इसमें नैशनल सोशलिस्ट कौंसिल ऑफ़ नगालैण्ड (एनएससीएन) प्रमुख है। माना जाता है कि अरुणाचल प्रदेश के दो ज़िलों चांगलांग और टिराप में इनका प्रभाव काफ़ी बढ़ गया है, हालाँकि इसके कारण अभी तक किसी तरह की विद्रोह या हिंसा की घटना नहीं हुई है।

देखें : असम, आंध्र प्रदेश, उत्तर प्रदेश, उत्तराखण्ड, ओडीशा, कर्नाटक, केरल, छत्तीसगढ़, जम्मू और कश्मीर, झाड़खण्ड, तमिलनाडु, त्रिपुरा, दिल्ली, नगालैण्ड, पश्चिम बंग, पंजाब, महाराष्ट्र, मध्य प्रदेश, मिज़ोरम, मेघालय, भारतीय संघवाद, बिहार, राजस्थान, राज्यों का पुनर्गठन-1, 2 और 3, राज्यों की राजनीति, संघवाद, हरियाणा।

संदर्भ

1. एस. दत्ता (1997) (सम्पा.), *स्टडीज़ इन द हिस्ट्री, इकॉनॉमी ऐंड कल्चर ऑफ़ अरुणाचल प्रदेश,* हिमालयन पब्लिशर्स, नयी दिल्ली.
2. दलविंदर सिंह ग्रेवाल (1997), *ट्राइब्स ऑफ़ अरुणाचल प्रदेश : आइडेंटिटी, कल्चर ऐंड लैंग्वेज* (दो खण्ड), साउथ एशिया पब्लिकेशंस, नयी दिल्ली.
3. चंद्रिका सिंह (1989), *इमरजेंस आफ़ अरुणाचल प्रदेश एज़ अ स्टेट,* मित्तल पब्लिकेशंस, नयी दिल्ली.

—कमल नयन चौबे

अर्थशास्त्र और कौटिल्य

(*Arthashastra* and Kautilya)

ईसा से तीन सौ वर्ष पूर्व रचा गया संस्कृत-ग्रंथ *अर्थशास्त्र* राजनीतिक सत्ता हासिल करने और उसे बनाये रखने के उपायों की विस्तृत संहिता है। 'अर्थ' को परिभाषित करते हुए कौटिल्य ने कहा है : 'अर्थः मनुष्यवती भूमिः।' मनुष्यों से बसी सारी धरती अर्थ है। अर्थशास्त्र इस धरती के पालन-संरक्षण का शास्त्र है। कौटिल्य राजनीतिक और आर्थिक सत्ता के संयोग से मिलने वाली सांसारिक सफलता पर विशेष ध्यान अवश्य देते हैं पर उनके लिए अर्थशास्त्र का तात्पर्य यही नहीं है। प्राचीन भारत की इस महान कृति की रचना का श्रेय उन कौटिल्य को है जिन्हें चाणक्य और विष्णगुप्त के नाम से भी जाना जाता है। पंद्रह अधिकरणों (खण्डों) में बँटी इस पुस्तक में 150 अध्याय हैं। ग्रंथ का काफ़ी हिस्सा राज्य के संचालन की विधियों, युद्ध व वैदेशिक मामलों की चर्चा करता है। इसके अलावा कौटिल्य ने इस रचना में विवाह, स्त्रीधन, दाय, ऋण, वास्तुशास्त्र, नगरनिवेश आदि विषयों का विस्तृत विवेचन भी किया है। बीसवीं सदी के पहले दशक में डॉ. शामशास्त्री द्वारा किये गये अंग्रेज़ी अनुवाद से कौटिल्य की इस रचना की तरफ़ दुनिया भर के विद्वानों का ध्यान गया। मैक्स वेबर ने अपने विख्यात लेख 'पॉलिटिक्स एज़ अ वोकेशन' में *अर्थशास्त्र* को 'रैडिकल मैकियावेलियनिज़म' क़रार देते हुए कहा है कि इसके सामने सोलहवीं सदी में लिखी गयी मैकियावेली की रचना *द प्रिंस* की चमक फीकी पड़ जाती है। ऐतिहासिक प्रमाणों के अनुसार मैकियावेली की रचना में दर्ज सलाहों पर उनके युग के किसी शासक ने वास्तव में कभी अमल नहीं किया। इसके विपरीत *अर्थशास्त्र* में कौटिल्य द्वारा की गयी संस्तुतियाँ उनके युग की व्यावहारिक राजनीति और राज्यकौशल का प्रतिनिधित्व करती हैं। *अर्थशास्त्र* की तुलना चीनी विद्वान सुन ज़ू के ग्रंथ *आर्ट ऑफ़ वार* से भी की गयी है।

एक कृति के रूप में *अर्थशास्त्र* की प्राचीनता इस कालातीत ग्रंथ के रचनाकार के परिचय को विवादास्पद कर देती है। आचार्य कौटिल्य के निजी जीवन के बारे में बहुत कम प्रामाणिक जानकारी उपलब्ध है। इस कारण से भी कुछ विद्वानों की मान्यता है कि *अर्थशास्त्र* की उपलब्ध पांडुलिपि का लेखक कोई और रहा होगा। लेकिन ऐसा विवाद उठाने वाले विद्वान चाणक्य के अलावा किसी और को यह श्रेय दे पाने में समर्थ नहीं हो पाये हैं। दामोदर धर्मानंद कोसम्बी और रामशरण शर्मा जैसे प्राचीन भारत के प्रमुख इतिहासकारों ने *अर्थशास्त्र* की रचना का श्रेय कौटिल्य को ही दिया है।

प्राचीन भारत में राज्यतंत्र के विज्ञान यानी अर्थशास्त्र का अनुशासन धर्म और नीतिशास्त्र के अध्ययन से अलग

था। इस विज्ञान के अकादमीय विशेषज्ञ के तौर पर आचार्य कौटिल्य ने पूर्ववर्त्ती विद्वानों की रचनाओं को अपनी कृति का आधार बनाया। ऐतिहासिक परिस्थितियों ने उन्हें एक सक्रिय राजनीतिज्ञ के रूप में अपनी ही शिक्षाओं को व्यवहार में उतारने का मौक़ा भी दिया। ऐतिहासिक दृष्टांत के मुताबिक़ उन्होंने चंद्रगुप्त मौर्य (321-296 ईसा पूर्व) के शिक्षक और अमात्य (मंत्री) के रूप में मौर्य साम्राज्य की स्थापना में प्रमुख भूमिका निभायी। चाणक्य के बौद्धिक निर्देश के तहत चलाये गये अभियान में चंद्रगुप्त ने न केवल उत्तर-पश्चिम भारत में सिकंदर द्वारा विजित प्रदेशों को छल (यूनानी गवर्नरों की हत्या), राजनय (सिकंदर के उत्तराधिकारी सिल्यूकस से संधि) और बल (युद्ध में विजय) से हस्तगत किया, बल्कि कई तरह की राजनीतिक और कूटनीतिक चालों का इस्तेमाल करके नंद वंश से सत्ता छीनने में सफलता प्राप्त की। चाणक्य और चंद्रगुप्त ने मिल कर जिस साम्राज्य की स्थापना की उसकी राजधानी पाटलिपुत्र (आज का पटना) थी और उसकी प्रभुसत्ता के तहत दक्षिण भारत का एक छोटा सा धुर हिस्सा छोड़ कर बाक़ी पूरा भारत आता था।

अर्थशास्त्र की पृष्ठभूमि से स्पष्ट हो जाता है कि उसके रचनाकार के सरोकारों पर राज्य, उसकी राजनीतिक अखण्डता और प्रशासनिक व्यवस्था क़ायम रखने के आग्रह इतने हावी क्यों थे। नंदवंश का आख़िरी राजा महापद्म नंद अकुशल, विलासी, क्रूर और अलोकप्रिय था। सिकंदर की फ़ौजें सीमाओं का अतिक्रमण करके तत्कालीन भारतीय राज्यतंत्रों की अक्षमता साबित कर चुकी थीं। उन्हें पराजित करके यूनानी गवर्नरों के हाथों में विजित प्रदेश की बागडोर थमा कर वे वापिस जा चुकी थीं। बचे हुए भारतीय राज्यतंत्र आपसी युद्धों और भीषण अव्यवस्था के कारण आंतरिक अराजकता की तरफ़ जा रहे थे। इसीलिए *अर्थशास्त्र* प्लेटो की रचना *रिपब्लिक* की भाँति यह नहीं बताता कि राजनीति कैसी होनी चाहिए। बजाय इसके उसकी दिलचस्पी राजनीति के संसार पर यथार्थपरक निगाह डालने में है। कौटिल्य संसारिकता और बाह्य जगत के प्रति किसी भी तरह का निष्क्रिय दृष्टिकोण रखने, नियति में विश्वास करने या किसी अंधआस्था का पल्ला पकड़ने को मूर्खता क़रार देते हैं। वे राजा को सलाह देते हैं कि उसे धार्मिक चिंतन और राज्यकौशल से संबंधित विज्ञान को अलग-अलग रखना चाहिए। कौटिल्य को यक़ीन था कि विज्ञान का लक्ष्य सत्ता है और सत्ता न केवल शक्ति है, बल्कि उसके ज़रिये मानस को भी (बाह्य ही नहीं वरन् आंतरिक व्यवहार को भी) बदला जा सकता है।

अर्थशास्त्र का पहला अध्याय राज्यकौशल में शासक के प्रशिक्षण पर केंद्रित है। कौटिल्य की निगाह में आदर्श राजा वह है जिसे राजकाज के कामों में, याचिकाएँ सुनने में और विवादों को निबटाने में इतना व्यस्त रहना होगा कि उसे साढ़े चार घंटे से ज़्यादा सोने का समय नहीं मिलना चाहिए। वे सरकारी कर्मचारियों की नियुक्ति, तरह-तरह के जासूसों का इस्तेमाल करके उनकी निष्ठा की जाँच करने और राज्य में सक्रिय विभिन्न राजनीतिक शक्तियों (राज्य के दुश्मनों समेत) के कार्यकलाप की पूरी जानकारी रखने पर ज़ोर देते हैं। वही राजा कौटिल्य की निगाह में होशियार है जो असंतुष्ट राजकुमारों और रानियों से चौकन्ना रहता है, जिसके भोजन-पानी को विषमुक्त रखने के लिए लगातार जाँच होती रहती है और जो हमेशा विश्वस्त रक्षकों से घिरा रहता है।

दूसरे अध्याय में सरकारी विभागों के प्रमुखों के कर्त्तव्यों का विस्तृत वर्णन किया गया है। इस संदर्भ में कौटिल्य की निगाह में राजा अर्थव्यवस्था का प्रबंधक है जो हर तरह के उत्पाद पर टैक्स ही नहीं लगाता, बल्कि उत्पादन को बढ़ाने का प्रयास भी करता है। *अर्थशास्त्र* ने लगान देने वाले किसानों को देहात में बसाने, शहरों से लोगों को देहात भेजने, पड़ोसी राज्यों के किसानों को अपनी ओर खींचने, उन्हें ज़मीन-बीज-मवेशी वग़ैरह उपलब्ध कराने जैसे क़दमों के ज़रिये खेतिहर उत्पादन बढ़ाने की सिफ़ारिश की है ताकि पैदावार के सबसे बड़े हिस्से का अधिकारी होने के नाते राजा के ख़ज़ाने में बढ़ोतरी हो सके। दूसरा अध्याय बाज़ार पर पूरी निगरानी रखने और उसे विनियमित करने की सिफ़ारिश भी करता है ताकि जमाखोरी और मुनाफ़ाखोरी की प्रवृत्तियों पर अंकुश लगाया जा सके। कौटिल्य ने सभी तरह के वनोपज की सप्लाई की गारंटी करने की हिदायत भी दी है। वे जंगली हाथियों की गणना करने का सुझाव भी देते हैं ताकि वाणिज्य और सैनिक उद्देश्यों से हाथियों की कमी न पड़े। दूसरा अध्याय सरकारी कर्मचारियों द्वारा सरकारी धन के ग़बन और रिश्वत की समस्या से काफ़ी चिंतित नज़र आता है। भ्रष्ट कर्मचारियों को पकड़ने और सरकार के प्रति वफ़ादारों को पुरस्कृत करने के लिए कौटिल्य ने कई उपाय बताये हैं। तीसरा और चौथा अध्याय क़ानून पर केंद्रित है। इनमें कौटिल्य ने अट्ठारह क़िस्म के क़ानूनी विवादों को गिनाया है जो राजा या उसके द्वारा नियुक्त न्यायाधीशों के सामने सुनवाई के लिए आ सकते हैं। पाँचवाँ अध्याय राजा के गोपनीय आचरण के बारे में है जिसमें बताया गया है कि राजद्रोह की गतिविधियों का किस तरह से पता लगाया जाना चाहिए।

अर्थशास्त्र का छठा अध्याय मण्डल सिद्धांत का सूत्रीकरण करता है। यहाँ विदेश नीति के इस विख्यात सिद्धांत की सिफ़ारिश है कि सीमा से लगे राज्य को अपना प्राकृतिक शत्रु मानना चाहिए और उसकी सीमा से लगे राज्य को अपना सम्भावित सहयोगी। कौटिल्य कहते हैं कि शासक अगर अपने राज्य को पहला माने तो तीसरे, पाँचवें और सातवें राज्य को अपने मित्र के रूप में देख सकता है, और दूसरे, चौथे, छठे और आठवें राज्य को सम्भावित शत्रु के रूप में। सातवें अध्याय

के केंद्र में कौटिल्य की विदेश नीति का प्रमुख सिद्धांत 'युद्ध के लिए तैयारी, लेकिन शांति की उम्मीद' न हो कर 'युद्ध की तैयारी और विजय की योजना' है। भविष्य का विजेता ही *अर्थशास्त्र* की निगाह में बेहतर राजा है। राजनय को भी कौटिल्य ऐसी गतिविधियों की एक शृंखला के तौर पर देखते हैं जो अंततः युद्ध में विजय की ओर ले जाने के उद्देश्य से की जाती हैं। शांतिकाल के दौरान भी कौटिल्य की सिफ़ारिश है कि राजा को लगातार ख़ुफ़िया कार्रवाइयों के ज़रिये अपना विजय अभियान जारी रखना चाहिए। कई विद्वानों ने कौटिल्य की विदेशनीति की व्याख्या बीसवीं सदी में प्रचलित शक्ति-संतुलन के आधुनिक सिद्धांत के आधार पर करने की कोशिश भी की है।

आठवें अध्याय में राज्य पर आने वाली कुदरती आफ़तों की चर्चा है। नवें और दसवें अध्याय में युद्ध की तैयारी और विभिन्न व्यूह-रचनाओं का विवरण है। ग्यारहवाँ अध्याय गणों और गणसंघों के बारे में है। बारहवें अध्याय में बताया गया है कि अगर राजा कमज़ोर है तो उसे कैसी नीतियाँ अपनाना चाहिए। तेरहवाँ अध्याय बताता है कि एक किले में घिर जाने वाला शासक किस तरह की समस्याओं से जूझता है। चौदहवाँ अध्याय युद्ध में इस्तेमाल किये जाने वाले तरह-तरह के ख़ुफ़िया हथकंडों की जानकारी देता है। पंद्रहवाँ अध्याय तर्कपरक और सैद्धांतिक आधार पर किये गये राजकौशल के संक्षिप्त विश्लेषण पर केंद्रित है।

देखें : अफ़लातून, आर्यभट्ट और *आर्यभटीय*, उपनिषद्, कपिल, *अर्थशास्त्र* और कौटिल्य, *भगवद्गीता*, जैन दर्शन, न्याय दर्शन, नागार्जुन, निकोलो मैकियावेली, पतंजलि और *योगसूत्र*, पाणिनि और *अष्टाध्यायी*, पुराण, पूर्व-मीमांसा दर्शन, बादरायण, बौद्ध दर्शन, महाभारत, मैक्स वेबर, लोकायत, वात्स्यायन और *कामसूत्र*, शंकराचार्य, षड्-दर्शन-1 और 2.

संदर्भ

1. एम.वी. कृष्णाराव (1958), *स्टडीज़ इन कौटिल्य*, मुंशीराम मनोहरलाल, दिल्ली.
2. थॉमस आर. ट्रॉटमान (1971), *कौटिल्य ऐंड द अर्थशास्त्र : अ स्टेटिस्टीकल इनवेस्टिगेशन ऑफ़ द ऑथरशिप ऐंड इवोल्यूशन ऑफ़ द टेक्स्ट*, ई.जे. ब्रिल, लीडन.
3. जॉर्ज मोडेल्स्की (1964), 'कौटिल्य : फ़ोरेन पॉलिसी ऐंड इंटरनैशनल सिस्टम इन द ऐंशएंट हिंदू वर्ल्ड', द *अमेरिकन पॉलिटिकल साइंस रिव्यू*, खण्ड 58, अंक 3.
4. डी.डी. कोसम्बी (1994), द *कल्चर ऐंड सिविलाइज़ेशन ऑफ़ ऐंशएंट इण्डिया*, विकास पब्लिशिंग हाउस, नयी दिल्ली.
5. रामशरण शर्मा, (1991), *आस्पेक्ट्स ऑफ़ पॉलिटिकल आइडियाज़ ऐंड इंस्टीट्यूशन ऑफ़ ऐंडशएंट इण्डिया*, मोतीलाल बनारसीदास, दिल्ली.

—अभय कुमार दुबे

अर्थ-विज्ञान

(Semantics)

भाषा के दायरे में शब्दों और वाक्यों के तात्पर्य का अध्ययन अर्थ-विज्ञान कहलाता है। उन्नीसवीं सदी के उत्तरार्ध से पहले अर्थ-विज्ञान को एक अलग अनुशासन के रूप में मान्यता नहीं थी। फ्रांसीसी भाषा-शास्त्री मिशेल ब्रील ने इस अनुशासन की स्थापना की और इसे सीमेंटिक्स का नाम दिया। बीसवीं सदी की शुरुआत में फ़र्दिनैंद द सॅस्यूर द्वारा प्रवर्तित भाषाई क्रांति के बाद से सीमेंटिक्स के पैर समाज-विज्ञान में जमते चले गये। सीमेंटिक्स का पहला काम है भाषाई श्रेणियों की शिनाख़्त करना और उन्हें उपयुक्त शब्दावली में व्याख्यायित करना। ऊपर से सहज पर भीतर से पेचीदा लगने वाली अर्थ-संबंधी क़वायदें सीमेंटिक्स की मदद के बिना नहीं हो सकतीं। उदाहरण के लिए 'नश्वर होते हैं लोग' और 'नश्वर थे गाँधी' के बीच अर्थ-ग्रहण के अंतर पर नज़र डाल कर सीमेंटिक्स की उपयोगिता का पता लगाया जा सकता है। दूसरे वाक्य का निहितार्थ यह है कि गाँधी को अमर माना जाता था या गाँधी जैसे लोग भी नश्वर होते हैं। सीमेंटिक्स यह पता लगाता है कि अर्थ-ग्रहण का यह अंतर पैदा करने में भाषा कैसे काम करती है।

विचित्र बात यह है कि अर्थ-विज्ञान पर शुरुआत में भाषा-शास्त्रियों के बजाय दार्शनिकों ने ज़्यादा गहरी नज़र डाली। साठ के दशक से भाषाविदों ने भाषाई अर्थों के दो बुनियादी प्रकारों को रेखांकित करना शुरू किया। माना गया कि अर्थ की पहली क़िस्म तो भाषाई रूप में ही सहजात होती है। दूसरी क़िस्म का ताल्लुक़ उस रूप के बोले जाने और उस अभिव्यक्ति के संदर्भ के बीच अन्योन्यक्रिया से होता है। सीमेंटिक्स के तहत अर्थ-निरूपण मुख्यतः तीन प्रकार के विभेदों के तहत किया जाता रहा है। इनमें पहला है बोध और संदर्भ के बीच का अंतर। दूसरा है शब्द के अर्थ और वाक्य के अर्थ का भेद। तीसरा है पाठ और संदर्भ के बीच का अंतर। इस तीसरे अंतर को अब सीमेंटिक्स से अलग करके भाषा-शास्त्रियों ने प्रैगमैटिक्स के रूप में नया अनुशासन बना दिया गया है। सीमेंटिक्स के तहत जिस भाषा का अध्ययन किया जाता है उसे लक्ष्य-भाषा (ऑब्जेक्ट लैंग्वेज) की संज्ञा दी जाती है और जिस भाषा में उसकी व्याख्या की जाती है उसे मैटालेंग्वेज कहते हैं। एक लक्ष्य-भाषा अपनी व्याख्या के लिए मैटालेंग्वेज की भूमिका भी अदा कर सकती है। भाषा-शास्त्र के इतिहास में अर्थ-ग्रहण संबंधी क़वायदें पहले शब्द-केंद्रित थीं, फिर वे वाक्य-केंद्रित हुईं और फिर वे पाठ-केंद्रित हो गयीं। इन तीनों प्रक्रियाओं ने मीडिया-अध्ययन,

साहित्यालोचना, व्याख्यात्मक समाजशास्त्र और संज्ञानात्मक विज्ञान के अनुशासनों को प्रभावित किया है। सीमेंटिक्स प्रश्न उठाता है कि किसी शब्द के अर्थ की शिनाख़्त भाषा के दायरे के भीतर ही की जाए या अर्थ-निरूपण के लिए उसके बाहरी दायरे से भी मदद ली जाए। मसलन, कुर्सी का मतलब हमें पता है, पर, यह अर्थ हम किस प्रकार हासिल करते हैं? हम कह सकते हैं कि कुर्सी पर बैठा जाता है। पर, भाषा के भीतर कुर्सी का अर्थ फ़र्नीचर, मेज़, सीट या बेंच जैसे अन्य अर्थों सहित उसके संबंध के साथ भी ग्रहण किया जाता है। इन शब्दों के साथ रख कर बैठने के लिए काम आने वाली कुर्सी का अर्थ-ग्रहण अलग हो जाता है। बोध और संदर्भ के बीच अंतर का एक और उदाहरण शुक्र ग्रह या वीनस है। इसे भोर का तारा भी कहा जाता है और सांध्य-तारा भी, क्योंकि इसकी चमक सुबह भी दिखायी पड़ती है और रात में भी। इस तरह शुक्र, भोर का तारा और सांध्य-तारा एक ही चीज़ के तीन नाम हैं। लेकिन संदर्भ एक ही होते हुए भी तीनों को अलग-अलग बोध के लिए इस्तेमाल किया जाता है।

सीमेंटिक्स का ज़ोर संदर्भ पर कम और बोध पर अधिक रहता है। चूँकि वह अर्थ-ग्रहण भाषा के भीतर ही करना चाहता है, इसलिए वह नतीजा निकलता है कि यथार्थ की समझ भी भाषा के ज़रिये ही हासिल हो सकती है, और उसके लिए संस्कृति, इतिहास और अन्य भौतिक प्रक्रियाओं का कोई महत्त्व नहीं है। भाषा के भीतर शब्दार्थ प्राप्त करने के लिए सीमेंटिक्स में तीन मुख्य संबंधों समानार्थक, विलोमार्थक और हायपोनॉमिकल का सहारा लिया जाता है।हायपोनॉनिमकल श्रेणी में वे शब्द आते हैं जिनके अर्थ में दूसरे शब्द और अभिव्यक्तियाँ भी शामिल होती हैं। जैसे, कुत्ता किसी बिल्ली, बंदर, जिराफ़ या खरगोश की तरह एक पशु भी है और साथ में वह टेरियर, हाउंड, जर्मन शेफ़र्ड या रिट्रीवर भी हो सकता है। ध्यान देने के बात यह है कि ये तीनों रूप किसी सुपरिभाषित भाषाई प्रणाली के भीतर अर्थ रचने के काम ज़रूर आते हैं, लेकिन इसका मतलब यह नहीं है कि अर्थ-ग्रहण और अर्थ-रचना की सामाजिक और सामुदायिक प्रक्रियाएँ भी उनकी मोहताज होती हों। मसलन, कोई ऐसा समुदाय भी हो सकता है जो इन तीन संबंधों के बिना अर्थात् भाषा के दायरे के बाहर शब्दों की अर्थ-रचना करता हो। उत्तर अमेरिकी में होपी एक ऐसा क़बीला है जिसमें पक्षियों को छोड़ कर सभी उड़ने वाली चीज़ों के लिए अलग-अलग के बजाय एक ही शब्द का इस्तेमाल होता है। इस क़बीले के लोग मच्छर, गुब्बारा और हवाई जहाज़ या ऐसी ही किसी चीज़ को 'मसायताका' नाम देते हैं।

वाक्यों के माध्यम से शब्दार्थ ग्रहण करना भी सीमेंटिक्स के दायरे में आता है।'रमेश ने उमेश से मकान ख़रीदा' दरअसल 'उमेश ने रमेश को मक़ान बेचा' का समानार्थक है। इसी तरह का समानार्थक संबंध 'पुलिस ने आंदोलनकारियों को गिरफ़्तार कर लिया' का 'आंदोलनकारी पुलिस द्वारा गिरफ़्तार कर लिए गये' के बीच है। इसी तरह वाक्यों के बीच दूसरे अर्थ-संबंध बनते हैं। उदाहरण के लिए 'अमेरिकी कमांडो युनिट के हाथों ओसामा बिन लादेन मारा गया' और 'ओसामा बिन लादेन मारा गया' के बीच का अर्थ-संबंध देखा जा सकता है। अगर पहले वाक्य के मुताबिक़ अमेरिकी कमांडो युनिट ने ओसामा को वास्तव में मार डाला है, तो दूसरा वाक्य भी जिस यथार्थ का निरूपण करना चाहता है उसे सच मान लिया जाएगा। अर्थ के लिहाज़ से एक वाक्य की दूसरे पर निर्भरता के साथ-साथ वाक्य अपने अर्थ के लिए उसमें अंतर्निहित पूर्व-मान्यता पर भी निर्भर करते हैं। जैसे : 'रक्षा मंत्रालय के एक वक्तव्य के अनुसार भारत को उन शक्तियों का प्रयोग करना चाहिए जिनसे पाकिस्तान को सीमा-पार से होने वाले आंतकवाद को प्रोत्साहित करने से रोका जा सके'। इस वाक्य में दो पूर्व-मान्यताएँ निहित हैं : पहली, भारत के पास आवश्यक शक्तियाँ हैं और दूसरी, पाकिस्तान सीमा-पार आतंकवाद को प्रोत्साहित कर रहा है।

पिछले दस साल में सीमेंटिक्स और प्रैगमैटिक्स के क्षेत्रों में ज़बरदस्त भाषा-शास्त्रीय काम हुआ है। वाक्यों और शब्दों के अर्थों के बीच अंतर करने वाली ये सीमेंटिक क़वायदें ऊपर से देखने में बहुत मामूली लग सकती हैं, पर किसी इबारत में अंतर्निहित विचारधारात्मक तात्पर्यों और दावेदारियों को सामने लाने के लिए इनकी अहमियत से इनकार नहीं किया जा सकता। सीमेंटिक्स और प्रैगमैटिक्स का सहारा लेकर राजनीति-विज्ञान के कई पदों में हुए अर्थ संबंधी परिवर्तनों का अध्ययन भी किया जा सकता है। मसलन, लोकतंत्र का अर्थ अरस्तू के ज़माने से लेकर काफ़ी दिनों तक साधारण लोगों या उनकी भीड़ के तंत्र यानी अव्यवस्थित और अराजक प्रणाली के रूप में लगाया जाता रहा है। लेकिन आज लोकतंत्र एक व्यवस्थित क्रियाविधि के मुताबिक़ काम करने वाली व्यवस्था के अर्थ में रूढ़ हो गया है। इसलिए जैसे ही कोई माँग या आंदोलन लोकतंत्र की संस्थागत प्रक्रियाओं में सीधे जन-हस्तक्षेप की माँग करता है, उसे व्यवस्था के लिए ख़तरा क़रार दिया जाने लगता है। भारत में जयप्रकाश नारायण के नेतृत्व में चले सम्पूर्ण क्रांति आंदोलन ने प्रतिनिधि वापसी के अधिकार की माँग करके ऐसी ही अर्थ-संबंधी बेचैनियाँ पैदा की थीं। अण्णा हजारे के नेतृत्व में चले भ्रष्टाचार विरोधी आंदोलन ने भी लोकतंत्र से जुड़ी अर्थ-संबंधी समस्याओं को पेश किया है। अब यह भाषा-शास्त्रियों और लोकतंत्र के चिंतकों का काम है कि वे लोकतंत्र के अर्थ में आये इस परिवर्तन की अर्थ-वैज्ञानिक व्याख्या करें।

देखें : नोआम चोम्स्की, भाषा के मार्क्सवादी सिद्धांत।

संदर्भ

1. आर. कारनैप (1947), *इंट्रोडक्शन टू सीमेंटिक्स,* केम्ब्रिज, मैसाचुसेट्स.
2. जे. लियोंस (1977), *सीमेंटिक्स,* खण्ड 2, केम्ब्रिज युनिवर्सिटी प्रेस, केम्ब्रिज.
3. विलियम फ्राउले (1992), *लिंगुइस्टिक सीमेंटिक्स,* लॉरेंस एर्लबॉम, हिस्लडेल, एनजे.
4. थियो आर. हॉफ़मान (1993), *रेल्म्स ऑफ़ मीनिंग,* लांगमैन, लंदन.
5. जैकब एल. मी (सम्पा.) (2009), *कंसाइज़ इनसाइक्लोपीडिया ऑफ़ प्रैग्मैटिक्स,* एल्सवियर, ऑक्सफ़र्ड.

—अभय कुमार दुबे

अर्थव्यवस्था का समाजशास्त्र

(Sociology of Economy)

आर्थिक परिघटना के साथ समाज और व्यक्ति के संबंधों की व्यापक और बहुआयामी समझ हासिल करने के प्रयास उन्नीसवीं सदी से किये जा रहे हैं। इन कोशिशों की प्रकृति मुख्यत: विवादात्मक (पॉलिमिकल) रही है। बजाय इसके कि अर्थव्यवस्था की समाजशास्त्रीय व्याख्या के तहत अर्थशास्त्र और समाजशास्त्र का कोई जोड़ निकाला जाता, कार्ल मार्क्स, मैक्स वेबर, एमील दुर्खाइम, टैलकॉट पार्संस, एन.जे. स्मेलसर और पिएर बोर्दियो जैसे विद्वानों ने अर्थव्यवस्था के प्रभावों पर समाजशास्त्रीय धारणाओं और सिद्धांतों का प्रयोग करके अपने निष्कर्ष निकाले हैं। कुल मिला कर अर्थव्यवस्था का समाजशास्त्र दो चरणों में विकसित हुआ। पहले चरण की शुरुआत मार्क्स द्वारा प्रतिपादित आधार और अधिरचना के विख्यात मॉडल से हुई। इसका पटाक्षेप मुख्यत: पार्संस और स्मेल्सर द्वारा प्रस्तावित मॉडल के साथ हुआ। इसके बाद दो दशकों तक यह समाजशास्त्र गतिविधियों के लिहाज़ से कुछ ठंडा रहा, पर अस्सी के दशक के मध्य से आर्थिक परिघटना की नयी समाजशास्त्रीय व्याख्याएँ प्रकाश में आने लगीं। इसके तहत यह मान कर चला गया कि आर्थिक क्रियाएँ सामाजिक और सांस्कृतिक संबंधों में सन्निहित होती हैं इसलिए उनकी व्याख्या समाज और संस्कृति की संरचनाओं के संदर्भ में की जानी चाहिए। इस नये समाजशास्त्र ने सोशल नेटवर्क और सामाजिक पूँजी जैसे विचारों की रोशनी में अध्ययनों की परम्परा डाली। ऐसे अध्ययन पहले भी हुआ करते थे, पर आर्थिकी के नये समाजशास्त्र ने इस तरह के तथ्यपरक और अनुभवजन्य (इम्पिरिकल) अध्ययनों पर विशेष ज़ोर दिया।

पहले चरण में विकसित हुआ मार्क्स का अर्थव्यवस्था संबंधी सामाजिक सिद्धांत आर्थिक परिघटना को केंद्रीय महत्त्व देने के आग्रह पर टिका है। उन्होंने आधार और अधिरचना का रूपक वास्तुशिल्प से लिया था। उनका मॉडल बताता है कि किसी इमारत के आकार और नाक-नक्श का उसकी नींव की गहराई और मज़बूती से क्या ताल्लुक़ होगा। आधार यानी नींव का मतलब है अर्थव्यवस्था। इस रूपक के मुताबिक़ अधिरचना अपने अस्तित्व के लिए आधार पर निर्भर रहती है, अर्थात् किसी भी समाज का आधार आर्थिक संबंधों से बनता है जिनकी रचना उत्पादन की शक्तियाँ और उत्पादन के संबंध मिल कर करते हैं। अधिरचना में समाज के क़ानून, राज्य की संस्था, संस्कृति, विचारधारा, कला, साहित्य, मीडिया, संस्कृति के विभिन्न रूप, शिक्षा, राजनीति, धर्म, परिवार की गिनती होती है। इनकी अपनी प्रकृति आधार की प्रकृति पर निर्भर करती है। यानी आधार बदलने के साथ पूरी अधिरचना में परिवर्तन आ जाता है। मार्क्स और एंगेल्स को इस बात का अंदेशा था कि आधार और अधिरचना के मॉडल के कारण उनके सिद्धांत पर आर्थिक पहलू कहीं बहुत ज़्यादा हावी न मान लिया जाए। इसलिए एंगेल्स ने एक जगह सफ़ाई भी दी है कि इतिहास की भौतिकवादी धारणा के अनुसार अंतिम विश्लेषण में इतिहास का निर्णायक तत्त्व वास्तविक जीवन में हो रहा उत्पादन और पुनरुत्पादन है। एंगेल्स का कहना था कि इससे अधिक न तो मार्क्स ने कुछ कहा है और न उन्होंने। इसलिए अगर कोई इसे तोड़-मरोड़ कर कहे कि आर्थिक तत्त्व ही एकमात्र निर्णायक तत्त्व है, तो वह हमारी प्रस्थापना को निरर्थक, अमूर्त और खोखली शब्दावली मात्र बना देता है। इस स्पष्टीकरण के साथ एंगेल्स ने यह प्रस्थापना भी दी है कि राजनीति, न्याय, दर्शन, धर्म, साहित्य, कला आदि का विकास आर्थिक विकास पर आश्रित ज़रूर होता है, पर ये सब एक-दूसरे को और आर्थिक आधार को भी प्रभावित करते हैं। एंगेल्स द्वारा बहुत बाद में दी गयी इस सफ़ाई के बावजूद यह मानना पड़ेगा कि मार्क्स की कई कृतियों और कथनों में आर्थिक आधार को जो प्राथमिकता दी गयी है, वह मार्क्सवाद को आर्थिक निर्धारणवाद की तरफ़ ले जाने के लिए काफ़ी थी।

मैक्स वेबर ने मार्क्स के इस निष्कर्ष को मानने से इनकार कर दिया कि सांस्कृतिक परिघटना आर्थिक और राजनीतिक संबंधों का अक्स भर होती है। वेबर ने धार्मिक विचारों के अनभिप्रेत फलितार्थ रेखांकित करते हुए दिखाया कि प्रोटेस्टेंट मूल्यों के उदय ने पश्चिमी पूँजीवाद की बुद्धिसंगत संरचनाओं के निर्माण में किस तरह केंद्रीय भूमिका निभायी है। 1904 में प्रकाशित *द प्रोटेस्टेंट इथिक ऐंड द स्पिरिट ऑफ़ कैपिटलिज़म* में वेबर ने दिखाया कि ईसाई धार्मिक विचारों का यह संस्करण भौतिक जगत में आर्थिक सफलता पाने के साथ एक किफ़ायती

और साधक जैसी जीवन-शैली के संयोग का पक्षधर था। इस समीकरण ने बूर्ज्वा वर्ग की रचना में बहुत बड़ योगदान दिया। धर्म के पैरोकारों को उस समय भी लगता था कि प्रोटेस्टेंटिज़्म की इन प्रवृत्तियों के कारण धार्मिकता के ऊपर भौतिकता हावी होती चली जाएगी। उनका डर सही निकला। बीसवीं सदी आते-आते पश्चिम के बुद्धिसंगत पूँजीवाद में किसी तरह के धर्म की ज़रूरत घटने लगी। अपने अध्ययनों में वेबर यहीं नहीं रुके। उन्होंने संस्कृति और अर्थव्यवस्था के बीच बेहद जटिल और परिवर्तनशील उभयपक्षी संबंधों की तरफ़ इशारा किया।

एमील दुर्ख़ाइम ने वेबर से भी कुछ पहले 1893 में प्रकाशित अपनी रचना *द डिवीज़न ऑफ़ लेबर इन सोसाइटी* में ऐडम स्मिथ से मोर्चा लिया। अट्ठारहवीं सदी में स्मिथ द्वारा उत्पादकता बढ़ाने के मक़सद से श्रम-विभाजन की आर्थिक उपयोगिता बतायी जा चुकी थी। लेकिन, दुर्ख़ाइम ने श्रम-विभाजन को आर्थिक दृष्टिकोण और उत्पादकता की सीमाओं से बाहर निकालते हुए सामाजिक एकीकरण के आईने में देखा। उन्होंने समाज की दो क़िस्में बतायीं : सहज और जटिल। इस विभाजन के अनुसार सरल क़िस्म के समाज वे होते हैं जिनमें श्रम का विभाजन काफ़ी कम होता है। ऐसे समाज मुख्यतः अपने सदस्यों की एक समान भावनाओं और विचारों के कारण एकीकृत रह पाते हैं। दूसरी तरफ़ जटिल संरचना वाले समाजों में श्रम विभाजन काफ़ी विस्तृत होता है। इन समाजों में एकता की प्रकृति आंगिक होती है। इसके सदस्य एक-दूसरे से काफ़ी अलग होते हुए भी बड़ी हद तक एक-दूसरे पर निर्भर होते हैं।

वेबर का ज़ोर अगर अर्थव्यवस्था और संस्कृति के संबंधों पर रोशनी डालना था, तो दुर्ख़ाइम ने अर्थव्यवस्था और सामाजिक समुदाय के रिश्तों की जाँच की। इस सूत्रीकरण से टैलकट पार्संस के लिए रास्ता खुला और उन्होंने पूरी अर्थव्यवस्था को मानवीय गतिविधि और समाज के व्यापक विन्यास के आईने में देखने का प्रयास किया। इस विधि से पार्संस यह पता लगा पाये कि समाज में किस तरह का माहौल आर्थिक गतिविधियों को कितना प्रोत्साहन देता है और कितना सीमित करता है। पार्संस का यह रवैया क्रियात्मक संदर्भ और प्रकार्यवादी विश्लेषण पर आधारित था। पार्संस ने स्मेल्सर के साथ मिल कर *इकॉनॉमी ऐंड सोसाइटी* (1956) की रचना की। इसमें समस्याओं और उनके हल को प्रणालीगत मॉडल की तरह देखा गया। उन्होंने तजवीज़ की कि हर एक सामाजिक प्रणाली के लिये न केवल एक आर्थिकी होनी चाहिए, बल्कि एक राज्य-तंत्र, सामाजिक समुदाय और ट्रस्ट आधारित न्यासी व्यवस्था भी होनी चाहिए। इन तीनों से मिल कर ही अर्थव्यवस्था का सामाजिक पर्यावरण बन सकता है। इस प्रकार्यवादी मॉडल के अनुसार इस सामाजिक पर्यावरण की कुछ ख़ूबियाँ हो सकती हैं और कुछ ख़ामियाँ भी। जैसे, इसके पास एक मज़बूत या कमज़ोर राज्य हो सकता है, परिपक्व या अधकचरी विधिक परम्पराएँ हो सकती हैं, और एक ऐसी शिक्षा प्रणाली हो सकती है जो उत्पादक गतिविधियों में भागीदारी करने लायक क्षमता पैदा कर पाती हो या न कर पाती हो। ज़ाहिर है कि यहाँ यह मॉडल उन पहलुओं की चर्चा कर रहा है जिनकी वजह से उत्पादक गतिविधियों को या तो बढ़ावा मिलता है या उनमें जड़ता पैदा होती है।

प्रकार्यवादी विश्लेषणात्मक मॉडल मान कर चलता है कि पूरा समाज एक अर्थ में अर्थव्यवस्था का हिस्सा है। चाहे व्यक्तिगत हों या सामूहिक, उसकी सभी इकाइयाँ अर्थव्यवस्था में भागीदारी करती हैं। लेकिन इसके बावजूद विशुद्ध आर्थिक इकाइयाँ नहीं हैं, क्योंकि वे केवल अर्थव्यवस्था में ही हिस्सेदारी नहीं करतीं। चाहे स्कूल हो, कम्पनियाँ हों, या ऐसी ही दूसरी इकाइयाँ, सभी पूँजीवादी व्यवस्था में भाग लेते हुए व्यवस्था को पुष्ट करने वाले मूल्यों का उत्पादन करती हैं। इसीलिए आधुनिक पूँजीवाद को अपनी संस्कृति के पुनरुत्पादन के लिए धर्म की आवश्यकता नहीं पड़ती।

अर्थव्यवस्था के समाजशास्त्र ने ख़ुद को दूसरे चरण में अर्थव्यवस्था और सांस्कृतिक संरचनाओं के अंतर्संबंधों की पड़ताल पर ख़ुद को केंद्रित किया। इस पड़ताल की मुख्य विधि मानकीय विश्लेषण के साथ-साथ बड़े पैमाने पर किये गये अनुभवसिद्ध और तथ्यात्मक अध्ययनों की थी। अस्सी के दशक के मध्य में पिएर बोर्दियो सामाजिक पूँजी और सांस्कृतिक पूँजी की अवधारणाएँ ले कर आये। इससे पहले अर्थशास्त्री शैक्षिक प्रशिक्षण को मानवीय पूँजी की श्रेणी के तहत रखते थे। सामाजिक पूँजी और सांस्कृतिक पूँजी के विचार ने यह दिखाया कि एक सोशल नेटवर्क अपने सदस्य को कुछ ऐसे संसाधन मुहैया कराता है जिनके इस्तेमाल से वह अपने लक्ष्यों की दूसरे नेटवर्कों के सदस्यों के मुक़ाबले बेहतर प्राप्ति करने में कामयाब होता है। पूँजी का यह ख़ास रूप किसी न किसी कारण से बने सामाजिक संबंधों के उपउत्पाद की तरह अपनी उपयोगिता साबित करता है। ये सामाजिक संबंध किसी जाति के भीतर पैदा होने से जुड़े हो सकते हैं, किसी ख़ास स्कूल, कॉलेज या विश्वविद्यालय के पूर्व-छात्र होने से इस तरह की सामाजिक पूँजी हासिल हो सकती है, किसी विशेष क्लब की सदस्यता व्यक्ति के लिए प्रतिष्ठा और आमदनी के वे रास्ते खोल सकती है जो अन्यों के लिए आम तौर पर अप्राप्य रहते हैं। आजकल काले धन और राजनीतिक-सामाजिक निर्णय प्रक्रियाओं के बीच लम्बे समय से चल रहे उभयपक्षीय लाभदायक रिश्तों के चलते इन दोनों प्रभावशाली तबकों के बीच भी विशाल सामाजिक पूँजी निर्मित हो गयी है।

देखें : अमर्त्य कुमार सेन, अंतर्राष्ट्रीय मुद्रा कोष, आर्थिक जनसांख्यिकी, अल्फ्रेड मार्शल, आधार और अधिरचना, ऑस्कर रायज़ार्ड. लांगे, करारोपण, कल्याणकारी अर्थशास्त्र, कार्ल हाइनरिख़ मार्क्स-3, कार्ल मेंगर, कींसियन अर्थशास्त्र, गुन्नार मिर्डाल, जोआन रोबिंसन, जान कैनेथ गालब्रेथ, जान मेनार्ड कींस, जान स्टुअर्ट मिल, जोसेफ़ शुमपीटर, जैव विविधता, ट्रस्टीशिप,

डेविड रिकार्डो, डेविड एमील दुर्ख़ाइम, ढाँचागत समायोजन कार्यक्रम, टैलकॉट पार्संस, थॉमस मन और वणिकवाद, थॉमस रॉबर्ट माल्थस, दक्षता, धन, नियोक्लासिकल अर्थशास्त्र, नीतिशास्त्र और अर्थशास्त्र, निकोलस काल्दोर, नियोजन, नियोजन : मार्क्सवादी विमर्श, पण्य, पण्य-पूजा, पिएर बोर्दियो, पेटेंट, पॉल सेमुअलसन, पियरो स्राफ़ा, पूँजी, प्रतियोगिता, फ्रांस्वा केस्ने और प्रकृतिवाद, फ्रेड्रिख़ वॉन हायक, बहुराष्ट्रीय निगम, बाज़ार, बाज़ार की विफलताएँ, बाज़ार-समाजवाद, बौद्धिक सम्पदा अधिकार, ब्रेटन वुड्स प्रणाली, भारत में बहुराष्ट्रीय निगम, भारत में नियोजन, भारत में पेटेंट क़ानून, भारत में शेयर संस्कृति, भूमण्डलीकरण और पूँजी बाज़ार, भूमण्डलीकरण और वित्तीय पूँजी, भूमण्डलीकरण और वित्तीय उपकरण, मार्क्सवादी अर्थशास्त्र, मिल्टन फ्रीडमेन, मूल्य, मैक्स वेबर, राजकोषीय नीति और मौद्रिक नीति, रॉबर्ट ओवेन, विलफ्रेडो परेटो।

संदर्भ

1. एन. स्मेल्सर और आर. स्वेदबर्ग (सम्पा.) (2003), *हैंडबुक ऑफ़ इकॉनॉमिक सोसियोलॉजी,* रसेल सेज फ़ाउंडेशन और प्रिंसटन युनिवर्सिटी प्रेस, प्रिंसटन.
2. आर. स्वेदबर्ग (2003), *प्रिंसिपल्स ऑफ़ इकॉनॉमिक सोसियोलॉजी,* प्रिंसटन युनिवर्सिटी प्रेस, प्रिंसटन.
3. जे.एस. कोलमैन (1990), *फ़ाउंडेशन ऑफ़ सोशल थियरी,* हार्वर्ड युनिवर्सिटी प्रेस, केम्ब्रिज, एमए.
4. पिएर बोर्दियो (1986), *डिस्टिंक्शन : अ सोशल क्रिटीक ऑफ़ द जजमेंट ऑफ़ टेस्ट,* रॉटलेज, लंदन.

—अभय कुमार दुबे

अर्नेस्टो 'चे' गुएवारा

(Ernesto 'Che' Guevara)

अर्जेंटीना में जन्मे अर्नेस्टो 'चे' गुएवारा (1928-1967) मार्क्सवादी विचारक, समर्पित क्रांतिकारी और छापामार युद्ध के सिद्धांतकार थे। फ़िदेल कास्त्रो के साथ मिल कर क्यूबा की बतिस्ता विरोधी क्रांति में निर्णायक भूमिका अदा करने के बाद चे ने तीसरी दुनिया, ख़ासकर लातीनी अमेरिकी परिस्थितियों में छापामार संघर्ष, क्रांतिकारी बलिदान और हथियारबंद कम्युनिस्टों की हरावल भूमिका पर ज़ोर दिया। बोलीविया में एक विफल क्रांतिकारी मुहिम के बाद सीआईए के एजेंटों द्वारा हत्या किये जाने के पैंतालीस साल बाद भी वे सारी दुनिया के वामपंथियों और विद्रोही नौजवानों के बीच रैडिकलिज़म के प्रतीक बने हुए हैं। फ़ौजी कैप पहने और हल्की-बेगरी दाढ़ी वाली उनकी तस्वीर (जिसे एलेक्सिस कोर्डा ने खींचा था) क्रांति और विद्रोह की कालजयी छवि के रूप में सारी दुनिया में स्वीकार की जा चुकी है। क्यूबा में क्रांति करने के बाद चे निर्माणाधीन समाजवादी समाज और राज्य की केंद्रीय हस्ती बन कर उभरे, लेकिन जल्दी ही यह प्रक्रिया उनके क्रांतिकारी मिज़ाज को नाकाफ़ी लगने लगी। उन्होंने पूरे लातीनी अमेरिका में साम्राज्यवाद के ख़िलाफ़ कई नये मोर्चे खोलने का आह्वान किया। अप्रैल, 1960 में प्रकाशित अपनी पुस्तिका *गुरिल्ला वारफ़ेयर* में चे ने अनुशासन और आदेश पालन में पर ज़ोर दिया। आंतरिक लोकतंत्र के आधार पर समाजवाद की रचना करने के स्थान पर उनकी मान्यता थी कि आदेश और नियंत्रण के ज़रिये यह परियोजना पूरी की जा सकती है।

इसी वर्ष जून में प्रकाशित अपने लेख 'ऑन सेक्रीफ़ाइस एंड डेडिकेशन' में चे ने 'नये आदमी' का विचार पेश किया। नैतिक बल की खुराक पर चलने वाले इस नये आदमी के लिए छापामार युद्ध, समर्पण और फ़ौजी अनुशासन ही कम्युनिस्ट राजनीति का पर्याय था। चे शहरों में चलने वाले आंदोलनों और मज़दूर वर्ग की कार्रवाइयों को महत्त्व के लिहाज़ से दूसरे दर्जे का मानते थे। उनका विचार था कि क्रांतिकारी संघर्ष की बागडोर किसानों के हाथ में नहीं होनी चाहिए। बजाय इसके किसानों को इस संघर्ष का समर्थन करना चाहिए, और क्रांति के संचालन की ज़िम्मेदारी गुरिल्ला कम्युनिस्टों के पास रहनी चाहिए। इस विचार का तात्पर्य यह था कि क्रांतिकारी सामाजिक बदलावों में मुख्य भूमिका निभाते हैं न कि वे सामाजिक शक्तियाँ जिनका वे प्रतिनिधित्व करते हैं।

गुएवारा का जन्म 1928 में अर्जेंटीना के रोज़ारियो नामक स्थान पर हुआ था। बचपन में ही उन्हें दमा हो गया जिसके ख़िलाफ़ जद्दोजहद करते-करते उनके भीतर बाहरी बाधाओं से लड़ने की क्षमता का संचार हुआ। चे पर उनके माता-पिता का भी बहुत गहरा प्रभाव पड़ा। उनकी माँ सेलिया अर्जेंटीना कम्युनिस्ट पार्टी की सक्रिय सदस्य तो नहीं थीं, पर वे उसके साथ जुड़ी हुई थीं। चे के घर में अक्सर पार्टी की बैठकें हुआ करती थीं। इसने चे के विचारों को वामपंथी दिशा दी।

युवावस्था में चे अपने एक दोस्त के साथ मोटर साइकिल पर सवार हो कर लैटिन अमेरिका के देशों की यात्रा पर निकल गये। अपनी इस यात्रा के बारे में उन्होंने *मोटरसाइकिल डायरीज़* में लिखा है। 1952 में इस रोमांचक यात्रा की शुरुआत तो नये अनुभवों की तलाश के लिए हुई थी, लेकिन इस प्रक्रिया में गुएवारा का सामना लैटिन अमेरिका की क्रूर हक़ीक़त से भी हुआ। पेरू के मार्क्सवादी डॉक्टर ह्युगो पेस्के के दबाव में गुएवारा ने कड़ी मेहनत करके अपनी मेडिकल की पढ़ाई पूरी की। इसके तुरंत बाद 1953 में उन्होंने अपनी दूसरी यात्रा की शुरुआत की जो ग्वाटेमाला में ख़त्म हुई जहाँ गुएवारा ने अपने भीतर एक तरह का राजनीतिक बदलाव महसूस किया।

एलेक्सिस कोर्डा द्वारा खींचा गया चे गुएवारा का कालजयी चित्र.

चे दिसम्बर, 1953 में ग्वाटेमाला पहुँचे। इस समय यह देश व्यापक सामाजिक और राजनीतिक बदलाव के दौर से गुज़र रहा था। जैकोबो अरबेंज (1913–1971) की सरकार क्रांतिकारी तो नहीं थी, लेकिन उसने 1944 में शुरू हुए सुधार और आधुनिकीकरण की प्रक्रिया को जारी रखा था। अरबेंज ने मुख्य रूप से खेतिहर सुधार और ज़मीन के पुनर्वितरण की रणनीति अपनायी। इस वजह से उसका अमेरिकी बहुराष्ट्रीय निगम यूनाइटेड फ्रूट कम्पनी से टकराव हो गया। इस कम्पनी का ग्वाटेमाला की आधी राष्ट्रीय अर्थव्यवस्था पर प्रभुत्व था। यूनाइटेड फ्रूट के मालिकों में डलेस ब्रदर्स भी थे। इनमें एक अमेरिका विदेश मंत्री था और दूसरा एफ़बीआई का प्रमुख। इन लोगों ने यूनाइटेड फ्रूट के दूसरे संचालकों के साथ मिलकर अरबेंज के फ़ौजी तख़्ता-पलट की योजना बनायी। चे के यहाँ आने के छह महीने के बाद संयुक्त राज्य अमेरिका के सैनिकों ने ग्वाटेमाला में प्रवेश किया। एक हफ़्ते बाद अरबेंज ने इस्तीफ़ा दे दिया। चर्चा थी अरबेंज भी सैन्य कार्रवाई का जवाब देंगे। लेकिन ऐसा नहीं हुआ। ग्वाटेमाला के कम्युनिस्टों ने भी किसी तरह का प्रतिरोध संगठित करने के बजाय अरबेंज के फ़ैसले को स्वीकार कर लिया।

अरबेंज के पतन ने चे के सामने स्पष्ट कर दिया कि साम्राज्यवादी शक्तियाँ सुधार की किसी भी ऐसी प्रक्रिया को स्वीकार नहीं कर सकतीं जिससे इस क्षेत्र में अमेरिका के आर्थिक और राजनीतिक हितों को चुनौती मिलती हो। इसी दौर में लैटिन अमेरिका के प्रवासियों के बीच चलने वाले वाद-विवाद ने गुएवारा की व्यक्तिगत राजनीतिक शिक्षा को गहराई से प्रभावित किया। ग्वांटेमाला में ही चे की मुलाक़ात पेरू की कम्युनिस्ट हिल्डा गेडिया से हुई। इस समय तक वे किसी भी तरह की सैन्य या राजनीतिक कार्रवाई में शामिल नहीं थे। उन्होंने स्वयंसेवक के तौर पर लोगों का इलाज ज़रूर किया था। ग्वांटेमाला के अनुभवों के कारण चे ने बेहद निजी और अमूर्त्त क़िस्म के सवालों पर विचार करना शुरू किया। लेकिन उनके सामने यह सवाल बार-बार आता था कि अरबेंज ने संघर्ष क्यों नहीं किया? गुएवारा ने निष्कर्ष निकाला कि वामपंथी राजनीतिक नेतृत्व में इच्छा-शक्ति की कमी थी इसके कारण वह अमेरिकी पिट्ठुओं के हमले के ख़िलाफ़ संघर्ष करने के लिए लोगों को या सेना को संगठित नहीं कर पाया। इस समय तक चे की साम्यवाद में रुचि बढ़ चुकी थी।

ग्वाटेमाला से चे मैक्सिको सिटी गये और लातीनी अमेरिका के बहुत से प्रवासियों से मिले। जुलाई, 1955 में उनके एक क्यूबाई दोस्त ने उनकी मुलाक़ाल फ़िदेल कास्त्रो के भाई राउल कास्त्रो से करायी। ये दोनों इस बात पर सहमत थे कि इस क्षेत्र में सिर्फ़ सैन्य कार्रवाई द्वारा ही सत्ता हासिल की जा सकती है। चे ने ग्वाटेमाला के अपने अनुभवों से यही नतीजा निकाला था। कुछ हफ़्तों बाद चे की मुलाकात फ़िदेल से भी हुई और उनके बीच भी सैन्य कार्रवाई पर सहमति बनी। इस दौरान भी चे हिल्डा की प्रेरणा से मार्क्स का अध्ययन करते रहे। बाद में उन्होंने हिल्डा से शादी भी की। फ़िदेल से मिलने के बाद चे का उनके साथ एक तरफ़ तो गहरा राजनीतिक जुड़ाव क़ायम हुआ, लेकिन साथ में एक विचारधारात्मक अंतर भी बना रहा। फ़िदेल एक क्रांतिकारी राष्ट्रवादी थे जो अपनी प्रेरणाएँ क्यूबाई राष्ट्रवाद के जनक और सिद्धांतकार जोसे मार्ती (1853-1895) से लेते थे। लेकिन चे ख़ुद को कम्युनिस्ट घोषित करने के बाद राजनीति सिद्धांत की पड़ताल कर रहे थे। फ़िदेल के पास इन चीज़ों के लिए धैर्य नहीं था। लेकिन चे और फ़िदेल में मतैक्य था कि क्रांति में समर्पित क्रांतिकारियों की भूमिका बेहद अहम होती है। फ़िदेल क्यूबाई कम्युनिस्ट पार्टी और उसकी नीतियों पर अपने संदेह के कारण इस नतीजे पर पहुँचे थे, और चे ग्वाटेमाला के अनुभवों के कारण।

दो दिसम्बर, 1956 को चे और फ़िदेल 82 साथियों के दल के साथ गुपचुप क्यूबा पहुँचे। लेकिन वहाँ जे-26-एम (26 जुलाई आंदोलन) का सहयोग न मिल पाने के कारण ये लोग क्यूबा के शासक बतिस्ता के सैनिकों के हमले का शिकार हुए। नतीजतन इस दल के सिर्फ़ 19 सदस्य ही जीवित बच पाये। फ़िदेल और चे अपने बचे-खुचे साथियों के साथ अलग-अलग दिशाओं में जंगल की ओर भागे और पंद्रह दिन के बाद मिल कर नये सिरे से छापामार दस्ता तैयार करने का फ़ैसला किया।

चे गुएवारा के पास कोई फ़ौजी प्रशिक्षण नहीं था।

लेकिन अपने साहस और अनुशासन के कारण जल्दी ही उन्होंने केंद्रीय सैन्य भूमिका हासिल कर ली। 1957 के शुरुआती हफ़्तों में किसानों के जुड़ने के कारण इस विद्रोही सेना का विस्तार हुआ। ये वे लोग थे जो सियरा मेस्टेरा के क्षेत्र में रहे थे और जिन्होंने हिंसा का सामना किया था। लेकिन किसी जागरूक राजनीतिक अर्थ में ये लोग क्रांतिकारी नहीं थे। चे के लिए यह चिंता की बात थी। 1957 में फ़िदेल का अपने दल जे-26-एम पर नियंत्रण हो गया। इस संगठन ने गुरिल्ला युद्ध की रणनीति, जिसकी ज़ोरदार तरफ़दारी चे ने भी की थी, को अपना लिया। सेना संगठित करने और दूसरी जगहों से लोगों को गुरिल्ला दस्ते में शामिल करने में चे ने महत्त्वपूर्ण भूमिका निभायी। दिसम्बर, 1958 के आख़िरी दिनों में चे ने सेंटा कालरा शहर में केवल 350 छापामारों की मदद से बतिस्ता के चार हज़ार गार्डों को तीन दिन की लड़ाई के बाद हरा दिया। इसमें चे ने रणनीतिक कुशलता का परिचय देते हुए उस ट्रेन को शहर में आने से रोक दिया था जिसमें रक्षक दल के लिए हथियार आ रहे थे। सरकारी सेना हार गयी और इसके तीन बाद 31 दिसम्बर, 1958 को बतिस्ता देश छोड़कर भाग गया।

क्रांति के बाद क्यूबा में चे एक प्रमुख क्रांतिकारी नायक के रूप में उभरे। उन्हें अनुशासन, वचनबद्धता और साहस के प्रतीक के रूप में देखा गया। चे के ज़्यादा महत्त्वपूर्ण होने का एक कारण यह भी था कि प्रेक्षकों और विश्लेषकों ने क्यूबा की क्रांति को मुख्य रूप से एक फ़ौजी सफलता के रूप में देखा। इस तरह के विश्लेषण में बतिस्ता शासन के आंतरिक रूप से कमज़ोर होने और अमेरिका द्वारा उससे समर्थन वापस ले लेने आदि जैसे कारकों पर ध्यान नहीं दिया गया। नये क्रांतिकारी राज्य को मज़बूती देने के लिए चे को कई तरह की भूमिका निभानी पड़ी।

क्रांति के प्रति किसानों के समर्थन को सुनिश्चित करने के लिए चे ने खेतिहर सुधारों पर बहुत ज़्यादा ज़ोर दिया। वे ज़मीन का समाजीकरण भी करना चाहते थे। राजनीतिक रूप से चे की रुचि समाजवादी परम्परा में थी। शुरू से ही यह स्पष्ट था कि वे क्यूबा की क्रांति को समाजवादी प्रक्रिया के रूप में देखते थे। उनकी मान्यता थी कि विद्रोही सेना और उसके प्रमुख कैडर क्रांति के मुख्य कर्ता हैं। वे सेना को 'वैंगार्ड' या हरावल दस्ते के रूप में देखते थे, हालाँकि कम्युनिस्ट परम्परा में यह भूमिका क्रांतिकारी पार्टी को दी जाती है। चे अमेरिका की सरकार को स्पष्ट रूप से क्रांति का दुश्मन मानते थे। अमेरिका सरकार द्वारा क्यूबा की नाकाबंदी की आशंका पर फ़िदेल के कहने पर चे ने 14 देशों की यात्रा की और क्यूबा के लिए अंतर्राष्ट्रीय स्तर पर समर्थन जुटाया।

अक्टूबर, 1962 के मिसाइल संकट ने क्यूबा के प्रति सोवियत संघ के समर्थन को लेकर फ़िदेल और चे दोनों ही आशंका से भर उठे। चे ने सोवियत संघ पर निर्भरता और सोवियत संघ की कम्युनिस्ट पार्टी द्वारा समाजवाद की ओर संक्रमण की अर्थवादी व्याख्या का विरोध किया। उन्होंने दो स्तरीय कार्यक्रम अपनाने का सुझाव दिया : पहला, समाजवादी चेतना की बढ़ोत्तरी जिसमें भौतिक सुविधाओं के बजाय विचारों पर ज़्यादा ज़ोर देते हुए स्वैच्छिक श्रम की संस्कृति का विकास किया जाए; दूसरा, महाद्वीपीय स्तर पर किसानों के समर्थन के आधार पर गुरिल्ला संघर्ष छेड़ा जाए। लेकिन फ़िदेल ने व्यावहारिक राजनीति के लिहाज़ से सोवियत संघ से संबंध क़ायम रखा।

इससे निराश हो कर चे धीरे-धीरे क्यूबा की क्रांतिकारी सरकार में अकेले पड़ते गये। उन्होंने जनवरी, 1965 में अल्जीरिया में थर्ड वर्ल्ड सॉलिडैरिटी की बैठक में सोवियत यूनियन की तीखी आलोचना की। मार्च, 1965 में उन्होंने क्यूबा नैशनल बैंक की अध्यक्षता से इस्तीफ़ा दे दिया और वहाँ की नागरिकता त्याग दी। वे कांगो चले गये और वहाँ अंतर्राष्ट्रीय गुरिल्ला रणनीति तैयार करने की कोशिश की। कुछ समय बाद में वे बोलिविया गये और वहाँ गुरिल्ला फ़ोर्स तैयार करने की कोशिश की। अपने इस प्रयास में चे किसान जनता से कट जाने के कारण अकेले पड़ गये। अभी तक यह स्पष्ट नहीं हो पाया है कि चे ने बोलीविया जा कर अपना क्रांतिकारी प्रयोग करने का फ़ैसला किन कारणों और तर्कों के आधार पर किया था। कुल मिला कर कहा जा सकता है कि चे ने क्यूबा के अनुभव को हर जगह एक ही तरह से लागू करने की कोशिश की। यह कोशिश व्यावहारिक नहीं थी। बोलिविया में खेतिहर सुधारों के कारण किसानों ने चे की परियोजना में कोई रुचि नहीं दिखायी। वहाँ के संगठित श्रमिक आंदोलन ने भी उनका साथ नहीं दिया। इसके अलावा कम्युनिस्ट पार्टियों ने भी गुरिल्ला युद्ध की इस रणनीति का खुलकर समर्थन नहीं किया। 1967 में बोलीविया में ही सीआईए के एजेंटों ने चे को गिरफ़्तार कर लिया और ला इलेगेरा गाँव के एक स्कूल में उनकी हत्या कर दी गयी।

देखें : आधार और अधिरचना, ऑस्कर रायज़ार्ड लांगे, आंगिक और पारम्परिक बुद्धिजीवी, एंतोनियो ग्राम्शी, कार्ल हाइनरिख़ मार्क्स-1, 2. 3 और 4, क्यूबा की क्रांति, नयी सदी में मार्क्सवादी विमर्श-1, 2. 3,4 5, 6, 7, 8 और 9, निष्क्रिय क्रांति, फ्रेड्रिख़ एंगेल्स, भारत में किसान संघर्ष-2 और 4, भारतीय इतिहास लेखन, भाषा के मार्क्सवादी सिद्धांत, भ्रांत चेतना, बोल्शेविक क्रांति, फ्रांस्वा-चार्ल्स मारी फ़ूरिये, फ्रेंज़ फ़ानो, हिंसा-1 और 2, मानवेंद्र नाथ राय, माओ त्से-तुंग, माओवाद और माओ विचार, मार्क्सवाद-1, 2, 3, 4 और 5, मार्क्सवादी इतिहास-लेखन, मार्क्सवादी समाजशास्त्र, मार्क्सवाद और पारिस्थितिकी, मार्क्सवादी अर्थशास्त्र, समाजवादी वसंत-1, 2, 3, और 4, लेनिनवाद, लियोन ट्रॉट्स्की, लिबरेशन थियोलॅजी, सांस्कृतिक क्रांति, स्तालिन और स्तालिनवाद, सोवियत समाजवाद-1, 2 और 3, सोवियत सिनेमा, वर्चस्व, व्लादिमिर इलीच लेनिन।

संदर्भ

1. जे.एल. एंडरसन (1997), *चे गुएवारा : अ रेवोल्यूशनरी लाइफ़,* बेंटम बुक्स, लंदन.
2. एम. गोंजालेज़ (2004), *चे गुएवारा ऐंड द क्यूबन रेवोल्यूशन,* बुकमार्क्स, लंदन.
3. अर्नेस्टो गुएवारा (1961), *गुरिल्ला वारफ़ेयर,* मंथली रिव्यू प्रेस, न्यूयॉर्क.
4. अर्नेस्टो गुएवारा (1978), *मैन ऐंड सोशलिज़्म इन क्यूबा,* पाथफ़ॉइंडर, न्यूयॉर्क.
5. एम. लोवी (1973), *द मार्क्सिज़्म ऑफ़ चे गुएवारा,* मंथली रिव्यू प्रेस, न्यूयॉर्क.

—कमल नयन चौबे

अलेक्सिस द टॉकवील

(Alexis de Tocqueville)

अलेक्सिस चार्ल्स हेनरी द टॉकवील (1805–1859)

फ्रांस के विख्यात राजनीतिक सिद्धांतकार, समाजशास्त्री और इतिहासकार अलेक्सिस चार्ल्स हेनरी द टॉकवील (1805–1859) ने उन्नीसवीं सदी के पूर्वार्ध में ही घोषित कर दिया था कि लोकतंत्र आने वाले समय की व्यवस्था है। टॉकवील की भविष्य-दृष्टि का कहना था कि युरोप की तत्कालीन कुलीन-तंत्र आधारित हुकूमतों के दिन गिने-चुने ही रह गये हैं। उन्होंने अपना यह ऐतिहासिक नतीजा 1831 से 1832 के बीच की गयी अमेरिकी यात्रा के परिणामस्वरूप निकाला था। टॉकवील के कृतित्व की दूसरी विशेषता थी एक व्यवस्था के रूप में लोकतंत्र के सामाजिक और राजनीतिक रूपों की व्याख़्या और उसकी सम्भावनाओं और सीमाओं की स्पष्ट पहचान। वे मानते थे कि केवल लोकतंत्र के होने से ही सारी समस्याओं का हल नहीं हो जाएगा, क्योंकि लोकतंत्र में व्यक्तिगत स्वतंत्रता के हनन के अंदेशे भी छिपे हुए हैं। फ्रांसीसी और अमेरिकी इतिहास का यह अध्येता ख़ुद को 'नये क़िस्म का उदारतावादी' कहता था। उनकी यह आत्म-छवि एक तरह से सही भी थी, क्योंकि अन्य उदारतावादियों की तरह वे व्यक्तिवाद की सराहना करने के बजाय उसे एक हानिकारक परिघटना के रूप में देखते थे। टॉकवील की मान्यता थी कि लोकतंत्र के तहत पनपा व्यक्तिवाद एक ऐसी निरंकुशता को जन्म दे सकता है जिसमें दमन और उत्पीड़न तो नहीं होगा, पर जिसकी बागडोर हस्तक्षेपकारी क़िस्म के परोपकार के हाथ में होगी। इससे न केवल स्वतंत्रता की आधार-भूमि कमज़ोर होगी, बल्कि स्वतंत्रता की कामना पर भी विपरीत असर पड़ेगा। लोकतंत्र को बहुमत की तानाशाही से बचाने के लिए उन्होंने कई संस्थागत सिफ़ारिशें कीं। टॉकवील एक ऐसे चिंतक थे जिन्होंने जन-राजनीति से जुड़े अंदेशों को पहले से पढ़ लिया था, लेकिन उनकी निगाह लोकतांत्रिक व्यवस्था में निहित सकारात्मक अवसरों पर भी थी।

टॉकवील का जन्म 1805 में फ्रांस के एक कुलीन नार्मन घराने में हुआ था। उनके पिता बोह्रबों राजशाही में अधिकारी थे। 1827 में टॉकवील भी सरकारी सेवा के सदस्य बन गये। 1830 की क्रांति में पारिवारिक वफ़ादारियों के चलते वे नवस्थापित ओह्रलियों राजशाही का समर्थन नहीं कर सके, पर उनका विश्लेषण बता रहा था कि अब बोह्रबों राजवंश की फिर से स्थापना मुश्किल है। इस दुविधा से छुटकारा पाने के लिए वे अपने दोस्त गुस्ताव द बीमों के साथ अमेरिका की दण्ड-प्रणाली का अध्ययन करने के बहाने यात्रा पर निकल गये। इस भ्रमण के परिणामस्वरूप ही टॉकवील ने अपना मशहूर ग्रंथ *डेमॉक्रैसी इन अमेरिका* लिखा जिसका कई भाषाओं में अनुवाद हुआ। फ्रांस लौटने पर इसी ग्रंथ से मिली ख्याति के कारण उन्हें *अक़ादेमी फ्रांसाये* का सदस्य चुना गया। इसी के बाद वे राजनीति में भागीदारी करने लगे। 1848 की क्रांति के बाद उन्हें संविधान सभा का सदस्य चुना गया। अगले साल कुछ दिनों के लिए उन्होंने विदेश मंत्री की ज़िम्मेदारी भी निभायी। वे लुई नैपोलियन के ज़बरदस्त विरोधी थे इसलिए सत्ता पर उसके क़ब्ज़े के बाद ही उनका राजनीतिक करियर ख़त्म हो गया। टॉकवील का बाक़ी जीवन फ्रांसीसी क्रांति के इतिहास का अध्ययन करने में लगा।

समाज-विज्ञान की दुनिया में टॉकवील की धाक उनकी

दो रचनाओं के लिए है। इनमें पहली है *डेमॉक्रैसी इन अमेरिका* जिसका प्रकाशन दो भागों में 1835 और 1840 में हुआ था। इसके छपते ही उनकी बौद्धिक ख्याति चारों तरफ़ फैल गयी और उनका राजनीतिक कॅरियर चल निकला। उनकी दूसरी रचना *द आँसिएँ रेज़ीम ऐंड द रेवोल्यूशन* का प्रकाशन 1856 में हुआ। इसमें फ्रांस के क्रांतिकारी लोकतंत्र के उद्गम का विश्लेषण किया गया था। दरअसल, टॉकवील फ्रांसीसी क्रांति के प्रभावों पर एक विशद अध्ययन करना चाहते थे, पर ख़राब स्वास्थ्य के कारण उन्हें लम्बा जीवन नहीं मिला और उनकी यह रचना अधूरी रह गयी। इन दोनों रचनाओं के प्रत्यक्ष सरोकार अलग-अलग हैं और दोनों के रचना-काल में लम्बा अंतराल भी है। ख़ुद टॉकवील का राजनीतिक जीवन भी ख़ासा उथल-पुथल भरा था। पर इस सबके बावजूद इन रचनाओं के पृष्ठ विचारों के धरातल पर टॉकवील की निरंतरता का प्रमाण पेश करते हैं।

उनके लिए लोकतंत्र के दो मतलब थे : राजनीतिक लोकतंत्र अर्थात् मतदान के अधिकार पर आधारित प्रतिनिधित्वमूलक व्यवस्था; और सामाजिक लोकतंत्र अर्थात् एक ऐसा समाज जिसमें समानता को एक व्यापक और बुनियादी मूल्य के रूप में स्वीकार कर लिया गया हो। टॉकवील के अनुसार समानता के साथ प्रतिबद्धता रखने वाला समाज व्यक्तिवाद को जन्म देता है और परिणामस्वरूप व्यक्तिगत बुद्धि की दावेदारी शास्त्र-सम्मत बौद्धिकता के ख़िलाफ़ बग़ावत कर देती है। दार्शनिक स्तर पर टॉकवील ने इसे देकार्तवादी क्रांति का नतीजा बताया। उन्होंने देखा कि देकार्त के विचारों से तक़रीबन अनजान अमेरिकी समाज में हर क़िस्म के विचार को (चाहे वह कितना भी महान और प्रतिष्ठित क्यों न हो) व्यक्तिगत तर्क की कसौटी पर कसने की प्रवृत्ति है; और हर व्यक्ति विचारों की जाँच-पड़ताल करने की इस क्षमता से ख़ुद को लैस मानता है। इस रवैये ने अमेरिकी मानस को लोकतांत्रिक साँचे में ढाल दिया है। वहाँ के लोगों को यक़ीन हो गया है कि बौद्धिक रूप से वे समान हैं; और गरिमा व मूल्यवत्ता के लिहाज़ से कोई ऊँचा-नीचा नहीं है। अमेरिका के लोगों को लगता है कि ज्ञान और निर्णय करने की क्षमता हर किसी के लिए उपलब्ध है।

टॉकवील ने यह नतीजा भी निकाला कि लोकतांत्रिक व्यक्तिवाद ने व्यापक धरातल पर ख़ुदग़र्ज़ी को जन्म दिया है जिसके तहत लोग जन-सरोकारों से हट कर निजी और पारिवारिक हितों की पूर्ति में लग गये हैं। फलस्वरूप निजी महत्त्वाकांक्षाओं और होड़ में बढ़ोतरी हो गयी है। चूँकि जन्म के आधार पर ऊँच-नीच में यक़ीन न रखने वाले अमेरिकी समाज में सत्ता और स्वामित्व के अवसर सभी के लिए खुले हुए हैं या खुले हुए माने जाते हैं, इसलिए कामयाबी के लिए उनके बीच बेतहाशा संघर्ष होना स्वाभाविक ही है। नाकाम हो जाने वाले इस क़दर ग़रीबी के शिकार होने के लिए अभिशप्त हैं कि उनके लिए प्रगति की सभी सम्भावनाएँ ख़त्म सी हो जाती हैं। कामयाबों को इतनी ज़्यादा समृद्धि मिलती है कि ग़रीबों का उनके लिए कोई वजूद ही नहीं रह जाता।

टॉकवील ने एक दिलचस्प सवाल पूछा कि अमेरिका में कोई नास्तिक क्यों नहीं दिखता। जवाब मिला कि जो घोषित रूप से नास्तिक होगा उसे न तो रोज़गार मिलेगा और न ही ग्राहक मिलेंगे। लेकिन, टॉकवील ने देखा कि इसका एक कारण अमेरिकी मानस में भी निहित है। वैसे तो हर व्यक्ति ख़ुद को बराबर की बौद्धिक क्षमता का स्वामी समझता है, पर अपने जैसे ही लोगों के बहुमत की राय के सामने उसे शक्तिहीनता का एहसास भी है। चूँकि हर व्यक्ति अपनी गिनती में सिर्फ़ एक है और सत्य पर किसी दूसरे की दावेदारी मानने के लिए तैयार नही है, इसलिए उसे बहुमत की राय सही माननी पड़ती है। इसी कारण से बहुमत के ख़िलाफ़ असहमति का स्वर रखने वाले लोगों का अभाव दिखता है। असहमति से वंचित होने की यह प्रवृत्ति से लाज़मी तौर से व्यक्तिगत स्वायत्तता के लिए हननकारी बहुमत की निरंकुशता निकलनी थी। टॉकवील को यह भी लगता था कि इस तरह के लोकतंत्र में केंद्रीय सरकार की शक्तियाँ बढ़ती चली जाएँगी और सरकारी दायरे से स्वतंत्र दायरे ख़त्म हो जाएँगे। केंद्रीकरण सभी को समान करता चला जाएगा, विविधताओं को नुक़सान पहुँचेगा, निजी लाभों से चिपकने के कारण सार्वजनिक ज़िम्मेदारियों से मुँह चुराया जाएगा और राजनीति मोटे तौर पर नेताओं के लिए छोड़ दी जाएगी।

इस विश्लेषण से यह अंदाज़ा लगाना ग़लत होगा कि टॉकवील लोकतंत्र के प्रति पूरी तरह से निराश थे। बावजूद इसके कि उन्हें ऐतिहासिक अनिवार्यता के सिद्धांत में यक़ीन नहीं था, वे यह भी मानते थे कि अमेरिका में उन्होंने जिस लोकतंत्र की झलक देखी है, वही युरोप का भविष्य है। उनके विश्लेषण का मक़सद तो राजनीतिक सक्रियता को सीमित करने वाले तत्त्वों और प्रवृत्तियों का प्रतिकार करने की ज़रूरत पर बल देना था। टॉकवील ने अपने विमर्श में हमेशा नये क़िस्म की निरंकुशता के मुक़ाबले नये क़िस्म की लोकतांत्रिक स्वतंत्रता की सम्भावनाओं को पेश किया। इस लिहाज़ से भी वे अपने युग के उदारतावादियों में अनूठे थे।

टॉकवील ने लोकतंत्र को उसकी अंतर्निहित समस्याओं से छुटकारा दिलाने के लिए उसके सकारात्मक पहलुओं पर ज़ोर दिया। उनका कहना था कि लोकतंत्र के प्रतिनिधित्वमूलक संस्करण की भूमिका शिक्षात्मक होती है, वह लोगों को राजनीतिक जीवन की ओर ले जाता है, सार्वजनिक मुद्दों पर विचार-विमर्श को प्रोत्साहित करता है। उनकी राय थी कि अगर प्रशासनिक अधिकारों का बँटवारा किया जाए और स्थानीय स्व-शासन को बढ़ावा दिया जाए तो लोकतंत्र अधिक विस्तृत राजनीतिक जीवन की गारंटी कर सकता है। इसी

तरह टॉकवील ने संगठन बनाने की स्वतंत्रता की जम कर वकालत की और मध्यवर्ती क़िस्म के स्वत:प्रेरित संगठनों की आवश्यकता पर बल दिया।

टॉकवील के आलोचकों की मान्यता है कि उनके द्वारा की गयी लोकतंत्र की आलोचना में कोई नयी बात नहीं है। उनके प्रेक्षण भी अमेरिकी समाज के विस्तृत अध्ययन की देन नहीं हैं। उन्होंने तो केवल नौ महीने तक ही अमेरिका का भ्रमण किया था। व्यक्तिगत पहलक़दमी पर पड़ने वाले लोकतंत्र के प्रभाव के बारे में उन्होंने जो कुछ कहा वह तो अफ़लातून (प्लेटो) द्वारा पहले ही कहा जा चुका था। बहुमत की तानाशाही से संबंधित उनके अंदेशों को जॉन स्टुअर्ट मिल भी व्यक्त कर चुके थे।

देखें : अफ़लातून, अमेरिकी क्रांति, उदारतावाद, जान स्टुअर्ट मिल, रेने देकार्त, लोकतंत्र, लोकतंत्र की अलोचनाएँ, व्यक्तिवाद।

संदर्भ

1. अलैक्सिस द टॉकवील (1966), *डेमॉक्रैसी इन अमेरिका,* अनु. जी. लारेंस, सम्पादन : जे.पी. मेयर और एम. लर्नर, हार्पर, न्यूयॉर्क.
2. एच. ब्रोगन (1973), *टॉक्वील,* फ़ोटाना, लंदन.
3. जे. लाइवली (1962), द *सोशल ऐंड पॉलिटिकल थॉट ऑफ़ एलेक्सिस द टॉक्वील,* क्लैरेंडन प्रेस, ऑक्सफ़र्ड.
4. एम. ज़ेटरबॉम (1967), *टॉक्वील ऐंड द प्रॉब्लम ऑफ़ डेमॉक्रैसी,* स्टेनफ़र्ड युनिवर्सिटी प्रेस, स्टेनफ़र्ड, कैलिफ़.

—अभय कुमार दुबे

अल्फ्रेड लुई क्रोबर

(Alfred Louis Kroeber)

बीसवीं सदी में दूसरे से लेकर चौथे दशक के बीच सांस्कृतिक मानवशास्त्र के अनुशासन को गहराई से प्रभावित करने वाले अल्फ्रेड लुई क्रोबर (1876–1960) का विचार था कि मानवशास्त्र विज्ञान कम और इतिहास ज़्यादा है। विज्ञान होने की आत्मछवि रखने वाले अनुशासन को इतिहास-प्रधान क़रार देने का उनका आग्रह उस ज़माने में अनूठा था। क्रोबर 1901 में कोलम्बिया विश्वविद्यालय से मानवशास्त्र में फ्रेंज़ बोआस की देखरख में पीएचडी करने वाले पहले छात्र थे। अपने अकादमीय जीवन में वे बोआस द्वारा स्थापित मानवशास्त्रीय परम्पराओं की ही नुमाइंदगी करते रहे, पर वे न तो ख़ुद अपनी निगाहों में 'बोआसनियन' थे और न ही बोआस ने उन्हें अपने अनुयायी की तरह देखा। उन्होंने अपनी धारणाओं का पक्ष लेते हुए बोआस से बहस भी की। कल्चरल डिफ़्यूज़न के प्रवर्तक क्लार्क विज़लर और रॉबर्ट लॉवी जैसे विद्वानोंकी तर्ज़ पर क्रोबर की धारणा थी कि संस्कृति की व्याख्या केवल संस्कृति के माध्यम से ही की जा सकती है, न कि उसे शरीरशास्त्र या मनोविज्ञान में घटा कर। यह विचार देखने में सांस्कृतिक निर्धारणवाद (संस्कृति अन्य सभी वस्तुओं की रचियता है, पर स्वयं उसकी रचना, विकास और संचालन कुछ आंतरिक नियमों के आधार पर होता है) जैसा लगता है। लेकिन, क्रोबर ने इस सिद्धांत को पराजैविक (सुपर ऑर्गनिक) क़रार देते हुए इसी के आधार पर उत्तरी अमेरिका के इण्डियनों का विशद अध्ययन किया।

अल्फ्रेड क्रोबर का जन्म होबोकेन, न्यू जर्सी में हुआ था। उन्होंने अपनी पढ़ाई कोलम्बिया कॉलेज में की और रोमानी नाटकों का स्नातकोत्तर अध्ययन किया। 1901 में उनके 28 पृष्ठीय प्रबंध ने उन्हें कोलम्बिया विश्वविद्यालय का पहला पीएचडी बनाया। क्रोबर के अकादमीय जीवन का अधिकतर हिस्सा युनिवर्सिटी ऑफ़ कैलिफ़ोर्निया, बर्कले में बीता। वे वहीं मानवशास्त्र के प्रोफ़ेसर और वहीं के संग्रहालय के निदेशक बने। इस विश्वविद्यालय के मानवशास्त्र विभाग की इमारत क्रोबर हाल के नाम से जानी जाती है।

1939 में प्रकाशित अपनी कृति *कल्चरल ऐंड नेचुरल एरियाज़ ऑफ़ नेटिव नॉर्थ अमेरिका* में उन्होंने अमेरिकी इण्डियनों को छह: मुख्य सांस्कृतिक और भाषाई क्षेत्रों में बाँटा। यह 'कल्चर एरिया' सिद्धांत की व्यावहारिक निष्पत्ति थी। इसके अलावा क्रोबर को 'कल्चरल कॉनफ़िगरेशन' और 'कल्चरल फ़टीग' जैसी अवधारणाओं के सूत्रीकरण का श्रेय भी जाता है। क्रोबर ने पुरातत्त्व के क्षेत्र में भी महत्त्वपूर्ण योगदान करते हुए मानवशास्त्र के साथ उसका संबंध स्थापित किया। उन्होंने न्यू मैक्सिको, मैक्सिको और पेरू में उत्खनन का नेतृत्व किया और अपने शिष्यों की मदद से अमेरिकी इण्डियनों के बारे में सांस्कृतिक तथ्य एकत्रित किये।

चालीस के दशक में क्रोबर द्वारा रचित पाठ्यपुस्तक 'एंथ्रोपोलॅजी' पढ़ना मानवशास्त्र के छात्रों के लिए अनिवार्य था। अपने समकालीनों पर उनके प्रभाव का अंदाज़ा इस बात से लगाया जा सकता है कि न केवल उनके विचारों से प्रेरणा ग्रहण की जाती थी, बल्कि उनकी दाढ़ी और मूँछें भी मानवशास्त्रियों के बीच फ़ैशन में थीं। उनके मानवशास्त्रीय प्रतिमानों के आधार पर उन्हें 'डीन ऑफ़ अमेरिकन एंथ्रोपोलॅजिस्ट' के नाम से भी जाना जाता था, और उनकी परम्परा पर चलने वाले 'क्रोबरियन' कहलाते थे।

क्रोबर अपने अध्ययनों में किसी संस्कृति के भौगोलिक

अल्फ्रेड लुई क्रोबर (1876–1960)

क्षेत्र पर बहुत ज़ोर देते थे। क्लार्क विज़लर द्वारा प्रतिपादित कल्चर एरिया (संस्कृति-क्षेत्र) की धारणा की रोशनी में उन्होंने देखा कि एक कल्चर एरिया में समान संस्कृतियों वाले कई सापेक्षिक रूप से स्वतंत्र समुदाय रहते हैं। ऐसे क्षेत्र में एक ख़ास संस्कृति का प्रसार आसानी और शीघ्रता से हो जाता है। इसी तरह क्रोबर ने कल्चर कॉनफ़िगरेशन (संस्कृति-समाकृति) के उसूल का भी इस्तेमाल किया। इसके मुताबिक़ माना जाता है कि एक संस्कृति के प्रत्येक बड़े सम्भाग की अपनी जीवन-शैली (या प्रतिमान) होती है। एक संस्कृति के तहत कई सम्भाग हो सकते हैं और उसके तहत कई जीवन-शैलियाँ और प्रतिमान हो सकते हैं। अलग-अलग प्रतिमानों के मिलने से एक विशाल प्रतिमान बन सकता है जिसे परम प्रतिमान या कॉनफ़िगरेशन की संज्ञा दी जा सकती है। क्रोबर की समकालीन मानवशास्त्री और 'बोआसनियन' विद्वान रुथ बेनेडिक्ट भी इस उसूल की प्रभावशाली प्रवक्ता थीं। यह धारणा संस्कृति को एक समष्टि के रूप में देखती है जिसके सभी अंग एक दूसरे से इस प्रकार गुँथे होते हैं कि एक अंग में हुआ बदलाव दूसरे पर लाज़मी तौर पर असर डालता है। एक समाकृति की रचना करने वाले तत्त्व एक-दूसरे को अनुप्राणित करते रहते हैं।

डिफ़्यूज़निस्ट (विसरणवादी) विमर्श की मान्यता है कि सांस्कृतिक तत्त्व एक संस्कृति से दूसरी में फैलते हैं और इसी प्रक्रिया में संस्कृतियाँ विकास और वृद्धि के दौर से गुज़रती हैं। क्रोबर के ज़माने में इस प्रसारवादी दृष्टिकोण के मुख्य प्रवक्ता रॉबर्ट लॉवी थे। लॉवी भी बोआस के शिष्य रह चुके थे। बर्कले विश्वविद्यालय में बोआस ने लम्बे अरसे तक उनकी सोहबत की और उनके सिद्धांतों से प्रभाव ग्रहण किया। अमेरिकी प्रसारवादियों का ख़याल था कि उपनिवेशवादियों के 'सम्पर्क' में आने से पहले उत्तर-अमेरिकी क्षेत्रों में इण्डियन आदिवासी और भाषाई समुदाय रहते थे। 'सम्पर्क' के प्रभाव में इन क्षेत्रों की पुनर्रचना हुई। 1904 में क्रोबर ने इस विचार का अपने अनुसंधान में प्रयोग करना प्रारम्भ किया।

प्रसारवादी धारणाओं का ही परिणाम था कि क्रोबर ने संस्कृति की बुनियादी इकाइयों के रूप में सांस्कृतिक लक्षणों (ट्रेट्स) की शिनाख्त की। लॉवी के साथ मिल कर उन्होंने बर्कले में बड़े पैमाने पर 'कल्चर एलिमेंट सर्वे' करवाया। इसके तहत पीएचडी कर रहे मानवशास्त्र के बहुत से छात्रों को अध्ययन के लिए इण्डियन समुदायों में भेजा गया। इन छात्रों को सांस्कृतिक तत्त्वों की एक तयशुदा सूची दी गयी। उन्हें पता लगाना था कि ये तत्त्व किसी संस्कृति में आज हैं या पहले कभी मौजूद थे। इस सर्वेक्षण के आधार पर प्रकाशित ग्रंथ मानवशास्त्रीय पुस्तकालयों में तो मौजूद रहे, पर वे अनुसंधान के लिए ख़ास उपयोगी साबित नहीं हुए।

फ्रेंज़ बोआस अपने मानवशास्त्रीय अनुसंधान और विश्लेषण को वैज्ञानिक भी मानते थे, और ऐतिहासिक भी। लेकिन, उन्हें क्रोबर और प्रसारवादियों द्वारा इतिहास के पक्ष में विज्ञान को ख़ारिज करने पर आपत्ति थी। इसलिए उन्होंने 1905 के बाद प्रसारवादियों की पद्धति और उसके परिणामों की आलोचना शुरू की। 1937 में क्रोबर ने *हिस्ट्री ऐंड साइंस इन एंथ्रोपोलॅजी* लिख कर बोआस के मानवशास्त्र की समीक्षा की। उनका कहना था कि बोआस का शास्त्र वैज्ञानिक अवश्य है, पर इतिहास के नाम पर वह केवल इतिहास की तकनीक का इस्तेमाल करता है। यानी उसके पीछे ऐतिहासिक दृष्टिकोण नहीं है। बोआस जब किसी सामाजिक प्रक्रिया को दिखाने के लिए अपना प्रायोगिक विश्लेषण करते हैं तो उसमें कोई झोल नहीं होता, पर एक समयावधि के दौरान घटी प्रक्रिया को इतिहास नहीं माना जा सकता। किसी समग्र परिघटना के समेकित वर्णन के बिना इतिहास की उपलब्धि नहीं की जा सकती।

इस प्रत्युत्तर के ज़रिये क्रोबर यह साबित करना चाहते थे कि 'सम्पर्क' से पहले की इण्डियन संस्कृतियों की जो तस्वीर उन्होंने और उनके सहयोगियों ने पेश की हैं, वे बोआस के अनुसंधानों की तरह वैज्ञानिक न होने के बावजूद उसी तरह वैध हैं। उनकी वैधता का प्रमाण उनमें उभरने वाला पैटर्न है। ऐसा कहते हुए क्रोबर यह भी कहते हुए नज़र आ रहेथे कि ऐसे पैटर्न उभारना वैज्ञानिक पद्धति के बस की बात नहीं है। क्रोबर द्वारा छेड़ी गयी इस बहस के परिणामस्वरूप पचास के

दशक में आधुनिक मानवशास्त्र के संस्थापक बोआस द्वारा प्रतिपादित मर्यादाओं से परे जाने का प्रयास होने लगा ताकि मानव संस्कृतियों का वर्णन अधिक विशद और समृद्ध हो सके।

देखें : ऑग्युस्त कॉम्त, क्लॉद लेवी-स्त्रॉस, क्लिफ़र्ड गीर्ट्ज़, टैलकॉट पार्संस, डेविड एमील दुर्ख़ाइम, पिएर बोर्दियो, फ्रेंज़ उरी बोआस, मारग्रेट मीड, मारसेल मौज़, मिल्टन सिंगर, मैक्स वेबर, रुथ बेनेडिक्ट।

संदर्भ

1. अल्फ्रेड एल. क्रोबर (1923), *एंथ्रोपोलॅजी,* हारकोर्ट ब्रेस, न्यूयॉर्क.
2. अल्फ्रेड एल. क्रोबर (1939), *कल्चर ऐंड नेचुरल एरियाज़ ऑफ़ नेटिव नॉर्थ अमेरिका,* युनिवर्सिटी ऑफ़ कैलिफ़ोर्निया प्रेस, बर्कले.
3. थियोडोरा क्रोबर (1973), *अल्फ्रेड क्रोबर :ए पर्सनल कॉनफ़िगरेशन,* युनिवर्सिटी ऑफ़ कैलिफ़ोर्निया प्रेस.
4. ए.एल. क्रोबर और सी. क्लुकहोन (1952), *कल्चर : अ क्रिटिकल रिव्यू ऑफ़ कंसेप्ट्स ऐंड डेफ़िनिशंस,* पीबॉडी यूज़ियम, केम्ब्रिज, एमए.

—अभय कुमार दुबे

अल्फ्रेड मार्शल

(Alfred Marshall)

अर्थशास्त्र को एक स्वतंत्र बौद्धिक अनुशासन के रूप में स्थापित करने का श्रेय अल्फ्रेड मार्शल (1842-1924) को जाता है। 1885 से पहले अर्थशास्त्र एक विषय के रूप में दर्शनशास्त्र और इतिहास के पाठ्यक्रम का अंग हुआ करता था। इतिहासकार और दार्शनिक अपनी डिग्री लेने की मजबूरी में इसका अध्ययन करते थे। पर मार्शल ने न केवल इसे एक स्वतंत्र संस्थागत आधार दिया, बल्कि इसके वैज्ञानिक मानकों को भौतिकी और जीव वैज्ञानिक स्तरों तक उठा दिया। 1903 में मार्शल की कोशिशों को उस समय कामयाबी मिली जब केम्ब्रिज विश्वविद्यालय में अर्थशास्त्र के अलग अध्ययन और डिग्री की शुरुआत हुई। जल्दी ही विश्व भर के अन्य अकादमिक संस्थानों ने अर्थशास्त्र को एक पृथक अनुशासन के रूप में स्वीकार कर लिया। अर्थशास्त्र में बहुत से नये विचारों को स्थापित करने और संस्थागत रूप से इस अनुशासन को एक नये धरातल पर ले जाने की उपलब्धि के लिए अल्फ्रेड मार्शल का नाम समाज-विज्ञान के इतिहास में शीर्ष स्थान का अधिकारी है। मार्शल ने आर्थिक धारणाओं को सहज ग्राफ़ों में अनूदित करके 'डायग्रामैटिक इकॉनॉमिक्स' का सूत्रपात किया। मार्शल की ख़ूबी यह थी कि उन्होंने अपनी धारणाओं की इन ग्राफ़ीय अभिव्यक्तियों को आर्थिक विश्लेषण का अंग बनाने में सफलता हासिल की। उन्होंने आर्थिक विज्ञान को व्यावहरिक बनाने का प्रयास किया ताकि उसकी मदद से सरकारी अधिकारी, राजनेता और व्यापारी अहम फ़ैसले ले सकें। 1890 में प्रकाशित अपनी विख्यात रचना *प्रिंसिपल्स ऑफ़ इकॉनॉमिक्स* में अल्फ्रेड मार्शल ने माँग और आपूर्ति का विस्तृत विश्लेषण करके नियोक्लासिकल पद्धति का ढाँचा तैयार किया। इस लिहाज़ से उन्हें नियोक्लासिकल अर्थशास्त्र के संस्थापक की संज्ञा भी दी जा सकती है।

लंदन के एक मज़दूरवर्गीय इलाक़े में पैदा हुए अल्फ्रेड मार्शल के पिता बैंक ऑफ़ इंग्लैण्ड में क्लर्क थे। साधारण परिवार के होने के बावजूद उनके पिता ने अपने बेटे को अच्छी शिक्षा दिलायी। वे चाहते थे कि मार्शल साहित्य का अध्ययन करें, पर उनकी दिलचस्पी गणित में थी। अपने चाचा की आर्थिक मदद से मार्शल ने केम्ब्रिज विश्वविद्यालय में गणित, दर्शनशास्त्र और राजनीतिक अर्थशास्त्र की पढ़ाई की। दर्शन की सभी क्लासिकी रचनाएँ पढ़ने के बावजूद उन्होंने अर्थशास्त्र में महारत हासिल करने का फ़ैसला किया। कहा जाता है कि ग़रीब बस्तियों की बुरी हालत देख कर उन्हें लगा कि अर्थशास्त्री बन कर वे ग़रीबी की समस्या पर बेहतर विचार कर पायेंगे।

मार्शल ने बाज़ारों के एक दूसरे पर पड़ने वाले प्रभाव को नजरअंदाज करते हुए उनका अलग-अलग अध्ययन किया, और *पार्शियल इक्विलीबिरियम ऐनालिसिस* (आंशिक संतुलन-अवस्था विश्लेषण) का प्रतिपादन किया। उन्होंने दिखाया कि जब दाम बढ़ते हैं और फ़र्में बाज़ार में और ज़्यादा जिंसों को लाती हैं। उन्होंने इसे आपूर्ति का नियम क़रार दिया। जब क़ीमतें गिरती हैं तो उपभोक्ता बड़ी मात्रा में वस्तुएँ ख़रीदते हैं। यह मार्शल की निगाह में माँग का नियम था। माँग और आपूर्ति की यह कैंची न केवल अपनी कतर-ब्योंत के ज़रिये प्रत्येक वस्तु का दाम तय करती है, बल्कि उसकी उत्पादित होने वाली मात्रा भी इसी के ज़रिये निर्धारित होती है। जेवंस के माँग-चालित रवैये और रिकार्डो के आपूर्ति-चालित रवैये के विपरीत मार्शल ने ज़ोर दिया कि माँग और आपूर्ति दोनों मिल कर क़ीमतों और उत्पादन का निर्धारण करते हैं। वे मानते थे कि बाज़ार की प्रतियोगिता वास्तविक क़ीमतों को संतुलनावस्था की तरफ़ ले जाएगी। अगर दाम संतुलनावस्था से ऊपर होंगे तो उत्पादक अपना माल नहीं बेच पायेगा और चीज़ें उसके गोदाम में जमा होने लगेंगी। तब उसे संदेश मिलेगा कि उसे दाम गिराने ही हैं। अगर क़ीमतें संतुलनावस्था से नीचे रखी गयीं तो चीज़ें इतनी ज़्यादा बिकेंगी कि गोदाम ख़ाली हो जाएँगे और कमी पड़ जाएगी। व्यापारी इसे दाम बढ़ाने के संदेश के रूप में ग्रहण करेंगे।

मार्शल ने माना कि माँग और आपूर्ति की यह कैंची

एक पेचीदा स्थापना है। इसलिए उन्होंने इसके दोनों फ़लकों का अलग-अलग विश्लेषण भी किया। उन्होंने देखा कि माँग किसी ख़ास वस्तु की उपयोगिता और उसके उपभोग से मिलने वाले संतोष से तय होती है। उपभोक्ता लगातार सर्वाधिक उपयोगिता की खोज में रहता है। अगर किसी जिंस के दाम ऊँचे होंगे तो वह उपयोगिता की तलाश में दूसरी जिंसों की तरफ़ चला जाएगा। उन्होंने माँग में होने वाले परिवर्तनों को उपभोक्ताओं द्वारा एक सी क़ीमत पर किसी एक वस्तु के ज़्यादा या कम ख़रीदे जाने के रूप में परिभाषित किया। डिमांड कर्व अगर बदलता है तो उसका कारण कई अन्य परिवर्तनों में तलाशा जा सकता है : समृद्धि के स्तर में बदलाव, आबादी में परिवर्तन, लोगों की अभिरुचियों में तब्दीली, अन्य वस्तुओं के दामों में उतार-चढ़ाव या भविष्य की क़ीमतों के बारे में बदली हुई प्रत्याशाएँ। इस लिहाज़ से ज़्यादा समृद्धि और बढ़ी हुई आबादी माँग बढ़ायेगी और क़ीमतें ऊपर जाएँगी। भविष्य में दाम बढ़ने का अंदेशा भी माँग बढ़ा सकता है। दूसरी चीज़ों के दाम बढ़ने से किसी चीज़ की माँग पर पड़ने वाले असर की व्याख्या मार्शल ने पूरक वस्तुओं (उपभोक्ताओं द्वारा एक साथ इस्तेमाल की जाने वाली चीज़ें) की धारणा का इस्तेमाल करके की। मसलन, अगर गैसोलिन के दाम बढ़ते हैं तो उससे जुड़ी हुई चीज़ों की माँग भी गिर जाएगी।

मार्शल ने दिखाया कि किस तरह आपूर्ति उत्पादन की लागत पर निर्भर करती है। उपभोक्ता अगर उपयोगिता और संतोष की तलाश में है तो उत्पादक मुनाफ़े को अधिकतम करने के फ़ेर में रहता है। यदि पैमाने के घटते हुए प्रतफल का नियम लागू किया जाए और कल-पुर्ज़ों और श्रम की क़ीमतें बढ़ रही हों तो उत्पादन की लागत भी बढ़ती है। ज़ाहिर है कि अगर व्यापारियों को बेहतर दाम नहीं मिलेंगे तो वे अधिक वस्तुओं का उत्पादन करने के लिए तैयार नहीं होंगे। दूसरे, उत्पादन कितना भी ज़्यादा हो रहा हो, अगर मज़दूरी ऐसी स्थिति मे उत्पादकों को क़ीमतें भी बढ़ानी पड़ेंगी। लेकिन अगर प्रौद्योगिकी बेहतर हो जाती है और प्रति इकाई श्रम कम ख़र्च करना पड़ता है तो आपूर्ति भी बढ़ेगी और दाम भी कम होंगे।

अधिकतर आर्थिक संबंध कार्य-कारण से बँधे होते हैं। मार्शल ने इस सिलसिले में *इलास्टिसिटी* या लोच की धारणा विकसित की। अगर किसी कारण या घटना का प्रभाव बहुत बड़ा पड़ता है तो वह संबंध इलास्टिक (लोचनीय) माना जाएगा, और अगर कम पड़ता है तो इनइलास्टिक (अलोचनीय)। मार्शल ने इलास्टिसिटी नापने का एक गणितीय फ़ार्मूला भी पेश किया। उनका मानना था कि अगर किसी वस्तु का विकल्प नहीं है और उपभोक्ता उसकी जगह किसी दूसरी का इस्तेमाल नहीं कर सकता तो वह वस्तु क़ीमतों के लिहाज़ से इनइलास्टिक रहेगी। दाम बढ़ने पर

अल्फ्रेड मार्शल (1842-1924)

भी उसकी बिक्री कम नहीं होगी। मार्शल ने यह भी दिखाया कि माँग की इलास्टिसिटी किस तरह दामों पर निर्भर करती है। नमक के पैकेट की क़ीमत काफ़ी कम होती है, इसलिए अगर उसके दामों में बड़ा परिवर्तन हो जाए तो भी नमक उपभोक्ताओं को नमक के दाम इतने ज़्यादा नहीं लगेंगे कि उसकी माँग पर असर पड़े। लेकिन अगर कार के दामों में या कॉलेज की फ़ीस में वृद्धि हो जाए तो उपभोक्ताओं को दिक़्क़त होने लगेगी। मार्शल ने माँग की इलास्टिसिटी तय करने में समय की भूमिका पर भी ध्यान दिया। जो माँग आज इलास्टिक नहीं है यानी दाम बढ़ने पर भी कम नहीं हो रही है, वह कल इलास्टिक हो सकती है। जैसे, पेट्रोल मँहगा होने पर भी कारें कम बिकनी शुरू नहीं हुई। पर आगे चल कम ईंधन में अधिक चलने वाली कारें बनीं, लोगों ने कार-पूल करनी शुरू की। इससे पेट्रोल की माँग पर फ़र्क़ पड़ा।

दिलचस्प बात यह है कि अर्थशास्त्र को नीतिशास्त्र और इतिहास से अलग करने वाले इस विद्वान को आय के वितरण और ग़रीबी की समस्या में काफ़ी रुचि थी। उन्होंने श्रम-बाज़ार का भी अध्ययन किया जिसमें व्यापारी उपभोक्ता होता है, माँग करता है और समाज व परिवार आपूर्ति करता है। मार्शल ने देखा कि अगर मज़दूरी बढ़ जाए तो अकुशल मज़दूरों की सप्लाई बढ़ जाती है, पर प्रौद्योगिकी बेहतर होने से अकुशल श्रम की माँग लगातार गिरती है। इससे अकुशल मज़दूर कम तनख़्वाह प्राप्त होने के कारण ग़रीबी में रहने

के लिए अभिशप्त हैं। ख़ास बात यह है कि इस निष्कर्ष पर पहुँचने के बावजूद मार्शल ने न तो न्यूनतम मज़दूरी बढ़ाने की सिफ़ारिश की, और न ही ग़रीबी कम करने के लिए कोई सुझाव दिया। उन्होंने केवल इतना सुझाव दिया कि अकुशल मज़दूरों को अपने परिवार का आकार सीमित रखना चाहिए।

मार्शल का ज़्यादातर योगदान माइक्रोइकॉनॉमिक (व्यष्टिगत) क़िस्म का है, पर उन्होंने कुछ मैक्रोइकॉनॉमिक (समष्टिगत) योगदान भी किया है। *क्रयशक्ति समता* एक ऐसा ही सिद्धांत है जिसके तहत दो देशों के बीच मुद्रा की विनिमय दर बाज़ार के धरातल पर तय होती है। मसलन, अगर एक बर्गर अमेरिका में एक डॉलर में बिकता है और जापान में सौ येन में तो बाज़ार में एक डॉलर और सौ येन की क्रयशक्ति बराबर हुई, भले ही मुद्रा बाज़ार में एक डॉलर दस येन के बराबर माना जाता रहे।

मार्शल द्वारा किये गये बाज़ारों के अध्ययन की पहली आलोचना तो यह की जाती है कि उन्होंने एक बाज़ार के दूसरे पर पड़ने वाले असर को नज़रअंदाज़ किया, इसलिए वे केवल आंशिक संतुलनावस्था के सिद्धांत तक पहुँच पाये। जबकि, लियोन वालरस ने बाज़ारों के अंतर्संबंधों का अध्ययन किया और सामान्य संतुलनावस्था का सिद्धांत प्रतिपादित करने में सफल रहे। मार्शल द्वारा किये गये ग़रीबी के कारणों के अध्ययन को भी आलोचनात्मक दृष्टि से देखा जाता है, क्योंकि वे अकुशल श्रमिकों की न्यूनतम मज़दूरी बढ़ाने की कोई सिफ़ारिश नहीं करते। अर्थशास्त्र को स्वतंत्र संस्थागत आधार देने के लिए उनकी प्रशंसा तो की जाती है, पर साथ ही यह भी कहा जाता है कि दर्शन, नैतिकता और सामाजिक सरोकारों से आर्थिक विज्ञान को अलग करने के परिणाम थॉमस कार्लाइल की भाषा में उसे उत्तरोत्तर एक 'मनहूस विज्ञान' बनाने की तरफ़ ले गये।

देखें : अर्थ-विज्ञान का समाजशास्त्र, आर्थिक जनसांख्यिकी, अमर्त्य कुमार सेन, अंतर्राष्ट्रीय मुद्रा कोष, आधार और अधिरचना, ऑस्कर रायज़र्ड लांगे, ऐडम स्मिथ, करारोपण, कल्याणकारी अर्थशास्त्र, क्लासिकल अर्थशास्त्र, कार्ल हाइनरिख़ मार्क्स-3, कार्ल मेंगर, कींसियन अर्थशास्त्र, गुन्नार मिर्डाल, जोआन रोबिंसन, जान कैनेथ गालब्रेथ, जान मेनार्ड कींस, जान स्टुअर्ट मिल, जोसेफ़ शुमपीटर, जैव विविधता, ट्रस्टीशिप, डेविड रिकार्डो, ढाँचागत समायोजन कार्यक्रम, थॉमस मन और वणिकवाद, थॉमस रॉबर्ट माल्थस, दक्षता, धन, नियोक्लासिकल अर्थशास्त्र, नीतिशास्त्र और अर्थशास्त्र, निकोलस काल्दोर, नियोजन, नियोजन : मार्क्सवादी विमर्श, पण्य, पण्य-पूजा, पेटेंट, पॉल सेमुअलसन, पियरो स्राफ़ा, पूँजी, प्रतियोगिता, फ्रांस्वा केस्ने और प्रकृतिवाद, फ्रेड्रिख़ वॉन हायक, बहुराष्ट्रीय निगम, बाज़ार, बाज़ार की विफलताएँ, बाज़ार-समाजवाद, बौद्धिक सम्पदा अधिकार, ब्रेटन वुड्स प्रणाली, भारत में बहुराष्ट्रीय निगम, भारत में नियोजन, भारत में पेटेंट क़ानून, भारत में शेयर संस्कृति, भूमण्डलीकरण और पूँजी बाज़ार, भूमण्डलीकरण और वित्तीय पूँजी, भूमण्डलीकरण और वित्तीय उपकरण, मार्क्सवादी अर्थशास्त्र, मिल्टन फ्रीडमेन, मूल्य, राजकोषीय नीति और मौद्रिक नीति, रॉबर्ट ओवेन, विलफ्रेडो परेटो, विश्व व्यापार संगठन, विश्व बैंक, विलियम पेटी, विलियम स्टेनली जेवंस, वैकासिक अर्थशास्त्र, शोषण, साइमन कुज़्नेत्स।

संदर्भ

1. पीटर ग्रोइनवेगन (1995), *अ सोरिंग ईगल : अल्फ्रेड मार्शल 1842-1924,* एडवर्ड एल्गार, ब्रुकफ़ील्ड, वरमोंट.
2. जॉन मेनार्ड कींस (1924), 'अल्फ्रेड मार्शल : 1842-1924', *इकॉनॉमिक जर्नल,* 34, सितम्बर.
3. डेविड रीज़मेन (1990), *द इकॉनॉमिक्स ऑफ़ अल्फ्रेड मार्शल,* सेंट मार्टिंस प्रेस, न्यूयॉर्क.
4. डेविड रीज़मेन (1990), *अल्फ्रेड मार्शल्स मिशन,* सेंट मार्टिंस प्रेस, न्यूयॉर्क.

—अभय कुमार दुबे

अल-ग़ज़ाली

(Al-Ghazali)

अबू हामिद इब्न मुहम्मद अल-तुसी अल-ग़ज़ाली (1058-1111) सुन्नी इसलाम के एक प्रमुख दार्शनिक, धर्मशास्त्री, विधिशास्त्री और रहस्यवादी थे। उनका आविर्भाव उस समय हुआ था जब सुन्नी धर्मशास्त्र की मज़बूती का दौर गुज़र चुका था और उसे शिया इस्माइली धर्मशास्त्र और अरस्तूवादी दर्शन की अरबी परम्परा (फ़लसिफ़ा) से प्रखर चुनौती मिल रही थी। अल-ग़ज़ाली ने फ़लसिफ़ा के महत्त्व को समझ कर उसके प्रति एक जटिल अनुक्रिया विकसित की जिसके आधार पर फ़लसिफ़ा की शिक्षाएँ ख़ारिज की जा सकती थीं। फ़लसिफ़ा एक आंदोलन था जो आठवीं से लेकर दसवीं शताब्दी के ग्रीक दर्शन और वैज्ञानिक साहित्य के अरबी में अनुवाद के कारण उभरा था। इन अनुवादों में अरस्तूवादी और नव-प्लेटोवादी दर्शन प्रमुख थे। यह दर्शन धीरे-धीरे मुसलिम धर्मशास्त्र और क़लाम परम्परा का स्वाभाविक अंग बनता जा रहा था। अल-ग़ज़ाली ने अपनी रचना *तहाफ़त अल-फ़लसिफ़ा (इनकोहेरेंस ऑफ़ द फ़िलॉसफ़र्स)* में फ़लसिफ़ा की बीस मान्यताओं का ज़िक्र करते हुए उसकी आलोचना प्रस्तुत की। उन्होंने फ़लसिफ़ा की मीमांसा के क्रम में जो विचार प्रस्तुत किया, वह न सिर्फ़ दर्शन के इतिहास में महत्त्वपूर्ण स्थान रखता है, बल्कि उसमें चौदहवीं सदी के उत्तरार्द्ध के युरोप में विकसित हुए अरस्तूवादी विज्ञान की आलोचना भी निहित है। ग़ज़ाली अपने समय के सर्वाधिक प्रतिष्ठित इसलामिक धर्मशास्त्री थे। उनके विचारों का असर दूरगामी और दीर्घकालीन साबित हुआ। उसने यहूदी और ईसाई विद्वत्ता को भी प्रभावित किया। आगे चल कर संत

अबू हामिद इब्न मुहम्मद अल-तुसी अल-ग़ज़ाली (1058-1111)

थॉमस एक्विना ने भी पश्चिम में चर्च के प्राधिकार की स्थापना के लिए उनसे काफ़ी-कुछ लिया।

अल-ग़ज़ाली का जन्म उत्तर-पूर्व ईरान के आधुनिक मेशाद शहर से पंद्रह मील उत्तर में तबरान-तुस में हुआ था। अपने भाई अहमद के साथ इसी शहर में उन्हें अपनी शुरुआती तालीम मिली। अहमद आगे चल कर मशहूर धर्मोपदेशक और सूफ़ी विद्वान बने। ग़ज़ाली को पास के निशापुर स्थित मशहूर मदरसे निज़ामैया में अध्ययन करने का मौक़ा मिला। यहीं वे सुल्तान मालिकशाह के वज़ीर निज़ाम अल-मुल्क़ के सम्पर्क में आये जिन्होंने उन्हें बग़दाद के निज़ामैया मदरसे का मुखिया बना दिया। इसी ज़रिये ग़ज़ाली बग़दाद के ख़लीफ़ा के नज़दीक आये। लेकिन सूफ़ी दर्शन के प्रभाव के कारण उन्होंने अपनी जीवन-शैली बदलनी शुरू की। 1095 में अचानक अपने सभी पदों को त्याग कर ग़ज़ाली ने धार्मिक जीवन अपनाना पसंद किया। वे दमिश्क और यरूशलम गये और इब्राहीम के मक़बरे पर जा कर क़सम खायी कि वे अब जीवन में कभी किसी हुक्मरान या राजनीतिज्ञ की नौकरी नहीं करेंगे और न ही वे किसी सरकारी विद्यालय में पढ़ाएँगे। वे निजी दान-दक्षिणा से चलने वाले छोटे-छोटे स्कूलों में अध्यापन करते रहे। 1106 में अल-ग़ज़ाली अपनी क़सम तोड़ कर फिर से बग़दाद लौटे और निशापुर के उसी मदरसे में पढ़ाना शुरू किया जहाँ वे ख़ुद भी छात्र रहे थे।

धर्म के पक्ष में अल-ग़ज़ाली की दलीलें इतनी प्रभावशाली हैं कि उन पर दर्शनशास्त्र का अहित करने का आरोप तक लगाया जाता है। मुसलिम स्पेन में इब्न-रश्द (जिन्हें एवारिस भी कहा जाता है) ने तो *तहाफ़त अल-फ़लसिफ़ा* का खण्डन करने के लिए अपनी क़लम उठायी थी। अरबी और इसलामिक जगत में उनकी स्वीकार्यता और प्रामाणिकता मुख्यत: उनके ज्ञानमीमांसा संबंधी उत्कृट विमर्श और अरस्तूवादी तर्क और तत्त्वमीमांसा की आलोचना के ही कारण है। तर्क-बुद्धि और इलहाम के माध्यम से हासिल किये गये धार्मिक मूल्यों के रहस्योद्घाटन के बीच अंतर्विरोध हल करने के उनके तरीक़े को लगभग सभी मुसलमान धर्मशास्त्रियों और दार्शनिकों द्वारा स्वीकार्यता मिली है।

ग़ज़ाली की मान्यता थी कि दर्शनशास्त्र को भी गणित और विज्ञान की तरह सटीक होना चाहिए। दिलचस्प बात यह है कि उन्होंने अरस्तू के तर्कशास्त्र और नव-प्लेटोवाद की प्रक्रियाओं का ही इस्तेमाल करके फ़लसिफ़ा की ख़ामियाँ खोज निकालीं। उन्होंने यह दिखाने के लिए ज़ोरदार तर्क-प्रणाली विकसित की कि तर्क-बुद्धि अपने-आप में परम सत्ता और अनंत की समझ में योगदान नहीं कर सकती।

अल-ग़ज़ाली की 1105 के आसपास कई रचनाएँ प्रकाशित हुईं जिसमें उन्होंने फ़लसिफ़ा और इस्माइली धर्मशास्त्र द्वारा प्रस्तुत की गयी चुनौतियों की मीमांसा की। हालाँकि फ़लसिफ़ा आंदोलन में मुसलमान, ईसाई और यहाँ तक कि ग़ैर-इसाई (मूर्तिपूजक) भी शामिल थे, परंतु ग़ज़ाली के विचार मुसलमान फ़लसिफ़ा पर केंद्रित थे। अपनी रचना *इनकोहेरेंस* में ग़ज़ाली ने फ़लसफ़ा के दार्शनिक इब्न सिना (जिन्हें एविसिना के नाम से भी याद किया जाता है) की तीन प्रमुख शिक्षाओं पर प्रहार किया। ये थीं : (अ) संसार का भूतकाल में कोई प्रारम्भ नहीं था और किसी काल विशेष में इसकी उत्पत्ति नहीं हुई है, (ब) ईश्वर का ज्ञान सिर्फ़ जीवों के वर्ग (सार्वभौमिकता) को जनता है और इस ज्ञान का विस्तार व्यक्तिगत स्तर पर जीवों और उनकी परिस्थितियों (विशिष्टता) तक नहीं किया जा सकता, और (स) मृत्यु के उपरांत मनुष्य की आत्मा उसके शरीर में वापस कभी नहीं लौट सकती। ग़ज़ाली ने फ़लसिफ़ा की इन तीनों मान्यताओं को धार्मिक क़ानून (शरिया) के विरुद्ध मानते हुए अपनी रचना *इनकोहेरेंस* के अंत में ऐसी मान्यता रखने वालों के विरुद्ध फ़तवा भी लिखा।

अल-ग़ज़ाली द्वारा फ़लसिफ़ा और इस्माइली विचार के खण्डन में राजनीतिक अवयव भी हैं। अपनी रचना *स्कैंडल्स ऑफ़ द इसोटेरिक्स* में अल ग़ज़ाली ने इस्माइलिते प्रचारकों द्वारा प्रतिपादित दो ईश्वर के अस्तित्व संबंधी विचारों का खण्डन भी किया है। इसी प्रकार एक अन्य रचना *द डिसाइसिव क्राइटेरियन फ़ॉर डिस्टिंग्युशिंग इसलाम फ़्रॉम क्लैंडेस्टाइन अनबिलीफ़* में वे इसलाम की परिधि को

परिभाषित करते हुए मुख्यत: तीन सिद्धांतों : एकेश्वरवाद, मुहम्मद की भविष्यवाणी और मृत्योपरांत जीवन के क़ुरान में दिये गये वर्णन पर बल देते हैं। अल-ग़ज़ाली के अनुसार प्रत्येक शिक्षा को अपने आप में परखा जाना चाहिए। जब वह ठोस लगे तथा धार्मिक ग्रंथों के अनुरूप हो तभी उसे स्वीकार किया जाना चाहिए। परंतु यह महत्त्वपूर्ण है कि तर्क और धार्मिक ग्रंथों में व्यक्त विचारों में अंतर्विरोध होने पर ग़ज़ाली तर्क को प्राथमिकता देते हैं। अपनी रचना *द रिवाइवल ऑफ़ द रिलीजस साइंसेज़* में ग़ज़ाली ने मुसलमानों के दिन-प्रतिदिन जीवन में नैतिक व्यवहार से संबंधित महत्त्वपूर्ण विचार पेश किये। इस रचना को चार वर्गों में विभाजित किया जा सकता है। प्रत्येक वर्ग में दस पुस्तकें हैं। पहले वर्ग में धार्मिक प्रचलनों (इबादत) का वर्णन है, तीसरे वर्ग में उन चीज़ों का वर्णन किया गया है जो नरक की ओर ले जाती हैं और जिनसे दूर रहना चाहिए तथा चौथे वर्ग में मुक्ति से संबंधित विचार रखे गये हैं। इस रचना में ग़ज़ाली सांसारिक जीवन के लालचों की निंदा करते हुए पाठकों को यह संदेश देते हैं कि मानव जीवन क़यामत के दिन तक पहुँचने का एक रास्ता भर है। ग़ज़ाली के अनुसार नैतिकता को चारित्रिक विशेषताओं के विकास पर आधारित होना चाहिए। वे पारम्परिक सुन्नी नैतिकता की भी यह कह कर आलोचना करते हैं कि यह धार्मिक नियमों (शरिया) और मुहम्मद साहब के रास्तों से पूर्णत: बँधी है।

ग़ज़ाली मनुष्य की स्वाभाविक ख़ामियों जैसे ग़ुस्सा और यौन सुख की कामना को अस्वाभाविक नहीं मानते। उनके अनुसार ये सब मानवीय गुण के ही अंश हैं जिनका पूरी तरह से परित्याग नहीं किया जा सकता है बल्कि आत्मा पर अनुशासन और विवेक द्वारा नियंत्रित अवश्य किया जा सकता है। ग़ज़ाली मानते थे कि मनुष्य की आत्मा को लगातार प्रशिक्षित और अनुशासित करने की आवश्यकता होती है। परंतु यहाँ यह भी महत्त्वपूर्ण है कि किसी भी स्थान पर ग़ज़ाली ने नैतिकता की दार्शनिक उत्पत्ति पर प्रकाश नहीं डाला है।

धर्म-विज्ञान से संबंधित परिचर्चा में अपनी अनिच्छा प्रकट करने के बावजूद भी अल-ग़ज़ाली ने मानवीय कृत्यों से संबंधित अनेकों दार्शनिक समस्याओं पर विवेचन किया है। *अल-ताहिद वा-अल तवक्कुल (बिलीफ़ इन डिवाइन युनिटी ऐंड ट्रस्ट इन गॉड*) में उन्होंने मानवीय क्रियाओं और इस जगत के निर्माता के रूप में ईश्वर की सर्वशक्तिमत्ता के संबंध का विवेचन किया है। उनके अनुसार इस जगत की ऐसी कोई भी घटना नहीं है जो ईश्वर की इच्छा के अनुरूप पूर्व-निर्धारित नहीं है। मानव जीवन के सभी व्यवहारिक पक्षों को ईश्वर कारणों की शृंखला के माध्यम से नियंत्रित करता है। ईश्वर इस जगत में एकमात्र 'कर्ता' और एकमात्र 'फ़लोत्पादक कारण' है। ईश्वर का ज्ञान और बोध मनुष्यों के विपरीत कालविहीन और अपनिवर्तनीय होता है। किसी वस्तु या जगत में परिवर्तन होने से यह नहीं बदलता है। मनुष्यों की प्रत्येक क्रियाएँ ईश्वर में शाश्वत रूप में विद्यमान रहती हैं। ग़ज़ाली के अनुसार इसके बावजूद भी मनुष्य में यह विचार रहता है कि उनमें संकल्प-स्वतंत्रता है जबकि उनकी प्रत्येक क्रिया आंतरिक और बाह्य दोनों कारणों से ईश्वर द्वारा निर्धारित कृत्य सम्पादित करने के लिए विवश है।

अल-ग़ज़ाली के इन विचारों से यह भी समझा जा सकता है कि मरणोपरांत किसी मनुष्य के लिए जन्नत और दोज़ख़ की संकल्पना भी निराधार है। यहाँ ग़ज़ाली के विचार फ़लसिफ़ा के विचारक इब्न सिना के काफ़ी निकट प्रतीत होते हैं। वस्तुत: यहाँ अल-ग़ज़ाली ने कॉस्मोलॅजी से संबंधित इन विचारों को सुन्नी शिक्षा में विद्यमान ईश्वर की सर्वशक्तिमत्ता और दैवीय पूर्व-निर्धारण की मान्यता को मुताजिलितिस और शैयत की आलोचना से बचाने के लिए गढ़ा है। ग़ज़ाली ने अपनी रचना *इनकोहेरेंस,* जिसमें उन्होंने फ़लसिफ़ा की तत्त्वमीमांसा की विवेचना की है, के सत्रहवें विवेचन में भी उन्होंने कारण-कार्य संबंध पर विचार प्रकट किया है। यहाँ वे किसी भी भौतिक प्रक्रिया की स्वीकार्यता के लिए कुछ पूर्व शर्त रखते हैं— (क) किसी भी कारण और उसके परिणाम में संबंध होना अनिवार्य नहीं है, (ख) कोई परिणाम किसी कारण के बिना भी अस्तित्व में आ सकता है, (ग) ईश्वर दो घटनाओं को एक के बाद एक प्रस्तुत करता है, (घ) ईश्वर की प्रत्येक उत्पत्ति एक पूर्व-निर्णय (तक़दीर) का अनुसरण करती है। यहाँ महत्त्वपूर्ण है कि अल-ग़ज़ाली द्वारा किसी घटना की इन पूर्व शर्तों की आलोचना भी की गयी है, जैसे उसकी तीसरी शर्त पर जिसमें कहा गया है कि ईश्वर प्रत्येक घटनाओं को एक के बाद एक के रूप में उत्पन्न करता है, काफ़ी विवादित है। लेकिन अल-ग़ज़ाली ने अपनी इन मान्यताओं को जीवन भर बनाये रखा।

देखें : अल-किंदी, इब्न ख़ाल्दून, इब्न रश्द, प्रारम्भिक इसलाम, जेहाद, फ़लसिफ़ा और क़लाम, भारतीय इसलाम, मसजिद, हज़रत मुहम्मद-1 और 2, मुहम्मद अली जिन्ना, मुहम्मद इक़बाल, अबू-अला मौदूदी, सैयद अहमद ख़ाँ।

संदर्भ

1. एफ़. ग्रिफ़ेल (2004), 'अल-ग़ज़ालीज़ ऑफ़ प्रोफ़ेसी : द इंट्रोडक्शन ऑफ़ एविसिनन सायकोलॅजी इन टू असाराइट थियोलॅजी', *अरैबिक साइंसेज़ ऐंड फ़िलॉसफ़ी,* अंक 14.
2. एच.ए. डेविडसन (1987), *प्रूफ़ ऑफ़ इटर्निटी, क्रिएशन ऐंड द एग्ज़िस्टेंस ऑफ़ गॉड इन मिडीवल इसलामिक ऐंड ज्युइज़ फ़िलॉसफ़ी,* ऑक्सफ़र्ड युनिवर्सिटी प्रेस, न्यूयॉर्क, 1987
3. बी.डी. दत्तन (2001), 'अल ग़ज़ाली ऑन पॉसिबिलिटी ऐंड द क्रिटीक ऑफ़ कॉज़ल्टी', *मिडीवल फ़िलॉसफ़ी ऐंड थियोलॅजी,* अंक 10.

—विवेक रत्न

अल-किंदी

(Al-Kindi)

अबू यूसुफ़ याक़ूब इब्न इसहाक अल-किंदी (800-870) ईरानी परम्परा के एक महान दार्शनिक, विधिवेत्ता, चिकित्साशास्त्र के ज्ञाता, गणितज्ञ और संगीतकार थे। उन्हें अपने भूगोल और खगोलशास्त्र संबंधी ज्ञान के लिए भी जाना जाता है। मध्ययुगीन विद्वत्ता उन्हें विश्व के बारह सर्वश्रेष्ठ मस्तिष्कों में से एक मानती थी। उन्होंने अरबी भाषा में अनुवाद करने वाले विद्वानों के एक समूह के साथ मिल कर अरस्तू, नव-प्लेटोवादियों, ग्रीक गणितज्ञों और वैज्ञानिकों के विचारों को अरबी में प्रस्तुत किया। अल-किंदी की कई महत्त्वपूर्ण रचनाएँ उसके इस अनुवाद की पृष्ठभूमि का परिणाम थीं। इनमें उनकी महत्त्वपूर्ण कृति *थियोलॅजी ऑफ़ एरिस्टॉटल* और प्लोटिनस एवं प्रोक्लस के कार्यों का अरबी में अनुवाद *बुक ऑफ़ कॉज़ेज* भी सम्मिलित हैं। अल-किंदी के दार्शनिक विचार नव-प्लेटोवाद के इर्द-गिर्द सूत्रबद्ध हुए थे, लेकिन मुख्य तौर पर उन्हें अरस्तू के दर्शन पर महारत हासिल थी। दार्शनिक विषयों पर उनकी सर्वाधिक महत्त्वपूर्ण रचना *फ़ि एल-फ़लसिफ़ा अल-उला* (ऑन फ़र्स्ट फ़िलॉसफ़ी) मानी जाती है, जिसमें उन्होंने दलील दी है कि यह संसार शाश्वत नहीं है और ईश्वर एक ऐकिक इकाई है। किंदी ने दूसरे दार्शनिक विषयों से संबंधित कई लेख लिखे, जिनमें मनोविज्ञान, कॉस्मोलॉजी से संबंधित लेख विशेष तौर पर प्रशंसनीय हैं। इसके अतिरिक्त अल-किंदी ने गणित, विज्ञान और ज्योतिषशास्त्र से संबंधित रचनाएँ भी लिखी हैं। किंदी के दार्शनिक विचार अब्बासी ख़लीफ़ाओं के समर्थन से चलाये जा रहे यूनानी दर्शन के अनुवाद-आंदोलन के इर्द-गिर्द केंद्रित हैं जिसे 'किंदी सर्किल' कहा जाता है। 'किंदी सर्किल' ने दर्शन एवं विज्ञान से संबंधित अनेकों ग्रंथों का यूनानी भाषा से अरबी में अनुवाद किया था।

अल-किंदी इसलाम के प्राचीन इतिहास में महत्त्वपूर्ण भूमिका निभाने वाली अरब की किंदा जनजाति के सदस्य थे। इसी वंशानुगत जुड़ाव के कारण उत्तरवर्ती लेखकों द्वारा उन्हें 'अरब का दार्शनिक' की उपाधि दी गयी। उनका जन्म बसरा में हुआ था लेकिन उनकी शिक्षा-दीक्षा बग़दाद में हुई। कुछ इतिहासकारों की मान्यता है कि अल-किंदी की मृत्यु 866 में हुई, लेकिन कुछ इसी सदी के सत्तर के दशक को उनके देहांत का मानते हैं। उनके जन्म के वर्ष का ठीक-ठीक पता लगाना और भी मुश्किल है। लेकिन इतना तय है कि उन्होंने विद्वान के बतौर ख़लीफ़ा अल-मैमून की नौकरी की थी। मैमून की हकूमत 833 में ख़त्म हो गयी और अल-किंदी

अबू यूसुफ़ याक़ूब इब्न इसहाक अल-किंदी (800-870)

अगले ख़लीफ़ा अल-मुतस्सिम की सेवा में चले गये। यहीं उनका दार्शनिक रूप सबसे ज़्यादा निखरा। यहीं उन्होंने अपने सबसे विख्यात ग्रंथ *ऑन फ़र्स्ट फ़िलासफ़ी* की रचना भी की। वे ख़लीफ़ा के बेटे अहमद को पढ़ाते भी थे।

अल-किंदी ने प्रचुर मात्रा में साहित्य रचा। उनकी कुल 241 पुस्तकों में 16 खगोलशास्त्र पर, 11 अंकगणित पर, 32 ज्यामिति पर, 22 औषधिशास्त्र पर, 12 भौतिकशास्त्र पर, 22 दर्शनशास्त्र पर, नौ तर्कशास्त्र पर, पाँच मनोविज्ञान पर और सात कला व संगीत पर हैं। गणित पर लिखी वे चार पुस्तकें काफ़ी विख्यात हैं जो मुख्यतः अंक प्रणाली पर हैं। हालाँकि अरबी की अंक प्रणाली विकसित करने का श्रेय अल-ख़्वारिज़्मी को जाता है, विद्वानों का मत है कि अल-किंदी की इन रचनाओं का भी आधुनिक गणित की आधारशिला रखने में महत्त्वपूर्ण योगदान है। अपने खगोलशास्त्रीय अध्ययन को पुष्ट करने के लिए उन्होंने ज्यामिति के वृत्त संबंधी पहलुओं पर विशेष चिंतन किया। रसायनशास्त्र के क्षेत्र में अल-किंदी ने उन तमाम दावेदारियों का विरोध किया जिनके मुताबिक़ कहा जाता था कि किसी आधारभूत धातु को क़ीमती धातुओं में बदला जा सकता है। ज़ाहिर है कि वे कीमियागीरी से जुड़े हुए आग्रहों के ख़िलाफ़ थे। उन्होंने ज़ोर दे कर कहा कि रासायनिक प्रतिक्रियाओं के दम पर किसी तत्त्व में बुनियादी परिवर्तन नहीं किया जा सकता। भौतिकशास्त्र में उनका योगदान भी उल्लेखनीय है। ज्यामितीय प्रकाश-विज्ञान पर लिखी गयी उनकी किताब ने आगे चल कर रोजर बेकन जैसे वैज्ञानिक को नये चिंतन की प्रेरणा दी। औषधि-विज्ञान के क्षेत्र में अल-किंदी की विशेषता यह थी कि उन्होंने अपने ज़माने में उपलब्ध सभी दवाओं की खुराकें तय करने की प्रणाली तैयार

की। इसका परिणाम यह निकला कि चिकित्सकों के बीच इस संबंध में होने वाले विवाद समाप्त हो गये। अल-किंदी के युग में संगीत पर किसी भी वैज्ञानिक चिंतन का अभाव था। उन्होंने बताया कि आपस में मिल कर स्वर-संगम बनाने वाले सुरों का तारत्व अलग-अलग और विशिष्ट होता है। किसी भी सुर का तारत्व बदल जाने से स्वर-संगम का बदलना लाज़मी है।

किंदी ने दर्शन और विज्ञान जैसे विषयों से संबंधित सौ से अधिक लेख लिखे हैं, परंतु वे मुख्य रूप से अपनी प्रसिद्ध रचना *ऑन .फ़र्स्ट फ़िलॉसफ़ी* के लिए जाने जाते हैं। हालाँकि यह पूरा ग्रंथ उपलब्ध नहीं है और इसका प्रथम भाग ही मिलता है। यह चार खण्डों में विभाजित है। इसके प्रथम खण्ड में ग्रीक दार्शनिकों के विवेक की महिमा का आख्यान दिया गया है। इसके दूसरे खण्ड में अल-किंदी के शाश्वत विश्व से संबंधित विचारों का वर्णन है जिसके लिए वे विश्वप्रसिद्ध हैं। इसके तीसरे और चौथे खण्ड में उन्होंने 'परम सत्य' अर्थात् ईश्वर की सत्ता से संबंधित विचार व्यक्त किये हैं। इस पुस्तक के तीसरे खण्ड में उन्होंने यह दिखाने का प्रयास किया है कि अपनी स्वयं की अनेकता का कोई एक कारण नहीं होता तथा प्रत्येक एकता में भी अनेकता समाहित होती है। उदाहरण के लिए एक जाति के रूप में मनुष्य विभिन्न व्यक्तियों से मिल कर बना है, परंतु दूसरी तरफ़ प्रत्येक व्यक्ति भी शरीर के कई अंगों से मिल कर बना है। वस्तुत: किंदी के अनुसार विश्व की प्रत्येक वस्तु में एकता और अनेकता दोनों समाहित है। इस पुस्तक के चौथे खण्ड में वे यह दलील देते हैं कि परम-सत्य पर दुनिया का कोई भी गुण लागू नहीं होता। उनके अनुसार परम-सत्य कोई भी द्रव्य, आकार, मात्रा, गुण या संबंध धारण नहीं करता। इसका किसी भी दूसरे माध्यम से वर्णन नहीं किया जा सकता। अत: वह विशुद्ध एकता है। अल-किंदी के परम-सत्य संबंधी विचारों की उनके समकालीन धर्मशास्त्री मुताज़िल्त्स से तुलना की जाती है।

किंदी के परम-सत्य से संबंधित विचार उनके दैवी कारण संबंधी विचारों का एक अंश मात्र हैं। व्यक्तिगत तौर पर उन्हें यक़ीन था कि ईश्वर एक कर्ता या फलोत्पादक कारण है। अपने जीवन के उत्तरार्द्ध में अल-किंदी ने यह तर्क दिया कि यह संसार शाश्वत नहीं है। उस समय के अधिकांश दार्शनिक अरस्तू और स्टोइक दर्शन से प्रभावित थे जिसके मुताबिक़ माना जाता था कि यह संसार शाश्वत है। लोगों द्वारा संसार को शाश्वत मानने का कारण सिर्फ़ यह नहीं था कि यह विश्व अनंतकाल तक बना रहेगा बल्कि वे यह भी मानते थे कि यह विश्व अनंतकाल से विद्यमान भी है। परंतु अल-किंदी के अनुसार इस विश्व रूपी शरीर का विस्तार अनंत तक नहीं हो सकता। चूँकि इस ब्रह्मांड के विस्तार की सीमा है इसलिए इसका कोई भी विधेय अथवा गुण भी अनंत नहीं हो सकता।

अल-किंदी की कुछ अन्य प्रमुख रचनाओं में *डिस्कोर्स ऑन द सोल* और *दैट देयर आर इनकॉरपोरियल सब्सटैंसेस* मनुष्य की आत्मा की अस्तित्वमीमांसा से संबंधित है। *इनकॉरपोरियल सब्सटैंसेस* में वे यह दिखाते हैं कि आत्मा एक द्रव्य है जो अभौतिक है, लेकिन अपनी दूसरी पुस्तक *डिस्कोर्स ऑन द सोल* में वे यह दलील देते हैं कि आत्मा एक 'साधारण द्रव्य' है जो शरीर से पृथक है। इसी प्रकार एक अन्य रचना *ऑन डिस्पैलिंग सैडनेस* में वे नैतिकता संबंधी विचार रखते हैं। अल-किंदी ने विज्ञान और कॉस्मोलॅजी के संबंध में भी गहन मीमांसा की है। उनकी पुस्तक *ऑन रेज़* गणित और कोस्मोलॅजी से संबंधित एक महत्त्वपूर्ण रचना है। उन्होंने ज्योतिषशास्त्र की भी गहन मीमांसा की है। हालाँकि दसवीं शताब्दी के बाद के अरबी विद्वानों के लेखन में अल-किंदी को बहुत ही कम उद्धृत किया गया है लेकिन मध्यकालीन लैटिन विद्वान उनकी रचनाओं से अत्यंत प्रभावित थे। इन लोगों के लिए किंदी की सबसे प्रभावशाली रचना ज्योतिषशास्त्र से संबंधित थी। परंतु इसके साथ ही *ऑन .फ़र्स्ट फ़िलॉसफ़ी* का भी अनुवाद किया गया और इसलामिक जगत में भी उनके दर्शन का प्रभाव और वैधता बनी रही। यहाँ सबसे महत्त्वपूर्ण यह है कि किंदी सर्किल के द्वारा किये गये अनुवाद को शताब्दियों से एक मानक दार्शनिक ग्रंथ का दर्जा मिला हुआ है। हालाँकि उनके दर्शन में कई स्थानों पर अंतर्विरोध भी देखे जा सकते हैं और इसके आधार पर उसकी आलोचना भी की जाती है परंतु उनकी रचनाएँ दार्शनिक जगत के लिए आज भी प्रासंगिक हैं।

देखें : अल-ग़ज़ाली, इब्न ख़ाल्दून, इब्न रुश्द, प्रारम्भिक इसलाम, फ़लसिफ़ा और क़लाम, भारतीय इसलाम, मसजिद, हज़रत मुहम्मद-1 और 2, मुहम्मद अली जिन्ना, मुहम्मद इक़बाल, मुहम्मद मौदूदी, सैयद अहमद खाँ।

संदर्भ

1. अल-किंदी (1950), *रासा इल अल-किंदी अल-.फ़लसफ़िय्या,* (अनु. अबु रिदा), दो खण्ड, दर अल-पिक्र अल-अरबी, काहिरा.
2. पी. अण्डमान और पी.ई. पोरमन (2010), *द फ़िलॉसॅफ़िकल वर्क्स ऑफ़ अल-किंदी,* ऑक्सफ़र्ड युनिवर्सिटी प्रेस, कराँची.
3. पी. अण्डमान (2002), 'बिफ़ोर एसेंस ऐंड एक्ज़िसस्टेंस : अल किंदीज़ कॉन्सेप्शन ऑफ़ बीइंग', *द जर्नल ऑफ़ द हिस्ट्री ऑफ़ फ़िलॉसफ़ी,* अंक 40.
4. जी.एन. अतिया (1966), *अल-किंदी : द फ़िलॉसफ़र ऑफ़ द अरब्स,* इसलामिक रिसर्च इंस्टीट्यूट, रावलपिंडी.
5. पी. अण्डमान (2005), 'अल-किंदी ऐंड द रिशेप्सन ऑफ़ ग्रीक फ़िलॉसफ़ी', पी. ऐडमसन ऐंड आर.सी. टेलर (सम्पा.) *द केम्ब्रिज कॉम्पेनियन टू अरैबिक फ़िलॉसफ़ी,* केम्ब्रिज.

—विवेक रत्न

असग़र अली इंजीनियर

(Asghar Ali Engineer)

असग़र अली इंजीनियर (1939–2013) को समाज-विज्ञान और जनांदोलनों की दुनिया में अलग-अलग संदर्भों में जाना जाता है। कुछ लोग उन्हें इसलामी धर्म-सुधारक मानते हैं, कुछ के लिए वे सेकुलरवादी हैं, कुछ के लिए इसलाम के स्थापित विद्वान हैं, तो कुछ उन्हें एक कर्मठ एक्टिविस्ट के तौर पर देखते हैं। इंजीनियर की ये सारी छवियाँ उनके व्यक्तित्व और लेखन से उपजी हैं। सत्तर के दशक में उन्होंने मुसलिम बोहरा समाज के भीतर इसलाम के नाम पर होने वाले सामाजिक और आर्थिक दमन का विरोध किया। इसी वजह से बोहरा धर्म गुरु सेयादना ने उनका और उनके परिवार का हुक़्क़ा-पानी बंद कर दिया। दूसरी तरफ़ साम्प्रदायिकता का विरोध और साम्प्रदायिक दंगों का विश्लेषण इंजीनियर के लेखन का केंद्र-बिंदु रहा। इसी वजह से उन्हें सेकुलर विद्वान के तौर पर जाना गया। यही बात उनके इसलाम और जनांदोलनों संबंधित लेखन के विषय में भी कही जा सकती है। वे सामाजिक सरोकारों से जुड़े हर ज्वलंत मुद्दे पर लिखते रहे और साथ ही साथ सामाजिक आंदोलनों का हिस्सा भी बने रहे। इंजीनियर की तक़रीबन पचास पुस्तकें और उर्दू, हिंदी, अंग्रेज़ी में असंख्य लेख, रपटें और टिप्पणियाँ यह साबित करने के लिए काफ़ी हैं कि वे एक मँजे हुए लेखक थे। उनकी बौद्धिक योग्यताओं का सम्मान करते हुए कोलकाता विश्वविद्यालय ने उन्हें डॉक्टरेट की मानद उपाधि से सम्मानित किया। 1997 में उन्हें राष्ट्रीय एकता पुरस्कार और 2004 में अंतर्राष्ट्रीय राइट लाइवली हुड अवार्ड (जिसे वैकल्पिक नोबल पुरस्कार भी कहा जाता है) प्रदान किया गया।

इंजीनियर का जीवन और लेखन इतना रोचक है कि यदि इसे आत्मविश्वास, संघर्ष और राजनीतिक सक्रियता की जीवंत कहानी कहा जाए तो कोई अतिशयोक्ति नहीं होगी। लेकिन यह कहानी दोहराने से इंजीनियर जैसे सृजनात्मक लेखक की व्यक्ति-पूजा तो सम्भव है, लेकिन उनके व्यापक योगदान की विशेषता उजागर करना मुश्किल हो जाएगा। यह सही है कि वे अपनी मृत्यु के दिन तक सामाजिक आंदोलनों की राजनीति में सक्रिय रहे और लेखन भी जारी रहा; परंतु यह भी सही है कि उन्होंने न केवल लेखन और राजनीतिक सक्रियता की स्थापित व्याख्याओं से हट कर एक विशिष्ट बौद्धिक राजनीति की मान्यता क़ायम की, बल्कि उस पर अमल करके भी दिखाया। इंजीनियर को जानने का सबसे अच्छा तरीक़ा यही होगा कि उनकी बौद्धिक राजनीति की अवधारणा का विश्लेषण किया जाए ताकि उसकी विशिष्टताओं के विभिन्न पहलुओं पर चर्चा हो सके।

इंजीनियर के कृतित्व के दो ऐसे पहलू हैं जिन पर विस्तार से चर्चा नहीं हुई है। इनमें एक है उनके द्वारा अपनाया गया राजनीतिक व्याख्या-शास्त्र जिसके तहत उन्होंने विवेचना का एक ख़ास तरह का सिद्धांत विकसित किया ताकि धार्मिक ग्रंथों और समुदायों के सामाजिक गठन के इतिहास की ग़ैर-रूढ़िवादी और उन्मुक्त व्याख्या की जा सके। दूसरा पहलू है तर्क प्रस्तुत करने की उनकी विशिष्ट तकनीक जिसके ज़रिये वे एक ऐसे खुले तार्किक विमर्श की प्रस्तुति कर पाते थे जो राजनीतिक तौर पर प्रतिबद्ध तो था लेकिन जिसमें सामाजिक परिवर्तनों को आत्मसात करने की क्षमता भी थी।

इंजीनियर का शुरुआती लेखन दिखाता है कि जहाँ एक ओर वे इसलाम को महज़ धार्मिक रीति-रिवाज़ में लिप्त परम्परा नहीं मानना चाहते थे, वहीं वे साठ और सत्तर के दशक के समाज-वैज्ञानिक विमर्श से भी नाख़ुश थे। उस समय तक धर्म को समाज का ज्ञान ग्रहण करने की वैध और व्यवस्थित श्रेणी के तौर पर नहीं देखा जाता था। यह मान्यता थी कि विज्ञान और प्रगति से जाति और धर्म के बंधन ढीले होंगे, व्यक्ति स्वायत्त होता चला जाएगा और परिणामस्वरूप धर्म स्वत: विलुप्त हो जाएगा। यही कारण था कि तत्कालीन भारतीय मार्क्सवाद 'धर्म केवल अफ़ीम है' का नारा लगा कर उसकी मार्क्सवादी व्याख्या से बचता था। वहीं आधुनिकतावादी उदारतावादियों के लिए धर्म व्यक्ति को स्वायत्त बनाने से रोकने में सबसे बड़ी रुकावट थी। इस परिस्थिति का नतीजा यह निकलता था कि धर्म का विमर्श पूरी तरह से ख़ुद को धार्मिक कहने वाले रूढ़िवादियों के नियंत्रण में चला जाता था।

इंजीनियर ने इन दोनों स्थापित विमर्शों से परे जा कर धर्म को एक सामाजिक परिघटना के तौर पर समझने की कोशिश की। उल्लेखनीय है कि इस प्रयास में इंजीनियर ने मार्क्सवाद का सहारा लिया। लेकिन मार्क्सवाद का यह इस्तेमाल न तो क्रांति के किसी तयशुदा अर्थ को निकालने का प्रयास था और न ही किसी तरह की बौद्धिक इंजीनियरिंग। यह एक ऐसी जद्दोजहद थी जिसके ज़रिये इंजीनियर इसलाम को समझने का एक दृष्टिकोण विकसित करना चाहते थे। यह कोशिश महज़ किताबी नहीं थी। उनके लिए हिंदुस्तानी मुसलमानों के मुद्दे इसलाम की आज़ाद समझ से जुड़े हुए थे। 1975 से 1980 तक का उनका लेखन, ख़ासकर उनकी पुस्तक *इसलाम, मुसलिम, इण्डिया* (1975) इस तथ्य का परिचायक है।

इंजीनियर की यह तलाश उन्हें लिबेरशन थियोलॉजी के सिद्धांत तक ले गयी। इंजीनियर का कहना था कि धर्म की मौजूदा समझ मूलत: वर्चस्ववादी वर्ग के हितों और उद्देश्यों की रक्षा करने का एक माध्यम भर है। यह कोई नयी बात नहीं थी। प्रचलित मार्क्सवाद काफ़ी पहले से धर्म को अफ़ीम बताता चला आ रहा था। मार्क्सवादी होने का सबसे पहला और स्थापित अर्थ नास्तिक होना बन चुका था। अपने को

असग़र अली इंजीनियर (1939-2013)

मार्क्सवादी कहने वाले लोग, ख़ासकर अंग्रेज़ीदाँ मध्यवर्गीय मार्क्सवादी, इस आत्मविश्वास से परिपूर्ण थे कि उन्होंने धर्म का सवाल हल कर लिया है। लेकिन इंजीनियर के लिए धर्म कोई गणितीय सवाल या वैज्ञानिक दुविधा नहीं थी जिसे मार्क्स द्वारा प्रतिपादित किसी प्रमेय से हल कर लिया जाएगा। उनके लिए धर्म एक सामाजिक-ऐतिहासिक परिघटना थी और मार्क्सवाद एक सृजनात्मक दर्शन, जिसके ज़रिये धर्म की समतामूलक समझ विकसित की जा सकती थी।

इंजीनियर ने अपनी पुस्तक *इसलाम ऐंड लिबरेशन थियोलॅजी* (1990) में यह दर्शाने की कोशिश की कि यदि धर्म को उसके ऐतिहासिक संदर्भ में समझा जाए तो यह स्पष्ट हो जाता है कि वह अपने शुरुआती दौर में एक सामाजिक आंदोलन ही होता है। पैग़म्बर मुहम्मद के जिस धर्म को इसलाम कहा गया, वह दासों, महिलाओं और ग़रीबों पर होने वाले अत्याचारों के ख़िलाफ़ लोकप्रिय जनाक्रोश की सामूहिक अभिव्यक्ति थी। यही कारण है कि क़ुरान, ज़ालिम का विरोध करने और मज़लूम का पक्ष लेने को ईमान की पहली शर्त बताता है। लेकिन एक समय के बाद इसलाम एक व्यवस्थित धर्म बन गया। इसका कारण यह था कि वर्चस्ववादी वर्ग ने इसलाम को स्वीकार कर लिया और जिन कुरीतियों का विरोध पैग़म्बर कर रहे थे वे सब इसलाम के नाम पर स्थापित कर दी गयी। इंजीनियर का मत है इस सब के बावजूद वर्चस्ववादी वर्ग क़ुरान के समानता के संदेश को मिटा नहीं सका जिस कारण अपने वर्तमान स्वरूप में भी इसलाम सामाजिक बराबरी का पक्षधर नज़र आता है। इसलाम के इसी रैडिकल मूलतत्त्व को इंजीनियर सामाजिक परिवर्तन के लिए अनिवार्य शर्त मानते हैं। दूसरे शब्दों में इंजिनियर की लिबरेशन थियोलॅजी न तो यह कहती है कि इसलाम एक ऐसी जीवन पद्धति है जिसमें इनसानी ज़िंदगी के हर सवाल का अर्थ छिपा है और न ही इस बात को मानने को तैयार है कि इसलाम एक रूढ़िवादी-कट्टरपंथी मज़हब है, जिसमें आज़ादी और सामाजिक बराबरी के लिए कोई स्थान नहीं है।

यही कारण है कि इंजीनियर का राजनीतिक व्याख्या-शास्त्र क़ुरान की समकालीन व्याख्या तक सीमित नहीं रहा। उन्होंने अपनी इस पद्धति को केंद्र में रख कर हिंदुस्तानी मुसलमान समुदायों की आंतरिक शक्ति-संरचना का विश्लेषण प्रस्तुत किया। मुसलिम पर्सनल लॉ और शाहबानो के मुद्दे पर उपलब्ध उनके लेखन से यह तर्क निकला कि इसलाम की एक स्त्रीवादी समझ भी सम्भव है। मुसलमानों के लिए आरक्षण के सवाल को उन्होंने मुसलिम जाति व्यवस्था विशेषकर दलित मुसलिम से मुद्दे के जोड़ा और मुसलमानों के आर्थिक-शैक्षणिक पिछड़ेपन के प्रश्न को भूमण्डलीकरण के संदर्भ में समझने पर बल देते रहे।

इंजीनियर का साम्प्रदायिकता-विरोध, मुसलमान अभिजन की उनकी आलोचना और यहाँ तक कि उनका रूढ़िवादी मार्क्सवाद के प्रति असंतोष एकतरफ़ा नहीं था। उनकी आलोचना लफ़्फ़ाजी पर नहीं टिकी थी। इसके बरक्स, उनकी दिलचस्पी अपने विरोधी तर्क की आंतरिक संरचना को समझने में थी ताकि न केवल तर्क समझा जा सके बल्कि उसके समर्थन में दिये जाने वाले प्रमाणों का औचित्य भी स्पष्ट हो सके। उदाहरण के लिए उत्तर-औपनिवेशिक मुसलिम राजनीति की उनकी आलोचना केवल सेकुलरवाद के गुणगान पर नहीं टिकी हुई है; अपितु वे यह साबित करने की कोशिश करते हैं कि जिन आधारों पर मुसलमान अभिजन धर्म की राजनीति कर रहा है, वे इसलामसम्मत नहीं हैं।

यह तर्क-पद्धति दो तरह से सामने आती है। पहला, अपने तर्क को स्थापित करने के लिए तथ्यपरक प्रमाणों को प्रस्तुत करना; और दूसरे, एक ऐसा साफ़ रुख लेना जो राजनीतिक तौर पर कटिबद्ध तो हो पर उसे वक़्त और हालात के अनुरूप ढाला जा सके। दंगों पर इंजीनियर का लेखन उनकी तर्क-पद्धति की पहली ख़ासियत उजागर करता है। अन्य सेकुलर राजनीतिक पण्डितों की तरह इंजीनियर भी यह कहते हैं कि साम्प्रदायिक दंगों का कारण हिंदू-मुसलमान का धार्मिक होना नहीं है बल्कि वे स्थानीय मुद्दे और द्वंद्व हैं जो साम्प्रदायिक हिंसा का स्वरूप ले लेते हैं। लेकिन यह महज़ नैतिक दावेदारी नहीं थी। इंजीनियर ने अपने जीवन का एक बड़ा हिस्सा साम्प्रदायिक दंगों के स्थानीय कारणों को सूचीबद्ध

करने में लगाया ताकि साबित किया जा सके कि जो तर्क वे दे रहे हैं, वह लफ़्फ़ाजी नहीं है। इंजीनियर की यही अनुभव परकता हमें उनकी तर्क-पद्धति को दूसरी विशिष्टता की ओर ले जाती है। उन्होंने अपने लेखन में विचारधारा की पूजा करने के बजाय सामाजिक मुद्दों की जटिलता को केंद्र में रखा। बदलते सामाजिक विरोधाभासों के अध्ययन ने उन्हें एक स्पष्ट राजनीतिक पोजीशन दी, पर साथ ही उन्हें किसी भी विचारधारा का ग़ुलाम होने से भी बचाया। परिणामस्वरूप, इंजीनियर ऐसा मार्क्सवाद रच पाये जिसमें उनकी इसलामिक समझ के लिए जगह थी। वे मुसलमानों के लिए आरक्षण का ऐसा तर्क दे सके जिसके ज़रिये भूमण्डलीकरण की आलोचना सम्भव थी। साथ ही वे बिना यह कहे कि इसलाम में सब कुछ है, उसके दायरे में स्त्री-अधिकारों की मौजूदगी साबित कर सके।

देखें : अबुल क़लाम आज़ाद, आरक्षण और धर्म, इसलाम, भारतीय इसलाम, उपनिवेशवाद, उपनिवेशवाद विरोधी आंदोलन-1, 2 और 3, उपनिवेशवाद विरोधी संघर्ष में स्त्री-नेतृत्व-1, मोहनदास कर्मचंद गाँधी-1, 2 और 3, जवाहरलाल नेहरू, मुसलिम राजनीतिक विचार, मुहम्मद इक़बाल, मुहम्मद अली जिन्ना, अबू-अला मौदूदी, साम्प्रदायिकता, स्त्री और साम्प्रदायिकता।

संदर्भ

1. शरद पाटिल (1976), 'अ मार्क्सिस्ट एक्सपोज़ीशन ऑफ़ इसलाम', *सोशल साइंटिस्ट,* खण्ड 4, अंक 10.
2. असग़र अली इंजीनियर (1990), *इसलाम ऐंड लिबरेशन थियोलॅजी,* स्टर्लिंग पब्लिशर्स, नयी दिल्ली.
3. असग़र अली इंजीनियर (1975), इसलाम, मुस्लिम्स, इण्डिया, लोकवांगमय गृह, मुम्बई.
4. असग़र अली इंजीनियर (2011), *अ लिविंग फ़ेथ : माई क्वेस्ट फ़ॉर पीस, हारमॅनी ऐंड सोशल चेंज,* ओरिएंटल ब्लैक स्वान, नयी दिल्ली.

—हिलाल अहमद

असम

(Assam)

असम का शाब्दिक अर्थ है जिसकी बराबरी कोई नहीं कर सकता। भारत के उत्तर-पूर्वी इलाक़े के सबसे बड़े राज्य असम को प्राचीन काल में कामरूप देश या प्राग्ज्योतिषपुर कहा जाता था। तेरहवीं सदी की शुरुआत से पुरे छह सौ वर्ष तक इस प्रदेश पर अहॅम समुदाय के शासकों ने हुकूमत की। आज़ादी के बाद इस राज्य की राजनीति जातीय पहचानों की प्रयोगशाला के तौर पर उभरी। अस्सी के दशक की शुरुआत में बहिरागत-विरोधी आंदोलन के तहत इस राज्य की जनता ने केंद्र की कांग्रेस सरकार द्वारा थोपे गये 1982 के विधान सभा चुनाव का ऐतिहासिक बहिष्कार करके लोकतांत्रिक संघर्ष का अनूठा उदाहरण पेश किया। अखिल असम छात्र संगठन (आसू) द्वारा चलाये गये इस आंदोलन के पीछे असमी समाज में बंगाल के सांस्कृतिक प्रभुत्व के ख़िलाफ़ नाराज़गी की भूमिका भी थी। इस मुहिम के कारण प्रदेश में राजनीतीकरण की नयी लहर आयी जिसका नतीजा आज़ादी के बाद से लगातार चले आ रहे कांग्रेस के वर्चस्व की समाप्ति में निकला। नयी क्षेत्रीय राजनीतिक शक्तियों का उदय हुआ और पहले से मौजूद जातीयतावादी ताक़तें मज़बूत हुईं। ये शक्तियाँ लोकतांत्रिक (असम गण परिषद) भी थीं, और पृथकतावाद का झंडा उठाने वाली हथियारबंद ताक़तें (यूनाइटेड लिबरेशन फ्रंट ऑफ़ असम और नैशनल डेमॉक्रैटिक फ्रंट ऑफ़ बोडोलैंड) भी। नयी सहस्राब्दी में असम की राजनीति में मुसलमान मतदाताओं की गोलबंदी पर आधारित आल इण्डिया यूनाइटेड डेमॉक्रैटिक फ्रंट ने अपनी मज़बूत दावेदारी पेश करके राष्ट्रीय राजनीति में मुसलमानों की अलग लोकतांत्रिक पार्टी बनाने की सम्भावनाओं का सूत्रपात कर दिया।

भारत के उत्तर-पूर्वी क्षेत्र को पृथकतावादी आंदोलनों के लिए भी जाना जाता है। असमी समाज और राजनीति की पेचीदगियाँ इसके लिए ज़िम्मेदार हैं। हिंदू बनाम मुसलमान, असमी बनाम बंगाली, मैदान के वासी बनाम पहाड़ी आदिवासी, ग़ैर-आदिवासी बनाम आदिवासी जनता, बहिरागत आबादी बनाम स्थानीय जनता जैसे टकराव असम की राजनीति को सताते रहे हैं। आज़ादी के बाद अगर असम की सरकार ने नगा हिल डिस्ट्रिक्ट के बारे में हुए समझौते का उल्लंघन न किया होता और नगा नैशनल कौंसिल को इस इलाक़े की प्रमुख राजनीतिक ताक़त की मान्यता दे दी होती तो शायद नगा समस्या विस्फोटक स्वरूप ग्रहण न करती। इसी तरह पचास के दशक के उत्तरार्ध में पड़े अकाल के दौरान अगर असम सरकार ने मिज़ो इलाक़ों को पर्याप्त राहत दी होती तो मिज़ो अलगाववाद में भी ऐसी बढ़ोतरी न होती। असम के बोडो इलाक़ों द्वारा की जाने वाली पृथकता की रक्तरंजित माँग का परिणाम भी अंततः बोडोलैण्ड टेरिटोरियल ऑटोनॉमस कौंसिल के रूप में निकला है।

पूर्वी हिमालय के दक्षिणी भाग में स्थित असम एक मिली-जुली जनसंख्या वाला राज्य है। इसकी राजधानी दिसपुर राज्य के सबसे बड़े शहर गुवाहाटी के ठीक बाहर स्थित है। 1824-26 में हुए प्रथम आंग्ल-बर्मा युद्ध के बाद अंग्रेज़ों ने इस क्षेत्र पर क़ब्ज़ा करके इसे अपने साम्राज्य का हिस्सा बना लिया था। मौजूदा असम ब्रह्मपुत्र और बराक नदी घाटियों के साथ ही साथ करबी आंगलौंग और उत्तरी कछार पहाड़ी क्षेत्र से मिल कर

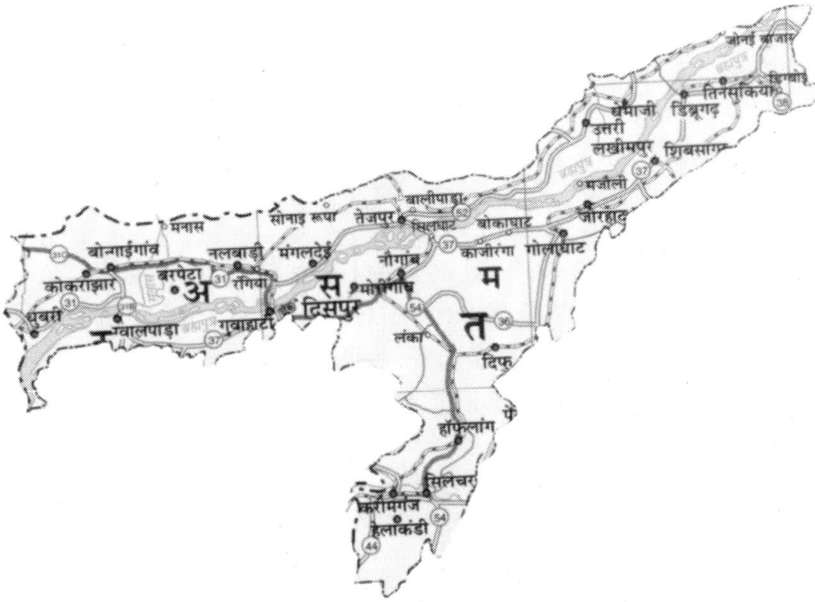

असम : बहिरागत विरोधी राजनीति

बना है। कुल भौगोलिक क्षेत्र 78,438 वर्ग किलोमीटर वाला यह राज्य अरुणाचल प्रदेश, मणिपुर, नगालैण्ड, मिजोरम और मेघालय से घिरा हुआ है। इसकी सीमाएँ भूटान और बांग्लादेश से भी जुड़ी हुई हैं। असम देश के दूसरे भागों से एक बहुत ही सकरे रास्ते से जुड़ा हुआ है। पश्चिम बंगाल से गुजरने वाले इस रास्ते को 'सिलीगुड़ी कॉरीडोर' या 'चिकंस नेक' कहा जाता है। असम की स्थिति सामरिक दृष्टि से महत्त्वपूर्ण हैं। 2001 की जनगणना के अनुसार राज्य की आबादी 2 करोड़ 60 लाख है और जनसंख्या का घनत्व 340 व्यक्ति प्रति किलोमीटर है। असमी और बोडो यहाँ के लोगों की मूल भाषा है और इन्हें सरकारी भाषा का दर्जा भी हासिल है। इसके अलावा, तीन ज़िलों में बांग्ला को भी आधिकारिक भाषा का दर्जा दिया गया है। असम चाय, खनिज पदार्थों और समृद्ध जैव-विविधता के लिए भी जाना जाता है।

असम के सामाजिक ताने-बाने को दो ऐतिहासिक तथ्यों ने बहुत प्रभावित किया है। एक, राज्य की जनसंख्या में बाहर से आये लोगों की विशेष भूमिका। दूसरे, बाहर से आये इन लोगों की जातीय और सांस्कृतिक विविधता। औपनिवेशिक दौर से ही यहाँ बाहर से काम करने के लिए मज़दूर आने लगे। कम आबादी वाले ज़िलों और उपजाऊ ज़मीन पर इन लोगों का बसना शुरू हुआ। असम चाय कम्पनी की स्थापना के पीछे औपनिवेशिक शासकों की योजना थी कि परती ज़मीन कर क़ब्ज़ा जमाकर उसमें विदेशी पूँजी का निवेश किया जाए। असम की आप्रवासी जनसंख्या में इन चाय मज़दूरों का समूह सबसे बड़ा है। असम में आप्रवासियों की नयी लहर पूर्वी बंगाल के ज़िलों से आयी। इनमें 85-90 प्रतिशत मुसलमान थे। ग्रामीण क्षेत्रों में होने वाले इस आप्रवासन का सिलसिला 1901 से 1947 तक चलता रहा। इसके कारण बीसवीं शताब्दी के मध्य तक असम घाटी में मूलवासियों की जनसंख्या का प्रतिशत काफ़ी गिर गया। आप्रवासियों ने बेकार पड़ी ज़मीन को खेती योग्य बनाकर अर्थव्यवस्था में योगदान तो दिया, लेकिन उनके आने से सामाजिक और सांस्कृतिक जीवन पर प्रतिकूल प्रभाव भी पड़ा। आज़ादी के बाद तत्कालीन पूर्वी पाकिस्तान से शरणार्थियों के लगातार आने से ख़ासी, गारो और बोडो जैसे आदिवासी समूहों में पहचान की चेतना भी मज़बूत होने लगी।

असम की जनसंख्या सांस्कृतिक, भाषिक और धार्मिक अर्थों में विविधतापूर्ण है। हिंदू 67 और मुसलमान 28.3 प्रतिशत हैं। अनुसूचित जाति और अनुसूचित जनजातियों का प्रतिशत क्रमशः 7.4 और 12.1 है। जनसंख्या का विभाजन बाहर से आये मुसलमानों, हिंदू, नेपाली और चाय बागानों में काम करने वाले मज़दूरों की विभिन्न श्रेणियों के रूप में भी किया गया है। आबादी की इस बनावट के कारण किसी भी राजनीतिक दल के लिए एक निर्वाचन क्षेत्र के प्रमुख समूहों के बीच आधार बनाये बिना चुनाव जीतना बेहद मुश्किल होता है। यही नहीं, यह भाषिक, धार्मिक और जातीय विविधता राजनीतिक ध्रुवीकरण के लिए भी दरवाजे खोलती है। चुनावों में अक्सर अल्पसंख्यकों के वोट निर्णायक साबित होते हैं।

स्वतंत्रता से पहले कांग्रेस असमिया भाषा और संस्कृति और 'असम की राष्ट्रीय पहचान' का समर्थन करती थी। शायद यही कारण है कि कांग्रेस 1952 से 1978 तक लगातार सत्ता में बनी रही। लेकिन कांग्रेस के शासन की कमी यह थी कि विभिन्न तबक़ों के आर्थिक विकास या उनकी राजनीतिक आकांक्षाओं को पूरा करने के बजाय उसने कामचलाऊ ढंग से इन समस्याओं को हल करने की कोशिश की। इसके कारण हालात पेचीदा हो गये। असमिया मध्यवर्ग के तेवर भी उग्र हो गये। सरकारी भाषा, शिक्षा के माध्यम और तेलशोधक कारख़ानों की स्थापना के मुद्दों को हल करना आसान नहीं था। लेकिन कांग्रेस का केंद्रीय नेतृत्व समस्याओं को लेकर असंवदेनशील बना रहा। इसके बावजूद 1977 में

जब कांग्रेस को आपातकाल की ज़्यादतियों के कारण देश के ज़्यादातर हिस्सों में हार का मुँह देखना पड़ा, तब भी असम के मतदाताओं ने उसे 14 में 10 सीटों पर जीत दिलाई थी। केंद्र में जनता पार्टी के सत्ता पर जनता पार्टी क़ाबिज़ होने बाद 1978 में हुए विधान सभा चुनावों में कांग्रेस को हार का सामना करना पड़ा। इस चुनाव के बाद राजनीतिक अस्थिरता और अशांति का बोलबाला हो गया। थोड़े समय के लिए कांग्रेस की सरकार बनी, लेकिन इसी दौर में पृथकतावाद भी उभरा।

1979 से 1985 तक चलने वाले बहिरागत-विरोधी आंदोलन ने राजनीति को पूरी तरह बदल दिया। 1985 में राजीव गाँधी सरकार ने असम आंदोलन नेताओं से समझौते की बातचीत की। इसी समझौते के तहत दिसम्बर 1985 में नये सिरे से विधान सभा चुनाव कराने का फ़ैसला किया गया, जिसमें लोगों ने भारी शिरकत की। असम आंदोलन के प्रमुख नेताओं ने मिलकर एक राजनीतिक दल असम गण परिषद् (अगप) का गठन किया। अगप ने चुनावों में बहिरागतों के कारण असमिया पहचान पर उत्पन्न हुए ख़तरे को मुख्य मुद्दा बनाया और सत्ता पर क़ब्ज़ा करने में सफल हो गयी।

कांग्रेस का एकदलीय वर्चस्व ख़त्म होने के बावजूद असम में दो दलीय प्रणाली की शुरुआत नहीं हुई। कांग्रेस और अगप के वोटों का कुल योग भी 60 प्रतिशत तक नहीं पहुँचा। अशांति के कारण अगले विधान सभा चुनाव 1991 में हुए जिसमें कांग्रेस को स्पष्ट बहुमत मिला। कारण यह था कि असमिया राष्ट्रवाद के समर्थक अगप में विभाजन हो गया था। इसके अलावा भाजपा को भी इस चुनाव में 6.4 प्रतिशत वोट और 10 सीटें मिली। उसने अगप और उससे अलग हुए धड़े नूतन असम गण परिषद् के वोटों में सेंध लगायी। इसके बाद 1996 के लोकसभा और विधानसभा चुनावों में अगप को सफलता मिली। इसके दो प्रमुख कारण थे। अगप और नूअगप आपसी मतभेद भुलाकर मिल गये थे, और कांग्रेस के प्रति लोगों में बहुत नाराज़गी थी। इसके बाद 2001 और 2006 के चुनावों में कांग्रेस की वापसी हुई। इस सफलता के बावजूद उसे असम के प्रभुत्वशाली समुदाय का समर्थन हासिल नहीं हुआ। इसी दबाव में कांग्रेस को राज्य के विभिन्न 'अल्पसंख्यक' समूहों के साथ गठजोड़ बनाना पड़ा।

लेकिन असम की राजनीति में आये इस बदलाव को एक पार्टी के वर्चस्व की प्रणाली से राजनीतिक और जातीय विखण्डन के सफ़र में समेट देना अनुचित होगा। इस रूपांतरण को अनेक गठजोड़ों के पुनर्गठन के रूप में देखना बेहतर होगा। असम में सामाजिक समुदायों की सीमाएँ या तो ख़ुद बदलती रही हैं, या सामाजिक विभाजनों को राजनीतिक रंग देने के प्रयास चलते रहे हैं। मुसलमानों के बहुत सारे आंतरिक विभाजनों का अचानक राजनीतिक रूप से महत्त्वपूर्ण हो जाना इसी प्रक्रिया का उदाहरण हैं। पहचान की राजनीति के उभार के कारण वामपंथी दलों के प्रभाव में बहुत गिरावट आयी है। 1978 के चुनावों में वामपंथियों को ज़बरदस्त सफलता मिली थी। लेकिन असम आंदोलन का विरोध करने के कारण 1985 के चुनावों में इन दलों का सफ़ाया हो गया। इसके बाद वामपंथी दल अपनी पुरानी शक्ति हासिल नहीं कर पाये।

देखें : असम गण परिषद, अरुणाचल प्रदेश, आंध्र प्रदेश, उत्तर प्रदेश, उत्तराखण्ड, ओडीशा, कर्नाटक, केरल, छत्तीसगढ़, जम्मू और कश्मीर, झाड़खण्ड, तमिलनाडु, त्रिपुरा, दिल्ली, नगालैण्ड, पश्चिम बंग, पंजाब, महाराष्ट्र, मध्य प्रदेश, मिज़ोरम, मेघालय, भारत में पृथकतावाद, भारतीय संघवाद, बिहार, राजस्थान, राज्यों का पुनर्गठन-1, 2 और 3, राज्यों की राजनीति, संघवाद, हरियाणा।

संदर्भ

1. केया दासगुप्त और अमलेंदु गुहा (198 5), '1983 असेम्बली पोल इन असम : ऐन ऐनालिसिस ऑफ़ इट्स बैकग्रांउड ऐंड इम्पलीकेशंस', *इकॉनॉमिक ऐंड पॉलिटिकल वीकली*, खण्ड 25, अंक 19.
2. एच. श्रीकांत, (2000), 'मिलिटेंसी ऐंड आइडेंटिटी पॉलिटिक्स इन असम', *इकॉनॉमिक ऐंड पॉलिटिकल वीकली*, खण्ड 35, अंक 47.
3. संध्या गोस्वामी (2009), 'असम : अ फ्रैक्चर्ड वर्डिक्ट', इकॉनॉमिक ऐंड पॉलिटिकल वीकली, खण्ड 44,अंक 39.

—कमल नयन चौबे

असम आंदोलन

(Assam Movement)

भारतीय राजनीति में असम आंदोलन क्षेत्रीय और जातीय अस्मिता से जुड़े आंदोलनों में महत्त्वपूर्ण स्थान रखता है। इस आंदोलन के दौरान असम के भू-क्षेत्र में बाहरी लोगों, खास तौर पर बांग्लादेश से आये लोगों को असम से बाहर निकालने के लिए ज़बरदस्त गोलबंदी हुई। इस आंदोलन की एक विशिष्टता यह भी थी कि इसे कई स्थानों पर ग़ैर-असमिया लोगों का भी समर्थन मिला। इसने राष्ट्रीय स्तर पर बहिरागतों केकारण स्थानीय समुदायों को होने वाली मुश्किलों और असुरक्षा-बोध के मसले पर रोशनी डाली। लेकिन इसके साथ ही इसने इस ख़तरे को भी रेखांकित किया कि भाषाई और सांस्कृतिक अस्मिता की परिभाषा जितनी संकुचित होती है, दूसरी भाषाओं और संस्कृतियों को अन्य या बाहरी घोषित करने की प्रवृत्ति मज़बूत होती चली जाती है।

असम में बाहरी लोगों के आने का एक लम्बा इतिहास रहा है। औपनिवेशिक प्रशासन ने हज़ारों बिहारियों और बंगालियों को यहाँ आकर बसने, यहाँ के चाय बागानों में काम करने और

ख़ाली पड़ी ज़मीन पर खेती करने के लिए प्रोत्साहित किया। उस समय असम की जनसंख्या बहुत कम थी। ऐसे में असम के भूमिपतियों ने बंगाली जोतदारों और बिहारी मज़दूरों का खुलकर स्वागत किया। 1939 से 1947 के बीच मुसलमान साम्प्रदायिक शक्तियों ने भी बंगाली मुसलमानों को प्रोत्साहित किया कि वे असम में जाकर बसें। उन्हें लगता था कि ऐसा करने से देश विभाजन की स्थिति में वे बेहतर सौदेबाज़ी कर सकेंगे। विभाजन के बाद नये बने पूर्वी पाकिस्तान से पश्चिम बंगाल और त्रिपुरा के साथ-ही-साथ असम में भी बड़ी संख्या में बंगाली लोग आये। 1971 में पूर्वी पाकिस्तान (बाद में बांग्लादेश) में मुसलमान बंगालियों के ख़िलाफ़ पश्चिमी पाकिस्तानी सेना की हिंसक कार्रवाई के कारण वहाँ के तक़रीबन दस लाख लोगों ने असम में शरण ली। बांग्लादेश बनने के बाद इनमें से अधिकतर लौट गये, लेकिन तक़रीबन एक लाख लोग वहीं रह गये। 1971 के बाद भी बड़े पैमाने पर बांग्लादेशियों का असम में आना जारी रहा। ऐसे में असम के किसानों और मूलवासियों को यह डर सताने लगा कि उनकी ज़मीन-जायदाद पर बांग्लादेश से आये लोगों का क़ब्ज़ा हो जाएगा। जनसंख्या में होने वाले इस बदलाव ने मूलवासियों में भाषाई, सांस्कृतिक और राजनीतिक असुरक्षा की भावना पैदा कर दी। इसने असम के लोगों और ख़ास तौर पर वहाँ के युवाओं को भावनात्मक रूप से उद्वेलित किया। असम के लोगों को लगने लगा कि बाहरी लोगों, ख़ास तौर पर बांग्लादेशियों के कारण वे अपने ही राज्य में अल्पसंख्यक बन जाएँगे जिससे राज्य की अर्थव्यवस्था और राजनीति पर उनकी कोई पकड़ नहीं रह जाएगी। लोगों का यह डर पूरी तरह ग़लत भी नहीं था। 1971 की जनगणना में असम में असमिया भाषा बोलने वाले सिर्फ़ 59 प्रतिशत लोग ही थे। इसमें भी बहुत से बंगाली शामिल थे जिन्होंने एक पीढ़ी से ज़्यादा समय से यहाँ रहने के कारण यह भाषा सीख ली थी। इन्हीं कारणों से 1980 के दशक में ग़ैर-क़ानूनी बहिरागतों के ख़िलाफ़ असम में एक ज़ोरदार आंदोलन चला।

उल्लेखनीय है कि उन्नीसवीं सदी और खासतौर पर आज़ादी के बाद यह क्षेत्र ख़ास तरह के राजनीतिक पुनर्जागरण के दौर से गुज़रा जिसने असम के लोगों में अपनी भाषा, संस्कृति, साहित्य, लोक कला और संगीत के प्रति गर्व की भावना पैदा की। राज्य की सांस्कृतिक, भाषाई और धार्मिक विविधता को देखते हए यह एक जटिल प्रक्रिया थी। एकीकृत असमिया संस्कृति की तरफ़दारी करने वाले बहुत से लोगों को यह भी मानना रहा है कि आदिवासी इलाक़ों को अलग से विशेष अधिकार देकर या मेघालय, मिजोरम, नगालैण्ड और अरुणाचल प्रदेश जैसे अलग राज्यों को निर्माण करके केंद्र सरकार ने एक व्यापक असमिया पहचान के निर्माण में रुकावट डालने का काम किया है। इसीलिए असम के युवाओं में केंद्र के प्रति एक नकारात्मकता और आक्रोश की भावना रही है।

पचास के दशक से ही ग़ैर-क़ानूनी रूप से बाहरी लोगों का असम में आना एक राजनीतिक मुद्दा बनने लगा था, लेकिन 1979 में यह एक प्रमुख मुद्दे के रूप में सामने आया, जब बड़ी संख्या में बांग्लादेश से आने वाले लोगों को राज्य की मतदाता सूची में शामिल कर लिया गया। 1978 में मांगलोडी लोकसभा क्षेत्र के सांसद की मृत्यु के बाद उपचुनाव की घोषणा हुई। चुनाव अधिकारी ने पाया कि मतदाताओं की संख्या में अचानक ज़बरदस्त इज़ाफ़ा हो गया है। इसने स्थानीय स्तर पर लोगों में आक्रोश पैदा किया। यह माना गया कि बाहरी लोगों, विशेष रूप से बांग्लादेशियों के आने के कारण ही इस क्षेत्र में मतदाताओं की संख्या में ज़बरदस्त बढ़ोतरी हुई है। ऑल असम स्टूडेंट यूनियन (आसू) और क्षेत्रीय राजनीतिक, साहित्यिक और सांस्कृतिक संगठनों से मिलकर बनी असम गण संग्राम परिषद ने बहिरागतों के ख़िलाफ़ आंदोलन छेड़ दिया। गौरतलब है कि एक छात्र संगठन के रूप में आसू अंग्रेज़ों के ज़माने से ही अस्तित्व में था। उस समय उसका नाम था अहोम छात्र सम्मिलन। लेकिन 1940 में यह संगठन विभाजित हुआ और 1967 में इन दोनों धड़ों का फिर से विलय हो गया और संगठन का नाम ऑल असम स्टूडेंट्स एसोसिएशन रखा गया। लेकिन फिर इसका नाम बदलकर ऑल असम स्टूडेंट यूनियन या आसू कर दिया गया।

आसू द्वारा चलाये गये आंदोलन को असमिया भाषा बोलने वाले हिंदुओं, मुसलिमों और बहुत से बंगालियों ने भी खुल कर समर्थन दिया। आंदोलन के नेताओं ने यह दावा किया कि राज्य की जनसंख्या का 31 से 34 प्रतिशत भाग बाहर से ग़ैर-क़ानूनी रूप से आये लोगों का है। उन्होंने केंद्र सरकार से माँग की कि वह बाहरी लोगों को असम आने से रोकने के लिए यहाँ की सीमाओं को सील कर दे, ग़ैर-क़ानूनी बाहरी लोगों की

राजीव गाँधी सरकार और अखिल असम स्टूडेंट यूनियन के नेतृत्व के बीच 15 अगस्त,1985 को हुए समझौते से छह साल पुराने असम आंदोलन का पटाक्षेप हुआ.

पहचान करे और उनके नाम को मतदाता सूची से हटाये और जब तक ऐसा न हो असम में कोई चुनाव न कराये। आंदोलन ने यह माँग भी रखी कि 1961 के बाद राज्य में आने वाले लोगों को उनके मूल राज्य में वापस भेजा जाए या कहीं दूसरी जगह बसाया जाए। इस आंदोलन को इतना ज़ोरदार समर्थन मिला कि 1984 में यहाँ के सोलह संसदीय क्षेत्रों से 14 संसदीय क्षेत्रों में चुनाव नहीं हो पाया। 1979 से 1985 के बीच राज्य में राजनीतिक अस्थिरता रही। राष्ट्रपति शासन भी लागू हुआ। लगातार आंदोलन होते रहे और कई दफ़ा इन आंदोलनों ने हिंसक रूप अख़्तियार किया। राज्य में अभूतपूर्व जातीय हिंसा की स्थिति पैदा हो गयी। लम्बे समय तक समझौता-वार्ता चलने के बावजूद आंदोलन के नेताओं और केंद्र सरकार के बीच कोई सहमति नहीं बन सकी ,क्योंकि यह बहुत ही जटिल मुद्दा था। यह तय करना आसान नहीं था कि कौन 'बाहरी' या विदेशी है और ऐसे लोगों को कहाँ भेजा जाना चाहिए।

केंद्र सरकार ने 1983 में असम में विधानसभा चुनाव कराने का फ़ैसला किया। लेकिन आंदोलन से जुड़े संगठनों ने इसका बहिष्कार किया। इन चुनावों में बहुत कम वोट डाले गये। जिन क्षेत्रों में असमिया भाषी लोगों का बहुमत था, वहाँ तीन प्रतिशत से भी कम वोट पड़े। राज्य में आदिवासी, भाषाई और साम्प्रदायिक पहचानों के नाम पर ज़बरदस्त हिंसा हुई जिसमें तीन हज़ार से भी ज़्यादा लोग मारे गये। चुनावों के बाद कांग्रेस पार्टी की सरकार ज़रूर बनी, लेकिन इसे कोई लोकतांत्रिक वैधता हासिल नहीं थी। 1983 की हिंसा के बाद दोनों पक्षों में फिर से समझौता-वार्ता शुरू हुई। 15 अगस्त, 1985 को केंद्र की राजीव गाँधी सरकार और आंदोलन के नेताओं के बीच समझौता हुआ जिसे असम समझौते के नाम से जाना गया। इसके तहत 1951 से 1961 के बीच आये सभी लोगों को पूर्ण नागरिकता और वोट देने का अधिकार देने का फ़ैसला किया गया। तय किया कि जो लोग 1971 के बाद असम में आये थे, उन्हें वापस भेज दिया जाएगा। 196 1 से 1971 के बीच आने वाले लोगों को वोट का अधिकार नहीं दिया गया, लेकिन उन्हें नागरिकता के अन्य सभी अधिकार दिये गये। असम के आर्थिक विकास के लिए पैकेज की भी घोषणा की गयी और यहाँ ऑयल रिफ़ाइनरी, पेपर मिल और तकनीक संस्थान स्थापित करने का फ़ैसला किया गया। केंद्र सरकार ने यह भी फ़ैसला किया कि वह असमिया-भाषी लोगों के सांस्कृतिक, सामाजिक और भाषाई पहचान की सुरक्षा के लिए विशेष क़ानून और प्रशासनिक उपाय करेगी। इसके बाद, इस समझौते के आधार पर मतदाता-सूची में संशोधन किया गया। विधानसभा को भंग करके 1985 में ही चुनाव कराए गये, जिसमें नवगठित असम गण परिषद को बहुमत मिला। पार्टी के नेता प्रफुल्ल कुमार महंत, जो कि आसू के अध्यक्ष भी थे, मुख्यमंत्री बने। उस समय उनकी उम्र केवल 32 वर्ष की थी। असम-समझौते से वहाँ लम्बे समय से चल रही राजनीतिक अस्थिरता का अंत हुआ। लेकिन 1985 के बाद भी यहाँ एक अलग बोडो राज्य के लिए आंदोलन चलता रहा। इसी तरह भारत से अलग होकर असमिया लोगों के लिए एक अलग राष्ट्र की माँग को लेकर उल्फ़ा का सक्रिय, भूमिगत और हिंसक आंदोलन भी चलता रहा।

असम आंदोलन और असम समझौते के अनुभव से पता चलता है कि बाहरी लोगों को ग़ैर-क़ानूनी रूप से कहीं बसने से रोकना तो आवश्यक है, लेकिन एक बार जो बस गया उसे हटाना एक बहुत मुश्किल काम है। इसके अलावा पिछली कई पीढ़ियों से राज्य में बस चुके लोगों को सिर्फ़ उनकी धार्मिक या भाषाई पहचान के आधार पर विदेशी का दर्जा देने से एक तरह की कट्टरता को ही प्रोत्साहन मिलता है। असम आंदोलन के दौरान भी राष्ट्रीय स्वयंसेवक संघ ने इसे मुसलमानों के ख़िलाफ़ अभियान का रंग देने की कोशिश की थी। उल्लेखनीय है कि जिस मुद्दे को लेकर असम आंदोलन शुरू हुआ था, वह मुद्दा और उससे जुड़ी शिकायतें अभी तक पूरी तरह दूर नहीं हो पायी हैं। इसके अलावा असम के समाज में दूसरी पहचानों के प्रति असहिष्णुता की भावना बढ़ी है। ऐसा सिर्फ़ 'मुसलमान बंगालियों' के संदर्भ में ही नहीं हुआ है, बल्कि आदिवासी लोगों की माँगों के ख़िलाफ़ भी एक तरह की कट्टरता पनपी है।

देखें : अरुणाचल प्रदेश, असम, आंध्र प्रदेश, उत्तर प्रदेश, उत्तराखण्ड, ओडीशा, कर्नाटक, केरल, छत्तीसगढ़, जम्मू और कश्मीर, झाड़खण्ड, तमिलनाडु, त्रिपुरा, दिल्ली, नगालैण्ड, पश्चिम बंग, पंजाब, महाराष्ट्र, मध्य प्रदेश, मिज़ोरम, मेघालय, भारत में पृथकतावाद, भारतीय संघवाद, बिहार, राजस्थान, राज्यों का पुनर्गठन-1, 2 और 3, राज्यों की राजनीति, संघवाद, हरियाणा।

संदर्भ

1. दिलीप कुमार चट्टोपाध्याय (1990), *हिस्ट्री ऑफ़ असमीज़ मूवमेंट सिंस 1947,* मिनर्वा पब्लिकेशंस, कोलकाता.
2. मुनीरुल हुसैन (1993), *द असम मूवमेंट : क्लास, आइडियॉलॉजी ऐंड आइडेंटिटी,* मानक पब्लिकेशंस, दिल्ली.
4. के.एम. शर्मा (1980) 'द असम क्वेश्चन : अ हिस्टोरिकल पर्सपेक्टिव', *इकॉनॉमिक ऐंड पॉलिटिकल वीकली,* खण्ड 15, अंक 31.
5. संजीव बरुआ (1999), *इण्डिया अगेंस्ट इटसेल्फ़ : असम ऐंड द पॉलिटिक्स ऑफ़ नेशनलिटी,* युनिवर्सिटी ऑफ़ पेन्नसिल्वानिया प्रेस, फ़िलाडेल्फ़िया.

—कमल नयन चौबे

अस्मिता

(Identity)

समाज-विज्ञान के विभिन्न अनुशासनों में अस्मिता या पहचान का पद अक्सर मनुष्य की वैयक्तिकता या समुदाय/समूह के साथ उसके रिश्तों को व्यक्त करने के लिए इस्तेमाल किया जाता है। यह अवधारणा समाजशास्त्र, संस्कृति-अध्ययन, राजनीति-विज्ञान और मनोविश्लेषण के लिए महत्त्वपूर्ण है। हालाँकि ये सभी अनुशासन अस्मिता की परिभाषा अलग-अलग तरीक़े से संसाधित करते हैं, पर इनसे निकली समझ एक हद तक परस्परव्यापी भी है। युरोपीय दर्शन सत्रहवीं सदी से ही मानवीय इयत्ता और उस पर आधारित अस्मिता की रचना-प्रक्रिया समझने की कोशिश कर रहा है। संस्कृति-अध्ययन इसी सामग्री के आधार पर अस्मिता को समझने की कोशिश करता है। राजनीति-विज्ञान के लिए अस्मिता का अर्थ उन हाशियाकृत समूहों से है जो सांस्कृतिक, सामाजिक या जातीय आधार पर अलग समुदाय बना कर अपनी राजनीतिक दावेदारी पेश करते हैं। इससे अस्मिता की राजनीति का जन्म होता है। मनोविश्लेषण के अनुशासन में अस्मिता के प्रश्न पर फ्रॉयड, लकाँ और एरिकसन जैसे मनोवैज्ञानिकों ने ईगो (अहं), इद (पशुत्व) और सुपरईगो (पराअहं) के संदर्भ में विचार किया है।

सत्रहवीं सदी में रेने देकार्त ने कहा था कि केवल एक बात ऐसी है जिस पर वे शक नहीं कर सकते, और वह है उनका अपना वजूद। देकार्त यह भी मानते थे कि मनुष्य के इस अस्तित्व ने 'एक चिंतनशील सार' का रूप ग्रहण कर लिया है। देकार्त के इस विचार के फलस्वरूप न केवल दर्शन के क्षेत्र में बल्कि राजनीतिक सोच-विचार और मनोविज्ञान के दायरे में मनुष्य को एक ऐसे स्वायत्त कर्ता के रूप में देखने का रास्ता खुला जो अपने अपनी अस्मिता के बारे में निश्चित है और उसकी यह अस्मिता जीवन भर उसके साथ रहती है। अठारहवीं सदी में डेविड ह्यूम ने देकार्त के साथ बहस करते हुए मनुष्य की इयत्ता के प्रश्न पर नये सिरे से ग़ौर किया और इस नतीजे पर पहुँचे कि मनुष्य के मानस में हर उस चीज़ के बारे में कई तरह की अनुभूतियाँ और छवियाँ होती हैं जिस बारे में वह सोचता है। लेकिन ऐसी कोई एक इयत्ता नहीं होती जो सोचने और याद करने का काम कर रही हो। ह्यूम ने इयत्ता की 'बंडल थियरी' का सूत्रीकरण किया जिसके मुताबिक़ मनुष्य की इयत्ता उसकी संवेदी अनुभूतियों के बंडल के अलावा कुछ नहीं है। जैसे-जैसे व्यक्ति नये अनुभवों से गुज़रता है या पुराने अनुभवों को याद करता है, उसके इस बंडल में परिवर्तन होता रहता है। उसकी इयत्ता और उस पर आधारित अस्मिता

जॉर्ज हरबर्ट मीड (1863-1931)

बदलती रहती है। देकार्त अस्मिता को निर्धारित मानते थे, पर ह्यूम ने उसे तरल क़रार दिया।

उन्नीसवीं सदी के उत्तरार्ध में डेविड एमील दुर्ख़ाइम ने उदारतावादी व्यक्तिवाद द्वारा प्रवर्तित व्यक्ति को सर्वोच्च प्राथमिकता देने के आग्रह को चुनौती दी। उन्होंने कहा कि समाज व्यक्तियों से मिल कर नहीं बना है, बल्कि व्यक्ति समाज की पैदाइश हैं। आधुनिक समाज में व्यक्ति अपनी इयत्ता का अर्थ-ग्रहण एक विशिष्ट संस्कृति के संदर्भ में ही कर पाता है। प्राक्-औद्योगिक समाजों में ज़्यादातर लोग मूल्यों और मानकों के संदर्भ में एक जैसे ही होते थे, क्योंकि उन समाजों में आर्थिक आधार पर श्रम का विभाजन बहुत कम या न के बराबर ही था। एक तरह की समरूपता (यांत्रिक एकजुटता) इन समाजों के एक सूत्र में बाँधे रहती थी। लेकिन औद्योगिक समाजों में यह तस्वीर बदल गयी। काम के अलग-अलग विशिष्ट दायरों के कारण व्यक्तियों के अनुभवों में विविधता आयी। इस विश्लेषण के आधार पर दुर्ख़ाइम ने नतीजा निकाला कि व्यक्ति की अस्मिता अपने-आप में प्राथमिक न हो कर आर्थिक विन्यास की उपज है।

इयत्ता और अस्मिता के आपसी संबंधों पर यह चिंतन यहीं नहीं रुका। जॉर्ज हरबर्ट मीड ने इस पर वैकल्पिक दृष्टि से विचार किया। उनका कहना था कि इयत्ता की रचना दूसरों से संबंध के तहत होती है। उन्होंने 'आई' और 'मी' में फ़र्क़ करते हुए कहा कि 'आई' का मतलब है व्यक्ति का दूसरों

के प्रति रवैया, और 'मी' का अर्थ है दूसरों का वह रवैया जो व्यक्ति ग्रहण कर लेता है। अर्थात् व्यक्ति की इयत्ता दूसरों के दृष्टिकोण को आत्मसात करने पर निर्भर करती है। व्यक्ति उतनी ही हद तक आत्मसचेत होता है जितना वह समझ पाता है कि दूसरे उसे किस रूप में देख रहे हैं। मीड के इस चिंतन से समाजशास्त्र में सिम्बोलिक इंटरेक्शनिस्ट नामक नज़रिये की बुनियाद पड़ी जिसे इरविंग गॉफ़मेन ने और आगे बढ़ाया।

मनोविज्ञान के क्षेत्र में ज़िग्मंड फ्रॉयड ने भी मानवीय अस्मिता के स्थिर होने पर सवालिया निशान लगाया। उनका विचार था कि बच्चे की अस्मिता अपने आस-पास के लोगों के रवैये और नज़रियों को ग्रहण करने के ज़रिये बनती है। उन्होंने इयत्ता को ईगो (अहं), इड और सुपरईगो (पराअहं) के आपसी संबंधों का परिणाम बताया। फ्रॉयड के चिंतन के आधार पर एरिक एरिकसन ने सायकोडायनामिक थियरी का सूत्रीकरण किया जिसके मुताबिक़ व्यक्ति की अस्मिता उसकी व्यक्तिगत पहचान और सामुदायिक संस्कृति से प्राप्त पहचान के बीच मौजूद रहती है। एरिकसन ने ही चालीस के दशक में पहली बार 'अस्मिता का संकट' जैसा फ़िकरा ईजाद किया। इसके ज़रिये उन्होंने एक ऐसा व्यक्ति परिभाषित करने की कोशिश की जो अपने भीतर निजी स्तर पर ऐतिहासिक निरंतरता का अभाव महसूस कर रहा हो। एरिकसन का इशारा अपनी संस्कृति से अलगाव में पड़ गये लोगों की तरफ़ था जो इसी कारण से अपनी इयत्ता के संदर्भ में सुसंगति का अभाव महसूस करने लगते हैं। आगे चल कर एरिकसन का यह फ़िकरा युवाओं के मनोवैज्ञानिक विकास के एक निश्चित चरण के लिए इस्तेमाल किया जाने लगा।

मानवीय अस्मिता के बारे में लकाँ, अलथुसे और फ़ूको के योगदान पर ग़ौर करना भी ज़रूरी है। लकाँ ने फ्रॉयड द्वारा दी गयी अस्मिता की परिभाषा पर गहराई से ग़ौर करते हुए दिखाया कि बचपन में छह से अट्ठारह महीने की उम्र (मिरर स्टेज) के दौरान व्यक्ति में आत्म-चेतना का जन्म होता है। इसी मुक़ाम पर शिशु अपने बिम्ब को बिम्ब की तरह देखना सीखता है। यानी वह ख़ुद को जानना शुरू करता है, पर प्रत्यक्ष रूप से नहीं बल्कि दर्पण में अपनी छवि के माध्यम से। माँ से अलगाव होते ही बच्चा एक तरह के बिखराव का सामना करता है जिससे उपजे हालात पर नियंत्रण करने की प्रक्रिया में उसकी इयत्ता जन्म लेती है। फ्रॉयड की मान्यता थी कि पुरुष बालक की अस्मिता उसकी माँ की अस्मिता पर निर्भर होती है। यह बच्चा भाषा के संसार में अपने पिता द्वारा बनाये गये नियम-क़ानूनों के प्रभाव में क़दम रखता है। पिता द्वारा आरोपित 'निषेध' के तहत ही वह माँ के साथ कौटुम्बिक अभिगमन (इनसेस्ट) जैसे संबंध नहीं बना पाता। पिता की अवज्ञा करने की इच्छा के बावजूद बच्चे को माँ के साथ अपनी एकात्मकता उपलब्ध करने की कामना का दमन करना ही पड़ता है। फ्रॉयड के इसी विश्लेषण के आधार पर लकाँ इस निष्कर्ष पर पहुँचे कि मनुष्य के अवचेतन की संरचना भाषा की तरह होती है।

फ्रांसीसी चिंतक अलथुसे ने मार्क्सवाद के संरचनावादी संस्करण के तहत एक कर्ता के रूप में मनुष्य को विचारधारा का उत्पाद क़रार दिया। उन्होंने कहा कि चर्च, शिक्षा व्यवस्था, पुलिस, परिवार और मास मीडिया जैसी सामाजिक संस्थाएँ कर्ता के रूप में व्यक्ति के साथ अन्योन्यक्रिया करते हुए या तो उसे प्रश्नांकित करती हैं या उसके रवैये को सही ठहराती हैं। कुल मिला कर समाज में कर्ता की स्थिति तय करने में इन संस्थाओं की निर्णायक भूमिका होती है।

फ़ूको ने अपनी शुरुआती रचनाओं में विक्षिप्तता की परिघटना पर ग़ौर करते हुए दिखाया कि किस तरह विभिन्न युगों में पागलपन को अलग-अलग तरह से समझा गया है। रिनेसाँ के दौरान विक्षिप्तता अपने-आप में बुद्धि का ही एक रूप थी, जबकि सत्रहवीं सदी में उभरे तर्कणावाद के प्रभाव में पागलों को समाज से बहिष्कृत किया जाने लगा। अट्ठारहवीं सदी तक आते-आते पागलों को अन्य की श्रेणी रख कर उनके बरक्स संतुलित और सामान्य की परिभाषा होने लगी। विक्षिप्तता के बारे में फ़ूको के इस विमर्श से व्यक्ति की अस्मिता की एक अलग परिभाषा निकली जिसके अनुसार प्रभुत्वशाली समूह समाज में अपनी अस्मिता की रचना अपने 'अन्य' के आईने में करते हैं। आगे चल कर फ़ूको ने इयत्ता की रचना की शिनाख़्त विमर्शों के दायरे में की। उन्होंने कहा कि मनुष्य अपने बारे में लिखते या बोलते समय जिन अवधारणात्मक और बौद्धिक संसाधनों का इस्तेमाल करता है, उन्हीं के ज़रिये उसकी इयत्ता बनती है।

देखें : अस्मिता की राजनीति, अस्मिता की भारतीय राजनीति, इयत्ता, ज़िग्मंड फ्रॉयड-1 और 2, ज़ाक लकाँ, डेविड ह्यूम, डेविड एमील दुर्ख़ाइम, मिशेल प़ॉल फ़ूको-1 और 2, रेने देकार्त, लुई अलथुसे, एरिक एरिकसन।

संदर्भ

1. जी.एच. मीड (1934), *माइंड, सेल्फ़ ऐंड सोसाइटी,* शिकागो युनिवर्सिटी प्रेस, शिकागो, आईएल.
2. एमील दुर्ख़ाइम (1984, 1893), *द डिवीज़न ऑफ़ लेबर इन सोसाइटी,* अनु. डब्ल्यू.डी. हाल्स, मैकमिलन, बेसिंगस्टोक.
3. एरिक एरिकसन (1968), *आइडेंटिटी : यूथ ऐंड क्राइसिस,* फ़ेबर ऐंड फ़ेबर, लंदन.
4. ज़िग्मंड फ्रॉयड (1908), 'ऑन द सेक्शुअल थियरीज़ ऑफ़ चिल्ड्रन', *द स्टेंडर्ड एडीशन ऑफ़ द कम्प्लीट साइकोलॅजीकल वर्क्स ऑफ़ ज़िग्मंड फ्रॉयड,* अनु. जे. स्ट्रैची, खण्ड 11, होगार्ट प्रेस और इंस्टीट्यूट ऑफ़ साइकोऐनालिसिस, लंदन.
5. मिशेल फ़ूको (1971), *मैडनैस ऐंड सिविलाइज़ेशन : अ हिस्ट्री ऑफ़ इनसेनिटी इन द एज ऑफ़ रीज़न,* टेविस्टॉक, लंदन.

—अभय कुमार दुबे

अस्मिता की राजनीति

(Identity Politics)

उदारतावादी लोकतांत्रिक प्रणाली में स्वयं को हाशियाकृत समझने वाले समुदायों द्वारा अपने सबलीकरण, प्रतिनिधित्व और मान्यता के लिए किये जाने वाले संघर्ष को अस्मिता की राजनीति की संज्ञा दी जाती है। इस राजनीति के केंद्र में भाषा, संस्कृति, नस्ल, धर्म, जातीयता, जाति, जेंडर या सेक्शुअलिटी आधारित दावेदारियाँ होती हैं। विद्वानों की मान्यता है कि आधुनिक संसार मनुष्य को एक तरह की निर्वैयक्तिकता के दायरे में रहने के लिए मजबूर करता है, इसलिए अपने अनाम अस्तित्व के मुक़ाबले उसे किसी न किसी जुड़ाव की ज़रूरत महसूस होती है। अस्मिता की राजनीति के ज़रिये आधुनिक मनुष्य अपनी यह आवश्यकता पूरी करता है। लेकिन कोई ज़रूरी नहीं कि राजनीतिक मक़सद से ओढ़ी हुई यह अस्मिता अपने-आप में उसकी प्रामाणिक इयत्ता की निशानी ही हो। यही कारण है कि अस्मिता की राजनीति में भाग लेते हुए भी व्यक्ति अपनी दूसरी अस्मिताओं को पूरी तरह से नहीं छोड़ता और अक्सर उनके साथ सह-अस्तित्व में रहता है। किसी विशेष समय और परिस्थिति में कोई एक अस्मिता तत्कालीन राजनीति में गोलबंदी का माध्यम बनती है जो कालांतर में बदल भी सकती है। मिसाल के लिए साठ के दशक में शिव सेना केवल मराठीपन के आधार पर अपनी राजनीति करती थी, पर अस्सी के दशक में वह हिंदुत्ववादी अस्मिता की राजनीति करने लगी। इसी तरह से आज द्रविड़ अस्मिता की राजनीति का आधार भी पहले जैसा नहीं रहा है।

लोकतांत्रिक तौर-तरीक़ों और मर्यादाओं के दायरे में चलने वाली अस्मिता की राजनीति प्रतिनिधित्वमूलक लोकतंत्र को गहराई और विस्तार प्रदान करने की भूमिका निभाती है। लेकिन उग्र और आक्रामक तेवर ग्रहण कर लेने के बाद यह राजनीति व्यवस्था को बिखराव की दिशा में भी धकेल सकती है। दरअसल, सत्तारूढ़ शक्तियों के रवैये पर भी निर्भर करता है कि अस्मिता की राजनीति का चरित्र कैसा होगा। जिन समाजों का राजनीतिक-सांस्कृतिक प्रभु वर्ग हाशियाकृत या उपेक्षित पड़ी हुई पहचानों को थोड़े बहुत आंदोलन के बाद अपने दायरे में जगह देने के लिए तैयार हो जाता है, वहाँ अस्मिता की राजनीति अलगाववाद से दूर रहते हुए अंतत: व्यवस्था को पुष्ट करने का काम करती है। बहुसंस्कृतिवाद की राजनीतिक अवधारणा ने अस्मिता के आंदोलनों को नये सिरे से वैधता प्रदान की है। धीरे-धीरे इसके दायरे में विकलांगों, युवकों और पर्यावरण से जुड़े सवाल भी आने लगे हैं। कला और संस्कृति के क्षेत्र में भी अस्मिता का प्रश्न उभरने लगा है। हिप-हॉप, स्किनहेड और पंक उपसंस्कृतियाँ अपने ख़ास तरह के संगीत के सहारे युरोप के कुछ हिस्सों में मज़दूरवर्गीय गौरव और नस्ली एकता के दावे करने लगी हैं।

अस्मिता की राजनीति के लिए की जाने वाली गोलबंदी मान्यता की राजनीति की तरफ़ ले जाती है। इसका आग्रह होता है कि न केवल मुख्यधारा से अलग दिखने वाली पहचान को पूरी तरह से मान्यता दी जाए बल्कि अस्मिता के आधार पर उसकी पृथकता का सम्मान भी हो। यह गोलबंदी सामुदायिक, उत्तर-आधुनिक, नारीवादी, राष्ट्रवादी और बहुसंस्कृतिवादी तर्कों के आधार पर की जाती है। लेकिन, इस राजनीति को उदारतावादियों और मार्क्सवादियों की तरफ़ से कड़ी आलोचना का सामना करना पड़ा है।

समाज-विज्ञान की एक अवधारणा के रूप में अस्मिता की राजनीति का प्रयोग पहली बार साठ के दशक में अमेरिकी नागरिक अधिकार आंदोलन की प्रमुख शक्ति स्टूडेंट नॉनवायलेंट कोऑर्डिनेशन कमेटी (एसएनसीसी) के संदर्भ में एल.ए. कॉफ़मेन ने किया था। लेकिन, बीसवीं सदी की शुरुआत में युरोप की ज़मीन पर स्त्री संगठनों द्वारा मताधिकार की माँग के लिए की गयी गोलबंदी को अस्मिता की राजनीति के पहले उदाहरण के रूप में देखा जाता है। सफ़्रागेट नामक इस आंदोलन ने मिसाल पेश की कि किसी एक राजनीतिक ध्येय के लिए विभिन्न तबक़ों से आये हुए लोग एक साझा अस्मिता के तहत संगठित हो सकते हैं। इसके अलावा बीसवीं सदी के पहले हिस्से में ब्रिटिश, फ़्रांसीसी और अन्य युरोपीय साम्राज्यों के ख़िलाफ़ हुए उपनिवेशवाद विरोधी संघर्षों के दौरान भी अस्मिता की राजनीति का विकास हुआ। साठ के दशक में विकसित देशों की राजनीतिक उथल-पुथल के पीछे भी अस्मिता की राजनीति ही थी। नस्ली भेदभाव के ख़िलाफ़ हुए कालों के नागरिक अधिकार आंदोलन के अलावा नारीवादी विचारधारा के तहत स्त्री आंदोलन की विभिन्न लहरों को भी पहचान की ऐसी ही दावेदारी की श्रेणी में रखा जाता है। भाषाई और सांस्कृतिक आंदोलनों के दबाव में भारत जैसे नव-स्वतंत्र देशों की राजनीति और प्रशासनिक संरचना पर गहरा प्रभाव पड़ा है।

हालाँकि अस्मिता की राजनीति आम तौर पर उपेक्षा और उत्पीड़न के शिकार समूहों के लोकतांकि औज़ार की तरह काम करती रही है, पर ज़रूरी नहीं कि वह हमेशा प्रगतिशील और रैडिकल ही हो। इसका एक स्पष्ट उदाहरण नारीवादी आंदोलन की प्रतिक्रिया में चलने वाला पुरुषों का आंदोलन है। निस्संदेह पुरुष अस्मिता से जुड़े मुद्दों के आधार पर संगठनों को अपनी आवाज़ बुलंद करने का अधिकार है, पर जब वे ख़ुद को 'मार्जिनल' बताने लगते हैं तो ऐसा लगता है कि जैसे हाशियाकृत समूहों की चुनौती की प्रतिक्रिया में इस तरह का पैंतरा लिया जा रहा है। अस्मिता की राजनीति का एक और नकारात्मक पक्ष उस समय सामने आता है जब

किसी समुदाय का प्रभु वर्ग अपने हितों की पूर्ति करने वाली माँगों को पूरे समुदाय की माँगों के रूप में रख कर लोगों की भावनाएँ भड़काता है। अस्मिता की राजनीति के इन्हीं पहलुओं से निबटने की ख़ातिर पचास और साठ के दशक में भारतीय राज्य ने भाषावार राज्य बनाने की माँगों के लोकप्रिय स्वरूप को परखने के लिए एक अलिखित नियम बनाया था जिसके अनुसार वह अलग राज्य की माँग पर तब तक सहानुभूतिपूर्वक विचार करने के लिए तैयार नहीं होती थी जब तक उसके पक्ष में लोकप्रिय जन-उभार के प्रमाण न मिल जाएँ।

उदारतावादी राजनीतिक सिद्धांत ने बहुसंस्कृतिवाद के सूत्रीकरण के बाद अस्मिता की राजनीति को अधिक सकारात्मक नज़रिये से देखना शुरू किया है। लेकिन इससे पहले उदारतावाद के पारम्परिक संस्करण से निकली विद्वत्ता मुख्यत: इस राजनीति के नकारात्मक पक्षों पर ही ज़ोर देती थी। मसलन, इतिहासकार आर्थर श्लेसिंगर जूनियर ने अपनी रचना द *डिसयूनाइटिंग ऑफ़ अमेरिका* में हाशियाकृत समूहों की राजनीति की कड़ी आलोचना की है। उनकी मान्यताएँ इस विचार पर आधारित हैं कि उदारतावादी लोकतंत्र उस समय तक ठीक से नहीं चल सकता जब तक संस्कृति और समाज के आधार सबके लिए समान न हों। जैसे ही कोई समुदाय अपने लिए अलग से अधिकार की माँग करता है वैसे ही उसके हाशियाकरण को ख़त्म करने के वास्तविक अवसरों की सम्भावनाएँ कमज़ोर पड़ जाती हैं। श्लेसिंगर के अनुसार इन समुदायों को विशिष्ट और अलग होने को मान्यता देने के बजाय उन्हें मुख्यधारा में आत्मसात किये जाने लायक परिस्थितियाँ बनाने की कोशिश की जानी चाहिए।

सेक्शुअल अस्मिता के आधार पर पहचान की राजनीति करने वाले समूहों के बीच भी इस सवाल पर बहस है। एक पक्ष वैकल्पिक सेक्शुअलिटी को सामान्य जीवन में स्वाभाविक स्थान दिलाने का पक्षधर है, पर दूसरा पक्ष अपनी विशिष्टता को रेखांकित करते हुए तथाकथित मुख्यधारा से अलग रहने की वकालत करता है। दोनों एक-दूसरे की आलोचना करते हैं। पहला पक्ष कहता है कि अस्मिता की विशिष्टता के लिए की जाने वाली दावेदारी कुल मिला कर नुक़सानदेह साबित होगी और उससे समलैंगिकों के साथ होने वाले भेदभाव को ही बढ़ावा मिलेगा। दूसरा पक्ष आरोप लगाता है कि अपनी अस्मिता को तिरोहित करके अंतत: वैकल्पिक यौनिकताएँ सुविधाभोगियों की क़तार में खड़ी हो जाएँगी।

पृथक अस्मिता के लिए संघर्षरत समूहों का कहना है कि मुख्यधारा जिस समरूपता की वकालत करती है, वह दरअसल भिन्नता के नकार पर आधारित है। ऐसी मुख्यधारा में उत्पीड़ित और उपेक्षित पहचानों को पूरी तरह से कभी स्वीकार नहीं किया जा सकता। इसलिए ख़ुद को मुख्यधारा में आत्मसात करने के बजाय उन्हें बहुसांस्कृतिक बहुलवाद का रास्ता अपनाना चाहिए। लेकिन, अस्मिता की राजनीति के आलोचक जवाब में कहते हैं कि यह रवैया तात्त्विकतावाद की तरफ़ ले जाता है। अर्थात् इसके पैरोकार जेंडर, नस्ल और अन्य लक्षणों को जैविक रूप से निर्धारित मान कर चलते हैं।

एक अन्य आलोचना के अनुसार वर्ग से इतर साझा अस्मिताएँ (जैसे धार्मिक और सांस्कृतिक) पूँजीवादी समाजों में चलने वाले वर्ग संघर्ष जैसे अनिवार्य और बुनियादी अंतर्विरोधों की तरफ़ से ध्यान हटा देती हैं। एरिक हॉब्सबॉम और रिचर्ड रोर्ती जैसे मार्क्सवादी चिंतक अस्मिता की राजनीति के प्रमुख आलोचक बन कर उभरे हैं। हॉब्सबाम ने प्रथम विश्व युद्ध के बाद उभरे राष्ट्रीय आत्मनिर्णय के उसूल तक की आलोचना करते हुए अस्मिता की विभिन्न दावेदारियों को बूर्ज़्वा नेशनलिज़्म की श्रेणी में रखा है।

देखें : इयत्ता, अस्मिता, अस्मिता की भारतीय राजनीति, बहुसंस्कृतिवाद, नारीवाद, नारीवाद की पहली लहर, सेक्शुअलिटी।

संदर्भ

1. सिनिसा मैलिसेविच (2006), *आइडेंटिटी एज़ आइडियॉलॅजी*, पालग्रेव, न्यूयॉर्क.
2. एस. कैसेल्स. एम. कैलेंज़िस, बी. कोप और एम. मॉरिसे (1988), मिस्टेकिन *आइडेंटिटी : मल्टीकल्चरलिज़्म ऐंड द डिमाइस ऑफ़ नेशनलिज़्म इन ऑस्ट्रेलिया*, प्लूटो प्रेस, सिडनी.
3. स्टुअर्ट हाल (1994), 'दि क्वेश्चन ऑफ़ कल्चरल आइडेंटिटी', द *पॉलिटी रीडर इन कल्चरल थियरी*, पॉलिटी प्रेस, केम्ब्रिज.
4. स्टुअर्ट हाल (1992), 'न्यू एथ्निसिटीज़', *आइडेंटिटी : द रियल मी*, इंस्टीट्यूट फ़ॉर कंटेम्परेरी आर्ट्स डॉक्युमेंट 6, लंदन.

—अभय कुमार दुबे

अस्मिता की भारतीय राजनीति

(Politics of Identity in India)

भारत में होने वाली अस्मिता की राजनीति का आधार उसके संविधान में निहित है। पश्चिम के उदारतावादी संविधानों से भिन्न भारतीय संविधान न केवल व्यक्ति को प्राथमिकता देने वाले उदारतावादी मूल्यों की गारंटी करता है, बल्कि वह सामुदायिक चेतना को भी मान्यता देता है। व्यक्ति और समुदाय के इस समीकरण ने राजनीति के धरातल पर कई तरह के स्वायत्त और मोटे तौर पर स्वशासी क़िस्म के समुदायों को पनपने का मौक़ा दिया है। चूँकि संविधान व्यक्ति के साथ-

साथ समुदायों को भी अधिकारों के वाहक की तरह मान्यता देता है, इसलिए कई विद्वानों की मान्यता है कि ऐसे संविधान पर आधारित भारतीय राज्य की प्रक्रियाओं में ही अस्मिता की राजनीति का स्रोत छिपा है। आज़ादी के बाद से ही इस तरह की राजनीति ने आधुनिक भारत की रचना को अपने साँचे में ढालने की भूमिका निभायी है। हालाँकि इस राजनीति की क़िस्में बहुत सी हैं, पर उनमें सर्वाधिक प्रमुख हैं भाषा, धर्म, जाति और जातीयता की अस्मिताएँ। यह राजनीति उस समय काफ़ी पेचीदा हो जाती है जब ये अस्मिताएँ स्वतंत्र रूप से अपने अलग-अलग स्वायत्त दायरे में विकसित न हो कर एक-दूसरे के साथ परस्परव्यापी ढंग से सक्रिय दिखती हैं। मसलन, अगर कोई एक समरूप प्रतीत होने वाला समूह भाषाई आधार पर अपनी अलग अस्मिता का राजनीतिक दावा कर रहा है तो ऐसा करते समय उसके भीतर विभिन्न जातिगत और धार्मिक वफ़ादारियाँ भी अपनी-अपनी माँगों के साथ मौजूद रहती हैं। इस प्रकार की परस्परव्यापी संरचनाओं का प्रभाव यह पड़ता है कि सार्वजनिक जीवन में अस्मिता की राजनीति एकबारगी पूरे ज़ोर-शोर से बनती है, पर इसके बाद ऐसे मौक़े भी आते हैं जब वह अस्मितागत चेतना अपने ही भीतरी अंतर्विरोधों के चलते बिखराव के कगार पर पहुँचने के लिए भी मजबूर हो जाती है। उल्लेखनीय है कि नारीवादी आंदोलन की पुरानी परम्पराओं और विधायिकाओं में स्त्रियों के आरक्षण की मुखर माँग के बावजूद अभी तक देश में स्त्री का प्रश्न अस्मिता की राजनीति के केंद्र में नहीं आया है।

अस्मिता की राजनीति का एक अन्य कारण उपनिवेशवाद विरोधी आंदोलन की विशिष्ट भारतीय प्रकृति में भी देखा जाता है। अंग्रेज़ों से पहले का भारत 21 प्रशासनिक इकाइयों (सूबों) में बँटा हुआ था। इनमें से कई सूबों की सांस्कृतिक पहचान सुस्पष्ट थी और कुछ में संस्कृतियों का मिश्रण था। लेकिन भारत को अपना उपनिवेश बनाने के बाद अंग्रेज़ों ने प्रशासनिक सुविधा का ख़याल करते हुए मनमाने तरीक़े से भारत को नये सिरे से बड़े-बड़े प्रांतों में बाँटा। एक भाषा बोलने वालों की भू-क्षेत्रीय समरसता पूरी तरह भंग कर दी गयी। बहुभाषी व बहुजातीय प्रांत बनाये गये। इतिहासकारों की मान्यता है कि भले ही इन प्रांतों को 'फूट डालो और राज करो' के हथकंडे का इस्तेमाल करके नहीं बनाया गया था, पर उनमें अपनी सत्ता टिकाने के लिए अंग्रेज़ों ने इस फ़ार्मूले का जम कर उपयोग किया। उपनिवेशवाद विरोधी आंदोलन का पहला दौर अंग्रेज़ी हुकूमत के इस प्रशासनिक तरीक़े पर अपनी आपत्ति दर्ज करने में नाकाम रहा। लेकिन, बीस के दशक में जैसे ही गाँधी के हाथ में कांग्रेस का नेतृत्व आया, आज़ादी के आंदोलन की अगुआई करने वाले अभिजनों को लगा कि जातीय-भाषाई अस्मिताओं पर ज़ोर दे कर वे उपनिवेशवाद विरोधी मुहिम को एक लोकप्रिय जनाधार दे सकते हैं। गाँधी की यह योजना बेहद कामयाब रही। भाषाई आधार पर पुनर्गठित कांग्रेस के संगठन ने बीस के दशक में ब्रिटिश हुकूमत से असहयोग की घोषणा की, जिसे बड़े पैमाने पर देशवासियों का समर्थन मिला। कांग्रेस ने हर तरह से भाषाई अस्मिताओं को आश्वासन दिया कि आज़ाद भारत में उन्हें पूरी तरह से मान्यता मिलेगी। 1947 में आज़ादी मिलते ही भाषा आधारित अस्मिताओं ने अपनी दावेदारियाँ शुरू कर दीं। लेकिन तब तक भारत-विभाजन की त्रासदी से निकली दुश्चिंताएँ कांग्रेस के नेतृत्व पर इस क़दर हावी हो चुकी थीं कि जो नेतृत्व अंग्रेज़ों के ख़िलाफ़ आंदोलन करते समय भाषाई अस्मिताओं का सकारात्मक इस्तेमाल कर रहा था, उसी ने इन अस्मिताओं को देश की एकता-अखण्डता के लिए नुक़सानदेह मान लिया। इस तरह अस्मिता की स्वातंत्र्योत्तर राजनीति वैधता के लिहाज़ से अपने पहले दौर में ही संदिग्ध हो गयी।

राष्ट्रीय नेतृत्व द्वारा दिखाये गये हीले-हवाले के बावजूद कांग्रेस की 'जेवीपी' (जवाहरलाल नेहरू, वल्लभभाई पटेल और पट्टाभि सीतारमैया) कमेटी को यह मानना पड़ा कि अगर जनता की भावनाएँ पूरी तरह से और बिना किसी अपवाद के किसी भाषावार प्रांत की रचना के पक्ष में हैं तो उस सूरत में ऐसी माँग मानी जा सकती है। कांग्रेस द्वारा दी गयी इस 'रियायत' के फलस्वरूप पचास के दशक की शुरुआत में तत्कालीन मद्रास के तेलुगुभाषी इलाक़ों को लेकर आंध्र प्रदेश की रचना की गयी। इस के बाद से अब तक अस्मिताओं की राजनीति के आधार पर नये प्रांतों की रचना का सिलसिला रुका नहीं है। नयी-नयी माँगें विभिन्न तर्कों और तथ्यों के आधार उठायी जा रही हैं। दिक़्क़त यह है कि जो नये प्रांत बनते हैं वे भी पूरी तरह से समरूप जातीयता के नहीं होते। उनकी रचना संख्यात्मक रूप से ताक़तवर अल्पसंख्यक समुदायों के बिना नहीं हो पाती। इसलिए अस्मिता की राजनीति के भीतर अस्मिता की राजनीति होती रहती है। समीक्षात्मक दृष्टि से देखा जाए तो इसमें कोई शक नहीं लगता कि भाषावार प्रांतों की रचना राष्ट्रीय एकता-अखण्डता के लिए नुक़सानदेह नहीं साबित हुई है। एक तरह से उसने एकजुटता के पहलुओं को मज़बूत ही किया है। दूसरी तरफ़ भाषावार प्रांतों की रचना ने क्षेत्रीयता की राजनीति को भी जन्म दिया है। इस राजनीति के भी दो पक्ष हैं। पहला, यह महाराष्ट्र मराठियों के लिए और गुजरात गुजरातियों के लिए जैसे संकीर्ण प्रांतीयतावादी नारों और संघर्षों को जन्म देती है, पर दूसरी तरफ़ इस राजनीति के ज़रिये उसक्षेत्रीय प्रभुवर्ग को केंद्रीय सत्ता में सीधी हिस्सेदारी का मौक़ा भी मिला है, जिसने लोकतांत्रिक व्यवस्था को कहीं अधिक प्रतिनिधित्वमूलक बनाया है।

अस्मिता की भारतीय राजनीति का दूसरा महत्त्वपूर्ण आयाम है, जातिगत अस्मिताएँ।भारत के संसदीय चुनावों में इन अस्मिताओं के आधार पर खुल कर वोट की राजनीति होती है। इसका स्रोत भी संविधान में देखा जा सकता है। प्रगति के अवसरों से वंचित और सामाजिक व शैक्षिक रूप से पिछड़ी

हुई जातियों को विशेष प्रोत्साहन देने के लिए संविधान में भारतीय समाज के साठ फ़ीसदी से ज़्यादा हिस्से को समाहित करते हुए अनुसूचित जाति, अनुसूचित जनजाति और अन्य पिछड़ा वर्ग जैसी श्रेणियों का प्रावधान किया गया है। यहाँ प्रश्न उठता है कि क्या इसे संविधानप्रदत्त जातिवाद की संज्ञा दी जाएगी? दरअसल, संविधान-निर्माताओं को पिछड़ापन नापने के सामान्य मानकों की तलाश थी। उन्होंने जाति को पिछड़ेपन के पैमाने के रूप में ग्रहण किया। इस सेकुलर नीति के परिणामस्वरूप चुनावी मक़सद से की जाने वाली गोलबंदी के जातिगत रूपों की प्रमुखता स्थापित होती चली गयी।

अनुसूचित जातियों ने आरक्षण के माध्यम से मिलने वाली विशेष सुविधाओं का लाभ उठाते हुए राजनीति का एक पैटर्न विकसित किया जिससे दलित अस्मिता निकली। इस अस्मिता ने राष्ट्रीय पैमाने पर न केवल वोट के मोर्चे पर प्रभाव डाला, बल्कि देश भर में एक ख़ास तरह के सांस्कृतिक आंदोलन को भी जन्म दिया। दूसरी तरफ़ पिछड़ी जातियों ने ओबीसी (अन्य पिछड़ा वर्ग) की श्रेणी में आरक्षण मिलने से बहुत पहले ही संख्याबल के आधार पर राजनीति में अपना महत्त्व स्थापित कर लिया।1989 में मण्डल आयोग की सिफ़ारिशों के आधार पर 27 फ़ीसदी आरक्षण मिलने के बाद से तो उनके बीच अस्मिता की राजनीति का मुहावरा और भी प्रचलित हो गया है। इन जातिगत गोलबंदियों की प्रतिक्रिया में ऊँची जातियों को भी उनकी अलग-अलग अस्मिता के आधार पर गोलबंद करने की कोशिशें होती रहती हैं, हालाँकि अभी तक ऐसे किसी प्रयास को परवान चढ़ते नहीं देखा गया है।

धार्मिक अस्मिताओं की राजनीति की सर्वाधिक उल्लेखनीय अभिव्यक्ति हिंदुत्ववादी अस्मिता के आधार पर हिंदू राष्ट्र की स्थापना की संगठित कोशिश के रूप में देखी जा सकती है। इसे राजनीति में बहुसंख्यवाद के उभार की संज्ञा भी दी जाती है। इस अस्मिता की सर्वाधिक संगठित अभिव्यक्ति अस्सी से नब्बे के दशक तक चले रामजन्मभूमि आंदोलन के रूप में देखी जा सकती है।

लेकिन धार्मिक अस्मिताओं की राजनीति केवल हिंदुओं तक ही सीमित नहीं है। पंजाब में अकाली दल भी इसी तरह की अस्मिता की राजनीतिक अभिव्यक्ति का उदाहरण है। आनंदपुर साहब प्रस्ताव के ज़रिये केंद्र-राज्य संबंधों के प्रश्न उठाने की पहल को पटरी से उतारने के लिए चरमपंथी तत्त्वों को बढ़ावा देने की राजनीतिक परिणति सिक्ख आतंकवाद, उसका दमन करने के लिए ऑपरेशन ब्लू स्टार, तत्कालीन प्रधानमंत्री इंदिरा गाँधी की हत्या और फिर उसकी प्रतिक्रिया में सारे देश में निर्दोष सिक्खों के ख़िलाफ़ भीषण हिंसा में हो चुकी है। अस्सी के दशक का वह दौर सम्भवत: भारतीय राजनीति के लिए सर्वाधिक विषम था। केंद्र सरकार अकाली दल से समझौता करके ही इससे उबर पाने में कामयाब हो पायी। इससे यह भी ज़ाहिर होता है कि अगर किसी धार्मिक समुदाय में प्रत्यक्ष राजनीतिक महत्त्वाकांक्षाएँ हैं और अगर उन्हें राजनीतिक तिकड़म के ज़रिये स्थानीय स्तर पर सत्तारूढ़ होने से रोका जाता है, तो उस समुदाय के भीतर सक्रिय नरमपंथियों पर उसके कट्टरपंथी तत्त्व हावी हो सकते हैं। अगर कांग्रेस पार्टी का तत्कालीन नेतृत्व पंजाब की राजनीति पर क़ाबिज़ होने के लिए नरमपंथी अकालियों से राजनीतिक पहल छीनने के मक़सद से सिक्ख राजनीति में धार्मिक पुनरुत्थानवादियों को हवा न देती तो पंजाब के हालात न बिगड़ते।

इसलाम के अनुयायियों के पास हिंदुत्ववादियों या अकालियों की तरह किसी प्रभावी पार्टी का अभाव ज़रूर है, पर मुसलमान मतदाताओं द्वारा 'रणनीतिक मतदान' का रवैया उनकी धार्मिक अस्मिता की राजनीतिक अभिव्यक्ति बन जाता है। अस्मिता का प्रश्न धर्मांतरण के मुद्दे से भी जुड़ा हुआ है। तमिलनाडु के मीनाक्षीपुरम में दलित जातियों के एक समूह को इसलाम में धर्मांतरित करने की घटना से अरसे से ख़ामोश पड़ी विश्व हिंदू परिषद् ने अपने उभार के लिए वैधता हासिल करनी चाही थी। जातीय अस्मिता की राजनीति धार्मिक अस्मिता की ही तरह भारतीय राज्य और लोकतंत्र के लिए संकट का कारण बनी हुई है। आज़ादी के फ़ौरन बाद द्रविड़ राष्ट्रीयता का आंदोलन और उत्तर-पूर्व में नगा व मिज़ो जनजातीय समुदायों की उपराष्ट्रीय दावेदारियों के कारण राष्ट्रीय एकता संकटग्रस्त हो गयी थी। द्रविड़ों के राजनीतिक प्रतिनिधियों को संसदीय राजनीति में स्थान दे कर संतुष्ट किया गया। उत्तर-पूर्व के आदिवासी अस्मिता आधारित आंदोलनों को पहले दौर में सख़्ती से कुचलने के बाद उन्हें क्षेत्रीय स्वायत्तता के उसूल के तहत राजनीति की मुख्यधारा में लाने के कमोबेश सफल उपक्रम किये गये।

देखें : अस्मिता, अस्मिता की राजनीति, भारतीय संविधान-1 से 8 तक, राज्यों का पुनर्गनठन-1 से 3 तक, बहुसंख्यकवाद, रामजन्मभूमि आंदोलन-1 से 3 तक, आरक्षण, द्रविड़ आंदोलन।

संदर्भ

1. कंचन चंद्रा (2003), *व्हाई एथ्निक पार्टीज़ सक्सीड,* केम्ब्रिज युनिवर्सिटी प्रेस, केम्ब्रिज.
2. ज्योतिंद्र दासगुप्ता (1970), *लेंग्वेज कॉन्फ्लिक्ट ऐंड नैशनल डिवेलपमेंट,* युनिवर्सिटी ऑफ़ कैलिफ़ोर्निया प्रेस, बर्कले.
3. आशुतोष वार्ष्णेय (2002), *एथ्निक कॉन्फ्लिक्ट ऐंड सिविल लाइफ़ : हिंदूज़ ऐंड मुसलिम इन इण्डिया,* येल युनिवर्सिटी प्रेस, न्यू हैविन, कनेक टीकट.
4. डी. रॉबर्ट किंग (1997), *नेहरू ऐंड द लेंग्वेज पॉलिटिक्स ऑफ़ इण्डिया,* ऑक्सफ़र्ड युनिवर्सिटी प्रेस, नयी दिल्ली.

—अभय कुमार दुबे

अस्तित्ववाद

(Existentialism)

आधुनिक विचार और रचनात्मकता को गहराई से प्रभावित करने वाला अस्तित्ववाद उन्नीसवीं और बीसवीं सदी में विकसित हुआ एक ऐसा प्रभावशाली दार्शनिक आंदोलन है जो विचारों, नैतिक मूल्यों और मान्यताओं के बजाय मानवीय स्थिति पर सत्तामीमांसा के दृष्टिकोण से विचार करता है। अच्छे और बुरे के मूल्य-निर्णय से बेपरवाह अस्तित्ववाद मानवीय सत्ता और अस्तित्व को अपने आप में एक असीमित और अथाह संसार के रूप में देखते हुए उसकी स्वतंत्रता और इच्छा को सर्वोपरि मानता है। अस्तित्ववाद का दर्शन उस युग की उपज है जब उन्नीसवीं सदी में औद्योगिक क्रांति के प्रभाव में युरोप ने मास सोसाइटी (जन-पुंज समाज) की तरफ़ बढ़ना शुरू किया था। पश्चिमी समाज अपने सामंती अतीत को त्याग कर पूँजीवादी वर्तमान में प्रवेश कर रहा था। शिक्षा के प्रसार और देहात से शहरों की तरफ़ जाते हुए किसानों के कारण एक तरफ़ तो बड़े पैमाने पर सामाजिक बेचैनियाँ पैदा हो रही थीं, और दूसरी तरफ़ सामाजिक ऊँच-नीच की स्तम्भीय या लम्बवत संरचनाओं की जगह क्षैतिज संरचनाओं का उदय हो रहा था। समाज-परिवर्तन की इस प्रक्रिया पर टिप्पणी करते हुए अस्तित्ववादी दार्शनिकों ने 'भीड़' या 'समूह' के मुक़ाबले 'एकल व्यक्ति' की आत्मनिष्ठता का झण्डा बुलंद किया। उन्हें डर था कि रूढ़ छवियों के सामाजिक उत्पादन के बोझ तले मनुष्य अपनी सच्ची इयत्ता खोजने की सम्भावना से वंचित हो जाएगा।

बायें से दायें : सोरेन आबी कीर्केगार्द (1813-1855), फ़्योदोर मिखायलोविच दोस्तोयेव्स्की (1821-1881), ज्याँ-पाल सार्त्र (1905-1980) और फ्रेड्रिख़ विल्हेल्म नीत्शे (1844-1900).

इन दार्शनिकों में सबसे पहले थे डेनिश दार्शनिक सोरेन कीर्केगार्द। उन्नीसवीं सदी के पूर्वार्ध में सक्रिय रहे कीर्केगार्द को यह देख कर चिंता हो रही थी कि व्यक्ति अनासक्त चिंतन की क्षमता खोता जा रहा है। कीर्केगार्द ने सम्प्रेषण का एक ऐसा प्रारूप गढ़ने का प्रयास किया जिससे औद्योगिक उत्पादन के असर के कारण समाज में स्टीरियो टाइप या रूढ़बद्ध अस्मिताएँ न पैदा हों। बल्कि, लोग अपनी निजी सत्ता में निहित संसाधनों पर भरोसा करते हुए अपनी अस्तित्वगत ज़िम्मेदारियाँ ख़ुद उठाने के लिए आगे बढ़ें। कीर्केगार्द का ख़याल था कि केवल इसी प्रकार लोग समाज द्वारा थोपी गयी पहचानों से बचते हुए वह हो पायेंगे जो वह हो सकते हैं या जो उन्हें होना चाहिए। कीर्केगार्द के अलावा अस्तित्ववादी दार्शनिक परम्परा को समृद्ध करने का श्रेय मार्टिन हाइडेगर, फ्रेड्रिख़ विल्हेल्म नीत्शे, ज्याँ-पाल सार्त्र, सिमोन द बोउवार और अल्बैर कैमियो को जाता है।

मार्टिन हाइडेगर की सबसे प्रसिद्ध किताब *बीइंग ऐंड टाइम* (1927) और सार्त्र की रचना *बीइंग एंड नथिंगनेस* (1943) को बीसवीं सदी में अस्तित्ववाद के प्रतिपादन के लिए जाना जाता है। इन दानों रचनाओं के आधार पर अस्तित्ववाद के मुख्य घटकों को इस प्रकार व्यक्त किया जा सकता है : अस्तित्व आकारहीन होता है, इसका कोई निर्धारित सार नहीं होता, व्यक्ति ख़ुद को आकस्मिकताओं की अराजकता के बीच पाता है और उसका मार्गदर्शन करने के लिए किसी तरह के वस्तुनिष्ठ नैतिक नियम नहीं होते। इसी तरह पहले से अस्तित्वमान मानवीय प्रकृति भी नहीं होती है जिससे जीवन को कोई दिशा मिल सके। ऐसी स्थिति में दर्शन का काम यह है कि वह दुनिया जिस तरीक़े से हमें महसूस होती है, उसे स्पष्ट करे। अस्तित्ववादी चिंतन का सबसे गहनतम पहलू आशंका, बेमतलब होने की भावना, दूसरों के डर और मौत के प्रति जागरूकता के विश्लेषण से संबंधित है।

अस्तित्ववादी दर्शन ने कला, साहित्य, सिनेमा और मनोविज्ञान पर गहरा असर डाला है। बीसवीं सदी के शुरू में जर्मनी में शुरू हुए कलात्मक आंदोलन अभिव्यंजनावाद पर अस्तित्ववाद की छाप साफ़ तौर पर देखी जा सकती है।

अल्बैर कैमियो (1913–1960)

अभिव्यंजनावाद का दावा था कि आधुनिक मनुष्य की मानसिक समस्याओं और दुश्चिंताओं की अभिव्यक्ति यथार्थवादी कला से नहीं हो सकती। इसके लिए आत्मगत अनुभवों, मनोव्यथा और गहन मनोभावों पर ज़ोर देना होगा। अभिव्यंजनावाद आंदोलन से जुड़े कई कलाकार नीत्शे की रचनाओं का जम कर अध्ययन करते थे। उन्हें नीत्शे का यह सुझाव अच्छा लगता था कि व्यक्ति को वैकल्पिक जीवन-शैलियों का प्रयोग करते हुए मूल्यों को उनकी कसौटी पर कस कर देखना चाहिए। प्रथम विश्व-युद्ध के इर्द-गिर्द पनपा अभिव्यंजनावाद का यह रुझान कलाकारों के बीच चालीस के दशक तक जारी रहा। इसने युरोप की सीमा पार करके अमेरिकी कला-क्षेत्रों तक दस्तक दी। 1946 में सार्त्र ने अमेरिका का दौर करके जगह-जगह व्याख्यान दिये। उनका नाटक *नो एग्ज़िट* न्यूयॉर्क में खेला गया। इससे प्रभावित हो कर अमेरिकी संस्कृतकर्मियों ने अस्तित्ववाद को अपने मार्गदर्शक सिद्धांत की तरह अपना लिया। जर्मन अभिव्यंजनावाद ने सिनेमा की दुनिया में भी महत्त्वपूर्ण परिवर्तनों की ज़मीन साफ़ की। दरअसल सिनेमा के कारण ही अभिव्यंजनावाद एक वैश्विक कला परिघटना बन पाया। इंगमार बर्गमैन और जाँ-लुक गोदार जैसे युरोपीय निर्देशकों ने अपनी अस्तित्ववादी फ़िल्मों के ज़रिये मानवीय स्वतंत्रता की प्रकृति की जाँच-पड़ताल की। बाद में यह सिनेमाई प्रवृत्ति हॉलीवुड तक पहुँची और आज भी मुख्यधारा के व्यवसायिक सिनेमा में इसका असर देखा जा सकता है। वुडी एलन, रिचर्ड लिंकलेटर, चार्ली कॉफ़मॅन और क्रिस्टोफ़र नोलन जैसे मशहूर और सफल फ़िल्मकार मनुष्य के जीवन पर सामाजिक और निजी परिस्थितियों के दबाव के तहत उसकी स्वतंत्रता पर पड़ने वाले प्रभाव का संधान करने वाली फ़िल्मों के लिए जाने जाते हैं।

चूँकि अस्तित्ववाद के दो प्रमुख प्रवक्ता सार्त्र और कैमियो दार्शनिक बाद में और उपन्यासकार और नाटककार पहले थे, इसलिए स्वाभाविक ही था कि साहित्य पर भी इस दार्शनिक आंदोलन का असर पड़ता। लेकिन साहित्य पर कैमियो और सार्त्र के पहले भी अस्तित्वादी छाप देखी जा सकती है। आलोचकों का कहना है कि फ़्योदोर दोस्तोएव्स्की, फ्रेंज़ काफ़्का और इब्सन की रचनाएँ भी मानवीय अस्तित्व के उन्हीं पहलुओं को रेखांकित करती हैं जिन पर दर्शन के क्षेत्र में कीर्केगार्द और नीत्शे ने उँगली रखी थी। 1880 में रचा गया दोस्तोएव्स्की का पात्र इवान कर्माज़ोव कहता है कि अगर ईश्वर मर चुका है तो फिर सब कुछ जायज़ है और करने योग्य है। नीत्शे और सार्त्र ने दोस्तोएव्स्की की रचनाशीलता के इन पहलुओं की उल्लेखनीय चर्चा की है। अस्तित्ववाद ने एब्सर्ड थिएटर और सेमुअल बेकेट को तो प्रभावित किया ही, उसका असर पिंटर जैसे आज के लेखकों पर भी देखा जा सकता है। मनोविज्ञान के दायरों में अस्तित्ववादी मनोचिकित्सा का आंदोलन दावा करता है कि मनोविज्ञान की अन्य धाराएँ मानवीय प्रकृति को समझने में नाकाम रही हैं।

हिंदी साहित्य पर भी अस्तित्ववाद का असर रंगमंच के ज़रिये पड़ना शुरू हुआ। भुवनेश्वर का विख्यात नाटक *ताँबे के कीड़े* एब्सर्ड थिएटर का उदाहरण माना जाता है। नयी कविता आंदोलन पर भी अस्तित्ववाद का असर स्पष्ट है। हिंदी आलोचना की पारिभाषिक शब्दावली का कोश रचने वाले अमरनाथ के अनुसार 'धर्मवीर भारती, दुष्यंत कुमार, भारत भूषण अग्रवाल, कुँवर नारायण, अज्ञेय आदि कवियों में अनास्था, अस्तित्व-बोध, मृत्यु-बोध, वैयक्तिक स्वच्छंदता, पीड़ा, निराशा, उन्मुक्त भोग आदि अस्तित्ववादी प्रवृत्तियों की अनुगूँज पायी जाती हैं। अज्ञेय की *अपने-अपने अजनबी* और कुँवर नारायण की *आत्मजयी* में अस्तित्ववाद का गहरा प्रभाव देखा जा सकता है।'

राजनीति और अस्तित्ववाद के बीच पेचीदा संबंध है। एक नज़रिये से विचार करने पर ऐसा लगता है कि एक प्रामाणिक नैतिक जीवन की खोज के कारण अस्तित्ववाद को राजनीतिक रूप से वामपंथी ख़ेमे में रखा जा सकता है। साथ ही यह भी माना जा सकता है कि यह दर्शन मनुष्यों की आज़ादी और मुक्ति का समर्थन करता है। कई अस्तित्ववादी दावेदारियाँ इस नज़रिये से मेल खाती हैं। लेकिन इन बातों से इस बात की कोई गारंटी नहीं मिलती कि अस्तित्ववाद ख़ुद को लोकतांत्रिक राजनीति से ही जोड़ेगा। अस्तित्ववाद के आलोचकों ने यह दावा भी किया है कि इस विचार ने जिस

ज्याँ-पाल सार्त्र और सिमोन द बोउवार.

तरह का माहौल तैयार किया या जिस तरह के सोच को बढ़ावा दिया, उसका भी नाज़ीवाद के उभार में थोड़ा-बहुत योगदान रहा। इस संदर्भ में उल्लेख किया जा सकता है कि हाइडेगर कुछ समय तक नैशनल सोशलिस्टों या नाज़ियों का समर्थन करते रहे थे। बाद में उन्होंने ख़ुद को नाज़ीवादियों से दूर कर लिया था। लेकिन इसके बाद भी उन्होंने एक ख़ास तरह की नैतिकवादी राजनीति की खोज नहीं छोड़ी। गुंटर ग्रास ने अपनी प्रसिद्ध रचना *डॉग इयर्स* (1963) में इसकी आलोचना की है। उन्होंने इस बात पर ज़ोर दिया किया कि इस तरह की राजनीति करने वालों ने अपने बारे में ज़ोर-शोर से प्रचार किया, लेकिन यह राजनीति पूरी तरह से सारहीन और तत्त्वमीमांसीय थी। थियोडोर एडोर्नो ने भी हाइडेगर के दर्शन को आड़े हाथों लिया है। दरअसल, जर्मन अस्तित्ववादी राजनीति के मुक़ाबले फ्रांसीसी अस्तित्ववाद ज़्यादा स्पष्ट रूप से वामपंथ से जुड़ा हुआ था। इसका कारण था कि फ्रांसीसी बौद्धिक जीवन में मार्क्सवाद की अहम हैसियत होना। मरली-पोंती और सार्त्र ने सर्वोच्च व्यक्तिवादी नैतिकता और मार्क्सवाद द्वारा प्रतिपादित समूहवादी भावना के बीच के संबंधों पर गम्भीरता से विचार किया था। सार्त्र की कृति *द क्रिटीक ऑफ़ डायलेक्टिक रीज़न* (1960) इन दोनों के बीच मेल-मिलाप का प्रतिनिधित्व करती है।

देखें : आधुनिकतावाद, आत्मनिष्ठता-वस्तुनिष्ठता, इयत्ता, इमैनुएल कांट, इंद्रियानुभववाद, उदारतावाद, कल्पित समुदाय, घटनाक्रियाशास्त्र और एडमण्ड हसर, चेतना, ज्याँ-पाल सार्त्र, तत्त्वमीमांसा और अस्तित्वमीमांसा, तात्त्विकतावाद, द्वैतवाद, फ्रेड्रिख़ नीत्शे-1 और 2, बुद्धिवाद, भौतिकवाद, मनोविश्लेषण, मिशेल पॉल फ़ूको-1 और 2, युरोपीय पुनर्जागरण, युरोपीय ज्ञानोदय, संरचनावाद और उत्तर-संरचनावाद, सोरेन आबी कीर्केगार्द, ज्ञानमीमांसा।

संदर्भ

1. वारनॉक मैरी (1970), *एग्ज़िस्टेंशियलिज़म,* ऑक्सफ़र्ड युनिवर्सिटी प्रेस, ऑक्सफ़र्ड.
2. पॉल एस. मैकडोनाल्ड (2000), *द एग्ज़िस्टेंशियलिस्ट रीडर : ऐन एंथोलॅजी ऑफ़ की टेक्स्ट्स,* एडिनबरा युनिवर्सिटी प्रेस, एडिनबरा.
3. मार्टिन हाइडेगर (1962), *बीइंग ऐंड टाइम,* ब्लैकवेल, ऑक्सफ़र्ड.
4. ज्याँ-पाल सार्त्र (2003), *बीइंग ऐंड नथिंगनेस,* रॉटलेज, लंदन और न्यूयॉर्क.
5. रामविलास शर्मा (1978), *नयी कविता और अस्तित्ववाद,* राजकमल प्रकाशन, नयी दिल्ली.
6. डॉ. अमरनाथ (2009), 'अस्तित्ववाद', *हिंदी आलोचना की पारिभाषिक शब्दावली,* राजकमल प्रकाशन, नयी दिल्ली.

—कमल नयन चौबे

अष्टछाप

(Ashtachhap)

कृष्ण काव्य की भक्ति परम्परा में अष्टछाप के कवियों की अविस्मरणीय भूमिका रही है। आचार्यों की छाप लगी आठ वीणाओं का स्वर भक्तिकाल में माधुर्य-भक्ति, सख्य-भक्ति, वात्सल्य-भाव के साथ गूँजा। पुष्टिमार्ग के संस्थापक महाप्रभु वल्लभाचार्य के चार और उनके पुत्र विट्ठलनाथ के चार प्रधान शिष्य क्रमश : कुम्भनदास (1468-1582), सूरदास (1478-1580-85 के बीच), कृष्णदास (1495-1575-81), परमानंददास (1491-1583), गोविंद दास (1505-158 5),छीतस्वामी (1581-1585), नंददास (1533-1586), तथा चतुर्भुजदास (1540-1585) 'अष्टछाप' के नाम से प्रसिद्ध हैं। ये कवि प्रेमाभक्ति में अनुरक्त होकर सखा भाव से सम्प्रदाय के इष्टदेव श्रीनाथजी (कृष्ण के ही एक रूप) के कीर्तन-भजन में तन्मय रहते थे। विशेष बात यह है कि लोक-मान्यता में इन आठों भक्त कवियों को श्रीनाथजी का अष्ट सखा भी कहा जाता है। इन सभी का रचनाकाल, जो भक्ति का लोकजागरण काल भी है, 1500 से 1586 तक रहा। हालाँकि भारत में सामंतवाद की अपनी अभिव्यक्तियाँ युरोप

से अलग थीं, पर उसके कोल्हू में पिसते समाज में जनता का जीना दूभर था। ऐसे कठोर समय में इन कवियों ने भक्ति-रस द्वारा जनता की निराशा दूर करने के साथ जीवन जीने की नयी चाह पैदा की।

दृष्टांत है कि गोवर्धन पर्वत पर श्रीनाथजी का प्राकट्य हुआ था। इसीलिए शुद्धाद्वैतवाद के महाप्रभु वल्लभाचार्य ने ब्रज में पहली बार आकर गोवर्धन के एक छोटे से मंदिर में उन्हें प्रतिष्ठित किया। उसी समय संयोगवश प्रभुनावती गाँव के भक्त और गोरखा क्षत्रिय कुम्भनदास महाप्रभु वल्लभाचार्य की शरण में आये। महाप्रभु ने उन्हें पुष्टिमार्ग की दीक्षा देकर भजन-कीर्तन-अर्चना-आराधना के लिए नियुक्त किया। वल्लभाचार्य जब दूसरी बार ब्रज में आये तो अम्बाला के सेठ पूरनमल के दान से 1499 में श्रीनाथ जी के मंदिर की नींव रख दी गयी। अपनी अविस्मरणीय तीसरी ब्रज यात्रा में वल्लभाचार्य ने आगरा और मथुरा के बीच गऊघाट पर संन्यासी वेश में रहने वाले सूरदास नामक भक्त को अपनी शरण में लिया। सूरदास की भक्ति और काव्य प्रतिभा को पहचान कर वल्लभाचार्य उन्हें परम आदर के साथ स्वयं श्रीनाथजी के मंदिर में ले गये और भजन-कीर्तन की सेवा में लगाया। इसी अवसर पर 1509 में श्रीनाथजी की नवीन मूर्ति मंदिर में स्थापित की गयी और गुजरात के एक ग्रामीण शूद्र कृष्णदास भी मंदिर में कीर्तन तथा रक्षक के रूप में नियुक्त किये गये। उन्हें आज भी कृष्णदास अधिकारी के नाम से स्मरण किया जाता है। नये मंदिर में कीर्तन सेवा का पूरा दायित्व कुम्भनदास को ही सौंपा गया। प्रसिद्ध है श्रीजगन्नाथपुरी की यात्रा में महाप्रभु चैतन्य से भेंट करने के बाद वल्लभाचार्य कान्यकुब्ज परमानंददास को दीक्षा देकर मंदिर में कवि-कीर्तनकार के रूप में लाये।

वल्लभाचार्य का 1530 में देहांत हुआ। उस समय उनके पुत्र गोपीनाथ पुष्टिमार्ग के आचार्य पद पर प्रतिष्ठित हुए। परंतु सात-आठ वर्ष बाद उनका भी देहांत हो गया। इस स्थिति में उनके छोटे भाई विट्ठलनाथ को आचार्य पद पर प्रतिष्ठित किया गया। उन्होंने तन-मन-धन लगा कर श्रीनाथ के मंदिर तथा पुष्टिमार्ग के सम्प्रदाय का संगठन किया। 1566 में वे अड़ैत गाँव छोड़ कर ब्रज में स्थायी रूप से रहने लगे। इसी वर्ष सम्राट अकबर ने एक फ़रमान भेज कर उन्हें गोकुल की भूमि माफ़ी में प्रदान की। इस भूमि के धन से विट्ठलनाथ ने श्रीनाथजी के मंदिर की सेवा-व्यवस्था की परम्परा को पुख़्ता किया। इसके बाद भक्तों को निर्भयपूर्वक बसने, गायें चराने तथा पूजनीय पशु-पक्षियों की हत्या के निषेध के कई फ़रमान प्राप्त हुए। उन्होंने निश्चिंत भाव से 'अष्ट याम' की उपासना, आठ सेवाओं की दैनिक गतिविधि, वार्षिक-व्रतों, उत्सवों, पर्वों, त्योहारों की व्यवस्था के साथ पुष्टिमार्ग के सम्प्रदाय प्रचार तथा साहित्य, संगीत एवं अन्य कलाओं की उन्नति का मार्ग खोल दिया। आठ परम शिष्यों को 'अष्टछाप' नाम देकर कलाओं की उन्नति को आगे बढ़ाया।

इन अष्टछाप के कवियों ने भक्ति-साहित्य के पुष्टिमार्गीय आधार को दृढ़ किया। इनकी ओर पूरे समाज के विभिन्न तबक़े उमंग-उत्साह से आये। इनमें सभी जातियों-वर्णों के लोग थे। भेद-भाव न होने के कारण हिंदू-मुसलमान, राजा-रंक, गृहस्थ-संन्यासी, नर-नारी सभी इनकी ओर आकृष्ट हुए। अष्टछाप भक्ति आंदोलन का प्रतीक बन गया। इसी पावनताजनित विवेक ने मीरां जैसी राजस्थान की राजकुमारी को ब्रज की ओर खींचा। मीरां ने कहा भी है कि मुझे वृंदावन में बहुत अच्छा लगता है। सार-संक्षेप यह कि पुष्टिमार्ग से भक्ति का जितना प्रचार-प्रसार हुआ उतना किसी अन्य मार्ग से नहीं। देश भर के बड़े-बड़े भक्त और आचार्य सभी प्रांतों से आकर ब्रज में निवास करने लगे। इस तरह अष्टछाप के कवियों ने समाज में एक बड़े और व्यापक सांस्कृतिक-सामाजिक नवजागरण को साकार किया।

दरअसल अष्टछाप के भक्त कवि विभिन्न प्रदेशों तथा जातियों-वर्णों-वर्गों के थे। कुम्भन कृषक थे, परमानंददास ब्राह्मण और कृष्णदास अधिकारी शूद्र। सूरदास की जाति एवं जीवन के विषय में कुछ भी प्रामाणिक रूप से ज्ञात नहीं है। चतुर्भजदास कुम्भनदास के पुत्र थे और खेती करके परिवार का भरण-पोषण करते थे। गोविंददास ब्राह्मण थ और छीतस्वामी मथुरा के पुरोहित चौबे। नंददास ब्राह्मण थे और गहरे दार्शनिक भक्त। भक्ति-मार्ग में ऊँच-नीच के लिए कोई जगह नहीं थी और जाति को लेकर सभी भक्तों में उदासीनता रहती थी। अष्टछाप के कवियों ने भक्ति-मार्ग को हर तरह की साम्प्रदायिकता-क्षेत्रीयता से मुक्त रखा। आज भी *चौरासी वैष्णवन की वार्ता* तथा *दो सौ वैष्णवन की वार्ता* से भक्त कवियों के जीवन-प्रश्नों की जानकारी मिलती है। पुष्टिमार्ग में आने से पूर्व ज़्यादातर भक्त दीन-दुनिया में फँसे हुए थे। प्रसिद्ध है कि सूरदास किसी स्त्री पर आसक्त होकर भटक रहे थे और यही गति नंददास की थी। कृष्णदास अधिकारी अपराधी क़िस्म के थे और ब्रज पहुँचने पर वल्लभाचार्य ने उन्हें प्रबंधक का पद देकर भक्ति का प्रकाश दिया। उन्होंने अपने बल-कौशल से मंदिर में किसी एक प्रदेश का वर्चस्व स्थापित नहीं होने दिया और निष्ठा उनकी ऐसी थी कि एक बार उन्होंने विट्ठलनाथ से भी मंदिर की सेवा का अधिकार छीन लिया था।

इन भक्तों की पुष्टिमार्गीय सेवा से वल्लभाचार्य प्रसन्न थे और इनकी कवि-प्रतिभा, संगीत-कला, कीर्तन-भजन पूजा पर मुग्ध थे। सूरदास को घिघियाते पाकर वल्लभ ने 'हरिभजन' का मार्ग दिखा कर नया व्यक्तित्व—पुनर्नवा रूप दिया। वल्लभ ने ही सूरदास को भागवत सम्पूर्ण अनुक्रमणिका सुनाकर उसका भाष्य समझाया। वल्लभ की *सुबोधिनी* टीका इसी दौर में लिखी गयी। सूरदास के सूरसागर को ही भक्ति-

शास्त्र का अथाह सागर माना जाता है। श्रीनाथजी के मंदिर में जिस भक्त की सबसे ऊँची रागिनी उठी वह प्रेम-गायक सूरदास की थी। पता नहीं सूरदास जन्मांध थे या बाद में अंधे हो गये थे, या भगवान को देख कर उन्होंने ऊपर की आँखें बंद करके भीतर की खोल लीं थीं।

सूरदास ने सूरसागर को रस-सागर तो बनाया लेकिन शुद्धाद्वैतवादी मुक्तिमार्गी दार्शनिकता से बोझिल नहीं किया। दर्शन को अनुभूति बनाने में सूरदास जैसा प्रवीण कवि हिंदी में कोई दूसरा नहीं है। वात्सल्य और शृंगार का सर्वाधिक उद्घाटन सूर ने अपनी बंद आँखों से किया, उन्हें 'रसराज' बनाया। इन रस-क्षेत्रों का वे कोना-कोना झाँक आये। निर्गुण-निराकार का खण्डन और प्रबल पुष्ट तर्कों से सगुण-लीलाब्रह्म की स्थापना ही उनका लक्ष्य था। उन्होंने कहा कि निर्गुण समझ में नहीं आता—'सब विधि अगम विचारै ताते, सूर सगुण लीला-पद गावै।' उन्होंने लोक परम्परा से आती गीत-परम्परा को नया रूप दिया। परमानंददास ने *परमानंद सागर* रच कर सूरदास की तरह काव्य की उत्कृष्टता का परिचय दिया। परिमाण एवं गुण में परमानंद दास की रचना सूरदास से टक्कर लेती है। गोविंददास गृहस्थ होकर भी भक्ति में रम गये और भक्तों में गोविंद स्वामी कहलाने लगे। विट्ठलनाथ उनके पदों पर मुग्ध रहते थे और उनकी काव्यात्मक रमणीयता के कायल थे। भक्तिमार्ग में कर्मकाण्ड का पथ गोविंद स्वामी ने ही दिखाया और चलाया। नंददास का लौकिक-प्रेम कृष्ण-भक्ति का दार्शनिक स्पर्श पा कर चमक उठा। नंददास का *भँवरगीत* भ्रमरगीत परम्परा की दार्शनिक मणिमाला के रूप में ग्रहण किया जाता है।

अष्टछाप के सभी कवियों के व्यक्तित्व में सांस्कृतिक मोहमाया से विरक्ति के साथ निस्पृहता थी। सूरदास को सम्राट अकबर ने कृष्ण-कीर्तन-गायन या नवधा भक्ति के रागानुराग-भक्ति पद सुन कर अपार-आदर दिया। लेकिन वे आदर-सम्मान पाकर भी भक्ति-भाव के पद से विचलित नहीं हुए। उन्होंने अकबर से यह भी कहा कि वे तो भगवान के लिए गायन-भजन करते हैं, किसी अन्य के लिए नहीं। कृष्ण में उनकी अनन्या-भक्ति एक अद्‌भुत आदर्श रही है। कुम्भनदास की निस्पृहता तथा व्यक्तित्व की अखण्ड गरिमा का एक बड़ा उदाहरण मिलता है। वे एक बड़े परिवार का भरण-पोषण किसानी से करते थे। स्वाभिमानी ऐसे कि सम्राट अकबर के बुलाने पर फ़तेहपुर सीकरी पैदल गये। सम्राट की भेजी सवारी को अस्वीकार किया और सम्राट के हाल-चाल पूछने पर पद गाया 'संतन कहाँ सीकरी सो काम, आवत जात पनहिया टूटीं, बिसरि गयो हरिनाम / जिनको मुख देखत दु:ख उपजत तिनको करनो पड़ो सलाम।' अर्थात् भक्तों को वैभव से भरी सीकरी से लेना-देना क्या और क्यों? रास्ते में जूते फ़ट गये और थोड़ी देर के लिए हरिनाम का विस्मरण हो गया। जिसका मुख देखने से दु:ख उपजता है— उस वैभव के मुख को सलाम करना पड़ा, यह सब अच्छा नहीं हुआ। कहते हैं अकबर संत कुम्भनदास का यह पद सुनकर निरुत्तर रह गये थे। सोचने की बात है कि सत्तावाद को सत्ता-स्वामी के सामने ललकारने का एक संत का साहस क्या था!

अष्टछाप में 'पोषणं तद्‌अनुग्रहा:' की परम्परा है—अर्थात् भगवान का अनुग्रह प्राप्त करने के लिए 'अष्टयाम' की पूजा-उपासना। एक याम तीन घण्टे का होता है, अष्टयाम यानी रात-दिन। हर याम के बाद भगवान श्रीनाथजी को नहलाना-धुलाना, वस्त्र पहनाकर शृंगार करना, फिर आरती पूजा-प्रसाद-फूल चढ़ाना। यह सब बड़ी साधना का काम है। आलसियों के वश का यह तप नहीं है। इस दृष्टि से 'अष्टयाम' की पूजा का यह विधान बड़ा व्रत है। कवि तथा भक्त होने के साथ-साथ ये सभी भक्त शास्त्रीय संगीत के समर्पित गायक थे। सूरदास-परमानंददास-कुम्भनदास की गायन कला का दूर-दूर तक यश था। कहते हैं कि प्रसिद्ध गायन तानसेन इनसे संगीत सीखने आते थे। छीतस्वामी का संगीत सुनने के लिए स्वयं अकबर वेश बदलकर आया करते थे। इस तरह अष्टछाप के कवियों के काव्य और संगीत ने कृष्ण भक्ति आंदोलन को लोक-हृदयों तक पहुँचाने का कार्य किया। इस संगीत-यज्ञ ने कृष्ण भक्ति आंदोलन को लोक जागरण की एक नवीन भूमि दी जिसने स्त्री एवं शूद्र दोनों को जागरण का गान सुना कर मूलधारा में खड़ा कर दिया—मुरझाये मनों को सींचा और जीवन को नया अर्थ-संदर्भ दिया। ये सभी लोग सामाजिक शक्ति के अंग बने और नारी को नर के बराबर खड़े होने का अवसर मिला। इन कवियों की रचना नर-नारी के लोकमन को इतना प्रभवित कर सकी कि समाज की उदासीनता झड़ गयी। चारों ओर से 'छबीले मुरली नेकु बजाउ' की आवाज़ उठने लगीं। यही पुकार चैतन्य महाप्रभु के शिष्यों, रूपगोस्वामी तथा जीवगोस्वामी को ब्रज वृंदावन खींच लायी तथा इन दोनों ने भक्ति-काव्य का भक्ति-शास्त्र *उज्जवल नीलमणि* तथा *भक्ति रसामृत सिंधु* नाम से तैयार किया।

अष्टछाप के इन कवियों का साहित्यिक योगदान अविस्मरणीय है। काल और कला का अमृत निचोड़कर इन कवियों ने ब्रजभाषा की कविता को अमर कर दिया। अष्टछाप के इन कवियों की भावधारा ही रूप बदलकर रीतिकाल तथा आधुनिक काल में निरंतर प्रवाहित रही। काव्य और कला के क्षेत्रों में इन कृष्णभक्त कवियों ने मनुष्यता की एक ऐसी उदात्त भूमि प्रदान की जिसकी मूल्यचेतना में संकीर्णता का नाम तक नहीं है।

देखें : 'अंग्रेज़ी हटाओ' आंदोलन, छायावाद, नंद दुलारे वाजपेयी, नगेंद्र और सैद्धांतिक आलोचना, प्रेमचंद, प्रयोगवाद, प्रगतिवाद, भक्ति आंदोलन-1 और 2, भक्ति-काव्य-1 और 2, भारतेंदु हरिश्चंद्र, भारतेंदु युग-1 और 2, भाषा नियोजन-1, 2, 3 और 4, भाषा के मार्क्सवादी सिद्धांत, महावीर प्रसाद द्विवेदी, महादेवी वर्मा, मीरांबाई और प्रेमाभक्ति, रामानुजाचार्य, रामानंद,

रामचंद्र शुक्ल-1 और 2, रामविलास शर्मा, रीतिकाल-1 और 2, वैष्णव धर्म, श्याम सुंदर दास, सम्पर्क भाषा-1, 2, 3 और 4, संविधान सभा में भाषा-विवाद-1, 2 और 3, संत-काव्य, सिद्ध-नाथ परम्परा, सूफ़ीयत और प्रेमाख्यान, हजारी प्रसाद द्विवेदी-1 और 2, हिंदी विरोधी आंदोलन, हिंदी जाति-1, 2 और 3, हिंदी साहित्य का आदिकाल, हिंदी साहित्य का इतिहास, हिंदी साहित्य का इतिहास : नए परिप्रेक्ष्य, हिंदी-जगत और 'लोकप्रिय'-1 और 2, हिंदी नवजागरण।

संदर्भ

1. रामचंद्र शुक्ल (1940), *हिंदी साहित्य का इतिहास,* काशी नागरी प्रचारिणी सभा, काशी.
2. रामचंद्र शुक्ल (1940), *भ्रमरगीत सार की भूमिका,* काशी नागरी प्रचारिणी सभा, काशी.
3. हजारी प्रसाद द्विवेदी (1981), *हजारी प्रसाद द्विवेदी ग्रंथावली,* भाग-4, राजकमल प्रकाशन, दिल्ली.
4. दीनदयाल गुप्त (1954), *अष्टछाप और वल्लभ सम्प्रदाय,* काशी नागरी प्रचारिणी सभा, काशी.
5. बल्देव उपाध्याय (1958), *भागवत सम्प्रदाय,* काशी नागरी प्रचारिणी सभा, काशी.
8. मुंशीराम शर्मा (1958), *भक्ति का विकास,* चौखम्भा विद्याभवन, वाराणसी.

—कृष्णदत्त पालीवाल

अश्वेत नारीवाद

(REI Feminism)

अश्वेत नारीवाद को अंग्रेज़ी में आरईआई फ़ेमिनिज़्म भी कहा जाता है। आरईआई का मतलब है रेस, एथ्निसिटि और इम्पीरियलिज़्म। ज़ाहिर है कि अश्वेत नारीवाद पश्चिम केंद्रित गौरांग स्त्रियों के सामाजिक-सांस्कृतिक और राजनीतिक अनुभव से भिन्न धारा है। इसके तहत अफ्रो-अमेरिकी मूल की काली औरतों के साथ-साथ एशियाई समेत अन्य सभी जातीयताओं और राष्ट्रीयताओं की नारीवादी दावेदारियाँ आती हैं। नारीवाद का यह संस्करण उत्तर-औपनिवेशिक विमर्श का सहारा ले कर साम्राज्यवादी रवैये के तहत तीसरी दुनिया पर थोपे गये सांस्कृतिक और वैचारिक प्रभुत्व को भी प्रश्नांकित करता है। कुल मिलाकर यह नारीवाद गौरांग स्त्रियों द्वारा विकसित किये गये विमर्श को स्त्री का सार्वभौम विमर्श मानने से इनकार करते हुए तर्क देता है कि शोषण की वर्गीय, नस्लीय तथा लैंगिक क़िस्में अंतरसंबंधित हैं। अश्वेत नारीवाद के उभार से पहले नारीवाद की प्रचलित धाराएँ लैंगिक शोषण पर बात करते हुए शोषण के नस्ल और वर्ग आधारित रूपों को लगातार नज़रअंदाज़ करती थीं। सत्तर के दशक के मध्य में में कॉमबाहो रिवर कलेक्टिव ने यह तर्क प्रस्तुत किया कि अश्वेत स्त्री की मुक्ति के पश्चात् ही सम्पूर्ण मानव-समाज की मुक्ति सम्भव है। अश्वेत नारीवादी आंदोलन की आधारभूमि तैयार करने में एलिस वॉकर द्वारा प्रतिपादित वुमॅनिज़्म के सिद्धान्त का महत्त्वपूर्ण योगदान है। बेल हुक्स ने अपने लेखन और चिंतन से इसके ब्लैक फ़ेमिनिज़्म वाले पहलू को और समृद्ध किया है। गायत्री चक्रवर्ती स्पिवाक के उत्तर-औपनिवेशिक चिंतन ने आरईआई धारा में साम्राज्यवाद विरोध के पहलू जोड़े हैं।

एलिस वाकर और उनकी हम ख़याल नारीवादियों ने अपने विमर्श द्वारा दिखाया है कि अश्वेत स्त्री के जीवनानुभव श्वेत और मध्यवर्गीय स्त्रियों की अपेक्षा न सिर्फ़ भिन्न हैं, बल्कि उसके शोषण की परिस्थितियाँ भी अधिक जटिल हैं। पेट्रीशिय हिल कॉलिंस ने 1991 में प्रकाशित अपनी महत्त्वपूर्ण कृति *फ़ेमिनिस्ट थॉट* में कहा है कि इस नारीवाद की सैद्धांतिकी रचने वाली विदुषियों ने साधारण अश्वेत स्त्री के अनुभवों तथा उसके विचारों के आधार पर अलग क़िस्म की दृष्टि प्रदान की है। अश्वेत नारीवाद का वैचारिक संबंध उत्तर-औपनिवेशिक नारीवादियों के साथ तथा तीसरी दुनिया के दलित नारीवाद सरीखी परिघटनाओं के साथ भी है। इन नारीवादी धाराओं ने न केवल पुरुष-प्रधान संस्कृति के ख़िलाफ़ संघर्ष किया, बल्कि पाश्चात्य नारीवादी ख़ेमे की युरोकेंद्रीयता से भी लोहा लिया।

आरईआई फ़ेमिनिज़्म की कई प्रस्थापनाएँ समाज-विज्ञान के दायरों में समस्याग्रस्त भी हैं। मसलन, समाजशास्त्रियों के बीच नस्ल की अवधारणा के प्रति व्यापक अस्वीकार है। लेकिन, चमड़ी के रंग के कारण अमेरिका और युरोप के अन्य देशों में काली स्त्रियों के साथ होने वाले भेदभाव ने नस्ल के पहलू को गोलबंदी का पक्का आधार बना दिया है। इसी तरह अंतर्राष्ट्रीय संबंधों के अनुशासनों द्वारा प्रतिपादित तीसरी दुनिया की अवधारणा भी विवादग्रस्त मानी जाती है। ग़रीब और अविकसित समझे जाने वाले कई देश धीरे-धीरे इस श्रेणी से निकलते जा रहे हैं। सवाल उठाया जाता है कि क्या भारत और चीन जैसे देशों की स्त्रियों को तीसरी दुनिया का माना

एलिस मेल्सेनियर वाकर (1944-)

जाता रहेगा ? इन प्रश्नों के बावजूद पश्चिम के मुक़ाबले रखने पर नारीवादी आंदोलन में तीसरी दुनिया का विमर्श आज भी साम्राज्यवाद विरोध या नव-उपनिवेशवाद विरोध का स्रोत बना हुआ है। अश्वेत नारीवादी संगठनों का उदय सत्तर के दशक में हुआ। नैशनल ब्लैक फ़ेमिनिस्ट ऑर्गनाइज़ेशन की स्थापना 1973 में हुई। इसके परचम के तले अफ्रीकी तथा अमेरिका की अश्वेत स्त्रियों द्वारा झेली जा रही हिंसा और उत्पीड़नकारी परिस्थितियों के विरुद्ध कमर कसी। 1977 आते-आते विभिन्न कारणों से इस संगठन का कामकाज ठप्प हो गया। लेकिन द कॉमबाहो रिवर कलेक्टिव अश्वेत समाजवादी नारीवादियों का महत्त्वपूर्ण संगठन बना रहा।

साठ और सत्तर के दशक के नागरिक अधिकार आंदोलनों के साथ-साथ नारीवादी आंदोलन की मुख्य समस्या यह थी कि उसने काली और अश्वेत स्त्रियों के मुद्दों को अपनी माँगों में अलग से स्थान देने से इनकार कर दिया था। अश्वेत नारीवाद की प्रबल समर्थक मैरी एन. वेदर ने 1969 में रैडिकल नारीवादियों की पत्रिका *नो मोर फ़न ऐंड गेम्स : अ जर्नल ऑफ़ फ़ीमेल लिबरेशन* में लिखा कि दुनिया की सभी स्त्रियाँ शोषण की शिकार हैं, यहाँ तक कि श्वेत स्त्री भी। लेकिन भारत, मैक्सिको, प्यूरिटोरिको और अफ्रो-अमेरिकी मूल की अश्वेत स्त्रियाँ, तिहरे शोषण की शिकार है। मैरी एन. वेदर ने पूछा कि अगर शोषण को एक सामान्य परिभाषा के तहत समझ कर उसकी विशिष्टताओं को दर्ज नहीं किया गया तो इन विभिन्न मूल की स्त्रियों के साथ संवाद कैसे स्थापित होगा।

अश्वेत नारीवाद द्वारा दर्ज किया गया प्रतिरोध वस्तुत: दो दृष्टिकोणों का परिणाम है। पहला दृष्टिकोण यह मानता है कि अगर शोषित समूह स्वयं को शक्तिशाली समूहों के साथ जोड़ कर देखता है तो उसके पास अपने ख़ुद के शोषण की कोई वैध व्याख्या नहीं रह जाएगी। दूसरा दृष्टिकोण यह मानता है कि शोषित समूह अपने शोषकों की अपेक्षा स्वयं को कमतर मनुष्य मानते हैं इसलिए उनमें अपना दृष्टिकोण रखने की क्षमता विकसित नहीं हो पाती। शोषित समूहों में राजनीतिक कार्यक्षमता इसलिए मज़बूती से नहीं उभर पाती। इसी के साथ एक दूसरा पहलू भी है जिसके मुताबिक़ अधीनस्थ समूह न सिर्फ़ अपने शोषक समूह की अपेक्षा एक भिन्न यथार्थ का अनुभव करता है, बल्कि उस भिन्न यथार्थ को वर्चस्वशाली समूहों की अपेक्षा अलग ढंग से व्याख्यायित भी करता है। अश्वेत स्त्रियों की राजनीतिक एवं आर्थिक परिस्थितियाँ उन्हें एक भिन्न जीवन-अनुभव प्रदान करती है। उनका भौतिक यथार्थ उन्हें दुनिया समझने की अलग नज़र देता है।

अपनी ज्ञान परम्परा को वैधता दिलाने के क्रम में अश्वेत नारीवादी सिद्धांत को तीन स्तर पर चुनौतियों का सामना करना पड़ा है। पहला है साधारण अश्वेत स्त्रियों के बीच अपने सिद्धान्तों के प्रति यक़ीन पैदा करना। दूसरा है अश्वेत विदुषियों, जो सामान्यत: नारीवादी नहीं हैं, के बीच अपनी स्वीकार्यता हासिल करना। तीसरा है अकादमिक जगत में युरोकेंद्रित पुरुषवादी रवैये के ख़िलाफ़ राजनीतिक और ज्ञानमीमांसक मुठभेड़ करना। अश्वेत नारीवादी सिद्धांत इस दावे के साथ सामने आता है कि अश्वेत स्त्रियाँ अपने विशिष्ट ज्ञान का उत्पादन कर सकती हैं। अश्वेत नारीवाद को असहमति के विमर्श तथा भिन्न स्वर के रूप में तरजीह दिये जाने के साथ-साथ नारीवादी विमर्श को आलोचना का सामना भी करना पड़ रहा है। आलोचकों का कहना है कि अश्वेत स्त्री द्वारा स्वयं को सिर्फ़ अश्वेत समूह की तरह देखने की प्रवृति के कारण यह नस्ली पूर्वग्रहों में फँस गया है जिसके कारण इसके तार्किक आयाम कमज़ोर हुए हैं। नस्ली भेदभाव के विरोधियों का मानना है कि अश्वेत स्त्री सिर्फ़ अश्वेत होने के कारण शोषित नहीं है, बल्कि स्त्री होने के साथ-साथ वह अश्वेत भी है और यही उसके दोहरे उत्पीड़न का प्रमुख कारण है। चूँकि अश्वेत नारीवाद ख़ुद को अश्वेत स्त्रियों का एकमात्र हितचिंतक क़रार देता है इसलिए उसका यह दावा महिला आंदोलन के साथ उसके अटूट रिश्ते को कमज़ोर करता है। सारा ध्यान नस्ल के सवालों पर केंद्रित करने के कारण यह अन्य सामाजिक-सांस्कृतिक, राजनीतिक एवं आर्थिक पहलुओं की अनदेखी करने की तरफ़ चला जाता है।

देखें : आनंदीबाई जोशी, इसलामिक नारीवाद, गायत्री चक्रवर्ती स्पिवाक, चिपको आंदोलन, जूडिथ बटलर, जेंडर, दलित नारीवाद, देवदासी, देवकी जैन, नारीवाद, नारीवाद की पहली लहर, नारीवाद की दूसरी लहर, नारीवाद की तीसरी लहर, नारीवादी दर्शन, नारीवादी फ़िल्म-सिद्धांत, नारीवादी इतिहास-लेखन, नारीवाद और अर्थशास्त्र, नारीवाद और साम्प्रदायिकता, नैंसी शोदॅरौ, पर्यावरणीय नारीवाद, पब्लिक-प्रायवेट, पण्डिता रमाबाई सरस्वती, पितृसत्ता, प्रेम, प्रेम-अध्ययन और नारीवादी दर्शन, भारत में स्त्री-आरक्षण-1 और 2, महादेवी वर्मा, मैरी वोल्सनक्राफ़्ट, राजनीतिक दर्शन के नारीवादी आयाम, रमाबाई रानाडे, ल्यूस इरिगरे, सम्पत्ति : नारीवादी परिप्रेक्ष्य, सिमोन द बोउवार, स्त्री-आरक्षण, हेलन सिचू।

संदर्भ

1. बेल हुक्स (1981), *एंट आई अ वुमॅन : ब्लैक वुमॅन ऐंड फ़ेमिनिज़म*, साउथ ऐंड प्रेस, बोस्टन, एमए, 1981.
2. आर. लेविन (2000), 'फ़ेमिनिज़म ऐंड ओरिएंटलिज़म', *फ़ेमिनिस्ट थियरी*, खण्ड 3, अक 2.
3. एच. मिर्ज़ा (1997), *ब्लैक ब्रिटिश फ़ेमिनिज़म : अ रीडर*, रॉटलेज, लंदन.
4. गायत्री चक्रवर्ती स्पिवाक (1987), 'फ़ेमिनिज़म ऐंड क्रिटिकल थियरी', संकलित : स्पिवाक, *इन अदर वर्ल्ड्स : एसेज़ इन कल्चरल पॉलिटिक्स*, मेथ्युन, लंदन और न्यूयॉर्क.

—सुप्रिया पाठक

अहिंसा-1

(धर्म, शांति, सविनय अवज्ञा)

(Nonviolence-1)

अहिंसा का आग्रह न केवल किसी को शारीरिक क्षति पहुँचाने से रोकता है, बल्कि किसी को मानसिक ठेस पहुँचाने या किसी की आज़ादी छीनने तक का निषेध करता है। एक विचार के तौर पर अहिंसा को मुख्य रूप से तीन श्रेणियों के तहत समझा जा सकता है। मानकीय दर्शन के रूप में, प्रतिरोध की एक सामाजिक-राजनीतिक रणनीति के तौर पर और सामाजिक रूपांतरण के बुनियादी सिद्धांत के रूप में। मानकीय दर्शन के तौर पर अहिंसा का प्रत्यय प्राचीन काल से ही भारतीय दर्शन का उल्लेखनीय अंग रहा है। बौद्ध दर्शन और जैन दर्शन ने इसे न केवल अपने प्रमुख मानक की तरह स्थापित किया बल्कि व्यक्तिगत जीवन और समाज-रचना के दायरों में इसे एक व्यावहारिक उपादान की हैसियत प्रदान की। लेकिन हिंदू दर्शन के दायरे में *महाभारत* और स्मृति साहित्य से इस विचार के प्रति कुछ जटिल क़िस्म की अनुक्रिया का संकेत मिलता है। पश्चिमी दर्शन अहिंसा के मानकीय स्वरूपों के बारे में विशेष रूप से चिंतित नहीं मिलता। फ़िलॉसफ़ी के विभिन्न कोशों में हिंसा और उसके विविध रूपों पर प्रविष्टियाँ तो हैं, पर अहिंसा पर चर्चा नहीं मिलती। आधुनिक विचार में एक बहुमुखी सिद्धांत के तौर पर अहिंसा की स्थापना का श्रेय गाँधी को जाता है। बीसवीं सदी में गाँधी ने ही दर्शन और राजनीतिक कार्रवाई के एक-दूसरे से गुँथे रूपों में इसका दोहरा सूत्रीकरण किया। गाँधी का आग्रह था कि अहिंसा न केवल व्यक्तिगत और सामाजिक स्तर पर राजनीतिक-आर्थिक सफल देती है, बल्कि मनुष्य की आत्मिक मुक्ति का उत्तम साधन भी है। उन्होंने अहिंसा को नीतिशास्त्र का सबसे श्रेष्ठ स्वरूप क़रार दिया। उनके लिए अहिंसा स्वराज से भी पहले थी। एक राजनीतिक रणनीति के तौर पर अहिंसा के प्रयोग को दक्षिण अफ्रीका में गाँधी द्वारा अहिंसक प्रतिरोध और उसके बाद भारत के उपनिवेशवाद विरोधी आंदोलन में अहिंसक रणनीति के इस्तेमाल तक सीमित मानना उचित नहीं होगा। दरअसल, द्वितीय विश्व-युद्ध से पहले और बाद में अहिंसा का पल्ला पकड़ने वाली बहुत सी क्रांतियों और आंदोलनों को सफलता मिली है। आज दर्शन से कहीं ज़्यादा राजनीतिशास्त्र में अहिंसा पर विचार होता है। योहान गाल्टुंग और ज्याँ शार्प जैसे विद्वानों ने इस विषय में उल्लेखनीय समाज-वैज्ञानिक विमर्श विकसित किया है।

दुनिया में कोई भी धर्म ऐसा नहीं है जिसने अहिंसा की विलोम हिंसा को एक बुनियादी सिद्धांत बनाया हो। लेकिन अहिंसा को बुनियादी सिद्धांत बनाने वाले धर्म कुल मिला कर दो हैं। श्रमण परम्परा के बौद्ध और जैन धर्म। बौद्ध और जैन दर्शनों द्वारा अहिंसा को मिली प्राथमिकता ने प्राचीन काल से ही भारतीय समाज पर विरोधाभासी प्रभाव डाले हैं। इसके कारण बलि देने की प्रथा संयमित हुई, लेकिन दूसरी प्राण लेने का काम करने वालों या मृत देह (चाहे वह मनुष्य की देह हो या पशु की) के संसर्ग में रहने वालों का सामाजिक और कर्मकाण्डीय दर्जा नीचे गिर गया। इसका तीसरा असर यह हुआ कि हिंदुओं के बीच बड़े पैमाने पर शाकाहारी भोजन का आग्रह बढ़ा। इसीलिए भारतीय समाज दुनिया में सबसे ज़्यादा निरामिष माना जाता है। इन प्रकट प्रभावों के बावजूद कुछ विद्वानों की मान्यता है कि प्राचीन भारतीय दर्शन में अहिंसा को अपने आप में सम्पूर्ण और आद्योपांत विचार के रूप में स्वायत्तता प्राप्त नहीं है। अहिंसा के दर्शन को अलग से विकसित न करके उसे धर्मों की वैचारिक संरचना का हिस्सा बनाया गया है। बौद्ध दर्शन भी अहिंसा को शील अर्थात् आचरण का हिस्सा मानते हुए उसे करुणा और मैत्री से दर्जे में नीचे रखता है। अशोक के युग में बौद्ध धर्म जब राज-धर्म बना, तो उसके तहत व्यक्तिगत जीवन और खान-पान में अहिंसक आचरण पर बल कम हो गया था। जैन दर्शन में अहिंसा का विचार बौद्धों के मुक़ाबले अधिक केंद्रीय है। जैन दार्शनिकों ने इसे एक नीतिशास्त्रीय सिद्धांत के तौर पर अपनाया और अपने श्रद्धालुओं के बीच अहिंसक आचरण को उसकी सर्वोच्च निष्पत्ति तक ले गये। जैन दर्शन अपने अनुयायियों से पाँच महाव्रतों के पालन की अपेक्षा करता है : ये हैं अहिंसा का पालन करना, सत्य बोलना, किसी की दी हुई चीज़ न लेना, ब्रह्मचर्य का पालन करना और अपरिग्रह। इन व्रतों का क्रम बताता है कि इनमें अहिंसा को सर्वोच्च महत्त्व दिया गया है। जैन तीर्थंकर महावीर का वचन है : 'समस्त प्राण, भूत जीव और सत्त्वों का हनन नहीं करना, उन पर शासन नहीं करना, ग़ुलाम नहीं बनाना, परितापित नहीं करना, उद्विग्न और दुखी नहीं करना, यही अहिंसा धर्म, नित्य और शाश्वत है।' अहिंसा की ऐसी सर्वांगीण अभिव्यक्ति किसी और दर्शन में नहीं मिलती।

हिंदू विचार इस मामले में अलग है। उपनिषद् साहित्य में अहिंसा का प्रतिपादन है। छांदोग्य उपनिषद् में कहा गया है कि तप, दान, आर्जव, अहिंसा और सत्य वचन मनुष्य के आत्मयज्ञ की दक्षिणा हैं। लेकिन अहिंसा के विचार की यह प्रतिष्ठा जीवन में मांसाहार, यज्ञों में मनुष्य और पशुओं की बलि, शिकार आदि से समाज को बरजने लायक साबित नहीं हुई। कुल मिला कर हिंदू दायरे में धर्म की स्थापना अनिवार्य रूप से अहिंसक परियोजना के तौर पर नहीं उभरती। *महाभारत* में युद्ध के प्रारम्भ होने से ठीक पहले अर्जुन द्वारा कृष्ण के सामने पेश की गयी शंकाओं का समाधान अहिंसा को

प्रोत्साहित करने वाला नहीं है। दूसरी तरफ़ युद्ध के बाद उसमें हुए भीषण रक्तपात पर युद्धिष्ठिर द्वारा अर्जुन के सामने व्यक्त किये गया अफ़सोस अंतिम विश्लेषण में हिंसा की व्यर्थता और अहिंसा की उपयोगिता रेखांकित करता है। कुल मिला कर हिंदू विचार अहिंसा को धर्म के सामान्य आचरण का अंग मानता है, लेकिन असामान्य परिस्थितियों में अहिंसा का सिद्धांत त्याग कर हिंसा की शरण में जाना नीतिगत उल्लंघन नहीं माना जाता।

आम तौर पर अहिंसा को शांति, शांतिवाद और सविनय अवज्ञा का पर्यायवाची मान लिया जाता है। शायद इसलिए कि सविनय अवज्ञा आंदोलन शांतिपूर्ण और अहिंसक होते हैं। लेकिन इन तीनों धारणाओं के बीच अनिवार्य मानकीय संबंध नहीं है। मसलन, अपने शाब्दिक अर्थों में इसलाम शांति का धर्म है। ख़ुदाई हुकूमत का मक़सद है न्याय की स्थापना। माना जाता है कि इसका परिणाम शांति में निकलना चाहिए। लेकिन इसलामिक धर्मशास्त्र और दर्शन अनिवार्यतः अहिंसक तौर-तरीक़ों से न्याय की स्थापना करने की कोई हिदायत नहीं देता। इसके उलट इसलाम के तहत आध्यात्मिक का राजनीतिक के साथ और व्यक्ति का सामाजिक के साथ समेकन करने में हिंसा के उपयोग को न केवल उचित माना जाता है, बल्कि कुछ स्थितियों में उसके माध्यम से गहन आध्यात्मिकता की उपलब्धि की अपेक्षा भी रहती है। इसलामिक थियरी में न्यायपूर्ण युद्ध की संकल्पना तो है ही, जेहाद के व्यावहारिक फलितार्थों के कारण कई ग़ैर-इसलामिक समुदाय हिंसा और बहिर्वेशन के शिकार होते हैं।

पश्चिम में शांति की समझ ईसाइयत की शुरुआती वैचारिक संरचनाओं से निकली है जो न्यू टेस्टामेंट की इस शिक्षा पर आधारित थीं कि अगर कोई एक गाल पर थप्पड़ मारे तो उसके सामने दूसरा गाल भी कर देना चाहिए। इसी के मुताबिक़ ईसाइयों ने रोम की शाही सेनाओं में भर्ती होने से इनकार कर दिया। लेकिन बाद में धीरे-धीरे ईसाई चर्च ने न्यायपूर्ण युद्ध का सिद्धांत विकसित कर लिया जिसके आधार पर ईसाई सरकारें ज़रूरत पड़ने पर युद्ध करने लगीं। इसके बावजूद ईसाइयत में क्वैकर, मेनोनाइट, दुखोबार और यहोवाज़ विटनेस जैसे सम्प्रदाय शांतिवादी बने रहे। ईसाई धर्म में 'सरमन ऑन द माउंट' शांति का एक प्रभावशाली पाठ रहा है। चर्च की भ्रष्ट नीतियों के चंगुल में आने से पूर्व कई ईसाई समुदाय इस अप्रतिरोध परम्परा का पालन करते थे। दुखोबार समुदाय की शांतिवादी परम्परा का लेव तॉल्स्तॉय ने विस्तार से ज़िक्र किया है। लेकिन, ये शांतिवादी परम्पराएँ कोई ज़रूरी नहीं कि अहिंसा को एक आधारभूत सिद्धांत के तौर पर अपनाती हों।

आधुनिक और सेकुलर अर्थों में भी शांति युद्ध या हिंसक संघर्ष की ग़ैर-मौजूदगी की तरह परिभाषित होती है, न कि अहिंसा के पर्याय के रूप में। इस तरह शांति को नकारात्मक रूपों में समझा और महसूस किया जाता रहा है। अंतर्राष्ट्रीय संबंधों के क्षेत्र में हथियारबंद टकराव की ग़ैरमौजूदगी शांति के रूप में पेश की जाती है। चूँकि युद्ध प्रेक्षणीय है, उसे नापा जा सकता है और उसके प्रभावों की प्रत्यक्ष अनुभूति की जा सकती है, इसलिए शांति उसका वांछनीय विलोम बन जाती है।

ऊपर बताये गये पारम्परिक शांतिवाद से कुछ हट कर आधुनिक शांतिवाद ने ख़ुद को नकारात्मक के बजाय सकारात्मक रोशनी में पेश करने की शुरुआत की है। उसका नैतिक आधार इस अवधारणा में निहित है कि किसी भी प्रकार की हत्या अनैतिक है। शांतिवादी सैन्य-सेवा का विरोध करते हैं। अपने व्यापक अर्थों में शांतिवाद ऐसी राजनीतिक-सामाजिक-आर्थिक व्यवस्था का भी विरोधी है जो युद्ध और हिंसा को प्रोत्साहित करती हो। शांतिवाद अहिंसा को आधार बना कर जीवन में मैत्री, प्रेम, क्षमा, करुणा इत्यादि मूल्यों को पल्लवित किये जाने का पक्षधर है। शांतिवाद निष्क्रियता न हो कर किसी भी हिंसा के प्रति अहिंसक प्रतिरोध है। वह सशस्त्र-शांति को अस्वीकार करता है। वह अहिंसक साधनों से मानव जीवन की आधारभूत सुविधाएँ सम्मानजनक तरह से उपलब्ध कराने का पक्षधर है। वह मानवाधिकारों और निरस्त्रीकरण का समर्थक है। वह ऐसी अंतरराष्ट्रीय संस्थाओं की स्थापना की पहल करता है जो अंतर्राष्ट्रीय विवादों के शांतिपूर्ण समाधान को बढ़ावा दे।

जहाँ तक सविनय अवज्ञा का सवाल है, अहिंसा के आधार पर की गयी प्रत्येक राजनीतिक कार्रवाई सविनय अवज्ञा की श्रेणी में नहीं आती। कई अहिंसक कार्रवाइयाँ अपने चरित्र में 'सिविल' या सविनय नहीं होतीं। उनकी प्रकृति काफ़ी-कुछ क्रांतिकारी क़िस्म की होती है। वे क़ानून तोड़ने के कारण मिलने वाली सज़ा को स्वीकार करने के उसूल पर नहीं चलतीं। जबकि किसी अवज्ञा के सविनय होने के लिए इस शर्त का पालन आवश्यक है। विद्वानों ने सविनय अवज्ञा आंदोलन के ऐसे रूपों के बारे में चर्चा की है जिनमें निर्जीव वस्तुओं के ख़िलाफ़ हिंसा हो सकती है। दूसरे, कभी-कभी सविनय अवज्ञा आंदोलन सीधी और अचानक कार्रवाई के रूप में भी आयोजित किये जाते हैं। ऐसे आंदोलनों में हिंसा के अंदेशे धड़कते रहते हैं।

देखें : आतंकवाद, आशिस नंदी-1 और 2, क्रांति, जैन दर्शन, फ्रेंज़ फ़ानो, बौद्ध दर्शन, मोहनदास कर्मचंद गाँधी-1, 2 और 3, शांति, शांतिवाद, सविनय अवज्ञा, हिंसा-2, संरचनागत हिंसा।

संदर्भ

1. एम.के. गाँधी (1942-1949), *नॉनवायलेंस इन पीस ऐंड वार*, खण्ड 2, नवजीवन प्रकाशन, अहमदाबाद.
2. सी. चैपल (1993), *नॉनवायलेंस टू ऐनिमल्स, अर्थ, ऐंड सेल्फ़ इन*

एशियन ट्रेडिशंस, स्टेट युनिवर्सिटी ऑफ़ न्यूयॉर्क प्रेस, अल्बैनी.
3. बेरेल लैंग (1970), 'सिविल डिसओबीडिएंस ऐंड नॉनवायलेंस : अ डिस्टिंक्शन विद् अ डिफ़रेंस', *इथिक्स*, खण्ड 80, अंक 2.
4. लियो तॉल्स्तॉय, *लेटर टु अ हिंदू* (1908), संकलित : पी. मेयर (सम्पा.), *द पेसिफ़िस्टि कांशेंस*, पेंगुइन, हारमंड्सवर्थ, 1966.

—अभय कुमार दुबे

अहिंसा-2

(राजनीतिक-सामाजिक कार्यक्रम)

(Nonviolence-2)

भारत में उपनिवेशवाद के ख़िलाफ़ संघर्ष में अहिंसक प्रतिरोध की कामयाबी का दुनिया भर में राजनीतिक कल्पनाशीलता पर रैडिकल असर पड़ा। साठ के दशक में अमेरिका में रेवरेंड मार्टिन लूथर किंग और उनके अनुयायियों ने अफ़्रीकी मूल के अमेरिकनों के ख़िलाफ़ होने वाले भेदभाव का प्रतिरोध करने के लिए गाँधीवादी रास्ते का सफल इस्तेमाल किया जिसने नस्लवादी आक्रामकता को राजनीतिक और सामाजिक रूप से अलगाव में धकेल दिया। इसके बाद से एक लम्बा सिलसिला शुरू हुआ जिसमें बार-बार राजनीतिक कार्रवाई के अहिंसक रूपों का प्रयोग करके सफलताएँ हासिल की गयीं। इन कामयाबियों में 1986 में फ़िलीपीन का पीपुल्स पॉवर आंदोलन, अस्सी के दशक के आख़िरी दौर में मध्य और पूर्वी युरोपीय देशों में हुई वेल्वेट रैवोल्यूशन, अस्सी और नब्बे के दशक में चिली और अन्य लातीनी अमेरिकी देशों में लोकतंत्र के लिए किये गये अहिंसक प्रयास, 2000 में सर्बिया में स्लोबोदोन मिलोसेविच का तख़्तापलट, 2004 में यूक्रेन की ओरेंज रैवोल्यूशन और 2006 के अप्रैल में नेपाल की राजशाही का तख़्तापलट उल्लेखनीय है।

व्यावहारिक राजनीति में हुए इस परिवर्तन के पीछे निर्विवाद रूप से गाँधी का दर्शन है, जिसे उन्हीं के विख्यात शब्दों में बड़ी स्पष्टता से समझाया जा सकता है : 'अहिंसा का पाठ ऐसे व्यक्ति को नहीं पढ़ाया जा सकता जो मृत्यु से डरता है और जिसमें प्रतिरोध की क्षमता नहीं है। वह अहिंसा को समझे, इससे पहले ज़रूरी है कि उसे मज़बूती से अपने सिद्धांतों की रक्षा करना सिखाया जाए, और तब उस आक्रामक से जो उसे पराजित करने को कटिबद्ध हो, वह अपनी रक्षा करता हुआ अपने प्राण देना भी सीख सकेगा। दूसरा कोई भी रास्ता उसकी कायरता को ही मज़बूत बनाना और उसे अहिंसा से दूर हटा ले जाना होगा। यह हो सकता है कि मैं किसी को जवाबी हमला बोलने में मदद न कर सकूँ, लेकिन मुझे किसी बुज़दिल को तथाकथित अहिंसा के पीछे आश्रय देना नहीं है। ... अहिंसा का अर्थ बुरा काम करने वाले के सामने घुटने टेक देना नहीं है। इसका अर्थ है, अत्याचारी के विरुद्ध अपनी समूची आत्मा का बल लगा देना। अपने अस्तित्व के इस नियम के अंतर्गत काम करते हुए किसी भी अकेले व्यक्ति के लिए सम्भव है कि वह एक अन्यायपूर्ण साम्राज्य की समूची शक्ति और बल को चुनौती दे सके।' अहिंसा के पक्ष में गाँधी के ऐसे ही और भी कथनों का उल्लेख किया जा सकता है। ध्यान देने की बात यह है गाँधी अहिंसा और निर्भयता का यह अनूठा गठजोड़ इसलिए बना पाये कि वे इस विचार को महज़ रणनीति नहीं मानते थे। उनका कहना था, 'सत्य का पूर्ण दर्शन अहिंसा को पूर्णतः प्राप्त करने से ही हो सकता है। ... मेरे लिए अहिंसा स्वराज से भी पहले है। ... जब अहिंसा की बात की जाती है तो उसे हर चीज़ से पहले आना चाहिए। तब ही वह इतनी शक्तिशाली हो सकती है कि उसे कोई पराजित न कर सके।' ज़ाहिर है कि गाँधी की निगाह में अहिंसा कायर और कमज़ोर का विकल्प न हो कर शक्तिशाली और निडर का विकल्प है।

अहिंसा के प्रयोगों से संबंधित गाँधी की सफलताएँ असंदिग्ध हैं। लेकिन ज़रूरी नहीं कि यह राजनीतिक रणनीति हर जगह सफल ही हुई हो। 1989 में चीन में तियनअनमेन चौक में लोकतंत्र की अहिंसक दावेदारी कर रहे छात्र चीनी कम्युनिस्ट पार्टी और सरकार पर नैतिक दबाव डालने में नाकाम रहे। उनका बुरी तरह से दमन कर दिया गया। इसी तरह सर्बिया के कोसोवो क्षेत्र में अहिंसक प्रतिरोध विफल हो गया। म्यांमार में लोकतंत्र के लिए चलने वाला अहिंसक संघर्ष अब भी कामयाबी से बहुत दूर है। इन विफलताओं की रोशनी में अहिंसा की रणनीति की एक आलोचना भी उभरी है। कहा गया है कि एक दम हिंसक और दमन करने के लिए आमादा दुश्मन के मुक़ाबले इसे नाकाम होना पड़ता है। यानी सफल होने के लिए अहिंसा को एक ऐसा विरोधी चाहिए जिसकी नैतिकता को एक शुरुआती सीमा तक दमन और उत्पीड़न के मुक़ाबले कष्ट सह कर स्पर्श किया जा सके। एक पार्टी की तानाशाहियों और सैनिक जुंता की ताक़त के सामने अहिंसक प्रतिरोध सफल नहीं हो सकता।

अहिंसक प्रतिरोध की रणनीति के आलोचकों का तर्क है कि गाँधी का आदर्श मानव से अमानवीय क़िस्म की अपेक्षाओं के आधार पर खड़ा हुआ है। यह व्यक्ति से अलौकिकता की माँग करता है। जॉर्ज ऑरवेल का कहना था कि हमें मनुष्य और भगवान में से किसी एक को चुनना है। गाँधी की शिक्षाएँ मनुष्य को हर चीज़ की कसौटी मानने के उसूल पर खरी नहीं उतरतीं। उपनिवेशवाद विरोधी आंदोलन

के दौरान ही बाल गंगाधर तिलक ने भी कुछ इसी तरह की बात कही थी कि राजनीति को नैतिकता से आवेशित करने की गाँधी की परियोजना लौकिक संदर्भों के लिए उचित नहीं है। उन्होंने गाँधी को पत्र लिख कर कहा था कि राजनीति मनुष्यों का खेल है, साधुओं का नहीं। इसलिए राजनीति के प्रति बुद्ध के मुक़ाबले कृष्ण का दृष्टिकोण अधिक उचित है। तिलक के पत्र के उत्तर में गाँधी ने दावा किया था कि उनकी अहिंसा आध्यात्मिक नहीं बल्कि सांसारिक उद्देश्यों के लिए ही है। इसी उत्तर में गाँधी ने अपनी कल्पनाशीलता की झलक देते हुए लिखा था कि अहिंसा का आचरण करना बहुत मुश्किल है, लेकिन इसके बावजूद वे एक ऐसे समाज का सपना देखते हैं जो मुख्य रूप से अहिंसक होगा। गाँधी ने माना कि कोई भी सरकार पूरी तरह से अहिंसक नहीं हो सकती, क्योंकि वह सभी तरह के लोगों की प्रतिनिधि होती है। गाँधी ने दावा किया कि राज्य की संस्था की इस सीमा के बावजूद वे एक अहिंसक समाज के लिए काम करना जारी रखेंगे।

गाँधी और और उनके राजनीतिक दर्शन के आलोचकों के बीच अहिंसा संबंधी इस विचारोत्तेजक बहस के बावजूद अध्येताओं का मानना है कि सफलताओं और विफलताओं के इस समीकरण में कामयाबी का पलड़ा बहुत भारी है। कुल मिला कर एक सामाजिक-राजनीतिक कार्यक्रम के तौर पर अहिंसा सारी दुनिया में तीसरे रास्ते के तौर पर उभरी है। अब लोग अन्याय और निरंकुशता के विरुद्ध निष्क्रियता और हिंसक संघर्ष से हटते हुए व्यावहारिक रूप से अहिंसक प्रतिरोध को चुन सकते हैं।

मारिया जे. स्टीफ़न और एरिका चेनोवेथ ने एक विशाल तथ्यात्मक अध्ययन के ज़रिये इस रणनीति के असरकारी पहलुओं को उभारा है। इन दोनों विदुषियों ने पिछले सौ साल में हुई 323 प्रतिरोध मुहिमों का अध्ययन करके अपने निष्कर्षों का 2008 में प्रकाशन किया। इनमें से कई प्रतिरोध मुहिमें सामाजिक-राजनीतिक आंदोलनों के तौर पर कई-कई साल तक चलती रहीं। उन्होंने कई मुद्दों पर सरकारों को झुकाने में सफलता प्राप्त की। यह अध्ययन बताता है कि हिंसक साधनों का उपयोग करके मिलने वाली सफलता का प्रतिशत केवल 26 है, जबकि अहिंसक साधनों से 53 फ़ीसदी सफलता मिली। यानी दोगुने से भी अधिक। इस अध्ययन में एक ख़ास बात और निकल कर आयी कि अहिंसक साधनों से मिलने वाली कामयाबियों के कारण लोकतंत्र और स्वाधीनता के राजनीतिक पहलुओं का विस्तार होता है। एड्रियन करेंचिकी और पीटर एकर्मैन का एक और अध्ययन बताता है कि अगर राजनीतिक रूपांतरण की क़िस्म अहिंसक है तो राजनीतिक स्वतंत्रता में बढ़ोतरी की सम्भावनाएँ तीन गुना बढ़ जाती हैं। फ्रीडम हाउस द्वारा कराये गये इस अध्ययन ने बीसवीं सदी के आख़िरी दौर में हुए 67 राजनीतिक बदलावों की परीक्षा की थी।

इन अध्ययनों के अनुसार अहिंसक कार्रवाई अगर अनुशासित तरीक़े से की जाए तो बिना हथियारों का इस्तेमाल किये हुये सरकारों के उत्पीड़न के सामने डटा रहा जा सकता है। जब अहिंसक प्रतिरोधों के ऊपर सरकारें अन्यायपूर्ण क्रूरता बरपाती हैं तो अहिंसक प्रतिरोधियों को जनता की पहले से ज़्यादा सहानुभूति मिलती है। सरकारें अलगाव में पड़ जाती हैं। यहाँ तक कि उन्हें समर्थन देने वाली ताक़तें भी सोचने लगती हैं कि एक अलोकप्रिय होती जा रही हुकूमत पर वे कब तक अपना दाँव लगा सकती हैं। इसी प्रक्रिया में न केवल राजनीतिक रियायतें मिलती हैं, बल्कि पूरी की पूरी हुकूमतें ही बदल जाती हैं।

योहान गाल्टुंग और ज्याँ शार्प ने इन प्रक्रियाओं के सैद्धांतिक आधार का सूत्रीकरण किया है। गाल्टुंग ने अपनी रचना *ऑन द मीनिंग ऑफ़ नॉनवायलेंस* में दिखाया है कि किस तरह अहिंसा की रणनीति दो तरह से काम कर सकती है। एक तरफ़ तो वह सकारात्मक कार्रवाई (अहिंसात्मक प्रतिरोध की पहलक़दमियाँ) को प्रोत्साहित करके परिस्थिति पर निर्णायक असर डालती है, और दूसरी तरफ़ वह नकारात्मक क़दमों (दमन के साथ जुड़ी मुश्किलें) को हतोत्साहित करके हालात को अपनी ओर मोड़ती है। ज्याँ शार्प का विचार है कि अहिंसक प्रतिरोध की निरंतरता ही उन ताक़तों (इन्हें शार्प ने थर्ड पार्टी की संज्ञा दी है) को अपनी स्थिति पर पुनर्विचार करने के लिए मजबूर कर देती है जिनका हाथ सरकार की पीठ पर रहता है। इसकी वजह से भ्रष्ट और उत्पीड़नकारी हुकूमत का आधार हिल जाता है।

देखें : आतंकवाद, आशिस नंदी-1 और 2, क्रांति, जैन दर्शन, फ्रेंज़ फ़ानो, बौद्ध दर्शन, मोहनदास कर्मचंद गाँधी-1, 2 और 3, शांति, शांतिवाद, सविनय अवज्ञा, हिंसा-1 और 2, संरचनागत हिंसा।

संदर्भ

1. योहान गालटुंग (1965), 'ऑन द मीनिंग ऑफ़ नॉनवायलेंस', *जर्नल ऑफ़ पीस रिसर्च,* खण्ड 2, अंक 3.
2. जोआन वी. बोंदुरेंट (1958), *कांक्वेस्ट ऑफ़ वायलेंस, द गाँधियन फ़िलॉसफ़ी ऑफ़ कांफ़्लिक्ट,* प्रिंसटन युनिवर्सिटी प्रेस, प्रिंसटन.
3. पी. मेयर (सम्पा.), *द पेसिफ़िस्टि कांशेंस,* पेंगुइन, हारमंड्सवर्थ, 1966
4. ज्याँ शार्प, *द पॉलिटिक्स ऑफ़ नॉनवायलेंट एक्शन,* पोर्टर सार्जेंट, बोस्टन, 1973
5. मारिया जे. स्टीफ़न और एरिका चेनोवेथ (2008), 'व्हाई सिविल रज़िस्टेंस वर्क्स ?', *इंटरनैशनल सिक्यूरिटी,* खण्ड 33, अंक 1.
6. एड्रियन करेंचिकी और पीटर एकर्मैन (2005), 'हाउ फ्रीडम इज़ वॅन : फ्रॉम सिविक रज़िस्टेंस टू ड्यूरेबिल डेमॉक्रैसी', *इंटरनैशनल जर्नल फ़ॉर नॉट फ़ॉर प्रोफ़िट ला,* खण्ड 7, अंक 3.

—अभय कुमार दुबे

आ

आख्यान

(Narrative)

आख्यान वह भाषाई या चाक्षुष संरचना है जिसके ज़रिये कोई वास्तविक या काल्पनिक प्रसंग व्यवस्थित और परस्पर जुड़े हुए ढंग से निरूपित होता है। लेकिन प्रत्येक निरूपण आख्यान नहीं माना जाता। इसके लिए आवश्यक है कि वह स्वयं को किसी न किसी प्रकार काल के सापेक्ष परिभाषित करता हो। चूँकि महज़ समय के क्रम को कालवाचिकता नहीं कहा जा सकता, इसलिए आख्यान की हैसियत उस विवरण को दी जाती है जो कार्य-कारण संबंध के माध्यम से कुछ इस तरह जुड़ा हुआ हो कि उसमें दर्ज प्रत्येक घटना अपने अलग विवरण से कहीं ज़्यादा अर्थ दे रही हो। इसी व्यापक श्रेणी में आने वाले विवरणों की तरह-तरह के आख्यानों के रूप में शिनाख़्त की जाती है। ये आख्यान ऐतिहासिक, औपन्यासिक, समाजशास्त्रीय, मानवशास्त्रीय या राजनीतिक हो सकते हैं। मीडिया द्वारा रचे गये सभी पाठ आख्यान आधारित होते हैं, चाहे वह मीडिया सिनेमा हो या टीवी। लोकप्रिय संस्कृति के दायरे में होने वाले मनोरंजन की दुनिया तो आख्यान के इस्तेमाल के बिना सम्भव ही नहीं है। आख्यान की अग्रगति दर्शक के आनंद-ग्रहण का मुख्य स्रोत होती है। आख्यान की अवधारणा में न केवल साहित्यशास्त्रियों ने दिलचस्पी ली है, बल्कि समाज-वैज्ञानिकों और दार्शनिकों ने भी उस पर ग़ौर किया है। दार्शनिकों के बीच विवाद है कि क्या मानवीय जीवन को एक समग्र और एकीकृत आख्यान की तरह देखा जा सकता है? कुछ विचारकों ने इस प्रश्न का उत्तर हाँ में दिया है। लेकिन कुछ दूसरे विचारक कहते हैं कि मानवीय जीवन की कुछ बुनियादी क्रियाओं को व्यवहार की श्रेणी में रखा जाना चाहिए, लेकिन किसी ख़ास इरादे से की गयी क्रियाएँ जीवन के आख्यान की तरह ग्रहण की जा सकती हैं।

संरचनावाद ने आख्यान की परिभाषा देने का दावा किया है। उसके मुताबिक़ किसी विवरण या रपट को उस समय तक आख्यान की हैसियत नहीं दी जा सकती जब तक उसमें कम से कम पाँच मुख्य विशेषताएँ न हों : घटनाओं का सिलसिला, उनके घटने का ऐतिहासिक क्रम, कालवाचिकता, वर्णन-कर्ता का परिप्रेक्ष्य और स्वर, वर्णन-कर्ता और उसके दर्शक या पाठक के बीच का संबंध और आख्यान प्रस्तुति की क्रिया। दरअसल, आख्यान का अध्ययन एक पेचीदा क़वायद है। इसके तहत एक विश्लेषणात्मक समझ के आधार पर तय करना पड़ता है कि आख्यान को उसका आकार-प्रकार क्यों और कैसे मिला, आख़िरकार उसकी समग्रता में कुछ घटनाएँ दूसरों की अपेक्षा अधिक अहम कैसे बन गयीं, कुछ घटनाओं को दिये गये विशेष रूप में आख्यान-कर्ता या आख्यान-क्रिया की भूमिका क्या है? आख्यान की संरचना, उसके औपचारिक या कालवाचिक आयामों के अध्ययन का अनुशासन नैरेटोलॉजी के नाम से जाना जाता है।

आख्यान पर होने वाली ज़्यादातर बहसें संरचनावाद द्वारा की गयी उसकी परिभाषा के इर्द-गिर्द हुई हैं। साहित्य-अध्ययन के विद्वानों, दार्शनिकों, उत्तर-आधुनिकता और नारीवाद के पैरोकारों ने अपने-अपने ढंग से निरूपण की एक विधि के रूप में आख्यान को प्रश्नांकित किया है। रोलाँ बार्थ ने सबसे पहले संरचनावाद की परिभाषा से हटते हुए आख्यान के अर्थ-ग्रहण में पाठक की भूमिका को रेखांकित किया। दूसरी तरफ़ ज्याँ-फ्रांस्वा ल्योतर ने अपनी विख्यात रचना द *पोस्टमॉडर्न कंडीशन* में आख्यान के महा-आख्यान में बदलने की प्रवृत्ति की आलोचना की। कुछ आख्यान अपने सार्वभौम होने के दावे के साथ सामने आते हैं। इस दृष्टिकोण

से मार्क्सवाद एक ऐसा ही महा-आख्यान है, जो आग्रहपूर्वक कहता है कि उसने मानवीय इतिहास का सार समझ लिया है। उसने द्वंद्वात्मक भौतिकवाद और वर्गों के बीच संघर्ष के सिद्धांत को अंतिम सत्य बना कर अन्य सभी व्याख्याओं की वैधता को हाशिये पर धकेल दिया है। इसी तरह सभी धर्म भी अपने-अपने महा-आख्यानों के रूप में सामने आते हैं। ल्योतर ने महा-आख्यान को सर्वसत्तावादी बताते हुए उसके मुक़ाबले छोटे-छोटे आख्यानों को खड़ा करने पर बल दिया।

महा-आख्यान के ख़िलाफ़ एक भीतरी बग़ावत करने का एक उपक्रम प्रति-आख्यान के रूप में सामने आया है। महा-आख्यान जब सांस्कृतिक या वैचारिक दायरे से निकल कर राजनीतिक और सामाजिक संरचनाओं का आधार बनने लगता है तो उसके आधार को संस्कृति के जगत में विचलित करने के लिए प्रति-आख्यानों की रचना की जाती है। राष्ट्रवाद एक ऐसा ही महा-आख्यान है जो छोटी-छोटी पहचानों की दावेदारी को दबा देता है। उपराष्ट्रीयताओं के संघर्ष, उपेक्षित भाषाओं और संस्कृतियों की जद्दोजहद, वंचित तबक़ों की आवाज़ें इन प्रति-आख्यानों का केंद्र बनती हैं। मिशेल फ़ूको की मान्यता थी कि प्रति-आख्यानों के ज़रिये महा-आख्यानों के प्रच्छन्न पक्षपात, अपर्याप्तता और अस्थायित्व को रेखांकित करके उनके आधारभूत सत्ता-संबंधों को स्पष्ट किया जा सकता है।

समाजशास्त्र की मान्यता है कि निजी और सामूहिक जीवन का अध्ययन करने के लिए समाज-वैज्ञानिकों को आख्यान की गहराई से पड़ताल करने में माहिर होना चाहिए। एक समाज-वैज्ञानिक के लिए अफ़वाह, तारीख़वार ब्योरा, प्रोपेगंडा, आत्मकथा, इतिहास, कानाफूसी जैसे सभी रूप आख्यान के ही संस्करण हैं। ऐसे आख्यानों की तहों में जाकर ही उसे मानवीय जीवन की इयत्ता, अस्मिता, परिवार की संरचना, राजनीतिक विन्यास की स्थिति, सामाजिक वर्ग, प्रजाति, जेंडर, समाज-परिवर्तन, स्वास्थ्य संबंधी पक्षों का संधान करने का मौक़ा मिलता है।

नारीवादी साहित्य-सिद्धांत ने आख्यान को साहित्यिक पाठ का पितृसत्तात्मक संस्करण रचने की रणनीति के रूप में देखा है। उसके अनुसार आख्यान मुख्यत: ज्ञान संगठित करने और उसे पाठक को थमाने की एक ऐसी विधि है जिसे रैखिक प्रगति के तर्ज़ पर नियोजित किया जाता है। उसका प्रयोजन पहले से तय रहता है। उसकी एक शुरुआत होती है, एक मध्य भाग रहता है और वह अनिवार्यत: एक पूर्व-निर्धारित अंत की तरफ़ बढ़ता है। नारीवादी उपन्यासकार द्वारा गल्प रचने की प्रक्रिया में ज्ञान की इस संरचना को संदेह की नज़र से देखा जाता है। लेकिन उसकी मुख्य समस्या यह है कि वह कथांकन की इस पद्धति को ख़ारिज करने की स्थिति में नहीं है (क्योंकि अंतत: स्त्री को अपनी कहानी भी तो कहनी है)। इसलिए उसके ढाँचे का लिंग बदलने के लिए उसे शिल्पगत इंजीनियरिंग की जटिल प्रक्रिया से गुज़रना पड़ता है ताकि आख्यान को प्रयोजनमूलकता की भींच से निकाला जा सके।

फ़िल्म-अध्ययन के अनुशासन ने नैरेटिव-सिनेमा के रूप में फ़िल्मों की एक अलग श्रेणी चिह्नित की है। नैरेटिव-सिनेमा का मक़सद वास्तविक या काल्पनिक घटनाओं का विवरण देने के बजाय उनकी कहानी कहना होता है। कथांकन की संहिताओं, तौर-तरीक़ों और परम्पराओं के ज़रिये फ़िल्म की कथा-संरचना तैयार होती है। रुपहले पर्दे पर कैमरे की मदद से फ़िल्म दर्शक के लिए एक ऐसा 'वास्तविक' प्रतीत होने वाला संसार प्रस्तुत करती है जिसके साथ वह या तो अपना तादात्म्य स्थापित कर लेता है, या फिर मान कर चलता है कि फ़िल्म द्वारा दिखायी जा रही दुनिया एक मुमकिन दुनिया है। नैरेटिव सिनेमा की कोशिश होती है कि कथानक में कुछ भी अस्पष्ट, धुँधला या अनेकार्थक न रहे; इसलिए वह व्याख्या की भूमिका भी निभाते हुए दर्शक को हाथ पकड़ कर कथा के क्लाइमेक्स तक ले जाता है।

देखें : इतिहास और आख्यान, उत्तर-आधुनिकतावाद, ज्याँ-फ्रांस्वा ल्योतर, नारीवादी फ़िल्म-सिद्धांत, फ़िल्मांतरण, फ़िल्म-सिद्धांत, भारतीय फ़िल्म-अध्ययन, मार्क्सवाद-1 से 5 तक, राष्ट्रवाद।

संदर्भ

1. जी. जेने (1980), *नैरेटिव डिस्कोर्स : एन.एसे ऑन मैथड,* ब्लैकवेल, ऑक्सफ़र्ड.
2. एलियट मिशलर (1995), 'मॉडल्स ऑफ़ नैरेटिव एन.लिसिस : अ टायपोलॅजी', *जर्नल ऑफ़ नैरेटिव ऐंड लाइफ़ हिस्ट्री,* अंक 5.
3. पॉल रिकूर (1984-88), *टाइम ऐंड नैरेटिव,* अनु. के. ब्लैमी वग़ैरह, तीन खण्ड, शिकागो.
4. रोलाँ बार्थ (1977), 'इंट्रोडक्शन टू द स्ट्रक्चरल एन.लिसिस ऑफ़ नैरेटिव्ज़', *इमेज, यूज़िक, टेक्स्ट,* फ़ोंटाना, लंदन.
5. ज्याँ-फ्रांस्वा ल्योतर (1984) , *द पोस्टमॉडर्न कंडीशन,* मैनचेस्टर युनिवर्सिटी प्रेस, लंदन.

—अभय कुमार दुबे

आंगिक और पारम्परिक बुद्धिजीवी

(Organic and Traditional Intellectual)

आंगिक यानी ऑर्गनिक और पारम्परिक यानी ट्रैडिशनल बुद्धिजीवियों की धारणाएँ इतालवी मार्क्सवादी चिंतक और नेता एंतोनियो ग्राम्शी की देन हैं। उन्होंने पूँजीवादी समाज और समाजवाद की संक्रमणकालीन अवस्था के दौरान बुद्धिजीवियों की भूमिका पर विचार करने के क्रम में इन धारणाओं का विकास किया था। बुद्धिजीवियों के संबंध में ग्राम्शी कितने संजीदा थे, इसका अंदाज़ा जेल से भेजे उनके उस पत्र से लगाया जा सकता है जिसमें उन्होंने इतालवी बुद्धिजीवियों का शोधपरक इतिहास लिखने की इच्छा जतायी थी। यह और बात है कि जब उन्हें जेल में लेखन की अनुमति मिली तब उनका ज़्यादा ध्यान राज्य, नागर समाज, वर्चस्व जैसे विषयों पर केंद्रित होता चला गया। लेकिन इसके बावजूद ग्राम्शी ऐसे चुनिंदा सिद्धांतकारों में से एक हैं जिन्होंने बुद्धिजीवियों के प्रश्न पर सुचिंतित सूत्रीकरण करने की चेष्टा की है।

ग्राम्शी सबसे पहले तो बुद्धिजीवियों को सामाजिक वर्गों से स्वायत्त एक विशिष्ट समूह की तरह देखे जाने की स्थापित एवं सहजबोधीय धारणा का खण्डन करते हैं। इसके साथ ही वे बुद्धिजीवी की प्रचलित परिभाषा को भी रद्द करते हैं जिसके मुताबिक़ बुद्धि का प्रयोग करने वाले चिंतक, विचारक, कलाकार आदि बुद्धिजीवी की श्रेणी में रखे जाते रहे हैं। वे इस दावे से सहमत नहीं थे कि बुद्धि का प्रयोग यानी सोचने का काम करने के आधार पर ही किसी को बुद्धिजीवी मान लिया जाए। *प्रिज़न नोटबुक* के बुद्धिजीवियों से संबंधित अध्याय में वे पूछते हैं कि अगर कोई क़मीज़ में बटन टाँक लेता है तो क्या इस आधार पर उसे दर्जी माना जा सकता है, या अगर कोई व्यक्ति ऑमलेट बना लेता है तो क्या केवल इस क्षमता के आधार पर उसे रसोइये की संज्ञा दी सकती है।

ग्राम्शी ने बुद्धिजीवी की हस्ती को सामाजिक भूमिका के आधार पर परिभाषित किया है। उनके मुताबिक़ बुद्धिजीवी की श्रेणी में वे सब आते हैं जो समाज के आर्थिक, राजनीतिक, सामाजिक, सांस्कृतिक दायरों में व्यवस्थापक या संगठनकर्ता की भूमिका निभाते हैं। ग्राम्शी के मुताबिक़ न केवल चिंतक, विद्वान, कलाकार और पत्रकार, बल्कि अफ़सर, नेता, इंजीनियर, मैनेजर और तकनीशियन भी बुद्धिजीवी की श्रेणी में आते हैं। ग्राम्शी का विचार था कि आर्थिक उत्पादन के बुनियादी धरातल पर उभरता हुआ वर्ग अपने साथ बुद्धिजीवियों का एक या उससे अधिक समूह भी उत्पन्न करता है। बुद्धिजीवियों का यह समूह इस वर्ग को आर्थिक दायरे के साथ-साथ सामाजिक, राजनीतिक और सांस्कृतिक दायरों में भी एकरूपता प्रदान करते हुए उन्हें अपनी भूमिका के प्रति सचेत करता है। ग्राम्शी इन बुद्धिजीवियों को दो हिस्सों में बाँट कर देखते हैं : आंगिक यानी ऑर्गनिक और पारम्परिक यानी ट्रैडिशनल। वे कहते हैं कि डॉक्टर, इंजीनियर और प्रबंधक जैसे लोग अपने विषय और काम में पारंगत होने के बावजूद समाज के विकास पर सीमित असर ही डाल पाते हैं। उनकी भूमिका नेतृत्वकारी नहीं होती। ऐसे बुद्धिजीवियों को उन्होंने पारम्परिक या इनऑर्गनिक श्रेणी में रखा है। इसके मुक़ाबले राजनेताओं, चिंतकों, पत्रकारों और जनमत बनाने वाले बुद्धिजीवियों को उन्होंने आंगिक यानी ऑर्गनिक क़रार दिया, क्योंकि वे अपने वर्ग का अंग-सा होते हैं।

आंगिक बुद्धिजीवियों की धारणा के विश्लेषण के क्रम में ग्राम्शी इतालवी एकीकरण में मॉडरेटों द्वारा निभायी गयी भूमिका का ठोस उदाहरण पेश करते हैं। अपने समय के इटली या आधुनिक पूँजीवादी समाज के संदर्भ में वे अपनी इस धारणा का स्पष्ट विवेचन नहीं करते। *प्रिज़न नोटबुक* में बिखरे वक्तव्यों से यही स्पष्ट होता है कि ग्राम्शी पूँजीवादी वर्ग के आंगिक बुद्धिजीवियों की प्रमुख भूमिका नागर समाज में उसका वर्चस्व स्थापित करने और राज्य के उपांगों के माध्यम से दमन का बंदोबस्त करने वाले 'एजेंट' की मानते थे। रोजर साइमन के मुताबिक़ यदि ग्राम्शी बीसवीं सदी के पूँजीपति वर्ग के आंगिक बुद्धिजीवियों की सूची बनाते तो वह कुछ इस तरह से होती : (अ) उत्पादन के दायरे में : मैनेजर, इंजीनियर, तकनीकीशियन आदि; (ब) नागर समाज में : राजनीतिज्ञ, लेखक और अकादमीशियन, पत्रकार, चैनलों के मालिक आदि; (स) राज्य के उपांगों में : सरकारी अफ़सर, फ़ौज के अधिकारी, जज और मजिस्ट्रेट आदि।

लेकिन इसके साथ ही रोजर साइमन यह भी कहते हैं कि ग्राम्शी के ज़माने के मुक़ाबले पूँजीवाद के विकसित होते जाने के साथ-साथ स्कूल और विश्वविद्यालय के शिक्षकों, वैज्ञानिकों, इंजीनियरों, कनिष्ठ मैनेजरों, पत्रकारों, लेखकों, कलाकारों की संख्या में भारी वृद्धि हुई है। इन्हें ट्रेड-यूनियनों, श्रमिक आंदोलनों और वंचितों के संघर्ष में शामिल होते हुए पाया जा सकता है। लेकिन केवल इसीलिए इन्हें ग्राम्शी की आंगिक-बुद्धिजीवी श्रेणी में नहीं रखा जा सकता। साइमन के मुताबिक़ इन सबको पूँजीपति वर्ग के आंगिक बुद्धिजीवी की श्रेणी में न रख कर उसी हैसियत और भूमिका तक सीमित रखना चाहिए जो पूँजीपति वर्ग से संबद्ध आंगिकता की धारणा के अनुकूल ठहरता हो। उदाहरण के लिए, कोई बड़ा चिंतक और लेखक (जैसे क्रोचे, जिनके प्रभाव का ज़िक्र ख़ुद ग्राम्शी ने कई बार किया है), सिविल सेवा के वरिष्ठ अधिकारीगण, फ़ौज के शीर्षस्थ अधिकारी, न्यायाधीश आदि।

पारम्परिक बुद्धिजीवी की श्रेणी का प्रयोग ग्राम्शी ने उनके लिए किया है जो पुरानी पड़ चुकी या पड़ती जा रही उत्पादन-प्रणाली के बुद्धिजीवी होते हैं। नयी उत्पादन-प्रणाली के साथ उदित हो रहे नये वर्ग को इनका सामना करना पड़ता है। ये लोग ऐतिहासिक निरंतरता का हिस्सा-सा प्रतीत होते हैं और जो ख़ुद को शासक-वर्ग से स्वायत्त के रूप में प्रस्तुत करते हैं। पूँजीपति वर्ग को सामंती एवं पेटी-बूर्ज्वा उत्पादन-प्रणाली वाली समाज-व्यवस्था के आंगिक बुद्धिजीवियों का सामना करना पड़ा था।

ग्राम्शी का विचार था कि अपनी निम्नवर्गीय स्थिति से मुक्त हो कर नेतृत्वकारी एवं वर्चस्व की स्थिति में आने के लिए मज़दूर-वर्ग को अपने आंगिक बुद्धिजीवी उत्पन्न करने होंगे। यह नया बुद्धिजीवी पूँजीपति वर्ग के बुद्धिजीवी से नितांत भिन्न होगा। महज़ समझ-भर के दायरे से मुक्त हो इसे जनानुभूति के दायरे में उतरना होगा। साथ ही, बूर्ज्वा बुद्धिजीवी की भाँति क्षणिक उत्तेजना और भावोद्वेलन पैदा करने वाले भाषण अथवा लेखन की जगह इसे सक्रिय जन-भागीदारी करनी होगी। ग्राम्शी इसकी ज़िम्मेदारी क्रांतिकारी पार्टी पर डालते हैं, यानी मज़दूर-वर्ग के लिए आंगिक बुद्धिजीवी की भूमिका पार्टी अदा करेगी, जिसे उन्होंने मॉडर्न प्रिंस की संज्ञा दी। इसका अर्थ यह नहीं कि केवल क्रांतिकारी पार्टी ही मज़दूर वर्ग की आंगिक बुद्धिजीवी हो सकती है। ग्राम्शी के मुताबिक़ पार्टी के प्रत्येक सदस्य को आंगिक बुद्धिजीवी समझा जाना चाहिए, न कि मज़दूर वर्ग के प्रत्येक आंगिक बुद्धिजीवी को पार्टी का सदस्य होना चाहिए। उनकी मान्यता थी कि नये समाज के निर्माण में ऐसे बुद्धिजीवियों की बहुत बड़ी भूमिका है जो पार्टी के सदस्य तो नहीं बनते लेकिन मार्क्सवादी दृष्टिकोण अपनाकर अपना योगदान देते हैं।

देखें : आधार और अधिरचना, एंतोनियो ग्राम्शी, कार्ल हाइनरिख़ मार्क्स-1, 2. 3 और 4, फ्रेड्रिख़ एंगेल्स, भारतीय इतिहास लेखन-4 और 5, भाषा के मार्क्सवादी सिद्धांत, भ्रांत चेतना, वर्चस्व।

संदर्भ

1. एंतोनियो ग्राम्शी (1966), *सिलेक्शन फ्रॉम प्रिज़न नोटबुक्स,* सम्पादक : होएर और स्मिथ, ओरिएंट लांगमैन, चेन्नई.
2. एंतोनियो ग्राम्शी (1975), *लेटर्स फ्रॉम प्रिज़न,* लीन लनर (सम्पा.), लंदन, जोनाथन केप.
3. रोजर साइमन (1999), *ग्राम्शीज़ पॉलिटिकल थॉट : ऐन इंट्रोडक्शन,* एलेक बुक, लंदन.

—विजय कुमार झा

आज़ादी के लिए सशस्त्र संघर्ष-1

क्रांतिकारी राष्ट्रवाद (1896-1934)

(Armed Struggle for Freedom-1)

सन् सत्तावन के युद्ध में पराजय के बाद मुश्किल से पंद्रह साल ही गुज़रे होंगे कि भारतीय जनता के जागरूक तबक़ों ने ब्रिटिश उपनिवेशवाद को उखाड़ फेंकने के प्रयास एक बार फिर शुरू कर दिये। हथियारबंद लड़ाई के दम पर आज़ादी हासिल करने में यक़ीन रखने वाला क्रांतिकारी राष्ट्रवाद पश्चिमी शिक्षा के परिणामस्वरूप उभर रहे उस नये राजनीतिक नेतृत्व को तिरस्कार की दृष्टि से देखता था जो ब्रिटिश हुकूमत के प्रति वफ़ादारी का दावा करते हुए क़ानूनी सुधारों की प्रतिवेदनपरक राजनीति कर रहा था। क्रांतिकारी राष्ट्रवाद के पैरोकारों का आदर्श दुनिया के पैमाने पर घटी उथल-पुथल भरी वे घटनाएँ थीं जिनसे आमूलचूल परिवर्तन की प्रेरणा मिलती थी। इस परिघटना में वामपंथी रुझान भी थे, और दक्षिणपंथी भी। बंगाल और महाराष्ट्र में पनप रहे हिंदू पुनरुत्थान के कारण भी इस मध्यवर्ग को राजनीतिक गतिशीलता मिल रही थी। इसे फ्रांसीसी क्रांति, अमेरिका में स्वतंत्रता युद्ध और मेज़िनी के यंग इटली आंदोलन ने भी प्रभावित किया था।

लेकिन इस राष्ट्रवाद की सीमा यह थी कि आम जनता को हथियारबंद बग़ावत के लिए तैयार करने के बजाय इसके दावेदार मुख्य तौर पर दमन-उत्पीड़न करने वाले ब्रिटिश अधिकारियों की हत्या करने, सरकारी ख़ज़ाना या बैंक लूटने और सेना में घुसपैठ करके तख़्तापलट का षड्यंत्र करने में दिलचस्पी रखते थे। इसीलिए भारतीय राष्ट्रवाद का यह रूप न तो चीन की तरह किसान-युद्ध को जन्म दे पाया, और न ही पेरिस की तरह मज़दूरों के संघर्ष को। अंग्रेज़ इन राष्ट्रवादियों को आतंकवादी क़रार देते थे, लेकिन भारतीय जनता उन्हें क्रांतिकारी कहती थी। अपनी ख़ामियों के बावजूद ये क्रांतिकारी कम से कम आधी सदी तक उपनिवेशवादियों को चुनौती देते रहे। उन्होंने ब्रिटिश सत्ता को कभी चैन से नहीं बैठने दिया। एक मान्यता यह भी है कि गाँधी और कांग्रेस द्वारा चलाये गये अहिंसक जनांदोलन को भी क्रांतिकारी कार्रवाइयों के कारण अप्रत्यक्ष लाभ होता था। अंग्रेज़ों को हमेशा लगता रहता था कि अगर गाँधी की माँगों पर उन्होंने कान नहीं दिया तो भारतीय जनता बड़े पैमाने पर हिंसक राष्ट्रवादी गतिविधियों की तरफ़ मुड़ सकती है।

उन्नीसवीं सदी में सत्तर के दशक से ही बंगाल में युवाओं-छात्रों के भूमिगत संगठन बनने लगे थे। उस समय कोलकाता ब्रिटिश भारत की राजधानी थी। 1876 के आर्म्स एक्ट के ज़रिये ब्रिटिश शासन ने आम जनता को नि:शस्त्र

इण्डियन सोसियोलॅजिस्ट के 8 सितम्बर, 1908 के अंक में (ऊपर बायें से) मदन लाल ढींगरा, वी.वी.एस. अय्यर, विनायक दामोदर सावरकर और अन्य क्रांतिकारियों के चित्र.

रखने की गारंटी कर ली थी। ये गोपनीय संगठन राष्ट्रवादी प्रचार करते, व्यायाम संस्कृति को बढ़ावा देते और हथियार चलाने का प्रशिक्षण देते थे। इस तरह की गतिविधियों का दूसरा केंद्र बॉम्बे प्रेसीडेंसी था। पहली हिंसक क्रांतिकारी कार्रवाई 1897 में बॉम्बे प्रेसीडेंसी में ही हुई। दामोदर चापेकर और बालकृष्ण चापेकर ने रैंड नामक अंग्रेज़ अफ़सर की हत्या की। चापेकर बंधुओं की निगाह में रैंड ने पुणे में प्लेग संबंधी क़ानून लागू करने के दौरान ज़्यादतियाँ तो की ही थीं, उसके कारण हिंदुओं को धार्मिक ठेस भी लगी थी। कोलकाता और मुम्बई में क्रांतिकारी राष्ट्रवादियों को वैचारिक और सांगठनिक उछाल देने के लिए पर्याप्त सामग्री उपलब्ध थी : बंगाल में बंकिम चंद्र चट्टोपाध्याय का उपन्यास *आनंद मठ*, स्वामी विवेकानंद द्वारा शिकागो की धर्म संसद में दिया गया भाषण, मुम्बई में बाल गंगाधर तिलक द्वारा किया गया राष्ट्रवाद का आह्वान, सावरकर बंधुओं द्वारा गठित मित्र मेला और अरविंद घोष द्वारा प्रतिवेदनपरक राजनीति की आलोचना करने वाले लेख।

1902 में बैरिस्टर प्रमथनाथ मित्र के नेतृत्व में अनुशीलन समिति का गठन हुआ। अरविंद घोष और चितरंजन दास को इसका उपाध्यक्ष बनाया गया। इस समिति में सुरेंद्रनाथ ठाकुर, जतिंद्रनाथ मुखर्जी (बाघा जतिन), भूपेंद्रनाथ दत्त (विवेकानंद के भाई), शचींद्र नाथ सान्याल, रासबिहारी बोस और वारींद्र कुमार घोष जैसे क्रांतिकारी सक्रिय थे। लॉर्ड कर्ज़न द्वारा किये गये बंगाल के विभाजन ने क्रांतिकारी राष्ट्रवाद को ज़बरदस्त उछाल दिया। संघर्ष की आग में कूद पड़ने के लिए नौजवानों का आह्वान किया जाने लगा। यह भूमिका ब्रह्मबांधव उपाध्याय द्वारा सम्पादित *संध्या* के साथ-साथ *युगांतर* ने निभायी जिसका संचालन अनुशीलन समिति के भीतर सक्रिय गुट के हाथ में था। युगांतर गुट चाहता था कि अनुशीलन समिति लाठी, तलवार और व्यायाम वग़ैरह के परे जा कर आधुनिक हथियारों का इस्तेमाल करने की शुरुआत करे। यही वह समय था जब बंग-भंग के ख़िलाफ़ विपिन चंद्र पाल के ढाका-व्याख्यान ने बंगाल के पूर्वी हिस्से में कई नौजवानों के रोंगटे खड़े कर दिये थे। कोलकाता की अनुशीलन समिति के अलावा पुलिनबिहारी दास की पहल पर ढाका में भी अनुशीलन समिति गठित हो गयी। दोनों शाखाओं के तहत क्रांतिकारी युवक फ़ौजी प्रशिक्षण लेने लगे। ब्रिटिश उच्चाधिकारियों के सफ़ाये की योजनाएँ बनायी जाने लगीं। इन कार्रवाइयों में ख़र्च होने वाला धन जमा करने के लिए समिति ने उन लोगों के घरों को लूटा, जो पैसे वाले थे और जिन्हें सरकार का तरफ़दार माना जाता था।

6 दिसम्बर, 1907 को पूर्वी बंगाल और असम के लेफ़्टीनेंट-गवर्नर फुलर की ट्रेन बम से उड़ाने की नाकाम कोशिश की गयी। इसके बाद 23 तारीख़ को ढाका के पूर्व ज़िलाधिकारी एलेन को मारने का विफल प्रयास किया गया। 30 अप्रैल, 1908 को मुज़फ़्फ़रपुर, बिहार में एक अत्याचारी मजिस्ट्रेट किंग्सफ़र्ड की हत्या करने गये ख़ुदीराम बोस और प्रफुल्ल चाकी ने ग़लती से किसी और कार पर बम फेंक दिया। इस घटना में दो निर्दोष अंग्रेज़ स्त्रियों को जान से हाथ धोना पड़ा। चाकी ने पकड़े जाने से पहले ख़ुद को गोली मार ली, पर ख़ुदीराम को गिरफ़्तार करके मुक़द्दमा चलाया गया और फाँसी दे दी गयी। मृत्यु दण्ड से पहले ख़ुदीराम को क्रूर यातनाएँ दी गयीं। ख़ुदीराम की शहादत ने बंगाल के नौजवानों को बहुत प्रेरणा दी। इसी दौरान अलीपुर षड्यंत्र केस में अरविंद घोष वग़ैरह को गिरफ़्तार किया गया।

कलकत्ता अनुशीलन समिति के एक महत्त्वपूर्ण सदस्य बाघा जतिन ने क्रांतिकारियों के बीच समन्वय स्थापित करके फ़ौज में विद्रोह कराने की योजना बनायी। हथियार जमा करने की उनकी योजना उस समय कामयाब हुई जब उन्हें कोलकाता की एक कम्पनी के ज़रिये पचास माउज़र पिस्तौलें और 46,000 कारतूस मिल गये। बाघा जतिन रेल संचार भंग करने के साथ-साथ सोलहवीं राजपूत राइफ़ल्स में अपने सम्पर्कों की मदद से कोलकाता के फ़ोर्ट विलियम पर क़ब्ज़ा करना चाहते थे। इसी के साथ उन्होंने जर्मनी से और हथियार मँगाने के लिए अपने साथी नरेंद्रनाथ भट्टाचार्य को

जावा भेजा। वे अपने साथियों के साथ सुंदरबन में दस दिन तक इंतज़ार करते रहे लेकिन हथियार लाने वाला जर्मन पोत मैवरिक भारत की तरफ़ चला ही नहीं। बाद में उन लोगों को ओडीशा भागना पड़ा, जहाँ ख़बरियों की निशानदेही पर अंग्रेज़ों ने उन्हें बालासोर के पास घेर लिया। क्रांतिकारियों ने बहादुरी से लोहा लिया, लेकिन सुरक्षा बलों की संख्या बहुत थी। 9 सितम्बर, 1915 को चित्तप्रिय राय लड़ते हुए शहीद हो गये। बाघा जतिन बुरी तरह घायल हो गये। उन्होंने अगले दिन प्राण छोड़े। बाघा जतिन जिस मुठभेड़ में शहीद हुए, वह कोई सामान्य घटना नहीं थी। दरअसल, उनकी योजना सारे देश में एक नियोजित सशस्त्र विद्रोह करने की थी। उसके पीछे अमेरिका की ग़दर पार्टी के साथ ताल्लुक़ रखने वाले रासबिहारी बोस और सचिन सान्ख़याल थे। ग़दर पार्टी के पीछे लाला हरदयाल का दिमाग़ था। लाला हरदयाल ने बंगाली क्रांतिकारियों के साथ मिल कर इण्डियन इंडिपेंडेंस कमेटी का गठन भी किया था जिसे बर्लिन कमेटी के नाम से भी जाना जाता है। जर्मन विदेश मंत्रालय ने इस कमेटी को मदद देने का वायदा किया था, जिसके मुताबिक़ दो समुद्री जहाज़ों में भर कर जर्मन हथियार भारत लाये जाने थे। राजा महेंद्र प्रताप और उनके साथियों को अफ़ग़ानिस्तान के रास्ते भारत पर आक्रमण करना था। उन्होंने ओबेदुल्ला सिंधी और मौलवी बरकतुल्ला से मिल कर काबुल में भारत की अस्थायी सरकार भी बना ली थी। अगर यह साज़िश (भारत-जर्मन षड्यंत्र केस) कामयाब हो जाती तो 21 फ़रबरी, 1915 को मियाँ मीर (लाहौर), जलंधर, फ़िरोज़पुर, झेलम, रावलपिंडी, मरदान, कोहाट, बन्नू, अम्बाला, मेरठ, कानपुर और आगरा छावनियों में एक साथ सैनिक विद्रोह हो जाने थे। लेकिन गद्दारी हो जाने के कारण सब कुछ नाकाम हो गया। रासबिहारी को जापान भागना पड़ा। अंग्रेज़ों ने ज़बरदस्त दमन किया। हावड़ा षड्यंत्र केस के तहत नौ मुक़द्दमे चले जिनमें 42 को फाँसी की सज़ा हुई। 114 क्रांतिकारियों को उम्र क़ैद मिली।

ढाका की अनुशीलन समिति ने पुलिनबिहारी दास के नेतृत्व में नौजवानों और छात्रों के बीच प्रभाव बढ़ाता रहा। धीरे-धीरे पाँच सौ शाखाओं के साथ उसका एक बड़ा नेटवर्क तैयार हो गया। पुलिनबिहारी की गिरफ़्तारी के बाद भी इस काम में शिथिलता नहीं आयी क्योंकि त्रैलोक्य चक्रवर्ती, अमृतलाल हाज़रा और प्रतुल गागुंली जैसे अगुवा क्रांतिकारी थे। ढाका अनुशीलन समिति की आख़िरी बड़ी हथियारबंद कार्रवाई चटगाँव के दो शस्त्रागारों पर हमला था जिसका नेतृत्व मास्टर सूर्यसेन ने किया था। 18 अप्रैल, 1930 को हुए इस रक्तरंजित क्रांतिकारी प्रकरण में क्रांतिकारियों के पहले दस्ते ने पुलिस आर्मरी पर क़ब्ज़ा कर लिया। अपनी योजना के मुताबिक़ क्रांतिकारियों ने रेल संचार भी भंग कर दिया। चार दिन बाद जलालाबाद हिल पर क्रांतिकारियों की अंग्रेज़ों से भिड़ंत हुई जिसमें 12 विद्रोही और 83 पुलिस वाले मारे गये। क्रांतिकारियों के साथ दो बहादुर महिलाएँ प्रीतिलता और कल्पना दत्त भी शामिल थीं। प्रीतिलता ने 1932 में युरोपियन क्लब पर हमले की अगुआई करने के बाद स्वयं के जीवन का अंत कर लिया। सूर्यसेन के दल में मुसलमान क्रांतिकारियों ने भी भागीदारी की थी। क्रांतिकारियों ने चार साल तक अंग्रेज़ों के ख़िलाफ़ छापामार संघर्ष चलाया। 1933 में चले मुक़द्दमे में सूर्यसेन और तारकेश्वर दस्तीदार को फाँसी दी गयी और कल्पना दत्त को उम्र क़ैद।

बंगाल के साथ-साथ देश के अन्य हिस्सों में भी ब्रिटिश विरोधी गतिविधियाँ जारी थीं। महाराष्ट्र में विनायक दामोदर सावरकर ने 'अभिनव भारत' का गठन किया जिसने मध्य और पश्चिमी भारत में काम कर रहे ख़ुफ़िया संगठनों के बीच तालमेल किया और बम बनाने का कारख़ाना शुरू किया। इसका परिणाम कोल्हापुर बम केस के रूप में सामने आया जिसमें कई क्रांतिकारियों को लम्बी-लम्बी सज़ाएँ हुईं। क्रांतिकारी गतिविधियों में पंजाब भी पीछे नहीं था। 1909 के आसपास सरदार अजीत सिंह (सरदार भगत सिंह के चाचा), अम्बा प्रसाद और लाला हरदयाल वहाँ क्रांतिकारियों को गोलबंद कर रहे थे। अजीत सिंह ने लाला लाजपत राय के साथ मिल कर भारत माता सोसाइटी का गठन किया था। पंजाब के किसानों में लगान बढ़ जाने से सरकार के ख़िलाफ़ रोष था और वहाँ के क्रांतिकारियों के एजेंडे पर किसानों की माँगें भी थीं।

1905 से ही ऑक्सफ़र्ड के प्रोफ़ेसर श्यामजी कृष्ण वर्मा ने वहाँ भारतीय छात्रों का एक केंद्र इण्डिया हाउस बना रखा था। ये लोग क्रांतिकारी प्रचार करने के लिए इण्डियन सोशलिस्ट नामक अख़बार भी निकालते थे। बाद में गिरफ़्तारी से बचने के लिए वर्मा को पेरिस और फिर स्विट्ज़रलैण्ड जाना पड़ा। लंदन और पेरिस से मैडम भीकाजी कामा तस्करी के ज़रिये भारतीय क्रांतिकारियों के लिए हथियार भेजती थीं। 1906 में सावरकर की योजना के तहत ही मदन लाल ढींगरा ने इंग्लैण्ड में सर जॉन कर्ज़न वाइली की हत्या की। ढींगरा को 1909 में फाँसी पर लटका दिया गया।

संयुक्त राज्य अमेरिका और कनाडा में बसे पंजाब के सिक्ख, हिंदुओं और मुसलमानों ने अपने साथ हो रहे नस्लवादी सुलूक, भेदभावपूर्ण सरकारी नीतियों के चलन के ख़िलाफ़ वहाँ रह रहे आयरिश राष्ट्रवादियों के संसर्ग का लाभ उठा कर गोलबंदी की। लाला हरदयाल के नेतृत्व में चल रही भारतीय विद्यार्थियों की गतिविधियों के समांतर यह प्रक्रिया भी चल रही थी। इसके नेता सोहन सिंह भकना और बाबा ज्वाला सिंह थे। मार्च-अप्रैल, 1913 में इन दोनों प्रवृत्तियों ने मिल कर हिंदी एसोसिएशन ऑफ़ पेसिफ़िक कोस्ट का गठन

किया। जिसका मुखपत्र *ग़दर* 1 नवम्बर, 1913 से प्रकाशित होना शुरू हुआ। इस पत्र पर लिखा रहता था : अंग्रेज़ी राज का दुश्मन। ग़दर पार्टी को अपनी विचारधारात्मक प्रेरणा रूसी अराजकतावाद, 1912 की चीनी क्रांति और अमेरिका में होने वाले ब्रिटिश विरोधी प्रोपेगंडे से मिली थी।

विदेशों में रह रहे पंजाबी जापानी जहाज़ कोमागाटा मारू में बैठ कर वेंकूवर जाने वाले 376 मुसाफिरों (340 सिक्ख, 12 हिंदू और 24 मुसलमान) के दुखद हश्र से बहुत क्षुब्ध थे। जब कोमागाटा मारू कनाडा पहुँचा तो उसके यात्रियों को दो महीने तक अनिश्चितता और तकलीफ़ें झेलनी पड़ीं, लेकिन उन्हें उतरने नहीं दिया गया। मजबूरन ये सभी यात्री भारत लौटे तो कोलकाता के बजबज घाट पर उनके साथ बदसलूकी हुई। परिणामस्वरूप दंगा हुआ जिसमें दसियों यात्री मारे गये। इस घटना के बाद न जाने कितने पंजाबियों और सिक्खों ने अपनी ज़मीनें और धंधे बेच कर मुल्क़ की आज़ादी के लिए समर्पित होने का निश्चय किया।

ग़दर पार्टी के 61 क्रांतिकारी ज्वाला सिंह के नेतृत्व में सैन फ्रांसिस्को से कोरिया, केंटन और सिंगापुर होते हुए भारत चले ताकि हथियारबंद विद्रोह की शुरुआत की जा सके। लेकिन ब्रिटिश जासूसों ने उन्हें बीच में ही गिरफ़्तार करवा दिया। ग़दर पार्टी की गतिविधियों के कारण ही 1915 में ब्रिटिश सरकार ने पहला लाहौर षड्यंत्र केस चलाया जिसमें करतार सिंह सराभा (जो केवल 19 वर्ष के थे) समेत 24 लोगों को फाँसी हुई। लाहौर षड्यंत्र केस के क्रांतिकारियों की क़ुर्बानी बेकार नहीं गयी। ग़दर पार्टी के कुछ क्रांतिकारियों ने मास्को से वापसी करके नयी पीढ़ी के क्रांतिकारियों को कम्युनिस्ट विचारधारा का स्पर्श दिया। ये नयी प्रेरणाएँ थीं जिनके आधार पर अगली पीढ़ी ने क्रांतिकारी आंदोलन को एक नयी शक्ल देने की कोशिश की जिसमें हथियारबंद लड़ाई और षड्यंत्र के साथ-साथ जुझारू जन-कार्रवाइयों की सम्भावनाएँ भी थीं। इस पीढ़ी के शीर्ष पर सरदार भगत सिंह की बौद्धिकता और चंद्रशेखर आज़ाद का सेनापतित्व था।

देखें : अरविंद घोष, अमेरिकी क्रांति, आर्थिक राष्ट्रवाद-1 और 2, उपनिवेशवाद, उपनिवेशवाद विरोधी आंदोलन-1, 2 और 3, उपनिवेशवाद विरोधी संघर्ष में स्त्री-नेतृत्व-1 और 2, जवाहरलाल नेहरू, फ्रांसीसी क्रांति, फ़ासीवाद, बंकिम चंद्र चट्टोपाध्याय, बाल गंगाधर तिलक, बोल्शेविक क्रांति, मोहनदास कर्मचंद गाँधी-1, 2 और 3, राष्ट्रवाद, भारतीय राष्ट्रवाद, स्वामी विवेकानंद, सन् 1857 का संग्राम-1, 2, 3 और 4, विनायक दामोदर सावरकर, वि-उपनिवेशवाद, समाजवाद, साम्राज्यवाद।

संदर्भ

1. सोहन सिंह जोश (1978), *हिंदुस्तान ग़दर पार्टी : अ शॉर्ट हिस्ट्री,* दो खण्ड, पीपुल्स पब्लिशिंग हाउस, नयी दिल्ली.
2. पी.डब्ल्यू. फे (1994), *द फ़ोरगॉटिन आर्मी : इण्डियाज़ आर्म्ड स्ट्रगल फ़ॉर इंडिपेंडेंस,* रूपा, कोलकाता.
3. पी. हीस (1994), *द बॉम्बे इन बेंगाल : द राइज़ ऑफ़ रेवोल्यूशनरी टेररिज़्म इन इण्डिया,* 1900-10, ऑक्सफ़र्ड युनिवर्सिटी प्रेस, न्यूयॉर्क.
4. कुणाल चट्टपाध्याय (2009), 'इण्डिया, आर्म्ड स्ट्रगल इन द इंडिपेंडेंस मूवमेंट', इमैनुएल नेस (सम्पा.), *द इंटरनैशनल इनसाइक्लोपीडिया ऑफ़ रेवोल्यूशन ऐंड प्रोटेस्ट : 1500 टू प्रज़ेंट, विली-ब्लैकवेल,* यूके, पृष्ठ 1673-1679.
5. हरीश पुरी (198 3), *ग़दर मूवमेंट, आइडियॉलॅजी, ऑर्गनाइज़ेशन, ऐंड स्ट्रैटजी,* गुरुनानक देव युनिवर्सिटी, अमृतसर.

—अभय कुमार दुबे

आज़ादी के लिए सशस्त्र संघर्ष-2

भगत सिंह की वामपंथी विरासत

(Armed Struggle for Freedom-2)

क्रांतिकारी राष्ट्रवाद के क्षितिज पर भगत सिंह (1907-1931) के उदय से पहले क्रांति का मतलब मुख्यतः बम, पिस्तौल, हत्या, षड्यंत्र और अंततः बलिदान ही था। भगत सिंह और उनके साथियों द्वारा बनाये गये दो संगठनों नौजवान भारत सभा और हिंदुस्तान समाजवादी प्रजातांत्रिक एसोसिएशन ने इस स्थापित समझ में दो बड़े परिवर्तन किये। पहला, आतंकवादी कार्रवाइयाँ जारी रखते हुए भी क्रांतिकारियों की नयी पीढ़ी ने उसके बुनियादी मुहावरे और नारों को अधिक सेकुलर और जनोन्मुख बनाया गया। 'वंदे मातरम' की जगह 'इंक़िलाब ज़िंदाबाद' और 'डाउन विद् इम्पीरियलिज़्म' जैसे नारों ने ले ली। दूसरा, राष्ट्रवाद के इस संस्करण को सुचिंतित रूप से किसानों, मज़दूरों और छात्रों के साथ जोड़ने का प्रयास किया गया। यह अलग बात है कि अपने दूसरे लक्ष्य में वे एक सीमा तक ही सफल हो पाये, लेकिन उनकी गतिविधियों और बेमिसाल क़ुर्बानी ने उन्हें उपनिवेशवाद विरोधी आंदोलन की समांतर धारा के रूप में एक अनूठी पहचान दिलायी जो आज तक क़ायम है। सरकारी तौर पर शहीद दिवस उस दिन मनाया जाता है जब गाँधी की हत्या की गयी थी। लेकिन आम जनता के मानस में शहीद शब्द सुनते ही केवल एक ही चेहरा उभरता है, और वह है भगत सिंह का।

भगत सिंह को केवल तेईस साल की ज़िंदगी मिली लेकिन इस छोटे से घटनाप्रद जीवन में वे क्रांतिकारी आंदोलन के मुख्य सिद्धांतकार बन कर उभरे। उन्होंने सारी दुनिया के क्रांतिकारी आंदोलनों का भरसक अध्ययन किया। ख़ास कर उन्होंने सोवियत अनुभव पर गहरी निगाह डाली और दो नतीजों पर पहुँचे : भारत की मुक्ति साम्राज्यवाद से मुक्ति के साथ अभिन्न रूप से जुड़ी हुई है, और केवल अंग्रेज़ों को भगाना

भगत सिंह (1907-1931)

ही काफ़ी नहीं है बल्कि ज़रूरत एक सोशलिस्ट एजेंडे की है। वे हिंदी, पंजाबी और अंग्रेज़ी में लिखते थे। उनकी रचनाओं के शीर्षक ही बताते हैं कि उनके मुख्य बौद्धिक रुझान क्या थे : *विश्व प्रेम, व्हाई आयी एम एन.एथीस्ट, कम्युनलिज़म ऐंड इट्स सोल्यूशन, प्रॉब्लम ऑफ़ अनटचेबिलिटी, रिलीजन ऐंड अवर फ्रीडम स्ट्रगल, द आइडियल ऑफ़ सोशलिज़म, हिस्ट्री ऑफ़ रेवोल्यूशनरी मूवमेंट्स इन इण्डिया, एट द डोर ऑफ़ डेथ।*

प्रथम विश्व-युद्ध के बाद ब्रिटिश हुक्मरानों ने अपने ख़िलाफ़ राष्ट्रवादी असंतोष से निबटने के लिए एक तरफ़ तो संवैधानिक रियायतों की नीति अपनायी और दूसरी तरफ़ रौलट एक्ट के ज़रिये राजद्रोह को क़ानूनी सुनवाई के परे कर दिया। 1922 में गोरखपुर के चौरी चौरा में हुई हिंसा से आहत हो कर गाँधी द्वारा असहयोग आंदोलन वापस ले लेने की उन आदर्शवादी और देशभक्त युवकों में तीखी प्रतिक्रिया हुई जो अंग्रेज़ों के ख़िलाफ़ कुछ कर गुज़रने के लिए बेचैन थे। इस आंदोलन में भाग लेने वाले कई युवकों ने क्रांतिकारी राष्ट्रवाद का रास्ता अपनाने का फ़ैसला किया। चंद्रशेखर आज़ाद, भगत सिंह, सुखदेव, यशपाल, जतिन दास, भगवती चरण वोहरा, मन्मथनाथ गुप्त और शिव वर्मा चौरी चौरा के बाद असहयोगी और सत्याग्रही नहीं रह गये। उधर बंगाल में 1923 से ही 'देशभक्त डकैतियों' का सिलसिला शुरू हो गया। पुलिस सुपरिंटेंडेंट चार्ल्स टैगार्ट ने क्रांतिकारियों के दमन की मुहिम चलाई। उसे जवाब देने के लिए विनय और बादल ने राइटर्स बिल्डिंग पर हमला करके अपनी क़ुर्बानी दी। इधर उत्तर भारत में शचींद्रनाथ सान्खयाल द्वारा हिंदुस्तान रिपबिल्कन एसोसिएशन का गठन किया गया। सान्खयाल अंडमान से सज़ा काट कर आ रहे थे। उनकी रचना *बंदी जीवन* उस समय तक प्रकाशित हो चुकी थी। एसोसिएशन में रामप्रसाद बिस्मिल, अशफ़ाक उल्ला खाँ, राजेंद्र लाहिड़ी, चंद्रशेखर आज़ाद और रोशन लाल भी सक्रिय थे। अगस्त, 1925 में इन क्रांतिकारियों ने ट्रेन में जा रहे सरकारी ख़ज़ाने को लखनऊ के पास काकोरी में लूट लिया। काकोरी ट्रेन डकैती काण्ड में बिस्मिल, लाहिड़ी, रोशन लाल और अशफ़ाक को फाँसी की सज़ा हुई। शचींद्रनाथ सान्खयाल, जोगेशचंद्र चटर्जी और तीन अन्य को उम्र क़ैद सुनायी गयी। आज़ाद को पकड़ा नहीं जा सका। वरिष्ठ क्रांतिकारियों के जेल चले जाने पर एसोसिएशन का नेतृत्व मुख्यत: चंद्रशेखर आज़ाद के हाथ में चला गया।

मार्च, 1926 में भगत सिंह ने लाहौर में एक जुझारू युवक संगठन नौजवान भारत सभा का गठन किया। इस संगठन के अध्यक्ष राम किशन थे। महामंत्री पद की ज़िम्मेदारी ख़ुद भगत सिंह ने सँभाली। भगवती चरण वोहरा सभा के प्रचार मंत्री बने। इस राजनीतिक गतिविधि में भगत सिंह का साथ सुखदेव, धनवंतरी और एहसान इलाही ने भी दिया। सभा के साथ सैफ़ुद्दीन किचलू, सत्यपाल, केदार नाथ सहगल, लाला पिंडी दास और लाला लाल चंद फ़लक जैसे वामपंथी रुझान के कांग्रेस नेताओं की हमदर्दी और समर्थन था। सभा का एजेंडा सामाजिक भी था और राजनीतिक भी। वह सारे भारत में मेहनतकशों और किसानों का पूरी तरह से स्वतंत्र गणराज्य स्थापित करना चाहती थी। इसके लिए उसने मज़दूरों और किसानों को गोलबंद करने का कार्यक्रम दिया। इसके अलावा सभा का मक़सद स्वदेशी वस्तुओं का प्रचार करते हुए सादा जीवन के आदर्श, नियमित व्यायाम के ज़रिये स्वस्थ और शक्तिशाली शरीर बनाने, भाईचारे की भावना पैदा करने, भारतीय भाषाओं और सभ्यता के प्रति समर्पण प्रोत्साहित करना था। सभा का दृष्टिकोण सेकुलर था। वह किसी भी क़िस्म की धार्मिक गोलबंदी को अच्छी निगाहों से नहीं देखती थी। जब गरमदली राष्ट्रवाद के प्रमुख नेता लाला लाजपत राय ने हिंदू महासभा के साथ समझौता किया तो सभा ने उनकी कड़ी आलोचना की। लाहौर में अपनी एक साल की गतिविधियों से ही सभा अंग्रेज़ों की आँख की किरकिरी बन गयी। जुलाई, 1927 में भगत सिंह को एक फ़र्ज़ी इलज़ाम में गिरफ़्तार कर लिया गया। लेकिन सरकार को उन्हें जल्दी ही ज़मानत पर छोड़ना पड़ा। इसी दौरान भगत सिंह ग़दर पार्टी के क्रांतिकारी और समाजवाद के तरफ़ झुक चुके सोहन सिंह जोश के सम्पर्क में आये। इस प्रक्रिया में वे वर्कर्स ऐंड पीज़ेंट पार्टी की पंजाबी पत्रिका *क़िर्ती* से जुड़ गये। 1927 से 1928 तक भगत सिंह ने इस पत्रिका में बब्बर अकाली आंदोलन, काकोरी काण्ड और दिल्ली बम केस के साथ-साथ कई क्रांतिकारियों के बारे में लेखन किया। 1928 तक उन्होंने

अराजकतावाद और मार्क्सवाद के बीच तुलना करने की दृष्टि विकसित करते हुए समझ लिया था कि हिंसा-अहिंसा की बहस में पड़ना व्यर्थ है।

लाहौर में राजनीतिक काम शुरू करने से पहले भगत सिंह 1923 में संयुक्त प्रांत में सक्रिय हिंदुस्तान रिपब्लिकन एसोसिएशन के क्रांतिकारियों के सम्पर्क में रह चुके थे। उन्होंने कानपुर में गणेश शंकर विद्यार्थी के राष्ट्रवादी अख़बार *प्रताप* में भी काम किया था। कानपुर में ही विजय कुमार सिन्हा, शिव वर्मा, जयदेव कपूर, बटुकेश्वर दत्त और अजय घोष से उनका सम्पर्क हुआ था। 1928 में भगत सिंह उत्तर भारत लौटे। इसी वर्ष दिल्ली के फिरोज़ शाह कोटला मैदान में ख़ासे गम्भीर विचार-विमर्श के बाद उन्होंने अपने साथियों के साथ हिंदुस्तान रिपब्लिकन एसोसिएशन के नाम में सोशलिस्ट शब्द जोड़ने का फ़ैसला किया। इस नये संगठन में एक ओर तो भगत सिंह और सुखदेव जैसे युवक थे, दूसरी ओर इसे चंद्रशेखर आज़ाद जैसे वरिष्ठ क्रांतिकारी का सहयोग भी मिला। आज़ाद हथियारबंद कार्रवाइयों की योजना बनाने, भेस बदलने और अपनी माउज़र पिस्तौल से अचूक निशाना लगाने में माहिर थे। भगत सिंह इस संगठन के मस्तिष्क थे, और आज़ाद उसके सेनापति। नामांतरित एसोसिएशन और नौजवान भारत सभा की गतिविधियों के माध्यम से इन युवक क्रांतिकारियों ने देश के बड़े औद्योगिक शहरों में मज़दूर वर्ग के आंदोलनों के साथ समन्वय स्थापित करने का प्रयास किया। पूरे उत्तर भारत में एसोसिएशन की शाखाएँ खोली गयीं।

28 अक्टूबर, 1928 को लाहौर में साइमन कमीशन का विरोध करने वाले एक जुलूस पर पुलिस ने बर्बर लाठीचार्ज किया। जुलूस के आगे-आगे चल रहे लाला लाजपत राय को पुलिस के डिप्टी सुपरिंटेंडेंट सांडर्स ने ख़ुद लाठियाँ मारीं जिससे वे बुरी तरह से घायल हो गये। 17 नवम्बर पंजाब के शेर कहे जाने वाले लालाजी का निधन हो गया। इस समय तक भगत सिंह हिंसक गतिविधियों का वैचारिक स्तर पर त्याग कर चुके थे। फिर भी भगत सिंह और उनके साथियों ने इसका बदला लेने का निश्चय किया। आज़ाद, राजगुरु, जयगोपाल और भगत सिंह ने एक क्रांतिकार एक्शन में सांडर्स को मार गिराया। इस हत्याकाण्ड के बाद एसोसिएशन के नेताओं को भूमिगत हो जाना पड़ा। भगत सिंह भगवती चरण वोहरा (जो एक बम के परीक्षण में दुर्घटनावश शहीद हो चुके थे) की पत्नी और क्रांतिकारी आंदोलन में सहयोगी दुर्गा भाभी की मदद से पुलिस को चकमा दे कर कोलकाता की तरफ़ निकल जाने में कामयाब हो गये।

अप्रैल, 1929 को सेंट्रल लेजिस्लेटिव एसेम्बली में जिस समय ट्रेड डिस्प्यूट बिल पर चर्चा हो रही थी, भगत सिंह और उनके साथ बटुकेश्वर दत्त ने दर्शक दीर्घा से नीचे हाल में दो हानिरहित बम फेंके जिनसे ज़बरदस्त धमाके की आवाज़ें हुईं। दोनों युवक 'इंक़िलाब ज़िंदाबाद' और 'डाउन विद् इम्पीरियलिज़्म' के नारे लगाते रहे। उन्होंने पर्चे भी फेंके जिनमें फ्रांसीसी क्रांतिकारी वेलाँ का फ़िकरा 'बहरों को सुनाने के लिए धमाके की ज़रूरत होती है' दर्ज था। वे चाहते तो आसानी से फ़रार हो सकते थे, क्योंकि एसेंबली में सभी लोग डर के मारे दुबके हुए थे। वे चाहते तो बारूदी बम चला कर न जाने कितनी जानें ले सकते थे। लेकिन उन्होंने यह सब कुछ एक योजना के तहत किया था। भगत सिंह की योजना थी बलिदान के ज़रिये क्रांति की आवश्यकता का प्रचार-प्रसार। वे अदालत के कठघरे से बयान देना चाहते थे कि भारतवासियों को क्यों पूर्ण स्वतंत्रता और समाजवाद की ज़रूरत है। यह योजना हिंदुस्तान समाजवादी प्रजातांत्रिक एसोसिएशन की केंद्रीय कमेटी ने काफ़ी विचार-विमर्श के बाद तैयार की थी। एसोसिएशन का कोई भी सदस्य भगत सिंह को खोना नहीं चाहता था। पर भगत सिंह ऐसे अनोखे क्रांतिकारी और हुतात्मा थे जिन्होंने अपने बलिदान पर ख़ुद अपने हाथ से मुहर लगायी थी। उन जैसा योग्य, प्रतिभाशाली और अनूठा क्रांतिकारी उपनिवेशवाद विरोधी आंदोलन के इतिहास में पहले कभी नहीं हुआ था। एसेम्बली बम केस में भगत सिंह को उम्र क़ैद हुई, और सांडर्स हत्याकाण्ड में लाहौर षड्यंत्र केस के तहत उन्हें राजगुरु और सुखदेव के साथ फाँसी की सज़ा सुनायी गयी।

जेल में भगत सिंह ने राजनीतिक क़ैदी का दर्जा पाने के लिए एक और बेमिसाल संघर्ष किया। क्रांतिकारियों ने लम्बी भूख हड़ताल आयोजित की जिसमें यतींद्र दास ने 64 दिन तक अनशन करने के बाद प्राण त्यागे। भगत सिंह ने अपने मुक़द्दमे के दौरान अपने वक्तव्य में स्पष्ट किया कि क्रांति का मतलब बम और पिस्तौल न हो कर सामाजिक रूपांतरण है जिसका अंतिम लक्ष्य मज़दूर वर्ग का शासन ही हो सकता है। 23 मार्च, 1931 को भगत सिंह, राजगुरु और सुखदेव को फाँसी पर चढ़ा दिया गया। उस समय भगत सिंह देश की जनता में गाँधी से कम लोकप्रिय नहीं थे। उन्हें दी गयी फाँसी की सज़ा पर सारे देश में रोष की लहर दौड़ गयी। गाँधी ने गोलमेज़ कांफ्रेंस के दौरान हालात का लाभ उठाते हुए अंग्रेज़ों को चेतावनी दी कि अगर उनकी नहीं सुनी गयी तो फिर हुकूमत को क्रांतिकारी आतंकवादियों से निबटना पड़ेगा। उपनिवेशवाद विरोधी आंदोलन के इतिहासकारों में इस बात पर विवाद है कि गाँधी ने भगत सिंह को दी गयी फाँसी की सज़ा उम्र क़ैद में बदलवाने के लिए पर्याप्त प्रयास किया था या नहीं।

इलाहाबाद के अल्फ्रेड पार्क में एक पुलिस एनकाउंटर में चंद्रशेखर आज़ाद के शहीद हो जाने के बाद उत्तर भारत में क्रांतिकारी गतिविधियाँ काफ़ी कमज़ोर हो गयीं। लेकिन भगत सिंह की विरासत वामपंथी राजनीति के रूप में बनी रही। उनके संगठन के कई सदस्य भारतीय कम्युनिस्ट पार्टी में

चले गये, और कुछ ने क्रांतिकारी सोशलिस्ट पार्टी की स्थापना की, जो तीस के दशक के उत्तरार्द्ध में बनने वाली ऐसी सबसे बड़ी पार्टी थी जिसके ऊपर स्तालिन द्वारा प्रवर्तित मार्क्सवाद का असर नहीं था।

देखें : अरविंद घोष, अमेरिकी क्रांति, आर्थिक राष्ट्रवाद-1 और 2, उपनिवेशवाद, उपनिवेशवाद विरोधी आंदोलन-1, 2 और 3, उपनिवेशवाद विरोधी संघर्ष में स्त्री-नेतृत्व-1 और 2, जवाहरलाल नेहरू, फ्रांसीसी क्रांति, फ़ासीवाद, बंकिम चंद्र चट्टोपाध्याय, बाल गंगाधर तिलक, बोल्शेविक क्रांति, मोहनदास कर्मचंद गाँधी-1, 2 और 3, राष्ट्रवाद, भारतीय राष्ट्रवाद, स्वामी विवेकानंद, सन् 1857 का संग्राम-1, 2, 3 और 4, विनायक दामोदर सावरकर, वि-उपनिवेशवाद, समाजवाद, साम्राज्यवाद।

संदर्भ

1. यशपाल (1964), *सिंहावलोकन,* विप्लव कार्यालय, लखनऊ.
2. वीरेंद्र सिंधु (1968), *युगद्रष्टा भगत सिंह,* भारतीय ज्ञानपीठ प्रकाशन, नयी दिल्ली.
3. सोहन सिंह जोश (1976), *माई मीटिंग्ज़ विद् भगत सिंह ऐंड अदर अर्ली रेवोल्यूशनरीज़,* नयी दिल्ली.
4. एस.के. मित्तल और इरफ़ान हबीब (1979), *टुवर्ड्स इंडिपेंडेंस ऐंड सोशलिस्ट रिपब्लिक : नौजवान भारत सभा,* दो भाग, सोशल साइंटिस्ट, खण्ड 8, अंक 2 और 3.
5. चमन लाल (2007), *रेवोल्यूशनरी लीगेसी ऑफ़ भगत सिंह, इकॉनॉमिक ऐंड पॉलिटिकल वीकली,* खण्ड 42, अंक 37.
6. कुलदीप नैयर (2000), *द मार्ट्यर : भगत सिंह एक्सपेरिमेंट इन रेवोल्यूशन,* हर-आनंद पब्लिकेशन, नयी दिल्ली.

—अभय कुमार दुबे

आज़ादी के लिए सशस्त्र संघर्ष-3

सुभाष चंद्र बोस और आज़ाद हिंद फ़ौज

(Armed Struggle for Freedom-3)

गाँधी के नेतृत्व में चले उपनिवेशवाद विरोधी आंदोलन की मुख्य रणनीति अहिंसक नागरिक प्रतिरोध और सविनय अवज्ञा के उसूल पर टिकी हुई थी। भगत सिंह और उनके साथियों द्वारा अगर इस रणनीति को कांग्रेस के बाहर से चुनौती दी गयी, तो सुभाष चंद्र बोस (1897-1945) ने गाँधी का नेतृत्व स्वीकार करते हुए भी पार्टी के भीतर रह कर अहिंसक के बजाय जुझारू राष्ट्रवाद की दावेदारी पेश की। जवाहरलाल नेहरू के साथ कांग्रेस के युवा और वामपंथी चेहरे की नुमाइंदगी करने वाले सुभाष चंद्र बोस करिश्माई संगठनकर्ता होने के साथ-साथ ओजस्वी व्यक्तित्व और प्रखर वक्तृता के धनी

सुभाष चंद्र बोस आज़ाद हिंद फ़ौज के तीन प्रमुख अधिकारियों के साथ.

थे। हिंदुस्तानी में दिये गये उनके भाषण लोगों को सम्मोहित कर लेते थे। कार्यकर्ताओं और आम जनता में बेहद लोकप्रिय होने के कारण उत्तर भारत समेत सारा देश उन्हें नेताजी कह कर सम्बोधित करता था। वे एकमात्र ऐसे राष्ट्रीय नेता थे जिन्होंने कांग्रेस की भीतरी राजनीति में गाँधी के निर्देशों का उल्लंघन करके उनकी मर्ज़ी के बिना अध्यक्ष का चुनाव जीत कर दिखाया। बोस और गाँधी का टकराव राष्ट्रीय आंदोलन का एक ऐसा अध्याय है जिस पर चर्चा करने से गाँधीवादी अक्सर बचते हैं।

1940 में कांग्रेस से निष्कासित होने के बाद बोस अंग्रेज़ों की नज़रबंदी तोड़ कर विदेश गये, ब्रिटिश विरोधी ताक़तों से मदद पाने के प्रयास किये और आज़ाद हिंद फ़ौज का गठन करके द्वितीय विश्व-युद्ध के दौरान बर्मा की तरफ़ से भारत पर हमला बोला ताकि ब्रिटिश सेना को पराजित करके भारत को आज़ाद कर सकें। 1857 के विद्रोह के बाद आज़ाद हिंद फ़ौज का अभियान आज़ादी के लिए किया गया सबसे गम्भीर, नियोजित और प्रभावी सशस्त्र संघर्ष था। युद्ध के बाद आज़ाद हिंद फ़ौज के सैनिकों के ख़िलाफ़ चलाये गये मुक़द्दमे के ख़िलाफ़ सारे देश में राष्ट्रवादी भावनाओं की ज़बरदस्त लहर फैल गयी। बोस की सेना पराजित ज़रूर हुई, पर यह उसका पराक्रम ही था जिसके कारण 1945 से 1951 के बीच

ब्रिटेन के प्रधानमंत्री रहे क्लीमेंट एटली को मानना पड़ा कि गाँधी के सत्याग्रह से कहीं ज़्यादा इस फ़ौजी अभियान ने अंग्रेज़ों को भारत छोड़ने के लिए तत्पर किया। भारत से बोस की फ़रारी और फिर इस फ़ौज के सेनापतित्व ने उन्हें एक किंवदंती में बदल दिया जिसके प्रति आज भी देशवासियों में गहरी श्रद्धा है। आज भी न जाने कितने ऐसे लोग हैं जो यह मानते हैं कि 1945 में हुई विमान दुर्घटना में सुभाष चंद्र बोस का निधन नहीं हुआ था और वे काफ़ी दिनों तक ख़ुफ़िया जीवन गुज़ारते हुए देश के हालात पर निगाह रखे रहे।

सुभाष चंद्र बोस पर अक्सर आरोप लगाया जाता है कि अगर द्वितीय विश्व-युद्ध में जर्मनी-इटली-जापान की धुरी जीत जाती तो उनकी भूमिका भारत में जापानियों की कठपुतली जैसी होती। बोस के फ़ासीवाद के प्रति रुझान पर भी सवालिया निशान लगाये जाते हैं। दरअसल, फ़ासीवाद के बारे में बोस का रवैया नेहरू से भिन्न था। नेहरू फ़ासीवाद को मार्क्सवादी निगाह से नापसंद करते थे, जबकि बोस मुख्यत: ब्रिटेन विरोधी दृष्टिकोण से हर उस ताक़त का साथ लेने के लिए तैयार थे जो अंग्रज़ों के ख़िलाफ़ थी, चाहे वह जर्मनी, इटली, जापान या फिर सोवियत संघ हो। दूसरी तरफ़ इसमें भी कोई शक नहीं है कि बोस फ़ासीवाद प्रवर्तित कठोर राज्य और अनुशासित समाज की अवधारणा के पक्षधर थे। 23 सितम्बर, 1930 को कोलकाता के मेयर के रूप में शपथ लेते समय बोस ने कहा था कि भारत को न्याय, समानता, समाजवाद से प्रेम और फ़ासीवाद जैसे अनुशासन की ज़रूरत है। 1933 से 1936 के बीच बोस को युरोप में रहना पड़ा। इसी दौरान उन्होंने मुसोलिनी से मुलाक़ात करके फ़ासीवादी राज्य की सक्षमता की प्रशंसा की। जब ब्रिटिश कम्युनिस्ट पार्टी के नेता रजनी पाम दत्त ने 1938 में इस पर सवाल उठाया तो बोस की सफ़ाई यह थी कि जिस समय उन्होंने ऐसा किया उस समय तक फ़ासीवाद ने अपनी साम्राज्यवादी महत्त्वाकांक्षाओं का खुलासा नहीं किया था। दूसरे, वे एक मज़बूत और अनुशासित राज्य के समर्थक होने के नाते भारत में भी ऐसा ही राज्य स्थापित करना चाहते हैं।

फ़ासीवाद के प्रति इन रुझानों के बावजूद आगे चल कर बोस ने कई मौक़ों पर फ़ासीवादी कार्रवाइयों की आलोचना की। उन्होंने अबीसीनिया पर इतालवी हमले का विरोध किया और हिटलर के भारत विरोधी वक्तव्यों को आड़े हाथों लिया। आज़ाद हिंद फ़ौज के सेनापति के तौर पर बोस ने जापानियों के मुक़ाबले अपनी स्वायत्तता का हमेशा ख़याल रखा। जापानी चाहते थे कि बोस की फ़ौज छोटी-छोटी इकाइयों में बँट कर जापानी सेना का ही अंग बन जाए। पर बोस ने आज़ाद हिंद फ़ौज को बटालियनों में गठित करके उसका जापानियों से अलग अस्तित्व रखना पसंद किया। उन्होंने अंग्रेज़ी फ़ौज के अलावा किसी और के ख़िलाफ़ लड़ने से लगातार इनकार किया। बर्मा में जब आँग सान के नेतृत्व में विद्रोह हुआ तो उन्होंने विद्रोही सिपाहियों के ख़िलाफ़ जापानियों को अपनी फ़ौज का दोहन करने की इजाज़त नहीं दी।

एक उच्च-मध्य वर्गीय बंगाली कायस्थ परिवार में जनवरी, 1897 को जन्मे सुभाष चंद्र बोस के वकील पिता उन्हें आईसीएस बनाना चाहते थे। पढ़ाई-लिखाई में बेहद परिश्रमी और प्रतिभाशाली सुभाष ने अपने पिता की यह इच्छा तो पूरी की, लेकिन गहरे राष्ट्रवादी रुझानों के कारण 1921 में इण्डियन सिविल सर्विस से इस्तीफ़ा दे दिया। इंग्लैण्ड से लौट कर उन्होंने गाँधी से मुलाक़ात की। गाँधी के प्रति गहन आदर-भाव होने के बावजूद वे क्रांतिकारियों से जुड़े राष्ट्रवादी नेता चित्तरंजन दास से अधिक प्रभावित थे। उपनिवेशवाद विरोधी आंदोलन में उनकी भागीदारी की शुरुआत प्रिंस ऑफ़ वेल्स के भारत आगमन के ख़िलाफ़ कोलकाता में हुए प्रदर्शनों से हुई। कांग्रेस स्वयंसेवकों के इंचार्ज के तौर पर बोस ने मुक़म्मल हड़ताल का सफल आह्वान किया, और अपनी गिरफ़्तारी के बाद रातों-रात बंगाल के उभरते हुए नेता बन गये। अगले साल गाँधी द्वारा असहयोग आंदोलन वापस लेने के बाद बोस ने स्वराज पार्टी की राजनीति में मुसलमानों के लिए नौकरियों में आरक्षण का समर्थन किया ताकि बंगाल में हिंदू-मुसलमान एकता क़ायम हो सके। 1924 में उन्हें क्रांतिकारी गतिविधियों में संलग्न होने के संदेह में गिरफ़्तार करके चार साल के लिए बर्मा की मांडले जेल भेज दिया गया। 1926 में उन्होंने जेल में क़ैदियों के साथ बदसलूकी के ख़िलाफ़ लम्बी भूख हड़ताल की, जिसके दबाव में जेल अधिकारियों को उनकी कई माँगें माननी पड़ीं।

1928 में कांग्रेस के कोलकाता अधिवेशन में बोस और नेहरू ने पूर्ण स्वाधीनता का प्रस्ताव पारित करने की कोशिश की पर गाँधी ने इन दोनों युवा वामपंथियों को कामयाब नहीं होने दिया। इस अधिवेशन में लाल झंडा धारी पचास हज़ार स्वयंसेवकों ने भी हिस्सा लिया। भारतीय कम्युनिस्ट पार्टी द्वारा भेजे गये इन स्वयंसेवकों से प्रभावित बोस का कम्युनिस्टों के साथ सहयोग का सिलसिला चल निकला। साइमन कमीशन के ख़िलाफ़ एक लाख लोगों का प्रदर्शन बोस और भाकपा के गठजोड़ का ही नतीजा था। इसके बाद बोस कांग्रेस के भीतर वामपंथी धड़े की प्रमुख आवाज़ बन गये। लाहौर अधिवेशन में गाँधी ने उन्हें और उनके सहयोगी श्रीनिवास आयंगार को कांग्रेस कार्यसमिति से बाहर रखा। 26 जनवरी, 1931 को उन्हें कोलकाता मैदान में राष्ट्रीय झंडा फहराते हुए गिरफ़्तार कर लिया गया और छह महीने की सज़ा दी गयी। बोस ने गाँधी-इरविन समझौते की आलोचना की, लेकिन साथ में युवकों से यह भी कहा कि संघर्ष के बीचो-बीच संघर्ष के सिपहसालार (गाँधी) को ठुकराना ठीक नहीं है। इसी दलील के आधार पर बोस ने कांग्रेस अधिवेशन की विषय समिति में समझौते का

विरोध किया और अधिवेशन के मुख्य सत्र में उसका समर्थन। 1932 में बोस को अंग्रेज़ों ने फिर से जेल में डाल दिया जहाँ उन्हें क्षय रोग हो गया। अंग्रेज़ों ने उन्हें इस शर्त पर रिहा किया कि उन्हें भारत छोड़ना होगा।

जनवरी, 1938 में बोस को इंग्लैण्ड में पता चला कि वे अपनी अनुपस्थिति में कांग्रेस के अध्यक्ष चुन लिए गये हैं। इस समय तक गाँधी उनके साथ थे, और उन्होंने 1936 और 1937 में जवाहरलाल नेहरू की अध्यक्षता के उत्तराधिकारी के रूप में बोस को चुना था। कांग्रेस अध्यक्ष के रूप में सुभाष चंद्र बोस को पार्टी के भीतर स्वतंत्र भारत में सोवियत तर्ज़ पर नियोजित आर्थिक विकास पर चर्चा करने का श्रेय जाता है। अगले साल गाँधी की मर्ज़ी के विपरीत कांग्रेस के वामपंथियों ने उन्हें अपने उम्मीदवार के रूप में पेश किया। गाँधी पट्टाभि सीतारमैया के पक्ष में थे जो कांग्रेस के दक्षिणपंथियों की पसंद थे। बोस ने सीतारमैया को हरा दिया जिसे गाँधी ने अपनी निजी पराजय क़रार दिया। गाँधी के कहने पर नेहरू समेत कांग्रेस की कार्यसमिति ने नये अध्यक्ष से सहयोग करने के बजाय इस्तीफ़ा दे दिया। कांग्रेस के त्रिपुरी अधिवेशन में एक प्रस्ताव पारित करके बोस से कहा गया कि वे गाँधी की मर्ज़ी के मुताबिक़ कांग्रेस कार्यसमिति का गठन करें। कांग्रेस सोशलस्टि पार्टी के नेताओं के तटस्थ हो जाने और नेहरू द्वारा गाँधी का विरोध न करने का फ़ैसला करने के कारण बोस का पक्ष पराजित हो गया। अध्यक्ष पद से इस्तीफ़ा देने के बाद बोस ने कांग्रेस के भीतर काम करने के लिए फ़ारवर्ड ब्लॉक की स्थापना की। उपनिवेशवाद विरोधी आंदोलन में विभाजन के डर से वामपंथी और कम्युनिस्ट ताक़तें फ़ारवर्ड ब्लॉक से नहीं जुड़ीं। दूसरी तरफ़, कांग्रेस आलाकमान ने बोस की एक नहीं चलने दी। जब उन्होंने वाम दिवस मनाना चाहा तो उन्हें बंगाल कांग्रेस कमेटी के अध्यक्ष पद से हटा दिया गया।

द्वितीय विश्व-युद्ध शुरू होते ही कांग्रेस कार्यसमिति ने ब्रिटिश युद्ध प्रयासों का विरोध करके दबाव डालने का फ़ैसला किया ताकि लड़ाई ख़त्म होने पर भारत को आज़ाद करने का आश्वासन प्राप्त किया जा सके। लेकिन, बोस इससे भी आगे जा कर अंग्रेज़ों पर हथियारबंद संघर्ष के ज़रिये अंतिम प्रहार करने के पक्ष में थे ताकि उपनिवेशवादियों की संकटग्रस्तता का पूरा लाभ उठाया जा सके। इसलिए बोस ने 1940 के रामगढ़ अधिवेशन के समांतर समझौता विरोधी सम्मेलन किया जिसमें लाखों किसानों ने स्वामी सहजानंद सरस्वती के नेतृत्व में भाग लिया। सहजानंद नाज़ियों का समर्थन किये बिना अंग्रेज़ों के ख़िलाफ़ उनकी मदद लेने के पक्ष में थे। इसके बाद बोस को गिरफ़्तार कर लिया गया जिसके विरोध में वे भूख हड़ताल पर चले गये। अंग्रेज़ों को उन्हें घरेलू नज़रबंदी में रखना पड़ा जहाँ से बोस पेशावर के युवा कम्युनिस्ट भगतराम तलवार की मदद से भाग निकले। भेस बदल कर वे अफ़ग़ानिस्तान पहुँचे।

बोस ने देखा कि सोवियत संघ उनकी मदद करने के लिए इतना तत्पर नहीं है जितना इटली, जर्मनी और जापान। साथ ही उन्हें यह भी एहसास हुआ कि जर्मनी की दिलचस्पी भारत को आज़ाद कराने में न हो कर अंग्रेज़ों के विरुद्ध उनका इस्तेमाल करने में है। इसी से मिलता-जुलता रवैया इतालवी फ़ासिस्टों का था। बोस ने सोवियत संघ पर जर्मन हमले की भर्त्सना की और उसे साम्राज्यवादी कार्रवाई क़रार दिया। 1942 ख़त्म होते-होते जापान ने मित्र राष्ट्रों के ख़िलाफ़ लड़ाई शुरू कर दी। 1943 में बोस एक पनडुब्बी में बैठ कर जापान पहुँचे जहाँ उनकी प्रधानमंत्री तोजो से मुलाक़ात हुई और उन्हें जापानी संसद में भी निमंत्रित किया गया। जापान में रह रहे वरिष्ठ क्रांतिकारी रासबिहारी बोस ने सुभाष में अपना उत्तराधिकारी देखा। सिंगापुर में कैप्टन मोहन सिंह द्वारा संगठित भारतीय युद्धबंदियों की सेना का नेतृत्व सँभालने के बाद अक्टूबर, 1943 में बोस ने आज़ाद हिंद फ़ौज और आज़ाद हिंद सरकार के गठन की सार्वजनिक घोषणा की। पूरी तरह से सेकुलर आधार पर गठित की गयी इस सेना में झाँसी की रानी लक्ष्मी बाई के नाम पर स्त्रियों की भी एक रेजिमेंट शामिल थी।

आज़ाद हिंद फ़ौज ने मणिपुर की तरफ़ से ब्रिटिश भारत पर हमला किया। ब्रिटिश लेखकों के कुप्रचार के विपरीत यह एक हक़ीक़त है कि बोस के सैनिक हथियारों, गोलाबारूद और रसद की कमी के बावजूद बहादुरी से लड़े और कोहिमा तक पहुँच गये जहाँ तिरंगा झंडा फहराया गया। युद्ध में जापानियों की हार का सिलसिला शुरू होने के बावजूद आज़ाद हिंद फ़ौज ने हिम्मत नहीं हारी। वह अंग्रेज़ों को क़रारी टक्कर देती रही। उसके कई सैनिक और अफ़सर शहीद हो गये। जापानियों के आत्मसमर्पण के बाद सुभाष चंद्र बोस ने मंचूरिया जा कर सोवियत सेना से सम्पर्क करने की कोशिश की लेकिन विमान दुर्घटना में उनका निधन हो गया।

देखें : अरविंद घोष, अमेरिकी क्रांति, आर्थिक राष्ट्रवाद-1 और 2, उपनिवेशवाद, उपनिवेशवाद विरोधी आंदोलन-1, 2 और 3, उपनिवेशवाद विरोधी संघर्ष में स्त्री-नेतृत्व-1 और 2, जवाहरलाल नेहरू, फ्रांसीसी क्रांति, फ़ासीवाद, बंकिम चंद्र चट्टोपाध्याय, बाल गंगाधर तिलक, बोल्शेविक क्रांति, मोहनदास कर्मचंद गाँधी-1, 2 और 3, राष्ट्रवाद, भारतीय राष्ट्रवाद, स्वामी विवेकानंद, सन् 1857 का संग्राम-1, 2, 3 और 4, विनायक दामोदर सावरकर, वि-उपनिवेशवाद, समाजवाद, साम्राज्यवाद।

संदर्भ

1. सुभाष चंद्र बोस (1965), *एन.इण्डियन पिलग्रिम : एन.अनफ़िनिश्ड बायोग्राफ़ी ऐंड कलेक्टिड लेटर्स, 1897-1921*, एशिया पब्लिशिंग हाउस, मुम्बई.
2. सुभाष चंद्र बोस (1980-81), *नेताजी : कलेक्टिड वर्क्स*, दो खण्ड, एस.के. बोस (सम्पा.), नेताजी रिसर्च ब्युरो, कोलकाता.
3. एस.के. बोस, ए. वेर्थ और एस.ए. अय्यर (सम्पा.) (1973),

अ बीकन एक्रॉस एशिया : अ बायोग्राफ़ी ऑफ़ सुभाष चंद्र बोस, ओरिएंट लोंगमेन, नयी दिल्ली.

4. रॉबर्ट एन. कीरनी (1983), 'हिस्ट्री, लाइफ़ मिशन, ऐंड द पॉलिटिकल करियर : नोट्स ऑन द अर्ली लाइफ़ ऑफ़ सुभाष चंद्र बोस', *पॉलिटिकल साइकोलॅजी,* खण्ड 4, अंक 4.
5. कुणाल चट्टोपाध्याय (2009), 'बोस, सुभाष चंद्र (1897-1945', इमैनुएल नेस (सम्पा.), द *इंटरनैशनल इनसाइक्लोपीडिया ऑफ़ रेवोल्यूशन ऐंड प्रोटेस्ट : 1500 टू प्रज़ेंट, विली-ब्लैकवेल,* यूके.

—अभय कुमार दुबे

आत्महत्या

(Suicide)

आत्महत्या अर्थात् व्यक्ति द्वारा अपने जीवन का जान-बूझकर अंत। समाजशास्त्र, मनोविज्ञान तथा मनश्चिकित्सा के अनुशासनों ने आत्महत्या की परिघटना का गहन अध्ययन किया है। आत्महत्या का प्रचलन उस समय से माना जाता है जब से समाज और राज्य का अस्तित्व है। प्लेटो ने आत्महत्या करने के विरोध में फैइडो तथा लॉस का प्रयोग करते हुए तर्क दिया है। फैइडो पाइथागोरियन दर्शन से संबंधित है। इसमें कहा गया है कि आत्महत्या करना हमेशा अनुचित है। ऐसा करके हम ईश्वर द्वारा दी गयी सज़ा से अपनी आत्मा को मुक्त कर देते हैं, जबकि ईश्वर ने सज़ा के तौर पर आत्मा को हमारे शरीर में रहने का ही हुक्म दिया है। लॉस के अंतर्गत प्लेटो ने दावा किया है कि आत्महत्या करना शर्मनाक है और आत्महत्या करने वाले अपराधियों को बिना किसी निशान वाली कब्र में दफ़्न किया जाना चाहिए। हालाँकि प्लेटो ने चार ऐसी स्थितियाँ भी बतायी हैं जहाँ आत्महत्या पर फैइडो और लॉस का उसूल लागू नहीं होता : (1) जब किसी का मस्तिष्क नैतिक रूप से भ्रष्ट हो तथा उसके चरित्र को ठीक न किया जा सकता हो, (2) किसी न्यायिक आदेश द्वारा जब कोई अपने आप को मार ले, (3) जब कोई अतिवादिता तथा व्यक्तिगत दुर्भाग्य के कारण अपने आप को मार ले, और (4) जब कोई किसी अन्यायपूर्ण कार्य में भागीदार होने पर ग्लानिवश अपने को समाप्त कर ले। इन परिस्थितियों के अतिरिक्त यदि कोई व्यक्ति आत्महत्या करता है तो प्लेटो के अनुसार वह व्यक्ति डरपोक तथा आलसी प्रवृत्ति का होता है।

आत्महत्या के संबंध में एमील दुर्ख़ाइम की कृति *सुइसाइड* (1897) विख्यात है। दुर्ख़ाइम के मुताबिक़ आत्महत्या का कारण केवल मनोवैज्ञानिक नहीं होता, अपितु सामाजिक तथा सांस्कृतिक भी होता है। आत्महत्या की घटना मरने वाले की सकारात्मक या नकारात्मक क्रिया का प्रत्यक्ष या अप्रत्यक्ष परिणाम होती है। वह व्यक्ति उन क्रियाओं के भावी परिणाम (मृत्यु) को जानता है। आत्महत्या की भावना किसी व्यक्ति विशेष के भौतिक वातावरण के मनोविज्ञान पर निर्भर नहीं करती अपितु उस व्यक्ति के समाज से संबंधों की प्रकृति पर निर्भर करती है। आत्महत्या की दर तथा सामाजिक संदर्भों के विभिन्न प्रकार परस्पर अंत:संबंधित होते हैं। साथ ही आत्महत्या सामाजिक एकीकरण के स्तर से भी संबंधित होती है। समाज में जैसे-जैसे विभेदीकरण बढ़ता है, वैसे-वैसे लोगों में आत्महत्या की प्रवृत्ति बढ़ती है। इसके अतिरिक्त दुर्ख़ाइम आत्महत्या के संदर्भ में तीन और अन्य बातों की तरफ़ ध्यान दिलाते हैं : (1) आत्महत्या करने वाले किसी व्यक्ति विशेष की कार्रवाई तथा उसके उद्देश्य के बजाय आत्महत्या की कुल दर के बारे में जानना; (2) सकारात्मक दृष्टिकोण अपनाना जिससे कि आत्महत्या की दर के बाह्य चर को उसके उद्देश्य के साथ संबंधित किया जा सके; (3) आत्महत्या की दर की वास्तविक संख्या के लिए सरकारी आँकड़ों को स्रोत के तौर पर प्रयोग करना।

आत्महत्या किसी व्यक्ति में सामाजिक संसक्ति की भावना की कमी तथा सामाजिक बंधनों के क्षय को दर्शाती है। दुर्ख़ाइम ने आत्महत्या को कारणों के आधार पर चार वर्गों में विभाजित किया है : अहंवादी, परार्थवादी, आदर्शहीन तथा दैववादी आत्महत्या। अहंवादी तथा परार्थवादी आत्महत्या व्यक्ति के सामाजिक आदर्शों तथा उद्देश्यों का परिणाम होती है। परार्थवादी आत्महत्या दूसरों के लिए की जाती है। चूँकि इस प्रकार की आत्महत्या कर्त्तव्य समझ कर की जाती है इसलिए इसे परार्थवादी आत्महत्या कहते हैं। इस प्रकार की आत्महत्या में व्यक्ति समाज के साथ काफ़ी जुड़ा होता है, अर्थात् यदि समाज चाहे तो उस व्यक्ति को जीवन समाप्त करने की तरफ़ भी ले जा सकता है। इस प्रकार की आत्महत्या के अंतर्गत हम भारत की सती प्रथा को रख सकते हैं। परार्थवादी आत्महत्या को दुर्ख़ाइम ने पुन: तीन भागों में विभाजित किया है। कर्त्तव्य-प्रधान परार्थवादी आत्महत्या के ठीक विपरीत अहंवादी आत्महत्या में व्यक्ति समाज से अपने आपको पृथक महसूस करता है। समाज में संगठन एवं एकीकरण का अभाव होने की सूरत में व्यक्ति ख़ुद को समाज से कटा हुआ महसूस करने लगता है। व्यक्ति पर समाज का नियंत्रण शिथिल पड़ जाता है। इस प्रकार की स्थिति में की जाने वाली आत्महत्या अहंवादी होती है।

तीसरे प्रकार की आत्महत्या अर्थात् आदर्शहीन आत्महत्या के अंतर्गत समाज में रहने वाले व्यक्तियों के जीवन में सामाजिक नियम-संयम का प्रभाव कमज़ोर पड़ जाता है। लोग मनमाने ढंग से अपनी आवश्यकताओं, इच्छाओं तथा

आकांक्षाओं की पूर्ति करने लगते हैं। समाज में अव्यवस्था फैल जाती है। व्यक्ति के सम्मुख इस अव्यवस्था के कारण कुछ नयी परिस्थितियाँ पैदा हो जाती हैं जिनसे सामंजस्य बैठाने में नाकाम हो कर व्यक्ति तनाव का शिकार हो जाता है। इस स्थिति को दुर्ख़ाइम ने आदर्शहीनता (एनोमी) क़रार दिया है। आदर्शहीनता की स्थिति में व्यक्ति विचलन का शिकार हो कर आत्महत्या के मुक़ाम तक पहुँच जाता है। इसे ही आदर्शहीन आत्महत्या कहा जाता है।

दुर्ख़ाइम द्वारा प्रतिपादित आदर्शहीनता की स्थिति को राबर्ट के. मर्टन ने आगे बढ़ाया तथा इस स्थिति के आधार पर विचलित व्यवहार के सामान्य सिद्धांत का प्रतिपादन किया। दुर्ख़ाइम ने एक चौथे प्रकार की आत्महत्या की श्रेणी भी प्रतिपादित की जिसे दैववादी आत्महत्या कहा जाता है। इस प्रकार की आत्महत्या में व्यक्ति अपने जीवन की विषम परिस्थितियों से हार कर आत्महत्या करता है। दैववादी आत्महत्या के अंतर्गत अपाहिज द्वारा अपने असहाय जीवन से त्रस्त होकर की जाने वाली आत्महत्या या असाध्य रोगी द्वारा की जाने वाली आत्महत्या रखी जाती है।

तीस के दशक में हाल्बवॉश ने दुर्ख़ाइम द्वारा प्रतिपादित सामाजिक जटिलता और आत्महत्या की दर के बीच के संबंधों को और अधिक सरल ढंग से विश्लेषित करने में सफलता प्राप्त की। उन्होंने बताया कि शहरों की तुलना में ग्रामों का जीवन अपेक्षाकृत काफ़ी सरल होता है, इसलिए वहाँ आत्महत्या की दर काफ़ी कम होती है। मनोवैज्ञानिक सिद्धांत के तहत आत्महत्या का कारण सामाजिक-आर्थिक स्थिति में तेज़ी से हो रहे बदलाव को भी माना गया है। दुर्ख़ाइम ने किसी व्यक्ति द्वारा की गयी आत्महत्या को विश्लेषित करने के लिए कई मनोवैज्ञानिक कारकों की चर्चा की है। दुर्ख़ाइम द्वारा प्रतिपादित आत्महत्या के सिद्धांतों की परम्परा के विपरीत कॉवन ने 1928 में प्रकाशित अपनी कृति में वातावरण के साथ-साथ सामाजिक विघटन को आत्महत्या का प्रमुख कारण माना है। कॉवन के अनुसार सामाजिक विघटन के अंतर्गत सामाजिक गतिशीलता तथा सामाजिक जटिलता की दर बढ़ जाने पर सामाजिक मूल्यों का प्रभाव क्षीण हो जाता है जिससे व्यक्ति आत्महत्या करने की ओर अग्रसर होता है।

दुर्ख़ाइम द्वारा प्रतिपादित आत्महत्या के विश्लेषण की कई आधारों पर आलोचना की गयी है। आलोचकों ने उनके द्वारा दी गयी आत्महत्या की परिभाषा तथा आत्महत्या के आँकड़ों के बीच काफ़ी असमानता देखी और उनके द्वारा किये गये आत्महत्या के वर्गीकरण में भी ख़ामियाँ पायीं। दुर्ख़ाइम के आत्महत्या-सिद्धांत की आलोचना करते हुए 1967 में डॉगलस ने कहा कि इस सिद्धांत का आधार ही कमज़ोर नहीं है, बल्कि यह भ्रमित करने वाला भी है। सामाजिक विघटन से आत्महत्या को जोड़ने वाले आँकड़े ग़लत तथा पूर्वग्रहग्रस्त हैं। डॉगलस का कहना था कि शहरों की तुलना में गाँवों में आत्महत्या के कारणों की जानकारी बेहतर ढंग से मिलती है। उन्होंने इस बात पर भी प्रकाश डाला कि आत्महत्या करने के कारण सांस्कृतिक आधार पर बदलते रहते हैं; अर्थात् एक समान परिस्थिति में की गयी आत्महत्या का कारण दो संस्कृतियों में भिन्न-भिन्न हो सकता है। इस कारण आत्महत्या के आँकड़ों को विश्लेषित करने के लिए कोई सामाजिक मूल्य निर्धारित नहीं किया जा सकता। लेकिन इसके बावजूद आत्महत्या के आँकड़ों के सामाजिक तथा सांस्कृतिक कारकों के साथ-साथ आत्महत्या करने वाले व्यक्ति की भावना को भी विश्लेषित किया जाना चाहिए।

दुर्ख़ाइम के सिद्धांतों की इस आलोचना के बावजूद आत्महत्या के क्षेत्र में किये गये उनके योगदान को कम करके नहीं आँका जा सकता। दुर्ख़ाइम ने अपने सिद्धांतों का प्रतिपादन कई आनुभविक अध्ययनों के आधार पर किया है और इन सिद्धांतों में सामाजिक कारकों (जैसे बेरोज़गारी) के प्रभाव को काफ़ी गहनता के साथ समझाया भी है। दुर्ख़ाइम के आत्महत्या के सिद्धांतों तथा आनुभविक तथ्यों को व्हिटनी पोप ने अपनी 1976 में प्रकाशित कृति *दुर्ख़ाईम्स सुइसाइड* में काफ़ी विस्तारपूर्वक समझाया है।

आत्महत्या की सफलता तथा विफलता पर अकादमिक अध्ययन में काफ़ी चर्चा की गयी है। सफल तथा विफल आत्महत्या के प्रयासों में तथ्यों पर ध्यान देना महत्त्वपूर्ण है। हालाँकि कुछ समाज-विज्ञानियों ने सफल आत्महत्या और विफल आत्महत्या के बीच आकस्मिकता के पहलू को रेखांकित किया है, लेकिन विफल आत्महत्या के मामलों को वैज्ञानिक विश्लेषण, सामाजशास्त्रीय या मनोवैज्ञानिक, दोनों से परे रखना उचित नहीं होगा। आत्महत्या अध्ययन का ऐसा क्षेत्र है जहाँ आधुनिकता, विज्ञान तथा दर्शन एक-दूसरे को काटते हुए दिखते हैं। दार्शनिक तथा अन्य विचारक यह जानने की कोशिश करते रहते हैं कि ऐसी कौन-सी कठिनाई है जो मानव को अपना जीवन समाप्त करने की तरफ़ ले जाती है। साथ ही उस कठिनाई से निजात पाने या उसे कम करने के क्या उपाय हो सकते हैं। इन सभी बिंदुओं का अध्ययन किया जाना आवश्यक है।

भूमण्डलीकरण के इस युग में व्यक्तिवाद के साथ-साथ लोगों में अवसाद की स्थिति भी बढ़ रही है। इसकी चरम परिणिति आत्महत्या में होती है। भूमण्डलीकरण की प्रक्रिया के कारण नगरीकरण में तेज़ी से बढ़ोतरी हो रही है। चूँकि कई अध्ययनों में पाया गया है कि ग्रामों की तुलना में नगरों में आत्महत्या की दर अधिक होती है, इसलिए नगरीकरण के संदर्भ में इस बात का ध्यान रखा जाना चाहिए कि सामाजिक विघटन के प्रभाव कम से कम किये जाएँ ताकि आत्महत्या जैसी सामाजिक व्याधि की रोकथाम की जा सके।

देखें : अर्थव्यवस्था का समाजशास्त्र, अभिजन, अभिरुचि, आत्महत्या, उन्मूलनवाद, एजेंसी, कर्मकाण्ड, कारागार, जादू, जीवन-शैली, टेलरवाद, डेविड एमील दुर्ख़ाइम, प्लेटो, फ़ुरसत, बचपन, बुज़ुर्गियत का समाजशास्त्र, बेगानगी, भीड़, भ्रष्टाचार का समाजशास्त्र-1 और 2, विचलन, ज्ञान का समाजशास्त्र।

संदर्भ

1. एबरक्रोम्बिक निकोलस, स्टीफ़न हिल तथा ब्रेयान एस. टर्नर (1994), *डिक्शनरी ऑफ़ सोसियोलॉजी,* पेंगुइन बुक्स, लंदन.
2. आर. कॉवन (1928), *सुइसाइड,* शिकागो युनिवर्सिटी प्रेस, शिकागो.
3. जे.एम. कूपर (1989),'ग्रीक फ़िलॉसफ़र्स ऑन सुइसाइड ऐंड इथुआनसिया', बी. ब्रॉडी (सम्पा.) *सुइसाइड ऐंड इथुआनसिया : हिस्टोरिकल ऐंड कन्टेम्परेरी थीम्स,* क्लुवर, डारड्रेचट्‌थ.
4. जे.बी. डॉगलस (1967), *द सोशल मीनिंग ऑफ़ सुइसाइड,* प्रिंसटन युनिवर्सिटी प्रेस, प्रिंसटन.
5. मॉर्शल गोर्डन (सम्पा.) (1994), *द कंसाइस ऑक्सफ़र्ड डिक्शनरी ऑफ़ सोसियोलॉजी,* आक्सफ़र्ड युनिवर्सिटी प्रेस, ऑक्सफ़र्ड.
6. एम. हॉल्बवाश (1930), *ल कॉज़ेज़ द्यु सुइसाइड पारिया,* एल्कन, पेरिस.

—मनीष मिश्रा

आतंकवाद

(Terrorism)

किसी भी राजनीतिक, विचारधारात्मक और धार्मिक लक्ष्य की सिद्धि के लिए अचानक लेकिन पूर्वनियोजित रूप से की गयी हिंसक कार्रवाइयों को आतंकवाद की संज्ञा दी जाती है। ईस्वी 996 में फ़िलिस्तीन से रोमनों को भगाने के लिए ज़ीलोट कहे जाने वालों के संगठन ने आतंक बरपाया था। इस प्राचीन घटना के बाद से ही आतंकवादी मुहिमें राजनीति का अनिवार्य औज़ार बनी हुई हैं। आजकल आतंकवादी कार्रवाइयाँ हवाई जहाज़ों के अपहरण, लोगों को बंधक बनाने, सार्वजनिक जगहों पर बम विस्फ़ोट करने, आत्मघाती हमले करने, जल-स्रोतों में ज़हर मिला देने, प्रमुख हस्तियों की हत्याएँ करने और निर्दोष लोगों पर गोलियाँ बरसाने के रूप में की जाती हैं। आतंकवादियों द्वारा इस्तेमाल किये जाने वाले हिंसात्मक तरीक़ों और उनके मक़सद के बीच एक अंतर्संबंध देखा गया है। उनकी कार्रवाई जितनी चौंका देने वाली और हाहाकारी होती है, उतना ही ध्यान वे अपनी माँगों की तरफ़ खींचने में कामयाब होते हैं। कुछ बेघरबार ग़रीबों को बंधक बनाने के बजाय आतंकवादी किसी विमान के यात्रियों या किसी पाँच सितारा होटल में आने वाले लोगों को बंधक बनाना पसंद करेंगे। ज़ाहिर है कि आतंकवादी कार्रवाइयाँ मनोवैज्ञानिक लाभ उठाने की दृष्टि से नियोजित की जाती हैं।

आतंकवादी हिंसा और हिंसक राजनीति हमेशा ही एक-दूसरे के पर्याय नहीं होते। हिंसक विद्रोह की रणनीति में विश्वास करने वाली कई क्रांतिकारी पार्टियाँ आतंकवादी तौर-तरीक़ों से दूर रहने की कोशिश करती हैं। आतंकवाद न सिर्फ़ उन्हें अपने समर्थन-आधार से काट देता है, बल्कि आम लोगों के हाथ से राजनीतिक पहलक़दमी छीन कर हिंसा करने के लिए प्रशिक्षित कुछ जुनूनी व्यक्तियों और दस्तों के हवाले कर देता है। आतंकवादी हिंसा को युद्ध की हिंसा के समकक्ष भी नहीं ठहराया जा सकता, क्योंकि आतंकवाद के ख़ुफ़िया चरित्र के मुक़ाबले युद्ध एक खुली कार्रवाई है जिसे घोषित रूप से प्रशिक्षित और क़ानूनी रूप से मान्यता प्राप्त सैनिकों द्वारा कुछ साझा नियमों के मुताबिक़ लड़ा जाता है।

अंतर्राष्ट्रीय संबंधों के अध्ययन के तहत आधुनिक आतंकवाद को मोटे तौर पर चार क़िस्मों में बाँट कर देखा जाता है : पहली क़िस्म संगठित अपराधी गिरोहों द्वारा राष्ट्रों की सीमाओं के आर-पार की जाने वाली आतंकवादी कार्रवाइयों की है। इनके उदाहरण नशे के तस्कर गिरोहों और इतालवी माफ़िया की गतिविधियों के रूप में देखे जा सकते हैं। दूसरी क़िस्म राज्य द्वारा प्रायोजित आतंकवाद की तरह परिभाषित की जाती है। अफ़ग़ानिस्तान, लीबिया, इराक़ और पाकिस्तान की सरकारों द्वारा अपनी ज़मीन से आतंकवाद को दिया जाने वाला प्रोत्साहन इसका प्रमाण है। तीसरे क़िस्म के आतंकवाद की शिनाख़्त उसके राष्ट्रवादी चरित्र के साथ की जाती है। राष्ट्रवादी आतंकवाद उपनिवेशवाद विरोधी भी हो सकता है और पृथकतावादी भी। चौथा आतंकवाद विचारधारात्मक माना जाता है जिसका मक़सद नया समाज बनाने के लिए संघर्ष करने से लेकर किसी ख़ास नीति को बदलवाने का दबाव डलवाने तक हो सकता है।

उपनिवेशवाद विरोधी आंदोलनों के शुरुआती दौर में इस्तेमाल की गयी राष्ट्रवादी हिंसा ने आतंकवादी हिंसा को क्रांतिकारी और शहीदाना रंग में पेश किया था। भारत में ही उपनिवेशवाद विरोधी संघर्ष के दौरान आतंकवादी हिंसा करने वाले युवकों को क्रांतिकारी और शहीद का सम्मानित दर्जा मिलता रहा है। स्वतंत्र फ़िलस्तीन के लिए संघर्ष करने वाले छापामारों को भी विश्व-जनमत के एक हिस्से द्वारा नायक की तरह देखा जाता था। किसी राज्य से पृथक होने की मंशा रखने वाले अलगाववादी संगठनों से सहानुभूति रखने वाले भी आतंकवाद को सकारात्मक नज़रिये से देखते हैं। दरअसल, आतंकवाद राजनीतिक और भावनात्मक रूप से आवेशित शब्द है। एक आतंकवादी कृत्य एक समाज, समुदाय, देश या पार्टी के लिए घिनौना, अमानवीय और कायरतापूर्ण हो सकता है।

किसी विमान का पहला हवाहरण (हाईजैकिंग) फ़िलस्तीनी मुक्ति संगठन की सदस्य लैला ख़ालिद (1944-) ने 29 अगस्त, 1969 को किया था.

लेकिन कोई दूसरा संगठन उसी कृत्य का अपने राष्ट्रवादी, देशभक्त या विचारधारात्मक नज़रिये से अभिनंदन भी कर सकता है। रंगभेद विरोधी योद्धा नेलसन मंडेला को पश्चिमी सरकारें आतंकवादी क़रार देती थीं, पर रंगभेद की पराजय के बाद उन्हीं को विश्व-राजनीति की एक प्रमुख हस्ती की तरह सम्मानित किया जाता है। हाल ही में विकीलीक्स के संस्थापक जूलियन असाँज को अमेरिकी राजनेताओं साराह पालिन और जो बिडेन द्वारा 'आतंकवादी' की संज्ञा दी गयी थी। आतंकवाद को शक्तिशाली के ख़िलाफ़ शक्तिहीन के हथियार की तरह भी देखा जाता रहा है। लेकिन अमेरिका के वर्ल्ड ट्रेड सेंटर और युद्ध मंत्रालय की इमारत पेंटागन पर हुए आत्मघाती हमले के बाद दुनिया भर में आतंकवाद की छवि निर्विवाद रूप से नकारात्मक हो गयी है। आतंकवादी मुहिमों को राज्यों के ख़िलाफ़ उनका तख़्ता पलटने के लिए भी चलाया जाता है, और राज्य भी अपने नागरिकों को डराने के लिए सुरक्षा एजेंसियों की मदद से उनके ख़िलाफ़ आतंकवादी गतिविधियाँ करते हैं। एक देश की सरकार भी किसी दूसरे देश के ख़िलाफ़ आतंकवादी हिंसा को प्रायोजित करती है।

बीसवीं सदी को एक तरह से आतंकवादी राजनीति की सदी भी कहा जा सकता है। बीस के दशक में ब्रिटेन के ख़िलाफ़ उसके सबसे पुराने उपनिवेश उत्तरी आयरलैण्ड में आज़ादी की माँग करते हुए आतंकवादी संघर्ष शुरू हुआ जो क़रीब चालीस साल तक चलता रहा। द्वितीय विश्व-युद्ध के बाद इटली, जर्मनी, स्पेन और रूस में आतंकवादी संगठनों की गतिविधियाँ बढ़ गयीं। साठ के दशक में अरब-इज़राइली टकराव ने एक लम्बे और अभी तक जारी आतंकवादी सिलसिले को जन्म दिया। भारत में भी आतंकवादी राजनीति के कई उल्लेखनीय उदाहरण मिलते हैं : खालिस्तान की माँग को लेकर चलाई गयी सिक्ख आतंकवादी मुहिम, कश्मीर का पाकिस्तान समर्थित आतंकवाद, नगा और मिज़ो पृथकतावाद से निकला आतंकवाद, असमी और बोडो आतंकवादियों की गतिविधियाँ। कुछ ऐसे उदाहरण भी हैं (जैसे, श्रीलंका मे एलटीटीई और अफ़ग़ानिस्तान में तालिबान) जो बताते हैं कि आतंकवादी जमातें कुछ ख़ास परिस्थितियों में नियमित सेना का रूप रख कर बाक़ायदा पारम्परिक युद्ध लड़ने पर उतर आती हैं।

आजकल आतंकवादी हमले ज़्यादातर पर्यटकों, दूतावासों और उनके कर्मचारियों, सहायता एजेंसियों के कारकुनों, बहुराष्ट्रीय कम्पनियों में काम करने वालों के साथ-साथ भीड़ भरे सार्वजनिक स्थानों पर मौजूद निर्दोष लोगों को अपना निशाना बनाते हैं। लेकिन आतंकवादी कार्रवाइयाँ सार्वजनिक सम्पत्ति और प्राकृतिक संसाधनों को नष्ट करने से भी नहीं चूकतीं। राष्ट्रीय के साथ-साथ आतंकवाद की राष्ट्रेतर संरचनाएँ (जैसे अल क़ायदा) भी हैं जिनकी वजह से अंतर्राष्ट्रीय शांति और शक्ति-संतुलन साँसत में पड़ गये हैं। दुनिया के लगभग सभी देश और संयुक्त राष्ट्र संघ अब राष्ट्रीय और अंतर्राष्ट्रीय स्तर पर आतंकवादी संरचनाओं को विश्व-शांति के लिए भारी ख़तरे के रूप में चिह्नित करने लगे हैं। विश्व-संस्थाओं और अंतर्राष्ट्रीय नेतृत्व को डर है कि ग्लोबल आतंकवादी संगठनों को कहीं सामूहिक विनाश के हथियार न मिल जाएँ। आजकल रासायनिक और जैविक हथियार बनाना बहुत सस्ता और आसान हो गया है। अल क़ायदा जैसे संगठन इन हथियारों की मदद से हज़ारों-लाखों लोगों की जान लेने के साथ-साथ अंतर्राष्ट्रीय ब्लैकमेल की राजनीति भी कर सकते हैं।

अंतर्राष्ट्रीय संस्थाएँ आतंकवादी वारदातों को कम से कम करने की कोशिश में लगी हुई हैं। लेकिन उनके इन प्रयासों की साख को अमेरिका के बुश प्रशासन द्वारा घोषित किये गये 'वार ऑन टेरर' और इराक़ पर किये गये हमले की राजनीतिक विफलताओं ने काफ़ी नुक़सान पहुँचाया है। दरअसल, 'ग्लोबल टेररिज़्म' को को रोकने के नाम पर की गई अमेरिकी कार्रवाइयों ने उसके प्रसार को बढ़ाया दिया है।

देखें : आदर्शवाद, अंतर्राष्ट्रीय मुद्रा कोष, इमैनुएल कांट, इतिहास का अंत, एडवर्ड हैलेट कार, जाति-संहार, तृतीय विश्व, द्वितीय विश्व-युद्ध, नस्लवाद, नव-उपनिवेशवाद, निर्भरता सिद्धांत, निरस्त्रीकरण, पेटेंट, प्रथम विश्व-युद्ध, प्रगति, बौद्धिक सम्पदा अधिकार, ब्रेटन वुड्स प्रणाली, भारत में पेटेंट क़ानून, रंगभेद, उपनिवेशवाद, यथार्थवाद, युद्ध, युरोपीय यूनियन, रचनात्मकतावाद, राजनय, विश्व व्यापार संगठन, विश्व बैंक, विश्व-सरकार, वि-उपनिवेशीकरण, सभ्यताओं का संघर्ष, सम्प्रभुता, संयुक्त राष्ट्र, साम्राज्यवाद, शक्ति-संतुलन, शांति, शांतिवाद, शस्त्र-नियंत्रण।

संदर्भ

1. डब्ल्यू. लैकर (1977), *टेररिज़म,* वीडनफ़ील्ड ऐंड निकल्सन, लंदन.
2. पी. विल्किसन (1986), *टेररिज़म ऐंड द लिबरल स्टेट,* मैकमिलन, लंदन.
3. सी. हरमन (2000), *टेररिज़म टुडे,* फ़्रैंक कैस, लंदन.
4. एम. टेलर और जे. होरगन (सम्पा.) (2000), *द फ़्यूचर ऑफ़ टेररिज़म,* फ़्रैंक कैस, लंदन.

—अभय कुमार दुबे

आत्म-निर्णय

(Self-Determination)

बीसवीं सदी के राजनीतिक इतिहास पर आत्म-निर्णय के विचार ने बहुआयामी प्रभाव डाला है। उदारतावादी और लोकतांत्रिक मूल्यों के लिहाज़ से यह सिद्धांत राष्ट्रवाद के मुख्य तर्क के रूप में स्थापित हो चुका है। एक निश्चित भू-क्षेत्र में रहने वाले लोगों द्वारा अपनी राजनीतिक हैसियत ख़ुद तय करने और किसी बाहरी ताक़त के हस्तक्षेप के बिना अपने देश का शासन करने के अधिकार के लिए बार-बार आत्म-निर्णय की दुहाई दी जाती रही है। एक बहुजातीय राज्य में क्रांति करने की समस्याओं का समाधान करने के लिए लेनिन ने भी राष्ट्रीयताओं को आत्म-निर्णय (यानी पृथक राज्य क़ायम करने) का अधिकार देने की वकालत की थी। उन्हें लग रहा था कि अगर वे ग़ैर-रूसी जातीयताओं के लिए आत्म-निर्णय के दरवाज़े खुले नहीं रखेंगे, तो उन्हें बोल्शेविक क्रांति की प्रक्रिया में खींचना मुश्किल हो जाएगा। लेनिन के इस सूत्रीकरण के बाद से मार्क्सवादी भी आत्म-निर्णय के क़ायल हो गये। द्वितीय विश्व-युद्ध के बाद संयुक्त राष्ट्र संघ के मुख्य उसूल के तौर पर आत्म-निर्णय ने वि-उपनिवेशीकरण की प्रक्रिया में निर्णायक योगदान किया। आज भी आत्म-निर्णय के आधार पर कई जातीय समुदाय अपना अलग राज्य स्थापित करने की मुहिम चला रहे हैं। तुर्की, इराक़, सीरिया और ईरान में फैले हुए कुर्दों के आंदोलन, कनाडा में कूबेकियों के आंदोलन, फ्रांस और स्पेन की सीमा पर संघर्षरत बास्क राष्ट्रवादी, फ़िलस्तीनी, तिब्बती और श्रीलंका के तमिल राष्ट्रवादियों की मुहिम को किसी न किसी हद तक अंतर्राष्ट्रीय समुदाय का समर्थन भी हासिल है।

दूसरी तरफ़ आत्म-निर्णय के आग्रह ने विश्व-इतिहास में नकारात्मक भूमिका भी अदा की है। संयुक्त राज्य अमेरिका ने शुरू से ही अपने विस्तारवादी इरादों को न्यायोचित ठहराने के लिए आत्म-निर्णय के तर्क का इस्तेमाल किया है। नेपोलियन के विजय-अभियान के पीछे और हिटलर द्वारा अपनाये गये 'बृहत्तर जर्मनी' के विस्तारवादी कार्यक्रम के आधार में भी आत्म-निर्णय की दलील ही थी।

अट्ठारहवीं सदी के उत्तरार्ध में उत्तरी अमेरिकी के अंग्रेज़ अधिवासियों द्वारा ब्रिटिश सत्ता के ख़िलाफ़ बग़ावत के परिणामस्वरूप हुई अमेरिकी क्रांति की प्रक्रिया में आत्म-निर्णय का सिद्धांत उभरा। मनुष्य के प्राकृतिक अधिकारों के सिद्धांत का सहारा ले कर जनता की इच्छा को सर्वोच्च क़रार दिया गया। इस सूत्रीकरण के पीछे पिछली सदी में विकसित हुआ जॉन लॉक का विमर्श था। इसके कुछ वर्ष बाद ही हुई फ्रांसीसी क्रांति ने आत्म-निर्णय के विचार को युरोप की ज़मीन पर भी वैधता प्रदान कर दी। उन्नीसवीं सदी की शुरुआत में लातीनी अमेरिका के ज़्यादातर राष्ट्र स्पेन के औपनिवेशिक शासन से आज़ाद हो गये। इस प्रक्रिया का ब्रिटिश उपनिवेशवाद के ख़िलाफ़ स्वतंत्रता युद्ध लड़ चुके संयुक्त राज्य अमेरिका ने समर्थन किया। अमेरिका ने आधिकारिक सरकारी नीति न होते हुए भी 1821-29 के बीच हुए यूनानी स्वतंत्रता संघर्ष और 1848 में हंगरी के क्रांतिकारियों का भी साथ दिया। लेकिन, अमेरिकी गृह युद्ध के बाद अमेरिका की नीति बदल गयी। आत्म-निर्णय का समर्थन करने के बजाय वह ख़ुद ही उपनिवेशवादी रास्ते पर चलने लगा।

प्रथम विश्व-युद्ध के दौरान वुड्रो विल्सन ने आत्म-निर्णय के प्रति अमेरिकी प्रतिबद्धता को पुनः जीवित किया। 1918 में उन्होंने अपने चौदह सूत्र जारी किये जिन्हें बीसवीं सदी में आत्म-निर्णय की पहली लेकिन युरोपीय दायरे में सीमित दावेदारी की मान्यता दी जाती है। युरोपीय उपनिवेशवाद की कमज़ोर होती हुई स्थिति अमेरिकी पलड़े के उसके ख़िलाफ़ झुक जाने से और कमज़ोर हो गयी। बीस और तीस के दशक में आत्म-निर्णय के उसूल के आधार पर कनाडा, न्यूज़ीलैण्ड, न्यूफ़ाउंडलैण्ड, आइरिश फ्री स्टेट, कॉमनवेल्थ ऑफ़ ऑस्ट्रेलिया और यूनियन ऑफ़ साउथ अफ़्रीका को स्वतंत्रता मिली। मिस्र, अफ़ग़ानिस्तान और इराक़ को ब्रिटेन से एवं लेबनान को फ्रांस से आज़ादी मिली। 1947 में भारत ब्रिटेन के उपनिवेशवादी शासन से मुक्त हुआ।

संयुक्त राष्ट्र महासभा का प्रस्ताव संख्या 1514 साफ़ तौर पर आत्म-निर्णय के राष्ट्रवादी उसूल की ताईद करता है। चूँकि आधुनिक राष्ट्र-राज्य व्यावहारिक तौर पर जातीय बहुलता से बनी संरचना है, इसलिए आत्म-निर्णय का यह अधिकार अपने व्यावहारिक अर्थों में अलगाव के अधिकार में बदल जाता है। शीत-युद्ध ख़त्म होने के बाद पृथक होने के इस अधिकार का इस्तेमाल आत्म-निर्णय के नाम पर कई बार किया गया जिससे स्थापित राष्ट्रों के टूटने-बिखरने की प्रक्रिया चली। सोवियत संघ, युगोस्लाविया और चेकोस्लोवाकिया के

विखण्डन इसका सबूत है। आम तौर पर पृथकतावाद का ताल्लुक अपनी अलग पहचान सुरक्षित रखने के लिए व्याकुल अल्पसंख्यक समूहों की राजनीति से जोड़ा जाता है। लेकिन ज़रूरी नहीं कि हर बार ऐसा ही हो। बहुसंख्यक लोग भी अलगाववाद की माँग उठाते हैं। स्वाभाविक तौर पर उनकी दावेदारी राज्य के अधिकतर हिस्से पर होती है। पृथकतावाद के पक्ष में सबसे प्रभावशाली तर्क वही है जो आत्म-निर्णय के मर्म में है कि हर तरह के जन-गणों को अपना अलग राज्य बनाने का हक़ है, और वे दावा कर सकते हैं कि उनके राज्य की सांस्कृतिक और राजनीतिक सीमाएँ एक ही होनी चाहिए।

दिलचस्प बात यह है कि 1945 से पहले अंतर्राष्ट्रीय क़ानून में भी आत्म-निर्णय के किसी विशिष्ट अधिकार का ज़िक्र नहीं था। आत्म-निर्णय के अधिकार के लिए संयुक्त राष्ट्र के जिस चार्टर का ज़िक्र किया जाता है, उसमें इस अभिव्यक्ति का ज़िक्र केवल दो बार आया है। अगर पूरे दस्तावेज़ को ध्यान से पढ़ा जाए तो यह चार्टर आत्म-निर्णय के अधिकार का सीधा समर्थन करता नज़र नहीं आता। दरअसल, चार्टर इस अधिकार को स्पष्ट रूप से इस शर्त के साथ पेश करता है कि इसके लिए ताक़त का इस्तेमाल नहीं किया जाएगा। इसके अलावा यह अधिकार अनुच्छेद-2 में उल्लिखित भू-क्षेत्रीय अखण्डता और शांति-सुरक्षा क़ायम रखने के आग्रह के मातहत भी है। बहरहाल, अंतर्राष्ट्रीय क़ानून कुछ भी कहता रहे, आत्म-निर्णय की माँग करने वाले समूहों की व्यावहारिक सफलता उनके द्वारा संगठित हिंसा करने की क्षमता पर निर्भर मानी जाती है। साठ के दशक में जब अफ्रीकी और एशियाई देशों ने संयुक्त राष्ट्र में अपनी स्थिति मज़बूत की तो विश्व-संस्था की महासभा ने उपनिवेशवाद से पीड़ित देशों और जनगणों को स्वतंत्र करने से संबंधित एक ऐसी उद्घोषणा पारित की जिससे आत्म-निर्णय को एक तरह की वैधानिक हैसियत मिल गयी। सत्तर के दशक में संयुक्त राष्ट्र ने मित्रतापूर्ण संबंधों की उद्घोषणा पारित की जिसने इस वैधानिक हैसियत को और पुष्ट कर दिया। इन दोनों प्रस्तावों के कारण आत्म-निर्णय वि-उपनिवेशीकरण का मुख्य औज़ार बन गया। उल्लेखनीय है कि आत्म-निर्णय का यह अधिकार किसी तरह के 'आंतरिक आत्म-निर्णय' की माँग को मान्यता नहीं देता; अर्थात् इसके आधार पर किसी राष्ट्र के भीतर प्रतिनिधित्वमूलक शासन की माँग नहीं की जा सकती।

अंतर्राष्ट्रीय संबंधों के अनुशासन में यथार्थवाद के पैरोकारों की मान्यता है कि भू-क्षेत्रीय सम्प्रभुता को राष्ट्रीय आत्म-निर्णय के उसूल के ऊपर प्राथमिकता मिलनी चाहिए। शीत-युद्ध के दौरान बड़ी ताक़तों ने आम तौर पर इसी नज़रिये को अपनाया। वैसे भी वि-उपनिवेशीकरण की प्रक्रिया अब समाप्त हो चुकी है। जिन सिद्धांतों के आधार पर नयी राजसत्ताओं की रचना हुई थी, वे निष्प्रभावी हो चुके हैं। आत्म-निर्णय का सिद्धांत अपनी पहले जैसी पारिभाषिक स्पष्टता और उपयोगिता खो चुका है। स्वायत्तता, लोकतंत्र, मानवाधिकारों और आत्म-निर्णय के अधिकार के बीच एक अधिक उदार और विस्तृत समीकरण की ज़रूरत महसूस की जा रही है, ताकि भू-क्षेत्रीय सीमाओं के बार-बार निर्धारण के कारण होने वाली उथल-पुथल, हिंसा और मानवीय त्रासदियों से बचा जा सके। अल्पसंख्यक अधिकारों को बढ़ावा देने, अधिकारों के बँटवारे, संघवाद और सांस्कृतिक आत्माभिव्यक्ति के लिए गुंजाइशें देने की प्रक्रिया आत्म-निर्णय की पर्याय बनती जा रही है। इसी तरह व्यक्तिगत अधिकारों की क़ीमत पर समूह-अधिकारों को मान्यता देने के रुझानों ने भी आत्म-निर्णय की माँग के आकर्षण को कम किया है।

देखें : कार्ल हाइनरिख़ मार्क्स-1 से 4 तक, फ्रेड्रिख़ एंगेल्स, पार्थ चटर्जी, पृथकतावाद, व्लादिमिर इलीच लेनिन, वि-उपनिवेशीकरण, राष्ट्रवाद, राष्ट्र-राज्य, रामविलास शर्मा, साम्राज्यवाद, स्तालिन और स्तालिनवाद, संयुक्त राष्ट्र, हिंदी जाति-1 से 3 तक।

संदर्भ

1. एलेन बुकानन (1997), *जस्टिस, लेजिटिमेसी, ऐंड सेल्फ़-डिटरमिनेशन : मॉरल फ़ाउंडेशंस फ़ॉर इंटरनैशनल लॉ,* ऑक्सफ़र्ड युनिवर्सिटी प्रेस, यूएसए.
2. हर्स्ट हैनुम (1996), *ऑटोनॉमी, सोवरिनटी, ऐंड सेल्फ़-डिटरमिनेशन : द एकमोडेशन ऑफ़ कॉन्फ़्लिक्टिंग राइट्स,* युनिवर्सिटी ऑफ़ पेंसिलवानिया प्रेस, कनेक्टीकट.
3. डेविड राइक (2002), 'स्टेटहुड ऐंड द लॉ ऑफ़ सेल्फ़-डिटरमिनेशन', *डिवेलपमेंट इन इंटरनैशनल लॉ,* खण्ड 43, बसंत अंक.
4. मार्क वेलर (2007), *ऑटोनॉमी, सेल्फ़ गवर्नेंस ऐंड कॉन्फ़्लिक्ट रिज़ोल्यूशन,* टेलर ऐंड फ्रांसिस, न्यूयॉर्क.

—अभय कुमार दुबे

आत्मनिष्ठता / वस्तुनिष्ठता

(Subjectivity/Objectivity)

आत्मनिष्ठता का प्रचलित अर्थ है ऐसी निजी अनुभूतियाँ और मत जिन्हें तर्क और प्रमाण की कसौटी पर नहीं कसा जा सकता। इसके विपरीत वस्तुनिष्ठता का अर्थ है तथ्यगत और विज्ञानसम्मत होना। पश्चिमी दर्शन सत्रहवीं सदी से ही इस सवाल के साथ जूझता रहा है कि क्या सत्य आत्मनिष्ठ भी हो सकता है, या उसका वस्तुनिष्ठ होना ज़रूरी है? संशयवादियों के इस दावे के जवाब में कि निश्चय के साथ कुछ भी जानना

असम्भव है, देकार्त ने कहा था कि 'मैं सोचता हूँ, इसीलिए मैं हूँ'। इस विख्यात कथन का मतलब था कि प्रत्येक ज्ञान में निश्चयात्मकता का एक पहलू अवश्य होता है, भले ही उसके दूसरे आयाम संदिग्ध हों। देकार्त के इसी कथन से कर्ता (सब्जेक्ट) यानी मैं और उसकी आत्मनिष्ठता के विचार का जन्म हुआ। कर्ता उसे माना गया जो सोच सके और सोचने की प्रक्रिया से संबंधित कुछ ख़ूबियों के आधार पर उसे परिभाषित किया जा सके। दो कर्ताओं के बीच इंटरसब्जेक्टिविटी का अर्थ यह निकाला गया कि दोनों न केवल एक-दूसरे के अस्तित्व से वाक़िफ़ हैं, बल्कि दोनों परस्पर संवाद करना चाहते हैं। इंटरसब्जेक्टिविटी की ख़ूबी यह मानी जाती है कि अगर संवाद की प्रक्रिया में दोनों कर्ताओं के बीच सहमति हो सकती है तो उसके परिणाम इतने वस्तुनिष्ठ होंगे कि उन पर आत्मनिष्ठता की छाया नहीं होगी।

आत्मनिष्ठता के विचार को स्थापित करने में सोरेन कीर्केगार्द का विशेष योगदान है। उन्होंने धर्म के संदर्भ में मानवीय विश्वास और प्रतिबद्धता को आत्मनिष्ठ सत्य की संज्ञा दी। सत्य की यह क़िस्म विज्ञान द्वारा तथ्यगत रूप से प्रमाणित किये जा सकने वाले वस्तुनिष्ठ सत्य के मुक़ाबले खड़ी थी। ज़ाहिर है कि आत्मनिष्ठता के पास विज्ञान सम्मत होने का कोई दावा नहीं था, इसलिए प्रत्यक्षवाद के पैरोकारों ने उसे निरर्थक और तर्कहीन क़रार दे कर उसे ख़ारिज करने की कोशिश की। उन्होंने मज़ाक उड़ाते हुए कहा कि सत्य और आत्मनिष्ठता अपने आप में एक विरोधाभासी पद है। लेकिन असलियत यह थी कि प्रत्यक्षवादियों के इस रवैये के बावजूद हर बात प्रमाणित नहीं की जा सकती थी। इस लिहाज़ से वस्तुनिष्ठता की सीमाएँ स्पष्ट थीं। दूसरे, व्यक्ति और उसकी निजी सत्ता का महत्त्व उत्तरोत्तर रेखांकित होता जा रहा था, इसलिए मनुष्य की निजी आस्थाओं, विश्वासों, कामनाओं, मनोभावों और परिप्रेक्ष्यों की उपेक्षा नहीं की जा सकती थी। परिणामस्वरूप कर्ता और उसकी आत्मनिष्ठता का प्रश्न आधुनिक दर्शन के लिए महत्त्वपूर्ण होता चला गया।

ज्ञानमीमांसा के क्षेत्र में लॉक, कांट, हीगेल और हसर ने कर्ता और उसकी आत्मनिष्ठता विषय पर विचार करते हुए आत्मनिष्ठता और वस्तुनिष्ठता के अलग-अलग समीकरण प्रतिपादित किये। कांट ने अपनी रचना *क्रिटीक ऑफ़ प्योर रीज़न* में 'अनुभवातीत कर्ता' जैसे पद का प्रयोग किया। इसका मतलब था कि चिंतन करते हुए 'मैं' के रूप में कर्ता एक भौतिक वजूद के बजाय लाज़मी तौर पर एक पराभौतिक तथ्य बन जाता है। उसका 'मैं' सभी तरह के चिंतन की संरचनागत पूर्वशर्त है। सोचने की प्रक्रिया के हर चरण में यही 'मैं' सोचने वाले का प्रतिनिधित्व करता चलता है। इसीलिए सारे विचार सोचने वाले के हो जाते हैं और कर्ता आत्म-चेतना का स्रोत बन जाता है।

इसके बाद उदारतावाद, अस्तित्ववाद, मनोविश्लेषण, संरचनावाद और उत्तर-संरचनावाद से जुड़े चिंतकों ने कर्ता और उसकी कारगुज़ारियों की प्रकृति के विश्लेषण में काफ़ी दिमाग़ खपाया। लकाँ ने अपने मनोविश्लेषण में कर्ता को 'अहं' के बरक्स रखा। क्लासिकल उदारतावाद से जुड़े चिंतकों ने आत्मनिष्ठता के विचार को आम तौर पर समाज अथवा भाषा के साथ रख कर देखा। इस सोच से 'राजनीतिक कर्ता' के विचार का जन्म हुआ। इस कर्ता की राजनीतिक हैसियत कुछ ऐसे गुणों (जैसे, नागरिकता) से सम्पन्न मानी गयी जिन्हें दो तरह से समझा जा सकता था। इन गुणों को या तो किसी सामाजिक-राजनीतिक संस्थागत विन्यास का परिणाम माना गया या फिर उन्हें इस तरह के बंदोबस्त से स्वतंत्र की संज्ञा दी गयी।

अस्तित्ववादी ज्याँ-पॉल सार्त्र ने आत्मनिष्ठता को चेतना का दर्जा दिया और देकार्त के रास्ते पर चलते हुए आग्रह किया कि आत्मनिष्ठता जितनी मुक्त होगी, कर्ता के रूप में मनुष्य के अस्तित्व की सत्तामूलकता उतनी ही प्रबल होती चली जाएगी। संरचनावाद में हस्तक्षेप करने वाले मार्क्सवादी विचारक लुई अलथुसे ने मुक्त आत्मनिष्ठता की पैरोकारी से हटते हुए साफ़ तौर पर कहा कि कर्ता असल में विचारधारा का उत्पादन है। उत्तर-संरचनावादी मिशेल फ़ूको ने सार्त्र की प्रस्थापना के ख़िलाफ़ बग़ावत कर दी। उन्होंने 'कर्ता' की अवधारणा को ही पूरी तरह से ख़ारिज करते हुए दावा किया कि उसके नाम पर जो कुछ कहा जा रहा है वह राजनीति, भाषा और संस्कृति के औज़ारों द्वारा की गयी गढ़ंत है। फ़ूको ने कर्ता की केंद्रीयता को प्रश्नांकित करने के लिए नीत्शे के विचारों का इस्तेमाल करते हुए यह भी कहा कि कर्ता के बनने में तत्कालीन सत्ता-संबंधी स्थितियाँ निर्णायक भूमिका निभाती हैं। ज़ाहिरा तौर पर कर्ता की केंद्रीयता से प्रभावित होने से इनकार करने वाले इन सभी विचारों में एक बात समान है कि वे आत्मनिष्ठता की रचना को राजनीतिक, सामाजिक और सांस्कृतिक कारकों पर निर्भर मानते हैं।

कर्ता की हैसियत को मिली इस चुनौती का असर साहित्य-अध्ययन पर भी पड़ा है। इस क्षेत्र के विद्वानों ने कर्ता, उसकी स्थिति और आत्मनिष्ठता पर काफ़ी विचार किया है। उन्होंने साहित्यिक पाठ के भीतर कर्ता के रूप में मनुष्य के मुक़ाम या उसके द्वारा ग्रहण की गयी स्थिति को उसकी 'आवाज़' के तौर पर मान्यता दी है। कर्ता को उसकी इयत्ता भाषा के ज़रिये मिलती है जिसे हासिल करने और व्यक्त करने की प्रक्रिया आत्मनिष्ठता के नाम से जानी जाती है। इस पूरे सिलसिले में कर्ता की इयत्ता का मुक़ाम पाठ के भीतर निर्धारित करने में कई तरह के सांस्कृतिक, ज्ञानमीमांसात्मक, विचारधारात्मक और इसके साथ-साथ सामाजिक विमर्शों और संस्थाओं की भूमिका समझी जाती है। आत्मनिष्ठता की

रचना में भाषा की भूमिका पर भी अलग से ग़ौर किया गया है। ल्योतर का तर्क है कि आत्मनिष्ठता भाषा के रूपों से स्वतंत्र नहीं होती, बल्कि वह तो उसके भीतर और बोलने के तरीक़ों के ज़रिये गढ़ी जाती है।

प्राकृतिक विज्ञानों (जैसे, भौतिकी) का काम वस्तुनिष्ठता की अवधारणा के बिना नहीं चल सकता। वस्तुनिष्ठता मान कर चलती है कि हमारे ज्ञान के दायरे के बाहर एक वास्तविक बाहरी दुनिया मौजूद है जिसका सटीक वर्णन किया जा सकता है। इसी आधार पर वस्तुनिष्ठता के पैरोकार मानते हैं कि सच्चा ज्ञान मूल्य-तटस्थ होता है और उसका अस्तित्व व्यक्ति के अनुभवों और अनुभूतियों के दायरे बाहर है। विज्ञान और वैज्ञानिक पद्धति के समर्थक पूरे यक़ीन के साथ कहते हैं कि यथार्थ को जानने के नियमों का सूत्रीकरण किया जा सकता है। प्रत्यक्षवाद इसी वैचारिक आग्रह का एक संस्करण है। नीत्शे ने इसकी आलोचना करते हुए कहा है कि मूल्यगत पूर्वमान्यता के बिना कोई ज्ञान नहीं होता; अर्थात् मूल्य-तटस्थता की आकांक्षा भी अपने-आप में एक ऐतिहासिक और सांस्कृतिक उत्पाद है। नीत्शे के इस विचार से फ़ूको भी सहमत हैं।

देखें : अस्तित्ववाद, इयत्ता, इमैनुएल कांट, इंद्रियानुभववाद, ईसैया बर्लिन, उदारतावाद, घटनाक्रियाशास्त्र और एडमण्ड हसर, चेतना, जॉन लॉक, ज़ाक लकाँ, ज्याँ-फ्रांस्वा ल्योतर, तत्त्वमीमांसा और अस्तित्वमीमांसा, तात्त्विकतावाद, द्वैतवाद, प्रत्यक्षवाद, फ्रेड्रिख़ नीत्शे-1 और 2, बुद्धिवाद, भौतिकवाद, मनोविश्लेषण, मिशेल पॉल फ़ूको-1 और 2, युरोपीय पुनर्जागरण, युरोपीय ज्ञानोदय, रेने देकार्त, सोरेन आबी कीर्केगार्द, संरचनावाद और उत्तर-संरचनावाद, ज्ञानमीमांसा।

संदर्भ

1. एफ़.आर. डालमेयर (1981), *ट्वायलाइट ऑफ़ सब्जेक्टिविटी : कंट्रीब्यूशन टू अ पोस्ट-इंडिविजुअलिस्ट थियरी ऑफ़ पॉलिटिक्स,* युनिवर्सिटी ऑफ़ मेसाचुसेट्स प्रेस, एमहर्स्ट, एमए.
2. एन. ब्लॉक वग़ैरह (सम्पा.) (1997), *द नेचर ऑफ़ कांशसनेस : फ़िलॉसफ़िकल डिबेट्स,* एमआईटी प्रेस, केम्ब्रिज, एमए.
3. ओ. बोवी (1990), *एस्थेटिक्स ऐंड सब्जेक्टिविटी : फ्रॉम कांट टू नीत्शे,* मैनचेस्टर युनिवर्सिटी प्रेस, मैनचेस्टर.
4. एफ़.बी. फ़ैरेल (1994), *सब्जेक्टिविटी, रियलिज़्म, ऐंड पोस्ट-मॉडर्निज़ : द रिकवरी ऑफ़ वर्ल्ड,* केम्ब्रिज युनिवर्सिटी प्रेस, केम्ब्रिज ऐंड न्यूयॉर्क.

—अभय कुमार दुबे

आत्मसम्मान आंदोलन

(Self-Respect Movement)

ग़ैर-द्विज जातियों के सामाजिक-राजनीतिक आधुनिकीकरण में उल्लेखनीय योगदान करने वाले आत्मसम्मान आंदोलन (सुयमरीयताई इयक्कम) की शुरुआत 1926 में ई.वी. रामस्वामी नायकर पेरियार द्वारा मद्रास प्रांत (आज का तमिलनाडु) में की गयी थी। आर्थिक, लैंगिक और जाति-धर्म-वर्ण संबंधी विभेदों के ख़िलाफ़ आह्वान करने वाली समाज-सुधार की इस रैडिकल मुहिम के परिणामस्वरूप ही आज़ादी के बाद तमिलनाडु में द्रविड़ राजनीतिक और सांस्कृतिक आंदोलन का प्रसार हुआ। आत्मसम्मान आंदोलन ने अपने प्रभाव के इलाक़ों में ब्राह्मण-वर्चस्व को कड़ी चुनौती दी और धर्म, जातिवाद और ईश्वर की अवधारणा का विरोध करते हुए बुद्धिवादी आधार पर समाज की पुनर्रचना का प्रस्ताव किया। भाषा के क्षेत्र में आत्मसम्मान आंदोलन ने संस्कृत के प्रभुत्व का विरोध करते हुए उसकी जगह तमिल के महत्त्व की स्थापना का आग्रह किया। आंदोलन ने अपने उछाल के दिनों में बड़े पैमाने पर निचली जातियों के युवकों और स्त्रियों को ब्राह्मण-विरोध के झंडे तले सामाजिक संघर्ष में उतारा। आंदोलन और उसके नेता पेरियार की लोकप्रियता का मद्रास प्रांत के तमिलभाषी क्षेत्रों में कोई सानी नहीं था। आंदोलन की मान्यता थी कि जिस व्यक्ति में आत्मसम्मान विकसित हो जाता है, उसका राजनीतिक दोहन कोई नहीं कर सकता। आत्मसम्मान विकसित होने की शर्त के रूप में आंदोलन का दावा था कि पहले ऊँची और नीची जाति का भेदभाव ख़त्म होना होगा। पेरियार को यह कहने में भी कोई हिचक नहीं थी कि केवल आत्मसम्मान आंदोलन ही वास्तविक आज़ादी दिला सकता है, इसलिए वे कांग्रेस के नेतृत्व में चल रहे उपनिवेशवाद विरोधी आंदोलन करने वाले स्वतंत्रता-सेनानियों को 'तथाकथित' क़रार देते थे। उन्होंने 'स्वराज' की अवधारणा के विपरीत 'आरिवू विदुतालाई इयक्कम' अर्थात् बौद्धिक मुक्ति के आंदोलन की तजवीज़ की।

बीसवीं सदी की शुरुआत में मद्रास प्रेसीडेंसी की आबादी में ब्राह्मणों की संख्या महज़ तीन फ़ीसदी के आसपास थी, पर ज्ञान और प्रशासन के लगभग सभी क्षेत्रों में सिर्फ़ उन्हीं का एकाधिकार था। एक राजनीतिक दल के रूप में उन दिनों कांग्रेस के एजेंडे पर जाति-भेद उन्मूलन का कार्यक्रम नहीं था। बीस के दशक में जब कांग्रेस ने असहयोग आंदोलन छेड़ा, उस समय भी उसने जाति के प्रश्न को स्पर्श करना मुनासिब नहीं समझा। 1916 में उच्च-वर्ग के ग़ैर-ब्राह्मण हिस्सों द्वारा इस विप्र-वर्चस्व के ख़िलाफ़ जस्टिस पार्टी की स्थापना की गयी। उसका मक़सद विधान परिषद, सिविल

आत्मसम्मान आंदोलन के नेता पेरियार मुहम्मद अली जिन्ना और डॉ. आम्बेडकर के साथ.

सर्विस और अदालतों में ग़ैर-ब्राह्मणों को प्रतिनिधित्व दिलाना था। अंग्रेज़ों के साथ वफ़ादारी क़ायम रखते हुए जस्टिस पार्टी कमोबेश अपने मक़सद में कामयाब रही। चालीस के दशक तक उसका प्रभाव तिरोहित होने लगा, लेकिन उसी के मंच का इस्तेमाल करके बीस के दशक में पेरियार ने इस आंदोलन से निकली सामाजिक शक्तियों को एक रैडिकल मोड़ दे दिया। आत्मसम्मान आंदोलन का संदेश बिना किसी हीले-हवाले के एकदम साफ़ था : लम्बे अरसे से दासता की बेड़ियों में जकड़ा ग़ैर-ब्राह्मण तभी आत्मसम्मान हासिल कर सकता है जब वह ब्राह्मण से नफ़रत करेगा, क्योंकि ब्राह्मण ही उसे उसके आत्मसम्मान से वंचित करने का ज़िम्मेदार है। आंदोलन का दूसरा संदेश यह था कि ब्राह्मण के ख़िलाफ़ संघर्ष केवल अंग्रेज़ों से दोस्ती करके ही किया जा सकता है इसलिए ब्रिटिश राज ब्राह्मण राज से बेहतर है।

राजनीतिक रूप से जस्टिस पार्टी और आत्मसम्मान आंदोलन का मक़सद एक जैसा लगता था और दोनों एक-दूसरे के साथ एक मंच पर नज़र भी आते थे, पर वैचारिक और सामाजिक रूप से दोनों के बीच काफ़ी फ़र्क़ था। आत्मसम्मान आंदोलन ने एक तरफ़ तो जस्टिस पार्टी की ही तरह आर्य-प्रभुत्व के मुक़ाबले द्रविड़-विकल्प की वकालत की, और दूसरी तरफ़ जस्टिस पार्टी से अलग हटते हुए हिंदू धर्म की चातुर्वर्ण्य व्यवस्था को निशाना बनाते हुए धार्मिक-सामाजिक दकियानूसीपन के ख़िलाफ़ अनीश्वरवाद और भौतिकवाद की दावेदारी पेश की। आंदोलन का दूसरा पक्ष उत्तरोत्तर मज़बूत होता चला गया। उसने जाति-प्रथा, अंधविश्वास, कर्मकाण्ड, मनुस्मृति, मिथकों, मंदिर-पूजा और कुल मिला कर हिंदू धर्म के ख़िलाफ़ ज़बरदस्त हमला बोला। इस मुहिम ने समाज-सुधार आंदोलन का रूप धारण करके दावा किया कि मंदिरों के ख़ज़ाने का इस्तेमाल ग़ैर-धार्मिक मक़सदों से किया जाना चाहिए। विवाह को स्त्री-पुरुष के बीच परस्पर बुद्धिसंगत सहमति के आधार पर आयोजित करने का आग्रह करते हुए आंदोलन ने ब्राह्मण पुरोहित और कर्मकाण्डों के बिना विवाह कराने का सिलसिला शुरू किया। इन विवाहों में अक्सर पेरियार ख़ुद मौजूद रहा करते थे। आंदोलन ने नामों से जातिसूचक उपनाम हटाने का आग्रह किया और स्त्रियों के उत्थान पर विशेष रूप से ज़ोर दिया। हिंदू धर्मशास्त्रों और देवी-देवताओं की खिल्ली उड़ाने और निरीश्वरवाद को बढ़ावा देने वाले कार्यक्रम आयोजित करना या वक्तव्य देना आत्मसम्मान आंदोलन की मुख्य गतिविधियों का अंग था।

1930 में आत्मसम्मान आंदोलन के सालाना जलसे में उत्पीड़ित वर्गों और स्त्रियों के लिए समान अधिकारों की वकालत की गयी। इस सम्मेलन ने समाज में सम्पत्ति के पुनर्वितरण की माँग भी की। इस आंदोलन ने मद्रास प्रांत के उन शहरों में गहरी जड़ें जमा लीं जो आर्थिक परिवर्तन की तत्कालीन प्रक्रिया के कारण सामाजिक बेचैनियों का सामना कर रहे थे। आंदोलन का मुख्यालय इरोड में था और इसके प्रभाव के इलाक़े में मदुरै, कोइम्बटूर, सलेम, तिरुचिरापल्ली, तूतीकोरन, रामनाड, विरुदनगर और पेरुम्बूर आते थे। तीस के दशक की शुरुआत में युरोप और सोवियत संघ की यात्रा करके लौटने पर पेरियार ने आंदोलन में सामंती और अर्ध-सामंती भूमि संबंधों के ख़िलाफ़ सरोकारों को भी जोड़ा। सूदखोरों और ज़मींदारों के ख़िलाफ़ गतिविधियाँ शुरू हुईं। इस दौर में आंदोलन ने क्रांति की भाषा बोलनी शुरू की। कोइम्बटूर के सम्मेलन में एक 'स्तालिन हॉल' बनाया गया। अंधविश्वास, जातिगत भेदभाव और छुआछूत के साथ-साथ पूँजीवाद को भी जड़मूल से नष्ट करने के संकल्प लिए जाने लगे।

यही वह दौर था जब ब्रिटिश राज को ब्राह्मण राज से बेहतर बताने वाले आत्मसम्मान आंदोलन पर औपनिवेशिक सरकार ने सख़्तियाँ करनी शुरू कीं। 1934 में पेरियार को एक राजद्रोहात्मक लेख लिखने के आरोप में गिरफ़्तार कर लिया गया। इसके बाद एक क्रांतिकारी पर्चा लिखने के इल्ज़ाम में उन्हें दोबारा जेल भेजा गया। 1935 में बोल्शेविक विचारों का दमन करने के लिए चलाई गयी मुहिम के दौरान भी आत्मसम्मान आंदोलन को सरकार का कोपभाजन होना पड़ा। इस सरकारी दबाव के कारण आंदोलन का वामपंथी रुझान जल्दी ही ठंडा पड़ गया, और उसका रुझान उत्तरोत्तर अंग्रेज़ हुक्मरानों के साथ सहयोग की तरफ़ होता चला गया। 1937 में हुए मद्रास विधान परिषद् के चुनावों में कांग्रेस ने जस्टिस पार्टी का पूरी तरह से सफ़ाया कर दिया। उसके सभी नेता हार गये। इसके बाद पेरियार ने पार्टी की बागडोर सँभाली।

द्वितीय विश्व-युद्ध की शुरुआत से पहले तक पेरियार के नेतृत्व में जस्टिस पार्टी और आत्मसम्मान आंदोलन तमिलों के लिए तमिलनाडु का नारा देता हुआ नज़र आया। यह वही दौर था जब देश के अधिकतर हिस्सों में मज़दूर आंदोलनों और किसान आंदोलनों के साथ-साथ बड़े पैमाने उपनिवेशवाद विरोधी आंदोलन की लहर आयी हुई थी।1939 में युद्ध की शुरुआत होने के फ़ौरन बाद जस्टिस पार्टी और आत्मसम्मान आंदोलन ने ब्रिटिश सरकार के युद्ध-प्रयासों का साथ देने का फ़ैसला किया। उन्होंने मुसलिम लीग द्वारा अलग पाकिस्तान की माँग का भी समर्थन किया और एक बार फिर अलग द्रविड़नाडु की माँग पेश की। इसी दौरान राजगोपालाचारी सरकार द्वारा हिंदी को स्कूलों में अनिवार्य बनाने के फ़ैसले ने पेरियार को हिंदी विरोधी मुहिम चलाने का मौक़ा दे दिया। आत्मसम्मान आंदोलन ने आंदोलन की उन्हीं विधियों का इस्तेमाल कांग्रेस की प्रांतीय सरकार के ख़िलाफ़ किया, जिनका प्रयोग वह अंग्रेज़ों के ख़िलाफ़ करती थी। इस आंदोलन के दौरान अलग द्रविड़िस्तान की माँग और पुष्ट हुई। इस प्रक्रिया ने सुयमरीयताई इयक्कम को व्यावहारिक रूप से द्रविड़ार इयक्कम में बदल दिया।

1940 में जब पेरियार ने मद्रास के गवर्नर को सामुदायिक प्रतिनिधित्व की माँग करते हुए ज्ञापन दिया, तो उनके अनुयायी और दूसरे नम्बर के नेता सी.एन. अन्नादुरै और उनके बीच मतभेद हो गये। अन्नादुरै साफ़ देख रहे थे कि ब्रिटिश समर्थन की राजनीति करने के कारण आत्मसम्मान आंदोलन और जस्टिस पार्टी के बहुत से कार्यकर्ता और नेता धीरे-धीरे कांग्रेस का दामन थामते जा रहे हैं। 1944 में जस्टिस पार्टी के सलेम सम्मेलन में अन्नादुरै ने चार प्रस्ताव रखे जिनका मक़सद अंग्रेज़ों की तरफ़दारी वाला रवैया त्याग कर आंदोलन को नया रुख देना था। इन्हीं में से एक प्रस्ताव साउथ इण्डिया लिबरल फ़ेडरेशन या जस्टिस पार्टी का नाम बदल कर द्रविड़ कषगम करना भी था। इसी के बाद अन्नादुरै (उपनिवेशवाद विरोधी आंदोलन से सहकार और आर्य के मुक़ाबले द्रविड़ की दावेदारी) और पेरियार (अंग्रेज़ों से सहकार और ब्राह्मण-राज का विरोध) की कार्यदिशाओं में संघर्ष शुरू हो गया। बाद में सत्तर वर्षीय पेरियार द्वारा एक 19 वर्षीय महिला से विवाह करने से पैदा हुए विवाद के बहाने आंदोलन में विभाजन हो गया। अन्नादुरै ने अलग राजनीतिक पार्टी द्रविड़ मुनेत्र कषगम का गठन कर लिया। पेरियार के नेतृत्व में बची हुई द्रविड़ कषगम पार्टी राजनीति से कटती चली गयी और कुल मिला कर एक निष्प्रभावी क़िस्म के समाज सुधार आंदोलन के रूप में रह गयी।

देखें : असहयोग आंदोलन, हिंदी विरोधी आंदोलन, अनुसूचित जातियाँ, अस्मिता की भारतीय राजनीति, आयोतीदास पांडीतर, आयंकाली, आम्बेडकर-गाँधी विवाद, ई.वी. रामस्वामी नायकर पेरियार, कांशी राम, गाड़गे बाबा, गोपाल बाबा वलंगकर, ज्योतिराव गोविंदराव फुले, जाति और जाति-व्यवस्था-1 से 4 तक, बहुजन समाज पार्टी-1 और 2, बाबू मंगूराम, भदंत आनंद कौसल्यायन, भीमराव रामजी आम्बेडकर, भारतीय संविधान-1 से 8 तक, द्रविड़ आंदोलन, स्वामी अछूतानंद हरिहर।

संदर्भ

1. एन. राम (1979), 'द्रविड़ियन मूवमेंट इन इट्स प्रि-इंडिपेंडेंस फेज़िज़', *इकॉनॉमिक ऐंड पॉलिटिकल वीकली, खण्ड 14, अंक 7/8.*
2. वी. गीता और एस.वी. राजादुरै (1998), *टुवर्ड्स अ नॉन-ब्राह्मन मिलेनियम : फ्रॉम इयोती दास टू पेरियार,* साम्य, कलकत्ता.
3. लॉयड आई. रुडोल्फ़ (1961), 'अरबन लाइफ़ ऐंड पॉपुलिस्ट रैडिकलिज़म : द्रविड़ियन पॉलिटिक्स इन मद्रास', *द जर्नल ऑफ़ एशियन स्टडीज़,* खण्ड 20, अंक 3.
4. एम.एस.एस. पांडियन (1993), ''नेशन' इन ई.वी. रामस्वामीज़ पॉलिटिकल डिस्कोर्स', *इकॉनॉमिक ऐंड पॉलिटिकल वीकली, खण्ड 28, अंक 42.*

—अभय कुमार दुबे

आदर्शवाद

(अंतर्राष्ट्रीय संबंध)

(Idealism/International Relations)

आदर्शवाद उदार-अंतर्राष्ट्रवाद का दूसरा नाम है। एक सिद्धांत के तौर पर इसका उभार प्रथम विश्व-युद्ध के रक्तपात की अनुक्रिया में हुआ। इस विचार की बुनियादी मान्यता यह है कि विभाजित करने वाले पहलुओं के मुक़ाबले जोड़ने वाली ताक़तें मनुष्य के लिए अधिक महत्त्वपूर्ण हैं। आदर्शवाद के समर्थक समुदायवादियों और यथार्थवादियों के इस दावे को मानने के लिए तैयार नहीं थे कि राज्य की संस्था अपने आप में मनुष्यों के लिए एक नैतिक मूल्य का स्रोत हो सकती है। इसके विपरीत उन्होंने सार्वदेशिक नैतिक मूल्यों की पैरोकारी की और लोगों को अंतर्राष्ट्रीय व्यवस्था में सुधार की ज़रूरतों के प्रति सचेत करने की मुहिम चलाई। आदर्शवादी मानवीय प्रगति के विचार में विश्वास करते थे। उनका ख़याल था कि अंतर्राष्ट्रीय राजनय को संसदीय लोकतंत्र के तौर-तरीक़ों और क़ानून सम्मत विचार-विमर्श की प्रक्रिया के हिसाब से चलाना चाहिए। इसीलिए उन्होंने अंतर्राष्ट्रीय क़ानून को मज़बूत करने पर ज़ोर दिया। दोनों विश्व-युद्धों के बीच की अवधि में विकसित हुआ यह विचार एक बौद्धिक आंदोलन होने के साथ-साथ एक राजनीतिक आंदोलन भी था।

प्रथम विश्व-युद्ध के दौरान बुद्धिजीवियों और नीति-निर्माताओं का ख़याल था कि युरोप की बड़ी ताक़तों द्वारा खेली गयी निर्मम राजनीति के परिणामस्वरूप मानवता को विश्व-युद्ध के घाव लगे हैं। इसलिए उन्होंने युद्ध के उन्मूलन को अपना मुख्य लक्ष्य बनाया और अंतर्राष्ट्रीय राजनीति पर उसी के मुताबिक़ सोचना शुरू किया। ऐंड्रू कारनेगी जैसे फ़िलेंथ्रॉपिस्ट ने युद्ध की समस्या के अध्ययन के लिए आर्थिक अनुदान मुहैया कराया। शांति के आग्रह को सामने रख कर संगठनों का गठन शुरू हुआ। विश्वविद्यालयों ने इसी दृष्टिकोण से अंतर्राष्ट्रीय संबंधों का अध्यापन प्रारम्भ किया और बहुत से बुद्धिजीवियों ने आम लोगों को अंतर्राष्ट्रीय नज़रिये से सोचने की ख़ूबियों से परिचित कराने की मुहिम चलाई। इन तमाम प्रयासों के गर्भ से ही अंतर्राष्ट्रीय संबंधों का अनुशासन निकला। वुड्रो विल्सन ने दिसम्बर, 1918 में हुए वरसाई शांति सम्मेलन में जिन चौदह उसूलों को पेश किया, वे आदर्शवादी चिंतन का सार माने गये। इसी दस्तावेज़ के आधार पर विश्व-युद्ध के ख़ात्मे की रूपरेखा बनी और लीग ऑफ़ नेशंस की स्थापना हुई। विल्सन के अलावा इमैनुएल कांट, रिचर्ड कॉब्डेन, जॉन हॉब्सन, नॉर्मन एंजेल और अल्फ्रेड ज़िमर्न को आदर्शवादी धारा का प्रमुख विद्वान माना जाता है।

दिलचस्प बात यह है कि उदार-अंतर्राष्ट्रवाद को आदर्शवाद की संज्ञा उन विद्वानों ने दी जो उसके आलोचक थे। यह भूमिका यथार्थवाद के पैराकारों ने निभायी और उदार-अंतर्राष्ट्रवाद पर आरोप लगाया कि वे हक़ीक़त की दुनिया को नज़रअंदाज़ करके भविष्यवादियों की तरह एक परम आदर्श संसार की कल्पना में रमे हुए हैं। दरअसल, आदर्शवाद की प्रतिष्ठा को सबसे बड़ा धक्का उस समय लगा जब लीग ऑफ़ नेशंस द्वितीय विश्व-युद्ध रोकने के प्रयासों में नाकाम हो गयी। आदर्शवादियों को उम्मीद थी कि युरोपीय शक्तियों द्वारा अपने-अपने राष्ट्रीय हितों की गलाकाट प्रतियोगिता को लीग ऑफ़ नेशंस द्वारा प्रतिस्थापित किया जा सकेगा। जब ऐसा नहीं हो सका तो उनके रवैये को बड़े पैमाने पर निंदात्मक आलोचना का सामना करना पड़ा।

आदर्शवाद के बोलबाले को ख़त्म करके यथार्थवादी दृष्टिकोण की स्थापना में ब्रिटिश मार्क्सवादी इतिहासकार ई.एच. कार और हैंस जे. मोरगेंथाउ की मुख्य भूमिका रही। इन विद्वानों ने दोनों युद्धों के बीच की अवधि में अपनाये जाने वाले आदर्शवादियों के दावों का खण्डन करते हुए कहा कि विभिन्न देशों के हितों के बीच किसी तरह की स्वाभाविक समरसता की कल्पना करना भी उचित नहीं है। इसलिए यह उम्मीद भी नहीं करना चाहिए कि अंतर्राष्ट्रीय क़ानून, लोकतंत्रीकरण और अंतर्राष्ट्रीय व्यापार जैसी प्रक्रियाओं से उनके बीच होने वाला शक्ति-संघर्ष मंद किया जा सकता है। इन दोनों ने एक सैद्धांतिक अभिव्यक्ति के रूप में 'आदर्शवाद' के बरक्स 'यथार्थवाद' का पहली बार प्रयोग किया। कार और मोरगेंथाउ ने लीग ऑफ़ नेशंस की नाकामी का उदाहरण देते हुए कहा कि आदर्शवादी नज़रिये की नाकामी का नतीजा ही है कि यह संस्था द्वितीय विश्व-युद्ध रोक पाने में नाकाम रही और हिटलर को युरोप-विजय से नहीं रोका जा सका।

1946 में प्रकाशित एडवर्ड हैलेट कार की रचना *द ट्वेंटी इयर्स क्राइसिस* ने आदर्शवाद की बौद्धिक साख को सबसे ज़्यादा नुक़सान पहुँचाया। इस पुस्तक में कार ने तर्क दिया कि आदर्शवाद अपने प्रभुत्व और सत्ता से संतुष्ट हो जाने वाली महाशक्तियों के राजनीतिक दर्शन की नुमाइंदगी करने वाला सिद्धांत है। उसके आधार में सार्वभौम लक्ष्यों से प्रेरित किसी तरह की चिरंतन नैतिक संहिता देखने की कोशिश बेकार है। उसका जन्म तो एक ख़ास तरह के सामाजिक, ऐतिहासिक और राजनीतिक हालात से हुआ था। कार ने यह भी कहा कि आदर्शवादी अंतर्राष्ट्रीय संबंधों में शक्ति और प्रभुत्व की भूमिका के प्रति बचकाना रवैया अख़्तियार करते रहे हैं। जो देश अंतर्राष्ट्रीय व्यवस्था के शीर्ष पर हैं, उनकी भाषा शांति की होती है, और जो अपना प्रभुत्व क़ायम करना चाहते हैं, वे कुछ और चाहते हैं। कार के अनुसार अंतर्राष्ट्रीय संबंधों का अध्ययन स्वप्नदर्शिता को परे रख कर ज़मीनी हक़ीक़त के निर्मम विश्लेषण के बिना नहीं हो सकता।

द्वितीय विश्व-युद्ध की हक़ीक़त और उसके बाद शुरू हुई शीत-युद्ध की राजनीति ने आदर्शवादी चिंतन को पूरी तरह पृष्ठभूमि में धकेल दिया। उसे नीतिगत नाकामी और सैद्धांतिक बचकानेपन का उदाहरण माना जाने लगा। लेकिन, नब्बे के दशक में सोवियत ख़ेमे के बिखराव और परिणामस्वरूप शीत-युद्ध के ख़ात्मे के बाद अंतर्राष्ट्रीय संबंधों के अनुशासन में आदर्शवाद की वापसी की प्रक्रिया शुरू होने लगी। तीस के दशक के आख़िरी और चालीस के दशक के शुरुआती दौर में जिन तर्कों के आधार पर यथार्थवादियों ने आदर्शवाद को ख़ारिज किया था, उनमें संशोधन करने की ज़रूरत महसूस की जाने लगी है। इस तरह एक बार फिर उदारतावादी चिंतन की साख बढ़ने लगी। ख़ास कर भूमण्डलीकरण के दौर में परस्पर निर्भरता के आर्थिक और संस्थागत आयामों का विकास होने के कारण परिस्थितियाँ आदर्शवादी आग्रहों के अधिक अनुकूल समझी जाने लगी हैं। आदर्शवाद को सकारात्मक निगाह से देखने वाले यथार्थवाद के समर्थकों से पूछ रहे हैं कि आज जब सम्प्रभु राज्यों के बीच होने वाले युद्धों की जगह राज्यों के भीतर होने वाले संघर्ष लेते जा रहे हैं तो उनके सिद्धांत की क्या प्रासंगिकता है? कुल मिला कर यथार्थवाद और आदर्शवाद के बीच बहस में नया आवेग आ चुका है।

देखें : अंतर्राष्ट्रीय मुद्रा कोष, आतंकवाद, इमैनुएल कांट, इतिहास का अंत, एडवर्ड हैलेट कार, जाति-संहार, तृतीय विश्व, द्वितीय विश्व-युद्ध, नस्लवाद, नव-उपनिवेशवाद, निर्भरता सिद्धांत, निरस्त्रीकरण, पेटेंट, प्रथम

विश्व-युद्ध, प्रगति, बौद्धिक सम्पदा अधिकार, ब्रेटन वुड्स प्रणाली, रंगभेद, उपनिवेशवाद, यथार्थवाद, युद्ध, युरोपीय यूनियन, रचनात्मकतावाद, राजनय, विश्व व्यापार संगठन, विश्व बैंक, विश्व-सरकार, वि-उपनिवेशीकरण, सभ्यताओं का संघर्ष, सम्प्रभुता, संयुक्त राष्ट्र, साम्राज्यवाद, शक्ति-संतुलन, शांति, शांतिवाद, शस्त्र-नियंत्रण।

संदर्भ

1. एस. कोबर (1990), 'आइडियलपॉलिटिक', *फ़ॉरैन पॉलिसी,* अंक 79.
2. डी. लोंग और पी. विल्सन (1995), *थिंकर्स ऑफ़ द 'ट्वेंटी इयर्स' क्राइसिस,* क्लैरेंडन प्रेस, ऑक्सफ़र्ड.
3. ई.एच. कार (1946), *द ट्वेंटी इयर्स क्राइसिस 1919-1939,* दूसरा संस्करण, मैकमिलन, लंदन.
4. एम. ग्रिफ़िथ (1995), *रियलिज़म, आइडलिज़म ऐंड इंटरनैशनल पॉलिटिक्स,* रॉटलेज, लंदन.

—अभय कुमार दुबे

आदिवासी-प्रश्न-1

(व्यापक समाज के साथ रिश्ते का प्रश्न)

(Tribal Question-1)

समाज-वैज्ञानिकों के बीच इस प्रश्न पर तक़रीबन सहमति है कि उत्तर-औपनिवेशिक भारतीय राज्य आदिवासी-प्रश्न सुलझाने में नाकाम रहा है। अगर एक तरफ़ 2008 में गूजरों द्वारा ख़ुद को अनुसूचित जनजाति की श्रेणी में शामिल करने का जुझारू आंदोलन चलाने से आदिवासी होने की संवैधानिक परिभाषा विवादित हुई है, तो दूसरी ओर माओवादी हथियारबंद बग़ावत को आदिवासी समाज द्वारा मिली हमदर्दी ने भारतीय राज्य द्वारा उनके बीच किये गये वैकासिक प्रयासों पर सवालिया निशान लगा दिया है। कुल मिला कर यह एक ऐसा अनुत्तरित प्रश्न है जिसकी उलझनें लगातार बनी हुई हैं।

आदिवासियों से संबंधित समाज-वैज्ञानिक विमर्श भी कम पेचीदा नहीं है। भारत में जनजातियों की अलग से पहचान करने की शुरुआत औपनिवेशिक शासन के समय से ही शुरू हुई। सुदीप्त कविराज मानते हैं कि औपनिवेशिक शासन ने सार्वजनिक विमर्श में अपना वर्चस्व क़ायम करने के लिए नयी कोटियों का निर्माण किया। इसने इस सिद्धांत को स्थापित किया कि राज्य को सार्वजनिक व्यवस्था में हस्तक्षेप करने का प्राधिकार है। इसी मक़सद से इसने नयी पहचानों को बढ़ावा दिया। अंग्रेज़ों ने भारत में दस वर्षों के अंतराल पर जनगणना की शुरुआत की। इसमें सिर्फ़ लोगों की गिनती ही शामिल नहीं थी, बल्कि इसके द्वारा जनसंख्या को विभिन्न श्रेणियों में भी बाँटा गया। इसीलिए निकोलस बी. डिर्क्स ने औपनिवेशिक राज्य को 'एथ्नोग्राफ़िक स्टेट' (नृजातिवर्णन-आधारित राज्य) की संज्ञा दी है। दूसरी ओर, आंद्रे बेते मानते हैं कि दुनिया के कुछ भागों में औपनिवेशिक शासन ने पुरानी पहचानें ख़त्म करने के लिए नयी श्रेणियाँ रचीं। लेकिन यह नहीं कहा जा सकता है कि जनजातियों की श्रेणी पूरी तरह से औपनिवेशिक दौर की देन है। बेते के अनुसार दुनिया के अधिकांश भागों में जनजातियों और सभ्यता के बीच में कई सदियों से पारस्परिक अंत:क्रिया चलती रही है। फिर भी, अंग्रेज़ी शासन के दौरान ही जनजातियाँ स्पष्ट रूप से पृथक श्रेणी के रूप में सामने आयीं। अंग्रेज़ों ने इस श्रेणी की मदद से अपनी नीतियों को आगे बढ़ाया।

आदिवासियों के बारे में समाज-वैज्ञानिक विमर्श की पेचीदगी उस समय और बढ़ जाती है जब हम ब्रिटिश और भारतीय विद्वानों के रवैये पर तुलनात्मक नज़र डालते हैं। जनजातियों के बारे में विचार करते हुए ब्रिटिश मानवशास्त्रियों ने उनके व्यापक भारतीय समाज से अलगाव पर ज़्यादा ज़ोर दिया। उन्होंने जाति और जनजाति को बिल्कुल अलग-अलग श्रेणियों के रूप में पेश किया। उन्होंने साबित करने की कोशिश की कि जनजातियाँ समाज की शेष जनसंख्या से पूरी तरह से अलग-थलग होकर रहती हैं। इसके विपरीत भारतीय मानवशास्त्रियों या समाजशास्त्रियों ने जनजातियों के व्यापक समाज से जुड़ाव और उसकी सम्भावनाओं को रेखांकित किया। जनजातियों और व्यापक भारतीय समाज के बीच ज़्यादा गहरे अंतर पर रोशनी डालते हुए भारतीय विद्वानों ने इन्हें अलग-अलग प्रकारों (या 'टाइप') के रूप में माना और कहा कि जनजातियों का व्यापक भारतीय समाज से सांस्कृतिक-संक्रमण हो रहा है। इस प्रक्रिया के फलस्वरूप होने वाले बदलावों को विभिन्न विद्वानों ने अलग-अलग तरीक़े से देखा। मसलन, एन.के. बोस ने इसे 'जनजातियों को अपने में मिलाने की हिंदू पद्धति' की संज्ञा दी। उनके अनुसार, जनजातियों के हिंदू जातियों से नज़दीकी संबंध थे और जनजातियों का हिंदू जातियों में बदलाव होता रहता था। जनजातियों और शेष समाज के बीच एक तरह का सहजीवी आर्थिक संबंध होने के कारण दोनों को फ़ायदा होता रहा है। डी.डी. कोसम्बी ने इसे व्यापक भारतीय समाज के प्रसार के रूप में देखा। एफ़.जी. बेली मानते हैं कि किसी समूह को 'सिर्फ़ जाति' या 'सिर्फ़ जनजाति' के रूप में नहीं देखना चाहिए। उन्होंने इन्हें कॉन्टिनम के रूप में देखने की सलाह दी; अर्थात् हम यह नहीं कह सकते कि कोई जनजाति पूरी तरह से जाति-व्यवस्था में ढल चुकी है या नहीं। हम यह बात सिर्फ़ डिग्री या स्तर के रूप में ही कर सकते हैं।

यह भी एक रोचक तथ्य है कि शुरू में जाति और जनजाति के बीच अंतर करने का कोई स्पष्ट आधार नहीं था।

1931 की जनगणना के बाद से जनजातियों और जातियों को स्पष्ट रूप से अलग किया जाने लगा। जिस समूह के धार्मिक विश्वास और व्यवहार 'हिंदू' के रूप में थे, उसे जाति माना गया। दूसरी ओर, यदि कोई समूह जड़वादी (या एनिमिस्ट) था, तो उसे जनजाति माना गया। ज्ञातव्य हो कि गोविंद सदाशिव घुर्ये ने जनजातियों को एक प्रकार मानने की जगह इन्हें 'पिछड़े हिंदुओं' की संज्ञा दी थी। इसके उलट वर्जीनियस खाखा इस बात को नकारते हैं कि भारत की जनजातियों को हिंदू माना सकता था, क्योंकि जनजातियों के 'प्राकृतिक धर्म' की हिंदू धर्म के साथ कुछ समानता हो सकती है। चूँकि कुछ मायनों में इनका धर्म अमेरिका और अफ्रीका की जनजातियों के व्यवहारों से भी मिलता-जुलता है, इसलिए इन्हें हिंदू की संज्ञा नहीं दी जा सकती है। खाखा के अनुसार घुर्ये के विचारों को दक्षिणपंथियों ने अपना लिया जिसका नतीजा ईसाई धर्म अपनाने वाले आदिवासियों की आलोचना में निकला है। खाखा मानते हैं कि भारत में समाजशास्त्रियों और मानवशास्त्रियों का ज़ोर इस बात पर रहा है कि किसी ग़ैर-जनजाति समाज से तुलना करते हुए ही जनजातियों का अध्ययन किया जाए। इसमें भी अंततः इस बात पर ध्यान दिया जाता है कि किस सीमा तक किसी जनजाति का जाति में रूपांतरण हो रहा है? या जनजातियाँ किस सीमा तक खेतिहर सभ्यता के नज़दीक हैं, आदि। जनजातियों को एक अलग समुदाय मानते हुए इन पर विचार नहीं किया जाता है। ज़ाहिर है कि विद्वानों में इस बात पर कोई सहमति नहीं है कि जनजातियों और हिंदुओं के बीच के संबंध को कैसे देखा जाए। इन्हें हिंदू तो नहीं ही माना जा सकता है, पर यह ज़रूर है कि कई क्षेत्रों में इन पर हिंदू या ईसाई धर्मों का प्रभाव पड़ा है।

औपनिवेशिक शासन ने भारत के जंगलों और इसके आस-पास रहने वाले समुदायों पर अभूतपूर्व प्रभाव डाला। अंग्रेज़ों के आने से पहले भी शासक जंगलों में हस्तक्षेप करते थे, लेकिन औपनिवेशिक शासन के दौरान यह हस्तक्षेप बहुत ज़्यादा बढ़ गया। भारत के जंगलों और वहाँ रहने वाले लोगों पर अंग्रेज़ी शासन के प्रभावों के बारे में विद्वानों के बीच बहुत गहरा वाद-विवाद रहा है। औपनिवेशिक इतिहासकारों ने इस बात पर ज़ोर दिया है कि अंग्रेज़ों ने भारत में 'क़ानून का शासन' स्थापित किया और उन्होंने भारत के जंगलों को बर्बाद होने से बचा लिया। इसके विपरीत, बहुत से भारतीय विचारकों ने इस तर्क को नकारा है कि अंग्रेज़ों ने भारत में 'क़ानून का शासन' स्थापित किया। इनका मानना है कि अंग्रेज़ों ने अपने हितों के हिसाब से बहुत ज़्यादा और कई बार उल्टे रूप में क़ानूनों में बदलाव किया। अस्सी के दशक में अपने बेहतरीन शोध द्वारा रामचंद्र गुहा और माधव गाडगिल ने यह साबित करने की कोशिश की कि अंग्रेज़ों ने अपने साम्राज्यवादी हित पूरे करने के लिए ही जंगलों के बारे में अपनी नीतियाँ बनायीं। बाद में, रिचर्ड ग्रोव ने अपने शोध द्वारा यह बताया कि दरअसल अंग्रेज़ी शासन के शुरुआती दौर में इकोलॅजी के सवालों पर भी गहरा चिंतन हो रहा था। इनका मानना है कि गुहा और गाडगिल जैसे इतिहासकार इस बात की उपेक्षा करते हैं। ग्रोव का शोध मुख्य तौर पर 1850 के दशक के पहले के घटनाक्रमों पर ध्यान देता है, जबकि गुहा और गाडगिल 1850 के बाद की स्थिति पर ध्यान देते हैं। बहरहाल, अमूमन इतिहासकारों में, जिनमें रिचर्ड ग्रोव भी शामिल हैं, इस बात पर सहमति है कि 1850 के बाद के दौर में अंग्रेज़ों की वन नीति के केंद्र में उनका साम्राज्यवादी हित ही था।

दरअसल, औपनिवेशिक शासन के दौरान दो-स्तरीय प्रक्रियाएँ चलीं। एक ओर, अंग्रेज़ों ने जनजातियों की अलग कोटि बनायी और उनके लिए कुछ अलग क़ानून भी बनाये। मसलन, उन्होंने 1874 में द शेड्यूल्ड डिस्ट्रिक्ट एक्ट लागू किया। इसमें बहुत से ज़िलों को 'अनुसूचित ज़िलों' का दर्जा दिया गया और उन्हें 'बहिर्वेशित' और 'आंशिक रूप से बहिर्वेशित' क्षेत्रों में बाँटा गया। 'बहिष्कृत' क्षेत्रों में उत्तर-पूर्व के क्षेत्र शामिल किये गये, जबकि 'आंशिक रूप से बहिर्वेशित क्षेत्रों' में देश के दूसरे भागों के आदिवासी इलाक़े शामिल किये गये। औपनिवेशिक शासकों ने इस तरह की व्यवस्था के लिए 'जनजातियों की भलाई' के तर्क का प्रयोग किया। दरअसल, इस तरह की व्यवस्था ने उन्हें इन क्षेत्रों पर अपना नियंत्रण क़ायम रखने में मदद दी। दूसरी ओर, अपने साम्राज्यवादी हितों को बढ़ावा देने के लिए उन्होंने जंगलों पर अपना एकाधिकार क़ायम करने की नीति अपनायी। इसके लिए उन्होंने 'एमिनेंट डोमेन' के सिद्धांत का सहारा लिया। जंगलों के दोहन के मक़सद से ही 1864 में वन विभाग की स्थापना की गयी। इसके बाद 1865 में वन अधिनियम बनाया गया। इस अधिनियम की कमियाँ दूर करने और इसे ज़्यादा प्रभावकारी बनाने के लिए 1878 का अधिनियम लाया गया। बाद में, इसमें स्पष्टता लाने के लिए 1927 का वन अधिनियम बनाया गया। इसकी 84 धाराओं में से 81 धाराएँ 1878 के क़ानून से ही ली गयी थीं। इन क़ानूनों द्वारा अंग्रेज़ों ने जंगल और इसके संसाधनों पर अपना प्रभुत्त्व स्थापित करने की कोशिश की। 1878 के वन अधिनियम में प्रावधान किया गया कि किसी स्थान को 'जंगल' घोषित करने के बाद वहाँ पर रहने वाले लोगों के सम्पत्ति अधिकार को मान्यता दी जाएगी। लेकिन इसके लिए यह ज़रूरी था कि दावा करने वाले लोग अपने इस दावे के पक्ष में कोई लिखित प्रमाण पेश करें। ऐसा न होने पर उन्हें इस ज़मीन का 'अतिक्रमक' घोषित कर दिया गया। बहुत सी जगहों को जंगल घोषित करते वक़्त लोगों के अधिकार सही तरीक़े से तय नहीं किये गये। इस कारण उनके सारे 'अधिकार' ख़त्म हो गये। ऐसे लोग अपने क्षेत्र के वन अधिकारी की मनमर्ज़ी पर निर्भर हो गये। इस क़ानून द्वारा जंगलों और उसके संसाधनों पर इनके अधिकार 'छूट' में तब्दील कर दिये गये।

शुरुआत में अंग्रेज़ों ने मुख्य तौर पर नौकाओं और रेलवे के स्लीपरों के लिए जंगलों का दोहन किया। लेकिन बाद में उन्होंने अपना मुनाफ़ा बढ़ाने के लिए जंगलों का दोहन बहुत ज़्यादा बढ़ा दिया। ऐसा भी नहीं था कि यह पूरी तरह से इकतरफ़ा प्रक्रिया थी। इस दौर में आदिवासियों ने औपनिवेशिक शासन के दख़ल के ख़िलाफ़ बहुत ज़्यादा विद्रोह किये। इन विद्रोहों के कारण अंग्रेज़ों को इन इलाक़ों के लिए कई प्रगतिशील क़ानून बनाने पड़े। 1908 में बना छोटानागपुर टेनेंसी एक्ट ऐसे ही क़ानून का उदाहरण है। इसके पीछे मुख्य मक़सद यह था कि बिरसा मुंडा की बग़ावत के प्रभावों को ख़त्म किया जाए। इसमें अन्य बातों के अलावा यह प्रावधान भी किया गया कि जनजातीय समुदायों की ज़मीन ग़ैर-जनजातीय लोगों को न दी जाए। इसी तरह, 1910 में बस्तर में आदिवासियों के विद्रोह के बाद अंग्रेज़ों ने आरक्षित किये जाने वाले जंगल के रकबे में काफ़ी कमी की।

देखें : अनुसूचित जनजातियाँ, गोविंद सदाशिव घुर्ये, छत्तीसगढ़, झाड़खण्ड, भारत में किसान-संघर्ष-1, 2 और 4, भारतीय राज्य, भारतीय संविधान-1 से 8 तक, माओवाद और माओ विचार, सामाजिक बहिर्वेशन, सुदीप्त कविराज, वेरियर एलविन।

संदर्भ

1. बेला भाटिया (2005), 'कम्पीटिंग कंसर्न्स', *इकॉनॉमिक ऐंड पॉलिटिकल वीकली,* खण्ड 40, अंक 47.
2. बेला भाटिया, नंदिनी सुंदर और वर्जीनीयस खाखा (2005), 'शेड्यूल्ड ट्राइब्स बिल 2005', *इकॉनॉमिक ऐंड पॉलिटिकल वीकली,* खण्ड 40, अंक 43.
3. माधव गाडगिल और रामचंद्र गुहा (1992), *दिस फ़िशर्ड लैण्ड : एन.इकोलॉजिकल हिस्ट्री ऑफ़ इण्डिया,* ऑक्सफ़र्ड युनिवर्सिटी प्रेस, नयी दिल्ली.
4. अखिलेश्वर पाठक (1994), *कंटेस्टिड डोमेंस : द स्टेट, पीज़ेंट्स ऐंड फ़ॉरेस्ट्स इन कंटेम्परेरी इण्डिया,* सेज पब्लिकेशंस, नयी दिल्ली.

—कमल नयन चौबे

आदिवासी-प्रश्न-2

(वन अधिकार क़ानून के लिए संघर्ष)

(Tribal Question-2)

स्वतंत्रता प्राप्ति के बाद भी दो समानांतर प्रक्रियाएँ चलीं। संविधान की छठी अनुसूची के अंतर्गत उत्तर-पूर्व के राज्यों के चुनिंदा क्षेत्रों के लिए विशेष प्रावधान किये गये। इसी तरह देश के दूसरे भागों के आदिवासी बहुल क्षेत्रों के लिए पाँचवीं अनुसूची के अंतर्गत कुछ ख़ास संवैधानिक सुरक्षाएँ दी गयीं। इन क्षेत्रों के विकास के लिए सरकार ने भी कई कार्यक्रम शुरू किये। छठी अनुसूची के अंतर्गत आने वाले क्षेत्रों में स्वायत्त ज़िला परिषदों की व्यवस्था की गयी। इस कारण इन्हें कुछ स्वायत्तता मिली। लेकिन पाँचवीं अनुसूची के क्षेत्रों की स्थिति में कोई ख़ास बदलाव नहीं हुआ। इसके प्रावधानों को गम्भीरता से लागू करने की कोशिश भी नहीं की गयी। मसलन, पाँचवीं अनुसूची की धारा 5 (1) के अनुसार, राज्यों के राज्यपाल संसद या विधानसभा द्वारा पारित किसी क़ानून को पाँचवीं अनुसूची के क्षेत्रों में लागू करने से मना कर सकते हैं; या वे यह निर्देश दे सकते हैं कि ज़रूरी संशोधनों के बाद ही इन्हें इन क्षेत्रों में लागू किया जा सकता है। लेकिन स्वतंत्र भारत के इतिहास में कभी भी किसी राज्यपाल ने इस संवैधानिक प्रावधान का उपयोग नहीं किया। इस कारण केन्द्र और राज्य के सभी क़ानून पाँचवीं अनुसूची में आने वाले क्षेत्रों में भी लागू होते गये। किसी ने इस बात की परवाह नहीं की कि ये क़ानून इन क्षेत्रों के लिए किस सीमा तक उपयुक्त हैं। इसके साथ ही 1927 के वन अधिनियम और इसके अंतर्गत राज्य को मिले 'एमिनेंट डोमेन' का अधिकार भी क़ायम रखा गया। देश के दूसरे भागों में भूमि सुधार कार्यक्रम लागू किये गये, लेकिन जंगल में या जंगल की ज़मीन पर बसे गाँवों में इस तरह के भूमि सुधार लागू करने की कोशिश नहीं की गयी। 1952 की वन नीति में राष्ट्रीय विकास के लिए जंगलों के उपयोग करने का फ़ैसला किया गया। इसमें यह कहा गया कि कोई गाँव जंगल के संसाधनों पर सिर्फ़ इसलिए अपना दावा नहीं कर सकता है क्योंकि वह वहाँ बसा हुआ है।

दरअसल, उत्तर-औपनिवेशिक दौर में वन-निवासी समुदायों के लिए मुश्किलें काफ़ी बढ़ गयीं। इस संदर्भ में पहली बात तो यह हुई कि बड़े पैमाने पर नये जंगल बनाये गये। लेकिन इन क्षेत्रों में लोगों के अधिकार तय नहीं किये गये। दूसरा, वन विभाग का बहुत ज़्यादा विस्तार हुआ। इससे इन क्षेत्रों में रहने वाले आदिवासियों की गतिविधियों पर इसका नियंत्रण बहुत ज़्यादा बढ़ गया। तीसरा, राष्ट्रीय विकास के नाम पर जंगलों का अंधाधुंध दोहन किया गया। स्वतंत्र भारत की सरकार ने अंग्रेज़ों की 'वैज्ञानिक वानिकी' (साइंटिफ़िक फ़ॉरेस्ट्री) की नीति जारी रखी। इसने भी मिश्रित जंगलों की जगह उद्योगों के लिए फ़ायदेमंद पेड़ लगाने पर ज़ोर दिया। इससे जंगल और वन्य जीव— दोनों को ही बहुत ज़्यादा नुक़सान का सामना करना पड़ा। चौथा, जंगलों और वन्य जीवों की स्थिति बेहतर बनाने के लिए 1970 के बाद के वर्षों में कई ऐसे क़ानून बने, जिनके कारण वन निवासियों की ज़िंदगी पर राज्य का नियंत्रण और भी सख़्त हो गया। 1972 में वन्य जीव (संरक्षण) अधिनियम पारित हुआ। इसमें राज्यों को संरक्षित क्षेत्र अर्थात् नैशनल पार्क और अभयारण्य

बनाने का अधिकार दिया गया। ख़ासतौर पर नैशनल पार्कों में स्थानीय समुदायों की गतिविधियों पर पाबंदी लगायी गयी और उन्हें दूसरी जगह बसाने का प्रावधान किया गया। 1980 में वन संरक्षण अधिनियम पारित हुआ। इसमें केन्द्र सरकार की इजाज़त के बग़ैर जंगल की ज़मीन के ग़ैर-वनीय उपयोग के लिए 'डायवर्ज़न' (या बदलाव) करने पर पाबंदी लगायी गयी। इन क़ानूनों की मदद से स्थानीय समुदायों की गतिविधियों पर तो पाबंदी लगायी गयी, लेकिन क़ानून के सभी प्रावधानों को सही तरीक़े से लागू नहीं किया गया। मसलन, नैशनल पार्कों से बहुत कम लोगों का दूसरी जगहों पर पुनर्वास किया गया। इसके अलावा, औद्योगिक हित पूरा करने के लिए बहुत बड़े पैमाने पर जंगल की ज़मीन का 'डायवर्ज़न' किया गया।

बहरहाल, 1970 के दशक से, ख़ासतौर पर आपातकाल के बाद, देश के दूसरे भागों की तरह ही इन क्षेत्रों में भी लोगों के भीतर राजनीतिक जागरूकता बढ़ी। इस दौर में स्थानीय स्तर पर बहुत से संगठनों का उभार हुआ और उन्होंने राज्य द्वारा ऊपर से थोपे गये 'विकास के मॉडल' का विरोध करना शुरू किया। इस तरह के बहुत से आंदोलनों में पर्यावरणीय चिंता और संसाधनों पर स्थानीय समूहों के हक़ की माँग— दोनों ही शामिल रही है। 1973 में शुरू हुआ 'चिपको आंदोलन' या 1980 के दशक का 'नर्मदा बचाओ आंदोलन' इसी तरह के प्रतिरोध के उदाहरण थे। रजनी कोठारी ने इस तरह की गतिविधियों के लिए 'ग़ैर-दलीय राजनीतिक प्रक्रिया' शब्द का इस्तेमाल किया है। इसके अलावा, 1980 के दशक में इन क्षेत्रों में माओवादियों की गतिविधियाँ बढ़ने से भी यहाँ के लोगों की राजनीतिक जागरूकता बढ़ी।

इन सब कारकों का प्रभाव भारत की वन नीति पर भी दिखा। 1988 में भारत सरकार द्वारा पेश की गयी वन नीति में एक बुनियादी बदलाव आया। अब जगंलों के प्रबंधन में स्थानीय समुदायों को भूमिका देने की बात स्वीकार की गयी। दरअसल, इस बदलाव में स्थानीय स्तर पर शुरू हुए आंदोलनों की सबसे बड़ी भूमिका थी। दरअसल, इन्हीं आंदोलनों ने पेसा या वन अधिकार क़ानून के निर्माण की नींव रखी।

इस वर्णन से यह बात स्पष्ट है कि पाँचवीं अनुसूची के प्रावधानों को गम्भीरता या ईमानदारी से लागू नहीं किया गया। पूरे देश में लागू होने वाले क़ानून इन इलाक़ों में भी लागू कर दिये गये। इस बात की परवाह नहीं की गयी कि ये क़ानून किस सीमा तक इन क्षेत्रों के लोगों की परम्पराओं के अनुकूल हैं। एक तरह से इन क्षेत्रों में रहने वाले सभी लोगों का अपराधीकरण हो गया। इन जगहों पर उनकी उपस्थिति, उनकी परम्पराएँ और उनके द्वारा अपनी जीविका कमाने के लिए जंगलों के संसाधनों का उपयोग आदि सभी काम ग़ैरक़ानूनी बन गये। यह संविधान की मूल भावना के विपरीत था। अब राज्य कभी भी उनकी किसी गतिविधि को 'अपने क़ानून' के हिसाब से ग़लत ठहरा सकता था। यही कारण था कि 1970 और 1980 के दशक में स्थानीय स्तर पर सामने आये आंदोलनों में यह माँग ज़ोर-शोर से उठायी गयी कि स्थानीय समुदायों का उनके संसाधनों पर हक़ होना चाहिए। पेसा के लिए चलने वाले आंदोलनों में भी यही माँग थी।

अस्सी के दशक में ऊपर से थोपे गये विकास और मनमाने क़ानूनों के ख़िलाफ़ आदिवासियों का विरोध कई रूपों में सामने आने लगा था। इस संदर्भ में 'नाटे ना राज आंदोलन' बहुत ही महत्त्वपूर्ण है। बस्तर के सुदूर घने जंगलों के बीच संगम गाँव में 8 से 10 नवम्बर 1988 को 'ग्राम-स्वराज' सम्मेलन सम्पन्न हुआ। इस संदर्भ में आगे चलकर 2 नवम्बर 1991 को भारत जन आंदोलन की स्थापना हुई। दरअसल, यह आदिवासी इलाक़ों में काम करने वाले कई संगठनों और आंदोलनों के एक संयुक्त मोर्चे के रूप में सामने आया। डॉ. ब्रह्मदेव शर्मा ने इस संगठन को वैचारिक दिशा देने का काम किया। वे आदिवासियों के हितैषी प्रशासक के रूप में प्रसिद्ध रहे हैं। उन्होंने अनुसूचित जातियों और अनुसूचित जनजातियों के आयुक्त के रूप में भी काम किया। इस रूप में उनके द्वारा तैयार की गयी रिपोर्टों में आदिवासियों के हितों से संबंधित कई बुनियादी सवाल उठाये गये। अनुसूचित जाति और अनुसूचित जनजाति के आयुक्त की उनतीसवीं रिपोर्ट में उन्होंने सिफ़ारिश की कि कम-से-कम आदिवासी इलाक़ों में पूरी तरह स्वशासी व्यवस्था क़ायम की जाए। उन्होंने इस बात पर भी ज़ोर दिया कि इन इलाक़ों में स्थानीय समाज को सभी संसाधनों के रखरखाव और उपयोग का पूरा अधिकार होना चाहिए। भारत जन आंदोलन ने भी आदिवासी इलाक़ों में चलाये जाने वाले अपने विभिन्न आंदोलनों के माध्यम से संसाधनों पर स्थानीय समुदायों की हक़दारी पर ज़ोर दिया। इसने यह माँग रखी कि विकास कार्यक्रमों के बारे में स्थानीय लोगों से सहमति ली जानी चाहिए।

इस बीच संसद ने 73 वें और 74वें संविधान संशोधन द्वारा संविधान में भाग 9 (पंचायत) और भाग 9क (नगरपालिकाओं) जोड़ा। राजीव गाँधी सरकार द्वारा तैयार किये गये पहले विधेयक की तरह ही अब अनुसूचित क्षेत्रों को इससे बाहर रखने की व्यवस्था की गयी। साथ ही, यह प्रावधान किया गया कि संसद इन भागों के लिए स्थानीय परिस्थितियों के अनुसार अलग से क़ानून बनायेगी। लेकिन बहुत से राज्यों ने इस पहलू पर ध्यान दिये बग़ैर ही अपने पंचायत अधिनियम बना दिये। कई राज्यों में इन अधिनियमों के अनुसार चुनाव भी हो गये। मसलन, मध्य प्रदेश और ओडीशा में पंचायत राज क़ानून के प्रावधानों की उपेक्षा करते हुए अनुसूचित क्षेत्रों में भी चुनाव करा दिये गये। लेकिन भारत जन आंदोलन ने आदिवासी स्वशासन के लिए अपना दबाव बनाये रखा। इस संदर्भ में इसकी पहल पर आदिवासी

स्वशासन के लिए राष्ट्रीय मोर्चे का भी गठन हुआ। आंदोलन के दबाव के कारण आख़िरकार केन्द्र सरकार ने जून 1994 में कांग्रेस सांसद दिलीप सिंह भूरिया की अध्यक्षता में सांसदों और विशेषज्ञों की एक 22 सदस्यीय समिति का गठन किया। इसका काम पाँचवीं अनुसूची के क्षेत्रों में पंचायती व्यवस्था के बारे में सिफ़ारिश देना था। भारत जन आंदोलन के नेता ब्रह्म देव शर्मा भी इस समिति में शामिल थे। पेसा के लिए गठित इस समिति की कुछ मुख्य सिफ़ारिशें इस प्रकार थीं :

पहला, आदिवासी इलाक़े की प्रत्येक बस्ती (हैमलेट) को, चाहे उसकी आबादी कितनी भी क्यों न हो, ग्राम सभा का दर्जा दिया जाना चाहिए। दूसरा, आदिवासी क्षेत्रों में युगों से चले आ रहे पारम्परिक रीति-रिवाज़ों और व्यवस्थाओं का आदर किया जाना चाहिए। उन्हें जारी रखा जाना चाहिए और आधुनिक व्यवस्था से उनका तालमेल होना चाहिए। तीसरा, ग्राम सभा के अधिकार क्षेत्र में वे सभी काम आने चाहिए जो लोगों की आम ज़िंदगी से संबंधित हैं। इनमें जल, जंगल, ज़मीन सहित प्राकृतिक संसाधनों पर समाज के परम्परागत अधिकार की रक्षा और उनकी देखरेख विशेष रूप से उल्लेखनीय हैं। आरक्षित या दूसरे वनों से 'निस्तार' (वनोपजों के संग्रह आदि) की पूरी व्यवस्था ग्राम सभा ही करेगी। चौथा, ग्राम सभा के पास गाँव स्तर पर विकास का काम करने का अधिकार होना चाहिए। सरकार को विकास और दूसरे कामों के लिए आबंटित पूरी धनराशि ग्राम सभा को दे देनी चाहिए। पाँचवा, ग्राम सभा को सभी तरह के फ़ौजदारी मामले और दीवानी मामलों पर विचार करने और उन पर फ़ैसला करने का अधिकार होना चाहिए। लेकिन हत्या और डकैती जैसे जघन्य अपराधों के बारे में पुलिस ही उचित कार्रवाई करेगी। छठा, ग्राम सभा की सहमति के बग़ैर किसी तरह का भूमि अधिग्रहण नहीं किया जाए। उसे भूमि अधिग्रहण के प्रस्तावों पर विचार करने, भूमि अधिग्रहण से प्रभावित लोगों के लिए पुनर्वास योजनाओं का अनुमोदन करने और उन्हें लागू करने का अधिकार होना चाहिए। सातवाँ, छठी अनुसूची की तरह ही पाँचवीं अनुसूची के क्षेत्रों में भी स्वायत्तशासी ज़िला परिषदों की व्यवस्था लागू की जानी चाहिए। समिति ने अपने विचार-विमर्श में यह भी स्वीकार किया कि स्थानीय समुदायों को अधिकार न मिलने के कारण इन क्षेत्रों के लोगों में ज़बरदस्त असंतोष मौजूद है और इससे माओवादी आंदोलन को ठोस आधार मिला है।

ऊपर के वर्णन से स्पष्ट है कि भूरिया समिति ने ग्राम सभा को बहुत ही मज़बूत बनाने की सिफ़ारिश की। एक तरह से इसने स्थानीय स्तर पर चलने वाले आंदोलनों की माँगें ही आगे बढ़ायीं। दरअसल, भूरिया समिति ने दो रिपोर्ट दी थीं। इसने अपनी पहली रिपोर्ट 17 जनवरी 1995 को पेश की। यह अनुसूचित क्षेत्रों में पंचायत ख़ासतौर पर ग्राम सभा से संबंधित थी। 15 जुलाई 1995 को इसने अपनी दूसरी रिपोर्ट पेश की। इसमें पाँचवीं अनुसूची के क्षेत्रों में नगरपालिकाओं के बारे में बहुत-सी सिफ़ारिशें की गयी थीं। इसमें इस क्षेत्र में नगरपालिकाओं को ज़्यादा स्वायत्त बनाने पर ज़ोर दिया गया था। बहरहाल, भारत जन आंदोलन और दूसरे जन-संगठनों ने पहले पंचायत से संबंधित मामलों पर ध्यान देने का फ़ैसला किया। दरअसल, उन्होंने यह महसूस किया कि गाँवों में स्थानीय समुदायों को हक़ दिलाना ज़्यादा महत्त्वपूर्ण है और शहरी क्षेत्रों पर बाद में ध्यान दिया जा सकता है।

देखें : अनुसूचित जनजातियाँ, गोविंद सदाशिव घुर्ये, छत्तीसगढ़, झाड़खण्ड, भारत में किसान-संघर्ष-1, 2 और 4, भारतीय राज्य, भारतीय संविधान-1 से 8 तक, माओवाद और माओ विचार, सामाजिक बहिर्वेशन, सुदीप्त कविराज, वेरियर एलविन।

संदर्भ

1. अखिलेश्वर पाठक (2002), *लॉ, स्ट्रेटजीज़ ऐंड आइडियॉलॅजीज़ : लेजिस्लेटिंग फ़ॉरेस्ट्स इन कोलोनियल इण्डिया,* ऑक्सफ़र्ड युनिवर्सिटी प्रेस, नयी दिल्ली.
2. अमरीन रोसेनक्राँन और शरद चंद्र लेले (2008), 'सुप्रीम कोर्ट ऐंड इण्डियाज़ फ़ॉरेस्ट', *इकॉनॉमिक ऐंड पॉलिटिकल वीकली,* खण्ड 43, अंक 5.
3. अमिता बाविस्कर (1993), *इन बैली ऑफ़ द रिवर : ट्राइबल कॉन्फ़्लिक्ट ओवर डिवेलपमेंट इन नर्मदा वैली,* ऑक्सफ़र्ड युनिवर्सिटी प्रेस, नयी दिल्ली.
4. के. शिवरामकृष्णन (1995), 'कोलोनियलिज़म ऐंड फ़ॉरेस्ट्री इन इण्डिया : इमेजिनिंग द पास्ट इन प्रज़ेंट पॉलिटिक्स', *कॉम्पेरेटिव स्टडीज़ इन सोसाइटी ऐंड हिस्ट्री,* खण्ड 37, अंक 1.

—कमल नयन चौबे

आदिवासी-प्रश्न-3

(नये क़ानून की विशेषताएँ और सीमाएँ)

(Tribal Question-3)

तिहत्तरवें संविधान संशोधन के बाद कई राज्यों ने पंचायत अधिनियम तैयार करके अपने यहाँ के अनुसूचित क्षेत्रों में भी चुनाव करा लिए थे। जब ये चुनाव हो रहे थे तो इन्हें चुनौती नहीं दी गयी, क्योंकि उस समय वैकल्पिक क़ानून की कोई रूपरेखा नहीं थी। भूरिया समिति की रिपोर्ट ने यह कमी पूरी कर दी थी। रिपोर्ट आने के दो दिन बाद आंध्र प्रदेश में चुनाव हो रहे थे। लेकिन वहाँ के उच्च न्यायालय ने इन चुनावों पर रोक लगा दी। बिहार उच्च न्यायालय ने भी यह व्यवस्था

दी कि पंचायत क़ानूनों को ज्यों-का-त्यों अनुसूचित क्षेत्रों पर लागू करना संविधान का उल्लंघन है। इसके बाद भारत जन आंदोलन ने भूरिया समिति की सिफ़ारिशों के आधार पर क़ानून बनाने की माँग को लेकर अपना आंदोलन तेज़ कर दिया। ऊपर इस बात का उल्लेख किया गया है कि भारत जन आंदोलन का गठन ब्रह्मदेव शर्मा की प्रेरणा से हुआ। इस संगठन ने ख़ासतौर पर, तत्कालीन मध्य प्रदेश और बिहार में (2000 में इससे अलग होकर क्रमशः छत्तीसगढ़ और झाड़खण्ड राज्य बने)। आदिवासियों के भीतर ग्राम स्वराज की भावना भरने में महत्त्वपूर्ण भूमिका अदा की।

वैसे इस संगठन का नेतृत्व डॉ. शर्मा के हाथों में था, लेकिन संगठन की गतिविधियों के बारे में फ़ैसला करने वाले लोगों में बहुत से आदिवासी भी शामिल थे। इन लोगों ने अपने क्षेत्र में गाँव के स्तर पर दूसरे आदिवासियों को संगठित किया। इन इलाक़ों में प्रस्तावित क़ानून को 'हमारा क़ानून' का दर्जा दिया गया। यानी लोगों में यह भावना भरने की कोशिश की गयी कि यह क़ानून उनका अपना क़ानून है। इसने 2 अक्टूबर, 1995 से पूरे आदिवासी क्षेत्र में सिविल नाफ़रमानी की घोषणा की। 16 नवम्बर, 1995 को खरगौन मध्य प्रदेश में पचास हज़ार आदिवासियों की एक बड़ी रैली हुई जिसमें 'हमारे गाँव में हमारा राज' नारा बुलंद किया गया। फिर 15 फ़रवरी, 1996 को दिल्ली में राजघाट पर नया क़ानून बनाने के लिए अनिश्चितकालीन उपवास शुरू हुआ। आख़िरकार, दस दिन बाद सरकार से समझौता हुआ। इसमें सरकार ने यह मंज़ूर किया कि वह संसद के आगामी सत्र में नये क़ानून के लिए विधेयक पेश करेगी। इस उपवास के दौरान विभिन्न राजनीतिक दलों के सदस्यों ने भी इस आंदोलन को अपना समर्थन दिया। आंदोलनकारियों ने सरकार पर दबाव बनाये रखा। स्थानीय स्तर पर इस क़ानून के लिए जागरूकता अभियान चलाने के साथ ही दिल्ली में धरने-प्रदर्शन का सिलसिला चलता रहा। दिल्ली में 2 अक्टूबर 1996 को आदिवासियों की एक रैली हुई। इसमें नये क़ानून को जल्द-से-जल्द पारित करने की माँग की गयी। आख़िरकार अनुसूचित क्षेत्रों के लिए स्वशासी व्यवस्था करने से संबंधित विधेयक 1996 में संसद के शीतकालीन सत्र में एकमत से पारित हो गया और राष्ट्रपति ने 24 दिसम्बर को अनुमोदित कर दिया। इसमें यह स्पष्ट प्रावधान किया गया कि राज्य स्तर के जो भी क़ानून पेसा से टकराते हैं उन्हें एक साल के भीतर सुधार लिया जाना चाहिए, नहीं तो वे अप्रभावकारी हो जाएँगे।

पेसा के लिए आंदोलन करने वाले जन संगठनों ने इसे ऐतिहासिक क़ानून का दर्जा दिया। उन्होंने यह दावा किया कि यह ग्राम-स्वराज्य का लक्ष्य वास्तविक रूप में लागू करता है। यह स्थानीय समुदायों को अपनी परम्पराओं और सामुदायिक प्रथाओं के अनुरूप जीवन के फ़ैसले लेने और संसाधनों का उपयोग करने में समर्थ बनाता है। पेसा में ग्राम सभा को अधिकार देने के बारे में भूरिया समिति की सिफ़ारिशें स्वीकार की गयीं। इसमें गाँव को टोला या बस्ती के आधार पर परिभाषित किया गया। इसमें यह प्रावधान भी किया गया कि पंचायतों से संबंधित किसी भी क़ानून में स्थानीय समुदायों की प्रथाओं, सामाजिक और धार्मिक पद्धतियों और सामुदायिक सम्पदाओं की परम्परागत प्रबंध पद्धतियों का ध्यान रखा जाएगा। इसमें उन सभी समूहों के लिए आरक्षण का प्रावधान किया गया, जिनके लिए संविधान में आरक्षण की व्यवस्था की गयी है। लेकिन इसमें एक विशेष प्रावधान यह भी किया गया कि अनुसूचित जनजातियों के लिए कम-से-कम आधे स्थान आरक्षित होंगे और सभी स्तरों पर अध्यक्ष का पद अनुसूचित जनजातियों के लिए आरक्षित होगा।

पेसा की तीन स्तरों पर आलोचना की गयी। पहला, क़ानून के लिए आंदोलन करने वाले संगठनों और भूरिया समिति ने क़ानून का जो प्रारूप पेश किया था, उसे स्वीकार नहीं किया गया। भूरिया समिति ने नगरपालिकाओं के लिए अलग से रिपोर्ट दी थी, लेकिन उस पर कोई कार्रवाई नहीं हुई। इसी तरह, उसने पाँचवीं अनुसूची के क्षेत्रों में स्वायत्तशासी ज़िला परिषद् स्थापित करने की सिफ़ारिश की थी। लेकिन पेसा में इसके बारे में कोई स्पष्ट प्रावधान नहीं किया गया। इसमें बहुत ही गोल-मोल भाषा का इस्तेमाल किया गया है। दूसरा, नंदिनी सुंदर के अनुसार, पेसा में क़ानून लागू करने के लिए प्रभावकारी तंत्र का प्रावधान नहीं किया गया है। क़ानून में यह प्रावधान भी नहीं किया गया है कि इसे पुलिस और वन विभाग की तुलना में प्राथमिकता या पूर्वता दी जाएगी; ऐसी स्थिति में क्या होगा जब प्रथागत क़ानून या विवाद के निपटारे के पारम्परिक तरीक़े से किसी व्यक्ति के संवैधानिक व्यक्तिगत अधिकारों का उल्लंघन हो। इसके अलावा, पेसा विकास परियोजनाओं के लिए भूमि अधिग्रहण के मसले पर आदिवासियों को सिर्फ़ सलाह-मशविरे के अधिकार देता है। तीसरा, बी.के. रॉयबर्मन ने पेसा की आलोचना करते हुए यह तर्क दिया कि इसमें आदिवासी समाज की विभिन्नताओं पर ध्यान नहीं दिया गया है।

पेसा के लिए चले आंदोलन, आंदोलन से निकलकर आये क़ानून की रूपरेखा और संसद द्वारा पारित क़ानून का विश्लेषण करने से यह बात स्पष्ट होती है कि इसमें भारत जन आंदोलन द्वारा चलाये जा रहे आंदोलन की बेहद महत्त्वपूर्ण भूमिका थी। दरअसल, राज्य ने आंदोलन के दबाव और संवैधानिक बाध्यता के कारण यह क़ानून लाने का फ़ैसला किया। यहाँ संवैधानिक बाध्यता की तुलना में आंदोलन का दबाव ज़्यादा महत्त्वपूर्ण था। इसका एक प्रमाण यह है कि आंदोलन का दबाव कम होने के कारण ही राज्य नगरपालिकाओं के संबंध में संवैधानिक प्रावधानों का पूरी तरह उल्लंघन करता रहा है। इसी कारण वह

राज्य ग्राम सभाओं के बारे में भी भूरिया समिति के कुछ ज़्यादा महत्त्वपूर्ण प्रावधानों की उपेक्षा करने में सफल रहा। लेकिन इससे यह भी स्पष्ट है कि राज्य ने आंदोलन का आदर्श क़ानून स्वीकार नहीं किया। यहाँ आंदोलन के दबाव और क़ानून के स्वरूप में एक स्पष्ट संबंध दिखता है।

औपनिवेशिक क़ानूनों के कारण कई पीढ़ियों से जंगल की ज़मीन पर रहने वाले लोग 'अतिक्रमणकारी' में तब्दील हो गये। स्वतंत्रता प्राप्ति के बाद भी सरकार ने कभी इस समस्या को पूरी तरह हल करने की कोशिश नहीं की। यह ज़रूर हुआ कि कुछ राज्यों में चुनावों के वक़्त कुछ लोगों को ज़मीन का पट्टा दे दिया जाता था। आज़ादी के बाद विकास का जो मॉडल अपनाया गया, उसके कारण बहुत से लोग विस्थापित हुए; नये क्षेत्रों को जंगल घोषित किया गया लेकिन वहाँ रहने वाले लोगों के अधिकार तय नहीं किये गये। आज़ादी के बाद अपनाये गये विकास मॉडल के कारण लाखों लोग विस्थापित हुए। इन विस्थापित लोगों में आदिवासियों की संख्या सबसे ज़्यादा थी। अधिकांश विस्थापित लोगों के पुनर्वास की व्यवस्था नहीं की गयी। इस कारण बहुत से लोग जंगल की ज़मीन पर बस गये। इससे जंगल की ज़मीन पर 'अतिक्रमण' की समस्या बढ़ी। जंगल के नज़दीक बसे गाँवों में बहुत से लोगों ने जीविका के साधन के रूप में जंगल की थोड़ी बहुत ज़मीन पर ग़लत तरीक़े से क़ब्ज़ा कर लिया। जंगल और इसके नज़दीकी क्षेत्रों में लोगों के जीवन में राज्य और इन इलाक़ों में उसकी प्रतिनिधि संस्था के रूप में वन विभाग का बहुत ज़्यादा नियंत्रण रहा है। इन लोगों की जंगल में आवाजाही पर वन विभाग द्वारा मनमानी पाबंदियाँ लगायी जाती रही हैं। बहरहाल, स्थानीय स्तर पर लोगों में जागरूकता बढ़ने के साथ ही 'अतिक्रमण' को मान्यता देने और जंगल से वन विभाग के एकाधिकार और मनमानेपन को ख़त्म करने की माँगें भी उठती रहीं। इस संदर्भ में 1990 में पर्यावरण और वन मंत्रालय ने एक सर्कुलर भी जारी किया, लेकिन उस संदर्भ में कुछ ठोस कार्रवाई नहीं हुई। बहरहाल, स्थानीय स्तर पर अपनी 'ग़ैरक़ानूनी' स्थिति और वन विभाग के मनमानेपन से त्रस्त लोगों ने इस तरह के क़ानून की माँग करना जारी रखा।

2002 में गोदावर्मन केस में सर्वोच्च न्यायालय के एक आदेश की ग़लत व्याख्या करते हुए वन विभाग ने हज़ारों वन निवासियों के घर उजाड़ दिये। सर्वोच्च न्यायालय ने केवल 'अतिक्रमण' को मान्यता देने पर रोक लगायी थी। लेकिन वन विभाग ने इसकी आड़ में हज़ारों आदिवासियों को उनके घरों से बेदख़ल कर दिया। इस घटना ने वन अधिकार क़ानून के आंदोलन में तात्कालिक कारण की भूमिका अदा की। इस घटना के कारण जंगल की ज़मीन और इसके संसाधनों पर आदिवासियों के अधिकारों को मान्यता देने की माँग ने बहुत ज़ोर पकड़ा। 2004 के लोकसभा चुनावों में सभी प्रमुख राजनीतिक दलों ने आदिवासियों के जंगल की ज़मीन और उसके संसाधनों पर अधिकार देने का वायदा किया। चुनावों के बाद संयुक्त प्रगतिशील गठबंधन (या यूपीए) सरकार ने आदिवासी अधिकारों को मान्यता देने के लिए क़ानून बनाने की प्रक्रिया शुरू की।

जनवरी, 2005 को प्रधानमंत्री ने जनजातीय मामलों के मंत्रालय को यह निर्देश दिया कि वह जंगल की ज़मीन पर आदिवासियों के अधिकार के संबंध में एक विधेयक तैयार करे। विधेयक बनाने की प्रक्रिया से आदिवासी मामलों के विद्वान और कार्यकर्ता भी जुड़े हुए थे। अप्रैल 2005 में विचार-विमर्श के लिए जारी विधेयक के पहले प्रारूप को 'अनुसूचित जनजाति (वन अधिकारों की मान्यता) विधेयक, 2005' शीर्षक दिया गया। विधेयक के उद्देश्यों में यह स्पष्ट किया गया कि यह औपनिवेशिक काल और आज़ादी के बाद जनजातियों के साथ हुए ऐतिहासिक अन्याय को दूर करना चाहता है; और यह जंगल में रहने वाली जनजातियों और जंगलों के बीच सहजीवी संबंधों को मान्यता देता है।

इसमें यह प्रस्तावित किया गया कि वन निवासी अनुसूचित जनजातियों के हर न्यूक्लीयर परिवार को जंगल की ज़मीन पर उसके 'अतिक्रमण की ज़मीन' के लिए पट्टा दिया जाएगा। लेकिन अधिकतम 2.5 हेक्टेयर ज़मीन का ही पट्टा दिया जाएगा और यह पट्टा पति-पत्नी दोनों के नाम से होगा। इन लोगों को लघुवनोपजों और जंगल के संसाधनों पर स्वामित्व का अधिकार भी दिया गया। इसमें वन गाँवों को राजस्व गाँवों में बदलने का प्रावधान भी किया गया। विधेयक के इस प्रारूप में यह तय किया गया कि इन अधिकारों के लिए 'कट ऑफ़ डेट' 24 अक्टूबर 1980 होगी। अर्थात् अधिकारों का दावा करने के लिए हर व्यक्ति को यह साबित करना था कि वह इस तारीख़ से पहले उस ज़मीन पर रह रहा है। इस विधेयक में इकोलॉजी या वन्य जीवों की सुरक्षा के लिए भी प्रावधान किये गये। लोग अपनी ज़मीन बेच नहीं सकते थे, यह सिर्फ़ उनके बच्चों को मिल सकती थी; वे व्यावसायिक हितों के लिए इसका प्रयोग नहीं करते थे। विधेयक के इस प्रारूप में शिकार या वन्य जीवों को नुक़सान पहुँचाने पर भी पाबंदी लगायी गयी।

अप्रैल 2005 में जनजातीय मामलों के मंत्रालय द्वारा इस विधेयक को सार्वजनिक विचार-विमर्श के लिए जारी किया गया। इसके बाद इस पर तीखा वाद-विवाद शुरू हो गया। विधेयक के संबंध में मुख्य रूप से दो तरह की प्रतिक्रियाएँ सामने आयीं। पहले स्तर पर, संरक्षणवादियों के एक तबक़े ने इसे जंगल और जंगली जीवों के लिए बहुत ही ख़तरनाक घोषित किया। इन्होंने इस बात पर ज़ोर दिया कि जंगली जानवरों को बचाने के लिए ज़रूरी है कि उन्हें मानवीय हस्तक्षेप से दूर रखा जाए। दूसरा, विधेयक के

समर्थकों ने विधेयक के पक्ष में अपने तर्क पेश किये। विधेयक के समर्थकों में आदिवासी संगठनों के अलावा विश्वविद्यालयों के प्रोफ़ेसर, वकील और दूसरे कई प्रबुद्ध नागरिक शामिल थे। इन्होंने प्रस्तावित विधेयक पर संरक्षणवादियों के संदेहों को ख़ारिज किया। इनके अनुसार, वन-निवासियों को अधिकार दिये जाने से जंगल के बर्बाद होने और जंगली जीवों के ख़तरे में पड़ने का तर्क भी सही नहीं है, क्योंकि आदिवासियों ने ही जंगल और जंगली जीवों की रक्षा की है। भारतीय संदर्भ में जंगली जानवरों के लिए मानवरहित क्षेत्र की बात करना प्रासंगिक नहीं है, क्योंकि यहाँ आदिवासी और जंगलों के बीच में सहजीवी संबंध रहा है।

देखें : अनुसूचित जनजातियाँ, गोविंद सदाशिव घुर्ये, छत्तीसगढ़, झाड़खण्ड, भारत में किसान-संघर्ष-1, 2 और 4, भारतीय राज्य, भारतीय संविधान-1 से 8 तक, माओवाद और माओ विचार, सामाजिक बहिर्वेशन, सुदीप्त कविराज, वेरियर एलविन।

संदर्भ

1. एम.डी. मधुसूदन (2005), 'ऑफ़ राइट्स ऐंड रांग्स : वाइल्ड लाइफ़ कंज़रवेशन ऐंड द ट्राइबल बिल', *इकॉनॉमिक ऐंड पॉलिटिकल वीकली,* खण्ड 40, अंक 47.
2. एल.के. झा (1992), *इण्डियाज़ फ़ॉरेस्ट पॉलिसीज़,* नयी दिल्ली, आशीष.
3. कमल नयन चौबे (2010), *भारत में आदिवासियों के वन भूमि अधिकारों का अध्ययन,* अप्रकाशित पीएचडी शोध-प्रबंध, राजनीति विभाग, दिल्ली विश्वविद्यालय, दिल्ली.
4. केरॅल उपध्या (2009), 'लॉ कस्टम ऐंड आइडेंटिटी : पॉलिटिक्स ऑफ़ लैण्ड राइट्स इन छोटा नागपुर', संकलित, नंदिनी सुंदर (सम्पा.), *लीगल ग्राउंड्स : नेचुरल रिसोर्सिज़, आइडेंटिटी ऐंड लॉ इन झाड़खण्ड,* ऑक्सफ़र्ड युनिवर्सिटी प्रेस, नयी दिल्ली.

—कमल नयन चौबे

आदिवासी-प्रश्न-4

(जन-संगठनों की भूमिका)

(Tribal Question-4)

आदिवासी जन-संगठनों द्वारा और अकादमिक स्तर पर चलने वाले वाद-विवाद में इस विधेयक में कई संशोधन करने की माँग की गयी। मोटे तौर पर इसमें तीन बातों पर ज़ोर दिया गया : पहला, ग़ैर अनुसूचित जनजाति वनवासी समुदाय भी विधेयक में शामिल किये जाने चाहिए। दूसरा, अधिकारों को मान्यता देने की आख़िरी तारीख़ या 'कट ऑफ़ डेट' को 1980 तक रखना ग़लत है। इसे और आगे बढ़ाया जाना चाहिए क्योंकि उसके बाद भी बहुत से परिवार विस्थापित हुए हैं। तीसरा, अधिकार तय करने की प्रक्रिया में ग्राम सभा को प्राथमिकता मिलनी चाहिए। चौथा, गाँवों की परिभाषा पेसा क़ानून में दी गयी परिभाषा के अनुसार होनी चाहिए।

आदिवासी संगठनों ने इस क़ानून के पक्ष में सन् 2002 से ही लोगों को गोलबंद करना शुरू कर दिया था। इसी कारण, क़ानून बनने की प्रक्रिया की भी शुरुआत हुई। अप्रैल 2005 में विधेयक का प्रारूप सामने आने पर इसके लिए व्यापक आंदोलन की शुरुआत हुई। इस क़ानून के लिए चलने वाले आंदोलन में कई स्तरों पर विभिन्न संगठनों ने हिस्सेदारी की। पहला, आंदोलन के राष्ट्रीय मोर्चे के रूप में 'इज़्ज़त से जीने का अधिकार अभियान' (कैम्पेन फ़ॉर सर्वाइवल विद् डिग्निटी) की काफ़ी महत्त्वपूर्ण भूमिका रही। इससे बहुत से राज्य स्तरीय आदिवासी संगठन जुड़े हुए थे। फिर ये राज्य स्तरीय संगठन अपने राज्य के कई छोटे संगठनों से जुड़े हुए थे। दूसरा, बहुत से संगठनों ने स्वतंत्र रूप से भी काम किया। इन्होंने स्थानीय स्तर पर आदिवासियों को विधेयक के पक्ष में गोलबंद करने की कोशिश की। 'राष्ट्रीय वन जन श्रमजीवी मंच' और दूसरे कई संगठनों ने भी इस क़ानून के पक्ष में अभियान चलाने में महत्त्वपूर्ण भूमिका अदा की। तीसरा, इस तरह के अभियानों ने संसदीय राजनीति से जुड़े दलों के कार्यकर्ताओं को भी इस विधेयक का समर्थन करने के लिए प्रेरित किया। वामपंथी दलों ने विधेयक में आदिवासी संगठनों द्वारा सुझाये गये संशोधनों का समर्थन किया।

आदिवासियों के आंदोलनों एवं वामपंथी दलों के दबाव के कारण मजबूर होकर यूपीए सरकार ने 13 दिसम्बर, 2005 को संसद में यह विधेयक पेश किया। यह विधेयक अप्रैल 2005 में सार्वजनिक बहस के लिए जारी किये गये विधेयक से काफ़ी मिलता-जुलता था। लेकिन इसमें संरक्षणवादियों की चिंता को दूर करने के लिए 'मुख्य क्षेत्र' का विचार शामिल किया गया। यह प्रावधान अप्रैल 2005 के विधेयक में मौजूद नहीं था। इसमें संरक्षित क्षेत्रों के वन्य जीवों के लिए महत्त्वपूर्ण 'मुख्य क्षेत्र' से लोगों के दूसरी जगहों पर बसाने का प्रावधान किया गया था। इसके अलावा, इसमें बहुत कम बदलाव किये गये थे। इसमें आदिवासी आंदोलनों द्वारा सुझाया गया कोई संशोधन शामिल नहीं किया गया था। विधेयक की विवादपूर्ण स्थिति और दूरगामी प्रभाव को देखते हुए सरकार ने इसे लोक सभा में पेश करने के बाद संयुक्त संसदीय समिति (संसंस) को सौंप दिया। संसंस को विधेयक के सभी पहलुओं पर विचार करके यह बताना था कि इसे किस रूप में पारित किया जाना चाहिए।

संसंस ने मई, 2006 में अपनी रिपोर्ट पेश की। इसमें आदिवासी आंदोलनों की ओर से सामने आयी तक़रीबन सभी

प्रमुख माँगों को स्वीकार कर लिया। पहला, विधेयक में 'ग़ैर-अनुसूचित जनजाति वन-निवासी' लोगों की एक नयी श्रेणी बनायी गयी। इसमें ग़ैर-अनुसूचित जनजाति समूहों के उन लोगों को शामिल करने का प्रस्ताव किया गया, जो जंगल की ज़मीन पर तीन पीढ़ियों से रह रहे हों। दूसरा, अधिकारों को मान्यता देने की आख़िरी तारीख़ या 'कट ऑफ़ डेट' बढ़ाकर 13 दिसम्बर, 2005 कर दी गयी। तीसरा, अधिकार तय करने में ग्राम सभा को आख़िरी प्राधिकार दिया गया। इसमें पेसा में दी गयी गाँव की परिभाषा स्वीकार की गयी। चौथा, आदिवासियों को दी जाने वाली ज़मीन पर कोई अधिकतम सीमा नहीं लगायी। जेपीसी ने विधेयक में एक नयी धारा जोड़ते हुए प्रावधान यह भी किया कि सरकार स्थानीय समुदायों की सहमति और स्वीकृति से ही ज़मीन का अधिग्रहण या स्थानान्तरण कर सकती है। लेकिन इसने 1927 के वन अधिनियम की सर्वोच्चता ख़त्म करने की सिफ़ारिश नहीं की। जेपीसी ने संरक्षणवादियों की चिंताओं को कोई महत्त्व नहीं दिया। संरक्षणवादियों ने जेपीसी की सिफ़ारिशों की आलोचना की। ख़ासतौर पर, नैशनल पार्कों में भी स्थानीय समुदायों के अधिकार देने को ग़लत माना गया।

संसंस की सिफ़ारिशों ने इस विधेयक की राजनीतिक वैधता बढ़ायी। लेकिन सरकार के लिए जेपीसी की सिफ़ारिशें स्वीकार करना आसान नहीं था। इसका एक स्पष्ट कारण संरक्षणवादियों का विरोध था। दूसरा कारण यह था कि संसंस की सिफ़ारिशें क्रांतिकारी थीं। इन्हें लागू करने का मतलब यह था कि राज्य अपनी बहुत सी शक्तियाँ ग्राम सभा और स्थानीय समुदायों को दे दे। राज्य के लिए ऐसा करना बहुत ही मुश्किल था। इसलिए सरकार टालमटोल का रवैया अपनाती रही। आदिवासी संगठनों ने संसंस की सिफ़ारिशों के साथ वन अधिकार विधेयक को संसद से पारित करने की माँग की और उन्होंने अपना संघर्ष तेज़ कर दिया। ज़िला और राज्य स्तर पर चलाये जा रहे आंदोलनों के साथ ही साथ दिल्ली में भी कई लम्बे धरने और बड़ी रैलियों का आयोजन किया गया। दिल्ली में होने वाले धरने में सभी राजनीतिक दलों के प्रतिनिधियों ने शिरकत की और इस क़ानून के प्रति अपना समर्थन जताया।

व्यापक जन आंदोलन और राजनीतिक दलों के दबाव के कारण सरकार ने वन अधिकार विधेयक संसद में पेश किया। 15 दिसम्बर को लोकसभा और 17 दिसम्बर को राज्यसभा ने यह क़ानून पारित कर दिया। 29 दिसम्बर को राष्ट्रपति ने इस पर अपने दस्तख़त कर दिये। आदिवासी संगठनों ने इसे एक ऐतिहासिक जीत माना। लेकिन उन्होंने संसद से पारित अधिनियम से नाख़ुशी भी ज़ाहिर की क्योंकि इसमें से जेपीसी रिपोर्ट की कई सिफ़ारिशें हटा दी गयी थीं। मसलन, पहला, इसमें जेपीसी की रिपोर्ट के विपरीत हर एकल परिवार के लिए चार हेक्टेयर ज़मीन तय की गयी। दूसरा, अधिकार तय करने की प्रक्रिया में ग्राम सभा को आख़िरी प्राधिकार (या अथॉरिटी) नहीं माना गया। इसी तरह, सिर्फ़ पाँचवीं अनुसूची के गाँवों के लिए ही पेसा के गाँव की परिभाषा स्वीकार की गयी। तीसरा, ग़ैरअनुसूचित जनजाति लोगों के लिए यह प्रावधान किया गया कि उन्हें यह साबित करना होगा कि वे जिस ज़मीन पर पट्टे की माँग कर रहे हैं, उस पर पिछले 75 सालों से रह रहे हैं। इसके अलावा, क़ानून में कई शब्दों की परिभाषाएँ स्पष्ट नहीं की गयीं। इस क़ानून द्वारा 1927 का वन अधिनियम ख़त्म किया गया। दूसरी ओर, संरक्षणवादियों ने अपनी पुरानी आलोचनाएँ क़ायम रखीं। इनकी आलोचना के कारण ही इस क़ानून को लम्बे समय तक अधिसूचित (या नोटिफ़ाई) नहीं किया गया। आख़िरकार 'कैम्पेन' द्वारा चलाये जा रहे आंदोलनों और वामपंथी दलों के दबाव के कारण इस क़ानून को एक जनवरी, 2008 को अधिसूचित किया।

स्पष्ट तौर पर, आदिवासी संगठनों ने अपनी गोलबंदी के माध्यम से संसद से वन अधिकार क़ानून पारित करवाया। साथ ही, इन्होंने इसमें कुछ महत्त्वपूर्ण बदलाव हासिल करवाने में भी सफलता पायी। मसलन, विधेयक का पहला प्रारूप सिर्फ़ अनुसूचित जनजातियों से संबंधित था; संसद से पारित क़ानून में 'अन्य पारम्परिक वन निवासियों' के रूप में एक नयी श्रेणी शामिल की गयी। इसी तरह, पहले प्रारूप में 'कट ऑफ़ डेट' 1980 थी और हर न्यूक्लीयर परिवार के लिए 2.5 हेक्टेयर ज़मीन का पट्टा देने का प्रावधान था; लेकिन संसद से पारित क़ानून में 'कट ऑफ़ डेट' 13 दिसम्बर 2005 हो गयी। इसमें यह प्रावधान है कि हर न्यूक्लीयर परिवार को अधिकतम 4 हेक्टेयर ज़मीन का पट्टा दिया जाएगा। लेकिन यह भी सच है कि राज्य ने उनकी सभी माँगें स्वीकार नहीं कीं। क़ानून में कई ऐसे प्रावधान हैं जो राज्य के दख़ल और नियंत्रण बहुत ज़्यादा बढ़ा सकते हैं। मसलन, अगर 'अन्य पारम्परिक वन निवासियों' की श्रेणी में आने वाले परिवार यह साबित नहीं कर पाते हैं कि वे एक स्थान पर तीन पीढ़ियों यानी 75 सालों से रह रहे हैं, तो उन्हें इस क़ानून के तहत अधिकार नहीं मिलेगा। उन्हें अपनी ज़मीन से बेदख़ल भी होना पड़ सकता है।

इस वर्णन से यह स्पष्ट है कि पेसा और वन अधिकार क़ानून—दोनों में ही आदिवासियों और आदिवासी इलाक़ों में काम करने वाले जन संगठनों की बहुत महत्त्वपूर्ण भूमिका रही। पेसा जहाँ पाँचवीं अनुसूची के क्षेत्रों में ग्राम सभा को मज़बूत बनाकर लोगों को उनके संसाधनों पर हक़ देने का प्रावधान करता है, वहीं वन अधिकार क़ानून पूरे देश के जंगलों पर लागू होता है। यह क़ानून लोगों को जंगल की ज़मीन पर निजी और सामुदायिक सम्पत्ति का अधिकार देता है। वन अधिकार क़ानून का दायरा पेसा की तुलना में ज़्यादा व्यापक है। बहरहाल, कई बार यह तर्क दिया जाता है और काफ़ी हद

तक यह सच भी है कि पेसा की पूरी तरह उपेक्षा की गयी है और अधिकांश मौक़ों पर इसका उल्लंघन किया गया है। यह भी कहा जाता है कि असल में वन अधिकार क़ानून जंगल के क्षेत्र को ज़्यादा स्पष्ट या 'लेजिबल' बनाने की कोशिश है और इसके पीछे नव-उदारवादी एजेंडा काम कर रहा है। कई बार इसका वर्णन सत्ताधारी पार्टी की पॉपुलिस्ट नीति के रूप में किया जाता है, या इसे माओवादियों के ख़िलाफ़ राज्य द्वारा वैधता हासिल करने की कोशिश के रूप में भी देखा जाता है। दूसरी ओर, आदिवासी संगठन इन क़ानूनों को अपनी जीत के रूप में पेश करते रहे हैं। ये दोनों ही नज़रिये अतिवादी प्रतीत होते हैं और इसमें क़ानून बनने की प्रक्रिया की अपनी जटिलता की भी भूमिका है।

आदिवासी क्षेत्रों में काम करने वाले अधिकांश संगठनों में नेतृत्व के स्तर पर ग़ैर-आदिवासियों की संख्या ज़्यादा है। पिछले दो दशकों में इसमें आदिवासियों की संख्या में भी बढ़ोतरी हुई है। इन संगठनों में नेतृत्व के स्तर पर काम करने वाले आदिवासी या ग़ैर-आदिवासी— दोनों की ही पृष्ठभूमि ऐसी है कि इन्हें मध्य वर्ग और नागर समाज के सदस्य के रूप में रेखांकित किया जा सकता है। पेसा के लिए संघर्ष में महत्त्वपूर्ण भूमिका निभाने वाले भारत जन आंदोलन में नेतृत्व करने वाले ऐसे ही लोग थे। मसलन, डॉ. बी. डी. शर्मा ख़ुद एक सेवानिवृत्त नौकरशाह हैं। इसी तरह, वन अधिकार क़ानून के लिए संघर्ष करने वाले समूहों में 'कैम्पेन' या 'राष्ट्रीय वन जन श्रमजीवी मंच' से जुड़े सदस्य भी नागर समाज की श्रेणी में रखे जा सकते हैं। कई क्षेत्रों में माओवादियों ने भी इस तरह की जागरूकता लाने में महत्त्वपूर्ण भूमिका अदा की है। इसमें भी नेतृत्व के स्तर पर उन लोगों की महत्त्वपूर्ण भूमिका रही है, जो अमूमन 'बाहरी' होते हैं और जिन्हें अपनी शिक्षा और आर्थिक पृष्ठभूमि के आधार पर मध्य वर्ग या नागर समाज का सदस्य माना जा सकता है। बहरहाल, माओवादी क़ानून के लिए संघर्ष या क़ानून द्वारा संघर्ष को बहुत ही नकारात्मक तरीक़े से देखते हैं। इस कारण इन्हें हाशिया समाज से अलग किया जा सकता है, क्योंकि इसका एक प्रमुख आधार क़ानून के प्रति जागरूकता और इसके लिए या इसके माध्यम से संघर्ष करने की प्रवृत्ति है।

तीसरा, इस समाज के लोगों में क़ानून के बारे में जागरूकता काफ़ी बढ़ी है। वन-विभाग की मौजूदगी और लोगों के ख़िलाफ़ मनमाने तरीक़े से क़ानूनों के उपयोग, और ज़मीनी स्तर पर काम करने वाले संगठनों की गतिविधियों के कारण लोग क़ानून, इसके दुरुपयोग और इसकी सम्भावनाओं के बारे में सचेत हुए हैं। इसका यह अर्थ नहीं है कि इस समाज से जुड़े अधिकांश लोग क़ानूनों के विशेषज्ञ हो गये हैं। लेकिन यह ज़रूर है कि वे अपनी ज़िंदगी में क़ानूनों की भूमिका के बारे में जागरूक हुए हैं। इस लिहाज़ से बेहतर क़ानूनों के लिए संघर्ष और बुरे क़ानूनों के विरोध की प्रवृत्ति भी बढ़ी है। वन अधिकार क़ानून के निर्माण में इनकी भागीदारी इसी जागरूकता को दर्शाती है। फ़ील्ड-वर्क़ के दौरान यह पाया गया है कि लोगों को पेसा या वन अधिकार क़ानूनों के प्रावधानों की मोटे तौर पर समझ है और वे इसके आधार पर अपने हक़ की भी माँग कर रहे हैं। दरअसल, क़ानूनों के महत्त्व के प्रति जागरूकता और बेहतर क़ानूनों के लिए संघर्ष या इन क़ानूनों के राज्य के ख़िलाफ़ प्रयोग ने 'ज़मीनी स्तर से क़ानूनवाद' (या लीगलिज़्म फ्रॉम बिलो) की स्थिति पैदा की है।

चौथा, राज्य इन्हें उन समूहों के साथ जोड़ता है जो सरकारियत के दायरे से बाहर हैं। इस तरह के जुड़ाव या इसके अंदेशे ने इनकी माँगों के माने जाने में एक महत्त्वपूर्ण भूमिका अदा की है। मसलन, वन अधिकार क़ानून (और इसके पहले पेसा) के पारित होने के पीछे माओवादियों के बढ़ते प्रभाव का डर भी एक संजीदा कारक था। दरअसल, भारत में पिछले कुछ वर्षों में माओवादी आंदोलन का फैलाव हुआ है। ख़ासतौर पर, जंगल के क्षेत्रों में उनका ज़्यादा तेज़ी से प्रसार हुआ है। एक समूह के रूप में नक्सलवादियों को सरकारियत के दायरे के बाहर पड़े समूहों के रूप में देखा जा सकता है। पेसा और वन अधिकार अधिनियम जैसे क़ानूनों के पीछे राज्य की यह मंशा भी रही है कि जंगल और इसके आस-पास के इलाक़ों में रहने वाले और इसके संसाधनों पर निर्भर आदिवासियों के बीच में उसकी वैधता क़ायम रहे। स्पष्टतः इन क़ानूनों के पारित होने का एक प्रमुख कारण यह भी था कि राज्य यह नहीं चाहता था कि आदिवासी इलाक़ों में नक्सलवादियों का प्रभाव बढ़े।

पाँचवाँ, राज्य गवर्नमेंटैलिटी पर इनके दावों पर 'लेन-देन' का रुख अपनाता है। अर्थात् राज्य हाशिया समाज की गोलबंदी के आधार पर ही इसकी माँगें स्वीकार करता है। दूसरे शब्दों में यह अपनी गोलबंदी द्वारा राज्य को इस बात के लिए मजबूर करता है कि वे उसे कुछ निश्चित अधिकार दें। यदि इसकी गोलबंदी कम है, तो राज्य इसकी माँगों की उपेक्षा कर सकता है। इस संदर्भ में यह बात भी उल्लेखनीय है कि इस समाज में लोग सिर्फ़ सरकार से तदर्थ छूटों की माँग नहीं करते हैं, बल्कि वे 'उत्तम-जीवन' की एक संकल्पना के साथ जीते हैं।

इसलिए लोकतांत्रिक गतिविधियों, कई जन-संगठनों या माओवादियों की गतिविधियों और रोज़मर्रा के जीवन में क़ानून का सामना होने कारण जंगल में या इसके क़रीब रहने वाले लोगों में क़ानून और अपने अधिकारों के बारे में एक जागरूकता आयी है। आदिवासी इलाक़ों में ज़मीनी स्तर से उभरे क़ानूनवाद ने ही लोगों को पेसा और वन अधिकार क़ानून जैसे प्रगतिशील क़ानूनों की माँग करने के लिए प्रेरित किया

है। यहाँ यह ध्यान देने की ज़रूरत है कि ये क़ानून आंदोलनों की इच्छा के अनुसार सामने नहीं आये। दोनों ही क़ानूनों में राज्य ने काफ़ी कटौतियाँ कीं। इन कटौतियों का मुख्य कारण यह है कि हाशिया समाज की गोलबंदी तुलनात्मक रूप से सीमित थी। अर्थात् लोगों में गोलबंदी कम होने के कारण वे अपनी माँगों के हिसाब से क़ानून नहीं बनवा पाये। इससे यह भी स्पष्ट है कि जंगल के पूरे इलाक़े में 'हाशिया समाज' का उभार नहीं हुआ। यह उभार उन्हीं क्षेत्रों में हुआ जहाँ आदिवासी संगठनों ने लोगों के साथ जुड़कर काम किया।

कई अध्ययनों से यह बात सामने आयी है कि राज्य ख़ुद ही इन दो क़ानूनों का उल्लंघन कर रहा है। पेसा की तक़रीबन पूरी तरह से उपेक्षा की गयी है। पाँचवीं अनुसूची के क्षेत्रों में इसे औपचारिक तौर पर लागू किया गया है। लेकिन राज्य ने भूमि अधिग्रहण के लिए ग्राम सभा के परामर्श जैसे इसके प्रावधानों का उल्लंघन किया है। इन इलाक़ों में अधिकांश मौक़ों पर राज्य ने कॉरपोरेट पूँजीपतियों का रास्ता आसान बनाने के लिए पेसा की उपेक्षा की गयी है। वन अधिकार क़ानून में मिले व्यक्तिगत वन अधिकार आंशिक रूप से लागू किये गये हैं, लेकिन इसके सामुदायिक वन अधिकारों की उपेक्षा ही हुई है। कई जगहों पर वन विभाग ने इसके लागू होने में रोड़े अटकाये हैं। इसके अलावा, कॉरपोरेट पूँजी की मदद के लिए जंगल के इलाक़ों में राज्य ने आदिवासियों के ख़िलाफ़ 'सलवा जुडूम' और 'ऑपरेशन ग्रीन हंट' जैसे क़दमों का सहारा भी लिया है। इन सब बातों से अक्सर यह तर्क सामने आता है कि दरअसल 'प्रगतिशील' क़ानूनों की बात निरर्थक है, और राज्य अपने क्रूर रूप में आदिवासियों का दमन कर रहा है। तर्क यह भी है कि इन क़ानूनों की उपेक्षा या इन्हें आंशिक रूप से लागू किये जाने के आधार पर इनके लिए चलने वाले संघर्षों को ख़ारिज नहीं किया जाना चाहिए।

दरअसल, इन क़ानूनों के लिए संघर्ष ने लोगों में राजनीतिक जागरूकता और अपने हक़ की समझ को बढ़ाया है। इसी कारण, बहुत सी जगहों पर लोग इन क़ानूनों को आधार बनाकर अपने हक़ के लिए संघर्ष कर रहे हैं (मसलन पोस्को प्रतिरोध); कई जगहों (मसलन नियमगिरी) से उन्होंने बहुराष्ट्रीय कम्पनियों को वापस जाने के लिए मजबूर किया है। इसके अलावा, ये इन क़ानूनों को सही तरीक़े से लागू करने के लिए भी संघर्ष कर रहे हैं। दूसरे शब्दों में इन क़ानूनों ने वनवासी लोगों को 'ज़मीनी स्तर से क़ानूनवाद' के लिए सक्रिय किया है और ये जीविका और उत्तम जीवन के उनके संघर्ष का साधन भी बने हैं। स्पष्ट तौर पर, इन समूहों ने सिर्फ़ 'प्रगतिशील' क़ानूनों के लिए संघर्ष ही नहीं किया, बल्कि अब वे इन क़ानूनों का उपयोग राज्य की मनमानी नीतियों के ख़िलाफ़ भी कर रहे हैं।

देखें : अनुसूचित जनजातियाँ, गोविंद सदाशिव घुर्ये, छत्तीसगढ़, झाड़खण्ड, भारत में किसान-संघर्ष-1, 2 और 4, भारतीय राज्य, भारतीय संविधान-1 से 8 तक, माओवाद और माओ विचार, सामाजिक बहिर्वेशन, सुदीप्त कविराज, वेरियर एलविन।

संदर्भ

1. के.बी. सक्सेना (2008), 'डिवेलपमेंट, डिस्प्लेसमेंट ऐंड रज़िस्टेंस : द लॉ ऐंड द पॉलिसी ऑफ़ लैण्ड एक्विज़ीशन', *सोशल चेंज : जर्नल ऑफ़ कौंसिल फ़ॉर सोशल डिवेलपमेंट*, खण्ड 38, अंक 3.
2. कैम्पेन फ़ॉर सर्वाइवल ऐंड डिग्निटी (कैम्पेन) (2004), *इंडेंजर्ड सिम्बायोसिस : इविक्शंस ऐंड इण्डियाज़ फ़ॉरेस्ट कम्युनिटीज़*, रिपोर्ट ऑफ़ द जन सुनवाई, जुलाई 19-20, 2003, नयी दिल्ली.
3. कोऑर्डिनेशन ऑफ़ डेमॉक्रैटिक राइट्स ऑर्गनाइज़ेशंस (सीडीआरओ) (2011), *लूट ऑफ़ द लैण्ड, लाइवली हुड ऐंड लाइफ़ : अ ज्वाइंट फ़ैक्ट फ़ाइंडिंग इन द इनसिडेंट ऑफ़ क्राइम अगेंस्ट पीपुल ऑफ़ ओडीशा*, दिल्ली, अक्टूबर.
4. कौंसिल फ़ॉर सोशल डिवेलपमेंट (2010), *रिपोर्ट ऑन द नैशनल सेमिनार ऑन द शेड्यूल्ड ट्राइब्स ऐंड ट्रेडिशनल फ़ॉरेस्ट ड्वैलर्स (रेकॉग्निशन ऑफ़ फ़ॉरेस्ट राइट्स) एक्ट 2006 : प्रॉब्लम्स एन. उंटर्ड ऐंड वेज़ टू ओवरकम देम*, अप्रैल 26-27.
5. जूलिया एकर्ट (2006), 'फ़्रॉम सब्जेक्ट्स टू सिटीज़ंस : लीगलिज़्म फ़्रॉम बिलो ऐंड द होमोजनाइज़ेशन ऑफ़ लीगल स्फ़ियर', *जर्नल ऑफ़ लीगल प्लूरलिज़्म*, अंक 53-54.
6. जेपीसी की रिपोर्ट (2006), *ज्वाइंट कमिटी ऑन द शेड्यूल्ड ट्राइब्स (रिकॉग्निशन ऑफ़ फ़ॉरेस्ट राइट्स) बिल, 2005 : रिपोर्ट ऑफ़ द ज्वाइंट कमिटी*, लोकसभा सेक्रेटेरियट, नयी दिल्ली.

—कमल नयन चौबे

आधार और अधिरचना

(Base and Superstructure)

मार्क्सवादी सामाजिक सिद्धांत आधार और अधिरचना के रूपक पर टिका है। वास्तुशिल्प से लिए गये इस रूपक से तय होता है कि किसी इमारत के आकार और नाक-नक़्श का उसकी नींव की गहराई से क्या ताल्लुक़ होगा। इस रूपक का आग्रह है कि अधिरचना अपने अस्तित्व के लिए आधार पर निर्भर रहती है। मार्क्सवाद ने इस रूपक के ज़रिये यह दिखाया है कि किसी भी समाज का आधार आर्थिक संबंधों से बनता है जिनकी रचना उत्पादन की शक्तियाँ और उत्पादन के संबंध मिल कर करते हैं। अधिरचना में समाज के क़ानून, राज्य की संस्था, संस्कृति, विचारधारा, कला, साहित्य, मीडिया, संस्कृति के विभिन्न रूप, शिक्षा, राजनीति, धर्म, परिवार की गिनती होती है। इनकी अपनी प्रकृति आधार की प्रकृति पर

निर्भर करती है। यानी आधार बदलने के साथ पूरी अधिरचना में परिवर्तन आ जाता है। सामाजिक विकास के इसी सिद्धांत के कारण मार्क्सवाद को आर्थिक निर्धारणवाद अपनाने के आक्षेप का सामना करना पड़ा है। स्वयं मार्क्स और एंगेल्स को भी इस बात का अंदेशा भी था कि आधार और अधिरचना के मॉडल के कारण आर्थिक पहलू को कहीं बहुत ज़्यादा हावी न मान लिया जाए। इसलिए एंगेल्स ने एक जगह सफ़ाई भी दी है कि इतिहास की भौतिकवादी धारणा के अनुसार अंतिम विश्लेषण में ही इतिहास का निर्णायक तत्त्व वास्तविक जीवन में हो रहा उत्पादन और पुनरुत्पादन है। एंगेल्स का कहना था कि इससे अधिक न तो मार्क्स ने कुछ कहा है और न उन्होंने। इसलिए अगर कोई इसे तोड़-मरोड़ कर कहे कि आर्थिक तत्त्व ही एकमात्र निर्णायक तत्त्व हैं, तो वह हमारी प्रस्थापना को निरर्थक, अमूर्त और खोखली शब्दावली मात्र बना देता है। इस स्पष्टीकरण के साथ एंगल्स ने यह प्रस्थापना भी दी है कि राजनीति, न्याय, दर्शन, धर्म, साहित्य, कला आदि का विकास आर्थिक विकास पर आश्रित ज़रूर होता है, पर ये सब एक-दूसरे को और आर्थिक आधार को भी प्रभावित करते हैं।

एंगेल्स द्वारा बहुत बाद में दी गयी इस सफ़ाई के बावजूद यह मानना पड़ेगा कि मार्क्स की कई कृतियों और कथनों में आर्थिक आधार को जो प्राथमिकता दी गयी है, वह मार्क्सवाद को आर्थिक निर्धारणवाद की तरफ़ ले जाने के लिए काफ़ी थी। मोटे तौर पर मार्क्सवादियों ने इस मॉडल का इस्तेमाल दो तरह से किया : कड़ाई से और लचीले ढंग से। आर्थिक पहलू को सर्वोच्च प्राथमिकता देने वाले अधिरचनात्मक अभिव्यक्तियों को किसी तरह की स्वायत्तता देने के लिए तैयार नहीं होते। दूसरी तरफ़ लचीला रवैया अपनाने वाले मानते हैं कि अधिरचनात्मक क्षेत्र प्रभुत्वशाली वर्ग के फ़ौरी और खुले हितों से स्वतंत्र हो कर भी विकसित हो सकता है। इस तरह आधार और अधिरचना की सीमाओं का स्पष्ट निर्धारण आसान नहीं रहा है। इसका सबसे बड़ा उदाहरण क़ानून है जो है तो अधिरचनात्मक क्षेत्र की संरचना लेकिन श्रम-क़ानून और ऐसे अन्य क़ानूनों के ज़रिये आधार पर सीधा असर डालती है।

मार्क्स की कृति *जर्मन आइडियॉलॅजी* (1844) में इस धारणा के बीज मौजूद हैं। इसमें उन्होंने कहा है कि जीवन में सर्वप्रथम भोजन, पानी, आवास, वस्त्र और कई अन्य बुनियादी चीज़ों की आवश्यकता पड़ती है। इसलिए मानव अस्तित्व की रक्षा और निरंतरता इतिहास निर्माण की मूलभूत शर्त है। यानी भौतिक जीवन और उत्पादन ही हर चीज़ का आधार है। अपनी एक अन्य कृति *अ कंट्रीब्यूशन टू द क्रिटीक ऑफ़ पॉलिटिकल इकॉनॉमी* (1859) में वे कहते हैं कि मनुष्य की चेतना उसके अस्तित्व को निर्धारित नहीं करती, उल्टे उनका सामाजिक अस्तित्व उनकी चेतना निर्धारित करता है। यहाँ सामाजिक अस्तित्व मुख्य रूप से भौतिक उत्पादन और उत्पादन संबंधों से बनता है। मार्क्स ने यह भी लिखा है कि आर्थिक बुनियाद बदलने के साथ विशाल ऊपरी ढाँचा भी कमोबेश तेज़ी से बदल जाता है। ऐसे बदलावों पर विचार करते हुए एक अंतर ध्यान में रखना चाहिए। एक ओर प्रकृति में विज्ञान की शक्ति से प्रभावित उत्पादन के भौतिक स्वरूपों का रूपांतरण होता है। दूसरी ओर क़ानूनी, राजनीतिक, धार्मिक, सौंदर्यमूलक या दार्शनिक, संक्षेप में विचारधारात्मक दायरे में मनुष्य विभिन्न परिवर्तनों और द्वंद्वों का अनुभव करते हैं। लेकिन जैसे किसी व्यक्ति के बारे में राय इससे तय नहीं होती कि वह अपने बारे में क्या सोचता है, उसी तरह बदलावों के बारे में उस युग की अपनी समझ के आधार पर नहीं बल्कि भौतिक जीवन यानी उत्पादक शक्तियों और उत्पादन-संबंधों के टकराव के आधार पर ही इस चेतना की व्याख्या की जानी चाहिए।

मार्क्स के इस दृष्टिकोण का गहरा संबंध इतिहास की भौतिकवादी व्याख्या से है। इसके अनुसार प्रकृति की शक्तियों पर नियंत्रण और उत्पादन के विकास को ही इतिहास कहा जा सकता है। ऐतिहासिक भौतिकवाद वर्तमान सामाजिक यथार्थ और इतिहास की व्याख्या करने की पद्धति तो है ही, साथ ही अन्य पद्धतियों को समझने का एक दृष्टिकोण भी है। इसमें मार्क्स भौतिक उत्पादन के आधार पर विभिन्न प्रकार के समाजों का विभाजन करते हैं। ये समाज व्यवस्थाएँ हैं : एशियाई उत्पादन प्रणाली, दास-श्रम पर आधारित प्राचीन उत्पादन प्रणाली, सामंतवादी उत्पादन प्रणाली तथा पूँजीवादी उत्पादन प्रणाली। मार्क्स ने इनमें सबसे उत्कृष्ट सामाजिक अवस्था की कल्पना साम्यवाद के रूप में की थी जो वर्ग-संघर्ष के बाद उत्पादन के साधनों पर सामुदायिक नियंत्रण और सर्वहारा के अधिनायकत्व के बाद का चरण होगा। वे मानते थे कि इस व्यवस्था तक पहुँचते-पहुँचते मानव द्वारा मानव के शोषण का अंत हो जाएगा।

अपनी एक अन्य कृति *पॉवर्टी आफ़ फ़िलॉसफ़ी* में मार्क्स ने लिखा हैं कि सामाजिक संबंध बहुत निकटता से उत्पादक शक्तियों से जुड़े हुए हैं। नयी उत्पादक शक्तियाँ हासिल होने पर मनुष्य अपने उत्पादन का तौर-तरीक़ा बदल देते हैं। उत्पादन-पद्धति बदलने यानी जीविकोपार्जन की पद्धति बदलने से वे अपने सभी सामाजिक संबंध बदल देते हैं। हाथ की चक्की से सामंती मालिक वाला समाज बनता है और भाप की शक्ति के प्रयोग से औद्योगिक पूँजीपति वाला समाज अस्तित्व में आता है। मार्क्स के अनुसार शासक वर्ग अधिरचना के जगत की ग़ैर-आर्थिक संरचनाओं का इस प्रकार इस्तेमाल करता है ताकि उसके भौतिक-आर्थिक हित सुरक्षित रहें।

आधार-अधिरचना के मार्क्सवादी सिद्धांत से जुड़ी कई जटिल बहसें हैं जिनका संबंध सामाजिक परिवर्तन में मनुष्य के निजी हस्तक्षेप की भूमिका और प्रासंगिकता को लेकर

भी है। स्वयं मार्क्स ने परिवर्तन में वस्तुनिष्ठ के साथ-साथ आत्मनिष्ठ कारकों का भी ज़िक्र किया। ख़ासतौर पर बदलाव की स्थितियों के परिपक्व होने पर आत्मनिष्ठ कारकों की बड़ी भूमिका होती है। लेकिन मार्क्सवादी चिंतकों की एक धारा भौतिक स्थितियों के आगे व्यक्ति की भूमिका नगण्य मानती रही है। प्लेख़ानोव ने *द रोल ऑफ़ इंडिविजुअल इन हिस्ट्री* में लिखा है कि प्रतिभाशाली लोग घटनाओं के निजी पक्ष को कुछ तो प्रभावित कर सकते हैं, पर वे उसके सामान्य रूप पर असर नहीं डाल सकते हैं। इसी संदर्भ में दूसरे अंतर्राष्ट्रीय के विचारकों को भी रखा जा सकता है और स्तालिनी-सोवियत विश्लेषकों को भी।

लेकिन सभी मार्क्सवादी चिंतकों का रवैया प्लेखानोव जैसा नहीं रहा। इटली के कम्युनिस्ट नेता और सिद्धांतकार एंतोनियो ग्राम्शी ने अपना वर्चस्व संबंधी सिद्धांत इसी आधार पर विकसित किया है। ग्राम्शी के योगदान के सबसे बड़ी विशेषता यह है कि उन्होंने आर्थिक प्रश्न को दिये जाने वाले अत्यधिक महत्त्व को ख़ारिज करते हुए आग्रहपूर्वक कहा कि संघर्ष का असली अखाड़ा तो संस्कृति का क्षेत्र यानी अधिरचना होती है। ब्रिटेन के मार्क्सवादी विचारक रेमंड विलियम्स ने अपनी पुस्तक *मार्क्सिज़्म ऐंड लिटरेचर* में ग्राम्शी की धारणाओं पर विस्तार से लिखा और कहा कि वर्चस्व के स्वरूप स्थिर नहीं रहते, बल्कि उनका निरंतर नवीकरण, सुधार व नवनिर्माण चलता रहता है।

आधार-अधिरचना की अवधारणा का इस्तेमाल करके फ्रैंकफ़र्ट स्कूल के बुद्धिजीवियों ने संस्कृति व जन-संचार के क्षेत्र में व्यापक अध्ययन प्रस्तुत किये हैं। मार्क्स की इस सैद्धांतिकी का प्रयोग फ्रांस के विचारक लुई अलथुसे ने भी किया है। 1970 में प्रकाशित अपने विख्यात निबंध *आइडियॉलॅजी ऐंड आइडियॉलॅजिकल स्टेट अपरेटस* में उन्होंने आधार-अधिरचना के सिद्धांत पर विचार किया है। उन्होंने वर्गीय प्रभुत्व को केवल शक्ति के इस्तेमाल पर निर्भर न बताकर यह कहा कि प्रभुत्व की संरचनाएँ शासक वर्ग की विचारधारा के निरंतर पुनरुत्पादन पर टिकी होती हैं। उन्होंने कहा कि शिक्षा, चर्च और सेना द्वारा प्रभुत्वशाली विचारधारा का प्रसार किया जाता है। इसके असर से न केवल मज़दूर की क्षमताएँ पैदा होती हैं, बल्कि शासकवर्गीय विचारधारा के समक्ष उसमें समर्पण का भाव भी पैदा होता है। शिक्षा जैसे अधिरचना के क्षेत्र का प्रयोग प्राकृतिक-सामाजिक संसाधनों यानी आधार पर वर्चस्व बनाये रखने के लिए किया जाता है।

जर्मन समाजशास्त्री मैक्स वेबर मार्क्स के विचारों से असहमत थे। वे धार्मिक मूल्यों (जिन्हें अधिरचना का हिस्सा माना जा सकता है) का अर्थव्यवस्था यानी आधार पर निर्णायक प्रभाव पड़ता दिखाते हैं। अपनी पुस्तक *द प्रोटेस्टेंट एथिक्स ऐंड द स्पिरिट ऑफ़ कैपिटलिज़्म* में उन्होंने मार्क्स के ऐतिहासिक भौतिकवाद के विपरीत यह सिद्ध किया कि ईसाईयत के प्रोटेस्टेंट सम्प्रदाय की एक विशेष धार्मिक संस्कृति का प्रभाव पूँजीवाद के विकास के लिए निर्णायक साबित हुआ।

देखें : अर्नेस्टो चे ग्वेवारा, ऑस्कर रायज़ार्ड. लांगे, एंतोनियो ग्राम्शी, कार्ल हाइनरिख़ मार्क्स-1, 2. 3 और 4, फ्रेड्रिख़ एंगेल्स, फ्रैंकफ़र्ट स्कूल, भाषा का मार्क्सवादी सिद्धांत, भ्रांत चेतना, माओ त्से-तुंग, माओवाद और माओ विचार, मार्क्सवाद-1, 2, 3, 4 और 5, मार्क्सवादी इतिहास-लेखन, मार्क्सवादी समाजशास्त्र, मार्क्सवाद और पारिस्थितिकी, मार्क्सवादी अर्थशास्त्र, लेनिनवाद, लियोन ट्रॉट्स्की, लिबरेशन थियोलॅजी, नयी सदी में मार्क्सवादी विमर्श-1, 2, 3, 4 5, 6, 7, 8 और 9, समाजवादी वसंत-1, 2, 3, और 4, स्तालिन और स्तालिनवाद, सोवियत समाजवाद-1, 2 और 3, सोवियत सिनेमा, व्लादिमिर इलीच लेनिन।

संदर्भ

1. कार्ल मार्क्स (1978), *अ कंट्रीब्यूशन टू द क्रिटीक ऑफ़ पॉलिटिकल इकॉनॉमी,* प्रोग्रेस पब्लिशर्स, मास्को.
2. टाम बॉटमोर (1975), *मार्क्सवादी समाजशास्त्र,* मैकमिलन, नयी दिल्ली.
3. ऐलेक्स कैलिनिकौस (1983), *द रिवोल्यूशनरी आइडियाज़ ऑफ़ कार्ल मार्क्स,* बुकमार्क्स, लंदन.
4. टेरी ईगलटन (2011), *वाई मार्क्स वाज़ राइट,* येल युनिवर्सिटी प्रेस.
5. रामविलास शर्मा (1986), *मार्क्स और पिछड़े हुए समाज,* राजकमल प्रकाशन, दिल्ली.

—वैभव सिंह

आधुनिकता

(Modernity)

लैटिन शब्द 'मोडो' का अर्थ है 'जो आज का है' और जो अतीत जैसा नहीं है। 'मोडो' से 'मॉडर्नस' बना जिससे मॉडर्निटी या आधुनिकता की व्युत्पत्ति हुई। समाज-विज्ञान के विभिन्न अनुशासनों ने अपनी आवश्यकताओं के लिहाज़ से आधुनिकता को परिभाषित करते समय उसके विभिन्न पहलुओं को रेखांकित किया है। विचार के तौर पर आधुनिकता का अर्थ है : जीवन के लगभग हर क्षेत्र में समकालीन को परम्परागत से अलग समझना, परम्परा को भी परम्परागत के दायरे से निकाल कर ग्रहण करना, इस जगत को मानवीय हस्तक्षेप के ज़रिये रूपांतरण के लिए उपलब्ध समझना, नवाचार, प्रगति और परिवर्तन के आग्रहों को प्राचीन, शास्त्रीय और पारम्परिक के मुक़ाबले अनिवार्य बना देना। संगठन के तौर पर आधुनिकता

जटिल क़िस्म के आर्थिक (औद्योगिक उत्पादन और बाज़ार अर्थव्यवस्था) एवं राजनीतिक (राष्ट्र-राज्य और लोकतंत्र) संस्थाओं की प्रमुखता स्थापित करती है। इन्हीं तमाम कारणों के मिले-जुले प्रभाव से आधुनिक व्यवस्था अपने चरित्र में अतीत की किसी भी समाज व्यवस्था की अपेक्षा अधिक गतिशील, निरंतर बदलती हुई, हमेशा आज और आने वाले कल पर ज़ोर देती हुई निरंतर संक्रमणशील रहती है। ऐतिहासिक रूप से आधुनिकता के उद्‌भव और विकास का संबंध उस नयी सभ्यता से जोड़ा जाता है जो पिछली कुछ सदियों में युरोप और उत्तरी अमेरिका की धरती पर विकसित हुई और बीसवीं सदी तक आते-आते एक सावभौम युगीन प्रवृत्ति के रूप में पूरी तरह दृश्यमान हो कर स्थापित हो गयी।

समाजशास्त्रीय अवधारणा के रूप में आधुनिकता मुख्य तौर से स्वयं को उद्योगीकरण, सेकुलरीकरण, अधिकारीतंत्र और शहरी सभ्यता के बोलबाले के रूप में व्यक्त करती है। समाजशास्त्र की निगाह में जो आधुनिक नहीं है, वह प्राक्-आधुनिक है। उसे या तो मानवशास्त्रीय अध्ययन की श्रेणी में रखा जाना चाहिए या फिर ऐतिहासिक अध्ययन की। एमील दुर्ख़ाइम मानते हैं कि आधुनिकता समाज को एकजुटता के यांत्रिक से आंगिक (ऑर्गनिक) रूपों की तरफ़ ले जाती है। ऐसा होना श्रम-विभाजन पर निर्भर है जिसे दुर्ख़ाइम आधुनिक जीवन की समाजशास्त्रीय कुंजी क़रार देते हैं। एक अन्य विचार के अनुसार आधुनिकता सामुदायिकता पर आधारित अंतर-वैयक्तिक संबंधों की जगह अनाम वैयक्तिकता के आधार पर रचे गये समाज की तरफ़ ले जाती है। मैक्स वेबर आधुनिकता को बुद्धिवाद के बोलबाले और मोहभंग की सामान्य प्रक्रिया के रूप में देखते हैं। ज़िमेल के लिए आधुनिकता का मतलब है आधुनिक संस्कृति का वस्तुकरण जिसकी बानगी धन के रूप में देखी जा सकती है, धन जो आधुनिक जीवन की उस आत्मपरकता के मर्म में है जो बेगानेपन से ग्रस्त है। मार्क्स का विचार है कि पूँजी संचय की गतिकी के परिणामस्वरूप आधुनिकता निरंतर नवीकरण और परिवर्तन की तरफ़ जाती रहती है। मार्क्स समाजशास्त्र में प्रचलित आधुनिक/प्राक्-आधुनिक के सहज द्विभाजन को नहीं मानते, बल्कि उत्पादन की विधियों के आधार पर इतिहास को विभिन्न अवधियों में बाँटते हैं।

आधुनिकता को प्राय: पश्चिम की एक ऐसी सांस्कृतिक परियोजना के रूप में भी देखा जाता है जो ग़ैर-पश्चिमी जगत को एक सार्वभौम आग्रह के तौर पर थमायी जाती है। यह समझना ज़रूरी है कि पश्चिम ने यह आत्म-छवि कैसे प्राप्त की। उसका यह आग्रह प्राचीन युग, मध्य युग और आधुनिक युग की एक विशिष्ट द्वंद्वात्मकता की उपज है। पाँचवीं सदी में रोमन साम्राज्य के पतन के बाद ही पुराने के मुक़ाबले नये को ग्रहण करने के लिए और प्राचीनकाल की सभ्यताओं के मुक़ाबले नवीन के आगमन को परिभाषित करने के लिए 'मॉडर्नस' का इस्तेमाल होने लगा था। मोटे तौर पर इसे मध्य युग मान सकते हैं। कहा जाता है कि बारहवीं सदी पहला और फिर पंद्रहवीं सदी में इसी के आधार पर दूसरा रिनेसाँ या पुनर्जागरण हुआ। लेकिन अब इसे एक सतत प्रक्रिया के तौर पर देखा जाने लगा है। इसने पुराने यूनान और रोम को 'प्राचीन' घोषित करके उसकी श्रेष्ठता स्थापित की। अब एक तरफ़ प्राचीन था, और दूसरी तरफ़ नवीन। दोनों के बीच निरंतरता देखी गयी। मध्य युग पृष्ठभूमि में चला गया। चूँकि रिनेसाँ के तहत आधुनिक ख़ुद को प्राचीन के आईने में देख रहा था, इसलिए उसके और मध्य युग के बीच विच्छिन्नता पैदा हो गयी। सोलहवीं सदी से गुज़रते हुए सत्रहवीं सदी के अंत तक पुनर्जागरण और ईसाई धर्म-सुधार के युगों को एक सम्पूर्ण हो चुकी ऐतिहासिक अवधि के तौर पर देखा जाने लगा। परिणामस्वरूप एक ऐसी अभिव्यक्ति की ज़रूरत महसूस हुई जिससे मध्य युग के बाद शुरू हुए दौर को नामांकित किया जा सके। इस मुक़ाम पर 'मॉडर्नस' का उपयोग ऐतिहासिक रूप से गुज़र चुके या ख़त्म हो चुके 'कल' के मुक़ाबले सर्वथा नवीन 'आज' की तरह किया गया। रिनेसाँ ने प्राचीनता की विचारसम्पन्नता के औज़ारों से चर्च के प्राधिकार पर आक्रमण किया था, पर इस नवीन 'आज' के तत्त्वावधान में प्राचीन की आलोचना की जाने लगी जिसे इतिहास में 'क्वैरल ऑफ़ द ऐंडशएंट ऐंड द मॉडर्न' की संज्ञा दी जाती है।

इसके बाद ज्ञानोदय और उसके तुरंत प्रभाव का दौर शुरु हुआ जिसमें गुज़रे हुए समय के बरक्स समकालीनता की गुणात्मक नवीनता पूरी तरह से स्थापित हुई। इसे सम्भव बनाया दो बातों ने : ईसाइयत के बदले हुए मिज़ाज ने जो अब कयामत का इंतज़ार करने के मूड में नहीं थी (अर्थात् भविष्य को सम्भव समझा जाने लगा), और वैज्ञानिक प्रगति के आधार पर पैदा हुई नयी चेतना ने (जिसके ज़रिये भविष्य-रचना संकल्पित की जा सकती थी)। इस तरह जिसे 'नवीन' कहा जा रहा था, उसे अब भविष्य (जो ख़ाली था, कोरी स्लेट था) में निरंतर और सीमाहीन ढंग से प्रक्षेपित किया जा सकता था। इस बिंदु पर आ कर आधुनिकता की ऐतिहासिक काल-चेतना निर्मित होनी शुरू हुई। यह दो घटकों से मिल कर बनी थी : काल की ईसाई अवधारणा की स्वीकारोक्ति कि समय का क़ाफ़िला कभी उल्टे पाँव नहीं लौटता, और चिरंतनता की ईसाई अवधारणा का नकार।

अट्ठारहवीं सदी के अंत तक इसके फलितार्थ दिखायी देने लगे। ज्ञानोदय काल में विकसित हुए विचारों, अमेरिकी क्रांति, फ्रांसीसी क्रांति और औद्योगिक क्रांति के प्रभाव में क्रांति, परिवर्तन, प्रगति, विकास, संकट, युग और इतिहास जैसे शब्दों को उनके वर्तमान तात्पर्य मिले। काल इतिहासों के घटित होने का माध्यम भर नहीं रह गया, बल्कि अपने आप में एक गतिशील और ऐतिहासिक शक्ति बन गया। उन्नीसवीं सदी के मध्य तक नवीन होना और फ़ैशन में होना आधुनिकता द्वारा

प्रक्षेपित एक सौंदर्यबोधक तर्क के रूप में स्थापित होने लगा। एक ऐतिहासिक चेतना के रूप में आधुनिकता सामाजिक अनुभव का सामान्य प्रारूप बन गयी।

आधुनिकता की सांस्कृतिक परियोजना ने मनुष्य की स्वायत्तता पर बल दिया। शुरुआत में यह स्वायत्त मनुष्य सिर्फ़ पुरुष था। बाद के चरण में इसे पुरुष/स्त्री के तौर पर कल्पित किया गया। आधुनिकता ने इस स्वायत्त मनुष्य से उम्मीद की कि वह परम्परागत राजनीति और संस्कृति की बेड़ियों से ख़ुद को मुक्त करेगा, निजी और संस्थागत आज़ादी व सक्रियता का लगातार विस्तार करता रहेगा, चिंतन और वैज्ञानिक अनुसंधान की प्रक्रिया के ज़रिये प्रकृति और मानवीय प्रकृति की अपने हिसाब से पुनर्रचना करेगा। इस प्रक्रिया में बनने वाले समाज का हर सदस्य उसके बंदोबस्त में सक्रिय और सचेत सहभागी होगा। हर सदस्य की इस व्यवस्था और उसके केंद्रों तक समान पहुँच होगी।

आधुनिकता की इस सांस्कृतिक परियोजना का उद्गम और प्रयोग स्थल चूँकि पश्चिमी जगत था, इसलिए अक्सर पश्चिमीकरण और आधुनिकीकरण को एक दूसरे का पर्याय भी समझा जाता रहा है। बहरहाल, यह परियोजना अब कम से कम डेढ़ सौ साल पुरानी तो हो ही चुकी है। पश्चिम भी यह पूरे दावे के साथ नहीं कह सकता कि विज्ञान, तर्कबुद्धि, व्यक्तिवाद, स्वाधीनता, सत्य और सामाजिक प्रगति के इस संयोग ने वांछित नतीजे दिये हैं। यह अधूरापन जब ग़ैर-पश्चिमी दुनिया में आधुनिकता के परिणामों (और दुष्परिणामों) के साथ जुड़ कर इस परियोजना को संशयग्रस्त कर देता है। आलोचक कहते हैं कि इस परियोजना के गर्भ से जातीय और वर्गीय प्रभुत्व की संरचनाएँ निकली हैं, युरोपीय श्रेष्ठता के दुराग्रह और युरोपीय साम्राज्यवाद का जन्म हुआ है। इसके परिणामस्वरूप बड़े पैमाने पर प्रकृति, सामुदायिकता और परम्परा का विनाश हुआ है। इसी परियोजना के चलते आज का इनसान बेगानगी से पीड़ित है। उसकी व्यक्तिपरकता का विलयन व्यवस्था के तंत्र में हो गया है। अर्थात् आधुनिकता के लाभ उसकी हानियों से प्रतिसंतुलित हो गये हैं।

आज स्थिति यह है कि न तो आधुनिकता का विकल्प है, और न ही उससे पैदा हुए क्षोभ का कोई समाधान। भविष्य के जिस ख़ाली चित्रपट पर आधुनिकता अपनी आत्म-छवि प्रक्षेपित करती रही है, उसकी अनिर्धारित रूपरेखा कहती है कि पश्चिम ने जो सांस्कृतिक परियोजना उन्नीसवीं सदी के मध्य में दुनिया को थमायी थी, वह अपूर्ण रहने के लिए अभिशप्त है।

लेकिन अगर आधुनिकता को एक समरूप परियोजना के रूप में न देखा जाए, तो उसकी सम्भावनाएँ अधिक आशाजनक प्रतीत होती हैं। इस संदर्भ में एस.एन. आइज़ेनस्टैड द्वारा प्रवर्तित एकाधिक आधुनिकताओं की धारणा विचारणीय है। इस धारणा के आधार में आधुनिकता की एक मूल प्रवृत्ति उसकी अनिवार्य चिंतनशीलता है। इसी कारण से एक समाज की आधुनिकता किसी दूसरे समाज की प्रतिकृति नहीं बन सकती। आइज़ेनस्टैड कहते हैं कि आधुनिकता को पश्चिमीकरण का पर्याय समझना एक भूल है, क्योंकि द्वितीय विश्व युद्ध के बाद आधुनिकता का इतिहास उसे एक आंतरिक बहुलता से सम्पन्न परिघटना के रूप में स्थापित करता जा रहा है। आज दुनिया को सही तरीक़े से समझने के लिए ज़रूरी है कि उसे एकांगी आधुनिकता के नहीं बल्कि एकाधिक आधुनिकताओं के आईने में देखा जाए।

देखें : आधुनिकीकरण, आधुनिकतावाद, उत्तर-आधुनिकता, एकाधिक आधुनिकताएँ, औद्योगिक क्रांति-1 और 2, भारतीय आधुनिकता, आशिस नंदी-1 और 2, परम्परा की आधुनिकता, युरोपीय रिनेसाँ, युरोपीय ज्ञानोदय, व्यापारिक पूँजी, प्राक्-आधुनिकता और भारत-1, 2 और 3.

संदर्भ

1. लारेंस कैहून (1997) (सम्पा.), *फ्रॉम मॉडर्निज़्म टू पोस्टमॉडर्निज़्म : ऐन एंथोलॅजी,* ब्लैकवेल, ऑक्सफ़र्ड.
2. एंथनी गिडेंस (1997), *कनवरज़ेशंस विद् एंथनी गिडेंस : मेकिंग सेंस ऑफ़ मॉडर्निटी,* स्टैनफ़र्ड, कैलिफ़, स्टैनफ़र्ड युनिवर्सिटी प्रेस.
3. क्रिस्टोफ़र नॉरिस (1995), 'मॉडर्निज़म', *ऑक्सफ़र्ड कम्पेनियन टू फ़िलॉसफ़ी,* सम्पा. : टेड होंडेरिक, ऑक्सफ़र्ड युनिवर्सिटी प्रेस, ऑक्सफ़र्ड और न्यूयॉर्क.
4. मार्शल बर्मन (1982), *आल दैट इज़ सोलिड मेल्ट्स इनटु एअर : द एक्सपीरियेंस ऑफ़ मॉडर्निटी,* साइमन ऐंड शुस्टर, न्यूयॉर्क.
5. एस.एन. आइज़ेनस्टैड (2000), 'मल्टीपल मॉडर्निटीज़', *डेडलस,* विशेषांक : मल्टीपल मॉडर्निटीज़, शरद, खण्ड 129.

—अभय कुमार दुबे

आधुनिकतावाद

(Modernism)

आधुनिकतावाद का सामान्य अर्थ है आधुनिक युग का दर्शन और संस्कृति। लेकिन, इस दर्शन और संस्कृति की अभिव्यक्ति सभी क्षेत्रों में एक सी नहीं हुई। कलाओं के क्षेत्र में इसकी अभिव्यक्ति अपनी द्वंद्वात्मक गति के कारण बेहद जटिल है। उसके भीतर आधुनिकता की आलोचना के उल्लेखनीय पहलू हैं। समाज, राजनीति और आर्थिक क्षेत्र में इसकी अभिव्यक्तियों की गति रैखिकीय प्रतीत होती है, पर उसके परिणाम द्वंद्वात्मक निकलते हैं।

सौंदर्यशास्त्रीय आधुनिकतावाद : आधुनिकतावाद 1850 से 1950 के बीच चले कला संबंधी आंदोलनों को दी गयी संज्ञा के रूप में लोकप्रिय हुआ। उन्नीसवीं सदी के मध्य से बीसवीं सदी के मध्य तक की अवधि कलाओं के क्षेत्र में अभूतपूर्व प्रयोगधर्मिता की थी। इसी दौर में चित्रकला में यथार्थवाद (जैसे, गुस्ताव काउरबे), अनुभववाद (जैसे, क्लोद मोने) और अमूर्तन (जैसे, जैक्सन पोलक) के आंदोलन चले। इसी दौरान साहित्य यथार्थवाद के दायरे में पनपे वस्तुनिष्ठ कथानक से परे गया (जैसे, वर्जीनिया वुल्फ़ और जेम्स जॉयस)। उसने विषयवस्तु के आदर्शीकृत निर्वहन की सीमाओं को भी भंग कर दिया (जैसे, अर्नेस्ट हेमिंग्वे)। संगीत की दुनिया में यह अवधि अ-तानीयता (जैसे, अर्नोल्ड शोनबर्ग और एलबान बर्ग), ध्वनिवैषम्य और असांगीतिक संरचनाओं (जैसे, इगोर स्त्राविंस्की) को मिली स्वीकारोक्ति के लिए जानी जाती है। वास्तुशिल्प में ला कोरबूज़िए, लुडविग मीज़ वानडर रो और वाल्टर ग्रुपियज़ आधुनिकतावाद के उल्लेखनीय वाहक साबित हुए।

कलाओं के क्षेत्र में इस आधुनिकतावाद की विशेषता यह थी कि इसके कई प्रमुख हस्ताक्षरों को आधुनिकता के ख़िलाफ़ विद्रोह के लिए भी जाना जाता है। इन कलाकारों का उद्देश्य आधुनिकतावाद की पैरोकारी करना तो कतई नहीं था। उनकी रचनाशीलता ही आधुनिकता के स्वयंसिद्ध समझे जाने वाले मूल्यों के साथ द्वंद्वात्मकता की देन थी। इसके तहत आम तौर पर ज्ञानोदय-आरोपित निश्चितताओं को ख़ारिज किया गया और उसी के साथ सर्वशक्तिमान और करुणामय सृष्टिकर्ता का विचार पुराना पड़ गया। लेकिन इसका मतलब यह नहीं निकाला जाना चाहिए कि इन रचनाकारों ने ज्ञानोदय के सभी आयामों को छोड़ दिया था या धर्म से पूरी तरह मुक्ति प्राप्त कर ली थी। दरअसल, सामाजिक आधुनिकता के बिना न तो उनकी कृतियाँ कल्पित की जा सकती थीं और न ही उनकी आधारभूत प्रवृत्तियाँ पनपने की सम्भावना थी। इस संदर्भ में आधुनिकतावाद एक ऐसा पद बन कर उभरा जिसके तहत एक व्यापक और बहुआयामी सौंदर्यशास्त्र ने ख़ुद को परिभाषित किया। यह उस सामाजिक-आर्थिक और सांस्कृतिक जीवन की देन था जिसे आधुनिकता के विभिन्न प्रभावों ने आमूलचूल बदल दिया था।

यहाँ प्रश्न उठता है कि सौंदर्यशास्त्रीय आधुनिकतावाद की निगाह में आधुनिकता क्या थी? 1864 में 'पेंटर ऑफ़ मॉडर्न लाइफ़' लिखते हुए चार्ल्स बोदलेयर ने आधुनिकता को एक अनित्य, क्षणभंगुर और प्रासंगिक शै क़रार दिया। इसी प्रवृत्ति के दूसरे सिरे पर खड़े एज़रा पाउंड ने 'मेक इट न्यू!' का प्रतिमानमूलक फ़िकरा गढ़ कर संकेत दिया कि यह सौंदर्यशास्त्र आधुनिकता से अपना नाता पूरी तरह कभी नहीं तोड़ना चाहता था। टी.एस. एलियट ने अतीत से समकालीनता

चार्ल्स पिएर बोदलेयर (1821-1867) चित्र : एमील दोरॉय

के इसी विरोधाभासी रिश्ते की व्याख्या करते हुए कहा कि कवि की रचना के न केवल सर्वश्रेष्ठ बल्कि सबसे ज़्यादा निजी हिस्से सम्भवतः वे होते हैं जिनमें मृत कवियों के साथ उसके पूर्वज सर्वाधिक ऊर्जा के साथ अपने अमरत्व का दावा करते हैं।

आधुनिकतावाद के इर्द-गिर्द मार्क्सवादियों के बीच कई तरह की जटिल बहसें हुई हैं। 'एक्सप्रेशनिज़म डिबेट' इनमें सबसे ज़्यादा चर्चित है। तीस के दशक में हुई इस बहस के दौरान ग्योर्गी लूकाच ने आधुनिकतावाद की यह कह कर भर्त्सना की कि उसने विचारपूर्ण ज्ञानमीमांसा को त्याग कर रूपवाद को अपना लिया है। लूकाच का कहना था कि आधुनिकतावादी कलाकार निजी मानस और गहन आंतरिक अनुभूतियों पर कुछ ज़्यादा ही बल देते हैं। वे समाज के बीच संघर्ष कर रहे मनुष्य के यथार्थवादी चित्रण से कतराते हैं और उनका बल इतिहास के बजाय मिथकीयता पर अधिक होता है। लूकाच की यह मान्यता मार्क्सवादी विद्वत्ता की मुख्यधारा का प्रतिनिधित्व करती थी। इसके उलट वाल्टर बेंजामिन, बर्तोल्त ब्रेख़्त और थियोडोर एडोर्नो जैसे जैसे मार्क्सवादियों ने आधुनिकतावाद के प्रभावों का अपने-अपने ढंग से स्वागत किया। इन लोगों के विचार आधुनिकतावादी मार्क्सवाद की श्रेणी में रख कर देखे जाते हैं।

समाज-रचना और आधुनिकतावाद : राजनीतिक दृष्टि से देखें तो आधुनिकता की पश्चिम प्रदत्त सांस्कृतिक परियोजना के आधार पर समाज-रचना की कोशिश को आधुनिकतावाद समझा जाता है। ये कोशिशें राष्ट्र-राज्य के तंत्र द्वारा किये जाने वाले वैकासिक नियोजन से भी परवान चढ़ती हैं, और नागरिक स्तर पर किये जाने वाले राज्येतर समाज सुधार आंदोलनों के ज़रिये भी आगे बढ़ती हैं। इनका नेतृत्व

'छाते वाली लड़की' : ज्याँ मेट्ज़िंगर (1913). यह कृति नाज़ियों द्वारा ज़ब्त कर ली गयी थी.

करने वाले राजनीतिक-सांस्कृतिक अभिजन आधुनिकतावादी कहलाते हैं। इन प्रयासों के तहत सामाजिक प्रगति में विश्वास करने वाली ऐसी वैचारिक प्रवृत्तियाँ पनपीं जिनकी मान्यता थी कि मनुष्य प्रयोगधर्मिता, वैज्ञानिक ज्ञान और प्रौद्योगिकी का इस्तेमाल करके अपने पर्यावरण की पुनर्रचना कर सकता है। यह परिप्रेक्ष्य अस्तित्व के हर रूप की छानबीन करने की तरफ़ ले गया। दर्शन से लेकर वाणिज्य तक नयी कसौटियों पर कस कर यह पता लगाने की कोशिश की गयी कि प्रगति के रास्ते कौन-कौन सी बाधाएँ हैं और उन्हें प्रगति के अनुकूल संरचनाओं से कैसे प्रतिस्थापित किया जा सकता है।

ग़ैर-पश्चिमी देशों और संस्कृतियों के संदर्भ में इस प्रवृत्ति ने सबसे ज़्यादा सवालिया निशानों का सामना किया। मसलन, भारतीय अभिजनों ने उन्नीसवीं सदी के उत्तरार्ध में उपनिवेशवाद से जद्दोजहद करते हुए राष्ट्र-राज्य के विचार को उत्साह से अपनाया, लेकिन बीसवीं सदी के दूसरे दशक तक उनके राष्ट्रवाद संबंधी आग्रह अंतर्विरोधों में फँसे हुए दिखने लगे। राष्ट्रवाद और उस पर आधारित राष्ट्र-राज्य, जो आधुनिकतावादी सांस्कृतिक परियोजना का सबसे महत्त्वपूर्ण उपादान था, राजनीतिक-सांस्कृतिक अभिजनों के बीच बहस का विषय बन गया। एक तरफ़ राष्ट्रवादी भावनाओं का अंग्रेज़ी राज के ख़िलाफ़ संघर्ष में इस्तेमाल किया गया, और दूसरी ओर भविष्य के संदर्भ में राष्ट्रवाद संशयग्रस्त हो गया। इस बौद्धिक ऊहापोह के परिणामस्वरूप आधुनिकता और राष्ट्रवाद की जो भारतीय शक्ल-सूरत बनी, वह काफ़ी भिन्न थी। यह भिन्नता पश्चिम के प्रेक्षकों को 1950 के बाद भी कई वर्ष तक परेशान करती रही। उपनिवेशवाद द्वारा थमाये गये प्रारूप और विचारों के आईने में देखने पर उन्हें लगता रहा कि यह न तो आधुनिकता है, और न ही राष्ट्र-राज्य। नतीजे के तौर पर पश्चिमी प्रेक्षकों ने पश्चिम-ग्रस्त दृष्टि का प्रयोग करके भारतीय राष्ट्र-राज्य और लोकतंत्र के ख़ात्मे की भयावह भविष्यवाणियाँ कीं। आज ये सभी भविष्यवाणियाँ ग़लत साबित हो चुकी हैं।

तो क्या भारतीय अनुभव को आधुनिकतावाद की पराजय के रूप में देखा जाना चाहिए? या आधुनिकतावाद के नये संस्करण (एशियाई) के रूप में? इन प्रश्नों के उत्तर आसान नहीं हैं, क्योंकि समाज-विज्ञान के क्षेत्र में अभी इन्हें केंद्र में रख कर अनुसंधान नहीं हुए हैं। कुल मिला कर व्यावहारिक स्थिति यह है कि भारतीय परियोजना ग़लती करने और प्रयोग करने के सिलसिले के ज़रिये राष्ट्र-राज्य और राष्ट्रवाद के अपने मॉडल की खोज करती हुई लगती है। यह मॉडल राष्ट्रवाद के पश्चिमी मॉडल में निहित समरूपतावादी आग्रहों से अलग हट कर सांस्कृतिक विविधताओं और बहुलताओं के आधार पर रचा गया है और लगातार रचा जा रहा है। पश्चिम जिस बहुसंस्कृतिवाद को अब समझ रहा है, वह भारतीय आधुनिकतावाद की संरचना में नैसर्गिक रूप से निहित है।

देखें : आधुनिकता, एकाधिक आधुनिकताएँ, औद्योगिक क्रांति-1 और 2, औद्योगिक क्रांति-1 और 2, भारतीय आधुनिकता, आशिस नंदी-1 और 2, परम्परा की आधुनिकता, युरोपीय रिनेसाँ, युरोपीय ज्ञानोदय, व्यापारिक पूँजी, प्राक्-आधुनिकता और भारत-1, 2 और 3. सौंदर्यशास्त्र, बहुसंस्कृतिवाद, ग्योर्गी लूकाच, थियोडोर एडोर्नो।

संदर्भ

1. चार्ल्स बोदलेयर (1964), *द पेंटर ऑफ़ मॉडर्न लाइफ़ ऐंड अदर एसेज़,* अनुवाद और सम्पादन : जोनाथन मायने, फ़ाइदन प्रेस, लंदन.
2. सुदीप्त कविराज (2000), 'मॉडर्निटी ऐंड पॉलिटिक्स इन इण्डिया', *डेडलस,* खण्ड 129, अंक 1, एमआईटी प्रेस, अमेरिकन एकेडमी ऑफ़ आर्ट्स ऐंड साइंसेज़.
3. नॉरिस क्रिस्टोफ़र (1995), 'मॉडर्निज़म', *ऑक्सफ़र्ड कम्पेनियन टू फ़िलॉसफ़ी,* सम्पा : टेड होंडेरिक, ऑक्सफ़र्ड युनिवर्सिटी प्रेस, ऑक्सफ़र्ड ऐंड न्यूयॉर्क.
4. रेमंड विलियम्स (1989), *द पॉलिटिक्स ऑफ़ मॉडर्निज़्म : अगेंस्ट द न्यू कंफ़र्मिस्ट्स,* सम्पा. टोनी पिंकनी, वरसो, लंदन.
5. यूजेन लन (1985), *मार्क्सिज़म ऐंड मॉडर्निज़म : ऐन हिस्टोरिकल स्टडी ऑफ़ लूकाच, ब्रेख़्त, बेंजामिन, ऐंड एडोर्नो,* वरसो, लंदन.

—अभय कुमार दुबे

आधुनिकीकरण

(Modernisation)

द्वितीय विश्व युद्ध के बाद अमेरिका द्वारा प्रचलित सामाजिक और आर्थिक विकास के मॉडल के मर्म में आधुनिकीकरण का सिद्धांत है। इसी आधार पर पूँजीवाद के पश्चिमी इतिहास द्वारा थमाये गये मॉडल के मुताबिक़ समाज-रचना का फ़ार्मूला गढ़ा गया है। ग़ैर-पश्चिमी दुनिया के कई देशों के अभिजनों ने इसे लागू करने में सक्रिय सहभागिता की है। आधुनिकीकरण के इस सिद्धांत की निगाह में आधुनिकता की अवधारणा तरलता और विरोधाभास से रहित निश्चित और निर्धारित है। उसके मुताबिक़ प्रत्येक समाज को लाज़मी तौर से बर्बरता की स्थिति से विकास और सभ्यता के उच्चतम स्तर तक जाना चाहिए। यहाँ विकास और सभ्यता का मतलब है पश्चिमी देशों द्वारा उपलब्ध विकास और सभ्यता के मानक। जो देश जितना आधुनिक होगा, उतना ही अमीर होगा, उतना ही शक्तिशाली होगा, उसके नागरिक उतने ही स्वाधीन होंगे और उतना ही उच्चतर जीवन-स्तर भोगेंगे। आधुनिकीकृत होने का इन अनिवार्य कसौटियों पर जो समाज खरा नहीं उतर पाता उसे विफल समझा जाएगा।

एक सिद्धांत के तौर आधुनिकीकरण की नींव युरोपीय ज्ञानोदय की अवधि में रखी गयी। 1790 में आंत्वाँ द कोंदोर्स ने पहली बार प्रौद्यौगिकीय प्रगति को सांस्कृतिक प्रगति के साथ जोड़ने का सिद्धांत प्रतिपादित किया। उनका कहना था कि टेक्नॉलॅजी के क़दम बढ़ने से आर्थिक प्रगति होती है और असर अनिवार्य तौर पर लोगों के नैतिक जीवन पर पड़ता है। इसी सिद्धांत का आगे चल कर दो भिन्न प्रस्थान-बिंदुओं के तहत ऐडम स्मिथ और कार्ल मार्क्स द्वारा विकास किया गया। स्मिथ को इसके पूँजीवादी संस्करण और मार्क्स को इसके साम्यवादी संस्करण का प्रणेता होने का श्रेय दिया जाता है। विचारों की दुनिया में आधुनिकीकरण द्वारा लाये जाने वाले परिवर्तनों को नकारात्मक और पतनशील मानने वाले विद्वान भी कम नहीं हैं। अनुदारतावादी चिंतक एडमण्ड बर्क ने फ्रांसीसी क्रांति की आलोचना करते हुए और थॉमस माल्थस ने जनसंख्यामूलक विनाश के वैज्ञानिक सिद्धांत का प्रतिपादन करते हुए आधुनिकीकरण का प्रति-विचार विकसित किया है।

अर्थशास्त्रियों के लिए आधुनिकीकरण श्रम विभाजन, प्रबंधन की तकनीकों के प्रयोग, उन्नत प्रौद्योगिकी और व्यापारिक सुविधाओं के विस्तार का पर्याय है। राजनीतिशास्त्री मानते हैं कि राजनीतिक दल, संसद, वयस्क मताधिकार और गुप्त मतदान आधुनिकीकरण के लक्षण हैं। संस्कृति के सिद्धांतकार इसके लिए सेकुलरीकरण और राष्ट्रीय विचारधारा को बढ़ावा देना ज़रूरी मानते हैं। आधुनिकीकरण के सामाजिक पहलू का मतलब है साक्षरता का उत्तरोत्तर विकास, बढ़ता हुआ नगरीकरण और परम्परा के प्रभाव में ह्रास।

सामाजिक सिद्धांतकार आधुनिकीकरण को दो नज़रियों से देखते हैं : प्रक्रिया के रूप में और नियोजित प्रयास के रूप में। इनके आधार में आधुनिकीकरण और मानवीय प्रयास का संबंध है। प्रक्रिया का मतलब यह है कि विकास और प्रौद्योगिकी का आगे बढ़ता हुआ क़ाफ़िला मानवीय अन्योन्यक्रिया की सीमाएँ तय करता है। नियोजित प्रयास का तात्पर्य है कि आधुनिकीकरण मानवीय नियोजन और सक्रियता का परिणाम है। अर्थात् प्रक्रिया के तौर पर आधुनिकीकरण की आलोचना मुश्किल है, क्योंकि उसमें मानवीय एजेंसी की भूमिका गौण है, जबकि मानवीय नियोजन के तौर पर आधुनिकीकरण की आलोचना की जा सकती है और उसकी दिशा बदली भी जा सकती है।

आधुनिकीकरण के पैरोकार दो हिस्सों में बँटे हुए हैं। इसके आशावादी समर्थक मानते हैं कि आधुनिकीकरण के रास्ते में आने वाली बाधाएँ अस्थायी क़िस्म की हैं। मसलन, वे कहेंगे कि ईरान की इसलामिक क्रांति या लेबनान की अशांति के बावजूद उन क्षेत्रों में आधुनिकीकरण की सम्भावनाएँ ख़त्म नहीं हुई हैं। इसके उलट निराशावादी समर्थक ऐसी घटनाओं के कारण इन क्षेत्रों को ग़ैर-आधुनिक या आधुनिक होने में अक्षम क़रार देते हैं।

कुछ सिद्धांतकारों ने आधुनिकीकरण को चरणबद्ध रूप से आगे बढ़ता दिखाया है। प्रतिवर्ती (रिफ़्लेक्सिव) आधुनिकीकरण एक ऐसा ही सिद्धांत है। इसके मुताबिक़ आधुनिक विकास के पहले चरण में परम्परा और आधुनिकता के बीच एक तरह का घालमेल रहता है। आधुनिकता के तीव्र विकास के कारण परम्परा और आधुनिकता के बीच सामंजस्य के इस चरण का ख़ात्मा होने की नौबत आ जाती है। इस परिस्थिति में औद्योगिक समाज का पहला स्वरूप एक रचनात्मक आत्मविनाश की सम्भावनाओं का साक्षात्कार करता है। आधुनिकता का नवीन संस्करण इन सम्भावनाओं के तहत विद्यमान औद्योगिक समाज की जगह नये औद्योगिक समाज के रूपों का प्रत्यारोपण करने की तरफ़ जाता है। उस समय तक हुई प्रगति अपना नाश ख़ुद करती है यानी एक प्रकार का आधुनिकीकरण अपनी जड़ें काट कर दूसरे प्रकार के आधुनिकीकरण में बदल जाता है।

आधुनिकीकरण को पश्चिमीकरण के पर्याय की तरह ग़ैर-पश्चिमी दुनिया के गले उतारने के प्रयास समाज-विज्ञान की दुनिया में काफ़ी विवादास्पद हैं। इन्हें युरोकेंद्रीय और स्वजातिवादी क़रार दिया जाता है। इस विवाद के संदर्भ में जापान और भारत जैसे पारम्परिक एशियाई समाजों के उदाहरणों पर ग़ौर करना विषयानुकूल रहेगा। जापान ने आधुनिक प्रौद्योगिकी,

कारख़ाना उत्पादन और ग्लोबल तिजारत के रास्ते पर उत्साह से चलते हुए अपना आधुनिकीकरण किया है। पश्चिमीकरण के आलोचक कहते हैं कि देखिए जापान जैसा ग़ैर-पश्चिमी देश भी अपने तरीक़े से आधुनिक जीवन-शैली में समरस हो सकता है। इसका उलट तर्क यह है कि पश्चिमीकरण के कारण ही जापान जैसा पारम्परिक देश पश्चिमी देशों से भी अधिक पश्चिमीकृत हो गया है।

भारत का अनुभव अलग है। राजनीतिशास्त्रियों की एक पीढ़ी मानती रही है कि इस पाँच हज़ार साल पुराने समाज का आधुनिकीकरण राजनीतीकरण की प्रक्रिया का परिणाम है। चुनावी राजनीति में भाग लेते-लेते जातिगत संरचनाओं में लम्बवत ढंग से गठित समाज धीरे-धीरे क्षैतिज संरचनाओं में गठित होता जा रहा है। जातियाँ बची हुई हैं, पर उनका सामाजिक स्वरूप कर्मकाण्डीय से बदल कर सामुदायिक होता जा रहा है। आधुनिकीकरण का यह भारतीय सिद्धांत परम्परा के आधुनिकीकरण पर बल देता है। लेकिन, इसका उलट तर्क यह है कि आधुनिकीकरण की शुरुआत में परम्परा और आधुनिकता का जो सकारात्मक संश्रय हुआ था, वह भूमण्डलीकरण के दौर में आधुनिकता के नये रूपों के दबाव में नष्ट होता जा रहा है। यह तर्क देने वाले कहते हैं कि भारत पश्चिमीकरण ही नहीं, बल्कि उसके भी संकीर्ण रूप अमेरिकीकरण का शिकार होने की तरफ़ बढ़ रहा है।

दरअसल, एशियाई देशों और युरोपीय देशों के आधुनिकीकरण संबंधी अनुभवों की भिन्नता भी इस विवाद की जड़ में है। युरोप में आधुनिकता और उसके मूल्यों (जैसे, बुद्धिवाद और मनुष्य की स्वायत्तता) का आगमन पहले हुआ, पर आधुनिकीकरण की प्रक्रिया बाद में चली। अर्थात् उसका मन पहले बदला, शरीर बाद में। भारत और एशिया के देशों की इच्छा रही है कि उसका शरीर तो युरोप जैसा हो जाए पर मन न बदले। उनकी यह इच्छा अब मानसिक प्रवृत्तियों के धीरे-धीरे ही सही पर निश्चित रूप से हो रहे परिवर्तन के सामने हार मान रही है।

देखें : आधुनिकता, आधुनिकतावाद, उत्तर-आधुनिकता, एकाधिक आधुनिकताएँ, औद्योगिक क्रांति-1 और 2, भारतीय आधुनिकता, आशिस नंदी-1 और 2, परम्परा की आधुनिकता, युरोपीय रिनेसाँ, युरोपीय ज्ञानोदय, व्यापारिक पूँजी, प्राक्-आधुनिकता और भारत-1, 2 और 3.

संदर्भ

1. आर. इंगलहार्ट और डब्ल्यू.ई. बेकर (2005), *मॉडर्नाइज़ेशन, कल्चरल चेंज, ऐंड डेमॉक्रैसी,* केम्ब्रिज युनिवर्सिटी प्रेस, न्यूयॉर्क.
2. एडमण्ड बर्क (1999/1790), *रिफ्लेक्शंस ऑन द रेवोल्यूशन इन फ्रांस,* ऑक्सफ़र्ड युनिवर्सिटी प्रेस, ऑक्सफ़र्ड.
3. आंत्वाँ द कोंदोर्स (1989/1795), *स्केच फ़ॉर अ हिस्टोरिकल पिक्चर ऑफ़ ह्यूमन माइंड,* हायपेरियन प्रेस, वेस्टपोर्ट, सीटी.
4. रजनी कोठारी (2005), *भारत में राजनीति : कल और आज,* सम्पादन और प्रस्तुति : अभय कुमार दुबे, वाणी प्रकाशन, नयी दिल्ली.
5. जावीद आलम (1999), *इण्डिया : लिविंग विद् मॉडर्निटी,* ऑक्सफ़र्ड युनिवर्सिटी प्रेस, नयी दिल्ली.
6. लॉयड आई. रुडोल्फ़ (1965), 'दि मॉडर्निटी ऑफ़ ट्रेडिशन : द डेमाक्रैटिक इनकार्नेशन ऑफ़ कास्ट इन इण्डिया', द *अमेरिकन पॉलिटिकल साइंस रिव्यू,* खण्ड 59, अंक 4, दिसंबर.

—अभय कुमार दुबे

आधुनिक हिंदी-रंगमंच-1

(भारतेंदु, माधव शुक्ल, प्रसाद, इप्टा और पृथ्वी थिएटर)

(Modern Hindi Theatre-1)

औपनिवेशिक भारत में अंग्रेज़ों द्वारा अपने मनोरंजन की ज़रूरतों के लिए आयातित रंगमंच के अनुकरण से भारतीय भाषाओं में आधुनिक रगमंच का विकास हुआ। हिंदी में आधुनिक रंगमंच का उद्भव भी इसी की कड़ी है। भारतेंदु हरिश्चंद्र ने *जानकी मंगल* को हिंदी का पहला मंचित नाटक घोषित करके क्षोभ प्रकट किया है कि 'पश्चिमोत्तर देश में ठीक नियम पर चलने वाला कोई आर्य शिष्ट जन का नाटक-समाज नहीं है।' अधिकतर विद्वान इसी मंचन से आधुनिक हिंदी रंगमंच का सूत्रपात मानते हैं, लेकिन इससे पहले 26 नवम्बर, 18 53 को विष्णुदास भावे द्वारा आधुनिक रीतियों के अनुसार ही *राजा गोपीचंद* की हिंदुस्तानी भाषा में प्रस्तुति हो चुकी थी। लेकिन ध्यान रखने की बात यह है कि हिंदी-रंगमंच के साथ आधुनिक लक़ब जुड़ने से पहले इस क्षेत्र में लिखित नाटकों और उनके मंचन की सूचना के साथ साथ लोक-भाषाओं के समृद्ध रंगमंच की विस्तृत परम्परा मिलती है। अवध के नवाब वाजिद अली शाह के दरबार, झाँसी के दरबार, मिथिला राज्य और नेपाल राज्य में दरबार द्वारा संरक्षित रंगमंच के साक्ष्य मिलते हैं जिनमें हिंदी की उपस्थिति की सूचना दर्ज है। इसके साथ ही नौटंकी, ख़याल, भगत, नाचा, नाच, माच, नक़ल, स्वांग इत्यादि जैसे पारम्परिक शैलियों के रंगमंच हैं जिनका विस्तार हिंदी प्रदेश के इलाक़ों में अलग-अलग है। लिखित नौटंकी भी हिंदी के पहले आधुनिक लिखित नाटक से पहले मिलने लगती है। अंग्रेज़ों के भारत-आगमन से महत्त्वपूर्ण परिवर्तन यह हुआ कि अब प्रदर्शन करने वाले अभिनेता सामाजिक संरचना का हिस्सा न रह कर एक अलग समूह

पृथ्वीराज कपूर द्वारा स्थापित पृथ्वी थिएटर की आधुनिक हिंदी रंगमंच के विकास में उल्लेखनीय भूमिका रही.

के रूप में संगठित होने लगे। रंगमंच मंदिरों, सामंतों और राज्याश्रयों के सरंक्षण से निकल गया। उसे देखने के लिए टिकट ख़रीद कर दर्शक बनना ज़रूरी हो गया।

पारसी रंगमंच भारत में उस रंगमंच को कहा गया जिसके मालिक शुरुआती दौर में पारसी थे। औपनिवेशिक प्रभाव में विक्टोरियन शैली और शेक्सपीरियन सरंचना वाले इस रंगमंच की शुरुआत व्यवसाय के लिए हुई थी। पारसी रंगमंच की आय के स्रोत दर्शक थे इसलिए उसे रिझाने के लिए उन्हें तमाम लटकों-झटकों का सहारा लेना पड़ता था। दर्शकों की संख्या बढ़ाने के लिए गुजराती भाषा में शुरू हुए इस रंगमंच ने धीरे-धीरे अन्य भाषाओं मे भी विस्तार लिया। उर्दू से होते हुए हिंदुस्तानी और हिंदी भाषा के ज़रिये यह हिंदी प्रदेशों में पहुँचा। हिंदी प्रदेश में पारसी शैली की रंग मंडलियाँ भी बनीं जो घूम-घूम कर नाटकों का प्रदर्शन करती थीं। दर्शकों को आकर्षित करने के लिए रंगीन पर्दे, नृत्य, प्रहसन, गायन, शेरो-शायरी, चमत्कारिक दृश्यों का संयोजन किया जाता था। पारसी रंगमंच ने अपना आकर्षण बनाये रखने के लिए पारम्परिक रंग-तत्त्वों का सहारा भी लिया। लेकिन आकर्षण बनाये रखने के दबाव में इसके कथ्य और मूल्यों में परिवर्तन होता चला गया। भारतेंदु ने इसकी व्याख्या इस तरह की कि पारसी रंगमंच कालिदास के गले पर छुरी फेर रहा था। लेकिन इसके साथ ही भारतेंदु ने इसके ज़रिये नाटक की लोकप्रियता और प्रभाव को भी देखा। संचार माध्यमों के अभाव के उस दौर में नाटक जनसंचार का बड़ा माध्यम था। भारतेंदु ने हिंदी में नाट्य-आंदोलन का सूत्रपात किया और *विद्यासुंदरी, अँधेर नगरी, नीलदेवी, भारत दुर्दशा* जैसे नाटकों से हिंदी रंगमंच को समृद्ध किया। इसके साथ ही उन्होंने संस्कृत और पाश्चात्य नाटकों का हिंदी अनुवाद भी किया। उनकी प्रेरणा से बनारस में रंग मंडलियाँ स्थापित हुई। 'नाटक व दृश्य काव्य' जैसा निंबध लिख कर उन्होंने नाट्यकला की सैद्धांतिकी भी विकसित की। देश-वत्सलता और समाज सुधार को उन्होंने नाटकों का मुख्य उद्देश्य बताया। भारतेंदु मण्डल के विद्वानों ने उनके कार्य को आगे बढ़ाया। पारसी रंगमंच के समांतर साहित्यिक मूल्यों का रंगमंच निर्मित करने की कोशिश में उसके कुछ तत्त्वों का आश्रय लिया गया लेकिन संस्कृत और अंग्रेज़ी की परम्परा से जुड़ने के लिए पारम्परिक रंगमंच और पारसी रंगमंच से स्पष्ट तौर पर दूरी बरती गयी। राष्ट्रनिर्माण, समाज-सुधार और हिंदी भाषा की समृद्धि इस युग के रंगमंच का मुख्य उद्देश्य था जिसके इर्द-गिर्द रचनाएँ घूमती रहीं।

बाद में महावीर प्रसाद द्विवेदी के प्रभाव के कारण नाटक-रचना थोड़ी मंद पड़ी, हिंदी भाषा को साहित्य और समाज-विज्ञान की अन्य विधाओं में समृद्ध करने का कार्य आरम्भ हुआ। रंगमंच की मंद गति को कुछ तेज़ करने का उल्लेखनीय प्रयास माधव शुक्ल ने किया। वे भी भारतेंदु के तरह अभिनेता, नाटककार और संगठनकर्ता थे। उन्होंने अपने प्रयासों से हिंदी की तीन महत्त्वपूर्ण अव्यावसायिक नाट्य मंडलियाँ प्रयाग और कोलकाता में बनायीं। माधव शुक्ल नाटकों को हिंदी प्रचार का सर्वाधिक सशक्त माध्यम तो मानते ही थे, साथ ही राजनीति और समाज-सुधार का अमोघ साधन भी क़रार देते थे। राष्ट्रभक्ति उनके नाट्यकर्म की मूल प्रेरणा थी। और इस रूप में वे रंगमंच पर भारतेंदु के काम को ही आगे बढ़ा रहे थे। अपने रंगकर्म को समकालीन राजनीतिक चेतना से जोड़ कर जनता को जागरूक करने की उनकी कोशिशों के कारण ही उनके खेले गये नाटकों में से *महाराणा प्रताप* (राधाकृष्ण दास), *महाभारत पूर्वार्द्ध* (माधव शुक्ल) और *मेवाड़ पतन* (द्विजेंद्र लाल राय) को अंग्रेज़ी सरकार ने ज़ब्त कर लिया था।

जयशंकर प्रसाद की उपस्थिति रंगमंच की दुनिया में एक ऐसे ऐतिहासिक समय में दर्ज हुई जब पारसी रंगमंच का प्रभाव और पतनशीलता चरम पर थी। इसकी प्रतिक्रिया में प्रसाद ने अपने मानसिक रंगमंच की कल्पना कर हिंदी में काव्यात्मक नाटकों के ज़रिये रस और द्वंद्व के समन्वय से इतिहास के बहाने वर्तमान की कथा कही। उनका नाटक यथार्थवादी रंगमंच के लिए अबूझ था, यद्यपि उसे खेलने के प्रयास हुए लेकिन उसकी सम्भावनाएँ पूरी शक्ति से मंच पर नहीं आयीं। उनके नाटकों में मंचीयता की सीमा के अलावा पारसी रंग-शैली का भी असर भी देखा जा सकता है। इन सीमाओं को पहचान कर उन्होंने बाद में *ध्रुवस्वामिनी* लिखा जो रंगमंच के व्याकरण के अनुकूल था। प्रसाद ने हिंदी रंगमंच की कमियों का अवलोकन किया और एक आदर्श रंगमंच की स्थापना चाही। रवींद्र नाथ ठाकुर ने भी ऐसा प्रयास बांग्ला में किया था। उन्होंने अपने नाटक स्वयं मंचित किये, लेकिन प्रसाद के नाटक को अनभिनेय बता कर पाठ्य-नाटक घोषित कर दिया गया। प्रसाद ने पहली बार नाटक को दृश्य-काव्य बनाने की पहल की जिसकी सम्भावना को हिंदी रंगमंच में

बहुत बाद में खोजा गया। प्रसाद ने यह कल्पना की कि नाटककार स्पष्ट दृष्टिगोचर होने वाले माहौल की रचना करके पाठक की कल्पना को इस तरह उद्दीपित कर सकता है कि उसे रंगमंच की अनुपस्थति का बोध न हो। इसने एक पाठ्य-नाटक की श्रेणी विकसित कर दी जिससे हिंदी-रंगमंच के विकास में बाधा पड़ी। इस प्रवृत्ति के गर्भ से लक्ष्मीनारायण मिश्र, सेठ गोविंद दास और हरिकृष्ण प्रेमी जैसे पाठ्य-नाटककार निकले और हिंदी रंगमंच को एकांकी का सहारा लेना पड़ा जो शिक्षण संस्थानों तक सीमित रहा।

हिंदी-रंगमंच बांग्ला और मराठी के रंगमंच की तरह विकसित नहीं हो सका। हिंदी प्रदेश में मुम्बई और कोलकाता जैसे महानगरों की अनुपस्थिति के कारण हिंदी रंगमंच का आधुनिक विधियों से इसका सीधा परिचय नहीं हो सका था। हिंदी में लोक-भाषाओं में रंगमंच उपस्थित था जिससे जनता परिचित थी। राष्ट्रीय चेतना और आधुनिकता के असर से पारम्परिक रंगमंच भी प्रभावित हुआ। बनती हुई हिंदी भाषा और आधुनिक रंगमंच की शैली से आम जनता का परिचय नहीं था। आधुनिक रंगमंच नवशिक्षित मध्य वर्ग की निर्मिति थी। पारसी थिएटर फला-फूला, क्योंकि उसने लोक-शैलियों का तत्त्व लिया जिसके कारण वह आम जनता में लोकप्रिय हुआ। राष्ट्रीय चेतना और तत्कालीन स्थितियों का प्रभाव पारसी रंगमंच पर पड़ा। आग़ा हश्र कश्मीरी, राधेश्याम कथावाचक और नारायण प्रसाद 'बेताब' जैसे नाटककारों ने इस रंगमंच पर साहित्यिक मूल्यों के निर्वाह की कोशिश की। सवाक् सिनेमा के आगमन के बाद पारसी रंगमंच का पतन हो गया।

इसके बाद रंगमंच के शून्य को इण्डियन पीपुल्स थिएटर एसोसिएशन और पृथ्वी थिएटर ने रंगमंच के शून्य को भरा। पृथ्वी थिएटर हिंदी फ़िल्मों के प्रसिद्ध अभिनेता पृथ्वीराज कपूर द्वारा संचालित पारसी शैली की अर्ध-व्यावसायिक नाट्य मण्डली थी। यह नाट्यकर्मियों का एक घुमंतू दल था। *पठान, आहुति, पैसा, दीवार, किसान* जैसे देश प्रेम, एकता, भाईचारे के संदेश से भरे नाटकों से इसने लोकप्रियता अर्जित की लेकिन आर्थिक अभाव के कारण यह मण्डली बंद हो गयी। बीसवीं सदी के चौथे दशक में किसानों, लेखकों, छात्रों, मज़दूरों के अनेक संगठन बने जिन्होंने जन आंदोलनों को नया मोड़ दिया। 1936 में प्रगतिशील लेखक संघ की स्थापना, बंगाल कल्चरल स्क्वैड, मुम्बई के कल्चरल स्क्वैड और बंगलुरु की सांस्कृतिक इकाई की सफलता के बाद एक राष्ट्रीय मंच की आवश्यकता पूरी करने के लिए 25 मई, 1943 को इण्डियन पीपुल्स थिएटर एसोसिएशन (इप्टा) का गठन किया गया। ब्रिटिश साम्राज्य, अंतर्राष्ट्रीय फ़ासीवाद और भारतीय सामंतवाद के खिलाफ़ संघर्ष में आम जनता के वैचारिक पहलुओं को दिशा देने के लिए प्रदर्शनकारी कला के प्रयोजन के महत्त्व को समझा गया। इप्टा ने गीत, संगीत, नृत्य-रचना आदि द्वारा समय के यथार्थ को प्रदर्शनकारी रूपों में व्यक्त करने की आवश्यकता रेखांकित की। इसमें लेखक, कलाकार, नर्तक, अभिनेता आदि शामिल हुए। विभिन्न भारतीय भाषाओं में इसकी शाखाएँ बनी। मुम्बई का सेंट्रल ट्रुप इसका सबसे समृद्ध दल था। *नवान्न, भारत की आत्मा* और *अमर भारत* जैसी अविस्मरणीय प्रस्तुतियाँ हुईं। भारतीय कम्युनिस्ट पार्टी के नेतृत्व में परिवर्तन, स्वातंत्र्योत्तर सत्ता के साथ टकराव और लेखकों, कलाकारों, रंगकर्मियों के पार्टी से मतभेद के कारण आज़ादी के बाद इप्टा में बिखराव आ गया। कई महत्त्वपूर्ण लोग इससे अलग हो गये। संगठन के तौर पर यह बना रहा लेकिन वह उत्साह नहीं रहा। जो भी हो, इप्टा ने सांस्कृतिक आंदोलन और भारतीय रंगमंच को एक नयी दिशा दी। आज़ादी के बाद भारतीय रंगमंच में जो महत्त्वपूर्ण निर्मित हुआ उसमें इप्टा की अहम भूमिका थी।

देखें : प्रगतिवाद, बर्तोल्त ब्रेख़्त, कोंस्तांतिन सेर्गेइविच स्तालिनाव्स्की, भारतीय रंगमंच।

संदर्भ

1. महेश आनंद (1978), 'भारतेंदुयुगीन हिंदी रंगमंच', नेमिचंद जैन (सम्पा.), *आधुनिक हिंदी नाटक और रंगमंच,* मैकमिलन, नयी दिल्ली.
2. कैथरीन हैनसेन (1992), *ग्राउंड्स फ़ार प्ले,* मनोहर पब्लिशर्स, नयी दिल्ली,
3. जगदीश चंद्र माथुर (1969), *परम्पराशील नाट्य,* बिहार राष्ट्रभाषा परिषद, पटना,
4. दशरथ ओझा (2008), *हिंदी नाटक : उद्‌भव और विकास,* राजपाल ऐंड संज़, दिल्ली.
5. रामनारायण अग्रवाल (1976), *संगीत : एक लोक-नाट्य परम्परा,* राजपाल ऐंड संज़, दिल्ली.
6. सोमनाथ गुप्त (1981), *पारसी थिएटर : उद्‌भव और विकास,* लोकभारती प्रकाशन, इलाहाबाद और नयी दिल्ली.
7. लक्ष्मीनारायण लाल (1973), *पारसी-हिंदी रंगमंच,* राजपाल ऐंड संज़, दिल्ली.
8. महेश आनंद (2010), *जयशंकर प्रसाद : रंग-दृष्टि,* राष्ट्रीय नाट्य विद्यालय, नयी दिल्ली.
9. रुस्तम भड़ूचा (1983), *रिहर्सल आफ़ रैवोल्यूशन,* सीगल बुक्स, कोलकाता.

—अमितेश कुमार

आधुनिक हिंदी-रंगमंच-2

(राष्ट्रीय रंगमंच : विविध प्रस्तुतियाँ)

(Modern Hindi Theatre-2)

बीसवीं शताब्दी के पाँचवें दशक से भारतीय रंगमंच में एक नयी गतिशीलता आयी। हिंदी-रंगमंच इसके केंद्र में था। इसमें एक तरफ़ भारतीय राज्य ने संगीत नाटक अकादेमी (सनाअ) और राष्ट्रीय नाट्य विद्यालय (रानावि) जैसे संस्थान स्थापित करके राष्ट्रीय रंगमंच की स्थापना की पहल की, वहीं स्वतंत्र रूप से नाटककारों, निर्देशकों और अभिनेताओं का आगमन हुआ। इस दोहरी प्रक्रिया ने रंगमंच को गति दी और सत्तर के दशक तक इसने रंगांदोलन की शक्ल ले ली। टेलिविज़न के आने के बाद यह धारा मंद ज़रूर पड़ी, लेकिन इक्कीसवीं सदी के पहले दशक में स्थिति फिर बदली और एक नया रंगमंच उभरता हुआ दिखा। स्वतंत्रता प्राप्ति के बाद रंगमंच में पहला दौर नाटककारों का था जो रंगमंच के सूत्रधार थे। निर्देशक इन नाटकों के व्याख्याकार और अभिनेता अनुकर्ता थे। मोहन राकेश, धर्मवीर भारती, जगदीशचंद्र माथुर जैसे नाटककारों ने हिंदी में *आधे अधूरे, आषाढ़ का एक दिन, लहरों का राजहंस, अंधा युग, कोणार्क, पहला राजा* जैसे नाटकों से साहित्यिक नाटक और मंचीय नाटक के भेद को पाट दिया। रंगमंच को भी गति मिली। इन नाटककारों ने सुरेंद्र वर्मा, शंकर शेष, सर्वेश्वर दयाल सक्सेना, लक्ष्मी नारायण लाल, मणि मधुकर, असग़र वजाहत, नंदकिशोर आचार्य जैसे नाटककारों की भावी पीढ़ी को प्रेरित किया।

भारतीय रंगमंच में राष्ट्रीय रंगमंच की स्थापना की जो मुहिम चली उसमें हिंदी केंद्रीय भाषा बनी। हिंदी में विभिन्न भारतीय भाषाओं के नाटक मंचित हुए। यहाँ तक कि मूल भाषा से पहले हिंदी में नाटक मंचित हुए। विजय तेंदुलकर, गिरिश कार्नाड, बादल सरकार, महेश एलकुंचवार, गोविंद पुरुषोत्तम देशपांडे, चंद्रशेखर कम्बार, आद्य रंगाचार्य, सतीश आलेकर जैसे विविधभाषी नाटककारों के नाटक हिंदी में खेले गये। भारतीय भाषाओं के अतिरिक्त विदेशी नाटकों का भी हिंदी में मंचन हुआ। ब्रेख़्त, मौलियर, शेक्सपीयर, बैकेट, सोफ़ोक्लीज़, युरिपीडिज़, इब्सन, चेखव, गोर्की, कामू इत्यादि नाटककारों के मंचन ने हिंदी रंगमंच को समृद्ध करने के साथ इसे वैचारिक ऊर्जा दी। साथ में यह बहस भी चलती रही कि हिंदी रंगमंच हिंदी के मौलिक नाटकों से समृद्ध होगा या हिंदी में मंचन से।

सत्तर के दशक में अनुभव किया गया कि नाट्यलेखन का ढर्रा पश्चिमी है और भारतीय रंगमंच में भारतीयता की खोज इसकी पारम्परिक जड़ों से जुड़ कर होगी। इससे जड़ों के रंगमंच (थिएटर ऑफ़ रूट्स) का मुहावरा सामने आया। नाट्य लेखन और मंचन में पारम्परिक रंग भाषा की तलाश होने लगी। इस तलाश के लिए सनाअ ने युवा रंगकर्मियों को प्रोत्साहित किया, उत्सवों का आयोजन करके इन प्रयोगों को मंच भी दिया। हिंदी क्षेत्र में नौटंकी (*आला अफ़सर, बकरी, हरिश्चंदर की लड़ाई* जैसे नाटकों में) नाचा (हबीब तनवीर के नाटकों में), बिदेसिया (*अमली, माटी गाड़ी, बिदेसिया* में), तमाशा (*घासीराम कोतवाल*) इत्यादि शैली के रंग-तत्त्वों का इस्तेमाल हुआ। लेकिन जड़ों के रंगमंच का मुहावरा धीरे-धीरे एक आलंकारिक सज्जा में बदलता गया, जिसका शहरी रंगमंच ने अपनी दृश्यात्मकता बढ़ाने में उपयोग किया। पारम्परिक रंगमंच के सरंक्षण का कोई हल इससे नहीं निकल सका। हबीब तनवीर ही एक थे जिन्होंने लोक-शैली के अभिनेताओं के साथ अपना रंगमंच विकसित किया। उन्होंने लोक-शैली का केवल शिल्पगत प्रयोग न करके उसे कथ्य का अनिवार्य हिस्सा बनाया और रंगमंच की कई शैलियों को सरंक्षित किया। इस आंदोलन के संबंध में यह आशंका भी जतायी गयी कि वह आधुनिक मूल्यों को रंगमंच से विस्थापित कर पुनरुत्थानवाद और धार्मिकता को प्रतिष्ठित करेगा। यह भी कहा गया कि इसका उपयोग राजनीतिक रंगमंच को दिग्भ्रमित करने के लिए किया जाएगा। कुल मिला कर शहर और देहात के रंगमंच को यह क़रीब न ला सका। दूरी वैसी ही बनी रही और अंततः अनुदान प्रायोजित इस रंगमंच का अवसान हो गया।

आज़ादी के बाद से नब्बे के दशक तक हिंदी में रंगमंच की कई वैचारिक धाराएँ और प्रवृतियाँ सक्रिय रही हैं। एक तरफ़ आधुनिक मुहावरे से प्रेरित रंगमंच था जिसमें नाटककार ही रंगमंच का प्रस्तावक था। पाठ की अपनी व्याख्या करके निर्देशक अभिनेता से मंच पर अनुकृति कराते थे। इस मंच पर सब कुछ नियमबद्ध और यंत्रचालित था। यह दर्शकों को यथार्थ के घटने का भी भ्रम कराता था। मोहन राकेश के नाटक आधुनिक रंग मुहावरे और पाश्चात्य प्रभाव के नाटक

विजय तेंदुलकर (1928-2008) कृत *घासीराम कोतवाल* का एक मंचन.

थे। इब्राहिम अल्काज़ी की निर्देशन शैली आधुनिक मुहावरे में ही थी। यद्यपि उन्होंने रंगमंच को प्रोसीनियम थिएटर की सीमाओं से बाहर निकाल कर नये स्पेस में भी स्थापित किया। इसमें अभिनेताओं द्वारा निर्मित मंच और पुराना क़िला जैसे ऐतिहासिक स्थल भी शामिल थे। दूसरी तरह का रंगमंच वह था जिसमें नाटक का प्रस्तावक अभिनेता, कथा या कोई विचार होता था और नाटक, अभिनेता और निर्देशक के संयुक्त उपक्रम से विकसित होता था । हबीब तनवीर के नाटक इसके प्रतिनिधि उदाहरण हैं। एक धारा ब्रेख़्त के रंगमंच से प्रभावित रही जिसमें ब्रेख़्त के कई नाटकों को हिंदी की विभिन्न बोलियों में खेला गया और नाटक के यथार्थवादी भ्रम को तोड़ा गया। जड़ों का रंगमंच भी इस ब्रेख़्तियन शैली के निकट था जिसमें गीत, संगीत और नृत्य द्वारा महाकाव्यात्मक रंगमंच खड़ा किया गया। संस्कृत नाटकों की भी आधुनिक संदर्भ में प्रस्तुति हिंदी रंगमंच पर हुई। नुक्कड़ नाटकों की भी अच्छी परम्परा रही। सत्तर के दशक के बाद इसने ज़ोर पकड़ा और कई महत्त्वपूर्ण निर्देशकों ने प्रोसीनियम से बाहर निकल कर सड़कों पर नाटक किये। इप्टा के ज़माने के बाद फिर से राजनीतिक मुहावरे के रंगमंच को जनता के बीच ले जाया गया। इस पर बादल सरकार के तीसरे रंगमंच की स्पष्ट छाप थी। हिंदी में एक धारा कहानी के रंगमंच की भी चली जिसके सूत्रधार देवेंद्र राज अंकुर थे। इस धारा में कहानी को उसके मूल आख्यान के साथ ही मंच पर प्रस्तुत किया गया इसमें कहानी सुनने और देखने का अनुभव एक साथ होता था।

विषय की दृष्टि से भी हिंदी रंगमंच में पर्याप्त विविधता है। इसमें एक तरफ़ मिथक और इतिहास के बहाने आधुनिक मनुष्य की समस्याओं को मंच पर उतारा गया, साथ ही आज़ादी के बाद राष्ट्रीय इयत्ता की खोज की रंगमंचीय पहल भी हुई। *महाभारत* और पौराणिक स्रोत से लिखे नाटक इसके आधार बने। *हयवदन, ययाति, तुगलक* (गिरीश कार्नाड) *अंधा युग* (धर्मवीर भारती), *कोणार्क* (जगदीश चंद्र माथुर) *आषाढ़ का एक दिन* (मोहन राकेश) जैसे नाटकों में इतिहास और मिथक की पड़ताल हुई। दूसरी तरफ़ आधुनिक मध्यवर्गीय जीवन भी यथार्थवादी रंगमंच के ज़रिये प्रस्तुत हुआ। आधुनिकता के प्रभाव में बदलते मानवीय रिश्तों और नियति से जुझते हुए मनुष्यों को नाटककारों ने अपना विषय बनाया। *आधे-अधूरे* इसका प्रतिनिधि उदाहरण है। तीसरे नाटक वे हैं जिनका आधार लोक-कथा या लोकाख्यान है। हबीब तनवीर के नाटक को इस श्रेणी में रखा जा सकता है। कुल मिला कर आधुनिक हिंदी रंगमंच का स्वरूप शहरी, संभ्रांत और मध्यवर्गीय है। हबीब तनवीर इसे विस्तार देते हैं और इसे निम्न तबके और कस्बों तक ले जाते हैं। वे क़स्बाई कलाकारों को आधुनिक रंगमंच पर उपस्थित करते हैं।

नब्बे के दशक के बाद हिंदी रंगमंच में महिला निर्देशक का काम उभरता है। अनुराधा कपूर, त्रिपुरारी शर्मा, माया राव, अनामिका हक्सर, अमाल अल्लाना, नीलम मान सिंह चौधरी, कीर्ति जैन इत्यादि ने इस दौर में उल्लेखनीय काम किया। ख़ासकर जेंडर का मसला जो इनकी प्रस्तुतियों में देखने को मिला, अन्यत्र दुर्लभ है। ऐसी प्रस्तुतियों के लिए इन्होंने प्रस्तुति के फ़ॉर्म में बदलाव किया। महिला निर्देशक जेंडर के जिन प्रश्नों को मंच पर लायीं उन्हें आधुनिक प्रदर्शनों में अब तक सम्बोधित ही नहीं किया गया था। इस रचनाशीलता से दो बातें सामने आयीं। पहली तो यह कि इस विषय पर इस तरह से विचार किया गया कि जैसे इन अनुभवों का अधिकांश हिस्सा अब तक अदृश्य रहा हो। दूसरे, इन अनुभवों को कुछ इस तरह प्रस्तुत किया गया जिससे प्रदर्शन के प्रचलित आख्यान को विस्थापित हो जाना पड़ा।

नब्बे के दशक के बाद रंगमंच में नाटककार की स्थिति हाशिये पर जाते दिखी। आलेख और निर्देशक केंद्र में आया। प्रस्तुति को अपनी निजी अभिव्यक्ति बनाने के लिए निर्देशक ने प्रस्तुति आलेख लिखे या लिखवाये। इसका एक कारण यह था कि जिन मसलों पर वह प्रस्तुति करना चाहता था उन पर आलेख ही नहीं थे : जैसे भूमण्डलीकरण के प्रभाव पर, अस्मिताओं के उदय पर या किसी ऐतिहासिक तथ्य को सामने लाने के लिए। इस दौरान रंगमंच को तकनीक ने सबसे अधिक प्रभावित किया। ध्वनि और प्रकाश उपकरणों के साथ वीडियो और डिजिटल तकनीक ने मंच पर अपना प्रभाव बढ़ाया जिसके उत्साहजनक परिणाम निकले। विफलता भी मिली और संयमजनित सफलता भी। वैसे परम्परागत रंगकर्म इस दौर में भी सक्रिय रहा। रंजीत कपूर, हबीब तनवीर, देवेंद्र राज अंकुर, राजेंद्रनाथ जैसे निर्देशक तकनीक से अप्रभावित रह कर अपनी प्रस्तुति करते रहे।

इक्कीसवीं सदी के आरम्भ में रंगमंचीय सक्रियता तो बढ़ी है लेकिन रंगमंच करने के पीछे विचार और दृष्टि का अभाव दिखता है। सरकारी अनुदान लपकने और व्यक्तिगत महत्त्वाकांक्षा से वशीभूत रंगकर्म अधिक है। प्रस्तुतियों की भरमार के बीच उल्लेखनीय प्रस्तुतियों का अभाव है। भारत रंग महोत्सव जैसे महत्त्वाकांक्षी उत्सवों में हिंदी की गुणवत्तापूर्ण उपस्थिति नहीं है। रंगकर्म का विस्तार अपेक्षाकृत छोटे शहरों में हो रहा है। महोत्सव अधिक संख्या में होने लगे हैं। सिनेमा, टेलिविज़न से जुड़ने के लिए शुरुआती मंच के रूप में नये अभिनेता इससे जुड़ रहे हैं वहीं इन माध्यमों से ऊबे दर्शक भी रंगमंच की तरफ़ आ रहे हैं।

आधुनिक हिंदी रंगमंच के विकास में दिशांतर, रानावि रंगमण्डल, अस्मिता, एक्ट-वन, नया थिएटर, अभियान, सम्भव (दिल्ली) इप्टा, कला संगम, निर्माण कला मंच (पटना) रंग विदूषक, म.प्र. रंगमण्डल (भोपाल), दर्पण (उत्तर प्रदेश में विभिन्न शाखाएँ) थिएटर यूनिट, अपर्णा (मुम्बई) अनामिका, पदातिक (कोलकाता) जैसी रंगमंडलियों और इनैक्ट (सम्पा.

राजेंद्र पाल) और नटरंग (सम्पा. नेमिचंद्र जैन) जैसी पत्रिकाओं का भी योगदान है। इनका समुचित मूल्यांकन होना अभी शेष है।

देखें : प्रगतिवाद, बर्तोल्त ब्रेख़्ट, कोंस्तांतिन सेर्गेइविच स्तालिनाव्स्की, भारतीय रंगमंच।

संदर्भ

1. जगदीश चंद्र माथुर, (1956), *हिंदी ड्रामा ऐंड थिएटर इण्डियन ड्रामा,* पब्लिकेशन डिविज़न, सूचना एवं प्रसारण मंत्रालय, भारत सरकार.
2. नेमिचंद्र जैन (1996), *रंग परम्परा : भारतीय नाट्य में निरंतरता और बदलाव,* वाणी प्रकाशन, नयी दिल्ली.
3. नेमिचंद्र जैन (2010), *रंग दर्शन,* राजकमल प्रकाशन, नयी दिल्ली.
4. वसुधा डालमिया (2006), *पोएटिक्स, प्लेज़ ऐंड परफ़रमेंस : द पालिटिक्स ऑफ़ मॉडर्न इण्डियन थिएटर,* ऑक्सफ़र्ड युनिवर्सिटी प्रेस, नयी दिल्ली.
5. जयदेव तनेजा (1978), *समकालीन हिंदी नाटक और रंगमंच,* तक्षशिला प्रकाशन, नयी दिल्ली.
6. बी.मी. एरिन (2008), *थिएटर ऑफ़ रूट्स,* सीगल, कोलकाता.
7. अपर्णा भार्गव धारवड़कर (2008), *थियेटर्स ऑफ़ इण्डिपेंडेंस,* ऑक्सफ़र्ड युनिवर्सिटी प्रेस, नयी दिल्ली.
8. नंदी भाटिया (सम्पा.) (2009), *मॉडर्न इण्डियन थिएटर,* ऑक्सफ़र्ड युनिवर्सिटी प्रेस, नयी दिल्ली.

—अमितेश कुमार

आनंद केंटिश कुमारस्वामी

(Anand Kentish Coomaraswami)

बीसवीं सदी के महान कला-इतिहासकार, सौंदर्यशास्त्री और तत्त्वमीमांसक आनंद केंटिश कुमारस्वामी (1877-1947) को तुलनात्मक धार्मिक विचार के परम्परावादी स्कूल का प्रमुख हस्ताक्षर माना जाता है। कुमारस्वामी ने चित्रकला, मूर्तिकला, साहित्य, भाषा, लोकगाथाओं, मिथकों, प्रतीकों और शिल्पकारी का गहन अध्ययन करते हुए मौलिक अंतर्दृष्टियों से सम्पन्न विपुल साहित्य की रचना की। भारतीय साहित्य और कला के साथ-साथ वे इस्लामिक कला, मध्ययुगीन कला, संगीत और भू-विज्ञान के विद्वान भी थे। कुमारस्वामी के पास कला और सौंदर्य के उद्गम तक पहुँचने और उस प्रक्रिया में किये गये अपने अवलोकन को साहसिक स्पष्टता के साथ व्यक्त करने की अपूर्व क्षमता थी। नये सिद्धांतों की रचना करने के बजाय उन्होंने अपनी ऊर्जा सांस्कृतिक सत्य के पुनराविष्कार में लगायी। कुमारस्वामी ने उन सिद्धांतों का नये सिरे से उद्घाटन किया जिनके आधार पर सभ्यताओं का उत्थान और पतन होता है। कुमारस्वामी को विशेष रूप से 1934 में प्रकाशित उनकी रचना द *ट्रांसफ़ॉर्मेशन ऑफ़ नेचर इन आर्ट* के लिए और राजपूत चित्रकला की खोज के लिए भी जाना जाता है।

आनंद केंटिश कुमारस्वामी का जन्म कोलम्बो, सिलोन में 22 अगस्त, 1877 को हुआ था। उनके पिता सर मुत्थु कुमारस्वामी श्रीलंकाई तमिल थे, और माँ अंग्रेज़। बचपन में ही पिता का देहांत हो जाने के कारण माँ उन्हें इंग्लैण्ड ले गयीं जहाँ उनकी शिक्षा-दीक्षा हुई जिसमें विज्ञान और गणित के अध्ययन की प्रधानता थी। भू-विज्ञान में डॉक्टरेट हासिल कर लेने के बाद और 25 वर्ष की उम्र में ही सिलोन के मिनरोलॅजीकल सर्वे का निदेशक बन जाने के बाद भी कुमारस्वामी ने एक वैज्ञानिक के रूप में अपना कॅरियर आगे नहीं बढ़ाया। डॉक्टरेट का फ़ील्ड-वर्क करते समय ही उनकी दिलचस्पी लंका की पारम्परिक कला और शिल्प में हो गयी थी। लेकिन इस संबंध में भी उनकी विज्ञान-संबंधी ट्रेनिंग महत्त्वपूर्ण साबित हुई। उन्होंने क्रमबद्ध रूप से कला-वस्तुओं को सहेजना शुरू किया और उनके विस्तृत विवरण तैयार किये। 1916 में वे बोस्टन के ललित कला संग्रहालय के सदस्य हो गये। इस संग्रहालय से उनका रिश्ता जीवनपर्यंत चलता रहा।

एक विचारक के रूप में कुमारस्वामी उद्योगवादी नज़रिये की मुखर आलोचना करने वाली उस परम्परा के प्रतिनिधि हैं जिसके शिखर पर विलियम ब्लेक, जॉन रस्किन और विलियम मॉरिस थे। कुमारस्वामी रस्किन के इस फ़िकरे का अक्सर इस्तेमाल करते थे : 'कला के बिना उद्योग एक बर्बरता है।' कुमारस्वामी को ठीक से न जानने वालों को अक्सर यह भ्रम हो जाता है कि वे कलावादी रहे होंगे। दरअसल, चाहे एक साधारण बर्तन हो, हिंदू मंदिरों की मूर्ति कला हो या मुग़ल या राजपूत चित्रकला हो, उनकी दिलचस्पियाँ हमेशा इस आस्था पर टिकी होती थीं कि आधुनिकतावाद की प्रदूषक बाढ़ में किसी कला-वस्तु को नष्ट होने से कैसे बचाया जा सकता है। उनके हाथों में पहुँच कर कला-वस्तुएँ न केवल संरक्षित होती थीं, वरन वे उनके गहन तात्पर्यों का अपने लेखन के ज़रिये विश्लेषण भी करते थे। आज अगर हम सारी दुनिया में जगह-जगह नटराज के ताम्र-शिल्प की प्रतिकृतियाँ देखते हैं, तो उसका श्रेय भी कुमारस्वामी के 1918 में प्रकाशित विख्यात लेख 'दि डांस ऑफ़ शिवा' को जाता है। युरोप और अमेरिका में भारतीय कला के अध्ययन के प्रति पायी जाने वाली दिलचस्पी का श्रेय भी कुमारस्वामी के साहित्य को दिया जाना चाहिए। कुमारस्वामी से पहले एशियाई कला के प्रति पश्चिमी रवैया ख़ासा तिरस्कारपूर्ण था। भारतीय और सिंहली कला को अक्सर दोयम दर्जे का या कमतर क़रार दिया जाता था। कुमारस्वामी की व्याख्याओं ने अध्ययन के इस पूरे क्षेत्र की प्रतिष्ठा में रैडिकल तब्दीली कर दी। 1917

आनंद कैंटिश कुमारस्वामी (1877-1947)

में बोस्टन म्यूज़ियम का क्यूरेटर बनने के बाद उन्होंने अथक परिश्रम करके पौर्वात्य कला की सहस्रों वस्तुओं के वर्गीकरण और कैटलॉगिंग का कार्यभार पूरा किया। अपने लेखन और व्याख्यानों के माध्यम से उन्होंने कला के इतिहास-लेखन पर अमिट छाप छोड़ी।

कुमारस्वामी का शुरुआती प्रशिक्षण इंग्लैण्ड में वनस्पतिशास्त्र और भू-विज्ञान में हुआ था। डॉक्टरेट करने के लिए उन्होंने अपने गृह-देश सिलोन (आज का श्रीलंका) का वैज्ञानिक खनिज-सर्वेक्षण किया। अपने फ़ील्ड-वर्क के दौरान ही उन्हें लंका की पारम्परिक कला और शिल्प पर गहरी निगाह डालने का मौक़ा मिला। साथ ही उन्हें इस कला के उत्पादन की सामाजिक परिस्थितियों की जानकारी भी हासिल करनी पड़ी। इस प्रक्रिया में उन्हें पहली बार ब्रिटिश उपनिवेशवाद के क्षयकारी प्रभाव का तीखा एहसास हुआ। 1906 में उन्होंने सिलोन सोशल रिफ़ॉर्म सोसाइटी की स्थापना की। इस संस्था का उद्देश्य न केवल पारम्परिक कलाओं और शिल्पों का संरक्षण करना था, बल्कि उन सामाजिक मूल्यों और रीति-रिवाज़ों को बचाना भी था जिनके कारण ये कला-रूप परवान चढ़े थे। सोसाइटी ने बिना सोचे-समझे एशियाई माहौल के प्रतिकूल युरोपीय आदतें और तौर-तरीक़े अपनाने का रवैया हतोत्साहित करने के कार्यक्रम भी शुरू किये। कुमारस्वामी ने लंकाई अतीत और सांस्कृतिक विरासत में गर्व महसूस करने का आह्वान किया। उल्लेखनीय है कि कुमारस्वामी की माँ अंग्रेज़ थीं, और वे बचपन से ही इंग्लैण्ड में पले-बढ़े थे, इसके बावजूद भारत और लंका में ब्रिटिश मौजूदगी के कारण राष्ट्रीय जीवन को हो रहे नुक़सान के प्रति उनका सरोकार असाधारण था।

बीसवीं सदी के पहले 13 साल उन्होंने भारत, सिलोन और इंग्लैण्ड के बीच आवाजाही करते हुए बिताये। भारत में रवींद्र नाथ ठाकुर के परिवार के साथ घनिष्ठ संबंधों के कारण उन्होंने साहित्यिक पुनर्जागरण और स्वदेशी आंदोलन में भागीदारी की। इस दौरान वे लगातार कला संबंधी इतिहास पर अनुसंधान करते रहे, कलाओं और शिल्पों की उन्होंने गहरी जाँच की। उन्होंने दरबारी कला और धार्मिक कला के विस्मृत और उपेक्षित रूपों पर पड़ा आवरण हटाया। इसी दौरान उन्होंने इंग्लैण्ड में इण्डिया सोसाइटी की स्थापना भी की। 1917 के बाद कुमारस्वामी ने मुख्यत: तीन तरह की गतिविधियों में अपनी ऊर्जा लगायी। उनका पहला काम था युरोपियनों और एशियनों, दोनों के सामने एशियाई कला की अहमियत साबित करना। उनका दूसरा काम था ललित कलाओं के बोस्टन म्यूज़ियम के भारतीय सम्भाग के क्यूरेटर के तौर पर अनगिनत विद्वत्तापूर्ण कृतियों का सृजन करना। उनका तीसरा काम था कला के पारम्परिक दृष्टिकोण में निहित दर्शन, धर्म और तत्त्वमीमांसा की व्याख्या करना। इस प्रक्रिया में कुमारस्वामी ने पहले लंका और भारत की कला-विरासत और फिर एशिया के अन्य स्थानों की कला-विरासत की युरोप के साथ समकक्षता सुचिंतित रूप से प्रमाणित की।

बीस के दशक में कुमारस्वामी के चिंतन ने नयी करवट ली। विशुद्ध अकादमीय विद्वत्ता से उकता जाने के बाद उन्होंने आध्यात्मिक और तत्त्वमीमांसक प्रश्नों पर सोचना शुरू किया। उन्होंने भारत की शास्त्रीय विचार परम्परा और रिनेसाँ-पूर्व युरोप के चिंतन पर अपना ध्यान केंद्रित किया। इसके बाद उनकी रचनाओं पर प्लेटो, प्लोटिनस, ऑगस्तीन, एक्विना, शंकराचार्य, लाओ त्से और नागार्जुन का दर्शन छाता चला गया। उन्होंने लोकगाथाओं और मिथकों को टटोल कर उनके छिपे हुए अर्थों का संधान किया। इस संदर्भ में जिस चिंतक का उनके ऊपर सबसे ज़्यादा प्रभाव पड़ा, वे रेने गुएनॅन थे। अपने जीवन के इस आख़िरी दौर में उनकी उल्लेखनीय रचनाएँ थीं *क्रिश्चियन ऐंड ओरिऐंटल फ़िलॉसफ़ी ऑफ़ आर्ट* (1939), *हिंदुइज़्म ऐंड बुद्धिज़्म* (1943) और *टाइम ऐंड इटर्निटी* (1947)। उनकी रचनाएँ उनके देहांत के बाद भी छपती रहीं। कुमारस्वामी के विचारोत्तेजक निबंधों के दो संकलन अस्सी के दशक में प्रकाशित हुए : *सोर्सिज़ ऑफ़ विज़डम* (1981) और *व्हाट इज़ सिविलाइज़ेशन?* (1989)। कुमारस्वामी के विशद और गहन रचना-संसार की शुरुआती जानकारी हासिल करने के लिए ये दो निबंध संकलन अत्यंत उपयोगी हैं।

कुमारस्वामी का जीवन अपने अध्यवसाय और अहर्निश श्रम के लिए भी जाना जाता है। उनका दिन सुबह साढ़े पाँच बजे शुरू हो जाता था। नौ बजे वे म्यूज़ियम पहुँच जाते थे। घर पर भी वे लगातार अध्ययन और लेखन करते रहते। शाम को वे अपने बाग में काम करने जाते जहाँ एक वनस्पतिशास्त्री

के रूप में उनकी व्यावहारिक प्रतिभा का उपयोग होता। इसके बाद वे फिर अपने टाइपरायटर और किताबों की तरफ़ लौटते। दस बजे रात को उनका दिन ख़त्म होता। कुमारस्वामी जीवन के अंतिम वर्ष भारत में व्यतीत करना चाहते थे, पर उनकी यह इच्छा पूरी नहीं हुई। 9 सितम्बर, 1947 को नीढम, मैसाचुसेट्स में उनका अचानक देहांत हो गया। उनकी अस्थियाँ काशी लाकर गंगा में प्रवाहित की गयीं।

देखें : रवींद्रनाथ ठाकुर, वासुदेव शरण अग्रवाल।

संदर्भ

1. रामा पी. कुमारस्वामी (सम्पा.) (2003), *द इसेंशियल आनंद के. कुमारस्वामी,* वर्ल्ड विज़डम्स, *ब्लूमिंग्टन,* आईएन.
2. पी.एस. शास्त्री (1974), *आनंद के. कुमारस्वामी,* आर्नोल्ड हाइनमेन (इण्डिया), नयी दिल्ली.
3. रोजर लिपसी (1977), *हिज़ लाइफ़ ऐंड वर्क,* प्रिंसटन युनिवर्सिटी प्रेस, प्रिंसटन.

—अभय कुमार दुबे

आनंदीबाई गोपाल जोशी

(Anandibai Gopal Joshi)

उन्नीसवीं सदी में मेडिकल शिक्षा के लिए अमेरिका जा कर पेन्सिल्वेनिया महिला चिकित्सा महाविद्यालय से स्नातक की उपाधि प्राप्त करके भारत की पहली महिला डॉक्टर बनने वाली आनंदीबाई गोपाल जोशी (1865-1887) का प्रेरक जीवन भारतीय नारीवाद की पुराकथा है। करीब सवा सौ वर्षों के बाद आज भी उनका जीवन-संघर्ष भारतीय युवतियों के लिए प्रेरणा स्रोत बना हुआ है। पितृसत्तात्मक परिवार, बाल विवाह और समाज की उत्पीड़नकारी स्थितियों से निरंतर टकराने वाली आनंदीबाई की कहानी बताती है कि परिस्थिति कैसी भी दुर्गम क्यों न हो, उनका सामना करने वाली लड़कियों के लिए सपने देखना और उन सपनों को हासिल करना सम्भव है।

आनंदीबाई का जीवन काफ़ी छोटा लेकिन घटनापूर्ण था। एक रूढ़िवादी ब्राह्मण परिवार में जन्म लेने के बाद नौ वर्ष की आयु में उनका विवाह एक विधुर गोपाल राव जोशी से कर दिया गया। शुरू में उनका नाम यमुना था जो विवाहोपरांत आनंदी हो गया। सामाजिक विरोध के बावजूद पति आनंदीबाई को शिक्षित करने के पक्ष में थे। अट्ठारह वर्ष की आयु में वे भारत से अमेरिका जाने वाली पहली हिंदू महिला बनीं। उन्होंने

आनंदीबाई गोपाल जोशी (1865-1887)

एक़दम अनजान स्थान, सभ्यता और परिवेश में चिकित्सा शास्त्र जैसे जटिल विषय का अध्ययन किया और इक्कीस वर्ष की आयु में अमेरिका से डॉक्टर की उपाधि प्राप्त करके वापस भारत लौटीं। भारत वापसी के कुछ महीनों के भीतर ही उनका निधन हो गया। इतने छोटे से जीवन में भी आनंदीबाई ने एक किंवदंती का रूप ले लिया और इस किंवदंती का आकर्षण आज तक बना हुआ है। अदम्य साहस, अनजान ख़तरों से निपटने का जीवट, मेडिकल पढ़ कर भारत में औरतों के लिए डॉक्टर बनाने की अभिलाषा ने उनके चरित्र को एक मनमोहक आभा प्रदान कर दी।

गोपालराव जोशी का सुधारवादी विचारों से थोड़ा परिचय था। और वे स्वयं किसी विधवा से विवाह करना चाहते थे। यमुना से रिश्ते के लिए वे केवल इसी शर्त पर तैयार हुए कि विवाह के बाद उन्हें पत्नी को शिक्षा देने पर रोक नहीं होगी। चौदह वर्ष की कम आयु में ही आनंदी बाई ने एक बालक को जन्म दिया। इस कमसिनी में आनंदी शारीरिक और मानसिक तौर पर मातृत्व का बोझ उठाने में असमर्थ थी। ऊपर से समुचित चिकित्सा न मिलने के कारण उनका नवजात शिशु मात्र दस दिन तक ही जीवित रहा। आनंदीबाई को भी अपार शारीरिक व मानसिक कष्ट झेलना पड़ा। इस समय को याद करते हुए आनंदीबाई ने एक पत्र में लिखा था कि बच्चे की मौत का पिता पर कोई असर नहीं पड़ता, जबकि उसकी माँ ऐसा कभी नहीं होने देना चाहती।

गोपालराव जोशी को अपनी पत्नी को शिक्षित करने में विशेष परिश्रम नहीं करना पड़ा। कुशाग्र बुद्धि आनंदीबाई

ने मराठी, संस्कृत और अंग्रेज़ी बहुत जल्दी ही सीखना शुरू कर दिया। आनंदीबाई की पढ़ाई पर ध्यान केंद्रित करने के उद्देश्य से गोपालराव जोशी ने अपना तबादला कोंकण के अलीबाग नामक स्थान पर करा लिया। लेकिन छोटे से शहर में गोपालराव जोशी का अपनी पत्नी को पढ़ाना और शाम को दोनों का एक साथ टहलना जोशी दम्पति व स्थानीय रूढ़िवादी समाज के बीच टकराव का कारण बन गया। अपने इस सामाजिक अलगाव और उत्पीड़न से व्यथित और अपनी पत्नी के लिए बेहतर शिक्षा के अवसरों की चाह में गोपालराव ने अपने अगले स्थानांतरण मुम्बई और फिर कोल्हापुर कराये। दोनों स्थानों पर ईसाई मिशनरी स्कूलों से उन्हें आनंदीबाई की पढाई के लिए कोई विशेष सहायता नहीं मिली। गोपालराव अपनी पत्नी को पढ़ाने के समय कई बार बुरी तरह से पीट भी देते थे। अमेरिका प्रवास के दौरान पति को लिखे पत्रों में आनंदीबाई ने इस बारे में विस्तृत रूप से लिखा भी है।

इसके बाद गोपालराव ने अमेरिकी मिशनरियों से अपनी पत्नी की शिक्षा में सहयोग के लिए गुहार की। सितम्बर, 1878 में प्रिंसटन, न्यू जर्सी के पादरी वाइल्डर से मदद के लिए गुहार करते हुए उन्होंने स्वयं को एक ऐसे प्रगतिशील ब्राह्मण की तरह दिखाया जो पत्नी को शिक्षित करना चाहता है, लेकिन जातिगत उत्पीड़न के कारण ऐसा नहीं कर पा रहा है। जोशी ने यह भी कहा कि वे और उनकी पत्नी ईसा मसीह के संदेश को स्वीकारने के लिए तैयार हैं। पादरी ने जोशी को निरुत्साहित करते हुए भारत में ही रह कर अपनी पत्नी को पढ़ाने की सलाह दी। संयोगवश श्रीमती कारपेंटर नामक एक महिला की निगाह भी इस पत्रिका पर पड़ी और वे आनंदीबाई की अभिलाषा से बहुत प्रभावित हुईं। श्रीमती कारपेंटर ने गोपालराव को कोल्हापुर के पते पर पत्र भेजा जिसमें लिखा था कि मैं आपकी पत्नी को उनकी पढ़ाई के दौरान अपने घर में रखने के किये तैयार हूँ। यहीं से आनंदीबाई जोशी और श्रीमती कारपेंटर के बीच पत्रों के माध्यम से एक रिश्ता बन गया। आनंदीबाई श्रीमती कारपेंटर को मौसी कह कर सम्बोधित करती थीं।

इसी बीच गोपालराव स्थानांतरण करवा कर कोलकाता आ गये। उन्हें आशा थी कि बंगाल प्रेसीडेंसी के डाक विभाग में महिलाओं को रोज़गार मिल सकता है। लेकिन कोलकाता में आनंदीबाई को लैंगिक सामजिक उत्पीड़न की इंतिहा भुगतनी पड़ी। बंगाली समाज में ज़नाना नामक प्रथा थी जिसके कारण आनंदीबाई का स्कूल जाना, यहाँ तक कि सड़क पर चलना भी दूभर हो गया। हर कोई (भारतीय या युरोपियन) उन्हें अजीब ढंग से घूरता, उनकी हँसी उड़ाता या सीधे अपमान करता था। अमेरिका जाने की तैयारी के दौरान आनंदीबाई और गोपाल राव सिरामपुर में रह रहे थे। उसी दौरान आनंदीबाई को कुछ दिन के लिए अपनी दूर की बहन पण्डिता रमाबाई का भी सान्निध्य मिला जो उस समय रूढ़िवादी समाज से जद्दोजहद कर रही थीं।

कुछ समय बाद ही आनंदीबाई को श्रीमती कारपेंटर की मदद से एक अमेरिकी चिकित्सा कॉलेज में प्रवेश मिल गया। चूँकि गोपाल राव को अमेरिका में कोई काम नहीं मिला और धन के अभाव में वे अपने दम पर अमेरिका की यात्रा नहीं कर सकते थे, इसलिए मजबूरन आनंदीबाई को अकेले ही अमेरिका भेजने की योजना बनानी पड़ी। समूचे सिरामपुर में एक ऊँची जाति की हिंदू महिला की विदेश यात्रा की ख़बर ने तूफ़ान खड़ा कर दिया। हिंदू विशेषकर ब्राह्मण समाज ने आनंदीबाई की भर्त्सना की, तो युरोपियन व भारतीय ईसाई समाज उनके ईसाई बने बग़ैर ही विदेश यात्रा का अवसर मिलने से नाराज़ हो गया। जोशी के घर के आस-पास भारी संख्या में लोग जमा हो कर उनकी मुखर निंदा करने लगे। नतीजतन आनंदीबाई ने फ़रवरी, 1883 में सिरामपोर कॉलेज में एक सार्वजनिक व्याख्यान दिया जिसका शीर्षक *भविष्य में मेरी अमेरिका यात्रा* था। इस कार्यक्रम में आनंदीबाई से कई सवाल भी किये गये जिनका उन्होंने सफलतापूर्वक जवाब दिया।

आनंदीबाई ने कहा, 'मैं अमेरिका क्यों जा रही हूँ? भारत में अनेक महिलायें बड़ी से बड़ी बीमारी झेल लेंगी लेकिन किसी पुरुष डॉक्टर के पास नहीं जाएँगी। भारत में कुछ युरोपियन महिला डॉक्टर हैं लेकिन भारत की सभ्यता-संस्कृति से ये युरोपियन इतने अनजान हैं कि हिंदू महिलाओं के लिए उनकी कोई उपयोगिता नहीं है। भारत जैसा दूसरा जाहिल / जंगली देश नहीं है जो न तो अपनी ज़रूरतों को पहचानता है और न ही अपने पैरों पर खड़े होने का प्रयास करता है। क्या भारत में पढ़ने के कोई साधन नहीं है? भारत में सही पढ़ाई की सुविधा नहीं है। पुरुष अध्यापक महिला विद्यार्थियों के प्रति असहिष्णु-ईर्ष्यालु हैं। मैं ईसाई धर्म या ब्राम्ह समाज की नहीं हूँ और एक हिंदू महिला को पढ़ने जाते देख कर लोग मुझे बहुत ज़्यादा तंग करते हैं। भद्दे सवाल पूछते हैं।'

सात अप्रैल, 1883 को आनंदीबाई अमेरिकी मिशनरी महिलाओं के संरक्षण में कोलकाता से अमेरिका रवाना हुईं। अपनी अमेरिकी मौसी (श्रीमती कारपेंटर) के साथ उनके घर पर रहने के बाद अक्टूबर, 1883 में उन्होंने महिलाओं के पेन्सिल्वेनिया मेडिकल कॉलेज में दाख़िला लिया और अगले तीन वर्षों के दौरान चिकित्सा की उपाधि के लिए पढ़ाई की। इस बीच आनंदीबाई लगातार बीमार रहीं। ठंडी जलवायु, हीटर में बहुत ज़्यादा धुआँ देने वाले एंथ्रेसाइट कोयले और चिकित्सा अध्ययन के लिए अहर्निश परिश्रम से उनका स्वास्थ्य बहुत ख़राब रहने लगा। पढ़ाई ख़त्म करते-करते वे तपेदिक का शिकार हो गयीं। 11 मार्च, 1886 को एक शानदार समारोह में आनंदीबाई को स्नातक की उपाधि से सम्मानित

किया गया। इस अवसर पर पण्डिता रमाबाई सम्माननीय अतिथि के रूप में शामिल हुईं। उनके पति गोपाल राव भी भारत से अमेरिका आये। अपने ख़राब स्वास्थ्य के चलते आनंदीबाई ने अमेरिका में एक साल का प्रशिक्षण लेने की योजना निरस्त करके वापस भारत आने का विचार किया और कोल्हापुर रियासत में एक महिला चिकित्सक बनने का प्रस्ताव स्वीकार कर लिया। वापसी की समुद्री यात्रा में आनंदीबाई का स्वस्थ्य बेहद बिगड़ गया। गोपाल राव के अनुसार जहाज़ के चिकित्सकों ने एक भारतीय महिला का इलाज करने से इनकार कर दिया।

भारत वापसी पर आनंदीबाई व गोपालराव का भव्य स्वागत हुआ। लेकिन आनंदीबाई की तबीयत जवाब देती जा रही थी। 26 फ़रवरी, 1887 को आनंदीबाई ने अंतिम साँस ली। उनका अंतिम संस्कार पुणे में किया गया लेकिन उनकी अस्थियों को श्रीमती कारपेंटर के पास अमेरिका भेज दिया गया।

देखें : अरुणा आसफ़ अली, उपनिवेशवाद विरोधी आंदोलन में स्त्री-नेतृत्व-1 और 2, ऐनी बेसेंट, कमला देवी चट्टोपाध्याय, पण्डिता रमाबाई सरस्वती, महादेवी वर्मा, महाराष्ट्र में सुधारणा-1, 2, 3, 4 और 5, दुर्गाबाई देशमुख, विजय लक्ष्मी पण्डित, संतोष कुमारी देवी।

संदर्भ

1. कैरोलिन वेल्स हेअली डाल (1888), *द लाइफ़ ऑफ़ डॉ. आनंदीबाई जोशी : अ किन्स वुमॅन ऑफ़ पण्डिता रमाबाई*, रॉबर्ट्स ब्रदर्स, मेसेचुसेट्स.
2. काशीबाई कानितकर (1912), *डॉ.आनंदीबाई जोशी वांचे चरित्र व पत्रे*, मनोरंजन ग्रंथ प्रसारक मण्डली, मुम्बई.
3. मीरा कोसम्बी, 'आनंदीबाई जोशी : रिट्रीविंग अ फ्रैग्मेंटिड फ़ेमिनिस्ट इमेज', *इकॉनॉमिक ऐंड पॉलिटिकल वीकली*, खण्ड 31, अंक 49.
4. मीरा कोसम्बी, 'ए प्रिज़मेटिक प्रेजेंस : द मल्टीपल आइकॅनाइज़ेशन ऐंड द पॉलिटिक्स ऑफ़ लाइफ़-राइटिंग', *ऑस्ट्रेलियन फ़ेमिनिस्ट स्टडीज़*, खण्ड 16 , अंक 35.

—रवि दत्त वाजपेयी

आम्बेडकर-गाँधी विवाद

(Ambedkar-Gandhi Debate)

कांग्रेस के नेतृत्व में चले ब्रिटिश विरोधी आंदोलन के नेता गाँधी और अछूत समझे जाने वाले समुदायों के नेता डॉ. भीम राव आम्बेडकर के बीच बीसवीं सदी के पूर्वार्ध में हुई सामाजिक-राजनीतिक बहस भारतीय उपनिवेशवाद विरोधी आंदोलन का सर्वाधिक विचारोत्तेजक प्रकरण है। इस विवाद के मुख्यतः चार आयाम थे : भारतीय परम्परा और हिंदू धर्म की प्रकृति, जाति-व्यवस्था की व्याख्या, ब्रिटिश हुकूमत की भूमिका और स्वतंत्रता मिलने के बाद बनने वाले भारतीय राज्य और समाज का प्रश्न। दोनों नेताओं के बीच इन मुद्दों पर तीखे मतभेद थे जो अछूतों के लिए अलग मतदाता-मण्डलों की माँग के इर्द-गिर्द चरम पर पहुँचे। 1919 में आम्बेडकर ने यह माँग पहली बार उठायी। दोनों के बीच ऐतिहासिक संघर्ष गोलमेज सम्मेलनों से होता हुआ पूना पैक्ट तक पहुँचा। यह विवादास्पद समझौता 1932 में गाँधी द्वारा अनशन का अस्त्र चला कर किया गया था। बाबासाहेब को लग रहा था कि अगर उपवास के कारण गाँधी की मृत्यु हो गयी तो अछूतों के ख़िलाफ़ हिंसक दंगे भड़क उठेंगे। इसी डर से उन्हें पृथक निर्वाचन क्षेत्रों के प्रावधान पर समझौता करना पड़ा, हालाँकि आम्बेडकर को इसका आजीवन अफ़सोस रहा। 1945 में बाबासाहेब ने यह माँग फिर से उठाई लेकिन तब तक काफ़ी देर हो चुकी थी। सार्वजनिक जीवन और समाज-विज्ञान में इस विवाद का कई तरह से मूल्यांकन किया गया है। इस विमर्श का अधिकतर हिस्सा आम्बेडकर और गाँधी को ऐसे राजनीतिक प्रतिद्वंद्वियों की तरह ही देखता है जिनके बीच समानता और सहमति के पहलू न के बराबर ही थे। लेकिन, विद्वत्ता की एक छोटी लेकिन उल्लेखनीय परम्परा ऐसी भी है जो आम्बेडकर और गाँधी के बीच न केवल समानता के पहलुओं की खोज करती है, बल्कि उसका यह दावा भी है कि ये दोनों नेता आपस में भिड़ते हुए एक-दूसरे को प्रभावित भी कर रहे थे। अर्थात् आम्बेडकर-गाँधी विवाद प्रकारांतर से एक-दूसरे को रूपांतरित करने का अनभिप्रेत उद्यम भी था।

गाँधी की मान्यता थी कि परम्परा का अध्ययन और मूल्यांकन जिज्ञासु की तरह किया जाना चाहिए, भले ही दृष्टिकोण में बुनियादी अंतर क्यों न हो। उनका विचार था कि परम्परा को जिस नैतिक रुझान से देखा जाएगा, नतीजा उसी के मुताबिक़ निकलेगा। अर्थात् अगर परम्परा को विरोधी नज़रिये से परखने की कोशिश की जाएगी तो उसकी समझ पूर्वग्रह की शिकार हो जाएगी। इसके उलट आम्बेडकर का ज़ोर आलोचनात्मक जाँच-पड़ताल करते हुए वैज्ञानिक समझ विकसित करने के पक्ष में था। केवल नैतिक रुझान या मनोवृत्ति का सहारा लेने का परिणाम वही निकलेगा जो किसी अंधे द्वारा अंधे का मार्गदर्शन करने से निकलता है। गाँधी अंश की ख़ामियों के आधार पर पूर्ण को ख़ारिज करने का विरोध करते हुए हिंदू धर्मशास्त्रों को उनकी समग्रता में मानवता के लिए कल्याणकारी मानते थे। उनका ज़ोर धार्मिक संदेश की वर्तमान संदर्भ और आवश्यकता के मुताबिक़ व्याख्या पर था।

इसके विपरीत आम्बेडकर का कहना था कि ऐसा करने का मतलब विवादित विचार को पहले से ही सही मान कर चलना होगा। वे यह जानना चाहते थे कि आख़िर हिंदू धर्म की ख़ामियाँ इतनी भीषण क्यों हैं और वह क्या वजह है जो उनके निवारण की नैतिक प्रेरणाओं को इतना दुर्बल कर देती है। आम्बेडकर ने आधुनिक राजनीति के संदर्भ में धर्म की नकारात्मक भूमिका के ख़िलाफ़ चेतावनी भी दी थी।

गाँधी चाहते थे कि किसी भी रचना, जैसे *भगवद्गीता,* पर विचार करते समय उसके शिल्पगत रूप को नज़रअंदाज़ नहीं किया जाना चाहिए। चूँकि वह कविता है इसलिए उसकी बदलते हुए समय के साथ व्याख्याएँ होनी चाहिए। आम्बेडकर को इस बात पर आपत्ति नहीं थी, पर वे कहते थे कि आख़िर उस पाठ का केंद्रीय तर्क कैसे नज़रअंदाज़ किया जा सकता है जो अपने-आप में अपरिवर्तनीय रहता है। यह तो देखना ही होगा कि उसमें क्या छोड़ा गया है, कहाँ पर बल दिया गया है और उसका बुनियादी रुझान क्या है। जैसे मनु के धर्मशास्त्र की संस्तुतियों के अध्ययन को केवल उसके शिल्पगत रूप में सीमित नहीं किया जा सकता।

गाँधी की अपनी ज्ञानमीमांसा में नैतिक मूल्यों को प्राथमिकता दी गयी थी और इसी लिहाज़ से वे मानते थे कि बुनियादी मतभेदों के बावजूद दूसरों के साथ संवाद और समर्थन का रिश्ता रखना चाहिए। आम्बेडकर का तर्क था कि विपक्षी के साथ संवाद क़ायम रखना तो ठीक है, पर संवाद की शर्तें तय करने में पिछले अनुभव, ऐतिहासिक और भौतिक आयामों का ख़याल रखना पड़ेगा। यह भी देखना पड़ेगा कि विपक्षी आपको समान हैसियत देता है या नहीं। या उसका रवैया तर्कपूर्ण है या नहीं। दूसरे, नैतिक मूल्यों की आड़ में पक्षपात भी किया जा सकता है। आम्बेडकर का आरोप था कि गाँधी ख़ुद भी इस समस्या के शिकार हैं। गाँधी श्रुति, स्मृति, आचार और सद्विप्र के पारम्परिक तरीक़ों में केवल चौथे (जिसे वे सद्विवेक कहते थे) के आधार पर समझ बनाने के पक्ष में थे। पर आम्बेडकर का प्रश्न था कि आख़िर अंतःकरण या विवेक के पवित्र होने की गारंटी कैसे दी जाएगी? भारत में तो शास्त्रों के आधार पर ही सद्विवेक परिभाषित किया जाता है, जब कि वह वास्तव में धार्मिक कट्टरता का ही कुछ झाड़ा-पोंछा रूप होता है। आम्बेडकर ऐसे किसी अतीत में यक़ीन नहीं करते थे जो वर्तमान से पूरी तरह स्वतंत्र हो। इसलिए उनका लेखन वर्तमान की आवश्यकताओं के मुताबिक़ अतीत से खोजे गये प्रमाणों से भरा हुआ है।

गाँधी किसी शास्त्र की व्याख्या करते समय धर्म के सार्वभौम अनिवार्य सार और उसके आधार पर तैयार किये गये आवश्यकतानुसार सामाजिक बंदोबस्त के बीच फ़र्क़ करने के पक्ष में थे। आम्बेडकर भी मोटे तौर पर यही मानते थे (जैसा कि उनकी रचना द *बुद्धा ऐंड हिज़ धम्मा* से ज़ाहिर भी है), पर साथ में उन्होंने इसे प्रश्नांकित भी किया है। वे पूछते हैं कि किसी प्राधिकार की ग़ैर-मौजूदगी में सार की अनिवार्यता और अअनिवार्यता में फ़र्क़ कैसे किया जाएगा, और सामाजिक बंदोबस्त अगर आवश्यकतानुसार न रह कर स्थायित्व प्राप्त कर ले (जैसे कि छुआछूत) तो उसे अनिवार्य सार से अलग कैसे देखा जाएगा? गाँधी कहते थे कि हिंदू धर्म के बुनियादी आधार 'सत्यमेव जयते' और 'अहिंसा परमो धर्मः' जैसे उसूल हैं। आम्बेडकर जानना चाहते थे कि आख़िर कितने हिंदू गाँधी के इन मानकों को स्वीकार करते हैं?

आम्बेडकर का विचार था कि गाँधी जिस तरह से हिंदू धर्म के सम्पूर्ण परिप्रेक्ष्य को पेश करते हैं, उससे उन परम्पराओं को बदलने में मदद नहीं मिलेगी जो दूषित और मानवता विरोधी हैं। गाँधी का दावा था कि छुआछूत का हिंदू शास्त्रों में कोई आधार नहीं है, और यह धर्म ऐसी घिनौनी प्रथा को न पैदा कर सकता है और न ही उनकी स्वीकृति दे सकता है। आम्बेडकर भी कहते थे कि छुआछूत का शास्त्रों में आधार नहीं है, पर उन्होंने अस्पृश्यता के संदर्भगत, परिस्थितिजन्य और तुलनात्मक प्रमाण खोज निकाले थे। वे कहते थे कि जाति प्रथा के केंद्र में पवित्रता और अपवित्रता की अवधारणाएँ हैं जिनके बिना छुआछूत की प्रथा ख़त्म नहीं की जा सकती।

दरअसल, गाँधी और आम्बेडकर के परिप्रेक्ष्यों के बीच बुनियादी अंतर छुआछूत के प्रश्न को लेकर की जाने वाली राजनीति से संबंधित था। गाँधी द्विज जातियों के बीच 'आत्म-शुद्धि' की तजवीज़ लेकर जाते थे। छुआछूत उनके लिए हिंदुओं का एक अंदरूनी और धार्मिक सवाल था। इसके विपरीत आम्बेडकर अपने साथी अछूतों के बीच 'आत्मसम्मान' का संदेश फैलाते थे। इस अंतर के कारण आम्बेडकर की मान्यता थी कि गाँधी और कांग्रेस ने अछूतों के लिए कुछ नहीं किया। इसी शीर्षक से लिखी अपनी एक रचना में बाबासाहेब ने दावा किया था कि गाँधी द्विज जातियों को आत्म-शुद्धि के लिए तैयार नहीं कर सकते। केवल छुआछूत के निवारण से ही काम नहीं चलेगा, बल्कि पूरी जाति प्रथा को ही समाप्त करना पड़ेगा। जबकि जाति-प्रथा को ईश्वरीय मानने वाले गाँधी का ज़ोर केवल छुआछूत के उन्मूलन पर ही था।

आम्बेडकर महात्मा फुले की इस थीसिस के समर्थक थे कि ब्रिटिश शासन भारत में धार्मिक रूप से तटस्थ भूमिका निभा रहा है। इसलिए वे गाँधी के नेतृत्व में अंग्रेज़ों को खदेड़ने के उपनिवेशवाद विरोधी आंदोलन के साथ जाने के लिए वे तैयार नहीं थे। आम्बेडकर का मत था कि आज़ादी के आंदोलन मे सारा देश एक साथ है, पर जाति-विरोधी आंदोलन सारे देश के ख़िलाफ़ होने के कारण ज़्यादा मुश्किल है।

अपने इन मतभेदों के बावजूद जीवन के आख़िरी दौर में गाँधी और आम्बेडकर एक-दूसरे के कई तर्कों को मानते नज़र आये। बाबासाहेब ने अस्पृश्यता के मसले को धार्मिक मानने का विरोध किया था, पर बाद में उन्होंने धर्मांतरण का कार्यक्रम दे कर धर्म के महत्त्व को स्वीकारा। इसी तरह गाँधी ने अछूत जातियों के आर्थिक उत्थान पर ज़ोर दिया जो बुनियादी तौर पर आम्बेडकर का विचार था। जाति-प्रथा के प्रति गाँधी को अपनी नरम स्वीकृति छोड़नी पड़ी और उन्होंने

16 नवंबर, 1935 के *हरिजन* में स्वीकार किया कि जाति को समाप्त होना ही होगा। उन्होंने अंतर्जातीय विवाहों और अंतर्जातीय भोजों पर पाबंदियों की भी आलोचना की।

देखें : अनुसूचित जातियाँ, अस्मिता की भारतीय राजनीति, आयोतीदास पांडीतर, आयंकाली, कांशी राम, किसन फ़ागूजी बनसोंडे, गाड़गे बाबा, गोपाल बाबा वलंगकर, गुरु घासीदास, चंद्रिका प्रसाद जिज्ञासु, जगजीवन राम, ज्योतिराव गोविंदराव फुले, जाति और जाति-व्यवस्था-1 से 4 तक, बहुजन समाज पार्टी-1 और 2, बाबू मंगूराम, भदंत आनंद कौसल्यायन, भीमराव रामजी आम्बेडकर, भारतीय संविधान-1 से 8 तक, स्वामी अछूतानंद हरिहर।

संदर्भ

1. डी.आर. नागराज (2003), 'आत्मशुद्धि बनाम आत्मसम्मान', अनु. अमिताभ, अभय कुमार दुबे (सम्पा.), *आधुनिकता के आईने में दलित*, लोक-चिंतन ग्रंथमाला, सीएसडीएस-वाणी, नयी दिल्ली.
2. वलेरियन रॉड्रिग्ज़ (2011), 'रीडिंग टेक्स्ट्स ऐंड ट्रेडिशंस : द आम्बेडकर-गाँधी डिबेट', *इकॉनॉमिक ऐंड पॉलिटिकल वीकली, खण्ड 46, अंक 2.*
3. इलियनियर ज़िलियट (1972), 'गाँधी ऐंड आम्बेडकर : अ स्टडी इन लीडरशिप', जे. मिशेल महार (सम्पा.), *द अनटचेबिल्स इन कंटेम्परेरी इण्डिया,* द युनिवर्सिटी ऑफ़ ऑरिजोना प्रेस, टस्कन.
4. रविंदर कुमार (1995), *गाँधी, आम्बेडकर ऐंड द पूना पैक्ट,* नयी दिल्ली.

—अभय कुमार दुबे

आरक्षण

(Reservation)

परम्परागत भेदभाव और विषमता के शिकार समुदायों और क्षेत्रों को इंसाफ़ दिलाने के लिए किये गये संविधानगत प्रावधान भारत में आरक्षण के नाम से जाने जाते हैं। इसी से मिलती-जुलती नीतियों को संयुक्त राज्य अमेरिका में एफ़र्मेटिव एक्शन का नाम दिया गया है, लेकिन भारत में लागू आरक्षण से संबंधित नीतियों और इसके बीच कुछ उल्लेखनीय अंतर भी हैं। कुछ अन्य पश्चिमी देशों में ऐसी आरक्षण नीतियाँ लागू हैं जिनकी संरचना भारत या अमेरिका से भिन्न है। दक्षिण एशिया के पाकिस्तान, श्रीलंका और नेपाल जैसे देशों में भी इस तरह की नीतियों के ज़रिये राष्ट्र-निर्माण की समस्याओं को सुलझाने के प्रयास किये गये हैं। हमारे देश की विशेष परिस्थितियों के अनुसार विकसित धार्मिक और जातिगत निरपेक्षता से सम्पन्न यह एक ऐसी नीति है जिसके प्रभाव से हमारा समाज पहले से अधिक समावेशनकारी हुआ है। इनकी शुरुआत सबसे पहले बीसवीं सदी के पहले दशक में महाराष्ट्र की कोल्हापुर रियासत के महाराज छत्रपति शाहूजी महाराज द्वारा कमज़ोर वर्गों को विशेष प्रोत्साहन देने के लिए की गयी थी।

संविधान सभा की बहस पर नज़र डालने से साफ़ हो जाता है कि हमारे संविधान-निर्माता इन नीतियों के ज़रिये सामाजिक समानता के सिद्धांत पर आधारित सभी भारतवासियों का एकजुट राजनीतिक समुदाय बनाने के लिए प्रतिबद्ध थे। 1950 में पारित हमारा संविधान ऐसी नीतियों के व्यापक पैकेज को एक विधिक हैसियत प्रदान करता है। शुरुआत में आरक्षण का प्रावधान केवल दस साल के लिए किया गया था। इस अवधि को नियमित रूप से बढ़ाया जाता रहा है। सर्वोच्च न्यायालय के आदेशानुसार आरक्षण का कुल प्रतिशत देश की आबादी के पचास फ़ीसदी से ज़्यादा नहीं हो सकता ताकि सबको समान पहुँच के संविधान प्रदत्त उसूल का उल्लंघन न हो सके। लेकिन, कुछ राज्य सरकारों ने अपने क़ानूनों के तहत इस सीमा को पार कर दिया है। मसलन, तमिलनाडु में आरक्षण का कुल प्रतिशत 69 फ़ीसदी तक पहुँच गया है जो राज्य की 87 फ़ीसदी जनता पर लागू है। राजस्थान की सरकार 68 फ़ीसदी आरक्षण (जिसमें ऊँची जातियों को दिया गया 14 फ़ीसदी आरक्षण भी शामिल है) देती है। इस तरह के मामले सुप्रीम कोर्ट में मामले विचाराधीन हैं। लैंगिक आधार पर भी आरक्षण का प्रावधान किया जाता है। अभी तक केवल पंचायती राज संस्थाओं में स्त्रियों के लिए स्थान सुरक्षित किये गये हैं। केंद्रीय और प्रांतीय विधायिकाओं में उन्हें आरक्षण देने का प्रस्ताव विचाराधीन है।

विशेष अवसरों के सिद्धांत पर आधारित आरक्षण की नीतियाँ एक विस्तृत पैकेज के रूप में पिछले साठ साल से धीरे-धीरे लगातार विकसित हो रही हैं। इनके तहत उन तबक़ों को हर स्तर पर विधायिकाओं में, सरकारी नौकरियों में और सरकारी मदद से चलने वाले शिक्षा संस्थानों में आरक्षण का प्रावधान है जो सामाजिक और सांस्कृतिक रूप से हाशिये पर हैं। इन्हें सामाजिक और राजनीतिक रूप से मज़बूत करने और उनके लिए आर्थिक अवसर बढ़ाने के लिए इसी नीतिगत आग्रह ने कई क़ानूनों, सुधार कार्यक्रमों और प्राथमिकता देने वाली योजनाओं को जन्म दिया है। इन पर राज्य सरकारें भी अमल करती हैं और केंद्र सरकार भी।

आरक्षण को अक्सर अनभिज्ञता के तहत जातिगत समझ लिया जाता है। असलियत यह है कि संविधान न तो किसी को जाति के आधार पर आरक्षण देता है, न धर्म के आधार

पर। उसने तो सामाजिक और धार्मिक दुर्बलताओं को ख़त्म करने के लिए जाति और धर्म से परे जा कर अनुसूचित जाति, अनुसूचित जनजाति और अन्य पिछड़े वर्गों की तीन मुख्य सेकुलर श्रेणियाँ बनायी हैं। इनमें पहली दो श्रेणियों को दिये गये आरक्षण का प्रतिशत उनकी जनसंख्या के मुताबिक़ है। ख़ास बात यह है कि पूर्व-अछूतों और आदिवासियों को दिया जाने वाले आरक्षण का एक पहलू राजनीतिक भी है। नौकरियों और शिक्षा संस्थाओं में कोटे निर्धारित करने के साथ-साथ आबादी कम होने के कारण उन्हें आरक्षित निर्वाचन क्षेत्रों के रूप में राजनीतिक आरक्षण भी दिया गया है ताकि उन्हें संसदीय प्रणाली में पर्याप्त प्रतिनिधित्व की गारंटी दी जा सके।

अनुसूचित जाति एक ऐसी श्रेणी है जिसमें छुआछूत का शिकार रहे और अस्वच्छ पेशों में संलग्न वे समुदाय शामिल हैं जिनका कर्मकाण्डीय बहिर्वेशन थोप कर हाशियाकरण कर दिया गया था। अनुसूचित जाति की सूची बनाने के लिए हर प्रदेश में छुआछूत से पीड़ित समुदायों की शिनाख़्त करके उनकी गणना की गयी। राष्ट्रपति को अधिकार दिया गया कि वह केंद्र सरकार के ज़रिये किसी भी समुदाय को इस अनुसूची में शामिल करवा सकता है, लेकिन अगर किसी समुदाय को इस अनुसूची से निकालना है तो यह अधिकार केवल संसद के पास है। सूची में हिंदू, सिक्ख और बौद्ध शामिल हैं जिनकी संख्या देश की कुल आबादी के सोलह फ़ीसदी के आसपास है। संविधान इसी अनुपात में उन्हें आरक्षण देता है।

चूँकि कर्मकाण्डीय बहिर्वेशन हिंदू समाज की ही परिघटना है इसलिए कुछ लोग यह समझ बैठते हैं कि आरक्षण धार्मिक आधार पर हिंदू समाज में चलाया जाने वाला एक सुधार कार्यक्रम है। दरअसल, अनुसूचित जाति की श्रेणी के ज़रिये आरक्षण के प्रावधान हिंदुओं की इस धार्मिक समस्या का हल धार्मिक आधार पर करने के बजाय उसका समाधान समाज और राजनीति की सेकुलर ज़मीन पर करते हैं। आजकल मुसलमानों के बीच भी अस्वच्छ पेशों में लगे लालबेगी और हलालखोर जैसे समुदायों को भी अनुसूचित जाति की श्रेणी में लाने की चर्चा चल रही है। यह इस बात का सबूत है कि यह श्रेणी धार्मिक आधार पर कल्पित नहीं की गयी है।

अनुसूचित जनजाति की श्रेणी में आदिवासियों को शामिल किया गया है। भौगोलिक और सामाजिक बहिर्वेशन के शिकार आदिवासियों की संख्या देश की कुल आबादी का आठ फ़ीसदी है जिसके मुताबिक़ उन्हें आरक्षण प्राप्त है। संविधान की अनुसूची में इन्हें जोड़ने का मुख्य आधार है उनका शारीरिक और सांस्कृतिक अलगाव। ये समुदाय हमेशा से पहाड़ी और जंगली इलाक़ों में बसे रहे हैं। अनुसूचित जनजातियों में कई धर्मों के लोग हैं। इनमें हिंदू, ईसाई, मुसलमान और देशज आदिवासी धर्मों का अनुपालन करने वाले समुदाय भी शामिल हैं।

अन्य पिछड़े वर्ग की श्रेणी के माध्यम से खेतिहर और दस्तकार समुदायों को विशेष अवसर मुहैया कराये गये हैं। ध्यान रहे कि इन वर्गों को क़ानूनन किसी तरह का राजनीतिक आरक्षण नहीं दिया गया है, क्योंकि वे संख्यात्मक रूप से ताक़तवर हैं और आरक्षण के बिना ही स्पर्धामूलक राजनीति के ज़रिये उन्होंने राजसत्ता में अपना हिस्सा प्राप्त करना शुरू कर दिया है। उन्हें केवल शिक्षा संस्थाओं और सरकारी नौकरी में प्राथमिकता देने के प्रावधान हैं। हालाँकि पिछड़े वर्गों की आबादी कहीं ज़्यादा है, लेकिन उनके लिए केवल 27 फ़ीसदी आरक्षण का ही प्रावधान है। संविधान स्पष्ट करता है कि पिछड़ेपन का आधार न तो आर्थिक होगा और न ही धार्मिक। उसने पिछड़ेपन के सामाजिक और शैक्षिक रूप को ही मान्यता दी है, और इसका पता लगाने के लिए भारतीय समाज की विशेष परिस्थितियों में जाति को एक कसौटी के रूप में माना है। पिछड़े वर्गों को मिले आरक्षण के दायरे में बहुत सी मुसलमान जातियाँ, ईसाई धर्मावलम्बी और सिक्ख जातियाँ भी आती हैं।

आरक्षण की नीति का एक और पहलू क़ानून बनाने के ज़रिये और कार्यपालिका द्वारा आदेश जारी करके सामाजिक अन्याय और शोषण से छुटकारे की गारंटी करना भी है। मसलन, छुआछूत के ख़िलाफ़ कड़े दण्ड की व्यवस्था करने वाले 1955 के छुआछूत अपराध अधिनियम, 1976 के नागरिक अधिकार सुरक्षा क़ानून और 1989 के अत्याचार निवारक क़ानूनों को इसी तरह की पहलक़दमियों के नमूने के तौर पर देखा जा सकता है। इसी तरह 1952 के अपराधी जनजाति क़ानून को संशोधित किया गया है ताकि कथित अपराधी जनजातियों की क़ानूनी दुर्बलताएँ ख़त्म की जा सकें और बेगार प्रथा समाप्त की जा सके। ऐसे क़ानून भी पारित किये गये हैं जो आदिवासियों से ग़ैर-आदिवासियों को ज़मीन हस्तांरित करने पर रोक लगाते हैं। सूदखोरी को विनियमित किया गया है। कमज़ोर वर्गों के लिए ऋण-राहत और क़ानूनी सहायता के प्रावधान करने में मदद मिली है। पिछड़े समुदायों को शारीरिक सुरक्षा और व्यवसायगत गतिशीलता प्रदान करने के लिए ज़मीनों का आबंटन, आवासन, छात्रवृत्तियों, आर्थिक रियायतों और कर्जों की व्यवस्था की गयी है। कुछ ख़ास क्षेत्रों में आदिवासियों के लिए स्व-शासन के विशेष क़ानून बनाये गये हैं।

हालाँकि इस नीति पर अमल काफ़ी धीमी गति से हुआ है, और इस प्रक्रिया में राजनीतिक और प्रशासनिक हलकों द्वारा कई तरह की बेइमानियाँ भी की गयी हैं, पर कुल मिला कर इसके कारण न केवल दलितों, आदिवासियों और पिछड़ों को बल्कि पूरे राष्ट्र को लाभ पहुँचा है। आरक्षण के कारण भारतीय मध्यवर्ग की पूरी प्रकृति और संरचना बदल गयी है। अब निचली जातियों को प्रगति करने के लिए संस्कृतीकरण की ज़रूरत नहीं पड़ती। राजनीतिक व्यवस्था पर इसका गहरा

और स्थायी असर पड़ा है। दूसरी तरफ़, इन सफलताओं के बावजूद कुछ निहित स्वार्थों ने इस नीति में घुसपैठ भी कर ली है जिसके कारण आज़ादी के बाद से आरक्षण की प्रक्रिया में कुछ विकृतियाँ घर कर गयी हैं। परिणामस्वरूप आरक्षण संबंधी बहस एक तरह के वाक्-युद्ध में बदल गयी है जिसमें कोई किसी की बात मानने के लिए तैयार नहीं है।

देखें : अनुसूचित जातियाँ, अनुसूचित जनजातियाँ, अन्य पिछड़े वर्ग, आरक्षण और धर्म, आरक्षण : एक इतिहास, आरक्षण : एक बहस, आरक्षण और लोकतंत्र, एफ़र्मेटिव एक्शन, जान रॉल्स, रॉल्स का न्याय-सिद्धांत, अरस्तू, भारत में स्त्री-आरक्षण-1 और 2, भारतीय संविधान-1 से 8 तक, स्त्री-आरक्षण, सामाजिक न्याय।

संदर्भ

1. धीरूभाई शेठ (2009), 'आरक्षण के पचास साल', संकलित : अभय कुमार दुबे (सम्पा.), *सत्ता और समाज : धीरूभाई शेठ का कृतित्व*, लोक-चिंतक ग्रंथमाला, सीएसडीएस-वाणी, नयी दिल्ली.
2. राजीव धवन (2008), *रिज़र्व्ड : हाऊ पार्लियामेंट डिबेटिड रिज़र्वेशंस 1995-2007*, रूपा, नयी दिल्ली.
3. मार्क गैलेंटर (1984), *कॉम्पीटिंग ईक्वलिटीज़ : लॉ ऐंड द बैकवर्ड क्लासिज़ इन इण्डिया*, ऑक्सफ़र्ड युनिवर्सिटी प्रेस, नयी दिल्ली.
4. फ्रेंक द श्वार्त (2000), 'दि लॉजिक ऑफ़ एफर्मेटिव एक्शन : कास्ट, क्लास ऐंड कोटाज़ इन इण्डिया', *एक्टा सोसियोलॉजिका*, खण्ड 43, अंक 3.

—अभय कुमार दुबे

आरक्षण : एक इतिहास

(History of Reservation)

बीसवीं सदी के आरम्भिक वर्षों में ही देश के कई हिस्सों में निचली समझी जाने वाली जातियों को आरक्षण देने की शुरुआत हो गयी थी। इस संबंध में पहलक़दमी लेने वाले क्षेत्र विंध्याचल के दक्षिण में स्थित देशी रियासतें और प्रेसीडेंसी इलाक़े थे। 1902 में महाराष्ट्र स्थित कोल्हापुर रियासत के महाराजा छत्रपति शाहूजी ने पिछड़े वर्गों को आरक्षण दिया ताकि उन्हें ग़रीबी से छुटकारा मिल सके और वे राज्य के प्रशासन में अपना वाजिब हिस्सा प्राप्त कर सकें। कोल्हापुर राज्य द्वारा 1902 में जारी की गयी पिछड़े वर्गों और जातियों को पचास फ़ीसदी आरक्षण देने की अधिसूचना इस तरह का पहला सरकारी आदेश थी। उससे पहले बड़ोदरा और मैसूर राज्य द्वारा नौकरियों में आरक्षण की शुरुआत की जा चुकी थी, लेकिन कोल्हापुर के आरक्षण का चरित्र सामाजिक न्याय के उसूल के मुताबिक़ था।

छुआछूत की प्रथा देश के सभी राज्यों में समान नहीं थी इसलिए उत्पीड़ित वर्गों की शिनाख़्त करना आसान नहीं था। दक्षिणी हिस्सों में इसका स्वरूप अधिक संकेंद्रित और मुखर था, जबकि उत्तरी हिस्सों में यह अपेक्षाकृत बिखरी हुई थी। एक अतिरिक्त पेचीदगी यह थी कि कुछ जातियाँ और समुदाय किसी क्षेत्र में तो अस्पर्श्य थे, पर किसी अन्य क्षेत्र में उन्हें छुआछूत का सामना नहीं करना पड़ता था। दूसरे, हिंदू ही नहीं बल्कि ग़ैर-हिंदू दायरों में भी समान परम्परागत पेशों में लगी जातियाँ मौजूद थीं। जातियों को सूचीबद्ध करने की परम्परा बहुत पहले से चली आ रही थी। प्राचीन इतिहास में यही उद्यम मनु ने किया था जिसके आधार पर उनकी संहिता की रचना हुई थी। मध्य युग में भी ऐसे विवरणिकाएँ तैयार की गयी थीं जिनमें देश के विभिन्न हिस्सों में रहने वाली जातियों का ब्योरा दर्ज किया जाता था। औपनिवेशिक अवधि की शुरुआत होने पर 1806 में अंग्रेज़ों द्वारा बड़े पैमाने पर जातियों को अधिसूचित करने की परियोजना चलाई गयी। 1881 से 1931 के बीच की गयी गणनाओं में इस प्रक्रिया ने और गति पकड़ी।

यही वह दौर था जब देश के दक्षिणी हिस्सों में कमज़ोर जातियों और समुदायों ने अपने खोये हुए हक़ों और सम्मान की प्राप्ति के लिए सामाजिक आंदोलनों की शुरुआत की। तमिलनाडु में इसकी पहली अनुगूँज सुनी गयी। ई.वी. रामास्वामी नायकर पेरियार और आयोतीदास के नेतृत्व में आत्म-सम्मान आंदोलन चला। महाराष्ट्र में इसकी कमान महात्मा ज्योतिबा फुले, छत्रपति शाहूजी महाराज और डॉ. भीम राव आम्बेडकर के हाथों में थी।

1882 में अंग्रेज़ों द्वारा नियुक्त हंटर कमीशन के सामने गवाही देते हुए ज्योतिबा फुले ने माँग की कि सभी कमज़ोर वर्गों को अनिवार्य और मु त शिक्षा प्रदान की जाए और साथ में सरकारी नौकरियों में प्रतिनिधित्व देने के लिए उन्हें आनुपातिक आरक्षण भी मिले। 1909 में इण्डियन कौंसिल्स एक्ट के तहत मोर्ले-मिंटो सुधारों के ज़रिये अंग्रेज़ों ने भारत में आंशिक स्व-शासन की शुरुआत की। मोंटेग्यू-चेम्सफ़र्ड रिपोर्ट के बाद इस प्रक्रिया ने 1921 के गवर्नमेंट ऑफ़ इण्डिया एक्ट के तहत गति पकड़ी। 1921 में ही मद्रास प्रेसीडेंसी ने एक कम्युनल जनरल ऑर्डर जारी किया जिसके तहत 44 फ़ीसदी ग़ैर-ब्राह्मणों, 16 फ़ीसदी ब्राह्मणों, 16 फ़ीसदी मुसलमानों, 16 फ़ीसदी एंग्लो-इण्डियनों/ईसाइयों और आठ फ़ीसदी अनुसूचित जातियों के लिए आरक्षण का प्रावधान किया गया।

देशी रियासतों में दिये जाने वाले आरक्षण के पीछे अगर समाज सुधार आंदोलनों और वहाँ के हुक्मरानों का व्यक्तिगत रवैया और सोच था, तो ब्रिटिश नियंत्रण के अधीन इलाक़ों में आरक्षण के पीछे एक ख़ास तरह का राजनीतिक दृष्टिकोण काम

कर रहा था। उपनिवेशवाद विरोधी शक्तियों के विपरीत अंग्रेज़ भारत को एक राष्ट्रीय इकाई मानने के लिए तैयार नहीं थे। इसका एक मतलब यह भी था कि वे भारत में कोई ऐसा मतदाता मण्डल नहीं देखते थे जो बहुसंख्यकों और अल्पसंख्यकों में न बँटा हो। उनका मानना था कि किसी क़िस्म के लोकतांत्रिक सुधार तब तक कामयाब नहीं हो सकते जब तक बहुसंख्यकों द्वारा अल्पसंख्यकों पर संख्या बल के आधार पर छा जाने के ख़तरे से बचने की गारंटी न कर दी जाए।

अंग्रेज़ों के इस आग्रह के तहत क्रमश: दो तरह के अल्पसंख्यकों की शिनाख़्त की गयी। हिंदू बहुसंख्यकों के बरक्स मुसलमान अल्पसंख्यक माने गये, और हिंदू बहुसंख्यकों के भीतर ऊँची जातियों के बरक्स अछूत समुदायों को प्रमुख अल्पसंख्यक श्रेणी के रूप में देखा गया। ब्रिटिश सरकार ने इन अल्पसंख्यकों के रक्षक के रूप में ख़ुद को देखना शुरू किया। विद्वानों के एक हिस्से की मान्यता है कि मुसलमान अल्पसंख्यकों के संदर्भ में जो राजनीति चली, उसका नतीजा आगे चल कर भारत विभाजन में निकला। पर, अछूत समुदायों के संदर्भ में यही राजनीति एफ़र्मेटिव एक्शन जैसी नीतियों में विकसित हुई।

अछूत समुदायों और निचली जातियों के सामाजिक उत्थान की ज़रूरत पर विशेष ध्यान दिये बिना राष्ट्रत्व का भारतीय स्वरूप विकसित नहीं हो सकता था। कम से कम तीन ऐसे ज़रिये थे जो इस ओर ध्यान खींच रहे थे : उन्नीसवीं और बीसवीं सदी में हिंदू समाज सुधारकों के प्रयास, अछूत समुदायों और निचली जातियों द्वारा विशेष तौर से दक्षिण में चलाये गये रैडिकल आंदोलनों की परम्परा और अंग्रेज़ों द्वारा इन समुदायों के रक्षक की भूमिका में आ जाना।

शाहूजी महाराज कोल्हापुर में कमज़ोर वर्गों के लिए आरक्षण का उदाहरण पेश कर ही चुके थे। अंग्रेज़ों ने जब इसी नियम को राजनीतिक क्षेत्र में लागू करना चाहा तो राष्ट्रवादियों ने उसे उनकी 'फूट डालो और राज करो' की नीति के रूप में देखा। 1932 कम्युनल एवार्ड के तहत जब मुसलमानों की भाँति अछूतों के लिए भी पृथक निर्वाचन क्षेत्रों का प्रावधान किया गया तो गाँधी इसके ख़िलाफ़ आमरण अनशन पर चले गये। इस संघर्ष का परिणाम अछूतों के नेता डॉ. आम्बेडकर और गाँधी के बीच पूना समझौते के रूप में निकला। गाँधी का जीवन बचाने के लिए आम्बेडकर पृथक निर्वाचन क्षेत्रों के बजाय विधायिकाओं में अस्पृश्यों के लिए अधिक सीटों के आरक्षण के लिए तैयार हो गये।

पूना पैक्ट से अछूत समुदायों को लाभ हुआ या नुक़सान, यह बात आज तक विवाद का विषय बनी हुई है। बहुजन समाज पार्टी के संस्थापक कांशी राम ने इस पैक्ट के ख़िलाफ़ 'एज ऑफ़ साइकोफेंट्स' (चमचा युग) जैसी एक आक्रामक पुस्तिका भी लिखी है। उनका तर्क है कि पूना पैक्ट में अगर डॉ. आम्बेडकर गाँधी के सामने नहीं झुकते तो अस्पृश्य समुदायों में स्वतंत्र राजनीतिक नेतृत्व का उदय होता, जबकि अनुसूचित जातियों के लिए सुरक्षित मिले-जुले मतदाता मण्डल वाले निर्वाचन क्षेत्रों के कारण दलित नेतृत्व ऊँची जातियों के वोटों पर निर्भर हो गया। इसके परिणामस्वरूप जो प्रक्रिया चली उससे केवल ऊँची जातियों के हितों की सेवा करने वाले नेता निकले।

बहरहाल, भारत को आज़ादी मिलने के बाद संविधान सभा ने आरक्षण के प्रश्न पर जम कर बहस की और निर्णय लिया कि अस्पृश्यता के शिकार और अस्वच्छ पेशों में लगे हुए लोगों को सरकारी नौकरियों और सरकार की मदद से चलने वाले शिक्षा संस्थानों में उनकी आबादी के मुताबिक़ प्रतिशत (15 फ़ीसदी) आरक्षण दिया जाए। इसी तरह का निर्णय अनुसूचित जनजातियों (आदिवासियों) के लिए भी लिया गया। उन्हें भी उनकी आबादी के मुताबिक़ 7.5 फ़ीसदी आरक्षण प्रदान किया गया। शुरू में इन प्रावधानों पर दस साल के बाद पुनर्विचार किया जाना था। लेकिन, इसके बार कई बाद इनकी अवधि बढ़ायी जा चुकी है।

इसी के साथ-साथ अन्य पिछड़े वर्गों को आरक्षण देने का विचार भी पनपता रहा। 1953 में सर्वोदयी नेता काका कालेलकर के नेतृत्व में सामाजिक और शैक्षिक रूप से पिछड़े वर्ग की स्थिति के आकलन के लिए एक आयोग बैठाया गया। इस आयोग की रपट का वह हिस्सा स्वीकार कर लिया गया जो अनुसूचित जातियों और जनजातियों के बारे में था, पर पिछड़े वर्गों से संबंधित सिफ़ारिशें अस्वीकार कर दी गयीं। इसके बाद 1956 और फिर 1976 में कालेलकर रपट के मुताबिक़ अनुसूचियों को संशोधित किया गया। 1979 में पिछड़े वर्गों के आरक्षण पर विचार करने के लिए बिंदेश्वरी प्रसाद मण्डल की अध्यक्षता में एक आयोग गठित हुआ जिसने 1930 की जनगणना को आधार बनाते हुए 1257 समुदायों को अन्य पिछड़े वर्गों (ओबीसी) की श्रेणी में जोड़ दिया। मण्डल आयोग ने देश में पिछड़े वर्गों की आबादी 52 फ़ीसदी निश्चित की। 1980 में जारी अपनी रपट में आयोग ने सिफ़ारिश की कि आरक्षण का मौजूदा प्रतिशत (22.5=15+7.5) बढ़ा कर 49.5 कर दिया जाए।

1990 में विश्वनाथ प्रताप सिंह के नेतृत्व वाली राष्ट्रीय मोर्चा सरकार ने मण्डल आयोग की रपट स्वीकार करके अन्य पिछड़े वर्गों को 27 फ़ीसदी आरक्षण देने की घोषणा की। इसके ख़िलाफ़ तीखी राजनीतिक-सामाजिक प्रतिक्रिया हुई और आरक्षण विरोधी आंदोलन फूट पड़ा। दिलचस्प बात यह है कि जिस समय उत्तर भारत में आरक्षण विरोधी छात्रों द्वारा किये जाने वाले आत्मदाह के कारण यह आंदोलन शिखर पर था, दक्षिण भारत अपेक्षाकृत शांत रहा। ख़ासकर तमिलनाडु में तो आरक्षण के समर्थन में शांतिपूर्ण प्रदर्शन आयोजित किये

गये। 1992 में सुप्रीम कोर्ट ने इंदर सॉहनी बनाम यूनियन ऑफ़ इण्डिया मामले की सुनवाई करते हुए केंद्र सरकार की नौकरियों में पिछड़े वर्गों को आरक्षण देने के प्रावधानों पर न्यायिक मुहर लगा दी। कोर्ट के कहने पर ही भारत सरकार ने पिछड़ा वर्ग आयोग गठित किया। इस फ़ैसले के बाद काफ़ी समय तक ऐसा लगता रहा कि पिछड़े वर्गों को आरक्षण देने का प्रश्न विवादों से परे हो गया है। लेकिन नयी सदी में जैसे ही उच्च शिक्षा के संस्थानों में पिछड़े वर्गों के लिए सीटें आरक्षित करने की नीति बनायी गयी, वैसे ही यह विवाद एक बार फिर ताज़ा हो गया।

आरक्षण विवाद में न्यायपालिका ने हस्तक्षेप करते हुए 'क्रीमी लेयर' या मलाईदार परत की अवधारणा पेश की। अदालत ने स्पष्ट रूप से कहा कि आरक्षण के जिन लाभार्थियों की पारिवारिक आमदनी ढाई लाख से ज़्यादा है उन्हें निकास नीति (एग्ज़िट पॉलिसी) के तहत आरक्षण के लाभों से वंचित कर दिया जाना चाहिए। इसी तरह डॉक्टरों, इंजीनियरों, चार्टर्ड एकाउंटेंटों, अभिनेताओं, कंसल्टेंटों, मीडिया प्रोफ़ेशनलों, लेखकों, नौकरशाहों, कर्नल और उसके बराबर रैंक के फ़ौजी अफ़सरों, हाई कोर्ट और सुप्रीम कोर्ट के जजों, केंद्र और राज्य सरकारों के अ और ब वर्ग के अफ़सरों के बेटों को भी आरक्षण के लाभ नहीं मिलने चाहिए। अदालत ने सांसदों और विधायकों की संतानों को भी क्रीमी लेयर में मान कर आरक्षण से बाहर रखने का अनुरोध किया।

भारत में आरक्षण के इतिहास का कोई भी ब्योरा उस समय तक अधूरा रहेगा जब तक दक्षिण भारत और तमिलनाडु में इन नीतियों के भिन्न कार्यान्वयन का लेखा-जोखा न ले लिया जाए। संविधान पारित होने के बाद जब सारे देश में आरक्षण का प्रतिशत 22.5 फ़ीसदी और उसका दायरा केवल अनुसूचित जातियों और जनजातियों तक ही सीमित था, तमिलनाडु में 1951 में ही आरक्षण 41 फ़ीसदी तक पहुँच चुका था। इसमें अनुसूचित जातियों और जनजातियों को 16 फ़ीसदी और पिछड़े वर्गों को 25 फ़ीसदी आरक्षण शामिल था। आज भी दक्षिण भारत के कर्नाटक और तमिलनाडु राज्यों में पिछड़े वर्गों को पचास-पचास फ़ीसदी आरक्षण मिला हुआ है, केरल में यह आरक्षण चालीस फ़ीसदी और आंध्र प्रदेश में 25 फ़ीसदी है।

देखें : आयोतीदास पांडीतर, अनुसूचित जातियाँ, अनुसूचित जनजातियाँ, अन्य पिछड़े वर्ग, आरक्षण, आरक्षण और धर्म, आरक्षण : एक बहस, आरक्षण और लोकतंत्र, आत्मसम्मान आंदोलन, आम्बेडकर-गाँधी विवाद, एफ़र्मेटिव एक्शन, कांशी राम, ज्योतिराव गोविंदराव फुले, जान रॉल्स, अरस्तू, भारत में स्त्री-आरक्षण-1 और 2, भारतीय संविधान-1 से 8 तक, भीमराव रामजी आम्बेडकर, रॉल्स का न्याय-सिद्धांत, इरोड वेंकट रामस्वामी नायकर पेरियार, सामाजिक न्याय, स्त्री-आरक्षण।

संदर्भ

1. अरविंद शर्मा (2005), *रिज़र्वेशन ऐंड एफ़र्मेटिव एक्शन : मॉडल्स ऑफ़ सोशल इंटीग्रेशन,* सेज, नयी दिल्ली.
2. डी.एल. शेठ (1998), 'रिज़र्वेशन पॉलिसी रिविज़िटेड', संकलित : गुरप्रीत महाजन (सम्पा.), *डेमौक्रेसी, डिफ़रेंस ऐंड सोशल जस्टिस,* ओयूपी, नयी दिल्ली.
3. काका कालेलकर (1998), 'बैकवर्डनेस, कास्ट ऐंड क्वेश्चन ऑफ़ रिज़र्वेशंस', संकलित : गुरप्रीत महाजन (सम्पा.), *डेमौक्रेसी, डिफ़रेंस ऐंड सोशल जस्टिस,* ऑक्सफ़र्ड युनिवर्सिटी प्रेस, नयी दिल्ली.

—अभय कुमार दुबे

आरक्षण और धर्म

(Reservation and Religion)

भारतीय संविधान में आरक्षण और धर्म का आपसी रिश्ता नकारात्मक है। वह न तो धर्म के आधार पर किसी तरह के आरक्षण की इजाज़त देता है और न ही धर्म को सामाजिक-शैक्षिक पिछड़ेपन का आधार मानता है। संविधान की निगाह में एक सामाजिक इकाई के रूप में जातिगत संरचनाएँ पिछड़ेपन की द्योतक हैं। ये संरचनाएँ हिंदुओं के साथ-साथ इस देश में पाये जाने वाले प्रत्येक धार्मिक समुदाय में पायी जाती हैं। चूँकि आरक्षण की नीति का बुनियादी चरित्र सेकुलर है, इसलिए अनुसूचित जातियों, अनुसूचित जनजातियों और अन्य पिछड़े वर्गों की सूची में विभिन्न धर्मावलम्बी समुदाय शामिल हैं। देश के कुल ईसाइयों में से एक-तिहाई आदिवासी होने के कारण आरक्षण के हक़दार हैं और बाक़ी दो-तिहाई के सत्तर फ़ीसदी अन्य पिछड़े वर्ग में शुमार होने के कारण आरक्षण से लाभान्वित हो रहे हैं। इसी तरह मुसलमान समाज का क़रीब चालीस फ़ीसदी हिस्सा अन्य पिछड़े वर्ग की श्रेणी में आता है और तदनुसार आरक्षण का अधिकारी है। अनुसूचित जातियों में पहले केवल चार सिक्ख समुदायों (कबीरपंथी, रामदसिया, सिकलीगर और मज़हबी) की भी गिनती होती थी। 1956 में सिक्ख धर्म अपना लेने वाले सभी पूर्व-अछूतों को आरक्षण का लाभ देने का फ़ैसला किया गया। 1990 से बौद्ध बन जाने वाले पूर्व-अछूतों को भी अनुसूचित जातियों में शुमार किया जाने लगा। इस लिहाज़ से देखा जाए तो विभिन्न धार्मिक समुदायों के वंचित हिस्सों को उनकी धार्मिक अस्मिता पर ज़ोर दिये बिना विशेष अवसर मुहैया कराने के प्रावधानों की कमी नहीं है, बल्कि समस्या तो आरक्षण के लाभों को उन समुदायों तक पहुँचाने का ठीक-ठीक बंदोबस्त करने की है।

लेकिन धर्म और आरक्षण के इस संविधानगत रिश्ते को लेकर राजनीतिक शक्तियों के बीच मतैक्य नहीं है। समय-समय पर न केवल विभिन्न समुदायों को (ख़ासकर अल्पसंख्यकों की तरफ़ से) उनकी धार्मिक पहचान के आधार पर विशेष अवसर देने की माँगें उठती रहती हैं, बल्कि विभिन्न सरकारें उनके लिए आरक्षण के प्रावधान करके संवैधानिक और क़ानूनी विवाद पैदा करती रहती हैं। मुसलमानों को आरक्षण देने की माँग बहुत पुरानी है। 2006 में आयी सच्चर आयोग की रपट और 2007 में पेश की गयी रंगनाथ मिश्रा आयोग की रपट के बाद इसे एक नया उछाल मिला है। इससे पहले 2004 में आंध्र प्रदेश की कांग्रेस सरकार ने नौकरियों और शिक्षा संस्थानों में बेहद ग़रीब और अशिक्षित मुसलमानों के लिए पाँच प्रतिशत कोटा निर्धारित किया था। इसके लिए अन्य पिछड़े वर्गों की पहले से मौजूद ए, बी, सी और डी श्रेणियों के साथ ई श्रेणी बनायी गयी थी। भारतीय जनता पार्टी को छोड़ कर बाक़ी सभी राजनीतिक दलों ने इस क़दम का स्वागत किया था, लेकिन अदालत के स्थगन आदेश के कारण इसे कार्यान्वित नहीं किया जा सका। 2010 में पश्चिम बंगाल की वाम मोर्चा सरकार भी ने सामाजिक और शैक्षिक रूप से पिछड़े मुसलमानों के लिए नौकरियों में अलग से दस फ़ीसदी आरक्षण की व्यवस्था की है। यह प्रावधान रंगनाथ मिश्रा आयोग की सिफ़ारिशों के मुताबिक़ किया गया है, हालाँकि पश्चिम बंगाल की अन्य पिछड़े वर्गों की सूची में 12 मुसलमान समुदाय पहले से ही शामिल हैं जिसके तहत क़रीब सत्रह लाख लोगों को आरक्षण के लाभ मुहैया कराये जा सकते हैं।

हमारी राजनीति के स्वातंत्र्य-पूर्व इतिहास में धर्म-आधारित आरक्षण के प्रकरण मौजूद हैं। तीस के दशक में त्रावणकोर की देशी रियासत द्वारा दिये गये इसी तरह के आरक्षण का एक अध्ययन बताता है कि इसके परिणामस्वरूप धार्मिक समुदायों के बीच तो आरक्षण के फ़ायदे लेने की होड़ मच ही गयी थी, समुदायों के भीतर विभिन्न उप-समुदायों के बीच भी उन लाभों पर ज़्यादा से ज़्यादा क़ब्ज़ा जमा लेने की राजनीति शुरू हो गयी थी। त्रावणकोर रियासत की ख़ास बात यह थी कि वैसे तो इसका कामकाज एक दीवान के नेतृत्व में स्थानीय नौकरशाही चलाती थी, पर इसके सभी फ़ैसलों पर ब्रिटिश रेज़ीडेंट की मुहर लगवानी पड़ती थी। ज़ाहिर है कि धार्मिक समुदायों को दिये गये आरक्षण से ब्रिटिश हुक्मरान भी सहमत थे।

दरअसल, अंग्रेज़ों ने धार्मिक आधार पर आरक्षण की परम्परा बीसवीं सदी के पहले दशक से ही डाल दी थी। मुसलमान अल्पसंख्यकों को पूर्व शासक समुदाय के रूप में देखते हुए औपनिवेशिक हुक्मरानों की मान्यता थी कि वे आधुनिक शिक्षा प्राप्त करने में हिंदू बहुसंख्यकों से पिछड़ गये हैं, इसलिए उन्हें विशेष अवसरों की आवश्यकता है। इसी आधार पर उन्हें 1909 में राजनीतिक आरक्षण दिया गया। 1926 में मुसलमानों के लिए पृथक मतदातामण्डलों की व्यवस्था की गयी और साथ में उनकी 24 फ़ीसदी आबादी के हिसाब से सरकारी नौकरियों में उन्हें 25 फ़ीसदी आरक्षण दिया गया। 1935 में कम्युनल एवार्ड की व्यापक नीति के तहत मुसलमानों, ईसाइयों, पारसियों, मराठाओं, युरोपियनों, एंग्लो-इण्डियनों और सिक्खों के लिए पृथक मतदातामण्डल के प्रावधान किये गये। इतिहासकारों के बीच इस सवाल पर कोई मतभेद नहीं है कि अंग्रेज़ों के इस क़दम के पीछे सरकारी फ़ायदों के लिए एक समुदाय को दूसरे समुदाय के बीच होड़ में उतारने की मंशा थी ताकि ब्रिटिश साम्राज्य के ख़िलाफ़ किसी तरह की राजनीतिक एकता न हो पाये। इतिहासकार कम्युनल एवार्ड में भारत-विभाजन का उद्गम भी देखते हैं।

अल्पसंख्यकों और बुनियादी अधिकारों पर विचार करने के लिए बनी संविधान सभा की सलाहकार समिति ने अपनी विभाजन-पूर्व रपट में अल्पसंख्यकों के लिए पृथक मतदातामण्डलों के बजाय विधायिकाओं में सीटें आरक्षित करने की सिफ़ारिश की थी। लेकिन विभाजन की दुखद घटनाओं के कारण परिस्थिति पूरी तरह बदल गयी और कमेटी के बचे हुए मुसलमान सदस्यों (पटना के तजामुल हुसैन और लखनऊ की बेगम ऐज़ाज़ रसूल) ने इस आरक्षण की माँग पर ज़ोर न देने का फ़ैसला किया। संविधान सभा ने अगस्त, 1947 में धार्मिक अल्पसंख्यकों के अधिकारों की सुरक्षा के प्रश्न पर विचार करते हुए केंद्रीय और प्रांतीय विधायिकाओं में अंग्रेज़ों द्वारा मुसलमानों, सिक्खों और ईसाइयों के लिए सीटें आरक्षित करने के प्रावधान पर विचार किया। इसके बाद यह मसला सरदार पटेल के नेतृत्व में बनी एक कमेटी के हवाले कर दिया गया जिसके सदस्य डॉ. आम्बेडकर, डॉ. श्यामा प्रसाद मुखर्जी, मौलाना अबुल कलाम आज़ाद, डॉ. के.एम. मुंशी, पुरुषोत्तम दास टंडन, गोविंद बल्लभ पंत और गोपीनाथ बोर्डोलोई थे। इस कमेटी ने संविधान सभा के सामने धार्मिक आधार पर विधायिकाओं में आरक्षण को समाप्त करने की सिफ़ारिश पेश की जिस पर लम्बी चर्चा हुई। इस बहस के इतिहासकारों ने स्पष्ट रूप से दर्ज किया है कि सभा के ईसाई, मुसलमान, सिक्ख और हिंदू सदस्यों ने एकमत से इस प्रस्ताव का समर्थन किया।

आज़ादी के बाद पूरे मुसमलान समुदाय को पिछड़ा मानते हुए धार्मिक आधार पर नौकरियों और शिक्षा-संस्थाओं में (विधायिकाओं में नहीं) आरक्षण देने की माँग सबसे पहले 1994 में उठी। जनता दल के तत्कालीन सांसद सैयद शहाबुद्दीन, अलीगढ़ मुसलिम विश्वविद्यालय के पूर्व-उपकुलपति सैयद हामिद, मुसलिम लीग के सांसद इब्राहीम सुलेमान सेट और मुसलिम मजलिस-ए-मशावरात के मौलाना मुहम्मद शफ़ी

मूनिस ने मिल कर एक संगठन बनाया जिसके तत्त्वावधान में इसी साल नौ अक्टूबर को एक सम्मेलन किया गया। सम्मेलन के मंच से कांग्रेस सरकार के कल्याण मंत्री सीताराम केसरी ने आर्थिक, सामाजिक और शैक्षिक पिछड़ेपन का तर्क देते हुए मुसलमानों के लिए आरक्षण का समर्थन किया।

पूरे मुसलमान समुदाय को पिछड़ा मान लेने की इस माँग के विरोध में संघ परिवार से जुड़े हिंदुत्ववादी संगठनों द्वारा आवाज़ उठाना स्वाभाविक ही था। लेकिन नब्बे के दशक में ही बिहार और उत्तर प्रदेश के पिछड़े और दलित मुसलमानों के आंदोलन (पसमांदा मुसलिम महाज़) की तरफ़ से भी इस माँग का विरोध हुआ है। पसमांदा मुसलमानों के प्रतिनिधियों का तर्क है कि सामाजिक और शैक्षिक रूप से पिछड़ी मुसलमान बिरादरियों को अन्य पिछड़े वर्ग की सूची के मुताबिक़ ही आरक्षण मिलना चाहिए। अगर पूरे समुदाय को पिछड़ा मान लिया गया तो आरक्षण के लाभ अशराफ़ यानी उच्चवर्गीय मुसलमानों द्वारा हड़प लिए जाएँगे।

देखें : अनुसूचित जातियाँ, अनुसूचित जनजातियाँ, अन्य पिछड़े वर्ग, आरक्षण, आरक्षण : एक इतिहास, आरक्षण : एक बहस, आरक्षण और लोकतंत्र, एफ़र्मेटिव एक्शन, जान रॉल्स, रॉल्स का न्याय-सिद्धांत, अरस्तू, भारत में स्त्री-आरक्षण-1 और 2, भारतीय संविधान-1 से 8 तक, स्त्री-आरक्षण, सामाजिक न्याय।

संदर्भ

1. थियोडोर पी. राइट (1997), 'ए न्यू डिमांड फ़ार मुसलिम रिज़र्वेशन इन इण्डिया', *एशियन सर्वे*, खण्ड 37, अंक 9.
2. भगवान दास (2000), 'मोमेंट्स इन अ हिस्ट्री ऑफ़ रिज़र्वेशन', *इकॉनॉमिक ऐंड पॉलिटिकल वीकली*, खण्ड , अंक .
3. डिक कूईमान (1993), 'पॉलिटिकल राइवलिरी एमंग रिलीजस कम्युनिटीज़ : एक केस स्टडी ऑफ़ कम्युनल रिज़र्वेशंस इन इण्डिया', *इकॉनॉमिक ऐंड पॉलिटिकल वीकली*, खण्ड , अंक .
4. असग़र अली इंजीनियर (2004), 'रिज़र्वेशन फ़ॉर मुस्लि स', *इकॉनॉमिक ऐंड पॉलिटिकल वीकली*, खण्ड , अंक .

—अभय कुमार दुबे

आरक्षण और लोकतंत्र

(Reservation and Democracy)

किसी भी राष्ट्रीय सरकार या राष्ट्रीय अभिजनों के हाथ में आरक्षण की नीति एक ऐसा औज़ार है जिसके ज़रिये वे अपने समाज की लोकतांत्रिक पुनर्रचना कर सकते हैं। आरक्षण की दीर्घकालीन परियोजना के माध्यम से न केवल सामाजिक ग़ैर-बराबरी घटाई जा सकती है, बल्कि समाज को जातिगत और जातीय टकराव से भी बचाया जा सकता है। भारतीय समाज और लोकतंत्र का संबंध इसका उदाहरण है। पिछले पचास सालों में आरक्षण के प्रभाव के कारण भारत में राजनीतिक सत्ता की सामाजिक संरचना ख़ासी बदल गयी है। अंग्रेज़ी शिक्षित द्विजों का राजनीतिक वर्चस्व पहले के मुक़ाबले कम हुआ है। शैक्षिक और व्यवसायगत अवसरों का लाभ उठा कर उत्पीड़ित समुदाय सत्ता और विकास में हिस्सेदारी प्राप्त करने में कामयाब रहे हैं। इसका परिणाम लोकतंत्र की जन-वैधता के प्रसार और गहनता में निकला है। लेकिन, अगर इसी नीति का ग़ैर-लोकतांत्रिक इरादों से इस्तेमाल किया जाए तो परिणाम समाज और व्यवस्था दोनों के लिए नुक़सानदेह होते हैं। भारतीय उदाहरण के अलावा अगर अमेरिकी और दक्षिण एशियाई मिसालों (पाकिस्तान, बांग्लादेश, श्रीलंका और नेपाल)पर तुलनात्मक विचार किया जाए तो आरक्षण की नीति के लोकतांत्रिक और अलोकतांत्रिक नतीजों की शिनाख़्त की जा सकती है।

अमेरिका के संदर्भ में आरक्षण नीति को एफ़र्मेटिव एक्शन के नाम से जाना जाता है। इसका सूत्रीकरण नस्ली अल्पसंख्यकों, स्त्रियों, विकलांगों और ऐतिहासिक रूप से वंचित रहे तबक़ों के ख़िलाफ़ होने वाले भेदभाव को मिटाने के लिए किया गया था। एफ़र्मेटिव एक्शन कार्यक्रम के पैरोकारों का तर्क था कि केवल क़ानून पारित कर देने से शिक्षा, रोज़गार और मानवीय गतिविधियों के अन्य क्षेत्रों में होने वाला पक्षपात ख़त्म नहीं किया जा सकता। क़ानून बनाने से मदद मिलती है और सुधारों की ज़मीन तैयार होती है, पर अगर जनता के वंचित तबक़ों को कुछ ढंग की रफ़्तार से प्रगति के रास्ते पर चलाना है तो उन्हें विशेष सुविधा देने के उपाय अलग से करने होंगे। सत्तर के दशक में स्थिति यह थी कि पहले के मुक़ाबले अधिक संख्या में अश्वेत अमेरिकी उच्च शिक्षा प्राप्त कर पा रहे थे, पर उनकी कुल 12 फ़ीसदी आबादी के लिहाज़ से केवल 2.2 फ़ीसदी अश्वेत ही डॉक्टर बन सके थे और केवल 2.8 फ़ीसदी अश्वेत ही आयुर्विज्ञान की पढ़ाई करने की स्थिति में आ सके थे। कैलिफ़ोर्निया विश्वविद्यालय के मेडिकल स्कूल में एफ़र्मेटिव एक्शन की नीति के तहत सौ में से सोलह स्थान अश्वेतों और अन्य अल्पसंख्यकों के लिए आरक्षित किये गये। एक श्वेत छात्र एलन बेक को ज़्यादा नम्बर होने के बावजूद दाख़िला नहीं मिला। उसने अदालत की शरण ली। मामला अमेरिकी सुप्रीम कोर्ट के पास पहुँचा। अदालत ने अमेरिका संविधान के चौदहवें संशोधन के हवाले से बेक को दाख़िला देने का निर्देश तो दिया, पर साथ में यह भी कहा कि दाख़िले का फ़ैसला करते समय नस्ली विशिष्टताओं का ख़याल रखना अपने-आप में संवैधानिक रूप से दुरुस्त है।

अमेरिकी प्रशासन आरक्षण की नीतियों को और भी आगे ले जाने में कामयाब रहा है। इसी से मिलते-जुलते आधारों पर उसने 'डायवर्सिटी' की विख्यात नीति बनायी है जिसके अनुसार अर्थव्यवस्था और समाज के अन्य क्षेत्रों में अल्पसंख्यकों की मौजूदगी सुनिश्चित करने का प्रावधान है। भारत में कुछ दलित बुद्धिजीवियों ने इस नीति से प्रेरणा ले कर आर्थिक जीवन में पूर्व-अछूतों को प्रोत्साहन देने का कार्यक्रम पेश किया है। भारत सरकार का रुख इस बारे में सकारात्मक है, पर अभी निजी क्षेत्र ने अपने दायरों में इस तरह के आरक्षण का उत्साहपूर्वक समर्थन नहीं किया है।

अमेरिकी और भारतीय समाज को मिले इन लाभों के मुक़ाबले अगर पाकिस्तान और श्रीलंका के उदाहरणों पर ग़ौर करें तो तस्वीर का दूसरा रुख सामने आता है। ये दोनों मिसालें बताती हैं कि अगर इस नीति के कार्यान्वयन के पीछे इरादे जातीय-बहुसंख्यकवादी क़िस्म के हों तो समाज में ग़ैर-बराबरी ख़त्म होने के बजाय और बढ़ती है। साथ ही राष्ट्र की एकता-अखण्डता के लिए ख़तरा भी पैदा हो जाता है।

पाकिस्तान में यह नीति आर्थिक और सांस्कृतिक क़िस्म के क्षेत्रीय असंतुलन को दूर करने के लिए बनायी गयी थी। इसके साथ इसका मक़सद किसी एक क्षेत्र (जैसे सिंध के देहाती इलाक़े) के बहुसंख्यकों की सांस्कृतिक और आर्थिक बदहाली को सुधारना भी था। इसके तहत पिछड़े इलाक़ों के बाशिंदों को सरकारी नौकरियों में थोड़ा साम्प्रतिनिधित्व देने का प्रावधान किया गया। इन इलाक़ों में जातीय-भाषाई अल्पसंख्यक रहते हैं। इसी तरह का प्रावधान पूर्वी पाकिस्तान में बंगाली बहुसंख्यक मुसलमानों के लिए भी किया गया। इस प्रक्रिया में समस्या उस समय आयी जब पाकिस्तानी राज्य ने अपनी जातीय-बहुसंख्यक प्रकृति के कारण सांस्कृतिक भिन्नताएँ स्वीकार करने के बजाय उन्हें दबाया और नज़रअंदाज़ किया। इन नीतियों के लाभार्थियों की शिनाख़्त करने के लिए उसने भौगोलिक पैमाना अपनाने पर ज़ोर दिया। असलियत यह थी कि एक बृहत्तर इस्लामिक आगोश में लिपटे हुए पाकिस्तान के समुदाय जातीय-सांस्कृतिक और सामंती भेदभाव के शिकार थे। परिणामस्वरूप इस नीति का आधे मन से और टुकड़ों में ही कार्यान्वयन हो सका। लाभार्थी लगातार असंतुष्ट बने रहे। सबसे ज़्यादा नाराज़गी सिंधी, बलूच, बंगाली और पाकिस्तानी कश्मीरियों में पनपी। बंगालियों ने तो सबसे ज़्यादा बुरा माना। वे देश के पूर्वी हिस्से में बहुसंख्यक थे, पर उन्हें सत्ता के पश्चिम स्थित केंद्र से दूर रखा जा रहा था। आख़िरकार उन्होंने आंदोलन किया और एक ऐतिहासिक घटनाक्रम के बाद अपना अलग राष्ट्र बना लिया। पश्चिमी पाकिस्तान में पंजाबियों और उर्दूभाषी मुहाजिरों ने आरक्षण का जम कर विरोध किया। सत्ताधारियों ने भी इस नीति का कबाड़ा करने में कोई कसर नहीं छोड़ी। पिछड़े इलाक़ों के ग़ैर-पिछड़े बाशिंदों को फ़र्ज़ी आवासन प्रमाणपत्र जारी किये गये।

इसलाम राजकीय धर्म था जिसके तहत पाकिस्तान में सांस्कृतिक और धार्मिक अस्मिताओं को मान्यता नहीं मिली, पर प्रतिक्रिया में भेदभाव से नाराज लोगों के बीच उनकी जातीय पहचान और मुखर होती चली गयी। अमल का तरीक़ा ऐसा था कि नीति के विरोध में खड़े ख़ुशहाल समूह ही अंत में उसके लाभार्थी साबित हुए। इस नीति के कारण कुछ अलगाववादी आंदोलन (जैसे 'जीये सिंध') मंद हुए, पर मुहाजिरों और बंगालियों के अलगावाद को हवा मिली। कई तरह के फिरकापरस्त और संकीर्णतावादी आंदोलन शुरू हो गये।

श्रीलंका में सिंहली-बौद्धों के जातीय-बहुसंख्यकवादी धार्मिक आंदोलन की पृष्ठभूमि में यह नीति अपनायी गयी। इसका मक़सद था शहरी-देहाती और जातीय असंतुलन दूर करना ताकि इसका फ़ायदा तमिल अल्पसंख्यकों और ऊँचे तबक़े के सिंहलियों को न मिल सके। व्यवहार में यह नीति तमिल अल्पसंख्यकों के हितों को निशाना बनाने वाली दुष्टतापूर्ण नीति साबित हुई। इससे जातीय संघर्ष भड़का और जातीय ध्रुवीकरण को प्रोत्साहन मिला।

बांग्ला देश एक ऐसा उदाहरण है जहाँ 1973 से 1993 के बीच इस नीति पर प्रभावी अमल हुआ और नीतिगत उद्देश्य भी हल हुए। नेपाल में भी अभिजनों ने आरक्षण नीति का इस्तेमाल करने की योजना बनायी है। बहुन, क्षेत्री और नेवार जैसे इलाक़ों में पारम्परिक ऊँचे तबक़े के अभिजन हावी हैं। माओवादी आंदोलन की पृष्ठभूमि में उन्होंने अदृश्य और दमित रखे गये जातीय अल्पसंख्यकों और अछूत समुदायों पर ध्यान देना शुरू किया है। अभी यह नहीं कहा जा सकता कि नेपाली समाज को समतामूलक बनाने में आरक्षण वहाँ क्या भूमिका निभायेगा।

देखें : अनुसूचित जातियाँ, अनुसूचित जनजातियाँ, अन्य पिछड़े वर्ग, आरक्षण, आरक्षणऔर धर्म, आरक्षण : एक इतिहास, आरक्षण : एक बहस, एफ़र्मेटिव एक्शन, जान रॉल्स, रॉल्स का न्याय-सिद्धांत, अरस्तू, भारत में स्त्री-आरक्षण-1 और 2, भारतीय संविधान-1 से 8 तक, स्त्री-आरक्षण, सामाजिक न्याय।

संदर्भ

1. डेविड एल. फ़ेदरमेन वग़ैरह (सम्पा.) (2009), *द नेक्स्ट ट्वेंटी फ़ाइव इयर्स : एफ़र्मेटिव एक्शन इन हायर एजुकेशन इन द यूनाइडेड स्टेट्स ऐंड साउथ अफ़्रीका*, युनिवर्सिटी ऑफ़ मिशिगन प्रेस, एन.आरबर.
2. धीरूभाई शेठ (2009), 'आरक्षण के पचास साल', संकलित : अभय कुमार दुबे (सम्पा.), *सत्ता और समाज : धीरूभाई शेठ का कृतित्व*, लोक-चिंतक ग्रंथमाला, सीएसडीएस-वाणी, नयी दिल्ली,.
3. फ्रांसिस जे. बेकविद् और ई. टॉड जोंस (सम्पा.) (1997), *एफ़र्मेटिव एक्शन : सोशल जस्टिस ऑर रिवर्स डिसक्रिमिनेशन ?*, प्रोमिथियस बुक्स, एमहर्स्ट, न्यूयॉर्क.

—अभय कुमार दुबे

आरक्षण : एक बहस

(Reservation Debate)

आरक्षण की नीतियाँ भारतीय राजनीति में ज़बरदस्त विवाद का केंद्र रही हैं। 1950 में जब संविधान द्वारा अनुसूचित जातियों और जनजातियों की श्रेणी के तहत दलित (पूर्व-अछूत) जातियों और आदिवासी समुदायों को आरक्षण दिया गया, तो इन प्रावधानों को कुछ दबे स्वर में की गयी आपत्तियों के साथ आम तौर पर सामाजिक और राजनीतिक हलक़ों में स्वीकार कर लिया गया। लेकिन अन्य पिछड़ा वर्ग श्रेणी के तहत मध्य जातियों को आरक्षण देने की चर्चा होने के साथ ही सामाजिक-राजनीतिक संघर्ष की स्थितियाँ बनने लगीं। सत्तर के दशक के आख़िरी वर्षों में बिहार में आरक्षण विरोधी आंदोलन हुआ और देश के दूसरे हिस्सों में फैलता चला गया। गुजरात की राजनीति भी आरक्षण विरोधी भावनाओं से प्रभावित हुई। 1990 में मण्डल आयोग की सिफ़ारिशों पर अमल की घोषणा से तो एक तरह का राजनीतिक भूचाल ही आ गया। इसके बाद चले घटनाक्रम ने राजनीतिक और बौद्धिक विमर्श पर अमिट छाप छोड़ी। प्रचलित भाषा में इसे मण्डलीकरण की संज्ञा दी जाती है।

आरक्षण के आलोचकों का तर्क है कि दलितों और आदिवासियों को आरक्षण देते समय संविधान निर्माता राष्ट्रनिर्माण की नैतिकतापूर्ण प्रेरणाओं के आधार पर क़दम उठा रहे थे, पर अन्य पिछड़े वर्गों को आरक्षण देने के पीछे सत्ताकांक्षी नेताओं और पार्टियों की राजनीतिक महत्त्वाकांक्षाएँ काम कर रही थीं। दूसरी तरफ़ आरक्षण समर्थकों का कहना है कि केवल राजनीतिक और आर्थिक प्रगति पिछड़े समुदायों की सामाजिक प्रतिष्ठा को द्विज जातियों के समकक्ष लाने की गारंटी नहीं कर सकती। जब तक नौकरशाही और उच्च-शिक्षा के संस्थानों में जगह पाने के लिए पिछड़े समाज के युवकों को विशेष प्रोत्साहन नहीं दिया जाएगा तब तक न तो ऊँची जातियों की प्रशासन और उच्च शिक्षा पर इजारेदारी टूटेगी, और न ही मँझोली जातियों को वह सामाजिक प्रतिष्ठा प्राप्त हो पायेगी जो समतामूलक समाज बनाने के लिए आवश्यक है। बहस के इस पहलू के साथ 'मैरिट' का सवाल गुँथा हुआ है। विरोधियों का कहना है कि कम अंक प्राप्त करने वाले आरक्षित प्रतियोगियों को प्राथमिकता देने से कई तकनीकी और विशेषज्ञता वाले पेशों में योग्यता का स्तर गिरेगा। समर्थकों ने इसी दलील को सिर के बल खड़ा करते हुए कहा है कि ऊँची जातियों का अगर शिक्षा पर एकाधिकार न रहा होता तो ऐसी स्थिति आती ही क्यों।

आरक्षण विरोधियों का दूसरा तर्क है कि जाति को पिछड़ेपन की कसौटी बनाना आज के हालात में उचित नहीं है। संविधान पारित होने के पचास साल बाद भारतीय समाज में कई ऐसे परिवर्तन हुए हैं जिनके कारण परम्परागत रूप से पिछड़े समझे जाने वाले समुदायों का सामाजिक दर्जा बढ़ा है। यहाँ तक कुछ पिछड़ी पर रंग-रुतबे वाली जातियाँ अपने-अपने प्रभाव के इलाक़ों में ऊँची जातियों सरीखी हैसियत प्राप्त कर चुकी हैं। दूसरी ओर कर्मकाण्डीय दृष्टि से ऊँची समझी जाने वाली जातियों की आर्थिक-सामाजिक हैसियत में गिरावट आयी है। इसलिए जाति के आधार पर आरक्षण देने के बजाय अब पिछड़ेपन की कसौटी में आर्थिक स्थिति भी शामिल की जानी चाहिए।

आरक्षण समर्थकों का जवाबी तर्क है कि सामाजिक न्याय की अवधारणा ग़रीबी हटाने या रोज़गार प्रदान करने वाले कार्यक्रम का रूप नहीं ले सकती। शुरुआती दौर में इस तरह के आग्रह का जवाब देते हुए जवाहरलाल नेहरू ने भी कहा था कि भारत में पिछड़ेपन की प्रकृति आर्थिक न हो कर सामाजिक है, इसलिए सामाजिक पिछड़ेपन को आर्थिक पिछड़ेपन से प्रतिस्थापित नहीं किया जा सकता। ज़रूरत इस बात की है कि आरक्षण के दायरे में आने वाले समुदायों के बीच उसके लाभों के वाजिब बँटवारे को सुनिश्चित किया जाए। इसके लिए आरक्षण के लाभों के साथ जुड़ गये निहित स्वार्थों से मुक्ति पाने के उपाय खोजे जाने चाहिए। इस संदर्भ में क्रीमी लेयर या मलाईदार परत की अवधारणा चर्चाओं के केंद्र में है। इसका मतलब यह है कि जिन समुदायों, व्यक्तियों या परिवारों ने आरक्षण का फ़ायदा उठा कर पर्याप्त प्रगति कर ली है उनके लिए एक निकास-नीति बनायी जाए ताकि जो लाभ उन्हें मिल रहे हैं वे दलितों में दलित और पिछड़ों में भी पिछड़ों को मिल सकें।

कुल मिला कर आरक्षण पर हो रही बहस में मुख्य तौर पर पाँच तरह के रवैये देखने को मिलते हैं : पहला, किसी भी तरह का आरक्षण अवांछित है। आरक्षण न तो जाति के आधार पर होना चाहिए, न वर्ग के आधार पर और न ही लिंग के आधार पर। दूसरा, आरक्षण अपने-आप में ख़ारिज करने योग्य नहीं है। पर उसका आधार जाति न हो कर वर्ग होना चाहिए। तीसरा, दलितों और आदिवासियों को आरक्षण देना तो ठीक है पर पिछड़ी जातियों को आरक्षण के लाभ किसी क़ीमत पर नहीं मिलने चाहिए। चौथा, भारत के विशिष्ट सामाजिक-ऐतिहासिक संदर्भ को ध्यान में रखते हुए आरक्षण आवश्यक है और उसके लाभार्थियों को सामाजिक आधार यानी जाति के मुताबिक़ ही तय करते हुए यह सुविधा पिछड़े वर्गों को भी मिलनी चाहिए ताकि समतामूलक समाज बनाया जा सके। पाँचवाँ, जातिगत आधार पर पिछड़ेपन की कसौटी बना कर आरक्षण दिया जाना चाहिए, क्योंकि इससे हिंदू समाज के भीतर विभेदीकरण कम होगा और हिंदू एकता बनाने में आसानी होगी।

समाज-विज्ञान के हलक़े भी इस बहस से अछूते नहीं हैं। समाजशास्त्रियों, राजनीतिशास्त्रियों और राजनीतिक दर्शन

पर महारत रखने वालों के बीच 1990 के बाद से इस प्रश्न पर एक तरह का ध्रुवीकरण सा हो गया है। कोई समाज-विज्ञानी आरक्षणविरोधी के लक़ब से जाना जाता है, तो किसी की पहचान आरक्षण समर्थक की बन चुकी है। आई.पी. देसाई, आंद्रे बेते और उपेंद्र बख़्शी जैसे विद्वानों का विचार है कि जाति आधारित आरक्षण सामाजिक प्रगति और परिवर्तन में बाधक है। इसलिए आर्थिक पहलुओं को आरक्षण का आधार बनाया जाना चाहिए।

आंद्रे बेते ने उपयोगितावादी दृष्टिकोण अपनाते हुए तर्क दिया है कि यह नीति कुछ इस तरह लागू की जानी चाहिए जिससे व्यवस्था के संस्थागत स्वास्थ्य पर विपरीत असर न पड़े। इसके लिए उन्होंने अवसरों की समानता के उसूल के बजाय 'ईक्वलिटी ऑफ़ लाइफ़-चांसेज़' की धारणा सूत्रबद्ध की है। दूसरी और समाजशास्त्री दीपंकर गुप्ता का आग्रह है कि अगर आरक्षण के प्रावधानों को सैद्धांतिक रूप से अधिकारों की भाषा में सूत्रबद्ध किया जाएगा तो सामाजिक भाईचारे की भावना आहत नहीं होगी।

राजनीति-समाजशास्त्री धीरूभाई शेठ ने आरक्षण के प्रश्न पर व्यावहारिक राजनीति की ज़मीन पर विचार किया है। आरक्षण विरोधियों के तर्कों की गहराई में जाते हुए प्रोफ़ेसर शेठ ने देखा कि जब मण्डल आयोग की सिफ़ारिशों पर विवाद चल रहा था तो वे नौकरियों के बजाय पिछड़ों को शिक्षा में प्रोत्साहन देने की दलील दे रहे थे। लेकिन जब शिक्षा संस्थानों में सीटें आरक्षित करने की बात आयी तो वे उसके विरोध में भी खड़े हो गये। धीरूभाई का कहना है कि प्राथमिक शिक्षा के बजाय उच्च शिक्षा पर ज़ोर देने वाली नीतियाँ द्विज जातियों से आये बुद्धिजीवियों और हुक्मरानों की ही देन हैं। इसीलिए ऐसी स्थिति बनी है कि बहुत सी पिछड़ी जातियों के सदस्यों के पास आरक्षण का लाभ उठाने लायक योग्यताओं तक का अभाव है। देश में प्रौद्योगिकी विशेषज्ञों की बहुतायत होती चली गयी जिनका बहुलांश द्विज जातियों में से आया है। द्विज जातियों को एक ख़ास तरह के सामाजिक दर्जे और नाते-रिश्तेदारों के नेटवर्कों का फ़ायदा भी मिलता है। एक अदेखा-अघोषित आरक्षण लगतार चलता रहता है। देश में एक ऐसा राष्ट्रीयकृत बैंक भी है जिसमें अभी कुछ दिन पहले तक केवल ब्राह्मणों और बनियों को ही नौकरी मिलती थी। दिल्ली के अखिल भारतीय आयुर्विज्ञान संस्थान में पढ़ने वाले मेडिकल छात्रों को वहाँ प्रतिष्ठित स्नातकोत्तर पाठ्यक्रमों में पच्चीस फ़ीसदी तक आरक्षण मिलता है। पहले तो यह आरक्षण तैंतीस फ़ीसदी तक था। बीस-बाईस फ़ीसदी अंक पाने वालों को पीजी कोर्सिज़ में सीटें मिल जाती हैं, जबकि बाहर से साठ फ़ीसदी अंक लेकर आने वाले दलित और आदिवासी छात्र रह जाते हैं। यह संस्थागत आरक्षण हर तरह से संविधानेतर है। धीरुभाई यह भी मानने के लिए तैयार नहीं हैं कि जाति को पिछड़ेपन की कसौटी बनाने से समाज टूटता है, उसकी समरसता टूटती है, जाति-द्वेष बढ़ता है और जाति-चेतना कमज़ोर होने के बजाय मज़बूत होती है। वे कहते हैं कि समाज का विखण्डन एक चीज़ है और उसकी बहुलता दूसरी। विखण्डन हिंसा और लम्पटीकरण के लिए ज़मीन मुहैया कराता है, बहुलता लोकतांत्रिक पहलुओं को मज़बूत करती है। धीरूभाई आरक्षण नीति पर होने वाली बहस को आरक्षण विरोधियों के वाग्जाल से निकाल कर उसके नीतिगत और व्यावहारिक पुन:संस्कार की आवश्यकता को रेखांकित करते हैं, ताकि उसका राजनीतिक स्वार्थों के लिए दोहन न किया जा सके।

देखें : अनुसूचित जातियाँ, अनुसूचित जनजातियाँ, अन्य पिछड़े वर्ग, आरक्षण, आरक्षण और धर्म, आरक्षण : एक इतिहास, आरक्षण और लोकतंत्र, एफ़र्मेटिव एक्शन, जान रॉल्स, रॉल्स का न्याय-सिद्धांत, अरस्तू, भारत में स्त्री-आरक्षण-1 और 2, भारतीय संविधान-1 से 8 तक, स्त्री-आरक्षण, सामाजिक न्याय।

संदर्भ

1. आंद्रे बेते (1998), 'डिस्ट्रीब्यूटिव जस्टिस ऐंड इंस्टीट्यूशनल वेलबीइंग', संकलित : गुरप्रीत महाजन (सम्पा.), *डेमौक्रेसी, डिफ़रेंस ऐंड सोशल जस्टिस,* ऑक्सफ़र्ड युनिवर्सिटी प्रेस, नयी दिल्ली.
3. दीपंकर गुप्ता (1998), 'रिकास्टिंग रिज़र्वेशंस इन द लेंग्वेज ऑफ़ राइट्स', संकलित : गुरप्रीत महाजन (सम्पा.), *डेमौक्रेसी, डिफ़रेंस ऐंड सोशल जस्टिस,* ऑक्सफ़र्ड युनिवर्सिटी प्रेस, नयी दिल्ली.
3. धीरूभाई शेठ (2009), 'आरक्षण विरोधियों के तर्कों की असलियत', संकलित : अभय कुमार दुबे (सम्पा.), *सत्ता और समाज : धीरूभाई शेठ का कृतित्व,* लोक-चिंतक ग्रंथमाला, सीएसडीएस-वाणी, नयी दिल्ली.

—अभय कुमार दुबे

आर्थिक राष्ट्रवाद-1
(ग्योर्ग फ्रेड्रिख़ लिस्ट का योगदान)
(Economic Nationalism-1)

आर्थिक राष्ट्रवाद उन्नीसवीं सदी के मध्य उभरी आर्थिक विज्ञान की एक प्रमुख प्रवृत्ति है। राजनीतिक अर्थशास्त्र के तीन प्रधान स्कूलों में से एक होने के बावजूद बीसवीं सदी में इसके अध्ययन को काफ़ी-कुछ उपेक्षा का शिकार होना पड़ा है। आर्थिक उदारतावाद और आर्थिक समाजवाद पर विद्वानों और नीति-निर्माताओं ने ज़्यादा ध्यान दिया, लेकिन आर्थिक राष्ट्रवाद को नज़रअंदाज़ किया गया। हक़ीक़त यह है कि

अपनी इस उपेक्षा के बावजूद आर्थिक राष्ट्रवाद के बुनियादी सिद्धांत आज तक प्रासंगिक बने हुए हैं। कम्युनिस्ट शासनों के विफल हो जाने के बाद अध्येताओं ने आर्थिक राष्ट्रवाद पर भी निगाह डालनी शुरू की है। 1991 में प्रकाशित हुई रॉबर्ट रीश की रचना द *वर्क ऑफ़ नेशंस : प्रिपेयरिंग अवरसेल्व्ज़ फ़ॉर 21स्ट सेंचुरी कैपिटलिज़म* इसका प्रमाण है। इसके अलावा भी पिछले पंद्रह साल में आर्थिक राष्ट्रवाद के परिप्रेक्ष्य के तहत कई उल्लेखनीय अध्ययनों का प्रकाशन हुआ है।

आर्थिक राष्ट्रवाद के हाशियाकरण के पीछे दो प्रमुख कारण काम कर रहे थे। पहला, ऐडम स्मिथ द्वारा की गयी वणिकवाद की आलोचना। दरअसल, वणिकवाद के साथ-साथ आर्थिक राष्ट्रवाद भी यह मानने के लिए तैयार नहीं था कि बाज़ार की ताक़तों को मुक्त करने के ज़रिये सामूहिक कल्याण की उच्चतम अवस्था प्राप्त की जा सकती है। यह अलग बात है कि वणिकवाद उन सर्वसत्तावादी हुकूमतों के गर्भ से निकला था जो राजकीय महाप्रभुओं को लाभ पहुँचाने वाली नीतियों के सूत्रीकरण में दिलचस्पी रखती थीं। जबकि, आर्थिक राष्ट्रवाद उन राष्ट्रीय क्रांतियों का फलितार्थ था, जिन्होंने उन्नीसवीं सदी में युरोपीय राजनीति और समाज पर गहरा परिवर्तनकारी असर डाला था। आर्थिक राष्ट्रवाद के हाशियाकरण का दूसरा प्रमुख कारण था फ़ासीवादी राजनीतिक अर्थशास्त्र का उभार जिसकी अभिव्यक्ति बीसवीं सदी में हिटलर और मुसोलिनी की आर्थिक नीतियों में हुई। अमेरिका में पैट्रिक बुकानन जैसे दक्षिणपंथी अतिवादियों के कारण भी यह विचार बदनाम हुआ। लेकिन आर्थिक राष्ट्रवाद के नये व्याख्याताओं ने उसके उदारमना संस्करण को रेखांकित किया है।

जिस जमाने में स्मिथ और रिकार्डो राष्ट्रों के बीच हितों की समरसता का तर्क दे रहे थे, आर्थिक राष्ट्रवाद के प्रमुख प्रवक्ता ग्योर्ग फ्रेड्रिख़ लिस्ट (1789-1846) ने 1841 में प्रकाशित अपनी रचना द *नैशनल सिस्टम ऑफ़ पॉलिटिकल इकॉनॉमी* में दावा किया कि राष्ट्रों के बीच सत्ता और सम्पत्ति के लिए सहयोग के बजाय होड़ के पहलू अधिक प्रमुख हैं। आर्थिक राष्ट्रवाद पर लिस्ट के विचार अपने ज़माने में ही कितने महत्त्वपूर्ण थे इसका अंदाज़ा इस बात से लगाया जा सकता है कि कार्ल मार्क्स ने भी उनके ऊपर एक लेख लिखा था।

लिस्ट का कहना था कि आर्थिक हितों की चर्चा करते समय सही परिप्रेक्ष्य भूमण्डलीय, अंतर्राष्ट्रीय या वर्गीय होने के बजाय राष्ट्रीय होना चाहिए। कोई भी राष्ट्र तभी शक्तिशाली बन सकता है जब वह सम्पत्ति जमा करके अपनी ताक़त बढ़ा ले, वरना वह प्रतियोगिता में पिट जाएगा। प्रत्येक राष्ट्र को अपनी आर्थिक शक्ति बढ़ाने का प्रयास करना ही होगा, अन्यथा अनिवार्यतः साम्राज्यवादी प्रभुत्व के तहत काम

ग्योर्ग फ्रेड्रिख़ लिस्ट (1789-1846)

करने वाली अंतर्राष्ट्रीय अर्थव्यवस्था की मातहती में जा कर पहलक़दमी खो देगा। लिस्ट का विचार था कि परस्पर लाभों या कुल जमा लाभों पर ज़ोर देने के बजाय किसी राष्ट्र को आपेक्षिक लाभ पर अधिक बल देना चाहिए। लिस्ट ने राष्ट्रीय अर्थव्यवस्था के केंद्र में उद्योगीकरण को यह कह कर स्थापित किया कि एक ताक़तवर औद्योगिक क्षेत्र पूरी अर्थव्यवस्था को प्रभावित करता है। उससे न केवल देश आत्मनिर्भर बनता है, बल्कि उसे फ़ौजी ताक़त का आधार भी बनाया जा सकता है।लिस्ट एक जर्मन अर्थशास्त्री थे और उनका मक़सद था जर्मनी को आर्थिक रूप से ताक़तवर आधुनिक राष्ट्र कैसे बनाया जाए।

लिस्ट का ग्रंथ चार भागों में बँटा हुआ था। पहले हिस्से में उन्होंने मध्ययुगीन और रिनेसाँ युग के युरोपीय देशों समेत उन्नीसवीं सदी के उत्तरी अमेरिका का ऐतिहासिक अध्ययन पेश किया। दूसरे हिस्से में उन्होंने आर्थिक राष्ट्रवाद के अपने सिद्धांतों का प्रतिपादन किया। तीसरे हिस्से में उन्होंने ऐडम स्मिथ और उनके अनुयायियों की कड़ी आलोचना की और चौथे हिस्से में अंतर्राष्ट्रीय आर्थिक संबंधों का विश्लेषण पर ध्यान दिया। दरअसल, इस रचना के प्रकाशन से काफ़ी पहले 1827 में लिस्ट ने *आउटलाइंस ऑफ़ अमेरिकन पॉलिटिकल इकॉनॉमी* में पूँजी के तीन प्रकारों की परिभाषा दे कर अपने इरादे साफ़ कर दिये थे। उन्होंने कहा था कि प्राकृतिक पूँजी का मतलब होता है धरती, समुद्र, नदियाँ और खनिज संसाधन। भौतिक पूँजी का अर्थ है उत्पादन की प्रक्रिया में इस्तेमाल होने वाली मशीनें और कच्चा माल समेत अन्य आनुषंगिक

सामग्री। मानसिक पूँजी का मतलब है कौशल, प्रशिक्षण और उद्यमशीलता। लिस्ट ने मानसिक पूँजी की श्रेणी में फ़ौजों, नौसेना और सरकार को भी रखा। पूँजी के इन तीन प्रकारों को परिभाषित करने के बाद उन्होंने निष्कर्ष निकाला कि उत्पादक शक्तियाँ न तो समृद्धि का कारण होती हैं और न ही समृद्धि का स्रोत। वे तो पूँजी के इन तीन प्रकारों के संयोग से बनती हैं। लिस्ट की मान्यता थी कि मानसिक पूँजी का महत्त्व बाक़ी दोनों पूँजियों से अधिक है। उन्होंने आर्थिक वृद्धि और शिक्षा के प्रसार के बीच के संबंध पर विशेष रूप से ज़ोर दिया। आज के ज़माने में जब मानवीय पूँजी की अवधारणा का सूत्रीकरण हो चुका है, तब लिस्ट की यह मान्यता पुरानी सी लग सकती है। लेकिन यह तो मानना ही पड़ेगा कि क़रीब एक सदी तक क्लासिकल अर्थशास्त्र के सिद्धांतों के प्रभाव में इस धारणा को नज़रअंदाज़ किया जाता रहा। यही था वह आधार जिस पर खड़े हो कर लिस्ट द्वारा ऐडम स्मिथ द्वारा प्रतिपादित औद्योगिक श्रम के भौतिकवादी विचार की आलोचना विकसित की गयी।

लिस्ट समेत आर्थिक राष्ट्रवाद के सिद्धांतकारों ने उदारतावादी अर्थशास्त्र के पैरोकारों की इस धारणा का जम कर खण्डन किया कि स्व-हित (सेल्फ़-इंटरेस्ट) को आर्थिक-सामाजिक व्यवस्था का मूलाधार बनाया जाना चाहिए। लिस्ट कहते थे कि स्व-हित का विचार एक ऐसी अनाप-शनाप सार्वदेशिकता (कॉस्मोपॅलिटिनिज़िम) को बढ़ावा देता है जो राष्ट्रीयता के सिद्धांत का क्षय करती है। साथ ही इससे एक तरह के प्राणहीन भौतिकवाद को बढ़ावा मिलता है जिसके तहत मानसिक और राजनीतिक पहलुओं पर ध्यान दिये बिना केवल वस्तुओं के विनिमय-मूल्य पर ही ग़ौर होता रहता है। यह प्राणहीन भौतिकवाद वर्तमान और भविष्य के हितों की भी ध्यान नहीं रखता और राष्ट्रों की उत्पादक शक्तियों की तो पूरी तरह से उपेक्षा कर देता है। लिस्ट ने स्व-हित की धारणा पर यह आरोप भी लगाया कि इससे व्यक्तिवाद को बेइंतिहा बढ़ावा मिलने केकारण सामाजिक श्रम के विचार को नुक़सान पहुँचता है।

फ्रेड्रिख़ लिस्ट का जन्म दक्षिण जर्मनी के रुलिंगजन में हुआ था। उनके पिता वर्टेमबर्ग की रियासत में सरकारी नौकरी करते थे। 1817 में लिस्ट ट्यूबिंजन विश्वविद्यालय में प्रशासन के प्रोफ़ेसर नियुक्त हुए। जर्मनी में लगने वाले आंतरिक टैक्सों के ख़ात्मे के लिए होने आंदोलन में भाग लेने के बाद उन्हें वर्टेमबर्ग संसद की सदस्यता मिली। लेकिन, दूसरी तरफ़ लगातार असहमति का स्वर बुलंद करते रहने के कारण उन्हें विश्वविद्यालय से निष्कासित कर दिया गया। इसके बाद उन्हें राजद्रोह के आरोप में संसद से भी बाहर होना पड़ा। लिस्ट को दस महीने के सश्रम कारावास की सज़ा हुई लेकिन उन्हें इस शर्त पर छह महीने बाद ही छोड़ दिया गया कि वे जर्मनी छोड़ कर अमेरिका चले जाएँगे। अमेरिकी में वे 1825 से 1830 तक रहे। वहाँ से उन्हें अमेरिकी कौंसिल के रूप में लाइपज़िग भेजा गया जहाँ रह कर उन्होंने जर्मनी के आर्थिक और राजनीतिक एकीकरण के लिए काम किया। लिस्ट को अपने जीवन में वह मान्यता नहीं मिली जिसके वे हक़दार थे। उन्हें लगातार आर्थिक मुश्किलों में अपना जीवन गुज़ारना पड़ा जिसके कारण अवसाद का शिकार हो कर उन्होंने आत्महत्या कर ली। मृत्यु के बाद लिस्ट के विचारों का प्रभाव दूर-दूर तक फैला। आज उन्हें उन्नीसवीं सदी के सबसे महत्त्वपूर्ण जर्मन अर्थशास्त्रियों के रूप में जाना जाता है।

देखें : ऐडम स्मिथ, क्लासिकल अर्थशास्त्र, कार्ल हाइनरिख़ मार्क्स-3 (पूँजीवादी का विश्लेषण), डेविड रिकार्डो, बिपन चंद्र-1 और 2, थॉमस मन और वणिकवाद, दादाभाई नौरोजी, रमेश चंद्र दत्त, रामविलास शर्मा, राष्ट्रवाद, व्यापारिक पूँजी, प्राक्-आधुनिकता और भारत-1, 2 और 3.

संदर्भ

1. डेविड लेवी-फ़ॉर (1997), 'इकॉनॉमिक नैशनलिज़्म : फ्रॉम फ्रेड्रिख़ लिस्ट टू रॉबर्ट रीश', *रिव्यू ऑफ़ इंटरनैशनल स्टडीज़,* अंक 23.
2. आर. स्जपोरलक (1988), *कम्युनिज़्म ऐंड नैशनलिज़्म : कार्ल मार्क्स वर्सेस फ्रेड्रिख़ लिस्ट,* ऑक्सफ़र्ड युनिवर्सिटी प्रेस, ऑक्सफ़र्ड.
3. फ्रेड्रिख़ लिस्ट (1841/1991), *द नैशनल सिस्टम ऑफ़ पॉलिटिकल इकॉनॉमी,* ऑगस्टस एम. केली, न्यूयॉर्क.
4. बी. रॉबर्ट रीश (1991), *द वर्क ऑफ़ नेशंस : प्रिपेयरिंग अवरसेल्व्ज़ फ़ॉर द 21स्ट सेंचुरी कैपिटलिज़्म,* साइमन ऐंड शुस्टर, हेमल हेम्पस्टीड.

—अभय कुमार दुबे

आर्थिक राष्ट्रवाद-2

(वि-उद्योगीकरण की थीसिस)

(Economic Nationalism-2)

आर्थिक राष्ट्रवाद के भारतीय संस्करण का जन्म भी उसी दौर में हुआ जब उन्नीसवीं सदी में फ्रेड्रिख़ लिस्ट ऐडम स्मिथ से लोहा ले रहे थे। आर्थिक राष्ट्रवाद की इस पश्चिमी भूमि के अलावा इसका एक और संस्करण है जिसे इसके उपनिवेशवाद विरोधी संस्करण के रूप में देखा जाना चाहिए। विशेष तौर से भारत जैसे देशों के उपनिवेशवाद विरोधी संघर्ष के लिए इस प्रवृत्ति का विशेष महत्त्व है। उन्नीसवीं सदी में जिस समय फ्रेड्रिख़ लिस्ट अंतर्राष्ट्रीय अर्थव्यवस्था के चरित्र को मूलतः साम्राज्यवादी बता रहे थे, उसी के इर्द-गिर्द भारत में ईस्ट इण्डिया कम्पनी द्वारा किये जाने वाले आर्थिक दोहन की

आलोचना शुरू हुई। उन्नीसवीं सदी में भारतीय राष्ट्रवाद की अभिव्यक्तियाँ जिस आधार पर खड़ी हुई थीं, उसकी रचना 'ड्रेन ऑफ़ वेल्थ थियरी' (निचोड़ने का सिद्धांत) के आधार पर हुई थी। महाराष्ट्र के कुछ बुद्धिजीवियों ने उन्नीसवीं सदी की चौथी दहाई में ही ब्रिटिश सरकार की उन नीतियों की कड़ी आलोचना करनी शुरू कर दी थी जिनके कारण भारतीय अर्थव्यवस्था बर्बाद होती जा रही थी। मराठी और अंग्रेज़ी में लिखने वाले इन बुद्धिजीवियों में भास्कर पांडुरंग तारखड़कर, गोविंद विट्ठल कुंते और रामकृष्ण विश्वनाथ प्रमुख थे। एलफिंस्टन इंस्टीट्यूट में भारतीय राष्ट्रवाद के पितामह समझे जाने वाले दादाभाई नौरोजी ने इन्हीं विद्वानों की सोहबत में ड्रेन थियरी का सूत्रीकरण किया। स्वयं दादाभाई ने अपनी रचनाओं में इन लोगों को याद किया है। आगे चल कर रमेश चंद्र दत्त और विलियम डिग्बी वग़ैरह ने दादाभाई के काम को आगे बढ़ाया। समकालीन आर्थिक इतिहासकारों में बिपन चंद्र का नाम विशेष रूप से उल्लेखनीय है जिनकी रचना *राइज़ ऑफ़ इकॉनॉमिक नैशनलिज़म इन इण्डिया* इस विचार के भारतीय अध्याय का विस्तृत ब्योरा पेश करती है।

हिंदी-क्षेत्र में रामविलास शर्मा ने अपनी लोकप्रिय द्विखण्डीय रचना *भारत में अंग्रेज़ी राज और मार्क्सवाद* में इन विचारों का इस्तेमाल किया है। वे अंग्रेज़ों को भारतीय आधुनिकता के विकास का कोई श्रेय देने के लिए तैयार नहीं हैं। मार्क्स के निष्कर्षों (ब्रिटिश साम्राज्य की अनभिप्रेत प्रगतिशील भूमिका) को ख़ारिज करने और 'अंग्रेज़ी ज़माने में भारत का देहातीकरण हुआ' का दावा करने की प्रक्रिया में रामविलास शर्मा ने ख़ुद को उस विद्वत्ता से जोड़ लिया है जिसने विस्तृत शोध करके दिखाया है कि उन्नीसवीं सदी से ही भारत का विउद्योगीकरण शुरू हो गया था जो 1931 तक चलता रहा।

वि-उद्योगीकरण की अवधारणा से जुड़ा विवाद बीसवीं सदी के शुरुआती सालों में आर्थिक इतिहासकार रमेश चंद्र दत्त और विलियम डिग्बी की रचनाओं से शुरू हुआ था। दत्त ने विस्तार से आँकड़े देते हुए दिखाया था कि ब्रिटिश आर्थिक नीति के परिणामस्वरूप भारत के दस्तकारी उत्पादन में ज़बरदस्त गिरावट आयी और उसकी भरपाई के रूप में औद्योगिक उत्पादन में बढ़ोतरी नहीं हुई। इसका नतीजा यह हुआ कि भारतीय अर्थव्यवस्था पहले से कहीं ज़्यादा खेती पर निर्भर होने के लिए मजबूर हो गयी। ब्रिटिश शासन से जुड़े जिन इतिहासकारों ने इस स्थापना का विरोध किया, उनसे बिपन चंद्र वग़ैरह ने साठ के दशक में मोर्चा लिया। इसके बाद डैनियल थॉर्नर ने 1881 से 1931 के बीच जनगणना के आँकड़ों का सहारा लेकर भारत में औद्योगिक श्रम-शक्ति की तत्कालीन स्थिति की जाँच करते हुए वि-उद्योगीकरण की थीसिस का विरोध किया। उन्होंने यह दिखाने की कोशिश की कि अर्थव्यवस्था का देहातीकरण अगर कभी हुआ भी था जो वह अवधि 1815 और 1880 के बीच की रही होगी। थॉर्नर साम्राज्यवाद के पक्षपोषक तो नहीं ही थे, पर उनकी मार्क्सवादी निष्ठाएँ स्पष्ट थीं। उन्हें पहला जवाब जे. कृष्णमूर्ति ने यह कह कर दिया कि भले ही औद्योगिक श्रम-शक्ति न घटी हो, लेकिन प्रति-व्यक्ति उत्पादन में आयी गिरावट वि-उद्योगीकरण की स्थापना को सही ठहराती है।

1975 में राघवेंद्र चट्टोपाध्याय ने थॉर्नर की दावेदारियों और कृष्णमूर्ति द्वारा उन्हें दिये गये जवाब का विधिवत अध्ययन करके थॉर्नर की पद्धति की ख़ामियाँ बतायीं और कृष्णमूर्ति के तर्क को भी अपर्याप्त ठहराया। उन्होंने एक वैकल्पिक कसौटी तैयार करके विस्तार से दिखाया कि अंग्रेज़ी शासन के तहत न केवल कुल श्रम-शक्ति और औद्योगिक श्रम-शक्ति में गिरावट आयी, बल्कि भारत की राष्ट्रीय आमदनी भी कतई नहीं बढ़ी। न ही मज़दूरों के वेतन में कोई वृद्धि हुई। यानी बीस और तीस के दशक में जिस समय गाँधी ने उपनिवेशवाद विरोधी आंदोलन चलाया, उस समय तक अंग्रेज़ी हुकूमत के परिणामस्वरूप भारतीय अर्थव्यवस्था खेतिहर उत्पादन पर निर्भर रहते हुए पूरी तरह से जड़ता की शिकार हो चुकी थी।

दादाभाई नौरोजी द्वारा प्रतिपादित ड्रेन थियरी के सिद्धांत ने भारतीय समाज के पढ़े-लिखे हिस्सों को यक़ीन दिला दिया था कि जब तक अंग्रेज़ों के हाथ में शासन रहेगा, तब तक वे इस देश की आर्थिक ऊर्जा चूसते रहेंगे। स्व-शासन के लिए उठी माँग और उसके लिए दिये जाने वाले प्रतिवेदनों के पीछे यही समझ थी। अंग्रेज़ों को जल्दी ही यह एहसास हो गया कि दादाभाई के आर्थिक विचार उनकी हुकूमत की वैधता को कितनी गहराई से चुनौती दे रहे हैं। इसलिए साम्राज्य के तरफ़दार दादाभाई के दावों का खण्डन करने में जुट गये। उनके आँकड़ों और विश्लेषण को ग़लत क़रार दिया गया, लेकिन दादाभाई के सामने कोई नहीं टिक पाया। उनकी पुस्तक *पॉवर्टी ऐंड अनब्रिटिश रूल इन इण्डिया* एक राष्ट्रवादी क्लासिक बन गयी। दादाभाई पश्चिमी विचारों, दर्शन और विद्वत्ता से प्रभावित थे। उनकी मान्यता थी कि अंग्रेज़ शासन से कुल मिला कर भारतीय समाज का कल्याण हो रहा है और अगर ब्रिटिश हुकूमत अपने स्थापित मानकों और नैतिकता का पालन करे तो बहुत कुछ हो सकता है। इसलिए उनका लहज़ा हमेशा अंग्रेज़ों को भारत के प्रति उनके दायित्वों का एहसास दिलाने का रहता था।

1901 में इस कृति के प्रकाशन के बाद दादाभाई ने अपना पूरा जीवन अपने इसी सिद्धांत के प्रचार-प्रसार में लगा दिया। उन्होंने न जाने कितने भाषण दिये, ब्रिटिश अख़बारों में पत्र लिखे, पत्रिकाओं में लेख लिखे, अधिकारियों के साथ ख़तो-क़िताबत की, सरकारी आयोगों के सामने गवाहियाँ दीं। जन-संचार के हर उपलब्ध साधन का इस्तेमाल करते हुए

उन्होंने सार्वजनिक जीवन और अधिकारियों का ध्यान इस ओर खींचा। शुरू में दादाभाई की भाषा अंग्रेज़ों की आलोचना करते समय नम्र रहती थी और वे कहते थे कि चूँकि शासन विदेशी है इसलिए भारत को उसका कुछ न कुछ हरजाना तो उठाना ही पड़ेगा। लेकिन, जैसे-जैसे उनकी मुहिम आगे बढ़ी, उनकी अभिव्यक्ति उत्तरोत्तर रोषपूर्ण होती चली गयी। वे ब्रिटिश शासन को निरंकुश, अनुचित, लुटेरू, अप्राकृतिक, विनाशकारी वग़ैरह कहने लगे।

ब्रिटिश हुकूमत की वज़ह से हो रही भारत की बर्बादी पर रोशनी डालने के लिए दादाभाई ने डब्ल्यू.सी. बनर्जी के साथ मिल कर लंदन में इण्डियन सोसाइटी नामक संस्था की शुरुआत की। अंग्रेज़ अफ़सरों के सहयोग से दादाभाई ने एक दूसरी संस्था ईस्ट इण्डिया एसोसिएशन बनायी जिसका मक़सद था भारत के हितों की खुल कर पैरवी करना और उसके लिए हर उचित उपाय का सहारा लेना। 2 मई, 1867 को दादाभाई ने इसकी पहली बैठक में ही 'भारत में इंग्लैण्ड के कर्त्तव्य' शीर्षक से अपना एक निबंध पढ़ा। इसी साल नवम्बर में दादाभाई ने 'अबीसीनिया की लड़ाई का ख़र्च' नामक लेख पढ़ा। पहला लेख साफ़तौर से बताता है कि भारत में इंग्लैण्ड अपने कर्त्तव्यों की पूर्ति नहीं कर रहा है। दूसरे लेख में उन्होंने माँग की कि ब्रिटिश साम्राज्य के हितों के लिए लड़ी जाने वाली लड़ाइयों का ख़र्च भारत से नहीं वसूला जाना चाहिए। इसके बाद अगले तीन साल तक यह एसोसिएशन भारतीय अर्थव्यवस्था संबंधी बहस का अड्डा बन गयी। इन बहसों में दादाभाई के साथ-साथ आर्थर कॉटन, आई.टी. प्रिचर्ड, बार्टल फ्रेयर और जार्ज बर्डवुड ने भी अपना रचनाओं के साथ भाग लिया। बहस में मुख्यत: चार विषयों पर ज़ोर दिया गया : भारतीय वित्त, भारत में सार्वजनिक कार्य, राजनीतिक और औद्योगिक विकास और भारत में मानचेस्टर के असली हित।

1902 में रमेश चंद्र दत्त के ग्रंथ द *इकॉनॉमिक हिस्ट्री ऑफ़ ब्रिटिश इण्डिया* का पहला खण्ड प्रकाशित हुआ। इसे ब्रिटिश हुकूमत पर लिखे गये सबसे बेहतरीन ग्रंथ की संज्ञा दी जाती है। इसमें 1757 में अंग्रेज़ों की सत्ता की स्थापना से लेकर साम्राज्ञी की हुकूमत लागू होने तक का आर्थिक इतिहास पेश किया गया था। इसमें ईस्ट इण्डिया कम्पनी के तहत खेती और भूमि बंदोबस्त संबंधी नीतियों, व्यापार और कारख़ाना उत्पादन संबंधी नीतियों के साथ-साथ वित्त और प्रशासन संबंधी नीतियों का विश्लेषणात्मक विवरण था। इसकी निष्पक्षता और गहराई का पुस्तक के ब्रिटिश समीक्षकों ने भी लोहा माना। 1904 में इस महाग्रंथ का दूसरा खण्ड प्रकाशित हुआ। उन्होंने प्रामाणिक तथ्यों के आधार पर दावा किया कि ब्रिटिश शासन के प्रारम्भिक वर्षों में अपनायी गयी स्वार्थपूर्ण नीतियाँ भारतीय उद्योगों के पतन के लिए ज़िम्मेदार रही हैं।

दत्त ने भारत में ग़रीबी के कारणों पर प्रकाश डालते हुए साबित किया कि अंग्रेज़ों की नीति के कारण देशी उद्योग और हस्तकलाओं को तबाह हो जाना पड़ा। लाखों लोग बेरोज़गार हो गये जिससे जीवनयापन के लिए उनके सामने खेती के अलावा कोई और चारा नहीं रह गया। इस तरह खेती के भरोसे जीवित रहने वालों की संख्या हद से ज़्यादा बढ़ गयी और सभी के रहन-सहन का स्तर गिर गया। इसके साथ-साथ अंग्रेज़ भारत पर हुकूमत करने के लिए भारी धन ख़र्च करते रहे जिसका मुल्क को कोई फ़ायदा नहीं पहुँचा। राजकोषीय नीति और भू-राजस्व प्रणाली कुछ इस तरह की बनायी गयी कि किसान के पास सिर्फ़ ज़िंदा बचे रहने लायक संसाधन ही रह गये। दत्त के पास इन समस्याओं का इलाज करने का नुस्खा भी था। उन्होंने सिफ़ारिश की कि भारतीय मिल उद्योग से उत्पादन शुल्क हटा लिया जाए, नीची दरों के नरम लगान के अलावा बाक़ी सभी टैक्सों से किसानों को छुटकारा दिया जाए, इंग्लैण्ड में होने वाली फ़ौजी और शाही ख़र्च भारत से नहीं वसूले जाने चाहिए और भारत में भी फ़ौजी ख़र्च घटाये जाने चाहिए। दत्त ने जैसे ही ये सुझाव दिये, ब्रिटिश हुकूमत और उसके हिमायतियों ने उनकी चौतरफ़ा आलोचना शुरू कर दी। उनके तथ्यों और विश्लेषण को ख़ारिज करने की कोशिश की गयी। ध्यान रहे कि दत्त इण्डियन सिविल सर्विसेज़ के वरिष्ठ अधिकारी थे और ब्रिटिश शासन की सेवा करने के दायित्व से बँधे हुए थे। लेकिन, अपनी बात पर जमे रह कर उन्होंने अपने विरोधियों के साथ बहस की और सरकार से लगातार अनुरोध किया कि वह भारत की आर्थिक दशा में सुधार के लिए नीतियाँ बदले।

देखें : ऐडम स्मिथ, क्लासिकल अर्थशास्त्र, कार्ल हाइनरिख़ मार्क्स-3 (पूँजीवादी का विश्लेषण), डेविड रिकार्डो, बिपन चंद्र-1 और 2, थॉमस मन और वणिकवाद, दादाभाई नौरोजी, रमेश चंद्र दत्त, रामविलास शर्मा, राष्ट्रवाद, व्यापारिक पूँजी, प्राक्-आधुनिकता और भारत-1, 2 और 3.

संदर्भ

1. बिपन चंद्र, द *राइज़ ऐंड ग्रोथ ऑफ़ इकॉनॉमिक नैशनलिज़म इन इण्डिया,* देखें, अध्याय आठवाँ अध्याय 'दि ड्रेन', पीपुल्स पब्लिशिंग हाउस, दिल्ली, 1966
2. बी.एन. गांगुली, *दादाभाई नौरोजी ऐंड द ड्रेन थियरी,* एशिया पब्लिशिंग हाउस, न्यूयॉर्क, 1965
2. पी.डी. हजेला, *इकॉनॉमिक थॉट्स ऑफ़ दादाभाई नौरोजी,* दीप ऐंड दीप, नयी दिल्ली, 2001
3. पी.के. गोपालकृष्णन, *भारत में अर्थशास्त्र संबंधी विचारों का विकास,* पीपुल्स पब्लिशिंग हाउस, नयी दिल्ली, 1980
4. मुन्नी रावल, *दादाभाई नौरोजी, प्रोफ़ेट ऑफ़ इण्डियन नैशनलिज़म, 18 55-1900,* अनमोल पब्लिकेशंस, नयी दिल्ली, 1989

—अभय कुमार दुबे

आर्थर लेवेलिन बाशम

(Arthur Lewellyn Basham)

इंग्लैंड में पैदा हुए और पले-बढ़े विख्यात भारत-विद्याविद् आर्थर लेवेलिन बाशम (1914-1986) को मुख्यत: प्राचीन भारत की संस्कृति पर लिखी उनकी अत्यंत लोकप्रिय और कालजयी रचना *द वंडर दैट वाज़ इण्डिया : अ सर्वे ऑफ़ कल्चर ऑफ़ इण्डियन सब-कांटिनेंट बिफ़ोर द कमिंग ऑफ़ द मुस्लिम्स* (1954) के लिए जाना जाता है। इतिहास-लेखन में वस्तुनिष्ठता के पैरोकार बाशम ने किसी ऐतिहासिक निर्णय पर पहुँचने के पूर्व इतिहासकार के लिए आवश्यक दृष्टि पर प्रकाश डालते हुए अपने एक लेख में सुझाया है कि अपनी अभिधारणा सिद्ध करने के लिए इतिहासकार को बड़े पैमाने पर स्रोतों का प्रयोग करना चाहिए। लेकिन साथ ही उसे एक ऐसे बैरिस्टर की भूमिका से बचना भी चाहिए जिसका मक़सद सिर्फ़ अपने पक्ष में फ़ैसला करवाना होता है। बाशम हर ऐसी बात पर बल देने के पक्ष में नहीं थे जो इतिहासकार के तर्क को मज़बूत बनाती हो या सर्वाधिक सकारात्मक आलोक में इसकी व्याख्या करती हो। न ही वे दूसरे पक्ष के सभी साक्ष्यों को दरकिनार करने की कोशिश करते थे। दरअसल, बाशम इस मान्यता में विश्वास रखते थे कि इतिहासकार की दृष्टि बैरिस्टर की नहीं जज की तरह होनी चाहिए, एक ऐसे जज की जो अपना निर्णय सुनाने से पहले सभी पक्षों को नज़र में रखते हुए बिना किसी पक्षपात के एक वस्तुनिष्ठ निष्कर्ष पर पहुँचता है।

बाशम का जन्म 24 मई, 1914 को इंग्लैंड में वेल्स स्टोक स्थित एसेक्स के लॉटन नामक स्थान पर हुआ था। पेशे से पत्रकार उनके पिता एडवर्ड आर्थर अब्राहम बाशम प्रथम विश्व-युद्ध के दौरान भारतीय सेना में वालंटियर के तौर पर शिमला के निकट कसौली में रह चुके थे। सम्भवत: अपने पिता द्वारा भारत की बातें, कहानियाँ और चर्चाएँ सुनकर बाशम की रुचि भारतीय संस्कृति में हुई। ऐंडग्लकन ईसाइयत में गहरी आस्था रखने वाली बाशम की माँ मरिया जेन थाम्पसन भी पत्रकार थीं और लघु कथाएँ लिखती थीं। भाषा और साहित्य से उनका गहरा लगाव था। सम्भवत: इन दोनों ही गुणों ने बाशम के व्यक्तित्व और कृतित्व में विस्तार पाया। इसकी मिसाल बाशम द्वारा किये गये संस्कृत, पाली और तमिल उद्धरणों के उत्तम अनुवाद और विभिन्न भाषाओं और कविताओं के प्रति उनके अनुराग में देखी जा सकती है।

बाशम की पहली भारत-विषयक पुस्तक *हिस्ट्री ऐंड डॉक्टरिंस ऑफ़ द आजीवकाज़ : अ वैनिश्ड इण्डियन रिलीजन* थी। यह मूलत: उनके पीएचडी शोध-प्रबंध का ही किताबीकरण था। आजीवकों पर किया गया यह पहला अनुसंधान था और आज भी उतना ही प्रासंगिक है। इसमें

आर्थर लेवेलिन बाशम (1914-1986)

बाशम ने बौद्धों और ब्राह्मणवादी रचनाओं के अन्वेषण द्वारा आजीवकों के बारे में स्रोत जमा किये। उनकी दिक़्क़त यह थी कि तब तक आजीवक सम्प्रदाय का इतिहास बताने वाला कोई भी ग्रंथ उपलब्ध नहीं था। आजीवक भौतिकवाद के प्रचारक होने के साथ-साथ बौद्धों और ब्राह्मणवादियों के प्रतिद्वंद्वी भी थे। प्रतिद्वंद्वी सम्प्रदाय को हेय दिखाने के लिए बौद्ध और ब्राह्मण साहित्य में आजीवकों के दुर्गुणों और बुरे रिवाज़ों की चर्चाएँ मिलती हैं। बाशम को निंदा-साहित्य के बीच सावधानी से ऐसे स्रोतों का संचय और विश्लेषण करना पड़ा जिनके आधार पर आजीवकों के इतिहास की रचना सम्भव थी। बाशम के इस अनुसंधान के कारण ही आजीवकों को प्राचीन भारत के इतिहास में उचित स्थान मिल सका।

बाशम की दूसरी पुस्तक *द वंडर दैट वाज़ इण्डिया* ने उन्हें अंतर्राष्ट्रीय स्तर पर ऐसे भारतविद् के तौर पर स्थापित किया जिसकी प्रतिष्ठा विलियम जोंस और मैक्समूलर जैसी है। इसी पुस्तक के कारण उनकी छवि आज भी भारतीय बौद्धिक मानस में अंकित है। मुख्यत: पश्चिम के पाठक वर्ग के लिए लिखी गयी इस पुस्तक की गणना आर.सी. मजूमदार द्वारा रचित बहुखण्डीय *हिस्ट्री ऐंड कल्चर ऑफ़ इण्डियन पीपुल* के साथ की जाती है। इससे पहले औपनिवेशिक इतिहासकारों का तर्क यह था कि अपने इतिहास में भारत सबसे ज़्यादा ख़ुशहाल और संतुष्ट अंग्रेज़ों के शासनकाल में ही रहा। बाशम और मजूमदार को श्रेय जाता है कि उन्होंने अपने-अपने तरीक़े से भारत के प्राचीन इतिहास का वि-औपनिवेशीकरण करते हुए जेम्स मिल, थॉमस मैकाले और विंसेंट स्मिथ द्वारा गढ़ी गयी नकारात्मक रूढ़ छवियों को ध्वस्त किया। दस अध्यायों में बँटी यह रचना मुख्यत: भारत संबंधी पाँच विषय-वस्तुओं को

सम्बोधित है : इतिहास और प्राक्-इतिहास, राज्य-सामाजिक व्यवस्था-दैनंदिन जीवन, धर्म, कला और भाषा व साहित्य। समीक्षकों के अनुसार पुस्तक का सर्वाधिक सफल अध्याय राज्य, समाज-व्यवस्था और दैनंदिन जीवन से संबंधित है।

बाशम अपनी इस विख्यात पुस्तक की शुरुआत करते हैं 662 ईस्वी में लिखे गये एक कथन के ज़रिये जो सीरियन ज्योतिषी और भिक्षु सेवेरस सेबोकीट का था : 'मैं हिंदुओं के ज्ञान के बारे में बात नहीं करूँगा ... न ही ग्रीक और बेबीलोनवासियों से बेहतर ज्योतिष-विज्ञान के क्षेत्र में किये गये उनके कुशाग्र अन्वेषणों के बारे में, न ही गणित की तर्कपरक व्यवस्था का या फिर गणना करने के तरीक़ों का। मैं तो यह कहना चाहता हूँ कि इसके लिए नौ चिह्नों के प्रतीकों का इस्तेमाल अत्यधिक प्रशंसा का पात्र है। यदि कोई यह सोचे कि वह विज्ञान के क्षेत्र का उस्ताद केवल इसलिए है कि वह ग्रीक बोलता है, तो देर-सबेर उसे यह भान हो जाएगा कि ग्रीक से इतर जुबान बोलने वाला भी उसके समकक्ष ही ठहरता है।' दरअसल इसी निष्पक्ष दृष्टि द्वारा प्राचीन भारतीय सभ्यता और संस्कृति पर किये गये उनके कार्यों ने आज भी बाशम को उन लोगों के लिए प्रासंगिक बना रखा है जिनकी थोड़ी सी भी रुचि भारत, भारतीय संस्कृति और सभ्यता में है।

प्राचीन भारतीय सभ्यता और संस्कृति पर किये गये अपने इस कार्य को *द वंडर दैट वाज़ इण्डिया* जैसे अलंकृत शीर्षक के तहत प्रस्तुत करने के पीछे वे एडगर एलन पो का हाथ मानते हैं। पो की कविता 'टु हेलेन' की पंक्तियों 'द ग्लोरी दैट वाज़ ग्रीस, ऐंड द ग्रैंडियर दैट वाज़ रोम' की तर्ज़ पर प्रकाशकों ने इस पुस्तक का भड़कीला, अलंकृत किंतु आकर्षक नामकरण किया। इसका हिंदी अनुवाद *अद्‌भुत भारत* नाम से अनुदित और प्रकाशित हुआ। प्राक्-इतिहास, प्राचीन साम्राज्यों का इतिहास, राज्य-व्यवस्था, समाज, नगर और ग्राम का दैनिक जीवन, धर्म और उसके सिद्धांत, वास्तुविद्या, मूर्तिकला, चित्रकला, संगीत और नृत्य, भाषा साहित्य, भारतीय विरासत और उसके प्रति विश्व का ऋण जैसे विषयों का संघटन *द वंडर दैट वाज़ इण्डिया* को प्राचीन भारतीय सभ्यता का एक ख़रा विश्वकोश बना देता है। इस पुस्तक ने भारतीय इतिहास और संस्कृति के विद्यार्थियों की एक पूरी पीढ़ी के लिए मूल पाठ का काम किया है।

1947 के बाद तीन राष्ट्रों की शक्ल में अवतरित हुए भारत, पाकिस्तान और श्रीलंका की सभ्यता और संस्कृति को शामिल करता यह ग्रंथ भौगोलिक भारत या यूँ कहें तो भारतीय उपमहाद्वीप की उस सभ्यता के आविर्भाव और विकासक्रम का प्रतिबिम्बन है जो प्रागैतिहासिक काल से शुरू हो मुसलमानों के आगमन के पूर्व तक यहाँ फली-फूली। बाशम ने संस्कृत, पाली और प्राकृत के उप-भाषीय और स्थानीय शब्दों का अनुवाद इस प्रकार किया है कि संबंधित अभिव्यक्तियाँ उच्चारण और अर्थों की अपनी मौलिकता को छोड़े बिना मूर्त, प्रभावशाली और प्रवाहमान बनी रहें।

भारतीयों द्वारा विश्व को दिये गये सांस्कृतिक अवदान की चर्चा करते हुए बाशम ने इस कृति में दिखाया है कि कैसे सम्पूर्ण दक्षिण-पूर्व एशिया को अपनी अधिकांश संस्कृति भारत से प्राप्त हुई, जिसका प्रतिबिम्बन जावा के बोरोबुदूर के बौद्ध स्तूप और कम्बोडिया में अंग्कोरवाट के शैव मंदिर में परिलक्षित होता है। बृहत्तर भारत के संदर्भ में चर्चा करते हुए कुछ भारतीय राष्ट्रवादी इतिहासकार इस क्षेत्र में बौद्ध और ब्राह्मण धर्म के लक्षणों का सांस्कृतिक विस्तार पाते हैं। लेकिन बाशम ने दिखाया है कि यद्यपि दक्षिण-पूर्व एशिया की भाँति चीन ने भारतीय विचारों को उनकी संस्कृति के प्रत्येक रूप में आत्मसात नहीं किया, फिर भी सम्पूर्ण सुदूर-पूर्व बौद्ध धर्म के लिए भारत का ऋणी है। इसने चीन, कोरिया, जापान और तिब्बत की विशिष्ट सभ्यताओं के निर्माण में सहायता प्रदान की है। भारत ने बौद्ध धर्म के रूप में एशिया को विशेष उपहार देने के अलावा सारे संसार को जिन व्यवहारात्मक अवदानों द्वारा अभिसिंचित किया हैं, बाशम उन्हें, चावल, कपास, गन्ना, कुछ मसालों, कुक्कुट पालन, शतरंज का खेल और सबसे महत्त्वपूर्ण-संख्या संबंधी अंक-विद्या की दशमलव प्रणाली के रूप में चिह्नित करते हैं।

दर्शन के क्षेत्र में प्राचीन बहसों में पड़े बिना बाशम ने पिछली दो शताब्दियों में युरोप और अमेरिका पर भारतीय अध्यात्म, धर्म-दर्शन और अहिंसा की नीति के प्रभाव को स्पष्ट रूप से दर्शाया है। इस पुस्तक के बारे में केनेथ बैलाचेट कहते हैं कि यह रचना भारतीय संस्कृति को सजीव और अनुप्राणित करने वाली बौद्धिक और उदार प्रवृत्ति के संश्लेषण का एक मास्टरपीस है। भारतीय महाद्वीप के बँटवारे के तुरंत बाद आयी यह पुस्तक सहानुभूति, समन्वय और परस्पर समभाव के मूलभाव से अनुप्राणित औपनिवेशिकोत्तर काल की पांडित्यपूर्ण कृति साबित हुई। ब्रिटेन में अपने प्रकाशन के फ़ौरन बाद इसका अमेरिका में ग्रोव प्रकाशन से पुनर्मुद्रण हुआ। इसके पेपरबैक संस्करणों ने इसे अमेरिकी बुकस्टोरों की शान बना दिया। फ्रेंच, पोलिश, तमिल, सिंहलीज़ और हिंदी में अनुवाद के साथ भारत और इंग्लैंड में भी इसके पेपरबैक संस्करण आये। मुख्यतः औपनिवेशिक ढंग से लिखे विंसेंट स्मिथ के ग्रंथ *ऑक्सफ़र्ड हिस्ट्री ऑफ़ इण्डिया* का संशोधित रूप में सम्पादन बाशम ने ही किया। इस पुस्तक में बाशम स्मिथ द्वारा भारतीय सभ्यता की प्रस्तुति में सहानुभूतिपरक दृष्टिकोण की आलोचना करते हुए बताते हैं की कैसे अलग-अलग संस्कृतियों में रुचि संबंधी मानदण्डों का भेद समझ पाने की अपनी असमर्थता के कारण स्मिथ इस निर्णय पर पहुँचते हैं कि राजपूत महाकाव्य रुक्ष और रसात्मक दृष्टि से निकृष्टतम है। इसके विपरीत बाशम ने सिद्ध किया कि दरअसल ऐसा नहीं है।

बाशम ने अपने अकादमीय जीवन में सौ से ज़्यादा शोधार्थियों की पीएचडी का निर्देशन किया। ये विद्वान आगे चल कर विश्व के विभिन्न विश्वविद्यालयों में अकादमिक पदों पर आसीन हुए। इनमें रामशरण शर्मा और रोमिला थापर जैसे प्राचीन भारत के विख्यात इतिहासकार भी शामिल हैं। मार्क्सवादी इतिहास-लेखन परम्परा के इन दो प्रमुख पैरोकारों का गुरु होने के बावजूद बाशम स्वयं इस परम्परा के समर्थक नहीं थे। भारतीय इतिहास की मार्क्सवादी व्याख्याओं को वे अपर्याप्त मानते थे, ख़ास तौर से भौतिकवादी दृष्टि को अत्यधिक रेखांकित करने पर उन्हें आपत्ति थी। लेकिन इसके बावजूद बाशम मार्क्सवादी इतिहासकारों द्वारा भारतीय इतिहास के अनुसंधान में नयी विषय-वस्तुओं के संधान का हमेशा समर्थन करते रहे। मतभेदों के बावजूद उनकी डी.डी. कोसम्बी से मित्रता रही। कोसम्बी के सूत्रीकरणों में निहित अंतर्दृष्टियों के प्रति उनमें सराहनाभाव था। इसी कारण उन्होंने पचास के दशक के मध्य में लंदन विश्वविद्यालय में आयोजित हिंदू धर्म पर एक व्याख्यानमाला में बोलने के लिए कोसम्बी को निमंत्रित किया। यह उस ज़माने की बात है जब कोसम्बी को व्याख्यान देने के लिए भारतीय विश्वविद्यालयों में भी नहीं बुलाया जाता था।

बाशम के सम्पादन में आयी *अ कल्चरल हिस्ट्री ऑफ़ इण्डिया* एक ऐसी रचना थी जिसने गैरेट की रचना *लीगेसी ऑफ़ इण्डिया* को प्रतिस्थापित कर दिया। 1960 में कुषाणों के कालक्रम पर आयोजित कांफ्रेंस में प्रस्तुत पर्चों का सम्पादन करके बाशम ने उसे *पेपर्स आन द डेट ऑफ़ कनिष्क* नाम से पुस्तक रूप में प्रकाशित कराया। इस सम्पादित कृति में प्राचीन भारतीय राज्य-व्यवस्था, धर्म, साहित्य, कला और चिकित्सा विज्ञान पर भी संक्षिप्त टिप्पणियाँ शामिल हैं। अमेरिकन कौंसिल ऑफ़ लर्नेड सोसाइटीज़ के तत्वाधान में 1984-85 के दौरान बाशम ने 'फ़ार्मेशन ऑफ़ क्लासिकल हिंदुइज़्म' विषय पर विभिन्न विश्वविद्यालयों में दिये गये व्याख्यानों का केनेथ जी. जिस्क के साथ मिलकर सम्पादन किया जो *द ओरिजिंस ऐंड डिवेलपमेंट ऑफ़ क्लासिकल हिंदुइज़्म* के रूप में प्रकाशित हुई।

प्राच्य-विषयक विशिष्टता के कारण बाशम को अंतर्राष्टीय स्तर पर कई पुरस्कारों और पदवियों से नवाज़ा गया। वे रॉयल एशियाटिक सोसाइटी और सोसाइटी ऑफ़ एंटीक्वेरीज के फेलो रहे। 1964-65 के दौरान उन्होंने रॉयल एशियाटिक सोसाइटी के निदेशक पद पर भी काम किया।

देखें : आनंद केंटिश कुमारस्वामी, आर्य-अवधारणा विवाद, आर्थर लेवेलिन बाशम, काशी प्रसाद जायसवाल, बिपन चंद्र-1 और 2, भारतीय इतिहास-लेखन-1, 2, 3 और 4, दामोदर धर्मानंद कोसम्बी-1 और 2, रमेश चंद्र दत्त, रमेश चंद्र मजूमदार, रणजीत गुहा, रामकृष्ण गोपाल भंडारकर, रामशरण शर्मा, रोमिला थापर, वासुदेव शरण अग्रवाल, पांडुरंग वामन काणे, विश्वनाथ काशीनाथ राजवाड़े।

संदर्भ

1. शचींद्र कुमार मैती (1997), *ए.एल. बाशम ऐंड प्राब्लम्स ऐंड पर्सपेक्टिव्स ऑफ़ ऐंडशयंट इण्डियन हिस्ट्री ऐंड कल्चर*, अभिनव पब्लिकेशन, नयी दिल्ली.
2. ए.एल. बाशम (1954), *द वंडर दैट वाज़ इण्डिया : अ सर्वे ऑफ़ कल्चर ऑफ़ इण्डियन सब-कॉन्टिनेंट बिफ़ोर द कमिंग ऑफ़ द मुस्लिम्स*, ग्रोव प्रेस, न्यूयॉर्क.
3. जे.टी.एफ़. जॉर्डेंस (2007), 'बाशम, आर्थर लेवेलिन (1914-1986)', डॉयन लोंगमोर, डेरिल बेन (सम्पा.) (2007), *ऑस्ट्रेलियन डिक्शनरी ऑफ़ बायोग्राफ़ी, खण्ड 17*, मिगुन्याह प्रेस, ऑस्ट्रेलिया.
4. ए.एल. बाशम (1961), *मॉडर्न हिस्टोरियंस ऑफ़ ऐंडशयंट इण्डिया*, सी.एच. फ़िलिप (सम्पा.) *हिस्टोरियंस ऑफ़ इण्डिया, पाकिस्तान ऐंड सीलोन*, ऑक्सफ़र्ड युनिवर्सिटी प्रेस, लंदन.
5. थॉमस आर. ट्राटमैन (1997), *आर्यंस ऐंड ब्रिटिश इण्डिया*, युनिवर्सिटी ऑफ़ कैलिफ़ोर्निया प्रेस, कैलिफ़ोर्निया.

—निर्मल कुमार पाण्डेय

आर्य समाज और स्वामी दयानंद सरस्वती-1

(आर्यों के स्वर्ण युग की कल्पना)

(Arya Samaj and Swami Dayanand Saraswati-1)

उन्नीसवीं सदी के सर्वाधिक प्रभावशाली हिंदू धर्म-सुधार आंदोलन आर्य समाज की स्थापना स्वामी दयानंद सरस्वती (1824-1883) ने 7 अप्रैल, 1875 को मुम्बई में की थी। हालाँकि दयानंद दो साल पहले बंगाल में राजा राममोहन राय द्वारा स्थापित ब्रह्म समाज आंदोलन के सम्पर्क में आ चुके थे, लेकिन उन्होंने जिन सामाजिक-धार्मिक स्थापनाओं के आधार पर आर्य समाज की नींव रखी वह ब्रह्म समाज से काफ़ी अलग थीं। दयानंद का दावा था कि चार वेद ईश्वर प्रदत्त हैं और एक विशुद्ध आर्य धर्म की स्थापना का स्रोत केवल इन्हीं चार ग्रंथों में निहित है। उन्होंने शंकराचार्य के अद्वैतवाद (जिसके अनुसार संसार एक माया है, आत्मा-परमात्मा का ही भाग है और इसके अतिरिक्त सब मिथ्या है) को शुद्ध वैदिक परम्परा के विपरीत बताया। उनका दर्शन विशिष्टाद्वैत द्वारा प्रतिपादित एकेश्वरवाद के अधिक निकट प्रतीत होता है।

दयानंद के अनुसार प्रकृति सत् है, आत्मा सत् है और परमात्मा सद्चित और आनन्द है। ये तीनों ही अनादि और अनंत हैं। उनका कहना था कि प्रत्येक व्यक्ति को शाश्वत मानव धर्म के अनुसार आचरण करके मोक्ष प्राप्त करना चाहिए।

यह सही है कि योग और न्याय जैसे दार्शनिक विचार-पंथों ने भी वेदों को शाश्वत ज्ञान का स्रोत क़रार दिया है। लेकिन दयानंद ने इससे भी आगे जा कर केवल वेदों की ऋचाओं के अध्ययन पर बल दिया और बाक़ी वैदिक साहित्य की उपेक्षा की। इस तरह उन्होंने वेदों को उसी तरह ईश्वर द्वारा उद्घाटित सत्य की मान्यता दी जिस तरह बाइबिल और क़ुरान को ईसाइयत और इसलाम में इलहाम द्वारा हासिल माना जाता है। दयानंद ने 'वेदों की ओर लौटो' लोकप्रिय नारा दिया जिसे आधुनिकीकरण की प्रक्रिया से दो-चार हो रहे हिंदुओं के एक प्रभावशाली हिस्से ने उत्सुकता से अपनाया। इसीलिए आर्य समाज को बहुदेववादी हिंदू धर्म के सामीकरण की कोशिश के रूप में भी देखी जाता है। दयानंद से पहले हिंदुओं में धर्मांतरण के प्रति कभी कोई रुचि नहीं देखी गयी थी। लेकिन दयानंद ने *शुद्धि* के विचार और युक्ति के माध्यम से हिंदुओं के बीच धर्मांतरण की स्थापना की।

दयानंद ने संहिताओं की अपने ढंग से व्याख्या करते हुए सृष्टि की रचना के बारे में अपना सिद्धांत पेश करते हुए महाभारत से पहले के युग में मौजूद एक समतामूलक और सार्वभौम स्वर्ण युग की कल्पना की। इस कल्पनाशीलता के परिणामस्वरूप वे हिंदू समाज में व्याप्त कई तरह के सामाजिक रीति-रिवाज़ों, मूर्तिपूजा, बहुदेववाद, जाति-पाँति, छुआछूत, बाल विवाह और कर्मकाण्डों के ख़िलाफ़ खड़े हो गये। इस प्रक्रिया में उन्होंने एक नये राष्ट्रीय और सामुदायिक जागरण की सामाजिक ज़मीन तैयार की। आर्य समाज ने समाज-सुधारों के लिए क़ानून बनाने की माँग भी की। 1929 का बाल विवाह निरोधक क़ानून, 1937 का आर्य विवाह वैधता क़ानून और 1928 का नायक बालिका संरक्षा अधिनियम आर्य समाज के प्रयासों का ही परिणाम था।

उपनिवेशवाद विरोधी आंदोलन के कई नेता दयानंद के विचारों से प्रभावित हुए। दरअसल, भारतीय राष्ट्रवाद की बौद्धिक संरचना में दयानंद और आर्य समाज का उल्लेखनीय योगदान रहा। आर्य समाज की लोकप्रियता का अंदाज़ा इस तथ्य से लगाया जा सकता है कि अपनी स्थापना के बाद बहुत जल्दी ही इसके सदस्यों की संख्या बढ़ती चली गयी। बीसवीं सदी के शुरुआती सालों में क़रीब बीस लाख लोग आर्य समाज में शामिल हो चुके थे। इनमें राजनीति, समाज-सुधार और अकादमीय जगत से संबंधित महत्त्वपूर्ण हस्तियाँ शामिल थीं। दयानंद और आर्य समाज के हिंदू समाज पर पड़े प्रभाव की प्रकृति एक हद तक विवादास्पद भी है। उसके इतिहास में ऐसे उदाहरण भी मिलते हैं जहाँ स्वामी श्रद्धानंद जैसे प्रमुख

स्वामी दयानंद सरस्वती (1824-1883)

आर्य समाजी नेता दिल्ली की जामा मसजिद से हिंदुओं और मुसलमानों की मिली-जुली सभा को सम्बोधित करते हैं, वहीं दूसरी ओर आर्य समाज की परवर्ती गतिविधियाँ (विशेष तौर से उत्तर भारत में) राष्ट्रवाद के हिंदू संस्करण में योगदान करती हुई नज़र आती हैं। चूँकि दयानंद का संगठन ईसाइयत और इसलाम की तरह धर्मप्रचारवादी था इसलिए उन्होंने *शुद्धि* पर बल दिया। अर्थात् अपनी *शुद्धि* करने के ज़रिये किसी भी धर्म का सदस्य आर्य धर्म में दीक्षित हो सकता था। *शुद्धि* आंदोलन ने बीसवीं सदी में ज़ोर पकड़ा। इसके ज़रिये आर्य समाजियों ने ईसाई मिशनरी गतिविधियों का मुक़ाबला करते हुए धर्मांतरण करने वाले हिंदुओं को दुबारा हिंदू बनाने की मुहिम चलाई।

संस्कृत और वेदों के उद्भट विद्वान दयानंद ने विपुल साहित्य की रचना की। उनकी सत्तर से ज़्यादा रचनाओं में छह वेदांगों की व्याख्या करने वाले 14 खण्डों के अलावा ऋग्वेद भाष्य के नौ खण्ड और युजर्वेद भाष्य के चार खण्ड भी शामिल हैं। *ऋग्वेद भाष्यम* और *यजुर्वेद भाष्यम* के अतिरिक्त दयानंद रचित *सत्यार्थ प्रकाश* और *संस्कारविधि* आर्यसमाजियों के बीच सर्वाधिक लोकप्रिय है। *सत्यार्थ प्रकाश* के ऊपर आरोप लगाया जाता है कि उसमें जैन धर्म, इसलाम, ईसाइयत और खालसा पंथ की कठोर निंदा की गयी है। स्वयं गाँधी ने जब *सत्यार्थ प्रकाश* पढ़ा तो उन्हें यह देख कर बड़ी निराशा हुई थी। लेकिन आर्य समाज का ऐतिहासिक अध्ययन करने वाले

कुछ विद्वानों का यह भी कहना है कि अगर उस ज़माने की परिस्थितियों और विवादों की रोशनी में दयानंद की दावेदारियों को पढ़ा जाए तो वह साम्प्रदायिक कम और 'यथास्थिति के धर्म' के मुक़ाबले 'प्रतिरोध के धर्म' के रूप में ज़्यादा उभरता है। इन विद्वानों की मान्यता है कि *सत्यार्थ प्रकाश* में दयानंद का दूसरे धर्मों के प्रति आक्रामक रवैया उस धार्मिक प्रतियोगिता की देन था जो उस ज़माने में भारत में चल रही थी। इस प्रतियोगिता के दो अन्य खिलाड़ी थे उपनिवेशवाद के समर्थन पर टिके ईसाई धर्मप्रचारवादी और ब्रिटिश समर्थन के आग्रही मुसलमान कट्टरपंथी उलेमा।

लेकिन, दयानंद को केवल इन्हीं दो प्रतियोगियों से लोहा नहीं लेना पड़ा। उनके कर्मकाण्ड और जाति विरोधी विचारों की उत्तरोत्तर बढ़ती लोकप्रियता के कारण कट्टरपंथी हिंदू अभिजनों ने ख़ुद को ख़तरे में महसूस किया। दयानंद ने वेदों का हिंदी में अनुवाद किया ताकि वे सभी को सुलभ हो सकें। उन्नीसवीं सदी के लिहाज़ से यह एक बेहद रैडिकल बौद्धिक कार्रवाई थी। ऐसे कामों के लिए कट्टरपंथी हिंदू पैरोकारों ने दयानंद की कठोर भर्त्सना की और उन्हें वेदों का अपमान करने वाला क़रार दिया। लेकिन, दयानंद अपने रास्ते से ज़रा भी नहीं डिगे। वे हर जगह गये, अपनी पाखण्डखंडिनी पताका गाड़ी, शास्त्रार्थ किये और हर बार शक्तिशाली तर्क दिये। दयानंद जाति का खण्डन करते थे और वर्ण का समर्थन करते थे जो उनके ख़याल से एक सेकुलर श्रेणी थी। भारत के सामाजिक इतिहास में वे पहले सुधारक थे जिन्होंने शूद्र तथा स्त्री को वेद पढ़ने तथा ऊँची शिक्षा प्राप्त करने, यज्ञोपवीत धारण करने तथा अन्य सभी पक्षों से ऊँची जाति तथा पुरुषों के बराबर अधिकार प्राप्त करने से जुड़ा आंदोलन शुरू किया। वर्ण-व्यवस्था के संबंध में उनका मानना था कि वर्ण जन्म से नहीं होता अर्थात् कोई जन्म से ब्राह्मण क्षत्रिय, वैश्य और शूद्र नहीं हो सकता। वे यह भी कहते थे कि चारों वर्ण समान हैं। इनमें कोई भी अस्पर्श्य नहीं है।

यह देखना दिलचस्प होगा कि दयानंद और आर्य समाज के पीछे भारतीय अभिजनों का कौन सा हिस्सा था। समझा जाता है कि दयानंद का साथ देने वाले भारतीय बुद्धिजीवी तत्कालीन बौद्धिक दायरों की मुख्यधारा के हाशिये पर रहने वाले थे। पारम्परिक अभिजन के जिस हिस्से ने दयानंद का समर्थन किया वह औपनिवेशिक हुकूमत की नीतियों के कारण ख़ुद को सताया हुआ महसूस करता था। लेकिन जिन प्रभावशाली लोगों ने दयानंद के विचारों को हाथों-हाथ लिया और आर्य समाज की गतिविधियों को प्रश्रय दिया वे मुख्यत: तत्कालीन उच्च-मध्यवर्ग से निकल कर आये थे। आधुनिकीकरण के लाभों से वाक़िफ़ ये लोग हिंदू समाज के रीति-रिवाज़ों में सुधार की कोशिशों के प्रशंसक थे। आर्य समाज के अध्येताओं ने दिखाया है कि मुम्बई में इस संगठन के संस्थापक सदस्य ज़्यादातर व्यापारी जातियों के होने के साथ-साथ नवधनाढ्य थे। उन्होंने सूत के उद्योग-व्यापार से नामा कमाया था। शुरुआत में आर्य समाज में ब्राह्मणों की कमी नहीं थी, पर उनमें से ज़्यादातर स्कूलों के अध्यापक और क्लर्क क़िस्म के लोग थे। धीरे-धीरे ब्राह्मण सदस्यों की संख्या घटती गयी और बाद में जब दयानंद ने अपनी गतिविधियों को पंजाब में केंद्रित किया तो उनके समर्थकों का ज़्यादातर हिस्सा खत्री हिंदू समाज तक सीमित हो गया।

दयानंद सरस्वती का जन्म एक गुजराती ब्राह्मण परिवार में हुआ था। उनके पिता मोरवी रियासत (जो बाद में गुजरात में मिल गयी) के अधिकारी और ज़मींदार होने के साथ-साथ वेदों के विद्वान भी थे। उन्होंने अपने बेटे को वैदिक वांगमय और न्याय-दर्शन की शिक्षा दी। दयानंद की जिज्ञासा उन्हें योगाभ्यास करने की तरफ़ ले गयी। उन्होंने अविवाहित रहने का संकल्प लिया और पाणिनि की परम्परा में संस्कृत व्याकरण का अध्ययन किया। घर त्याग कर वे पंद्रह साल तक जगह-जगह घूमते रहे। इक्कीस साल की उम्र में संन्यास ग्रहण करने के बाद 1860 में वे मथुरा पहुँचे और स्वामी विरजानंद के शिष्यत्व में वेदों के शुद्ध अर्थ का ज्ञान प्राप्त किया। वैदिक धर्म के प्रति अगाध श्रद्धा से प्रेरित हो कर 18 63 में दयानंद ने झूठे धार्मिक क्रियाकलापों का खण्डन करने के लिए पाखण्ड खंडिनी पताका लहरायी। मुम्बई में स्थापना के बाद दयानंद ने लाहौर में आर्य समाज की स्थापना की। इसके बाद आर्य समाज के प्रसार में ख़ासी तेज़ी आयी। आर्य समाज ने जन-संचार के लिए नयी तकनीकों का प्रयोग किया। जिसके अंतर्गत दयानंद द्वारा ग्रंथीय संशोधनवाद का प्रचार करने के लिए बहुत सारे पर्चों के माध्यम से उनकी पुस्तक *सत्यार्थ प्रकाश* का प्रकाशन किया गया।

देखें : जाति और जाति-व्यवस्था-1 से 4 तक, न्याय दर्शन, बंगाल में पुनर्जागरण, योग दर्शन, राजा राममोहन राय, वेद, हिंदू राष्ट्रवाद, शंकराचार्य, साम्प्रदायिकता।

संदर्भ

1. जे.टी.एफ़. जॉर्डंस (1981), *दयानंद सरस्वती : हिज़ लाइफ़ ऐंड कॉज़,* ऑक्सफ़र्ड युनिवर्सिटी प्रेस, दिल्ली.
2. सुवीरा जायसवाल (1991), *सेमिटाइज़िंग हिंदुइज़्म : चेंजिंग पैराडाइम्स ऑफ़ ब्राह्मनिकल इंटीग्रेशन,* सोशल साइंटिस्ट, खण्ड 19, अंक 12.
3. गौरी शंकर भट्ट (1968), *ब्रह्म समाज, आर्य समाज, ऐंड द चर्च-सेक्ट टायपोलॅजी, रिव्यू ऑफ़ रिलीजस रिसर्च,* खण्ड 10, अंक 1.
4. इंदिरा वी. वाचस्पति (1957), *आर्य समाज का इतिहास : प्रथम भाग,* सार्वदेशिक आर्य प्रतिनिधि सभा, दिल्ली.
5. दयानंद सरस्वती (1976), *द लाइट ऑफ़ ट्रुथ* (*सत्यार्थ प्रकाश* का अंग्रेज़ी अनुवाद), सार्वदेशिक आर्य प्रतिनिधि सभा, नयी दिल्ली.

—पंकज कुमार झा

आर्य समाज और स्वामी दयानंद सरस्वती-2

(अंतर्विरोध और विवाद)

(Arya Samaj and Swami Dayanand Saraswati-2)

स्वामी दयानंद के विचारों और परियोजना में देशभक्ति और राष्ट्रवाद के तत्त्वों की कोई कमी नहीं है, लेकिन उनकी देशभक्ति की प्रकृति क्या थी, इस पर विवाद है। वे निर्विवाद रूप से परम्पराभंजक थे, लेकिन उन्होंने वैदिक परम्परा के कट्टर पालन का आह्वान भी किया। दूसरी तरफ़ वैदिक समाज द्वारा गोरक्षा और शाकाहार में कोई दिलचस्पी न दिखाने के बावजूद आर्य समाज ने इन दोनों के लिए अभियान चलाये। दयानंद ने हिंदू समाज पर इसलाम और ईसाइयत के प्रभाव के ख़िलाफ़ संग्राम छेड़ा, लेकिन इन दोनों धर्मों की सांगठनिक संरचना से उन्होंने बहुत कुछ लिया भी। वे चाहते थे कि हिंदू धर्म की विविध परम्पराओं और बहुलता को वैदिक समरूपता के साँचे में ढाल दिया जाए ताकि सभी के लिए एक राष्ट्रीय आर्य धर्म का तयशुदा रूप स्थिर किया जा सके। ईसाई और इसलामी धर्मप्रचारवादी जिन-जिन मुद्दों पर हिंदू परम्परा को अपना निशाना बनाते थे, दयानंद ने उन्हीं परम्पराओं से हिंदू समाज को छुटकारा दिलाने का अभियान चलाया। दयानंद ने स्त्रियों को शिक्षा का अधिकार देने की वकालत की, लेकिन वे सह-शिक्षा के हामी नहीं थे। वे नियोग की प्रथा के पक्षधर थे, लेकिन तलाक़ के नहीं। वे विवाह कराने के लिए स्वयंवर को एक श्रेष्ठ विधि मानते थे, लेकिन इसके लिए उन्होंने प्रेम विवाह को उचित नहीं माना और स्वयंवर में माता-पिता और गुरु की सहमति पर बल दिया।

इस प्रक्रिया में उनका विचार-पंथ और उसकी सांगठनिक अभिव्यक्ति एक शुद्धतावादी, सादगीपसंद, कर्मकाण्ड विरोधी, अत्यंत जुझारू और धर्मप्रचारवादी संरचना के रूप में उभरी। दिलचस्प बात यह है कि आर्य समाज ने ब्रिटिश राज का यह कह कर स्वागत किया कि उसके तहत उसे ईसाइयत और इसलाम के मुक़ाबले अपना प्रचार करने का मौक़ा मिल रहा है। दूसरी तरफ़ उसने विदेशी सरकार की सम्प्रभुता का उल्लंघन न करते हुए भी स्वशासन को किसी भी तरह के विदेशी शासन से बेहतर बताया। उसने स्वधर्म, स्वराज और स्वभाषा पर बल दिया। आर्य समाज ने हिंदी को राष्ट्र-भाषा बनाने के अभियान में उत्साहपूर्वक भाग लिया।

हालाँकि दयानंद के विचारों और आर्य समाज की गतिविधियों ने उपनिवेशवाद विरोधी राजनीति पर भी अपनी छाप छोड़ी, लेकिन उसका बेहद टिकाऊ सामाजिक प्रभाव शिक्षा, समाज-सुधार और सेवा क्षेत्र में देखने को मिला। दयानंद के अनुयायियों ने शिक्षा तथा ज्ञान के प्रसार पर बहुत बल दिया। आर्य समान ने शिक्षा की दो तरह की प्रणाली चलाई। एक प्राचीन गुरुकुल प्रणाली पर आधारित थी और दूसरी एंग्लो-वैदिक प्रणाली थी। 1883 में दयानंद के निधन के बाद 1886 में लाहौर में दयानंद ऐंग्लो-वैदिक हाई स्कूल की स्थापना की गयी जो कालांतर में शैक्षणिक संस्थाओं के सफलतम नेटवर्क में तब्दील हो गयी। आरम्भिक चरण में आर्य समाज की महत्त्वपूर्ण शक्ति उसका प्रभावशाली संगठन, तेज़ी से बढ़ता हुआ कोष तथा प्रचार थे। उन्होंने अपनी प्रचार-प्रसार की तकनीक काफ़ी-कुछ ईसाइयों मिशनरियों से ली। उन्होंने अंग्रेज़ी भाषा तथा ज्ञान भी अपनाया अर्थात् प्राच्य तथा पाश्चात्य का समन्वय करने का प्रयास किया।

आर्य समाज से पहले ब्रह्म समाज तथा थिओसिफ़िकल सोसाइटी वाले पाश्चात्य विचारों के महत्त्व को काफ़ी रेखांकित करते थे। स्वामी दयानंद के रवैये में सामीवाद का रुझान तो देखा जा सकता है, पर प्रत्यक्षत: उन्होंने पाश्चात्य दर्शन, शिक्षा तथा समाज से कुछ नहीं लिया। उन्होंने केवल यही कहा कि वेद से परे कुछ नहीं है और जिन-जिन रीति-रिवाज़ों, परम्पराओं, कर्मकाण्ड अथवा सामाजिक कार्यकलापों की वेद में अनुमति नहीं, वे सभी त्याज्य हैं। दयानंद ने ब्राह्मण होने के बावजूद पुरोहितों द्वारा किये जाने वाले धार्मिक तथा सामाजिक सर्वोच्चता के दावों को भी चुनौती दी। उन्होंने ब्राह्मणों के इस कथन का उपहास किया कि वे शेष मनुष्यों तथा ईश्वर के बीच एक मध्यस्थ हैं। उनका कहना था कि प्रत्येक व्यक्ति को वेद पढ़ने तथा अपने तर्कों के अनुसार उनका पालन करने का अधिकार है।

आंदोलन के पहले चरण में आर्य समाज ने स्थानीय स्तर पर प्राथमिक इकाइयाँ गठित कीं। इनकी सदस्यता दो तरह की थी : अस्थायी तथा स्थायी। हर सदस्य को अपनी आमदनी का एक फ़ीसदी संगठन को देने का नियम था। इकाइयों के गठन के लिए चुनाव संबंधी नियम लागू होते थे। हर सप्ताह आर्य समाजी एकत्रीकरण के ज़रिये सभा आयोजित करते थे। ग्यारह महीने की अस्थायी सदस्यता के बाद जब कोई सदस्य स्थायी बनता था तो उसे वोट देने का अधिकार मिलता था और उससे उम्मीद की जाती थी कि वह *सत्यार्थ प्रकाश* में दर्ज दयानंद की शिक्षाओं के मुताबिक़ अपना जीवन ढालने का प्रयास करेगा। आर्य समाज के सिद्धांतों तथा नियमों का सूत्रीकरण 1877 में मुम्बई तथा लाहौर में किया गया। इनके मुताबिक़ सभी सत्य विद्या से प्राप्त होते हैं और जो पदार्थ विद्या से जाने जाते हैं उन सबका आदि मूल परमेश्वर है। वेद सभी सत्य विद्याओं की पुस्तक है। वेद पढ़ना, सुनना सभी आर्यों का परम-धर्म है। सत्य ग्रहण करने तथा असत्य

स्वामी श्रद्धानंद (1856–1926)

त्यागने के लिए लगातार प्रयत्नशील रहना चाहिए। सभी काम सत्य और असत्य का विचार करके करना चाहिए। संसार का उपकार करना आर्य समाज का मुख्य उद्देश्य है। सबसे स्नेह पूर्वक धर्मानुसार योग्य बात करनी चाहिए। अविद्या का नाश और विद्या की वृद्धि करनी चाहिए। प्रत्येक को अपनी ही उन्नति में संतुष्ट नहीं रहना चाहिए, बल्कि सब की उन्नति में अपनी उन्नति समझनी चाहिए। सभी मनुष्य स्वतंत्र हैं, लेकिन उन्हें सामाजिक सर्वहितकारी नियमों के अधीन रहना चाहिए।

आंदोलन का दूसरा चरण दयानंद के देहांत के बाद 1886 में शुरू हुआ जिसमें प्रांतीय स्तर पर आर्य प्रतिनिधि सभाएँ गठित हुईं। स्थानीय इकाइयाँ इन सभाओं की घटक बनीं। वे अपनी कुल आमदनी का दस फ़ीसदी प्रतिनिधि सभाओं को देती थीं और उन्हें तीन साल की अवधि के लिए प्रत्येक दस सदस्यों पर एक प्रतिनिधि भेजने का अधिकार था। 1908 में सार्वदेशिक प्रतिनिधि सभा गठित की गयी जो एक अंतर्राष्ट्रीय संस्था थी। 1928 में धर्म आर्य सभा बनायी गयी जिसका मक़सद संगठन की विचारधारा से संबंधित मुद्दों पर फ़ैसला देना था। दयानंद अपने जीवन-काल में ही एक परोकारिणी सभा का गठन कर गये थे, जो एक ट्रस्ट था। सभा का काम था आर्य समाज का संदेश फैलाना, वैदिक शिक्षा का प्रसार करना, वैदिक साहित्य का प्रकाशन करना और ग़रीबों की सेवा करना।

1893 में आर्य समाज में विभाजन हो गया तथा स्वामी श्रद्धानंद (1857–1926) का उदय इस आंदोलन के दूसरे करिश्माई नेता के रूप में हुआ। दोनों गुट राजनीतिक रूप से काफ़ी सक्रिय हो गये। कुछ प्रभावशाली नेता (जैसे लाला लाजपत राय) भारतीय राष्ट्रीय कांग्रेस में शामिल हो कर राष्ट्रीय आंदोलन के अंग बन गये। इसके बावजूद आर्य समाज एक संगठन के तौर पर कांग्रेस को आलोचना-भाव से देखता रहा। ख़िलाफ़त आंदोलन के सवाल पर आर्य समाज ने कांग्रेस और गाँधी को आड़े हाथों लिया, और *शुद्धि* के प्रश्न पर मुसलिम असंतोष की परवाह नहीं की। गाँधी ने आर्य समाज पर साम्प्रदायिक तनाव फैलाने का आरोप भी लगाया। श्रद्धानंद तथा उनके अनुयायी विकासमूलक राष्ट्रवाद के पैरोकार की तरह सामने आये। *शुद्धि* के ज़रिये आर्य समाज ने ईसाई या मुसलमान बन गये हिंदुओं की वापसी का प्रयास किया। इस मुहिम के कारण लगभग साठ हज़ार मलकाने राजपूतों और उन हिंदुओं को, जिन्हें 1923 में हुए मोपला विद्रोह के दिनों में अथवा 1947 में भारत विभाजन के समय बलपूर्वक मुसलमान बना लिया गया था, पुनः हिन्दू धर्म में लौटने का अवसर मिला। *शुद्धि* के ज़रिये पुनः हिंदू बनने वाले व्यक्ति को आर्य समाज द्विज घोषित करता था, जनेऊ पहनाता था और उसे पुरोहित बनने का अधिकार भी होता था, भले ही धर्मांतरण से पहले उसकी कोई भी जाति रही हो। आर्य समाज ने इस सिलसिले में एक सामाजिक-आर्थिक कार्यक्रम भी बनाया, जिसके मुताबिक़ शुद्धि के ज़रिये आर्य बने लोगों को गाँव के कुओं से पानी भरने का अधिकार दिलाया जाता था और उन्हें बेगार प्रथा से मुक्ति दिलाने का प्रयास किया जाता था। आर्य समाज का यह कार्यक्रम गाँधी द्वारा चलाये जाने वाले हरिजनोद्धार और आदिवासी उत्थान कार्यक्रम का पुरोगामी था। आर्य समाजियों ने अकाल और भूकम्प जैसी आपदाओं के समय किये जाने वाले राहत कार्यों में विशेष उत्साह से भाग लिया। विधवाओं और अनाथों के लिए मुफ़्त इलाज की व्यवस्था की ताकि वे लोग ईसाई मिशनरियों के चक्कर में न फँस जाएँ। लखनऊ के पास आर्य समाज ने अपराधी जनजातियों के लिए एक बस्ती बसायी ताकि ईसाई संस्थाएँ उनके बीच अपनी पैठ न कर सकें। 1927 में आर्य समाज ने आर्य वीर दल की स्थापना की। स्वयंसेवकों की इस संगठन ने 1939 में हैदराबाद में और 1945 में सिंध में काफ़ी सक्रियता दिखायी।

अपनी प्रकट सफलताओं के बावूजद आर्य समाज सम्पूर्ण रूप से अखिल भारतीय आंदोलन कभी नहीं बन पाया। वह मुख्यतः पंजाब, उत्तर प्रदेश, कश्मीर, बिहार, ओडीशा और राजस्थान में ही केंद्रित रहा। इस सीमा का एक कारण सम्भवतः दयानंद की भौगोलिक कल्पनाशीलता में भी था। वे जिस आर्यावर्त की कल्पना करते थे, उसकी दृष्टि विंध्याचल के उस पार नहीं जाती थी। दूसरे, आर्य समाज उत्तर भारत के मुख्य रूप से सनातनी हिंदू समाज को केवल आंशिक रूप से

ही प्रभावित कर पाया। ख़ास कर ब्राह्मणों ने दयानंद की बातों पर विशेष ध्यान नहीं दिया। इसलिए उनके समर्थन में ऊँची जातियों का एक ग़ैर-ब्राह्मण हिस्सा ही आया। दयानंद ने अपने जीवन का एक अच्छा-ख़ासा हिस्सा काशी में इस उद्देश्य से बिताया था कि अगर वे वहाँ के सनातनी धर्मशास्त्रियों को तर्क के दम पर अपनी ओर कर लेंगे तो हिंदुओं के बीच उनकी दिग्विजय आसान हो जाएगी। लेकिन दयानंद को काशी में अपेक्षित सफलता नहीं मिली। शास्त्रार्थ में अक्सर विजयी होने के अभ्यस्त दयानंद बनारस के पण्डितों के मानस को स्पर्श नहीं कर पाये।

देखें : जाति और जाति-व्यवस्था-1 से 4 तक, न्याय दर्शन, बंगाल में पुनर्जागरण, योग दर्शन, राजा राममोहन राय, वेद, हिंदू राष्ट्रवाद, शंकराचार्य, साम्प्रदायिकता।

संदर्भ

1. योगिंदर सिकंद और मंजरी काटजू (1994), 'मास कन्वर्ज़ंस टू हिंदुइज़म एमंग इण्डियन मुस्लिम्स', *इकॉनॉमिक ऐंड पॉलिटिकल वीकली,* खण्ड 29, अंक 34.
2. कैनेथ डब्ल्यू. जोंस (1976), *आर्य धर्म : हिंदू कांशसनेस इन नाइंटींथ सेंचुरी पंजाब,* मनोहर, नयी दिल्ली.
3. उर्सुला शर्मा (1976), 'स्टेटस स्ट्राइविंग ऐंड स्ट्राइविंग टू एबोलिश स्टेट्स : द आर्य समाज ऐंड द लो कास्ट्स', *सोशल एक्शन,* खण्ड 26, जुलाई-सितम्बर.
4. जे.टी.एफ. जॉर्डंस (1981), *स्वामी श्रद्धानंद : हिज़ लाइफ़ ऐंड कॉज़,* ऑक्सफ़र्ड युनिवर्सिटी प्रेस, दिल्ली.

—पंकज कुमार झा

आर्यभट्ट और *आर्यभटीय*

(Aaryabhatt and *Aryabhatiya*)

प्राचीन भारत के महान ज्योतिर्विद और गणितज्ञ आर्यभट्ट के ग्रंथ *आर्यभटीय* में ज्योतिष (खगोल विज्ञान) और गणित की अनेक मूल्यवान जानकारियाँ एवं मौलिक प्रस्थापनाएँ मौजूद हैं। इनसे ज्योतिष, गणित और भूगोल के क्षेत्र में समृद्ध भारतीय परम्परा का परिचय मिलता है। आर्यभट्ट ने भारत सहित दुनिया की गणितीय और ज्योतिष परम्परा को गहराई से प्रभावित किया है। केरल प्रदेश की ज्योतिष परम्परा पर उनके प्रभाव से बने पांचांग दक्षिण भारत के वैष्णव धर्मावलम्बियों में आज भी प्रचलित हैं। पायी का जो मान आर्यभट्ट ने निकाला था वह आज भी मान्य है। पृथ्वी की परिधि, पृथ्वी की अवधि तथा पृथ्वी के वर्ष की अवधि का उनके द्वारा निकाला गया मान थोड़ी-बहुत त्रुटि के बावजूद उस समय के हिसाब से सही था। उनके शोध कार्य ने इस्लामिक देशों को भी प्रभावित किया और उनकी रचनाओं का अनुवाद अरबी तथा लैटिन भाषा में किया गया। इस्लामिक विद्वान अल-ख़्वारिज़्मी तथा अल-बरूनी ने भी उन्हें संदर्भित किया है। गणित का साइन शब्द आर्यभट्ट द्वारा प्रयुक्त शब्द ज्या का बदला रूप है। भारतीय इतिहास में गुप्तकाल का विशेष महत्त्व है। उस समय साहित्य, कला और विज्ञान के विभिन्न क्षेत्रों में भारत ने काफ़ी उन्नति की थी। नालंदा विश्वविद्यालय उस समय विद्या का प्रमुख केंद्र था जहाँ देश-विदेश से छात्र अध्ययन के लिए आते थे। आर्यभट्ट उस विश्वविद्यालय के कुलपति नियुक्त किये गये थे। वहाँ खगोलशास्त्र के लिए एक विशेष पीठ स्थापित थी। आर्यभट्ट के ज्योतिष संबंधी सिद्धांतों का भारत सहित दुनिया के कई देशों तक असर रहा। उन्होंने भारत में केरल की ज्योतिष परम्परा का प्रचार किया, और इस्लामिक दुनिया को जलाली तिथि पत्र के लिए आधार प्रदान किया जिसकी रचना उमर ख़य्याम आदि कुछ खगोलविदों ने की। इसी का संशोधित रूप आज ईरान और अफ़गानिस्तान में राष्ट्रीय कैलेंडर के रूप में इस्तेमाल किया जाता है।

आर्यभट्ट के अभूतपूर्व योगदान को मान्यता देते हुए भारत के प्रथम उपग्रह का नाम आर्यभट्ट रखा गया। भारत सरकार द्वारा नैनीताल के निकट स्थित आर्यभट्ट प्रेक्षण विज्ञान संस्थान की स्थापना, अंत:स्कूल आर्यभट्ट गणित प्रतियोगिता तथा 2009 में प्राप्त एक बैक्टीरिया प्रजाति का नाम इसरो वैज्ञानिकों द्वारा बैसिलस आर्यभट्ट रखना आर्यभट्ट की युगांतरकारी उपलब्धियों को श्रद्धांजलि के रूप में देखा जा सकता है।

आर्यभटीय के दसवें श्लोक में आर्यभट्ट का जन्म-स्थान कुसुमपुर और जन्मकाल शक संवत् 398 का उल्लेख है। इसके बावजूद उनके जन्म के वर्ष को छोड़ कर वास्तविक जन्म स्थान को लेकर मतभेद है। कुछ लोग नर्मदा और गोदावरी के मध्य स्थित प्रदेश अश्माका को उनका जन्म स्थान मानते हैं। इसकी पहचान मध्य भारत से होती है और इस क्षेत्र में महाराष्ट्र और मध्य प्रदेश शामिल है। शुरुआती बौद्ध ग्रंथ अश्माका को दक्षिण में दक्षिणापथ या दक्खन के रूप में वर्णित करते रहे हैं, जबकि अन्य ग्रंथों के मुताबिक़ अगर अश्माका के लोग सिकंदर से लड़े होंगे, तो उसे उत्तर की तरफ़ और आगे होना चाहिए। कुछ विद्वान आर्यभट्ट को केरल के चाम्रवत्तम का मानते हैं। चाम्रवत्तम श्रावणबेलगोला के चारों तरफ़ फैले हुए एक जैन बहुल प्रदेश अश्माका का हिस्सा था। तत्कालीन जैन प्रभाव क्षेत्र वाले कुसुमपुर स्थित एक विश्वविद्यालय से भी आर्यभट्ट का संबंध रहा। बहरहाल, आर्यभट्ट के जन्म स्थान की भौगोलिकता जो भी रही हो, उसका नाम कुसुमपुर ही है। प्राचीन भारत के एक और गणितज्ञ भास्कर (621

ई.) ने पाटलिपुत्र (आज का पटना) को कुसुमपुर बताया है। ऐतिहासिक दृष्टि से यह भारत का स्वर्णकाल कहे जाने वाले गुप्त साम्राज्य के अंतिम दौर का समय था। गुप्त साम्राज्य कमज़ोर हो चला था और उत्तर-पूर्व में हूणों का आक्रमण शुरू हो गया था। आर्यभट्ट अपनी खगोलीय प्रणालियों के लिए संदर्भ के रूप में श्रीलंका का उपयोग करते हैं। *आर्यभटीय* में अनेक स्थलों पर उन्होंने श्रीलंका का उल्लेख किया है। इस आधार पर दक्षिण भारत से उनके निकट संबंध होने की प्रबल सम्भावना बनती है।

आर्यभट्ट के लिखे तीन ग्रंथ बताये जाते हैं—*दशगीतिका, आर्यभटीय* और *तंत्र*। इसके अलावा एक और ग्रंथ *आर्यभट्टसिद्धांत* भी उनका लिखा बताया जाता है, जिसके मात्र 34 श्लोक ही पाये जाते हैं। *आर्यभट्टसिद्धांत* का पता आर्यभट्ट के समकालीन ज्योतिषविद् वराहमिहिर के लेखों तथा उनके पश्चातवर्ती गणितज्ञों और टिप्पणीकारों, ब्रह्मगुप्त तथा भास्कर के ज़रिये चलता है। ऐसा माना जाता है कि ये कार्य पुराने सूर्य सिद्धांत पर आधारित और आर्यभट्टीय के सूर्योदय की अपेक्षा मध्यरात्रि-दिवस-गणना का उपयोग किया गया है। आर्यभट्ट का विश्वविख्यात और चर्चित ग्रंथ 'आर्यभटीय है। इसमें वर्गमूल, घनमूल, समानांतर श्रेणी तथा विभिन्न समीकरणों को शामिल किया गया है। यह मुख्य रूप से गणित और खगोल विज्ञान का संग्रह है। इसके गणितीय भाग में अंकगणित, बीजगणित, सरल त्रिकोणमिति और गोलीय त्रिकोणमिति संकलित है। इसमें निरंतर भिन्न, द्विघात समीकरण, घात शृंखला के योग और जीवाओं की तालिका दी गयी है। उनके गणितीय और विज्ञान विषयक कार्यों की जानकारी इस ग्रंथ से होती है। इसका 'आर्यभटीय' नाम स्वयं आर्यभट्ट ने नहीं बल्कि बाद के टीकाकारों ने, इसमें 108 छंदों के शामिल होने की वजह से, रखा। *आर्यभटीय* को 'आर्य-शत-अष्ट' भी कहा गया है। श्लोकों के अलावा इसमें 13 परिचयात्मक श्लोक आर्याछंद में दिये गये हैं जिसे चार अध्यायों में विभाजित किया गया है :

पहला अध्याय गीतिकपाद सबसे छोटा केवल 13 श्लोकों का है। इस अध्याय के पहले श्लोक में ब्रह्मा और परब्रह्मा की वंदना की गयी है और दूसरे में संख्याओं को अक्षरों से सूचित करने की रीति बतायी गयी है। ये दोनों ही श्लोक प्रस्तावना रूप में हैं। इसके बाद श्लोकों की क्रमसंख्या 1 से शुरू होती है। श्लोक संख्या-1 में सूर्य, चंद्रमा, पृथ्वी, शनि, गुरु, मंगल, शुक्र और बुध के महायुगीन भगणों की संख्याएँ दी गयी हैं। एक महायुग में पृथ्वी की घूर्णन-संख्या भी बतायी गयी है। इसके तीसरे श्लोक में बताया गया है कि ब्रह्मा के एक दिन यानी एक कल्प में कितने मन्वंतर और युग होते हैं और वर्तमान कल्प की शुरुआत से लेकर महाभारत के युद्ध की समाप्ति वाले दिन तक कितने युग और युगपाद बीत

आर्यभट्ट (शक संवत 398)

चुके थे। इसके अतिरिक्त सात श्लोकों में राशि, अंश, कला, आदि का संबंध, आकाशकक्षा का विस्तार, पृथ्वी का व्यास तथा सूर्य, चंद्रमा और ग्रहों के बिम्बों के व्यास के परिणाम, ग्रहों की क्रांति और विक्षेप, उनके पातों और मंदोच्चों के स्थान, उनकी मंदपरिधियों और शीघ्रपरिधियों के परिणाम तथा 345 कलाओं के अंतर पर ज़्याखण्डों के मानों की सारणी है।

बत्तीस श्लोकों वाले दूसरे अध्याय गणितपाद में अंकगणित, बीजगणित और रेखागणित के सूत्रों का संकलन है। इस अध्याय में दशमलव पद्धति के साथ-साथ वर्गक्षेत्र, घन, वर्गमूल, घनमूल, त्रिभुज का क्षेत्रफल, त्रिभुजाकर शंकु का घनफल, वृत का क्षेत्रफल तथा सभी प्रकार के क्षेत्रों की माध्यम लम्बाई और चौड़ाई ज्ञात कर क्षेत्रफल निकालने के साधारण नियम प्रस्तुत किये गये हैं। आर्यभट्ट ने एक श्लोक में बताया है कि परिधि की छठे भाग की ज्या उसकी त्रिज्या के बराबर होती है। और वृत्त का व्यास 20,000 होने पर उसकी परिधि 62,832 होती है। इससे परिधि और व्यास का संबंध चौथे दमलव स्थान तक शुद्ध आता है। आगे के श्लोकों में वृत, त्रिभुज, और चतुर्भुज खींचने की रीति, किसी ऊँचे स्थान पर रखे हुए दीपक के प्रकाश के कारण बनी हुई शंकु की छाया की लम्बाई जानने की रीति, समतल धरातल को परखने की रीति, ऊर्ध्वाधर के परखने की रीति, शंकु और छाया से

छायाकर्ण जानने की रीति, एक ही रेखा पर स्थित दीपक और दो शंकुओं के संबंध के प्रश्न की गणना करने की रीति, समकोण त्रिभुज के कर्ण और अन्य दो भुजाओं के वर्गों का संबंध, वृत की जीवा और शरों का संबंध, दो श्लोकों में श्रेणी गणित के कई नियम, एक श्लोक में एक-एक बढ़ती हुई संख्याओं के वर्गों और घनों का योगफल जानने का नियम, दो राशियों का गुणनफल और अंतर जानकर राशियों को अलग-अलग करने की रीति, ब्याज की दर जानने का एक नियम जो वर्ग समीकरण का उदाहरण है, त्रैराशिक का नियम, भिन्नों को एकहर करने की रीति, बीज गणित के सरल समीकरण और एक विशेष प्रकार के युगपत समीकरणों पर आधारित प्रश्नों को हल करने के नियम, दो ग्रहों का युतिकाल जानने का नियम और कुट्टक नियम बताये गये हैं।

कालक्रियापाद नाम के तीसरे अध्याय के 25 श्लोकों में कालविभाग और काल के आधार पर ज्योतिष संबंधी गणना सिद्धांतों की जानकारी दी गयी है। काल और कोण की इकाइयों का संबंध, योग, व्यतीपात, केंद्र भगण, बार्हस्पत्य वर्षों की परिभाषा, अनेक प्रकार के मासों, वर्षों और युगों का संबंध बताया गया है। नवें श्लोक में इस बात का ज़िक्र है कि युग का प्रथमार्ध उत्सर्पिणी और उत्तरार्द्ध अवसर्पिणी काल है और इनका विचार चंद्रोच्च से किया जाता है। चैत्र शुक्ल प्रतिपदा से युग, वर्ष, मास और दिवस की गणना का आरम्भ बताया गया है तथा 20 श्लोकों में ग्रहों की मध्यम और स्पष्ट गति संबंधी नियम दिये गये हैं।'

चौथा और अंतिम अध्याय गोलपाद पचास श्लोकों का है, जिसमें खगोलीय क्षेत्र के ज्यामितिक/त्रिकोणमितीय पहलू, क्रांतिवृत्त, आवासीय भूमध्य रेखा, आसंभि, पृथ्वी के आकार, दिन और रात के कारण, क्षितिज पर राशिचक्रीय संकेतों का बढ़ना आदि की विशेषताएँ बतायी गयी हैं। आर्यभट्ट कहते हैं कि मेष के आदि से कन्या के अंत तक अपमण्डल उत्तर की ओर हटा रहता है और तुला के आदि से मीन के अंत तक दक्षिण की ओर। ग्रहों के पात और पृथ्वी की छाया का भ्रमण क्रांतिवृत्त पर होता है। चौथे श्लोक में बताया गया है कि सूर्य से कितने अंतर पर चंद्रमा, मंगल, बुध आदि दृश्य होते हैं। पाँचवें श्लोक में है कि पृथ्वी, ग्रहों और नक्षत्रों का आधा गोला अपनी छाया से प्रकाशित है तथा आधा सूर्य के सामने होने से। इस अध्याय में ज्योतिष और खगोलविद्या से संबंधित जानकारियाँ भरी पड़ी हैं।

आर्यभट्ट का भारत के ज्योतिषविदों एवं गणितज्ञों में सबसे महत्त्वपूर्ण स्थान है। उन्होंने आर्किमिडीज़ से बहुत पहले ही पायी का शुद्ध मान निकाल लिया था। उन्होंने ही सबसे पहले उदाहरण के साथ घोषित किया कि पृथ्वी अपनी धुरी पर घूमती है। आर्यभट्ट के अनुसार एक कल्प में 14 मन्वंतर और एक मन्वंतर में 72 महायुग (चतुर्युग) तथा एक चतुर्युग में सतयुग, द्वापर, त्रेता और कलियुग समान होते हैं। उन्होंने बड़ी-बड़ी संख्याओं को अक्षरों के समूह से निरूपित करने की अत्यंत वैज्ञानिक विधि विकसित की, और ब्राह्मी अंकों का प्रयोग न करके संख्या निरूपण के लिए वैदिक काल से प्रचलित परम्परा के अंतर्गत वर्णमाला के अक्षरों का प्रयोग किया एवं मात्राओं को स्मरक रूप में रखा।

आर्यभट्ट ने त्रिकोण के क्षेत्रफल को अर्ध-पक्ष के साथ लम्ब का परिणाम कहा। उन्होंने द्विज्या की चर्चा करते हुए उसे अर्ध-ज्या नाम दिया जिसे लोगों ने आसानी की वजह से ज्या कहना शुरु कर दिया। अरबी लेखकों ने अपने अनुवाद के ज़रिये उसे संक्षिप्त रूप देकर ज्ब कर दिया। बाद के लेखकों ने उसे पुन: जिबा कहना शुरू किया, जिसका अर्थ होता है 'खोह' या 'खाई'। जब जिबा का लैटिन अनुवाद होने को हुआ तो 'खोह' या 'खाई' को समानार्थी शब्द 'नाइनस' नाम दे दिया गया और नाइनस अंग्रेज़ी में साइन हो गया। गणित के क्षेत्र में आर्यभट्ट की कुट्टक विधि भी काफ़ी चर्चित है, जो डायोफैंटाइन समीकरणों को हल करने के लिए मानक पद्धति है।

ग्रहण के विषय में आर्यभट्ट ने बताया कि ग्रह और चंद्रमा सूर्य के परावर्तित प्रकाश से प्रकाशित हैं तथा पृथ्वी की छाया में चाँद के आ जाने से ग्रहण लगता है। उन्होंने पृथ्वी की परिधि 39,968.0582 किलोमीटर बतायी जो वास्तविक मान 40,075,0167 किलोमीटर से दो प्रतिशत ही कम है। समय की आधुनिक इकाइयों की दृष्टि से आर्यभट्ट की गणना के अनुसार पृथ्वी की अवधि 23 घण्टे 56 मिनट और 4.1 सैकेंड थी जबकि आधुनिक समय 2 घण्टे 56 मिनट व 4. 091 सैकेंड है। पृथ्वी के वर्ष की अवधि 365 दिन 9 घण्टे 12 मिनट 30 सैकेंड और आधुनिक गणना के अनुसार इसमें 3 मिनट 20 सैकेंड की त्रुटि है।

देखें : उपनिषद्, कपिल, कौटिल्य और *अर्थशास्त्र,* जैन दर्शन, न्याय दर्शन, पुराण, पतंजलि और *योगसूत्र,* पूर्व-मीमांसा दर्शन, बादरायण, बौद्ध दर्शन, योग दर्शन, रामानंद, रामानुजाचार्य, लोकायत, वात्स्यायन और *कामसूत्र,* वेद, वैशेषिक दर्शन, वैदिक संस्कृति, शंकराचार्य, षड्-दर्शन-1 और 2, सिद्ध-नाथ परम्परा।

संदर्भ

1. के.वी. शर्मा (2001), 'आर्यभट्ट : हिज़ नेम, टाइम ऐंड प्रोवेनैंस' *इण्डियन जर्नल ऑफ़ हिस्ट्री ऐंड साइंस,* खण्ड 36, अंक 4.
2. कृपा शंकर शुक्ल (1976), *भारतीय गणितज्ञ और खगोलविद्,* भारतीय राष्ट्रीय विज्ञान अकादमी, नयी दिल्ली.
3. विभूतिभूषण दत्त और अवधेश नारायण सिंह (1962), *हिस्ट्री ऑफ़ हिंदू मैथमेटिक्स,* एशिया पब्लिशिंग हाउस, मुम्बई.
4. एस.एम.आर. अंसारी (1977), 'आर्यभट्ट 1, हिज़ लाइफ़ ऐंड हिज़ कंट्रीब्यूशन', *बुलेटिन ऑफ़ एस्ट्रोनोमिकल सोसाइटी ऑफ़ इण्डिया,* खण्ड 5, अंक 1.

—अजय कुमार पांडेय

आर्य-अवधारणा

(Aryans: Concept and Debate)

पिछली दो सदियों से आर्य-अवधारणा संबंधी प्रश्नों पर अकादमिक दुनिया दो परस्पर विरोधी ख़ेमों में बँटी हुई है। एक पक्ष (जिसमें ज़्यादातर पाश्चात्य तथा कुछ भारतीय विद्वान शामिल हैं) मानता है कि वैदिक आर्यों का भारत में बाहर से आगमन हुआ था। उन्होंने ही 1200 से 1000 ईसा पूर्व के मध्य ऋग्वेद की रचना की थी। दूसरा पक्ष (जिसमें ज़्यादातर भारतीय और केवल कुछ पाश्चात्य विद्वान शामिल हैं। इस बात पर क़ायम है कि आर्य मूलतः भारतीय थे और वे यहीं से विभिन्न पश्चिमी क्षेत्रों में गये। यह ख़ेमा ऋग्वेद का रचना काल ईसा पूर्व 5000 निर्धारित करता है। यह विवाद अपनी जगह है पर उपलब्ध भाषाशास्त्रीय और पुरातात्विक साक्ष्यों के आधार पर अभी किसी ठोस और सर्वस्वीकृत निष्कर्ष पर नहीं पहुँचा जा सका है। उन्नीसवीं सदी के उत्तरार्द्ध में, विशेष रूप से 1857 के विद्रोह के बाद, ब्रिटिश प्रशासकों ने भारत को समझने की तीव्र जिज्ञासा के तहत आर्य जाति संबंधी नस्ली अवधारणा को जन्म दिया।

रॉबर्ट माइल्स के मुताबिक़ नस्लें राजनीतिक और सामाजिक नियामकों के संदर्भ में गढ़ी जाती हैं और इसीलिए वे मूलतः राजनीतिक संरचना हैं। आर्य नस्ल की गढ़ंत भी एक ऐसा ही प्रयास है। उन्नीसवीं सदी में वैदिक अध्ययन के क्षेत्र में भाषाशास्त्र के महारथियों की प्रधानता थी लेकिन बीसवीं सदी में पुरातत्त्वविदों ने इस क्षेत्र में हस्तक्षेप करना शुरू किया। गॉर्डन चाइल्ड की आर्य विषयक कृति द *आर्यंस* (1926) प्रकाशित हुई। इसके बाद से एक लम्बा सिलसिला शुरू हुआ जिसके तहत विभिन्न दृष्टिकोणों का प्रतिनिधित्व करने वाली अनगिनत संबंधित रचनाएँ प्रकाशित हो चुकी हैं।

आर्य शब्द की उत्पत्ति प्राचीन इरानी जरथुस्त्रवादी ग्रंथ अवेस्ता से मानी जाती है। संस्कृत में आर्य सजातीय रूप से वर्णित है। आर्य अवधारणा अनजाने तरीक़े से पहली बार उभर कर तब सामने आयी जब 1584 में इटली का एक व्यापारी फिलिप्पो सेसेट्टी गोवा की यात्रा पर आया। उसने कुछ संस्कृत सीखी और इस भाषा को कुछ-कुछ यूनानी और लैटिन के समकक्ष पाया। लेकिन सही मायने में विलियम जोंस द्वारा स्थापित एशियाटिक सोसाइटी ऑफ़ बंगाल (1784) और उनके कालिदास कृत *अभिज्ञान शाकुंतलम* के अनुवाद ने तुलनात्मक रूप से एक बृहद भाषाशास्त्रीय विमर्श खड़ा किया जो युरोपीय और भारतीय संस्कृति के मूल से संबंधित कई सिद्धांतों का आधार बना। उन्नीसवीं सदी के दौरान जे.ए. गोबिन्यु की रचना द *मॉरल ऐंड इंटलेक्चुअल डाइवर्सिटी ऑफ़ रेसेज़* (18 56) ने आर्य जाति के विचार का विस्तार किया। गोबिन्यु ने आर्य जाति की पहचान युरोपीय अभिजात वर्ग के रूप में की और यह तर्क भी दिया कि गोरी जातियाँ ही प्रभावशाली थीं क्योंकि वे मुख्यतः दूसरों को अधीन बना कर संस्कृति का निर्माण करने और उसे फैलाने का माध्यम बनने में सक्षम थीं। श्वेतांगों की विजयों ने उन्हें नये क्षेत्रों में बसने का विकल्प उपलब्ध कराया फलस्वरूप जातियों का मिश्रण हुआ जिससे नस्लीय अवनति का रास्ता खुला। गोबिन्यु के इस नज़रिये से निकले नस्ली सिद्धांत ने बीसवीं सदी के जर्मनी को गहराई से प्रभावित किया। भगवान सिंह ने अपनी रचना *कोसम्बी : कल्पना से यथार्थ* में आरोप लगाया है कि कोसम्बी की कृति *कल्चर ऐंड सिविलाइज़ेशन इन साउथ एशिया* में रंग संबंधी यह अवधारणा भारतीय संदर्भ में इस्तेमाल की गयी है। भगवान सिंह बताते हैं कि कैसे कोसम्बी भी ब्राह्मणों में दो नस्लें मानते थे : गौरांग-नीलाक्ष जन और कृष्णत्वक श्यामक्ष जन।

कुछ युरोपीय विद्वानों ने आर्य नस्ल को उन्नीसवीं सदी के एक मिथक के तौर पर व्याख्यायित किया है। भारतीय इतिहासकार रोमिला थापर अपनी रचना द *थियरी ऑफ़ आर्यन रेस ऐंड इण्डिया* में मानती हैं कि आर्य जाति के सिद्धांत का उदय युरोपीय पूर्वग्रहों और पूर्व-धारणाओं से हुआ है। थापर के अनुसार अतीत के भारतीय विचारों में इसकी जड़ें नहीं हैं, फिर भी इसे स्वीकार किया जाता रहा है। तुलनात्मक भाषाशास्त्र का इस्तेमाल करते हुए एक ही साझी मूल भाषा हिंद-युरोपीय को परस्पर संबंधित भाषाओं के उस समूह का स्रोत बतलाया जाता है जिसमें संस्कृत, प्राचीन ईरानी, यूनानी, लैटिन, सेल्टिक और दूसरी युरोपीय भाषाएँ शामिल थीं। पहले तुलनात्मक भाषाशास्त्र के ज़रिये एक साझी भाषा पेश की जाती है और बाद में इसे एक साझी जाति के रूप में अभिव्यक्त किया जाता है।

जर्मन रोमांटिक लेखन और हर्डर और सीगल की कृतियों ने मानव इतिहास की शुरुआत के संकेतों को संस्कृत पाठ्यों के पारम्भिक उद्धरणों में खोजने की कोशिश की थी। जबकि इसके उलट हिस्ट्री ऑफ़ ब्रिटिश इण्डिया में जेम्स मिल ने भारत की व्याख्या एक पिछड़े और जड़ समाज के रूप में करते हुए दिखाया था कि हिंदू सभ्यता प्रगति-पथ पर न चल सकने वाली सभ्यता थी। दूसरी ओर ए. बनोफ़ और एँफ़. बॉप जैसे तुलनात्मक भाषाशास्त्रियों ने पारिभाषिक पक्ष पर प्रारम्भिक ज़ोर देते हुए बताया कि शुरू में वैदिक संस्कृत की प्रमुखता थी जिसने एक साझी संस्कृति के किसी एक पूर्वज के होने की धारणा को जन्म दिया। यह एकपूर्वजवाद इंडो-जर्मन या भारोपीय साझी भाषा के विचार को मज़बूत करने वाला साबित हुआ। इस प्रक्रिया में उन्नीसवीं सदी के उत्तरार्द्ध ने भाषा, संस्कृति और नस्ल सम्बन्धी चर्चा को आगे ला खड़ा किया।

तुलनात्मक भाषाशास्त्रियों और वेदों पर कार्य करने वाले प्राच्यविदों ने आर्य शब्द को जातीय अर्थ में लिया।

इसी राह पर चलते हुए मैक्समूलर *(लेक्चर्स ऑन द साइंस, बायोग्राफ़ीज़ ऑफ़ वर्ड्स ऐंड द होम ऑफ़ आर्यंस, इण्डिया व्हाट कैन इट टीच अस ?, चिप्स फ्रॉम अ जर्मन वर्कशॉप)* ने अपनी विवेचनाओं में इस सिद्धांत का प्रतिपादन किया कि एक श्रेष्ठ आर्य-जाति हीन श्रेणी की देशज जातियों को पराजित करके भारत में बस गयी। यह बात दीगर है कि बाद में जब उन्होंने भाषा और जाति को अलग-अलग बताने पर ज़ोर दिया, लेकिन तब तक आर्य जाति संबंधी अवधारणा प्राचीन भारतीय इतिहास की ढेरों संकल्पनाओं की व्याख्या के रूप में स्थापित हो चुकी थी और उन्हें अलग-अलग करना मुश्किल हो गया था। भाषा समूह जातियों से जोड़े जाने लगे थे, और न सिर्फ़ आर्य बल्कि द्रविड़ और ऑस्ट्रो-एशियाई जातियों का भी उल्लेख किया जाने लगा था।

आर्य जाति के सिद्धांत का सबसे अधिक प्रभाव प्राचीन भारतीय इतिहास की पुनर्रचना पर पड़ा जिसमें तर्क दिया गया कि आर्यों के आगमन ने भारतीय सभ्यता की नींव रखी थी। यह माना जाने लगा कि आर्यों ने उत्तरी भारत पर विजय प्राप्त करके प्रायद्वीप में प्रवेश किया, द्रविड़ों को दक्षिण की ओर खदेड़ा, मगर ऑस्ट्रो-एशियाई समूहों को मध्य भारत में बने रहने दिया। इस तरह इस उप-महाद्वीप में आर्य जाति का विस्तार और निवास सांस्कृतिक इतिहास का आधार बना दिया गया।

शुरू-शुरू में आर्य शब्द का प्रयोग वैदिक और बौद्ध ग्रंथों में सम्माननीय और प्रतिष्ठित व्यक्ति के रूप में हुआ था जो परवर्तीकाल में संस्कृत भाषा बोलने और वर्ण-व्यवस्था के नियमों का पालन करने वालों के लिए होने लगा। उन्नीसवीं शताब्दी में यह दास के विपरीत अर्थ में प्रयुक्त हुआ जिसके बाद से आर्य शब्द ने जातीय अलगाव को अपना गुण-धर्म बना लिया। चूँकि दास दूसरी विशेषताओं के अलावा शारीरिक भिन्नताओं के कारण भी दूसरों से अलग किया जाता था, इसलिए इस तुलना ने आर्य को जाति के तौर पर व्याख्यायित किया। आर्यों के वर्चस्व की व्याख्या उनके विजेता की स्थिति के संदर्भ में की गयी। मैक्समूलर जैसे विद्वान ने भारतीय समाज का चित्रण उन सुंदर ग्राम समुदायों के रूप में किया जिनकी विशेषताएँ लड़ाकूपन से इतर सौहार्द्रता में निहित थीं। आदर्श ग्राम समुदायों के इस चित्रण का आंशिक कारण सम्भवत: यह था कि ये ग्राम समुदाय उन ग्राम समुदायों के समान ही समझे जा रहे थे जहाँ से युरोप के लोग आये थे। इस तरह भारतीय वर्तमान युरोप के शैशव की अभिव्यक्ति बन गया। साथ ही प्राचीन भारत का इतिहास मानव एवं संस्कृति के उद्‌भव के संबंध में युरोपीय विचारधारा के प्रचार का माध्यम बन गया। यह प्राच्य-विद्या का दृष्टिकोण था जिसमें ज्ञान के उपयोग को शक्ति का एक स्वरूप समझने का सिद्धांत अंतर्निहित था। इसे ही एडवर्ड सईद ने *ओरिएंटलिज़्म* में उपनिवेश की संस्कृति की पुनर्रचना और प्राच्यविद् प्रतिमानों के संदर्भ में अपने प्रतिरूप को देखने की कोशिश की तरह पेश किया है। सईद का कहना है कि औपनिवेशिक सत्ता के लिए ये सब नियंत्रण स्थापित करने के तरीक़े थे।

प्राचीन भारत का एक विस्तृत अध्ययन वैसे तो अतीत के अनेक पहलुओं की खोज का एक वैध साधन है, मगर यह काम अधिकतर उन लोगों द्वारा किया गया जो या तो ईस्ट इण्डिया कम्पनी (जिनमें विलियम जोंस, जेम्स मिल, एच.टी. कोलब्रुक, एच.एच. विल्सन और जेम्स प्रिंसेप शामिल थे) के मुलाज़िम थे या ब्रिटिश सम्राज्ञी की सरकार (जिनमे एलेक्ज़ेंडर कनिंघम और विंसेट स्मिथ शामिल थे) के कर्मचारी के तौर पर सक्रिय थे। इसीलिए आर्य नस्ल की अवधारणा के युरोपीय झुकाव पर सवाल नहीं खड़े किये गये। शुरू में राष्ट्रवादी इतिहासकारों द्वारा जब कुछ औपनिवेशिक प्रतिमानों पर सवाल खड़े किये गये उस समय भी आर्य जाति का सिद्धांत इन प्रतिमानों में शामिल नहीं था। रोमिला थापर इसके पीछे राष्ट्रवादी भारतीय इतिहासकारों में ब्राह्मण, क्षत्रिय और कायस्थ जैसी उच्च जातियों और मध्यमवर्गीय प्रतिनिधित्व को उत्तरदायी ठहराती हैं। उनके अनुसार इस वर्ग को यह लगा होगा कि इस सिद्धांत से उनकी सामाजिक श्रेष्ठता का समर्थन होता है। साथ ही उन्हें यह लगा होगा कि संस्कृतमय भारतीय संस्कृति और औपनिवेशिक शक्तियों के उद्‌गम में कोई अंतर नहीं है। केशव चंद्र सेन के अनुसार अंग्रेज़ों का भारत आना बिछड़े हुए संबंधियों का मिलन था। यहाँ तक कि वर्चस्ववादी आर्य अवधारणा की व्याख्याओं का विरोध करने वालों ने भी अपने हित में इस सिद्धांत का इस्तेमाल किया जिसे ग़ैर-ब्राह्मण आंदोलनों के इस दावे में देखा जा सकता है, जिसमें उन्होंने ख़ुद को भारत का मूल-निवासी माना है।

नये प्रमाणों और विश्लेषण के नये तरीक़ों ने आर्य-अवधारणा पर सवाल खड़ा किया है। पुरातत्वशास्त्रियों ने सिंधु घाटी की सभ्यता खोज निकाली है। ईसा-पूर्व तीसरी से दूसरी सहस्राब्दी तक फैली इस सभ्यता का कालक्रम इसे उन वैदिक ग्रंथों से भी पहले ले जाता है जो की सामान्यत: ईसा-पूर्व दूसरी सहस्राब्दी के मध्य से पहली सहस्राब्दी के मध्य तक के माने जाते हैं। पुरातात्त्विक और साहित्यिक साक्ष्यों के आधार पर सिंधु घाटी की सभ्यता और वैदिक सभ्यता का तुलनात्मक अध्ययन दर्शाता है कि कैसे सिंधु घाटी की सभ्यता नगरीय थी, वहाँ एक लिपि का प्रयोग होता था, तांबे की तकनीक थी, उन्हें घोड़े का ज्ञान नहीं था और न सिर्फ़ मध्य-एशिया, अफ़ग़ानिस्तान और पूर्वी इरान से बल्कि खाड़ी के देशों तथा मेसोपोटामिया से भी उसके व्यापारिक संबंध थे। सिंधु घाटी की इन विशेषताओं के उलट वैदिक समाज पशुपालक और कृषि प्रधान था, शहरी केंद्रों और व्यवसाय से अपरिचित था,

किसी भी लिपि से अनभिज्ञ था और सम्भवत: लौह तकनीक का प्रयोग करता था, घोड़े को कार्यात्मक और धार्मिक महत्त्व देता था और उसके ज़्यादातर संबंध अफगानिस्तान, पूर्वी ईरान और मध्य एशिया तक सीमित थे।

दूसरी तरफ़ यह बात भी इतनी ही महत्त्वपूर्ण है कि अगर आर्यों का कोई आक्रमण हुआ होता तो पुरातात्त्विक प्रमाणों में वह अवश्य दिखायी देता। आर्य-अवधारणा में आर्यों में बाह्य आगमन के सिद्धांत की पुष्टि नहीं होती। ऐसा तर्क रखने वाले मानते हैं कि ऋग्वेद और अवेस्ता के बीच भाषागत समानता पर विवाद नहीं है, परंतु इस प्रकार की समानता यह नहीं दर्शाती कि विशाल स्तर पर लोग भारतीय उपमहाद्वीप में स्थानांतरित हुए। दूसरी तरफ़ भारत में ताम्र-पाषाण शिल्प अवशेषों और पश्चिम एशिया में पाये गये शिल्पों के बीच कम ही समानता पायी जाती है। यहाँ भी विशाल स्तर पर लोगों का स्थानांतरण नहीं दर्शाता। आर्य-अवधारणा की न तो किसी मृद-भांडीय संस्कृति की शैली के आधार पर पहचान की जा सकती है, न ही इसका नस्लीय या जातीय आधार पर कोई महत्त्व है।

शुरुआती विद्वानों का मानना था कि इंडो-आर्य हड़प्पा सभ्यता के पतन के कारण थे। उन्होंने ही हड़प्पा के नगरों का विनाश किया। इन विद्वानों ऋग्वेद के उन श्लोकों को उद्धृत किया है जिसमें इंद्र को घर-मकान नष्ट करने वाला बताया है। मार्टिमर व्हीलर ने इसे एक वाक्यांश में प्रस्तुत किया है कि इसका अभियुक्त इंद्र है। पुरातात्त्विक साक्ष्य अब इस तथ्य की पुष्टि नहीं करते कि हड़प्पा संस्कृति का पतन इसलिए हुआ कि किसी बाह्य शक्ति ने कोई व्यापक आक्रमण किया था। न ही शहरों के पतन का अब कोई एक कारण माना जाता है, क्योंकि उन सबका पतन एक साथ नहीं हुआ था। दूसरी तरफ़ स्लेटी बर्तनों की विशेषता वाले चित्रित धूसर मृदभांडों की संस्कृति को आर्यों से जोड़ने के प्रयासों का भी कोई पुरातात्त्विक प्रमाण नहीं मिलता। अगर मृद-भांड संस्कृतियाँ आर्यों के विषय में सूचित करती हैं तो आर्य आक्रमण की अवधारणा के हिसाब से उन्हें बहावलपुर तथा पंजाब में मिलना चाहिए क्योंकि आर्यों के स्थानांतरण का यही रास्ता माना गया है। लेकिन उनकी प्राप्ति हरियाणा, उत्तरी गंगा के थाल और पूर्वी राजस्थान से होती है।

अपनी कृति *द वैदिक हड़प्पन* (1995) में भगवान सिंह ने दर्शाया है कि कैसे आर्य-अवधारणा में उद्धृत आर्य कहीं बाहर से नहीं आये थे। वे यहीं भारत के मूल निवासी थे। भगवान सिंह ने सिंधु घाटी सभ्यता के अध्ययन द्वारा आर्य आक्रमण के सिद्धांत की कड़ी आलोचना की और वैदिक ग्रंथों और साहित्य में वर्णित भौतिक संस्कृति और आर्थिक आँकड़ों तथा हड़प्पा सभ्यता के शहरों के पुरातात्त्विक साक्ष्यों के आधार पर दिखाया कि कैसे दोनों में निरंतरता विद्यमान है। भगवान सिंह प्राचीन इतिहास के स्रोतों का विस्तार करते हुए वेदों की शब्द सम्पदा का विस्तृत अध्ययन करते हैं और तत्कालीन सामाजिक, आर्थिक, धार्मिक और राजनीतिक इतिहास की सामग्री पेश करते हैं। वे भाषाओं, बोलियों, व्यक्ति-नामों, जाति-नामों का अध्ययन करके उन्हें भी इतिहास के स्रोत के रूप में परिगणित करते हैं। वे हड़प्पा को वैदिक सभ्यता का केंद्र सिद्ध करते हैं। भगवान सिंह सम्पूर्ण हड़प्पीय पारिस्थितिकी को ऋग्वेद में देखते हैं और भारतीय उपमहाद्वीपीय इतिहास को ईसा पूर्व 7000 से निरंतर कालक्रम का मानते हैं। वे यह सवाल भी खड़ा करते हैं कि कैसे कोई इतिहासकार किसी पुरातात्विक संस्कृति की साहित्यिक संस्कृति से साम्य दिखाने की जहमत नहीं उठाना चाहता। वे इसे इतिहास-लेखन की विडम्बना मानते हैं। भगवान सिंह का निष्कर्ष है कि वैदिक आर्य ही हड़प्पन सभ्यता के रचयिता थे।

देखें : आनंद केंटिश कुमारस्वामी, आर्थर लेवेलिन बाशम, काशी प्रसाद जायसवाल, बिपन चंद्र-1 और 2, भारतीय इतिहास-लेखन-1, 2, 3 और 4, दामोदर धर्मानंद कोसम्बी-1 और 2, रमेश चंद्र दत्त, रमेश चंद्र मजूमदार, रणजीत गुहा, रामकृष्ण गोपाल भंडारकर, रामशरण शर्मा, रोमिला थापर, वासुदेव शरण अग्रवाल, पांडुरंग वामन काणे, विश्वनाथ काशीनाथ राजवाड़े।

संदर्भ

1. रोमिला थापर (1996), 'द थियरी ऑफ़ आर्यन रेस ऐंड इण्डिया', *सोशल साइंटिस्ट,* जनवरी-मार्च.
2. भगवान सिंह (1995), *द वैदिक हड़प्पंस,* आदित्य पब्लिकेशन, नयी दिल्ली.
3. गॉर्डन वी. चाइल्ड (1926), *द आर्यंस,* पॉल पब्लिकेशन, लंदन.
4. रामशरण शर्मा (1995), *लुकिंग फॉर द आर्यंस,* ओरिएंट लोंगमैंस, मद्रास.
5. रामशरण शर्मा (1999), *एडवेंट ऑफ़ द आर्यंस इन इण्डिया,* मनोहर, नयी दिल्ली.
6. एम.के. धवलीकर (2006), *आर्कियालॅजी ऑफ़ द आर्यंस,* एनल्स ऑफ़ द भंडारकर ओरिएंटल रिसर्च इंस्टीट्यूट, भाग 87.

—निर्मल कुमार पाण्डेय

आयंकाली

(Ayyankali)

उन्नीसवीं सदी के केरल में छुआछूत के शिकार दलित खेत-मज़दूरों को न्याय दिलाने के लिए संघर्ष करने वाले समाज-सुधारकों में आयंकाली (1863-1941) का नाम उल्लेखनीय

है। स्वयं अछूत समाज के भूमि-पुत्र आयंकाली ने 1905 में साधू जन परिपालना योगम नाम से दलितों का संगठन बनाया। इसका उद्देश्य दलितों को आत्मविश्वास से लैस करते हुए अमानवीय परम्पराओं और प्रथाओं के ख़िलाफ़ लड़ना था। इसी दौरान आयंकाली ने साधू जन परिपालना योगम अदालत शुरू की जहाँ वे स्वयं फ़ैसला करते थे। उनके इस कार्य में केशवन (जो लेखक थे) तथा कुंजन कृष्णन ने सहायक की भूमिका निभायी। आयंकाली ने दलितों के लिए स्कूल खोले, दलित स्त्री-पुरुषों के लिए सम्मानजनक ढंग से कपड़े पहनने का अधिकार बुलंद किया और उन्हें मंदिर प्रवेश का अधिकार दिलाया। दलितों के लिए शिक्षा और सम्मान का संघर्ष जैसे-जैसे आगे बढ़ा, वैसे-वैसे सम्पूर्ण केरल राज्य में उनकी प्रसिद्धि होने लगी। दलितों में जागरूकता आने लगी थी। आयंकाली का हिंदू धर्म में विश्वास था, लेकिन वे एक सुधरे और बदले हुए हिंदू धर्म के पक्ष में थे। उन्होंने दलित समाज के लोगों के ईसाई बनने का विरोध किया। आयंकाली का जन्म तिरुवनंतपुरम के न्याट्टिकारा के वेंगनूर गाँव में 28 अगस्त को हुआ था। वे पुलिया जाति से थे उनके पिता अय्यन खेत मज़ूदर थे। दलित होने के कारण उन्हें कोई स्कूली शिक्षा नहीं मिली। उन्होंने चेल्लम्मा नाम की महिला से विवाह किया।

आयंकाली के समय में दलित जाति के खेतिहर मज़दूरों की स्थिति इतनी विकट थी कि उन्हें जब चाहे बेचा और जान से मारा जा सकता था। इण्डियन पैनल कोड का अस्तित्व था, लेकिन देशी रजवाड़ों में हिंदू क़ानून ही अमल में लाया जाता था। अछूतों का समाज में कोई अस्तित्व नहीं था। सुबह उन्हें खेतों पर ले जाया जाता और सारा दिन काम करने के बदले मुट्ठी भर चावल दे दिये जाते जिनसे उनकी भूख नहीं मिट पाती थी। उनके रहने की जगह भी बहुत गंदी होती थी। उन्हें शरीर पर कपड़े पहनने तक की मनाही थी जिससे वे सर्दी में ठिठुरते रहते थे। अछूतों का सड़क पर चलना मुश्किल था। जब भी द्विज जाति का आदमी गुज़रता हो, तो उन्हें तीस फ़ीट की दूरी से ही आवाज़ देकर बताना पड़ता था ताकि वह व्यक्ति उनके नज़दीक से गुज़रते हुए प्रदूषित न हो जाए। ऐसी द्विजों की मान्यता थी। इसी मानसिकता के ख़िलाफ़ 1893 की एक सुबह आयंकाली उन्हीं सड़कों पर एक बैलगाड़ी लेकर निकल पड़े जिन सड़कों पर दलितों को आने-जाने की मनाही थी। रास्ते में उन्हें तथाकथित ऊँची जातियों के लोगों ने रोकने के प्रयास किये लेकिन वे नाकाम रहे। इस पहलक़दमी में आयंकाली के साथ-साथ उनके भाई भी थे। इस घटना ने केरल के दलितों में ज़बरदस्त आत्मविश्वास का संचार किया।

आयंकाली के जीवन के आरम्भिक दिन बहुत कशमकश में बीते। सामाजिक विषमता को लेकर उनके भीतर गहरा आक्रोश था। पर उस आक्रोश की आवाज़ सुनने वाला कोई न था। न सवर्ण और न ही अवर्ण। द्विज अगर

आयंकाली (1863-1941) के जन्म-दिन पर केरल में निकलने वाली एक शोभा-यात्रा

सत्ता के मद में चूर थे, तो हाशिये पर रहने वाली जातियों के लोगों को सदियों की ग़ुलामी ने मूक और बधिर बना दिया था। ऐसी परिस्थितियों में आयंकाली अपने ही समाज से अलग-थलग होते चले गये। लेकिन एकांत में रहते हुए भी वे सामाजिक उत्पीड़न और भेदभाव के बारे में बराबर चिंतित रहते। सामाजिक अन्याय को बर्दाश्त करना उनके विद्रोही मन के लिए उत्तरोत्तर कठिन होता जा रहा था। किसी भी तरह के सहयोग और सलाह-मशविरे के अभाव में भी उन्होंने हिम्मत नहीं हारी और अकेले ही इन समस्याओं से जूझने के लिए निकल पड़े। 1904 में उन्होंने वेंगानूर में पहला स्कूल आरम्भ किया जिसे सवर्णों ने तत्काल जला दिया। पर उन्होंने हिम्मत नहीं हारी। उन्होंने वहीं दूसरा स्कूल शुरू करके विषमतावादी ताक़तों को मुँहतोड़ जवाब दिया।

आयंकाली केरल में अछूत समाज से आने वाले पहले व्यक्ति थे, जिन्होंने इस राज्य से छुआछूत ख़त्म करने का प्रयास किया। उन्होंने उन तमाम लोगों को उजाले में लाने के लिए समता और सम्मान की लड़ाई छेड़ी जो अँधेरे में भटक रहे थे। धीरे-धीरे कुछ लोग उनसे जुड़े और उन सभी ने अछूतों को सामाजिक न्याय का संदेश देना शुरू किया। 1905 साधू जन परिपालना योगम की लोकप्रियता की जानकारी जब त्रावणकोर के राजा को मिली तो वे भी उनसे प्रभावित हुए बिना नहीं रह सके। 1912 में महाराजा ने उन्हें श्री मूलम प्रजा सभा (विधान सभा) का सदस्य मनोनीत किया। 1912 से लेकर 1941 तक आयंकाली इस सभा के सदस्य रहे। उन्हें मनोनीत किये जाने का एक सुखद परिणाम यह हुआ कि महाराजा ने दलितों के लिए स्कूल आरम्भ करने हेतु एक हज़ार एकड़ ज़मीन आयंकाली को भेंट की। आयंकाली ने सफलतापूर्वक यह कार्य किया जिससे दलितों में धीरे-धीरे शिक्षा का प्रचार-प्रसार होने लगा। उन्होंने बच्चों को दोपहर का भोजन देने और फ़ीस में रियायत प्रदान करने के लिए भी राजा से अपील की जिसे सहर्ष स्वीकार कर लिया गया।

आयंकाली ने न सिर्फ़ दलितों के अधिकारों के लिए संघर्ष किया, बल्कि वे मज़दूरों के अधिकारों के लिए भी लड़े। जून, 1913 में हुई खेतिहर मज़दूरों की ऐतिहासिक हड़ताल का नेतृत्व उन्होंने ही किया था। उल्लेखनीय है कि केरल रियासत को हिला कर रख देने वाली यह हड़ताल 1917 की बोल्शेविक क्रांति के पहले घटित हुई थी। इसी के दबाव में सरकार को मई, 1914 में उनसे समझौता करना पड़ा। इस तरह कहा जा सकता है कि वे केरल में ट्रेड यूनियन आंदोलन के जनक थे, जो उनके नेतृत्व में 1920 तक जारी रहा।

बचपन से ही आयंकाली ने अपने समुदाय के स्त्री-पुरुषों को अर्धनग्न ग़ुलामी में देखा था। दलित स्त्रियों को अपना शरीर कमर के ऊपर नंगा रखना पड़ता था। यह प्रथा आदि शंकर द्वारा नौवी सदी में वैदिक व्यवस्था पुनर्जीवित करने के कारण शुरू हुई थी। शंकराचार्य द्वारा चलाया गया बौद्ध विरोधी अभियान भी इसके लिए ज़िम्मेदार था। परिणामस्वरूप अछूत स्त्रियों की अस्मत जरा भी सुरक्षित नहीं थी। जैसे ही दलित महिलाएँ अपने शरीर ढँकने के प्रयास करतीं, वैसे ही सर्वण परम्परा के नाम पर ज़ोर-ज़बरदस्ती करके उनके कपड़े उतरवा देते। इस प्रथा के ख़िलाफ़ आयंकाली ने संघर्ष किया। जनवरी 1937 में जब गाँधी केरल के दौरे पर आये तब उन्होंने आयंकाली से पूछा कि वे क्या चाहते हैं। आयंकाली ने जवाब दिया कि वे अपने लिए कुछ नहीं चाहते लेकिन दलित समाज में कम से कम दस ग्रेजुएट हों ऐसी उनकी इच्छा है। आयंकाली कभी न थकने वाले और साहस से भरे हुए थे। घुटनों तक लटकता काला कुर्ता तथा धोती पहने, सर पर सुनहरी किनारी की पगड़ी लगाये छह फुट लम्बे शरीर के मालिक आयंकाली का व्यक्तित्व प्रभावपूर्ण था। शारीरिक रूप से वे बहुत मज़बूत और मार्शल आर्ट में निपुण थे। ऐसे आयंकाली आज तक केरल के सार्वजनिक जीवन में अपनी उपस्थिति दर्ज किये हुए हैं। 10 नवम्बर, 1980 को तिरुवनंतपुरम में आयंकाली की प्रतिमा का अनावरण किया गया।

देखें : अनुसूचित जातियाँ, अस्मिता की भारतीय राजनीति, आयोतीदास पांडीतर, आम्बेडकर-गाँधी विवाद, ई.वी. रामस्वामी नायकर पेरियार, कांशी राम, किसन फ़ागुजी बनसोंडे, गाड़गे बाबा, गोपाल बाबा वलंगकर, गुरु घासीदास, चंद्रिका प्रसाद जिज्ञासु, जगजीवन राम, ज्योतिराव गोविंदराव फुले, जाति और जाति-व्यवस्था-1 से 4 तक, बहुजन समाज पार्टी-1 और 2, बाबू मंगूराम, भदंत आनंद कौसल्यायन, भीमराव रामजी आम्बेडकर, भारतीय संविधान-1 से 8 तक, स्वामी अछूतानंद हरिहर।

संदर्भ

1. आर.के. क्षीरसागर (1994), *दलित मूवमेंट इन इण्डिया ऐंड इट्स लीडर्स*, प्रिंट्स इण्डिया, नयी दिल्ली.
2. जे. किशोर और पी.सी. राय (2001), *द पायनियरिंग सोशल रिफ़ॉर्मर्स ऑफ़ इण्डिया,* विज़डम पब्लिकेशंस, नयी दिल्ली.

—मोहनदास नैमिशराय

आयोतीदास पांडीतर

(Aayothidas Pandithar)

दक्षिण भारत में ब्राह्मणवाद विरोधी चिंतन और आंदोलन के शिखर पुरुषों में से एक आयोतीदास पांडीतर (1845-1914) ने उन्नीसवीं सदी में बुद्ध धर्म के जीर्णोद्धार की भूमिका निभाने के साथ-साथ द्रविड़ इयत्ता की नींव डाली। हालाँकि तमिलनाडु के राजनीतिक-सांस्कृतिक इतिहास में आयोतीदास को लगभग विस्मृत कर दिया गया है, पर उनका योगदान इतना बहुमुखी और प्रभावी है कि वे एक तरह से ग़ैर-ब्राह्मण अस्मिता के प्रमुख सूत्रधार के रूप में उभरते हैं। दलित समाज के लिए बुद्ध धर्म के विकल्प पर ज़ोर देने की शुरुआत उन्होंने ही की। उनका जीवन और कृतित्व बताता है कि ग़ैर-ब्राह्मण राजनीति के संदर्भ में वे पेरियार, फुले और आम्बेडकर के पुरोगामी थे। संस्कृत, तमिल और पाली के विद्वान होने के साथ-साथ आयोतीदास एक विख्यात चिकित्सक भी थे। दलितों के पहले आधुनिक बौद्ध कहे जाने वाले आयोतीदास ने मद्रास में बुद्धिस्ट मैडिकल हाल नाम से एक चिकित्सालय भी शुरू किया जहाँ ग़रीब मरीज़ों को मुफ़्त दवाई सुलभ करायी जाती थी। धर्म और जाति की समस्याओं से जद्दोजहद करते हुए उन्होंने ईसाई, जैन तथा बुद्ध धर्म का गहन अध्ययन किया। इसी दौरान उन्हें हिंदू धर्म से विरक्ति होने लगी और बुद्ध के विचारों के प्रति आकर्षण बढ़ता चला गया। इसका कारण था बौद्ध-दर्शन में निहित स्वतंत्रता, समानता और बंधुता के आदर्श।

आयोतीदास का जन्म 1845 में हुआ था। उनके पिता का नाम कंदास्वामी था जो आदि द्रविड़ थे। 1891 में अपने साथियों के साथ वे कर्नल एच.एस. आलकॉट से मिले और इस धर्म के पुनर्जागरण हेतु मदद माँगी। कर्नल उन्हें श्रीलंका ले गये जहाँ भंते सुमंगला महानायक ने आयोतीदास को श्रीलंका के विद्योदम कॉलेज में प्रधानाचार्य नियुक्त किया। कर्नल आलकॉट, मादाम ब्लाड्व्स्की और भंते अनागरिक धर्मपाल की प्रेरणा से उन्होंने 1898 में मद्रास में साउथ इण्डियन शाक्य बुद्धिस्ट एसोसिएशन की स्थापना की। बहुत कम समय में ही दलित समाज के बीच बौद्ध विचार और आंदोलन का असर दिखायी देने लगा। चिंगलपेट, मद्रास, आरकोर, कोलार, बंगलुरु और हुबली में बौद्ध प्रभाव देखा जाने लगा। यही नहीं आयोतीदास के प्रयासों से बर्मा, श्रीलंका, फ़िज़ी, मलेशिया और दक्षिण अफ्रीका में भी बौद्ध आंदोलन के प्रचार-प्रसार में इजाफ़ा हुआ। आयोतीदास की तमिल-रचनाओं में भारतीय समाज पर ब्राह्मणी वर्चस्व और उसके द्वारा किये गये शोषण का उल्लेख मिलता है। उनकी तमिल पुस्तकों में *बुद्धार आदिवेदम, थिरूवल्लवर आराची, कुराल*

कादवुल वाझथू, अंबिकाय अम्मन तथा *इंदीरार देशा सारीत्रम* शामिल हैं। इन सभी में ब्राह्मणों की कथित श्रेष्ठता के कारण उपजी सामाजिक विषमता को रेखांकित किया गया है। उत्पीड़ितों में चेतना लाने के लिए उन्होंने 1907 में मद्रास से एक साप्ताहिक *ओरु पैसा तमिझन (एक पैसा तमिलियन)* प्रकाशित करना शुरू किया। साल भर बाद पाठकों की माँग पर इस पत्र के नाम से *ओरु पैसा* हटा दिया गया। इस पत्र का प्रकाशन आयोतीदास की मृत्यु के बाद भी होता रहा। पहले उनके बेटे पट्टाभिरमन ने इसकी ज़िम्मेदारी उठायी और फिर उनके अनुयायी जी. अप्पादुरैर ने। आयोतीदास सामाजिक समस्याओं पर *लंदन टाइम्स* में भी लेख लिखा करते थे जिनमें दलितों की समस्याओं के साथ कांग्रेस से संबंधित कार्यक्रमों तथा उनकी योजनाओं का उल्लेख होता था।

कोयम्बटूर ज़िले के एक गाँव में अछूत परिवार में पैदा हुए आयोतीदास का नाम कार्तवारायन था, लेकिन बाद में उन्होंने अपने विद्वान अध्यापक आयोतीदास कविराज पांडीतर का नाम अपना लिया। युवावस्था में वे अद्वैत वेदांत की तरफ़ आकर्षित हुए और 1870 में अद्वैतानंद सभा की स्थापना की। उनके जीवन का शुरुआती दौर इस संगठन के लिए काम करते बीता। इस दौर में उन्होंने सभा के तहत नीलगिरी क्षेत्र के आदिवासियों को गोलबंद किया ताकि वहाँ चल रही ईसाई धर्मांतरण की मुहिम का प्रतिकार किया जा सके। 1881 में आयोतीदास ने द्रविड़ महाजन संघम की नींव डाली। इस संगठन की तरफ़ से आयोतीदास ने अंग्रेज़ सरकार को प्रतिवेदन दिया कि जनगणना में उत्पीड़ित वर्गों (ख़ासकर अछूतों) को 'पूर्व तमिझर' की श्रेणी में दर्ज किया जाना चाहिए।

संघम के पहले सम्मेलन में एक दस सूत्रीय माँगपत्र पेश किया गया जिस पर नज़र डालते ही पता चल जाता है कि यह भविष्य के दलित आंदोलन की पूर्व-घोषणा जैसा था। संघम ने माँग की कि उत्पीड़ित वर्गों को 'पारिया' (अंत्यज या अछूत) कह कर अपमानित करने वालों को कड़ी सज़ा देने वाला क़ानून बने, उत्पीड़ितों के बच्चों को शिक्षित करने के लिए अलग से स्कूल खोले जाएँ और उनकी आधी फ़ीस माफ़ की जाए, मैट्रिक पास करने वाले ऐसे छात्रों में से हर साल तीन छात्र चुने जाएँ जिन्हें सरकारी वज़ीफे के आधार पर स्नातक स्तर तक की पढ़ाई का मौक़ा मिले, मैट्रिक तक पढ़ने वाले हर उत्पाड़ित वर्ग के युवक को सरकारी नौकरी की गारंटी प्राप्त हो, सरकारी सेवाओं में उत्पीड़ित वर्ग के प्रार्थियों को नौकरी प्राप्त करने में किसी क़िस्म की बाधा न डाली जाए, नौकरी देने का आधार टैक्स देने की क्षमता न हो कर शिक्षा और उपयुक्त आचरण होना चाहिए, गाँवों में उत्पीड़ित वर्ग के प्रतिनिधियों को नियुक्त किया जाए ताकि इस तबक़े की शिकायतों और ज़रूरतों की जानकारी सरकार को मिलती रहे, जेल क़ानून में संशोधन किया जाए ताकि जेलों में निचले वर्ग

आयोतीदास पांडीतर (1845-1914)

के क़ैदियों से केवल अस्वच्छ काम लिए जाने का चलन बंद हो सके, सार्वजनिक तालाबों और कुओं से निचले वर्ग को लोगों को पानी लेने का अधिकार हो, अदालतों और दफ़्तरों में अछूतों के प्रवेश और बैठने पर लगी पाबंदी ख़त्म की जाए, निचले तबक़ों से योग्य लोगों को छाँट कर गाँव का मुंसिफ़ बनाया जाए और जब कलक्टर गाँव का दौरा करे तो उसके सामने दलितों को अपनी शिकायतें रखने का मौक़ा मिलना चाहिए। यह माँग पत्र महाजन संघ की तरफ़ से भारतीय राष्ट्रीय कांग्रेस के महामंत्री वीरराघवाचेरियर को भेजा गया लेकिन उनकी तरफ़ से कोई जवाब नहीं आया। दिलचस्प बात यह है कि यह माँगपत्र 1881 में मुसलमान संगठनों के पास भी भेजा गया था, लेकिन उनकी तरफ़ से भी कोई प्रतिक्रिया नहीं हुई। आयोतीदास कांग्रेस के नेतृत्व में चल रही राष्ट्रवादी परियोजना के आलोचक थे। वे यह मानने के लिए तैयार नहीं थे कि अंग्रेज़ी हुकूमत के मुक़ाबले स्व-शासन बेहतर होगा। उनकी निगाह में कांग्रेस मुख्य तौर पर ब्राह्मणों की पार्टी थी और ब्रिटिश हुकूमत के कारण ही पहली बार अंत्यजों को मनुष्य की तरह देखने की गुंजाइश पैदा हो सकी थी। 1906 की सूरत कांग्रेस में जब नरमदलियों और गरमदलियों के बीच टकराव हुआ तो आयोतीदास ने उसे आड़े हाथों लेते हुए कहा कि ये लोग तो ख़ुद को शिक्षित और ज्ञानी कहते हैं। उन्होंने पूछा कि क्या स्व-शासन के दौरान कांग्रेसी अछूतों को गवर्नर और ब्राह्मणों को फ़ौज का कमांडर बनायेंगे? नहीं, वे कहेंगे कि अछूतों को शासन करना नहीं आता और ब्राह्मण युद्धकला में प्रशिक्षित नहीं होते। आयोतीदास का कहना था कि सच्चा स्व-शासन तो तब क़ायम होगा जब ब्राह्मण और अछूत भाई-

भाई की स्थिति में होंगे और ऐसा केवल बौद्ध धर्म अपनाने से ही हो सकता है। 1890 में आयोतीदास ने बौद्ध धर्म ग्रहण किया और आजीवन उसी विचार से जुड़े रहे। औपनिवेशिक युग में हज़ारों उत्पीड़ितों ने उनका बताया हुआ रास्ता पकड़ा और उनके विचार का प्रचार-प्रचार किया। सिर्फ़ दलित और पिछड़े नहीं, बल्कि उनके अनुयायी समाज की हर जाति तथा वर्ग से आये थे। ख़ास तौर से उनका संदेश वहाँ ज़्यादा तेज़ी से फैला जहाँ उत्पीड़न सघन था। चैन्नई, कोलाद और बंगलुरु जैसी जगहों में उनके विचारों के इर्द-गिर्द गोष्ठियाँ होने लगीं। बहसें शुरू हुईं।

आयोतीदास की मान्यता थी कि ब्राह्मणवादियों के साथ-साथ ईसाई समुदाय के लोगों ने भी दलितों के साथ आपत्तिजनक व्यवहार किया है। ईश्वर के अस्तित्व पर हिंदुओं और ईसाइयों के बीच की सहमति उनके सामने स्पष्ट थी। वे नहीं चाहते थे कि उत्पीड़ित समुदाय हिंदुओं और ईसाइयों के विश्वासों और आस्थाओं में उलझे रहें। दरअसल, द्विज जिस धर्म में धर्मांतरण करके गये थे, वहाँ वे अपनी जाति-व्यवस्था भी साथ लेते गए। यही इसलाम के साथ भी हुआ। इसीलिए इसलाम और ईसाइयत में भी जातिगत भेदभाव व्याप्त हो गया। औपनिवेशिक युग में आयोतीदास ने अपने अनुयायियों को धार्मिक और सामाजिक द्वंद्वों से बाहर आने को प्रेरित किया और तमिल बौद्धों के लिए आधुनिक बुद्ध के रूप में उभरे। आयोतीदास ने जीवन के हर क्षेत्र में विकास की सम्भावनाओं पर बल दिया। कर्नल आलकॉट के सहयोग से मद्रास में पाँच स्कूल शुरू किये। शिक्षा को अज्ञानता दूर करने की औषधि के रूप में स्थापित किया। इसे उन्होंने तमिल सिद्ध मेडिशन का नाम दिया। इस अभियान में उन्होंने सवर्ण विद्वज्जनों से भी सहयोग लिया और उनकी प्रशंसा की।

देखें : अनुसूचित जातियाँ, अस्मिता की भारतीय राजनीति, अन्य पिछड़े वर्ग, आयंकाली, आम्बेडकर-गाँधी विवाद, इरोड वेंकट रामस्वामी नायकर पेरियार, कांशी राम, गाड़गे बाबा, गोपाल बाबा वलंगकर, ज्योतिराव गोविंदराव फुले, जाति और जाति-व्यवस्था-1 से 4 तक, बहुजन समाज पार्टी-1 और 2, बाबू मंगूराम, भदंत आनंद कौसल्यायन, भीमराव रामजी आम्बेडकर, भारतीय संविधान-1 से 8 तक, स्वामी अछूतानंद हरिहर।

संदर्भ

1. वी. गीता और एस.वी. राजादुरै (1993), 'दलित्स ऐंड नॉन-ब्राह्मिंस कांशसनेस इन कोलोनियल तमिलनाडु', *इकॉनॉमिक ऐंड पॉलिटिकल वीकली,* खण्ड 28, अंक 39.
2. वी. गीता और एस.वी. राजदुरै (1998), *टुवड्‌र्स अ नॉन-ब्राह्मिन मिलेनियम : आयोतीदास टू पेरियार,* साम्य, कोलकाता.
3. काशीनाथ कावलेकर (1979), *नॉन-ब्राह्मिन मूवमेंट इन साउथ इण्डिया,* शिवाजी युनिवर्सिटी प्रेस, कोल्हापुर.

—मोहनदास नैमिशराय

आशिस नंदी-1

(पश्चिम का अनूठा विकल्प : अंतरंग अरि)

(Ashis Nandy-1)

राजनीतिक-मनोविज्ञान के विद्वान आशिस नंदी (1937-) ने आधुनिकता, राष्ट्रवाद और सेकुलरवाद के प्रखर आलोचक के तौर पर अंतर्राष्ट्रीय ख्याति अर्जित की है। सारे जीवन विकासशील समाज अध्ययन पीठ (सीएसडीएस) से जुड़े रहे नंदी की 1983 में प्रकाशित रचना *द इंटीमेट एनमी : लॉस ऐंड रिक्वरी ऑफ़ सेल्फ़ अंडर कोलोनियलिज़्म* भारतीय समाज-विज्ञान की सर्वश्रेष्ठ उपलब्धियों में से एक है। अस्सी और नब्बे के दशकों में हुए सेकुलरवाद संबंधी विमर्श के केंद्र में नंदी का ही एक विचारोत्तेजक निबंध 'एंटी-सेकुलरिस्ट मेनीफ़ेस्टो' था। असाधारण चिंतक, प्रचुर लेखक, पब्लिक इंटलेक्चुअल, भविष्यवादी विचारक और मानवाधिकार कार्यकर्ता के रूप में नंदी ने भारत ही नहीं बल्कि पूरे दक्षिण एशिया के सार्वजनिक जीवन को वैचारिक रूप से उत्प्रेरित किया है। पश्चिम द्वारा स्थापित ज्ञान की राजनीति के मुक़ाबले सांस्कृतिक और राजनीतिक असहमति के प्रवक्ता के तौर पर नंदी की आवाज़ सारी दुनिया के बौद्धिक हलकों में बड़े ध्यान से सुनी जाती है। उनकी रचनाओं, गतिविधियों और शख़्सियत ने भारत और तीसरी दुनिया के अन्य देशों के बीच बौद्धिक संवाद की ज़मीन मुहैया कराने में अभूतपूर्व योगदान किया है। ज्ञान के आधुनिक विमर्श में पारंगत होने के बावजूद नंदी की रचनाएँ अकादमीय ज्ञान की अनुशासनबद्ध सीमाओं में बँधने से इनकार करती हैं। पारम्परिक हों या आधुनिक, प्रच्छन्न हों या प्रत्यक्ष और धार्मिक हों या बुद्धिवादी, उनके लिए ज्ञान के सभी स्रोत वैध हैं। वैकल्पिक राजनीतिक और चिंतन के पैरोकारों के बीच उनके विचारों और सूत्रीकरणों को हाथों-हाथ लिया जाता है।

आशिस नंदी का जन्म 1937 में एक बंगाली प्रोटेस्टेंट ईसाई परिवार में हुआ था। जन्म के समय उनका परिवार भागलपुर (बिहार) में था जो बाद में कोलकाता चला आया। उनकी माँ प्रफुल्ल नलिनी ल मार्टिनियर स्कूल में पढ़ाती थीं। नागपुर के मेडिकल कॉलेज में दाख़िला लेने वाले नंदी का जल्दी ही डॉक्टरी की पढ़ाई से जी भर गया। इसलिए बीच में ही उन्होंने वहीं के हिसलॉप कॉलेज में समाजशास्त्र का अध्ययन शुरू कर दिया। उन्होंने अपनी पीएचडी गुजरात विश्वविद्यालय, अहमदाबाद से की। सत्तर के दशक में वे विकासशील समाज अध्ययन पीठ (सीएसडीएस) में आये और 1978 में उनकी पहली पुस्तक रेमंड ली ओवेंस के साथ प्रकाशित हुई। इसके बाद चिंतन और लेखन का एक लम्बा

सिलसिला शुरू हुआ जो आज तक जारी है। उनकी आज तक बीस से ज़्यादा पुस्तकें और अनगिनत शोध-आलेख प्रकाशित हो चुके हैं। एक रैडिकल बुद्धिजीवी के तौर पर मीडिया में उनकी सार्वजनिक उपस्थिति सटीक और विचारोत्तेजक टिप्पणियों के रूप में सामने आती रहती है।

बौद्धिक जगत में नंदी ने अपना पहला उल्लेखनीय हस्तक्षेप 1980 में किया जब उनकी दो पुस्तकें *एट द एज्ज ऑफ़ साइकोलॅजी : एसेज़ इन पॉलिटिक्स ऐंड क्लचर* और *आल्टरनेटिव साइंसिज़ : क्रिएटिविटी ऐंड ऑथेंटिसिटी इन टू इण्डियन साइंटिस्ट्स* प्रकाशित हुईं। *आल्टरनेटिव साइंसिज़* में विख्यात वनस्पतिशास्त्री जगदीश चंद्र बोस और असाधारण प्रतिभा के धनी भारतीय गणितज्ञ श्रीनिवास रामानुजन के जीवन और कृतित्व का विश्लेषण करते हुए नंदी ने दिखाया कि आधुनिक और पारम्परिक भारत ने पश्चिम द्वारा स्थापित विज्ञान की संस्कृति के साथ लेन-देन करते हुए किस प्रकार अपनी नयी आत्म-परिभाषा खोजने का यत्न किया। बोस और रामानुजन की वैज्ञानिक परियोजनाओं की आलोचना करते हुए नंदी ने सवाल उठाया कि क्या पश्चिम को ही संदर्भ-बिंदु बना कर पश्चिम का सच्चा विकल्प गढ़ा जा सकता है?

नंदी की विचार-यात्रा अधिकांशत: उनके इस सूत्रीकरण पर टिकी हुई है कि पश्चिम का ज्ञान-प्रतिमान अ-मनुष्य या उपमनुष्य पर मनुष्य की सम्पूर्ण श्रेष्ठता स्थापित करता है, वह स्त्रीत्व के ऊपर पुरुषत्व की बेहतरी थोपता है, बालक को वयस्क के मातहत कर देता है, ऐतिहासिक के मुक़ाबले अनैतिहासिक को कमतर बताता है और आधुनिक-प्रगतिशील को पारम्परिक की अपेक्षा प्राथमिक समझता है। पश्चिम के ज्ञान-काण्ड को नंदी ने एक ऐसे संसार की रचना के प्रयास के रूप में देखा जो पूरी तरह से समरूपीकृत, प्रौद्योगिकीय रूप से नियंत्रित और नीचे से ऊपर तक श्रेणीबद्ध होगा। यह संसार ख़ुद को सेकुलर, मोक्ष, प्रगति और अति-पुरुषत्व की विचारधाराओं पर आधारित करेगा। नंदी ने यह भी देखा कि पश्चिमी आस्थाएँ आधुनिक और आदिम, सेकुलर-ग़ैर-सेकुलर, वैज्ञानिक और अवैज्ञानिक, विशेषज्ञ और जन-साधारण, सामान्य और विकृत, विकसित और अविकसित, नेता और अनुयायी, मुक्त और मुक्त करने योग्य जैसे द्विभाजनों पर टिकी हुई हैं।

नंदी को इसमें कोई शक नहीं है कि ऐसे पश्चिम का विकल्प खोजना होगा। लेकिन वह विकल्प कैसा होगा? क्या यह पश्चिम का तिरस्कार करके बनाया जा सकता है? नंदी की मान्यता है कि ऐसा नहीं हो सकता, क्योंकि पश्चिम अब केवल भौगोलिक अस्तित्व नहीं रह गया है। वह एक मनोवैज्ञानिक श्रेणी है। वह विचार-प्रक्रियाओं में स्थान बना चुका है। वह न केवल उत्पीड़नकारी संरचनाओं का हिस्सा है, बल्कि उत्पीड़ितों के साथ भी उसका हेल-मेल है। इसलिए पश्चिम विरोधी होने में पश्चिम-समर्थक होना भी निहित है।

इसीलिए उपनिवेशवाद का विरोध करने वाले अपने मानस के उपनिवेशीकरण के लिए क्षमायाचना करते हुए से लगते हैं।

चिंतन के इसी मुक़ाम पर नंदी अपने वांछित विकल्प को न केवल पश्चिम/प्रति-पश्चिम के द्विभाजन के परे स्थित करते हैं, बल्कि वे आधुनिक और पारम्परिक की देशज गढ़ंत से भी सहमत नहीं हैं। वे चाहते हैं कि ऐसा पश्चिम गढ़ा जाना चाहिए जिसके आधार में उत्पीड़ित का नज़रिया हो। केवल ऐसा पश्चिम ही ग़ैर-पश्चिम को उसकी पीड़ा की रोशनी में समझ पायेगा। यानी, नंदी पश्चिम के विकल्प के साथ-साथ वैकल्पिक पश्चिम भी चाहते हैं। नंदी की मान्यता है कि उत्पीड़न की आधुनिक संरचनाओं को शासक बनाम शासित या शोषित बनाम शोषक के संदर्भ में नहीं समझा जा सकता। विकल्प ऐसा होना चाहिए कि जैसे ही उसके दायरे में उत्पीड़क प्रगट हो, उसका उद्‌घाटन एक अत्यधिक मनोवैज्ञानिक क्षरण के शिकार उत्पीड़ित के रूप में हो सके। अगर उत्पीड़ित अपने नज़रिये पर आधारित वैकल्पिक पश्चिम गढ़ लेंगे तो उन्हें उसके साथ रहने में सुविधा होगी और दूसरी तरफ़ वे प्रभुत्वशाली पश्चिम के लुभावने आगोश के ख़िलाफ़ प्रतिरोध भी करते रहेंगे।

उपनिवेशित और उपनिवेशक के बीच इसी जटिल संबंध का बेहतरीन संधान नंदी ने *इंटीमेट एनेमी* में किया। क़रीब सौ पृष्ठ की इस रचना ने उन्हें भारत ही नहीं दुनिया भर में प्रतिष्ठित कर दिया। नंदी के अनुसार पश्चिम का उपनिवेशक ख़ुद को आक्रामक, पौरुषपूर्ण और सभ्य के रूप में देखता था। वह मान कर चलता था कि ग़ैर-पश्चिम के उपनिवेशित की संस्कृति आदिम और बालसुलभ है। क्लीव, स्त्रैण, कमज़ोर और निष्क्रिय उपनिवेशित भला वयस्क, पुरुष और वीर्यवान उपनिवेशक को क्या सिखा सकता है? कुछ नहीं। सिखाने की ज़िम्मेदारी तो उपनिवेशक की है। नंदी का कहना है कि उपनिवेशिक ताक़तों की इस आत्म-छवि ने उसके प्रति असहमति बुलंद करने वालों के भीतर अपनी ही प्रति-छवि स्थापित कर दी। दूसरी तरफ़ उपनिवेशवाद की बुराइयों के ख़िलाफ़ बोलने वाले युरोपीय बुद्धिजीवियों ने राजनीतिक अर्थशास्त्र का नज़रिया अपनाते हुए पश्चिम को होने वाले भौतिक लाभों को ही रेखांकित किया। लेकिन वे भूल गये कि उपनिवेशवाद की उक्त विचारधारा ने ख़ुद उपनिवेशकों पर भी उतना ही हानिकारक असर डाला। उपनिवेशित की जितनी दुर्गति उपनिवेशवाद ने की, उतना ही अमानवीकरण उसने उपनिवेशक का किया। दोनों के बीच का यह संबंध परिवार के उस अत्याचारी मुखिया जैसा था जो अपने परिजनों पर जितना सितम ढाता है, उतना ही अधिक उसकी अपना मानवता घटती जाती है और साथ ही एकीकृत परिवार भी उत्पीड़ितों के गुटों में विखण्डित होता जाता है।

इंटीमेट एनेमी के ज़रिये नंदी ने दिखाया कि युरोपीय ताक़तों ने अपने उपनिवेशों में जो कुछ किया वह उनके अपने गृह-देशों में नयी राजनीतिक और सार्वजनिक संस्कृति के रूप में वापिस आया। उपनिवेशवाद ने ब्रिटेन को सांस्कृतिक दृष्टि से रूपांतरित कर दिया। ब्रिटेन में कोमलता, मीमांसात्मक चिंतन और आत्म-निरीक्षण को स्त्रैण क़रार दे दिया गया। परिणामस्वरूप सार्वजनिक जीवन पर ब्रिटिश औपनिवेशिक जीवन के सर्वाधिक पाशविक और मर्दाने तत्त्व हावी हो गये। समाज में स्त्रियों और निम्नवर्गों की भूमिका सीमित और महज़ यांत्रिक क़िस्म की रह गयी। इस प्रकार उपनिवेशवाद अंग्रेज़ स्त्रियों, बच्चों, मज़दूर वर्ग और अन्य निचले तबक़ों की त्रासदी में बदल गया। उपनिवेशों में दण्डित करने, अनुशासित करने, उत्पादनकारी कामों में झोंकने और अधीनस्थ करने की जो संहिताएँ अपनायी गयी थीं, उन्हें गृह-देश में हिंसा के संस्थागत और सामाजिक-डार्विनवाद का क्रूर रूपों को प्रोत्साहित करने के लिए अपनाया गया।

नंदी ने निष्कर्ष निकाला कि सदियों तक चले औपनिवेशिक शासन की पीड़ा ने साम्राज्यवादियों के शिकारों को ही नहीं बल्कि ख़ुद साम्राज्यवादियों की संस्कृति और मानस को विकृत कर डाला। धीरे-धीरे यह विकृति एक स्वाभाविक स्थिति में बदल गयी। उपनिवेशित और उपनिवेशक एक परस्पर बंधन में बँध गये। उपनिवेशवाद अपने विरोधी का केवल अरि ही नहीं था, वह उसका अंतरंग अरि बन गया।

आधुनिक ज्ञान-परम्परा और विज्ञान के प्रभुत्व के नंदी द्वारा प्रस्तावित जिस विकल्प की ऊपर चर्चा की गयी है उसके जेंडर संबंधी कोण का उल्लेख किये बिना नंदी के विमर्श की कहानी पूरी नहीं हो सकती। नंदी बताते हैं कि पारम्परिक तौर पर भारतीय विचार पुरुषत्व के ऊपर नारीत्व और क्लीवत्व (अर्धनारीत्व या उभयलैंगिकता) को प्राथमिकता देता रहा है। लेकिन उपनिवेशवादियों के प्रभाव में भारत ने अपने लैंगिक चेतना में रैडिकल तब्दीली कर ली। नतीजा यह हुआ कि नारीत्व और क्लीवत्व को पुरुषत्व को नकारने वाले रोग की संज्ञा दी जाने लगी। उभयलैंगिकता के सभी रूपों को बेलौस पुरुषत्व की ख़तरनाक एंटीथीसिस क़रार दे दिया गया। दिलचस्प बात यह है कि इंटीमेट एन.मी की पृष्ठों पर उभरने वाले लगभग सभी किरदार (गाँधी, ऑस्कर वाइल्ड, रुडयार्ड किपलिंग, सी.एफ़. ऐंड्रूज़ और अरविंद) अपनी उस सेक्शुअलिटी के लिए जाने जाते हैं जो स्पष्ट रूप से केवल और केवल पुरुषत्व नहीं है। लेकिन, इसका मतलब यह नहीं निकाला जा सकता कि नंदी स्त्रीत्व के अंधाधुंध समर्थक हैं। दरअसल, वे इंदिरा गाँधी और मार्गरेट थैचर जैसी शख़्सियतों के हवाले से यह भी बताते हैं कि स्त्रीत्व के कुछ रूप पुरुषत्व की अनुकृति भी हो सकते हैं।

देखें : आनंद केंटिश कुमारस्वामी, जोसेफ़ चेल्लादुरै कुमारप्पा, धीरूभाई शेठ, यशदेव शल्य, रजनी कोठारी, वासुदेव शरण अग्रवाल, चेतपट वेंकटसुब्बन शेषाद्रि.

संदर्भ

1. ज़ियाउद्दीन सरदार, 'दि ए, बी, सी, डी (ऐंड ई) ऑफ़ आशिस नंदी', *रिटर्न फ्रॉम एग्ज़ाइल*, ऑक्सफ़र्ड युनिवर्सिटी प्रेस,
2. आशिस नंदी, *आल्टरनेटिव साइंसेज़ : क्रिएटिविटी ऐंड एथांटिसिटी इन टू इण्डियन साइंटिस्ट्स*, एलाइड, नयी दिल्ली, ऑक्सफ़र्ड युनिवर्सिटी प्रेस, नयी दिल्ली, 1995
3. आशिस नंदी, *द इंटीमेट एनमी : लॉस ऐंड रिक़वरी ऑफ़ सेल्फ़ अंडर कोलोनियलिज़म*, ऑक्सफ़र्ड युनिवर्सिटी प्रेस, दिल्ली, 1983
4. आशिस नंदी, *देशभक्ति बनाम राष्ट्रवाद : रवींद्रनाथ ठाक़ुर और इयत्ता की राजनीति*, अनु. अभय कुमार दुबे, वाणी प्रकाशन, दिल्ली,

—अभय कुमार दुबे

आशिस नंदी-2

(सेकुलरवाद के विरुद्ध घोषणा-पत्र)

(Ashis Nandy-2)

इंटीमेट एनेमी जैसी युग-प्रवर्तक रचना के प्रकाशन के केवल दो साल बाद नंदी ने 1985 में 'सेमिनार' पत्रिका के लिए एक लेख लिखा जिसका शीर्षक था 'एंटी-सेकुलरिस्ट मेनिफ़ेस्टो'। इस बेहद दिलचस्प लेख का शीर्षक भड़काऊ ज़रूर था, पर उसका विश्लेषण काफ़ी पेचीदा और नफ़ीस साबित हुआ। इस घोषणा-पत्र में नंदी ने एक तालिका के ज़रिये सेकुलरवाद की डिग्रियाँ पेश कीं। तालिका के अनुसार कोई निजी जीवन में धार्मिक हो कर भी सार्वजनिक जीवन में सेकुलर हो सकता है, और कोई इसका ठीक उलट। कोई ख़ुफ़िया तौर पर धार्मिक या सेकुलर हो सकता है, तो कोई खुला धार्मिक या सेकुलर। कोई निजी और सार्वजनिक यानी दोनों दायरों में धार्मिक या सेकुलर हो सकता है। नंदी ने आधुनिक राष्ट्र द्वारा आरोपित धार्मिक और सेकुलर का द्विभाजन दिखाते हुए सेकुलरवाद के दो रूपों के बीच फ़र्क़ भी किया। उनके अनुसार एक रूप धर्म को राजनीति से अलग करने में दिलचस्पी रखने वाला पश्चिमीकृत आधुनिकतावादी क़िस्म का है, दूसरा धर्म का विरोधी न हो कर युरोकेंद्रीयता, विदेशी-द्वेष और कट्टरपंथ का विरोधी है। नंदी ने दावा किया कि सेकुलरवाद के दूसरे रूप की भूमिका भारत में गौण हो चुकी है। पहले क़िस्म के सेकुलरवाद के आधुनिकतावादी और राज्यवादी दुराग्रह के कारण धर्म आधारित राजनीति का प्रभाव बढ़ता चला जा रहा है।

नंदी ने धर्म के दो रूपों के बीच भी फ़र्क़ करते हुए दिखाया कि धर्म की एक निर्मिति आधुनिकतावादी और विचारधारात्मक क़िस्म की है, जिसके साथ तादात्म्य स्थापित करने में पश्चिमीकृत सेकुलरवाद को कोई दिक़्क़त नहीं होती। लेकिन उसकी दूसरी निर्मिति दैनंदिन जीवन की आध्यात्मिकता से जुड़ी है, जिसे सेकुलरीकरण ख़त्म कर देना चाहता है। नंदी ने अपनी बात साबित करने के लिए ठोस राजनीतिक प्रेक्षण भी किये। जैसे, उन्होंने तर्क दिया कि आज़ादी के बाद शुरू में राजनीतिक गोलबंदी का दायरा शहरों तक ही सीमित था, इसलिए सेकुलरीकरण की प्रक्रिया कामयाबी से चली। पर जैसे ही लोकतांत्रिक सहभागिता का विस्तार हुआ, सेकुलरवाद की सीमाएँ साफ़ होने लगीं। धर्म के राजनीति से बहिष्करण का नतीजा यह हुआ कि धर्म की बुराइयाँ तो राजनीति में व्यक्त होने लगीं, लेकिन उसकी अच्छाइयाँ सार्वजनिक जीवन के भ्रष्टाचार और हिंसा को संयमित करने के लिए उपलब्ध नहीं रह गयीं। आधुनिकतावादी आग्रहों ने धार्मिक और जातीय

आशिस नंदी (1937-)

अल्पसंख्यकों के प्रति प्रबंधकीय रवैया अख़्तियार कर लिया जिसका पतन बहुसंख्यकवाद के मुताबिक़ लिए निर्णयों में होना ही था। भारतीय राष्ट्र-राज्य को मिलने वाली जातीय और धार्मिक चुनौतियाँ इन्हीं हालात की पैदाइश थीं। नंदी के मुताबिक़ सेकुलरवादी व्यवहार ने कट्टरपंथी राजनीति को जन्म दिया। सार रूप में दोनों ही आधुनिकता के प्रत्यय की उपज थे। दोनों ही साधारण धर्मावलम्बियों से नफ़रत करते पाये गये। धार्मिक जज़्बात नहीं, बल्कि साम्प्रदायिकता का सेकुलर इस्तेमाल ही दंगों का कारण बना। नंदी ने दावा किया कि नतीजे के तौर पर दक्षिण एशियाई समाजों में धार्मिक सहिष्णुता के आयामों का प्रयोग किये बिना एक सहिष्णु समाज बनाने के तजरुबे के तौर पर सेकुलरवाद आज नाकाम हो चुका है।

नंदी के विमर्श का एक संस्करण भविष्यवादी भी है। लेकिन वे डैनियल बेल और हरमन कान जैसे भविष्यवादी नहीं हैं जिन्होंने भविष्य-अध्ययन को एक औपचारिक क़िस्म के सीमाबंद अनुशासन में बदल दिया है। नंदी का आग्रह है कि भविष्य-अध्ययन की सीमाओं को दोनों सिरों पर खुला रखना चाहिए। वे आने वाले वक़्त को एक बहुलवादी भविष्य की अभिव्यक्ति के तौर पर देखते हैं। उनकी चिंता यह है कि आधुनिकता, विज्ञान, प्रगति और बुद्धिवाद के खाँचे में फ़िट न होने वाली संस्कृतियों का क्या हश्र होगा। उनका सुझाव है कि मानवीय प्रारब्ध को जब तक बहुलवादी दृष्टि से नहीं देखा

जाएगा तब तक इन संस्कृतियों का भविष्य अंदेशों का शिकार बना रहेगा। नंदी का ख़याल है कि राजनीति चाहे अतीत की हो या वर्तमान की, वह वर्तमान को गढ़ने की कोशिश करती है। इस चक्कर में होता यह है कि एक उत्पीड़ित न करने वाला वर्तमान पाने या एक न्यायप्रद और टिकाऊ भविष्य हासिल करने की परियोजनाएँ अक्सर उत्पीड़न की नयी प्रविधियों में पतित हो जाती हैं। नंदी चाहते हैं कि बौद्धिक अनुशासनों, संस्कृतियों, जेंडरों, भविष्यों और विकल्पों की चौहद्दियाँ बहुत स्पष्ट रूप से रेखांकित न रहें। उनमें कुछ अस्पष्टता रहे, वे कुछ न कुछ परस्परव्यापी बनी रहें। केवल तभी बहुलवादी दृष्टि पनप सकती है। इसी तरह वे उच्चभ्रू संस्कृति और निम्नवर्गीय संस्कृति के भी परस्पर सम्मिलन के पक्ष में हैं। नंदी के इन विचारों से कभी-कभी यह भ्रम भी होता है कि शायद वे उत्तर-आधुनिकतावादी है। लेकिन ऐसा है नहीं।

उत्तर-आधुनिकतावाद से नंदी को कुछ नफ़ीस क़िस्म की दिक़्क़तें हैं। जैसे, उत्तर-आधुनिकतावाद विभेदों को रेखांकित करता है। नंदी भी विभेदों का स्वागत करते हैं लेकिन साथ में यह भी नहीं चाहते कि विभेदों को क़ायम रखने वाली सीमाएँ संस्कृतियों को शुद्धतावाद, रूढ़िवाद या राष्ट्रवाद की संकीर्णताओं का शिकार बना दें। इसलिए उत्तर-आधुनिक लेखकों के विपरीत नंदी जातीयता जैसी श्रेणी को नापसंद करते हैं। उन्हें लगता है कि जातीयता प्रामाणिक अंतर्वासियों के मुक़ाबले एक बर्हिवासी अन्य को गढ़ती है। यह प्रक्रिया दोतरफ़ा है। मसलन, अमेरिका में जातीय समूहों के रूप में यहूदी, यूनानी, आइरिश, हिस्पानिक और एशियाई हैं। उनका संबंध एंग्लो-सेक्सन बहुसंख्यक जातीयता से अन्यीकरण का है। इसी से मिलती-जुलती स्थिति भारत में है। जातीयता को एक श्रेणी के रूप में न स्वीकार कर नंदी ने सभ्यता और संस्कृति को अपने विश्लेषण की श्रेणी के रूप में अपनाया है। उनके विमर्श में ये दोनों श्रेणियाँ तक़रीबन एक महा-आख्यान की शक्ल ग्रहण करती चली जाती हैं।

आशिस नंदी जैसे विचारोत्तेजक और सीमाबद्ध होने से इनकार करने वाले चिंतक के साथ विवाद न जुड़े हों, यह हो ही नहीं सकता। उनके सती-प्रथा संबंधी विमर्श ने नारीवादियों की आपत्तियों का सामना किया, और उनके सेकुलरवाद विरोधी विमर्श ने नेहरूपंथियों और मार्क्सवादियों के आक्रमणों का सामना किया। उन पर तरह-तरह के आरोप लगाये गये। नंदी ने इन बौद्धिक संघर्षों से कभी मुँह नहीं फेरा, और हर आलोचना का सुचिंतित उत्तर दिया।

दिलचस्प बात यह है कि नंदी के चिंतन-जगत की कुछ सीमाओं की तरफ़ उनके प्रशंसकों ने भी ध्यान खींचा है। डी.आर. नागराज ने नंदी की रचनाओं के संकलन की भूमिका में लिखा है कि आधुनिकता की आलोचना करने के लिए नंदी ने जिन औज़ारों का सहारा लिया है वे दरअसल आधुनिकता की फ़ैक्ट्री में ही गढ़े गये हैं। फिर चाहे वह राजनीतिक-मनोविज्ञान का अनुशासन हो, भविष्य-अध्ययन हो या फिर संस्कृति-अध्ययन हो। दूसरे, कुल मिला कर नंदी आधुनिकतावादी अनुशासनों और बुद्धि के रूपों की सीमाएँ नहीं लाँघ पाते। इसीलिए उनका आलोचनात्मक विवेक और कल्पनाशीलता अंतत:कहीं न कहीं सीमित रह जाती है। लेखन और अभिव्यक्ति की उनकी प्रविधियाँ और विधियाँ आधुनिक विद्वत्ता के दायरों से ही ली गयी हैं। वे ठेठ देसी क़िस्म के अभिव्यक्ति रूपों, जैसे दृष्टांत, को अपनाने से बचते हैं। हालाँकि उनके लेखन और चिंतन ने प्रमुख कार्यकर्ता समूहों और विकल्पवादी आंदोलनों को प्रभावित किया है, पर वे उस भारतीय बुद्धि की नुमाइंदगी नहीं करते जिसकी अभिव्यक्ति नागार्जुन और शंकर जैसे दार्शनिकों में होती है।

नागराज का विचार है कि उपनिवेशवाद और आधुनिकता की नंदी द्वारा प्रस्तुत आलोचना आधुनिकता से पहले के भारतीय अतीत में मौजूद अन्याय, हिंसा और उत्पीड़न की संरचनाओं को नज़रअंदाज़ करती है। हालाँकि वे कभी साफ़ तौर पर नहीं कहते, पर उनमें प्राक्-आधुनिक भारत को एक ऐसे समाज के रूप में देखने का आग्रह झलकता है जो पूरी तरह से एकीकृत हो। इसीलिए उपनिवेशवाद, आधुनिकता, राष्ट्रवाद और सेकुलरवाद के आख्यानों की रचना में ऊँची जातियों की भूमिका को वे कभी रेखांकित नहीं करते। यह दूसरी बात है कि ये पहलू उनकी अन्य रचनाओं में घुमा-फिरा कर आ जाते हैं। जैसे, गाँधी की हत्या से जुड़ी सांस्कृतिक राजनीति की चर्चा करते हुए वे आधुनिकता की निचली जातियों के दृष्टिकोण से सम्भव आलोचना की तरफ़ इशारा करते हैं।

देखें : आनंद केंटिश कुमारस्वामी, जोसेफ़ चेल्लादुरै कुमारप्पा, मेघनाद साहा, धीरूभाई शेठ, यशदेव शल्य, रजनी कोठारी, वासुदेव शरण अग्रवाल, चेतपट वेंकटसुब्बन शेषाद्रि.

संदर्भ

1. डी.आर. नागराज, 'इंट्रोडक्शन', *एग्ज़ाइल्ड एट होम,* ऑक्सफ़र्ड युनिवर्सिटी प्रेस,
2. आशिस नंदी (सम्पा.), *साइंस, हेजेमनी ऐंड वायलेंस : अ रेक्विम फ़ॉर द मॉडर्निटी,* ऑक्सफ़र्ड युनिवर्सिटी प्रेस, नयी दिल्ली, 1990
3. आशिस नंदी, *द ताओ ऑफ़ क्रिकेट : ऑन गेम्ज़ ऑफ़ डेस्टिनी ऐंड डेस्टिनी ऑफ़ गेम्ज़,* वाइकिंग, नयी दिल्ली, 1989
4. आशिस नंदी, शैल मायाराम, अच्युत यागिनक और शिखा त्रिवेदी, *राष्ट्रवाद का अयोध्या काण्ड : रामजन्मभूमि आंदोलन और फ़ियर ऑफ़ सेल्फ़,* अनु. अभय कुमार दुबे, वाणी प्रकाशन, दिल्ली, 2006

—अभय कुमार दुबे

आंध्र प्रदेश

(Andhra Pradesh)

आज़ाद भारत में एक पूर्ण राज्य के रूप में आंध्र प्रदेश की रचना 1956 में तेलंगाना किसान संघर्ष के दौरान विकसित हुई राजनीति और उसके बाद राज्यों के भाषाई पुनर्गठन की माँग के संयोग से हुई थी। इस प्रदेश का राजनीतिक इतिहास बताता है कि कांग्रेस जैसी राष्ट्रीय पार्टी के मुक़ाबले किसी क्षेत्र की जातीय-सांस्कृतिक पहचान किस तरह ख़ुद को स्थापित करती है। विडम्बना यह है कि जिस तेलंगाना संघर्ष के कारण आंध्र प्रदेश के गठन की ज़मीन तैयार हुई, आज उसी तेलंगाना को अलग प्रांत बनाने की माँग के कारण इस राज्य का विभाजन महज़ औपचारिकता रह गया है। अगस्त, 2013 में केंद्र सरकार अलग तेलंगाना राज्य बनाने की घोषणा कर चुकी है। आंध्र की राजनीति पर लम्बे अरसे से रेड्डियों और कम्मा समुदायों की आपसी प्रतियोगिता हावी रही है। मुख्य रूप से भू-स्वामी और किसानी के पेशे से जुड़ी रही ये जातियाँ किसी ज़माने में भले ही पिछड़ी रही हों, लेकिन अब इनकी स्थिति राज्य में प्रभुत्वशाली जातियों की हो चुकी है। रेड्डी मोटे तौर से कांग्रेस के साथ रहते हैं, और कम्मा तेलुगु देशम पार्टी के साथ। देशम की कांग्रेस विरोधी राजनीति के कारण इसके नेतृत्व ने केंद्र की में ग़ैर-भाजपा बनाने और टिकाने की भूमिका भी निभायी है, और भाजपा नेतृत्व में बनी सरकार को सत्ता में रखने का काम भी इसी पार्टी ने किया है। राज्य के पैमाने पर भी देशम मार्क्सवादी कम्युनिस्ट पार्टी के साथ गठजोड़ कर चुकी है, और भाजपा के साथ भी। देशम की राजनीति का यह विचारधारात्मक लचीलापन बताता है कि क्षेत्रीय शक्तियाँ किस प्रकार व्यावहारिक और परिणामवादी रवैया अपनाने में यक़ीन करती हैं।

आंध्र प्रदेश दक्षिण भारत का एक राज्य है। 2001 की जनगणना के अनुसार इसकी कुल जनसंख्या 18 करोड़ के आसपास और कुल भौगोलिक क्षेत्र 2,75,000 वर्ग किमी. है। इसकी राजधानी हैदराबाद है। द्रविड़ भाषा-परिवार की तेलुगु यहाँ की मुख्य भाषा है। मद्रास प्रेसीडेंसी के तेलुगु भाषी इलाक़ों में हैदराबाद की देशी रियासत का विलय करने से इस राज्य को उसका वर्तमान भूगोल मिला है। मद्रास प्रेसीडेंसी एक बहुभाषाई प्रांत था। इसमें तमिलभाषियों का वर्चस्व होने के कारण तेलुगु बोलने वाले लोग ख़ुद को उपेक्षित महसूस करते थे। इसलिए आज़ादी के आंदोलन के दौरान तेलुगुभाषियों ने ख़ुद को आंध्र (सातवाहन) वंश से जोड़ते हुए ऐतिहासिक भाषाई पहचान पर ज़ोर दिया, जिसके परिणामस्वरूप विशाल आंध्र आंदोलन शुरू हुआ।

1920 में महात्मा गाँधी की पहल पर अखिल भारतीय राष्ट्रीय कांग्रेस में भाषाई आधार पर प्रांतीय समितियाँ गठित करने का फ़ैसला किया गया। तेलुगुभाषियों ने भी यह माँग की कि उनकी भी एक प्रांतीय कमेटी होनी चाहिए। बहरहाल, कांग्रेस की इस शाखा की गतिविधियाँ सिर्फ़ ब्रिटिश प्रभुत्व वाले इलाक़े तक ही सीमित रहीं, क्योंकि उस समय हैदराबाद में निज़ामशाही थी। 1947 में भारत ब्रिटिश शासन से आज़ाद हो गया। इसके बाद अधिकांश रजवाड़ों ने भारतीय गणतंत्र में विलय का फ़ैसला किया, लेकिन हैदराबाद के निज़ाम ने ऐसा करने से मना कर दिया। वह हैदराबाद को एक स्वतंत्र राज्य बनाना चाहता था। उसे उम्मीद थी कि उसके राज्य का आकार बहुत बड़ा होने के कारण अंग्रेज़ भी उसका समर्थन करेंगे। लेकिन हैदराबाद की अधिकांश जनसंख्या भारत में विलय चाहती थी। इसी विशेष परिस्थिति में भारत सरकार ने सितम्बर 1948 में हथियारबंद कार्रवाई करके हैदराबाद को भारत में मिला लिया। दिलचस्प बात यह है कि नेहरू सरकार ने इस कार्रवाई में इस्तेमाल तो सेना का किया था, लेकिन उसे नाम 'पुलिस-कार्रवाई' का ही दिया गया।

1946 से 1951 तक हैदराबाद राज्य के तेलगांना क्षेत्र में जुझारू किसान संघर्ष चला जिसकी बागडोर कम्युनिस्टों के हाथ में थी। भारतीय राज्य के दमन के कारण यह आंदोलन 1951 में ख़त्म हो गया। इस बीच तटीय क्षेत्रों के तेलुगुभाषियों ने एक अलग राज्य के लिए अपना आंदोलन तेज़ कर दिया। 1953 में इस आंदोलन के एक महत्त्वपूर्ण नेता पोट्टी श्रीरामुलु ने आंध्र के गठन की माँग करते हुए आमरण अनशन करके अपने जीवन का बलिदान दे दिया। मज़बूरन प्रधानमंत्री जवाहरलाल नेहरू को भाषाई आधार पर अलग आंध्र प्रदेश बनाने की माँग स्वीकार करनी पड़ी। ग़ौरतलब है कि इसके पहले नेहरू भाषाई राज्यों की मुख़ालफ़त कर रहे थे, क्योंकि वे इस तरह के राज्यों को राष्ट्रीय एकता के लिए ख़तरे की तरह देखते थे। इस तरह आंध्र प्रदेश देश का पहला भाषाई राज्य बना और इसके बाद ही इस तर्ज़ पर दूसरे कई राज्य गठित हुए।

आंध्र प्रदेश में 1953 से लेकर 1983 के बीच हुए सारे चुनावों में कांग्रेस पार्टी का वर्चस्व रहा। आंध्र के एक कांग्रेसी नेता पी.वी. नरसिंह राव देश के प्रधानमंत्री (1991-96) बनने वाले पहले दक्षिण भारतीय नेता थे। 1980 के दशक में राज्य की राजनीति में कांग्रेस के प्रभुत्व को क्षेत्रीय तेलुगु देशम पार्टी से चुनौती मिली। इसका गठन करिश्माई फ़िल्म अभिनेता नंदमूरि तारक रामराव ने किया था। रामराव कम्मा समुदाय के थे, इसलिए उनकी पार्टी के इर्द-गिर्द इस समुदाय की राजनीतिक महत्त्वाकांक्षाएँ आसानी से गोलबंद हो गयीं। कम्माओं को इस बात की नाराज़गी थी कि कांग्रेस में रेड्डियों को ज़्यादा अहमियत मिलती है।

रामराव का राजनीतिक उदय एक परीकथा जैसा लगता है। एक फ़िल्म अभिनेता के तौर पर वे पहले तेलुगुभाषी थे जिन्होंने आंध्र की फ़िल्मों पर तमिलभाषी अभिनेताओं का

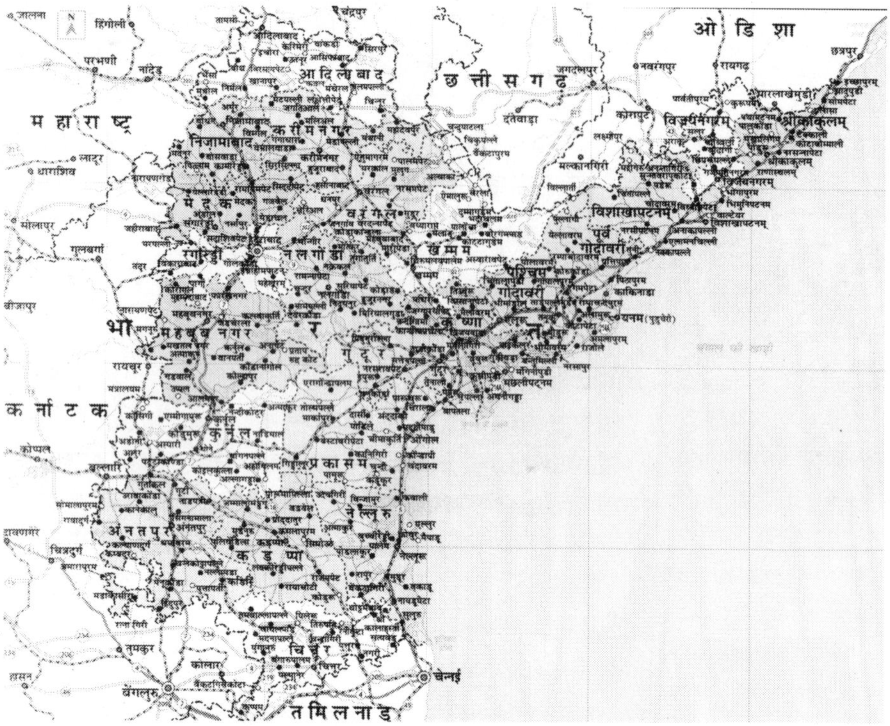

आंध्र प्रदेश : राजनीतिक शक्तियों का बदलता विन्यास

प्रभुत्व तोड़ा। उनकी फ़िल्मी सफलता बेमिसाल थी। अस्सी के दशक में उनमें कुछ राजनीतिक महत्त्वाकांक्षाएँ जागीं, लेकिन वे बेहद सीमित क़िस्म की थीं। उन्होंने कांग्रेस आलाकमान के सामने राज्य सभा की सदस्यता के लिए आवेदन किया। उस समय राजीव गाँधी कांग्रेस महामंत्री के रूप में आंध्र के इंचार्ज थे। उन्होंने तत्कालीन कांग्रेसी मुख्यमंत्री टी. अंजैया के साथ मिल कर रामराव को टिकट न देने का फ़ैसला किया। इससे रामराव चिढ़ गये। उसी समय एक विचित्र घटना घटी जिसका मतलब राजीव गाँधी द्वारा टी. अंजैया के अपमान के रूप में निकाला गया। रामराव ने इसी मुद्दे को उठाया। इसे तेलुगु अस्मिता के अपमान की संज्ञा देते हुए ख़ुद को 'तेलुगु-बिड्डा' के रूप पेश किया। तेलुगु-अस्मिता की आवाज़ ने आंध्र प्रदेश की जनता को गहराई से स्पर्श किया, और देखते-देखते सिर्फ़ कम्माओं के जनाधार वाली नवगठित पार्टी ने 1983 के विधानसभा चुनावों में पहले से जमी हुई कांग्रेस को हरा दिया।

इसके बाद हुए विधानसभा चुनावों में कांग्रेस ने वापसी की। लेकिन 1994 में हुए विधानसभा चुनावों में देशम ने आम जनता की भलाई को चुनावी मुद्दा बनाया। इसने ग़रीबों को दो रुपये किलो के हिसाब से चावल देने का वादा किया। इन चुनावी घोषणाओं और रामराव के करिश्माई व्यक्तित्व के कारण 1990 के दशक में यह देशम भारी बहुमत के साथ सत्ता में वापस आयी। लेकिन कुछ ही समय बाद रामराव की बीमारी का लाभ उठा कर उन्हीं के दामाद और देशम के मुख्य संगठन मंत्री एन. चंद्रबाबू नायडू ने पार्टी और सरकार की कमान अपने हाथों में ले ली। उन्होंने ख़ुद को आंध्र प्रदेश का मुख्य कार्यकारी अधिकारी घोषित किया। नायडू का शासन नव-उदारवादी अभिशासन का सबसे बेहतरीन नमूना माना गया। अपनी इस छवि के आधार पर नायडू आंध्र प्रदेश में सबसे लम्बे समय कार्यकाल वाले मुख्यमंत्री बने। लेकिन उनके शासन में आंध्र प्रदेश के ग़रीब किसानों की उपेक्षा हुई। इस कारण 2004 के विधानसभा चुनावों में उन्हें क़रारी हार का सामना करना पड़ा। इन चुनावों में कांग्रेस ने किसानों और ग़रीबों की बुरी स्थिति को प्रमुख मुद्दा बनाया था। राज्य के माओवादी संगठनों ने भी कांग्रेस का समर्थन किया। लेकिन मुख्यमंत्री बनने के बाद राजशेखर रेड्डी ने उनका सफ़ाया करने की नीति अपनायी।

आंध्र प्रदेश की राजनीति में तेलंगाना को एक अलग राज्य बनाने के सवाल ने पिछले दिनों बेहद महत्त्वपूर्ण आयाम ग्रहण कर लिया है। आंध्र प्रदेश में हैदराबाद का विलय हो जाने के बाद राज्य की राजनीति का केंद्र तटीय क्षेत्रों से हटकर पश्चिमी क्षेत्रों में केंद्रित हो गया। राज्य के उत्तर-पश्चिमी क्षेत्र को तेलंगाना कहा जाता है और राजधानी हैदराबाद भी इसी में शामिल है। तेलंगाना क्षेत्र के बहुत से लोग हमेशा से महसूस करते रहे हैं कि तटीय क्षेत्रों के ज़्यादा धनी और प्रभावकारी लोगों के कारण उनकी हमेशा उपेक्षा हुई है। तेलंगाना आंदोलन साठ के दशक के आख़िरी वर्षों में ही शुरू हो चुका था। इस क्षेत्र के अधिकारी और बेरोज़गार युवा महसूस करते थे कि तटीय क्षेत्र द्वारा उनका शोषण किया जा रहा है। नतीजा यह हुआ कि जनवरी 1969 में खम्मम ज़िले में बहुत से छात्र इस स्थिति के ख़िलाफ़ भूख हड़ताल पर चले गये। इन्होंने तेलंगाना के हितों की सुरक्षा के लिए विशेष उपायों माँग की। धीरे-धीरे आंदोलन हैदराबाद और तेलंगाना के दूसरे क्षेत्रों में भी फैल गया। बाद में एक अलग तेलंगाना राज्य की माँग की जाने लगी। इस आंदोलन को ज़्यादा मज़बूती तब मिली जब तेलगांना क्षेत्र से चुने जाने वाले कांग्रेस विधायकों ने भी इसका समर्थन कर दिया। कांग्रेसी नेता चेन्ना रेड्डी के नेतृत्व में तेलंगाना प्रजा समिति का भी गठन हुआ। लेकिन नवम्बर 1969 में इस संगठन का विभाजन हो जाने के कारण अलग तेलंगाना राज्य का आंदोलन बहुत धीमा पड़ गया।

1990 के दशक में भारतीय जनता पार्टी ने एक अलग तेलंगाना राज्य का समर्थन किया। 2000 में इसने झारखण्ड,

छत्तीसगढ़ और उत्तरांचल (बाद में उत्तराखण्ड) नाम के तीन नये राज्य बनाये। लेकिन तेलंगाना राज्य नहीं बनाया क्योंकि तेलुगु देशम पार्टी इसका विरोध कर रही थी और भाजपा के नेतृत्व वाली केंद्र सरकार उसके समर्थन पर निर्भर थी। हाल के दिनों यह माँग एक बार फिर बहुत ज़ोरदार तरीक़े से उठी। 2004 के विधानसभा चुनावों में इसी आधार पर बनी एक नयी पार्टी तेलंगाना राष्ट्रीय समिति को ज़बरदस्त सफलता मिली। इसी साल हुए लोकसभा चुनावों में भी इस पार्टी का प्रदर्शन अच्छा रहा। फ़रवरी, 2009 में राज्य सरकार ने यह घोषणा की कि उसे सिद्धांत रूप में अलग तेलांगाना राज्य के गठन से कोई दिक़्क़त नहीं हैं। 2009 के लोकसभा और विधानसभा चुनावों के पहले सभी प्रमुख राजनीतिक दलों ने अलग तेलंगाना राज्य की माँग का समर्थन किया। लेकिन कांग्रेस के मुख्यमंत्री रेड्डी ने राजनीतिक कौशल दिखाते हुए इस माँग को ठंडे बस्ते में डाल दिया। रेड्डी की एक हवाई दुर्घटना में मृत्यु हो जाने के बाद कांग्रेस का नया नेतृत्व इस माँग को दोबारा उभरने से नहीं रोक पाया। इस समय राज्य में कांग्रेस की सरकार है जो रेड्डी के बेटे जगन मोहन रेड्डी के विद्रोह के कारण कमज़ोर हो चुकी है। प्रेक्षकों को लगता है कि कांग्रेस तेलंगाना राज्य बना कर अपने विरोधियों को शह देने और अपनी स्थिति सुधारने की जुगाड़ कर रही है।

देखें : अरुणाचल प्रदेश, असम, उत्तर प्रदेश, उत्तराखण्ड, ओडीशा, कर्नाटक, केरल, गोवा, छत्तीसगढ़, जम्मू और कश्मीर, झाड़खण्ड, तमिलनाडु, त्रिपुरा, दिल्ली, नगालैण्ड, बिहार, पंजाब, पश्चिम बंग, भारत में किसान संघर्ष-2, मणिपुर, महाराष्ट्र, मध्य प्रदेश, मिज़ोरम, मेघालय, राजस्थान, राज्यों का पुनर्गठन-2 (संघवाद का भाषाई आधार), हरियाणा।

संदर्भ

1. मोहन राम (1973), 'तेलंगाना पीज़ेंट आर्म्ड स्ट्रगल, 1946-51', *इकॉनॉमिक ऐंड पॉलिटिकल वीकली,* खण्ड 8, अंक 23.
2. पी. सुंदरैया (1972), *तेलंगानाज़ पीपुल्स स्ट्रगल ऐंड इट्स लैसंस,* सीपीआई(एम), कोलकाता.
3. के.सी. सूरी (2009), 'आंध्र प्रदेश : लोकलुभावन राजनीति से परिणामवाद तक का सफ़र', अरविंद मोहन (सम्पा.), *लोकतंत्र का नया लोक : चुनावी राजनीति मे राज्यों का उभार,* लोकनीति-सीएसडीएस-वाणी प्रकाशन, नयी दिल्ली.
4. ह्यू ग्रे (1974), 'फ़ेल्यौर ऑफ़ द डिमांड फ़ॉर अ सेपरेट आंध्रा स्टेट', *एशियन सर्वे,* खण्ड 14, अंक 4.

—कमल नयन चौबे

ऑग्युस्त कॉम्त

(Auguste Comte)

आधुनिक समाजशास्त्र के अग्रदूत और फ्रांसीसी राजनीतिक दार्शनिक इसीडोरे ऑग्युस्त मारी फ्रांस्वा ज़ेवियर कॉम्त (1798-1857) प्रत्यक्षवादी दर्शन के संस्थापक थे। काल्पनिक समाजवादी चिंतक सैं-सिमो की सोहबत में लम्बे अरसे तक रहने के बाद उनके विचारों से प्रभावित हो कर कॉम्त ने भी समाज-रचना के लिए वैज्ञानिकता को आधार बना कर जो प्रस्ताव रखे उनमें भविष्य के औद्योगिक समाज का स्पष्ट चित्र उभरता है। उनकी मान्यता थी कि वैज्ञानिक, औद्योगिक और राजनीतिक क्रांतियों ने एक ऐसी सामाजिक प्रणाली का रास्ता साफ़ कर दिया है जिसके तहत लोगों पर हुकूमत करने की कोई ज़रूरत नहीं रह जाएगी। केवल लोगों के मुश्तरका हितों को विनियमित करने के तंत्र की आवश्यकता होगी। कॉम्त ने भविष्यवाणी की कि नये औद्योगिक समाज को वैज्ञानिक कौशल से लैस लोगों के साथ-साथ संसाधनों पर क़ाबिज़ बैंकर और उद्योगपति मिल कर चलाएँगे। सबसे पहले कॉम्त ने ही 1838 में समाजशास्त्र शब्द का प्रयोग अपनी कृति *द कोर्स इन पॉज़िटिव फ़िलॉसफ़ी* में किया था। हालाँकि पहले उन्होंने राजनीतिक-विज्ञान शब्द का प्रयोग किया था। बाद में उन्हें सामाजिक भौतिकी शब्द पसंद आने लगा। लेकिन इस शब्द का सांख्यिकी में इस्तेमाल होने के कारण उन्होंने इसे त्याग कर समाजशास्त्र शब्द अपनाया।

ऑग्यूस्त कॉम्त का जन्म 19 जनवरी, 1798 को फ्रांस के मौटपेलियर नामक स्थान पर एक कैथॅलिक परिवार में हुआ था। परिवार परम्परागत रूप से शाही सत्ता का समर्थक था, पर शिक्षा-दीक्षा और संवेदनशीलता के प्रभाव से कॉम्त उदार विचारों के समर्थक बन गये। कॉम्त के जीवन का अध्ययन करने वालों ने पाया है कि उनके विचारों में हुए भारी परिवर्तन का संबंध निजी ज़िंदगी में मिले आघातों से भी था। 1825 में कॉम्त ने एक वेश्या से विवाह किया। 1826 में वह महिला परिवार चलाने के लिए दोबारा देह के धंधे में लौट गयी। इस घटनाक्रम से कॉम्त को गहरी ठेस लगी और वे विक्षिप्तता के शिकार हो गये। 1845 में कॉम्त की मुलाक़ात क्लोतिल्दे द वॉ नामक महिला से हुई। पर क्लोतिल्दे की क्षय रोग से अकस्मात मृत्यु हो गयी। इस आघात ने कॉम्त को हिला कर रख दिया। वे रहस्यवाद और धर्म की ओर उन्मुख हो गये। इसका असर उनके विमर्श पर भी दिखने लगा।

कॉम्त का चिंतन उस दौर की उपज था जब औद्योगिक क्रांति, ज्ञानोदय से उद्भूत विचार और फ्रांसीसी क्रांति की उथल-पुथल की रोशनी में समाज के राजनीतिक और

सामाजिक पुनर्गठन की आवश्यकता अनुभव की जा रही थी। प्राकृतिक विज्ञानों और गणित के क्षेत्र में मानवता की शानदार उपलब्धियों का प्रभाव सामाजिक अध्ययनों पर भी पड़ने लगा था। प्राकृतिक विज्ञानों की ठेठ वस्तुनिष्ठता, सूक्ष्म तर्क प्रणाली और कठोर प्रेक्षण-पद्धति के जरिए मानव-समाज के वैज्ञानिक अध्ययन के बारे में उत्सुकताएँ पनपने लगी थीं। न्यूटन द्वारा प्रतिपादित गुरुत्वाकर्षण के नियम, डच वैज्ञानिक निकोलस कॉपरनिकस के सूर्य-केंद्रित सिद्धांत (यह धारणा की सूर्य स्थिर है, और पृथ्वी व अन्य ग्रह उसके चारों ओर घूमते हैं) और शरीर-रचना सिद्धांत (एनाटॅमी) की प्रगति के कारण लोग मानने लगे थे कि तर्क, प्रेक्षण व वस्तुनिष्ठता पर आधारित नये बौद्धिक वातावरण में समाज का भी नये प्रकार से अध्ययन हो सकता है। कॉम्त ने भी सामाजिक अध्ययन के लिए प्राकृतिक विज्ञान की इन्हीं पद्धतियों के प्रयोग की वकालत की जो प्रत्यक्षवाद के नाम से जानी गयी। कॉम्त अपनी युवावस्था में तत्कालीन काल्पनिक समाजवादी विचारक सैं-सिमो के काफ़ी नज़दीक थे। वे उनके सचिव भी रहे। नैतिक व आध्यात्मिक आधार पर समाज के पुनर्गठन के पीछे सैं-सिमो की प्रेरणाएँ भी काम कर रही थीं। लेकिन दोनों का साथ 1817 से 1824 तक ही चला। कॉम्त की मानसिक बनावट पर फ्राँस के प्रसिद्ध ईकोल पोलीतैकनीक विद्यालय का भी गहरा प्रभाव पड़ा। वहाँ रहकर उन्होंने कुछ वर्ष पढ़ाई की थी और आंदोलन में शामिल होने के कारण निकाले भी गये थे।

कॉम्त की धारणाओं का एक प्रमुख उद्देश्य समाज में तेजी से विघटित हो रही पुरानी सामाजिक संरचनाओं और बदलावों से पैदा अव्यवस्था के बीच व्यवस्था पैदा करना और एक बेचैन समाज को स्थिरता के ठोस मूल्यगत आधार उपलब्ध कराना भी था। यह भी कह सकते हैं कि कॉम्त की रचनाएँ आधुनिक औद्योगिक समाज के अनुरूप सामाजिक पुनर्रचना के लक्ष्य से प्रेरित थीं। उनकी प्रमुख कृतियों में छह खण्डों वाली द *कोर्स इन पॉज़िटिव फिलासफी* (1830-42) और चार खण्डों वाली *द सिस्टम ऑफ़ पॉज़िटिव पॉलिटी* (1851-54) को गिना जाता है। पहली कृति में ही उन्होंने अपनी दो प्रमुख अवधारणाओं समाज के ऐतिहासिक विकास की तीन अवस्थाओं और समाजशास्त्र की विज्ञान संबंधी धारणा प्रस्तुत की।

हालाँकि बाद में कॉम्त स्वयं वैज्ञानिकता और वस्तुनिष्ठता के अपने ही दावे पर टिके नहीं रह सके। बाद की रचना द *सिस्टम ऑफ़ पॉज़िटिव पॉलिटिक्स* नामक में वैज्ञानिकता पर आधारित प्रत्यक्षवाद के स्थान पर वे धर्म, रहस्यवाद और वैयक्तिक आग्रहों पर आधारित मानवता के धर्म (रिलीजन ऑफ़ ह्यूमैनिटी) का पक्ष लेने लगे। उन्होंने एक ऐसे समाज की कल्पना की जो मानव के बौद्धिक और

इसीडोरे ऑग्युस्त मारी फ्रांस्वा ज़ेवियर कॉम्त (1778-1857)

नैतिक स्तर का विकास कर सके। कॉम्त इस मानव धर्म को ईसाई धर्म से भिन्न बताते थे, पर उन्होंने ईसाई धर्म के भी कुछ आधारों को सम्मिलित कर लिया था। यहाँ तक कि ईसाई धर्म के पादरियों को भी स्थान दे दिया था, बस अंतर यह था कि वे पादरी भय या अनुशासन के जरिए नहीं बल्कि लोगों को समझा-बुझाकर इस धर्म के रास्ते पर चलने के लिए प्रेरित करने वाले थे। कॉम्त के मानव धर्म की कट्टर ईसाइयों ने यह कहकर आलोचना की कि यह कैथॅलिक धर्म के साथ विज्ञान के घालमेल का प्रयास है। वैज्ञानिक विचारधारा के समर्थकों का मत था कि कैथॅलिक धर्म में से ईसाइयत को हटा देने से जो बचता है, वही कॉम्त का मानव-धर्म है। कॉम्त की इस अवधारणा में सेकुलर मानववाद के बीज भी छिपे हुए हैं।

कॉम्त के विचारों में परिवर्तन का कड़ा विरोध उनके अपने बौद्धिक मित्रों, जैसे जान स्टुअर्ट मिल, आदि ने ही किया। उन्होंने अच्छे कॉम्त और बुरे कॉम्त के रूप में कॉम्त का विभाजन किया। अच्छा कॉम्त वह था जो सामाजिक अध्ययन की वैज्ञानिक पद्धतियों का पालन करता था, और बुरा कॉम्त वह था जो इससे विचलित होकर धर्म-रहस्यवाद की शरण में चला गया था। बौद्धिक जीवन के आरम्भिक काल में ही मानव इतिहास की प्रगति की तीन अवस्थाओं के नियम का प्रतिपादन किया था। उसके इन नियमों पर विकासवाद और एक-रेखीय प्रगति के सिद्धांतों का साफ़ असर देखा जा सकता है। कॉम्त के अनुसार मानव-इतिहास धर्मशास्त्रीय

अवस्था, तत्त्वमीमांसीय अवस्था और प्रत्यक्षवादी अवस्था के क्रम में विकसित होता है। कॉम्त के मुताबिक़ धर्मशास्त्रीय अवस्था वह अवस्था है जिसमें मानव मस्तिष्क यह मानता है कि सभी घटनाएँ और सृष्टि-चक्र अलौकिक घटनाओं व शक्तियों से प्रेरित हैं। नियतिवाद, देवताओं का प्रकोप और भय इस अवस्था की प्रमुख विशेषताएँ हैं। बच्चों का चिंतन-स्तर भी इसी से मिलता-जुलता है। तत्त्वमीमांसीय अवस्था में मानव अपने समान किसी अमूर्त अस्तित्व की कल्पना करता है और उसी में जीवन के सार और आदर्श आरोपित करता है। इस अवस्था में अमूर्त इश्वर की संकल्पना के रूप में सृष्टि को परिभाषित करने का प्रयास किया जाता है। यह नहीं माना जाता है कि प्रत्येक जीव व वस्तु के पीछे एक मूर्त ईश्वर है। तीसरी यानी प्रत्यक्षवादी अवस्था एक आधुनिक-काल की स्थिति है जिसमें लौकिक नियमों की खोज और समालोचना के माध्यम से मनुष्य सामाजिक जीवन को नियमित करने की चेष्टा करता है। इस अवस्था में किसी अलौकिक या पारलौकिक शक्ति के रूप में सृष्टि की नियति और संचालन की व्याख्या करने के प्रयास के बजाय सामने उपलब्ध तथ्यों और उनके मध्य संबंधों के आधार पर सामाजिक सत्य तक पहुँचने की चेष्टा की जाती है।

ठोस रूप में देखा जाए तो कॉम्त के अनुसार धर्मशास्त्रीय अवस्था में राजनीति धर्म द्वारा संचालित होती है। तत्त्वमीमांसीय अवस्था में पादरी और वकीलों का वर्ग प्रधान हो जाता है। प्रत्यक्षवादी अवस्था में विज्ञान से जुड़े विद्वानों और उद्योग से संबंधित प्रशासकों का प्रभुत्व स्थापित होता है। यह प्रगति क्रमशः परिवार से राज्य और फिर राज्य से विशाल मानव जाति में परिवर्तन को सूचित करती है।

एक से दूसरी सामाजिक अवस्था में परिवर्तन के पीछे कॉम्त ने मुख्यतः दो कारकों को जिम्मेदार बताया है। पहला मानव के बौद्धिक चिंतन का निरंतर विकास और दूसरा जनसंख्या वृद्धि के परिणामस्वरूप बढ़ता हुआ श्रम-विभाजन। जनसंख्या बढ़ने से श्रम-विभाजन बढ़ता है और समाज का विकास होता है। आगे चलकर एक समाजशास्त्री एमील दुर्ख़ाइम ने भी श्रम विभाजन के विचार के आधार पर एक व्यापक सिद्धांत विकसित किया। कॉम्त के तीन अवस्थाओं के नियम को राजनीति और समाजशास्त्र में अधिक स्वीकार किया नहीं गया, क्योंकि ये अत्यधिक सामान्यीकृत थे। मार्क्स के इतिहास-दर्शन ने भौतिक उत्पादन और आर्थिक संबंधों में परिवर्तन के आधार पर मानव जीवन के बदलावों की जो व्यापक रूपरेखा प्रस्तुत की, उसके समक्ष कॉम्त के विचार बड़े सरलीकृत और अस्पष्ट प्रतीत होने लगे।

कॉम्त ने विज्ञानों के श्रेणीक्रम का सिद्धांत भी प्रतिपादित किया जिसमें जटिलता की ओर विकास की दृष्टि से विभिन्न ज्ञानानुशासनों की रूपरेखा प्रस्तुत की गयी। उन्होंने जटिलताओं के आधार पर विज्ञानों का क्रम इस प्रकार निश्चित किया : गणित, रसायन विज्ञान, खगोलिकी, भौतिकी, जैविकी, समाजशास्त्र और नैतिक मूल्य। चूँकि गणित सबसे बुनियादी और सरल विषय है, इसलिए इसकी उत्पत्ति सबसे पहले हुई है। कॉम्त के मुताबिक़ हर परवर्ती विज्ञान अपने पूर्ववर्ती विज्ञान की तुलना में अधिक जटिल होता है। इसमें समाजशास्त्र अन्य विज्ञानों की तुलना में इसलिए सबसे जटिल है, क्योंकि वह बाद में आता है और समाज जैसी नितांत जटिल वस्तु को अपने अध्ययन का विषय बनाता है। इस अर्थ में कॉम्त ने समाजशास्त्र को विज्ञानों में सर्वोच्च दर्जा प्रदान किया। कॉम्त ने समाजशास्त्र को स्थैतिक और गतिशील में भी बाँटा। स्थैतिक समाजशास्त्र में समाज के विभिन्न रूपों, संरचनाओं और संस्थाओं का अध्ययन किया जाता है, जबकि गतिशील समाजशास्त्र में उसकी गतिशीलता यानी विभिन्न अवस्थाओं और उनके परिवर्तन के पीछे कार्यरत नियमों का अध्ययन किया जाता है।

कॉम्त के परवर्ती चिंतन में नैतिकता को केंद्रीय महत्त्व दिया गया और इसके ज़रिए समाज की सभी समस्याओं का समाधान तलाशने पर बल दिया गया। मिसाल के लिए कॉम्त ने वर्ग-संघर्ष, पूँजीपतियों पर कर थोपने या उनकी शक्ति नियंत्रित करने के स्थान पर औद्योगिक नैतिकता की बात कही जिसके तहत उद्योगपतियों से संपूर्ण समाज के हित में धन का उपयोग करने की उम्मीद की गयी थी। कॉम्त सर्वसाधारण के लोकतंत्र के स्थान पर समाज की कमान औद्योगिक वर्ग को सौंपने को ज़्यादा अच्छा मानते थे और उच्च आध्यात्मिक शक्ति से चालित सरकार के हस्तक्षेप को भी उतना ही अनिवार्य बताते थे। इसी प्रकार कॉम्त द्वारा कट्टरता और रूढ़ियों से ऊपर उठे पुरोहितों और प्रेम व सदगुणों के प्रचार की दृष्टि से स्त्रियों की भी भूमिका की सराहना की गयी है।

देखें : औद्योगिक क्रांति-1 और 2, उद्योगीकरण-1 और 2, डेविड एमील दुर्ख़ाइम, फ़्राँसीसी क्रांति, युरोपीय पुनर्जागरण, युरोपीय ज्ञानोदय, समाज-विज्ञान, सैं-सिमों, मार्क्सवाद-1, 2, 3, 4 और 5.

संदर्भ

1. एच.एस. जोन्स (सम्पा.) (1998), *कॉम्त : अर्ली पॉलिटिकल राइटिंग्ज़*, केम्ब्रिज युनिवर्सिटी प्रेस.
2. जी. लेंजर (सम्पा.) (1975), *ऑग्युस्त कॉम्त ऐंड पाज़िटिविज़्म : द इसेंशियल राइटिंग्ज*, हार्पर, न्यूयार्क.
3. ओ. हॉक (सम्पा.) (1995), *द करस्पांडेंस ऑफ़ जान स्टुअर्ट मिल ऐंड ऑग्युस्त कॉम्त*, ट्रांजेक्शन पब्लिशर्स, लंदन.
4. आर. प्लेचर (सम्पा.) (1875), *द क्राइसिस ऑफ़ इंडस्ट्रियल सिविलाइज़ेशन : द अर्ली एसेज़ ऑफ़ ऑग्युस्त कॉम्त*, हेनमैन, लंदन.
5. जे.एस.मिल (1865), *ऑग्युस्त कॉम्त ऐंड पाज़िटिविज़्म*, ट्रबनेर, लंदन.

—वैभव सिंह

ऑस्कर रायज़ार्ड लांगे

(Oskar R. Lange)

ऑस्कर रायज़ार्ड लांगे (1904-1965) बाज़ार-समाजवाद की थीसिस का प्रतिपादन करने वाले पहले अर्थशास्त्री थे। उनका दावा था कि अगर आर्थिक निर्णय-प्रक्रिया का विकेंद्रीकरण कर दिया जाए तो केंद्रीकृत प्लानिंग बोर्ड द्वारा किया गया संसाधनों का आबंटन बाज़ार की शक्तियों की अपेक्षा बेहतर परिणाम दे सकता है। लांगे ने नियोक्लासिकल अर्थशास्त्र और कींसियन सूत्रीकरणों को समाजवादी उसूलों के साथ जोड़ कर एक नया राजनीतिक अर्थशास्त्र रचने का प्रयास किया। लांगे द्वारा किये गये अध्ययनों से प्रेरित हो कर ही द्वितीय विश्व-युद्ध के बाद भारत समेत कई विकासशील देश नियोजन के ज़रिये तेज़ विकास का रास्ता अपनाने में कामयाब रहे। समाजवाद की श्रेष्ठता में परम आस्था रखने वाले इस अर्थशास्त्री ने अधिकारीतंत्र के नेतृत्व में केंद्रीकृत नियोजन का समर्थन तो किया, पर साथ में आर्थिक जीवन के नौकरशाहीकरण के अंदेशे के ख़िलाफ़ चेतावनी भी दी। उनकी मान्यता थी कि समाजवाद पूँजीवाद का निषेध न हो कर उसका विस्तार है। सोवियत अर्थव्यवस्था की कड़ी आलोचना करते हुए उन्होंने कहा कि यह एक ऐसी अधिनायकवादी अर्थव्यवस्था है जो समाजवादी उसूलों से प्रतिबद्ध न हो कर कुछ अलग तरह के राजनीतिक उद्देश्यों को साधने की कोशिश कर रही है। समाजवाद को आर्थिक रूप से दक्ष बनाने की सलाहों के साथ-साथ लांगे का दूसरा योगदान पूँजीवादी अर्थव्यवस्थाओं में नियमित रूप से घटित होने वाले व्यापारिक उतार-चढ़ावों का अध्ययन था। इसके ज़रिये उन्होंने दिखाया कि पूँजीवाद के तहत बेरोज़गारी की ऊँची दर से निबटने में नाकाम रहने वाली नीतियों में किस तरह की ख़ामियाँ होती हैं। लांगे की स्थापनाओं को एक तरफ़ तो बाज़ारवादियों के आक्रमणों का निशाना बनना पड़ा, दूसरी तरफ़ मार्क्सवादी सिद्धांतकारों ने उन पर संशोधनवादी होने का आरोप लगाया।

पश्चिमी पोलैण्ड के एक छोटे शहर में जन्मे ऑस्कर लांगे के पिता जर्मन मूल के कपड़ा मिल मालिक थे, जिनका माल पूर्वी युरोप में बिकता था। लांगे का लालन-पालन मध्यवर्गीय ख़ुशहाली में हुआ, पर प्रथम विश्व-युद्ध के पहले व्यापार को झटका लगने से उनके परिवार की माली हालत ख़राब हो गयी। एक छात्र के रूप में उनकी दिलचस्पी शुरू से गणित, जीवविज्ञान और समाज-विज्ञानों में थी। क्राकओ विश्वविद्यालय से सांख्यकी और अर्थशास्त्र का अध्ययन करने के बाद उन्होंने 1928 में पोलैण्ड के व्यापार चक्रों पर डॉक्टरेट की। तीस के दशक और चालीस के शुरुआती वर्षों में वे इंग्लैण्ड और अमेरिका गये। हार्वर्ड में जोसेफ़ शुमपीटर के साथ अध्ययन करने के बाद वे अमेरिकी विश्वविद्यालयों में अध्यापन करने लगे। द्वितीय विश्व-युद्ध के बाद लांगे अमेरिका में पोलैण्ड के राजदूत नियुक्त किये गये। वे पोलिश वर्कर्स पार्टी की केंद्रीय समिति के सदस्य भी रहे। 1948 में उन्होंने अकादमीय क्षेत्र में वापसी की और वारसा के सेंट्रल स्कूल ऑफ़ प्लानिंग ऐंड स्टेटिस्टिक्स में अध्यापन करने लगे। उन्होंने वारसा विश्वविद्यालय में भी पढ़ाया।

लांगे के आर्थिक चिंतन की ख़ास बात यह थी कि वे एक तरफ़ तो मार्क्सवादी अर्थव्यवस्था को सामाजिक विकास के बेहतरीन रास्ते की तरह देखते थे, और दूसरी ओर नियोक्लासिकल अर्थशास्त्र के तहत प्रतिपादित 'सामान्य संतुलन' (जनरल इक्विलिबिरियम) जैसे सिद्धांत भी उन्हें उपयोगी लगते थे। आर्थिक जगत में कींस की प्रस्थापनाओं का बोलबाला क़ायम हो जाने के बाद बने बौद्धिक माहौल ने लांगे को इन दोनों के संयोग से कुछ नयी प्रस्थापनाएँ करने का मौक़ा दिया। उनकी दलील यह थी कि पूँजीवाद के तहत इजारेदारियों और राज्य के हस्तक्षेप के कारण मुक्त प्रतियोगिता की परिस्थितियाँ नष्ट होती जा रही हैं, इसलिए जनरल इक्विलिबिरियम की स्थिति हासिल की ही नहीं जा सकती। बाज़ार वह भूमिका अदा नहीं करता, जिसकी उम्मीद उदारतावादी आर्थिक सिद्धांत उससे करता है। इसलिए कल्याणकारी अर्थशास्त्र के सिद्धांतों का प्रयोग किसी पूँजीवादी अर्थव्यवस्था के बजाय समाजवादी अर्थव्यवस्था के कामकाज को समझने के लिए किया जाना चाहिए।

एक अर्थशास्त्री के रूप में लांगे को सर्वाधिक ख्याति तीस के दशक में चली उस बहस से मिली जिसमें पाले के दूसरी तरफ़ से फ्रेड्रिख़ हायक दलीलें दे रहे थे। हॉयक ने 1920 में छप चुके लुडविग वॉन माइज़िज़ के एक लेख 'इकॉनॉमिक केलकुलेशन इन अ सोशलिस्ट इकॉनॉमी' का दोबारा प्रकाशन करके दावा किया कि एक अर्थव्यवस्था का तर्कसंगत विन्यास तभी सम्भव है जब बाज़ार के ज़रिये उत्पादन के दाम निर्धारित किये जाएँ और साथ में निजी स्वामित्व की व्यवस्था भी हो। हायक और उनके साथी लियोनल रॉबिंस की दलील थी कि समाजवादी अर्थव्यवस्था केवल सिद्धांत में सम्भव है, व्यवहार में नहीं। हर निर्णय पर पहुँचने से पहले नियोजन बोर्ड को बहुत बड़े पैमाने पर सूचनाएँ जमा करनी पड़ेंगी और लाखों-लाख गणनाएँ करके न जाने कितने समीकरण हल करने होंगे। जब तक यह पूरी गणितीय क़वायद पूरी होगी, तब तक बाज़ार बदल चुका होगा और वे सूचनाएँ पुरानी पड़ चुकी होंगी जिनके आधार पर वह जोड़-बाक़ी किया गया था। इस तरह नियोजक कभी भी आर्थिक यथार्थ के साथ नहीं चल पायेंगे।

हायक और रॉबिंस का यह आक्रमण इतालवी अर्थशास्त्री एन.रको बैरन द्वारा 1908 में दी गयी इस प्रस्थापना की प्रतिक्रिया में था कि बाज़ार लाज़मी तौर पर सही

ऑस्कर रायज़ार्ड लांगे (1904–1965)

आर्थिक दक्षता के वाहक नहीं होते। पर इसका जवाब 1938 में लांगे ने इस दावे के साथ दिया कि कि आज के ज़माने की पूँजीवादी अर्थव्यवस्थाओं के मुक़ाबले सरकारी स्वामित्व वाली अर्थव्यवस्था में प्रतियोगिता का बेहतर उपयोग किया जा सकता है। लांगे ने जो मॉडल पेश किया उसमें बाज़ार के दो घटक थे : वास्तविक और अवास्तविक। वास्तविक बाज़ार यानी रोज़ाना के इस्तेमाल में आने वाली जिंसें और श्रम। अवास्तविक बाज़ार यानी पूँजीगत या मशीनी माल। एक केंद्रीय नियोजन बोर्ड इस मशीनी माल के दाम तय करेगा और 'ग़लती करने और सुधारने' की पद्धति पर आधारित प्रबंधन अपनाते हुए उपभोक्ताओं की प्राथमिकताओं का ध्यान रखेगा। समाजवादी फ़र्मों के प्रबंधकों को बोर्ड द्वारा बनाये गये दो नियमों पर चलना होगा : क़ीमतों और सीमांत लागत (एआर और एमसी) के बीच फ़र्क़ न रह जाने की सीमा तक उत्पादन करना, और औसत लागत को न्यूनतम करने की कोशिश करना। कोई ज़रूरी नहीं है कि नियोजक हर तरह की सूचना जमा करें या लाखों समीकरण हल करने के फेर में पड़ें। जब अर्थव्यवस्था में किल्लत होगी तो नियोजक दाम बढ़ा देंगे, और जब उत्पादन बेशी हो जाएगा तो दाम घटा दिये जाएँगे। हर हालत में नियोजक के पास किसी पूँजीवादी कॉरपोरेशन के मैनेजर या मालिक के मुक़ाबले अधिक सूचनाएँ होंगी। वह संसाधनों का आबंटन अधिक दक्षता से कर सकेगा और बाज़ार की विकृतियों से मुक्त एक श्रेष्ठतर अर्थव्यवस्था खड़ी की जा सकेगी।

लांगे का यह मॉडल इस उम्मीद पर खड़ा था कि प्रबंधकों से लोकतांत्रिक नियंत्रण के तहत काम करवाया जाएगा जिससे आर्थिक जीवन नौकरशाहीकरण के अंदेशे से बच निकलेगा। इसके विपरीत निजी कारपोरेशनों के मालिक और मैनेजर किसी के प्रति जवाबदेह नहीं होते। इस मॉडल को लांगे-लर्नर मॉडल के नाम से भी जाना जाता है, क्योंकि ए. लर्नर के सुझावों पर लांगे ने इसें कई संशोधन किये थे।

लांगे के इन प्रस्तावों के इर्द-गिर्द जम कर बहस हुई। उदारतावादी अर्थशास्त्रियों ने तर्क दिया कि केंद्रीय नियोजन बोर्ड को बहुत ज़्यादा अधिकार देने के कारण दाम तय करने की प्रक्रिया में बाज़ार से आने वाले संकेतों का ध्यान रखना मुश्किल हो जाएगा। परिणामस्वरूप राष्ट्रीय अर्थव्यवस्था ग़ैर-लचीली होती चली जाएगी। दूसरी तरफ़ समाजवादी अर्थशास्त्रयों ने आक्षेप लगाया कि लांगे की विधि नियोजन की पद्धति का इस्तेमाल करने से हिचकती है। दिलचस्प बात यह है कि लांगे ने इन दोनों तरह की आलोचनाओं से काफ़ी-कुछ ग्रहण किया। उन्होंने केंद्रीकरण और विकेंद्रीकरण के बीच आदर्श संतुलन उपलब्ध करने और समाजवादी उद्यमों के प्रबंधकों को प्रेरित व प्रोत्साहित करने के तरीक़ों पर गहन विचार किया। चालीस के दशक में उन्होंने मिश्रित बाज़ार अर्थव्यवस्था के पक्ष में विचार व्यक्त किये जिसके तहत कुछ प्रमुख उद्योगों का ही सरकारीकरण किया जाना था। उन्होंने केंद्रीय नियोजन बोर्ड को मशीनी माल के दाम तय करने का अधिकार देने का प्रस्ताव भी वापिस ले लिया। अमेरिकी विश्वविद्यालयों में दस साल तक अध्यापन करने के बाद जब वे अपने गृह-देश पोलैण्ड वापिस गये तो वहाँ उनकी प्रतिभा का इस्तेमाल एक ऐसे मॉडल के सिद्धांतकार के रूप में किया गया जिसमें केंद्रीकृत नियोजन का बोलबाला था, और साथ में बाज़ार और मज़दूरों की भागीदारी की सीमित भूमिका भी थी।

यद्यपि लांगे की मान्यता थी कि भारी उद्योगीकरण के ज़रिये समाजवाद की रचना की जा सकती है और उसके परिणामस्वरूप आगे चल कर समाजवादी बुद्धिजीवी वर्ग का विकास हो सकता है, पर वे सोवियत शैली में किये जा रहे क्रियान्वयन से सहमत नहीं थे। उनका विश्लेषण था कि सोवियत संघ की दिलचस्पी समाजवादी सिद्धांत में है ही नहीं। वह तो दुनिया का सबसे बड़ा उद्योगीकृत देश बनना चाहता है और उसके ज़रिये अपनी प्रतिरक्षा की संरचना पर अधिक से अधिक ख़र्च करना उसका मक़सद है। बड़े पैमाने के कारख़ाना-उत्पादन में अधिक निवेश करने के लिए सोवियत संघ को अन्य क्षेत्रों में वस्तुओं की उपलब्धता घटानी पड़ रही है। इसीलिए उपभोक्ताओं को ज़रूरत की चीज़ें मिलती ही नहीं। वे घंटों लाइन में खड़े रहते हैं। खेतिहर क्षेत्र की भी उपेक्षा हो रही है। नियोजकों द्वारा उत्पादन की मात्रा पर ज़ोर दिया जाता है, पर गुणवत्ता पर नहीं। फिर भी आपूर्ति में कमी पड़ जाती है जिसके कारण वस्तुएँ घटिया होने पर भी नागरिकों द्वारा ख़रीद ली जाती हैं।

पोलैण्ड में आर्थिक सुधारों की सम्भावनाओं के प्रति निराश हो जाने के बाद लांगे ने अपना बाक़ी जीवन इकॉनॉमेट्रिक्स, इकॉनॉमिक साइबरनेटिक्स, लीनियर प्रोग्रामिंग जैसे नये अनुशासनों को स्थापित करने में लगा दिया। पचास के दशक के आख़िरी वर्षों में लांगे ने लेनिन की व्याख्याओं को आधार बना कर पश्चिमी अर्थशास्त्र की सभी उपलब्धियों का सार-संकलन करते हुए तीन खण्डों में 'पॉलिटिकल इकॉनॉमी' शीर्षक से एक ग्रंथ लिखना शुरू किया। पर मृत्यु से पहले वे उसका पहला खण्ड ही पूरा कर पाये।

देखें : अर्थ-विज्ञान का समाजशास्त्र, आर्थिक जनसांख्यिकी, अल्फ्रेड मार्शल, अमर्त्य कुमार सेन, अंतर्राष्ट्रीय मुद्रा कोष, आधार और अधिरचना, ऐडम स्मिथ, करारोपण, कल्याणकारी अर्थशास्त्र, क्लासिकल अर्थशास्त्र, कार्ल हाइनरिख़ मार्क्स-3, कार्ल मेंगर, कींसियन अर्थशास्त्र, गुन्नार मिर्डाल, जोआन रोबिंसन, जान कैनेथ गालब्रेथ, जान मेनार्ड कींस, जान स्टुअर्ट मिल, जोसेफ़ शुमपीटर, जैव विविधता, ट्रस्टीशिप, डेविड रिकार्डो, ढाँचागत समायोजन कार्यक्रम, थॉमस मन और वणिकवाद, थॉमस रॉबर्ट माल्थस, दक्षता, धन, नियोक्लासिकल अर्थशास्त्र, नीतिशास्त्र और अर्थशास्त्र, निकोलस काल्दोर, नियोजन, नियोजन : मार्क्सवादी विमर्श, पण्य, पण्य-पूजा, पेटेंट, पॉल सेमुअलसन, पियरो स्राफ़ा, पूँजी, प्रतियोगिता, फ्रांस्वा केस्ने और प्रकृतिवाद, फ्रेड्रिख़ वॉन हायक, बहुराष्ट्रीय निगम, बाज़ार, बाज़ार की विफलताएँ, बाज़ार-समाजवाद, बौद्धिक सम्पदा अधिकार, ब्रेटन वुड्स प्रणाली, भारत में बहुराष्ट्रीय निगम, भारत में नियोजन, भारत में पेटेंट क़ानून, भारत में शेयर संस्कृति, भूमण्डलीकरण और पूँजी बाज़ार, भूमण्डलीकरण और वित्तीय पूँजी, भूमण्डलीकरण और वित्तीय उपकरण, मार्क्सवादी अर्थशास्त्र, मिल्टन फ्रीडमेन, मूल्य, राजकोषीय नीति और मौद्रिक नीति, रॉबर्ट ओवेन, विलफ्रेडो परेटो, विश्व व्यापार संगठन, विश्व बैंक, विलियम पेटी, विलियम स्टेनली जेवंस, वैकासिक अर्थशास्त्र, शोषण, साइमन कुज़्नेत्स।

संदर्भ

1. ऑस्कर आर. लांगे (1994), *इकॉनॉमिक थियरी ऐंड मार्केट सोशलिज़्म : सिलेक्टिड एसेज़ ऑफ़ ऑस्कर आर. लांगे,* सम्पा. : तादेयूश कोवालिक, एडवर्ड एल्गर, हांट्स.
2. ऑस्कर लांगे (1944), *वर्किंग प्रिंसिपल्स ऑफ़ सोवियत इकॉनॉमी,* रिसर्च ब्यूरो फ़ॉर पोस्टवार इकॉनॉमिक्स, न्यूयॉर्क.
3. जार्ज आर.फ़ीवेल (1972), 'ऑन द इकॉनॉमिक थियरी ऑफ़ सोशलिज़म : सम रिफ़्लेक्शंस ऑन लांगेज़ कंट्रिब्यूशन' *क्किलोज़, खण्ड 25, अंक 3.*
4. तादेयूश कोवालिक (1991), 'ऑस्कर लांगेज़ मार्केट सोशलिज़्म', *डिसेंट, खण्ड* 38, अंक 1.

—अभय कुमार दुबे

इ

इतिहास और आख्यान

(History and Narrative)

इतिहास-लेखन में आख्यान के औचित्य को लेकर इतिहासकारों और समाज-विज्ञान के विद्वानों के बीच एक स्थायी जिरह चलती रही है। विद्वानों के एक वर्ग की मान्यता है कि अतीत को समझने के लिए यह ज़रूरी नहीं है कि उसे समय की सीधी रेखा पर रख कर देखा जाए। ये विद्वान नहीं मानते कि इतिहास में समय अतीत से सीधे चलते हुए वर्तमान तक पहुँचता है। बीसवीं सदी में इतिहास लेखन की एक प्रमुख धारा- अनाल्स स्कूल के तेजस्वी प्रवक्ता फ़र्नैंद ब्रॉदेल का तर्क तो यह था कि इतिहास लेखन में घटनाओं की संरचना ज़्यादा महत्त्वपूर्ण होती है, न कि घटनाओं का आवधिक विवरण। अपने महाग्रंथ *मेडिटरेरिअन ऐंड द मेडिटरेरियन वर्ल्ड इन द एज ऑफ़ फ़िलिप 2* में ब्रॉदेल घटनाओं का महत्त्व तीन आधारों पर तय करते हैं। उनके अनुसार इतिहास में कुछ कारण दीर्घावधि के होते हैं, कुछ मध्यावधि और बाक़ी अल्पावधि के। अत: उनके अनुसार इतिहास-लेखन में समय की अग्रगामी गति का महत्त्व उतना नहीं है जितना उन संरचनाओं का, जिनकी बहुविध प्रक्रियाओं से घटनाएँ उपजती हैं। ब्रॉदेल की यह प्रस्थापना बीसवीं सदी के इतिहास लेखन में एक कसौटी की तरह मौजूद रही है। इससे प्रभावित इतिहासकारों के बीच इतिहास की घटनाओं को क्रमबद्ध प्रवाह की तरह न देखकर इतिहास के किसी निश्चित कालखण्ड की संरचनाओं और उनके अंत:सूत्रों की पड़ताल पर ज़ोर दिया जाता रहा है। लेकिन इसके बरक्स इतिहास-चिंतकों का एक अन्य समूह यह मानता है कि अतीत को घटनाओं के ढेर की तरह नहीं बल्कि घटनाओं की एक सुव्यवस्थित शृंखला के तौर पर देखा जाना चाहिए। उनका मानना है कि इतिहासकार जिन घटनाओं का विश्लेषण करता है, उनके पीछे कारण और परिणाम की एक कड़ी मौजूद होती है। उनके अनुसार अगर इतिहास के समय को घटनाओं से बाहर निकाल दिया जाए तो फिर घटनाओं के कारणों को समझना मुश्किल हो जाता है। इसलिए समय की प्रकृति देखते हुए आख्यान ही वह उपाय बचता है जिसे इतिहास/अतीत के सार्थक चित्रण के लिए इस्तेमाल किया जा सकता है।

ऐतिहासिक आख्यान के प्रवक्ता ब्रॉदेल की इतिहास-दृष्टि की आलोचना इस आधार पर करते हैं कि वे घटनाओं को जिन तीन श्रेणियों में बाँटकर देखते हैं उनके बीच कारणों का संबंध स्थापित नहीं करते। उनका मत है कि ब्रॉदेल घटनाओं के पीछे काम कर रही जिस संरचना के अध्ययन को इतिहासकार का मुख्य काम मानते हैं वह ख़ुद भी समय से मुक्त या निरपेक्ष नहीं हो सकती। ऐसे में ब्रॉदेल की संरचना भी कारणों में बद्ध आख्यान के बिना अर्थवान नहीं हो सकती। इन विद्वानों का तर्क है कि आख्यान की संरचना और अतीत के साथ उसके संबंध पर पर्याप्त चिंतन नहीं किया गया है। इस कारण ज़्यादातर आधुनिक इतिहासकार आख्यान को इतिहास लेखन में ग़ैर-ज़रूरी तत्त्व मानने लगे हैं, जबकि हक़ीक़त यह है कि समय की प्रकृति को देखते हुए आख्यान ही एक ऐसा उपाय है जो अतीत के वास्तविक चित्रण में सक्षम है। उनका दावा है कि इतिहासकार आख्यान के बिना अपने अध्ययन को अर्थ नहीं दे सकता।

लेकिन आख्यान की संरचना पर बात करते हुए यह याद रखा जाना चाहिए कि अतीत को इतिहासकार उस रूप में नहीं जान सकता जिस रूप में वह घटित हुआ है। दूसरे शब्दों में, इतिहासकार के सामने अतीत लिखित या कथा के रूप

में आता है। एकबारगी यह बात सरल लग सकती है लेकिन मीमांसा के स्तर पर इतिहासकार के लिए अतीत स्वयं में और उसकी प्रस्तुति दो बिल्कुल भिन्न बातें हैं। यानी समस्या यह नहीं है कि हम अतीत की स्मृति को पूरी तरह आयत्त नहीं कर सकते, या कि हमारे पास अतीत के वे सारे दस्तावेज़ नहीं हैं जो हमें यह बता सकें कि घटनाओं का वास्तविक स्वरूप क्या था और उनके पीछे कौन से कारण थे। असल समस्या तो यह है कि अतीत के किसी कालखण्ड में जीवित रहे लोग भी अपने काल की घटनाओं को उनकी सम्पूर्णता में नहीं समझ पाते। ऐसे में यह नहीं माना जा सकता है कि उन्होंने जो सुना और देखा होगा वह उस दौर का प्रतिनिधि सत्य होगा। संक्षेप में, किसी काल विशेष के लोगों की धारणा को भी पूरी तरह यथातथ्य नहीं माना जा सकता। इसलिए इतिहास लेखन की चुनौती केवल यह नहीं है कि इतिहासकार अतीत के सभी तथ्यों को नहीं जुटा पाता बल्कि उसकी बुनियादी चुनौती यह होती है कि वह अतीत के सूचनादाताओं के कथित अनुभवों, धारणाओं को आधुनिक निर्मितियों में या आधुनिक निर्मितियों को अतीत के संदर्भ में कैसे पेश करे।

एक बार अगर इस जटिलता के सूत्रों को खोल लिया जाए तो फिर प्राथमिक स्रोत (अतीत के ऐसे दस्तावेज़ और अवशेष जिन्हें बाद की सूचनाओं से ज़्यादा प्रामाणिक माना जाता है), और द्वितीयक स्रोतों (इतिहासकारों द्वारा संकलित और लिखी गयी सामग्री) का द्वंद्व ख़त्म हो जाता है।

अतीत की घटनाओं का अज्ञेय और अपरिचित हिस्सा कुछ कथाओं को जन्म देता है जिन्हें धीरे-धीरे तथ्य की तरह देखा जाने लगता है। लेकिन कथा अंततः एक कृत्रिम निर्मिति होती है। उसे घटना के सारतत्त्व का चित्र नहीं माना जा सकता। इस नाते यह भी कहा जा सकता है कि इतिहासकार अतीत के बारे में जो कथा गढ़ता है वह उसकी मनगढ़ंत निर्मिति होती है। इस बात को रूसो और सिमोन स्कामा की तरह खींचकर यूँ भी कहा जा सकता है कि अतीत अंततः कुछ और नहीं बल्कि दंतकथा होता है जिसे लोगबाग पता नहीं किन अनजान कारणों से यथार्थ मान लेते हैं। इसी सारतत्त्व की अज्ञेयता के कारण वाइडल और स्कामा उपन्यास और इतिहास का अंतर ही मिटा देते हैं।

लेकिन अगर हम आख्यान की संरचना को धैर्य से देखना शुरू करें तो फिर ऐसे फ़ौरी निष्कर्षों का आकर्षण बहुत देर नहीं टिक पाता। आख्यान बेशक एक कृत्रिम निर्मिति हो, लेकिन वह पूरी तरह स्वेच्छाचारी गढ़ंत नहीं होती। इतिहासकार अपनी मर्ज़ी के मुताबिक़ आख्यान नहीं गढ़ सकता। अर्थात् अगर इतिहास का सारतत्त्व अनाकार और सीमाहीन होता है तथा घटनाएँ एक दूसरे के भीतर से पैदा होती रहती हैं तो फिर हमें उन तथ्यों के नज़दीक जाकर देखना होगा, जिन्हें आख्यान की कच्ची सामग्री माना जाता है। यहाँ हम इस धारणा से शुरू करते हैं कि इतिहास के तथ्यों का कोई निश्चित आकार नहीं होता तथा इतिहासकार तथ्य के जिस आकार का चयन करता है वह सारतत्त्व द्वारा तय नहीं होता। लेकिन इस बीच बौद्धिक विडम्बना यह हुई है कि इस बात को उत्तर-आधुनिकतावादी इतिहासकारों ने हड़प लिया है जो यह मानते हैं कि किसी भी तरह का तथ्य मूलतः इतिहासकार का विचार या निर्मिति होती है और अपने आप में उसका कोई तात्त्विक औचित्य नहीं होता। उत्तर-आधुनिकतावादियों के इस आक्रमण के कारण आधुनिक इतिहासकार यह रट लगाये रहते हैं कि इतिहास ठोस तथ्यों पर आधारित होता है और इतिहासकार का मूल काम यही होता है कि वह उन कथित ठोस तथ्यों को खोज निकाले। परंतु आख्यान के महत्त्व को समझने के लिए यह ज़रूरी है कि इन दोनों अतिवादी स्थितियों से अलग हटकर सोचा जाए।

तथ्य का आकार इतिहासकार तय करता है इसलिए कालक्रम की दृष्टि से तथ्यों को एक दूसरे से सटा हुआ नहीं माना जा सकता। इस तरह आख्यान तथ्यों की कालक्रमिक निकटता को इंगित नहीं करता। दूसरी तरह कहें तो आख्यान में यह निहित नहीं होता कि उसमें आये तथ्य एक दूसरे की तर्ज़ पर घटित हुए हैं, क्योंकि किसी भी तथ्य को अन्य कई सारे उप-तथ्यों में तोड़ा जा सकता है और जो तथ्य हमें काल के क्रम में एक दूसरे से सम्बद्ध नज़र आते हैं ख़ुद उन्हीं के बीच अन्य तथ्यों को रखा जा सकता है। ज़ाहिर है कि इसे एक अंतहीन प्रक्रिया बनाया जा सकता है और जो अंत में एक निरर्थक क़वायद साबित होती है। लिहाज़ा इस तर्क का कार्यकारी पक्ष यह है कि तथ्यों की कोई एकाश्मिक इयत्ता नहीं होती। और इसी से यह निष्पत्ति निकलती है कि आख्यान कोई भी हो उसकी संरचना घटनाओं की कालक्रमानुणिकता से तय नहीं होती।

तथ्य और कथा को एक दूसरे से पूरी तरह निरपेक्ष नहीं माना जा सकता। वहाँ अगर कोई चीज़ महत्त्व रखती है तो यह कि कथा के निर्माणकारी घटकों यानी मौलिक तथ्यों का आकार क्या है और कथा या विवरण में ऐसे तथ्यों का उल्लेख विशेष रूप से किया गया है या नहीं। अगर मौलिक तथ्यों का उल्लेख स्वतंत्र रूप से और स्पष्ट ढंग से किया गया है तो उसे कथा या आख्यान कहा जा सकता है। इसके विपरीत, अगर इन तथ्यों का निरूपण स्वतंत्र व स्पष्ट ढंग से नहीं किया गया है तो फिर हम एकल तथ्य की धारणा की बात कर रहे होते हैं। इसके बाद यह आसानी से देखा जा सकता है कि आख्यान कोई ऐसी रचना नहीं है जिसे तथ्यों के आधार पर तैयार किया जाता है, क्योंकि कोई भी तथ्य अपने आप में पूर्वप्रदत्त नहीं होता। इस प्रकार हर तथ्य एक लघु-आख्यान होता है और हर आख्यान को संक्षेप में तथ्य कहा जा सकता है। इस तरह तथ्यों को, जिन्हें लघु-आख्यान भी कहा जा

सकता है; और वास्तविक आख्यान, जिन्हें दूसरे अर्थ में बड़े और महत्त्वपूर्ण तथ्यों की श्रेणी में रखा जा सकता है; अंततः एक कृत्रिम प्रक्रिया है जिसका प्रारम्भिक औचित्य इस बात से निर्धारित होता है कि उनकी संगति उन कथाओं से बैठ पाती है या नहीं जिन्हें इतिहासकार अतीत के संधान में स्रोत की तरह देखता है।

उन्नीसवीं और काफ़ी हद तक बीसवीं सदी के इतिहास-लेखन में यह धारणा ख़ासी मज़बूत रही है कि इतिहास के नियामक तथ्यों को प्राथमिक स्रोतों से जाना जा सकता है तथा आख्यान इन तथ्यों के क्रमागत विन्यास का परिणाम होता है। लेकिन जब इस धारणा का खण्डन करते हुए यह विश्लेषण सामने आया कि आख्यान प्राथमिक स्रोतों से जुटाये गये तथ्यों का संकलन नहीं होता तो उत्तर-आधुनिकतावादी चिंतकों ने यह कहना शुरू कर दिया कि प्राथमिक स्रोतों से हासिल तथ्यों में कोई विवरणात्मक तत्त्व नहीं होता। इसलिए अतीत या इतिहास का कोई भी विवरण अंततः इतिहासकार द्वारा गढ़ंत होता है। इतिहास लेखन के इस दृष्टिकोण में केवल इतिहासकार और कथा की बात की जाती है और घटना के अस्तित्व को दरकिनार कर दिया जाता है। इतिहास-लेखन की इस उत्तर आधुनिक दृष्टि को शुरुआती सफलता इस आधार पर मिली कि इतिहास अतीत की घटनाओं की नकल न होकर इतिहासकार द्वारा प्रस्तुत कथा होता है। लेकिन अगर कथा के निर्माण की प्रक्रिया की पड़ताल की जाए तो यह बात बख़ूबी समझी जा सकती है कि इतिहासकार निश्चित सीमाओं के अंदर और दबावों के तहत ही काम कर सकता है। यानी अगर एक रचना के स्तर पर इतिहास को कृत्रिम निर्मिति भी मान लिया जाए तो भी इतिहासकार इस संबंध में स्वेच्छाचारी नहीं हो सकता।

असल में, इतिहासकार की सीमा और चुनौती यह होती है कि वह चाहे जिस तथ्य का चयन कर ले अंततः उसे अगले तथ्य को पहले तथ्य से जोड़ना पड़ता है। और, इसके लिए उसे साधारणीकरण का सहारा लेना पड़ता है। इतिहासकार इसकी जगह अगर केवल तथ्यों को उनके कालक्रम रखना चाहे तो आख्यान नहीं बन सकता। जब तक वह अपने तथ्यों को कारण और परिणाम की शृंखला में नहीं रखता तब तक वह आख्यान की बुनियादी शर्तें पूरी नहीं कर सकता। इसलिए आख्यान के संबंध में यह बात पूरी स्पष्टता के साथ समझी जानी चाहिए कि साधारणीकरण की प्रक्रिया में कारण और परिणाम आपेक्षिक होते हैं। यानी जिसे हम कारण कहते हैं वह साधारणीकरण के संदर्भ में ही कारण है। अगर इस विन्यास से साधारणीकरण को हटा दिया जाए तो फिर कोई घटना विशेष अन्य घटनाओं का कारण नहीं मानी जा सकती।

इतिहास लेखन के क्षेत्र में आख्यान की संरचना के संबंध में कार्य, कारण और साधारणीकरण पर काम करने का श्रेय कार्ल हेम्पेल को जाता है। इसके बाद विलियम ड्रे ने इसे कवरिंग लॉ मॉडल के नाम से प्रतिपादित किया। ड्रे के अनुसार किसी भी आख्यान की न्यूनतम इकाई में तीन तत्त्व होने चाहिए। एक साधारणीकरण और दो ऐसे प्रस्ताव जो साधारीकरण के लिहाज़ से कारण और परिणाम के रूप में स्थित हों। इस सिद्धांत के आलोचकों का कहना है कि समाज-विज्ञानों में सामान्य या सार्वभौम सिद्धांत लागू नहीं किये जा सकते। लेकिन साधारणीकरण के संबंध में यह बात याद रखी जानी चाहिए कि वह सामान्य नियम या निश्चयात्मकता की ओर इंगित करने के बजाय प्रवृत्ति और सम्भावनाओं की ओर इशारा करता है।

इतिहास-लेखन में आख्यान के औचित्य पर विचार करते हुए यह तर्क ओझल नहीं होना चाहिए कि साधारणीकरण के ज़रिये गढ़ा गया यह आख्यान उसमें वर्णित काल का पोर्ट्रेट नहीं होता। एक तरह से यह बात इतिहासकारों के प्रत्यक्षवादी (पॉज़िटिविस्ट) समूह पर भी लागू होती है जो इतिहास-लेखन को अतीत की घटनाओं का यथातथ्य चित्रण मानते थे। इसी तरह उत्तर-आधुनिकतावादियों का यह निष्कर्ष भी बहुत देर नहीं ठहरता कि आख्यान अपने काल का प्रतिनिधित्व नहीं करता और उससे केवल इतिहासकार के मत या विचार का ही पता चलता है। इसके विपरीत, किसी आख्यान के साधारणीकरण को उस सीमा तक जायज़ और सही माना जा सकता है जिस सीमा तक वह इतिहास में वर्णित लोगों के साधारणीकरण से मेल खाता है। और अगर कोई आख्यान व्याख्यापरक हो तो उससे इतिहास की संकरी और स्वयंसेवी सीमाओं का अतिक्रमण करने का अवसर मिलता है।

देखें : अनाल स्कूल, आख्यान, उत्तर-आधुनिकता, फ़र्नैंद ब्रॉदेल, मार्क ब्लाक, मार्क्सवादी इतिहास-लेखन, भारतीय इतिहास-लेखन-1 से 4 तक, ल्यूसियाँ फ़ेब्र।

संदर्भ

1. पीटर बुर्के (1991), *न्यू पर्सपेक्टिव ऑन हिस्टोरिकल राइटिंग्स,* केम्ब्रिज युनिवर्सिटी प्रेस, केम्ब्रिज.
2. जे. ब्रूनर (1990), *एक्ट्स ऑफ़ मीनिंग,* केम्ब्रिज युनिवर्सिटी प्रेस, केम्ब्रिज, एम.ए.
3. सी बेनिंगटन वग़ैरह (सम्पा.) (1987), *पोस्ट-स्ट्रक्चरलिज़म ऐंड द क्वेश्चन ऑफ़ हिस्ट्री,* केम्ब्रिज युनिवर्सिटी प्रेस, केम्ब्रिज.
4. पॉल रिकूर (1984-88), *टाइम ऐंड नैरेटिव,* अनु. के. ब्लैमी वग़ैरह, तीन खण्ड, शिकागो.
5. रोलाँ बार्थ (1977), 'इंट्रोडक्शन टू द स्ट्रक्चरल ऐनालिसिस ऑफ़ नैरेटिव्ज़', *इमेज, यूज़िक, टेक्स्ट,* फ़ोंटाना, लंदन.
6. ज्याँ फ़्रांस्वा ल्योतर (1984) , *द पोस्टमॉडर्न कंडीशन,* मैनचेस्टर युनिवर्सिटी प्रेस, लंदन.

—नरेश गोस्वामी

इतिहास का अंत

(End of History)

फ़्रांसिस फ़ुकुयामा (1952–)

'इतिहास का अंत' उस अवधारणात्मक संज्ञा का नाम है जो शीत-युद्ध ख़त्म होने की अवधि के लिए समाज-विज्ञानियों द्वारा किसी संबंधित तर्क के पक्ष या विपक्ष में अक्सर प्रयुक्त की जाती है। इसे गढ़ने का श्रेय फ़्रांसिस फ़ुकुयामा को जाता है। सोवियत ख़ेमे के पराभव के बाद 1992 में उनकी रचना *द ऐंड ऑफ़ हिस्ट्री ऐंड द लास्ट मैन* का प्रकाशन हुआ। इसने फ़ुकुयामा को रातों-रात बौद्धिक सेलेब्रिटी बना दिया, वरना इससे पहले समाज-विज्ञान के क्षेत्र में उनकी कोई ख़ास पूछ नहीं थी। पुस्तक प्रकाशित होते ही पूँजीवाद के आलोचकों और ख़ास कर अमेरिकी प्रभुत्व को विश्व के लिए हानिकारक मानने वालों और फ़ुकुयामा के समर्थकों के बीच एक ज़बरदस्त बहस छिड़ गयी। फ़ुकुयामा की इस थियरी का ज़िक्र कुछ इस अंदाज़ में किया जाने लगा कि जैसे कि वह अमेरिका द्वारा प्रोत्साहित किया जाने वाला कोई प्रोपेगंडा हो या उसके ज़रिये पूँजीवाद की साम्यवाद पर जीत का समारोह मनाया गया हो। इसमें कोई शक नहीं कि फ़ुकुयामा की किताब पूँजीवाद की श्रेष्ठता की पैरोकारी करती है, पर उसकी प्रकृति प्रचारात्मक न हो कर भविष्यात्मक है। बहस की इस प्रकृति का परिणाम यह हुआ कि फ़ुकुयामा की वास्तविक दलील और उसकी बारीक़ियाँ पृष्ठभूमि में चली गयीं। आलोचकगण आम तौर पर सेमुअल हटिंग्टन द्वारा प्रतिपादित 'सभ्यताओं के संघर्ष' के साथ ही फ़ुकुयामा की थियरी को भी रख देते हैं। असलियत यह है कि फ़ुकुयामा की विश्लेषण पद्धति और विचार-श्रेणियाँ अलग क़िस्म की हैं। हटिंग्टन दुनिया को दस प्रमुख सभ्यता-समूहों में बाँट कर देखते हैं, पर फ़ुकुयामा की मुख्य चिंता मानवीय प्रकृति है। वे मानकीय राजनीतिक सिद्धांतशास्त्र का प्रयोग करते हैं। उन्होंने राजनीतिक दर्शन, ऐतिहासिक विश्लेषण और भविष्य-चिंतन के मिले-जुले औज़ारों का सहारा लिया है।

फ़ुकुयामा जब 'इतिहास' के अंत की घोषणा करते हैं तो इसका मतलब यह नहीं है कि शीत-युद्ध की समाप्ति के साथ ही राजनीति, युद्ध और संघर्ष का अंत हो गया है। न ही वे यह कहते हैं कि सोवियत कम्युनिज़्म के ख़ात्मे के साथ ही दुनिया के सभी देश उदारतावादी लोकतंत्रों में बदल जाएँगे। फ़ुकुयामा के लिए 'इतिहास के अंत' का मतलब है उस प्रणालीबद्ध चिंतन के इतिहास का अंत जिससे राजनीतिक और सामाजिक संगठन के प्राथमिक उसूल निकलते हुए माने जाते रहे हैं। वे कहते हैं कि बीसवीं सदी के आख़िरी वर्षों ने उदारतावादी लोकतंत्र और पूँजीवाद के संयोग को किसी भी वैकल्पिक राजनीतिक या आर्थिक प्रणाली के मुक़ाबले वास्तविक और नैतिक रूप से बेहतर साबित किया है। इसका कारण यह है कि लोकतंत्र और पूँजीवाद के जोड़ में मानवीय प्रकृति की बुनियादी चालक शक्तियों को संतुष्ट करने की क्षमता है। लेकिन साथ में फ़ुकुयामा चेतावनी भी दर्ज कराते हैं कि एक मानकीय मॉडल के रूप में उदारतावादी लोकतंत्र की अन्य मॉडलों पर विजय के बावजूद एक ऐसी स्थिति आ सकती है कि उदारतावादी लोकतंत्र ऊर्जाहीन हो कर मौत का शिकार हो सकता है। कुल मिला कर उनकी रचना के अंत में भविष्य की निराशाजनक तस्वीर ही उभरती है।

अपने निष्कर्षों पर पहुँचने के लिए फ़ुकुयामा सबसे पहले मानवीय प्रकृति की जाँच करते हैं जो उनकी निगाह में दो बुनियादी अभिलाषाओं से मिल कर बनी है : भौतिक समृद्धि की कामना, और व्यक्ति की यह इच्छा कि इनसान की हैसियत से उसके मूल्य को लोग समझें। पूँजीवाद के तहत होने वाली आर्थिक वृद्धि, वैज्ञानिक और प्रौद्योगिकीय विकास की मदद से पहली कामना पूरी हो जाती है। दूसरी इच्छा की पूर्ति की चर्चा करते हुए फ़ुकुयामा जर्मन दार्शनिक हीगेल द्वारा प्रतिपादित *मान्यता* के सिद्धांत का सहारा लेते हैं। उदारतावादी लोकतंत्र की वैकल्पिक विचारों पर श्रेष्ठता साबित करने के

लिए भी वे हीगेल द्वारा विकसित प्रयोजनमूलक इतिहास के सिद्धांत का इस्तेमाल करते हैं। आर्थिक विकास तो साम्यवाद और फ़ासीवाद जैसी ग़ैर-पूँजीवादी व्यवस्थाओं में भी हासिल किया जा सकता है। पर मनुष्य द्वारा मान्यता, राजनीतिक स्वतंत्रता और समानता की चाह केवल उदारतावादी लोकतंत्र से ही पूरी हो सकती है। दरअसल, इतिहास के अंत की चर्चा सबसे पहले हीगेल ने ही की थी। उन्होंने कहा था कि मनुष्य की बुनियादी अभिलाषाओं को पूरा करने वाली सभ्यता की उपलब्धता के साथ ही इतिहास की ज़रूरत नहीं रह जाएगी। यह सभ्यता एक संविधानसम्मत राज्य के रूप में उभरेगी। हीगेल ने अंदाज़ा लगाया था कि उन्नीसवीं सदी के शुरुआत में नेपोलियन इस तरह की सभ्यता का वाहक साबित होगा।

फ़ुकुयामा कहते हैं कि हमें हीगेल के दार्शनिक आदर्शवाद का पल्ला फिर से थामना चाहिए, और मार्क्स व उनके अनुयायियों के दार्शनिक भौतिकवाद से छुटकारा प्राप्त करना चाहिए। फ़ुकुयामा को लगता है कि मानवीय प्रकृति की हीगेल की समझ थॉमस हॉब्स और जॉन लॉक से भी ज़्यादा गहन है। हॉब्स और लॉक मानते हैं कि मनुष्य के लिए *मान्यता* से भी अधिक अहमियत *स्व-संरक्षण* की है।

अपने सिद्धांत के प्रतिपादन के लिए फ़ुकुयामा प्लेटो की भी मदद लेते हुए थिमोस (जीवट, साहस, अभिलाषा) की धारणा का इस्तेमाल करते हैं। स्तालिन और सीज़र जैसे लोगों में थिमोस का ही एक आयाम मेगालोथिमिया होता है जिसके कारण ऐसे लोग इतिहास की रचना कर पाते हैं। इसके विपरीत थिमोस का एक और आयाम होता है, आइसोथिमिया, जिसके तहत सामान्य व्यक्ति श्रेष्ठता के बजाय समानता के आधार पर मान्यता की माँग करता है। फ़ुकुयामा के अनुसार इतिहास थिमोस के इन दो पहलुओं के बीच संघर्ष का ही नाम है। इसी तरह मालिक और दास के बीच का द्वंद्व एक कभी न ख़त्म होने वाला सिलसिला और इतिहास की चालक शक्ति है। दास मालिक के प्रभुत्व के ख़िलाफ़ विद्रोह करते ही रहेंगे। उदारतावादी लोकतंत्र का अनूठापन यह है कि वह इन दोनों आवेगों के बीच होने वाले संघर्ष को राजनीतिक स्वतंत्रता और समानता के आग्रहों के ज़रिये संयमित और मर्यादित करता रहता है। जिन्हें अपनी श्रेष्ठता की तीव्र और सघन अनुभूति है उन्हें उदारतावादी लोकतंत्र सम्पत्ति हासिल करके अपनी नैसर्गिक प्रवृत्तियों को संतुष्ट करने की छूट देता है।

फ़ुकुयामा रूस के निर्वासित राजनीतिक दार्शनिक अलेक्सांद्र कोजेव द्वारा की गयी हीगेल की व्याख्या का भी हवाला देते हैं। कोजेव ने चालीस के दशक में लिखा था कि लोकोपकारी राज्य ने पूँजीवाद की उन समस्याओं का समाधान कर दिया है जिनकी शिनाख़्त कार्ल मार्क्स ने की थी। अब पूँजीवाद अपने भीतरी अंतर्विरोधों को दबाने में कामयाब हो चुका है। वह न केवल आर्थिक समृद्धि उपलब्ध कराता है, बल्कि उसमें विचारों और मूल्यों का समरूपीकरण करने की क्षमता भी है। इसी कारण से ही पूँजीवाद के तहत युद्ध का ख़तरा काफ़ी कम हो गया है। कोजेव और फ़ुकुयामा दोनों का ही तर्क है कि युद्ध भले ही पूरी तरह ख़त्म न हों, पर बड़ी ताक़तों के बीच विचारों की समरूपता किसी क़िस्म का संघर्ष नहीं होने देगी, और यही बड़ी ताक़तें ही अंततः अहम साबित होंगी।

फ़ुकुयामा ने अपने दार्शनिक निष्कर्षों को व्यावहारिक जामा पहनाने की कोशिश भी की है। वे विस्तार से दिखाते हैं कि न केवल पश्चिमी युरोप में बल्कि दक्षिणी युरोप, लातीनी अमेरिका, एशिया के बड़े हिस्सों और पूर्वी युरोप में मुक्त बाज़ार पर आधारित अर्थव्यवस्था और उदारतावादी लोकतंत्र का प्रसार होता जा रहा है। 1940 में केवल 13 देश उदारतावादी लोकतंत्र थे, 1960 में उनकी संख्या 37 और 1990 में 62 हो चुकी है। लोकतांत्रिक राज्यों के बीच युद्ध भी पहले के मुक़ाबले कम होता है।

फ़ुकुयामा को डर है कि उदारतावादी लोकतंत्रों में राजनीतिक समानता और आर्थिक ख़ुशहाली की बहुतायत एक बेहतर स्थिति तो है, पर उसके कारण एक गड़बड़ भी हो सकती है। हो सकता है कि ऐसे समाज थिमोस के मेगालोथिमिया वाले आवेगों को संतुष्ट करने लायक न रह जाएँ। हो सकता है कि इन समाजों में ऐसे मुद्दे ही न रहें। ऊर्जा की कमी लोगों को बेचैन कर सकती है। उनका सवाल है कि हर तरह का मनुष्य केवल भौतिक ख़ुशहाली और समान अधिकारों के दम पर पूर्णता की अनुभूति नहीं कर सकता। ऐसा व्यक्ति हमेशा इन संतुष्ट समाजों को विद्रोह की तरफ़ धकेलेगा। लोग उसी व्यवस्था को उखाड़ फेंकने पर आमादा हो सकते हैं जिसने उन्हें शांति और सुरक्षा दी होगी।

देखें : अफ़लातून, उदारतावादी लोकतंत्र, कार्ल हाइनरिख़ मार्क्स-1, 2, 3 और 4, कल्याणकारी अर्थशास्त्र, जॉन लॉक, जॉर्ज विल्हेल्म फ्रेड्रिख़ हीगेल, थॉमस हॉब्स, पूँजीवाद।

संदर्भ

1. फ्रांसिस फ़ुकुयामा (1992), *द ऐंड ऑफ़ हिस्ट्री ऐंड द लास्ट मैन,* हैमिश हैमिल्टन, लंदन.
2. पी. ऐंडरसन (1992), *अ ज़ोन ऑफ़ एंगेजमेंट,* वरसो, लंदन.
3. सी. ब्राउन (1999), 'हिस्ट्री ऐंड्स, वर्ल्ड्स कोलाइड', रिव्यू ऑफ़ इंटरनैशनल स्टडीज़, अंक 25.
4. एस. ड्री (1992-93), 'द ऐंड ऑफ़ हिस्ट्री ऐंड द न्यू वर्ल्ड ऑर्डर', *इंटरनैशनल जर्नल,* अंक 48.

—अभय कुमार दुबे

इब्न ख़ाल्दून

(Ibn Khaldun)

अरबी इतिहासकार और चिंतक अबू ज़ायद अब्दुर्रहमान बिन मुहम्मद बिन ख़ाल्दून अल-हद्रामी (1332-1406) ने चौदहवीं सदी के उस दौर में अपने इतिहास-लेखन का लक्ष्य सभ्यता, शहरीकरण और सामाजिक संगठन की बुनियादी प्रवृत्तियों की व्याख्या करने के इर्द-गिर्द निर्धारित किया, जब अधिकतर इतिहास पक्षपोषण, ख़ेमेबंदी और मताग्रहों की नुमाइंदगी कर रहा था। कुछ विद्वान उनकी कृति *मुक़द्दिमा* को इतिहास की सर्वकालिक महानतम कृति मानते हैं। ख़ाल्दून चाहते थे कि उनके इतिहास के ज़रिये पाठक के सामने इन परिघटनाओं के निर्माण की प्रक्रिया, निरंतरता और उनके मौजूदा स्वरूप के कारण स्पष्ट हो सकें। आधुनिक ज्ञानशास्त्र के तहत प्रायः मध्यकालीन विद्वत्ता को पुरातनपंथी, अतार्किक, विवेक-विमुख तथा अवधारणात्मक के बजाय इतिवृत्तात्मक मान लिया जाता है। पर इब्न ख़ाल्दून का इतिहास आधुनिक ज्ञानशास्त्र के ऐसे पूर्वग्रहों को तोड़ता नज़र आता है। उन्होंने इतिहास-लेखन की कसौटियों का इस समग्रता के साथ निर्वाह किया है कि वे हमें हर नज़रिये से एक समकालीन इतिहासकार दिखायी देते हैं।

अबू ज़ायद अब्दुर्रहमान बिन मुहम्मद बिन ख़ाल्दून अल-हद्रामी (1332-1406)

इब्न ख़ाल्दून का जन्म ट्यूनिस में हुआ था। उत्तर पश्चिमी अफ़्रीका में बसने से पहले उसके पूर्वज स्पेन के मूर शासन काल में उच्च पदों पर रहे थे। ख़ाल्दून के पिता ने उनके लिए क़ुरआन, हदीस और अरब साहित्य की शिक्षा का प्रबंध कराया। ख़ाल्दून के एक शिक्षक अबेली थे जिन्हें उस ज़माने का प्रभावशाली दार्शनिक माना जाता था। ख़ाल्दून का जीवन राजनीतिक उतार-चढ़ाव से भरा था। उन्होंने ट्यूनिस में मेरिनी सुल्तान के सचिव के तौर पर सात साल काम किया, लेकिन एक घटना में उनकी भूमिका संदेहास्पद मानी गयी तो उन्हें पदच्युत कर जेल में डाल दिया गया। रिहा होने पर वे स्पेन चले गये जहाँ उन्होंने कास्तील के शासक पेड्रो की राजसभा में एक शांति अभियान का नेतृत्व किया। पर यहाँ भी उनका क़याम लम्बा नहीं रहा। और वे एक बार फिर अफ़्रीका लौट आये और हफ़्सी शासन के प्रधानमंत्री बन गये। लेकिन यहाँ भी राजनीतिक संकटों ने उनका पीछा नहीं छोड़ा। नतीजतन उन्हें अपने परिवार के साथ एक गाँव में शरण लेनी पड़ी। इब्न ख़ाल्दून ने अपनी कालजयी कृति *किताब-अल- इबार* की इब्तिदा यहीं रहते हुए की। बाद में काहिरा प्रवास के दौरान उन्हें अकादमिक पद के साथ मुंसिफ़ी से भी नवाज़ा गया। इस पद पर उन्हें पाँच बार नियुक्त और बर्खास्त किया गया। दमिश्क़ पर तैमूर लंग के आक्रमण के बाद उन्हें शांति वार्तालाप के लिए भेजा गया। इस तमाम गहमागहमी और उठा-पटक के बावजूद ख़ाल्दून अपनी किताब पर काम करते रहे। ख़ाल्दून के व्यक्तिगत जीवन में यह अस्थिरता एक वृहत्तर परिघटना का परिणाम थी। ख़ाल्दून के दौर में इसलाम की राजनीतिक सत्ता लगातार बिखरती जा रही थी। उसका कोई एक केंद्र नहीं रह गया था। ख़ाल्दून के जीवन में पलायन और पुनर्वास का यह सिलसिला एक तरह से इस चौतरफ़ा विखण्डन को ही दर्शाता है।

किताब-अल-इबार को तीन पुस्तकों का संकलन माना जाता है। इस त्रयी की पहली किताब में ख़ाल्दून ने इतिहास और समाज की प्रकृति पर विचार किया है। दूसरी अरबों और तीसरी किताब बर्बरों के इतिहास से संबंधित है। इनमें पहली किताब के प्राक्कथन यानी *मुक़द्दिमा* में इब्न ख़ाल्दून अपने इतिहास-लेखन की योजना स्पष्ट करते हैं। आधुनिक समाजशास्त्रियों और इतिहास चिंतकों की दिलचस्पी संकलन के इसी खण्ड में रही है। ख़ाल्दून दावा करते हैं कि उनके इतिहास लेखन का लक्ष्य सभ्यता, शहरीकरण और सामाजिक संगठन की बुनियादी प्रवृत्तियों की व्याख्या करना है ताकि पाठक के सामने इन परिघटनाओं के निर्माण की प्रक्रिया, निरंतरता उनके मौजूदा स्वरूप के कारण स्पष्ट हो सकें।

एकबारगी विनम्रता को मुँह चिढ़ाता यह दावा दम्भपूर्ण लग सकता है लेकिन अगर *मुक़द्दिमा* को उस दौर के इतिहास

लेखन के बरक्स रखकर तौला जाए तो इब्न ख़ाल्दून का दावा बेजा नहीं लगता। *मुक़द्दिमा* का पाठक भावुक या चमत्कृत नहीं होता। यह कृति न प्रवचन की मुद्रा अख़्तियार करती है, न पाठक को किसी ख़ास बात या विचार के लिए राजी करने की कोशिश करती है और न ही उसमें प्रशासन या सरकार की हिमायत करने की दबी-छिपी ख्वाहिश दिखायी देती है। ख़ाल्दून अपने दौर के इतिहास लेखन को पक्षपोषण, मताग्रहों और खेमेबंदी, दूसरों के कहे पर अति निर्भरता, सत्य के संबंध में अपुष्ट धारणाओं तथा सत्ताधारियों की चरण-वंदना से ग्रस्त बताते हैं।

समकालीन इतिहासकारों से ख़ाल्दून इस मायने में भी अलग ठहरते हैं, क्योंकि अपने इतिहास लेखन में वे फंतासी और कल्पना के बजाय आर्थिक विचारों, भूगोल, जनांकिकी, सैन्य रणनीतियों और सत्ता के दांव-पेचों को अहमियत देते हैं। उदाहरण के लिए ख़ाल्दून मूसा के इस दावे का कई कोणों से खण्डन करते हैं कि इज़रायल की सेना में छह लाख सैनिक थे। ख़ाल्दून के मुताबिक़ इज़रायल जैसा छोटा सा देश इतनी विशाल सेना का भरण-पोषण नहीं कर सकता था। दूसरे, इतनी बड़ी सेना को युद्ध में आसानी से नियंत्रित भी नहीं किया जा सकता था। और तीसरे जनांकिकी के लिहाज़ से भी ऐसी सेना को संगठित करना असम्भव था।

इब्न ख़ाल्दून कहते हैं कि अपने पूर्ववर्तियों की नकल करने वाले इतिहासकार कभी सार्थक और गम्भीर काम नहीं कर सकते क्योंकि वे इस तथ्य के प्रति सचेत नहीं रहते कि समय के साथ देश और समुदायों की परिस्थितियाँ बदल जाती हैं। नतीजा यह होता है कि इतिहासकार अतीत के जिन शासकों और घटनाओं के बारे में सूचनाएँ जुटाता हैं वे महज़ आवरण रह जाती हैं और उनका तत्त्व ग़ायब हो जाता है। ख़ाल्दून के मुताबिक़ इस तरह का इतिहास ज्ञान नहीं बल्कि अज्ञानता का वाहक होता है क्योंकि उससे यह पता नहीं चलता कि उसमें मूल कितना और मिलावट कितनी है।

ख़ाल्दून का मानना था कि इतिहासकार को इतिहास लेखन के लक्ष्य को लेकर चौकस रहना चाहिए। इस लक्ष्य को परिभाषित करते हुए वे इतिहासकार के लिए यह ज़िम्मेदारी तय करते हैं कि उसे ऐतिहासिक घटनाओं के आंतरिक अर्थ का संधान करना चाहिए। अर्थ के इस अन्वेषण में ख़ाल्दून क़यास, मौजूदा चीज़ों के उद्भव के कारणों की महीन व्याख्या और घटनाओं की प्रक्रिया व उन्हें आसन्न बनाने वाली परिस्थितियों के सघन ज्ञान पर विशेष ज़ोर देते हैं। इन पहलुओं की निशानदेही करते हुए ख़ाल्दून इस निष्कर्ष पर पहुँचते हैं कि इतिहास दर्शनशास्त्र के धरातल पर खड़ा होता है। लिहाज़ा उसे दर्शनशास्त्र की शाखा माना जाना चाहिए।

इतिहासकार के दायित्व की इस चर्चा में ख़ाल्दून यह तजवीज़ भी करते हैं कि सत्य के उद्घाटन में उसे सामाजिक, राजनीतिक, आर्थिक, सांस्कृतिक तथा भौगोलिक परिस्थितियों की पड़ताल करनी चाहिए क्योंकि यही कारक आपस में मिलकर किसी सभ्यता का आकार गढ़ते हैं। उनके अनुसार इतिहासकार जब सभ्यता को इस कोण से देखते हैं तो इतिहास विज्ञान का दर्जा हासिल कर लेता है। ख़ाल्दून इतिहास को विज्ञान ठहराने के लिए इसलामी चिंतकों द्वारा निर्धारित तीन पूर्वशर्तों का ज़िक्र करते हैं : इतिहास विज्ञान इसलिए है क्योंकि उसका लक्ष्य मानव समाज होता है। उसके सामने ऐतिहासिक घटनाक्रमों से उपजी एक ख़ास समस्या होती है और घटनाओं के आंतरिक अर्थ की खोज के लिए एक लक्ष्य होता है।

इतिहासकार के तौर पर इब्न ख़ाल्दून ने मध्यकालीन मग़रिब की सभ्यता के विभिन्न पहलुओं का विश्लेषण किया है। मग़रिब के क्षेत्र में त्रिपोलितानिया, दक्षिणी ट्यूनिशिया तथा दक्षिणी मोरक्को के इलाक़े शामिल किये जाते हैं। इतिहास लेखन की प्रक्रिया में ख़ाल्दून सबसे पहले इस बात की तह में जाते हैं कि किसी क्षेत्र की घटनाओं पर वहाँ के भौतिक पर्यावरण का क्या असर रहा है। इसके बाद वे क्षेत्र के निवासियों की सामाजिक प्रवृत्ति, समाज के आदिम संगठनों व उसके विकसित रूपों के बीच स्थित संबंधों का जायज़ा लेते हैं। समाज के विभिन्न स्तरों और रूपों का विवरण देकर ख़ाल्दून नेतृत्व और सरकार की प्रकृति पर विचार करते हैं और इस क्रम में यह दर्शाते हैं कि आदिम समुदाय किस तरह जटिल सामाजिक संगठन की ओर बढ़ते हुए एक समय बाद पतन का शिकार हो जाते हैं। मग़रिब के इस इतिहास में इब्न ख़ाल्दून समाज की प्रकृति और सामाजिक बदलाव संबंधी विचारों को एक पृष्ठभूमि की तरह नियोजित करते हैं। इसकी अग्रभूमि में वे ग्रामीण अथवा घुमंतु (उमरान बदावी) तथा शहरी व स्थायी समुदायों (उमरान हादिरी) की विशिष्टताओं का खाका खींचते हैं। सभ्यता के इस चक्रीय विश्लेषण में ख़ाल्दून ग्रामीण और घूमंतु जीवनशैली को सभ्यता का पहला चरण और शहरी, स्थिर या विकसित समाज का आधार स्तम्भ मानते हैं। इस ग्रामीण और घुमंतु सामुदायिकता के भीतर भी ख़ाल्दून रेगिस्तान में ऊँटों का इस्तेमाल करने वाले घूमंतू क़बीलों, अर्ध-घूमंतू और एक जगह टिक कर खेती करने वाले समुदायों को चिह्नत करते हैं। इसी तर्ज़ पर वे शहरी और स्थायी समुदायों के अंदर भी ख़ास शहर में रहने वाले और शहर की परिधि पर रहने वाले लोगों में अंतर करते हैं। ख़ाल्दून की योजना में ये अलग-अलग समूह विकास के भिन्न-भिन्न स्तरों की नुमांइदगी करते हैं। ख़ाल्दून के अनुसार शहरी और टिकाऊ समाज यानी उमरान हादिरी का ज़ोर संस्कृति और ऐश्वर्य पर रहता है। लेकिन अंत में यही इस सभ्यता के पतन का कारण बन जाते हैं।

सभ्यता के पतन का यह विश्लेषण इस अर्थ में विलक्षण

है कि ख़ाल्दून इसके लिए प्राकृतिक कारणों को ज़िम्मेदार नहीं मानते। उनके अनुसार उच्चतर सभ्यता का ध्वंस ऐसे लोगों द्वारा किया जाता है जो अपने भीतर उमरान बदावी यानी ग्रामीण और घुमंतू सभ्यता के तत्त्वों को समेटे रहते हैं। ऐसे समुदाय एक नये राज्य की स्थापना करते हैं। इस क्रम में वे पुनः उमरान हादिरी या उच्चतर सभ्यता का निर्माण करते हैं लेकिन इसके कई लक्षण पूर्ववर्ती सभ्यता का ही विस्तार होते हैं जो अंत में उसके अवसान की भूमिका बन जाते हैं। इस तरह सभ्यता का उत्थान और पतन एक चक्रीय प्रक्रिया बन जाती है।

ख़ाल्दून के इतिहास लेखन में असबिया नामक अवधारणा केंद्रीय महत्त्व रखती है। वह एक ऐसा पद है जिसका हर विद्वान ने अलग-अलग अर्थ लगाया है। कोई इसे क़बीलाई एकता के अर्थ में ग्रहण करता है तो कोई उसे राज्य की सक्रिय उपस्थिति, देशभक्ति, राष्ट्रीय चेतना या सामाजिक एकता आदि के तौर पर व्याख्यायित करता है। बहुत से विद्वान इसे उनके चक्रीय विश्लेषण का उत्स मानते हैं। ख़ाल्दून के मुताबिक़ असबिया मूलतः ग्रामीण और घुमंतू सभ्यता का लक्षण होती है। शहरी सभ्यता या उमरान हादिरी के चरण में वह क्षीण होते होते निष्प्राण हो जाती है। ख़ाल्दून के अनुसार असबिया का अवसान ही राज्य के पतन में परिणत होता है।

एक सीमा तक इन सारे आशयों को ठीक माना जा सकता है। लेकिन ध्यान से देखें तो अर्थ की यह बहुलता इस बात की ओर इशारा करती है कि ख़ाल्दून के लिए असबिया कई तत्त्वों से मिलकर बना कोई संयुक्त विचार है। किताब की पाठ्य वस्तु से यह बात भी साफ़ हो जाती है कि असबिया अमूर्त और ग़ैर-ऐतिहासिक धारणा नहीं है। ख़ाल्दून उसका मग़रिब के ख़ास संदर्भ में इस्तेमाल करते हैं। किताब में असबिया का उल्लेख युद्ध की स्थितियों में आता है : मसलन, अगर किसी समूह में युद्ध करने की प्रवृत्ति घटने लगती है तो वह असबिया से हीन हो जाता है। ख़ाल्दून के तईं असबिया एक ऐसी अनिवार्यता है जिसके बिना कोई समूह या ताक़तवर परिवार अपनी वास्तविक सत्ता (रिआसा) स्थापित नहीं कर सकता। ख़ाल्दून के अनुसार समूह पर अपना इक़बाल क़ायम करने के लिए मुखिया व्यापार और युद्धों से अर्जित लूट का इस्तेमाल करते हैं। जब समूह के मुखिया अपनी सम्पदा पर एकाधिकार करने लगते हैं तो उनकी सत्ता का तो विस्तार होता है लेकिन उनकी सेना में बराबरी का तत्त्व घटने लगता है। ऐसे में समूह की एकता बनाये रखने के लिए अन्य समूहों के साथ लगातार युद्ध की स्थिति तैयार की जाती है। एकता की इस भावना और लूट में मिलने वाली हिस्सेदारी के कारण समूह के सदस्य अपने मुखिया का समर्थन करते रहते हैं और इस तथ्य से बेपरवाह रहते हैं कि मुखिया उनका नेता नहीं बल्कि स्वामी बन गया है। युद्ध से प्राप्त सम्पदा और करों के ज़रिये जब मुखिया की स्थिति सर्वोच्च होती जाती है तो धीरे-धीरे समूह के सदस्य अपनी अधीनस्थ स्थिति या असमानता के प्रति सचेत होने लगते हैं। इस क्रम में जब मुखिया अपने दरबारी वर्ग के साथ कस्बों या शहरों में बसने लगता है तो उसका समूह के सदस्यों से सम्पर्क टूटने लगता है। समूह जब इन हालात को समझने लगता है तो फिर वह मुखिया की सत्ता का प्रतिकार करने लगता है। ऐसे में मुखिया अपनी सत्ता को अक्षुण्ण रखने के लिए अपने कृपा-पात्रों, भाड़े के सैनिकों और ग़ुलामों से समर्थन व एकता की अपील करता है। लेकिन जिस मूल समूह के समर्थन के आधार पर मुखिया ने सत्ता हासिल की थी वह उसका शत्रु बन जाता है। इस आंतरिक फूट के कारण सभ्यता जर्जर होने लगती है और अंत में उस पर कोई ऐसा समूह अपना वर्चस्व क़ायम कर लेता है जिसमें असबिया का तत्त्व प्रबल होता है।

ख़ाल्दून के इतिहास-चिंतन में असबिया की केंद्रीयता को देखते हुए कई विद्वानों ने ये सवाल भी उठाए हैं कि ख़ाल्दून सेकुलर दार्शनिक थे या धार्मिक चिंतक। मुक़द्दमा में ख़ाल्दून क़ुरआन से उद्धरण ज़रूर लेते हैं लेकिन इसलाम में असबिया का प्रयोग नकारात्मक अर्थ में किया गया है। इसलामी चिंतन में असबिया की जगह धर्मनिष्ठा और भलमनसाहत (अल-तक़्वा) को सत्ता व नेतृत्व का औचित्य माना गया है। इससे ज़ाहिर होता है कि ख़ाल्दून इसलामी परम्परा का अनुकरण न करके उसका सर्जनात्मक उपयोग कर रहे थे। इस आधार पर बहुत से विद्वानों को ख़ाल्दून में ईश-निंदा की प्रवृत्ति भी दिखायी देती है और वे इस निष्कर्ष पर पहुंचते हैं कि ख़ाल्दून इतिहास की धार्मिक व्याख्या नहीं कर रहे थे।

देखें : अबू-अला मौदूदी, अल-किंदी, अल-ग़ज़ाली, इब्न रश्द, प्रारम्भिक इसलाम, इसलामिक नारीवाद, जिहाद, फ़लसिफ़ा और कलाम, भारतीय इसलाम, मसजिद, हज़रत मुहम्मद-1 और 2, मुहम्मद अली जिन्ना, मुहम्मद इक़बाल, सैयद अहमद ख़ाँ।

संदर्भ

1. एच. सिमोन (1978), *इब्न खाल्दूंस साइंस ऑफ़ ह्यूमन कल्चर,* अनु. एफ़. बाली, *मुहम्मद अशरफ़,* लाहौर.
2. एम. महदी (1957), *इब्न खाल्दूंस फ़िलॉसफ़ी ऑफ़ हिस्ट्री,* जी. ऐलन ऐंड अनविन, लंदन.
3. ए. अजमेह (1990), *इब्न ख़ाल्दून : ऐन ऐसे इन रिइंटरप्रेटेशन,* रॉटलेज़, लंदन.

—नरेश गोस्वामी

इब्न रश्द

(Ibn Rushd)

धर्म और दर्शन के बीच तनाव के रूढ़िमुक्त व्याख्याता, मूरों (मुसलमानों) वाले स्पेन के दार्शनिक और चिकित्सा-विज्ञानी अबू अल-वालिद मुहम्मद इब्न अहमद इब्न रश्द (1126-1198) के चिंतन ने पश्चिम की दार्शनिक परम्परा पर स्थायी प्रभाव डाला है। बारहवीं से सोलहवीं सदी के बीच यानी आधुनिक दर्शन और प्रयोग-आधारित विज्ञान के उदय से पहले पश्चिमी दर्शन में इब्न रश्द के विचारों की तूती बोलती थी। रश्द अरबी भाषा के प्रचुर लेखक थे। उनकी रचनाएँ क़रीब बीस हज़ार पृष्ठों में फैली हुई हैं और दुनिया की लगभग सभी भाषाओं में उनका अनुवाद हो चुका है। अरस्तू की रचनाओं पर इब्न रश्द की टीकाओं के कारण ही पश्चिम में विद्वानों का ध्यान एक बार फिर से प्राचीन यूनानी दर्शन की तरफ़ गया जो छठी सदी से ही उपेक्षित पड़ा हुआ था। रश्द ने तर्कशास्त्र, औषधि-विज्ञान, संगीत और न्यायिक चिंतन के क्षेत्र में असाधारण योगदान किया। उनकी रचना *तुहाफ़ुत अल-तुहाफ़ुत* में सुन्नी परम्परा के इस आग्रह का खण्डन है कि इसलाम में दार्शनिकों की कोई जगह नहीं है। रश्द के विचारों से प्रभावित होकर तेरहवीं और चौदहवीं सदी में यहूदी और ईसाई विचारकों ने अपनी परम्पराओं की भी फिर से जाँच की और इस प्रक्रिया से विद्वानों का जो सिलसिला पैदा हुआ उसने स्वयं को ऐवेरॅइस्ट कहा। पश्चिम में इब्न रश्द को एवेरॅस के नाम से ही जाना जाता है।

रश्द की मान्यता थी कि मनुष्य न तो अपने प्रारब्ध को पूरी तरह से नियंत्रित करता है, और न ही उसका अस्तित्व प्रारब्ध द्वारा सौ फ़ीसदी पूर्व-निर्धारित है। उन्होंने क़ुरान की प्रमुख आयतों की व्याख्या करके दिखाया कि धार्मिक सत्य की उपलब्धि के सभी रास्तों में से सबसे अच्छा रास्ता दर्शन ही है। इसलिए इसलाम के तहत दर्शन के अध्ययन की पूरी छूट होनी चाहिए। रश्द ने आशारी, मुताज़िलाह, सूफ़ी और दैवी ग्रंथ की अक्षरशः व्याख्या करने वाली परम्पराओं को आड़े हाथों लेते हुए दावा किया कि अगर आलोचनात्मक और दार्शनिक दृष्टि से धर्म की समीक्षा नहीं की जाएगी तो न उसके गहन अर्थों का संधान हो पायेगा और न ही ईश्वर और जगत के होने से संबंधित भ्रामक अर्थग्रहण से बचा जा सकेगा।

इब्न रश्द की बौद्धिक गतिविधियाँ उस ज़माने में परवान चढ़ीं जब मुसलमान देशों में दार्शनिक और धर्मशास्त्रीय चिंतन को अहमियत नहीं मिल रही थी। लेकिन दूसरी तरफ़ लातीनी ईसाइयत के तहत इन क्षेत्रों में उछाल दिखायी पड़ रहा था। इसलामिक दर्शन के तहत विकसित हुए नव-अफ़लातूनी

अबू अल-वालिद मुहम्मद इब्न अहमद इब्न रश्द (1126-1198)

चिंतन पर अनुदार दृष्टिकोण से ज़बरदस्त आक्रमण करने वाले अल-ग़ज़ाली का डंका उनकी मृत्यु के बाद भी बज रहा था। इब्न सिना द्वारा किये गये ग़ज़ाली के खण्डन के बावजूद फ़लसिफ़ाई परम्परा हाशिये पर ही थी। ऐसी विपरीत परिस्थितियों में स्पेन के मुसलमान दार्शनिकों का एक सिलसिला उभरा जिसके शीर्ष पर इब्न रश्द या ऐवेरॅस थे। दरअसल ज्ञान की इस परम्परा का श्रेय स्पेन के उमैयद ख़लीफ़ा अल-हाकम को दिया जाना चाहिए जिन्होंने पाँच लाख किताबों का एक शानदार पुस्तकालय कोरदोवा में बनवाया। अल-हाकम ख़ुद भी अध्ययन के बड़े शौक़ीन थे और अपना ख़ासा वक़्त इस लाइब्रेरी में गुज़ारते थे। ग्रंथों के इस असाधारण संकलन ने कोरदोवा और उसके इर्द-गिर्द ज्ञान की आराधना का माहौल तैयार किया जो लम्बे अरसे तक जारी रहा। इब्न रश्द का जन्म भी इसी अल-हाकम के बाद दो सदियाँ गुज़र जाने के उपरांत कोरदोवा में ही हुआ।

मध्ययुगीन इसलामिक जगत में बढ़ती जा रही अनुदारता और दर्शन विरोधी प्रवृत्तियों के बीच विविध व्याख्याओं से सम्पन्न उदार परम्परा की वकालत आसान नहीं थी। लेकिन रश्द ने यह चुनौती क़बूल की। सबसे पहले उन्होंने यह दिखाया कि निरूपणात्मक सत्य और क़ुरान के बीच कोई टकराव नहीं है। अगर इसलाम ख़ुद में परम सत्य है तो दर्शन का काम भी सत्य की खोज करना ही है। अगर किसी बात पर दर्शन और क़ुरान की राय में अंतर निकलता है तो उस सूरत में धार्मिक किताब की लाक्षणिक या रूपकात्मक व्याख्या होनी चाहिए। रश्द ने दावा किया कि धर्मग्रंथ की रूपकात्मक व्याख्या करने की परम्परा मुसलमानों के बीच पुरानी है। दार्शनिकों और वकीलों के साथ-साथ स्वयं धर्मशास्त्री यह तरीक़ा अपनाते रहे हैं। मतभेद केवल इस बात पर रहा है कि इसका सहारा लेना किस हद तक उचित है। ऐवेरॅस का कहना था कि अल्लाह ने ही विभिन्न अर्थों और व्याख्याओं का सृजन किया है जो

प्रत्यक्ष भी हैं और प्रच्छन्न भी ताकि मानवीय बुद्धि के प्रत्येक रूप को संतुष्ट किया जा सके।

इसी तर्क को आगे बढ़ाते हुए इब्न रश्द का कहना था कि इसलाम का दीर्घकालीन अंतर्राष्ट्रीय विकास-क्रम बहुत विविध है, और इसलिए भी क़ुरान की बहुत सी आयतों के तात्पर्यों पर मतैक्य नहीं है। कोई भी व्यक्ति सभी युगों के सभी विद्वानों के मत की जानकारी रखने का दावा नहीं कर सकता। चूँकि मतैक्य नहीं है, इसलिए अलग-अलग व्याख्याएँ हो ही सकती हैं। रश्द ने नतीजा निकाला कि इसी वजह से ग़ज़ाली द्वारा दूसरे दार्शनिकों पर काफ़िर होने का आरोप लगाना अनुचित है। जगत के चिरस्थायी होने या दैहिक पुनरुज्जीवन से और विभिन्न मताग्रहों से संबंधित वाद-विवाद पहले से चले आ रहे हैं। दार्शनिकों को अल्लाह ने यह क्षमता प्रदान की है कि वे ज्ञान और युक्तियों के अनूठे रूपों का इस्तेमाल करते हुए निरूपणात्मक दलीलों के माध्यम से अपनी आस्थाओं को पुष्ट करें और रूपकात्मक व्याख्याओं से उन्हें सम्प्रेषित करें।

इब्न रश्द ने दलील दी कि इन्हीं सब वजहों से दार्शनिक और धर्मशास्त्री एक-दूसरे कोई बहुत ज़्यादा भिन्न नहीं होते। उन्हें एक-दूसरे को अधार्मिक क़रार नहीं देना चाहिए। आख़िरकार दार्शनिकों की ही भाँति धर्मशास्त्री भी कई बार रूपकात्मक व्याख्याओं का सहारा लेते हैं जिन्हें किसी भी तरह से अंतिम नहीं माना जा सकता। मसलन, धर्मशास्त्री कहते हैं कि क़यामत के बाद कुछ नहीं बचा रहेगा, पर उनका यह दावा क़ुरान के प्रकट अर्थों पर भी खरा नहीं उतरता। इस सिलसिले में रश्द ने क़ुरान की उन आयतों को रेखांकित किया जिनका निहितार्थ यह है कि जल और धुआँ जैसी शै इस जगत की सृष्टि से पहले भी थीं और क़यामत के बाद भी बनी रहेंगी। रश्द का सुझाव था कि सामान्य जनता को धर्मग्रंथ के केवल प्रकट अर्थों की शिक्षा दी जानी चाहिए, जबकि शिक्षित और सोच-विचार में दीक्षित लोगों को उसके उच्चतर और गहनतर तात्पर्य बताये जाने चाहिए। सामान्य जनता को द्वंद्वात्मक या निरूपणात्मक व्याख्याएँ समझाने की कोशिशें उनकी आस्थाओं के संसार के लिए हानिकारक हो सकती हैं। ज्ञान के सम्प्रेषण से जुड़े अपने इसी क्रम को निगाह में रख कर इब्न रश्द ने अरस्तू की रचनाओं पर तीन अहम टीकाएँ लिखीं। इनमें सबसे छोटी है *जामी* जिसे अरस्तू के विचारों की संक्षिप्त प्रस्तुति माना जाता है। यह सामान्य लोगों के पढ़ने के लिए है। इससे बड़े कलेवर की *तालिख़स* है जो इस विषय से परिचित छात्रों के काम की है। और, सबसे बड़ी और गहन है *ताफ़्सिर* जिसे विद्वानों के पढ़ने के लिए लिखा गया है। इसमें क़ुरान की आयतों और अवधारणाओं का मौलिक विश्लेषण पेश किया गया है।

संगीत के क्षेत्र में इब्न रश्द ने अरस्तू की कृति *डि एनिमा* का सार-संक्षेप तैयार किया जिसका बाद में लैटिन में अनुवाद हुआ। औषधि-विज्ञान के क्षेत्र में इब्न-रश्द ने बीस पुस्तकें लिखीं जिनमें *किताब अल-कुल्लियत फ़ि अल-तिब्ब* (1162) को बहुत ऊँचा दर्जा प्राप्त है। इस ग्रंथ का लैटिन में अनुवाद *कॉलिजेत* शीर्षक से हुआ। हालाँकि यह पुस्तक इब्न सिना द्वारा रचित *अल-क़ानुन* की परम्परा में ही है, पर इसमें रश्द ने दवाओं, निदान, उपचार और रोगों के होने से पहले उन्हें रोकने से संबंधित समस्याओं पर मौलिक चिंतन किया है। विधिशास्त्र पर इब्न रश्द की रचना *बिदायत अल-मुज्तहिद वा-निहायत-अल-मुक़्तासिद* को मालिकी स्कूल के विचारों का प्रतिनिधित्व करने वाली सर्वश्रेष्ठ रचना माना जाता है। खगोलशास्त्र के क्षेत्र में इब्न रश्द की कृति *किताब फ़ि-हरकत अल-फ़लक* के पृष्ठों पर वृत्त की गति पर मौलिक प्रबंध दर्ज है। दर्शन पर उनकी अधिकांश रचनाएँ हिब्रू अनुवादों के रूप में सुरक्षित हैं। कुछ के मूल अरबी पाठ भी उपलब्ध हैं। हालाँकि रश्द की कुछ पुस्तकें लुप्त हो चुकी हैं, पर अब भी 87 कृतियाँ मिलती हैं।

इब्न रश्द का जन्म 1126 ईस्वी में स्पेन के कोरदोवा में हुआ था। उनके पिता और बाबा न्यायाधीश थे। बाबा की ख़ास बात यह भी थी कि वे जज होने के साथ-साथ इसलामिक विधि के मालिकी स्कूल के विद्वान तथा कोरदोवा की जामिया मसजिद के इमाम भी थे। रश्द का बचपन शांति से विद्या-अध्ययन करते बीता। उन्होंने दर्शन और विधि की शिक्षा अबू जफ़र हारून से ली और इब्न बाज़ा से औषधि-विज्ञान सीखा। जैसे ही उनकी विद्वत्ता की चर्चाएँ फैलीं, मोरक्को के ख़लीफ़ा अबू याक़ूब ने उन्हें अपने दरबार में निमंत्रित किया और वे इब्न तुफ़ैल की जगह शाही हक़ीम तैनात किये गये। याक़ूब के बेटे याक़ूब अल-मंसूर ने भी रश्द का रुतबा क़ायम रखा, लेकिन कुछ समय बाद ही नये ख़लीफ़ा से उनकी ठन गयी। मंसूर को रश्द के धर्मशास्त्रीय और दार्शनिक विचार कुछ ज़्यादा ही रैडिकल लग रहे थे। ख़लीफ़ा का कोपभाजन बनने के बाद उन्हें निर्वासित कर दिया गया, और वे कोरदोवा के पास एक यहूदी गाँव लुसिना में रहने के लिए मजबूर कर दिये गये। मंसूर ने उनकी विज्ञान संबंधी तकनीकी कृतियों को छोड़ बाक़ी सभी किताबें जलवा डालीं। क़रीब चार साल बाद इस क्षेत्र के प्रमुख विद्वानों ने इब्न रश्द और ख़लीफ़ा के बीच सुलह कराने की कोशिश की। मंसूर ने उन्हें माफ़ कर दिया और वे फिर से मोरक्को रहने के लिए चले गये। लेकिन 1198 में जिस साल इब्न रश्द की वापसी हुई, उसी वर्ष उनका देहांत हो गया।

देखें : अल-किंदी, अल-ग़ज़ाली, इब्न ख़ाल्दून, प्रारम्भिक इसलाम, इसलामिक नारीवाद, जिहाद, फ़लसिफ़ा और कलाम, भारतीय इसलाम, मसजिद, हज़रत मुहम्मद-1 और 2, मुहम्मद अली जिन्ना, मुहम्मद इक़बाल, अबू-अला मौदूदी, सैयद अहमद ख़ाँ।

संदर्भ

1. डी. उरवॉय (1991), इब्न रश्द, रॉटलेज, लंदन.
2. ओलिवर लीमैन (1985), *ऐन इंट्रोडक्शन ऑफ़ मेडिवल इसलामिक फ़िलॉसफ़ी,* केम्ब्रिज युनिवर्सिटी प्रेस, केम्ब्रिज.
3. ओलिवर लीमैन और एच.एस. नस्र (सम्पा.) (1998), *द रॉटलेज हिस्ट्री ऑफ़ इसलामिक फ़िलॉसफ़ी,* लंदन.
4. आर. अर्नाल्डेज़ (1998), *इब्न रश्द : अ रैशनलिस्ट इन इसलाम,* युनिवर्सिटी ऑफ़ नॉत्रेदम प्रेस, नॉत्रेदम, आईएन.

—अभय कुमार दुबे

इमैनुएल कांट

(Immanuel Kant)

आदर्शवादी जर्मन दार्शनिक इमैनुएल कांट (1724-1804) तत्त्वचिंतन, ज्ञानमीमांसा और नीतिशास्त्र के क्षेत्र में युगप्रवर्तक योगदान के लिए जाने जाते हैं। उनकी मान्यता थी कि ज्ञानमीमांसा के ज़रिये तत्त्वचिंतन का परिष्कार किया जा सकता है। वे ख़ुद को अनुभववादी दार्शनिक परम्परा और बुद्धिवाद के बीच सूत्र के रूप में भी देखते थे। हालाँकि उन्होंने राजनीति पर सीधे कोई रचना नहीं लिखी, लेकिन उनकी कृतियाँ समृद्ध राजनीतिक विचारों और सूत्रीकरणों से भरी पड़ी हैं। किसी सुविकसित राजनीतिक सिद्धांत की ग़ैरमौजूदगी के बावजूद अगर कांट के चिंतन को अलग कर दिया जाए तो आज का राजनीतिक सिद्धांतशास्त्र दरिद्र हो जाएगा। 1795 में प्रकाशित अपनी रचना *परपैचुअल पीस* में ही कांट ने 'लीग ऑफ़ नेशंस' जैसा एक संगठन बनाने के पक्ष में तर्क दे दिया था ताकि एक प्राकृतिक, बुद्धिसंगत और अंतर्राष्ट्रीय क़ानून सारी दुनिया पर लागू किया जा सके। इस तजवीज़ के पीछे उनकी भविष्य-दृष्टि थी कि दुनिया के विभिन्न राज्यों की सत्ता कमज़ोर होने वाली है जिसके कारण एक सार्वभौम प्राधिकार स्थापित करने की ज़रूरत पड़ेगी।

कांट का निजी जीवन अपनी घटनाहीनता के लिए जाना जाता है। प्रशिया के प्रांतीय नगर कोइंसबर्गर में एक साधारण कारीगर के घर में उनका जन्म हुआ। वहीं के विश्वविद्यालय में वे प्रवक्ता बने और वहीं प्रोफ़ेसरी की। आस-पास के इलाक़ों को छोड़ कर वे कभी बाहर नहीं गये और एक अलग-थलग सा जीवन जीते रहे। पर वे किसी भी तरह से कूपमंडूक नहीं थे। उन्हें दुनिया भर में हो रहे घटनाक्रम और ज्ञान के क्षेत्र में हो रहे विकासों की पूरी जानकारी रहती थी। हालाँकि उनका जीवन एक निरंकुश और सर्वसत्तावादी हुकूमत में बीता, लेकिन जीवन-स्थितियों के लिहाज़ से उनकी धारणाएँ बहुत रैडिकल थीं।

कांट युरोपीय ज्ञानोदय की अवधि में सक्रिय रहे और 1782 में *आंसर टू द क्वेश्चन : व्हाट इज़ ऐनलाइटेनमेंट ?* जैसा बहुचर्चित निबंध लिख कर ज्ञानोदय के बुनियादी मूल्यों की लोकप्रिय व्याख्या भी की। कांट ने लिखा, 'ज्ञानोदय मनुष्य को उस नादानी से मुक्त करता है जो उसने स्वयं अपने ऊपर लाद रखी है। नादानी के कारण ही व्यक्ति अपनी समझ को दूसरे के मार्गनिर्देशन के बिना इस्तेमाल करने में अक्षम रहता है।' कांट कहते हैं कि ऐसी नादानी क़ाबिलियत के अभाव का द्योतक नहीं होती, और 'जानने की जुर्रत' के ज़रिये इसे ज्ञानोदय में बदला जा सकता है।

उनकी रचनाएँ ज्ञानोदय के आदर्शों से आलोकित भी हैं, पर कुल मिला कर उनकी बौद्धिक परियोजना कुछ अलग क़िस्म की थी। उस ज़माने में फ्रांस और इंग्लैण्ड के दार्शनिकों द्वारा प्रतिपादित फलितार्थवादी और सुखवादी सिद्धांतों के आईने में कांट के दर्शन को नहीं देखा जा सकता। *क्रिटीक ऑफ़ प्योर रीज़न* (1781), *ग्राउंडवर्क ऑफ़ द मेटाफ़िज़िक्स ऑफ़ मोरल्स* (1785), *क्रिटीक ऑफ़ प्रेक्टीकल रीज़न* (1788) और *क्रिटीक ऑफ़ जजमेंट* (1788) जैसी विख्यात रचनाओं में कांट की दिलचस्पी इस बात में दिखती है कि परम्परा से चले आ रहे सिद्धांतों को नयी बुद्धिवादी कसौटियों के मुताबिक़ कैसे पुनः रचा जाए।

अपने बौद्धिक जीवन के शुरुआती दौर में कांट न्यूटन के विज्ञान संबंधी विचारों से बहुत प्रभावित थे। उनकी समझ थी कि डेविड ह्यूम का संदेहवादी दर्शन विज्ञान की बुनियाद और निश्चितता के दावे को ही प्रश्नांकित करता है। ह्यूम का कहना था कि विज्ञान के कार्य-कारण संबंधी नियमों का कोई ठोस तथ्यगत आधार नहीं है। कांट ने इसके उत्तर में मनुष्य को एक बुद्धिवादी और स्वायत्त एजेंट की तरह पेश किया। जगत को समझने के वैज्ञानिक दृष्टिकोण का समर्थन करते हुए उन्होंने दावा किया कि विज्ञान के कुछ प्रस्तावों को हमें स्वीकार करना ही होगा। हमारी यह स्वीकारोक्ति उन प्रस्तावों की तर्कपरक अनिवार्यता या उनके प्रेक्षणीय सत्य होने की शर्त पर निर्भर नहीं होनी चाहिए। दरअसल, इन प्रस्तावों को माने बिना हम एक ख़ास तरह का बुद्धिवादी विमर्श स्थापित कर ही नहीं सकते। मसलन, अगर हम विज्ञान का अस्तित्व चाहते हैं तो हमें कार्य-कारण संबंध मानने होंगे, और अगर हम नैतिक तर्क देना चाहते हैं तो हमें कुछ सार्वभौम नियमों को भी मान कर चलना होगा।

कांट ने अपने इस विज्ञान-दर्शन से कर्त्तव्यनिष्ठा और भलाई के सिद्धांत निकाले। उन्होंने पशुओं और मनुष्यों समेत दैनंदिन संसार के इंद्रियगत अस्तित्व को 'परिघटनात्मक जगत'

इमैनुएल कांट (1734–1804)

क़रार देते हुए कहा कि यह पूरी तरह से कार्य-कारण नियम से संचालित है। कांट को इसमें कोई संदेह नहीं है कि अपना निजी हित पूरा करते समय हमारी कामनाओं और उनकी पूर्ति के लिए उठाए जाने वाले क़दमों के पीछे भी यही नियम काम करते हैं। इस प्रक्रिया में इस्तेमाल की जाने वाली बुद्धि हमें पशुओं से अलग नहीं करती, बल्कि पशुओं के मुक़ाबले हमें एक अतिरिक्त उपादान दे देती है। कांट के अनुसार मनुष्य भिन्न इसलिए हैं कि उनमें परिघटनात्मक जगत के परे जाने की क्षमता होती है। वह नैतिक आधार पर अपनी सक्रियता के ज़रिये परासत्ता के दायरे में भागीदारी कर सकता है। वह नैतिक कर्त्तव्य के अधीन हो कर निजी हित के ख़िलाफ़ जा सकता है, और इस तरह से पूरी तरह से स्वाधीन व सम्पूर्ण मानव बन सकता है।

यहाँ कांट का विचार रूसो की अवधारणाओं से मिलता-जुलता लेकिन कुछ अलग तरह का है। वे रूसो की भाँति नैतिक चयन की ख़ूबी के कारण मानव को अलग ठहराते हैं, पर स्वाधीनता की उनकी अवधारणा राजनीतिक रूप से अधिक पारम्परिक है। साथ ही वे पूरी तरह से व्यक्तिवादी आधारों पर नैतिक चयन के पक्ष में हैं। उनके लिए हर व्यक्ति अपने नैतिक नियम बनाने के लिए स्वतंत्र है और उसके लिए 'सुस्पष्ट अनिवार्यता' के अमूर्त नियम का सहारा ले सकता है। अर्थात् व्यक्ति दूसरे लोगों को साध्य की भाँति देखे, न कि साधन की भाँति। चूँकि हर व्यक्ति स्वयं को अपने नैतिक नियम दे सकता है, इसलिए हर व्यक्ति एक असीमित नैतिक मूल्य से सम्पन्न है। इसी लिहाज़ से उसे स्वाधीनता और स्वायत्तता का अधिकार है।

कांट के पास इस सवाल का जवाब भी है कि ऐसे स्वाधीन और स्वायत्त लोगों के समाज के लिए सरकार का कौन सा रूप उचित होगा। वे गणतांत्रिक सरकार के समर्थक हैं और *क्रिटीक ऑफ़ प्योर रीज़न* में उसकी रूपरेखा पेश करते हैं। गणतांत्रिक सरकार से कांट का मतलब है संविधानसम्मत शासन जिसके तहत सभी को ऐसी अधिकतम स्वाधीनता मिलनी चाहिए जो दूसरों की स्वाधीनता को बाधित न करती हो। इस प्रकार की सरकार हासिल करने के प्रयास को कांट एक नैतिक कर्त्तव्य की संज्ञा देते हैं।

उत्तम शासन की कांट की अवधारणा उदारतावादी चिंतन के मुताबिक़ है। उसमें नागरिक अधिकारों, संवैधानिक राजशाही और एक व्यापक मताधिकार (सार्वभौम नहीं, क्योंकि कांट परनिर्भरों को वोट का अधिकार देने के पक्ष में नहीं थे) के आधार पर चुनी गयी विधायिका की संकल्पना है। कांट को अगाध विश्वास था कि इस तरह की गणतांत्रिक सरकार सभी युद्ध, अपराध और अन्य बुराइयों को भी बहुत कम कर सकती है। उनके मुताबिक़ लोगों को पूरी तरह से स्वाधीन होना ही होगा। मामूली सा संरक्षण या माई-बाप रवैया भी उनके नैतिक विकास में बाधक बन जाता है और दुनिया को तरह-तरह की बुराइयाँ झेलनी पड़ती हैं। गणतांत्रिक सरकार के कारण लोग अधिक परिपक्व, उत्तरदायी और बुद्धिसंगत बनेंगे।

ज्ञानोदय के चिंतक मानते थे कि बुद्धिवाद और शिक्षा का क्रमशः प्रसार मानवता का भविष्य सँवार सकता है। कांट का विश्वास था कि मनुष्य की प्रगति तो प्रकृति द्वारा सुनिश्चित कर दी गयी है। 1784 में प्रकाशित *आइडिया फ़ार अ युनिवर्सल हिस्ट्री विद् अ कॉस्मोपालिटन परपज़* में उन्होंने दावा किया था कि प्रकृति अपनी प्रच्छन्न योजना के आधार पर मनुष्य को एक सम्पूर्ण रूप उत्तम संविधान की तरफ़ ले जा रही है। और, यह इसलिए हो रहा है कि प्रकृति ने मानवता को एक ख़ास तरह की 'असामाजिक क़िस्म की सामाजिकता' से सम्पन्न कर रखा है।

हालाँकि बहुत से आधुनिक चिंतक ख़ुद को नव-कांटवादी कहना पसंद करते हैं, पर विद्वानों ने कांट के नैतिक दर्शन की आलोचना भी की है और उनके आशावाद की भी। बुराई को ख़त्म करने की मानवीय क्षमता में उनके अगाध विश्वास पर पिछली कुछ सदियों के अनुभव के आधार पर सवालिया निशान लगाये गये हैं। कांट के नीतिशास्त्र के प्रशंसक बहुत हैं, पर सुस्पष्ट अनिवार्यता के सिद्धांत के बारे में सवाल पूछे जाते हैं कि अगर हर व्यक्ति पूरी तरह से बुद्धिसंगत होगा तो क्या सभी लोग एक तरह के नैतिक निष्कर्षों पर

पहुँच जाएँगे। हीगेल ने कांट को आड़े हाथों लेते हुए कहा है कि कांट ने एक ऐसा फ़ार्मूला दिया है जिसमें सारतत्त्व का अभाव है। ऐसे फ़ार्मूले के आधार पर तो किसी भी काम को न्यायसंगत ठहराया जा सकता है।

देखें : अफ़लातून, अरस्तू, कार्ल हाइनरिख़ मार्क्स-1, 2, 3 और 4, ज्याँ-ज़ाक रूसो, चार्ल्स-लुई द सेकोंद मोंतेस्क्यू, जॉर्ज विल्हेल्म फ्रेड्रिख़ हीगेल, निकोलो मैकियावेली, मार्सिलियस पाडुआ के, सुकरात, संत थॉमस एक्विना।

संदर्भ

1. एच. सैनर (1973), *कांट्स पॉलिटिकल थॉट,* आईएल, शिकागो युनिवर्सिटी प्रेस, शिकागो.
2. पी. गेयर (1992), द *केम्ब्रिज कम्पेनियन टू कांट,* केम्ब्रिज युनिवर्सिटी प्रेस, केम्ब्रिज.
3. एच. रीज़ (सम्पा.) (1971), *कांट्स पॉलिटिकल राइटिंग्स,* केम्ब्रिज युनिवर्सिटी प्रेस, केम्ब्रिज.
4. एच. विलियम्स (1983), *कांट्स पॉलिटिकल फ़िलॉसफ़ी,* ऑक्सफ़र्ड, ब्लैकवेल.
5. सेबास्टियन गार्डनर (1999), *कांट ऐंड द क्रिटीक ऑफ़ द प्योर रीज़न,* रॉटलेज, लंदन.

—अभय कुमार दुबे

इयत्ता

(Self)

ख़ुद को 'मैं' कह कर पुकारते हुए कोई भी व्यक्ति अपनी इयत्ता (ख़ुदी या आत्म) का हवाला दे रहा होता है। इयत्ता यानी चेतना के स्तर पर सक्रिय देह और मानस से मिल कर बनने वाला अस्तित्व। किन्हीं ख़ास परिस्थितियों में अपनी ही लौकिक शख़्सियत के ख़िलाफ़ खड़ा हो कर मनुष्य का यह आत्म उसके अंतर्द्वंद्व का कारण बन कर ऊहापोह को जन्म देता है। इयत्ता स्थिर नहीं होती। कोशिशों के ज़रिये इनसान अपनी ख़ुदी को बुलंद करते हुए सामान्य पैमानों से परे भी जा सकता है। लेकिन यहीं सवाल उठता है कि क्या हर व्यक्ति के पास 'मैं' के रूप में केवल एक ही इयत्ता होती है? दरअसल, इयत्ता काफ़ी लचीली अवधारणा है और अस्मिता से जुड़ी होने के कारण यह संदर्भ के मुताबिक़ बदल भी सकती है। एक व्यक्ति की कई इयत्ताएँ हो सकती हैं। मनोविज्ञान, ज्ञानमीमांसा, व्यक्तिवाद और उदारतावाद के दायरों में इस पद का जम कर इस्तेमाल होता है। दूसरी तरफ़ समकालीन सामाजिक सिद्धांत के लिए सामाजिक शक्तियों और प्रक्रियाओं के संदर्भ में की जाने वाली इयत्ता की समाजशास्त्रीय व्याख्या बेहद महत्त्वपूर्ण समझी जाती है। यह अनुशासन इयत्ता को केवल एक निजी और आंतरिक 'मैं' के रूप में ही नहीं ग्रहण करता, बल्कि उसके ज़रिये व्यक्तियों और उनके समाज के बीच रिश्तों का संधान भी करता है। मनोविज्ञान द्वारा अगर इयत्ता की शिनाख़्त मानवीय व्यक्तित्व के अनिवार्य मर्म के तौर पर की जाती है, तो समाजशास्त्र उसे सामाजीकरण, अन्योन्यक्रिया और जीवनीपरक अस्मिता-रचना के ज़रिये बनते और प्रबंधित होते हुए देखता है।

देह और मानस के संबंधों पर दार्शनिक प्राचीन काल से ही विचार कर रहे हैं। प्लेटो की मान्यता थी कि आत्मा या मानस और देह न केवल अलग-अलग हैं बल्कि आत्मा का अस्तित्व देह से पहले है। प्लेटो का यह तर्क सुकरात के शब्दों में इस प्रकार सामने आता है : शरीर दिखता है और परिवर्तनशील है, पर आत्मा अदृश्य, अपरिवर्तनीय, अमर और अविनाशी है। चूँकि आत्मा हमेशा रहती है, इसलिए व्यक्ति की इयत्ता उसके कभी नष्ट न होने वाले अनिवार्य तत्त्व का रूप ले लेती है, जिसका क्षय दैहिक मृत्यु के बाद भी नहीं होता। यूनानी क्लासिकल दर्शन की इन व्याख्याओं से देह और आत्मा के आपसी संबंधों की हिंदू-अवधारणा की ओर ध्यान आना स्वाभाविक ही है।

लेकिन पश्चिमी दर्शन में इयत्ता की अवधारणा प्लेटो और सुकरात तक ही सीमित नहीं है। सत्रहवीं सदी में देकार्त ने 'कोजिटो अरगो सम' (मैं सोचता हूँ, इसलिए मैं हूँ) का दावा करते हुए प्रश्न उठाया कि यह सोचने वाला 'मैं' कौन है? देकार्त ने उसे दो भागों में बाँट कर देखा : मानवीय देह का यांत्रिक ढाँचा, और आत्मा अथवा मानस की गतिविधियाँ। देह रूपी यंत्र को अपने-आप चलाते रहने की शक्ति शरीर में निहित न मान कर देकार्त ने ज्ञेय और स्पर्श्य देह को संशय के दायरे में रखा, पर सोचने वाले 'मैं' पर संदेह करने से इनकार कर दिया। लेकिन अगली सदी में ही डेविड ह्यूम ने अपनी रचना *ट्रीटाइज़ ऑफ़ ह्यूमन नेचर* में दावा किया कि मनुष्य की इयत्ता उसके विचारों और अनुभूतियों से परे नहीं होती। जब कोई अपने 'मैं' के बारे में बोलता है तो उसका एक निश्चित संदर्भ होता है, इसलिए इयत्ता को उसी रोशनी में समझा जाना चाहिए। ह्यूम के अनुसार चूँकि मनुष्य का 'मैं' संवेदनों का एक पुंज है इसलिए उसकी इयत्ता देह द्वारा उत्पादित संवेदी अनुभूतियों से स्वतंत्र नहीं हो सकती। अत: देह की तरह इयत्ता भी नश्वर है। इयत्ता ज़्यादा से ज़्यादा दैहिक संवेदनों की एक व्याख्या ही हो सकती है। नीत्शे ने भी अपनी रचना *बियांड गुड ऐंड ईविल* में देकार्त का खण्डन करते हुए यह मानने से इनकार किया कि चिंतन और इयत्ता के बीच कोई अनिवार्य कार्य-कारण संबंध होता है। नीत्शे के

जॉर्ज हरबर्ट मीड (1863-1931)

मुताबिक़ यह बात यक़ीनी तौर पर नहीं कही जा सकती कि सोचने की क्रिया इयत्ता द्वारा ही संचालित होती है। ह्यूम की तरह नीत्शे भी यह मानते थे कि इयत्ता हमेशा ही संदर्भगत होती है और उसे मानवीय संस्कृति की पैदाइश के तौर पर देखा जाना चाहिए। ज़ाहिर है कि ह्यूम और नीत्शे इयत्ता की अवधारणा को सत्तामूलक दर्जा देने से इनकार करते हुए उसे अनुभव और उसके नतीजे के तौर पर ज्ञान का आधार मानने के लिए तैयार नहीं थे।

उन्नीसवीं सदी के उत्तरार्ध में एमील दुर्ख़ाइम ने समाजशास्त्रीय दृष्टिकोण के आधार पर कहा कि समाज व्यक्तियों से मिल कर नहीं बना है, बल्कि व्यक्ति समाज की पैदाइश हैं। आधुनिक समाज में व्यक्ति अपनी इयत्ता का अर्थ-ग्रहण एक विशिष्ट संस्कृति के संदर्भ में ही कर पाता है। प्राक्-औद्योगिक समाजों में ज़्यादातर लोग मूल्यों और मानकों के संदर्भ में एक जैसे ही होते थे, क्योंकि उन समाजों में आर्थिक आधार पर श्रम का विभाजन बहुत कम या न के बराबर ही था। एक तरह की समरूपता (यांत्रिक एकजुटता) इन समाजों को एक सूत्र में बाँधे रहती थी। लेकिन औद्योगिक समाजों में यह तस्वीर बदल गयी। काम के अलग-अलग विशिष्ट दायरों के कारण व्यक्तियों के अनुभवों में विविधता आयी। इस विश्लेषण के आधार पर दुर्ख़ाइम इस निष्कर्ष पर पहुँचे कि व्यक्ति की अस्मिता अपने-आप में प्राथमिक न हो कर आर्थिक विन्यास की उपज है।

इयत्ता और अस्मिता के आपसी संबंधों पर यह चिंतन यहीं नहीं रुका। जॉर्ज हरबर्ट मीड ने इस पर वैकल्पिक दृष्टि से विचार किया। उनका कहना था कि अन्य जीवों की तरह मनुष्य अपने माहौल के प्रति निष्क्रिय अनुक्रिया नहीं करते, बल्कि उसके साथ सक्रिय संवाद करते हुए अपना सामाजिक संसार रचते हैं। उसकी रोज़मर्रा की ज़िंदगी उन 'सामाजिक क्रियाओं' की सामग्री से बनती है जो उसके इर्द-गिर्द मौजूद 'सामाजिक वस्तुओं' का तात्पर्य ग्रहण करने के आधार पर की जाती हैं। मनुष्य इन सामाजिक वस्तुओं में अन्य लोगों को भी शामिल मानता है। इयत्ता की रचना इन्हीं अन्य लोगों से संबंध के तहत होती है। उन्होंने 'आई' और 'मी' में फ़र्क़ करते हुए कहा कि आयी का मतलब है व्यक्ति का दूसरों के प्रति रवैया, और मी का अर्थ है दूसरों का वह रवैया जो व्यक्ति ग्रहण कर लेता है। अर्थात् व्यक्ति की इयत्ता दूसरों के दृष्टिकोण को आत्मसात करने पर निर्भर करती है। व्यक्ति उतनी ही हद तक आत्मसचेत होता है जितना वह समझ पाता है कि दूसरे उसे किस रूप में देख रहे हैं। मीड के इस चिंतन से समाजशास्त्र में सिम्बोलिक इंटरेक्शनिस्ट नामक नज़रिये की बुनियाद पड़ी जिसे इरविंग गॉफ़मेन ने और आगे बढ़ाया।

हाल के वर्षों में समाजशास्त्रियों ने इयत्ता की नियति पर एक ऐसे संदर्भ में सोचना शुरू किया है जो सामाजिक-आर्थिक और राजनीतिक लिहाज़ से परिवर्तन की तेज़ प्रक्रिया से गुज़र रहा है। भूमण्डलीकरण और संचार क्रांति ने व्यक्ति की सामाजिक अस्मिता की अहमियत को कमतर कर दिया है। इसलिए लोग कहीं अधिक अंतर्मुखी होने लगे हैं और उनके लिए निजी रिश्तों का महत्त्व और बढ़ गया है। एंथनी गिडेंस मानवीय इयत्ता को एक ऐसी चिंतनशील परियोजना के तौर पर देखते हैं। व्यक्ति इसे सम्पूर्णता देने की कोशिश में लगातार लगा हुआ है। इसी प्रक्रिया में देह, स्वास्थ्य, सौंदर्य से संबंधित आयामों और उनके विवरणों के माध्यम से 'इयत्ता की कहानियाँ' सामने आती हैं।

बीसवीं सदी में मनोविश्लेषण के अनुशासन ने इयत्ता की नयी व्याख्याओं को जन्म दिया। ज़िग्मंड फ्रॉयड ने मानवीय इयत्ता को ईगो (अहं), इद (पशुत्व) और सुपरईगो (पराअहं) के आपसी संबंधों का परिणाम बताया। फ्रॉयड के चिंतन के आधार पर एरिकसन ने 'अस्मिता के संकट' का हवाला देते हुए एक ऐसे व्यक्ति को परिभाषित करने की कोशिश की जो अपने भीतर निजी स्तर पर ऐतिहासिक निरंतरता का अभाव महसूस कर रहा हो। एरिकसन का इशारा अपनी संस्कृति से अलगाव में पड़ गये लोगों की तरफ़ था जो इसी कारण से अपनी इयत्ता के संदर्भ में सुसंगति का अभाव महसूस करने लगते हैं।

मनोविज्ञान में इयत्ता की प्रस्तुति और इयत्ता-संवर्धन की अवधारणाओं का महत्त्व है। हम दूसरों के सामने अपनी

सबसे ज़्यादा पसंदीदा इयत्ता प्रस्तुत करने का प्रयास करते हैं। कई मनोवैज्ञानिक शोधों से यह स्थापित हुआ है कि हम उन लोगों का साथ सबसे अधिक पसंद करते हैं जो हमारी उसी इयत्ता को स्पर्श करते हैं जो हमारी भी वरीयता है। अनुसंधानों ने यह भी स्पष्ट किया है कि अपनी इयत्ता के प्रति दूसरों का आदर सुनिश्चित करने के लिए हममें यह प्रवृत्ति पायी जाती है कि किसी सामाजिक अंतर्क्रिया में हम वही इयत्ता प्रोजेक्ट करें जो उस संदर्भ में दूसरों को पसंद आये। अपने प्रति दूसरों का आदर सुनिश्चित करने के लिए हम दूसरों को आदर देते हैं। सामाजिक अंतर्क्रियाओं में दोनों ही पक्ष परस्पर उपयोगिता को देखते हुए भी अपनी-अपनी इयत्ता सामने लाते हैं। इससे स्पष्ट होता है कि इयत्ता के प्रस्तुतीकरण में धोखा (डिसेप्शन) या भ्रम भी पूर्णत: या अंशत: एक तत्त्व हो सकता है।

इंटरनेट पर सोशल मीडिया में इयत्ता की प्रस्तुति के संबंध में अनेक अध्ययन हुए हैं। वेब पर दूसरों की नज़र में इयत्ता की प्रस्तुति की प्रक्रिया पर हमारा नियंत्रण अधिक होता है। मार्क्यूज, मैसीलेक और स्कूज ने अपने अध्ययन में बताया है कि वेब पर सामाजिक अंतर्क्रिया में इयत्ता और अन्य के मध्य समझौते का तत्त्व अधिक स्पष्ट होता है। वेब पर अपनी निश्चित इयत्ता प्रस्तुत करना और नतीजे में दूसरे की निश्चित इयत्ता के प्रति अनुक्रिया करने में इयत्ता और अन्य के मध्य समझौते का तत्त्व अधिक स्पष्ट होता है। ऑनलाइन अंतर्क्रिया के बारे में अनेक अध्ययनों ने यह भी स्थापित किया है कि यह माध्यम अपनी बेहतर इयत्ता के बारे में जागरूक और अभिव्यक्ति-कुशल होने का मौक़ा देता है। वर्चुअल और रीयल सामाजिक अंतर्क्रिया में अंतर के अध्ययन में स्त्रिज, गुएन और डर्कीन ने दिखाया है कि शर्मीले इयत्ताभाव के लोग ऑनलाइन माध्यम में अपनी इयत्ता का प्रस्तुतीकरण बेहतर तरीक़े से कर लेते हैं क्योंकि इस प्रकार की अंतर्क्रिया में आमने-सामने की अंतर्क्रिया की तरह वैसे मौखिक और फ़ीडबैक की ज़रूरत नहीं होती जिससे शर्मीले लोग असहज होते हैं। ऑनलाइन अंतर्क्रिया के संबंध में अनेक शोधों से यह स्पष्ट होता है कि इयत्ता के प्रस्तुतीकरण में धोखा (डिसेप्शन) संबंधी कारक इस प्रकार की अंतर्क्रिया में अधिक फ़ंक्शनल रहता है।

इंटरनेट के इस्तेमाल के बारे में कैपलान के अध्ययन में दर्शाया गया कि आमने-सामने की अंतर्क्रिया में इयत्ता के प्रस्तुतीकरण में कमज़ोर होने वाले लोगों में ऑनलाइन माध्यमों पर निर्भरता विकसित कर लेने की प्रवृत्ति अधिक होती है। इस निर्भरता के बढ़ जाने से वास्तविक सामाजिक जीवन में इयत्ता के प्रस्तुतीकरण संबंधी कौशल का और क्षय होने का ख़तरा रहता है।

देखें : अस्मिता, अफ़लातून, उदारतावाद, एमील दुर्ख़ाइम, डेविड ह्यूम, फ्रेड्रिख़ नीत्शे-1 और 2, मनोविज्ञान-1 और 2, रेने देकार्त, व्यक्तिवाद, समाजीकरण, ज़िग्मंड फ्रॉयड-1 और 2, सुकरात, ज्ञानमीमांसा।

संदर्भ

1. एंथनी गिडेंस (1991), *मॉडर्निटी ऐंड द सेल्फ़ आइडेंटिटी,* पॉलिटी प्रेस, केम्ब्रिज.
2. इरविंग गॉफ़मेन (1959), *द प्रज़ेंटेशन ऑफ़ सेल्फ़ इन एवरीडे लाइफ़,* पेंगुइन, हारमंड्सवर्थ.
3. जी.एच. मीड (1934), *माइंड, सेल्फ़ ऐंड सोसाइटी,* शिकागो युनिवर्सिटी प्रेस, शिकागो, आईएल.
4. एमील दुर्ख़ाइम (1984/1993), *द डिवीज़न ऑफ़ लेबर इन सोसाइटी,* अनु. डब्ल्यू.डी. हाल्स, मैकमिलन, बेसिंगस्टोक.
5. एरिक एरिकसन (1968), *आइडेंटिटी : यूथ ऐंड क्राइसिस,* फेबर ऐंड फेबर, लंदन.
6. डी.टी. गिलबर्ट और टी. डी. विलसन (2000), *फ़ीलिंग ऐंड थिंकिंग : द रोल ऑफ़ एफ़ैक्ट इन सोशल कॉग्निशन,* केम्ब्रिज युनिवर्सिटी प्रेस, न्यूयॉर्क.
7. जे.एस. एडम्स (1965), *एडवांसज़ इन एक्सपेरिमेंटल सोशल साइकोलॉजी,* एकेडमिक प्रेस, न्यूयॉर्क.

—अभय कुमार दुबे और राकेश श्रीवास्तव

इरावती कर्वे

(Irawati Karve)

भारतीय विश्वविद्यालयों में समाजशास्त्र और मानव-विज्ञान को एक स्वतंत्र विषय की तरह स्थापित करने में अग्रणी भूमिका निभाने वालों में एक नाम इरावती कर्वे (1905-1970) का भी है। भारत की प्रथम महिला समाजशास्त्री और मानवविज्ञानी के रूप में इरावती कर्वे ने अनुसंधान के क्षेत्र में पुस्तकीय अध्ययन-विश्लेषण को ज़मीनी स्तर के सर्वेक्षणों के साथ जोड़ने की परम्परा को समृद्ध किया। इरावती का सबसे बड़ा योगदान मानवशास्त्र के क्षेत्र में है, जहाँ उन्होंने नये अनुसंधान, वैज्ञानिक पद्धति से शोध एवं विश्लेषण के प्रयोग किये और तत्कालीन भारत और उसके वर्तमान के परिप्रेक्ष्य में प्राचीन भारतीय परम्परा का विस्तृत अध्ययन किया। मानवविज्ञानी के रूप में इरावती कर्वे के कृतित्व पर चार तरह के प्रभाव स्पष्ट दिखायी पड़ते हैं। पहला प्रभाव भारत विद्या यानी इंडोलॉजी का है जो एमए में उनके शिक्षक जी.एस. घुर्ये की देन थी। दूसरा प्रभाव नृजातिविवरण की विसरण संबंधी परम्परा का है जिसे डिफ़्यूज़निज़म का नाम दिया गया है। तीसरा प्रभाव जर्मनी की उन मानववैज्ञानिक परम्पराओं का है जो विभिन्न नस्लों की वंशानुगत विशिष्टताओं के अध्ययन को अहमियत देती रही

हैं। चौथा प्रभाव इरावती कर्वे की निजी जिज्ञासु प्रवृत्ति का है, जिसके कारण उन्होंने भारत में अनेक सामजिक-आर्थिक सर्वेक्षण किये और अपने व्यक्तिगत प्रयासों से पुरातात्त्विक अन्वेषणों का प्रयास किया। मानवविज्ञान के क्षेत्र में इरावती कर्वे ने जिन प्रश्नों का उत्तर खोजने की कोशिश की है, वे कुछ इस तरह के थे : भारतीय कौन लोग हैं, या भारतीय ऐसे ही हैं तो आख़िर ऐसे क्यों हैं ? इसके साथ ही उन्होंने भारतीय सभ्यता-संस्कृति का प्रागैतिहासिक-ऐतिहासिक विकास-क्रम, भारतीय समाज में जाति की अवधारणा और भारतीय समाज में एक ही जाति के लोगों के बीच उपस्थित भिन्नताओं जैसे विषयों का विश्लेषण किया।

इरावती कर्वे का एक प्रमुख योगदान भारतीय सभ्यता व समाज में जाति की व्याख्या से जुड़ा है। उन्होंने भारतीय समाज में जाति को आदिम जनजातीय पहचान के बराबर ठहराते हुए इसे धार्मिक पहचान से अधिक मौलिक पहचान माना। इरावती की मान्यता थी कि इसलाम व ईसाइयत ने भारत में जाति हटाने का काम नहीं किया बल्कि इन धर्मों ने हर जाति के भीतर ही अपने धर्मावलम्बियों व विधर्मियों का एक और नया विभाजन कर दिया। इरावती ने भारत में व्यक्ति, परिवार एवं समाज में सजातीयता की व्याख्या के लिए प्राचीन वैदिक ग्रंथों, महाभारत और पुराणों का विशद अध्ययन किया। इसके साथ ही उन्होंने गुजरात, कर्नाटक, ओडीशा, केरल, तमिलनाडु और उत्तर प्रदेश में अनेक सर्वेक्षण भी किये। अपने अध्ययन और ज़मीनी सर्वेक्षणों के आधार पर इरावती ने 1953 में *किनशिप आर्गनाइज़ेशन इन इण्डिया* जैसे ग्रंथ की रचना की जो आज भी सांस्कृतिक मानवशास्त्र का प्रामाणिक संदर्भ ग्रंथ माना जाता है।

इरावती कर्वे ने जाति की अवधारणा को आर्यों के माध्यम से आयातित व्यवस्था मानने से इनकार कर दिया। उनके अनुसार भारत में आर्यों के आने से पहले ही जातिप्रथा का बोलबाला था। कालांतर में आर्यों की वर्ण-व्यवस्था और स्थानीय जाति व्यवस्था के संगम से समाज में क्षेत्र, वर्ग, जाति, व्यवसाय आधारित अनेक वर्गीकरण हुए। इरावती ने मानव शरीर की नाप से संबंधित आँकड़ों (एंथ्रोप्रोमेट्रिक मैज़रमेंट्स), रक्त के नमूने, आँखों की पुतलियों के रंग आदि के आधार पर यह सिद्ध करने का प्रयास किया कि महाराष्ट्रियन ब्राह्मण अपने आप में एक सम्पूर्ण जाति नहीं हैं बल्कि यह अनेक जातियों का एक समूह है। इसमें शामिल चितपावन, देशस्थ, ऋग्वेदी, करहाडे, गौड़, सारस्वत, माध्यंदिन आदि उपजातियाँ नहीं बल्कि अपने आप में विशिष्ट जातियाँ हैं। परम्परा के अनुसार इन ब्राह्मण समुदायों में आपस में विवाह निषिद्ध है। इरावती ने इन समूहों की शारीरिक बनावट व लक्षणों के आधार पर यह सिद्ध किया कि ब्राह्मणों के ये समूह आपस में नस्ली तौर पर भी अलग हैं। जैसे माध्यंदिन ब्राह्मणों की

इरावती कर्वे (1905-1970)

शारीरिक बनावट अन्य ब्राह्मणों के बजाय स्थानीय मराठा लोगों से ज़्यादा मिलती है। इसी प्रकार इरावती कर्वे ने अन्य जाति व वर्ग समूहों जैसे कुणबी, मराठा और कुम्हार आदि के साथ भी इस प्रकार के आँकड़े एकत्रित किये और इन तथाकथित सजातीय लोगों के बीच भी अनेक भिन्नताओं के प्रमाण प्रस्तुत किये। इरावती के अनुसार भारतीय समाज में जाति व्यक्तियों का एक ऐसा समूह है जो विवाह संबंध अपने समूह के भीतर ही स्थापित करता है, किसी एक विशिष्ट भौगोलिक क्षेत्र या भाषाई क्षेत्र से संबंधित होता है, एकाधिक पारम्परिक व्यवसायों से संबंधित होता है, अन्य जातियों के सापेक्ष अपनी सामाजिक स्थिति को परिभाषित करता है और अन्य जातियों से इनका व्यवहार परम्पराओं के मुताबिक़ निर्धारित होता है। इरावती कर्वे ने जातिगत भेदभाव, उच्च व निम्न जातियों के बीच सामजिक असंतुलन के अध्ययन की जगह अपना सारा ध्यान भारतीय समाज के निर्माण और विकास में जाति की एक सामाजिक व्यवस्था के रूप में भूमिका के विश्लेषण पर केंद्रित किया।

इरावती कर्वे का जन्म 1905 में बर्मा में हुआ, जहाँ इनके पिता गणेश हरिकर्माकर एक सूत मिल में इंजीनियर थे। उन्होंने इरावाडी नदी के नाम पर अपनी पुत्री का नाम इरावती रखा। सात वर्ष की आयु में इरावती ने अपनी स्कूली शिक्षा के लिए पुणे के हुजुर पागा आवासीय बालिका विद्यालय में प्रवेश लिया। वहाँ उसकी मित्रता केम्ब्रिज विश्वविद्यालय

के प्रथम भारतीय रैंगलर और फ़र्गुसन कॉलेज के प्राचार्य रघुनाथ पुरुषोत्तम परांजपे की पुत्री से हो गयी। परांजपे ने इरावती को अपनी दूसरी पुत्री के समान ही स्नेह दिया जिसके परिणामस्वरूप इरावती को बचपन में ही परांजपे परिवार का बौद्धिक परिवेश मिला जिसमें पुस्तकों और विचारवान लोगों का सान्निध्य भी शामिल था। इरावती के इन्हीं बौद्धिक सम्पर्कों में से एक न्यायाधीश बालकराम भी थे जिनकी मानवशास्त्र में बहुत रुचि थी। इसी सम्पर्क ने इरावती को मानवशास्त्र की ओर आकर्षित किया।

इरावती ने 1926 में फ़र्गुसन कॉलेज पुणे से दर्शनशास्त्र में स्नातक की उपाधि प्राप्त की और इसके बाद प्रख्यात समाजविज्ञानी जी.एस. घुर्ये की देख-रेख में बॉम्बे विश्वविद्यालय में उच्च अध्ययन किया। इसी दौरान इरावती ने भारत में नारी शिक्षा के अग्रणी धोंडो केशव कर्वे के पुत्र दिनकर कर्वे से विवाह किया। इरावती के पिता अपनी पुत्री द्वारा एक सामान्य व्यक्ति से विवाह के निर्णय से बेहद दुखी हुए क्योंकि वे इरावती का संबंध किसी राज परिवार में करना चाहते थे।

बॉम्बे विश्वविद्यालय से स्नातकोत्तर उपाधि लेने के पश्चात उच्चतर शिक्षा के लिए इरावती कर्वे को उनके पति दिनकर जर्मनी भेजना चाहते थे, लेकिन महिला शिक्षा के हिमायती और इरावती के ससुर धोंडो केशव कर्वे इसके सख्त ख़िलाफ़ निकले। धोंडो केशव कर्वे के अनुसार इस पढ़ाई में बहुत ज़्यादा ख़र्चा होना था और बिना उच्चतर अध्ययन के भी इरावती को महिला विश्वविद्यालय में पढ़ाने का काम आसानी से मिल सकता था। दिनकर कर्वे ने अपने पिता के विरोध के बावजूद भी इरावती को विदेश यात्रा पर भेजने का निर्णय लिया और इरावती के सुखद भविष्य के लिए आशीर्वाद माँगा तो धोंडो केशव कर्वे ने आशीष देने से साफ़ इनकार कर दिया। इरावती कर्वे के अनुसार एक समाज सुधारक के रूप में धोंडो केशव कर्वे अपने संस्थानों व आदर्शों के लिए पूर्णत: समर्पित थे और अपने परिवार के अन्य सदस्यों के लिए उनके आदर्शवादी सिद्धांत बेहद सख़्त और निष्ठुर थे। दिनकर कर्वे ने अपने पिता की अनिच्छा के बावजूद एक गुजराती कांग्रेस नेता जीवराज मेहता से धन उधार लेकर 1928 में इरावती को अध्ययन के लिए अकेले ही जर्मनी भेजा। इरावती कर्वे ने बर्लिन स्थित कैसर विल्हेम मानव-विज्ञान संस्थान में प्रोफ़ेसर यूजेन फ़िशर के निर्देश में डॉक्टरेट की उपाधि हासिल की। जर्मनी से लौट कर इरावती कर्वे ने एसएनडीटी महिला विश्वविद्यालय में रजिस्ट्रार का कार्य किया, लेकिन अपने विषय में अध्ययन-अध्यापन व अनुसंधान की उत्कट इच्छा के कारण उन्होंने डेक्कन कॉलेज के स्नातकोत्तर विभाग में अध्यापक का पद स्वीकार किया। उस समय पूरे संस्थान की अकेली समाजशास्त्री के रूप में उन्हें इस विषय की सारी कक्षाएँ पढ़ाने का दायित्व भी उठाना पड़ा। अपनी नौकरी को अनुबंधित समय से पहले छोड़ने के कारण दण्डस्वरूप इरावती कर्वे को आर्थिक हर्जाना भी भरना पड़ा, जबकि ऐसी ही स्थिति में एक अन्य शिक्षिका को बिना किसी आर्थिक दण्ड के जाने दिया गया था। इरावती के अनुसार धोंडो केशव कर्वे की अपने परिवार के प्रति कठोरता के कारण ही उन्हें अपने विवाह में मिली चूड़ियों को बेच कर इस धन की व्यवस्था करनी पड़ी।

इरावती और दिनकर का वैवाहिक जीवन अपने समय के पारम्परिक समाज के लिहाज़ से अनूठा था। उन्होंने अपने पति का नाम अपने नाम के साथ नहीं जोड़ा, कभी भी विवाहित स्त्री के प्रतीक चिह्नों जैसे कुमकुम या मंगलसूत्र धारण नहीं किया। वे अपने पति को सार्वजनिक रूप से दीनू कह कर सम्बोधित करती थीं। वे पुणे में स्कूटर चलाने वाली पहली महिला भी बनीं। दिनकर कर्वे स्वयं भी रसायनशास्त्र के प्राध्यापक थे और फ़र्गुसन कॉलेज के प्राचार्य भी हुए। लेकिन दिनकर ने हमेशा इरावती को अध्ययन-अध्यापन के लिए प्रेरित किया और विवाह के आरम्भिक दिनों से ही इरावती के बौद्धिक कार्यों में पूरा सहयोग दिया। इरावती को निर्बाध समय देने के लिए दिनकर ने घर-गृहस्थी की अधिकतर ज़िम्मेदारी का निर्वाह स्वयं किया। इरावती और उनके पति ने अपने परिवार की समाज सेवा परम्परा निभाने के स्थान पर अध्ययन-अध्यापन-अनुसंधान को अपना क्षेत्र चुना और इरावती कर्वे ने एसएनडीटी विश्वविद्यालय में काम करने के बाद 1939 में डेक्कन कॉलेज पुणे में अध्यापन शुरू किया।

इरावती कर्वे ने अपने जीवन-काल में अंग्रेज़ी में कुल 102 लेख और पुस्तकों की रचना की। इसके अलवा उन्होंने मराठी में भी आठ पुस्तकें लिखीं। मराठी में लिखी पुस्तकों में पंढरपुर तीर्थ यात्रा पर लिखी किताब को महाराष्ट्रीय संस्कृति के धार्मिक पक्ष की व्याख्या से संबंधित महत्त्वपूर्ण कृति माना जाता है। इसी प्रकार *महाभारत* पर आधारित मराठी भाषा की पुस्तक *युगांत* को साहित्य अकादेमी का पुस्कार दिया गया। इस कृति में पौराणिक पृष्ठभूमि के विभिन्न चरित्रों की इरावती कर्वे ने एक आलोचक की तरह विवेचना की थी। तत्कालीन समाज में उसे एक विवादस्पद पुस्तक भी माना गया था। इरावती कर्वे ने महाराष्ट्र के साप्ताहिक बाज़ारों और बांधों के निर्माण में विस्थापित लोगों के सामजिक-आर्थिक सर्वेक्षण भी किये।

इरावती कर्वे ने भारत जैसे बहुसांस्कृतिक, बहुधार्मिक, बहुभाषी, बहुजातीय समाज को राज्य-राष्ट्र के रूप में समझने के लिए नये तरीक़े तलाश किये और इस विविधतापूर्ण समाज में विभिन्न समूहों के पारस्परिक संबंधों के बारे में एक नयी अवधारणा प्रस्तुत की। उनका निधन 11 अगस्त, 1970 को हुआ।

देखें : जाति और जाति-व्यवस्था-1, 2, 3 और 4, गोविंद सदाशिव घुर्ये, प्रभुत्वशाली जाति, भारतीय समाजशास्त्र-1 और 2, मैसूर नरसिम्हचार श्रीनिवास, देवकी जैन, धीरूभाई शेठ, धोंडो केशव कर्वे, धूर्जटि प्रसाद मुखर्जी, नीरा देसाई, राधा कमल मुखर्जी, वेरियर एलविन, संस्कृतीकरण, श्यामाचरण दुबे-1 और 2.

संदर्भ

1. नंदिनी सुंदर (2007), 'इन द कॉज़ ऑफ़ एंथ्रोपोलॅजी : द लाइफ़ ऐंड वर्क ऑफ़ इरावती कर्वे', पेट्रिशिया ओबेरॉय, सतीश देशपांडे और नंदिनी सुंदर (सम्पा.), *एंथ्रोपोलॅजी इन द ईस्ट : द फ़ाउंडर्स ऑफ़ इण्डियन सोसियोलॅजी ऐंड एंथ्रोपोलॅजी,* परमानेंट ब्लैक, नयी दिल्ली.
2. डी.डी. कर्वे, एलेन ई. मेक्डोनाल्ड (196 3), द न्यू *ब्राह्मनाज़ : फ़ाइव महाराष्ट्रियन फैमिलीज़,* युनिवर्सिटी ऑफ़ कैलिफ़ोर्निया प्रेस, बर्कले.
3. एस.आर. वालिम्बे, पी.पी. जोगलेकर, किशोर के. बासा (सम्पा.) (2005), *एंथ्रोपोलॅजी फ़ॉर अर्कियोलॅजी : प्रोसीडिंग्ज़ ऑफ़ द प्रोफ़ेसर इरावती कर्वे बर्थ सेंटेनरी सेमिनार,* डेक्कन कॉलेज पोस्ट ग्रेजुएट ऐंड रिसर्च इंस्टिट्यूट, पुणे.

—रवि दत्त वाजपेयी

इरोड वेंकट रामस्वामी नायकर पेरियार

(Erod Venkat Ramaswamy Nayakar Periyar)

बीसवीं सदी में सामाजिक समता के लिए संघर्ष करने वाली प्रमुख भारतीय हस्तियों में से एक इरोड वेंकट रामस्वामी नायकर (1879-1973) ग़ैर-ब्राह्मणवादी विमर्श और राजनीति के प्रमुख प्रणेता थे। आम जनता में पेरियार (महान हस्ती) के नाम से मशहूर ई.वी.आर. ने स्वातंत्र्य-पूर्व मद्रास प्रांत में आत्मसम्मान आंदोलन चलाते हुए समाज की बुद्धिवादी पुनर्रचना का प्रस्ताव किया। तमिल ग़ौरव का प्रश्न उठा कर उन्होंने अलग द्रविड़नाडु की माँग उठायी। प्रखर वक्ता, संगठक और अहर्निश आंदोलनकारी पेरियार ने ईश्वरवाद, धार्मिक अंधविश्वासों, पूजा-पाठ, जातिगत ऊँच-नीच और स्त्री-पुरुष भेद के उन्मूलन का आक्रामक अभियान चलाया। उन्होंने संस्कृत की जगह तमिल भाषा के महत्त्व की स्थापना का आग्रह किया। तमिलनाडु पर पिछले पचास साल से हुकूमत कर रही द्रविड़ पार्टियों का उद्गम इसी राजनीति के साथ जुड़ा हुआ है। ब्रिटिश राज को ब्राह्मण राज से बेहतर बताने वाले पेरियार को सारे जीवन राष्ट्रविरोधी होने के लांछन का सामना करना पड़ा। लेकिन, समाज-वैज्ञानिकों ने पेरियार को औपनिवेशिक बनाम राष्ट्रीय के द्विभाजन में फ़िट करने के बजाय उनके जीवन और कृतित्व में राष्ट्र की एक ऐसी कल्पना की ओर इशारा किया है जो अतीत के 'राष्ट्रीयकरण' के बजाय अतीत से विच्छिन्नता पर आधारित है।

पेरियार का जन्म मद्रास प्रेसीडेंसी के शहर इरोड के एक समृद्ध व्यापारी परिवार में हुआ था। 1904 में काशी की तीर्थयात्रा के दौरान विश्वनाथ मंदिर के आसपास भिखारियों की गतिविधियों और गंगा में तैरते शवों को देख कर उन्हें काफ़ी निराशा हुई। एक पूजास्थल पर उन्हें ब्राह्मण न होने के कारण भोजन देने से इनकार कर दिया गया। भूख से व्यथित हो कर पेरियार ने ब्राह्मण की तरह जनेऊ पहन कर भोजन पाने की चेष्टा की, पर उनकी मूँछें देख कर मंदिर के चौकीदार ने उन्हें ब्राह्मण मानने से इनकार करते हुए धक्का दे कर बाहर निकाल दिया। पेरियार को बाहर पड़ी जूठन खा कर क्षुधा शांत करनी पड़ी। पेरियार के इन शुरुआती अनुभवों ने उनके मानस पर अमिट छाप डाली। उनके तीखे ग़ैर-ब्राह्मणवाद का उद्गम इन घटनाओं में देखा जा सकता है।

पेरियार ने अपना राजनीतिक जीवन कांग्रेस कार्यकर्ता के रूप में शुरू किया। 1920 में असहयोग आंदोलन के दौरान वे पार्टी में शामिल हुए। खादी के प्रचार-प्रसार और शराबबंदी जैसी मुहिमों में उन्होंने व्यक्तिगत स्तर पर समय, धन और ऊर्जा का जम कर निवेश किया। लेकिन कांग्रेस के उपनिवेशवाद विरोधी राजनीतिक कार्यक्रम के साथ-साथ उन्होंने शुरू से ही ऐसे सामाजिक प्रश्नों को भी उठाना जारी रखा जिनका संबंध नागरिकता की अवधारणा और भविष्य के राष्ट्र की सम्भावनाओं से था। उन्होंने वायकम के महादेवर मंदिर के सामने सत्याग्रह किया ताकि निचली जातियों को मंदिर की तरफ़ जाने वाली सड़क पर चलने का मौक़ा मिल सके। उनके इस प्रयास ने उन्हें 'वायकम वीरार' की उपमा से विभूषित कराया। पेरियार ने तमिलनाडु कांग्रेस कमेटी की आर्थिक सहायता से चलने वाले शेरमादेवी गुरुकुलम में ब्राह्मण और ग़ैर-ब्राह्मण छात्रों के लिए अलग-अलग भोजन व्यवस्था का विरोध किया। उन्होंने सरकारी नौकरियों और विधायिकाओं में निचली जातियों के लिए 'सामुदायिक प्रतिनिधित्व' के पक्ष में बहस चलाई। उनके ये काम तत्कालीन राष्ट्रवादियों के गले नहीं उतरे। तमिलनाडु कांग्रेस की कांचीपुरम काफ़्रेंस में उन्हें आरक्षण संबंधी प्रस्ताव नहीं रखने दिये गये। पेरियार ने 1925 में कांग्रेस छोड़ दी क्योंकि वे जिस रास्ते पर चल रहे थे वह कांग्रेस के नेतृत्व पर क़ाबिज़ ब्राह्मण अभिजनों को कभी रास नहीं आ सकता था। पार्टी छोड़ने के बाद पेरियार ने अपना लक्ष्य घोषित किया जो ईश्वर, धर्म, गाँधी, कांग्रेस और ब्राह्मण के सम्पूर्ण निषेध पर आधारित था। ग़ैर-ब्राह्मण उच्च-वर्गों की जस्टिस पार्टी के मंच पर सक्रिय रहने के साथ-साथ 1926

इरोड वेंकट रामस्वामी नायकर पेरियार (1879–1973) : एक क्रांतिकारी जीवन के दो रूप

में पेरियार ने ब्राह्मणवाद के ख़िलाफ़ निचली जातियों के पक्ष में आत्मसम्मान आंदोलन की शुरुआत की। 1927 में गाँधी ने तमिलनाडु की ज़मीन पर ही ब्राह्मणों को हिंदू धर्म और मानवता की सर्वश्रेष्ठ उपलब्धि क़रार देते हुए ग़ैर-ब्राह्मणों को झिड़का कि वे ब्राह्मण से उसकी सुगंध और सुंदरता छीनने का प्रयास न करें। एक ज़माने में गाँधी के कट्टर अनुयायी रहे पेरियार के सामने इस कथन ने स्पष्ट कर दिया कि ईश्वर, धर्म, गाँधी और कांग्रेस का समीकरण शूद्रों, दलितों और स्त्रियों समेत अधीनस्थ सामाजिक समूहों के रास्ते की सबसे बड़ी बाधा है।

पेरियार का कहना था कि स्वराज की राष्ट्रवादी माँग स्थानीय प्रभुओं की साज़िश है। इस षड्यंत्र को वे प्रसंगाधीन शैली में परिभाषित करते थे : जैसे, शूद्रों के ख़िलाफ़ ब्राह्मण, तमिलों के ख़िलाफ़ मारवाड़ी और स्त्रियों के ख़िलाफ़ पुरुष। एक बार स्वराज को साज़िश क़रार देने के बाद स्वाभाविक ही था कि वे ब्रिटिश राज को सकारात्मक दृष्टि से देखते। अपने इसी रवैये के तहत पेरियार ने 1857 के सिपाही विद्रोह को पहले स्वतंत्रता संग्राम का दर्जा देने से इनकार करते हुए कहा कि वह लड़ाई तो वैदिक आदर्शों, दकियानूसीपन और धर्मांधता की हिफ़ाजत के लिए की गयी थी। उन्होंने बार-बार कहा कि अंग्रेज़ी हुकूमत की जगह स्वराज लाने का मतलब कमज़ोर तबक़ों के लिए ख़ुदकुशी के बराबर होगा। लेकिन, वे अंग्रेज़ों की इस बात के लिए आलोचना भी करते थे कि उन्होंने अपने देश यानी इंग्लैण्ड की भाँति भारत में भी मानव-धर्म की स्थापना क्यों नहीं की है और यहाँ वे मनु-धर्म पर क्यों चल रहे हैं? पेरियार ने इस प्रश्न का उत्तर भी दिया कि कुछ तो राष्ट्रवादियों द्वारा किये जाने वाले विरोध के कारण और कुछ स्थानीय प्रभुओं का समर्थन पाने की ख़ातिर अंग्रेज़ भारत में मानव-धर्म की स्थापना नहीं कर पा रहे हैं। उन दिनों मद्रास के तमिलभाषी इलाक़ों में विधिनिर्माण के ज़रिये सामाजिक रीति-रिवाज़ों में हस्तक्षेप करने का कांग्रेसी राष्ट्रवादियों द्वारा विशेष रूप से मुखर विरोध किया जा रहा था। चाहे वह देवदासी उन्मूलन क़ानून हो, बाल-विवाह रोकने का क़ानून हो या हिंदू धर्मादा क़ानून हो। पेरियार ने कहा कि राष्ट्रवादी नेता क़ानून के ज़रिये सामाजिक बदलाव लाने के ख़िलाफ़ हैं और ये क़ानून 'राष्ट्र के गद्दारों' और 'सरकार के दासों' के प्रयासों से ही पारित हो सके हैं।

यह दृष्टिकोण पेरियार को राष्ट्रवाद के प्रचलित ढाँचे से निकाल कर वैकल्पिक चिंतन की तरफ़ ले गया। एक तरफ़ तो उन्होंने भारत के 'स्वर्णिम अतीत' का राष्ट्रीयकरण करने के उद्यम से ख़ुद को अलग रखा, और दूसरी तरफ़ अंग्रेज़ों द्वारा भारतवासियों को बर्बर और असभ्य बताने को भी ख़ारिज किया। पेरियार ने हज़ारों साल के भारतीय इतिहास को ब्राह्मणी हिंदू धर्म और वर्णाश्रम धर्म के अधीनस्थ वर्गों पर वर्चस्व के आईने में देखा। उन्होंने बौद्ध धर्म का उदाहरण देते हुए कहा कि जब वर्णाश्रम के समर्थक यातनाओं के माध्यम से बौद्धों को नहीं तोड़ पाये तो फिर उन्होंने इस धर्म को शैव और वैष्णव की ही तरह हिंदू धर्म के एक सम्प्रदाय के रूप में स्वीकार करने के हथकंडे का इस्तेमाल किया। न केवल ब्राह्मणों ने बुद्ध को विष्णु का दसवाँ अवतार घोषित कर दिया, बल्कि वर्णाश्रम का विरोध करने वाले निचली जाति के लोगों को क्षत्रिय का दर्जा देकर अपने दायरे में बनाये रखा। अतीत की इस व्याख्या को पेरियार ने तत्कालीन सामाजिक अंतर्विरोधों को परिभाषित करने के लिए इस्तेमाल किया।

1937 में मद्रास की कांग्रेस नेतृत्व वाली सरकार द्वारा स्कूलों में हिंदी अनिवार्य करने के ख़िलाफ़ आंदोलन का झंडा बुलंद करते हुए पेरियार ने पृथक तमिलनाडु की माँग उठायी जो धीरे-धीरे पृथक द्रविड़नाडु की माँग में बदल गयी। पेरियार ने पहले तो भारत को एकजुट राष्ट्र मानने से इनकार किया और कहा कि यह तो तरह-तरह की जातियों और धर्मों का अजायबघर है। इसके बाद उन्होंने अखिल भारतीय अतीत के विषमतामूलक चरित्र के मुक़ाबले तमिल अतीत के अपेक्षाकृत समतामूलक चरित्र को गढ़ना शुरू किया। प्राचीन तमिल साहित्यिक कृतियों को अपना आधार बनाते हुए उन्होंने दावा किया कि तमिल अतीत में न ग़ैर-ब्राह्मणों की और न ही स्त्रियों की उपेक्षा होती थी। दिलचस्प बात यह है कि पेरियार ने तमिल अतीत की सराहना समतामूलकता के इस पहलू से आगे जा कर नहीं की। अन्य सभी संदर्भों में वे प्राचीन तमिल शासकों और महाकाव्यों की भी धज्जियाँ बिखेरते रहे। कुल मिला कर तमिल अतीत के एक पहलू का यशोगान करने के बाद उन्होंने उसके राष्ट्रीयकरण से भी ख़ुद को अलग कर लिया।

उपनिवेशवाद विरोधी आंदोलन का साथ न दे कर पेरियार ने निचली जातियों के लिए आत्मसम्मान पर आधारित वैकल्पिक नागरिकता का सूत्रीकरण करने का प्रयास किया। वे आम लोगों में ज़बरदस्त रूप से लोकप्रिय थे। उनके नेतृत्व में निचली जातियों के युवकों और स्त्रियों ने बड़े पैमाने पर समाज-सुधार की रैडिकल राजनीति में भाग लिया। भगत सिंह के जीवन पर भी पेरियार ने अपना आलेख लिखा और उनकी रैडिकल राजनीति और नास्तिकता का यशोगान किया। पेरियार की मान्यता थी कि जिस व्यक्ति में आत्मसम्मान विकसित हो जाता है, उसका राजनीतिक दोहन कोई नहीं कर सकता। उन्होंने 'स्वराज' की अवधारणा के विपरीत 'आरिवू विदुतालाई इयक्कम' अर्थात् बौद्धिक मुक्ति के आंदोलन की तजवीज़ की। इस मुहिम ने समाज-सुधार आंदोलन का रूप धारण करके दावा किया कि मंदिरों के ख़ज़ाने का इस्तेमाल ग़ैर-धार्मिक मक़सदों से किया जाना चाहिए। विवाह को स्त्री-पुरुष के बीच परस्पर बुद्धिसंगत सहमति के आधार पर आयोजित करने का आग्रह करते हुए आत्मसम्मान आंदोलन ने बिना ब्राह्मण पुरोहित और कर्मकाण्डों के विवाह कराने का सिलसिला शुरू किया। इन विवाहों में अक्सर पेरियार ख़ुद मौजूद रहा करते थे। पेरियार ने नामों से जातिसूचक उपनाम हटाने का आग्रह किया और स्त्रियों के उत्थान पर विशेष रूप से ज़ोर दिया। हिंदू धर्मशास्त्रों और देवी-देवताओं की खिल्ली उड़ाने और निरीश्वरवाद को बढ़ावा देने वाले कार्यक्रम करने या वक्तव्य देना उनके आत्मसम्मान आंदोलन की मुख्य गतिविधियों का अंग था।

तीस के दशक की शुरुआत में युरोप और सोवियत संघ की यात्रा करके लौटने पर पेरियार ने आंदोलन को सामंती और अर्ध-सामंती भूमि संबंधों के ख़िलाफ़ दिशा दी। सूदखोरों और ज़मीदारों के ख़िलाफ़ गतिविधियाँ शुरू हुईं। यही वह दौर था जब ब्रिटिश राज को ब्राह्मण राज से बेहतर बताने वाले आत्मसम्मान आंदोलन पर औपनिवेशिक सरकार ने सख़्तियाँ करनी शुरू कीं। 1934 में पेरियार को एक राजद्रोहात्मक लेख लिखने के आरोप में गिरफ़्तार कर लिया गया। इसके बाद एक क्रांतिकारी पर्चा लिखने के इलज़ाम में उन्हें दोबारा जेल भेजा गया। 1935 में बोल्शेविक विचारों का दमन करने के लिए चलाई गयी मुहिम के दौरान भी आत्मसम्मान आंदोलन को सरकार का कोपभाजन होना पड़ा। इस सरकारी दबाव के कारण आंदोलन का वामपंथी रुझान जल्दी ही ठंडा पड़ गया, और वह उत्तरोत्तर अंग्रेज़ हुक्मरानों के साथ सहयोग की तरफ़ झुकता चला गया। 1937 में हुए मद्रास विधान परिषद् के चुनावों में कांग्रेस ने जस्टिस पार्टी का पूरी तरह से सफ़ाया कर दिया। उसके सभी नेता हार गये। इसके बाद पेरियार ने पार्टी की बागडोर सँभाली।

द्वितीय विश्व-युद्ध की शुरुआत से पहले देश के अधिकतर हिस्सों में मज़दूर आंदोलनों और किसान आंदोलनों के साथ-साथ बड़े पैमाने पर उपनिवेशवाद विरोधी आंदोलन की लहर आयी हुई थी। 1939 में युद्ध की शुरुआत होने के फ़ौरन बाद पेरियार के नेतृत्व में जस्टिस पार्टी और आत्मसम्मान आंदोलन ने ब्रिटिश सरकार के युद्ध-प्रयासों का साथ देने का फ़ैसला किया। उन्होंने मुसलिम लीग द्वारा अलग पाकिस्तान की माँग का भी समर्थन किया और एक बार फिर अलग द्रविड़नाडु की माँग पेश की। 1940 में जब पेरियार ने मद्रास के गवर्नर को सामुदायिक प्रतिनिधित्व की माँग करते हुए ज्ञापन दिया, तो उनके अनुयायी और दूसरे नम्बर के नेता सी.एन. अन्नादुरै और उनके बीच मतभेद हो गये। 1944 में जस्टिस पार्टी के सलेम सम्मेलन में उसका नाम बदल कर द्रविड़ कषगम कर दिया गया। आंदोलन की कार्यदिशा को लेकर अन्नादुरै से उनके मतभेद बढ़ते गये। अन्नादुरै ने राष्ट्रवादी दायरे में आर्य के मुक़ाबले द्रविड़ की दावेदारी पेश की, जबकि पेरियार अंग्रेज़ों से सहकार की नीति से हटने के लिए तैयार नहीं थे। बाद में सत्तर वर्षीय पेरियार द्वारा एक 19 वर्षीय महिला से विवाह करने से पैदा हुए विवाद के बहाने आंदोलन में विभाजन हो गया। अन्नादुरै ने अलग राजनीतिक पार्टी द्रविड़ मुनेत्र कषगम का गठन कर लिया। इस घटनाक्रम ने जीवन के अंतिम दौर में पेरियार और उनके नेतृत्व को अप्रासंगिक बना दिया।

देखें : अनुसूचित जातियाँ, अस्मिता की भारतीय राजनीति, अन्य पिछड़े वर्ग, आयोतीदास पांडीतर, आयंकाली, आम्बेडकर-गाँधी विवाद, कांशी राम-1 और 2, गाड़गे बाबा, गोपाल बाबा वलंगकर, ज्योतिराव गोविंदराव फुले, जाति और जाति-व्यवस्था-1, 2, 3 और 4, बहुजन समाज पार्टी-1

और 2, भदंत आनंद कौसल्यायन, भीमराव रामजी आम्बेडकर, भारतीय संविधान- 1 से 8 तक, स्वामी अछूतानंद हरिहर।

संदर्भ

1. वी. गीता और एस.वी. राजादुरै (1998), *टुवर्ड्स अ नॉन ब्राह्मन मिलेनियम : फ्रॉम इयोथी दास टू पेरियार*, साम्य, कलकत्ता.
2. एम.एस.एस. पांडियन (1993), ''नेशन' इन ई.वी. रामस्वामीज़ पॉलिटिकल डिस्कोर्स', *ईपीडब्ल्यू*, 16 अक्टूबर.
3. के. वीरामणि (2005), *कलेक्टिड वर्क्स ऑफ़ पेरियार, ई.वी.आर.*, तीसरा संस्करण, पेरियार सेल्फ़-रिस्पेक्ट प्रोपेगंडा इंस्टीट्यूट, चेन्नई.

—अभय कुमार दुबे

इला भट्ट

(Ila Bhatt)

देश के पहले मज़दूर संगठन कपड़ा कामगार संघ के महिला प्रकोष्ठ के नेतृत्व से 1968 में अपने सार्वजनिक जीवन की शुरुआत करने वाली इला भट्ट (1933-)ने अनौपचारिक क्षेत्र में श्रम करने वाली ग़रीब स्त्रियों को सम्पूर्ण रोज़गार दिलाने के स्वयंसेवी प्रयासों का आज़ादी के बाद किये गये संस्थानीकरण की कोशिशों में अनूठा स्थान है। सेल्फ़ इम्प्लॉयड वुमॅन एसोसिएशन (सेवा) की शुरुआत इला भट्ट ने 1971 में केवल सात सदस्यों के साथ की थी। आज इसके साथ तेरह लाख से ज़्यादा स्त्रियाँ जुड़ी हैं। यह संगठन अनपढ़ कामगार महिलाओं का अपना बैंक चलाता है जिसके ज़रिये औरतों को स्वरोज़गार के लिए पूँजी मुहैया करायी जाती है। यह नारी आंदोलन, मज़दूर आंदोलन और सहकारिता आंदोलन का एक संगम है।

7 सितम्बर, 1933 को अहमदाबाद में जन्मी इला भट्ट का बचपन सूरत शहर में बीता जहाँ इनके पिता सुमत भट्ट एक सफल वकील थे। माँ वनलीला व्यास महिलाओं के आंदोलन में सक्रिय थीं। भारत के स्वाधीनता संग्राम में इला भट्ट के परिवार के सदस्यों ने भी भाग लिया था। उनके नाना महात्मा गाँधी के नमक सत्याग्रह में शामिल थे और इसके लिए जेल भी गये थे। 1952 में इला सूरत के एमटीबी महाविद्यालय से कला में स्नातक हुईं और फिर अहमदाबाद से 1954 में क़ानून की पढ़ाई पूरी की जहाँ उन्हें हिंदू क़ानून पर अपने काम के लिए स्वर्ण पदक भी दिया गया। कुछ दिनों के लिए उन्होंने श्रीमती नाथीबाई दामोदर ठाकरे महिला विश्वविद्यालय, मुम्बई में अंग्रेज़ी पढ़ाने का काम किया। अपनी स्नातक उपाधि की पढ़ाई के दौरान इला की मुलाक़ात एक निडर छात्र नेता रमेश भट्ट से हुई। 1951 मे भारत की पहली जनगणना के दौरान मैली-कुचैली बस्तियों में रहने वाले परिवारों का विवरण दर्ज करने के लिए रमेश भट्ट ने इला को अपने साथ काम करने के लिए आमंत्रित किया तो इला ने बहुत संकोच से इसके लिए सहमत हुईं। उन्हें पता था कि उनके माता-पिता अपनी बेटी को एक अनजान युवक के साथ गंदी बस्तियों में भटकते देखना हरगिज़ पसंद नहीं करेंगे। बाद में जब इला ने रमेश भट्ट से शादी करने का निश्चय किया तो माता-पिता ने विरोध किया। उन्हें डर था कि उनकी बेटी आजीवन ग़रीबी में ही रहेगी। इतने विरोध के बावजूद भी इला ने सन् 1955 में रमेश भट्ट से विवाह किया। 1955 में इला भट्ट अहमदाबाद के कपड़ा कामगार संघ के क़ानूनी विभाग में शामिल हुईं।

भारत के श्रमिक आंदोलन और मज़दूर संघों पर आज पुरुषों का एकाधिकार बना हुआ है। लेकिन भारत में पहला मज़दूर संघ स्थापित करने वाली भी एक महिला अनसुइया साराभाई थीं। इसी कपड़ा कामगार संघ के 1954 में स्थापित महिला प्रकोष्ठ का नेतृत्व 1968 में इला भट्ट ने सँभाला।

1971 में अहमदाबाद कपड़ा बाज़ार में हाथगाड़ी खींचने वाली और सर पर बोझा ढोने वाली प्रवासी महिला कुलियों ने अपने सिर पर छत की तलाश में इला भट्ट से मदद माँगी। इला भट्ट ने देखा कि ये सारी महिलाएँ खुली सड़क पर रहने को मजबूर हैं और इनकी मज़दूरी बेहद कम है। उन्होंने इस विषय पर स्थानीय अख़बारों में लिखा। कपड़ा व्यापारियों ने जवाबी लेख प्रकाशित करके इला भट्ट के सारे आरोपों को ख़ारिज कर दिया और महिला कुलियों को उचित मज़दूरी देने का दावा किया। इला भट्ट ने व्यापारियों वाले लेख की अनेक प्रतियाँ बनवायीं और महिला कुलियों में बाँट दीं ताकि वे व्यापारियों से अख़बार में छपी मज़दूरी की ही माँग करें। इला भट्ट की इस युक्ति से कपड़ा व्यापारियों की हेकड़ी निकल गयी। उन्होंने इला भट्ट से वार्ता की पेशकश की। दिसम्बर, 1971 में इसी बैठक के लिए सौ महिला मज़दूर जुटीं और सेवा संगठन (सेल्फ़ एम्प्लॉयड वुमॅन एसोसिएशन) का जन्म हुआ।

जब सेवा को एक मज़दूर संगठन के रूप में पंजीकृत करने का विचार हुआ तो श्रम विभाग ने साफ़ इनकार कर दिया। तर्क यह था कि श्रमिक संगठन बनाना है तो पहले मालिक का नाम बताया जाए जहाँ ये लोग नौकरी पर है। सेवा के सारी सदस्याएं असंगठित महिला मज़दूर थीं। इनके पास कोई नियमित नौकरी नहीं थी। लम्बी बहस के बाद ही सेवा एक पंजीकृत मज़दूर संगठन बन पाया। 1981 में आरक्षण के विरोध में उच्च जातियों ने पिछड़ी जाति के लोगों के साथ मारपीट की। सेवा ने पिछड़ी व अनुसूचित जातियों पर हो रही हिंसा का पुरज़ोर विरोध किया जबकि कपड़ा कामगार संघ

इला भट्ट (1933-)

मौन रहा। इला भट्ट द्वारा असंगठित महिला मज़दूरों के लिए लड़ने, पिछड़ी जातियों का समर्थन करने जैसे कार्यों से कपड़ा कामगार संघ का पुरुषवादी, जातिवादी नेतृत्व इतना क्षुब्ध हो गया कि उन्होंने सेवा को अपने संगठन से ही निष्कासित कर दिया। इला भट्ट के अनुसार यह निष्कासन एक वरदान सिद्ध हुआ। इसके बाद सेवा नारी आंदोलन, मज़दूर आंदोलन व सहकारिता आंदोलन का संगम बन गयी।

इला भट्ट के संगठन सेवा का मुख्य लक्ष्य महिलाओं को सम्पूर्ण रोज़गार से जोड़ना है। सम्पूर्ण रोज़गार का मतलब केवल नौकरी नहीं; बल्कि नौकरी के साथ खाद्य-सुरक्षा और सामाजिक सुरक्षा भी है। इसका मतलब है कामगारों को इस तरह की गतिविधियों में लगाना जो उन्हें आत्म-निर्भर बनाती हों। सेवा का ध्यान तीन मुख्य बातों पर केंद्रित रहा है : आजीविका का निर्माण, मौजूदा आजीविका की सुरक्षा और प्रगति के लिए कार्यकुशलता में वृद्धि। सेवा अपने सदस्यों को आवास, बचत और ऋण, पेंशन तथा बीमा जैसी सहायक सेवा भी प्रदान करती है। इसके अलावा बच्चों की देखभाल तथा क़ानूनी सहायता भी देती है।

सेवा ने व्यवस्था परिवर्तन के कई उदाहरण पेश किये हैं। जैसे, गुजरात के मेहसाणा ज़िले में भूमिहीन दलित स्त्रियों की कृषि समिति वनलक्ष्मी। इस समिति की स्त्रियाँ प्लास्टिक की चादर से ढँके तालाब में बरसाती पानी का संग्रहण करती हैं ताकि गर्मी के दिनों में भी सिंचाई की जा सके। ये महिलाएँ पावर टिलर भी चलाती हैं। आस-पास के गाँवों से किसान वनलक्ष्मी में देखने-सीखने आते हैं। इसी तरह बनासकाँठा के सूखे रेगिस्तानी इलाक़े में स्त्रियों का ज़मीन पर अधिकार नहीं था। इसके लिए उन्हें कई दशकों तक संघर्ष करना पड़ सकता था। लेकिन श्रमजीवी स्त्रियों के संगठन द्वारा निर्मित महिला पानी पंचायत ने स्त्रियों को पानी का मालिक बनाया। इसी पानी की मिल्कियत के चलते वे ज़मीन की मालिक भी बनती चली गयीं। पानी के माध्यम से मिले नियंत्रण के कारण गाँव के पुरुष प्रधान सत्ता संबंधों में भी बदलाव आया। इस सिलसिले में सबसे बड़ी उपलब्धियाँ पर्यावरण के क्षेत्र में हुई हैं जिसके तहत पैंतीस लाख पेड़ लगा कर रेगिस्तान के प्रसार को रोका गया। पहले स्थानीय लोग यहाँ से बाहर जा कर रोटी-रोज़ी की जुगाड़ करने को मजबूर थे, लेकिन अब हालात बदल गये हैं।

देखें : अब्दुल हमीद, आर.के. तलवार, एलाट्टुवलापिल श्रीधरन, उदारतावादी लोकतंत्र, कमला देवी चट्टोपाध्याय, गिजुभाई बधेका, ग़ैर-कांग्रेसवाद, पी.एस. वारियर, लोकतंत्र, देवकी जैन, धोंडो केशव कर्वे, नीरा देसाई, भारत में प्रातिनिधिक लोकतंत्र, भारत में सार्विक मताधिकार, भारतीय लोकतंत्र का संस्थानीकरण-1, 2 और 3, राज्यों का पुनर्गठन-1, 2 और 3, विक्रम साराभाई, वी.के.आर.वी. राव, विद्याबेन शाह, संस्था, संस्थान और संस्थानीकरण।

संदर्भ

1. इला आर. भट्ट (2007), *वी आर पूअर बट सो मैनी : द स्टोरी ऑफ़ सेल्फ़-एम्प्लॉयड वुमॅन इन इण्डिया*, ऑक्सफ़र्ड युनिवर्सिटी प्रेस, नयी दिल्ली.
2. मृणाल पाण्डे (2008), *स्त्री : देह की राजनीति से देश की राजनीति तक*, राधाकृष्णन प्रकाशन, नयी दिल्ली.
3. कमिला रोज (1992), *वेयर वुमॅन आर लीडर्स : द सेवा मूवमेंट इन इण्डिया*, ज़ेड बुक्स, लंदन.

—रवि दत्त वाजपेयी

इसलामिक नारीवाद

(Islamic Feminism)

नब्बे के दशक से चर्चित हुआ इसलामिक नारीवाद एक ऐसा विमर्श है जिसकी सैद्धांतिक और व्यावहारिक संरचना क़ुरान शरीफ़ पर आधारित है। मुसलमान देशों की राजनीति में स्त्रियों की तरफ़ से समानता और भागीदारी की दावेदारियाँ बढ़ती

जा रही हैं। इस रोशनी में इसलाम के प्रति निष्ठा रखने वाली विदुषियों और सेकुलर चरित्र वाली नारीवादियों ने धार्मिक और सांस्कृतिक स्तर पर व्यावहारिक और ज्ञान की राजनीति में उल्लेखनीय हस्तक्षेप किये हैं। इन नारीवादियों ने मुख्य तौर पर इज्तिहाद (धार्मिक स्रोतों की स्वतंत्र पड़ताल) और तफ़सिर (क़ुरान की व्याख्या) की इसलामिक पद्धतियों का सहारा लिया है। साथ में भाषाशास्त्र, इतिहास, साहित्यिक आलोचना, समाजशास्त्र, मानवशास्त्र जैसे अनुशासनों से मिलने वाले औज़ारों की मदद से इसलामिक नारीवाद की बौद्धिक इमारत खड़ी की गयी है। इन नारीवादियों का दावा है कि क्लासिकल इसलामिक ज़माने में हुई व्याख्याओं और उसके बाद इसलाम को समझने के प्रयासों के केंद्र में पुरुष का अनुभव ही रहा है। इस संबंध में जो भी प्रश्न उठाये गये हैं उनका सूत्रीकरण पितृसत्तात्मक समाज के प्रभाव में किया गया है। स्त्री के अनुभव को प्रस्थानबिंदु बना कर इसलाम की व्याख्याएँ तो हुई ही नहीं हैं। इसलामिक नारीवादियों के एक हिस्से ने, ख़ास तौर से ईरान में, अपने विमर्श के लिए उत्तर-आधुनिक अवधारणाओं का भी सहारा लिया है। उनका कहना है कि इसलामिक क़ानून और धर्मग्रंथों के दायरे में जेंडर-उन्मुख चिंतन किया जा सकता है। यह इसलिए और भी सम्भव है कि इन देशों में इसलाम प्रतिपक्ष में न होकर सत्तारूढ़ है। वस्तुस्थिति यह है कि धर्मतंत्रीय राज्य होने के बावजूद ईरानी गणराज्य के अधिकतर धार्मिक नेता उद्योगीकरण, विदेशी निवेश और आर्थिक वृद्धि के तरफ़दार हैं। ऐसे हुक्मरानों के लिए ज़रूरी होता जा रहा है कि वे ख़ुद को आधुनिकता के आईने में देखें और इस प्रक्रिया में इसलाम में निर्देशित परिवार और स्त्री के ऊँचे रुतबे को बुलंद करते हुए उसे आधुनिकता के समकक्ष ठहरायें।

इसलामिक नारीवाद के लिए यह एक पूर्व-शर्त है कि वह इसलाम के वैचारिक और व्यावहारिक दायरे के भीतर ही सुधारों की माँग करे। चूँकि यह इसलाम का परिवर्तनकारी रूप विकसित करने का प्रयास करता है इसलिए इसे केवल किसी एक राष्ट्र विशेष के संदर्भ में नहीं समझा जा सकता। इसलामिक नारीवाद की सीमाएँ हैं कि वह इसलाम के भीतर ही विश्लेषणात्मक और आलोचनात्मक संवाद क़ायम करता है और धर्म का संस्थानीकरण तोड़ नहीं पाता। इसलिए स्त्रियों का एक एजेंसी के रूप में विकास इसलामिक संदर्भ में विरोधाभास उत्पन्न करता है। वैश्विक पूँजीवाद की प्रतिक्रिया स्वरूप इसलामी कट्टरपंथ को मिले बढ़ावे ने भी इसलामिक नारीवाद के सामने मुश्किलें खड़ी की हैं। भूमण्डलीकरण के प्रचार-प्रसार का प्रतिकार करने के लिए इसलाम ने क़ानून-व्यवस्था और विधि को अपनी नीतियों के अनुसार बनाने की प्रक्रिया को तेज़ कर दिया जिससे मुसलमान स्त्रियों पर कई तरह की पाबंदियाँ लग गयीं। इसकी अनुक्रिया में इसलामिक नारीवाद इसलाम के आध्यात्मिक-धार्मिक चरित्र और एक राजनीतिक व्यवस्था के रूप में उसके साथ अंतर करने में भी असमर्थ रहा है।

मध्य-पूर्व के राष्ट्रों में इसे स्त्री-मुक्ति का आंदोलन माना जा रहा है जिसके तहत इसलाम में सुधार के माध्यम से स्त्री -मुक्ति की चेतना का प्रचार-प्रसार किया जा सकता है। पश्चिमी जगत में आम तौर पर मध्य-पूर्व की राष्ट्रीयताओं को आधुनिक पहचान से वंचित और विचारहीन मुसलमान समुदायों के रूप में देखा जाता है। माना जाता है कि धार्मिक जकड़बंदी और कट्टरता के कारण ये समुदाय पिछड़े हुए हैं। इस पृष्ठभूमि में एक तरफ़ तो पश्चिमी मीडिया नब्बे के दशक से ही इसलामिक नारीवाद को बढ़ावा देता रहा है, वहीं दूसरी ओर इसलामी राष्ट्र-राज्यों में यह बहस का विषय रहा है कि अपनी भाषा और धर्म के आधार पर किस तरह नारीवाद की सम्भावनाओं और सामर्थ्य को विकसित किया जा सकता है। लोकतांत्रिक और सेकुलर वैचारिक पृष्ठभूमि से जुड़े आंदोलनों का समर्थन करने वाले समीक्षकों ने इसलामिक नारीवाद को व्यापक परिधि वाले आंदोलन से उपजा ऐसा विमर्श माना है जो कई राष्ट्रीय, स्थानीय व क्षेत्रीय आंदोलनों से मिलकर लैंगिक भेदभाव और स्त्रियों के सवाल को उठाता है। विभिन्न आंदोलनों से वैचारिक विभेद होने के बावजूद कई मुसलमान नारीवादी आंदोलन इसलामिक नारीवाद की सम्भावनाओं व क्षमताओं का हिस्सा बने हैं। भारत और विश्व स्तर पर मुसलमान औरतों के आंदोलनों व स्त्रियों की उदीयमान आत्मनिष्ठता को बढ़ावा देने में यह आंदोलन सहायक हुआ है।

इसलामिक नारीवाद ने विश्व स्तर पर सेकुलर नारीवादी आंदोलनों के साथ कई अवसरों पर लैंगिक समानता के लिए वैचारिक साझापन दिखाया है। दूसरी तरफ़ कुछ विचारकों ने इसे एक आंदोलन न मानकर केवल एक विमर्श के रूप में देखना पसंद किया है। उनका तर्क है कि एक धार्मिक ग्रंथ पर आधारित होने के कारण इस विमर्श की कार्यनीति और उसका कार्यान्वयन इसलाम तक सीमित है। इस लिहाज़ से इसका असफल होना निश्चित है। लेकिन अपने स्तर पर यह विमर्श पश्चिमी संस्कृति और पूँजीवाद का विरोध करते हुए इसलामी कट्टरपंथ और रूढ़िवादिता से भी बहस करता है। इसलामिक नारीवाद पूँजीवादी लोकतांत्रिक विकल्प अपनाने से इनकार करता रहा है। अपनी इसी ख़ूबी के कारण इसलामिक नारीवाद न केवल कई स्थानीय और राष्ट्रीय आंदोलनों से जुड़ा बल्कि उसे स्त्रियों के अधिकारों की माँग करने वाले विभिन्न कार्यकर्ताओं द्वारा भी अपनाया गया।

जमात-ए-इसलामी हिंद जैसे संगठन पर इसका प्रभाव इस बात का उदाहरण है। भारत और विश्व-स्तर पर कई ऐसे आंदोलन इसलामिक नारीवाद से जुड़े तो हुए हैं पर स्थानीय

राजनीति और भिन्न भौगोलिक-सामाजिक-आर्थिक स्थितियों के कारण इनमें वैचारिक विभाजन है। इन विभिन्न आंदोलनों के पास न तो कोई साझा राजनीतिक एजेंडा है और न ही ये परस्पर एक दूसरे से सहयोग या तारतम्य क़ायम करने का प्रयास करते हैं। इसीलिए इसलामिक नारीवाद को विश्व स्तर का राजनीतिक-सामाजिक आंदोलन न मानते हुए एक ऐसी विस्तृत और व्यापक कार्यनीति की तरह देखने का भी रुझान है जिसे विभिन्न मुसलमान समाजों के पढ़े-लिखे मध्यवर्ग और स्त्रियों ने अपनाया है।

इस विमर्श की लोकप्रियता के बावजूद मुसलमान महिलाओं के अधिकारों की रक्षा के लिए काम करने वाले कई कार्यकर्ताओं ने इसलामिक नारीवाद का लेबल अपनाने से मना कर दिया है। उनका मानना है कि इस तरह के नामकरण नकारात्मक और ग़ैर-पश्चिमी संदर्भों में कुछ ज़्यादा ही रैडिकल लगते हैं। असगर अली इंजीनियर और ज़रीना भट्टी के अनुसार भारत में इसलामिक नारीवाद के विकास के लिए दो पूर्व-शर्तें आवश्यक हैं— एक, क़ुरान शरीफ़ की सही-सही व्याख्या ताकि लैंगिक समानता को स्पष्ट रूप से सामने रखा जा सके। दूसरे, स्त्री-आंदोलन व स्त्री अध्ययन संस्थानों में मुसलमान स्त्री के सवालों का समावेश।

मध्य और दक्षिण एशियाई समाजों में मुसलमान स्त्री को उत्पीड़न, ग़रीबी और कई स्तरों पर अन्याय का सामना करना पड़ता है। इसका मुख्य कारण इसलाम का पितृसत्तात्मक स्वरूप और सामाजिक संरचना है। साहित्य और इतिहास में मुसलमान स्त्री के बारे में लिखा जाता रहा है, परंतु कई प्रयासों के बावजूद आज भी मुसलमान स्त्री की छवि रूढ़िवादी और निष्क्रिय पीड़िता के रूप में ही बनी हुई है। अन्य समुदायों की स्त्रियों से तुलना करने पर मुसलमान स्त्री अधिक कमज़ोर व दयनीय और अपने अधिकारों के लिए लड़ने में असमर्थ प्रतीत होती है। इसलामिक नारीवादी विमर्श या आंदोलन तीन बिंदुओं पर अपना ध्यान केंद्रित करता है : तीन तलाक़ वाली कुख्यात प्रथा का परित्याग, चार शादियों की प्रथा का परित्याग और पर्दा या बुर्क़े की पाबंदी ख़त्म करना। भारतीय मुसलमानों के संदर्भ में इन समस्याओं से निजात पाना और भी मुश्किल है क्योंकि वे अपनी पहचान धर्म की प्रकृति के अनुसार ढालने तक सीमित रखते हैं। इसलिए इसलामिक नारीवाद भारत की मुसलमान औरतों को अन्य स्त्रियों की अपेक्षा पिछड़ेपन और उत्पीड़न का अधिक शिकार बताता है।

भारतीय राज्य ने भी मुसलमान समुदाय के आधुनिकीकरण की समस्याओं को अनदेखा किया है। इसका उदाहरण मुसलमान पर्सनल लॉ के रूप में देखा जा सकता है। राज्य ने स्त्री की सामाजिक स्थिति सुधारने के मक़सद से दखल देने के बजाय उल्टी भूमिका निभायी है। भारत जैसे बहुसांस्कृतिक और धार्मिक विविधता वाले राष्ट्र में समान विवाह संहिता होनी चाहिए या नहीं— यह बहस चरम सीमा पर तब पहुँची जब अस्सी के दशक में शाह बानो का मामला सामने आया। इसमें एक पति अपनी पत्नी व तीन बच्चों को बिना कोई भत्ता या मुआवज़ा दिये आसानी से तीन बार तलाक़ बोल कर अलग हो जाता है और दूसरा विवाह कर लेता है। भारत की तत्कालीन सरकार ने संसद में बहुमत का दुरुपयोग करते हुए संविधान में संशोधन किया। सर्वोच्च न्यायलय के निर्णय को पलटते हुए इस मामले को मुसलमान पर्सनल लॉ के अनुसार कर दिया गया। इससे तलाक़ के बाद निर्वाह भत्ते के मामले (राष्ट्रीय) क़ानून की परिधि से बाहर हो गये।

शाह बानो केस के बाद मुसलमान स्त्री-अधिकार आंदोलनों ने मुसलमान वुमॅन बिल की माँग सामने रखी जिसे उत्तर-औपनिवेशिक भारत के मुसलमान समाज में एक नयी शुरुआत माना गया। हालाँकि इसे इसलामिक नारीवाद से जोड़ा गया पर उसके एजेंडे का प्रचार करने के स्थान पर इन मुसलमान स्त्रीवादी आंदोलनों का मुख्य उद्देश्य क़ानून संबंधी सुधारों को लागू करना है। मुम्बई में आवाज़-ए-निसवाँ नामक संगठन ग़रीब, उत्पीड़ित और अशिक्षित मुसलमान महिलाओं को आत्मनिर्भर बनाने के लिए काम करता है। इस तरह के संगठनों की गतिविधियाँ धार्मिक कट्टरपंथियों पर सवाल उठाती हैं और उन्हें चुनौती देती हैं। तीन मुद्दों को उठाने में इन संगठनों की महत्त्वपूर्ण भूमिका रही है। एक, इसलामिक ढाँचे के भीतर ही क़ानून संबंधी सुधारों की माँग। दो, स्त्रियों के लिए मसजिदों का निर्माण ताकि वे उन्हें पब्लिक स्पेस की तरह प्रयोग कर सकें। तीन, यह धारणा विकसित करना कि इसलाम स्त्रियों के प्रति भेदभाव की शिक्षा नहीं देता बल्कि पितृसत्तात्मक व्यवस्था क़ुरान के उपदेशों व नीतियों की ग़लत व्याख्या करती है।

इसी तरह आल इण्डिया मुसलमान वुमॅन राइट्स नेटवर्क की स्थापना 1999 में हुइ। इसे आवाज़-ए-निसवाँ के कुछ कार्यकर्ताओं ने मुम्बई के वुमॅन रिसर्च ऐंड एक्शन ग्रुप के साथ मिल कर गठित किया था। इन्होंने भारतीय मुसलमान परिवारों को क़ानूनी जानकारी देने की शुरुआत की और अपने शोध के माध्यम से इस तथ्य को सामने रखा कि मुसलमान पर्सनल लॉ के प्रावधान सभी मुसलमान परिवारों पर एक समान रूप से लागू नहीं होते। वैश्विक स्तर पर इसलामिक नारीवाद से प्रेरणा लेते हुए दक्षिण भारत में 1987 में दाऊद शरीफ़ ने तमिलनाडु में दक्षिण भारतीय महिला संगठन की स्थापना की। यह संगठन राष्ट्रीय और क्षेत्रीय दोनों स्तरों पर काम करता है। इस तरह के संगठन विवाह, दहेज, तलाक़, घरेलू हिंसा, घर-खर्च और मुआवज़े, बाल-शोषण आदि समस्याओं को हल करने के लिए इसलामिक न्याय-प्रणाली में शोध व अध्ययन तथा आवश्यक सुधारों को लाने का काम करते हैं। इन्हें उलेमा और दूसरे संकीर्ण मुसलमान संगठनों

का विरोध भी झेलना पड़ता है। भारत में इसलामिक नारीवाद की सामाजिक उपयोगिता का विशेष महत्त्व है, परंतु मुसलमान पर्सनल लॉ में सुधार किये बिना यहाँ लैंगिक समानता के लक्ष्य को प्राप्त करना सम्भव नहीं। इन्हीं आंदोलनों के परिणाम स्वरूप भारत में अखिल भारतीय मुसलमान महिला पर्सनल लॉ बोर्ड की स्थापना के प्रयास आरम्भ हुए हैं।

देखें : अश्वेत नारीवाद, आनंदीबाई जोशी, गायत्री चक्रवर्ती स्पिवाक, चिपको आंदोलन, जूडिथ बटलर, जेंडर, दलित नारीवाद, देवदासी, देवकी जैन, नारीवाद, नारीवाद की पहली लहर, नारीवाद की दूसरी लहर, नारीवाद की तीसरी लहर, नारीवादी दर्शन, नारीवादी फ़िल्म-सिद्धांत, नारीवादी इतिहास-लेखन, नारीवाद और अर्थशास्त्र, नारीवाद और साम्प्रदायिकता, नैंसी शोदॅरौ, पर्यावरणीय नारीवाद, पब्लिक-प्रायवेट, पण्डिता रमाबाई सरस्वती, पितृसत्ता, प्रेम, प्रेम-अध्ययन और नारीवादी दर्शन, भारत में स्त्री-आरक्षण-1 और 2, महादेवी वर्मा, मैरी वोल्सनक्रॉफ़्ट, राजनीतिक दर्शन के नारीवादी आयाम, रमाबाई रानाडे, ल्यूस इरिगरे, स्त्री और साम्प्रदायिकता, स्त्री-श्रम, सम्पत्ति : नारीवाद परिप्रेक्ष्य, सावित्रीबाई फुले, सिमोन द बोउवार, स्त्री-आरक्षण, हेलन सिचू।

संदर्भ

1. एल. अहमद (1992), *वुमॅन ऐंड जेंडर इन इसलाम : हिस्टोरिकल रूट्स ऑफ़ अ मॉडर्न डिबेट*, येल युनिवर्सिटी प्रेस, प्रिंसटन.
2. असगर अली इंजीनियर (2006), 'इशूज़ इन इसलामिक फ़ेमिनिज़म', *इंसटीट्यूट ऑफ़ इसलामिक स्टडीज़*, फ़रवरी.
3. अज़रा असगर अली (2000), *द इमरजेंस ऑफ़ फ़ेमिनिज़म अमंग इण्डियन मुसलिम वुमॅन*, ऑक्सफ़र्ड युनिवर्सिटी प्रेस, नयी दिल्ली.
4. ज़रीना भट्टी (2003), फ़ेमिनिस्ट ऑर रिफ़र्मिस्ट ?, *द हिंदू*, 16 मार्च.
5. ज़िबा मीर-हुसैनी (2006), 'मुसलिम वुमंस क्वेस्ट फ़ॉर ईक्वलिटी : बिटवीन लॉ ऐंड फ़ेमिनिज़', *क्रिटिकल इनक्वैरी*, अंक 32, ग्रीष्म.
6. शाहर्ज़ाद मोज़ाब (2001), 'थियराइज़िंग द पॉलिटिक्स ऑफ़ इसलामिक फ़ेमिनिज़म', *फ़ेमिनिस्ट रिव्यू*, खण्ड 69, अंक 1.

—शिवानी चोपड़ा

इंटरएक्टिविटी -1

(सामाजिक विमर्श)

(Social Discourse of Interactivity)

इंटरएक्टिविटी एक व्यापक अवधारणा है जिसे मनुष्य और मनुष्य के बीच, मनुष्य और मशीन के बीच और मशीन और मशीन के बीच होने वाली अन्योन्यक्रिया पर लागू किया जाता है। इंटरनेट के चरित्र में रैडिकल परिवर्तन कर देने वाली 'वेब 2.0' प्रौद्योगिकी (फ़ेसबुक, यू ट्यूब, विकीपीडिया वग़ैरह) के कारण इंटरएक्टिविटी का प्रवेश जीवन के उन निजी और अंतरंग दायरों में भी हो गया है जहाँ पहले उसकी कल्पना करना भी मुश्किल था। नये मीडिया से संबंधित अधिकतर अध्ययनों में इंटरएक्टिविटी को दो व्यक्तियों के बीच होने वाली निजी बातचीत जैसी सुविधा मुहैया कराने वाली प्रक्रिया की तरह पेश किया जाता है। इसमें टेक्नॉलॅजी पर मानवीकरण आरोपित करने का रुझान पढ़ा जा सकता है। ज़ाहिर है कि तकनीकी रूप से इस विचार का चलन कम्प्यूटरों के सर्वसुलभ होने के साथ हुआ, लेकिन प्रौद्योगिकीय अर्थों के साथ-साथ इसके सामाजिक और मनोवैज्ञानिक तात्पर्य भी कम महत्त्वपूर्ण नहीं हैं। मान्यता है कि नये मीडिया और पुराने मीडिया के बीच इंटरएक्टिविटी एक बुनियादी अंतर की नुमाइंदगी करती है। लेकिन मीडिया विशेषज्ञों का अध्ययन बताता है कि पुराना मीडिया (ऐनालॉग प्रौद्योगिकी) नये मीडिया (डिजिटल प्रौद्योगिकी) से ज़्यादा या कम इंटरएक्टिव नहीं था। दोनों की प्रकृति ज़रूर अलग-अलग है, और इसीलिए डिजिटल इंटरएक्टिविटी के न केवल सामाजिक प्रभाव भिन्न हैं, बल्कि उसके ज़रिये पूँजीवादी बाज़ार अपना मूल्यवर्धन भी कर पाता है।

समाज-वैज्ञानिकों की मान्यता है कि इंटरएक्टिविटी ने मनुष्य और मशीन के बीच क़ायम उस रिश्ते को बदल दिया है जो औद्योगिक क्रांति के दौरान बना था। मीडिया विशेषज्ञ मार्शल मैकलुहन ने साठ के दशक में ही ऑटोमेशन (स्वचालीकरण) पर गहरी नज़र डालते हुए इन सम्भावनाओं को देख लिया था। मैकलुहन ने बताया था कि ऑटोमेशन को मेकैनिकल उसूल (जो किसी भी प्रक्रिया का संचालन विखण्डन और पृथक्करण के ज़रिये करता है) का महज़ विस्तार मानना उचित नहीं होगा। बिजली के भीतर एक तरह की तात्क्षणिक ख़ूबी है जिसके ज़रिये वह मेकैनिकल जगत में आक्रामक हस्तक्षेप करके उसके सभी पहलुओं को पलक झपकते अपने आगोश में ले लेती है जिससे पुर्ज़ों-पुर्ज़ों में बँटी यांत्रिकता स्वचालन में बदल जाती है। यह परिवर्तन प्रौद्योगिकी को मनुष्य के सबलीकरण का स्रोत बना देता है। उत्पादन में व्यक्ति की भागीदारी की नयी सम्भावनाएँ पैदा होती हैं। मैकलुहन के इन अवलोकनों और ऑटोमेशन के अध्येता एल. बेगरिट की स्थापनाओं के आधार पर कहा जा सकता है कि व्यक्ति और कम्प्यूटर के बीच होने वाले स्वचालित विनिमय के परिणामस्वरूप मनुष्य की हैसियत केवल मशीनों की देख-रेख करने वाली 'आया' से बढ़ कर नेवीगेटर्स, ऐंड-यूज़र्स और सर्फ़र्स की हो गयी है। प्रौद्योगिकी उन्हें जिस रास्ते पर ले जा रही है, उसका नियंत्रण अब यूज़र के हाथ में है। यूज़र अपने चुनाव और अपनी हिकमत के माध्यम से प्रौद्योगिकीय प्रक्रिया में कहीं ज़्यादा रचनात्मक हस्तक्षेप कर सकता है। इस लिहाज़ से इंटरएक्टिविटी औद्योगिक क्रांति के बाद मानव समाज पर छा गये कारखानों की प्रति-भाषा बन कर उभरी है।

कारख़ानों की दुनिया में मनुष्य ख़ुद को मशीन की ज़रूरतों के हिसाब से ढालने के लिए मजबूर था। चूँकि डिजिटल इंटरएक्टिविटी के संसार में वह अपने हिसाब से रचनाशील हो सकता है, इसलिए प्रौद्योगिकी के पुन: मानवीकरण की सम्भावनाएँ प्रबल हो जाती हैं।

मनो-समाजशास्त्रीय नज़रिये से इंटरएक्टिविटी की जाँच करने वाले स्प्रियो कियोसिस इस प्रश्न पर ग़ौर करते हैं कि क्या इंटरएक्टिविटी का चरित्र प्रौद्योगिकीय होने के साथ-साथ मानवीय भी है ? वे पूछते हैं कि इंटरएक्टिविटी को महज़ एक तकनीकी प्रणाली के परिणाम की तरह देखने के बजाय यूज़र की उस समझ की रोशनी में क्यों नहीं देखा जाना चाहिए जिसके तहत वह किसी इंटरएक्शन या अन्योन्यक्रिया को ग्रहण कर रहा है। इसी एहसास और अर्थ-ग्रहण के तहत यूज़र तय करता है कि वह अपनी मशीन से कौन साम्प्रभाव पैदा करना चाहता है। कियोसिस चाहते हैं कि इंटरएक्टिविटी घटित करने वाले विभिन्न प्रौद्योगिकीय चरों (वेरियेबिल्स) के साथ-साथ मानवीय चर की भूमिका को भी रेखांकित किया जाए। उनके मुताबिक़ किसी भी संचार प्रणाली में इंटरएक्टिविटी का स्तर दो कारणों से घटता-बढ़ता है : उस प्रणाली की प्रौद्योगिकीय खूबियों में तब्दीली होने से, और उस माध्यम का इस्तेमाल कर रहे लोगों की अपनी समझ के आधार पर।

ऐंड्रू बैरी ने 2001 में प्रकाशित अपनी रचना *पॉलिटिकल मशीन* में इंटरएक्टिविटी को सक्रिय नागरिकता के राजनीतिक आदर्श की रोशनी में समझने की कोशिश की है। बैरी का कहना है कि आज के ज़माने में हर व्यक्ति से वैज्ञानिक और प्रौद्योगिकीय मसलों पर अपनी राय देने की अपेक्षा बढ़ती जा रही है। व्यक्ति (चाहे वे स्त्री हों या पुरुष) स्वयं भी इस तरह का मत बनाने और व्यक्त करने की अपेक्षा रखते हैं। इस लिहाज़ से प्रौद्योगिकियों और वस्तुओं की अहमियत उनकी नागरिकता को भिन्न आयाम प्रदान कर देती है। बैरी की राय है कि सरकारी अधिकारियों के मार्फ़त नागरिकों को अपनी हिदायतों पर चलाने के बजाय उदारतावाद का ताज़ा संस्करण ऐसी परिस्थितियाँ बनाने की कोशिश करने की तरफ़ जा रहा है जिनके तहत व्यक्ति ख़ुद को शासित करने के सक्रिय और उत्तरदायी एजेंट बन सकें। इस परियोजना में इंटरएक्टिविटी को बढ़ावा देने वाले उपकरणों की भारी अहमियत है। उनके ज़रिये व्यक्ति में एजेंसी, प्रयोगधर्मिता और उद्यमशीलता का अविर्भाव हो सकता है। व्यक्ति के भीतर स्व-शासन की क्षमताओं की वृद्धि हो सकती है।

बैरी का इशारा एक ऐसी राजनीतिक संस्कृति की तरफ़ है जो अनुशासन थोपने के माध्यम से नहीं बल्कि इंटरएक्टिविटी के माध्यम से शासन करेगी। वे कहते हैं कि इंटरएक्टिव संसार का ज़ोर 'सिखाने' और 'ऐसा करना चाहिए' के बजाय 'खोजने' और 'तुम ऐसा कर सकते हो' पर होगा। बैरी के मुताबिक़ इंटरएक्टिविटी का मॉडल दिखाता है कि किस तरह वस्तुओं का इस्तेमाल कर्ताओं को पैदा करने के लिए किया जा सकता है। यह मॉडल कर्ताओं को अनुशासित करने के बजाय 'अनुमति-सम्पन्न' करता है।

सकारात्मक सम्भावनाओं से भरे इंटरएक्टिविटी के इस मॉडल से सभी समाजवैज्ञानिक सहमत नहीं हैं। कई विद्वानों ने सचेत किया है कि इंटरएक्टिविटी की मुक्तिकामी सम्भावनाएँ व्यावसायिकता के चुंगल में फँस कर बहुत कम हो गयी हैं। नयी प्रौद्योगिकी का प्रयोग लोकतांत्रिक आदर्शों को साकार करने के लिए करने के बजाय पूँजीवादी बाज़ार द्वारा ज़्यादा से ज़्यादा मुनाफ़ा कमाने के लिए किया जा रहा है। इसी मुक़ाम पर सवाल उठता है कि क्या बाज़ार और लोकतंत्र दोनों एक साथ अपना मूल्य-वर्धन नहीं कर सकते? इन आलोचकों का तर्क है कि प्रौद्योगिकी का विकास करने की ज़िम्मेदारी अधिकांशत: बाज़ार के हाथ में छोड़ दी गयी है इसलिए यह सम्भावना भी उत्तरोत्तर कमज़ोर होती जा रही है।

देखें : अभिलेखागार, आख्यान, इंटरएक्टिविटी-प्रौद्योगिकीय विमर्श, इंटरफ़ेस, एक्टर-नेटवर्क थियरी, डिजिटल डिवायड, दिन-प्रति दिन के अभिलेखागार, नया मीडिया, नेटवर्क, नेटवर्क सोसाइटी, बाज़ारू संस्कृति, भारत में संचार-क्रांति, भारतीय मीडिया-1, 2 और 3, भारतीय मीडिया स्फ़ेयर, मास मीडिया, मीडिया और सरकार, मीडिया-पक्षधरता, मीडिया-स्टडीज़, संचार, संचार-क्रांति, स्मृति और अभिलेखागार, सोशल नेटवर्क विश्लेषण, सूचना, सूचना-समाज, वैकल्पिक मीडिया।

संदर्भ

1. मार्शल मैकलुहन (1964), *अंडरस्टेंडिंग मीडिया : द एक्सटेंशन ऑफ़ मेन*, रौटलेज, लंदन.
2. एल. बेगरिट (2001), *द एज ऑफ़ ऑटोमेशन*, पेंगुइन, हारमंड्सवर्थ.
3. ऐंड्रू बैरी (2001), *पॉलिटिकल मशीन : गवर्निंग अ टेक्नॉलॉजीकल सोसाइटी*, एथलन, लंदन.
4. एस. कियोसिस (2002), 'इंटरएक्टिविटी : अ कंसेप्ट एक्सप्लिकेशन', *न्यू मीडिया ऐंड सोसाइटी*, खण्ड 4, अंक 3.
5. टी. शुल्ज (2000), 'मास मीडिया ऐंड द कंसेप्ट ऑफ़ इंटरएक्टिविटी : ऐन एक्सप्लोरेटरी स्टडी ऑफ़ ऑनलाइन फ़ोर स ऐंड रीडर ईमेल', *न्यू मीडिया ऐंड सोसाइटी*, खण्ड 22, अंक 2.

—अभय कुमार दुबे

इंटरएक्टिविटी -2

(प्रौद्योगिकीय विमर्श)

(Techonlogical discourse of Interactivity)

डिजिटल प्रौद्योगिकी के पैरोकारों का दावा है कि उसके कारण विकसित हुई इंटरएक्टिविटी मनुष्य के जीवन पर दो तरह के प्रभाव डालेगी। पहला, लोग देर में रिटायर होंगे यानी उनकी कामकाजी उम्र में बढ़ोतरी हो जाएगी। दूसरा, लम्बा कामकाजी जीवन गुज़ारने के बावजूद उनके पास फ़ुरसत का वक़्त भी ख़ूब रहेगा। इन पैरोकारों ने यह दावा भी किया है कि डिजिटल क्रांति ने मशीनों को 'अक्लमंद' बना दिया है जिसके कारण उन्हें इस्तेमाल करने वाले नये तरह की आज़ादी हासिल कर सकते हैं। दरअसल, नब्बे के दशक की शुरुआत में इंटरनेट सृजनात्मक क्रियाशीलता और सामाजिकता की अनंत सम्भावनाओं से लैस परिघटना के रूप में उभरा था। लोग कम्प्यूटर और नेट के रिश्ते को चौंधियायी हुई आँखों से देख रहे थे। इस दौर के बीस साल बाद यानी नयी सदी के पहले दशक के उपरांत स्थिति यह है कि मोबाइल यंत्रों के व्यापक चलन ने इंटरएक्टिविटी द्वारा प्रदत्त प्रौद्योगिकीय आश्वासन को और पुष्ट किया है। डिजिटल मीडिया के प्रभाव में यक़ीन रखने वाले कह रहे हैं कि मोबाइल यंत्रों ने संचार की भौतिक और स्थानिक सीमाओं से मनुष्य को मुक्त कर दिया है। इंटरएक्टिविटी के संदर्भ में 'कहीं भी-कभी भी-कुछ भी' करने का सपना पूरा होने की नौबत आ गयी है, क्योंकि मशीनों और मनुष्य के बीच किसी भी परिस्थितिजन्य विन्यास में असीमित अन्योन्यक्रिया हो सकती है। इन दावेदारियों पर समाज-वैज्ञानिकों ने गहरी आलोचनात्मक दृष्टि डालते हुए यह पता लगाने की कोशिश की है कि इनमें हक़ीक़त कितनी है, और 'हायपरबोल' के तर्ज़ पर 'सायबरबोल' का प्रतिशत कितना है।

इंटरएक्टिविटी का अध्ययन करने वाले विद्वान स्टीफ़न ग्राहम इन दावेदारियों पर विचार करते हुए इस निष्कर्ष पर पहुँचे हैं कि डिजिटल प्रौद्योगिकी ने जिस तरह के स्वप्निल आश्वासन दिये थे, वे उसी अंदाज़ में पूरे नहीं हुए हैं। बजाय इसके कि वह मानव और उसके समाज को अपने ही दैहिक भूगोल के परे जाने का मौक़ा देकर चमत्कारी परिवर्तन कर डालती, वह रोज़ाना की ज़िंदगी का अभिन्न अंग बन गयी है। उसने कार्यस्थल, घर, बाज़ार और ऐसे दैनंदिन स्थानों पर मनुष्य की भूमिका को तो प्रभावित किया है, पर वह इन भौगोलिक स्पेसों का अतिक्रमण कर पाने में नाकाम है। इस तरह ग्राहम इंटरएक्टिविटी को एक अनुभवातीत स्वप्न के बजाय सामान्य जीवन को नये ढंग से उत्तरोत्तर गढ़ने वाली शक्ति के रूप में देखना पसंद करते हैं।

ग्राहम की तरह लेव मानोविच भी यह मानने के लिए तैयार नहीं हैं कि नयी प्रौद्योगिकी से जन्मी नये तरह की इंटरएक्टिविटी ने मनुष्य की दैहिक और सामाजिक सीमाओं का अतिक्रमण करने की परिस्थितियाँ मुहैया करा दी हैं। अपनी विख्यात रचना *द लेंग्वेज ऑफ़ न्यू मीडिया* में मानोविच इंटरएक्टिविटी के नये पन पर सवालिया निशान लगाते हुए पूछते हैं कि आख़िर इसका चरित्र ऐनॉलॉग मीडिया द्वारा मुहैया करायी जाने वाली इंटरएक्टिविटी से किस प्रकार भिन्न है? मानोविच के मुताबिक़ यह प्रक्रिया कोई नयी चीज़ नहीं है, बल्कि पुराने मीडिया के ज़माने से चली आ रही है। नया मीडिया (कम्प्यूटर, पामटॉप, मोबाइल फ़ोन) सिनेमा (जो पुराने मीडिया की श्रेणी में आता है) द्वारा पहली बार पेश की गयी स्क्रीन के साथ बँधा हुआ है। अर्थात् पुराना मीडिया नये मीडिया की प्रौद्योगिकी के दायरे में ही पुनर्जन्म ले रहा है।

मानोविच का चिंतन मार्शल मैकलुहन के इस विचार से अलग है कि यांत्रिकता में हुए विद्युत के समावेश के बाद प्रौद्योगिकी के माध्यम से अधिक मात्रा में और नये तरह की इंटरएक्टिविटी सुलभ होने लगी है। मैकलुहन के मुताबिक़ किताबें, सिनेमा और रेडियो जैसे मीडिया रूप पाठक, दर्शक या श्रोता से अपनी सारवस्तु के साथ एक तरह का मानसिक जुड़ाव माँगते हैं। इस जुड़ाव के आधार में इन रूपों से ग्रहण किया जाने वाला एकल तात्पर्य होता है। ध्यान रहे कि मैकलुहन का लेखन साठ के दशक में सामने आया था। उस समय टेलिविज़न एक नया मीडिया-रूप था। मैकलुहन कहते हैं कि टेलिविज़न बिम्बात्मक सम्प्रेषण के कारण अपने दर्शक से इस तरह के एकल तात्पर्य आधारित मानसिक जुड़ाव की माँग नहीं करता। इसलिए उसके साथ अधिक इंटरएक्टिविटी की ज़रूरत पड़ती है। दूसरी तरफ़ टेलिफ़ोन जैसा मीडिया का नया रूप अपने प्रयोगकर्ता को मौखिक संवाद करने की तरफ़ ले जाता है जिससे इंटरएक्टिविटी एकल तात्पर्य वाले संदेश की तरह नहीं रह जाती।

इक्कीसवीं सदी के पहले दशक में मानोविच मैकलुहन द्वारा साठ के दशक में दिये गये तर्क को पलट देते हैं। वे कहते हैं कि किताबें, सिनेमा और रेडियो जैसे पुराने मीडिया-रूप कम नहीं बल्कि अधिक इंटरएक्टिविटी की माँग करते हैं। उनकी कामयाबी इस बात में है कि वे हमारे बोध को उच्च-स्तरीय या सूचना के मुकम्मल रूप से वंचित करके एक खाली जगह पैदा कर देते हैं। फिर वह खाली जगह मीडिया प्रदत्त चाक्षुष या श्रव्य आख्यान से भरी जाती है जिसके आधार पर हम अपने बिम्बों, संवादों और अपनी संबंधित समझ बनाते हैं। फ़िल्म सम्पादन की मोंटाज तकनीक का हवाला देते हुए मानोविच दिखाते हैं कि मोंटाज देखने वाला दर्शक परस्पर असंबंधित बिम्बों के कारण पैदा हुए मानसिक अंतराल को

तेज़ी से भरने के लिए मजबूर होता है। इस तरह ग़ैर-इलेक्ट्रॉनिक मीडिया अधिक इंटरएक्टिव होता है। मानोविच की इस परिभाषा के मुताबिक़ शिल्प, चित्र या स्थापत्य को भी इंटरएक्टिव मीडिया की परिभाषा के तहत माना जा सकता है।

अपनी इसी व्याख्या के निष्कर्ष के तौर पर मानोविच चेतावनी देते हैं कि इंटरएक्टिविटी के नये रूपों (मनुष्य और कम्प्यूटर का इंटरफ़ेस यानी एचसीआई) की संरचना को सावधानी से समझने की ज़रूरत है। यह इंटरएक्टिविटी असीमित नहीं है, बल्कि कम्प्यूटर द्वारा उपलब्ध कराये गये मेन्यू और ऐसी ही अन्य सीमाओं में बँधी हुई है।

देखें : अभिलेखागार, आख्यान, इंटरएक्टिविटी-सामाजिक विमर्श, इंटरफ़ेस, एक्टर-नेटवर्क थियरी, डिजिटल डिवायड, दिन-प्रतिदिन के अभिलेखागार, नया मीडिया, नेटवर्क, नेटवर्क सोसाइटी, बाज़ारू संस्कृति, भारत में संचार-क्रांति, भारतीय मीडिया-1, 2 और 3, भारतीय मीडिया स्फ़ेयर, मास मीडिया, मीडिया और सरकार, मीडिया-पक्षधरता, मीडिया-स्टडीज़, संचार, संचार-क्रांति, स्मृति और अभिलेखागार, सोशल नेटवर्क विश्लेषण, सूचना, सूचना-समाज, वैकल्पिक मीडिया।

संदर्भ

1. मार्शल मैकलुहन (1964), *अंडरस्टेंडिंग मीडिया : द एक्सटेंशन ऑफ़ मेन,* रॉटलेज, लंदन.
2. लेव मानोविच (2001), *द लेंग्वेज ऑफ़ न्यू मीडिया,* एमआईटी प्रेस, केम्ब्रिज, एमए.
3. स्टीफ़न ग्राहम (2004), 'फ्रॉम ड्रीम्स ऑफ़ ट्रांसेडेंस टू द रिमीडिएशन ऑफ़ अरबन लाइफ़', एस. ग्राहम (सम्पा.), द *सायबरनेटिक्स रीडर,* रॉटलेज, लंदन.

—अभय कुमार दुबे

इंटरफ़ेस

(Interface)

इंटरफ़ेस एक प्रौद्योगिकीय पद है जिसके तहत दो या दो से अधिक पक्षों, मशीनों या प्रणालियों के बीच क़ायम किये गये एक ख़ास तरह के कनेक्शन के कारण उनकी सीमाएँ परस्परव्यापी हो जाती हैं। यूज़र और कम्प्यूटर के बीच होने वाली अन्योन्यक्रिया की रूपरेखा तय करने वाले सॉफ़्टवेयर के रूप में भी इंटरफ़ेस को देखा जा सकता है। इस लिहाज़ से इंटरफ़ेस दो पक्षों के बीच मध्यस्थता करने वाले अनुवादक की तरह है जिसकी मदद से एक पक्ष दूसरे का अर्थ-ग्रहण करता है। अर्थ-विषयक (सीमेंटिक) होने के नाते इंटरफ़ेस का चरित्र शारीरिक होने के बजाय तात्पर्यमूलक और अभिव्यक्तिपरक हो जाता है। समाज-विज्ञान में पिछले दिनों इंटरफ़ेस को प्रौद्योगिकी के दायरे से उठा कर एक अवधारणा के रूप में विकसित करने की कोशिश की गयी है। विचारकों की कोशिश है कि इंटरफ़ेस को एक विश्लेषणात्मक औज़ार के रूप में इस्तेमाल करते हुए मनुष्य और मशीन के बीच, दो अलग-अलग संस्कृतियों के बीच और दो अलग-अलग संसारों के बीच सीवनरहित आवाजाही और उनके सीमांतों पर एक साझा ज़मीन तैयार होने की प्रक्रियाओं की जाँच-पड़ताल की जाए। इस तरह इंटरफ़ेस एक नये तरह के रिश्ते की संकल्पना है जो मनुष्य और मशीन के बीच एक ऐसी झिल्ली की तरह रहेगा जो दोनों को बाँटने के साथ-साथ जोड़ेगी भी। आख़िरकार मनुष्य और मशीन विजातीय होने के बावजूद एक-दूसरे पर निर्भर संसारों की नुमाइंदगी करते हैं।

समाज-विज्ञान इंटरफ़ेस को एक संज्ञा के रूप में भी देखता है और एक क्रिया के रूप में भी। इंटरफ़ेस के ज़रिये सोच सकने वाली प्रौद्योगिकी कल्पित की जा रही है और मनुष्य के हमेशा 'स्विच्ड ऑन' रहने की परिस्थितियों पर ग़ौर किया जा रहा है। इंटरफ़ेस संबंधी चिंतन नये मीडिया से संबंधित अध्ययन में प्रचलित कुछ द्विभाजनों (हार्डवेयर-सॉफ़्टवेयर, फ़िज़ीकल-वर्चुअल) से परे जाने का मौक़ा भी देता है।

इंटरफ़ेस के माध्यम से नेटवर्क बनते हैं। इसलिए उसे सिर्फ़ नये मीडिया की डिजिटल प्रौद्योगिकी तक सीमित नहीं माना जा सकता। रोज़ाना की ज़िंदगी तरह-तरह के इंटरफ़ेसों से भरी हुई है। 2001 में प्रकाशित अपनी रचना द *लेंग्वेज ऑफ़ न्यू मीडिया* में लेव मानोविच कहते हैं कि पुराने मीडिया (किताबें, पत्रिकाएँ) के साथ उनके पाठक लिखित आख्यानों अथवा कहानियों के माध्यम से इंटरफ़ेस करते हैं। सिनेमा हाल के ख़ास स्थापत्यमूलक विन्यास, उसमें दिखायी जाने वाली फ़िल्म और उसके दर्शक के बीच एक इंटरफ़ेस कल्पित किया जा सकता है। मानोविच के अनुसार सिनेमाहाल का अहाता, उसका सूचना बोर्ड, उसका प्रेक्षागृह, स्क्रीन और स्पीकर अलग-अलग इंटरफ़ेस हैं, जिनसे फ़िल्म का अनुभव अपनी शक्ल-सूरत ग्रहण करता है।

विचारकों का प्रस्ताव है कि मानवीय देह और विभिन्न क़िस्म की मीडिया-मशीनों के बीच सूचनाओं का प्रवाह सम्भव करने के कारण इंटरफ़ेसों को उन प्रणालियों के भीतर कम से कम एकहद तक मूर्त तो समझा ही जाना चाहिए। यह तर्क हमें इंटरफ़ेस में विभिन्न स्तरों पर एजेंसी कल्पित करने की तरफ़ ले जाता है। कहीं इंटरफ़ेस केवल एक मध्यस्थ या झिल्ली का काम करता हुआ दिखायी देगा, तो कहीं वह एक सतत और अक्सर प्रच्छन्न शक्ति से सम्पन्न मिलेगा। कहीं

इंटरफ़ेस की भूमिका से यथार्थ की रूपरेखा प्रभावित हो रही होगी।

मानोविच ने कम्प्यूटर को एक ऐसे फ़िल्टर की तरह देखा है जिससे तक़रीबन हर संस्कृति को गुज़रना पड़ता है। कम्प्यूटर इस्तेमाल करते हुए हम केवल एक मशीन के साथ ही नहीं बल्कि एक संस्कृति के साथ इंटरफ़ेस कर रहे होते हैं। इंटरफ़ेस के ज़रिये ही हर संस्कृति का व्यक्ति मीडिया-वस्तुओं का मतलब समझ पाता है। इस प्रक्रिया में यूज़र के ऊपर इंटरफ़ेस का तर्क हावी हो जाता है। कम्प्यूटर-डेटा को अपने तरीक़े से संगठित करके इंटरफ़ेस यूज़र को इस संसार का वह मॉडल थमा देता है जो उसने तैयार किया है। यूज़र वेब-साइट, सीडी-रोम, डीवीडी फ़िल्म, मल्टीमीडिया इनसाइक्लोपीडिया, ऑन लाइन म्यूज़ियम और पत्रिकाओं और तरह-तरह के खेलों के साथ डिजिटल के ज़रिये जुड़ कर हर बार एक न एक नयी संस्कृति के साथ इंटरफ़ेस करता है। मानोविच का दावा है कि इंटरफ़ेस की यह प्रक्रिया कोई नयी चीज़ नहीं है, बल्कि पुराने मीडिया के ज़माने से चली आ रही है। नया मीडिया (कम्प्यूटर, पामटॉप, मोबाइल फ़ोन) सिनेमा द्वारा पेश की गयी स्क्रीन के साथ बँधा हुआ है। पुराना मीडिया, जैसे सिनेमा, नये मीडिया की प्रौद्योगिकी के दायरे में पुनर्जन्म ले रहा है। पहले वह कई तरह की सांस्कृतिक भाषाओं में से एक था, अब वह सांस्कृतिक इंटरफ़ेस बन गया है जो अधिकांशत: पहले से ही परिचित सांस्कृतिक रूपों में निहित तत्त्वों से मिल कर ही बनती है। मानोविच को इस प्रक्रिया में एक सांस्कृतिक महा-भाषा तो दिखायी पड़ती है, पर उन्हें सांस्कृतिक समरूपीकरण का ख़तरा नहीं सताता। वे मानकीकरण और मौलिकता के बीच, नियंत्रण और खुलेपन के बीच एक तरह का मिश्रण देखते हैं।

इंटरफ़ेस के माध्यम से रोज़ाना की ज़िंदगी में व्याप्त सामाजिक और सांस्कृतिक गतिकी की समझ बनाने का पूर्वानुमान नारीवादी चिंतक डोना हारावे ने 1985 में पहली बार प्रकाशित अपनी विख्यात रचना *सायबर्ग मेनिफ़ेस्टो* में लगा लिया था। हारावे ने कहा था कि चाहे घर हो, काम करने की जगह हो, बाज़ार, सार्वजनिक दायरा हो, यहाँ तक कि चाहे वह मनुष्य की देह हो, ये सभी चीज़ें एक साथ छितरा सकती हैं और अनंत रूपों में इंटरफ़ेस कर सकती हैं। हारावे के बाद की पीढ़ी ने देखा है कि किस तरह पूँजीवादी बाज़ार ने अपने मुनाफ़े के मक़सद से इंटरफ़ेस के अनंत बहुरूपों को घटने से रोक लिया। आज एक मोबाइल फ़ोन का सिम कार्ड नेटवर्क उपलब्ध कराने वाली कम्पनी के साथ ही बँधा होता है। लेकिन दूसरी तरफ़ इस पीढ़ी ने यह भी देखा है कि किस तरह नये और दोनों सिरों पर खुले नेटवर्क और अभिलेखागार उभर रहे हैं जिनमें बड़ी पूँजी की दख़लअंदाज़ी नहीं है।

हारावे ने माइक्रोइलेक्ट्रॉनिक यंत्रों के चारों तरफ़ अदृश्य रूप से मौजूद होने की चर्चा भी की है। वे रेखांकित करती हैं कि ये यंत्र पोर्टेबिल हैं। आज नयी प्रौद्योगिकी ने नये मीडिया-यंत्रों का आकार इतना छोटा कर दिया है कि एक नज़र में उनकी शिनाख़्त और उनका एहसास भी नहीं होता। यह प्रक्रिया ऐसे इंटरफ़ेसों को जन्म दे सकती है, जिसके तहत लोगों के वस्त्रों में सरकिट बुन दिया जाएगा ताकि वे कम्प्यूटेशनली एक्टिव हो सकें। इससे होगा यह है कि इंटरफ़ेस की अदृश्यता बहुत बढ़ जाएगी। परिणामस्वरूप रोज़मर्रा की ज़िंदगी में मानवीय देह शहरों में मौजूद कंक्रीट से बने हुए स्पेसों के साथ इस तरह गुँथ जाएगी कि स्थानीय भूगोल बेमानी हो जाएगा।

देह, वस्तुओं और स्थानों के बीच इंटरफ़ेस के ज़रिये जो अंतरगुम्फ़न होगा, उसकी परिव्याप्ति मनुष्य और मशीन के बीच एक सीवनरहित रिश्ता बना देगी। डब्ल्यू.जे. मिचेल अपनी रचना *एमई++* में दावा करते हैं कि इन परिस्थितियों में इंटरफ़ेस एक तरह का उपांग हो जाएगा जिसे नागर स्पेस की सूचनात्मक अधिरचना के साथ समेकित कर दिया जाएगा। इंटरफ़ेस के भीतर इंटरफ़ेस अंतर्निहित होंगे। परिणामस्वरूप उनकी अलग से शिनाख़्त करना नामुमकिन हो जाएगा।

देखें : अभिलेखागार, आख्यान, इंटरएक्टिविटी-प्रौद्योगिकीय विमर्श, इंटरएक्टिविटी-सामाजिक विमर्श, एक्टर-नेटवर्क थियरी, डिजिटल डिवायड, दिन-प्रतिदिन के अभिलेखागार, नया मीडिया, नेटवर्क, नेटवर्क सोसाइटी, बाज़ारू संस्कृति, भारत में संचार-क्रांति, भारतीय मीडिया-1, 2 और 3, भारतीय मीडिया स्फ़ेयर, मास मीडिया, मीडिया और सरकार, मीडिया-पक्षधरता, मीडिया-स्टडीज़, संचार, संचार-क्रांति, स्मृति और अभिलेखागार, सोशल नेटवर्क विश्लेषण, सूचना, सूचना-समाज, वैकल्पिक मीडिया।

संदर्भ

1. स्टीवन जानसन (1997), *इंटरफ़ेस कल्चर : हाऊ न्यू टेक्नॉलॅजी ट्रांसफ़ॉर्म्स द वे वी क्रिएट ऐंड कम्युनिकेट*, बेसिक बुक्स, न्यूयॉर्क.
2. डोना हारावे (1991), *सिमियंस, सायबर्ग्स ऐंड वुमॅन : द रिइन्वेंशन ऑफ़ नेचर*, फ्री एसोसिएशन, लंदन.
3. विल्बर्ट गैलिट्ज़ (2007), *द इसेंशियल गाइड टू यूज़र इंटरफ़ेस डिज़ाइन : ऐन इंट्रोडक्शन टू जीयूआई डिज़ाइन प्रिंसिपल्स ऐंड टेक्नीक्स*, विली, होबोकेन, एनजे.
4. शेरी टुरकल (सम्पा.) (2007), *इवोकेटिव ऑब्जेक्ट्स : थिंग्स वी थिंक विद*, एमआईटी प्रेस, एमए.

—अभय कुमार दुबे

इंद्रियानुभववाद

(Empiricism)

आधुनिक मानस का निर्माण करने में जितनी उल्लेखनीय भूमिका बुद्धिवाद की है, उतना ही महत्त्व इंद्रियानुभववाद का है। ज्ञानमीमांसा के दो प्रमुख रूपों में से एक इस दर्शन की मान्यता है कि ज्ञान इंद्रियगत संवेदों, अनुभवों और अनुभूतियों की देन होता है। पाँच इंद्रियों के माध्यम से प्राप्त अनुभव पर ज़ोर देने वाले इस सिद्धांत के मुताबिक़ ज्ञान की प्रमाण-पुष्टि भी इंद्रियजनित प्रेक्षणीय अनुभव से ही होनी चाहिए। इंद्रियानुभववाद की जड़ें इस विचार में निहित हैं कि यह जगत केवल उतना ही है जितना वह हमें अपने बारे में बताने के लिए तैयार है। इसलिए इस जगत का हमें तटस्थ रूप से बिना किसी राग-द्वेष के प्रेक्षण करना चाहिए। प्रेक्षणीय सूचना प्राप्त करने के रास्ते में डाली गयी कोई भी बाधा ज्ञान को विकृत करके उसे मनमानी कल्पना का शिकार बना देगी। इंद्रियानुभववाद के गर्भ से ही प्रेक्षण, अनुभव और प्रयोग के वे आग्रह निकले जिन्होंने आगे चल कर आगमनात्मक तर्कपद्धति को प्रमुखता देते हुए विज्ञान के दर्शन पर अमिट छाप छोड़ी। समाज-विज्ञान में व्यवहारवाद के प्रचलन का श्रेय भी इंद्रियानुभववाद को जाता है।

यूनानी शब्द *इम्पेरिया* के आधार पर गढ़े गये *इम्पेरिसिज़म* ने अपना दार्शनिक अर्थ इसके लैटिन अनुवाद *एक्सपेरिंशिया* से प्राप्त किया है, जिसका मतलब होता है अनुभव। मुख्यत: व्यावहारिक अनुभव पर यक़ीन करने वाले डॉक्टर को भी इम्पिरिक कहा जाता है। पश्चिमी दर्शन में इंद्रियानुभववाद की परम्परा बहुत पुरानी है। हालाँकि अरस्तू के विमर्श में बुद्धिवादी तत्त्व भी उल्लेखनीय हैं, पर कहीं-कहीं उन्हें इंद्रियानुभववाद के संस्थापक के रूप में भी देखा जाता है। मसलन, तेरहवीं सदी के विचारक सेंट थॉमस एक्विना ने अरस्तू का अध्ययन करके ही यह मतलब निकाला था कि बुद्धि जो कुछ भी समझती है उसमें ऐसा कुछ नहीं होता जिसका पहले से इंद्रियगत अस्तित्व न हो। ईसा-पूर्व 341-270 के बीच सक्रिय रहे यूनानी दार्शनिक इपीक्यूरस ने भी ज्ञान के जिस सिद्धांत की व्याख्या की है वह इंद्रियों के अनुभव की सर्वप्रमुखता पर आधारित है। इपीक्यूरस के अनुयायी विद्वानों ने वस्तुओं के कारण पैदा हुई अनुभूतियों के बड़े नफ़ीस ब्योरे पेश किये हैं जिनमें यह भी बताया गया है कि इन संवेदी अनुभवों को ग्रहण करने के दौरान किस-किस तरह की त्रुटियाँ हो जाती हैं। भारतीय दर्शन में इंद्रियानुभववाद से मिलती-जुलती थीसिस लोकायत के सिद्धांत में मिलती है। लोकायत के प्रवक्ता चार्वाकों की मान्यता थी कि इंद्रियजनित बोध ही ज्ञान का एकमात्र वैध स्रोत है। उल्लेखनीय है कि पश्चिम में विकसित इंद्रियानुभववाद की एक प्रमुख निष्पत्ति 'टेबुला रसा' (कोरी स्लेट) का सिद्धांत पूर्वी दर्शन से लिया गया है। बारहवीं सदी में अरब दार्शनिक और उपन्यासकार इब्न तुफ़ैल ने अपनी एक औपन्यासिक रचना में एक ऐसे बच्चे का ज़िक्र किया है जो दुनिया से कटे एक रेगिस्तानी द्वीप पर बड़ा होता है। इब्न तुफ़ैल इस बच्चे के मस्तिष्क को कोरी स्लेट क़रार देते हैं। तेरहवीं सदी में अरब धर्मशास्त्री और चिकित्सक इब्न अल-नफ़ीस द्वारा रचित उपन्यास में भी ऐसे ही बच्चे की कल्पना की गयी है। लेकिन तुफ़ैल के मुक़ाबले नफ़ीस ने उस बच्चे को समाज के सम्पर्क में दिखाया है। 1671 में तुफ़ैल के उपन्यास का ब्रिटेन में प्रकाशन हुआ जिससे प्रभावित हो कर जॉन लॉक ने इंद्रियानुभववाद में केंद्रस्थ 'टेबुला रसा' थियरी का प्रतिपादन किया।

दर्शनशास्त्र की इस शाखा का आधुनिक विकास बुद्धिवाद की दावेदारियों को ख़ारिज करते हुए हुआ है। बुद्धिवाद ज्ञान को अनुभव-पूर्व, अनुभव-स्वतंत्र और निगमनात्मक विधि से प्राप्त मानता है। प्लेटो, देकार्त, लीबनिज़ और स्पिनोज़ा इसी बुद्धिवादी परम्परा के प्रवक्ता हैं। प्लेटो इंद्रियों को ज्ञान का स्रोत मानने के लिए तैयार नहीं थे। उनका तर्क था कि भौतिक जगत लगातार परिवर्तनशील है इसलिए उसका ज्ञान तो किया ही नहीं जा सकता। हाँ, रूपों और गुणों (जैसे, सफ़ेद रंग, न्याय, सौंदर्य) का एक ग़ैर-भौतिक जगत अवश्य है, लेकिन उनका ज्ञान केवल बुद्धि के माध्यम से ही सम्भव है।

इन दोनों वादों के बीच तीखी बहस और परस्पर सामंजस्य बैठाने की कोशिशों का इतिहास बहुत पुराना है। सोलहवीं सदी के विचारक फ्रांसिस बेकन ने आधुनिक विज्ञान की सैद्धांतिक आधारशिला रखते हुए अनुभव, प्रयोग और प्रेक्षण को केंद्रीय महत्त्व दिया। सत्रहवीं सदी से उन्नीसवीं सदी के बीच ब्रिटेन में इंद्रियानुभववावादी दार्शनिकों की समृद्ध परम्परा पनपी जो बेकन के विचारों से बहुत प्रभावित थी। इन चिंतकों में जॉन लॉक, जॉर्ज बर्कले, डेविड ह्यूम और जॉन स्टुअर्ट मिल उल्लेखनीय हैं। बेकन समेत इन विद्वानों ने देकार्त और उनके अनुयायियों द्वारा प्रवर्तित इस बुद्धिवादी आग्रह का विरोध किया कि मनुष्य के मस्तिष्क में कुछ सहजात विचार होते हैं जिनके आधार पर अनुभव से स्वतंत्र ज्ञान की प्राप्ति हो सकती है। इस धारणा के विपरीत लॉक ने मस्तिष्क को 'टेबुला रसा' (कोरी स्लेट) क़रार दिया जिस पर आगे चल कर अनुभव की क़लम से सत्य का अंकन होता है। बुद्धिवाद जहाँ ज्ञान-प्राप्ति का अपना मॉडल गणित से प्राप्त करता है, वहीं इंद्रियानुभववाद का मॉडल प्रयोग आधारित विज्ञान पर टिका है। बर्कले के विमर्श में इंद्रियानुभववाद लॉक से भी अधिक स्पष्टता के साथ उभर कर आता है। ज्ञान के ग़ैर-अनुभवपरक रूपों के उद्घाटन के बारे में ज्यामितिशास्त्र की

दावेदारियों का खण्डन करते हुए उन्होंने कहा कि ईश्वर के होने और ख़ुद अपने होने के विचार के अलावा ज्ञान का ऐसा कोई और रूप नहीं है जो संवेदी अनुभूतियों पर आधारित न हो।

स्कॉटिश चिंतक ह्यूम ने लॉक और बर्कले के काम को आगे बढ़ाते हुए संवेदों और विचारों के बीच अंतर किया। उन्होंने कहा कि मस्तिष्क संवेदी अनुभूतियों का क्षेत्र है, जबकि विचार कल्पनाजगत की उत्पत्तियाँ हैं। इसके बाद उन्होंने विचारों को भी दो भागों में बाँट दिया : बोध-आधारित और चिंतन-आधारित। ह्यूम यहीं नहीं रुके। उन्होंने विचारों को एक बार फिर दो भागों में बाँटा : सरल और जटिल। आख़िर में वे इस नतीजे पर पहुँचे कि हर सरल विचार किसी न किसी इंद्रियगत बोध की प्रतिलिपि होता है। इसी आधार पर उन्होंने अपने विमर्श में कई स्थापित धारणाओं का खण्डन किया। उन्होंने कार्य-कारण संबंध को मानने से इनकार करते हुए कहा कि यह सिद्धांत किसी प्रेक्षण से प्रमाणित होने के बजाय आदत और रिवाज़ पर ज़्यादा आधारित है। ह्यूम के नक़्शे-क़दम पर चलते हुए मिल ने अपनी रचना *सिस्टम ऑफ़ नॉलेज* (1843) में इंद्रियानुभववाद के दर्शन और निष्कर्षों को पूरी तरह से संहिताबद्ध कर दिया।

इंद्रियानुभववाद उस समय अपनी अतियों को छू लेता है जब वह इंद्रियजनित अनुभव के दायरे से परे बाह्य जगत को जानने का कोई भी दावा ख़ारिज कर देता है। तब वह कहने लगता है कि बाह्य जगत की कोई भी तस्वीर दरअसल हमारे दिमाग़ों द्वारा बनायी गयी गढ़ंत भर है। इंद्रियानुभववाद की इसी ज़्यादती के ख़िलाफ़ प्रतिक्रिया करते हुए इमैनुएल कांट ने उसका बुद्धिवाद के साथ तालमेल बैठाने का प्रयास किया। इस प्रक्रिया में भावातीत आदर्शवाद का सिद्धांत सामने आया। बीसवीं सदी में लुडविग विट्गेंस्टाइन के विमर्श में भी इंद्रियानुभववाद की इन्हीं अतियों को संतुलित करने कोशिश दिखती है।

बीसवीं सदी में तर्कपरक प्रत्यक्षवाद ने इसी आधार पर दावा किया कि ऐसी कोई प्रपत्ति नहीं मानी जा सकती जो प्रेक्षणीय न हो, भले ही वह नीतिशास्त्र के तहत की गयी हो, सौंदर्यशास्त्र के तहत हो या फिर धर्मशास्त्र के तहत। ह्यूम और कांट का हवाला देते हुए तर्कपरक प्रत्यक्षवादियों ने इंद्रियानुभववाद समेत ज्ञान की सभी पारम्परिक समस्याओं को भाषा से संबंधित क़रार दिया। उन्होंने सभी सार्थक वक्तव्यों को दो भागों में बाँटा : विश्लेषणात्मक अर्थात् वे जो अपने आप में स्वयंसिद्ध होते है और संश्लेषणात्मक अर्थात् वे जो जगत के बारे में कोई तात्त्विक जानकारी देने का दावा करते हुए अपनी पुष्टि के लिए प्रस्तुत रहते हैं। इन प्रत्यक्षवादियों ने कहा कि बाक़ी सभी वक्तव्य निरर्थक होने के लिए अभिशप्त हैं। उनका कोई संज्ञानात्मक मूल्य नहीं होता क्योंकि वे जगत के बारे में कोई तथ्यात्मक सूचना नहीं देते। इस श्रेणी में उन्होंने मूल्यगत, नीतिगत, धर्मगत, राजनीतिक, सौंदर्यशास्त्रीय और नैतिकतावादी वक्तव्यों को रखा।

इंद्रियानुभववाद की एक आलोचना मार्क्सवाद की तरफ़ से भी पेश की गयी है। 1917 की रूसी बोल्शेविक क्रांति के जनक लेनिन ने 1909 में लिखी अपनी पुस्तक *मैटीरियलिज़म ऐंड इम्पेरियो-क्रिटिसिज़म* में ऑस्ट्रियायी भौतिकशास्त्री अंर्स्ट माक और जर्मन प्रत्यक्षवादी विचारक रिचर्ड अवेनैरियस के विचारों का समर्थन करने वाले अपने साथी बोग्दोनोव के साथ बहस करते हुए भौतिकवाद की श्रेष्ठता साबित करने की कोशिश की। बोग्दोनोव इन दोनों के इस सूत्रीकरण से प्रभावित थे कि यह जगत पूरी तरह से इंद्रियगत संवेदों की ही रचना है, और ऐसे सभी वैज्ञानिक विचार निरर्थक हैं जिनकी बोधगम्य अनुभवों द्वारा पुष्टि नहीं हो सकती। इस समय तक लेनिन का दार्शनिक ज्ञान मुख्यत: एंगेल्स के परवर्ती लेखन पर आधारित था। आम तौर पर दार्शनिकों को लेनिन द्वारा की गयी इंद्रियानुभववाद की यह आलोचना और उसके मुक़ाबले भौतिकवाद के प्रतिपादन में कोई ख़ास नफ़ासत नहीं लगती। लेकिन 1929 में उनकी मृत्यु के उपरांत प्रकाशित *फ़िलॉसॉफ़िकल नोटबुक्स* में लेनिन का कहीं परिपक्व भौतिकवाद संबंधी विमर्श दर्ज है। इस रचना से मार्क्सवाद की हीगेलपंथी जड़ों पर रोशनी पड़ती है।

समाज-विज्ञान पर भी इंद्रियानुभववाद का गहन प्रभाव व्यवहारवाद के रूप में पड़ा। द्वितीय विश्व-युद्ध के बाद पचास और साठ के दशक में नयी पीढ़ी के समाज-वैज्ञानिकों ने तर्कपरक प्रत्यक्षवादियों की दलीलें मानते हुए कहा कि राजनीति की समझ बनाने के लिए औपचारिक संस्थाओं की सत्ता और प्राधिकार पर विचार करने या राजनीतिक विचारों के इतिहास के खंगालने के बजाय 'तथ्यों के अध्ययन' पर ज़ोर दिया जाए। इसके तहत आग्रह किया गया कि राजनीति का विज्ञानसम्मत अध्ययन तभी सम्भव है जब किसी भी तरह के नीतिगत, निजी या आस्थागत रुझान से साफ़ बचते हुए सिर्फ़ तथ्यों और आँकड़ों के दम पर राजनीति और समाज को समझने के मॉडल बनाये जाएँ। औपचारिक संस्थाओं की जगह मतदाताओं, हित-समूहों, राजनीतिक दलों और अन्य राजनीतिक कर्ताओं के व्यवहार पर रोशनी डाली जाए। इसी के साथ औपचारिक पदों पर बैठे विधिकर्ताओं, अधिकारियों और न्यायाधीशों वग़ैरह के तौर-तरीक़ों की जाँच की जाए। इस व्यवहारवादी समाज-विज्ञान के राजनीतिक दर्शन की उपयोगिता को एक़दम ठुकरा दिया और सभी तरह के मानकीय प्रश्नों और विचार-विमर्श से किनारा कर लिया। यह दृष्टि बहुत कुछ प्राकृतिक विज्ञानों से ली गयी थी। अमेरिकी समाज-विज्ञान अपने इम्पेरिकल रुझानों के लिए ख़ास तौर से जाना जाता है। भारतीय समाज-विज्ञान पर भी साठ और सत्तर के दशक में इस प्रवृत्ति का असर दिखायी पड़ता है।

देखें : अरस्तू, अफ़लातून, जॉन लॉक, जॉन स्टुअर्ट मिल, डेविड ह्यूम, फ्रेड्रिख़ एंगेल्स, बुद्धिवाद, रेने देकार्त, लोकायत, व्यवहारवाद, व्लादिमिर इलीच लेनिन, संत थॉमस एक्विना, ज्ञानमीमांसा।

संदर्भ

1. एस. प्रीस्ट (1990), *द ब्रिटिश इम्पेरिसिस्ट्स : हॉब्स टू आयेर*, पेंगुइन, लंदन.
2. ए. केनी (1986), *रैशनलिज़म, इम्पेरसिज़म ऐंड आइडियलिज़म*, ऑक्सफ़र्ड युनिवर्सिटी प्रेस, ऑक्सफ़र्ड.
3. डेविड ह्यूम (1955), *ऐन इनक्वैरी कंसर्निंग ह्यूमन अंडरस्टैंडिंग (1748)*, बॉब्समेरिल, इण्डियानापोलिस, इन.
4. जॉन लॉक (1997), *ऐन एसे ऑन ह्यूमन अंडरस्टैंडिंग (1690)*, सम्पा. रोजर वुडहाउस, पेंगुइन बुक्स, लंदन.
5. ए. ब्रूस (1970), *रैशनलिज़म, इम्पेरिसिज़म ऐंड प्रैगमैटिज़म*, रैंडम हाउस, न्यूयॉर्क.
6. वी.आई. लेनिन (1964), *मैटीरियलिज़म ऐंड इम्पेरियो-क्रिटिसिज़म*, प्रोग्रेस पब्लिकेशन, मास्को.
7. डेविड ईस्टन (1969), 'दि न्यू रेवोल्यूशन इन पॉलिटिकल साइंस', *अमेरिकन पॉलिटिकल साइंस रिव्यू, खण्ड* 63, अंक 4.

—अभय कुमार दुबे

ई

ईश्वरवाद, अनीश्वरवाद और अज्ञेयवाद

(Theism, Atheism and Agnosticism)

ईसाई, यहूदी और इसलाम धर्म ईश्वर को परम यथार्थ मानने की बुनियादी अवधारणा पर टिके हुए हैं। ईश्वरवाद का दार्शनिक स्रोत यही है। पाँच सौ से एक हज़ार ईस्वी के बीच ईश्वर की विराटता और महानता का वर्णन मानवीय भाषा के सामर्थ्य के बाहर माना जाता था। अर्थात् इनसानी लफ़्ज़ नहीं बता सकते थे कि ईश्वर क्या है। वे ज़्यादा से ज़्यादा यह बता सकते थे कि ईश्वर क्या नहीं है। जैसे कि वह दुष्ट या मूर्ख नहीं है। ज़ाहिर है ईश्वरवाद परम यथार्थ के इस अत्यंत सीमित और नकारात्मक विवरण पर ही आधारित नहीं रह सकता था। इसीलिए इस अवधि के बाद धर्मशास्त्रियों और दार्शनिकों ने ईश्वर का वर्णन करने के लिए उसे सर्वशक्तिमान, सर्वव्यापी, सर्वज्ञाता, शाश्वत, पूरी तरह से मुक्त, सृष्टिकर्ता, पालनहार और श्रेष्ठतम नैतिकता का उद्‌गम क़रार देना शुरू किया। तब कहीं जा कर ईश्वर पूजा योग्य हो पाया। अनीश्वरवाद या नास्तिकता का दर्शन ईश्वर के होने का ही खण्डन करता है। लेकिन इसका विकास मुख्यत: यहूदी-ईसाई विचार परम्परा द्वारा विकसित ईश्वर की अवधारणा के सापेक्ष हुआ है। इसलिए दुनिया की अन्य संस्कृतियों और धर्मों में प्रचलित क़िस्म-क़िस्म के ईश्वरों के लिए यह विचार अधिकांशत: प्रासंगिक नहीं है। भारतीय दर्शन में तो वेदों की सत्ता मानने से इनकार करने वाली विचार परम्पराएँ नास्तिक मानी जाती हैं। जैसे, लोकायत, बौद्ध और जैन। हिंदुओं के पास तो ईश्वर के बजाय बहुत से देवता हैं जिन्हें सीमित क़िस्म की भूमिकाएँ दी गयी हैं। अज्ञेयवाद ईश्वर के अस्तित्व का खण्डन करने के बजाय उसके पक्ष या विपक्ष में कोई भी महत्त्वाकांक्षी दावा करने का विरोधी है। उसका कहना है कि न तो ईश्वर को साबित करने वाले प्रमाण उपलब्ध हैं और न ही उसके वजूद को पूरी तरह से ग़लत बताने वाले सबूत। एक तरह से अज्ञेयवाद ईश्वर संबंधी एक निजी वक्तव्य का प्रतिनिधित्व करता है। अनीश्वरवादियों का उन लोगों के साथ सहअस्तित्व मुश्किल होता है जो ईश्वर में आस्था रखते हैं, पर अज्ञेयवादी दोनों के साथ रह सकते हैं।

यूनानी दार्शनिक प्लेटो और अरस्तू जिन ईश्वरों में विश्वास करते थे, ब्रह्मांड में उनकी भूमिका ईसाइयों और यहूदियों के ईश्वर की तरह केंद्रीय नहीं थी। संत ऑगस्तीन, सेंट थॉमस एक्विना, सेंट एंसलम ऑफ़ केंटरबरी, विलियम ऑफ़ ओकहैम और माइमोनिडस जैसे ईसाई और यहूदी धर्मशास्त्रियों के विमर्शों से यह धारणा बलवती हुई कि यह जगत और ब्रह्मांड हमेशा से नहीं था, बल्कि उसे एक विशुद्ध आध्यात्मिक शक्ति ने रचा है। वही शक्ति यानी ईश्वर न केवल इस जीवन और जगत की सृष्टा है, बल्कि सारे क़ुदरती कारोबार की लगाम उसी के हाथ में रहती है। ईश्वरवाद की यह यहूदी-ईसाई परम्परा जैसे-जैसे आगे बढ़ी, उसके धर्मशास्त्री यह दावा भी करने लगे कि उनके पास ईश्वर के होने के अकाट्य प्रमाण हैं।

पिछले तीन सौ साल का पश्चिमी दर्शन इसी यहूदी-ईसाई परम्परा की आलोचना से भरा हुआ है। आधुनिक दर्शन के दो बड़े महारथियों देकार्त और लीब्निज़ ने पारम्परिक ईश्वरवाद के पक्ष में दलीलें ज़रूर दी हैं, पर स्पिनोज़ा, ह्यूम, कांट और वॉल्तेयर स्पष्ट रूप से ईश्वरवाद का विरोध करते नज़र आते हैं। वॉल्तेयर और उनके साथी बाइबिल में दर्ज

ईश्वरीय इलहाम की धारणा में विश्वास नहीं करते थे। ह्यूम अज्ञेयवादी थे। उन्होंने *डॉयलॉग कंसर्निंग नेचुरल रिलीजन* लिख कर ईश्वरवाद के ब्रह्मांडीय और प्रयोजनमूलक दावों की कड़ी आलोचना की। कांट ने *क्रिटीक ऑफ़ प्योर रीज़न* लिख कर ईश्वरवाद को बेहद कठोर कसौटियों पर कसा। कीर्केगार्द ने तो यह तक कहा कि ईश्वर का अस्तित्व सिद्ध करने की कोशिश करने वाले लोग सच्ची आस्था के ही शत्रु हैं।

अट्ठारहवीं सदी के फ्रांस में अनीश्वरवाद की खुली वकालत करने वालों का उल्लेखनीय सिलसिला मिलता है। दिदेरो, होलबाश, ल मेतरी और अ'लम्बर्त जैसे विद्वान न केवल नास्तिक थे, बल्कि भौतिकवादी भी थे। लेकिन अनीश्वरवाद लाज़मी तौर पर भौतिकवाद का हमजोली नहीं साबित हुआ। शॉपेनहॉवर सरीखे दार्शनिक नास्तिक होने के साथ-साथ अधिभूतवादी आदर्शवाद की पैरोकारी भी करते थे। ईश्वर के मामले में हीगेल का पक्ष स्पष्ट नहीं था। उन्हें 'परम विचार' में यक़ीन था। उनके दक्षिणपंथी अनुयायी इस परम विचार को ईश्वर के रूप में देखते थे, पर उनसे प्रभावित कई वामपंथी हीगेलियन (जैसे, मार्क्स, एंगेल्स, फ़ायरबाख़, ब्रूनो बाउर और डी.एफ़. स्ट्रॉस) ख़ुद को अनीश्वरवादी मान कर चलते थे। अनीश्वरवादी होने के कारण ह्यूम समेत कई दार्शनिकों को अपने जीवन में कई तरह की तकलीफ़ें भी उठानी पड़ीं।

उन्नीसवीं सदी में फ्रेड्रिख़ विल्हेल्म नीत्शे का विमर्श अपने अनीश्वरवाद के कारण मशहूर हुआ। ईश्वर और अमरता को ख़ारिज करते हुए उन्होंने कहा कि ईश्वर के पक्ष में तर्क देकर ईसाई नैतिकतावादी सांसारिक सुख और अन्य सेकुलर मूल्यों को कमतर साबित करने पर तुले रहते हैं। नीत्शे ने साफ़ कहा कि ईश्वर की अवधारणा का आविष्कार जीवन की अवधारणा के विरोध में हुआ है।

बर्ट्रेंड रसेल बीसवीं सदी में एंग्लो-सेक्सन दुनिया के सबसे प्रभावशाली अनीश्वरवादियों में से थे। उन्होंने न केवल ईसाइयत द्वारा प्रवर्तित ईश्वर और आत्मा संबंधी पारम्परिक विचारों का खण्डन किया, बल्कि यौन नैतिकता संबंधी ईसाई शिक्षाओं से भी असहमति व्यक्त की। तीस के दशक में तर्कपरक प्रत्यक्षवाद के पैरोकारों ने ईश्वरवाद पर यह कह कर आक्रमण किया कि उसकी दावेदारियाँ उस समय तक निरर्थक हैं जब तक उनके समर्थन में सिद्धांततः पुष्ट करने लायक प्रमाण न पेश कर दिये जाएँ। बीसवीं सदी में ही फ्रांस के दो अस्तित्ववादी चिंतकों और साहित्यकारों ज्याँ-पॉल सार्त्र और अल्बैर कैमियो द्वारा अनीश्वरवाद का मुखर समर्थन किया गया।

देखें : अफ़लातून, अरस्तू, इमैनुएल कांट, कार्ल हाइनरिख़ मार्क्स-1, 2, 3 और 4, ईसैया बर्लिन, जैन दर्शन, ज्याँ-ज़ाक रूसो, चार्ल्स-लुई द सेकोंद मोंतेस्क्यू, जार्ज विल्हेल्म फ्रेड्रिख़ हीगेल, ज्याँ-पाल सार्त्र, डेविड ह्यूम, निकोलो मैकियावेली, फ्रेड्रिख़ नीत्शे-1 और 2, बौद्ध दर्शन, मार्सिलियस पाडुआ के, लोकायत, सुकरात, संत थॉमस एक्विना, संत ऑगस्तीन।

संदर्भ

1. इमैनुएल कांट (1976), *क्रिटीक ऑफ़ प्योर रीज़न, ऐंड अदर राइटिंग्स इन मॉरल फ़िलॉसफ़ी,* अनु. और सं. एल. व्हाइट बेक, गारलैण्ड, न्यूयॉर्क.
2. एफ़.डब्ल्यू. नीत्शे (1968), *बेसिक राइटिंग्स ऑफ़ नीत्शे,* सम्पा. और अनु. डब्ल्यू. कॉफ़मान, बेसिक बुक्स, न्यूयॉर्क.
3. बरट्रेंड रसेल (1980), *व्हाई आई एम नॉट अ क्रिश्चियन,* न्यूयॉर्क.
3. डेविड ह्यूम (1980), *डॉयलॉग्ज़ कंसर्निंग नेचुरल रिलीजन,* सम्पा. आर.एच. पॉपकिन, हैकेट, इण्डियानापोलिस, आईएन.
5. ज्याँ-पॉल सार्त्र (1943), *बीइंग ऐंड नथिंगनेस,* अनु. एच बार्न्स, मेथ्युन, लंदन.

—अभय कुमार दुबे

ईसाई धर्म-सुधार और मार्टिन लूथर

(Christian Reformation and Martin Luther)

पंद्रहवीं और सोलहवीं सदी में हुए ईसाई धर्म-सुधार और प्रोटेस्टेंटवाद के उदय ने आधुनिक विचार, आधुनिक राज्य, पूँजीवाद और सेकुलरवाद के विकास में ऐतिहासिक भूमिका निभायी है। इस प्रक्रिया के केंद्र में जर्मन धर्मशास्त्री, ईसाई भिक्षु और दार्शनिक मार्टिन लूथर (1483-1546) का व्यक्तित्व और कृतित्व था। ईज़लबेन, जर्मनी के एक किसान परिवार में पैदा हुए मार्टिन लूथर के पिता खेती छोड़ कर खनन का पेशा करने लगे थे। लेकिन, उन्होंने अपने बेटे को शिक्षित करके वकील बनाने का फ़ैसला किया। 1501 में लूथर ने व्याकरण, तर्कशास्त्र और तत्त्वमीमांसा में स्नातकोत्तर उपाधि ग्रहण की। लेकिन इसी के चार साल बाद वे अचानक एक भयानक तूफ़ान में फँस गये। उन्होंने अपने प्राण बचाने के लिए खनिकों के मान्य संत ऐन का आह्वान करते हुए यह कह कर गुहार की कि अगर उनके जीवन की रक्षा हो गयी तो वे ईसाई भिक्षु बन जाएँगे। यह घटना लूथर के जीवन के लिए निर्णायक साबित हुई। लूथर के पिता उनके इस फ़ैसले से काफ़ी नाराज़ हुए। लेकिन उनके बेटे ने संत ऐन से किये हुए वायदे को निभाते हुए एक ईसाई मठ में रहना शुरू कर दिया।

मार्टिन लूथर (1483-1546)

27 साल की उम्र में लूथर कैथॅलिक पुरोहितों के एक सम्मेलन में भाग लेने के लिए रोम भेजे गये। वेटिकन में फैले भ्रष्टाचार और अनैतिकता को देख कर उन्हें बड़ी निराशा हुई। लौट कर लूथर ने विटेनबर्ग विश्वविद्यालय से डॉक्टरेट की और वहीं धर्मशास्त्र के प्रोफ़ेसर हो गये। कहा जाता है कि इसी दौरान बाइबिल का अध्ययन करते हुए उन्हें ईश्वरीय संदेश मिला जिसके आधार पर उन्होंने प्रोटेस्टेंटिज़म का झंडा बुलंद किया।

ईसाई धर्म-सुधारों ने विज्ञान के विचार के साथ मिल कर आधुनिक युरोपीय विश्व-दृष्टि की रचना की। एक पश्चिमी ईसाई धार्मिक विचार-श्रेणी के तौर पर सेकुलर का उदय हुआ। यह एक दिलचस्प विरोधाभास है कि आधुनिकता के 'सेकुलर' संस्करण ने ही अपने प्रति-विचार के रूप में 'धार्मिक' की श्रेणी को रेखांकित किया। मुख्यत: एक धार्मिक परिघटना होने के बावजूद धर्म-सुधारों के कारण रोमन कैथॅलिक चर्च से उसकी सामाजिक, आर्थिक और राजनीतिक सत्ता छिन गयी। ईश्वर और व्यक्ति के बीच में चर्च की मध्यस्थता के बिना सीधी घनिष्ठता स्थापित हुई, धर्म पुरोहितों की जकड़ से निकला, श्रद्धालुओं की भावना को प्रमुखता मिली और व्यक्ति की स्वायत्तता स्थापित होने का रास्ता साफ़ हुआ। राज्य चर्च के प्रभाव से मुक्त होने लगा। चर्च के कमज़ोर होते हुए प्राधिकार का लाभ उठा कर सोलहवीं सदी में ही इंग्लैंड के राजा हेनरी अष्टम ने रोम से नाता तोड़ कर चर्च की सम्पत्ति ज़ब्त कर ली। प्रोटेस्टेंटों ने धर्म-सुधार के ज़रिये जिन नये मूल्यों की स्थापना की, उन्होंने युरोपीय ज्ञानोदय द्वारा प्रवर्तित व्यक्तिवाद पर निर्णायक असर डाला। धर्म को पूरी तरह से ख़ारिज किये बिना उसे तर्क-बुद्धि की सीमाओं में क़ैद करने की परिस्थितियाँ बनीं। अपनी सत्ता छिनते देख कर कैथॅलिकों ने कड़ी प्रतिक्रिया की। लेकिन, युरोप में तीस साल तक चले धार्मिक युद्धों के समापन पर चर्च की सम्पत्ति पूरी तरह से राजाओं के हाथ में चली गयी। एक तरफ़ तो धार्मिक युद्धों और हिंसा के लम्बे दौर ने लाखो-लाख लोगों के प्राणों का हनन किया या उन्हें ग़ुलाम बनाया गया, दूसरी ओर आधुनिकता और सेकुलरवाद के उदय के लिए आधार-भूमि तैयार हुई। धर्म-सुधारों के कारण ही युरोप में क्लासिकल भाषाओं की जगह स्थानीय भाषाओं में लेखन का चलन हुआ। लूथर और कैथॅलिक चर्च के बीच हुए संघर्ष को राष्ट्रीय अस्मिता के विकास का रास्ता साफ़ करने का श्रेय भी दिया जा सकता है।

मैक्स वेबर ने अपनी सबसे मशहूर रचना द *प्रोटेस्टेंट इथिक्स ऐंड द स्पिरिट ऑफ़ कैपिटलिज़म* (1905) में कहा है कि पूँजीवाद केवल आर्थिक कारकों या प्रौद्योगिकीय विकास की देन नहीं हो सकता। उसकी सफलता के पीछे प्रोटेस्टेंट मत द्वारा प्रतिपादित नैतिकताओं और मूल्यों की भूमिका है। वेबर का विचार था कि प्रोटेस्टेंट धर्म अपने कुछ आयामों में अन्य धर्मों से अलग था। वह सेकुलर दायरे को स्पष्ट रूप से रेखांकित करते हुए दुनियावी कामयाबियों को अहमियत देता था। कैल्विनिस्ट आस्थाओं के मुताबिक़ व्यक्ति को मोक्ष मिलेगा या नहीं, यह पहले ही तय हो चुका होता है। चूँकि भौतिक जगत में उसके द्वारा की गयी गतिविधियों से इस फ़ैसले पर कोई फ़र्क़ नहीं पड़ता, इसलिए धर्मभीरु लोग मोक्ष संबंधी व्यग्रताओं का शिकार रहते थे, जिनसे अपना ध्यान हटाने के लिए कठोर और निरंतर परिश्रम करते हुए वे उन संकेतों को टटोलते रहते थे जिनके ज़रिये ईश्वरीय दण्ड से बचना मुमकिन हो सकता हो। कठोर श्रम के माध्यम से कमाये गये मुनाफ़े का आनंद उठाने के बजाय उसका पुन: निवेश कैल्विनिस्ट आस्थाओं के मुताबिक़ एक ऐसा ही तरीक़ा था। वेबर के अनुसार प्रोटेस्टेंट चिंतन के इसी कैल्विनिस्ट पहलू ने पूँजी संचय की शुरुआत की जो प्रकारांतर से स्वयं का पुनरुत्पादन करने वाली प्रक्रिया में बदल गयी। वेबर ने कहा कि प्रोटेस्टेंट मत द्वारा प्रदत्त इस ग़ैर-आर्थिक आवेग के बिना पूँजीवाद घटित नहीं हो सकता था। शुरुआती पूँजीपतियों के लिए ज़रूरी था कि वे आर्थिक लाभों के लिए प्रयास करते हुए भी स्वयं सादगी और किफ़ायत का जीवन जिएँ, अनुशासित रहें और वक़्त की बचत करें। वेबर का ख़याल था कि ईसाई शुद्धतावाद के प्रभाव में ये प्रवृत्तियाँ मज़बूत हुईं और पूँजीवाद के उभार की परिस्थितियाँ बनीं।

लूथर द्वारा प्रतिपादित मत की कामयाबी के पीछे ईसाइयत के भीतर चल रही सुधारवादी परम्परा की भूमिका भी उल्लेखनीय है। चौदहवीं सदी में एक यायावर धर्म-सुधारक जैन हस ने कैथॅलिक चर्च की शान-शौकत को चुनौती दी थी।

हस के अनुयायियों को हसाइट्स के रूप में जाना जाता था। चर्च ने उन सभी को विधर्मी क़रार दे कर मौत की सज़ा दी। लूथर के ज़माने में ही डेसीडेरियस इरास्मस ईसाइयत के भीतर मानवतावाद के बौद्धिक आंदोलन का झंडा ले कर उभरे। इरास्मस की मान्यता थी कि ज्ञानवान बनने की प्रक्रिया और अंधविश्वासों से मुक्ति के ज़रिये व्यक्ति प्रकृति और ईश्वर के साथ समरस हो सकता है। हालाँकि इरास्मस और लूथर में कई मतभेद थे, लेकिन अंतिम विश्लेषण में दोनों ने ही धर्म-सुधारों में योगदान दिया।

कैथॅलिक चर्च का विरोध करते हुए लूथर ने कई रैडिकल विचारों का प्रतिपादन किया। ईसाइयत का लोकतंत्रीकरण करते हुए उन्होंने कहा कि जिस व्यक्ति का बपतिस्मा हो गया है, एक ईसाई के रूप में उसकी हैसियत पुरोहित, बिशप और पोप जैसी ही है। इस प्रस्थापना के ज़रिये लूथर ने न केवल कैथॅलिक चर्च द्वारा क़ायम की गयी पदानुक्रमता को उखाड़ फेंका, बल्कि उसके द्वारा आरोपित कई कर्मकाण्डों को ख़ारिज करते हुए केवल बपतिस्मा और यूखारिस्त जैसी धर्म-विधियों को ही क़ायम रखने की सिफ़ारिश की। उन्होंने केवल आस्थावान होने को ही मुक्ति के लिए पर्याप्त बताते हुए कहा कि 'ईश्वर को पसंद आने वाले उत्तम आचरण और प्रायश्चित' के फेर में फँसने की आवश्यकता नहीं है। लूथर का यह विचार मूलभूत रूप से रैडिकल था कि मनुष्य की मुक्ति न तो उसके अपने नेक कामों या आध्यात्मिक प्रयासों का परिणाम होती है और न ही कोई पोप या पादरी इसमें उसकी मदद कर सकता है। नैसर्गिक रूप से पापी मनुष्य को मुक्ति केवल क्राइस्ट की कृपा से ही मिल सकती है। ईसा मसीह यह अनुग्रह करने लायक लोगों को ख़ुद चुनते हैं। इन विचारों ने लूथर को जर्मन किसानों के बीच लोकप्रिय कर दिया। इसका नतीजा 1524-25 के बीच हुए किसानों के विद्रोह में निकला। यह एक दिलचस्प तथ्य है कि इस विद्रोह की शुरुआत लूथर के अनुयायी ऐनैबैप्टिस्ट्स ने की थी। पर राजशाही के विरोध में खड़ी इस बग़ावत को ख़ुद लूथर ने समर्थन नहीं दिया। उन्होंने ख़ुद को राजा के साथ जोड़ा और ऐनैबैप्टिस्टों की निंदा करते हुए उन्हें पागल कुत्तों की मौत देने का आह्वान किया। इस विद्रोह को कुचल ज़रूर दिया गया, पर इससे शुरू हुए धार्मिक परिवर्तन के सलसिले को लूथर के इस रवैये के बावजूद नहीं रोका जा सका।

लूथर और कैथॅलिक चर्च के बीच टकराव की शुरुआत 13 अक्टूबर, 1517 को हुई जब लोगों ने देखा कि विटेनबर्ग के किले के चर्च के दरवाजे पर कील से 'नाइंटी फ़ाइव थीसिस ऑन इंडलजेंसिस' गड़ी हुई है। यह लूथर का सूत्रीकरण था जिसमें चर्च द्वारा अपने अनुग्रह के बदले शुल्क लेने की कड़ी भर्त्सना की गयी थी। उन दिनों प्रथा थी कि कोई भी ईसाई अपने या अपने प्रियजनों के पापों को माफ़ करवाने के लिए चर्च का अनुग्रह ख़रीद सकता था। यह रक़म चर्चों के निर्माण पर ख़र्च की जाती थी। रोमन कैथॅलिक चर्च ने इस जुर्रत पर लूथर के ख़िलाफ़ क़ानूनी कार्रवाई की। उन्हें 3 जनवरी, 1521 को निष्कासित कर दिया गया। इसी साल अप्रैल में होली रोमन अम्परर चार्ल्स-पंचम ने उन पर अपने विचारों की निंदा करने का दबाव डलवाया। लूथर के इनकार करने पर चर्च ने पूरे युरोप में उनके लेखन की आधिकारिक भर्त्सना जारी की। चर्च के कोप से बचने के लिए लूथर को भूमिगत होना पड़ा। भूमिगत स्थिति में ही उन्होंने कैथॅलिक चर्च की आलोचना जारी रखी। लूथर का आरोप था कि पादरी वर्ग और पोप ने श्रद्धालुओं के बीच मूर्ति-पूजा और अंधविश्वास का बोलबाला कर रखा है। पुरोहित वर्ग अपनी सत्ता क़ायम रखने के लिए भ्रष्टाचरण और आपत्तिजनक कामों पर उतर आया है।

लूथर ने जर्मन भाषा में विपुल लेखन किया। 1500 से 1530 के बीच जर्मन में प्रकाशित साहित्य का बीस फ़ीसदी अकेले लूथर का लिखा हुआ था। भूमिगत जीवन के दौरान ही उन्होंने बाइबिल का अनुवाद जर्मन भाषा में किया। ईसाई धर्म के लोकतंत्रीकरण की दिशा में यह एक और अहम क़दम था। लूथर ने बहुत सोच-समझ कर किसानों द्वारा बोले जाने वाले जर्मन शब्दों का अनुवाद के लिए चुनाव किया। उनकी इस असाधारण भाषाई उपलब्धि के कारण लूथर को आधुनिक जर्मन का संस्थापक भी माना जाता है। अनुवाद का पहला हिस्सा 1522 में छपा और उसका पूरा प्रकाशन 1534 में हुआ। लूथर के संदेश की लोकप्रियता के पीछे गुटेनबर्ग में बने पहले छापेखाने की बहुत बड़ी भूमिका थी। हालाँकि उन दिनों जर्मनी में अशिक्षा का बोलबाला था, पर उनकी रचनाएँ छापेख़ाने के आविष्कार के बाद प्रकाशित होने वाली पहली 'बेस्ट सेलर' मानी जाती हैं। छपे हुए शब्द के माध्यम से सुधार आंदोलन का तेज़ी से प्रसार हुआ। पोप और चार्ल्स-पंचम की कोशिशों के बावजूद ज़ूरिख और जिनेवा में भी सुधारों के केंद्र स्थापित हो गये। नये धर्म-सुधारकों ने लूथर से भी आगे बढ़ कर रैडिकल मुद्रा अपनायी। बाइबिल के एक-एक शब्द पर नये सिरे से बहस होने लगी। इसी प्रक्रिया में धर्म-सुधारकों के बीच 1549 में एक समझौता हुआ जिसके परिणामस्वरूप लूथर के बाद उभरी सुधार-धाराओं के मेल से प्रोटेस्टेंट धर्म की स्थापना हुई। इन सुधार-धाराओं के शीर्ष पर हुलर्डिश ज़्विंगली, कोनराड ग्रेबेल का ऐनैबैप्टिस्ट आंदोलन और जॉन कैल्विन के नेतृत्व में उभरा कैल्विनवाद था। धर्म-सुधारों की मिली-जुली धाराओं से बने प्रोटेस्टेंट धर्म का प्रभाव तेज़ी से फैला और देखते-देखते उसने युरोप के बड़े हिस्से को अपनी आगोश में ले लिया।

धर्म-सुधारों ने युरोपीय मानस पर कई तरह से असर डाला। उन्होंने ईसा मसीह के अर्धनारीश्वर कल्पना की जगह पितृसत्तात्मक ईश्वर की स्थापना की। सोलहवीं सदी की प्रोटेस्टेंट और कैल्विनिस्ट कला ने वयस्क पुरुष को ईश्वर की

सर्वश्रेष्ठ कृति के तौर पर प्रस्तुत किया। धार्मिक स्वतंत्रता का विचार भी प्रोटेस्टेंटवाद की ही देन माना जाता है।

देखें : आधुनिकता, पूँजीवाद, मैक्स वेबर, व्यक्तिवाद, युरोपीय ज्ञानोदय।

संदर्भ

1. एम.यू. एडवर्ड जूनियर (1994), *प्रिंटिंग, प्रोपेगंडा, ऐंड मार्टिन लूथर*, युनिवर्सिटी ऑफ़ कैलिफ़ोर्निया प्रेस, बर्कले.
2. एस. ओज़मेंट (1992), *प्रोटेस्टेंट : द बर्थ ऑफ़ अ रेवोल्यूशन*, डबलडे, न्यूयॉर्क.
3. आर. मैरियस (1999), *मार्टिन लूथर : द क्रिश्चियन बिटवीन गॉड ऐंड अर्थ*, बेल्कनैप प्रेस, केम्ब्रिज, एमए.
4. जे.एम. पोर्टर (1981), 'लूथर ऐंड पॉलिटिकल मिलेनेरियनिज़्म : द केस ऑफ़ पीज़ेंट्स वार', *जर्नल ऑफ़ द हिस्ट्री ऑफ़ आइडियाज़*, खण्ड 42, अंक 3.

—अभय कुमार दुबे

ईसैया मेंदलेविच बर्लिन

(Isaiah Mendalevich Berlin)

ईसैया मेंदलेविच बर्लिन (1909-1997)

दार्शनिक और राजनीतिक सिद्धांतकार ईसैया मेंदलेविच बर्लिन (1909-1997) उदारतावाद के एक बहुलवादी संस्करण की स्थापना के लिए जाने जाते हैं। उनके इस विचार के मूल में मान्यता यह है कि अपनी विविधता और बहुलता के कारण मानवीय जीवन को लक्ष्यों और मूल्यों के टकराव से गुज़रना ही पड़ता है। बर्लिन की इस प्रस्थापना का सूत्रीकरण युरोपीय ज्ञानोदय के प्रति-विचार की रोशनी में हुआ था। वे युरोप की उस चिंतन-परम्परा के अंग थे जो बुद्धिवाद की आलोचना करते हुए स्वच्छंदतावाद के नज़दीक बैठती थी। उन्होंने विचारों के इतिहास में गहरी दिलचस्पी ली और हर्डर के नक़्शे-क़दम पर चलते हुए कहा कि उत्तम जीवन की अवधारणा किसी एक सार्वभौम विचार या मानक के ज़रिये परिभाषित नहीं की जा सकती। बर्लिन ने अपने विख्यात निबंध 'टू कंसेप्ट्स ऑफ़ लिबर्टी' में स्वतंत्रता की व्याख्या उसके सकारात्मक और नकारात्मक पहलुओं के रूप में की और नकारात्मक आयाम का पक्ष लिया। उनका तर्क था कि स्वतंत्रता का सकारात्मक संस्करण अपने साथ इकहरेपन और अधिनायकवाद के फलितार्थ लेकर भी आता है। बर्लिन ने विज्ञान के दर्शन का अध्ययन भी किया था । तर्कणावादी प्रत्यक्षवाद की आलोचना करते हुए उन्होंने दलील दी कि प्रमाणीकरण की वैज्ञानिक विधियों के ज़रिये हर क़िस्म के वक्तव्य की सच्चाई और तात्पर्य की जाँच नहीं की जा सकती।

ईसैया मेंदलेविच बर्लिन का जन्म रिगा, लातविया में हुआ था। उनके पिता लकड़ी के व्यापारी थे। 1915 में रिगा पर हुए जर्मन हमले के कारण उनके परिवार को रूस से भागना पड़ा। 1920 में बर्लिन परिवार समेत लंदन पहुँचे और वहीं बस गये। बर्लिन की शिक्षा-दीक्षा बेहतरीन स्कूलों में हुई और कॉर्पस क्रिस्टी कॉलेज, ऑक्सफ़र्ड से उन्होंने दर्शन, राजनीति और अर्थशास्त्र की डिग्रियाँ प्राप्त कीं। इसके बाद वे न्यू कॉलेज में प्रवक्ता हो गये। द्वितीय विश्व-युद्ध के दौरान बर्लिन ने ब्रिटिश सूचना सेवा के लिए भी काम किया। उनकी अनगिनत छोटी-बड़ी रचनाओं का संकलन उनके जीवन में ही प्रकाशित हुआ जिसके सम्पादक हेनरी हार्डी थे। बर्लिन यरूशलम के हिब्रू विश्वविद्यालय के गवर्नर रहे और संगीत में गहरी रुचि के कारण उन्होंने कोवेंट गार्डन के रॉयल ऑपेरा हाउस के निदेशक की भूमिका भी निभायी।

1932 से 36 के बीच दर्शनशास्त्र का अध्ययन करने के बाद बर्लिन ने 1939 में मार्क्स की जीवनी *कार्ल मार्क्स : हिज़ लाइफ़ ऐंड ऐनवायरनमेंट* की रचना की। इसके बाद बर्लिन का ज़्यादातर लेखन निबंधों की शक्ल में हुआ। बर्लिन ने संगीत और दर्शन पर भी काफ़ी लिखा है, लेकिन उन्हें विचारों के इतिहास पर किये गये शोध के लिए विशेष रूप से जाना जाता है। 1953 में उनकी पुस्तक *द हेजहोग ऐंड द फ़ॉक्स : ऐन एसे ऑन टॉल्स्टॉयज़ व्यू ऑन हिस्ट्री* का प्रकाशन हुआ। अगले साल उन्होंने ऐतिहासिक अपरिहार्यता से जुड़ी दावेदारियों पर कई व्याख्यान दिये जिसमें युरोपीय ज्ञानोदय से निकले विमर्श की आलोचना की गयी थी। 1957 में वे आल सोल्स कॉलेज में सामाजिक और राजनीतिक सैद्धांतिकी के चिशेले प्रोफ़ेसर

नियुक्त किये गये। राजनीतिक विचार के अध्येताओं के बीच बर्लिन की रचना 'टू कंसेप्ट्स ऑफ़ लिबर्टी' काफ़ी लोकप्रिय है। 1969 में प्रकाशित उनकी पुस्तक *फ़ोर एसेज़ ऑन लिबर्टी* में संकलित यह निबंध चिशेले प्रोफ़ेसर के तौर पर दिये गये पहले व्याख्यान की शक्ल में दिया गया था।

बर्लिन जिस तरह के उदारतावाद के पैरोकार थे, उसकी प्रस्थापना इस निबंध में खुल कर सामने आती है। उनसे पहले टी.एच. ग्रीन स्वतंत्रता को सकारात्मक और नकारात्मक में बाँट कर व्याख्यायित कर चुके थे। लेकिन बर्लिन ने इन पदों का इस्तेमाल कुछ इस अंदाज़ में किया कि आज उन्हीं को इनका प्रणेता माना जाता है। इन विचारों के प्रकाशित होते ही बर्लिन के निष्कर्षों पर ज़बरदस्त बहस छिड़ गयी। उनके लिए सकारात्मक स्वतंत्रता का मतलब है उसके ज़रिये मनुष्य द्वारा अपने-आपको प्राप्त करना। बर्लिन को इसमें कोई शक नहीं लगता कि यह आत्म-सिद्धि किसी के लिए भी एक उपलब्ध करने लायक लक्ष्य है। आख़िरकार केवल इसी तरीक़े से इनसान उत्तरोत्तर विकास करते हुए अपनी सर्वोच्च सम्भावनाओं को साकार कर सकता है। लेकिन इस व्यक्तिगत संदर्भ को सामूहिक, सामुदायिक, सामाजिक और राष्ट्रीय संदर्भों पर लागू करते ही स्वतंत्रता की सकारात्मक अवधारणा समस्याग्रस्त हो जाती है। बीसवीं सदी के इतिहास का हवाला देते हुए बर्लिन दिखाते हैं कि किसी एक लक्ष्य को सर्वोच्च प्राथमिकता देते हुए समग्र जन-समुदाय को उसकी प्राप्ति के अभियान में लगा देने के नतीजे किस तरह विनाशकारी निकले हैं। इस मुक़ाम पर बर्लिन उस दार्शनिक अवधारणा की आलोचना करते हैं जिसके मुताबिक़ हर व्यक्ति की इयत्ता दो भागों में बँटी होती है : उसका एक हिस्सा आध्यात्मिक और उच्चतर होता है; उसका दूसरा हिस्सा इंद्रियानुभव से निर्मित और निम्नतर होता है। इस अवधारणा का आग्रह है कि अपनी इयत्ता के उच्चतर आयाम को पूरी तरह से बंधन-मुक्त करने के लिए व्यक्ति को निम्नतर आयाम का दमन करना चाहिए। यह विचार ब्रिटिश भाववादी दार्शनिक बर्नार्ड बोसेनक्वैट ने प्रतिपादित किया था। बर्लिन के मुताबिक़ स्वतंत्रता की सही समझ केवल तभी हासिल हो सकती है जब व्यक्ति द्वारा किये जाने वाले नैतिक चयन की उस प्रकृति को पहचान लिया जाए जिसके आधार में उसकी निजता होती है न कि तर्क-बुद्धि। इस लिहाज़ से बर्लिन स्वतंत्रता की नकारात्मक अवधारणा का पक्ष लेते हैं। इन अर्थों में स्वतंत्र होने का मतलब है व्यक्ति की स्वतंत्रता में किसी दूसरे के हस्तक्षेप का निषेध। हस्तक्षेप निषेध का दायरा जितना बड़ा होगा, स्वतंत्रता उतनी ही विशद होगी।

बर्लिन की मान्यता थी कि जिस दुनिया के हम वासी हैं, वह अपनी विविधता में अनगिनत मूल्यों से सम्पन्न है। ये मूल्य परस्पर अनुरूप भी नहीं हैं। उनमें से किसी एक मूल्य या मानक को प्राथमिकता देने का मतलब होगा अन्य मूल्यों का दमन जो नैतिक ज्ञानमीमांसा के उसूलों पर खरा नहीं उतर सकता। इस हक़ीक़त का वजूद व्यक्तिगत स्तर पर ही नहीं, बल्कि समाज, राष्ट्र या संस्कृति के स्तर पर भी स्वीकार किया जाना चाहिए। बर्लिन के अनुसार ऐसा कोई विवेकसम्मत मानदण्ड नहीं हो सकता जिसके अनुसार उत्तम जीवन के किसी एक मानक को दूसरे मानकों से बेहतर ठहराया जा सके। इसी तरह तर्क-बुद्धि का प्रयोग करके मानवीय जीवन के विविध लक्ष्यों में से किसी एक की श्रेष्ठता साबित नहीं की जा सकती। नैतिकता से सम्पन्न मनुष्यों के रूप में हमें अक्सर तकलीफ़देह चुनाव करने पड़ते हैं। किसी आयाम को पाने के लिए दूसरे आयाम छोड़ने पड़ते हैं। इसलिए हो सकता है कि स्वतंत्रता पाने के लिए हमें कभी समानता को नज़रअंदाज़ करना पड़े, न्याय की वेदी पर दया की बलि चढ़ानी पड़े और स्पष्टवादी होने के लिए उदारता का त्याग करना पड़े। चूँकि हमारी नैतिक आस्थाएँ अंततः निजी धरातल पर तर्क-बुद्धि का इस्तेमाल किये बिना निर्धारित होती हैं, इसलिए भले ही उनके प्रति कितने भी जज़्बाती क्यों न हों हम उन्हें दूसरों पर नहीं थोप सकते। इस विश्लेषण के आधार पर बर्लिन ने निष्कर्ष निकाला कि हमारी समस्याओं का समाधान किसी एक विचार या किसी एक विचार-प्रणाली के पास नहीं हो सकता। जब भी किसी एक समाधान को सर्वोच्च मान कर हल करने की कोशिश की जाएगी तो नतीजे कष्टकारी निकलेंगे।

1957 में उन्हें सर की उपाधि मिली और 1971 में उनकी सराहना करते हुए कहा गया कि ईश्वर और सुकरात की तरह उनकी भी पुस्तकें नहीं छपतीं, लेकिन वे काफ़ी-कुछ सोचते और कहते हैं, जिसकी हमारे समय पर गहरी छाप पड़ी है। अपनी इस सार्वजनिक छवि के विपरीत बर्लिन ने ख़ुद को कभी महान विचारकों की श्रेणी में नहीं रखा। उन्होंने किसी तरह की विचार-प्रणाली रचने की चेष्टा नहीं की।

देखें : अफ़लातून, अरस्तू, इमैनुएल कांट, कार्ल हाइनरिख़ मार्क्स-1, 2, 3 और 4, ज्याँ-ज़ाक रूसो, चार्ल्स-लुई द सेकोंद मोंतेस्क्यू, जार्ज विल्हेल्म फ्रेड्रिख़ हीगेल, निकोलो मैकियावेली, मार्सिलियस पाडुआ के, सुकरात, संत थॉमस एक्विना।

संदर्भ

1. जे. ग्रे (1995), *ईसैया बर्लिन,* हार्पर कोलिंस, लंदन.
2. सी.जे. गैलीपियू (1994), *ईसैया बर्लिंस लिबरलिज़्म,* क्लैरेंडन प्रेस, ऑक्सफ़र्ड.
3. ईसैया बर्लिन (1969), *फ़ोर एसेज़ ऑन लिबर्टी,* ऑक्सफ़र्ड युनिवर्सिटी प्रेस, ऑक्सफ़र्ड.
4. ईसैया बर्लिन (1979), *अगेंस्ट द करेंट : एसेज़ इन द हिस्ट्री ऑफ़ आइडियाज़,* होगार्थ प्रेस, लंदन.

—अभय कुमार दुबे

उ

उत्तर-आधुनिकतावाद

(Post-modernism)

उत्तर-आधुनिकतावाद का दर्शन जीवन के हर क्षेत्र में आधुनिकतावाद की दावेदारियों की कड़ी आलोचना करता है। इसके मुताबिक़ विज्ञान और बुद्धिवाद के आधार पर जीवन और जगत का निश्चित ज्ञान प्राप्त करने की कोशिशें नाकाम हो चुकी हैं। मार्क्सवाद, उपयोगितावाद, फ्रॉयड के मनोविश्लेषण और अस्तित्ववाद जैसे महावृत्तांत मानवता की प्रगति की गारंटी करने में विफल रहे हैं। उत्तर-आधुनिकतावाद दरअसल आधुनिकता के अंत की घोषणा करने के बजाय तर्क देता है कि आधुनिकता का सामाजिक, राजनीतिक और सांस्कृतिक संगठन तात्त्विक रूप से बदल चुका है या बदल रहा है। यह बात प्रत्येक विषय-वस्तु पर लागू होती है, चाहे वह सामाजिक, सांस्कृतिक, कलात्मक या सैद्धांतिक हो। यह दावा करने के बाद उत्तर-आधुनिकतावाद को यह कहने की ज़रूरत नहीं रह जाती कि आधुनिकता ग़लत थी या है। पद्धति के तौर पर उत्तर-आधुनिकतावाद उन तमाम दार्शनिक अंतरों को प्रश्नांकित करता है जो यथार्थ और आदर्श के बीच, वस्तुनिष्ठ और आत्मनिष्ठ के बीच, वास्तविकता और आभास के बीच एवं तथ्य और सिद्धांत के बीच किये जाते हैं।

मोटे तौर पर कहें तो उत्तर-आधुनिकतावाद सत्य और मुक्ति संबंधी महावृत्तांतों को कारगर मानने से इनकार करता है। इसलिए उसका कहना है कि एकात्मकता की जगह बहुलता पर, एकता की जगह विभेद पर, उपस्थित (जो प्रस्तुत है) की जगह प्रतिनिधित्व पर, उद्‌गम की जगह परिघटना पर और मानकों की सार्वभौमिकता की जगह उनकी अंतर्भूति पर ज़ोर दिया जाना चाहिए। इस विचार के मुताबिक़ ज्ञान के सभी दावे केवल आंशिक या स्थानीय ही हो सकते हैं। उत्तर-आधुनिकतावाद की इस जटिलता को कुछ मिसालों के ज़रिये समझना बेहतर होगा।

मार्क्सवाद के ज़रिये आधुनिकतावाद की प्रचलित स्थापना है कि सत्ता एकीकृत और समरूप है जिसे राज्य की संस्था में मूर्तिमान माना जा सकता है। नतीजतन, राज्य को बदल देने से सत्ता में भी परिवर्तन किया जा सकता है। उत्तर-आधुनिकतावाद इसका खंडन करते हुए कहता है कि सत्ता एक केंद्रीकृत परिघटना नहीं है, इसलिए उसके ख़िलाफ़ प्रतिरोध भी विकेंद्रीकृत और स्थानीय प्रकृति का होना चाहिए। दूसरा उदाहरण न्याय के विचार का है। आधुनिकतावादी दार्शनिक चाहेंगे कि किसी समाज व्यवस्था की उपयुक्तता जाँचने के लिए न्याय की कसौटी इस्तेमाल की जाए। लेकिन, उत्तर-आधुनिकतावादी कहेंगे कि न्याय का विचार ख़ुद ही उन सामाजिक संबंधों की देन है जिन्हें वह अपनी कसौटी पर कसना चाहता है। अर्थात्, न्याय का विचार एक निश्चित समय और स्थान में रचा गया है, वह कुछ निश्चित हितों की सेवा करता है, और कुछ निश्चित बौद्धिक और सामाजिक संदर्भों पर आधारित है। दरअसल, किसी भी मानक को सार्वभौम न मानने का आग्रह उत्तर-आधुनिकतावाद के लिए केंद्रीय है। सत्य, भलाई, सुंदरता, तार्किकता या ऐसे ही मानक उन प्रक्रियाओं से स्वतंत्र नहीं होते जिनका संचालन करने या जाँच करने का वे दावा करते हैं। बजाय इसके ये सभी मानक उन्हीं प्रक्रियाओं के उत्पाद और उनमें अंतर्भूत होते हैं।

तीसरा उदाहरण प्रामाणिकता का है। मार्क्सवाद, अस्तित्ववाद, फ्रॉयड के मनोविश्लेषण और घटनाक्रियाशास्त्र जैसे आधुनिकतावादी दर्शन इयत्ता का मूल खोजने का प्रयास करते हैं ताकि प्रामाणिकता हासिल करने के रास्ते पर चला

जा सके। इसके उलट उत्तर-आधुनिकतावाद ऐसी किसी भी सम्भावना से इनकार करता है कि उद्गम का ज्ञान प्राप्त किया जा सकता है या किसी तरह से उसकी नुमाइंदगी भी की जा सकती है। इसी धारणा के तहत वह चीज़ों की ऊपरी परत या घटना को अपने गम्भीर विश्लेषण का लक्ष्य बनाता है, और उनके मूल में जा कर उनके बुनियादी कारणों की शिनाख़्त करने की कोशिश नहीं करता। मसलन, उत्तर-आधुनिकतावाद अपने इस कथन के लिए मशहूर है कि हर लेखक एक मृत लेखक है। इसका मतलब यह हुआ कि किसी रचना या उसके पाठ का तात्पर्य उसके लेखक के इरादों के हवाले से नहीं ग्रहण किया जा सकता। उस पाठ का उद्गम उसे रचने वाले के इरादे में नहीं छिपा होता, इसलिए उस इरादे को किसी अन्य कारक के ऊपर प्राथमिकता नहीं दी जा सकती।

बौद्धिक उद्यम के हर क्षेत्र में उत्तर-आधुनिकतावाद द्वारा एकीकृत अवधारणा की जगह बहुलता को रेखांकित करने का रुझान काफ़ी हद तक संरचनावाद की देन है। सॅस्यूर द्वारा स्थापित यह चिंतन-विधि शब्दों, अर्थों, अनुभवों, मानवीय इयत्ताओं और समाजों को दूसरे तत्त्वों के सापेक्ष समझने की कोशिश करती है। चूँकि हर चीज़ की विधेयकता दूसरी चीज़ों के सापेक्ष है, इसलिए कोई भी चीज़ सहज, तात्कालिक या पूर्णतः उपस्थित नहीं हो सकती। इसीलिए किसी चीज़ का विश्लेषण कभी पूर्ण या अंतिम नहीं हो सकता। यही कारण है कि एक पाठ अनगिनत तरीक़ों से पढ़ा जा सकता है और उनमें से कोई भी उसका आख़िरी तौर से सच्चा मतलब बताने का दावा नहीं कर सकता। इसी भाँति मानवीय इयत्ता भी सहज रूप से एकात्मक, पदानुक्रम के मुताबिक़ संरचित, ठोस और आत्म-नियंत्रित नहीं हो सकती। बजाय इसके वह तो एकाधिक शक्तियों या तत्त्वों की संरचना होती है। उत्तर-आधुनिकता का यह दावा मानवीय इयत्ता के बारे में हमें इस वक्तव्य की तरफ़ ले जाता है कि मैं किसी एक इयत्ता का नहीं बल्कि इयत्ताओं का मालिक हूँ।

उत्तर-आधुनिकतावाद के ज़्यादातर रूप *विधेयक अन्यता* की पद्धति के ज़रिये सांस्कृतिक अस्तित्वों का विश्लेषण करना पसंद करते हैं। इसके मुताबिक़ चाहे मनुष्य हों, शब्द हों, तात्पर्य हों, विचार हों, दार्शनिक प्रणालियाँ हों या सामाजिक संगठन हों, सभी तरह की सांस्कृतिक इकाइयाँ अपनी प्रकट एकात्मकता *अन्य* के बहिर्वेशन, विरोध और उसे पदानुक्रम के मुताबिक़ रचने की सक्रिय प्रक्रिया के ज़रिये क़ायम रख पाती हैं। हर इकाई लाज़मी तौर पर विजातीय अथवा अन्य को ऊँच-नीच के द्वैत से गुज़ार कर ख़ुद को श्रेष्ठ और उस अन्य को हीन क़रार देती है। मसलन, सुविधाभोगी समूहों के लिए ज़रूरी है कि वे विचार, साहित्य, कला और क़ानून के क्षेत्र में ख़ुद को कुछ ऐसे गुणों से सम्पन्न बताएँ जो उनके मुताबिक़ वंचितों के समूहों को प्राप्त नहीं हैं।

सुविधाभोगियों के इसी उद्यम को ज़ाहिर करने के लिए उत्तर-आधुनिकतावाद के पैरोकार कहते हैं कि जो हाशिया है वही पाठ का विधेयक है। इसलिए वे किसी भी प्रणाली या पाठ में उन तत्त्वों को उभारेंगे या रेखांकित करेंगे जिन्हें हाशियाग्रस्त बना दिया गया है। वे खुल कर जाने-माने आयामों से अलग हटने का एलान करेंगे और पाठ की ऐसी विषय-वस्तुओं को सामने लायेंगे जिनका शायद ही कभी ज़िक्र किया जाता हो, जिनकी हैसियत अनुपस्थित की हो और जिनका प्रत्यक्ष या प्रच्छन्न अवमूल्यन किया जाता रहा हो। इस लिहाज़ से उत्तर-आधुनिकतावादियों के लिए उपस्थिति असल में अनुपस्थिति के ज़रिये, वास्तविकता आभास के ज़रिये और आदर्श दैनंदिन के ज़रिये विधेयकता प्राप्त करता है। यह उत्तर-आधुनिक नियम न केवल पाठ या रचना के उल्लिखित संदेश या तात्पर्य पर लागू होता है, बल्कि उसकी शैली को भी इसी तरह से समझने की कोशिश होती है। जिन रूपकों या भाषाई उपादानों को अन्य पाठक कम अहम मान कर छोड़ देंगे, उत्तर-आधुनिक विवेचक उन्हें उस पाठ का तात्पर्य निकालने के लिए इस्तेमाल करते हुए पाये जाएँगे।

अभिव्यक्ति के रूप में उत्तर-आधुनिकतावाद का सबसे पहला प्रयोग जर्मन दार्शनिक रुडोल्फ़ पैनवित्ज़ ने बीसवीं सदी की पश्चिमी संस्कृति के निहिलिज़्म (नाशवादी) के संदर्भ में फ्रेड्रिख़ नीत्शे से प्रभावित हो कर किया था। इसके बाद 1934 में स्पानी के साहित्यालोचक फेदरीको द ओनिस ने इस पद का इस्तेमाल साहित्यिक आधुनिकतावाद के ऊपर हो रहे पलटवार के लिए किया। इसके बाद अंग्रेज़ी में उत्तर-आधुनिकतावाद का इस्तेमाल दो अलग-अलग मक़सदों से किया गया : धर्मशास्त्री बर्नार्ड इडिंग बेल द्वारा सेकुलर आधुनिकतावाद की विफलता के संदर्भ में धर्म का झंडा फिर से बुलंद करने के लिए, और इतिहासकार अरनॉल्ड टॉयनबी द्वारा पहले विश्व युद्ध के बाद हुए मास सोसाइटी (जन-समाज) के उदय के संदर्भ में जिसके कारण मज़दूर वर्ग का महत्त्व पूँजीवादी वर्ग के मुक़ाबले बढ़ता चला गया।

पचास और साठ के दशक में साहित्य के सिद्धांतकारों ने आधुनिकतावादी सौंदर्यशास्त्र के ख़िलाफ़ इस अभिव्यक्ति का ख़ूब प्रयोग किया। सत्तर के दशक में वास्तुशिल्प के आधुनिकतावाद की आलोचना करने के लिए इसका इस्तेमाल हुआ। इसी दशक में इहाब हसन उत्तर-आधुनिकतावाद के सबसे जाने-माने प्रवक्ता बन कर उभरे। उन्होंने साहित्य, दर्शन और अन्य क्षेत्रों को इस दृष्टिकोण के तहत आपस में जोड़ दिया। 1976 में डेनियल बेल ने उत्तर-आधुनिकतावाद की कठोर आलोचना की, पर इसी के बाद तीन किताबों के प्रकाशन ने इसे एक वैचारिक आंदोलन के रूप में खड़ा कर दिया। ये पुस्तकें थीं : चार्ल्स जेंक्स की *द लेंग्वेज ऑफ़ पोस्टमॉडर्न आर्कीटेक्चर*, ज्याँ-फ्रांस्वा ल्योतर की द

पोस्टमॉडर्न कंडिशन : अ रिपोर्ट ऑन नॉलेज और रिचर्ड रोर्ती की *फ़िलॉसफ़ी ऐंड द मिरर ऑफ़ नेचर*। अस्सी के दशक में ज़ील डलज़, ल्योतर, फ़ूको, ज़ाक देरिदा आदि फ्रांस के उत्तर-संरचनावादी दार्शनिकों ने इसका झंडा उठा कर बुद्धिवाद और यूटोपियनवाद पर हमला बोला। उन्होंने प्लेटो से लेकर देकार्त तक, देकार्त से लेकर मार्क्स तक और मार्क्स से लेकर सार्त्र तक ज्ञान और विवेक उपलब्ध करने के संदर्भ में सभी तरह की बुनियादपरस्ती का विरोध किया।

ये दार्शनिक उत्तर-संरचनावादी इसलिए कहलाये क्योंकि उन्होंने इयत्ता के बोलबाले को नकारने के संरचनावादी रवैये को तो अपनाया, पर संरचनावाद द्वारा ख़ुद को विज्ञान बताने का समर्थन करने के लिए तैयार नहीं हुए। उन्होंने देखा कि जब मनुष्य अपने बारे में वस्तुनिष्ठ होने की कोशिश करता है तो कई तरह की गहन दार्शनिक समस्याएँ पैदा हो जाती हैं। उन्होंने मनुष्य के संरचनावादी-सांस्कृतिक विश्लेषण का मानव विज्ञानों पर भी प्रयोग किया और कहा कि आख़िरकार ये सभी विज्ञान अंततः मनुष्य को सांस्कृतिक रूप से गढ़ने का प्रयास ही तो हैं।

उत्तर-आधुनिकों के बारे में सिर्फ़ यह कहना अपर्याप्त है कि वे आधुनिक दर्शन और समाज को ख़ारिज करते हैं। दरअसल उनके बारे में यह कहना अधिक उचित होगा कि वे आधुनिकता पर रैडिकल सवाल चस्पाँ करते हुए बिना विकल्प बताये उसके अनुपयोगी होने की चर्चा करते हैं। इसी तरह यह कहना भी उचित नहीं है कि उत्तर-आधुनिकतावादी दार्शनिकों का यक़ीन पश्चिमी विचार को पूरी तरह से अस्वीकार करने में है। देरिदा ने तो स्पष्ट रूप से कहा है कि पश्चिमी विचार की पारम्परिक बुनियादपरस्ती अथवा 'लोगोसेंट्रिज़म' का कोई विकल्प नहीं है। बौद्धिक जगत में उत्तर-आधुनिक नज़रिये का बोलबाला होने के बाद से इस चलन के साथ ख़ुद को जोड़ने वाले बुद्धिजीवियों की संख्या काफ़ी बढ़ चुकी है। पिछले दिनों इस विचार पद्धति से बहुसंस्कृतिवाद और नारीवाद भी काफ़ी प्रभावित हुआ है। इन दोनों विचार पद्धतियों के कई प्रभावशाली पैरोकार ख़ुद को उत्तर-आधुनिक ख़ेमे का सदस्य मानते हैं। विभिन्न अनुशासनों से आने के कारण बुद्धिजीवियों के बीच उत्तर-आधुनिक पद्धति के प्रयोग के बारे में मतभेद हैं। कई तत्त्वचिंतकों ने ईश्वर और ब्रह्माण्ड की बुनियादी अवधारणाओं का पुनर्सूत्रीकरण करने के लिए उत्तर-आधुनिकतावाद द्वारा की गयी आलोचना का इस्तेमाल किया है, बावजूद इसके कि उनका यह उद्यम उत्तर-संरचनावाद और बुनियादपरस्त विरोधी नज़रिये के ख़िलाफ़ जाता है। हालाँकि उत्तर-आधुनिकतावाद अतीत की किसी भी तरह की पुनर्स्थापना से परहेज़ करता है, फिर भी वास्तुशिल्प में इसकी पैरोकारी करने वालों ने बहुलता के नाम पर आधुनिकतावाद और प्राक्-आधुनिकतावाद के कई तत्त्वों को अपनाया है। परम्परा का सम्मान करना और सभी परम्पराओं से कुछ न कुछ लेना उनके लिए आधुनिक और सार्वदेशिक होना है।

उत्तर-आधुनिकतावाद के राजनीतिक फलितार्थों को लेकर काफ़ी विवाद है। ख़ासकर मार्क्सवादियों ने इसे जम कर आड़े हाथों लिया है, क्योंकि इसके कारण किसी भी तरह की व्यापक वर्गीय एकता की सम्भावना का खण्डन होता है और राज्य पर क़ब्ज़ा करके क्रांति करने का विचार पटरी से उतर जाता है। क्रांति के विचार में आस्था रखने वालों ने उत्तर-आधुनिकतावादियों पर यथास्थितिवाद का पोषक होने का आरोप लगाया है। युरगन हैबरमास ने इसी लिहाज़ से उन्हें युवा अनुदारवादियों की श्रेणी में रखा था। मार्क्सवादियों को यह दिक़्क़त इसलिए भी है कि अधिकतर उत्तर-संरचनावादी वामपंथी ख़ेमे से जुड़े हुए हैं, सम्भवतः रिचर्ड रोर्ती जैसे कुछ लोगों को छोड़ कर। रोर्ती ने ख़ुद को उत्तर-आधुनिक बूर्ज़्वा उदारतावादी क़रार दिया था।

कुल मिला कर यह कहा जा सकता है कि उत्तर-आधुनिकतावाद भले ही किसी निश्चित राजनीतिक दिशा में न ले जाता हो, पर उसकी उपयोगिता स्थापित प्राधिकार की आलोचना करने के लिए निश्चित रूप से है।

देखें : अराजकतावाद, अस्तित्ववाद, आत्मनिष्ठता-वस्तुनिष्ठता, इयत्ता, इमैनुएल कांट, इंद्रियानुभववाद, उपयोगितावाद, उत्तर-संरचनावाद, उदारतावाद, घटनाक्रियाशास्त्र और एडमण्ड हसर, ज़ाक देरिदा, ज्याँ-फ्रांस्वा ल्योतर, ज्याँ-पाल सार्त्र, चेतना, तत्त्वमीमांसा और अस्तित्वमीमांसा, तात्त्विकतावाद, द्वैतवाद, परिणामवाद, प्रत्यक्षवाद और उसका समाज-विज्ञान पर प्रभाव, बुद्धिवाद, भौतिकवाद, मनोविश्लेषण, मार्क्सवाद-1 से 5 तक, युरोपीय पुनर्जागरण, युरोपीय ज्ञानोदय, यूटोपिया, रेने देकार्त, संरचनावाद और उत्तर-संरचनावाद, ज्ञानमीमांसा।

संदर्भ

1. लारेंस कैहून (सम्पा.) (1997), *फ़्रॉम मॉडर्निज़म टू पोस्टमॉडर्निज़म : ऐन एंथोलॅजी*, ब्लैकवेल, मेसाचुसेट्स.
2. इहाब हसन (1975), 'पोस्टमॉडर्निज़म : अ पैराक्रिटिकल बिबिलियोग्राफ़ी', *पैराक्रिटिसिज़म : सेविन स्पेकुलेशंस ऑफ़ टाइम्स*, युनिवर्सिटी ऑफ़ इलिनॉय प्रेस, अरबाना.
3. फ्रेड्रिक जेमसन (1984), *पोस्टमॉडर्निज़म ऑर द कल्चरल लॉजिक ऑफ़ लेट कैपिटलिज़म*, ड्यूक युनिवर्सिटी प्रेस, डरहम.
4. युरगन हैबरमास (1987), *फ़िलॉसॅफ़िकल डिस्कोर्स ऑफ़ मॉडर्निटी*, एमआईटी प्रेस, केम्ब्रिज.

—अभय कुमार दुबे

उत्तर-औपनिवेशिकता

(Post-coloniality)

संस्कृतियों और समाजों पर उपनिवेशवाद के प्रत्यक्ष-प्रच्छन्न प्रभावों का अध्ययन करने की प्रक्रिया में जन्मे विमर्श को उत्तर-औपनिवेशिक सिद्धांत या उत्तर-औपनिवेशिकता की संज्ञा दी गयी है। हालाँकि द्वितीय विश्व-युद्ध के बाद से ही विचारों के क्षेत्र में साम्राज्यवाद की जकड़ से आज़ाद हुए उत्तर-औपनिवेशिक राज्य का तात्पर्य-निरूपण करने का प्रयास होने लगा था, लेकिन पहले साठ के दशक में फ्रेंज़ फ़ानो और फिर सत्तर के दशक में एडवर्ड सईद की रचनाओं के प्रभाव ने औपनिवेशिकता से ग्रस्त और उत्पीड़ित कर्ता की मनोवैज्ञानिक, सांस्कृतिक और राजनीतिक संरचना खोलने की आवश्यकता को रेखांकित किया। इस प्रक्रिया में कोलोनियल डिस्कोर्स थियरी उभरी। बाद में उत्तर-संरचनावाद से प्रभावित साहित्य-सिद्धांतकारों गायत्री चक्रवर्ती स्पिवाक और होमी के. भाभा ने इस डिस्कोर्स थियरी से ख़ुद को विशिष्ट साबित करने के लिए औपनिवेशिक से पहले उत्तर शब्द जोड़ा। दिलचस्प बात यह है कि इन लेखकों की शुरुआती रचनाओं में एक संज्ञा के रूप में उत्तर-औपनिवेशिकता का इस्तेमाल उन अर्थों में नहीं मिलता जिन अर्थों में इसे आज समझा जाता है। उस समय तक उत्तर-औपनिवेशिकता का मतलब था राष्ट्रमण्डलीय देशों के साहित्य का अध्ययन या नव-स्वतंत्र देशों के साहित्यों के बीच होने वाली अन्योन्यक्रिया। लेकिन 1990 में प्रकाशित अपने एक निबंध संग्रह *द पोस्ट-कोलोनियल क्रिटिक* में स्पिवाक ने जिस तरह इस पद का प्रयोग किया गया, उसके बाद से इसका मतलब बदल गया। आज उत्तर-औपनिवेशिक सिद्धांत के दायरे में युरोपीय उपनिवेशवाद से राजनीतिक मुक्ति प्राप्त करने वाले समाजों और संस्कृतियों के राजनीतिक, भाषाई और सांस्कृतिक अनुभवों के इर्द-गिर्द चलने वाले विमर्श आते हैं। यहाँ स्पष्ट कर देना ज़रूरी है कि उत्तर-औपनिवेशिक अध्ययन मुख्यत: पश्चिमी अकादमिक क्षेत्रों में विकसित हुआ विमर्श है, हालाँकि तीसरी दुनिया के बुद्धिजीवियों में भी इसके ग्राहकों की कमी नहीं है।

फ्रेंज़ फ़ानो का तर्क यह था कि साम्राज्यवाद की अधीनता में रहते-रहते उपनिवेशितों ने स्वयं को राजनीतिक, आर्थिक और सांस्कृतिक दृष्टि से हेय समझने की मानसिकता को कुछ इस तरह से आत्मसात कर लिया है कि बाहरी रूपों में उसका पता नहीं लगता। इस प्रक्रिया में पूर्व-उपनिवेशितों की अपनी अस्मिता पर उपनिवेशवाद की अमिट छाप लग गयी है। एक प्रजातीय और सांस्कृतिक कमतरी का एहसास उनके मानस पर छा गया है। फ़ानो ने इस सिलसिले में भाषा की भूमिका रेखांकित की है कि किस तरह फ्रेंच उपनिवेशवाद के तहत क्रियोल भाषा को हीन और फ्राँसीसी को श्रेष्ठता आभा मिली। उपनिवेशितों को मजबूरन अपने शासकों की भाषा बोलनी-लिखनी पड़ी।

फ़ानो के इस विमर्श ने बुनियाद का काम किया। इसके बाद एडवर्ड सईद ने अपनी विख्यात रचना *ओरिएंटलिज़म* में पश्चिम के सांस्कृतिक साम्राज्यवाद पर पड़े विद्वत्ता के पर्दे को हटा कर दिखाया कि किस तरह युरोपीय लेखकों, साहित्यकारों और अनुसंधानकर्ताओं द्वारा किया गया अफ़्रीका, एशिया और मध्य-पूर्व का चित्रण तथ्यों पर आधारित न हो कर कुछ पूर्व-निर्धारित रूढ़ियों पर टिका हुआ है। सईद ने युरोकेंद्रीयता के उद्गम की शिनाख़्त की और बताया कि किस तरह प्राधिकार की परिभाषा बदल दी गयी और सामी भाषाओं और 'प्राच्य' का अवमूल्मन हुआ। युरोकेंद्रीयता के स्रोतों की खोज करने के बाद सईद ने साबित किया कि किस तरह प्राच्य दरअसल पश्चिमी विमर्श की गढ़ंत है और इस गढ़ंत का मक़सद है अरब और इसलामिक दुनिया पर अपना प्रभुत्व न्यायसंगत सिद्ध करना। इसके लिए सईद ने ब्रिटिश, फ्राँसीसी और अमेरिकी आधुनिक इतिहास द्वारा इसलामिक विश्व के साथ किये गये सुलूक की जाँच-पड़ताल की।

कोलोनियलिज़म शब्द के साथ पोस्ट (उत्तर) लगाने के निहितार्थों को लेकर उत्तर-औपनिवेशिकता के समर्थकों और विरोधियों के बीच काफ़ी बहसें रही हैं। बौद्धिकों के एक तबक़े की मान्यता है कि पोस्ट से मतलब निकालना चाहिए उपनिवेशवाद के ख़ात्मे के बाद की परिस्थिति। लेकिन इस सहज अर्थ-निरूपण से असहमत विद्वान पोस्ट शब्द को वि-उपनिवेशीकरण की असमाप्त प्रक्रिया और नव-उपनिवेशीकरण की चालू प्रक्रिया के संकेतक के तौर पर देखना पसंद करते हैं। चूँकि पोस्ट-कोलोनियलियज़्म मुख्यत: पश्चिमी विद्वत्ता (भले ही इसके कुछ प्रमुख नाम भारतीय हों) की देन है, इसलिए इसके कुछ आलोचकों ने ध्यान दिलाया है कि इस विमर्श में कई तरह की विभिन्नताओं और विविधताओं को ख़ामोश कर देने की प्रवृत्ति है। जैसे, यह तीसरी दुनिया के देशों और संस्कृतियों के बीच अहम अंतरों की उपेक्षा करता है। यह एशियाई, अफ़्रीकी और कैरेबियन संस्कृतियों को एक ही ख़ाने में डाल देता है। इसी तरह यह विमर्श आंतरिक उपनिवेशवाद से ग्रस्त युरोपीय समुदायों (जैसे आयरिश, वेल्स) को पूरी तरह से अदृश्य कर देता है। तीसरे, उत्तर-औपनिवेशिक विमर्श तीसरी दुनिया के देशों के आपसी संबंधों को नज़रअंदाज़ करते हुए औपनिवेशिक ताक़तों से उनके संबंधों पर ही ग़ौर करता रह जाता है। चौथी आलोचना यह है कि उत्तर-औपनिवेशिक विमर्श में साम्राज्यवाद की ताक़त को बढ़ा-चढ़ा कर आँकने की प्रवृत्ति है।

उत्तर-औपनिवेशिकता का एक अहम सिरा डायसपोरा अध्ययन के साथ भी जुड़ा हुआ है। इस क्षेत्र के विद्वानों का

ज़ोर यह पता लगाने पर रहता है कि औपनिवेशिक तिजारत और उत्पादन के हित साधने के लिए हुए जबरन आव्रजन से पैदा हुई डायस्पोरिक आबादियों का सांस्कृतिक मानस किस तरह से बन है। अपनी ज़मीन से लम्बी अवधि तक दूर रहने के बावजूद इन आबादियों में सांस्कृतिक निरंतरता के कौन-कौन से तत्त्व मौजूद हैं, और उन्होंने अपनी रिहाइश वाली धरती के साथ कैसा रिश्ता क़ायम किया है। इस प्रक्रिया में डायसपोरा समाज काफ़ी-कुछ खोता और पाता है। चूँकि उनके हितों की संरचना स्थानीय मूल वासियों के हितों से अलग होती है, इसलिए उनकी राजनीति भी अध्येताओं के लिए विशेष आकर्षण का केंद्र है। ख़ास बात यह है कि डायसपोरा की राजनीति दोनों तरफ़ अपना असर छोड़ती है। वह न केवल अपनी रिहाइश वाले देश को प्रभावित करती है, बल्कि अपने गृह-देश की राजनीति में भी अलग-अलग ढंग से हस्तक्षेप करती है।

उत्तर-औपनिवेशिक अध्ययन में मुख्यत: तीन प्रवृत्तियाँ पायी जाती हैं : मार्क्सवादी, मनोवैश्लेषिक और उत्तर-संरचनावादी। दिलचस्प बात यह है कि तीसरी दुनिया के नारीवादियों ने इन तीनों रुझानों में जम कर हस्तक्षेप किया है। उनका मानना है कि इससे उन्हें जेंडर, सेक्शुअलिटी और पितृसत्ता के विविध विमर्शों को एक बृहत्तर ज़मीन पर सम्बोधित करने में मदद मिलती है।

मार्क्सवादियों और मार्क्सवाद से प्रभावित नारीवादियों ने उन संस्थागत ज़रियों को प्रश्नांकित किया है जिनके तहत उत्तर-औपनिवेशिक सांस्कृतिक पाठ रचे गये हैं और प्रसारित हुए हैं। इन विद्वानों ने यह देखने की कोशिश की है कि किस तरह स्थानीय लोकप्रिय संस्कृतियों पर उच्च-भ्रू सौंदर्यशास्त्रीय अभिरुचियों का वर्चस्व क़ायम किया गया है, और इसी प्रक्रिया में उत्तर-औपनिवेशिक बुद्धिजीवी आम आदमी का सांस्कृतिक नेतृत्व करने वाले हरावल की भूमिका ग्रहण कर लेता है। ख़ास तौर से नारीवादी विदुषियों ने संस्कृति के उत्पादन में जेंडर और सेक्शुअलिटी की भूमिका पर रोशनी डाली है। मार्क्सवाद और उत्तर-औपनिवेशिकता की इस अन्योन्यक्रिया में यह भी सामने आया है कि कई बार तीसरी दुनिया को पहली दुनिया (पश्चिमी विश्व) के गुज़रे ज़माने की तरह पढ़ने की प्रवृत्ति भी दिखायी पड़ी है। इसी प्रवृत्ति को समझ कर फ़ानो ने ज्याँ-पाल सार्त्र की आलोचना की थी। यहाँ तक कि ख़ुद मार्क्स में भी सईद ने यह रुझान देखा है। लेकिन ब्रायन एस. टर्नर ने सईद की मार्क्स के बारे में इस धारणा को चुनौती दी है। इसी तरह इरफ़ान हबीब ने भी प्रतिनिधित्व के सवाल को उसके ऐतिहासिक संदर्भ में देखने का आग्रह करते हुए सईद द्वारा इसे मार्क्स के एक बुनियादी वक्तव्य के रूप में मानने की आलोचना की है। हाल ही में माधव प्रसाद ने भी फ्रेड्रिक जेमसन को इसी वजह से आड़े हाथों लिया है।

मनोविश्लेषण की युक्तियों का असर फ़ानो, होमी भाभा, ट्रिन्ह टी मिन्ह हा और रे चाउ पर देखा जा सकता है। सत्ता और प्रतिरोध के प्रयोजनमूलक मार्क्सवादी आख्यानों की सहजता से परे जाने में मनोविश्लेषण की भूमिका महत्त्वपूर्ण रही है। मनोविश्लेषण की मदद लेने वालों की मान्यता है कि भाषा के दायरे में अस्मिताएँ कामना और भावनागत निवेश के संदर्भों में रचा जाती हैं, लेकिन रचे जाने के बावजूद वे स्थावर और प्रदत्त नहीं होतीं, बल्कि लगातार एक तरह के प्रदर्शन और मंचन की प्रक्रिया से गुज़रती रहती हैं। भाभा ने फ्रॉयड और लकाँ के प्रतिपादनों से प्रेरणा ग्रहण करके दिखाया है कि किस तरह उत्तर-औपनिवेशिक कर्ता किसी एक चेतना में स्थिर नहीं रहता। तीसरी दुनिया के नारीवादियों ने मनोवैश्लेषिक युक्तियों के इस्तेमाल को सकारात्मक दृष्टि से देखा है, पर वे उन तमाम जगहों पर उँगली भी रखती हैं जहाँ-जहाँ फ़ानो जैसे सिद्धांतकार भी जेंडर, सेक्शुअलिटी और यौनिक रुझानों की शिनाख़्त कर पाने में असमर्थ रहते हैं।

देरिदा द्वारा प्रतिपादित विखण्डन की युक्तियों का इस्तेमाल करके उत्तर-औपनिवेशिक सिद्धांतकारों ने पश्चिम प्रदत्त सार्वभौम मानववाद और औपनिवेशिक विमर्श की आलोचना की है। यह प्रभाव स्पिवाक और अनुवाद की सिद्धांतकार तेजस्विनी निरंजना की रचनाओं पर देखा जा सकता है। स्पिवाक की मान्यता है कि विखण्डन किसी भी पाठ का तात्पर्य-निरूपण करने की एक ऐसी रणनीति है जिसके ज़रिये पाठक उन्हीं वैचारिक संरचनाओं में अपनी छिपी हुई भागीदारी के प्रति सचेत हो सकता है जो उसके लिए आलोच्य हैं।

देखें : एडवर्ड विलियम सईद, गायत्री चक्रवर्ती स्पिवाक, ज़िग्मंड फ्रॉयड-1 और 2, ज़ाक मारी लकाँ, ज़ाक देरिदा, फ्रेंज़ फ़ानो।

संदर्भ

1. लीला गाँधी (1998), *पोस्टकोलोनियल थियरी : अ क्रिटिकल इंट्रोडक्शन,* ऑक्सफ़र्ड युनिवर्सिटी प्रेस, नयी दिल्ली.
2. फ्रेंज़ फ़ानो (1967), *ब्लैक स्किन, व्हाइट मास्क्स,* अनु. चार्ल्स लैम मार्कमैन, ग्रोव प्रेस, न्यूयॉर्क.
3. एडवर्ड विलियम सईद (1978), *ओरिएंटलिज़्म : वेस्टर्न कंसेप्शंस ऑफ़ ओरिएंट,* पेंगुइन, हारमंड्सवर्थ.
4. होमी के. भाभा (1990), *नेशन ऐंड नैरेशन,* रॉटलेज, लंदन.
5. होमी के. भाभा (1994), *द लोकेशन ऑफ़ कल्चर,* रॉटलेज, लंदन.
6. गायत्री चक्रवर्ती स्पिवाक (1990), *द पोस्टकोलोनियल क्रिटिक : इंटरव्यूज़, स्ट्रैट्जीज़, डायलॉग्ज़,* साराह हैरैसिम (सम्पा.), रॉटलेज, न्यूयार्क.

—अभय कुमार दुबे

उत्तरदायित्व

(Accountability)

राजनीतिक और प्रशासनिक उत्तरदायित्व या जवाबदेही के सिद्धांत का सूत्रीकरण राजनेताओं, राज्य, उसकी संस्थाओं और अधिकारीतंत्र को उसके द्वारा जन-हित में लिए गये निर्णयों, की गयी कार्रवाइयों, किये गये वायदों और सार्वजनिक जीवन में किये गये आचरणों के लिए ज़िम्मेदार ठहराने के लिए किया गया है। अस्सी के दशक से पहले राजनीतिशास्त्र में उत्तरदायित्व अंग्रेज़ी के शब्द *रिस्पांसिबिलिटी* का पर्याय था। लेकिन सार्वजनिक चयन के सिद्धांत और प्रबंधन-सिद्धांतों से प्रभावित होने के बाद लोकतांत्रिक सिद्धांत और सार्वजनिक प्रशासन से जुड़े विमर्श में इसकी जगह *एकांउटेबिलिटी* ने ले ली। उत्तरदायित्व का मतलब है किसी राजनीतिक या प्रशासनिक अभिकर्ता द्वारा लगाये गये आरोपों को स्वीकार करना और उसके साथ-साथ एक सुनिश्चित दायरे में अपने तत्संबंधित आचरण को समुचित ठहराते हुए उसका पूरा ब्योरा पेश करने की ज़िम्मेदारी उठाना। इस सिद्धांत के अनुसार अभिकर्ता का उत्तरदायित्व केवल यहीं ख़त्म नहीं होता, बल्कि उसे अपनी ज़िम्मेदारी पूरी न कर पाने की सूरत में दण्ड भोगने के लिए भी तैयार रहना होता है। इस तरह उत्तरदायित्व ज़िम्मेदारी निभाने वाले जवाबदेह और उससे जवाब माँगने वाले के बीच का संबंध है। अ यदि ब के प्रति जवाबदेह है तो ब को उसके आचरण की निगरानी करने का अधिकार मिल जाता है। न केवल यह, अ को अपने आचरण का ब के सामने औचित्य प्रतिपादन भी करना होगा, और ऐसा न कर पाने की शक्ल में ब उसे नियमानुसार आचरण करने को मजबूर कर सकेगा। अ एक राजनेता या अधिकारी हो सकता है, और ब एक मतदाता या विभागाध्यक्ष हो सकता है। ज़ाहिर है कि एकांउटेबिलिटी थियरी उद्योग-व्यापार के क्षेत्र में भी काम करती है, और लोकतांत्रिक राज्य के दायरे में भी।

लोकतांत्रिक सिद्धांत एक तरफ़ अगर अधिकार और दायित्व के स्तम्भों पर टिका है, तो दूसरी तरफ़ उत्तरदायित्व का सिद्धांत भी उसे पुष्ट करता है। जिस समाज में नागरिक अपने ऊपर शासन करने वाले राज्य से जवाब माँगने में नाकाम रहते हैं, उसमें निरंकुशता का बोलबाला हो जाता है। अट्‌ठारहवीं और उन्नीसवीं सदी में जॉन स्टुअर्ट मिल समेत कई राजनीतिक दार्शनिकों ने दावा किया था कि प्रतिनिधिक लोकतंत्र के ज़रिये एक उत्तरदायी और कारगर शासन प्राप्त हो सकता है। लोकतंत्र में नागरिक या मतदाता 'प्रिंसिपल' या नियुक्तकर्ता की भूमिका में होते हैं, और उनके प्रतिनिधि और अधिकारीतंत्र के सदस्य अभिकर्ता की स्थिति में। इन अभिकर्ताओं के आचरण की निगरानी नीति-निर्माण और नीति-कार्यान्वयन के क्षेत्र में होती है। लोकतांत्रिक व्यवस्था अपने अभिकर्ताओं को नियमित रूप से होने वाले स्वतंत्र और निष्पक्ष चुनावों, नागरिक स्वतंत्रता और मानवाधिकारों से संबंधित संवैधानिक प्रावधानों और विधायिका के माध्यम से ज़िम्मेदार ठहराती है। मीडिया समेत नागर समाज की संस्थाएँ भी निगरानी की इस प्रक्रिया में महत्त्वपूर्ण भूमिका निभाती हैं।

जहाँ तक सिद्धांत और उसके प्रावधानों का सवाल है, चुनाव प्रक्रिया को उत्तरदायित्व की निगरानी के मामले में एक प्रभावी तंत्र का काम करना चाहिए। चुनाव के दौरान सत्तारूढ़ नेताओं और पार्टियों को अपने कार्यकाल का पूरा ब्योरा पेश करते हुए उसका बचाव करके अगले कार्यकाल के लिए मतदाताओं का समर्थन माँगना चाहिए। ऐसा होता भी है, लेकिन जवाबदेही के इस उपकरण की प्रभावकारिता हमेशा कारगर साबित नहीं होती। कई बार ऐसा भी होता है कि मतदाता मौजूदा सरकार और उसके राजनीतिक कारकुनों को कम सक्षम और अलोकप्रिय मानते हुए भी उन्हें ही दोबारा चुनने की दलीलों से सहमत हो जाते हैं। चुनाव प्रचार के दौरान उन्हें यक़ीन दिला दिया जाता है कि वैकल्पिक राजनीतिक नेतृत्व और भी घटिया साबित होगा। इस तरह वोटरों के पास अपेक्षाकृत कम अक्षम प्रतिनिधियों को चुनने का ही विकल्प होता है। वोटर नेता की शख़्सियत और पार्टी की गुणवत्ता के बीच फ़र्क़ करने में चूक करते हैं। कई बार एक पार्टी अपनी प्रतिगामी नीतियों और तंत्र का ठीक से संचालन न कर पाने के बावजूद अपने नेता के लोकलुभावन व्यक्तित्व के कारण सत्ता में वापसी कर लेती है। दूसरे, चुनाव अक्सर सम्पूर्ण हुकूमत के बारे में मोटे तौर पर बनी एक छवि के आधार पर लड़ा जाता है। इस सूरत में वोटरों के सामने महत्त्वपूर्ण मुद्दों और उन पर की गयी कार्रवाई के बारे में बारीकी से परखा गया निर्णय देने का मौक़ा ही नहीं होता। न ही उनके पास ऐसे स्वतंत्र अभिकर्ता होते हैं जो राजनीतिक पक्ष-विपक्ष के आग्रहों से परे जा कर उन्हें सूचना-सम्पन्न कर सकें। ज़ाहिर है कि आम चुनाव को उत्तरदायित्व की निगरानी करने के सर्वाधिक सक्षम और एकमात्र उपकरण के रूप में देखने पर राजनीतिशास्त्र में विवाद है। रॉबर्ट डाहल जैसे सिद्धांतकार मानते हैं कि जो चुनावी लोकतंत्र सूचनाओं और नागरिक स्वतंत्रताओं के वैकल्पिक स्रोतों और संस्थाओं की गारंटी नहीं करता, वह उत्तरदायित्व के सिद्धांत का पालन करने में असमर्थ हो जाता है।

दो चुनावों के बीच उत्तरदायित्व की गारंटी करने का काम लोकतांत्रिक व्यवस्था में विधायिकाओं, अदालतों और संवैधानिक संस्थाओं के हाथ में होता है। कार्यपालिका मुख्यत: दो हिस्सों में चलती है। राजनीतिक अंग और अधिकारीतंत्र या नौकरशाही। राजनीतिक अंग चुना हुआ होता है जिसे निश्चित अवधि के बाद चुनाव के ज़रिये वापसी करनी पड़ती है।

पर नौकरशाही में नियुक्तियाँ होती हैं और उसके कारकुनों का कार्यकाल लम्बा और स्थायी होता है। इसीलिए यह भी कहा जाता है कि घुमा-फिरा कर लोकतंत्रों में अफ़सर ही स्थायी शासक की भूमिका निभाते हैं। दोनों तरह के कार्यकारी अधिकारियों से जवाबतलब करने की ज़िम्मेदारी दो मोर्चों पर निभायी जाती है। पहला मोर्चा विधायिकाओं का है जहाँ सदन के भीतर सभी सरकारी एजेंसियों और अधिकारियों को समय-समय पर अपने कामकाज की रपट देनी पड़ती है। सदन के पटल पर रखी गयी ये जानकारियाँ सार्वजनिक जीवन की सम्पत्ति हो जाती हैं और उनके ऊपर सदन के बाहर मीडिया और नागर समाज में बहस होने लगती है। वेस्टमिंस्टर मॉडल की सरकारों में मंत्रियों को अपने विभागों और मंत्रालयों के कामकाज का ब्योरा देना होता है। उनके तहत काम करने वाले अफ़सरों से बड़ी ग़लतियाँ होने पर विपक्ष 'नैतिक उत्तरदायित्व' के नाम पर मंत्रियों से इस्तीफ़े की माँग करता है। कभी-कभी नैतिकता का यह दबाव काम भी करता है और मंत्रीगण आत्मा की पुकार पर त्यागपत्र भी दे देते हैं। भारत में रेल मंत्रियों के रूप में लाल बहादुर शास्त्री और भोला पासवान शास्त्री रेल दुर्घटनाओं की निजी जवाबदेही मान कर पद छोड़ने की मिसालें पेश कर चुके हैं। लेकिन जब पक्ष-विपक्ष में कड़वे संबंधों के कारण इस तरह की माँगें अक्सर होने लगती हैं तो धीरे-धीरे इन्हें गम्भीरता से लेना बंद कर दिया जाता है। दरअसल, मंत्रियों के इस्तीफ़े की माँग उसी समय जायज़ लगती है जब वे सदन को गुमराह करते हुए पाये जाएँ या किसी अनियमितता में उनका निजी तौर पर हाथ हो।

ज़ाहिर है कि मंत्रियों द्वारा अपने मातहतों के कामकाज की निजी ज़िम्मेदारी लेना ज़रूरी नहीं है, पर उनके लिए माँगे जाने पर पूरा विवरण देना और उसका औचित्य प्रस्तुत करना लाज़मी है। इस प्रक्रिया का एक दूसरा पक्ष भी है कि ग़लती करने वाले विभागीय कर्मचारियों और अधिकारियों का चेहरा मंत्री द्वारा दिये गये ब्योरों में अक्सर छिप जाता है, और नौकरशाही विधायिका द्वारा की जा सकने वाली निगरानी से बच जाती है। वैसे भी नौकरशाही ऐसे मंत्रियों को बेहतर नेता मानती है जो अपने मातहतों को बचाने में विश्वास करते हों। अफ़सरों को निगरानी और जाँच-पड़ताल से बचने से रोकने के लिए सांसद विधायी कमेटियों का इस्तेमाल करते हैं जिनके ज़रिये उनसे सीधी जवाबदेही की जा सकती है। इस सूरत में अफ़सरशाही मंत्रियों के पीछे नहीं छिप सकती। अमेरिकी कांग्रेस में कमेटियों द्वारा अधिकारीतंत्र की गतिविधियों पर निगाह रखने की प्रणाली ख़ासी विकसित है।

उत्तरदायित्व तय करने का दूसरा मोर्चा नागर समाज के मुक़ाम पर चलता है जिसमें ग़ैर-सरकारी संस्थाओं, जन-हित समूहों और ख़ुद को स्वयंसेवी मानने वाले संगठनों द्वारा आयोजित जन-सुनवाइयों, सलाहकार परिषदों और परामर्श देने वाले ग़ैर-सरकारी सलाहकारों की प्रमुख भूमिका होती है। भारत में अस्सी के दशक के बाद स्वयंसेवी संगठनों का उल्लेखनीय विस्तार हुआ है। इससे पहले विपक्ष की राजनीति यह काम सड़कों पर होने वाले आंदोलनों, धरनों, प्रदर्शनों और रैलियों के ज़रिये किया जाता था। आज विभिन्न कारणों से इस राजनीति की संरचनाएँ कमज़ोर हो गयी हैं, और यह ज़िम्मेदारी एनजीओ कहे जाने वाली संस्थाओं के पास चली गयी है। एनजीओ सेक्टर ने पिछले दिनों सूचना के अधिकार का क़ानून बनाने में प्रमुख भूमिका का निर्वाह किया है जिससे उत्तरदायित्व के सिद्धांत की व्यावहारिकता बढ़ी है। सूचना के अधिकार के बाद अब नौकरशाह और सत्तारूढ़ नेता किसी नीति-निर्माण और उसके कार्यान्वयन की प्रक्रिया से संबंधित तथ्यों को छिपाने में पहले की तरह कामयाब नहीं रह गये हैं।

उत्तरदायित्व के अदालती पहलुओं का भी लोकतंत्र में काफ़ी महत्त्व है। सरकारों को अक्सर यह साबित करना होता है कि वे क़ानूनी दायरे में रह कर काम कर रही हैं। सरकारी कामकाज और नीति-निर्माण न्यायिक समीक्षा से गुज़रता रहता है। जागरूक नागरिक व्यक्तिगत रूप से और ग़ैर-सरकारी संस्थाएँ जन-हित याचिका दायर करके अदालतों में सरकारी एजेंसियों को जवाब देने पर मजबूर करती हैं। कई मामलों में न्यायिक उत्तरदायित्व का औज़ार प्रभावी साबित हुआ है। लेकिन यह उपकरण महँगा और आम जनता की पहुँच के बाहर होने के साथ-साथ न्यायिक प्रक्रिया के अनिवार्य रूप में मंद चरित्र के कारण हमेशा उपयोगी नहीं हो पाता। न्यायिक प्रक्रिया के अलावा सरकारी विभागों का नियमित रूप से होने वाला ऑडिट भी उत्तरदायित्व के पालन की भूमिका निभाता है। पिछले दिनों भारत में सरकारी भ्रष्टाचार के कई मामले महालेखा परीक्षक की रपटों से उजागर हुए हैं।

देखें : अधिकार, अधिकार : सैद्धांतिक यात्रा, अधिकारीतंत्र, जन-हित याचिका, जॉन स्टुअर्ट मिल, प्रशासन और सुशासन, सरकारियत, सामाजिक चयन का सिद्धांत, दायित्व, प्रतिनिधित्व।

संदर्भ

1. एफ़. फ़्लिंडर्स (2002), *द पॉलिटिक्स ऑफ़ एकाउंटेबिलिटी इन मॉडर्न स्टेट्स*, ऐशगेट, एल्डरशॉट, यूके.
2. एम. फ़िल्प (1999), 'डिलिमिटिंग डेमॉक्रैटिक एकाउंटेबिलिटी', *पॉलिटिकल स्टडीज़*, खण्ड 57.
3. आंद्रियास शेडलर (1999), 'कंसेप्चुअलाइज़िंग एकाउंटेबिलिटी', ए. शेडलर, एल. डायमंड और एम.एफ़, प्लैटनर (सम्पा.), *द सेल्फ़ रिस्ट्रेनिंग स्टेट*, लिन रीनर, बोल्डर, सीओ.
4. जॉन फ़ेरेजॉन (1999), 'एकाउंटेबिलिटी ऐंड एथॉरिटी : टुवर्ड्स अ थियरी ऑफ़ पॉलिटिकल एकाउंटेबिलिटी', ऐडम प्रेजोवोर्स्की, सूज़न सी. स्टोक्स और बर्नार्ड मैनिन (स पा.), *डेमॉक्रैसी, एकाउंटेबिलिटी ऐंड रिप्रज़ेंटेशन*, केम्ब्रिज युनिवर्सिटी प्रेस, न्यूयॉर्क.

—अभय कुमार दुबे

उत्तर प्रदेश

(Uttar Pradesh)

जनसंख्या और प्रशासन की दृष्टि से भारत के सबसे बड़े राज्य उत्तर प्रदेश के बारे में आम तौर से माना जाता है कि जो इस प्रदेश को चुनाव में जीत लेगा, उसे ही दिल्ली पर हुकूमत करने का मौक़ा मिलेगा। राजनीतिक इतिहास से भी यही समझ पुष्ट होती है। लोक सभा के सबसे ज़्यादा निर्वाचन क्षेत्रों (पहले 85 और उत्तराखण्ड का नया राज्य बन जाने के बाद 80) वाले इस राज्य पर जब तक कांग्रेस का दबदबा रहा, वह केंद्र में हुकूमत करती रही। भारतीय जनता पार्टी केंद्र में गठजोड़ सरकार का नेतृत्व कर पाने की स्थिति में तभी आ पायी जब उसने उत्तर प्रदेश की राजनीति कांग्रेस से छीन ली। आज कांग्रेस और भाजपा उत्तर प्रदेश में पराभव के दौर से गुज़र रही हैं। एक पार्टी के रूप में कांग्रेस का राष्ट्रीय वर्चस्व जिन कारणों से तिरोहित हुआ, उसमें इस राज्य में उसके राजनीतिक ग्राफ़ में आयी तक़रीबन स्थायी गिरावट का स्थान सर्वोपरि है। इसी तरह भाजपा के हाथ से केंद्र की सत्ता निकल जाने के पीछे भी यही कारण माना जाता है। उत्तर प्रदेश का एक बार विभाजन उत्तराखण्ड के रूप में हो चुका है। अब उसे हरित प्रदेश, बुंदेलखण्ड और पूर्वांचल और मध्य-देश मे बाँटने की माँग की जा रही है।

औपनिवेशिक हुकूमत ने 1937 में जिन उत्तरी इलाक़ों को संयुक्त प्रांत या यूनाइटेड प्रॉविंसेज़ का नाम दिया था, उन्हीं को आज उत्तर प्रदेशे नाम से जाना जाता है। यह राज्य अगर एक अलग देश होता तो जनसंख्या (17 करोड़) के आधार पर विश्व का पाँचवा सबसे बड़ा (क्षेत्रफल 2,43,286 वर्ग किमी.) देश होता। नवम्बर 2000 में इसके धुर उत्तरी हिस्से को एक अलग राज्य बनाया गया। इस नये राज्य को पहले उत्तरांचल और बाद में उत्तराखण्ड नाम दिया गया। उत्तराखण्ड राज्य के गठन से पहले इस राज्य में कुल 85 संसदीय क्षेत्र आौर 425 विधान सभा क्षेत्र थे। उत्तराखण्ड के अलग हो जाने के बाद राज्य में कुल 80 लोक सभा सीटें और 403 विधान सभा सीटें हैं। राज्य में छह प्रमुख धार्मिक समुदाय हैं : हिन्दू 81.74 प्रतिशत, मुसलमान 17.33 प्रतिशत, सिक्ख 0.45 प्रतिशत, ईसाई 0.14 प्रतिशत, पारसी और बौद्ध 0.16 प्रतिशत। लगभग 60 प्रतिशत जनता गाँवों में रहती है और उसका मुख्य व्यवसाय खेती हैं। ऊँची जातियाँ तक़रीबन 22 प्रतिशत हैं जिनमें सबसे ज़्यादा संख्या ब्राह्मणों की नौ फ़ीसदी है। पिछड़ी जातियाँ तक़रीबन 35.3 प्रतिशत हैं जिनमें आबादी के लिहाज़ से यादव 10.6 फ़ीसदी हैं और उनका राजनीतिक प्रभाव भी सबसे ज़्यादा है। अनुसूचित जातियाँ या दलित 21.4 प्रतिशत हैं, जिनमें जनसंख्या के लिहाज़ से चमारों (14 प्रतिशत) की स्थिति सबसे मज़बूत है। मुसलमान भी कई जातियों में बँटे हुए हैं, जिनमें सैयद, शेख़, पठान, अंसारी व जुलाहा जातियाँ प्रमुख हैं।

समाज-विज्ञानियों की मान्यता है कि उत्तर प्रदेश की राजनीतिक प्रवृत्ति समूहन के बजाय बिखराव की अधिक है। शायद इसीलिए यह प्रदेश कई उल्लेखनीय गठजोड़ रणनीतियों की प्रयोगशाला रहा है। कांग्रेस ने ऊँची जातियों, दलितों और मुसलमानों के वोटों की तिकड़ी का सफल प्रयोग इसी प्रदेश को केंद्र बना कर किया। भारतीय जनता पार्टी और उसके पूर्व-संस्करण जनसंघ ने ऊँची जातियों और ग़ैर-यादव पिछड़ी जातियों की राजनीतिक इंजीनियरिंग इसी प्रदेश में की। साठ के दशक में शक्तिशाली रहे समाजवादी आंदोलन के दौरान राजनीतिकृत हुए पिछड़े समुदायों के एक बड़े हिस्से ने मुसलमान समुदाय के साथ मिल कर एक ताक़तवर राजनीतिक समर्थन आधार बनाने का प्रयास भी किया है। इस समय भी उत्तर प्रदेश में बहुजन समाज पार्टी के नेतृत्व में दलित राजनीति समुदाय के वर्चस्व के तले ऊँची जातियों और मुसलमानों का मिला-जुला समर्थन आधार तैयार करने की 'सर्वजन' रणनीति आज़माई जा रही है। इसके अलावा नब्बे के दशक में संघ परिवार द्वारा चलाये गये रामजन्मभूमि आंदोलन का केंद्र भी उत्तर प्रदेश ही रहा है। देश को पाँच प्रधानमंत्री देने वाले इस राज्य की राजनीति को मोटे तौर पर तीन काल-खण्डों में बाँट कर देखा जा सकता है : पहला, पहले आम चुनाव से 1967 तक का काल; दूसरा, 1967 से 1989 तक का काल; और तीसरा, 1989 से अब तक।

1952 से 1967 तक की अवधि को अगर उत्तर प्रदेश के लिए पहले कालखण्ड के रूप में देखा जाए तो इस दौरान राज्य में कांग्रेस और नेहरूवादी राजनीति की स्थिति बहुत मज़बूत रही। कांग्रेस के जिन नेताओं ने इस दौर में सत्ता सँभाली वे स्वतंत्रता आंदोलन की देन थे और इसीलिए कांग्रेस की वैधता ज़्यादा थी। विपक्षी पार्टियों की स्थिति मज़बूत नहीं थी। इस दौर में एक उल्लेखनीय बात यह हुई कि भारत की पहली महिला मुख्यमंत्री के रूप में सुचेता कृपलानी उत्तर प्रदेश की मुख्यमंत्री (1963-1967) बनीं। इस दौर को लोकतंत्र के विस्तार और कांग्रेस की शक्ति में कमी आने के दौर के रूप में भी देखा जा सकता है। शुरुआती चार चुनावों में कांग्रेस विजयी रही, लेकिन उसकी शक्ति लगातार कमज़ोर होती गयी। कांग्रेसी शासन की सबसे बड़ी कमी यह थी कि इसके नेतृत्व पर ऊँची जातियों का क़ब्ज़ा होने के कारण पिछड़ी जातियों या दलितों का पर्याप्त प्रतिनिधित्व नहीं था।

इसके विपरीत समाजवादियों ने पिछड़ी जातियों को राजनीतिक रूप से जागरूक और एकजुट करने की रणनीति का सहारा लिया। 1967 के चुनावों के समय लोहियावादियों

उत्तर प्रदेश : दिल्ली की हुकूमत का रास्ता

ने यह नारा दिया कि 'सोशलिस्टों ने बाँधी गाँठ, पिछड़ा पावे सौ में साठ।' आरक्षण के इस नारे ने पिछड़ों को एक मंच पर लाने की भूमिका तैयार की। आपसी फूट के कारण समाजवादी ज़्यादा सफल नहीं हो पाये। लेकिन कांग्रेस विरोधी शक्तियाँ सिर्फ़ समाजवादियों के रूप में ही सामने नहीं आयीं, बल्कि राज्य में जनसंघ ने भी अपनी स्थिति मज़बूत की। दीनदयाल उपाध्याय के रणनीतिक नेतृत्व में जनसंघ लगातार पिछड़ों और ऊँची जातियों को अपनी ओर खींचने की मुहिम चलाता रहा। चूँकि यादव समुदाय के भीतर समाजवादी नेतृत्व उभर चुका था, इसलिए जनसंघ उन्हें तो अपनी ओर आकर्षित नहीं कर पाया, लेकिन ग़ैर-यादव मतदाताओं, ख़ास कर लोधियों और शाक्यों, में उसने ख़ासी पैठ बना ली। कांग्रेस को सबसे बड़ा झटका तब लगा जब 1967 में कांग्रेस छोड़ कर चौधरी चरण सिंह ने संयुक्त विधायक दल का नेतृत्व किया और उप्र में पहली बार ग़ैर-कांग्रेसी सरकार बनायी। चरण सिंह पचास के दशक में नेहरू की कृषि नीति का विरोध करके एक अलग तरह के राजनीतिक चिंतन का संकेत दे चुके थे। यह अलग बात है कि ग़ैर-कांग्रेसी सरकार आपसी फूट के कारण ज़्यादा समय तक नहीं चल पायी। 1967 के बाद चरण सिंह ने भारतीय क्रांति दल नामक पार्टी का गठन किया जिसे सम्पन्न जाट किसानों और पिछड़ी जातियों का समर्थन मिला।

1968 से उत्तर प्रदेश की राजनीति का दूसरा कालखण्ड शुरू हुआ जब समाजवादी नेता डॉ. राम मनोहर लोहिया का निधन हो जाने के बाद समाजवादियों का पिछड़ा जनाधार धीरे-धीरे कृषि-प्रश्न पर ज़ोर देने वाले चरण सिंह की तरफ़ मुड़ने लगा और वे धीरे-धीरे पिछड़ी जातियों के नेता भी बनते चले गये। दरअसल, यही वह दौर था जब पिछड़ी जातियाँ चरण सिंह के नेतृत्व में सक्रिय पूर्व समाजवादियों और जनसंघ के बीच बँट गयीं। 1969 के चुनावों से कांग्रेस की वापसी हुई। 1970 में चरण सिंह कुछ समय के लिए फिर से राज्य के मुख्यमंत्री बने, लेकिन इसके बाद 1977 तक राज्य में कांग्रेसी सरकारें ही रहीं। 1975 में लागू हुए आपातकाल (1975-77) के कारण कांग्रेस को बहुत ज़्यादा नुक़सान का सामना करना पड़ा। 1977 में हुए लोकसभा चुनावों में ऐतिहासिक सफ़ाया होने के बाद विधान सभा चुनावों में भी कांग्रेस को भारी हार का सामना करना पड़ा। जनता पार्टी के विधायक दल के नेता के रूप में रामनरेश यादव राज्य के मुख्यमंत्री बने। लेकिन जब 1979 में राष्ट्रीय स्तर पर जनता पार्टी में दरार आनी शुरू हुई तो रामनरेश यादव की सरकार का पतन हो गया और बनारसी दास कुछ दिनों के लिए राज्य के मुख्यमंत्री बने। जनता पार्टी की फूट के कारण हुए लोकसभा चुनाव में कांग्रेस को जीत मिली और केंद्र में कांग्रेस की वापसी हुई। इसके बाद उत्तर प्रदेश में राष्ट्रपति शासन लागू करके यहाँ भी चुनाव कराया गया। राज्य की सत्ता में भी कांग्रेस की वापसी हुई। 1980-89 तक राज्य में कांग्रेस का शासन रहा। इस दौर में राज्य में जितने मुख्यमंत्री हुए, वे सभी ऊँची जातियों के थे। मसलन, विश्वनाथ प्रताप सिंह (1980-82) (राजपूत), श्रीपति मिश्रा (1982-84) (ब्राह्मण), नारायण दत्त तिवारी (1985 और 1988-89)(ब्राह्मण) और वीर बहादुर सिंह (1985-88) (राजपूत)। इससे एक बात स्पष्ट है कि कांग्रेस पिछड़ी जातियों की राजनीतिक आकांक्षाओं को समायोजित करने में पूरी तरह नाकाम रही। दूसरी ओर, शाहबानो प्रकरण और अयोध्या में बाबरी मसजिद का ताला खुलवाने की घटना ने राज्य में साम्प्रदायिक राजनीति का माहौल भी गरमा दिया। ख़ासतौर पर बाबरी मसजिद का ताला खुलवाकर वहाँ राजीव गाँधी द्वारा राम मन्दिर का शिलान्यास करवाने की घटना ने मुसलमानों को कांग्रेस से दूर कर दिया।

इन सबका राज्य की राजनीति के तीसरे दौर पर महत्त्वपूर्ण असर पड़ा। पहला, इस दौर में राज्य में धुर दक्षिणपंथी दल अर्थात् भाजपा का राजनीतिक उभार हुआ जिसका मुख्य कारण राम मन्दिर आंदोलन और ग़ैर-यादव पिछड़ी जातियों का ऊँची जातियों से चुनावी संश्रय था। 1991 के राज्य विधानसभा चुनावों में उसे पूर्ण बहुमत मिला और लोधी समुदाय से आने वाले कल्याण सिंह राज्य के मुख्यमंत्री बने। कुछ विश्लेषकों का यह भी मानना है कि

राज्य में भाजपा के इस उभार के पीछे 1990 में मुलायम सिंह सरकार द्वारा अयोध्या के कारसेवकों पर गोली चलाने की घटना भी ज़िम्मेदार थी। बहरहाल, भाजपा सरकार के शासन में 6 दिसम्बर, 1992 को बाबरी मसजिद गिरा दी गयी जिसका नतीजा इस सरकार की बर्ख़ास्तगी में निकला।

उत्तर प्रदेश में इस समय समाजवादी आंदोलन का बचा हुआ नेतृत्व मुलायम सिंह यादव के हाथों में था। चरण सिंह के निधन के बाद पिछड़े वर्ग की सेकुलर राजनीति की उनकी विरासत मुलायम सिंह के पास ही थी। मुलायम सिंह के अलावा कल्याण सिंह (लोध) और सोने लाल पटेल (कुर्मी) जैसे नेता भी पिछड़ी जातियों की राजनीतिक आकांक्षाओं को अभिव्यक्ति दे रहे थे। लेकिन, 1989 के चुनावों के बाद मुलायम सिंह ही मुख्यमंत्री बने। इनकी सरकार भाजपा के समर्थन पर टिकी थी, पर उन्होंने भाजपा की साम्प्रदायिक राजनीति की जमकर मुख़ालफ़त की। इसी समय अगस्त 1990 में विश्वनाथ प्रताप सरकार ने पिछड़ी जातियों के आरक्षण के संबंध में मंडल आयोग की सिफ़ारिशें लागू की। इसके विरोध और समर्थन में हुए आंदोलनों ने पिछड़ी जातियों में राजनीतिक जागरूकता बढ़ी। अक्टूबर 1990 में मसजिद पर हमला कर रहे कारसेवकों की अनियंत्रित भीड़ पर गोली चलवाने के कारण भाजपा ने मुलायम सिंह की सरकार से समर्थन वापस ले लिया और उनकी सरकार गिर गयी। जनता दल में विभाजन के बाद उन्होंने अपनी समाजवादी पार्टी बनायी। अन्य पिछड़ी जातियाँ और मुसलिमों के बीच समाजवादी पार्टी ने मज़बूत आधार बनाया। मुसलमान मतदाता उन्हें मसजिद-रक्षक के तौर पर देख रहे थे। उन्होंने समझ-बूझ के साथ दलित नेता कांशी राम के साथ गठजोड़ किया जिसके परिणाम भाजपा के लिए बेहद नुक़सानदेह निकले। बाबरी-ध्वंस के बाद हुए चुनावों में भाजपा की बजाय समाजवादी पार्टी और बहुजन समाज पार्टी (बसपा) के गठबंधन की सरकार बनी। लेकिन बसपा द्वारा समर्थन वापस लेने के कारण जून 1995 में उनकी सरकार का पतन हो गया। मुलायम सिंह यादव केन्द्र में बनी संयुक्त मोर्चा सरकारों में भी मंत्री रहे। 2003 में मुलायम सिंह फिर से राज्य के मुख्यमंत्री बने और 2007 तक इस पद पर रहे।

1993 की पराजय के बाद हुए सभी चुनावों में भाजपा की स्थिति लगातार कमज़ोर ही होती गयी। 1991 में इसे 221 सीटें, 1993 में 177 सीटें, 1996 में 175 सीटें, 2002 में 88 सीटें और 2007 में 50 सीटों पर जीत मिली। 1996 में इसने बसपा के साथ मिलकर 6-6 महीने के लिए दोनों पार्टियों का मुख्यमंत्री बनाने के फ़ॉर्मूले के आधार पर सरकार बनायी। बाद में, उसने बसपा में विभाजन करवा कर विधानसभा में पूर्ण बहुमत हासिल कर लिया। लेकिन इस दौरान भाजपा के पिछड़े नेताओं और ऊँची जाति के, ख़ास कर ब्राह्मण, नेताओं में कलह छिड़ गयी जिसका परिणाम उस समर्थन आधार के विभाजन में निकला जिसकी रचना दीनदयाल उपाध्याय के नेतृत्व में की गयी थी। उत्तर प्रदेश में भाजपा के पराभव का यह मुख्य कारण रहा। इस पूरी प्रक्रिया का एक पहलू था, बसपा का उभार। 1993 के बाद बसपा लगातार मज़बूत होती गयी और वह एक महत्त्वपूर्ण राजनीतिक शक्ति के रूप में उभर कर सामने आयी इस दौरान उत्तर प्रदेश विधानसभा चुनावों में उसका प्रदर्शन लगातार सुधरता गया। 1989 में 13, 1991 में 12, 1993 में 67, 2002 में 98 और 2007 में 206 सीटों पर उसे जीत मिली। बसपा ने दलितों में सत्ता की चाह और आत्म-सम्मान की भावना भरने के साथ दो-स्तरीय रणनीति अपनाई। पहली, उसने सत्ता पर क़ब्ज़ा करने के लिए हर तरह के गठजोड़ का सहारा लिया। भाजपा से गठजोड़ करके मायावती तीन बार मुख्यमंत्री बनीं (1995, 1996, 2002)। दूसरी, 1990 के दशक में आख़िरी वर्षों में उसने बहुजन की बजाय सर्वजन की राजनीति पर ज़ोर देना शुरू किया। इस रणनीति का सार दलित नेतृत्व में ब्राह्मणों और दूसरी ऊँची जातियों को समायोजित करना था। 2007 के विधानसभा चुनावों में उसकी जीत का यह एक प्रमुख कारण था।

1989 के बाद कांग्रेस की स्थिति लगातार कमज़ोर होती गयी है। इसका प्रमुख कारण यह था कि जिन समूहों को कांग्रेस का आधार वोट माना जाता था, वे कांग्रेस से दूर हो गयी। मसलन, ऊँची जातियाँ भाजपा से जुड़ी, मुसलिम सपा से जुड़े और दलितों के वोट पर बसपा ने क़ब्ज़ा जमा लिया। इसके अलावा, कांग्रेस पिछड़ी जातियों के हितों को समायोजित करने में नाकाम रही। बहरहाल, 2009 के लोकसभा चुनावों में कांग्रेस को अच्छी-ख़ासी सफलता मिली। इन चुनावों में उसे 18.25 प्रतिशत वोट और 21 सीटों पर जीत मिली। इससे राज्य की राजनीति में कांग्रेस के पुन: उभार के क़यास लगाये जाने लगे। लेकिन कांग्रेस की अस्थिर राजनीतिक हालत का सबूत 2012 के विधानसभा चुनावों में मिला जब वह तीसरे-चौथे नम्बर की लड़ाई में भाजपा से भिड़ती नज़र आयी। सपा और बसपा का मुक़ाबला करना उसके लिए लगभग असम्भव हो गया। इन चुनावों की ख़ास बात यह रही कि इसमें समाजवादी पार्टी ने अपनी दम पर पूर्ण बहुमत प्राप्त किया। बहुजन समाज पार्टी ने जिस राजनीतिक-सोशल इंजीनियरिंग के आधार पर 2007 में सत्ता हासिल की थी, वह न तो अपने जिताऊ सामाजिक समीकरण को टिका पायी, और न ही भ्रष्टाचार मुक्त स्वस्थ प्रशासन दे पायी। समाजवादी पार्टी के नेता मुलायम सिंह यादव ने अपनी वृद्धावस्था और ख़राब स्वास्थ्य को देखते हुए अपने चुनावी मुहिम का नेतृत्व करने वाले युवा पुत्र अखिलेश यादव के हाथ में मुख्यमंत्री पद की बागडोर सौंपी।

ज़ाहिर है कि उत्तर प्रदेश की राजनीति में 1989 के बाद बहुत गहरे बदलाव हुए हैं। लेकिन इस पूरी राजनीतिक

प्रक्रिया की कुछ सीमाएँ स्पष्ट हैं : पिछड़ी जातियों और दलितों में वे जातियाँ ही मज़बूत होकर सामने आयी हैं, जो तुलनात्मक रूप से पहले ही मज़बूत स्थिति में थीं। अति-पिछड़ों और महा-दलितों की स्थिति अभी दयनीय ही है। दूसरे, इन राजनीतिक बदलावों से आर्थिक संबंधों में बदलाव की कोई गुंजाइश नहीं दिखती है। न तो सपा और न ही बसपा ने कोई रैडिकल आर्थिक कार्यक्रम प्रस्तावित किया। मुसलमानों की सामाजिक-आर्थिक स्थिति में सुधार के लिए भी कोई स्पष्ट कार्यक्रम प्रस्तावित नहीं किया गया है। देश के दूसरे हिस्सों की तरह उत्तर प्रदेश में भी भ्रष्टाचार, भाई-भतीजावाद और परिवारवाद की प्रवृत्ति गहरे रूप से जड़ जमा चुकी है, जिससे बाहर निकलने के लिए एक गहरे राजनीतिक संघर्ष की ज़रूरत नकारी नहीं जा सकती।

देखें : असम, अरुणाचल प्रदेश, आंध्र प्रदेश, उत्तराखण्ड, ओडीशा, कर्नाटक, कांशीराम, केरल, चरण सिंह, छत्तीसगढ़, जम्मू और कश्मीर, झाड़खण्ड, तमिलनाडु, त्रिपुरा, दिल्ली, नगालैण्ड, पश्चिम बंग, पंजाब, बहुजन समाज पार्टी-1 और 2, महाराष्ट्र, मध्य प्रदेश, मिज़ोरम, मेघालय, भारतीय संघवाद, बिहार, रामजन्मभूमि आंदोलन-1, 2, 3 और 4, राजस्थान, राज्यों का पुनर्गठन-1, 2 और 3, राज्यों की राजनीति, समाजवादी पार्टी, संघवाद, हरियाणा।

संदर्भ

1. ज़ोया हसन (1998), *क्वेस्ट फ़ॉर पावर, ऑपोज़ीशनल मूवमेंट्स ऐंड पोस्ट कांग्रेस पॉलिटिक्स इन उत्तर प्रदेश,* ऑक्सफ़र्ड युनिवर्सिटी प्रेस, नयी दिल्ली.
2. ए.के. वर्मा (2009), 'तितरफ़ा होड़ और समावेशी राजनीति', संकलित : अरविंद मोहन (सम्पा.), *लोकतंत्र का नया लोक : चुनावी राजनीति में राज्यों का उभार,* वाणी प्रकाशन-लोकनीति, नयी दिल्ली.
3. अभय कुमार दुबे (1996), *मुलायम सिंह यादव : एक राजनीतिक अध्ययन,* राजकमल प्रकाशन, नयी दिल्ली.
4. अभय कुमार दुबे (2003), 'बहुजन समाज पार्टी और गुरु किल्ली', अभय कुमार दुबे (सम्पा.), *आधुनिकता के आईने में दलित,* लोक-चिंतन ग्रंथमाला, सीएसडीएस-वाणी, नयी दिल्ली.

—कमल नयन चौबे

उत्तराखण्ड

(Uttarakhand)

भारत के उत्तरी भाग में स्थित उत्तराखण्ड राज्य का गठन नौ नवम्बर, 2000 को उत्तर प्रदेश के उत्तर-पश्चिम में स्थिति और हिमालय से लगे ज़िलों को अलग करके किया गया था। इसके पीछे नब्बे के दशक में अलग उत्तराखण्ड राज्य के लिए चलाये गये आंदोलन की मुख्य भूमिका थी। 1994 में जुझारू लेकिन शांतिपूर्ण और अहिंसक तरीक़े से अलग राज्य की माँग उठाने के लिए दिल्ली जा रही स्त्रियों के साथ कुछ पुलिसवालों द्वारा बलात्कार किये जाने की घटना ने इस आंदोलन को एक नयी धार प्रदान की। आंदोलन की एक विशेषता यह भी थी कि इसमें मुख्यधारा के राजनीतिक दल तक़रीबन ग़ायब थे। इसका नेतृत्व उत्तराखण्डी जनता की राजनीतिक आकांक्षाओं का प्रतिनिधित्व करने वाले ग़ैर-संसदीय लोकतांत्रिक संगठनों के हाथों में था। आंदोलन की सफलता इस बात में निहित थी कि उसके कारण अलग राज्य का प्रश्न इस क्षेत्र की चुनावी राजनीति में एक प्रमुख मुद्दा बन गया। नतीजतन 24 सितम्बर, 1998 को उत्तर प्रदेश विधानसभा ने एक प्रस्ताव पारित कर केंद्र सरकार से उत्तराखण्ड राज्य बनाने की सिफ़ारिश की।

गठन के बाद से उत्तराखण्ड में राजनीतिक प्रतियोगिता मुख्य रूप से कांग्रेस और भारतीय जनता पार्टी के बीच है। तुलनात्मक रूप से यहाँ की राजनीति को स्थिर कहा जा सकता है। कांग्रेस के शासन में नारायण दत्त तिवारी पाँच साल के लिए मुख्यमंत्री रहे। भाजपा ने अपने शासन के दौरान मुख्यमंत्रियों को बदला, लेकिन पार्टी के भीतर इस तरह के बदलावों ने किसी अस्थिरता को जन्म नहीं दिया। उत्तराखण्ड के साथ ही गठित हुए दो अन्य राज्य छत्तीसगढ़ और झाड़खण्ड अस्थिरता (झाड़खण्ड) और राजनीतिक हिंसा (छत्तीसगढ़ और झाड़खण्ड) का सामना कर रहे हैं। लेकिन उत्तराखण्ड को ऐसी किसी समस्या का सामना नहीं करना पड़ रहा है। इस राज्य की समस्या तो पहाड़ी क्षेत्र में हो रही पर्यावरण और पारिस्थितिकी की अभूतपूर्व क्षति है। दरअसल, पर्यावरण और विकास के बीच रचनात्मक सामंजस्य बिठाने में यह राज्य बुरी तरह से नाकाम रहा है। 2013 के जून महीने में बारिश, बाढ़ और बादल फटने से हुआ भीषण विनाश इसी विफलता का परिणाम माना जा रहा है।

उत्तराखण्ड भारत का सत्ताइसवाँ राज्य है। इसके उत्तर में तिब्बत स्वायत्तशासी क्षेत्र, पूरब में नेपाल, दक्षिण में उत्तर प्रदेश, पश्चिम में हरियाणा और उत्तर-पश्चिम हिमाचल प्रदेश है। उत्तराखण्ड का कुल भौगोलिक क्षेत्रफल 53,56 6 वर्ग किमी है। 2011 की जनगणना के अनुसार यहाँ की जनसंख्या 10,116 ,752 है। इन दोनों पैमानों पर यह भारत का अट्ठारहवाँ और उन्नीसवाँ सबसे बड़ा राज्य है। 188.9 व्यक्ति वर्ग कि.मी. की जनसंख्या घनत्व वाले उत्तराखण्ड की साक्षरता दर 72 प्रतिशत है और लैंगिक अनुपात 96 4 है। हिंदी और संस्कृत यहाँ की राजकीय भाषाएँ हैं। एकसदनीय विधायिका में कुल 71 सदस्य होते हैं जिनमें से एक आंग्ल-भारतीय मनोनीत सदस्य होता है। यहाँ से लोकसभा के कुल 5 और राज्यसभा के 3 सदस्य चुने जाते हैं। इसकी राजधानी

उत्तराखण्ड : भग्न जनांकाक्षाएँ

देहरादून है और इसका उच्च न्यायालय नैनीताल में स्थित है।

उत्तराखण्ड में हिंदू धर्म के बहुत से तीर्थस्थान हैं। इसके कारण इसे देव-भूमि भी कहा जाता है। मध्य युग में इस क्षेत्र के पश्चिमी भाग में गढ़वाल राज्य और पूर्वी भाग में कुमाऊँ राज्य स्थित था। नेपाल के गोरखा साम्राज्य ने 1791 में कुमाऊँ राज्य को और 1803 में गढ़वाल राज्य को अपने अधिकार में ले लिया। 1816 के आंग्ल-नेपाल युद्ध के बाद टिहरी में गढ़वाल राज्य का एक छोटा हिस्सा फिर से स्थापित हुआ; और सुगौली की संधि के अनुसार पूर्वी ब्रिटिश गढ़वाल और कुमाऊँ ब्रिटिश राज्य में मिला दिये गये। आबादी के लिहाज़ से राज्य में हिंदू 85 प्रतिशत, मुसलमान 10.5 प्रतिशत, सिक्ख 2.5 प्रतिशत और ईसाई, बौद्ध तथा जैन जैसे समुदाय 0.5 प्रतिशत हैं। उत्तराखण्ड में ऊँची जातियों, ख़ास तौर पर ब्राह्मणों का वर्चस्व है। एक अध्ययन के मुताबिक़ यहाँ की कुल जनसंख्या का तक़रीबन 20 प्रतिशत ब्राह्मण हैं।

स्वतंत्रता प्राप्ति के बाद के दौर में इस पूरे क्षेत्र को उत्तर प्रदेश में मिला दिया गया था। धीरे-धीरे इस इलाक़े पिछड़ेपन, उपेक्षा और बुनियादी सुविधाओं के अभाव और सुशासन की कमी के कारण लोगों में असंतोष पनपा। कई समूहों ने इलाक़े की अलग पहचान पर ज़ोर देना शुरू कर दिया। इसमें 1979 में स्थापित उत्तराखण्ड क्रांति दल की सबसे महत्त्वपूर्ण भूमिका थी। दरअसल, इस क्षेत्र में जनांदोलनों का एक लम्बा इतिहास रहा है। औपनिवेशिक दौर में यहाँ के लोगों द्वारा चलाया गया कुली बेगार आंदोलन, किसानों के विद्रोह और वन आंदोलन इसके उदाहरण हैं। इन आंदोलनों द्वारा लोगों ने औपनिवेशिक शासकों के ख़िलाफ़ अपना विरोध दर्ज कराया। स्वतंत्र भारत में भी इस क्षेत्र के लोगों ने कई आंदोलन चलाए। इसमें चमोली-गढ़वाल क्षेत्र की महिलाओं द्वारा किया चिपको आंदोलन और शराबबंदी का आंदोलन बहुत प्रसिद्ध है। इन आंदोलनों की सबसे बड़ी विशेषता यह थी कि लोग इससे स्वत:स्फूर्त तरीक़े से जुड़े क्योंकि ये प्रश्न लोगों की जीविका और अस्तित्व से जुड़े हुए थे।

जब तक यह क्षेत्र उत्तर प्रदेश का भाग था, तो यहाँ के कुछ राजनीतिज्ञों ने प्रदेश और एक हद तक पूरे देश की राजनीति को प्रभावित किया। इस संदर्भ में गोविंद बल्लभ पंत, उनके बेटे कृष्ण चंद्र पंत, हेमवतीनंदन बहुगुणा और नारायण दत्त तिवारी के नाम उल्लेखनीय हैं। जनसंख्या में पिछड़ी जातियों की हिस्सेदारी तुलनात्मक रूप से कम होने के कारण 1990 के दशक में उत्तर प्रदेश में हुए 'पिछड़ी जातियों के उभार' का यहाँ कोई ख़ास असर नहीं हुआ। नब्बे के दशक में यहाँ की राजनीति में मुख्य मुक़ाबला कांग्रेस और भाजपा के बीच ही रहा, जिसमें भाजपा की स्थिति मज़बूत रही।

जब उत्तराखण्ड राज्य बना तो यहाँ की विधानसभा में भारतीय जनता पार्टी का बहुमत था। भाजपा के नेता नित्यानंद स्वामी राज्य के पहले मुख्यमंत्री बने। वे 9 नवम्बर, 2000 से 29 अक्तूबर, 2001 तक इस पद पर रहे। इसके बाद, भाजपा ने चुनावी रणनीति के तहत इनकी जगह भगत सिंह कोशियारी को मुख्यमंत्री बनाया जो 30 अक्टूबर, 2001 से एक मार्च, 2002 तक राज्य के मुख्यमंत्री रहे। 2002 के विधानसभा चुनावों में कांग्रेस को 36 और भाजपा को 19 सीटों पर जीत मिली थी। कांग्रेस ने अपने बूते पर सरकार बनायी और इसके नेता नारायण दत्त तिवारी पाँच साल तक मुख्यमंत्री रहे। 2007 में हुए चुनावों में भाजपा को 34, कांग्रेस को 31, बसपा को 8 तथा निर्दलीय और अन्य को छह सीटें मिलीं। इन चुनावों के बाद भाजपा की सरकार बनी। भाजपा ने शुरुआती दो वर्षों के लिए (मार्च, 2007-जून, 2009) तक के लिए भुवन चन्द्र खंडूरी को मुख्यमंत्री बनाया, इसके बाद रमेश चंद्र पोखरियाल दो वर्षों से कुछ ज़्यादा समय के लिए (जून, 2009-सितम्बर, 2011) मुख्यमंत्री रहे। इसके बाद, चुनाव को देखते हुए भाजपा हाईकमान ने फिर से भुवन चंद्र खंडूरी को ही राज्य का नेतृत्व सौंपा। पोखरियाल के विपरीत खंडूरी की छवि एक ईमानदार प्रशासक की थी। इसलिए वे भाजपा सरकार के ख़िलाफ़ जमा होते जा रहे जन-रोष का काफ़ी हद तक मुक़ाबला कर पाये। पार्टी की अंदरूनी गुटबाजी के कारण खंडूरी ख़ुद तो चुनाव हार गये पर उन्होंने पार्टी को उबार लिया

जिसके कारण कांग्रेस मुश्किल से अपनी सरकार बना पायी और कांग्रेस आला कमान ने विजय बहुगुणा को मुख्यमंत्री की कुर्सी पर बैठाया।

2004 लोकसभा चुनावों में भाजपा को तीन, कांग्रेस को एक और सपा को एक सीट पर जीत मिली थी। यद्यपि सपा को एक सीट पर जीत मिली लेकिन वह पूरे राज्य में चुनावों को तिकोना बनाने में नाकाम रही। मुख्य मुक़ाबला कांग्रेस और भाजपा के बीच ही रहा। 2009 के चुनावों में पाँचों सीटों पर कांग्रेस को जीत मिली। अलग उत्तराखण्ड राज्य के लिए आंदोलन चलाने वाले उत्तराखण्ड क्रांति दल को राज्य के विधानसभा चुनावों में अब तक कोई ख़ास सफलता नहीं मिल पायी है। 2007 के विधानसभा चुनावों में बसपा को आठ सीटों पर जीत मिली है, लेकिन राज्य में मुख्य राजनीतिक दल के रूप में उभरने के लिए इसे एक लम्बी दूरी तय करनी है। तीसरा, यहाँ भाजपा ने अपनी 'उग्र हिंदुत्ववादी' राजनीति का सहारा नहीं लिया।

एक लम्बे और गहरे संघर्ष का नतीजा होने और तुलनात्मक रूप से राजनीतिक स्थिरता के बावजूद उत्तराखण्ड के लोगों के जीवन में कोई ख़ास बदलाव नहीं हुआ है। राज्य के मैदानी इलाक़े के लोगों में इस बात की नाराजगी देखी जा सकती है कि सत्ता पर पहाड़ी लोगों का वर्चस्व है। राज्य में पहाड़ी और मैदानी लोगों के बीच संतुलन क़ायम करने की भी ज़रूरत है। उत्तराखण्ड को अपने नागरिकों की आकांक्षाओं का पूरा करने की दिशा में एक लम्बी दूरी तय करनी है।

देखें : असम, अरुणाचल प्रदेश, आंध्र प्रदेश, उत्तर प्रदेश, ओडीशा, कर्नाटक, केरल, छत्तीसगढ़, जम्मू और कश्मीर, झाड़खण्ड, तमिलनाडु, त्रिपुरा, दिल्ली, नगालैण्ड, पश्चिम बंग, पंजाब, महाराष्ट्र, मध्य प्रदेश, मिज़ोरम, मेघालय, भारतीय संघवाद, बिहार, राजस्थान, राज्यों का पुनर्गठन-1, 2 और 3, राज्यों की राजनीति, संघवाद, हरियाणा।

संदर्भ

1. संजय कुमार और अनुपमा नौटियाल (2009), उत्तराखण्ड : द स्टोरी बिहाइंड मार्जिनल डिफरेंसेज, संदीप शास्त्री, के.सी. सूरी और योगेंद्र यादव (सम्पा.), *इलेक्टोरल पॉलिटिक्स इन इण्डियन स्टेट्स : लोकसभा इलेक्शंस इन 2004 ऐंड बियांड,* ऑक्सफ़र्ड युनिवर्सिटी प्रेस, नयी दिल्ली.
2. चार्ल्स एस. मेयर (1994), 'डेमॉक्रैसी ऐंड इट्स डिसकंटेंट', *फ़ॉरेन अफ़ेयर्स,* खण्ड 73, अंक 4.

—कमल नयन चौबे

उदारतावाद

(Liberalism)

उदारतावाद एक राजनीतिक विचारधारा है; लेकिन, समाजवाद, फ़ासीवाद या राष्ट्रवाद जैसी राजनीतिक विचारधाराओं की तरह इसका दायरा सीमित और ग़ैर-लचीला नहीं है। सहिष्णुता और स्वाधीनता की अवधारणाओं के साथ प्रतिबद्धता के कारण उदारतावाद अन्य विचारधाराओं के साथ सहअस्तित्व में रह सकता है। यही नहीं, उदारतावाद ने अपने तीन सौ साल के इतिहास में प्रतिद्वंद्वी विचारधाराओं के अंशों को अपनाते हुए लगातार अपना नवीकरण और विकास करने की प्रवृत्ति का परिचय दिया है। इसी कारण इसका स्वरूप एकाश्म नहीं रह गया है।

दरअसल, उदारतावाद एक नहीं बल्कि कई हैं जिन्हें एक सूत्र में बाँधने का काम मनुष्य और समाज की एक निश्चित अवधारणा करती है। किसी भी सामाजिक समूह के मुक़ाबले व्यक्ति की नैतिक श्रेष्ठता में यक़ीन करने के कारण उदारतावाद व्यक्तिवादी रवैये को बढ़ावा देता है। सभी व्यक्तियों को समान नैतिक हैसियत देने के कारण उदारतावाद समतामूलक आस्था की पैरोकारी करता है। सभी मनुष्यों की नैतिक एकता पर ज़ोर देने के कारण यह विचारधारा सार्वभौमिकता के आयाम प्राप्त कर लेती है। सामाजिक संस्थाओं और राजनीतिक व्यवस्थाओं को बेहतर बनाने की सम्भावना में विश्वास रखने के कारण उदारतावाद सुधारवादी या उन्नयनवादी बन जाता है। उदारतावाद खुले समाज में यक़ीन रखता है जिसमें हर व्यक्ति और समूह को बिना किसी उत्पीड़न के पनपने के पूरे अवसर मिल सकें। खुले समाज का मतलब है ऐसे ग़ैर-पदानुक्रमवादी बहुलवाद में विश्वास करना जो किसी भी तरह के भेदभाव, उत्पीड़न या प्रभुत्व को अस्वीकार करते हुए सभी व्यक्तियों और समूहों को पनपने के समान अवसर मुहैया कराता हो।

अन्य राजनीतिक विचारधाराओं के मुक़ाबले उदारतावाद का इतिहास कहीं पुराना है। शुरुआती उदारतावादियों में उन प्रोटेस्टेंट सुधारकों को शामिल किया जाता है जिन्होंने सोलहवीं सदी में कैथॅलिक चर्च की धार्मिक पदानुक्रमता और परम्परानिष्ठता को चुनौती दी थी। इन सुधारकों ने सच्चे धर्म की भिन्न व्याख्या की और मनुष्य और ईश्वर के बीच सीधी घनिष्ठता पर ज़ोर दिया, धर्म को पुरोहितों की जकड़ से निकाला, श्रद्धालुओं की भावना को प्रमुखता दी और इस प्रक्रिया में व्यक्ति की स्वायत्तता स्थापित करने का रास्ता खोला। व्यक्ति की स्वायत्तता के इस बुनियादी नैतिक स्रोत से ही आगे चल कर उदारतावादी सिद्धांत निकला। चूँकि प्रोटेस्टेंट सुधारकों ने पुरोहितों के प्राधिकार को प्रश्नांकित

कर ही दिया था, इसलिए राजा के प्राधिकार पर सवालिया निशान लगाने का रास्ता खुल गया। जो बात साधारण व्यक्तियों द्वारा अपने मोक्ष का रास्ता ख़ुद चुनने से शुरू हुई थी, वह जल्दी ही लौकिक और सेकुलर मामलों के बारे में उसकी निर्णय क्षमता तक पहुँच गयी। परिणामस्वरूप राजा के दैवी अधिकार और जन्मना कुलीन होने के कारण सामंतों के विशेषाधिकारों पर सवाल उठने लगे। पदानुक्रम आधारित हर तरह के सामाजिक और राजनीतिक संबंध के ख़िलाफ़ सतत संघर्षों की प्रक्रिया में उदारतावादी विचार का विकास होता चला गया। उदारतावाद पर विचार करते समय उसकी तीन प्रमुख धाराओं की चर्चा अनिवार्य है : क्लासिकल, आधुनिक और समकालीन उदारतावाद।

क्लासिकल उदारतावाद का मतलब है सीमित सरकार और क़ानून के शासन का विचार, निजी सम्पत्ति के अधिकार की अनुलंघनीयता, किसी भी क़िस्म का अनुबंध करने और उसे क़ायम रखने की आज़ादी और व्यक्तियों द्वारा अपनी नियति का निर्णय स्वयं करने का अधिकार। इसकी सर्वश्रेष्ठ अभिव्यक्ति जॉन लॉक के विचारों में मिलती है। लॉक के सिद्धांत की सबसे ख़ास बात यह थी कि उन्होंने सरकार के प्राधिकार को सशर्त बताया। उन्होंने कहा कि शासन को नागरिकों पर अपने प्राधिकार का औचित्य साबित करना होगा, और इसके लिए सरकार को नागरिकों के जान-माल और अधिकारों की रक्षा करने का दायित्व निभाना होगा। लॉक की संस्तुति थी कि जो सरकार यह ज़िम्मेदारी पूरी नहीं कर सकती, उसके ख़िलाफ़ नागरिकों को बग़ावत करने का पूरा हक़ है। लॉक मानते थे कि नागर समाज तभी बन सकता है जब प्राकृतिक अधिकारों को विधेयक स्थिति में रखा जाए और प्राकृतिक क़ानूनों के ज़रिये उनकी रक्षा की जाए। ऐसा करने के लिए सरकार को क़ानून द्वारा परिभाषित एक न्याय प्रणाली बनानी होगी। सभी नागरिक ऐसी सरकार का प्राधिकार समान रूप से मानेंगे क्योंकि उस प्राधिकार के ज़रिये उनके जान-माल और आज़ादी की हिफ़ाज़त की गारंटी मिलेगी।

लॉक के अलावा ऐडम स्मिथ और थॉमस पेन ने भी क्लासिकल उदारतावाद की धारा में अहम योगदान किया है। बीसवीं सदी के कुछ चिंतकों (फ्रेड्रिख़ वॉन हॉयक, रॉबर्ट नॉज़िक और मिल्टन फ्रीडमेन) ने इस अवधारणा का पक्ष लेते हुए उन प्रगतिशील, लोकतांत्रिक और रैडिकल सिद्धांतों की आलोचना की है जिनके आधार पर समतामूलक न्याय और लोकहितकारी राज्य का प्रवर्तन हुआ। ये विद्वान इन आधारों पर राज्य को सीमा से अधिक अधिकार देने के पक्ष में नहीं हैं।

क्लासिक धारा के साथ आधुनिक उदारतावाद की यह धारा भी निरंकुश सत्ता के विरोध में खड़ी है, यह राजनीतिक प्राधिकार पर अविश्वास करती है और स्वाधीनता व मानवीय स्वायत्तता के विचार में दृढ़ता से यक़ीन करती है। फ़र्क़ यह है कि आधुनिक उदारतावाद स्वाधीनता और मानवीय प्रगति के बीच एक ख़ास तरह का सकारात्मक संबंध स्थापित करता है। वह मान कर चलता है कि मनुष्य आत्मविकास की असीमित सम्भावनाओं से सम्पन्न एक प्रगतिशील प्राणी है और वह अपना यह विकास दूसरों की वैसी ही सम्भावनाओं को नुक़सान पहुँचाए बिना कर सकता है। यह धारा निजी सम्पत्ति के अधिकार को सशर्त करती हुई मानती है कि राज्य की संस्था को इससे जुड़ी हुई सामाजिक और आर्थिक बुराइयाँ दूर करना चाहिए। हालाँकि, ऐसी सिफ़ारिश करते समय आधुनिक उदारतावाद राज्य को अपने क्लासिकल संस्करण द्वारा दिये गये अधिकारों से ज़्यादा शक्तियाँ देने के लिए तैयार नहीं है, पर इस प्रक्रिया में वह समतामूलक न्याय और लोकहितकारी राज्य जैसे प्रयोग करने का रास्ता खोल देता है। ज्ञानोदय द्वारा प्रवर्तित विचारों के आधार पर आधुनिक उदारतावाद मानता है कि मनुष्य और उदारतावादी राज्य को बुद्धि और प्रगति में यक़ीन के ज़रिये उत्तरोत्तर सम्पूर्ण बनाया जा सकता है।

यह धारा मनुष्य द्वारा सार्थक चयन किये जाने और उनकी ज़िम्मेदारी स्वीकार करने की सामर्थ्य पर गहरा विश्वास करती है। मनुष्य की स्वायत्ता में इस आस्था का प्रतिपादन इमैनुएल कांट ने किया था। रूसो के विचारों से प्रभावित हो कर कांट का दावा था कि सभी मनुष्य स्वायत्त होने की क्षमता में समान हैं और इसीलिए समान आदर के पात्र हैं। मनुष्य के इस स्वाभाविक अधिकार का उल्लंघन सार्वभौम नैतिकता को नकारना है। जॉन स्टुअर्ट मिल और भी आगे जा कर कहते हैं कि अगर किसी व्यक्ति के काम दूसरे को नुक़सान नहीं पहुँचा रहे हैं तो उसकी ऐसी कार्रवाइयों में भी हस्तक्षेप नहीं किया जाना चाहिए जो बुद्धिसंगत न हो कर भावना के अधीन की गयी हों। मिल व्यक्ति का हित-साधन करने के लिए उसके जीवन में सरकार द्वारा माई-बाप छाप हस्तक्षेप करने के पक्ष में भी नहीं थे।

उदारतावाद की समकालीन धारा राज्य से माँग करती है कि उसकी ज़िम्मेदारी सभी नागरिकों को समान रूप से मतदान का अधिकार और अभिव्यक्ति-धर्म-संगठन की आज़ादी मुहैया कराना ही नहीं है, बल्कि उसे सबसे कम ख़ुशहाल लोगों के लिए जहाँ तक हो सके उत्तम जीवन सुनिश्चित करना चाहिए। इसी के साथ यह धारा सतर्क भी करती है कि स्वाधीनता के सिद्धांत को किसी भी क़ीमत पर छोड़ा नहीं जाना चाहिए। इस प्रकार यह विचारधारा उदारतावादी राज्य द्वारा किये जाने वाले पुनर्वितरणकारी अनुभवों का स्वागत करते हुए उदारतावाद की समतामूलक रूपरेखा पेश करती है।

उदारतावाद के सबसे ताज़ा संस्करण की सर्वश्रेष्ठ अभिव्यक्ति जॉन रॉल्स की दो रचनाओं 1971 में प्रकाशित *अ थियरी ऑफ़ जस्टिस* और 1993 में प्रकाशित *पॉलिटिकल लिबरलिज़्म* में हुई है। इनके ज़रिये रॉल्स ने लॉक, रूसो और

कांट द्वारा स्थापित सामाजिक समझौता की परम्पराओं को पुन: जीवंत किया, खुले समाज में मिल द्वारा प्रतिपादित स्वाधीनता के आग्रह को सुदृढ़ता प्रदान की और उपयोगितावाद से निकले उन विचारों की आलोचना की जो सामूहिक कल्याण के लिए व्यक्तियों को साधन की तरह देखते हैं। रॉल्स का कहना है कि एक खुले समाज में व्यक्ति अपने लिए उत्तम जीवन की धारणा स्वयं चुनने और उसके मुताबिक़ जीवित रहने के लिए स्वतंत्र होना चाहिए। राज्य या किसी अन्य संस्था को यह अधिकार नहीं है कि वह उत्तम जीवन के मूल्य किसी पर थोपे। उत्तम जीवन की विभिन्न धारणाओं के बीच राज्य को तटस्थ भूमिका निभानी चाहिए। रॉल्स उचित और न्यायपूर्ण के विचार को उत्तम और लाभकारी के विचार के बोझ से मुक्त करने के लिए उचित को उत्तम के ऊपर प्राथमिकता देते हैं। नागरिक अधिकारों को परिभाषित करने के लिए वे न्याय का सिद्धांत पेश करते हैं।

रॉल्स के सिद्धांतों की चार्ल्स टेलर और माइकल वाल्ज़र जैसे समुदायवादियों द्वारा आलोचना भी की गयी है। दरअसल, रॉल्स का उदारतावाद जातिगत, समुदायगत, जातीयतागत, भाषाई और अन्य अस्मिताओं में बँटे समाज में हर समय मौजूद रहने वाले नैतिक मतभेदों का इलाज पेश करने में नाकाम है। समुदायवादियों के अनुसार रॉल्स ने इस हक़ीक़त को नज़रअंदाज़ किया है कि लोगों की अस्मिता अधिकांशत: उनकी सामुदायिक सदस्यता से बनती है। उन्होंने साझे मूल्यों के महत्त्व को कम करके आँका है, और व्यक्तिवाद व सार्वभौमिकता के उन आग्रहों पर हद से ज़्यादा ज़ोर दिया है जो या तो खोखले हैं या जिन्हें हासिल करना नामुमकिन है।

समुदायवाद के साथ हुई इस बहस ने भी उदारतावादी सिद्धांत को समृद्ध किया है। आज के उदारतावादी अस्मिता और सांस्कृतिक बहुलता के मुद्दों के प्रति अधिक संवेदनशीलता दिखाते हैं। उदारतावादी सिद्धांतशास्त्र का अवधारणात्मक दायरा और व्यापक हुआ है। जो उदारतावाद अपने पहले दौर में केवल स्वाधीनता और न्यूनतम राज्य के सिद्धांतों के इर्द-गिर्द ही सोचता था, वह अब अधिकारों, समता, पुनर्वितरणकारी न्याय और बहुलता जैसे प्रश्नों पर भी सकारात्मक ढंग से विचार करता है।

देखें : इमैनुएल कांट, ईसाई धर्म-सुधार और मार्टिन लूथर, उदारतावादी राज्य, ऐडम स्मिथ, क्लासिकल अर्थशास्त्र, ज्याँ-ज़ाक रूसो, जॉन स्टुअर्ट मिल, जॉन रॉल्स, जॉन लॉक, रॉबर्ट नॉज़िक, फ्रेड्रिख़ वॉन हायक, बहुसंस्कृतिवाद, मिल्टन फ्रीडमैन, थॉमस हिल ग्रीन, थॉमस पेन, शीत-युद्ध, समुदायवाद, समतावाद, स्वतंत्रतावाद।

संदर्भ

1. अशोक आचार्य (2008), 'लिबरलिज़म', राजीव भार्गव और अशोक आचार्य (सम्पा.), *पॉलिटिकल थियरी : ऐन इंट्रोडक्शन,* पियर्सन लोंगमेन, नयी दिल्ली.
2. बेंजामिन कांस्टेंट (1988), *पॉलिटिकल राइटिंग्स,* केम्ब्रिज युनिवर्सिटी प्रेस, केम्ब्रिज, यूके.
3. भीखू पारेख (1994), 'डिकोलोनाइज़िंग लिबरलिज़म', संकलित : अलेक्ज़ेंड्राज़ स्ट्रोमास (सम्पा.), *द ऐंड ऑफ़ इज़म्स? रिफ़्लेक्शंस ऑन द फ़ेट ऑफ़ आइडियोलॉजिकल पॉलिटिक्स आफ़्टर कम्युनिज़्म्स क्लेप्स,* ब्लैकवेल, ऑक्सफ़र्ड.
4. जॉन ग्रे (1989), *लिबरलिज़म : एसेज़ इन पॉलिटिकल फ़िलॉसफ़ी,* रॉटलेज, लंदन और न्यूयॉर्क.

—अभय कुमार दुबे

उदारतावादी राज्य

(Liberal State)

उदारतावाद के राजनीतिक दर्शन में राज्य की भूमिका के बारे में कई तरह की बहसें रही हैं। उदारतावाद व्यक्ति को एक स्वायत्त हस्ती की तरह देखता है। इसके मुताबिक़ व्यक्ति इतना स्वायत्त होता है कि वह अपने लिए उत्तम जीवन की संकल्पना का चुनाव कर सके। कोई भी सामाजिक या धार्मिक परम्परा या संस्था व्यक्ति की इस स्वायत्तता को उससे नहीं छीन सकती। व्यक्ति की यही स्वायत्तता क़ायम रखने या उसे इस स्वायत्तता को हासिल करने में समर्थ बनाने के तर्क के आधार पर उदारतावादी राज्य के विविध रूपों का विकास हुआ है। उदारतावाद के विविध चरणों के आधार पर ही उदारतावादी राज्य के विविध रूपों की व्याख्या की जा सकती है : ये रूप हैं क्लासिकल उदारतावाद, आधुनिक उदारतावाद, स्वतंत्रतावाद, समतावाद, और बहुसांस्कृतिक उदारतावादी राज्य।

पश्चिम में उदारतावाद का उभार सामंतवाद की जकड़बंदी से मुक्त हो कर स्वतंत्र आर्थिक गतिविधियों की चाह रखने वाले बूर्ज्वा वर्ग के उभार के साथ हुआ। इसमें राज्य को एक तटस्थ संस्था के रूप में देखा गया। ऐडम स्मिथ ने 'अदृश्य हाथ' की संकल्पना पेश की। इसके मुताबिक़ यदि व्यक्तियों को अपनी आर्थिक गतिविधियाँ चलाने के लिए खुला जोड़ दिया जाए, तो कुछ समय बाद अपने-आप उनकी गतिविधियों में एक व्यवस्था आ जाती है। ऐसा लगता है मानो किसी अदृश्य हाथ द्वारा उनकी गतिविधियों को नियंत्रित किया जा रहा हो। इसी आधार पर स्मिथ ने एक सीमित राज्य की संकल्पना की। इस उदारतावादी राज्य का काम सिर्फ़ सामान्य क़ानून-व्यवस्था बनाये रखना था। यह लोगों की गतिविधियों

में तभी दख़ल दे सकता था, जब कोई व्यक्ति किसी दूसरे को धोखा दे रहा हो। क्लासिकल उदारतावाद के एक दूसरे सबसे प्रमुख प्रतिपादक जॉन लॉक ने यह स्पष्ट किया कि राज्य का काम व्यक्ति के 'जीवन, स्वतंत्रता और सम्पत्ति' की रक्षा करना है। उन्होंने इस बात पर भी ज़ोर दिया कि जो राज्य ऐसा करने में नाकाम रहता है, उसके ख़िलाफ़ विद्रोह तक किया जा सकता है। इस रूप में जो राज्य उभर कर सामने आया उसमें व्यक्तियों के मूल अधिकारों की सुरक्षा की गारंटी, शासन के विविध अंगों के बीच शक्ति-पृथक्करण तथा नियंत्रण और संतुलन का सिद्धांत अपनाया गया।

ग़ौरतलब है कि उदारतावादी राज्य के दो रूप विकसित हुए। पहला ब्रिटेन में और दूसरा अमेरिका में। ब्रिटेन में उदारतावादी राज्य और उसकी विविध संस्थाओं से जुड़े पहलू परम्पराओं और रिवाज़ों के रूप में विकसित हुए। यहाँ संसद की सर्वोच्चता का सिद्धांत मज़बूती से उभर कर सामने आया। लेकिन मूल रूप से यहाँ भी व्यक्ति की स्वतंत्रता को क़ायम रखा गया। दूसरी ओर अमेरिका में लिखित संविधान और शक्तियों के पृथक्करण का सिद्धांत अपनाया गया। बाद में बहुत से राज्यों ने उदारतावादी शासन अंगीकार किया। आम तौर पर इन राज्यों में लिखित संविधान के माध्यम से राज्य की विविध संस्थाओं की भूमिका स्पष्ट करने की कोशिश की गयी। भारत ने भी औपनिवेशिक शासन के बाद उदारतावादी राज्य ही स्थापित किया। ब्रिटेन की कई संस्थाओं को अपनाने के बावजूद भारत के लिखित संविधान में राज्य की विविध संस्थाओं की भूमिका स्पष्ट रूप से रेखांकित की गयी है।

आर्थिक गतिविधियों के संदर्भ में राज्य के अहस्तक्षेप की नीति और सीमित राज्य की संकल्पना के नतीजे जल्दी ही सामने आने लगे। इसे अपनाने वाले समाजों में व्यापक असमानता फैल गयी क्योंकि जिन लोगों का उत्पादन के साधनों पर क़ब्ज़ा था, उन्होंने ख़ूब आर्थिक तरक़्क़ी की। लेकिन जो लोग पहले से ही हाशिये पर थे, उनकी स्थिति और भी ख़राब हो गयी। आधुनिक उदारतावादियों ने इसीलिए क्लासिकल उदारतावादी राज्य की सीमाओं को रेखांकित किया। इन्होंने इस बात पर ज़ोर दिया कि क्लासिक उदारतावाद में जिस तरह के राज्य की रूपरेखा पेश की गयी है, उससे उन व्यक्तियों का कोई भला नहीं हो सकता है जो उत्पादन की प्रक्रिया में हाशिये पर रह जाते हैं। इसलिए आधुनिक उदारतावादियों ने व्यक्ति की वास्तविक स्वतंत्रता सुनिश्चित करने के लिए राज्य द्वारा हस्तक्षेप करने का समर्थन किया। जॉन स्टुअर्ट मिल और थॉमस हिल ग्रीन जैसे चिंतकों को उन आधुनिक उदारतावादियों की श्रेणी में रखा जाता है जिन्होंने सीमित राज्य और राज्य के अ-हस्तक्षेप की जगह हाशिये पर पड़े समूहों की मदद करने वाले पहलक़दमी से युक्त राज्य का समर्थन किया। इनके अनुसार राज्य को सम्पत्तिशाली वर्ग पर टैक्स लगाना चाहिए और सम्पत्तिहीन और कमज़ोर तबक़ों के लोगों की भलाई के लिए कल्याणकारी काम करना चाहिए।

राज्य द्वारा हाशिये पर पड़े लोगों की भलाई के लिए किये जाने वाले काम की बीसवीं सदी के चौथे दशक से कड़ी आलोचना की जाने लगी। यह मुख्य रूप से दो स्तरों पर की गयी : पहला, यह राज्य अपनी मेहनत से सम्पत्ति अर्जित करने वाले लोगों पर टैक्स लगाता है। इससे उनकी आर्थिक गतिविधियों की आज़ादी सीमित होती है। दूसरा, यह तर्क भी दिया गया कि राज्य द्वारा समाज में कमज़ोर तबक़ों की मदद करने से व्यक्तियों के परजीवी समूह का निर्माण होता है। यह समूह अपनी आवश्यकताएँ पूरा करने के लिए काम करने के बजाय राज्य की मदद की राह देखता है। मिल्टन फ्रीडमैन और हायक जैसे विचारकों ने राज्य द्वारा लोगों की आर्थिक गतिविधियों में हस्तक्षेप को जम कर आड़े हाथों लिया और आर्थिक गतिविधियों के क्षेत्र में फिर से अहस्तेक्षप की नीति अपनाने की माँग की। 1973 में राबर्ट नॉज़िक ने अपनी प्रसिद्ध किताब *एनार्की, स्टेट ऐंड यूटोपिया* के माध्यम से स्वतंत्रतावादी राज्य की तरफ़दारी की। उन्होंने दलील पेश की कि दरअसल कल्याणकारी राज्यों द्वारा लगाया जाने वाला टैक्स लोगों के आत्म-स्वामित्व (सेल्फ़-ऑनरशिप) का उल्लंघन है। यानी यह लोगों की सबसे बुनियादी आज़ादी का उल्लंघन है। इसलिए उन्होंने एक सीमित उदारतावादी राज्य की वकालत की। दूसरी ओर जॉन रॉल्स और रोनॉल्ड ड्वॉर्किन जैसे सिद्धांतकारों ने अपने दार्शनिक तर्कों द्वारा एक ऐसे उदारतावादी राज्य का औचित्य साबित करने की कोशिश की, जिसे समाज के वंचित तबक़ों के लिए कल्याणकारी काम करने चाहिए।

बहरहाल, 1980 के बाद के दौर में उदारतावादी राज्य से संबंधित वाद-विवाद मुख्य रूप से दो दिशाओं में आगे बढ़ा। पहला, मार्गरेट थैचर और रोनॉल्ड रेगन द्वारा क्रमश: ब्रिटेन और अमेरिका में नव-उदारतावादी नीतियों को बढ़ावा दिया गया और राज्य की भूमिका में कटौती करने की कोशिश की गयी। 1990 में सोवियत संघ के विघटन ने एक शासन प्रणाली के रूप में उदारतावादी लोकतंत्र और आर्थिक व्यवस्था के रूप में नव-उदारतावादी व्यवस्था का वर्चस्व क़ायम कर दिया। नव-उदारतावाद की नीतियों ने वैश्वीकरण को बढ़ावा दिया और दुनिया के अधिकांश देशों में आर्थिक मामलों में राज्य का नियंत्रण कम करने की प्रवृत्ति बढ़ायी। दूसरा, अस्सी के दशक में समुदायवादी चिंतकों का एक स्कूल सामने आया। इसमें माइकल सैंडल, ऐलस्डेयर मैकेंटायर और चार्ल्स टेलर जैसे विद्वान प्रमुख थे। मौटे तौर पर इन्होंने रॉल्स द्वारा प्रतिपादित न्याय के सिद्धांत को आधार बनाते हुए उदारतावाद की आलोचना की। इनकी आलोचना का मुख्य आधार यह था कि उदारतावाद व्यक्ति की अणुवादी कल्पना करता है और वह समुदायों के अस्तित्व को नकारता है। अस्सी के दशक के आख़िरी वर्षों और

नब्बे के दशक में उदारवादियों ने समुदायवादियों की आलोचना को गम्भीरता से लेते हुए उनके विचारों को उदारतावाद के भीतर समायोजित करने की कोशिश की। नतीजतन एक विचार-सम्प्रदाय के रूप में बहुसंस्कृतिवाद का उभार हुआ।

बहुसंस्कृतिवाद में इस बात को स्वीकार किया गया कि उदारतावादी राज्य द्वारा सभी नागरिकों को सार्वभौमिक रूप से एक समान मानना ही काफ़ी नहीं है। इसके बजाय विभिन्न समूहों की विभेदपूर्ण स्थिति को भी स्वीकारने की आवश्यकता है। इसके अंतर्गत पश्चिम में दूसरे देशों से आये आप्रवासियों के अधिकारों को मान्यता देने पर ज़ोर दिया गया। इसके अलावा मूल निवासियों, भाषाई और दूसरे अल्पसंख्यकों के लिए विशेष प्रावधान करने पर ज़ोर दिया गया।

ज़ाहिर है कि उदारतावादी राज्य की अवधारणा में बहुत से बदलाव आये हैं और इसने ख़ुद को इन बदलावों के मुताबिक़ ढालने की भी कोशिश की है। इसका एक अन्य उदाहरण नारीवादियों द्वारा की गयी आलोचनाओं को समायोजित करने की कोशिश भी है। कई उदारतावादी राज्यों ने महिलाओं को समान अधिकार देने के लिए कई महत्त्वपूर्ण क़दम उठाए हैं। उल्लेखनीय है कि वैश्वीकरण के साथ राज्य की भूमिका के कम होने का तर्क भी सामने आया है। यह तर्क काफ़ी हद तक सही भी है। अधिकतर उदारतावादी देशों में आर्थिक मामलों में उदारीकरण की नीति अपनाई गयी है। लेकिन यह नहीं कहा जा सकता कि राज्य ने आर्थिक मामलों से पूरी तरह से हाथ खींच लिया है। उदारतावादी लोकतंत्रों के भीतर राज्य को लोगों की लोकतांत्रिक आकांक्षाओं पर अब भी ध्यान देना पड़ रहा है। इसलिए अमेरिका जैसे देशों में अभी किसानों को सब्सिडी देने की व्यवस्था क़ायम है। दूसरी ओर भारत जैसे देशों में राज्य ने नव-उदारतावादी नीति अपनाने के बावजूद ग़रीबों की भलाई के लिए कई कार्यक्रम बनाये हैं।

यह रेखांकित करने की आवश्यकता भी है कि मार्क्सवाद के भीतर उदारतावादी राज्य को बूर्ज्वा हितों का प्रतिनिधित्व करने वाली संस्था का दर्जा दिया गया है। उदारतावादी राज्य द्वारा चलाये जाने वाले कल्याणकारी कार्यक्रमों की बहुत से मार्क्सवादी सिद्धांतकारों ने आलोचना की है। इस आलोचना का मुख्य आधार यह है कि इसमें सामाजिक-आर्थिक असमानता के बुनियादी कारण अर्थात् पूँजीवादी व्यवस्था ख़त्म करने की कोई कोशिश नहीं की जाती है। बल्कि पूँजीवाद द्वारा किये जा रहे शोषण पर पर्दा डालने का काम किया जाता है। इसी तरह, समाजवादी और रैडिकल नारीवादियों ने उदारतावादी राज्य द्वारा महिलाओं की भलाई के लिए किये जाने वाले तथाकथित क़ानूनी सुधारों को सीमित सुधार की संज्ञा दी है। असल में, उदारतावादी राज्य अपनी कई बुनियादी कमियों का भी शिकार है। मसलन, उदारतावादी राजनीतिक संस्थाओं को अपनाने वाले राज्यों में कई बार शक्ति के पृथक्करण, नियंत्रण और संतुलन के सिद्धांत का सही तरह से पालन नहीं हो पाता है। इससे राज्य की कोई एक संस्था ज़्यादा मज़बूत हो जाती है। इससे उदारतावादी राज्य का बुनियादी तत्त्व कमज़ोर होता है। इसके अलावा, अधिकतर उदारतावादी राज्यों में असाधारण क़ानून भी मौजूद हैं जिसकी मदद से कई मौक़ों पर उदारतावादी राज्य असहिष्णु और सर्वाधिकारवादी राज्य की तरह व्यवहार करता है। यहाँ तक कि भारत, अमेरिका और ब्रिटेन जैसे देशों में भी कई अल्पसंख्यक समूहों को राज्य के भेदभाव का शिकार होना पड़ता है।

बहरहाल, इस बात में किसी शक की गुंजाइश नहीं है कि उदारतावाद ने अपने सामने आयी समस्याओं को सैद्धांतिक स्तर पर विचार और वाद-विवाद के माध्यम से निपटने की कोशिश की है। इससे उदारतावादी राज्य के स्वरूप में भी कई बार बदलाव आया है। अभी उदारतावादी राज्य अपने सामने आने वाली चुनौतियों के हिसाब से ख़ुद में बदलाव कर रहा है। लेकिन इसकी मुख्य चुनौती यह है कि वह बेवजह नियंत्रण, केंद्रीकरण, वंचित तबक़ों की उपेक्षा, पूँजीपतियों को बेलगाम समर्थन और संस्थागत शक्ति असंतुलन की ओर न बढ़े।

देखें : उदारतावाद, ऐडम स्मिथ, क्लासिकल अर्थशास्त्र, जॉन स्टुअर्ट मिल, जॉन रॉल्स, जॉन लॉक, रॉबर्ट नॉज़िक, पैटी-बूर्ज़्वा, फ्रेड्रिख़ वॉन हायक, बहुसंस्कृतिवाद, भारतीय संविधान-1 से 8 तक, मिल्टन फ्रीडमैन, थॉमस हिल ग्रीन, समतावाद, स्वतंत्रतावाद।

संदर्भ

1. जॉर्ज सोरेंसन (2004), *द ट्रांसफ़ॉरमेशन ऑफ़ द स्टेट : बियांड द मिथ ऑफ़ द रिट्रीट,* पालग्रेव-मैकमिलन, हैमशायर.
2. डेविड हेल्ड (1998), *पॉलिटिकल थियरी ऐंड द मॉडर्न स्टेट,* वर्ल्ड व्यू-माया पॉलिटी, नयी दिल्ली.
3. ग्रेम गिल (2003), *द नेचर ऐंड डिवेलपमेंट ऑफ़ मॉडर्न स्टेट,* पेलग्रेव-मैकमिलन, हैमशायर.
4. विल किमलिका (2009), *समकालीन राजनीति-दर्शन : एक परिचय* (अनुवाद : कमल नयन चौबे), पेंगुइन, नयी दिल्ली.

—कमल नयन चौबे

उदारतावादी लोकतंत्र

(Liberal Democracy)

आजकल सारी दुनिया में लोकतंत्र के उदारतावादी संस्करण का ही बोलबाला है। लेकिन इसका मतलब यह नहीं है कि सभी देशों में इस संस्करण की एक ही क़िस्म प्रचलित है। दरअसल, उदारतावादी मूल्यों को अपनाने वाले लोकतंत्रों में सत्ता की संरचनाएँ और उसका संस्थागत विन्यास अलग-अलग देशों और समाजों की अपनी परिस्थितियों और इतिहास पर निर्भर करता है। मसलन, अमेरिका, ब्रिटेन, फ्रांस और भारत के लोकतंत्रों को उदारतावादी कहा जाएगा, क्योंकि चारों के मर्म में व्यक्ति के अधिकारों की सुरक्षा और सत्ता के दुरुपयोग पर नियंत्रण की अवधारणाएँ हैं। लेकिन इसके बावजूद उनके बीच प्रणालीगत विभिन्नताएँ हैं, जिसके आधार में उदारतावाद के दर्शन और लोकतांत्रिक पद्धति की भिन्न अन्योन्यक्रिया दिखायी पड़ती है। हर लोकतंत्र का ऐतिहासिक अनुभव दूसरे से अलग है, जिसकी प्रक्रियाओं ने धीरे-धीरे उनके उदारतावाद की अपनी अलग शक्ल-सूरत बना दी है। समाज-विज्ञान के हलकों में अगर कहीं ब्रिटिश उदारतावाद, अमेरिकी उदारतावाद या भारतीय उदारतावाद की चर्चा सुनायी दे, तो उसके आधार में लोकतंत्र की विभिन्नताओं को ही देखा जाना चाहिए।

उदारतावादी दर्शन आधुनिक लोकतांत्रिक मूल्यों के परवान चढ़ने से पहले ही स्थापित हो चुका था। इसलिए यह कहा जा सकता है कि इस दर्शन के तत्त्वों ने ही लोकतंत्र को गढ़ने में प्रमुख भूमिका निभायी है। सोलहवीं सदी और उसके बाद सामंतवाद से पूँजीवाद में संक्रमण की प्रक्रिया में उभरे पूँजीवादी / मध्य वर्ग ने युरोपियन राज्यों की राजशाहियों और कुलीन वर्ग की निरंकुश सत्ता को सीमित करने का प्रयास किया। इन कोशिशों के गर्भ से व्यक्तिवाद का चिंतन निकला जिसके तहत न केवल यह मान्यता बनी कि हर व्यक्ति स्वतंत्र, स्वायत्त और अपनी क़िस्मत का ख़ुद मालिक है, बल्कि यह भी माना गया कि व्यक्ति मुख्यत: बुद्धिसंगत, अपनी इयत्ता की अनुभूति सम्पन्न और अपने लक्ष्यों और कामनाओं को निर्धारित कर सकने वाला प्राणी है। उसके पास अपनी अलग प्राथमिकताएँ, मूल्य और उत्तम जीवन की अपनी दृष्टि विकसित करने की सामर्थ्य है। अपने स्व-निर्धारित लक्ष्यों की प्राप्ति के लिए उसे जिन बुनियादी और अनुलंघनीय परिस्थितियों की आवश्यकता पड़ती है, उदारतावादी उन्हें जीवन, स्वतंत्रता और सम्पत्ति संबंधी अधिकारों के रूप में देखते हैं।

ज़ाहिरा तौर पर अपने इन्हीं वैचारिक आग्रहों के कारण उदारतावादियों के लिए ज़रूरी था कि वे शासन और सरकार के भिन्न स्वरूप की कल्पना करते। उन्होंने जिस तंत्र को कल्पित किया उसके अधिकार सीमित ज़रूर थे ताकि वह व्यक्तिगत स्वतंत्रता में खलल न डाल सके, लेकिन वह एक कमज़ोर सरकार नहीं थी। इसके लिए उन्होंने राज्य के दायरे और नागरिकों के दायरे के बीच फ़र्क़ किया और इस तरह नागर समाज की नींव डाली। राज्य के सार्वजनिक दायरे में राजनीतिक गतिविधियाँ आयीं जिनके अंतर्गत सामूहिक निर्णय लेने की ज़िम्मेदारी निभायी जानी थी। नागर समाज में अर्थव्यवस्था, परिवार और सभा-समिति-संगठन का शुमार हुआ। यह व्यक्तियों की हित आधारित अन्योन्यक्रिया का क्षेत्र माना गया। उनकी आपसी होड़, टकराव या सहयोग इसी दायरे में घटित होने लगा। इसे विनियमित करने के लिए सरकार की भूमिका सामने आयी जिसने व्यक्तिगत अधिकारों की एक प्रणाली तैयार की, और राज्य की दमनकारी शक्ति कल्पित की गयी ताकि लोग एक-दूसरे के अधिकारों का अतिक्रमण न कर सकें। राज्य की हैसियत एक तटस्थ पंच की रखी गयी ताकि वह नागर समाज की गतिविधियों में हस्तक्षेप न कर सके। सिद्धांतत: सरकार उत्तम जीवन की किसी दृष्टि की पैरोकारी नहीं कर सकती थी, क्योंकि उदारतावादी सिद्धांत के अनुसार व्यक्ति उत्तम जीवन की अपनी-अपनी दृष्टियों के मुताबिक़ जीवनयापन करने के लिए स्वतंत्र समझे गये थे।

उदारतावादी प्रातिनिधिक लोकतंत्र की वकालत करते हैं। मताधिकार आधारित प्रतियोगितामूलक चुनावों के ज़रिये प्रतिनिधि चुने जाते हैं और उनके बहुमत के आधार पर सरकार बनायी जाती है। एक निश्चित अवधि के बाद चुनाव फिर से करवाये जाते हैं। इस प्रकार मतदाता अपने प्रतिनिधियों को बदल सकते हैं, उन्हें नियंत्रित कर सकते हैं। वे सरकार चलाने में विशेषज्ञता की आवश्यकता से इनकार नहीं करते, पर उनका ज़ोर सत्ता की जवाबदेही पर रहता है। उनके लिए राजनीतिक सहभागिता अपने आप में कोई लक्ष्य नहीं होती, बल्कि उसका मक़सद सरकार को नियंत्रित करना और निजी स्वतंत्रताओं की हिफ़ाज़त करना समझा जाता है। सरकार के अधिकार और कार्यभार संविधान पारित करके परिभाषित किये जाते हैं। संविधान शक्तियों के विभाजन का प्रावधान करता है, जिसके तहत कार्यपालिका, न्यायपालिका और विधायिका के दायरे एक-दूसरे पर संतुलनकारी नियंत्रण रखते हैं।

उदारतावादी लोकतंत्र में मताधिकार के विकास का भी एक इतिहास है। शुरुआत के उदारतावादी चिंतक न केवल राजसत्ता की निरंकुशता के प्रति भयग्रस्त थे, बल्कि जनता के शासन की अराजकता से भी डरे रहते थे। जॉन लॉक, जेम्स मिल, जेम्स मेडिसन और मोंतेस्क्यू जैसे उदारतावादियों ने समानता के सिद्धांत का समर्थन करते हुए भी सार्विक मताधिकार का विरोध किया था। लॉक सहमति के जिस सक्रिय विचार की पैरोकारी करते हैं वह असल में सम्पत्ति के स्वामियों की सहमति है जिसके आधार पर मान लिया जाता है कि

सम्पत्तिहीनों की सहमति भी उसी में निहित है। वे सम्पत्ति के प्राकृतिक अधिकार की हिफ़ाज़त करने के लिए उसके असमान बँटवारे के पक्ष में भी खड़े हैं। जेम्स मिल का कहना था कि राजनीतिक गतिविधियों में भागीदारी में समय लगाने से व्यक्ति के स्व-हित की प्राप्ति में खलल पड़ता है, इसलिए सभी के लिए मताधिकार की आवश्यकता नहीं है। उन्होंने न केवल स्त्रियों को वोट के अधिकार से बाहर रखने की वकालत की, बल्कि चालीस साल से नीचे के पुरुषों को भी इस काबिल नहीं समझा। सार्विक वयस्क मताधिकार का समर्थन करने वाले और स्त्रियों को मताधिकार देने के पहले पैरोकार जेम्स मिल के विख्यात पुत्र जॉन स्टुअर्ट मिल का कहना था कि जिनके पास बुनियादी शिक्षा नहीं है उन्हें मताधिकार नहीं मिलना चाहिए और जो ज़्यादा शिक्षित हैं उन्हें अतिरिक्त वोट देने का अधिकार होना चाहिए। फ्रांसीसी क्रांति और अमेरिकी क्रांति के वैचारिक प्रभावों के तहत उन्नीसवीं और बीसवीं सदी में मज़दूर वर्ग, अफ्रीकी मूल के अमेरिकनों और स्त्रियों के संघर्ष उभरे। इन आंदोलनों ने व्यक्तिवाद के उसी उसूल के आधार पर राजनीतिक समानता की माँग की जिसके नाम पर सम्पत्तिशाली श्वेतांग पुरुष ने कभी राजशाहियों और सामंतों के सामने अपनी समानता का दावा किया था। इन संघर्षों की सफलता ने व्यक्तिवाद, अधिकारों और समानता के विमर्श को पूर्णता प्रदान की और उदारतावादी लोकतंत्र को अपने वर्तमान रूप में पहुँचाया।

जॉन स्टुअर्ट मिल ने उदारतावादी प्रातिनिधिक लोकतंत्र का सैद्धांतिक प्रतिपादन करने में महत्त्वपूर्ण योगदान किया है। वे मानते हैं कि वोटर को केवल वोट देने के अधिकार तक ही सीमित नहीं किया जाना चाहिए बल्कि शासन में लोगों की भागीदारी के दायरे अधिकाधिक विस्तृत किये जाने चाहिए ताकि लोकतांत्रिक सहभागिता के ज़रिये इनसान की शख़्सियत का विकास हो सके।

उदारतावादी प्रातिनिधिक लोकतंत्र में नीति-निर्माण को दो नज़रियों से देखा जाता है। पहला, लोग वोट दें और उनके निर्वाचित प्रतिनिधि बहुमत के उसूल के मुताबिक़ सरकार बनायें। वोटरों को प्रतिनिधि चुनने या राजनीतिक दल चुनने या ख़ारिज करने का अधिकार हो, पर नीति-निर्माण में कोई हस्तक्षेप न किया जाए। वह सरकार के स्तर पर होता रहे। दूसरा, उपयोगितावाद के बेंथम और जेम्स मिल जैसे प्रवर्तकों ने न्यूनतम शासन और मुक्त बाज़ार की वकालत करते हुए भी अर्थव्यवस्था की कुछ गतिविधियों (जैसे, शिक्षा, मज़दूरी की दरें तय करना आदि) में सरकारी हस्तक्षेप का समर्थन किया, क्योंकि वे 'अधिकतम लोगों के अधिकतम सुख' के उपयोगितावादी सिद्धांत को धरती पर उतारना चाहते थे। इस दूसरे नज़रिये को पुष्ट करने में बहुमत के आधारभूत उसूल का निर्णायक योगदान रहा। चूँकि लोकतंत्र की वैधता बहुमत की कुल जमा राय की नुमाइंदगी करने पर निर्भर थी, इसलिए ज़्यादा से ज़्यादा लोगों के कल्याण पर ज़ोर देने वाले लोकहितकारी राज्य के आधार पर लोकतंत्र के मॉडल का रास्ता खुला। इसमें सरकार के हस्तक्षेप का दायरा बढ़ता चला गया।

नीति-निर्माण की प्रक्रिया को प्रभावित करने के बारे में बहुलवादी दृष्टि भी विकसित हुई है, जिसका श्रेय रॉबर्ट डाह्ल को जाता है। वैसे तो उनका प्रतिपादन अमेरिकी अनुभव पर आधारित है लेकिन उसकी छवियाँ भारतीय लोकतंत्र में भी देखी जा सकती हैं। अभिजनोन्मुखी और मार्क्सवादी अवधारणाएँ मानती हैं कि सत्ता किसी एक वर्ग में केंद्रित होती है, पर बहुलवादी विचार सत्ता को पूरे समाज में फैला हुआ देखता है। किसान सभाएँ, अध्यापक और छात्र संघ, मज़दूर संघ, फ़िक्की और एसोचेम जैसे उद्योगपतियों के संगठन जब बाज़ार जैसे नीति-निर्माण के क्षेत्र में अपने-अपने हितों के लिए प्रतियोगिता करेंगे तो नीतियाँ पूर्व-निर्धारित नहीं रह जाएँगी। टकराव की प्रक्रिया के ज़रिये एक संतुलन उभरेगा। लेन-देन और पाने-छोड़ने के ज़रिये राजनीतिक निर्णयों पर पहुँचा जाएगा। हित-समूहों की जीवंत सक्रियता सत्ता के पक्षपातपूर्ण इस्तेमाल को क़ाबू में रखेगी। अपने बाद के लेखन में डाह्ल ने माना है कि अपनी पहले से चली आ रही दुर्बलताओं के कारण कुछ हित-समूह बाज़ार के दायरे में होने वाली प्रतियोगिता में पिछड़ जाने के लिए अभिशप्त होते हैं। उदारतावादी लोकतंत्र नीति-निर्माण की प्रक्रिया को प्रभावित करने वाली होड़ के समान नतीजे सुनिश्चित करने में नाकाम रहा है।

कम्युनिस्ट ख़ेमे के ढहने के बाद उदारतावादी लोकतंत्र आज अपने शिखर पर है। लेकिन एक मॉडल के तौर पर उसकी लगभग सार्वभौम स्वीकृति भी मार्क्सवादियों, नारीवादियों, बहु-संस्कृतिवादियों और विचारात्मक लोकतंत्र के पैरोकारों द्वारा की गयी आलोचनाओं को संतुष्ट नहीं कर पायी है। अगली प्रविष्टि में हम लोकतंत्र के इस प्रधान मॉडल की आलोचनाओं पर ग़ौर करेंगे।

देखें : अमेरिकी क्रांति, इमैनुएल कांट, ईसाई धर्म-सुधार और मार्टिन लूथर, उदारतावादी राज्य, ऐडम स्मिथ, क्लासिकल अर्थशास्त्र, चार्ल्स-लुई द सेकोंद मोंतेस्क्यू, जेरेमी बेंथम, ज्याँ-ज़ाक रूसो, जॉन स्टुअर्ट मिल, जॉन रॉल्स, जॉन लॉक, पूँजीवाद, प्रतिनिधित्व, फ्रांसीसी क्रांति, फ्रेड्रिख़ वॉन हायक, बहुसंस्कृतिवाद, मिल्टन फ्रीडमैन, थॉमस हिल ग्रीन, थॉमस पेन, नागर समाज, रॉबर्ट नॉज़िक, राज्य-1 और 2, व्यक्तिवाद, शीत-युद्ध, सम्पत्ति, समुदायवाद, समतावाद, स्वतंत्रता, स्वतंत्रतावाद, सामंतवाद।

संदर्भ

1. भीखू पारेख (1992), 'दि कल्चरल पर्टीकुलरिटी ऑफ़ लिबरल डेमॉक्रैसी', *पॉलिटिकल स्टडीज़,* विशेषांक.

1. सत्यपाल गौतम (2001), *समाज दर्शन,* देखें 'लोकतंत्र' पर अध्याय, हरियाणा साहित्य अकादमी, 2001.

2. जानकी श्रीनिवासन (2008), 'डेमॉक्रैसी', राजीव भार्गव और अशोक

आचार्य (सम्पा.), *पॉलिटिकल थियरी : ऐन इंट्रोडक्शन,* पियर्सन लोंगमेन, नयी दिल्ली.

3. एंथनी अलबास्टर (1994), *डेमॉक्रैसी : कंसेप्ट्स इन द सोशल साइंसिज़,* न्यूयॉर्क, ओपन युनिवर्सिटी प्रेस.
4. फ्रैंक कनिंघम (2002), *थियरीज़ ऑफ़ डेमॉक्रैसी : अ क्रिटिकल इंट्रोडक्शन,* लंदन, न्यूयॉर्क, रॉटलेज.

—अभय कुमार दुबे

उदारतावादी लोकतंत्र, अन्य परिप्रेक्ष्य

(Liberal Democracy, Other Perspectives)

उदारतावादी लोकतंत्र की बुनियादी अवधारणाओं को गम्भीर वैचारिक चुनौतियाँ देने में समाजवादी, मार्क्सवादी, नारीवादी, बहुसंस्कृतिवादी और विचारात्मक परिप्रेक्ष्य ने प्रमुख भूमिका अदा की है। इन आलोचनाओं के प्रभाव में उदारतावादी लोकतंत्र ने ख़ुद को और समृद्ध किया है। समाजवादी और मार्क्सवादी आलोचनाओं के दबाव में बाज़ार अर्थव्यवस्था द्वारा पैदा की जाने वाली असमानताओं में संशोधनकारी हस्तक्षेप की नीतियाँ बनी हैं। नारीवादियों ने लोकतंत्र के भीतर सशक्तीकरण की अवधारणा का समावेश करते हुए विभेदों को समानता के विचार के लिए हानिकारक न समझने का सूत्रीकरण पेश किया है। बहुसंस्कृतवादियों ने अल्पसंख्यकों और अन्य विविध समूहों के लिए स्व-शासन के अधिकारों, आनुपातिक प्रतिनिधित्व और आरक्षण जैसे उपायों की पैरोकारी की है। विचारात्मक लोकतंत्र के समर्थक संवाद की प्रक्रिया को लोकतांत्रिक सहभागिता की कुंजी के रूप में पेश करते हैं।

मार्क्सवादी और समाजवादी यह तो मानते हैं कि उदारतावाद ने पदानुक्रम को ख़ारिज करके और सभी व्यक्तियों को समानता का दर्जा दे कर मुक्ति की राह खोली है, पर इस दर्शन की कई प्रस्थापनाओं से वे असहमत भी हैं। मार्क्स का कहना था कि व्यक्ति आधारित अधिकारों की संकल्पना एक ऐसा व्यक्ति रचती है जो अहम्वादी होता है, अपने समुदाय से कटा रहता है और हर दूसरे व्यक्ति को प्रतियोगी और अपने लिए ख़तरे की तरह देखता है। जबकि होना यह चाहिए कि हर व्यक्ति का विकास सभी के विकास की अनुकूलता में हो।.मार्क्सवादी समानता पर आधारित लोकतंत्र के विचार और सम्पत्ति के अधिकार पर आधारित पूँजीवाद व बाज़ार अर्थव्यवस्था के विचार की परस्पर प्रतिकूलता को रेखांकित करते हैं। बाज़ार के दायरे में ज्ञान, सूचना और आर्थिक संसाधनों तक लोगों की पहुँच कम या ज़्यादा होती है। इस ऊँच-नीच के कारण वे अपनी राजनीतिक स्वतंत्रताओं पर प्रभावी अमल नहीं कर पाते। उदारतावाद राज्य की संस्था को तटस्थ मानता है, जबकि मार्क्सवाद राज्य और उसकी संस्थाओं को प्रभुत्वशाली वर्ग के औज़ार की तरह देखता है। मतदान आधारित लोकतंत्र के तहत राज्य की अपेक्षाकृत स्वायत्तता मार्क्स की निगाह में सिर्फ़ एक अल्पकालिक स्थिति है। इसके तहत राज्य ज़्यादा से ज़्यादा बाज़ार में कुछ संशोधन भर कर सकता है, पर पूँजी के दूरगामी हितों के ख़िलाफ़ नहीं जा सकता। वोट के ज़रिये न तो व्यवस्था बदली जा सकती है, और न ही असमानता के संरचनागत कारणों का समाधान किया जा सकता है। उदारतावाद द्वारा राज्य और नागर समाज में किये गये सार्वजनिक और निजी दायरे के भेद से भी मार्क्सवादी असहमत हैं। अर्थव्यवस्था को नागर समाज के निजी दायरे में लाने का मतलब उनकी निगाह में उसे राजनीतिक निर्णय के सार्वजनिक दायरे से बाहर कर देना है जिसके परिणामस्वरूप राजनीतिक समानता निष्प्रभावी हो जाती है। टॉकवील द्वारा व्यक्त किये गये बहुमत की निरंकुशता के डर को ख़ारिज करते हुए मार्क्सवादी मानते हैं कि विचारधारात्मक और सांस्कृतिक वर्चस्व के ज़रिये पूँजीवादी अपनी हुकूमत के लिए मज़दूर वर्ग की सहमति हासिल कर लेते हैं। इस तरह उदारतावादी लोकतंत्र समानता का विचारधारात्मक ढोंग करके पूँजीवाद और उनके मुट्ठी भर एजेंटों के लिए वैधता अर्जित करता है, जबकि वास्तविक लोकतंत्र समाजवाद की तरफ़ ले जाने वाला होना चाहिए।

नारीवाद की मान्यता है कि उदारतावादी लोकतंत्र परिवार और घर के दायरे को लोकतंत्रीकरण की प्रक्रिया के बाहर रखता है, जबकि इस दायरे में श्रम विभाजन से लेकर सत्ता संबंध तक असमान हैं। परिवार और घर को निजी दायरे में डाल देने से वह क्षेत्र राजनीति से अलग पड़ जाता है जिसके कारण उसका लोकतंत्रीकरण सम्भव ही नहीं रह जाता। सार्वजनिक और निजी का बँटवारा भी कुछ इस तरह से किया जाता है कि घरेलू कामकाज और बच्चों के लालन-पालन में स्त्रियों द्वारा किये जाने वाले श्रम का अवमूल्यन हो जाता है। स्त्री-श्रम के अवमूल्यन की यह प्रवृत्ति अन्य क्षेत्रों में भी जारी रहती है। नारीवादियों ने समानता की उदारतावादी अवधारणा की इस दृष्टि से भी आलोचना की है कि उसके कारण पुरुषों का लैंगिक वर्चस्व और पुष्ट होता है। समानता का मतलब अगर विभेदों को ख़त्म करना है तो असमान सत्ता संबंधों की परिस्थितियों में इसका परिणाम पहले से हावी पक्ष के प्रभुत्व के सुदृढ़ होने में निकलना लाज़मी है। स्त्री और पुरुष के बीच विभेद ख़त्म करने का मतलब हक़ीक़त में पौरुष संबंधी मानकों को ही स्त्रियों के लिए कसौटी मान लेना ही

हो सकता है। नारीवादियों का दावा है कि अगर लोकतांत्रिक सिद्धांत को वास्तव में समानतामूलक बनाना है तो उसके भीतर विभदों की मान्यता और स्वीकारोक्ति के साथ समतामूलकता के आग्रह का समावेश करना होगा। नारीवादी लोकतंत्र में प्राथमिकताओं और हितों को स्वाभाविक रूप से प्रदत्त मानने के भी ख़िलाफ़ हैं। उसकी जगह वे सशक्तीकरण के विचार को स्थापित करने की तजवीज़ करती हैं ताकि उसके ज़रिये वे शोषण के प्रति सजग हो सकें, आत्मविश्वास हासिल करते हुए अपनी परिस्थितियों को बदलने की सक्रिय पहलक़दमी कर सकें। ऐसा करने के लिए ज़रूरी है कि स्त्रियाँ लोकतांत्रिक गतिविधियों में अधिक भागीदारी करें, पर ऐसा तभी हो सकता है जब उदारतावादी लोकतंत्र सहभागिता सीमित रखने के अपने रवैये में संशोधन करे।

नारीवादियों द्वारा विभेदों को मान्यता देने के आग्रह की गूँज बहुसंस्कृतिवाद के परिप्रेक्ष्य में भी सुनी जा सकती है। वे कहते हैं कि सांस्कृतिक बहुलता से सम्पन्न समाजों में सभी तरह के विभेदों को नुक़सानदेह मानने का नतीजा पहले से हावी समूहों की सांस्कृतिक मान्यताओं पर मुहर लगाने जैसा होता है। अधिकतर समकालीन समाज प्रवासियों, देशज लोगों और नस्ली अल्पसंख्यकों से भरे हुए हैं। भारतीय समाज तो हमेशा से ही बहुधार्मिक, बहुभाषी और बहुसांस्कृतिक है। यहाँ आदिवासी समाज भी बड़े स्तर पर मौजूद है। ये समुदाय न केवल सामाजिक और सांस्कृतिक रूप से भिन्न हैं, बल्कि एक-दूसरे के साथ उनके संबंध प्रभुत्व और अधीनस्थता के भी हैं। उदारतावाद विविधता को मान्यता देता है, पर केवल व्यक्ति के स्तर पर। समुदाय के स्तर पर नहीं। जबकि वह जिस स्वतंत्र और स्वायत्त व्यक्ति की अमूर्त कल्पना करता है, वह अपने सांस्कृतिक समुदाय से स्वतंत्र नहीं हो सकता। उदारतावादी लोकतंत्र उत्तम जीवन की समझ व्यक्ति के ऊपर छोड़ता है, पर व्यवहार में वह समझ बहुसंख्यक समाज की सांस्कृतिक समझ ही होती है। इसी समझ के बोलबाले के तहत अन्य समूहों की सांस्कृतिक मान्यताओं का मूल्यांकन किया जाता है जिससे समरूपता और बहुसंख्यक दायरे में विविधताओं के आत्मसातीकरण की परिस्थितियाँ पैदा होती हैं। बहुसंस्कृतिवादी सुझाव देते हैं कि विविधताओं की रक्षा के लिए उत्पीड़ित समूहों को आनुपातिक प्रतिनिधित्व और आरक्षण देने के प्रावधान किये जाने चाहिए। उनके विकास के लिए सरकारों को निवेश करना चाहिए, और नीति संबंधी फ़ैसले लेते वक़्त उनके साथ सलाह-मशविरे की प्रक्रिया चलानी चाहिए। इसी सिलसिले में विल किमलिका ने देशज समूहों के लिए स्व-शासन और जातीय समूहों के लिए अलग सांस्कृतिक अधिकारों के प्रावधान की वकालत की है।

चौथा और महत्त्वपूर्ण परिप्रेक्ष्य विचारात्मक लोकतंत्र के पैरोकारों का है। उदारतावादी लोकतंत्र मानता है कि लोग बुनियादी रूप से स्वतंत्र और स्वायत्त हैं इसलिए उनके पास प्राथमिकताएँ पहले से होती हैं जिनके आधार पर वे लोकतंत्र की निर्णयकारी प्रक्रिया में भागीदारी करते हैं। इसके विपरीत विचारात्मक लोकतंत्र के पैरोकार कहते हैं कि लोगों की प्राथमिकताएँ राजनीतिक प्रक्रिया के दौरान बनती हैं, न कि उसके पहले। राजनीतिक प्रक्रिया में भागीदारी करते समय लोग बहस-मुबाहिसा करते हुए तर्कसंगत रूप से लेन-देन और पाने-छोड़ने की प्रक्रिया में उन सूचनाओं और परिप्रेक्ष्यों से अवगत होते हैं जो उनके पास पहले से नहीं होतीं। इसके ज़रिये उनके हित और प्राथमिकताओं का स्वरूप बनता है जिनके आधार पर वे सहमति आधारित समझौते पर पहुँचते हैं। इस प्रकार विचारात्मक लोकतंत्र संवाद की प्रक्रिया को सर्वप्रमुख और सहभागिता की कुंजी मानता है।

देखें : अलैक्सिस द टॉकवील, उदारतावाद, उदारतावादी राज्य, उदारतावादी लोकतंत्र, नारीवाद, नागर समाज, बहुसंस्कृतिवाद, मार्क्सवाद-1 से 5 तक, वर्चस्व, विल किमलिका।

संदर्भ

1. कार्ल मार्क्स (2002), *कम्युनिस्ट मेनिफ़ेस्टो,* पेंगुइन, लंदन.
2. गुरप्रीत महाजन (सम्पा.) (1998), *डेमॉक्रैसी, डिफ़रेंस ऐंड सोशल जस्टिस,* ऑक्सफ़र्ड युनिवर्सिटी प्रेस, नयी दिल्ली.
3. एन. फ़िलिप्स (1991), *इनजेंडरिंग डेमॉक्रैसी,* पॉलिटी प्रेस, केम्ब्रिज.
4. भीखू पारेख (1992), 'दि कल्चरल पर्टीकुलरिटी ऑफ़ लिबरल डेमॉक्रैसी', *पॉलिटिकल स्टडीज़,* विशेषांक.
5. सत्यपाल गौतम (2001), *समाज दर्शन,* देखें 'लोकतंत्र' पर अध्याय, हरियाणा साहित्य अकादमी, चंडीगढ़.
6. जानकी श्रीनिवासन (2008), 'डेमॉक्रैसी', राजीव भार्गव और अशोक आचार्य (सम्पा.), *पॉलिटिकल थियरी : ऐन इंट्रोडक्शन,* पियर्सन लोंगमेन, दिल्ली.

—अभय कुमार दुबे

उद्योगीकरण-1

(प्रगति का विचार और आलोचना)

(Industrialisation-1)

इंग्लैण्ड से शुरू हुई औद्योगिक क्रांति के बाद गुज़रे ढाई सौ वर्षों में उद्योगीकरण की जटिल और लगातार जारी परिघटना ने दुनिया के सभी राष्ट्रों को किसी भी अन्य प्रक्रिया के मुक़ाबले सबसे ज़्यादा प्रभावित किया है। मोटे तौर पर उद्योगीकरण सामाजिक तथा आर्थिक परिवर्तन के उन पहलुओं को रेखांकित करता है जिनके कारण आर्थिक उत्पादन कृषि आधारित होने

उद्योगीकरण : शुरुआती दौर का एक रैखिक निरूपण.

के बजाय फैक्ट्री आधारित हो जाता है। इसके ज़रिये होने वाले सामाजिक परिवर्तन और आर्थिक विकास का सिलसिला प्रौद्योगिकीय नवाचार पर आधारित रहता है और इसमें विनिर्माण (मैन्युफ़ैक्चरिंग) के उद्देश्य से आर्थिक गतिविधियों का विस्तृत संगठन किया जाता है। हालाँकि उद्योगीकरण के ये पहलू दुनिया के सभी देशों के लिए समान हैं, लेकिन उनके परिणाम भिन्न-भिन्न निकले हैं। इसका कारण यह है कि उद्योगीकरण पश्चिम के कुछ देशों में पहले शुरू हुआ। एशिया, अफ्रीका और लातीनी अमेरिका में इसके क़दम बाद में पड़े। चूँकि इन देशों के सामाजिक, सांस्कृतिक और राजनीतिक हालात पश्चिम से बहुत अलग थे, इसलिए इन्होंने उद्योगीकरण के भिन्न फलितार्थों का सामना किया। संयुक्त राष्ट्र द्वारा किये गये एक वर्गीकरण के अनुसार युरोप, उत्तरी अमेरिका (मैक्सिको के अलावा), जापान, ऑस्ट्रेलिया और न्यूज़ीलैण्ड को एमडीसी यानी मोर डिवेलप्ड कंट्रीज़ की श्रेणी में माना जाता है। दक्षिण कोरिया, सिंगापुर, हांगकांग, ताइवान और इज़रायल जैसे देश एनडीसी यानी न्यूली डिवेलप्ड कंट्रीज़ समझे जाते हैं। बाक़ी सभी देश एलडीसी यानी लीस्ट डिवेलप्ड कंट्रीज़ हैं। हाल ही में भारत और चीन में हुई तेज़ आर्थिक प्रगति ने इस वर्गीकरण को चुनौती दी है। किसी ज़माने में सोवियत ख़ेमे के समझे जाने वाले पूर्वी युरोपीय देशों का उद्योगीकरण भी इस वर्गीकरण में ठीक से फ़िट नहीं होता।

उद्योगीकरण के मानकों के मुताबिक़ अत्यधिक विकसित देशों में एक-तिहाई श्रम-शक्ति उद्योगों में लगी हुई है। उसका तीन बटा पाँच हिस्सा सेवा क्षेत्र में है। इन देशों के सकल घरेलू उत्पाद के एक चौथाई विनिर्माण से आता है। यहाँ ऊर्जा की खपत की दर बहुत ऊँची है। कुल मिला कर इन देशों में औद्योगिक गतिविधियाँ और सेवाएँ आर्थिक जीवन की मुख्य चालक शक्ति हैं। प्रचलित मान्यता के अनुसार किसी भी देश के सफल और व्यापक उद्योगीकरण का परिणाम उत्पादकता में तेज़ बढ़ोतरी के रूप में निकलता है। इससे वहाँ की जनता के जीवन-स्तर में सुधार होता है और कुल मिला कर राष्ट्रीय व व्यक्तिगत आमदनी बढ़ जाती है। उदाहरण के लिए उद्योगीकरण की प्रक्रिया में ब्रिटेन की आमदनी में 1801 से 1901 के बीच में छह सौ फ़ीसदी की वृद्धि दर्ज की गयी। 1850 तक औद्योगिक देशों के मज़दूर ग़ैर-औद्योगिक देशों के मज़दूरों के मुक़ाबले ग्यारह गुना ज़्यादा कमा रहे थे। उद्योगीकरण के इन लाभों के मुक़ाबले न्यूनतम विकास वाले देशों इन प्रचलित मानकों के आधार पर बहुत पीछे हैं। इन्हें ग़रीब देश की श्रेणी में रखा जाता है। इस तरह के देशों में उद्योगीकरण के स्तर को समझने के लिए तीन श्रेणियाँ बनायी गयी हैं : एनआईसी या नवविकसित देशों की संख्या बहुत कम है। इनमें मुख्य तौर से पूर्वी एशिया (दक्षिणकोरिया, मलेशिया, थाइलैण्ड, इंडोनेशिया) और लातीनी अमेरिका (मैक्सिको, ब्राज़ील, अर्जेंटीना और वेनेज़ुएला) यानी कुल मिला कर आठ देश रखे गये हैं। सिंगापुर, हांगकांग और ताइवान को जोड़ कर इनकी संख्या ज़्यादा से ज़्यादा ग्यारह तक पहुँच पाती है। बीसवीं सदी के आख़िरी वर्षों तक भारत और चीन को इस श्रेणी में नहीं माना जाता था। इस श्रेणी में तेल का निर्यात करने वाले देश (संयुक्त अरब अमीरात, क़तर, बहरीन, क़ुवैत और सऊदी अरब) भी आते हैं। तेल की तिजारत ने इन देशों को अमीर बना दिया है, लेकिन इनका अपना विनिर्माण-आधार बहुत कमज़ोर है।

चीन और भारत को हाल तक दूसरी श्रेणी में रखा जाता रहा है जिनका औद्योगिक आधार तो बेहतर है, पर जिनकी आर्थिक गतिविधियों की चालक शक्ति उद्योगों के साथ-साथ कृषि पर भी निर्भर है। मध्य और दक्षिण अमेरिका के साथ-साथ भूमध्यसागरीय देशों की बड़ी संख्या इसी श्रेणी में है। ये देश वस्त्र, जूते, कपड़ा और इलेक्ट्रॉनिक्स का ऐसा सामान बनाने के लिए जाने जाते हैं जो श्रम-सघनता पर आधारित होने के कारण न केवल उनके अपने घरेलू बाज़ार में खप जाता है बल्कि अंतर्राष्ट्रीय बाज़ार में भी कम क़ीमत के कारण हाथों-हाथ लिया जाता है। ये देश अपने प्राकृतिक संसाधनों और कृषि-उत्पादों का भी निर्यात करते हैं। न्यूनतम विकसित देशों की आख़िरी श्रेणी ऐसे देश शामिल किये जाते हैं जिनकी दस फ़ीसदी से भी कम श्रम-शक्ति उद्योगों में लगी हुई है और जिनकी राष्ट्रीय आमदनी में विनिर्माण का हिस्सा केवल बीस फ़ीसदी के आस-पास है। एमडीसी और एलडीसी के बीच की खाई लगातार बढ़ती जा रही है। इसे 'नॉर्थ-साउथ डिवाइड' के रूप में परिभाषित किया जाता है। यहाँ नॉर्थ का मतलब है मुट्ठी भर अमीर देश और साउथ का अर्थ है ग़रीब देशों की विशाल दुनिया।

समाज-विज्ञानियों की ख़ास दिलचस्पी उद्योगीकरण के कारणों, परस्पर संबंध तथा परिणामों की तफ़्तीश करने में रही है ताकि यह पता लग सके कि इसके कारण घटित सामाजिक रूपांतरण के गर्भ से आधुनिक औद्योगिक समाज

का प्रादुर्भाव किस तरह हो रहा है। नयी तकनीकों के व्यापक विकास, जटिल श्रम-विभाजन, शहरीकरण, शहर आधारित राजनीति और मानस के विकास पर आधारित इस रूपांतरण को कई विचारकों ने मानव-इतिहास के प्रगतिशील विकास की तरह देखा है। ऐडम स्मिथ ने उद्योगीकरण की प्रक्रिया को सकारात्मक दृष्टि से देखते हुए समाज में श्रम-विभाजन की विशिष्टता पर ज़ोर दिया है। उनकी मान्यता है कि इससे राष्ट्रों की सम्पदा में काफ़ी इज़ाफ़ा होता है। स्मिथ इस पूरी प्रक्रिया में राज्य द्वारा अ-हस्तक्षेप का पक्ष लेते हैं। जॉन लाक सरीखे उदारतावादी विचारकों ने भी उद्योगीकरण की प्रक्रिया का स्वागत किया है।

लेकिन इस उदारतावादी चिंतन से बाद के विचारों की पीढ़ी पूरी तरह से सहमत साबित नहीं हुई। दुर्खाइम, वेबर तथा ख़ास तौर पर मार्क्स के बीच इस पहलू पर तो सहमति है कि उद्योगीकरण मानव-इतिहास की प्रगति का सबूत है, लेकिन प्रगति के विचार के प्रति इस आस्था के परे जाते ही इन चिंतकों में उद्योगीकरण के परिणामों के प्रति मतभेद शुरू हो जाते हैं।

मार्क्स ने भी उद्योगीकरण के प्रभावों की सांगोपांग आलोचना की है। उद्योगीकरण को पूँजीवादी उत्पादन प्रणाली के ऐतिहासिक विकास के भीतर स्थान देते हुए मार्क्स ने कहा है कि इसके अंतर्गत हुए विस्तृत श्रम-विभाजन में मज़दूरों को अधीनस्थ व रोज़गार से बेदख़ल होना पड़ता है। उद्योगीकरण एक तरफ़ तेज़ तकनीकी परिवर्तन को बढ़ावा देता है और दूसरी ओर ग़रीबों और वंचितों के लिए संकट पैदा करता है। मार्क्स के अनुसार नयी तकनीक का प्रगतिशील विस्तार पूँजी की होड़ का उत्पाद है। मुनाफ़ा बढ़ाने के लिए पूँजीपतियों के बीच होने वाली आपसी प्रतिस्पर्धा से सर्वहारा वर्ग के शोषण में वृद्धि होती है। उन्हें अपने द्वारा उत्पादित वस्तुओं के बाज़ार मूल्य की तुलना में बहुत कम वेतन मिलता है। मार्क्स के अनुसार बाज़ार का प्रभुत्व बढ़ता जाता है जिसके तहत मज़दूरों की दक्षता या श्रम का कोई मोल नहीं होता बल्कि मज़दूरों द्वारा उत्पादित वस्तुओं के बाज़ार मूल्य का महत्त्व होता है। मार्क्स की मान्यता है कि इससे वस्तुओं की जड़-पूजा या पण्य-पूजा के रुझान पैदा होते हैं। दूसरे, इस तरह का उद्योगीकरण मज़दूर को मानस के स्तर पर परायेपन के एहसास का शिकार बना देता है। अपने इसी तर्क को आगे बढ़ाते हुए मार्क्स कहते हैं कि पूँजीवादी उद्योगीकरण के तहत जिस तकनीक का विकास हुआ है वह दरअसल सामाजिक विध्वंस को बढ़ावा देने वाली है।

बाद के समाजशास्त्रियों ने मार्क्स के उद्योगीकरण संबंधी रैडिकल विचारों से असहमति व्यक्त की और उद्योगीकरण को सुधारवादी दृष्टिकोण से देखने का प्रयास किया। दुर्खाइम और वेबर के चिंतन ने उद्योगीकरण संबंधी परवर्ती विमर्श को बहुत प्रभावित किया है। दुर्खाइम ने उद्योगीकरण के कारण समाजिक अव्यवस्था का अंदेशा जताया है। वेबर को लगता है कि उद्योगीकरण समाज पर एकआयामी औपचारिक बुद्धिवाद थोप देगा, एक ऐसा बुद्धिवाद जो गुणवत्ता से अधिक मात्रात्मकता की प्रतिष्ठा स्थापित करेगा। वेबर ने पूँजीवाद और उद्योगीकरण के समीकरण को श्रेय प्रोटेस्टेंट नैतिकता के प्रभाव को दिया है। उन्होंने अपने विस्तृत विश्लेषण में दिखाया है कि किस प्रकार सांस्कृतिक, राजनीतिक तथा आर्थिक कारक बुद्धिवाद पर आधारित पूँजीवाद को जन्म देने तथा उसके साथ अंत:क्रिया करने में योगदान देते हैं।

देखें : आधुनिकता, आधुनिकीकरण, आधुनिकतावाद, एकाधिक आधुनिकताएँ, उद्योगीकरण-2, कार्ल हाइनरिख़ मार्क्स-1, 2, 3, और 4, प्रौद्योगिकी, पूँजीवाद, पैटी-बूर्ज्वा, मैक्स वेबर, सर्वहारा, आशिस नंदी-1 और 2, युरोपीय रिनेसाँ, युरोपीय ज्ञानोदय।

संदर्भ

1. जान डनलप वग़ैरह (1975), *इंडस्ट्रियलिज़म ऐंड इंडस्ट्रियल मैन रिकंसीडर्ड,* इंटर-युनिवर्सिटी स्टडी ऑफ़ ह्यूमन रिसोर्सिज़ इन नैशनल डिवेलपमेंट, प्रिंसटन, एन.जे.
2. ब्रांट रिपोर्ट (1980), *नॉर्थ-साउथ : अ प्रोग्राम फ़ॉर सरवाइवल, रिपोर्ट ऑफ़ द इंडिपेंडेंट कमीशन ऑन इंटरनैशनल डिवेलपमेंट इशूज़,* एमआईटी प्रेस, केम्ब्रिज, मैसाचुसेट्स.
3. जी. जेरेफ़ी और डी.एल. विमैन (सम्पा.) (1990), *मैन्युफ़ैक्चरिंग मिरैकल्स : पाथ्स ऑफ़ इंडस्ट्रियलाइज़ेशन इन लैटिन अमेरिका ऐंड ईस्ट एशिया,* प्रिंसटन युनिवर्सिटी प्रेस, प्रिंसटन.
4. सी. केर, जे.टी. डनलप, एफ़. हारबिसन और सी.ए. मेयर्स (1973), *इंडस्ट्रियलाइज़ेशन ऐंड इंडस्ट्रियल मैन,* पेंगुइन, लंदन.

—पंकज कुमार झा

उद्योगीकरण-2

(औद्योगिक समाजशास्त्र की भूमिका)

(Industrialisation-2)

उद्योगीकरण के विमर्श को आर्थिक नज़रिये की सीमाओं से मुक्त करने का श्रेय अमेरिकी समाज-विज्ञानियों को जाता है। इससे पहले अर्थशास्त्रियों का विचार था कि अगर सही मात्रा और समय पर संसाधन उपलब्ध कराये जाएँ तो कोई भी औद्योगिक संगठन कुछ बुनियादी शर्तों का पालन करते हुए अपनी उत्पादकता बढ़ा सकता है। लेकिन समाजशास्त्रियों ने औद्योगिक संगठन को अपने आप में एक सामाजिक संगठन

की तरह देखने का आग्रह किया। उन्होंने बिजली का सामान बनाने वाले उद्योगों, एयरफ्रेम उद्योग, कार उद्योग, इस्पात उद्योग और ऐसे ही कुछ अन्य अहम उद्योगों पर इसी दृष्टि से अनुसंधान किया। शिकागो स्कूल के विद्वानों ने सामाजिक समस्याओं के अध्ययन तथा औद्योगिक नगरों के भीतर संगठन के रूप का अध्ययन करने पर ज़ोर दे कर उद्योगीकरण की पड़ताल के क्षेत्र में नयी ज़मीन तोड़ी। प्रथम विश्व-युद्ध के बाद विशेष रूप से औद्योगिक समाजशास्त्र के अनुशासन ने गति पकड़ी जिसके तहत संस्थागत अर्थशास्त्र के साथ-साथ मानव-संबंधों के सिद्धांतों का वर्णन औद्योगिक संगठनों तथा कार्यस्थलों में संबंधों तथा समूहों को रेखांकित करने के लिए किया गया। औद्योगिक समाजशास्त्र ने विकास, कारोबार, स्तरीकरण और संगठन के साथ-साथ श्रम बाज़ार को भी अपने सरोकारों में शामिल किया।

प्रथम विश्व-युद्ध के बाद औद्योगिक समाजशास्त्रियों ने व्यापार चक्रों के सकारात्मक और नकारात्मक प्रभावों (बूम और बस्ट) पर ग़ौर करना शुरू किया। उन्होंने देखा कि 'बस्ट' के दौर में पैदा होने वाली मंदी के कारण आर्थिक वृद्धि में गिरावट आती है, बेरोज़गारी बढ़ती है, जीवन-स्तर घटता है और इस सबके प्रभाव में नागरिकों के सोच-विचार और व्यवहार में भी परिवर्तन आता है। अनुसंधानकर्ताओं ने तीस के दशक की महामंदी (ग्रेट डिप्रेशन) पर ख़ास तौर से ध्यान देते हुए पता लगाया कि पश्चिमी लोकतंत्रों में दैत्याकार कॉरपोरेशनों के विकास के वास्तविक मायने क्या हैं। उन्होंने वस्तुओं के बाज़ार मूल्य में होने वाली आक्रामक प्रतिस्पर्द्धा, मज़दूर यूनियनों की गतिविधियों, निजी हाथों में आर्थिक-राजनीतिक सत्ता के केंद्रीकरण के मुक़ाबले हस्तक्षेपकारी राज्य की दख़लंदाजी के पहलुओं पर भी ग़ौर किया। यही वह दौर था जब अमेरिकी समाज-विज्ञान युरोप में फ़ासीवादी राज्य के उभार से चिंतित था। साथ ही अक्टूबर क्रांति के परिणामस्वरूप सोवियत समाजवाद की दावेदारियाँ भी अमेरिकी मॉडल को चुनौती दे रही थीं। ऐसी परिस्थितियों में उनके लिए स्वाभाविक ही था कि वे बड़े कॉरपोरेशनों के बुरे प्रभावों को कम करके आँकते, और राज्य आधारित विकास के मॉडल को संशय की निगाह से देखते। इस दौरान अंतर्राष्ट्रीय व्यापार पर राष्ट्रीय नीतियों द्वारा लगायी जाने वाली सीमाओं के अध्ययन भी किये गये जो प्रकारांतर से ग्लोबल इकॉनॉमी के सूत्रीकरण की तरफ़ जाने के उपक्रम थे।

द्वितीय विश्व-युद्ध के तुरंत बाद औद्योगिक समाजशास्त्र ने फ़ासीवादी सर्वसत्तावादी राज्य के उदय के पीछे जर्मनी और इतालवी पूँजी और उसके बड़े मालिकों की भूमिका की जाँच की। इतिहासकारों ने भी इस पड़ताल में योगदान किया। उनके सामने सवाल यह था कि क्या दक्षिणपंथी सर्वसत्तावाद के बीज पश्चिम की औद्योगिक ज़मीन में ही निहित थे। इन समाजशास्त्रीय अध्ययनों से यह निष्कर्ष निकला कि लम्बे समय तक चलने वाली आर्थिक मंदियों के कारण नागरिकों और समाजों का विश्वास उदारतावादी लोकतंत्र में हिल गया था जिसके कारण दक्षिणपंथी राजनीति पर आधारित सर्वसत्तावादी विचार को पनपने की गुंजाइश मिली। समाजशास्त्रियों ने समाज के भीतर आमदनी संबंधी ऊँच-नीच बढ़ने के सिलसिले पर भी ध्यान दिया। इन विद्वानों ने देखा कि उद्योगीकरण की सामाजिक विफलताओं का ठीकरा केवल लोगों में कठोर परिश्रम की प्रवृत्ति और महत्त्वकांक्षा के क्षय पर नहीं फोड़ा जा सकता। समस्या की जड़ में अवसरों की असमानता भी है। उन्होंने दिखाया कि किस प्रकार अमेरिकी सेवायोजकों ने बेहतर शिक्षा प्राप्त कर्मचारियों को अधिक उत्पादक माना और उन पर होने वाले अधिक व्यय की वसूली उपभोक्ताओं से की।

इन अध्ययनों में पता लगाने की कोशिश की गयी कि उत्पादन संबंधी निर्णयों में मज़दूरों की भागीदारी का उत्पादन और उत्पादकता पर क्या असर पड़ता है। अनुसंधानकर्ताओं ने पाया कि जिस अवधि में मज़दूरों की माँग अधिक होती है उस दौरान अमेरिकी मैनेजर निर्णयकारी प्रक्रिया में उनकी भागीदारी का ख़ास तौर से ध्यान रखते हैं, लेकिन उनकी माँग घटते ही भागीदारी पर दिया जाने वाला यह ज़ोर कम हो जाता है। द्वितीय विश्व-युद्ध के बाद उभरी अर्थव्यवस्थाओं में जापान का उदाहरण एशिया में पूँजीवाद के विकास को लेकर काफ़ी शिक्षाप्रद साबित हुआ। जापान में परम्पराप्रदत्त निष्ठाओं का इस्तेमाल करते हुए औद्योगिक नेतृत्व के प्रति मज़दूरों की वफ़ादारी का विनियोग किया गया। कॉरपोरेशन के प्रति श्रमिक की निष्ठा के प्रश्न को जापानी नियोजकों ने बहुत महत्त्व दिया। यह अमेरिकी और युरोपीय मॉडल से भिन्न रवैया था। जापान के आर्थिक चमत्कार में औद्योगिक समाजशास्त्र ने गहरी दिलचस्पी दिखाते हुए रेखांकित किया कि पश्चिमी नमूने और एशियाई नमूने के बीच क्या-क्या फ़र्क़ हैं।

1960 तथा 1970 के दशक में आर्थिक इतिहास की नवीन धारा ने औद्योगिक क्रांति की प्रचलित छवि को चुनौती देते हुए समष्टिगत आर्थिकप्रक्रियाओं पर अपना ध्यान केंद्रित किया। इसमें विद्वानों द्वारा राष्ट्रीय आय, वृद्धि तथा श्रम-शक्ति के संगठन का बारीक विश्लेषण किया गया। नव-मार्क्सवादियों ने पश्चिम के उद्योगीकरण पर पुनः चर्चा करते हुए कहा कि पूँजीवाद की प्रकृति ने न केवल कामगार वर्ग के दुख को और बढ़ाया, बल्कि कारख़ानों में कामों को छोटे-छोटे हिस्सों में विभाजित करके कामगारों के कौशल को भी नष्ट कर दिया। निर्भरता-सिद्धांत और विश्व-व्यवस्था सिद्धांतकारों ने प्रस्तावित किया कि उन्नत देशों के बीच असामान्य संबंधों के कारण ग़रीब देशों का विकास प्रभावित

हुआ है। सत्तर और अस्सी के दशकों में पूर्वी एशिया में राज्य निर्देशित उद्योगीकरण की सफलता पर भी अनुसंधानकर्ताओं का ध्यान गया। दक्षिण कोरिया, ताइवान, हांगकांग तथा सिंगापुर (जिन्हें एशियन टाईगर कहा गया) की आर्थिक सफलताओं ने विकासवादी राज्य के एक भिन्न मॉडल की तरफ़ इशारा किया।

औद्योगिक समाजशास्त्र के समकालीन संस्करणों में मज़दूरों और कर्मचारियों की शिक्षा और प्रशिक्षण पर विशेष ध्यान दिया जा रहा है ताकि उद्योगीकरण के कारण पैदा हुई अवसरों की असमानता को कुछ दुरुस्त किया जा सके। इसके अलावा विभिन्न स्तरों के उद्योगीकृत बाज़ारों का उनकी अपनी परिस्थितियों की रोशनी में अध्ययन करने का रुझान भी सामने आया है। इसके तहत अध्ययनकर्ता अत्यधिक विकसित पर्यावरण में प्रबंधकों और मज़दूरों के रिश्ते को अलग निगाह से देखते हैं और कम तनख़्वाह और पूँजी वाले माहौल में बनने वाले संबंधों की अलग ढंग से व्याख्या करते हैं। समाजशास्त्रियों ने उद्योगीकरण की प्रक्रिया में स्त्रियों और अल्पसंख्यकों के साथ होने वाले भेदभाव को भी रेखांकित करना शुरू कर दिया है। इसके साथ ही 'अंडरक्लास' अर्थात् श्रम-शक्ति के सुपरिभाषित दायरों में सम्मिलित होने से रह गये तबक़ों की समस्याओं की विवेचना भी की जाती है। नये ज़माने के औद्योगिक समाजशास्त्री अपने अध्ययन के दौरान सांस्कृतिक, राजनीतिक, आस्थागत और संविधानगत पहलुओं पर भी नज़र डालते हैं।

पिछले चालीस वर्षों में औद्योगिक समाजशास्त्र का अनुशासन अधिकाधिक विशेषज्ञीकृत होता गया है। विद्वानों के एक हिस्से ने औद्योगिक संगठनों के विश्लेषण पर महारत हासिल की है। आज उनके पास इस बात की गहरी और विस्तृत जानकारियाँ हैं कि जापान में चलने वाली फ़ैक्ट्री और ब्रिटेन में चलने वाली कोयला की खदान की संचालन पद्धतियों के बीच किस तरह के अंतर हैं। इन समाजशास्त्रियों ने दुनिया के विभिन्न देशों और विभिन्न परिस्थितियों में संगठनों के प्रदर्शन का अध्ययन करके औद्योगिक संबंधों पर गहन रोशनी डाली है। औद्यौगिक समाजशास्त्रियों के अन्य समूहों ने श्रमिकों के संतोष, असंतोष और काम संबंधी अनुभवों का विश्लेषण करके इस अनुशासन को और समृद्ध किया है। इसके लिए सर्वे रिसर्च डिज़ाइन का इस्तेमाल किया गया है।

शुरू में लग रहा था कि सूचना प्रौद्योगिकी और सेवा क्षेत्र में हुई बढ़ोतरी के कारण औद्योगिक समाजशास्त्र का अनुशासन पहले की तरह उपयोगी नहीं रह जाएगा। लेकिन ग्लोबल अर्थव्यवस्था की संरचनाओं में हुई वृद्धि ने उनके लिए नये कार्यभार प्रस्तुत कर दिये हैं। अब वे साझा मुद्राओं, बहुपक्षीय क्षेत्रीय समझौतों, क़ानूनों और समष्टिगत अर्थनीतियों के प्रभाव का अध्ययन करने के लिए कमर कस रहे हैं।

देखें : आधुनिकता, आधुनिकीकरण, आधुनिकतावाद, आशिस नंदी-1 और 2, एकाधिक आधुनिकताएँ, उद्योगीकरण-1, कार्ल हाइनरिख़ मार्क्स-1, 2, 3, और 4, प्रौद्योगिकी, पूँजीवाद, पैटी-बूर्ज़्वा, बेगानगी, मैक्स वेबर, निर्भरता सिद्धांत, सर्वहारा, युरोपीय रिनेसाँ, युरोपीय ज्ञानोदय, विश्व-व्यवस्था।

संदर्भ

1. रॉय जे. एडम्स (सम्पा.) (1991), *कम्परेटिव इंडस्ट्रियल रिलेशंस : कंटेम्परेरी रिसर्च ऐंड थियरी,* हारपर ऐंड कोलिंस एकैडेमिक, लंदन.
2. इवार बर्ग (1970), *एजुकेशन ऐंड जॉब्स : द ग्रेट ट्रेनिंग रॉबरी,* प्रेजर, न्यूयॉर्क.
3. रिचर्ड हाल (1987), *ऑर्गनाइज़ेशंस : स्ट्रक्चर्स, प्रोसेस ऐंड आउटकम्स,* प्रेंटिस-हाल, एंगिलवुड्स क्लिफ़्स, एनजे.
4. एलेक्स इंकेलिस और डेविड एच. स्मिथ (1974), *बिकमिंग मॉडर्न: इंडस्ट्रियल चेंज इन सिक्स डिवेलपिंग कंट्रीज़,* हार्वर्ड युनिवर्सिटी प्रेस, केम्ब्रिज, मैसाचुसेट्स.

—पंकज कुमार झा

उन्मूलनवाद

(Abolitionism)

समाज-विज्ञानों में उन्मूलनवाद का आशय उसके भाषिक पर्याय से अलग अर्थ रखता है। इसका शाब्दिक अर्थ किसी विचार या सामाजिक-राजनीतिक प्रवृत्ति को पूर्णत: मिटा देना होता है, लेकिन समाज-वैज्ञानिक संदर्भ में इसका अपराध और दण्ड की व्यवस्था के ख़ास अर्थ में इस्तेमाल किया जाता है। उन्मूलनवादी अपराध की रोकथाम या उसे नियंत्रित करने के लिए दण्डात्मक कार्रवाई की जगह विवाद के निपटारे, समाधान और सामाजिक न्याय की व्यवस्था क़ायम करने का तर्क पेश करते हैं। एक सामान्य ऐतिहासिक संदर्भ में बात करें तो उन्मूलनवादी राज्य को एक ग़ैरज़रूरी और अनावश्यक संस्था मानते हैं। उन्मूलनवादी विचार के तहत दासता, यातना, वेश्यावृत्ति, मृत्युदण्ड, कारावास तथा दण्ड आदि के ख़िलाफ़ भी आंदोलन संगठित किये गये हैं। उन्मूलनवादी चिंतन में नकारवादी और सकारात्मक दोनों तरह के चरण मौजूद रहे हैं। इस धारा के चिंतकों ने दण्ड व्यवस्था की ख़ामियों का नकारात्मक विश्लेषण करते हुए यह तर्क पेश किया है कि उससे सामाजिक न्याय का लक्ष्य हासिल नहीं किया जा सकता। लिहाज़ा अपराध की समस्या की रोकथाम के लिए सामाजिक उपायों पर ज़्यादा ज़ोर दिया जाना चाहिए। इसके नकारवादी आयाम में अपराध के लिए दण्ड की व्यवस्था तथा

ख़ास तरह की सामाजिक समस्याओं को अपराध की कोटि में रखने की प्रवृत्ति को भी प्रश्नांकित किया गया है। विद्वानों का एक समूह उन्मूलनवाद के संरचनाविरोधी तत्त्वों में कारावास के ख़ात्मे, संस्थाओं से दूरी, कोटियों के निर्माण का विरोध, राज्य द्वारा क़ानून के निर्माण का प्रतिरोध तथा क़ानूनों को विशेषज्ञों के हवाले करने जैसे मुद्दों को विशेष महत्त्व देता है।

अपराध-विज्ञान के संदर्भ में उन्मूलनवाद का समकालीन अर्थ या बोध उत्तरी अमेरिका में सातवें दशक में उभरे कारावास विरोधी आंदोलन से लिया जाता है। इस आंदोलन में क्वेकर समुदाय की महती भूमिका थी, जो एक बुनियादी सिद्धांत के तहत दासता को ख़त्म करना अपना ऐतिहासिक दायित्व मानता था। क्वेकर समूह कारागार की व्यवस्था को मौजूदा दौर में दासता का ही विस्तार मानता है। इस आंदोलन को लेकर उनकी दलील यह थी कि वर्तमान में जेल की सामाजिक भूमिका वही है जो उन्नीसवीं सदी में दासता की होती थी। उनके अनुसार तब दासता का मक़सद मुख्यत: अश्वेत लोगों को अनुशासित रखना था।

उन्मूलनवाद के अमेरिकी विचार और युरोपीय विचार में एक तात्त्विक अंतर है। अमेरिकी उन्मूलनवाद की मूल प्रेरणा धर्म से आती है जबकि युरोप में वह इस बात से जिरह करता दिखता है कि अपराध से निपटने की मौजूदा न्याय व्यवस्था सकारात्मक होने के बजाय अपराध की घटनाओं पर उल्टा असर डालती है। दोनों के बीच का यह अंतर इस बात से भी स्पष्ट होता है कि युरोप के सामाजिक आंदोलनों में उन्मूलनवादी विचार क़ैदियों के संगठन स्थापित करने तथा दण्ड की व्यवस्था को सुधारने के लिए एक रेडिकल बौद्धिक कार्यक्रम पर ज़ोर देता था। अकादमिक उन्मूलनवाद की जड़ें मिशेल फ़ूको के कारावास और अनुशासन से संबंधित चिंतन में निहित हैं। उसे फ़ूको के प्रतीकों तथा समाज के पुनर्निर्माण की पक्षधर दृष्टि का मिश्रण या योग कहा जा सकता है।

उन्मूलनवादियों की दलील यह नहीं है कि पुलिस या अदालतों को ख़त्म कर दिया जाना चाहिए। इसके बजाय उनका ज़ोर इस बात पर है कि अपराध को अन्य सामाजिक समस्याओं से अलग करके नहीं देखा जाना चाहिए, क्योंकि अपराधियों को समाज से अलग करके कारावास में डालने या क़ानून के जरिए उनका सामाजिक बहिष्करण करने से अपराध की समस्या दूर नहीं की जा सकती। उन्मूलनवादी मानते हैं कि दण्ड की व्यवस्था समाधान नही सुझा सकती, क्योंकि वह ख़ुद में एक सामाजिक समस्या है। वे दण्ड को न्याय की कार्रवाई नहीं मानते। उन्मूलनवादी राज्य की उन दण्डकारी शक्तियों के नैतिक औचित्य पर भी सवाल करते हैं जिसके तहत लोगों का सायास और सचेत ढंग से उत्पीड़न किया जाता है। इस मामले में उनकी ख़ास दलील यह रही है कि अपराध के नियमन और नियंत्रण के लिए राज्य द्वारा निर्धारित लक्ष्यों को तथ्यों के आधार पर सही साबित नहीं किया जा सकता। लिहाज़ा, उनकी दृष्टि में दण्ड की समूची व्यवस्था ही संदेहास्पद हो जाती है।

उन्मूलनवाद के सकारात्मक चरण की बात करते हुए उसे अपराध और दण्ड को समझने की एक विचारधारा तथा दण्ड व्यवस्था को बदलने की एक रैडिकल कार्रवाई के दोहरे रूप में देखना होगा। सामाजिक चिंतन के एक विशिष्ट रूप या विचारधारा के तौर पर उन्मूलनवाद को प्रतिस्थापन के विमर्श का उदाहरण माना जा सकता है, जबकि व्यावहारिक गतिविधियों या कार्रवाइयों के लिहाज़ से उसे एक ऐसा कार्यक्रम माना जा सकता है जो अपराध विज्ञान को शांति और समाधान की तरफ़ ले जाता है। इस स्तर पर वह राज्य, न्याय तथा दण्ड की स्थापित संरचनाओं को पूरी तरह ख़ारिज करने के दावों तथा सामुदायिकता के पुनर्निर्माण के दावे करने के बजाय सामाजिक नियंत्रण के नियमों का संधान करने पर ज़्यादा ध्यान देता है।

अपने शुरुआती दौर में उन्मूलनवाद कारावास की व्यवस्था पर प्रहार करने के लिए जाना जाता था। आठवें दशक के आसपास इस प्रवृत्ति में एक बदलाव आया जिसके बाद हिरासत के पक्ष विपक्ष तथा विकल्पों पर विचार किया जाने लगा। इस संदर्भ में एक प्रभावशाली विचार यह रहा है कि कारावास के विकल्पों को कोई निश्चित शक्ल नहीं दी जानी चाहिए क्योंकि जैसे ही किसी विकल्प को अंतिम घोषित कर दिया जाता है तो वह दण्ड के औचित्य में समाहित होने लगता है। इस विचार में यह भी प्रतिपादित किया गया है कि सकारात्मक सुधार अंतत: दण्ड व्यवस्था को मज़बूत करने का काम करते हैं जबकि नकारात्मक सुधार कारावास के उन्मूलन की दिशा में माहौल तैयार करते हैं।

उन्मूलनवाद के कुछ विचारकों ने दण्ड की प्रक्रिया पर भी विचार किया है। अपराध विज्ञान के एक विद्वान ने दण्ड व्यवस्था के एक नये मॉडल की तजवीज़ में कहा है कि अगर किसी अपराध या विवाद में प्रत्यक्ष तौर पर शामिल पक्ष किसी समाधान पर राज़ी हो जाते हैं तो उसे दण्डात्मक व्यवस्था का स्थानापन्न मान लिया जाना चाहिए। ग़ौरतलब है कि अपराध-क़ानून के सहमति और असहमति पर आधारित मॉडलों में तथ्यों को लेकर लड़ाई लड़ी जाती है जबकि इस मॉडल में केवल इस पक्ष को अहमियत दी जाती है कि समाधान के लिए सम्यक और आगे की कार्रवाई की जाए। इस विचार में विवाद या द्वंद्व तथा फ़ंक्शनलिस्ट समाजशास्त्र की दलीलों को भी ख़ारिज किया गया है।

उन्मूलनवादियों का दण्डात्मक हस्तक्षेप के विरुद्ध तर्क गढ़ने पर भी ज़ोर रहा है। इस संबंध में उनकी एक प्रभावशाली दलील यह रही है कि अपराधीकरण की प्रक्रिया को ख़त्म करने के लिए किसी रेडिकल राजनीतिक सुधार या

संरचनात्मक विश्लेषण का इंतज़ार नहीं किया जाना चाहिए क्योंकि यह ज़िम्मेदारी दण्ड व्यवस्था की है कि वह अपनी वैधता साबित करे, जबकि दण्ड का विकल्प ख़त्म करने के लिए किसी वैधता की दरकार नहीं होती। यह व्यावहारिक दृष्टि ऐसे बौद्धिक संदेहवादियों के लिए एक बड़ी चुनौती के रूप में उभरी है जो दण्ड व्यवस्था में आमूल बदलाव की बात तो करते रहे हैं लेकिन उसके लिए जरूरी संरचनात्मक उपायों के सामने बेबस होकर यह कहने लगते हैं कि इससे आगे कुछ नहीं किया जा सकता। दण्डात्मक हस्तक्षेप के इस प्रतितर्क का आधार यह है कि दण्ड का औचित्य-निर्धारण और उसमें सुधार का विचार हमेशा ऊपर से तय होता है। इसलिए दण्ड व्यवस्था का रूपांतरण नीचे से किया जाना चाहिए और उसकी भाषा वास्तविक जीवन-संसार से प्रेरित होनी चाहिए।

अकादमिक जगत की सामयिक बहसों में आजकल उन्मूलनवाद को इक्कीसवीं सदी के आलोचनात्मक अपराध विज्ञान के बहुपरती समुच्चय के एक अहम अंग के तौर पर स्वीकार किया जाता है। अपराध अध्ययन के मौजूदा परिप्रेक्ष्यों में भी उन्मूलनवाद की कई प्रस्थानाओं को शामिल किया गया है। उल्लेखनीय है कि अपराध विज्ञान के एक महत्त्वपूर्ण सिद्धांत का केंद्रीय सूत्र यह है कि अपराध और उसके नियंत्रण को उसके संरचनात्मक तथा सांस्कृतिक संदर्भों से काटकर नहीं देखा जा सकता। इस तरह उन्मूलनवाद का महत्त्व इस बात में भी निहित है कि वह अपराध और न्याय के बारे में एक सर्वथा नयी और मूल दृष्टि पेश करता है। यही नहीं उसका मीमांसा शास्त्र भी दण्ड और सामाजिक नियंत्रण की व्यवस्था के रचनात्मक और अनुभवनिष्ठ शोध के लिए एक बेहद सार्थक आधार मुहैया कराता है।

भारत के सामाजिक आंदोलनों पर भी उन्मूलनवाद के विचार का प्रभाव देखा जा सकता है। क़ानून की लोकचर्चा में मृत्युदण्ड के प्रावधान को समाप्त करने की बात यदाकदा उठती रहती है। हालाँकि इसे लेकर कोई सतत और संगठित प्रयास नहीं दिखायी देता। लेकिन शराबबंदी को लेकर देश के विभिन्न क्षेत्रों में चलाये गये आंदोलनों को उन्मूलनवाद का लगभग निपट उदाहरण माना जा सकता है। इसी तरह आजादी के संघर्ष के दौरान और स्वतंत्रता के बाद भारत के प्रगतिशील, समाजवादी शिविरों और दलित राजनीतिक चेतना में जाति प्रथा के प्रति लगभग उन्मूलनवादी रवैया ही रहा है। इसे जाति विरोधी चेतना और आंदोलन का परिणाम ही कहा जाएगा कि आज जाति प्रथा के पक्ष में कोई तर्क नहीं दिया जा सकता। भारतीय समाज और राजनीति में सती प्रथा का प्रश्न दो-तीन दशक पहले अचानक चर्चित हुआ था। राजस्थान के रूपकँवर सती प्रकरण के बाद देश के बौद्धिक जगत और मीडिया के दायरों में इस मसले को लेकर एक आवेशपूर्ण चर्चा उठ खड़ी हुई थी। मौजूदा समय में बालश्रम भी एक ऐसा मसला है जिसे लेकर ग़ैर-सरकारी संगठन और सरकारी निकाय भी एक उन्मूलनवादी रवैये से ही लैस दिखते हैं। परंतु भारतीय समाज की बहुलता और वर्गीय दुराग्रहों के कारण उपर्युक्त सारे मामलों में उन्मूलन का कोई स्पष्ट कार्यक्रम दिखायी नहीं देता।

देखें : अभिजन, अभिरुचि, कर्मकाण्ड, कारागार, जादू, जीवन-शैली, टेलरवाद, फ़ुर्सत, बचपन, बेगानगी, भीड़, विचलन।

संदर्भ

1. एच. बियांची (1994), *जस्टिस एज़ सैंक्चुरी : टुवर्ड अ न्यू सिस्टम ऑफ़ क्राइम ऐंड कंट्रोल,* इण्डियाना युनिवर्सिटी प्रेस, ब्लूमिंगटन.
2. एस. कोहेन (1988), *एगेंस्ट क्रिमनॉलॅजी,* न्यू ब्रंसविक, एनजे.
3. डब्ल्यू.डी. हान (1990), *द पॉलिटिक्स ऑफ़ रिड्रेस : क्राइम, पनिशमेंट ऐंड पीनल एबॉलिशन,* अनविन हाइमन, लंदन.
4. एच. बियांची और आर. वान स्वानिनजेन (सम्पा.) (1986), *एबोलिशनिज़म : टुवर्ड अ नॉन रिप्रेसिव एप्रोच टू क्राइम,* फ्री युनिवर्सिटी प्रेस, एम्सटर्डम.

—नरेश गोस्वामी

उपनिवेशवाद

(Colonialism)

लैटिन भाषा के शब्द *कोलोनिया* का मतलब है एक ऐसी जायदाद जिसे योजनाबद्ध ढंग से विदेशियों के बीच क़ायम किया गया हो। भूमध्यसागरीय क्षेत्र और मध्ययुगीन युरोप में इस तरह का उपनिवेशीकरण एक आम परिघटना थी। इसका उदाहरण मध्ययुग और आधुनिक युग की शुरुआती अवधि में इंग्लैण्ड की हुकूमत द्वारा वेल्स और आयरलैण्ड को उपनिवेश बनाने के रूप में दिया जाता है। लेकिन, जिस आधुनिक उपनिवेशवाद की यहाँ चर्चा की जा रही है उसका मतलब है युरोपीय और अमेरिकी ताक़तों द्वारा ग़ैर-पश्चिमी संस्कृतियों और राष्ट्रों पर ज़बरन क़ब्ज़ा करके वहाँ के राज-काज, प्रशासन, पर्यावरण, पारिस्थितिकी, शिक्षा, भाषा, कला-साहित्य, धर्म, समाज-व्यवस्था और जीवन-शैली पर अपने विजातीय मूल्यों और संरचनाओं को थोपने की दीर्घकालीन प्रक्रिया। इस तरह के उपनिवेशवाद का एक स्रोत कोलम्बस और वास्कोडिगामा की यात्राओं को भी माना जाता है। उपनिवेशवाद के इतिहासकारों ने पंद्रहवीं सदी में युरोपीय ताक़तों द्वारा शुरू किये गये साम्राज्यवादी विस्तार की परिघटना के विकास की शिनाख़्त अट्ठारहवीं और उन्नीसवीं सदी में उपनिवेशवाद के रूप में की है। औद्योगिक क्रांति से पैदा हुए हालात ने उपनिवेशवादी दोहन को अपने चरम पर पहुँचाया। यह सिलसिला बीसवीं सदी के

मध्य तक चला जब वि-उपनिवेशीकरण की प्रक्रिया के तहत राष्ट्रीय मुक्ति संग्रामों और क्रांतियों की लहर ने इसका अंत कर दिया। इस परिघटना की वैचारिक जड़ें वणिकवादी पूँजीवाद के विस्तार और उसके साथ-साथ विकसित हुई उदारतावादी व्यक्तिवाद की विचारधारा में देखी जा सकती हैं। किसी दूसरी धरती को अपना उपनिवेश बना लेने और स्वामित्व के भूखे व्यक्तिवाद में एक ही तरह की मूल प्रवृत्तियाँ निहित होती हैं। नस्लवाद, युरोकेंद्रीयता और विदेशी-द्वेष जैसी विकृतियाँ उपनिवेशवाद की ही देन हैं।

उपनिवेशवाद और साम्राज्यवाद अलग-अलग होते हुए भी काफ़ी-कुछ परस्परव्यापी और परस्पर-निर्भर पद हैं। साम्राज्यवाद के लिए ज़रूरी नहीं है कि किसी देश पर क़ब्ज़ा किया जाए और वहाँ क़ब्ज़ा करने वाले अपने लोगों को भेज कर अपना प्रशासन क़ायम करें। इसके बिना भी साम्राज्यवादी केंद्र के प्रति अधीनस्थता के संबंध क़ायम किये जा सकते हैं। पर, उपनिवेशवाद के लिए ज़रूरी है कि विजित देश में अपनी कॉलोनी बसायी जाए, अल्पसंख्यक आक्रामक विजेताओं की अल्पसंख्या विजितों की बहुसंख्या पर प्रत्यक्ष हुकूमत के ज़रिये ख़ुद को श्रेष्ठ मानते हुए अपने क़ानून और फ़ैसले आरोपित करें। ऐसा करने के लिए साम्राज्यवादी विस्तार को एक ख़ास विचारधारा का तर्क हासिल करना आवश्यक था।

यह भूमिका सत्रहवीं सदी में प्रतिपादित जॉन लॉक के दर्शन ने निभायी। लॉक की स्थापनाओं में ब्रिटेन द्वारा भेजे गये अधिवासियों द्वारा अमेरिका की धरती पर क़ब्ज़ा कर लेने की कार्रवाई को न्यायसंगत ठहराने की दलीलें मौजूद थीं। उनकी रचना *टू ट्रीटाइज़ ऑन सिविल गवर्नमेंट* (1690) की दूसरी थीसिस 'प्रकृत अवस्था' में व्यक्ति द्वारा अपने अधिकारों की दावेदारी के बारे में है। वे ऐसी जगहों पर नागरिक शासन स्थापित करने और व्यक्तिगत प्रयास द्वारा हथियायी गयी सम्पदा को अपने लाभ के लिए विकसित करने को जायज़ क़रार देते हैं। यही थीसिस आगे चल कर धरती के असमान स्वामित्व को उचित मानने का आधार बनी। लॉक की मान्यता थी कि अमेरिका में अनाप-शनाप ज़मीन बेकार पड़ी हुई है और वहाँ के मूलवासी यानी इण्डियन इस धरती का सदुपयोग करने की योग्यता से वंचित हैं। लॉक ने हिसाब लगाया कि युरोप की एक एकड़ ज़मीन अगर अपने स्वामी को पाँच शिलिंग प्रति वर्ष का मुनाफ़ा देती है, तो उसके मुक़ाबले अमेरिकी की ज़मीन से उस पर बसे इण्डियन को होने वाला कुल मुनाफ़ा एक पेनी से भी बहुत कम है। चूँकि अमेरिकी इण्डियन बाक़ी मानवता में प्रचलित धन-आधारित विनिमय-प्रणाली अपनाने में नाकाम रहे हैं, इसलिए 'सम्पत्ति के अधिकार' के मुताबिक़ उनकी धरती को अधिग्रहीत करके उस पर मानवीय श्रम का निवेश किया जाना चाहिए। लॉक की इसी थीसिस में एशियाई और अमेरिकी महाद्वीप की सभ्यता और संस्कृति पर युरोपीय श्रेष्ठता की ग्रंथि के बीज थे जिसके आधार पर आगे चल कर उपनिवेशवादी संरचनाओं का शीराज़ा खड़ा किया गया।

उपनिवेशों की मुख्यत: दो क़िस्में थीं। एक तरफ़ अमेरिका, ऑस्ट्रेलिया और न्यूज़ीलैण्ड जैसे उपनिवेश थे जिनकी आबो-हवा युरोपियनों के लिए सुविधाजनक थी। इन इलाक़ों में सफ़ेद चमड़ी के लोग बहुत बड़े पैमाने पर बसाये गये। उन्होंने वहाँ की स्थानीय आबादी के संहार और दमन की भीषण परियोजनाएँ चला कर वहाँ न केवल पूरी तरह अपना क़ब्ज़ा जमा लिया, बल्कि वे देश उनके अपने 'स्वदेश' में बदल गये। जन-संहार से बच गयी देशज जनता को उन्होंने अलग-थलग पड़े इलाक़ों में धकेल दिया। दूसरी तरफ़ वे उपनिवेश थे जिनका हवा-पानी युरोपीयनों के लिए प्रतिकूल था (जैसे भारत और नाइजीरिया)। इन देशों पर क़ब्ज़ा करने के बाद युरोपियन थोड़ी संख्या में ही वहाँ बसे और मुख्यत: आर्थिक शोषण और दोहन के लिए उन धरतियों का इस्तेमाल किया। न्यू इंग्लैण्ड सरीखे थोड़े-बहुत ऐसे उपनिवेश भी थे जिनकी स्थापना युरोपीय ईसाइयों ने धार्मिक आज़ादी की खोज में की।

उपनिवेशवाद का इतिहास साम्राज्यवाद के इतिहास के साथ अनिवार्य रूप से जुड़ा हुआ है। सन् 1500 के आसपास स्पेन, पुर्तगाल, ब्रिटेन, फ्रांस और हालैण्ड की विस्तारवादी कार्रवाइयों को युरोपीय साम्राज्यवाद का पहला दौर माना जाता है। इसका दूसरा दौर 1870 के आसपास शुरू हुआ जब मुख्य तौर पर ब्रिटेन साम्राज्यवादी विस्तार के शीर्ष पर था। अगली सदी में जर्मनी और संयुक्त राज्य अमेरिका उसके प्रतियोगी के तौर पर उभरे। इन ताक़तों ने दुनिया के विभिन्न हिस्सों में जीत हासिल करके अपने उपनिवेश क़ायम करने के ज़रिये शक्ति, प्रतिष्ठा, सामरिक लाभ, सस्ता श्रम, प्राकृतिक संसाधन और नये बाज़ार हासिल किये। साम्राज्यवादी विजेताओं ने अपने अधिवासियों को एशिया और अफ्रीका में फैले उपनिवेशों में बसाया और मिशनरियों को भेज कर ईसाइयत का प्रसार किया। ब्रिटेन के साथ फ्रांस, जापान और अमेरिका की साम्राज्यवादी होड़ के तहत उपनिवेशों की स्थापना दुनिया के पैमाने पर प्रतिष्ठा और आर्थिक लाभ का स्रोत बन गया। यही वह दौर था जब युरोपियनों ने अपनी सांस्कृतिक श्रेष्ठता के दम्भ के तहत साम्राज्यवादी विस्तार को एक सभ्यता के वाहक के तौर पर देखना शुरू किया।

साम्राज्यवाद की दूसरी लहर ने सबसे पहले अफ्रीका को अपना शिकार बनाया। इस महाद्वीप की हुकूमतें युरोपियन फ़ौजों के सामने आसानी से परास्त हो गयीं। बेल्जियम के लिए हेनरी स्टेनली ने कोंगो नदी घाटी पर क़ब्ज़ा कर लिया, फ्रांस ने अल्जीरिया को हस्तगत करके स्वेज नहर का निर्माण किया और उसके जवाब में ब्रिटेन ने मिस्र पर क़ब्ज़ा करके इस नहर पर नियंत्रण कर लिया ताकि एशिया की तरफ़ जाने

वाले समुद्री रास्तों पर उसका प्रभुत्व स्थापित हो सके। इसी के बाद फ्रांस ने ट्यूनीशिया और मोरक्को को अपना उपनिवेश बनाया। इटली ने लीबिया को हड़प लिया। लातीनी और दक्षिणी अमेरिका में मुख्य तौर पर स्पेन के उपनिवेश रहे। इन क्षेत्रों की कई अर्थव्यवस्थाओं की लगाम अमेरिका और युरोपीय ताक़तों के हाथों में रही।

एक तरफ़ उन्नीसवीं सदी में अफ्रीका के लिए साम्राज्यवादी होड़ चल रही थी, और दूसरी ओर दक्षिण एशिया पर प्रभुत्व ज़माने की प्रतियोगिता भी जारी थी। उन्नीसवीं सदी के मध्य तक ब्रिटेन ईस्ट इण्डिया कम्पनी के ज़रिये भारत के बड़े हिस्से का उपनिवेशीकरण करके बेशक़ीमती मसालों और कच्चे माल की प्राप्ति शुरू कर चुका था। फ्रांसीसी और डच भी उपनिवेशवादी प्रतियोगिता में जम कर हिस्सा ले रहे थे।

उपनिवेशवाद के विकास में औद्योगिक क्रांति की भी अहम भूमिका रही है। अट्ठारहवीं सदी के आख़िरी दौर में हुई इस क्रांति ने उपनिवेशवाद के केंद्र यानी ब्रिटेन और उसकी परिधि यानी उपनिवेशित क्षेत्रों के बीच के रिश्तों को आमूलचूल बदल दिया। उपनिवेशित समाजों में और गहरी पैठ के अवसरों का लाभ उठा कर उद्योगपतियों और उनके व्यापारिक सहयोगियों ने ग़ुलाम जनता के श्रम का भीषण दोहन शुरू किया। अटलांटिक के आर-पार होने वाला ग़ुलामों का व्यापार भी उनके काम आया। उपनिवेशों के प्राकृतिक और मानवीय संसाधनों के शोषण से औद्योगिक क्रांति को छलांग लगा कर आगे बढ़ने की सुविधा मिली। उपनिवेश इस क्रांति के लिए कच्चे माल के सस्ते स्रोत बन गये।

उपनिवेशवाद की मार्क्सवादी व्याख्याएँ भी यह दावा करती हैं कि उन्नीसवीं सदी की अमेरिकी और युरोपियन औद्योगिक पूँजीवादी अर्थव्यवस्थाओं के विकास के लिए ग़ैर-पूँजीवादी समाजों का प्रत्यक्ष राजनीतिक नियंत्रण आवश्यक था। इस लिहाज़ से मार्क्सवादी विद्वान पूँजीवाद के उभार के पहले और बाद के उपनिवेशवाद के बीच फ़र्क़ करते हैं। मार्क्स ने अपनी भारत संबंधी रचनाओं में उपनिवेशवाद पर ख़ास तौर से विचार किया है। मार्क्स और एंगेल्स का विचार था कि उपनिवेशों पर नियंत्रण करना न केवल बाज़ारों और कच्चे माल के स्रोतों को हथियाने के लिए ज़रूरी था, बल्कि प्रतिद्वंद्वी औद्योगिक देशों से होड़ में आगे निकलने के लिए भी आवश्यक था। उपनिवेशवाद संबंधी मार्क्सवादी विचारों को आगे विकसित करने का श्रेय रोज़ा लक्ज़ेमबर्ग और लेनिन को जाता है।

मार्क्सवादी परिप्रेक्ष्य को आलोचना का सामना भी करना पड़ा है। आलोचकों का कहना है कि मार्क्स, रोज़ा और लेनिन ने अपनी थीसिस के पक्ष में जो प्रमाण पेश किये हैं वे नाकाफ़ी हैं, क्योंकि उनसे औद्योगिक क्रांति व पूँजीवाद के विकास के लिए उपनिवेशवाद की अनिवार्यता साबित नहीं होती। दूसरे, मार्क्सवादी विश्लेषण के पास उपनिवेशित समाजों का पर्याप्त अध्ययन और समझ मौजूद नहीं है। मार्क्स जिस एशियाई उत्पादन प्रणाली की चर्चा करते हैं और रोज़ा जिस तरह की श्रेणियों को एशियाई समाजों पर आरोपित करती हैं, उन्हें इन समाजों के इतिहास के गहन अध्ययन के आधार पर बहुत दूर तक नहीं खींचा जा सकता।

द्वितीय विश्व-युद्ध के बाद उपनिवेशवाद का प्रभाव तेज़ी से घटा। कुछ विद्वानों की मान्यता है कि अक्टूबर क्रांति के बाद से ही औपनिवेशिक प्रणाली दरकने की शुरुआत हो गयी थी। 1945 के बाद स्पष्ट हो गया कि अंतर्राष्ट्रीय समुदाय पर उपनिवेशवाद विरोधी रुझान हावी हो चुके हैं। अमेरिका और सोवियत संघ ने इस दौर में पुराने क़िस्म के उपनिवेशवाद का जम कर विरोध किया और आत्म-निर्णय के उसूल का पक्ष लिया। युरोप की हालत इस समय तक बेहद कमज़ोर हो चली थी। वह दूर-दराज़ क्षेत्रों में फैले हुए उपनिवेशों की आर्थिक लागत उठाने की हालत में नहीं था। नवगठित संयुक्त राष्ट्र उपनिवेशों में चल रहे राष्ट्रवादी आंदोलनों के प्रभाव में वि-उपनिवेशीकरण की प्रक्रिया को प्रोत्साहित कर रहा था। नतीजे के तौर पर 1947 से 1980 के बीच में ब्रिटेन को क्रमशः भारत, बर्मा, घाना, मलाया और ज़िम्बाब्वे का क़ब्ज़ा छोड़ना पड़ा। इसी सिलसिले में आगे डच साम्राज्यवादियों को 1949 में इण्डोनेशिया से जाना पड़ा और अफ्रीका में आख़िरी औपनिवेशिक ताक़त के रूप में पुर्तगाल ने अपने उपनिवेशों को 1974-75 में आज़ाद कर दिया। 1954 में इंडो-चीन क्षेत्र और 1962 में अल्जीरिया के रक्तरंजित संघर्ष के सामने फ्रांस को घुटने टेकने पड़े। साठ के दशक में ही भारत के प्रांत गोवा से पुर्तगाल ने अपना बोरिया-बिस्तर समेट लिया।

देखें : आत्म-निर्णय, नव-उपनिवेशवाद, मार्क्सवाद-1 से 5 तक, युरोकेंद्रीयता, रोज़ा लक्ज़ेमबर्ग, व्लादिमिर इलीच लेनिन, वि-उपनिवेशवाद, विदेशी-द्वेष, स्वजातिवाद, साम्राज्यवाद, सांस्कृतिक साम्राज्यवाद।

संदर्भ

1. एरिक हॉब्सबॉम (1987), *द एज ऑफ़ एम्पायर, 1875-1914*, वीडनफ़ील्ड ऐंड निकल्सन, लंदन.
2. विलियम जे. पॉमरॉय (1790), *अमेरिकन न्यू-कोलोनियलिज़म*, इंटरनैशनल पब्लिशर्स, न्यूयॉर्क.
3. जॉन जी. टेलर (2000), 'कोलोनियलिज़म', संकलित : टॉम बॉटमोर वग़ैरह (सम्पा.), *अ डिक्शनरी ऑफ़ मार्क्सिस्ट थॉट*, माया ब्लैकवेल, नयी दिल्ली.
4. मार्क फ़ेरो (1997), *कोलोनाइज़ेशन : अ ग्लोबल हिस्ट्री*, रॉटलेज, लंदन.
5. युरगन ऑस्टरहेमिल (1997), *कोलोनियलिज़म*, मारकुस वाइनर, प्रिंसटन, एनजे.

—अभय कुमार दुबे

उपनिवेशवाद विरोधी आंदोलन-1

(नरम दल बनाम गरम दल)

(Anti-colonial Movement-1)

बीसवीं सदी का पहला दशक भारतीय राजनीति के लिए राष्ट्रवादी भावनाओं के उफान का था। उपनिवेशवाद विरोधी भावनाओं और निरंतर बलवती होती स्वतंत्रता की भारतीय उत्कंठा को देखते हुए ब्रिटिश उपनिवेशवादियों ने नयी सदी में इस घोषणा के साथ प्रवेश किया कि उनका मक़सद कांग्रेस पार्टी का अंत करना है जिसके नेतृत्व के भीतर राष्ट्रवाद के दो संस्करणों के बीच जद्दोजहद चल रही थी। भारत के नये वायसराय लॉर्ड कर्ज़न ने 1903 में स्पष्ट रूप से कहा कि भारत प्रवास के दौरान वे राष्ट्रवाद के इस मंच को नष्ट कर देंगे। 1857 की राज्य-क्रांति से सबक सीख कर अंग्रेज़ों ने उपनिवेशितों के विक्षोभ को निकालने के लिए एक 'सेफ़्टी वाल्व' की तरह कांग्रेस का गठन किया था। लेकिन अब यह संगठन पहले की तरह ब्रिटिश राज के लिए निरापद नहीं रह गया था। कांग्रेस के राष्ट्रवादी नेतृत्व का एक हिस्सा (नरम दल) तो ज्ञापनों, प्रतिवेदनों और धीरे-धीरे आगे बढ़ने वाले सांविधिक सुधारों के ज़रिये स्व-शासन का सीमित मॉडल उपलब्ध करने के पक्ष में था, लेकिन उसके नेतृत्व का दूसरा और जनता के बीच कहीं ज़्यादा लोकप्रिय हिस्सा (गरम दल) पूर्ण स्वराज की माँग उठाने की आवश्यकता रेखांकित कर रहा था। पार्टी के इन दोनों धड़ों के बीच पहला बड़ा विभाजन 1907 के सूरत अधिवेशन में हुआ।

1907 से पहले माना जाता था कि कांग्रेस सुसभ्य वकीलों, शिक्षकों और बुद्धिजीवियों का एक ऐसा संगठन है जिसका जनता से सीधा सम्पर्क नहीं है। आम धारणा यह थी कि राजनीतिक चेतना जगाने और उपनिवेशवाद की आलोचना विकसित करने के बावजूद ब्रिटिश राज की शक्ति पर प्रहार करना उसके बूते की बात नहीं है। दादाभाई नौरोजी, गोपाल कृष्ण गोखले, फ़ीरोजशाह मेहता आदि नरमपंथी नेता सुधारवादी दृष्टि के साथ बँधे होने के कारण नये समय की वास्तविकता नहीं पहचान रहे थे। इतिहासकार बिपन चंद्र के अनुसार नरमपंथियों की विफलता का मुख्य कारण यह था कि वे विकसित होते हुए राजनीतिक घटनाक्रम के अनुरूप अपनी रणनीति में आवश्यक फेरबदल नहीं कर पाते थे। उन्हें यह एहसास नहीं हो पा रहा था कि कि उनकी ख़ुद की उपलब्धियों ने ही उनकी राजनीति को अव्यावहारिक बना दिया था। ऐसे संक्रमणकालीन समय में नरमपंथ-गरमपंथ के ध्रुवीकरण ने उपनिवेशवाद विरोधी स्वाधीनता आंदोलन को एक नये मुक़ाम पर पहुँचा दिया।

यह एक दिलचस्प तथ्य है कि गरमदली कांग्रेसियों ने राष्ट्रवाद की जिन भावनाओं के हवाले से अपनी दावेदारियाँ की थीं, उन्हें परवान चढ़ाने में गरमदलियों की भूमिका को नकारा नहीं जा सकता था। यह सही है कि नरमपंथी राजनीति सरकार से सीधे टकराव मोल लेने के स्थान पर उससे संवैधानिक रियायतों की माँग करने, सरकार की नीतियों पर बौद्धिक बहसें करने और शासन में उसका सहयोग करते हुए ही हिस्सेदारी की माँग करने जैसी नीतियों पर आधारित थी। ब्रिटिश राज के समय आधुनिक शिक्षा व प्रशासन के फलस्वरूप विकसित संस्थागत सार्वजनिक क्षेत्र के राजनीतिक इस्तेमाल को लेकर नरमदलियों में गहरा आग्रह था। लेकिन उनकी इसी राजनीति के दौरान ब्रिटिश लोकतांत्रिक परम्पराओं से ग्रहण की गयी नागरिकता, सिविल सोसाइटी, क़ानून के समक्ष सभी की समानता, मानवाधिकार और सामाजिक न्याय की अवधारणाओं का प्रयोग उपनिवेशवाद की आलोचना के लिए किया गया। इसी आलोचना के गर्भ में भारतीयता और भारतीय राष्ट्रवाद के बीज पनपे, और स्वतंत्रता की आकांक्षा प्रबल हुई। ज़ाहिर है कि आधुनिक भारतीय राष्ट्रवाद को मंच पर लाने में इन्हीं आरम्भिक कांग्रेसी नेताओं और ऐसे ही दूसरे संगठनों का अहम योगदान था।

1905 में ब्रिटिश सरकार ने स्वाधीनता आंदोलन में फूट डालने, साम्प्रदायिकता की भावनाएँ भड़काने और अपनी दमनकारी शक्तियों से जनता के मन में ख़ौफ़ पैदा करने के लिए बंगाल के दो टुकड़े कर दिये। अंग्रेज़ों के इस हथकंडे ने राष्ट्रवाद की चिंगारी को और भड़का दिया। परिणामस्वरूप कांग्रेस के भीतर गरमपंथी नेताओं को अधिक आक्रामक होने का मौक़ा मिला। ब्रिटिश सामानों का बहिष्कार, स्वदेशी का प्रचार और अंग्रेज़ी प्रशासन-सरकार से असहयोग का कार्यक्रम नयी आंदोलनकारी रणनीतियों के रूप में विकसित होने लगा। कांग्रेस के पुराने नरमपंथी नेता आंदोलन के इन नये रूपों के प्रति बहुत सहज न थे। उन्हें लगता था कि इससे सरकार को दमन के नये बहाने मिलेंगे और स्वाधीनता आंदोलन छिन्न-भिन्न हो जाएगा। बंग-भंग का हथकंडा चलाने वाले लार्ड कर्ज़न जैसे सख़्त और कठोर साम्राज्यवादी प्रशासक के सामने नरमपंथियों की समझौतावादी तथा कोमल राजनीति की सफलता की सम्भावनाएँ लगातार कम पड़ती जा रही थीं।

दूसरी तरफ़ राष्ट्रीय राजनीति में बाल गंगाधर तिलक, विपिनचंद्र पाल, लाला लाजपत राय और अरविंद घोष जैसे नेता निरंतर जुझारू संघर्ष का आह्वान कर रहे थे क्योंकि उनका मानना था कि नरमपंथी नेता न तो जनता की शक्ति ठीक से आँक पा रहे हैं और न ही उसकी जागरूकता का सही मूल्यांकन कर पा रहे हैं। गरमपंथी समझे जाने वाले नेताओं ने

नरमपंथियों की भिखारीपन की राजनीति का जम कर विरोध किया। पर उनकी राजनीति की एक विडम्बना यह भी थी कि उसके केंद्र में हिंदू प्रतीकों, मिथकों तथा एक तरह से हिंदू क़िस्म की इतिहास-दृष्टि मौजूद थी। इसके बावजूद गरमपंथ की कांग्रेस के भीतर लोकप्रियता तेज़ी से बढ़ रही थी क्योंकि शिक्षा के विकास, स्वदेशी वस्त्र कम्पनियों तथा भारतीयों द्वारा नये उद्योग-धंधों की स्थापना ने वह भौतिक आधार तैयार कर दिया था जिस पर खड़े हो कर भारतीय राष्ट्रवाद ब्रिटिश शासन को चुनौती दे सकता था।

नरमपंथ-गरमपंथ के बीच टकराव में राष्ट्रीय नेताओं के मतभेदों को ही नहीं बल्कि अंग्रेज़ी हुकूमत की रणनीतियों को भी ज़िम्मेदार माना जाता है। अंग्रेज़ी हुकूमत उपनिवेशवाद विरोधियों को एकजुट होने का मौक़ा न दे कर उन्हें परस्पर लड़ाते रहना चाहती थी। इसी के तहत वह गरमपंथियों के दमन और नरमपंथियों की कुछ माँगें मानकर उन्हें अपने साथ जोड़ने की नीति भी अपना रही थी। उपनिवेशवादी चाहते थे कि दोनों धड़े एक दूसरे के ख़िलाफ़ बने रहें और यह सिद्ध करना आसान हो जाए कि राष्ट्रीय आंदोलन दिशाहीन तथा कलह ग्रस्त है। सरकार युवाओं को भी कांग्रेस से दूर रखना चाहती थी। कलह ग्रस्त कांग्रेस से उन युवाओं का मोहभंग स्वाभाविक था जो नरमपंथी राजनीति को पहले ही लफ़्फ़ाजी मानने लगे थे। इन्हीं भावनाओं के तहत युवाओं में नरमपंथ या गरमपंथ के स्थान पर क्रांतिकारी आतंकवाद के प्रति आकर्षण बढ़ा और देश भर में गुप्त संगठन तैयार होने लगे।

नरमपंथियों तथा गरमपंथियों के बीच मतभेद बनाये रखने और उन्हें अलग-थलग रखने की अंग्रेज़ों की नीति को व्यापक सफलता मिली। 1906 में कांग्रेस के कोलकाता अधिवेशन में टकराव लगभग उस हद तक पहुँच चुका था कि दोनों धड़े कांग्रेस के विभाजन पर तैयार हो गये थे। ऐसी सूरत में दादाभाई नौरोजी को अध्यक्ष पद प्रदान कर यह विभाजन टाल दिया गया। माना गया कि नौरोजी की सबको जोड़ने वाली क्षमता आगे भी दोनों धड़ों में एकता क़ायम रखने में कामयाब हो सकेगी। पर अगले वर्ष तक दोनों खेमों में कटुता और बढ़ गयी क्योंकि स्वदेशी, बहिष्कार आंदोलन, राष्ट्रीय शिक्षा तथा स्वशासन के विषय पर तक़रार होती रही। पत्र-पत्रिकाओं में परस्पर विरोधी स्वर सामने आते रहे। नौरोजी, तिलक तथा गोखले जैसे परिपक्व नेता भी कांग्रेस के अन्य नेताओं के बीच बीच मिल-जुल कर काम करने की संस्कृति का विकास नहीं कर पा रहे थे। नतीजा यह हुआ कि 1907 तक आते-आते तय हो गया कि कांग्रेस में विभाजन हो कर रहेगा।

गरमपंथी नेतृत्व को लगता था कि नरमपंथी नेता अपने संविधानवादी रुख के कारण अंग्रेज़ों के ख़िलाफ़ संघर्ष को सायास धीमा कर रहे हैं, जबकि नरमपंथियों को लगता था कि उन्होंने निरंतर संवाद, दबाव तथा वार्तालाप के माध्यम से अंग्रेज़ हुकूमत को जिन माँगों को स्वीकार करने के लिए तैयार कर लिया है, वे गरमपंथियों के अतिवादी रवैये के कारण पूरी नहीं हो सकेंगी। वे बार-बार दमन का भय दिखा रहे थे जबकि गरमपंथी इसे सुविधावादी और कायरता की राजनीति मानते थे। गुजरात के सूरत में 26 दिसंबर, 1907 को कांग्रेस अधिवेशन से पहले दोनों पक्षों द्वारा एक-दूसरे की खिल्ली उड़ाने, छींटाकशी करने तथा आरोप लगाने से राजनीतिक माहौल काफ़ी तनावग्रस्त हो चुका था। अधिवेशन के दौरान गरमपंथी नेता स्वदेशी और बहिष्कार की नीति पर बार-बार नरमपंथियों से स्पष्ट प्रतिबद्धता की माँग करते रहे। टकराव बढ़ता गया और अंत में कांग्रेस अधिवेशन ज़बरदस्त हंगामे, तक़रार तथा शोर के बीच पुलिस-दख़ल के साथ ख़त्म हुआ।

कांग्रेस के भीतर राष्ट्रीय आंदोलन की कार्यनीति को लेकर जारी बहस इस तरह ख़त्म होगी, इसके बारे में किसी ने सोचा तक नहीं था। दोनों गुट बिखर गये और कांग्रेस संगठन के तौर पर कमज़ोर पड़ती दिखने लगी। तिलक जेल चले गये, लाजपत राय विदेश रवाना हो गये और अरविंद घोष ने संन्यास का रास्ता पकड़ लिया। इतिहासकारों ने इसे राष्ट्रीय आंदोलन की क्षति के रूप में भी देखा है पर वस्तुतः यह क्षति नहीं बल्कि आंदोलन के अंतर्विरोध का परिणाम था जिसमें नयी स्थितियों में कांग्रेस अपना वैचारिक कायाकल्प नहीं कर पा रही थी और विभिन्न मतभेदों के कारण उसका सांगठनिक ढाँचा दरकना उसकी नियति बन चुका था। पर इस मतभेद के पीछे का यथार्थ यह भी है कि नरमपंथियों ने जहाँ उपनिवेशवाद के विरोध में राजनीतिक चेतना को ख़ास मंजिल तक पहुँचाया, वहीं गरमपंथियों ने उत्कट बलिदानों, कष्ट सहने की क्षमता और जुझारूपन की मिसाल प्रस्तुत कर जनता के बीच राजनेताओं की नयी उज्ज्वल छवि का निर्माण किया।

समाज और देश में उपनिवेशवाद विरोधी राजनेताओं को नायकत्व का दर्जा मिलना शुरू हो गया था। सूरत अधिवेशन में कांग्रेस के विभाजन के बाद अंग्रेज़ सरकार ने बल प्रयोग के साथ-साथ राजनीतिक हथकंडों का प्रयोग भी तेज़ कर दिया। मार्ले-मिंटो सुधारों के खोखलेपन से साफ़ होता जा रहा था कि नयी कौंसिलों में भारतीयों की संख्या तो बढ़ायी जा सकती है पर इससे उन्हें अधिकार-सम्पन्न नहीं बनाया जा सकता। इसी प्रकार मुसलिम साम्प्रदायिकता को शह देने के लिए मुसलमानों के लिए पृथक निर्वाचन क्षेत्रों का प्रावधान किया गया।

पहली नज़र में लगता है कि नरमपंथ-गरमपंथ के तीख़े ध्रुवीकरण का अगर किसी ने सबसे अधिक लाभ उठाया तो वह अंग्रेज़ी राज ही था। लेकिन यह परिस्थिति एक नये उपनिवेशवाद विरोधी नेतृत्व की माँग भी कर रही थी। एक ऐसे नेतृत्व की जिसके तहत नरमपंथ और गरमपंथ की सकारात्मक प्रवृत्तियों का रचनात्मक संश्रय हो सके। यह

ज़रूरत बीसवीं सदी के अगले दशक में उस समय पैदा हुई जब कांग्रेस का नेतृत्व गाँधी के हाथ में गया जिन्होंने इस पार्टी को एक राष्ट्रव्यापी जनांदोलन में बदल दिया। इसकी पहली संगठित अभिव्यक्ति असहयोग आंदोलन में हुई।

देखें : उपनिवेशवाद विरोधी आंदोलन-2 और 3, भारत में सशस्त्र संघर्ष-1, 2 और 3, प्रथम विश्व-युद्ध, बिपन चंद्र-1 और 2, मोहनदास कर्मचंद गाँधी-1 और 2, उपनिवेशवाद, सविनय अवज्ञा, अबुल कलाम आज़ाद, मुसलिम राजनीतिक विचार।

संदर्भ

1. सुमित सरकार (1973), *द स्वदेशी मूवमेंट इन बंगाल, 1903-1908* , पीपुल्स पब्लिशिंग हाउस, नयी दिल्ली.
2. मोईन ज़ैदी और गुफ़रान ज़ैदी (1987), *द इनसाइक्लोपीडिया ऑफ़ इण्डियन नैशनल कांग्रेस,* इण्डियन इंस्टिट्यूट ऑफ़ एप्लाइड पॉलिटिकल रिसर्च, एस. चाँद, नयी दिल्ली.
3. जे.आर. मैकलेन (1977), *इण्डियन नैशनलिज़म ऐंड द अर्ली कांग्रेस,* प्रिंसटन युनिवर्सिटी प्रेस, प्रिंसटन.

—वैभव सिंह

उपनिवेशवाद विरोधी आंदोलन-2

(असहयोग आंदोलन)

(Anti-colonial Movement-2)

बीसवीं सदी में ब्रिटिश शासन के ख़िलाफ़ चली पहली राष्ट्रव्यापी मुहिम असहयोग आंदोलन (1920-1922) दुनिया भर के उपनिवेशवाद विरोधी संघर्षों में अनूठी थी। सिद्धांत और रणनीति के तौर पर इसके केंद्र में सत्याग्रह का विचार था। आंदोलन के नेता गाँधी इससे पहले चम्पारण, खेड़ा और अहमदाबाद में सत्याग्रह आधारित राजनीति के प्रयोग कर चुके थे। अंग्रेज़ों की सत्ता से असहयोग व्यक्त करने के इरादे से चलाये गये इस आंदोलन ने भारतीय जनता की मुक्तिकांक्षा को जगाया, निखारा और व्यक्त किया। इस संघर्ष ने भारतीय जनता और ब्रिटिश साम्राज्य के बीच के अंतर्विरोध को सर्वाधिक मुखर ढंग से व्यक्त किया। जिस उत्साह और आत्मोसर्ग की भावना से जनता के विभिन्न तबक़ों ने एकजुट हो कर इस आंदोलन के ज़रिये पूर्ण स्वतंत्रता की माँग की, उससे तय हो गया कि अंग्रेज़ों द्वारा चलाये जा रहे सीमित संवैधानिक सुधार पूर्ण-स्वतंत्रता की माँग की जगह नहीं ले सकते।

आंदोलन की राजनीतिक और सामाजिक पृष्ठभूमि में प्रथम विश्व-युद्ध और उसके राजनीतिक-आर्थिक फलितार्थ मौजूद थे। विश्व-युद्ध के कारण 1913 से 1920 के बीच मुद्रास्फीति दोगुनी हो चुकी थी। किसानों का जीवन-स्तर गिरता जा रहा था। कारख़ाना और बाग़ान मज़दूरों में गहरा असंतोष था जिसकी अभिव्यक्ति सारे देश में हो रही हड़तालों में हो रही थी। ब्रिटिश आर्थिक नीतियों के कारण दस्तकारी उद्योग का पतन हो रहा था, भारतीय धन-सम्पत्ति का निर्यात जारी था और अंग्रेज़ों की फ़ौज में शामिल अनगिनत भारतवासियों को अपनी क़ुर्बानी देनी पड़ी थी। युद्ध के दौरान अंग्रेज़ों ने भारतीय नेताओं तथा जनता से वादे किये थे कि वे उनकी दशा में सुधार के लिए ठोस फ़ैसले लेंगे। पर युद्ध के बाद हालात में कोई उल्लेखनीय परिवर्तन होना तो दूर कई और ऐसे अत्याचारों का सिलसिला चला जिनसे भारतीय जनता में आक्रोश गहराता चला गया।

मार्च, 1919 में रौलट एक्ट लागू कर दिया जिसके अनुसार किसी को भी मात्र संदेह के आधार पर गिरफ़्तार कर मुक़दमा चलाया जा सकता था और सज़ा दी जा सकती थी। इसे बिना अपील, बिना वकील और बिना दलील का क़ानून भी कहा गया। इसी के विरोध में अमृतसर के जलियाँवाला बाग़ में 13 अप्रैल, 1919 को बैसाखी के मौक़े पर आयोजित सभा में जनरल डायर ने निहत्थों पर गोलियाँ चलाकर भयंकर जनसंहार किया। पंजाब में मार्शल ला जैसे कठोर क़दम उठा कर भी सरकार ने निरंकुशता का परिचय दिया। ब्रिटिश हुकूमत के इस कठोर, तर्कहीन और तानाशाही रवैये से वे भारतीय नेता भी निराश हो गये जो मानते थे अंग्रेज़ वायसराय से बातचीत या समझौते के ज़रिये वे भारतीयों की वाजिब माँगों को पूरा करा सकेंगे। अंग्रेज़ों के दमन-चक्र और बार-बार की धोखाधड़ी ने संवैधानिक रास्तों से भारतीय-हितों की पूर्ति के विकल्पों को लगभग समाप्त कर दिया। कांग्रेस की बैठकों में ब्रिटिश राज के ख़िलाफ़ ज़्यादा बड़ा आंदोलन खड़ा करने के पक्ष में राय पक्की होने लगी। बीस के दशक में मुसलमान नेताओं में तुर्की संबंधी ब्रिटिश नीति के कारण आक्रोश पनपा। अपने वायदों के विपरीत अंग्रेज़ों ने तुर्की का विभाजन करके वहाँ के ख़लीफ़ा को सत्ताच्युत कर दिया था। इन्हीं ख़िलाफ़त नेताओं का सहयोग लेकर गाँधी ने अंग्रेज़ों के ख़िलाफ़ व्यापक असहयोग आंदोलन की रणनीति तैयार की जिसमें मुद्रास्फीति, खाद्यान्न की कमी, महँगाई, प्लेग-महामारी से जूझे रहे किसानों-मज़दूरों को राष्ट्रीय राजनीति में रचनात्मक भूमिका निभाने के लिए तैयार किया गया। गाँधी इससे पहले वायसराय को सम्बोधित पत्र में कह चुके थे कि कुशासन से सहयोग से इनकार करने का अधिकार प्रत्येक व्यक्ति को है।

असहयोग आंदोलन को सितम्बर, 1920 में कोलकाता के कांग्रेस अधिवेशन में औपचारिक स्वीकृति प्रदान की गयी।

असहयोग आंदोलन : उपनिवेशवाद विरोधी गोलबंदी

गाँधी ने उस अधिवेशन में कहा कि अंग्रेज़ सरकार शैतान है जिसके साथ अब कोई सहयोग सम्भव नहीं है, हालाँकि असहयोग का प्रस्ताव स्वीकृत कराने से पहले गाँधी को काफ़ी विरोध का सामना भी करना पड़ा। मोहम्मद अली जिन्ना, ऐनी बेसेंट, विपिन चंद्र पाल आदि नेताओं ने इस प्रस्ताव का सख़्त विरोध किया। मोतीलाल नेहरू, सुरेंद्रनाथ बनर्जी, मदनमोहन मालवीय, चितरंजन दास आदि ने भी गाँधी के इस क़दम की मुख़ालफ़त की। लेकिन काफ़ी बहस-मुबाहिसे के बाद अंतत: कांग्रेस को व्यापक स्वरूप देने तथा जनांदोलन के हित में गाँधी के विरोधियों ने भी अपने को संयत कर लिया।

असहयोग की रणनीति प्रस्तावित करते हुए गाँधी ने इसे पूरी तरह से अहिंसात्मक बनाने की अपील की और इस तरह आंदोलन के साथ ही एक प्रकार से भारतीय राजनीति में गाँधी युग की शुरुआत हो गयी। दिसम्बर के नागपुर कांग्रेस अधिवेशन में पारित असहयोग के प्रस्तावों में जनता से ये अपीलें की गयीं— सरकारी स्कूलों, कॉलेजों, अदालतों का बहिष्कार करना, विदेशी वस्त्रों को त्यागना, सरकारी उपाधियाँ तथा प्रशस्तिपत्र लौटाना, हथकरघे को प्रोत्साहन, हिंदू-मुसलिम एकता को बढ़ावा देना, छुआछूत मिटाना, अहिंसा का पालन और आगे चलकर नमक कर अदायगी से इनकार इत्यादि। गाँधी देश की जनता में विश्वास की भावना जगाये रखना चाहते थे ताकि वह बड़ी क़ुर्बानियों के लिए तैयार रह सके। उन्होंने जनता को यक़ीन दिलाया कि इन प्रस्तावों पर अमल करने तथा अंग्रेज़ सरकार से असहयोग करने से देश को एक साल के भीतर आज़ादी प्राप्त हो जाएगी। आंदोलन के माध्यम से कांग्रेस का व्यापक सांगठनिक विस्तार हुआ। दूरदराज़ के क्षेत्रों में कांग्रेस समितियों का गठन, पार्टी सदस्यता के लिए चवन्नी का शुल्क, विकेंद्रीकरण एवं सम्पर्क भाषा के तौर पर हिंदी का प्रयोग करने जैसे क़दम उठाए गये। गाँधी ने असहयोग और ख़िलाफ़त आंदोलन का समन्वय कर हिंदू-मुसलिम समुदायों को जोड़ कर अंग्रेज़ों के ख़िलाफ़ साम्प्रदायिक एकता का नमूना पेश किया। उन्होंने ख़िलाफ़त आंदोलन का नेतृत्व कर रहे अली भाइयों के साथ मिलकर देश भर में सभाएँ कीं और लोगों को स्वतंत्रता के महत्त्व के बारे में सचेत किया। लम्बी दासता के कारण उदासीन हो चुकी भारतीय जनता में असहयोग के ज़रिये संघर्ष की नयी चेतना का संचार हुआ।

अपने प्रभाव की दृष्टि से आंदोलन को अभूतपूर्व सफलता मिली। आंदोलन 1 अगस्त, 1920 को आरम्भ हुआ और उसी दिन विख्यात राष्ट्रवादी नेता बाल गंगाधर तिलक के निधन की खबर भी मिली। उनकी मृत्यु के बाद आयोजित शोकसभाएँ तथा प्रदर्शनियाँ असहयोग आंदोलन की हड़तालों तथा धरना-प्रदर्शनों के साथ घुलमिल गयीं। पहले महीने में ही एक लाख के क़रीब छात्रों ने सरकारी स्कूल छोड़ दिये और वे राष्ट्रीय-स्कूल कॉलेजों में दाखिल हो गये। बंगाल, आंध्र, उत्तर प्रदेश, पंजाब आदि प्रांतों में वकीलों ने भी बड़ी संख्या में सरकारी अदालतों में जाना बंद कर दिया। चक्रवर्ती राजगोपालाचारी, मोतीलाल नेहरू, चितरंजन दास जैसे प्रतिष्ठित राष्ट्रवादी वकीलों द्वारा न्यायालयों के बहिष्कार से भी आंदोलन के पक्ष में सकारात्मक प्रभाव पड़ा। विदेशी वस्त्रों के दहन के कार्यक्रमों को देश भर में सबसे अधिक सफलता मिली और विदेशी वस्त्र बेचने वाली दुकानें भी धरनों के कारण नुक़सान में चली गयीं। आँकड़ों के अनुसार 1920-21 में जहाँ लगभग एक अरब दो करोड़ रुपये के विदेशी वस्त्रों का आयात हुआ, वहीं साल भर बाद यह घट कर 57 करोड़ रुपये रह गया। 17 नवंबर, 1921 को प्रिंस ऑफ़ वेल्स जब भारत यात्रा पर आये तो पूरे भारत में उन्हें विरोध-प्रदर्शन, हड़तालों और बंद का सामना करना पड़ा। सरकार आरम्भ में इस आंदोलन को नज़रअंदाज़ करने की नीति पर चल रही थी पर जब इसकी उग्रता बढ़ने लगी तो उसने हड़ताल-प्रदर्शनों पर पाबंदी लगायी और व्यापक तौर पर छापामारी कर आंदोलनकारियों को गिरफ़्तार कर लिया। लगभग तीस हज़ार लोग जेल में डाल दिये गये।

लेकिन असहयोग आंदोलन का प्रभाव पूरे भारतीय जनमानस पर पड़ा। चाय-बाग़ान तथा स्टीमर पर काम करने वाले मज़दूरों, काश्तकारों, वन-क़ानून से पीड़ित लोगों, गुरुद्वारों के भ्रष्ट महंतों से पीड़ित पंजाब के अकालियों आदि विभिन्न तबक़ों में नयी ऊर्जा का संचार हुआ। वे असहयोग के उद्देश्य को आत्मसात कर अपनी-अपनी मांगों के लिए आंदोलन करने लगे। इतिहासकार बिपन चंद्र के अनुसार-असहयोग आंदोलन ने तमाम स्थानीय आंदोलनों को जन्म दिया, जिससे पहले से चल रही मुहिमों को बल मिला। यह बात दीगर है कि ये आंदोलन कहीं-कहीं असहयोग आंदोलन की नीतियों और अहिंसा के सिद्धांतों से मेल नहीं खाते थे।

आंदोलन को मिली शुरुआती सफलता के बावजूद इसका अंत काफ़ी विवादास्पद ढंग से हुआ। चौरीचौरा (उत्तर

प्रदेश के गोरखपुर ज़िले का कस्बा) में हुई हिंसा के बाद गाँधी ने अकस्मात ही आंदोलन वापस लेने का ऐलान कर दिया। चौरीचौरा में 5 फ़रवरी, 1922 को स्थानीय स्तर पर असहयोग एवं ख़िलाफ़त के पक्ष में लोग अनुशासित तरीक़े से जुलूस निकाल रहे थे। पुलिस ने उनका रास्ता रोकने तथा बल प्रयोग का प्रयास किया। जुलूस में सम्मिलित लोगों ने पुलिस पर पलट कर हमला बोला। सिपाहियों ने थाने में घुस कर जब बचाव का प्रयास किया तो भीड़ ने थाने में आग लगा दी जिसमें क़रीब 22 पुलिस वालों की मृत्यु हो गयी। गाँधी ने इस घटना को असहयोग आंदोलन की मूल अहिंसा-नीति से विचलन क़रार दे कर आंदोलन समाप्त करने की घोषणा कर दी। गाँधी का यह निर्णय जवाहरलाल नेहरू, चितरंजन दास या सुभाषचंद बोस जैसे उनके सहयोगियों को पसंद नहीं आया। पर गाँधी ने इसे अंहिसा की मूल परीक्षा का विषय क़रार दिया।

वामपंथी इतिहासकारों ने इसे अमीरों-ज़मींदारों के हितों की रक्षा के पक्ष में लिए गये फ़ैसले के रूप में देखा और माना है कि गाँधी जनता को उस सीमा तक जुझारू नहीं बनाना चाहते थे कि वह ज़मींदारी-पूँजीपतियों की सत्ता के विरुद्ध हो जाए। ऐसा होने पर देश की परम्परागत संरचना ध्वस्त हो सकती थी। इन आलोचकों की मान्यता है कि गाँधी स्वयं भी परम्परा समर्थक होने के कारण भारतीय समाज-रचना को बचाना चाहते थे। इस मत के विपरीत बिपन चंद्र जैसे इतिहासकारों की मान्यता है कि तत्कालीन परिस्थिति में ऐसी कोई जुझारू या लड़ाकू ताक़तें नहीं थीं जिनके कारण गाँधी को असहयोग आंदोलन वापस लेने के लिए मजबूर होना पड़ा। बिपन चंद्र के अनुसार अंग्रेज़ों की दमनात्मक कार्रवाई से जनता के हौसले को टूटने से बचाने, अंग्रेज़ों के अड़ियलपन को भाँप लेने, आंदोलन में शामिल छात्रों-व्यापारियों-वकीलों में बढ़ती निष्क्रियता, अहिंसा को स्वतंत्रता आंदोलन की मूल नीति के रूप में स्वीकृति दिलाने आदि कारणों से आंदोलन को गाँधी ने वापस लिया। कुल मिला कर इस आंदोलन ने भारतीय स्वतंत्रता संग्राम पर अमिट छाप छोड़ी। इसने सिद्ध कर दिया कि भारतीय राष्ट्रवाद अब अधिक जुझारू अवस्था में प्रवेश कर रहा है और जिस जनता को अंग्रेज़ संघर्ष-भावना से रहित, उदासीन तथा निरपेक्ष मानते थे, वह अधिक मुखर व सजग हो चली है।

देखें : भारत में सशस्त्र संघर्ष-1, 2 और 3, ख़िलाफ़त आंदोलन, प्रथम विश्व-युद्ध, मोहनदास कर्मचंद गाँधी-1 और 2, उपनिवेशवाद, सविनय अवज्ञा, अबुल कलाम आज़ाद, मुसलिम राजनीतिक विचार, विनायक दामोदर सावरकर, रमेश चंद्र मजूमदार।

संदर्भ

1. बिपन चंद्र (1990), *भारत का स्वतंत्रता संघर्ष,* हिंदी माध्यम कार्यान्वय निदेशालय, दिल्ली विश्वविद्यालय, दिल्ली.
2. जूडिथ एम. ब्राउन (1974), *गाँधीज़ राइज़ टू पावर : इण्डियन पालिटिक्स 1915-22,* केम्ब्रिज युनिवर्सिटी प्रेस, केम्ब्रिज.
3. ऐडम राबटर्स् और टिमोथी गार्टन (सम्पा) (2009), *सिविल रिज़स्टेंस ऐंड पावर पॉलिटिक्स : द एक्सपीरियेंस ऑफ़ नॉन-वायलेंट एक्शन फ्रॉम गाँधी टू प्रज़ेंट,* ऑक्सफ़र्ड युनिवर्सिटी प्रेस, नयी दिल्ली.
4. पीटर हीथ्ज़ (1998), *इण्डियाज़ फ्रीडम स्ट्रगल : अ शार्ट हिस्ट्री,* ऑक्सफ़र्ड युनिवर्सिटी प्रेस, दिल्ली.
5. सुमित सरकार (1983), *मॉडर्न इण्डिया, 18 8 5-1947,* मैकमिलन, नयी दिल्ली.
6. जी. मिनॉल्ट (1982), *द ख़िलाफ़त मूवमेंट : रिलीजस सिम्बॉलिज़म ऐंड पॉलिटिकल मोबिलाइज़ेशन इन इण्डिया,* ऑक्सफ़र्ड युनिवर्सिटी प्रेस, नयी दिल्ली.
7. शाहिद अमीन (1995), *ईवेंट, मैटाफ़र, मेमॅरी : चौरी चौरा, 1922-1992,* ऑक्सफ़र्ड युनिवर्सिटी प्रेस, नयी दिल्ली.

— वैभव सिंह

उपनिवेशवाद विरोधी आंदोलन-3

(भारत छोड़ो आंदोलन)

(Anti-colonial Movement-3)

असहयोग और सविनय अवज्ञा आंदोलन के बाद 1942 से 45 तक चलने वाला भारत छोड़ो आंदोलन भारतीय स्वाधीनता संग्राम का सबसे ऊर्जावान और व्यापक प्रभाव वाला आंदोलन सिद्ध हुआ। दूसरे विश्व-युद्ध के साये में हुए इस आंदोलन ने अंग्रेज़ सरकार की नींव हिला कर रख दी। आरम्भ में महात्मा गाँधी ऐसे विशाल आंदोलन की कल्पना नहीं कर पा रहे थे क्योंकि जर्मनी-इटली और जापान जैसे फ़ासिस्ट देशों से ब्रिटेन युद्ध में उलझा हुआ था। इसलिए उन्होंने अंग्रेज़ों के साथ विश्व-युद्ध के दौरान भी बातचीत के रास्ते को बेहतर समझा। पर अंग्रेज़ों के मन में इस विश्व-युद्ध के दौरान भी भारतीय नेताओं, जनता तथा आंदोलनों के प्रति साम्राज्यवादी नफ़रत में कोई कमी नहीं आयी थी। इसीलिए मार्च, 1942 के क्रिप्स मिशन के प्रस्तावों को ब्रिटेन के तत्कालीन प्रधानमंत्री विंस्टन चर्चिल ने अंतर्राष्ट्रीय दबावों में इस तरह से तैयार करवाया था कि भारतीयों-अंग्रेज़ों में कोई ठोस समझौता न हो सके। इसमें युद्ध में भारत के समर्थन के बदले युद्धोपरांत भारत को स्वशासन प्रदान करने तथा संविधान निर्मात्री परिषद् के गठन का प्रस्ताव रखा गया था। इसमें भारतीयों को सब कुछ युद्ध के बाद ही मिलना था और वह

साइमन कमीशन : अहिंसक, लेकिन जुझारू विरोध

भी सुनिश्चित नहीं था। समझौते के इन प्रस्तावों पर नेहरू ने मायूसी जताई और गाँधी ने कहा कि यह दिवालिया होते बैंक का पोस्ट डेटेड चेक है। प्रस्ताव में मुसलिम लीग की माँगों के मद्देनज़र विभाजन तथा संविधान परिषद् में रियासत के लोगों द्वारा नामांकित लोगों को शामिल करने जैसे आपत्तिजनक प्रस्ताव भी थे जिनका कांग्रेस ने कड़ा प्रतिरोध किया।

एक ओर क्रिप्स मिशन के प्रस्तावों को लेकर क्षोभ और निराशा थी, तो दूसरी ओर विश्व-युद्ध के कारण देश के हालात असंतुलित होते जा रहे थे। ज़रूरी वस्तुओं की क़ीमतें आसमान छू रही थीं और व्यापारियों को जलमार्ग से व्यापार करने में सैकड़ों बाधाओं का सामना करना पड़ रहा था। सुमित सरकार के मुताबिक़ संयुक्त प्रांत और बिहार जहाँ से सबसे ज़्यादा मज़दूर एवं व्यापारी दक्षिण एशिया जाते थे, वहाँ पर भी युद्ध के कारण संकट पैदा हो गया था। इस परिस्थिति ने व्यापारी समुदाय के मन में भी ब्रिटिश सरकार के प्रति धारणा को बदल दिया। ब्रिटिश सेना में शामिल भारतीयों की मृत्यु के समाचार भी आग में घी डालने का काम कर रहे थे। युद्ध के कारण अनाज की जमाखोरी, बैंकों से पैसा निकालने और कोलकाता में जापानी सेना द्वारा बमबारी से पलायन की घटनाएँ हो रही थीं। जनता के बीच यह एहसास फैल रहा था कि युद्ध में ब्रिटेन कमज़ोर स्थिति में है। सिंगापुर एवं रंगून पर जापान द्वारा आधिपत्य स्थापित कर लेने के बाद यह अफ़वाह और तेज़ी से फैलने लगी। ऐसे हालात में कांग्रेस भी आंदोलन के पक्ष में जनदबाव को महसूस करने लगी थी। अस्थिरता की इन्हीं चौतरफ़ा स्थितियों में गाँधी ने आंदोलन का फ़ैसला किया। कांग्रेस के भीतर से होने वाले इस फ़ैसले के सम्भावित विरोध पर उन्होंने अपना प्रसिद्ध बयान दिया : मैं देश की बालू से ही कांग्रेस से भी बड़ा आंदोलन खड़ा कर दूँगा।

आंदोलन संबंधी निर्णय पर विचार के लिए वर्धा में 14 जुलाई, 1942 को कांग्रेस कार्यसमिति की बैठक भी हुई जिसमें आंदोलन के प्रस्ताव को स्वीकृति प्रदान कर दी गयी। इसके बाद मुम्बई के ग्वालिया टैंक में कांग्रेस अधिवेशन हुआ जहाँ जनता की भारी उपस्थिति के बीच गाँधी ने अपना ऐतिहासिक नारा दिया : करो या मरो। इस आंदोलन में ब्रिटिश सत्ता के बहिष्कार की अपील की गयी और स्वयं को स्वतंत्र अनुभव करने के लिए प्रेरित किया गया। उस समय तक देशी रियासतों का ब्रिटिश इण्डिया से अलग दर्जा था जहाँ कांग्रेस का संगठन एवं आंदोलन भी कमज़ोर था। गाँधी ने रियासतों की जनता को भी आंदोलन में सम्मिलित होने के लिए कहा और राजाओं एवं ज़मींदारों को भारतीय जनता की प्रभुसत्ता को मंजूर करने के लिए चेतावनी भी दी। उधर, सरकार की नीति अधिकाधिक लोगों को जेल में डालने की थी ताकि आंदोलन पूरी तरह से नेतृत्वहीन हो जाए।

नौ अगस्त को सवेरे ही गाँधीजी समेत कांग्रेस के कई बड़े नेता गिरफ़्तार कर लिए गये और उन्हे अलग-अलग जेलों में भेज दिया गया। पर सरकार की यह फुर्ती उसी के विरोध में चली गयी क्योंकि आंदोलन में लोगों की जो भागीदारी धीरे-धीरे बढ़ती वह अचानक बढ़ने लगी। देशभर में उथल-पुथल सी मच गयी और मुम्बई, अहमदाबाद, पूना, दिल्ली, कानपुर, इलाहाबाद, वाराणसी और पटना आदि शहरों में जुलूस, हड़ताल, प्रदर्शन और प्रतिरोध फैल गया। सरकार ने समाचार पत्रों और पत्रिकाओं पर भी प्रहार करना शुरू कर दिया। उनके लाइसेंस रद्द कर दिये या पुलिस को आदेश दिये गये कि समाचार पत्रों को सवेरे ही ज़ब्त कर लिया जाए ताकि वे वितरित न हो सकें। पहले के आंदोलन की तुलना में इस बार गाँधी जी जेल में थे और जनता पर बार-बार हिंसा न करने का दबाव भी था। जेल में बंद गाँधी से जब सरकार ने कहा कि वह प्रदर्शनकारियों से हिंसा न करने के लिए अपील जारी करें, तो गाँधी ने स्वयं ही इससे इनकार कर दिया। पहले जहाँ वे हिंसा के लिए आंदोलनकारियों को उत्तरदायी मानते थे, वहीं इस बार उन्होंने कहा कि हिंसा के लिए सरकारी दमन ज़िम्मेदार है, न कि आंदोलनकारी। इसीलिए देश में कई जगहों पर आंदोलन के दौरान सत्याग्रह से आगे जाकर जनता ने ब्रिटिश शासन के प्रतीकों जैसे रेल, डाकख़ाने, सरकारी इमारतों. कचहरियों आदि को निशाना बनाया और उनमें तोड़फोड़ की। रेल पटरियाँ और टेलिफ़ोन-तार की लाइनें सबसे अधिक निशाना बनीं।

अगस्त के मध्य में ही यह आंदोलन शहरों से निकलकर गाँव-कस्बों में जा पहुँचा। मुम्बई, कोलकाता, अहमदाबाद और जमशेदपुर, जहाँ बड़े मिल-कारख़ाने थे, वहाँ पर भी मज़दूर हड़ताल पर चले गये। कांग्रेस के बड़े नेता जेल में थे लेकिन भूमिगत संगठनों के ज़रिये नया नेतृत्व तैयार हो गया था जिसमें जय प्रकाश नारायण, राम मनोहर लोहिया, अरुणा आसफ़ अली, अच्युत पटवर्धन, बीजू पटनायक और सुचेता कृपलानी जैसे महत्त्वपूर्ण नेता शामिल थे। आंदोलन के दौरान

एक समय ऐसा भी आया कि कई जगहों पर अंग्रेज़ी शासन पूरी तरह से निष्प्रभावी हो गया। बलिया में चित्तू पांडे की अगुवाई में सरकार बनी, तो बंगाल के मिदनापुर ज़िले की तमालुक तहसील में जातीय सरकार बनी। सतारा (महाराष्ट्र) में भी समानांतर सरकारें बनीं जिन्होंने सुधार और शिक्षा के कार्यों पर बल दिया तथा छुआछूत मिटाने जैसी योजनाएँ लागू कीं। जब गाँधी ने देखा कि पूरे देश में आंदोलन चरम पर जा पहुँचा है तब उन्होंने सरकार पर नैतिक-राजनीतिक दबाव बढ़ाने के लिए आगा खाँ पैलेस की जेल में ही 10 फ़रवरी, 1943 से 21 दिन का उपवास करना आरम्भ कर दिया। इस, उपवास ने व्यापक प्रभाव पैदा किया और देश व दुनिया के संगठनों तथा संस्थाओं का ध्यान आंदोलन की तरफ़ आकृष्ट हुआ।

लेकिन सरकार बार-बार युद्ध का बहाना बनाकर भारतीयों की मांगों की उपेक्षा कर रही थी। गाँधी के 21 दिनों के उपवास को भी सरकार ने हल्के में लिया और उनकी मृत्यु से उपजने वाले हालात के लिए भी कमर कस ली। उनकी शवयात्रा से जुड़े इंतज़ामों की समीक्षा की जाने लगी। पर गाँधी ने अपना उपवास पूरा किया और आंदोलन भी सतत रूप से जारी रहा। भारतीय कम्युनिस्ट पार्टी आधिकारिक रूप से इस आंदोलन में सम्मिलित नहीं थी क्योंकि उसका मत था कि इस समय फ़ासीवादी सरकारों के ख़िलाफ़ विश्वयुद्ध चल रहा है जिसमें जर्मनी, इटली एवं जापान फ़ासीवादी समूह की विजय से भारत समेत पूरी दुनिया नये संकट से घिर जाएगी और भारत को स्वतंत्रता मिलने के स्थान पर वह ज़्यादा बर्बर साम्राज्यवादी शक्तियों का ग़ुलाम हो जाएगा। कुछ सीमा तक यह तर्क सही भी था क्योंकि आज़ाद हिंद फ़ौज का जो हश्र जापानी सेनाओं ने किया, वह आँख खोलने वाला था। आज़ाद हिंद फ़ौज के सिपाहियों को संगठित होने से रोकने, उनके साथ दुर्व्यवहार करने एवं उन्हें निम्नतम श्रेणी की सेवाओं तक सीमित रखने जैसे काम वह जापानी सेना कर रही थी जिसने सुभाष चंद्र बोस को वचन दिया था कि जापान की सेना भारत पर क़ब्ज़ा नहीं करेगी। पर कम्युनिस्टों ने स्थानीय स्तर पर आंदोलन का खुल कर साथ भी दिया। जिन्ना के नेतृत्व में मुसलिम लीग और हिंदू महासभा जैसे साम्प्रदायिक विचारधारा वाले दलों ने आंदोलन से स्वयं को पूरी तरह अलग रखा। आंदोलन स्वत:स्फूर्त था अथवा सांगठनिक नेतृत्व के अनुशासन से बँधा हुआ— उस सवाल पर बिपन चंद्र का कहना है : इसमें संदेह नहीं कि पूर्ववर्ती आंदोलनों की तुलना में 1942 के आंदोलन में स्वत:स्फूर्तता का तत्त्व ज़्यादा था, यद्यपि 1919-22, 1930-31 और 1931-32 में भी कांग्रेस नेतृत्व ने जनता की पहल और स्वत:स्फूर्त उभारों के लिए काफ़ी गुंजाइश छोड़ी थी। इस आंदोलन ने जनता को अहसास दिला दिया कि आज़ादी का दिन अब दूर नहीं है और अंग्रेज़ों के लिए अब कूटनीतिक समझौतों का वक़्त भी समाप्त हो गया। गाँधी को सरकार ने क़रीब पौने दो साल जेल में रखा और 6 मई, 1944 को तब रिहा किया जब बीमारी के कारण उनका स्वास्थ्य काफ़ी ख़राब हो चुका था। देश में आंदोलन चल रहा था और कांग्रेस अपने संगठन को नये-नये नामों से देश के विभिन्न हिस्सों में फैला रही थी। अंतत: सरकार ने वेवल प्रस्ताव, जिसे शिमला सम्मेलन भी कहा गया, प्रस्तुत किया। जून 1945 में शिमला सम्मेलन के साथ ही तीन साल पुराना यह ऐतिहासिक आंदोलन ब्रिटिश राज की बुनियाद पर क़रारा आघात कर समाप्त हो गया।

देखें : भारत में सशस्त्र संघर्ष-1 और 2, ख़िलाफ़त आंदोलन, प्रथम विश्व-युद्ध, मोहनदास कर्मचंद गाँधी-1 और 2, उपनिवेशवाद, सविनय अवज्ञा, अबुल कलाम आज़ाद, मुसलिम राजनीतिक विचार, विनायक दामोदर सावरकर, रमेश चंद्र मजूमदार।

संदर्भ

1. हचिंस फ्रांसिस (1971), *स्पांटेनियस रेवोल्यूशंस, द क्विट इण्डिया मूवमेंट,* मनोहर बुक्स, नयी दिल्ली.
2. हचिंस फ्रांसिस (1973), *इण्डियाज़ रिवोल्यूशंस, गाँधी ऐंड द क्विट इण्डिया मूवमेंट,* हार्वर्ड युनिवर्सिटी प्रेस, केम्ब्रिज.
3. विद्युत चक्रवर्ती (1992), 'पॉलिटिकल मोबिलाइज़ेशंस इन द लोकैलिटीज, द 1942 क्विट इण्डिया मूवमेंट इन मिदनापुर', *मॉडर्न एशियन स्टडीज़,* खण्ड 26 , अंक 4.
4. स्टेनली वोलपर्ट (2006), *शेमफुल फ़्लाइट, द लास्ट ईयर्स ऑफ़ द ब्रिटिश एम्पायर इन इण्डिया,* ऑक्सफ़र्ड युनिवर्सिटी प्रेस, न्यूयॉर्क.
5. ज्ञानेंद पाण्डेय (1988), *द इण्डियन नेशन इन 1942,* सेंटर फ़ार द स्टडीज़ ऑफ़ सोशल साइंसेज़, कोलकाता और के.पी.बागची.

— वैभव सिंह

उपनिवेशवाद विरोधी आंदोलन में स्त्री-नेतृत्व-1

(शुरुआती आयाम : एकता और संघर्ष)

(Women Leadership in Anti-colonial Movement-1)

ईस्ट इण्डिया कम्पनी की हुकूमत के ख़िलाफ़ 1857 में हुए विद्रोह से लेकर 1947 तक चले उपनिवेशवाद विरोधी संघर्ष में भारतीय स्त्रियों की भूमिका काफ़ी अहम रही है। हालाँकि इतिहास में स्त्रियों के इस योगदान को समुचित महत्त्व नहीं दिया, लेकिन उपनिवेशवाद के ख़िलाफ़ संग्राम में उनकी भागीदारी 9 मई, 1857 को ही शुरू हो गयी थी जब मेरठ में भारतीय सिपाहियों को विद्रोह करने के जुर्म में गिरफ़्तार करके जेल में डाल दिया गया था। शाम को जब कुछ सिपाही बाज़ार में घूमने निकले तो शहर की स्त्रियों ने उन्हें आड़े हाथों लेते हुए कहा : 'छि:! तुम्हारे भाई जेलख़ाने में हैं और तुम यहाँ बाज़ार में मक्खियाँ मार रहे हो। तुम्हारे जीने पर धिक्कार है।' अगले ही दिन 10 मई को जेलख़ाना तोड़ कर सभी क़ैदी सिपाहियों को छुड़ा लिया गया और सारे विद्रोही सिपाही उसी रात दिल्ली की ओर प्रस्थान कर गये। इसी के बाद 1857 का विद्रोह व्यापक तौर पर फैला। सन् सत्तावन की राज्य-क्रांति में लखनऊ की बेगम हज़रत महल, झाँसी की रानी लक्ष्मीबाई और झलकारी बाई जैसी वीरांगनाओं का नाम प्रमुखता से लिया जाता है। लेकिन इससे भी पहले 1824 में कित्तूर (कर्नाटक) की रानी चेनम्मा ने अंग्रेज़ों को भारत से बाहर निकालने के लिए 'फ़िरंगियो भारत छोड़ो' का नारा बुलंद करके कम्पनी की सेनाओं के ख़िलाफ़ साहस के साथ युद्ध किया था। बीसवीं सदी में भारतीय राष्ट्रीय कांग्रेस की राजनीतिक गतिविधियों में स्त्रियों की भागीदारी का आरम्भ 1890 में उस समय हुआ जब कांग्रेस अधिवेशन में स्वर्णकुमारी घोषाल और कादम्बरी गांगुली ने प्रतिनिधि के रूप में भाग लिया। इंग्लैंड से भारत आकर ऐनी बेसेंट ने थियोसोफ़िकल सोसाइटी के माध्यम से भारत में समाज सुधार और कांग्रेस के माध्यम से राजनीतिक अधिकारों के आंदोलनों में अग्रणी भूमिका निभायी थी। इसके बाद उपनिवेशवाद विरोधी आंदोलनों में स्त्री-भागीदारी का सिलसिला बढ़ता चला गया।

चाहे समाज-सुधार का क्षेत्र हो या सीधे-सीधे उपनिवेशवाद विरोधी राजनीति का, स्त्रियाँ पीछे नहीं रहीं। तत्कालीन पितृसत्तात्मक समाज के दबावों और व्यापक स्त्री-अशिक्षा के बावजूद उन्होंने उदीयमान भारतीय राष्ट्रवाद से एकता और संघर्ष का द्वंद्वात्मक रिश्ता क़ायम करते हुए न केवल राष्ट्र की परिकल्पना में योगदान दिया, बल्कि अपने अधिकारों की दावेदारी भी की। इस रणनीति की पहली सुव्यवस्थित अभिव्यक्ति उस समय दिखायी दी जब भारतीय नारीवादियों और उनके संगठनों (वुमंस इण्डियन एसोसिएशन, आल-इण्डिया वुमंस कांफ्रेंस और नैशनल कौंसिल फ़ॉर वूमॅन) ने बीसवीं सदी के तीसरे दशक में अपनी सरगर्मियों से राष्ट्रवाद पर दबाव डालने में कमोबेश कामयाबी हासिल की। यह मौक़ा उन्हें नस्लवादी और उपनिवेशवाद समर्थक रुझानों के लिए शोहरतयाफ़्ता अमेरिकी पत्रकार कैथरीन मेयो की कुख्यात पुस्तक *मदर इण्डिया* ने दिया। इस पुस्तक का प्रतिकार करने के लिए गाँधी के उपनिवेशवाद विरोधी आंदोलन को स्त्रियों की विशेष पहलक़दमी की ज़रूरत पड़ी। एक ब्रिटिश ख़ुफ़िया अधिकारी द्वारा सुझायी गयी विषयवस्तु को केंद्र बना कर मेयो ने *मदर इण्डिया* में यह दिखाने की कोशिश की थी कि जिस देश में स्त्रियों की हालत इतनी ख़राब हो उसकी जनता को स्व-शासन माँगने का कोई अधिकार नहीं है। मेयो की इस पॉलिमिक्स के ज़रिये अंग्रेज़ राष्ट्रवादियों की उस चुनौती का जवाब भी देना चाहते थे जिसके प्रभाव में भारत का आधुनिकीकरण करने की उनकी दावेदारियाँ लगातार आहत होती जा रही थीं।

मेयो के आरोपों में एक हद तक तथ्यात्मक सच्चाई भी थी, पर उन्होंने ब्राह्मणवादी पितृसत्ता के साथ अंग्रेज़ महाप्रभुओं की साठगाँठ को पूरी तरह से छिपा लिया था। आज़ादी के आंदोलन के साथ सक्रिय नारीवादी संगठनों ने मेयो के आरोपों पर लीपापोती करने के बजाय इस मौक़े का फ़ायदा उठा कर स्त्री-प्रश्न को पूरी ज़ोरदारी के साथ केंद्रित किया। उन्हीं की कोशिशों से बाल-विवाह का निषेध करने वाला शारदा एक्ट प्रस्तावित हुआ। मेयो द्वारा किये गये आक्रमण का परिणाम यह निकला कि राष्ट्रवाद के परम्परानिष्ठ प्रवक्ताओं को भी हिचक के साथ ही सही, पर शारदा एक्ट का समर्थन करना पड़ा। हालाँकि शारदा एक्ट भी एक सीमित सुधार ही था, पर उसकी राजनीति ने भारतीय नारीवाद द्वारा भविष्य में अपनाये जाने वाले रास्ते की रूपरेखा बना दी। इसके बाद नारीवाद और राष्ट्रवाद के बीच एकता और संघर्ष के रिश्ते बनते चले गये।

उपनिवेशवाद विरोधी राजनीति में स्त्रियों की नेतृत्वकारी भागीदारी को समझने के लिए हमें उन्हें कम से कम दो चरणों और तीन भागों में बाँट कर देखना होगा। पहला चरण वह था जब 1857 के स्वाधीनता संग्राम में राजघरानों और रजवाड़ों की स्त्रियों ने ही इस अभियान में प्रमुखता से हिस्सा लिया। दूसरा चरण तब आता है जब भारत में आये सांस्कृतिक पुनर्जागरण ने समाज के प्रगतिशील परिवारों की स्त्रियों को भी राजनीतिक-सामजिक संघर्ष में भाग लेने को प्रेरित किया। बंगाल और इसके बाद महाराष्ट्र में चले समाज-सुधार आंदोलनों ने स्वतंत्रता आंदोलन में स्त्रियों की भागीदारी

को बढ़ावा दिया जिसके परिणामस्वरूप 1905 में बंगाल के विभाजन के विरुद्ध छेड़े गये आंदोलन में शायद पहली बार स्त्रियों ने भारी संख्या में हिस्सेदारी की। दूसरे चरण में स्त्री-नेतृत्व के विकास पर दो भागों में नज़र डाली जा सकती है। पहला हिस्सा उन स्त्री-नेताओं का है जो उपनिवेशवाद विरोधी आंदोलन के पुरुष नेताओं के परिवारों से संबंधित थीं। उनकी पत्नी, बहिन या बेटी के तौर पर इन स्त्रियों को राजनीति में आगे आने का मौक़ा मिला। भारत के सम्पन्न-प्रगतिशील परिवारों की स्त्रियाँ भी आज़ादी की लड़ाई में कूदीं। 1922 के कांग्रेस अधिवेशन में भाग लेने वाली 16 स्त्रियों में से नौ कांग्रेस के स्थापित नेताओं के परिवार की ही थीं। दूसरा हिस्सा उन स्त्री-नेताओं का है जिन्होंने इस तरह की पारिवारिक पृष्ठभूमि के बिना उपनिवेशवाद विरोधी राजनीति में अपनी जगह बनायी। पहली श्रेणी में अगर कस्तूरबा गाँधी, कमला नेहरू, विजय लक्ष्मी पण्डित, प्रभावती देवी और सुचेता कृपलानी के नाम प्रमुखता से लिए जा सकते हैं तो दूसरी श्रेणी में पण्डिता रमाबाई सरस्वती, ऐनी बेसेंट, सरोजिनी नायडू, संतोष कुमारी देवी, अरुणा आसफ़ अली, मीरा बेन, कमला देवी चट्टोपाध्याय, दुर्गाबाई देशमुख और लक्ष्मी सहगल जैसी हस्तियों का उल्लेख किया जा सकता है। कमला देवी चट्टोपाध्याय ने 1921 के असहयोग आंदोलन में बढ़-चढ़ कर भाग लिया और बर्लिन शहर में आयोजित अंतर्राष्ट्रीय महिला सम्मेलन में भारत का प्रतिनिधित्व कर तिरंगा झंडा भी फ़हराया। इसी प्रकार 1925 में कानपुर में हुये कांग्रेस अधिवेशन की अध्यक्षता करने वाली सरोजिनी नायडू को कांग्रेस की प्रथम भारतीय महिला अध्यक्ष बनने का ग़ौरव प्राप्त हुआ।

कस्तूरबा मोहनदास गाँधी (1896-1944)

कमला कौल नेहरू (1899-1936)

प्रभावती देवी (1906-1973)

आज़ादी के आंदोलन में घर के भीतर और बाहर स्त्री-भागीदारी के कई रूप थे। मसलन, घर में वे सूत कात कर और खादी बुन कर गाँधीवादी राष्ट्रवाद में योगदान करती थीं। घर से बाहर वे कक्षाएँ आयोजित करके न केवल अन्य स्त्रियों को शिक्षित करती थीं, बल्कि लेखों, कविताओं और अन्य प्रचार सामग्री की शक्ल में राष्ट्रवादी साहित्य की रचना में योगदान करती थीं। स्त्रियों ने अहिंसक आंदोलन की एक युक्ति के तौर पर देशभक्ति की भावना जगाने वाली प्रभातफेरियाँ निकालने की गतिविधि में बड़े पैमाने पर हिस्सा लिया। इन कार्यक्रमों में सभी जातियों और वर्गों की स्त्रियों ने भागीदारी की। घर के भीतर राष्ट्रवादी स्त्रियों ने ब्रिटिश हुकूमत से छिप रहे नेताओं को शरण दी, बीमार पड़ने पर उनका इलाज किया और सेवा की। स्त्रियों ने सभाओं, प्रदर्शनों और सत्याग्रह की गतिविधियों में उत्साह से हिस्सा लिया। शराब और विदेशी वस्त्रों के ख़िलाफ़ धरना देने में उनकी भूमिका विशेष रूप से उल्लेखनीय है। उन्होंने ब्रिटिश पुलिस के दमन का भी बहादुरी से सामना किया, लाठियाँ खायीं और जेल गयीं। सबसे बड़ी बात तो यह है कि राष्ट्रीय नेतृत्व की नज़रबंदी या कारावास के दौरान स्त्रियों ने आंदोलन का संचालन अपने हाथों में लिया और आज़ादी की अलख जगाये रखी।

आम तौर पर कहा जाता है कि उपनिवेशवाद विरोधी राजनीति करने वाली स्त्रियाँ मध्यवर्गीय पृष्ठभूमि से आयीं थीं। लेकिन यह पूरी सच्चाई नहीं है। इस पृष्ठभूमि की स्त्रियों में भी आयु और धर्म के हिसाब से विभेद थे और उसी के मुताबिक़ उनकी चेतना के स्तर में भी फ़र्क़ था। स्त्रियों की भागीदारी का लाभ उठा कर उपनिवेशवाद विरोधी नेतृत्व एकीकृत राष्ट्र की छवि पेश कर पाने में समर्थ रहा। इसी छवि के प्रस्तुतीकरण के लिए मातृत्व और स्त्रीत्व की अवधारणाओं के प्रचलित राजनीतिक विचारधारा के मुताबिक़ संशोधित संस्करण तैयार किये गये। जो नयी औरत गढ़ी गयी उसका आधार मिथकों, साहित्य और इतिहास को बनाया गया। स्त्री को अर्धांगिनी के साथ-साथ सहधर्मिणी के रूप में पेश करने से राजनीतिक परिवारों की औरतों का सार्वजनिक जीवन में भाग लेने का रास्ता खुल गया।

देखें : उपनिवेशवाद विरोधी आंदोलन-2 और 3, भारत में सशस्त्र संघर्ष-1, 2 और 3, मोहनदास कर्मचंद गाँधी, उपनिवेशवाद, सविनय अवज्ञा, विजय लक्ष्मी पण्डित, पण्डिता रमाबाई सरस्वती, ऐनी बेसेंट, संतोष कुमारी देवी, अरुणा आसफ़ अली, मीरा बेन, कमला देवी चट्टोपाध्याय, दुर्गाबाई देशमुख।

संदर्भ

1. विजय एग्न्यू (1979), *इलीट वुमॅन इन इण्डियन पॉलिटिक्स,* विकास

पब्लिकेशंस, नयी दिल्ली.

2. अभय कुमार दुबे (2012), 'पटरी से उतरी हुई औरतों का यूटोपिया और राष्ट्रवाद का प्रति-आख्यान', *प्रतिमान समय समाज संस्कृति,* प्रवेशांक.
3. मृणालिनी सिन्हा (2000), 'रिफ़ेशनिंग मदर इण्डिया : फ़ेमिनिज़म ऐंड नैशनलिज़म इन लेट-कोलोनियल इण्डिया', *फ़ेमिनिस्ट स्टडीज़,* खण्ड 26, अंक 3, पाइंट्स आफ़ डिपार्चर : इण्डिया ऐंड साउथ एशियन डायस्पोरा.
4. पार्थ चटर्जी (1999), 'द नैशनलिस्ट रिज़ोल्यूशन ऑफ़ वुमंस क्वेश्चन', कुमकुम संगारी और सुदेश वैद (सं.), *रिकास्टिंग वुमॅन : एसेज़ इन कोलोनियल हिस्ट्री,* काली फ़ॉर वुमॅन प्रेस.

— रवि दत्त वाजपेयी

उपनिवेशवाद विरोधी आंदोलन में स्त्री-नेतृत्व-2

(गाँधी की निर्णायक भूमिका)

(Women Leadership in Anti-colonial Movement-2)

ऐनी बेसेंट द्वारा स्थापित होम रूल लीग द्वारा आहूत स्वराज्य आंदोलन में स्त्रियों ने पूरे उत्साह से हिस्सा लिया। आगे चल कर ऐनी बेसेंट ने भारतीय राष्ट्रीय कांग्रेस के अध्यक्ष पद का दायित्व भी सँभाला। स्त्रियों के लिए समान मताधिकार के अभियान को एक प्रकार से स्वतंत्रता आंदोलन से अलग ही रखा गया था, लेकिन मार्गरेट कजिन, कमलादेवी चट्टोपाध्याय और ऐनी बेसेंट जैसी महिला नेत्रियों ने इस आंदोलन को स्त्री-अधिकारों के संघर्ष के तौर पर चलाया।

आंदोलन में स्त्री-भागीदारी का नया आयाम गाँधी के उद्‌भव के साथ खुला। गाँधी ने इस आंदोलन के साथ स्त्रियों को जोड़ने की अनूठी नीति अपनायी जिसके अंतर्गत उन्होंने उस समय के प्रचलित पुरुष प्रधान सामजिक व्यवस्था में पुरुषों के महत्त्व व अहंकार को ठेस न पहुँचाते हुए भी स्त्रियों के लिए आंदोलन में स्थान बनाया। स्त्रियों के प्रति भारतीय समाज के पारम्परिक दृष्टिकोण के अनुरूप ही गाँधी ने भारतीय स्त्रियों के स्त्रियोचित गुणों व आचरण को स्वतंत्रता आंदोलन के सार्वजनिक अभियान के साथ जोड़ने का असम्भव सा काम कर दिखाया। गाँधी ने स्त्रियों के लिए अपने परिवार के प्रति आत्म-बलिदान और नि:स्वार्थ समर्पण के गुणों को स्वतंत्रता आंदोलन के कार्यकर्ताओं के लिए अनिवार्य लक्षण घोषित किया और साथ में दावा किया कि भारतीय स्त्रियों का स्वाभाविक आचरण अहिंसा और सत्याग्रह जैसे सिद्धांतों के साथ कार्य करने के लिए अत्यधिक उपयुक्त है।

गाँधी के स्वावलम्बन अभियान एवं खादी के प्रचार-प्रसार की मुहिम में भारतीय स्त्रियों के लिए एक आदर्श भूमिका निर्धारित की गयी थी। इसके कारण पारम्परिक भारतीय परिवार की स्त्रियों को सड़क पर या सार्वजनिक तौर पर आंदोलनकारी बनना ज़रूरी नहीं रह गया। ये स्त्रियाँ घर पर रह कर भी खादी की कताई-बुनाई द्वारा स्वतंत्रता आंदोलन में सक्रिय सहयोग दे सकती थी। ज़ाहिर है कि यह रणनीति स्त्रियों को घर की दहलीज़ से बाहर निकालने वाली नहीं थी। सवाल तो यह था कि सम्भ्रांत परिवार की कुछ स्त्रियों के अलावा व्यापक समाज के हर वर्ग से स्त्रियों को इस स्वतंत्रता संग्राम में सार्वजनिक तौर पर बढ़-चढ़ कर हिस्सा लेने के रास्ता कैसे खोला जाए। जहाँ तक गाँधी का सवाल था, वे शुरू में स्त्रियों द्वारा सड़कों पर उतर कर सत्याग्रह करने के ख़िलाफ़ थे।

स्वतंत्रता आंदोलन में महिला कार्यकर्ताओं की बड़ी संख्या में भागीदारी के दो प्रमुख उदाहरण 1930 का नमक सत्याग्रह और 1942 का भारत छोड़ो आंदोलन है। गाँधी नमक सत्याग्रह अभियान में स्त्रियों की सक्रिय और सार्वजनिक भागीदारी नहीं चाहते थे। सत्याग्रह से पहले गाँधी ने स्त्रियों को इस आंदोलन से अलग रखने के लिए दलील दी थी कि जिस प्रकार हिंदू लोग गाय पर आक्रमण नहीं करते हैं ठीक उसी तरह अंग्रेज़ प्रशासन स्त्रियों पर हिंसा करने से परहेज़ करता है। जिस प्रकार हिंदुओं के लिए युद्ध भूमि में गाय को साथ लेकर जाना कायरता की पहचान है वैसे ही किसी आंदोलन में स्त्रियों को साथ लेकर जाना भी कायरता होगी। नमक सत्याग्रह की सबसे विख्यात दांडी यात्रा के लिए चुने गये सत्तर सत्याग्रहियों में से एक भी महिला शामिल नहीं थी। लेकिन सरोजिनी नायडू, मृदुला साराभाई और दादाभाई नौरोजी की पौत्री ख़ुर्शीदबेन ने गाँधी से स्त्रियों को इस अभियान में शामिल करने के लिए माँग करते हुए कहा कि भारत की किसी भी समस्या के समाधान में स्त्रियों की उपस्थिति के बिना सम्मेलन या संगठन का आयोजन व्यर्थ है। भारत की स्वतंत्रता के लिए आयोजित किसी भी यात्रा, प्रदर्शन या जेल भरो आंदोलन में स्त्रियों की भागीदारी रोकना भी अनुचित है।

सरोजिनी नायडू ने दांडी यात्रा में भाग लेकर नमक सत्याग्रह में भारत की सारी स्त्रियों की भागीदारी का रास्ता खोल दिया। सारे भारत में नमक सत्याग्रह के अभियान में लगभग 80,000 लोग गिरफ़्तार हुए जिनमें 17,000 महिलायें थीं। नमक सत्याग्रह के साथ ही सविनय अवज्ञा आंदोलन और स्वदेशी आंदोलन में आम भारतीय स्त्रियों ने बड़ी संख्या में भाग लिया और प्रभात फेरी, शराब व विदेशी वस्तुओं की दुकानों का घेराव, विदेशी वस्तुओं की होली जलाने जैसी

सरोजिनी नायडू (1879-1949)

गतिविधियों में शिरकत की। यह अलग बात है कि स्त्रियों की भागीदारी का प्रश्न कांग्रेस के नेताओं के लिए बीच-बीच में दुविधाएँ पैदा करता रहा। मसलन, तीस के दशक में कानपुर की वेश्याओं ने जब आंदोलन में भाग लेना चाहा तो ज़िला कांग्रेस कमेटी ने उन्हें ऐसा करने से रोक दिया। स्वयं गाँधी ने वेश्याओं को कांग्रेस का सदस्य बनाने के लिए शर्त रखी थी कि उन्हें अपना 'गंदा' पेशा छोड़ना होगा।

1942 के भारत छोड़ो आंदोलन को भारतीय स्वतंत्रता आंदोलन में स्त्रियों की भागीदारी का शिखर-बिंदु भी माना जाता है। जब इस आंदोलन को रोकने के लिए ब्रिटिश प्रशासन ने कांग्रेस के सभी प्रमुख नेताओं को गिरफ़्तार कर लिया तो आंदोलन का नेतृत्व करने के लिए महिलायें ही आगे आयीं। अरुणा आसफ़ अली ने इस आंदोलन को आक्रामक रूप देने के लिए कांग्रेस के अधिवेशन स्थल पर तिरंगा झंडा फ़हराया और गिरफ़्तारी से बचने के लिए भूमिगत हो गयीं। गाँधी अरुणा आसफ़ अली और सुचेता कृपलानी जैसी स्त्रियों के इस आक्रामक रवैये के सख़्त ख़िलाफ़ थे। इस घटना के बाद भारत के स्वतंत्रता आंदोलन में स्त्रियों को कभी भी मुख्य नेतृत्व की भूमिका नहीं दी गयी। भारत में सीमित स्वशासन के प्रयोगों में भी प्रांतीय विधान सभाओं और सरकारों में स्त्रियों की भूमिका अत्यंत सीमित एवं पुरुषों के अधीन ही रखी गयी।

स्वतंत्रता के लिए किये गये सशस्त्र आंदोलन में स्त्रियों की संख्या भले ही कम रही हो, लेकिन उनमें वीरता और आत्मोत्सर्ग की भावना कतई कम नहीं थी। इस सूची में कई ऐतिहासिक नाम जुड़े हुए हैं। 1912-1914 में बिहार की जनजातियों ने जतरा भगत के नेतृत्व में टाना आंदोलन चलाया था। जतरा भगत की गिरफ़्तारी के बाद एक स्त्री देवमनियाँ उरांइन ने इस आंदोलन का नेतृत्व किया। इसी प्रकार 1931-32 के कोल आंदोलन में भी आदिवासी स्त्रियों ने सक्रिय भूमिका निभायी। 1930-32 में मणिपुर में नागा रानी गुइंदाल्यू ने अंग्रेज़ों के विरुद्ध सशस्त्र संघर्ष का नेतृत्व किया। 1930 में बंगाल में मास्टर सूर्यसेन के नेतृत्व में हुये चटगाँव विद्रोह में युवा स्त्रियों ने पहली बार क्रांतिकारी आंदोलनों में सीधी भागीदारी की। क्रांतिकारियों के साथ दो बहादुर महिलाएँ प्रीतिलता और कल्पना दत्त भी शामिल थीं। प्रीतिलता ने युरोपियन क्लब पर हमले की अगुआई करने के बाद स्वयं के जीवन का अंत कर लिया। चंद्रशेखर आज़ाद और भगत सिंह की अगुआई में सक्रिय हिंदुस्तान समाजवादी प्रजातांत्रिक सेना द्वारा आयोजित सांडर्स हत्याकाण्ड के बाद भगत सिंह को पुलिस की गिरफ़्तारी से बचाने में दुर्गा भाभी ने अविस्मरणीय भूमिका निभायी थी। दुर्गा देवी वोहरा चंद्रशेखर आज़ाद के अनुरोध पर 'दि फ़िलॉसाफ़ी ऑफ़ बम' जैसे दस्तावेज़ तैयार करने वाले क्रांतिकारी भगवतीचरण वोहरा (जो एक बम के परीक्षण में दुर्घटनावश शहीद हो चुके थे) की पत्नी थीं। उन्हीं की मदद से भगत सिंह पुलिस को चकमा दे कर कोलकाता की तरफ़ निकल जाने में कामयाब हो सके थे। सुभाष चंद्र बोस के नेतृत्व में पूर्वी मोर्चे पर अंग्रेज़ों से लड़ने वाली आज़ाद हिंद फ़ौज की महिला सैन्य दल की प्रमुख कप्तान लक्ष्मी सहगल का नाम भी इस सूची में प्रमुखता से लिया जाता है। पूरी तरह से सेकुलर आधार पर गठित की गयी इस सेना में झाँसी की रानी लक्ष्मीबाई के नाम पर स्त्रियों की भी एक रेजिमेंट शामिल थी।

उपनिवेशवाद विरोधी आंदोलन में कार्यकर्ता के रूप में औपचारिक-सार्वजनिक तौर पर जितनी महिलाएँ जुड़ी थीं उससे कई गुना अधिक स्त्रियाँ निजी व अनौपचारिक रूप में जुड़ी हुई थीं। कांग्रेस व गाँधी को आर्थिक सहयोग देने ले लिए अनेक सामान्य गृहिणियों ने अपने क़ीमती गहने, वस्त्र और अन्य उपहार दान में दे दिये थे। गाँधी के व्यक्तित्व और स्वतंत्रता के उद्देश्य से प्रभावित होकर समाज के हाशिये पर धकेली गयी दक्षिण की देवदासियों और उत्तर भारत की तवायफ़ों ने भी गाँधी के अभियान को अपना सहयोग दिया था।

देखें : उपनिवेशवाद विरोधी आंदोलन-1 और 3, भारत में सशस्त्र संघर्ष-1, 2 और 3, मोहनदास कर्मचंद गाँधी, उपनिवेशवाद, सविनय अवज्ञा, विजय लक्ष्मी पण्डित, पण्डिता रमाबाई सरस्वती, ऐनी बेसेंट, सरोजिनी नायडू, संतोष कुमारी देवी, अरुणा आसफ़ अली, मीरा बेन, कमला देवी चट्टोपाध्याय, दुर्गाबाई देशमुख।

संदर्भ

1. मनमोहन कौर (1968), *रोल ऑफ़ वुमॅन इन फ्रीडम मूवमेंट 1857-1947,* स्टर्लिंग पब्लिशर्स, दिल्ली.

2. सुरुचि थापर ब्रोकेर्ट (2006), *वुमॅन इन नैशनल मूवमेंट : अनसीन फ़ेसेज़ ऐंड अनहेयर्ड वायसेज़, 1932-42,* सेज पब्लिकेशंस, नयी दिल्ली.
3. राधा कुमार (2002), *हिस्ट्री ऑफ़ डूइंग : ऐन इलस्ट्रेटेड अकाउंट ऑफ़ मूवमेंट्स फ़ॉर वुमेंस राइट्स ऐंड फ़ेमिनिज़म इन इण्डिया,* 1800-1990, काली फ़ॉर वुमॅन , नयी दिल्ली।

— रवि दत्त वाजपेयी

उपयोगितावाद

(Utilitarianism)

उपयोगितावाद एक नैतिक और राजनीतिक सिद्धांत है जो किसी व्यक्ति या संस्था के काम या फ़ैसले का इस आधार पर मूल्यांकन करता है कि उसके कारण व्यक्तियों के सुख और ख़ुशी को किस सीमा तक बढ़ावा मिलता है। किसी तत्त्वमीमांसीय या अलौकिक सत्ता पर निर्भर न हो कर उपयोगितावाद यह मान कर चलता है कि समाज में हर कोई समान है। इसलिए मानव-कल्याण का प्रावधान हर किसी के लिए होना चाहिए। दैवी सिद्धांत या वर्गीय विशेषाधिकार का विचार ख़ारिज करने वाले उपयोगितावाद की दूसरी महत्त्वपूर्ण विशेषता परिणामवाद है। इसके तहत उपयोगितावाद किसी कार्य या नीति पर विचार करते वक़्त यह जानने के लिए ज़ोर देता है कि क्या उससे किसी शिनाख़्त करने लायक ख़ुशी, भलाई या कल्याण को बढ़ावा मिलता है या नहीं। इसका अर्थ यह हुआ कि किसी भी कार्य (मसलन, समलैंगिकता या जुआ खेलना, शराब पीना) को ग़लत कहने के लिए यह ज़रूरी है कि हम उस कार्य से होने वाले नकारात्मक प्रभावों या नुक़सानों को स्पष्ट करें। आधुनिक उपयोगितावाद का विकास अट्ठारहवीं और उन्नीसवीं सदी के ब्रिटिश विचारकों द्वारा किया गया जिनमें डेविड ह्यूम, जेरेमी बेंथम, जेम्स मिल और जॉन स्टुअर्ट मिल का नाम प्रमुख है। हेनरी सिजविक, आर.एम. हेयर और जे.जे. सी. स्मार्ट जैसे चिंतकों ने उपयोगितावादी विचारों की परम्परा बनाये रखी है। पीटर सिंगर ने दुनिया में पशुओं के अधिकारों के बारे में संवेदनशीलता बढ़ाने के लिए उपयोगितावाद के तर्क का इस्तेमाल किया है। सिंगर दलील देते हैं कि दर्द या आनंद का अनुभव करने वाले हर जीव के 'हित' की चिंता करनी चाहिए। मोटे तौर पर यहाँ हित से उनका मतलब जीवों को उनकी पूरी ज़िंदगी जीने का अवसर देने से है।

बेंथम के अनुसार उपयोगितावाद एक ऐसी स्थिति हासिल करना चाहता है जिसमें समुदाय की उपयोगिता में ज़्यादा-से-ज़्यादा बढ़ोतरी हो। सरकार की नीतियाँ इस तरह की होनी चाहिए कि उनसे सिर्फ़ कुछ लोगों की ख़ुशी को ही बढ़ावा न मिले, बल्कि समुदाय की ख़ुशी में ज़्यादा-से-ज़्यादा बढ़ोतरी हो। बेंथम ने अपने सिद्धांत को वैज्ञानिक प्रामाणिकता देने के लिए उपयोगिता की मात्रा निर्धारित करने वाली एक गणितीय विधि भी पेश की। उन्होंने ख़ुशी या आनंद के विभिन्न रूपों में अन्तर न करते हुए ख़ुशी के मात्रात्मक स्वरूप पर ज़ोर दिया। दरअसल, बेंथम के इस विचार के पीछे यह मान्यता छिपी हुई है कि ख़ुशी एक ऐसी वस्तु है जो हमें एक निश्चित मात्रा में मिलती है और इसके अलग-अलग रूप नहीं होते। बेंथम इस बात पर ज़ोर देते हैं कि ख़ुशी कोई ऐसा शब्द नहीं है जो मनुष्यों के बहुआयामीय अनुभवों या भावनाओं को अभिव्यक्त करे। ख़ुशी सिर्फ़ एक तरह की भावना व्यक्त करती है जिसे आनंद की भावना कहा जा सकता है। लेकिन उपयोगितावाद के दूसरे प्रमुख सिद्धांतकार जॉन स्टुअर्ट मिल ने बेंथम द्वारा ख़ुशी या आनंद की मात्रात्मक कसौटी तय करने की आलोचना की है। उनके अनुसार 'आनंद' का अनुभव सिर्फ़ मात्रा के आधार पर ही नहीं होता, बल्कि गुणवत्ता के आधार पर भी होता है।

उपयोगितावाद के संदर्भ में अहम यह है कि शुरुआती उपयोगितावादियों से लेकर हाल के उपयोगितावादी विचारकों तक सभी ने यह तो माना है कि उपयोगितावाद का मूल लक्ष्य दुनिया में उपयोगिता को ज़्यादा से ज़्यादा बढ़ाना है, लेकिन उपयोगिता की परिभाषा में तब से अब तक काफ़ी बदलाव आ गया है। बेंथम के लिए उपयोगिता हर व्यक्ति की ख़ुशी थी। जे.एस. मिल ने ख़ुशी के गुणात्मक पहलू को उपयोगिता के रूप में परिभाषित किया। लेकिन हाल के उपयोगितावादी विचारक, जैसे आर.एम. हेयर, उपयोगिता को सूचित वरीयताओं की संतुष्टि की रूप में परिभाषित करते हैं। बेंथम की तरह ही समकालीन उपयोगितावादी सिद्धांतकार यह मानते हैं कि उपयोगिता की गणना में हर किसी का स्थान बराबर होना चाहिए। अर्थात् किसी भी व्यक्ति की वरीयता को ज़्यादा महत्त्व देने की ज़रूरत नहीं है। इसके साथ ही, उपयोगितावाद को कार्य-उपयोगितावाद और नियम-उपयोगितावाद के प्रकारों में बाँटा गया है। बेंथम का संस्करण व्यक्तियों के कार्यों के बारे में इस आधार पर फ़ैसला करता है कि इससे ख़ुशी में ज़्यादा-से-ज़्यादा बढ़ोतरी और इससे दु:ख में ज़्यादा-से-ज़्यादा कमी होती है या नहीं। इसे कार्य-उपयोगितावाद कहा जाता है। इसकी जगह उपयोगितावाद के ज़्यादा परिष्कृत संस्करण नियम-उपयोगितावाद ने ली है जिसके दो चरण हैं :

पहला, सम्भावित नियमों के बारे में इस उपयोगितावादी आधार पर फ़ैसला किया जाता है कि वे ख़ुशी को अधिक-से-अधिक बढ़ाएँ और दु:ख को कम-से-कम करें। जो नियम इस कसौटी पर खरे उतरते हैं उन्हें ही चुना जाता है। दूसरा,

इसी नियम के आधार पर व्यक्तियों के कार्यों को सही या ग़लत माना जाता है। इस बात पर ध्यान नहीं दिया जाता है कि दुनिया में ख़ुशी या दु:ख के संदर्भ में किसी कार्य का क्या सीधा प्रभाव पड़ता है।

उपयोगितावाद के आलोचकों की मान्यता है कि समकालीन उपयोगितावादियों की थीसिस समस्याग्रस्त है। मसलन, हर किसी की वरीयता को समान महत्त्व देने से व्यक्ति अपने विशेष संबंधों को तरजीह नहीं दे पाएँगे। नतीजा यह होगा कि किसी के काम पर उसके परिवार का जितना हक़ होगा उतना ही किसी अनजान व्यक्ति का। इसी तरह किसी व्यक्ति के संसाधनों पर यह कहते हुए दूसरों द्वारा क़ब्ज़ा जमा लिया जाएगा इससे कुल वरीयता में बढ़ोतरी होती है। इसी आधार पर समाज के हाशिये पर पड़े समूहों का बहिष्करण भी किया जा सकता है।

इन आलोचकों से बहस करते हुए बहुत से लोगों ने यह तर्क दिया है कि हमें वरीयता-आधारित उपयोगितावाद का विचार पूरी तरह छोड़ने की ज़रूरत नहीं है। ज़रूरत इस सिद्धांत को नया रूप देने की है। मानव-कल्याण के ज़्यादा बेहतर तरीक़े को पहचानने की ज़रूरत जिसके तहत कल्याण की गणना हो सके, उसे मापा जा सके और उसका कुल योग निकाला जा सके। जॉन वॉन न्यूमान, ऑस्कर मोरगेंस्टर्न और लियोनार्ड सेवेज जैसे विचारकों ने समकालीन उपयोगिता-सिद्धांत का विकास किया है। एक ऐसे तरीक़े की खोज की है जिससे वरीयताओं की संतुष्टि को काफ़ी हद तक 'मापा' जा सके। इससे हम किसी व्यक्ति की ज़रूरतों की गहनता मापते हुए वास्तविक रूप से इस बात की जानकारी हासिल कर सकते हैं कि किसी व्यक्ति को अपनी इच्छा के अनुरूप कितनी वस्तुएँ मिली हैं। लेकिन उपयोगिता के सिद्धांत के अनुरूप इन 'मापन संख्याओं' को एक साथ नहीं जोड़ा जा सकता है।

आलोचकों ने जवाबी तर्क दिया है कि यदि उपयोगिता के इस सिद्धांत को कल्याण की अवधारणा की बुनियाद के रूप में स्वीकार किया गया तो इसका दुरुपयोग होने की बहुत सम्भावना है। यदि इन बुनियादी मान्यताओं को मान लिया गया तो बनने वाली नीतियों में बहुत समस्याएँ होंगी। मसलन, इस सिद्धांत के अनुसार ख़ुशी की कुल मात्रा को ज़्यादा-से-ज़्यादा बढ़ाने के लिए उपयोगिता का सिद्धांत समाज के कुछ लोगों की क़ुर्बानी देने के लिए भी कह सकता है। रॉल्स ने भी अपने न्याय के सिद्धांत में उपयोगितावाद की इसी आधार पर आलोचना की है।

दो सदी पहले उपयोगितावाद का उभार एक सचेत राजनीतिक और दार्शनिक आंदोलन की तरह हुआ था। उपयोगितावादियों की शुरुआती पीढ़ी का चिंतन रैडिकल था। इंग्लैंड के हालात पर गहराई से पुनर्विचार करते हुए उपयोगितावाद एक प्रगतिशील और सुधारवादी विचारधारा के रूप में सामने आया। लेकिन लोकतंत्र का एक सीमा तक विकास हो जाने के बाद उसके बुनियादी राजनीतिक सवाल काफ़ी अलग हो गये हैं। बहुमत का शासन और बुनियादी राजनीतिक अधिकार हासिल किये एक लम्बा अरसा गुज़र चुका है। पचास और साठ के दशक में शुरू हुए ज़्यादातर राजनीतिक और नागरिक अधिकार आंदोलन अल्पसंख्यक-अधिकारों के आस-पास केंद्रित हैं। ऐसे में उपयोगितावाद की दिशा स्पष्ट नहीं दिखती। कार्य या नियम-उपयोगितावाद के आधार पर काम करने पर ज़्यादा सम्भावना इसी बात की है कि समाज की कुल उपयोगिता में तभी ज़्यादा-से-ज़्यादा बढ़ोतरी हो सकेगी जब समलैंगिकों या मूल निवासियों के अधिकारों की उपेक्षा की जाए। अधिकतर मामलों में इनके अधिकारों का विरोध करने वाले लोगों की संख्या बहुत ज़्यादा रहेगी। जब विशेषाधिकार रखने वाले छोटे अभिजन समूह के ख़िलाफ़ शोषित बहुमत के अधिकारों का सवाल आता है तो उपयोगितावाद हमें एक साफ़ और प्रगतिशील जवाब देता है, लेकिन जब एक बड़े विशेषाधिकार वाले बहुमत के ख़िलाफ़ शोषित अलपसंख्यक की सुरक्षा का सवाल हो तो उपयोगितावाद हमें धुँधला और आपस में टकराने वाला जवाब देता है। ज़ाहिर है कि अपनी रैडिकल परम्परा के बावजूद आधुनिक उपयोगितावाद एक स्पष्ट प्रगतिशील राजनीतिक नज़रिया पेश करने में नाकाम रहा है।

देखें : अराजकतावाद, अस्तित्ववाद, आत्मनिष्ठता-वस्तुनिष्ठता, इयत्ता, इमैनुएल कांट, इंद्रियानुभववाद, ईसैया बर्लिन, उत्तर-संरचनावाद, उदारतावाद, घटनाक्रियाशास्त्र और एडमण्ड हसर, चेतना, जॉन रॉल्स, जॉन स्टुअर्ट मिल, जेरेमी बेंथम, डेविड ह्यूम, तत्त्वमीमांसा और अस्तित्वमीमांसा, तात्त्विकतावाद, द्वैतवाद, परिणामवाद, प्रत्यक्षवाद और उसका समाज-विज्ञान पर प्रभाव, फ्रेड्रिख़ नीत्शे- 1 और 2, बुद्धिवाद, भौतिकवाद, मनोविश्लेषण, युरोपीय पुनर्जागरण, युरोपीय ज्ञानोदय, यूटोपिया, संरचनावाद और उत्तर-संरचनावाद, मार्क्सवाद-1 से 5 तक, ज्ञानमीमांसा।

संदर्भ

1. विल किमलिका (2009), *समकालीन राजनीति-दर्शन : एक परिचय* (दूसरा संस्करण), अनुवाद : कमल नयन चौबे, पियर्सन लांगमैन, नयी दिल्ली.
2. पीटर सिंगर (1999), 'ऑल ऐनिमल्स आर ईक्वल : द यूटिलिटेरियन केस', मार्क जे. स्मिथ (सम्पा.), *थिंकिंग थ्रू द ऐनवायरनमेंट*, रॉटलेज, लंदन और न्यूयॉर्क.
3. रॉबर्ट गुडिन (1995), *यूटिलिटेरियनिज़्म एज़ अ पब्लिक फ़िलॉसफ़ी*, केम्ब्रिज युनिवर्सिटी प्रेस, केम्ब्रिज.

— कमल नयन चौबे

उपनिषद्

(Upnishad)

वैदिक युग के अंतिम साहित्य के तौर पर उपनिषदों का भारतीय दार्शनिक परम्परा के विकास में महत्त्वपूर्ण स्थान है। अध्ययन के विचार से भी इनकी बारी अंत में आती थी। उपनिषदों का विकास आरण्यक-साहित्य से हुआ है। उपनिषदों को कुछ लोग वेद का अंत यानी वेदांत भी मानते हैं, क्योंकि वेदों में निहित विचारों का परिपक्व रूप उपनिषदों में मिलता है। उपनिषद् काल तक लगभग सारे वेद अस्तित्व में आ गये थे। उपनिषदों का दार्शनिक महत्त्व इस बात से समझा जा सकता है कि छांदोग्य-उपनिषद् यह दावा करता है कि वेद-वेदांग आदि सभी शास्त्रों का अध्ययन कर लेने पर भी मनुष्य का ज्ञान तब तक पूर्ण नहीं होता जब तक वह उपनिषदों की शिक्षा प्राप्त नहीं करता। उपनिषद्, उप+नि+सद् का संयुक्त रूप है, जिसमें सद् धातु का अर्थ है बैठना। उप का अर्थ निकट है। गुरु के निकट बैठ कर जो चर्चा-प्रश्न आदि किये जाएँ वे उपनिषद् हैं। उपनिषदों को वेद का गूढ़ रहस्य समझा जाता था, इसलिए उन्हें 'वेदोपनिषद्' भी कहा जाता था। सभी उपनिषदों की रचना और संकलन एक ही काल में नहीं हो गया था। कहीं-कहीं तो यह भी देखने को मिलता है कि उपनिषद् अलग-अलग विचारकों के भाव प्रकट करते हैं। उनमें प्राय: भिन्न प्रकार के, और कभी-कभी तो परस्पर विरोधी, विचार भी पाये जाते हैं जो दर्शन की एक ही तर्कसंगत, श्रृंखलाबद्ध और सुनियोजित प्रणाली में नहीं रखे जा सकते। उपनिषदों की संख्या दो सौ से अधिक मानी जाती है, हालाँकि उनकी परम्परागत संख्या 108 है। इनमें से सिर्फ़, ईश, छंदोग्य, मुंडक, बृहदारण्यक, ऐतरेय, तैत्तरीय, प्रश्न, केन, कठ, मांडूक्य, श्वेताश्वर, मैत्रेय और कौषितकी नाम के तेरह उपनिषद् ही दार्शनिक महत्त्व के हैं। बाद के बहुत से दार्शनिक सिद्धांत मुख्यत: इन्हीं उपनिषदों पर आधारित है।

कुछ लोग वेदों को वास्तविक अर्थों में दार्शनिक ग्रंथ न मानकर उपनिषदों को मानते हैं। उनके विचार से ऋग्वेद में दर्शन के बहुतेरे महत्त्वपूर्ण तथ्य विद्यमान हैं तथापि वे काव्य के रूप में हैं। ऋषिगण किस प्रणाली से उन तथ्यों पर पहुँचे या किन युक्तियों के आधार पर उन्हें मानते थे, इसका कहीं उल्लेख नहीं है। इस लिहाज़ से सबसे पहले दार्शनिक विचार उपनिषदों में पाये जाते हैं। उनमें आत्मा, ब्रह्म और जगत को लेकर दार्शनिक जिज्ञासाएँ मिलती हैं। किंतु उनमें तर्कयुक्ति बहुत कम दिखती है। कुछ उपनिषद् छंदोबद्ध हैं और ऋग्वेद की तरह दार्शनिक तथ्यों पर कवित्वपूर्ण उद्‌गार हैं। कुछ गद्यमय उपनिषद् भी ऐसे ही हैं। केवल कुछ ही ऐसे उपनिषद् हैं जिनमें प्रश्नोत्तर के रूप में शंका-समाधान करते हुए किसी सिद्धांत पर पहुँचा गया है।

परंतु कठोर तर्क-प्रणाली का अभाव होते हुए भी उपनिषदों में एक असाधारण आकर्षण है। इसका कारण है उनमें विचारों की उच्चता, अनुभूति की गम्भीरता, मनुष्य में निहित सत्य-शिव-सुंदर की अनुप्रेरणा और भाषा की व्यंजना शक्ति। उपनिषदों का संबंध वेदों की संहिताओं से है। इन पारम्परिक मान्य उपनिषदों में दस उपनिषदों का संबंध ऋग्वेद से है, उन्नीस का शुक्ल यजुर्वेद से, तैंतीस का कृष्ण यजुर्वेद से, सोलह का सामवेद से तथा इकत्तीस का अथर्ववेद से। अड्यार (मद्रास) की थिओसिफ़िकल सोसाइटी ने लगभग साठ उपनिषदों का प्रकाशन कराया है, जो काफ़ी समय तक प्रकाशित नहीं हो पाये थे, उनमें से कुछ का अनुवाद सत्रहवीं शती में दाराशिकोह ने फ़ारसी भाषा में किया था। उन्हीं उपनिषदों के फ़ारसी से हुए लैटिन अनुवाद पढ़कर युरोप के दार्शनिकों का ध्यान इन ग्रंथों की गम्भीरता तथा गौरव की तरफ़ आकृष्ट हुआ।

उपनिषद् उस काल के द्योतक हैं जब विभिन्न वर्णों का उदय हो रहा था और क़बीलों को संगठित करके राज्यों का निर्माण किया जा रहा था। राज्यों के निर्माण में क्षत्रियों ने प्रमुख भूमिका अदा की थी, हालाँकि उन्हें इस काम में ब्राह्मणों का भी समर्थन प्राप्त था। उपनिषद् काल के बहुत से राजा दार्शनिकों के मित्रों और संरक्षकों के रूप में सामने आते हैं। विदेह के राजा जनक की याज्ञवल्क्य से, जो बृहदारण्यक उपनिषद् के एक महत्त्वपूर्ण दार्शनिक थे, गहरी मित्रता थी। राजा जनक दार्शनिक गोष्ठियों की अध्यक्षता भी करते थे। काशी के राजा अजातशत्रु ब्राह्मण पुरोहित बालाकि से दार्शनिक वाद-विवाद करते हैं और अंतत: उसे अपना शिष्य बना लेते हैं। छांदोग्य उपनिषद् से पता लगता है कि कितने ही विद्वान ब्राह्मण अश्वपति कैकेय नामक राजा के पास आते हैं और उनके शिष्य बन जाते हैं। यही वह समय था जब प्राचीन आर्यों की बहुदेववादी अवधारणा का स्थान एकेश्वरवाद का विचार ले रहा था। एक ही राजा के शासन के अंतर्गत क्षेत्रीय राज्य के उदय होने के साथ एकेश्वरवाद, अथवा एक ही ईश्वर में विश्वास, का भी प्रचलन हुआ। उपनिषद् काल में आध्यात्मिक एकता की भावना और विविधता में एकता का विचार, विभिन्न क़बीलों के क्षेत्रीय राज्यों में संयुक्त होने की प्रक्रिया के द्योतक थे।

उपनिषद् जिन प्रश्नों पर विचार करते हैं उनका उल्लेख इस प्रकार किया जा सकता है : वह मूल तत्त्व क्या है जिससे सब कुछ उत्पन्न होता है, जिसमें सब कुछ स्थित रहता है और जिसमें सब कुछ विलीन हो जाता है ? वह कौन-सा सत्य है जिसे जानने से सभी कुछ ज्ञात हो जाता है ? वह क्या है जिसके ज्ञान से अज्ञात ज्ञात हो जाता है ? किस तत्त्व को जान लेने से अमरत्व प्राप्त हो जाता ? ब्रह्म क्या है ? आत्मा क्या है ? उपनिषदों के

रचयिताओं का दृढ़ विश्वास था कि एक सर्वव्यापी सत्ता है जिससे सभी वस्तुएँ उत्पन्न होती हैं, जिसमें वस्तुएँ स्थित हैं, जिसमें सभी वस्तुएँ विलीन हो जाती हैं, और इस तत्त्व के ज्ञान से अमरत्व प्राप्त हो सकता है। इसी तत्त्व को कभी 'ब्रह्म' कभी 'आत्मा' और कभी 'सत्' कहा गया है। उपनिषदों के विचार-केंद्र में आत्मा है। आत्मा शुद्ध चैतन्य स्वरूप है। किसी विषय का ज्ञान इसी चैतन्य का सीमित प्रकाश है। शुद्ध चैतन्य किसी विषय की सीमा से बद्ध नहीं होने के कारण अनंत या अविनाशी है। यही आत्मा है। और यही सभी भूतों में है; अतएव आत्मा परमात्मा एक ही है। उपनिषदों में आत्मज्ञान या आत्मविद्या को सर्वश्रेष्ठ या परा विद्या कहा गया है। और सभी विद्याएँ अपरा विद्या यानी-न्यून-कोटि की हैं। काम, क्रोध आदि वृत्तियों का दमन, श्रवण, मनन एवं निदिध्यासन आत्मज्ञान का साधन है। आत्मज्ञान के ज़रिये संस्कारों के लोप होने के बाद आत्म-साक्षात्कार होता है।

उपनिषदों में ब्रह्म को सत् और चित् के साथ-साथ आनंद भी माना गया है। संसार के सारे आनंद उसके ही क्षुद्रकण हैं। जो आत्म-साक्षात्कार कर सकता है वह ब्रह्म के साथ तादात्म्य स्थापित कर मुक्ति प्राप्त कर सकते हैं। आत्मा अपने शुद्ध रूप में आनंदमय है। आत्म-साक्षात्कार करना अनंत, अमृत, आनंदमय ब्रह्म में मिल जाना है। यही ब्रह्मानंद है। ब्रह्म और जगत के संबंध के विषय में सभी उपनिषदों की एक राय है कि आत्मा ही जगत का निमित्त और उपादान कारण है। सृष्टि के आदि के विषय में अधिकांश उपनिषद् मानते हैं कि 'सबसे पहले (आदि) आत्मा था।' उसमें संकल्प हुआ— 'मैं एक से अनेक होऊँ। मैं सृष्टि रचना करूँ।' इसके बाद सृष्टि-क्रम को लेकर उपनिषदों के बीच मतभेद हैं। कुछ उपनिषद् कहते हैं कि आत्मा से पहले सूक्ष्मतम भूत आकाश की उत्पत्ति हुई और इसके बाद स्थूल भूत उत्पन्न हुए। उपनिषदों में कई तरह के दूसरे वर्णन भी पाये जाते हैं। इन्हीं भिन्नताओं के कारण उपनिषदों की वजह से सृष्टि की सत्यता पर भी कई सवाल खड़े हो गये जिनका समाधान बादरायण ने अपने *ब्रह्मसूत्र* में किया जो उपनिषदों का सर्वाधिक विख्यात आदर्शवादी भाष्य है।

ऐसा माना जाता है कि उपनिषद् कर्मकाण्डों के विरोधी हैं और उनका स्पष्ट मत है कि कर्मकाण्डों के ज़रिये जीवन के परम पुरुषार्थ-अमरत्व की प्राप्ति नहीं हो सकती। मुंडकोपनिषद् में कहा गया है कि ये कर्म क्षुद्र नौकाओं के समान हैं जिनसे भवसागर को पार नहीं किया जा सकता। उपनिषदों के कर्मकाण्ड विरोधी होने के पीछे यह तर्क दिया जाता है कि उपनिषदों के आविर्भाव के साथ ही ब्राह्मणों और यज्ञों का युग समाप्त हो गया। छांदोग्य उपनिषद् में तो कर्मकाण्ड का दुरुपयोग करने वाले और खाने-पीने पर आसक्त ऋत्त्विजों पर तीखा व्यंग्य किया गया है। एक यज्ञ में कुत्तों को ऋत्त्विजों के समान चलते हुए और 'ओम् हम खाते हैं', 'ओम् हम पीते हैं' इस प्रकार गाते हुए दिखाया गया है। किंतु इतने भर से यह सिद्ध नहीं होता कि उपनिषद् कर्मकाण्ड विरोधी हैं। दरअसल, इस प्रकार के आक्षेप कर्मकाण्ड के दुरुपयोग पर हैं, सविधि यज्ञादि की प्रक्रिया पर नहीं। वैदिक कर्मकाण्ड को गौण माना गया है, निरर्थक नहीं। यहीं नहीं, जनक जैसा दार्शनिक राजा वैदिक यज्ञों को सम्पन्न कराने के लिए पुरोहित नियुक्त करता था। इस तरह के और भी उदाहरण मिल जाएँगे जो मोक्ष और अमरत्व प्राप्ति हेतु यज्ञ की आवश्यकता पर बल देते हैं।

कई उपनिषद् आदर्शवाद से सराबोर हैं। तो भी, उनमें हम भौतिक जगत की वास्तविकताओं की ठोस और स्वस्थ स्वीकृति देखते हैं। हम ऐसे अवतरण बार-बार देखते हैं जिनमें मानव क्रिया-कलापों के महत्त्व पर ज़ोर दिया गया है। सबसे बढ़कर यह कि उपनिषदों में यह माना गया है कि यह जगत निरंतर परिवर्तन और रूपांतरण की प्रक्रिया से गुज़रता रहा है।

उपनिषदों के दार्शनिक अपने परिवेश द्वारा प्रस्तुत सीमाओं को तोड़कर आगे बढ़ने में संलग्न थे। एक अधिक बोधगम्य तथा आनंदमय संसार में जीवन की पूर्णता प्राप्त करने के लिए प्रयत्नशील थे। उनकी शिक्षाएँ सम्पूर्णता की ओर बढ़ने की मनुष्य की अभिलाषा परिलक्षित करती थीं। वे यह भी दर्शाती थीं कि मनुष्य अपने क्षणभंगुर व्यक्तिवाद को मानवता की सामूहिकता के सार में विलय करके, स्वयं इस संसार में विलय करके, 'मैं' से आगे बढ़े और उससे कुछ अधिक बने। पूर्णता और सम्पूर्ति के लिए यह आकांक्षा निम्नालिखित उपनिषदीय पंक्तियों में भलीभाँति प्रकट हुई है :

असत्य से मुझे सत्य की ओर ले चलो!
अंधकार से मुझे प्रकाश की ओर ले चलो!
मृत्यु से मुझे अमरत्व की ओर ले चलो!

देखें : आर्यभट्ट और *आर्यभटीय,* उपनिषद्, उत्तर-मीमांसा दर्शन, कपिल, *अर्थशास्त्र* और कौटिल्य, *भगवद्गीता,* जैन दर्शन, न्याय दर्शन, नागार्जुन, पतंजलि और *योगसूत्र,* पाणिनि और *अष्टाध्यायी,* पुराण, पूर्व-मीमांसा दर्शन, बादरायण, बौद्ध दर्शन, भागवत पुराण, महाभारत, योग दर्शन, लोकायत, वात्स्यायन और *कामसूत्र,* शंकराचार्य, षड्-दर्शन-1 और 2.

संदर्भ

1. चंद्रधर शर्मा (1991), *भारतीय दर्शन : आलोचन और अनुशीलन,* मोतीलाल बनारसीदास, दिल्ली.
2. एस. राधाकृष्ण (2012), *भारतीय दर्शन,* खण्ड 1-2, अध्याय 7, राजपाल ऐंड संज़, दिल्ली.
3. के. दामोदरन (1982), *भारतीय चिंतन परम्परा,* पीपुल्स पब्लिशिंग हाउस, नयी दिल्ली.
4. सतीशचंद्र चट्टोपाध्याय और वीरेंद्र मोहन दत्त, *भारतीय दर्शन,* पुस्तक भण्डार, पटना.
5. आचार्य बलदेव उपाध्याय (1999), *भारतीय दर्शन की रूपरेखा,* चौखम्भा प्रकाशन, वाराणसी.

— अजय कुमार पाण्डेय

ए

एक्टर-नेटवर्क थियरी

(Actor Network Theory)

नेटवर्क की अवधारणा के इर्द-गिर्द हुआ चिंतन अभी तक प्रौद्योगिकीय और सामाजिक के बीच संबंध-सूत्र क़ायम करने की समस्या का संतोषजनक हल नहीं खोज पाया है। एक्टर-नेटवर्क थियरी इसी समाधान का प्रयास करती है। विज्ञान और प्रौद्योगिकी संबंधी अध्ययन के विद्वान ब्रूनो लातूर और मिशेल कैलन ने समाजशास्त्री जॉन लॉक की मदद से इसका प्रतिपादन किया है। तकनीकी रूप से इसे 'मैटीरियल-सीमियोटिक' पद्धति का नाम दिया जाता है। अर्थात् इस सिद्धांत के ज़रिये वस्तुओं के बीच संबंधों का अध्ययन तो किया ही जाता है, यह अवधारणाओं के बीच संबंधों की समझ बनाने में भी मदद करता है। यह थियरी मान कर चलती है कि कई संबंध एक साथ भौतिक (मैटीरियल) और संकेतमूलक (सीमियोटिक) होते हैं। मसलन, किसी बैंक में व्यक्तियों, उनके विचारों और प्रौद्योगिकी के बीच तितरफ़ा अन्योन्यक्रिया होती है। नतीजे के तौर पर एक ऐसा नेटवर्क बनता है जो एकल अस्तित्व के रूप में 'एक्ट' करते हुए विभिन्न तत्त्वों के साथ अपना सूत्र क़ायम करता है ताकि स्वयं में सुसंगत और सम्पूर्ण हो सके। एक्टर-नेटवर्क थियरी के मुताबिक़ इस तरह के नेटवर्क लगातार बनते-बिगड़ते रहते हैं। ऐसे नेटवर्कों में संबंधों को लगातार और बार-बार 'परफ़ॉर्म' करना पड़ता है, वरना नेटवर्क बिखर जाता है। इस नेटवर्क को सुसंगत बनाये रखने के लिए ज़रूरी है कि उसके सदस्यों के बीच द्वंद्व कम से कम हो (श्रम-संबंध दुरुस्त रहें या कम्प्यूटर सॉफ़्टवेयरों के बीच समरसता रहे)।

फ्रांसीसी दार्शनिक ज़ील डलज़ और फ़ेलिक्स गुआतारी के चिंतन से प्रेरणा लेने वाली इस थियरी की दिलचस्पी यह बताने में है कि एक्टर-नेटवर्क कैसे बनता है, कैसे ख़ुद को क़ायम रखता है और कैसे बिखर जाता है। लेकिन इसके ज़रिये यह पता नहीं चलता कि नेटवर्क अपना प्रकट रूप कैसे ग्रहण करता है। नेटवर्क की अवधारणा के प्रति द्वैध के बावजूद इस सिद्धांत के कारण मोबिलिटी और कनेक्टिविटी संबंधी प्रश्नों पर नवीन चिंतन की गुंजाइशें निकली हैं।

जॉन लॉक और जॉन हैसर्ड द्वारा सम्पादित ग्रंथ *एक्टर नेटवर्क थियरी ऐंड ऑफ़्टर* में इस सिद्धांत की विशेषताओं, उपलब्धियों और सीमाओं का एक कारगर ख़ाका मिलता है। लॉक के मुताबिक़ यह थियरी 'भौतिकता के लक्षणशास्त्र' या 'संबंधात्मक भौतिकता' ज़ोर देती है। इसका तात्पर्य यह हुआ कि यह सिद्धांत लक्षणशास्त्र के दायरे से ली गयी संकेतों की संबंधात्मकता के औज़ार से भौतिक रूपों का विश्लेषण करता है। इन भौतिक रूपों में रोज़ाना की ज़िंदगी से जुड़ी वस्तुएँ भी हो सकती हैं। एक्टर-नेटवर्क थियरी अपनी इसी ख़ूबी के कारण सोशल नेटवर्क विश्लेषण से अलग हो जाती है। लक्षण-विज्ञान एक भाषाशास्त्रीय उपकरण है, पर यह सिद्धांत उसकी अंतर्दृष्टियों का इस्तेमाल करके तत्त्वों की संबंधात्मकता की टोह लेता है और फिर उसके ज़रिये बेहिचक होकर हर तरह की सामग्री का विश्लेषण कर डालता है। नारीवादी चिंतक डोना हारावे ने भी नब्बे के दशक में भौतिक और सांकेतिक के बीच संबंधों की थाह लेने के लिए ऐसे तत्त्वों का अध्ययन किया था जो भौतिक रूप में होने के बावजूद नये तरह की बौद्धिक सम्पदा की तरफ़ इशारा करती थीं।

लॉक के अनुसार एक्टर-नेटवर्क थियरी का दूसरा अहम पहलू है परफ़ॉर्मेटिविटी यानी क्रियात्मकता। इसके माध्यम से यह पद्धति पता लगाती है कि दूसरे तत्त्वों के साथ अपनी संबंधात्मकता के कारण मानवीय या ग़ैर-मानवीय तत्त्वों पर क्या असर पड़ता है। एक-दूसरे के साथ ताल्लुक़ातों

के तहत चीज़ें अपनी या दूसरों की क्रियात्मकता से गुज़रती हैं। इसी मुक़ाम पर लॉक पूछते हैं कि इस क्रियात्मकता और संबंधों की अपेक्षाकृत स्थिरता और स्थानिकता के बीच क्या संबंध है ? इसके जवाब में लॉ एक वैकल्पिक स्थान-वैज्ञानिक (टोपोलॅजीकल प्रणाली) के रूप में नेटवर्क के विचार को पेश करते हैं। यानी एक नेटवर्क के तहत अपनी आपसी सूत्रों या संबंधों के आधार पर विभिन्न तत्त्व अपने स्थानिक अखण्डता क़ायम रख पाते हैं। सोशल नेटवर्क विश्लेषण के महारथी जिस नेटवर्क की चर्चा करते हैं, वह नेटवर्क यह नहीं है। उनके लिए तो नेटवर्क एक अपेक्षाकृत तटस्थ और वर्णनात्मक पद है। जॉन लॉक के लिए नेटवर्क अपने-आप में स्थानिकता का एक स्वरूप या स्वरूपों का एक समुच्चय है। नेटवर्क की यह ख़ूबी किसी भी तरह की टोपोलॅजीकल सम्भावना पर अपनी तरफ़ से कड़ी सीमाएँ आरोपित करती है। वह नेटवर्क के भीतर काम कर रहे सूत्रों का समरूपीकरण नहीं होने देती। न ही सम्भव संबंधों का समरूपीकरण हो पाता है। परिणामस्वरूप सम्भव तत्त्वों के चरित्र का भी समरूपीकरण नहीं होता।

इसी मुक़ाम पर एक्टर-नेटवर्क थियरी की सीमाएँ सामने आती हैं। लॉक को नेटवर्क की अवधारणा के साथ पहली मुश्किल यह लगती है कि उसके ज़रिये एक सीमा तक ही विश्लेषण किया जा सकता है। इसकी वजह यह है कि नेटवर्क पहले से ही एक ख़ास रूप ग्रहण कर चुका है। एक ऐसा रूप जो अपनी पहुँच के सभी जुड़ सकने वाले तत्त्वों के साथ एक जैसा ही सुलूक करता है। लॉक को आपत्ति इस बात पर है कि इस रवैये के कारण नेटवर्क के भीतर और नेटवर्कों के बीच बनने वाले सूत्रों के बारे में पूरी जानकारी नहीं मिलती। इसी कारण से तत्त्वों के बारे में भी पता नहीं चल पाता कि उन्होंने अपना मौजूदा रूप कैसे प्राप्त किया। लॉक की मान्यता है कि जब तक यह थियरी नेटवर्क के विचार के परे जा कर तत्त्वों की नानाविध बहुलता पर ज़ोर नहीं देगी, और संबंधों की जटिलता को फिर से रेखांकित नहीं करेगी तब तक यह समस्या हल नहीं हो सकती।

दिलचस्प बात यह है कि एक्टर-नेटवर्क थियरी के प्रमुख प्रतिपादक ब्रूनो लातूर ने भी बाद में इसकी कड़ी आलोचना की। लातूर का कहना था कि इस सिद्धांत में चार चीज़ें कारगर नहीं हैं। न एक्टर शब्द कारगर है, न नेटवर्क, न थियरी और न ही एक्टर और नेटवर्क के बीच लगा हायफ़न। उनका तर्क यह था कि बीस साल पहले नेटवर्क के विचार और रूपक का इस्तेमाल करने पर वह समाज और राष्ट्र-राज्य जैसे स्थापित विचारों के परे जाने की गुंजाइश प्रदान करता था, पर आज वर्ल्ड वाइड वेब का वजूद क़ायम हो चुका है और तक़रीबन हर कोई नेटवर्क का मोटा-मोटा मतलब समझता है। दरअसल, अपनी ही थियरी को ख़ारिज करने के पीछे लातूर की मंशा यह कहने की थी आज के ज़माने में नेटवर्क के विचार का इस्तेमाल संस्थागत रूपों के विश्लेषण से कतराते हुए लचीलेपन और प्रवाहों पर ज़ोर देने के लिए ही किया जाता है। इस चक्कर में होता यह है कि स्थानिकता का प्रश्न विश्लेषण से छूट जाता है और संस्थागत रूप आलोचना से साफ़ बच निकलते हैं या उन पर आलोचना का कोई असर नहीं होता। दूसरे, यह आलोचना करते हुए लातूर को यह चिंता भी सता रही थी कि आजकल समाज-विज्ञान में नेटवर्क पद का अंधाधुंध इस्तेमाल होने लगा है, जबकि यह मुख्यतः तकनीकी शै है जिसकी नफ़ासत और पेचीदगी को नज़रअंदाज़ नहीं किया जाना चाहिए।

आलोचना के इस मुक़ाम पर लातूर को डलज़ और गुआतारी द्वारा सुझाये गये ऋजमो (जड़ों की जटिल प्रणाली जिसकी शाखाएँ एक-दूसरे से क्षैतिज सूत्रों में जुड़ती हैं) के विचार में गुंजाइश नज़र आती है। ऋजमो की ख़ास बात यह है कि वह किसी सुपरिभाषित भू-क्षेत्रीयता के बिना ही अपनी शाखाओं के संबंध-सूत्रों के कारण प्रणालीगत गुणों को व्यक्त करता है। डलज़ और गुआतारी कहते हैं कि ऋजमो की परिभाषा संबंध-सूत्रों और विषमांगता के आधार पर होती है। वह किसी के साथ किसी भी समय संबंध क़ायम कर सकता है। ऋजमो के तर्ज़ पर लातूर कहते हैं कि नेटवर्क को एक ऐसे रूप की तरह ग्रहण किया जाना चाहिए जो लगातार बनता-बिगड़ता रहता है, और जो संबंध-सूत्रों की अभूतपूर्व सम्भावना पेश करता है। यह आलोचना करते-करते लातूर इस निष्कर्ष पर पहुँचे कि नेटवर्क कहने के बजाय अब वर्क-नेट की अभिव्यक्ति का प्रयोग किया जाना चाहिए। उनके अनुसार नेटवर्क में सबसे महत्त्वपूर्ण हिस्सा 'वर्क' का ही है। संबंध-सूत्र क़ायम करने के लिए 'वर्क' करना, क्रियात्मकता या परफ़ॉर्मेटिविटी ज़रूरी है।

देखें : अभिलेखागार, आख्यान, इंटरएक्टिविटी-प्रौद्योगिकीय विमर्श, इंटरएक्टिविटी-सामाजिक विमर्श, इंटरफ़ेस, डिजिटल डिवायड, दिन-प्रति दिन के अभिलेखागार, नया मीडिया, नेटवर्क, नेटवर्क सोसाइटी, बाज़ारू संस्कृति, भारत में संचार-क्रांति, भारतीय मीडिया-1, 2 और 3, भारतीय मीडिया स्फ़ेयर, मास मीडिया, मीडिया और सरकार, मीडिया-पक्षधरता, मीडिया-स्टडीज़, संचार, संचार-क्रांति, स्मृति और अभिलेखागार, सोशल नेटवर्क विश्लेषण, सूचना, सूचना-समाज, वैकल्पिक मीडिया।

संदर्भ

1. ब्रूनो लातूर (2005), *रिएसेम्बलिंग द सोशल : ऐन इंट्रोडक्शन टू एक्टर-नेटवर्क थियरी*, ऑक्सफ़र्ड युनिवर्सिटी प्रेस, ऑक्सफ़र्ड.
2. जॉन लॉक और जॉन हैसर्ड (सम्पा.) (1999), *एक्टर नेटवर्क थियरी ऐंड आफ़्टर*, ब्लैकवेल, ऑक्सफ़र्ड.
3. ज़ील डलज़ और फ़ेलिक्स गुआतारी (1987), *अ थाउज़ेंड प्लेट्यूज़ : कैपिटलिज़म ऐंड स्कीज़ोफ़्रेनिया*, युनिवर्सिटी ऑफ़ मिनेसोटा प्रेस, मिनेपोलिस.
4. डोना हारावे (2004), *द हारावे रीडर*, रॅटलेज, लंदन.

—अभय कुमार दुबे

एकाधिक आधुनिकताएँ

(Multiple Modernities)

एकाधिक आधुनिकताओं की अवधारणा इस मान्यता पर आधारित है कि आधुनिकता एक विचार और परिघटना के रूप में पश्चिम द्वारा गढ़ी गयी एकांगी सांस्कृतिक परियोजना का इतिहासबद्ध परिणाम नहीं है। चालीस और पचास के दशक में प्रचलित आधुनिकीकरण के सिद्धांत को नकारते हुए यह अवधारणा कहती है कि आधुनिकता एक ऐसी आंतरिक बहुलता से सम्पन्न है जो किसी विशिष्ट ऐतिहासिक परिस्थिति की देन न हो कर आधुनिक सभ्यता की संरचना में अंतर्भूत गुण की तरह समाहित है। अगर आधुनिकता के हाथों हुए रूपांतरणों पर ग़ौर किया जाए तो युरोपीय आधुनिकता के इतिहास का अध्ययन भी इसी दिशा में ले जाता है। उद्योगीकरण, वर्ग-रचना, वैयक्तियन और सेकुलरीकरण की प्रक्रियाओं ने पश्चिम में आधुनिक समाज का निर्माण किया, पर हर जगह उनके संयोग से सामाजिक जीवन का एक ही रूप नहीं निकला। इसीलिए आधुनिक कहे जाने वाले युरोपीय समाजों के बीच आज भारी फ़र्क़ देखा जाता है। एकाधिक आधुनिकता का सूत्रीकरण करने का श्रेय मुख्य तौर से एस.एन. आइज़ेनस्टैड को जाता है। बाद में उनकी इस थीसिस को अर्जुन अप्पादुरै और चार्ल्स टेलर जैसे विद्वानों ने भी अपना समर्थन दिया। *पब्लिक कल्चर* पत्रिका के इर्द-गिर्द सक्रिय विद्वानों के समूह ने अप्पादुरै की अगुआई में सामाजिक कल्पनाशीलता का इस्तेमाल करते हुए समकालीन भूमण्डलीकरण की प्रक्रिया को एकाधिक आधुनिकताओं की आपसी जद्दोजहद की तरह देखने का प्रस्ताव किया है।

आधुनिकता के दबावों ने इंग्लैण्ड-फ्रांस, जर्मनी-इटली और रूस-पूर्वी युरोप को अलग-अलग ढंग से बदला है। चाहे चित्रकला और कविता जैसे सांस्कृतिक क्षेत्र हों, या राजनीति का अनुभव हो, आधुनिकता का अंतर्निहित तर्क युरोप को विविधता और बहुलता की तरफ़ ले गया है। अर्थात्, जब पश्चिमी देशों में ही आधुनिकता का एकांगी मॉडल अपनी प्रतिकृतियाँ तैयार नहीं कर पाया तो दुनिया के दूसरे हिस्सों में वह कामयाब हो ही नहीं सकता था। ग़ैर-युरोपीय दुनिया के लिए तो एकाधिक आधुनिकताओं का तर्क और भी प्रभावी ढंग से कारगर हुआ है। एशियाई आधुनिकताएँ (चीन की कनफ़्यूशियसवादी आधुनिकता और भारत की राजनीतिक आधुनिकता) या इसलामिक आधुनिकताएँ या कम्युनिस्ट आधुनिकताएँ युरोप के मुक़ाबले उल्लेखनीय भिन्नता रखती हैं।

एकाधिक आधुनिकता की अवधारणा के मुख्य पैरोकार आइज़ेनस्टैड कहते हैं कि आधुनिकता और पश्चिमीकरण को एक-दूसरे के पर्यायवाची समझना एक भूल है। हालाँकि

एस.एन. आइज़ेनस्टैड (1923-2010)

आधुनिकता के पश्चिमी स्वरूप ऐतिहासिक लिहाज़ से पहले उभरे, और स्वाभाविक रूप से ग़ैर-आधुनिक दुनिया के लिए संदर्भ बिंदु बन गये, पर उन्हें आधुनिकता का प्रामाणिक स्वरूप नहीं समझा जा सकता। समकालीन जगत को समझने का सबसे बेहतर तरीक़ा और आधुनिकता के इतिहास की सबसे माक़ूल व्याख्या यही है कि उसे किसी एक सांस्कृतिक परियोजना के रूप में देखने के बजाय सांस्कृतिक परियोजनाओं की बहुलता के रूप में देखा जाए। आइज़ेनस्टैड के अलावा कई भारतीय विद्वानों ने भी इस अवधारणा की बेहतरीन व्याख्याएँ पेश की हैं। मसलन, सुदीप्त कविराज के अनुसार कम से कम तीन कारण ऐसे हैं जिनके आधार पर सारी दुनिया में आधुनिकता के समरूप परिणाम निकलने की अपेक्षा नहीं की जानी चाहिए।

कविराज के मुताबिक़ पहली बात तो यह है कि आधुनिकता ने अपनी इबारतें पूरी तरह से साफ़ स्लेट पर कभी नहीं लिखीं। उसे हर जगह परम्परा के पहले से मौजूद अनुकूल तत्त्वों के साथ एक सकारात्मक रिश्ता निकालना पड़ा। उसके आगमन ने राज्य, आर्थिक उत्पादन, शिक्षा, विज्ञान और धर्म के क्षेत्रों में आमूल-चूल परिवर्तन किया। यहाँ तक कि अतीत से विच्छिन्नता का एहसास भी हुआ। पर ये परिवर्तन ऐसे नहीं थे जिनके सभी रूपों और एक हद तक उनके सार से प्राक्-आधुनिक समाज पूरी तरह से अपरिचित हों। आधुनिकता के प्रकार्यों और पहले से मौजूद प्रकार्यों के बीच रैडिकल भिन्नता भी थी, और उनके कई तत्त्व उन समाजों में पहले से मौजूद भी थे।

दूसरी बात यह है कि आधुनिकता किसी एक प्रधान कारण की उपलब्धि नहीं होती। जिस ऐतिहासिक संयोग ने

आधुनिकता का गठन किया है, वह समरूप नहीं बल्कि विविध प्रक्रियाओं की देन है। इस विविधता को एकांगी प्रक्रिया की तरह सूत्रीकृत करने के लिए कई तरह की बौद्धिक रणनीतियाँ अपनायी जाती रही हैं। मसलन, कहा जाता है कि आधुनिकता के तहत जीवन के सभी दायरों का बुद्धिसंगतीकरण होना लाज़मी है, और इस तर्कणावाद का बौद्धिक स्रोत युरोपीय ज्ञानोदय है। दूसरा दावा कहता है कि आधुनिक जीवन के विभिन्न दायरों के बीच एक प्रकार्यात्मक सूत्र देखा जाना चाहिए। इस व्याख्या के पीछे मार्क्सवादियों का भारी हाथ है। वे उत्पादन के पूँजीवादी संबंधों को सर्वोच्च महत्त्व देते हुए मानते हैं कि उनके कारण ही जीवन का हर क्षेत्र सर्वथा नया रूप ग्रहण कर लेता है। वैसे आधुनिकता को किसी एक प्रधान कारण का परिणाम मानने का यह रवैया पुराना है। अलैक्सिस द टॉकवील ने अमेरिकी आधुनिकता के अपने विख्यात अध्ययन में लोकतंत्र को आधुनिकता के वाहक के रूप में प्रधान स्थान दिया है। ऐतिहासिक दृष्टिकोण से देखने पर आधुनिकता का प्रधान कारण तलाश करने का यह रवैया सही नहीं ठहरता। भारत, चीन और पूर्वी एशिया के देशों में आधुनिकता का आगमन लोकतंत्र के खाते में नहीं डाला जा सकता। भारत में पूँजीवादी अर्थव्यवस्था समेत आधुनिक सामाजिक संबंधों के विकास में लोकतांत्रिक राजनीति की भूमिका स्वयंसिद्ध है। चीन ने अपनी आधुनिकता बाज़ार अर्थव्यवस्था के ज़रिये नहीं, बल्कि राजकीय समाजवाद के दीर्घकालीन प्रयोगों के रास्ते हासिल की। पूर्वी एशियाई देशों का पूँजीवादी उछाल वहाँ के अधिनायकवादी राज्य-तंत्र की देन है। उनकी आधुनिकता लोकतंत्र की ग़ैर-मौजूदगी से निकली प्रतीत होती है।

तीसरी बात यह है कि आधुनिकता का इतिहास बताता है कि चिंतनशीलता की प्रवृत्ति उसके विकास के लिए लाज़मी है। यहाँ तक कि चिंतनशीलता आधुनिकता का विधेयक सिद्धांत बन चुकी है। इसी कारण से एक समाज की आधुनिकता किसी दूसरे समाज की प्रतिकृति नहीं बन सकती। आधुनिकता समाज और उसके राजनीतिक तंत्र को सुचिंतित और सुनिर्देशित सामूहिक क्रियाशीलता की तरफ़ ले जाती है। इसके लिए एक प्रशिक्षित अधिकारी-तंत्र तैयार करना पड़ता है, आधुनिक सेनाएँ खड़ी करनी पड़ती हैं और राष्ट्रवाद जैसी सामूहिक चेतना निर्मित करनी होती है। तीनों को मिला कर बनी लोकतांत्रिक मशीनरी के ज़रिये समाज एक सामूहिक संकल्प से लैस हो कर आगे बढ़ता है। ऐसी स्थिति में कहा जाता है कि सरकार समाज के नाम पर क़दम उठा रही है या नीतियाँ बना कर उन्हें लागू कर रही है। सामूहिक संकल्प की रचना करने वाली युक्तियाँ केवल किसी 'अन्य' को ही सम्बोधित नहीं होतीं, बल्कि अपने समाज को भी सम्बोधित करती हैं। इसीलिए उन्हें अपनी प्रभावकारिता पर लगातार कड़ी निगरानी रखनी पड़ती है और नाकामियों के अंदेशों से बचने के लिए निरंतर सुधारते रहना होता है या अधिक प्रभावी समाधान खोजते रहने पड़ते हैं। अर्थात् आधुनिक होने की प्रक्रिया में जुटे समाजों के लिए अनिवार्य है कि वे चिंतन के स्तर पर दोनों सिरों पर खुले रहें। अपने विश्लेषण से सीखें और दूसरों के अनुभव से सबक हासिल करें। आधुनिक संस्थागत स्वरूपों के मर्म में यही तार्किकता निहित है, जिसके कारण वे कभी किसी दूसरे समाज द्वारा विकसित रूपों की अनुकृति नहीं बन सकते।

देखें : आधुनिकता, आधुनिकीकरण, उद्योगीकरण-1 और 2, अलेक्सिस द टॉकवील, बुद्धिवाद, युरोपीय ज्ञानोदय, सुदीप्त कविराज, सेकुलरवाद।

संदर्भ

1. एस.एन. आइज़ेनस्टैड (2003), *कम्पैरेटिव सिविलाइज़ेशंस ऐंड मल्टीपिल मॉडर्निटीज़,* आईआई लीडन, ईजे ब्रिल.
2. सुदीप्त कविराज (2000), 'मॉडर्निटी ऐंड पॉलिटिक्स इन इण्डिया', *डेडलस,* विशेषांक : मल्टीपल मॉडर्निटीज़, शरद, खण्ड 129, शरद.
3. एस.एन. आइज़ेनस्टैड (2000), 'मल्टीपल मॉडर्निटीज़', *डेडलस,* विशेषांक : मल्टीपल मॉडर्निटीज़, शरद, खण्ड 129, शरद.

—अभय कुमार दुबे

एजेंसी

(Agency)

एजेंसी का अर्थ है कर्म की योग्यता या क्षमता। इसे व्यक्ति में निहित काम करने के इरादे और उसे कर सकने की क्षमता से जोड़ कर देखा जाता है। एजेंसी होने की क्षमता या इरादा मनुष्य के मस्तिष्क में होता है। उससे संबंधित चिंतन और विचार वहीं जन्म लेते हैं। कर्म करने से पहले व्यक्ति सम्भावनाओं और विकल्पों का पूर्वाभ्यास भी करता है। उसके दिमाग़ में व्यक्ति के रूप में अपनी एक आत्म-पहचान भी मौजूद होती है। मनुष्य का दिमाग़ और उसकी इयत्ता कर्म के स्रोत होते हैं। कर्म प्रेरित तो होता है लेकिन ऐसा नहीं कहा जा सकता कि वह इरादों से पैदा होता हो। एजेंसी का आशय स्पष्ट करने के लिए कर्ता के कर्म तथा उसकी मंशा की व्याख्या करना ज़रूरी होता है। परंतु ऐसा कर पाना इसलिए मुश्किल होता है क्योंकि कर्म की मंशा और अर्थ मूलत: एक मानसिक स्थिति होती है, जिसे प्रकट व्यवहार की तरह बाहर से नहीं देखा जा सकता। व्यक्ति ज़्यादा से ज़्यादा अपने इरादों का अंतरावलोकन कर सकता है लेकिन दूसरों के दिमाग़ में क्या चल रहा है इसे जानने का उसके पास कोई उपाय नहीं होता। फ्रॉयड की मानें तो हमें ख़ुद ही यह पता नहीं होता कि हमारे दिमाग़ में क्या चल रहा है और अक्सर हम ख़ुद को लगातार धोखे में बनाये रखते हैं।

मनुष्य के अलावा बाक़ी के जीव-जगत में कर्म के बजाय व्यवहार ज़्यादा प्रमुख घटना होती है। व्यवहार मुख्यत: अनुबंधित प्रतिक्रिया या सहज-वृत्ति से संचालित होता है। जीवों का व्यवहार ऐसी शक्तियों से निर्धारित होता है जिन पर उनका वश नहीं चलता या जिन्हें वे न केवल नियंत्रित नहीं कर सकते बल्कि उनके बारे में कोई पूर्वानुमान भी नहीं लगा सकते। उनके बरक्स एक कर्ता के रूप में मनुष्य स्व, बाहरी दुनिया तथा अपने जैसे अन्य कर्ताओं को लेकर सचेत रहता है। एक हद तक यह बात मनुष्य के हाथ में होती है कि वह इच्छित कर्म कैसे और किस तरह करता है। उसके सामने एक बड़ा संसार होता है। वह सिर्फ़ स्थानीय परिवेश के दबावों से ही संचालित नहीं होता। व्यक्ति की पहचान शुरू से ही स्थिर नहीं होती। उसकी इस बात में बड़ी भूमिका होती है कि वह ख़ुद को क्या बनाना चाहता है। यही वजह है कि कर्म के बारे में कोई पूर्वघोषणा अगर असम्भव नहीं तो मुश्किल ज़रूर होती है। इस तरह कर्म परिस्थितिजन्य, इरादतन और आकस्मिक होता है। जबकि व्यवहार को आवश्यकता की तरह देखा जा सकता है। कर्ता अगर चाहे तो कर्म कर सकता है, और न चाहे तो उसे स्थगित भी कर सकता है, या उसी कर्म को भिन्न ढंग से काम कर सकता है। यह ठीक है कि कर्ता अपने किसी कर्म विशेष के लिए कुछ कारणों का हवाला दे सकता है लेकिन ये कारण कर्म को ठीक उस तरह से निर्धारित नहीं करते जिस तरह प्राकृतिक शक्तियाँ व्यवहार को निर्धारित करती हैं।

समाज-विज्ञानों तथा मानविकी के अध्ययन में एजेंसी एक बुनियादी और रैडिकल अवधारणा ज़रूर है, लेकिन यह एक ऐसी अवधारणा भी है जो स्वयं किसी स्पष्ट अर्थ का वाहक होने के बजाय अन्य विषयों और विमर्शों में अधिक विन्यस्त दिखती है। इसका तात्पर्य-निरूपण करने के लिए कई सिद्धांत गढ़े गये, लेकिन कोई आम सहमति बनने से पहले ही नयी बहसें शुरू हो गयीं। विद्वानों में सहमति केवल इस हद तक बन पायी कि एजेंसी, कर्म और कर्ता एक अर्थ में मूलगामी पद हैं, लेकिन इन अवधारणाओं की परिभाषा, विस्तार और व्याख्या से जुड़े मसले वाद-विवाद से बाहर नहीं आ सके। एजेंसी इसलिए भी एक विवादमूलक अवधारणा है क्योंकि वह तत्त्व-मीमांसा, दर्शनशास्त्र और नीतिशास्त्र के शाश्वत प्रश्नों, जैसे निर्बंध इच्छा, नैतिक दायित्व, व्यक्तित्व, और आत्मपरक अधिकारों आदि के साथ गहराई से जुड़ी है। एजेंसी के विचार में उदार मानवतावाद की विरासत भी निहित है जिसे लोकतांत्रिक नागरिकता का केंद्रीय अंग समझा जाता है। इन्हीं स्थायी मत-मतांतरों के कारण समाजशास्त्र के अनुशासन में एजेंसी की श्रेणी कई तरह के सैद्धांतिक विभाजनों से घिरी रही है। एजेंसी बनाम संरचना, सूक्ष्म बनाम बृहद तथा वैयक्तिकता बनाम सम्पूर्णतावाद आदि इसी विभाजन की ओर संकेत करते हैं। सूक्ष्मता के पक्षधरों का तर्क है कि केवल कर्ता और कर्म ही वास्तविक होते हैं इसलिए जीवन के अन्य सभी सामाजिक पहलुओं की केवल एजेंसी के अर्थ और संदर्भ में ही व्याख्या की जानी चाहिए। जबकि बृहद के पैरोकारों का मानना है कि समाज की व्यापक और विशाल संरचनाओं, जैसे संगठनों, राज्य और सामाजिक संरचनाओं आदि, को इस तरह नहीं छाँटा जा सकता कि वे एजेंसी के पर्याय भर रह जाएँ।

एजेंसी के संदर्भ में यह देखना बहुत महत्त्वपूर्ण है कि उसका मूल तत्त्व किस तरह विकसित होता है। इस संबंध में बुद्धिसंगत चयन तथा और विनिमय का सिद्धांत दिया जाता है। इसके तहत यह प्रतिपादित किया जाता है कि व्यक्ति, उसका इरादा और कर्म स्थिर होते हैं। ज्ञान की इस परम्परा में एजेंसी को कोई बड़ा मसला नहीं माना जाता, क्योंकि उसकी जगह आदेश द्वारा तय कर दी जाती है। यह परम्परा कर्ता को एक ऐसी विवेकपूर्ण इयत्ता के रूप में देखता है जो अपने स्वहित को लेकर सचेत ढंग से फ़ैसला करता है। विवेकवान कर्ता बहुसूचित और ज्ञान से लैस होते हैं। उन्हें पता होता है कि उन्हें क्या चाहिए और कि उन्हें सबसे ज़्यादा किस चीज़ की ज़रूरत है। उन्हें यह पता होता है कि इच्छित हित हासिल करने के लिए सबसे प्रभावशाली और बेहतर तरीक़ा क्या हो सकता है। इस इच्छित को पाने के लिए उन्हें अन्य कर्ताओं से प्रतिस्पर्द्धा करनी पड़ती है जो ठीक वही चीज़ चाहते हैं। अगर एक कर्ता के पास कोई ऐसी चीज़ है जो दूसरे के पास नहीं है तो ऐसी स्थिति में दोनों के बीच विनिमय हो सकता है। विनिमय के ऐसे रूप बाज़ार में सम्पन्न होते हैं। इस तरह हर तरह का सामाजिक कर्म बाज़ार में होने वाले विनिमय का रूप धारण करता है। ऐसी स्थिति में जब एक कर्ता को किसी चीज़ की सख़्त ज़रूरत होती है और वह उसे दूसरे कर्ता से प्राप्त नहीं कर पाता तो इसका मतलब यह होता है कि दूसरे कर्ता के पास पहले कर्ता से ज़्यादा ताक़त है। दूसरे शब्दों में सत्ता निर्भरता से पैदा होती है।

एजेंसी के इस उपयोगितावादी और तार्किक सिद्धांत के बरक्स एक और सिद्धांत है जो एजेंसी के प्रतीकात्मक अंतरक्रियावाद पर ज़ोर देता है। यह विचार अमेरिकी व्यवहारवाद से लिया गया है। इस परम्परा में एजेंसी को ज़्यादा आकस्मिक और दोनों सिरों पर खुली अवधारणा माना गया है। यानी कर्म और कर्ताओं के बारे में पहले से कुछ नहीं कहा जा सकता। इसे बाहरी प्रेक्षक निर्धारित नहीं कर सकता क्योंकि वह सामाजिक जीवन के व्यवहार से पैदा होती है। व्यक्ति का स्व कोई ऐसी इयत्ता नहीं है जिसे एकसार उपयोगिता के खाँचे में डाला जा सके। वह एक जटिल और बहुआयामी धारणा है। स्व के एक बहुचर्चित सिद्धांत में हरबर्ट मीड स्व को तीन ऐसे हिस्सों में बाँटकर देखते हैं जो हमेशा एक दूसरे के साथ संवादरत रहते हैं। इस तरह एजेंसी की योग्यता पूर्व-निर्मित न होकर सामाजिक निर्माण और पुनर्निर्माण की प्रक्रिया से

जन्म लेती है। सामाजिक अंतर्क्रिया असल में किसी स्थिति की परिभाषाओं को लेकर एक सौदेबाज़ी की तरह होती है। यथार्थ सामाजिक रूप से गढ़ा जाता है। कर्ता अपने बारे में एक विचार गढ़ता है और दूसरों के सामने अपने एक ख़ास हिस्से को ही ज़ाहिर करता है। दोहरी आकस्मिकता की समस्या से निपटने के लिए कर्ता एक दूसरे की भूमिका ओढ़ लेते हैं। वे ख़ुद को दूसरों की धारणाओं- ख़ास तौर पर ऐसे लोगों की धारणाओं के अनुसार देखने लगते हैं जिन्हें वे महत्त्वपूर्ण मानते हैं।

एजेंसी के सारतत्त्व को समझने के लिए कर्ता के दृष्टिकोण के अलावा उसकी दुनिया को उसी के परिप्रेक्ष्य में देखना ज़रूरी होता है। मसलन, भारत में दलित राजनीति का उभार एक ऐसा ही प्रश्न है। पारम्परिक वामपंथी सिद्धांतकार इस बात को लेकर कुपित रहे हैं कि दलित जातियों ने वर्ग-संघर्ष के विचार को सहज भाव से क्यों स्वीकार नहीं किया। उनके मुताबिक़ इन जातियों के शोषण और सामाजिक पदानुक्रम में उनकी हीन स्थिति देखते हुए उन्हें वामपंथी राजनीति करनी चाहिए थी। जबकि पिछले दो दशकों में दलित राजनीति सम्मान, गरिमा और सत्ता में सीधी भागीदारी के लिए लड़ती रही है। ग़ौर से देखें तो इसकी वजह शायद यह रही है कि दलित राजनीति को मुख्यधारा के विमर्श में लम्बे समय तक स्वतंत्र एजेंसी मानने से इनकार किया गया। दलित नेतृत्व राजनीति और सामाजिक वर्चस्व की लड़ाई में जिस तत्त्व को बुनियादी मानता था वह अन्य सिद्धांतकारों को गौण लगता था।

बहरहाल, कर्म की संरचना प्रतीकात्मक होती है और वह भाषा व संस्कृति के ज़रिये अभिव्यक्त होती है। इसीलिए एजेंसी और कर्म को समझने की सही चाबी यह है कि उसे समझाने के बजाय उसकी व्याख्या की जाए। एजेंसी को समझना एक तरह से पाठ की व्याख्या करने जैसा है। इस तरह सामाजिक कर्म और अंतर-कर्म की व्याख्या का मुख्य तरीक़ा सहभागी प्रेक्षण ही हो सकता है, क्योंकि समाजशास्त्री लोगों पर अपनी संकल्पनाएँ नहीं थोप सकते। इसके बजाय उन्हें लक्षित विषय को समझने के लिए कर्ता की अपनी समझदारी पर ज़्यादा भरोसा करना चाहिए।

एजेंसी को अंतर्क्रियात्मक प्रतीक मानने की यह धारणा बहुत कुछ जर्मन आदर्शवाद से मेल खाती है, जिसमें कर्ता को सम्प्रभु और स्थिति का नियंत्रक माना गया है। इस मत के अनुसार कर्ता विश्व का निर्माता और सर्जक होता है। इस तरह संसार को कर्ता की इच्छा का चित्रण माना जा सकता है। लेकिन एजेंसी के एक अन्य सिद्धांत में माना गया है कि कर्ता सामाजिक जीवन को नियंत्रित करने की स्थिति में नहीं होता। कर्ता विषय नहीं बल्कि सदस्य होता है। कर्ता किसी चीज़ को लेकर किस हद तक सचेत हो सकता है या वह किसी स्थिति को किस सीमा तक परिभाषित या पुन:परिभाषित कर सकता है—यह सब बेहद सँकरी और सीमित ज़मीन पर घटित होता है। सामाजिक जीवन की प्रथाएँ सदस्यों के ज़रिये निरंतरता और पुष्टि हासिल करती हैं। प्रसंगवश, बोर्दियो इसे हैबिटस का नाम देते हैं जिसे सामूहिक अवचेतन कहा जा सकता है। सदस्य इन प्रथाओं या दस्तूरों के सृजक न होकर उनके परिणाम होते हैं। समाज के लिए उसके सदस्य एक साधन की तरह होते हैं जिनके माध्यम से वह अपने अस्तित्व को बरक़रार रखता है। सामाजिक व्यवहारों को सदस्य अपनी इच्छा से परिभाषित नहीं कर सकते। अनिश्चितता, आकस्मिकता और चिंता के परिवेश में सामाजिक व्यवहार एक तरह की तथ्यात्मकता और सामान्य रूढ़ि का दर्जा हासिल कर लेते हैं।

इन व्यवहारों को जानने का तरीक़ा यह होता है कि उन्हें खण्डित कर दिया जाए और फिर यह देखा जाए कि तथ्यात्मकता का अहसास किस तरह ख़ुद को पुन:स्थापित कर लेता है। कोई भी सामाजिक व्यवस्था एक स्थानीय उपलब्धि होती है। लेकिन इसे कर्ता और एजेंसी की उपलब्धि नहीं माना जा सकता। इसके विपरीत, सामाजिक व्यवस्था अपने सदस्यों के बल पर ही अस्तित्व ग्रहण करती हैं और ख़ुद को अक्षुण्ण बनाये रखती है।

एजेंसी, कर्म तथा कर्ता को समाज-विज्ञान की बुनियादी प्रस्थापना स्वीकार करने में अहम दिक़्क़त यह है कि कर्ता अनंत हैं और वे भिन्न ढंग से काम करते हैं और उनके कार्यों के पीछे बेशुमार कारण हो सकते हैं। ऐसे में उन्हें लेकर कोई एक राय या धारणा बनाना मुश्किल है। कर्ता की इच्छा और कारण उसके दिमाग़ में होते हैं। अगर किसी तरह कारणों को जान भी लिया जाए तो भी इस बात को लेकर आश्वस्त नहीं हुआ जा सकता कि अमुक कर्ता ने जो कारण बताये हैं वही वास्तविक कारण हैं। कर्ता के मत से आधुनिक विश्व व्यवस्था को समझने का भी कोई सूत्र नहीं निकलता। इस तरह समाज को व्यक्तियों या कर्ताओं का जीवन-वृत्त नहीं माना जा सकता। एक ही कर्ता का कर्म कई बार उसकी अपनी मंशा से आगे बढ़कर ऐसे परिणाम पैदा कर सकता है जिसके बारे में वह ख़ुद भी सचेत नहीं होता।

ऐसी दुरूहताओं का समाधान खोजने के लिए एजेंसी के संबंध में एक और सिद्धांत प्रस्तुत किया गया है जिसे फ़ौरी तौर पर निर्माणवाद कहा जा सकता है। इस मत के तहत एजेंसी को किसी व्यक्ति की योग्यता न मानकर उसे एक ख़ास तरह का गुणधर्म माना जाता है। जो व्यक्ति के पास हो भी सकता है और वह उससे भी रहित भी हो सकता है। इसे हम एक विशेषाधिकार की तरह भी देख सकते हैं जिसे

किसी को दिया भी जा सकता है और वापस भी लिया जा सकता है। ऐसे अधिकारों को हर समाज और संस्कृति अपने अपने ढंग से निर्धारित और आवंटित करती है। आदिवासी समुदाय आध्यात्मिक शक्तियों को एजेंसी प्रदान करती हैं जबकि आधुनिक विज्ञान ऐसी शक्तियों को भौतिक नियमों से संचालित निर्जीव वस्तुओं से ज़्यादा कुछ नहीं मानता। ऐतिहासिक समाजशास्त्र को ध्यान से देखें तो पता चलता है कि अलग अलग समाजों में एजेंसी प्रदान करने और इस नाते ज़िम्मेदारी और जवाबदेही तय करने के ढंग अलग अलग रहे हैं। यह बात इस तरह भी देखी जा सकती है कि वयस्कों और बच्चों की ज़िम्मेदारियों में फ़र्क़ होता है। इस तरह हम सभी जीवित मनुष्यों को एक तरह की एजेंसी देते हैं लेकिन विक्षिप्त और बेहोशी में डूबे व्यक्ति को उससे बाहर मानते हैं

इस तरह एजेंसी का यह निर्माणवादी मत एजेंसी के गुणधर्म में विभिन्नताओं को प्रमुख तत्त्व मानता है। इस विन्यास में एजेंसी प्राकृतिक या सारभूत तत्त्व न होकर किन्ही स्थितियों से पैदा होने वाली निर्मिति बन जाती है। ऐसी भिन्ताएँ ही एजेंसी को अनुभवसिद्ध या वस्तुनिष्ठ शोध के दायरे में स्थापित कर सकती हैं। वर्ना अभी तक तो एजेंसी का पूरा विमर्श संकल्पनाओं और भाषाई विश्लेषण की अंतहीन और सहमतिविहीन बारीकियों में उलझा रहा है।

देखें : तत्त्व-मीमांसा और आस्तित्व-मीमांसा, पिएर बोर्दियो, बुद्धिसंगत चयन, व्यवहारवाद।

संदर्भ

1. एम. एमिरबेयर और ए. मिशे (1998), 'व्हाट इज़ एजेंसी?', *अमेरिकन जर्नल ऑफ़ सोसियोलॅजी*, खण्ड 104, अंक 962.
2. जी.एच. मीड (1967), *माइंड, सेल्फ़, ऐंड सोसाइटी*, युनिवर्सिटी ऑफ़ शिकागो, शिकागो.
3. पिएर बोर्दियो (1990), द *लॉजिक ऑफ़ प्रैक्टिस*, पॉलिटी प्रेस, केम्ब्रिज.
4. एंथनी गिडेंस (1984), द *कांस्टीट्यूशन ऑफ़ सोसाइटी*, पॉलिटी प्रेस, केम्ब्रिज.

—नरेश गोस्वामी

एडमण्ड बर्क

(Edmund Burke)

अनुदारतावाद के संस्थापक आइरिश सिद्धांतकार एडमण्ड बर्क (1729-1797) को राजनीतिक रैडिकलिज़म और क्रांति के विचार का प्रमुख आलोचक माना जाता है। 1790 में प्रकाशित उनकी सर्वश्रेष्ठ रचना *रिफ़्लेक्शंस ऑन द रेवोल्यूशन इन फ़्रांस* ने समाज, राज्य और व्यक्ति के आपसी संबंधों की एक ऐसी समझ को जन्म दिया जिसे अनुदारतावाद के विरोधी भी आज किसी न किसी रूप में अपनाने के लिए मजबूर हैं। बर्क ने अपने राजनीतिक सिद्धांतों का ढाँचा अमूर्त चिंतन की व्यावहारिक उपयोगिता के प्रति अविश्वास के आधार पर खड़ा किया। उन्होंने बुद्धिवाद में आस्था को पूरी तरह से नकारा और क्रांतिकारी उपायों के प्रति तिरस्कारपूर्ण रवैया अपनाते हुए उनकी कड़ी आलोचना की। बर्क ने सामाजिक समझौते के विचार, प्राकृतिक क़ानून और मनुष्य के अधिकार जैसे सिद्धांतों का विरोध किया। उनकी सामाजिक-राजनीतिक थीसिस सीधी और साफ़ थी कि मौजूदा परिस्थितियाँ हमेशा ही गुज़र चुके घटनाक्रम का योगफल होती हैं। मनुष्य अपनी बुद्धि के दम पर उनकी जटिल संरचना को नहीं समझ सकता। इसलिए उनके साथ किन्हीं अमूर्त विचारों के आधार पर किसी भी तरह की रैडिकल छेड़-छाड़ करने के बजाय मंद गति से किये गये सुधारों के रास्ते पर चलना चाहिए ताकि किसी भी तरह की सामाजिक या व्यवस्थागत बेचैनी पैदा न हो सके। बर्क का यह फ़ार्मूला आगे चल कर अनुदारतावाद का मूल मंत्र बना। उनके विचार उनकी मृत्यु के दो सौ साल बाद आज भी राजनीतिक चिंतकों को प्रभावित कर रहे हैं। बीसवीं सदी के कई प्रमुख चिंतकों, जैसे कार्ल पॉपर, माइकेल ओकशॉट और फ्रेड्रिख़ हायक, के विचारों पर बर्क की स्पष्ट छाप देखी जा सकती है।

डबलिन, आयरलैण्ड में जन्मे एडमण्ड बर्क ने 1743 से 1748 के बीच ट्रिनिटी कॉलेज में शिक्षा प्राप्त की और फिर वकालत पढ़ने के लिए लंदन गये। लेकिन अपने समकालीन डेविड ह्यूम की ही भाँति उन्होंने क़ानून का अध्ययन बीच में ही छोड़ दिया। उनका रुझान साहित्य-रचना की ओर था। 1756 में *अ विंडीकेशन ऑफ़ नेचुरल सोसाइटी* शीर्षक से उनकी एक व्यंग्य रचना प्रकाशित हुई। अगले ही साल उनकी सौंदर्यशास्त्र संबंधी रचना *अ फ़िलॉसफ़ीकल इनक्वैरी इनटु द ओरिजिंस ऑफ़ अवर आइडियाज़ ऑफ़ द सबलाइम ऐंड ब्यूटीफुल* के प्रकाशन ने उनकी धाक जमा दी। 1765 से उनके जीवन ने राजनीतिक करवट लेनी शुरू की। हाउस ऑफ़ कामंस के लिए चुने जाने के बाद वे लॉर्ड रॉकिंघम के सचिव बन गये। इसके बाद एक बार थोड़े से अंतराल के अलावा वे जीवन भर सांसद

एडमण्ड बर्क (1729-1797).

रहे। जॉर्ज-तृतीय की उपनिवेश संबंधी नीति की आलोचना करते हुए उन्होंने विग संसद सदस्य के रूप में कई उल्लेखनीय भाषण दिये। 1790 में उनकी महान रचना *रिफ़्लेक्शंस ऑन द रेवोल्यूशन इन फ्रांस* का प्रकाशन हुआ जिसने उनके विग साथियों को भी चौंका दिया। अपने जीवन के आख़िरी सात वर्ष बर्क ने अपने आलोचकों को जवाब देते हुए बिताये। इस दौर में उनकी तीन रचनाएँ *ऐन अपील टू द न्यू टू द ओल्ड विग्ज़* (1791), *थॉट्स ऑन द फ्रेंच एफ़ेयर्स* (1791) और *लेटर्स ऑन द रेजिसाइड पीस* (1796-97) प्रकाशित हुईं।

राजनेता और विचारक बनने से पहले इंग्लैण्ड के स्थापित साहित्यकारों में से एक होने के कारण बर्क का राजनीतिक लेखन अपनी साहित्यिक शैली के लिए भी जाना जाता है। समझा जाता है कि उन्होंने अपना जीवन मुख्यत: पाँच तरह के लक्ष्यों के लिए समर्पित किया। उनका पहला लक्ष्य था ब्रिटिश संसद हाउस ऑफ़ कामंस को जॉर्ज-तृतीय और उनके सलाहकारों के प्रभाव से मुक्त करना। उनका दूसरा मक़सद अमेरिका स्थिति इग्लैण्ड के उपनिवेशों को उनका वाजिब अधिकार दिलाने का था। बर्क का तीसरा लक्ष्य था आयरलैण्ड की मुक्ति, और चौथा लक्ष्य ईस्ट इण्डिया कम्पनी के लुटेरू कुशासन से इंग्लैण्ड के भारत स्थित उपनिवेश को छुटकारा दिलाना था। उनका पाँचवा लक्ष्य था फ्रांसीसी क्रांति द्वारा अपनाये गये निरीश्वरवादी और हिंसक जैकोबिन रवैये का कड़ा विरोध करना।

हालाँकि बर्क क्रांतिकारी कार्रवाई के ज़रिये मौजूदा व्यवस्था को नष्ट करके नया समाज बनाने की दावेदारियों के विरोधी थे, लेकिन उन्होंने इंग्लैण्ड की ग्लोरियस रेवोल्यूशन का समर्थन किया और अमेरिकी क्रांति का भी पक्ष लिया। इस विरोधाभास का कारण भी उनके वैचारिक आग्रहों में ही निहित था। बर्क का ख़याल था कि ग्लोरियस रेवोल्यूशन ने तत्कालीन सामाजिक-राजनीतिक और प्रशासनिक ढाँचे को अनछुआ छोड़ दिया था। दूसरे, अमेरिका में उपनिवेश बना कर रह रहे अंग्रेज़ों का यह दावा उन्हें जायज़ लगता था कि उनके ऊपर टैक्स लगाने का फ़ैसला करते समय ब्रिटिश सम्राट को उनके संसदीय प्रतिनिधित्व की पूरी गारंटी करनी चाहिए।

1770 से अमेरिकी क्रांति होने तक बर्क ने अपने संसदीय भाषणों और पत्रों के ज़रिये संसद से लगातार अनुरोध किया कि उसे अमेरिकी उपनिवेशकों के प्रति नरम रवैया अपनाना चाहिए ताकि साम्राज्य और उनके बीच के रिश्ते न टूटें। साम्राज्य की वित्तीय स्थिति सुधारने की कोशिश करते हुए बर्क ने बंगाल के गवर्नर के रूप में वारेन हेस्टिंग्ज़ की कारगुजारियों पर कड़ी आपत्ति करते हुए उनके ऊपर महाभियोग के लिए सात साल तक चलने वाली कार्रवाई की शुरुआत की। ईस्ट इण्डिया कम्पनी के ख़िलाफ़ भारतीय जनता की तरफ़दारी को बर्क अपनी बहुत बड़ी राजनीतिक उपलब्धि मानते थे। लेकिन उनके आलोचकों का कहना था कि बर्क को भारतीय परिस्थितियों की ऐतिहासिक जानकारी न के बराबर थी और इसीलिए वे एक अजनबी समाज-व्यवस्था के तहत हेस्टिंग्ज़ के भारतीय कार्यकाल की मज़बूरियों को समझ पाने में नाकाम रहे।

माइकेल ओकशॉट के अनुसार बर्क के राजनीतिक सिद्धांत के केंद्र में बुद्धिवाद का नकार है। बर्क यह मानने के लिए तैयार नहीं थे कि राजनीति मानवीय बुद्धि से निकले किसी ऐसे उसूल की रोशनी में चलाई जा सकती है जिसकी जड़ें अतीत के अनुभवों और रीति-रिवाज़ों में न हों। उनकी मान्यता थी कि लोग जिस बंदोबस्त के तहत रहते आये हैं, वह लम्बी इनसानी आज़माइश का नतीजा है। ये व्यवस्थाएँ धीमी गति से चलने वाली प्रक्रियाओं के दौरान विकसित हुई हैं और इन्हीं के कारण बदलते हालात के साथ तालमेल बैठाना मुमकिन हो पाया है। अगर कोई व्यवस्था लम्बे अरसे से टिकी हुई है, तो यही उसकी वैधता का सबूत है।

बर्क ने सामाजिक समझौते के सिद्धांत को तरजीह देने से इनकार करते हुए कहा कि समाज कुछ व्यक्तियों या कुछ समूहों के बीच हुए किसी समझौते या बनाये गये स्वैच्छिक संगठन का परिणाम नहीं है। वह किसी एक पीढ़ी द्वारा चलाई गयी किसी परियोजना का नतीजा भी नहीं हो सकता। समाज का ढाँचा तो इतना जटिल है कि कोई एक व्यक्ति या समूह उसे समझ ही नहीं सकता। इसलिए उसे नष्ट करके उसके खँडहरों पर कोई नयी इमारत खड़ा करने

का आग्रह किसी क़ीमत पर स्वीकार नहीं किया जा सकता। अपने इसी तर्क के आधार पर बर्क ने फ्रांसीसी क्रांति की आलोचना की। उन्होंने रूसो द्वारा प्रवर्तित सिद्धांतों को ठुकराते हुए कहा कि एक लम्बे और पेचीदा इतिहास के गर्भ से निकले समाज और उसकी व्यवस्था को ख़ारिज करने का अधिकार किसी सिद्धांतकार को नहीं होना चाहिए। फ्रांसीसी क्रांति के आधारभूत सिद्धांतों को ख़ारिज करने के कारण बर्क को उपयोगितावाद के पैरोकारों की आलोचना झेलनी पड़ी। थॉमस पेन, जेरेमी बेंथम और जेम्स मिल ने उन पर आरोप लगाया कि ऐसा करके वे राजनीतिक स्वतंत्रता के पक्षधर नहीं रह गये हैं।

लेकिन क्या वास्तव में बर्क स्वतंत्रता के सैद्धांतिक समर्थक नहीं रह गये थे? दरअसल क्रांतिकारी परिवर्तन का विरोध करने के नाम पर उन्होंने कभी ग़ैर-संसदीय, अकुशल और निरंकुश सरकार का समर्थन नहीं किया। नारीवाद की प्रथम प्रवक्ता मैरी वोल्सनक्रॉफ़्ट का तो विचार यह था कि अगर बर्क फ्रांसीसी होते तो वहाँ की परिस्थितियों में क्रांति का ही पक्ष लेना पसंद करते। बर्क राजनीतिक सुधारों के पक्ष में थे, पर वे यह नहीं चाहते थे कि उन्हें किसी अमूर्त राजनीतिक मतवाद के प्रभाव में अंजाम दिया जाए। बर्क का कहना था कि सुधार बदलते वक़्त की ज़रूरतें पूरी करने के लिए सामाजिक संस्थाओं और निज़ाम को बरक़रार रखते हुए किये जाने चाहिए। हालाँकि बर्क धार्मिक सहिष्णुता के समर्थक थे, पर अपने इन्हीं विचारों के कारण उन्होंने चर्च की तरफ़दारी भी की। ख़ुद भूस्वामी कुलीन वर्ग के सदस्य न होते हुए भी बर्क का ख़याल था कि सम्पत्तिशाली वर्ग और उसकी फ़ुरसत अभिजन जीवन-शैली समाज की संकुल बनावट को बनाये रखने के लिए ज़रूरी है। संसद सदस्य के रूप में बर्क का विचार था कि सांसद अपने निर्वाचन-क्षेत्र के हितों की पूर्ति के लिए नहीं चुने जाते। उन्हें बृहत्तर समुदाय के दीर्घकालीन हितों के लिए जन-प्रतिनिधि की भूमिका निभानी चाहिए।

देखें : अनुदारतावाद, अमेरिकी क्रांति, उदारतावाद, उपयोगितावाद, एडमण्ड बर्क, कार्ल पॉपर, क्रांति, ज्याँ-ज़ाक रूसो, जॉन लॉक, जेरेमी बेंथम, जॉन स्टुअर्ट मिल, फ्रांसीसी क्रांति, फ्रेड्रिख़ वॉन हायक, बुद्धिवाद, माइकिल जोसेफ़ ओकशॉट, मैरी वूल्सनक्रॉफ्ट, रॉबर्ट नॉज़िक, सामाजिक समझौता।

संदर्भ

1. एम. फ्रीमैन (1980), *बर्क ऐंड द क्रिटीक ऑफ़ पॉलिटिकल रैडिकलिज़म*, ब्लैकवेल, ऑक्सफ़र्ड.
2. सी.बी. मैकफ़र्सन (1982), *बर्क*, ऑक्सफ़र्ड युनिवर्सिटी प्रेस, ऑक्सफ़र्ड.
3. बी.डब्ल्यू. हिल (संकलन और सम्पादन) (1975), *एडमण्ड बर्क ऑन गवर्नमेंट, पॉलिटिक्स ऐंड सोसाइटी*, फ़ोंटाना, लंदन.
4. एडमण्ड बर्क (1968), *रिफ़्लेक्शंस ऑन द रेवोल्यूशन इन फ्रांस*, सी.सी. ओब्रायन (सम्पा.), पेंगुइन, हार्मंड्सवथ.

—अभय कुमार दुबे

एडवर्ड हैलेट कार

(Edward Hallett Carr)

आधुनिक इतिहास-चिंतन और लेखन के क्षेत्र में एडवर्ड हैलेट कार (1892-1982) को पुराने और पारम्परिक विमर्शों को नये नज़रिये से देखने, सोवियत संघ के इतिहास की एक बृहद परियोजना पर सफलतापूर्वक काम करने और अंतर्राष्ट्रीय संबंधों के अनुशासन को दिशा देने वाले वाले विद्वान के रूप में देखा जाता है। 1916 से 1936 के बीच इंग्लैंड के विदेश विभाग में काम करने वाले कार ने इंग्लैंड के शिष्टमण्डल के सदस्य के रूप में पेरिस शांति वार्ता में भाग लिया और लीग ऑफ़ नेशंस के सलाहकार भी रहे। पहले महायुद्ध से ही इंग्लैंड की राजनयिक सेवा में शामिल रहने के नाते उन्हें अंतर्राष्टीय संबंधों की कूटनीति, सत्ता और वर्चस्व की राजनीति को नज़दीक से देखने का अनुभव भी था। 1920 के दशक में कार को पूर्वी युरोप में नियुक्त किया गया। जहाँ वे रूसी संस्कृति, साहित्य और इतिहास के सम्पर्क में आये। कार के दृष्टिकोण में पश्चिमी उदारतावाद के प्रति संशय और आलोचना का भाव इसी दौर की देन है। 1931 से 1937 के बीच कार ने दोस्तोएव्स्की, कार्ल मार्क्स तथा बकूनिन के लेखन और अवदान पर कार्य किया। कार को 1936 में वुड्रो विल्सन के नाम से गठित अंतर्राष्ट्रीय राजनीति की पीठ में प्रोफ़ेसर नियुक्त किया गया। इस दौरान उन्होंने *द ट्वेंटी ईयर्स क्राइसिस, 1919-1939, कंडीशंस ऑफ़ पीस* तथा *नैशनलिज़म ऐंड आफ़्टर* पुस्तकों की रचना की। अंतर्राष्ट्रीय संबंधों के उदीयमान अनुशासन का ढाँचा निर्धारित करने में इन पुस्तकों का योगदान बेहद अहम माना जाता है।

दूसरे विश्व-युद्ध के दौरान कार एक समर्थ पत्रकार के रूप में सक्रिय रहे। वे रोज़मर्रा की घटनाओं पर सम्पादकीय लिखने में भी माहिर थे। युद्ध समाप्त होने पर वे फिर अकादमिक जगत में लौट आये और जीवनपर्यंत ट्रिनिटी कॉलेज, ऑक्सफ़र्ड में रहते हुए *अ हिस्ट्री ऑफ़ सोवियत रशिया* जैसी चौदह खण्डों में फैली विशालकाय और *व्हाट इज़ हिस्ट्री* जैसी क्षिप्र लेकिन विचारोत्तेजक पुस्तकों की रचना की। कार अंतर्राष्ट्रीय संबंधों और कूटनीति के बीहड़ से इतिहास लेखन और दर्शन की ओर आये थे। इसलिए उनके इतिहास चिंतन में अमूर्तन के बजाय राजनीतिक चालों, कपट, राष्ट्रीय हितों और स्वार्थों के टकराव से उपजे ठोस संदर्भों की उपस्थिति मिलती है।

कार ने अपने संस्मरणों में लिखा है कि आधुनिक इतिहास में उनकी रुचि अपने दौर की गहमागहमियों और अंतर्विरोधों से उपजी थी। वे अपने दौर की घटनाओं की पारम्परिक व्याख्या से सहमत नहीं हो पाते थे। इतिहास की

तरफ़ आने में उनके लिए रूसी क्रांति की निर्णायक भूमिका थी। उनके तईं 1917 की रूसी क्रांति कोई आकस्मिक घटना न होकर एक ऐसा बुनियादी बदलाव था जिसने विश्व-व्यवस्था को आमूल बदल डाला था। कार मानते हैं कि इतिहास के अध्ययन में उनकी रुचि रूसी क्रांति के कारण पैदा हुई और यह इसी का प्रभाव था जिसने उनके भीतर एक इतिहासकार को जन्म दिया ।

दूसरे विश्व-युद्ध के दौरान रूस ने एक देश के रूप में विलक्षण आर्थिक और सामरिक शक्ति का परिचय दिया था। ई.एच. कार रूस के इस रूपांतरण को समझना चाहते थे। इसलिए 1944 में उन्होंने अक्टूबर क्रांति के बाद उभरे रूस की आर्थिक, सामाजिक व राजनीतिक व्यवस्था का इतिहास लिखने का निर्णय लिया । इस बृहद इतिहास में कार रूस में कृषि आधारित अर्थव्यवस्था के औद्योगिक अर्थव्यवस्था में रूपांतरित होने की प्रक्रिया को चिह्नित करते हैं और साथ ही उन नीतियों और फ़ैसलों का विस्तार से ज़िक्र करते हैं जिनकी बिना पर रूस विश्व की प्रमुख पूँजीवादी ताक़तों के सामने न केवल अडिग रहा बल्कि 1929 की विश्वव्यापी मंदी के प्रभावों से भी बचा रहा। रूस के इस चामत्कारिक औद्योगिक विकास की पड़ताल करते हुए कार उन प्रयत्नों का हवाला भी देते हैं जिनके ज़रिये रूसी नेतृत्व ने पूँजी जुटायी थी। कार बताते हैं कि क्रांति के बाद रूस में आर्थिक शक्ति को उत्पादन की विशाल इकाइयों में केंद्रित करने की मुहिम छेड़ी गयी। बुनियादी वस्तुओं और सेवाओं को या तो मुफ़्त दिया जाने लगा या उनका एक निश्चित मूल्य तय कर दिया गया। कई मामलों में मौद्रिक लेन-देन के बजाय वस्तु-विनिमय का भी सहारा लिया गया। औद्योगिक विकास के लिए दूसरा उपाय नयी आर्थिक नीति के रूप में सामने आया जिसके तहत किसानों को यह अनुमति दी गयी कि वे अपने उत्पादन का एक निश्चित हिस्सा राज्य को देकर शेष उत्पादन बाज़ार में बेच सकते हैं। इसी के साथ उद्योगपतियों को इस बात के लिए प्रोत्साहित किया गया कि वे किसानों के उपयोग में आने वाली वस्तुओं का उत्पादन करें। इन प्रयासों के कारण कृषि और हल्के पैमाने के उपभोक्ता उद्योग पटरी पर लौटने लगे। विकास की इस प्रक्रिया में कार स्तालिन की नीतियों— उत्पादन और विकास के लक्ष्यों पर केंद्र के नियंत्रण, खेती के जबरिया समूहीकरण और पंचवर्षीय योजनाओं को रूस की बढ़ती ताक़त के अहम कारक मानते हैं।

कार के अनुसार 1917-1929 के बीच रूस में घटित होने वाले इस रूपांतरण को शीर्ष सत्ता में आये बदलाव के संदर्भ में भी समझा जा सकता है। उल्लेखनीय है कि इस काल में सत्ता लेनिन के हाथों से निकल कर स्तालिन के हाथों में केंद्रित हो गयी थी। लेनिन ख़ुद को एक प्रतिबद्ध क्रांतिकारी समझते थे। उनके सामने ज़्यादा बड़ा सरोकार जनता को अधिकारों से लैस करना और विश्व-क्रांति के लिए काम करना था। इसके उलट स्तालिन नीतियों को शीर्ष से आरोपित करने में यक़ीन रखते थे। उन्हें विश्व-क्रांति के स्वप्न में कोई दिलचस्पी नहीं थी। उनका ज़्यादा ज़ोर इस बात पर था कि रूस को आत्मनिर्भर कैसे बनाया जाए। इन प्राथमिकताओं के कारण स्तालिन समाजवाद के वैश्विक प्रसार की परियोजना से विमुख होते गये और उनका समाजवाद रूसी राष्ट्रवाद का पर्याय बनकर रह गया। लेकिन कार इस बात पर ज़ोर देते हैं कि रूस को विश्व की प्रमुख औद्योगिक शक्ति बनाने के पीछे मुख्यतः स्तालिन की ही भूमिका थी। कार के इस ग्रंथ को लेकर उनके समकालीन इतिहासकारों की राय प्रशंसा और भर्त्सना की रही है। कुछ इतिहासकारों ने कार के काम को आधुनिक इतिहास लेखन में मील का पत्थर बताया, तो कई लोगों को कार स्तालिन के अंधभक्त नज़र आये। लेकिन कार ने इस आलोचना का जवाब देते हुए कहा कि शीत-युद्ध के माहौल में उनकी रचना पर सोवियत राजनीति की हिमायत करने का आरोप स्वाभाविक ही था। पर साथ ही उन्होंने यह भी कहा था कि समकालीन मूल्यांकन के बजाय उनकी रुचि इस बात में है कि आज से पचास या सौ साल बाद पाठक उनकी रचना को कैसे देखेंगे। इतिहासकारों का एक ख़ेमा स्तालिन के प्रति कार के सहानुभूति और प्रच्छन्न प्रशंसा से भरे रवैये पर आज भी सवाल उठाता है लेकिन इतिहास-लेखन के मानकों के लिहाज़ से कार का सोवियत इतिहास संतुलित और पक्षपात से मुक्त माना जाता है।

कार ने सोवियत संघ का इतिहास लिख कर जहाँ यह साबित किया कि तथ्यों और व्याख्या, समकालीन ब्योरों तथा दीर्घकालिक परिप्रेक्ष्य को कैसे एक साथ साधा जाता हैं वहीं *व्हाट इज़ हिस्ट्री* के ज़रिये यह भी दर्शाया कि इतिहास दर्शन को पूर्वाग्रहों और अतिवादी रुझान से कैसे बचाया जा सकता है। अपने इतिहास चिंतन में कार किसी भी तरह के अतिवाद से बचते हुए बीच का रास्ता चुनते हैं। वे इतिहास को न तथ्यों का वस्तुनिष्ठ संकलन मानते हैं न व्याख्या के बरक्स तथ्यों को तरजीह देने की वकालत करते हैं। उनकी राय में इतिहासकार को अपने व्यक्तिगत आग्रहों के प्रति सावधान रहना चाहिए ताकि उसकी व्याख्या तथ्यों को सर्वोपरि ठहराने का औज़ार न बन जाए। कार इतिहास लेखन की उस प्रवृत्ति को भी स्वीकार नहीं करते जिसमें इतिहास का केंद्र या तो अतीत में स्थापित किया जाता है या फिर उसे वर्तमान की चौहद्दी से बाहर ही नहीं जाने दिया जाता। उनके अनुसार तथ्य न तो ख़ुद बोलते हैं और न उन्हें केवल इतिहासकार की निरी कल्पना माना जा सकता है। इस जटिलता की तह खोलते हुए कार प्रतिपादित करते हैं कि तथ्य इतिहासकार से स्वतंत्र होते हैं लेकिन उनकी ऐतिहासिकता इतिहासकार की चयन-दृष्टि और व्याख्या से निर्धारित होती है। इतिहासकार अपनी अभिरुचि और अनुभवों के लिहाज़ से तथ्यों के चयन, व्याख्या और प्रस्तुति का काम करता है लेकिन कई बार ये तथ्य ही उसे अपना दृष्टिकोण

एडवर्ड हैलेट कार (1892–1982)

बदलने के लिए भी प्रेरित करते हैं। इस तरह इतिहासकार अतीत और वर्तमान के बीच निरंतर आवाजाही करता है।

कार के मुताबिक़ अतीत और वर्तमान के साथ इतिहासकार का यह रिश्ता बहुत कुछ वैसा ही है जैसा व्यक्ति और समाज के बीच होता है। लोगों की आकांक्षाओं और कार्यों के निर्धारण में भाषा और पर्यावरण की महती भूमिका होती है लेकिन साथ ही मनुष्य में ख़ुद भी यह कुव्वत होती है कि वह अपने और दूसरों के नज़रिये के प्रति जागरूक रहे।

अपने इतिहास-चिंतन में कार निश्चयवाद का समर्थन करते प्रतीत होते हैं, लेकिन उनका निश्चयवाद दैवी तत्त्वों से आक्रांत नहीं है। उनका मानना है कि किसी घटना के निश्चित कारण होते हैं और उन कारणों में थोड़ी सी फेरबदल ही घटना के समूचे विन्यास को बदल सकती है। जबकि पारम्परिक निश्चयवाद में यह माना जाता है कि ऐतिहासिक घटनाएँ मनुष्य के इरादों या इच्छाओं से तय नहीं होती। कार इतिहास में संयोग की भूमिका को स्वीकार नहीं करते। उनके अनुसार संयोग को अतिरिक्त महत्त्व देने वाले इतिहासकार इतिहास लेखन के मूल उद्देश्य को नहीं समझते। कार का मानना है कि इतिहासकार को घटनाओं की पड़ताल में बुद्धिसंगत कारणों पर ज़ोर देना चाहिए क्योंकि यही वह चीज़ है जो हमें अतीत को वर्तमान के संदर्भ में और वर्तमान को अतीत की रोशनी में देखने की समझदारी मुहैया कराती है। कार के तईं ऐसा कोई भी तत्त्व जो इस मक़सद से भटकाता है वह इतिहासकार के लिए किसी काम का नहीं होता। अनेक विद्वानों को कार के बुद्धिसंगत कारणों की यह दलील वस्तुनिष्ठता के पारम्परिक नज़रिये को पुष्ट करती नज़र आती है। उन्हें लगता है कि तार्किकता के आग्रह में कार किसी भी तरह के संदेह और आपेक्षिकता को दरकिनार कर देते हैं। लेकिन कार की दृष्टि में वस्तुनिष्ठता का मतलब यह नहीं होता कि अतीत के पुख़्ता समझे जाने वाले तथ्यों को हूबहू पेश कर दिया जाए। वस्तुनिष्ठता से उनका आशय यह है कि इतिहासकार का लेखन अतीत को देखने के उन तरीक़ों से मेल खाता हो जो सामाजिक तौर पर स्वीकृत हो गये हैं। इस लिहाज़ से अतीत के कुछ विवरण दूसरों से ज़्यादा पर्याप्त या सही होते हैं। कार जब किसी विवरण को सामाजिक तौर पर स्वीकार्य होने की बात करते हैं तो उनका अभिप्राय यह होता है कि इतिहासकार को अपने युग की आकांक्षा और उद्देश्यों को ज़ाहिर करने में समर्थ होना चाहिए। हालाँकि कार समाज की गति और उसके उद्देश्यों को जानने का दावा नहीं करते लेकिन उनका मानना है कि समाज निरंतर प्रगति कर रहा है। कार के अनुसार समाज के उद्देश्यों को उनके होने की प्रक्रिया में ही परिभाषित किया जा सकता है व उनके औचित्य की जाँच भी इसी आधार पर की जा सकती है।

कार ने इतिहास के अनुशासन की इस स्थायी बहस में भी हस्तक्षेप किया था कि इतिहास को कला माना जाए या विज्ञान। प्रसंगवश, इतिहास को विज्ञान न मानने के पीछे मुख्यत: यह दलील दी जाती है कि इतिहास से घटनाओं का सामान्यीकरण करने में मदद नहीं मिलती। दूसरे, उससे कोई निष्कर्ष या सबक नहीं मिलता। तीसरे, वह आगे की घटनाओं का अनुमान लगाने में सक्षम नहीं होता, तथा धार्मिक और नैतिकता संबंधी प्रश्नों के कारण अनिवार्यत: आत्मपरक होता है। कार इन तर्कों की पड़ताल करते हुए एक विस्तृत विमर्श खड़ा करते हैं। सामान्यीकरण की दलील को भाषा के कोण से पकड़ते हुए कार यह प्रतिपादित करते हैं कि इतिहासकार के भाषा प्रयोग में यह तथ्य पूर्वनिहित होता है कि लोगबाग उस भाषा को समझते हैं। यही नहीं अगर इतिहासकार यह चाहता है कि लोग उसकी बात को समझें तो उसे कुछ साझी अवधारणाओं का सहारा लेना पड़ता है। इतिहासकार किसी भी ऐसे शब्द या अवधारणा का इस्तेमाल नहीं कर सकता जिसे लोग पहले से न जानते हों। इस क्रम में कार आगे यह कहते हैं कि इतिहासकार सामान्यीकरण करते हुए जाने अनजाने अन्य घटनाओं का संदर्भ लेकर चलते हैं जो इस बात का सुबूत होता है कि इतिहास का वास्ता केवल अद्वितीय घटनाओं से ही नहीं होता।

कार के मुताबिक़ इतिहासकार भले ही किसी ख़ास घटना की सम्भाव्यता के बारे में सटीक भविष्यवाणी न कर पाये परंतु वे भविष्य के लिए सामान्यीकृत निर्देश ज़रूर दे सकते

हैं और घटनाओं के कारणों, उनकी प्रक्रिया और परिणामों के बारे में पाठक की समझदारी का विस्तार कर सकते हैं। कार यह भी कहते हैं कि इतिहासकार और वैज्ञानिक अपने-अपने विषयों से दोतरफ़ा संबंध में बँधे होते हैं। अंत में कार यह दलील देते हैं कि इतिहासकार या वैज्ञानिक के लिए किसी दैवीय सत्ता या अंतिम माने जाने वाले नैतिक मानकों में यक़ीन करना अनिवार्य नहीं होता।

इतिहास में मूल्य-निर्णय की चर्चा करते हुए कार यह दावा करते हैं कि मनुष्य के कार्य या उसकी गतिविधियों को जाँचने की कोई सार्वभौमिक कसौटी नहीं हो सकती। उन्हें ऐसी किसी कसौटी की खोज इतिहासेतर और उसके मर्म के खिलाफ़ जाती लगती है। इतिहासकार को अगर किसी व्यक्ति के कार्यों का मूल्यांकन करना ज़रूरी लगता है तो इसके लिए उस काल विशेष की मान्यताओं का ध्यान रखा जाना चाहिए। लेकिन कार की राय यह है कि इतिहासकार को व्यक्ति के बजाय घटनाओं, नीतियों तथा संस्थाओं के मूल्यांकन पर ज़ोर देना चाहिए।

इतिहासकार और चिंतक के तौर पर कार की बहुत सी मान्यताओं, निष्पत्तियों और निष्कर्षों से सहमत नहीं हुआ जा सकता और शायद ऐसा करना ज़रूरी भी नहीं है। इस चर्चा में हमने इस बात की कई जगहों पर निशानदेही की है कि कार में प्रचलित धारा के खिलाफ़ जाने का साहस था। मसलन, पश्चिमी जगत के उदारवादी बौद्धिक दायरों में जब सोवियत संघ को अछूत माना जाता था तो उन्होंने सोवियत इतिहास लिखने का हौसला दिखलाया। और जिस दौर में स्तालिन को सिर्फ़ क्रूर तानाशाह के तौर पर पेश किया जा रहा था तो कार ने यह भी बताया कि स्तालिन के योगदान के बिना सोवियत संघ आधुनिक और औद्योगिक देश नहीं बन सकता था। इसी तरह दूसरे विश्व-युद्ध के बाद जब इंग्लैंड ने अमेरिकी मदद स्वीकार की तो कार ने उसका विरोध करते हुए कहा कि यह ऋण लेकर इंग्लैंड अपनी आर्थिक नियति को अमेरिका के हाथों में सौंप रहा है। इस प्रसंग में उन्होंने यह भी कहा था कि ऋण के ज़रिये अमेरिका इंग्लैंड के सार्वजनिक जीवन में चुपके-चुपके घुसपैठ कर रहा है।

कार के कृतित्व और चिंतन के तमाम सूत्रों पर समग्रता से विचार करें तो वे एक आशावादी और भविष्योन्मुखी इतिहासकार सिद्ध होते हैं। उनके जीवनकाल में जब अधिकांश इतिहासकार इतिहास का एक निराशाजनक विमर्श गढ़ रहे थे तो कार इतिहास को मनुष्य की प्रगति का हमसफ़र कह रहे थे। वे इतिहासकारों से इसरार कर रहे थे कि उन्हें मौजूदा स्थितियों के सीमित फ़लक से बाहर जाकर अपने दौर की जनाकांक्षा और लक्ष्यों को अभिव्यक्ति देनी चाहिए।

देखें : कार्ल हाइनरिख़ मार्क्स-1, 2, 3 और 4, बोल्शेविक क्रांति, व्लादिमिर इलीच लेनिन, सोवियत समाजवाद : उत्थान और पतन-1, 2 और 3, स्तालिन और स्तालिनवाद।

संदर्भ

1. माइकेल कॉक्स (सम्पा.) (2000), *ई.एच. कार, अ क्रिटिकल अप्रेज़ल,* पैलग्रेव, लंदन.
2. जे. बैरिल, अब्रैमस्की, शिमेन और विलियम्स (1974), *एसेज़ इन ऑनर ऑफ़ ई.एच. कार,* मैकमिलन, लंदन.
3. जॉन बारबर (1991), *ग्रेट हिस्टोरिअंस ऑफ़ द मॉडर्न एज* (सम्पा.), ल्युसिअन बोईया, ग्रीनवुड प्रेस, न्यूयॉर्क.
4. मार्टिन ग्रिफ़िंस (2000), *फ़िफ़्टी की थिंकर्स इन इंटरनैशनल रिलेशंस,* रॉटलेज, लंदन.
5. ई.एच. कार (1986), *व्हाट इज़ हिस्ट्री,* संशोधित संस्करण, हारमंड्सवर्थ, पेंग्विन.

—नरेश गोस्वामी

एडवर्ड विलियम सईद

(Edward William Said)

साहित्यशास्त्री और सांस्कृतिक सिद्धांतकार एडवर्ड विलियम सईद (1935-2003) को मुख्यतौर पर पश्चिमी प्राच्यवाद की प्रखर आलोचना के लिए जाना जाता है। कोलम्बिया विश्वविद्यालय में अंग्रेज़ी और तुलनात्मक साहित्य के इस प्रोफ़ेसर ने सारे जीवन फ़िलस्तीनी आज़ादी के आंदोलन की पैरोकारी भी की। उनकी शख़्सियत का यह पहलू उन्हें राजनीतिक तौर पर प्रतिबद्ध बुद्धिजीवी के नमूने की तरह पेश करता है। सईद द्वारा प्रवर्तित प्राच्यवाद की आलोचना का सकारात्मक उपयोग इतिहास-लेखन, संस्कृति-अध्ययन और साहित्य-सिद्धांत के क्षेत्रों में काम करने वाले विद्वानों द्वारा युरोकेंद्रीयता का प्रतिरोध रचने और पूर्वी सभ्यता व विचार की स्वायत्त दावेदारियों के लिए किया जाता है। प्राच्यवाद विरोधी विमर्श उत्तर-औपनिवेशिक सिद्धांत के आधारभूत प्रतिपादनों में से एक है। सईद की प्रस्थापनाएँ सबाल्टर्न इतिहासकारों को भी प्रिय हैं।

पश्चिम की प्राच्यवादी विचारधारा की आलोचना के मुक़ाम तक पहुँचने के लिए सईद द्वारा की गयी वैचारिक और रचनात्मक यात्रा पर एक नज़र डालना बेहद अहम है। 1966 में प्रकाशित अपनी पहली रचना *जोसेफ़ कोनराड ऐंड द फ़िक्शन ऑफ़ ऑटोबायोग्राफ़ी* के बाद से ही एडवर्ड सईद का चिंतन और रचनाकर्म मुख्यत: तीन व्यापक सरोकारों के इर्द-गिर्द गोलबंद होने लगा। उनका पहला सरोकार था संस्कृति के प्रश्न

को प्रमुखता दे कर बुद्धिजीवी और आलोचक के कार्यभार की रूपरेखा प्रस्तुत करना। उन दिनों अमेरिका में संरचनावाद और उत्तर-संरचनावाद के प्रभाव में साहित्य पाठालोचन के अंधाधुंध दौर से गुज़र रहा था। सईद ने पाया कि इस प्रक्रिया में साहित्य की आलोचना अपने विविध संदर्भों से कटती जा रही है। सईद के इस सरोकार के फलस्वरूप अस्सी के दशक में उभरे नवीन इतिहास-लेखन को गतिशीलता मिली। उनका दूसरा सरोकार पूर्व और ख़ास तौर से इसलाम के बारे में पश्चिम के विमर्शों की जाँच करना था जिसके गर्भ से *ओरिएंटलिज़्म* जैसी रचना निकली। तीसरा सरोकार उनके सांस्कृतिक और जातीय उद्गम से जुड़ा था जिसने उन्हें फ़िलिस्तीनी अधिकारों का आजीवन पैरोकार बनाया।

1975 में प्रकाशित अपनी रचना *बिगनिंग्स* में सईद ने इतालवी दार्शनिक गियामबतिस्ता विको की अट्ठारहवीं सदी की कृति *न्यू साइंस* से प्रेरणा ले कर 'उद्गम' और 'प्रारम्भ' से जुड़ी हुई अवधारणाओं की अलग-अलग व्याख्या की। उन्होंने उद्गम को दैवी, मिथकीय और विशिष्ट के रूप में पेश किया। दूसरी तरफ़ प्रारम्भ को सेकुलर और मानव-उत्पादित दिखाते हुए उसे आधुनिक विचार से जोड़ा और दिखाया कि किस तरह यह परिघटना तात्पर्य का इरादतन निरूपण करती है और इस तरह पहले से मौजूद परम्परा के साथ अंतर उभरता है। अर्थात् प्रारम्भ अपनी फ़ितनाग़री के ज़रिये उद्गम को भीतर से पलट सकता है। सईद ने कई पश्चिमी चिंतकों की प्रस्थापनाओं का इस्तेमाल करते हुए दावा किया कि एक विधा की तरह उपन्यास पश्चिमी साहित्यिक संस्कृति में प्रारम्भ की नुमाइंदगी करता है। उत्तर-आधुनिक साहित्य में यह साहित्यिक विधा 'हिंसक अतिक्रमण की भाषा' का प्रयोग करते हुए एक ज्ञान और कला की उपलब्धि का प्रयास करती है। लेवी-स्त्रॉस से बहस करते हुए सईद ने यह मानने से इनकार किया कि भाषा का कोई केंद्र होता है, बजाय इसके उनका दावा था कि प्रकट होने वाले तात्पर्य राजनीतिक और सांस्कृतिक सत्ता संरचनाओं के तहत निकलते हैं। सईद का यह भी कहना था कि आलोचना में प्रारम्भ का निरंतर पुनः अनुभव कराने की सामर्थ्य होनी चाहिए। प्राधिकार की संरचनाएँ बनाने के बजाय उसके ज़रिये ग़ैर-दमनात्मक और सामुदायिक गतिविधियों को प्रोत्साहन मिलना चाहिए।

सईद ने 1983 में प्रकाशित अपनी रचना *द वर्ल्ड, द टेक्स्ट, ऐंड द क्रिटिक* में दावा किया कि रेगनोमिक्स के प्रभाव तले आलोचना और ज्ञान के क्षेत्र राजनीतिक रूप से अप्रासंगिक होते जा रहे हैं। प्रोफ़ेशनलिज़्म और अहस्तक्षेप की आड़ में युरोकेंद्रित, प्रभुत्वशाली और अभिजनोन्मुखी संस्कृति को बढ़ावा दिया जा रहा है। उन्होंने 'टेक्स्ट' को दोबारा परिभाषित करते हुए उसे ज़मीनी राजनीतिक और सामाजिक स्थितियों का उत्पाद क़रार दिया। ये परिस्थितियाँ

एडवर्ड विलियम सईद (1935-2003)

ही सईद की निगाह में टेक्स्ट को तात्पर्य निरूपण की क्षमता से सम्पन्न बना रही थीं। सईद एक तरफ़ टेक्स्ट को नये ढंग से परिभाषित कर रहे थे, तो दूसरी तरफ़ उन्होंने संस्कृति को नैसर्गिक रूप से पदानुक्रमानुसार रचा गया बताया। फ़ूको के चिंतन का सहारा लेते हुए सईद ने संस्कृति को एक ऐसी संस्था के रूप में पेश किया जो अपने से बाह्य के विभेदीकरण या पालतूकरण के ज़रिये स्वयं को पुष्ट करती है।

समाज-विज्ञान की दुनिया में चर्चित होने से पहले ओरिएंटलिज़्म यानी प्राच्यवाद का मतलब था पश्चिमी विश्व के लेखकों, डिज़ाइनरों और कलाकारों द्वारा पूर्वी देशों की संस्कृतियों का वर्णन और अध्ययन। लेकिन, 1978 में *ओरिएंटलिज़्म* के प्रकाशन ने प्राच्यवाद के इस निर्दोष प्रतीत होने वाले अर्थ को पूरी तरह बदल दिया। इस पुस्तक ने पश्चिम के सांस्कृतिक साम्राज्यवाद पर पड़े विद्वत्ता के पर्दे को हटा कर दिखाया कि किस तरह युरोपीय लेखकों, साहित्यकारों और अनुसंधानकर्ताओं द्वारा किया गया अफ़्रीका, एशिया और मध्य-पूर्व का चित्रण तथ्यों पर आधारित न हो कर कुछ पूर्व-निर्धारित रूढ़ियों पर टिका हुआ है। प्राच्यवाद की यह बौद्धिक परियोजना सभी पूर्वी समाजों को तर्कबुद्धि से वंचित, दुर्बल और स्त्रैण 'अन्य' के रूप में पेश करती है, और पश्चिम को बुद्धिसंगत, बलवान और पौरुषपूर्ण दिखाया जाता है। पश्चिमी विद्वत्ता में तो यह दुराग्रह रचा-बसा है ही, साम्राज्यवादी प्रभुत्व के तहत बहुत से पूर्वी विद्वानों ने भी इसे आत्मसात कर लिया

है। इस प्रक्रिया में पश्चिम सभ्यता का मानक बन गया है, जिसमें 'एग्ज़ॉटिक' प्राच्य फ़िट नहीं हो सकता। इस प्रकार ऑक्सीडेंट (पश्चिम) अपने विपरीत ध्रुव की तरह ओरिएंट (पूर्व) को रचता है।

समाज-विज्ञान को गहराई से प्रभावित करने वाली प्राच्यवाद की यह अवधारणा तुलनात्मक साहित्य के औज़ारों से गढ़ी गयी है। इसके लिए फ़ूको द्वारा प्रवर्तित सत्ता और ज्ञान के अंतर्संबंधों के साथ-साथ एंतोनियो ग्राम्शी द्वारा विकसित वर्चस्व की अवधारणा का इस्तेमाल किया गया है। अंर्स्ट रेनन (जिनकी रचनाओं पर नस्लवाद का प्रभाव माना जाता है) का अध्ययन करते समय सईद युरोकेंद्रीयता के उद्गम की शिनाख़्त करने में कामयाब रहे। उन्होंने देखा कि रेनन ने किस तरह प्राधिकार की परिभाषा बदल दी और दैवी समझे जाने वाले ग्रंथों के बजाय उसका आधार पश्चिम की श्रेष्ठता पर बल देने वाले भाषाशास्त्रीय तर्क में तलाशा। परिणामस्वरूप सामी भाषाओं और 'प्राच्य' का अवमूल्मन हुआ। युरोकेंद्रीयता के स्रोतों की खोज करने के बाद सईद ने साबित किया कि किस तरह प्राच्य दरअसल पश्चिमी विमर्श की गढ़ंत है और इस गढ़ंत का मक़सद है अरब और इसलामिक दुनिया पर अपना प्रभुत्व न्यायसंगत सिद्ध करना। इसके लिए सईद ने ब्रिटिश, फ्रांसीसी और अमेरिकी आधुनिक इतिहास द्वारा इसलामिक विश्व के साथ किये गये सुलूक की जाँच-पड़ताल की। उन्होंने प्राचीन यूनानी दुखांत नाटक द *पर्शियंस* से लेकर मैकाले, रेनन और मार्क्स तक के उदाहरण दिये। उन्होंने गुस्ताव वॉन ग्रुनबाउम और *केम्ब्रिज हिस्ट्री ऑफ़ इसलाम* का सहारा लेकर दिखाया कि इसलाम और पूर्व को किस तरह से विकृतियों और रूढ़ छवियों में गढ़ा गया है। सईद ने दिखाया कि प्राच्यवादी विचारधारा ने इसलाम को ईसाइयत की विधर्मी प्रतिकृति क़रार दिया और पूर्व की स्त्रियों की यौनिकता को लुभावने रंगों में रँग डाला। इसलाम को एक ऐसी विलक्षण एकात्मक परिघटना और संस्कृति के रूप में पेश किया गया जिसमें किसी तरह के नवाचार की कोई गुंजाइश नहीं थी। सईद द्वारा प्रवर्तित प्राच्यवाद की आलोचना यह भी कहती है कि पश्चिम का यह विमर्श उन्नीसवीं सदी के साथ ख़त्म नहीं हुआ और आज भी जारी है। तीसरी दुनिया के देशों के बारे में पश्चिम की समझ इसी आधार पर गढ़ी गयी है।

ख़ुद को प्राच्यवादी कहने वाले विद्वानों ने तर्क दिया है कि पश्चिम की समग्र प्राच्यवादी बौद्धिकता को एक ही ख़ाने में रख कर सईद ने ग़लती की है। एक वास्तविक और सकारात्मक प्राच्यवाद है जिसकी नुमाइंदगी सर विलियम जोंस, सेमुअल जानसन, विलियम बेकफ़र्ड और लॉर्ड बायरन जैसे लोग करते हैं। यह प्राच्यवाद मानवतावाद से उपजा है, न कि साम्राज्यवाद से। इसने धार्मिक जड़सूत्रवाद को ख़ारिज करते हुए इसलाम का अध्ययन किया है जिससे वैकल्पिक संस्कृतियों की खोज का रास्ता खुला है। प्राच्यवाद की दूसरी प्रवृत्ति धार्मिक और राजनीतिक मक़सदों से किये गये भ्रांत और प्रचारात्मक साहित्य की है। इतिहासकार बर्नार्ड लेविस के मुताबिक़ सईद ने ज्ञानोदय और विक्टोरियायी दौर में पश्चिमी विद्वानों द्वारा किये गये पूर्व की संस्कृतियों के कई बेहतरीन अध्ययनों को नज़रअंदाज़ किया है। उनकी व्याख्या यह नहीं बताती कि सोलहवीं और सत्रहवीं सदी में फ्रांसीसी और ब्रिटिश अध्येताओं द्वारा इसलाम का अध्ययन क्यों किया गया था, जबकि उस समय तो दूर-दूर तक मध्य-पूर्व पर उनके साम्राज्यवाद की कोई सम्भावना नहीं दिख रही थी। इसी तरह सईद इतालवी, डच और जर्मन विद्वानों के ज़बरदस्त योगदान पर भी ध्यान नहीं देते, जबकि इस बौद्धिक परियोजना के साथ किसी भी तरह का साम्राज्यवादी इरादा नहीं जुड़ा हुआ था।

सईद के समर्थकों का जवाबी तर्क है कि ये आलोचनाएँ सही होते हुए भी प्राच्यवाद की बुनियादी थीसिस को ख़ारिज नहीं करतीं। पश्चिमी मीडिया, साहित्य और फ़िल्मों में उन्नीसवीं और बीसवीं सदी के दौरान हुआ पूर्व का निरूपण इसका प्रमाण है। *ओरिएंटलिज़्म* के एक परवर्ती संस्करण में सईद ने यह तो स्वीकार कर लिया कि जर्मन विद्वत्ता उनकी थीसिस के दायरे से बाहर रह गयी, लेकिन प्राच्यवाद की उनकी समझ का दूसरा चरण 1993 में प्रकाशित रचना *कल्चर ऐंड इम्पीरियलिज़्म* के साथ सामने आया। उन्होंने तर्क दिया कि बीसवीं सदी का इलेक्ट्रॉनिक और उत्तर-आधुनिक अमेरिका अरबों और इसलाम के अमानवीय बिम्बों को पुष्ट करता है। अपने विश्लेषण को आगे बढ़ाते हुए वे अफ्रीका, भारत और सुदूर पूर्व तक गये और साम्राज्यवादी सांस्कृतिक परियोजना के दायरे में जोसेफ़ कोनराड, जेन आस्टिन और अल्बैर कैमियो जैसे रचनाकारों को भी समेट लिया।

देखें : उत्तर-औपनिवेशिकता, उत्तर-संरचनावाद, एंतोनियो ग्राम्शी, क्लॉद लेवी-स्त्रॉस, गायत्री चक्रवर्ती स्पिवाक, प्राधिकार, भारतीय इतिहास-लेखन-5, मिशेल पॉल फ़ूको-1 और 2, रणजीत गुहा, वर्चस्व, संरचनावाद।

संदर्भ

1. एंड्रू एन. रूबिन (सम्पा.) (2005), *ह्यूमनिज़्म, फ्रीडम, ऐंड द क्रिटिक : एडवर्ड डब्ल्यू. सईद ऐंड आफ़्टर,* जॉर्जटाउन युनिवर्सिटी प्रेस, वाशिंगटन डीसी.
2. एडवर्ड सईद (1978), *ओरिएंटलिज़्म,* विंटेज, न्यूयॉर्क.
3. एडवर्ड सईद (1993), *कल्चर ऐंड इम्पीरियलिज़्म,* विंटेज, न्यूयॉर्क.
4. बर्नार्ड लेविस (1993), *इसलाम ऐंड द वेस्ट,* ऑक्सफ़र्ड युनिवर्सिटी प्रेस, लंदन.
5. जे.एम. मेकेंज़ी (1995), *ओरिएंटलिज़्म : हिस्ट्री, थियरी ऐंड आर्ट्स,* मेंचेस्टर, मेंचेस्टर युनिवर्सिटी प्रेस.
6. रोनाल्ड इंडेन (1986), 'ओरिएंटलिस्ट कंस्ट्रक्शंस ऑफ़ इण्डिया', *मॉडर्न एशियन स्टडीज़,* खण्ड 20, अंक 3.

—अभय कुमार दुबे

एंतोनियो ग्राम्शी

(Antonio Gramsci)

इतालवी कम्युनिस्ट पार्टी के संस्थापकों में से एक एंतोनियो ग्राम्शी (1891-1937) के चिंतन ने मार्क्सवादी विमर्श को 'आर्थिक निर्धारणवाद' और 'इतिहास के अनिवार्य नियमों' की गिरफ़्त से निकालने की भूमिका निभायी है। ग्राम्शी ने किसी ऐतिहासिक या प्राकृतिक नियम के बजाय मानवीय चेतना पर ज़ोर देते हुए समाज, संस्कृति और इतिहास में उसके स्थान के महत्त्व को रेखांकित किया। ग्राम्शी के इन विचारों के कारण ही ऐतिहासिक विकास में मानवीय कृतित्व की भूमिका की महत्ता स्थापित हुई और मार्क्सवाद को मानववादी चेहरा मिला। उन्होंने कहा कि अपने मनुष्य अपने सामाजिक व्यवहार और गतिविधियों के माध्यम से न केवल इतिहास का निर्माता है, बल्कि लगातार मानवीय प्रकृति की नये सिरे से रचना भी करता रहता है। ग्राम्शी के इस चिंतन ने दो बातें रेखांकित कीं। पहला, आर्थिक पहलू सीधे-सीधे समाज और व्यक्ति की प्रकृति निर्धारित नहीं करते; दूसरा, क्रांति होना अवश्यम्भावी नहीं है। ग्राम्शी का तात्पर्य था कि अगर क्रांति करनी है तो वर्ग-शक्तियों के अंतर्विरोधों और उत्पादन धों पर निर्भर रहने के बजाय उत्पीड़ित वर्गों की चेतना का विकास करने की परियोजना चलानी होगी।

ग्राम्शी ने मार्क्सवाद को विज्ञान और वस्तुनिष्ठ समझने की प्रवृत्ति पर भी आपत्ति की। उन्होंने आधार और अधिरचना के प्रचलित मार्क्सवादी फ़ार्मूले में से अधिरचना समझे जाने वाले अवयवों (विधि व्यवस्था, राज्य, संस्कृति, विचारधारा, मूल्य, आस्थाएँ) की हस्तक्षेपकारी और निर्णायक भूमिकाओं का उद्घाटन किया। ग्राम्शी से पहले यह माना जाता था कि आधार यानी उत्पादन के साधन और उत्पादन के संबंध ही इतिहास का इंजन है, और अधिरचना आधार का प्रतिबिम्ब भर है। ग्राम्शी ने वर्चस्व की धारणा का सूत्रीकरण करते हुए यह मत प्रस्तुत किया कि शासकों और शासितों के बीच वर्चस्व और प्रतिरोध का वास्तविक संघर्ष अधिरचना के दायरे में होता है। अधिरचना को उन्होंने नागर समाज और राजनीतिक समाज-दो स्तरों में बाँटा और कहा व्यवस्थाएँ बल-प्रयोग और सहमति दोनों के संयुक्ताधार पर टिकी होती हैं। राजनीतिक समाज यानी राज्य और उसके तमाम अंग बल-प्रयोग का स्थल हैं, जबकि नागर समाज (परिवार, धर्म-संस्थान, शिक्षा-संस्थान, संस्कृति आदि तमाम ग़ैर-राजनीतिक और ग़ैर-आर्थिक इकाइयाँ) सहमति का मुक़ाम हैं। ग्राम्शी के इसी विचार से उनकी निष्क्रिय क्रांति या पैसिव रेवोल्यूशन की थीसिस निकलती है।

एंतोनियो ग्राम्शी का जन्म 22 जनवरी, 1891 को दक्षिण इटली के पिछड़े इलाक़ों में से एक सार्दिनिया द्वीप के एलिस में हुआ था। पिता के सरकारी नौकरी में होने के कारण परिवार की स्थिति निम्न-मध्यवर्गीय थी। किसी साज़िश की वजह से पिता को भ्रष्टाचार के आरोप में कारावास की सज़ा मिलने के कारण ग्राम्शी का परिवार ग़रीबी की चपेट में आ ही गया। नतीजतन प्रतिभाशाली होने के बावजूद ग्राम्शी को पढ़ाई छोड़ 11 वर्ष की अल्पायु में ही कई छोटे-मोटे काम करने पड़ गये। पिता की रिहाई के बाद परिवार की स्थिति तनिक सुधरी तो ग्राम्शी माध्यमिक शिक्षा के लिए सार्दिनिया की राजधानी कैगलियरी भेजे गये। वहाँ वे बड़े भाई जेन्नारो के साथ ठहरे जो समाजवादी थे। भाई के सान्निध्य में ग्राम्शी को समाजवादी पत्र-पत्रिकाएँ पढ़ने का मौक़ा तो मिला लेकिन उनकी चेतना दक्षिण इटली के बुद्धिजीवियों से लेकर जनसामान्य तक में जड़ जमाये उस प्रांतीय नज़रिये से ऊपर नहीं उठ पायी जिसके मुताबिक़ दक्षिण के पिछड़ेपन के लिए उत्तर (मुख्य-भूमि) को ज़िम्मेदार माना जाता था।

1911 में ग्राम्शी त्युरिन विश्वविद्यालय में उच्च शिक्षा के लिए छात्रवृत्ति प्राप्त करने में सफल रहे। लेकिन छात्रवृत्ति की रक़म उनकी बुनियादी ज़रूरतें पूरी करने के लिए भी नाकाफ़ी थी। ग़रीबी के कारण घर से किसी तरह की मदद की उम्मीद नहीं थी। ऊपर से ग्राम्शी को बचपन से ही शारीरिक और मानसिक रोगों का प्रकोप सताने लगा था। इन विकट परिस्थितियों से हार कर ग्राम्शी ने 1915 में पढ़ाई छोड़ दी। बहरहाल, 1911-15 की अवधि ग्राम्शी के बौद्धिक विकास के लिहाज़ से अत्यंत फलदायी साबित हुई। विश्वविद्यालय में वे इतालवी भाववादी दार्शनिक बेनेडेतो क्रोचे के चिंतन से प्रभावित हुए। ग्राम्शी ने ख़ुद ही माना है कि जैसा रिश्ता मार्क्स का हीगेल से था, वैसा ही रिश्ता उनका क्रोचे से है। जिस तरह मार्क्स ने हीगेल की दार्शनिक पद्धति का उपयोग कर अपने दर्शन की इमारत खड़ी की, उसी तरह ग्राम्शी ने क्रोचे की चिंतन-प्रणाली से अधिभौतिक तत्त्वों को छाँट उसका उपयोग मार्क्सवाद को प्रत्यक्षवाद के पाश से मुक्त करके उसकी जड़ता तोड़ने में किया। ग्राम्शी के बौद्धिक विकास में मैकियावेली, क्रोचे, एंतोनियो लेंब्रियोला, जियोवेन्ती जेंताईल और रोडोल्फ़ो मोंडोल्फ़ो की रचनाओं की भी भूमिका थी।

ग्राम्शी 1913 में ही समाजवादी पार्टी के सदस्य बन गये थे और समाजवादी पत्रिकाओं *इल ग्रिडो डेल पोपोलो* और *अवांती* में लिखना शुरू कर दिया था। पढ़ाई छोड़ने के बाद वे राजनीति में पूरी तरह सक्रिय हो गये। उनकी चेतना पर छायी प्रांतवादी धुंध छँट चुकी थी और वे दक्षिण के पिछड़ेपन का समाधान समाजवादी क्रांति में देख रहे थे। उनका ख़याल था कि क्रांति की सफलता के लिए उत्तर के मज़दूर-वर्ग को दक्षिण के किसानों के हितों का ख़याल रखते हुए एक राष्ट्रीय

एंतोनियो ग्राम्शी (1891-1937)

और लोकप्रिय कार्यक्रम तैयार करना चाहिए।

त्युरिन के राजनीतिक और सामाजिक जीवन का कोई भी पहलू ग्राम्शी की आलोचनात्मक लेखनी से नहीं बच पाया। 1917 में हुई बोल्शेविक क्रांति के संदर्भ में ग्राम्शी ने अपने आलेख 'रिवोल्यूशन अगेंस्ट कैपिटल' में लिखा कि समाजवादी क्रांति के लिए उत्पादन-प्रणाली का अतिविकसित पूँजीवादी रूप लेने की मार्क्सवादी मान्यता को रूसी क्रांति ने झुठला दिया है। 1917 में ही त्युरिन में समाजवादी नेताओं की गिरफ़्तारी के कारण ग्राम्शी को समाजवादी पार्टी की त्युरिन शाखा के सचिव पद के साथ-साथ समाजवादी पत्र *इल ग्रिडो डेल पोपोलो* का सम्पादन करने का अवसर भी मिला। 1919 में ग्राम्शी ने अपने मित्रों पामिरो तोगलियत्ती, अ बर्तो तेरासिनी और एंजेलो तास्का के साथ मिलकर समाजवादी साप्ताहिक पत्र *एल आर्दाइन न्यूवो* की शुरुआत की। इसका मक़सद रूसी क्रांति की तर्ज़ पर इटली में क्रांति की सम्भावना पर गम्भीरतापूर्वक सोच-विचार करना था। ग्राम्शी का मानना था कि त्युरिन के कारख़ानों में विद्यमान 'कमिशन इंटरना' (काउंसिल) रूसी सोवियत की तरह क्रांति के सम्भावित स्थल साबित हो सकते हैं। इस विचार को फ़ैक्ट्री काउंसिल आंदोलन की उत्तरोत्तर बढ़ती तीव्रता ने भी बल प्रदान किया। *एल आर्दाइन न्यूवो* पत्रिका शीघ्र ही फ़ैक्ट्री काउंसिल आंदोलन का मुखपत्र बन गयी। इस आंदोलन के प्रति ग्राम्शी के अति उत्साह का कारण जॉर्ज सोरेल भी थे। वैसे तो ग्राम्शी सोरेल से असहमत थे लेकिन उत्पादन के दायरे को नयी सभ्यता की ज़मीन मानने के सोरेल के विचार ने उन्हें प्रभावित किया था।

युरोप का सबसे बड़ा सर्वहारा आंदोलन होने के बावजूद फ़ैक्ट्री काउंसिल आंदोलन पराजित हो गया। समाजवादी पार्टी के उदासीन रुख़ को इस पराजय के कारणों में सबसे बड़ा मान कर ग्राम्शी और उनके साथियों ने जनवरी 1921 में अलग हो कम्युनिस्ट पार्टी की स्थापना की। हालाँकि ग्राम्शी ने इसे तेज़ी से वर्चस्व हासिल कर रहे फ़ासीवादियों की जीत कह खेद भी व्यक्त किया।

1922 से 1924 तक ग्राम्शी इतालवी कम्युनिस्ट पार्टी के प्रतिनिधि के रूप में कम्युनिस्ट इंटरनैशनल (कमिंटर्न) की विचार गोष्ठियों में भाग लेने के लिए मास्को और वियना में रहे। मास्को में ही उनकी मुलाक़ात जुलिया शुकत से हुई, जिसका नतीजा शीघ्र ही प्रेम और विवाह में निकला। इसी बीच इटली में मुसोलिनी ने नेतृत्व में फ़ासीवादी पार्टी सत्ता पर क़ाबिज़ हो गयी। विपक्ष (कम्युनिस्ट और समाजवादी) को मिटाने के फ़ासीवादी अभियान में सारे महत्त्वपूर्ण कम्युनिस्टों की गिरफ़्तारी के कारण पार्टी की कमान ग्राम्शी के हाथों में आ गयी। 1924 के चुनाव में सांसद चुने जाने की वजह से ग्राम्शी गिरफ़्तार नहीं किये जा सकते थे। पार्टी का कामकाज सँभालने के लिए वे मई 1925 में इटली लौटे। उन्हें पार्टी को अलगाववादी और शुद्धतावादी नीति से निज़ात दिलाने और व्यापक जनाधार बटोरने के अभियान में जुट जाना पड़ा। बहरहाल, संसदीय सुरक्षा कवच से लैस होने के बावजूद ग्राम्शी छह नवम्बर, 1926 को गिरफ़्तार कर लिए गये। उन पर वर्ग-द्वेष और सिविल युद्ध को हवा देने का आरोप लगाते हुए सरकारी वकील ने सुनवाई के दौरान यह ऐतिहासिक बयान दिया : 'हमें इस दिमाग़ को बीस साल तक के लिए काम करने से रोक देना चाहिए।' ग्राम्शी के लिए जेल की सज़ा मृत्युदंड से कम नहीं थी। रोगी शरीर जेल के अधिकारियों की उदासीनता के कारण लगातार दुर्बल होता गया। अंततः 1935 में फ़ासीवादी सरकार उन्हें अस्पताल में भर्ती करने पर सहमत हो गयी। लेकिन तब तक बहुत देर हो चुकी थी। दो साल तक गृत्यु रो लड़ते लड़ते ग्राग्शी ने 1937 गें अंतिग साँरा ली।

जेल की कोठरी ग्राम्शी के दिमाग़ पर लगाम लगा पाने में सफल नहीं हो पायी। अपने जेल-पूर्व लेखन को सतही बताते हुए ग्राम्शी ने एक पत्र में यह दृढ़ निश्चय व्यक्त किया कि जेल में वे तटस्थता बरतते हुए ऐसा व्यवस्थित अध्ययन और लेखन करेंगे जो कालजयी साबित होगा। विश्वविद्यालय के दिनों के मित्र रहे केम्ब्रिज अर्थशास्त्री पियरो स्राफ़ा ने ज़रूरी किताबें और पत्रिकाएँ मुहैया करने की व्यवस्था की और साली तातियाना ने बाहरी दुनिया से सम्पर्क का एकमात्र जरिया बन कर हर सम्भव मदद की। ग्राम्शी द्वारा रची गयी *प्रिज़न नोटबुक* मार्क्सवादी चिंतन परम्परा में नया अध्याय जोड़ देने वाली क्लासिक कृति साबित हुई।

जेल में ग्राम्शी को कड़ी निगरानी में लिखना पड़ा। इसलिए उन्होंने मार्क्सवाद अथवा समाजवाद संबंधी प्रचलित शब्दों के प्रयोग से बचने का प्रयास किया, क्योंकि कम्युनिस्ट विरोधी फ़ासीवादी सरकार आपत्ति दर्ज कर उनका पढ़ना-लिखना बंद करवा सकती थी। इसके अलावा, एक व्यवस्थित और समृद्ध पुस्तकालय के अभाव में उस तरह का शोधपरक सैद्धांतिक चिंतन भी सम्भव नहीं था जिसकी आकांक्षा ग्राम्शी पाले हुए थे।

ग्राम्शी के जीवन और चिंतन की व्याख्या पर इतालवी कम्युनिस्ट पार्टी का ही एकाधिकार बना रहा। उनके जेल जाने के बाद पार्टी की कमान सँभालने वाले पामिरो तोगलियत्ती विश्वविद्यालय के दिनों से ही ग्राम्शी के निकट मित्र रहे थे, इसलिए उन्होंने ग्राम्शी की जो तस्वीर प्रस्तुत की वह प्रामाणिक मानी गयी। तोगलियत्ती ने ग्राम्शी को इटली का पहला बोल्शेविक, लेनिनवादी, मज़दूर वर्ग में जन्मा मज़दूरों का नेता, राजनीतिक कार्यकर्ता और फ़ासीवाद का शहीद क़रार दिया। ग़ौरतलब है कि ग्राम्शी पर होने वाले अध्ययनों में सबसे ज़्यादा बहस इसी बात पर होती रही है कि ग्राम्शी लेनिनवादी थे, अथवा इससे जुदा ग्राम्शीवाद जैसे किसी सिद्धांत के निर्माता।

आधार के बरक्स अधिरचना पर बल प्रदान करने के विमर्श को कुछ व्याख्याकारों ने आर्थिक-निर्धारणवाद से एक प्रकार का विच्छेद माना है, वहीं दूसरों ने इसे मार्क्स की परियोजना का सम्पूरक क़रार दिया है। लेकिन, ग्राम्शी को लेनिनवादी घोषित करने वालों पर आपत्ति जताते हुए निकोला बदालोनी का कहना है कि विकसित औद्योगिक समाजों में समाजवादी क्रांति की विफलता की तफ़तीश और क्रांति के लिए ज़रूरी उपायों पर विचार करने के क्रम में ग्राम्शी ने वर्चस्व, आंगिक और पारम्परिक बुद्धिजीवी, निष्क्रिय क्रांति आदि की जो धारणाएँ विकसित कीं, उन्हें लेनिन के अनुसरण के बजाय उस इतालवी बौद्धिकता के परिप्रेक्ष्य में देखना चाहिए जो मैकियावेली, क्रोचे, सोरेल, लेंब्रियोला आदि से प्रवाहित होकर ग्राम्शी की बौद्धिक चेतना में रच-बस गये थे। ये मैकियावेली ही थे जिन्होंने कहा था कि एक सफल शासक के लिए एक साथ बल-प्रयोग करने और जन-सहमति हासिल में सक्षम होना ज़रूरी है। यही ध्वनि ग्राम्शी के लेखन से भी निकलती है। वर्चस्व की धारणा में भी जहाँ लेनिन का ज़ोर राजनीतिक पक्ष पर रहा, वहीं ग्राम्शी का ज़ोर सांस्कृतिक और नैतिक पक्षों पर था, जो क्रोचे के लेखन में भी दिखायी देता है। इसलिए ग्राम्शी द्वारा प्रतिपादित वर्चस्व की धारणा के स्रोत के रूप में भी लेनिन का नाम लिया जाना उचित नहीं है।

देखें : अर्नेस्टो चे ग्वेवारा, आधार और अधिरचना, ऑस्कर रायज़ार्ड लांगे, आंगिक और पारम्परिक बुद्धिजीवी, कार्ल हाइनरिख़ मार्क्स-1, 2. 3 और 4, नयी सदी में मार्क्सवादी विमर्श-1, 2. 3,4 5, 6, 7, 8 और 9, निष्क्रिय क्रांति, निकोलो मैकियावेली, फ्रेड्रिख़ एंगेल्स, भारत में किसान संघर्ष-2 और 4, कम्युनिस्ट पार्टियाँ-1, 2 और 3, फ़ासीवाद, भारतीय इतिहास लेखन-4 और 5, भाषा के मार्क्सवादी सिद्धांत, भ्रांत चेतना, बोल्शेविक क्रांति, फ्रांस्वा-चार्ल्स मारी फ़ूरिये, क्यूबा की क्रांति, फ्रेंज़ फ़ानो, हिंसा-1 और 2, मानवेंद्र नाथ राय, माओ त्से-तुंग, माओवाद और माओ विचार, मार्क्सवाद-1, 2, 3, 4 और 5, मार्क्सवादी इतिहास-लेखन, मार्क्सवादी समाजशास्त्र, मार्क्सवाद और पारिस्थितिकी, मार्क्सवादी अर्थशास्त्र, समाजवादी वसंत-1, 2, 3, और 4, लेनिनवाद, लियोन ट्रॉट्स्की, लिबरेशन थियोलॅजी, सांस्कृतिक क्रांति, स्तालिन और स्तालिनवाद, सोवियत समाजवाद-1, 2 और 3, सोवियत सिनेमा, वर्चस्व, व्लादिमिर इलीच लेनिन।

संदर्भ

1. जी. फ़ियोरी (1970), *एंतोनियो ग्राम्शी : लाइफ़ ऑफ़ अ रेवोल्यूशनरी*, वरसो, लंदन.
2. एंतोनियो ग्राम्शी (1973), *लेटर्स फ्रॉम प्रिज़न*, लाइन लनर (सम्पा.), हार्पर एंड रो, न्यूयॉर्क.
3. एलिस्टेयर बी. डेविडसन (1972), 'दी वेरीइंग सीज़न ऑफ़ ग्राम्शियन स्टडीज़', *पॉलिटिकल स्टडीज़*, खण्ड 20, अंक 4.
4. क्विटिन होएर और जियोफ़री नॉवेल स्मिथ (सम्पा. और अनुवाद) (1971/1978), *सेलेक्शन्स फ्रॉम दी प्रिज़न नोटबुक्स ऑफ़ एंतोनियो ग्राम्शी*, इंटरनैशनल पब्लिशर्स, न्यूयॉर्क.

—विजय कुमार झा

एफ़र्मेटिव एक्शन

(Affirmative action)

संयुक्त राज्य अमेरिका में नस्ल, जेंडर और जातीयता के आधार पर विशेष प्रोत्साहन का प्रावधान करने वाली नीतियों को एफ़र्मेटिव एक्शन कहा जाता है। स्त्रियों और प्रगति की दौड़ में पिछड़ गये तबक़ों और वर्गों का सार्वजनिक जीवन में प्रतिनिधित्व बढ़ाना इन प्रगतिशील और समतामूलक नीतियों का मुख्य उद्देश्य रहा है। सामाजिक और शैक्षिक रूप से पिछड़े तबक़ों के लिए बनायी गयी ऐसी ही नीतियों को भारत में आरक्षण का नाम दिया गया है। ध्यान रहे कि भारत में ये नीतियाँ 1950 में पारित संविधान से ही कार्यान्वित की जा रही हैं, जबकि अमेरिका में एफ़र्मेटिव एक्शन की परिघटना साठ के दशक में चले नागरिक अधिकार आंदोलन की देन है। इस अभिव्यक्ति का चलन 1964 के नागरिक अधिकार क़ानून के प्रावधानों का उल्लंघन करने वालों पर संघीय अदालतों द्वारा आरोपित बाध्यताओं को एफ़र्मेटिव एक्शन का नाम देने से हुआ। इसे 1965 के बाद राष्ट्रपति लिंडन बी. जॉनसन द्वारा जारी किये गये एक सरकारी आदेश से भी बल मिला। राष्ट्रपति का यह आदेश संघीय सरकार द्वारा दिये गये सभी ठेकों में रोज़गार के मामले में किसी भी तरह का भेदभाव न

होने की गारंटी करता है।

दरअसल, यही वह समय था जब एक तरफ़ तो अदालतों ने कड़ाई से विशेष प्रोत्साहन की इन नीतियों को लागू करने के लिए फ़ैसले दिये, और दूसरी तरफ़ अमेरिकी सरकार के श्रम विभाग ने सार्वजनिक निर्माण में लगी फ़र्मों को हर तरह से मजबूर किया कि वे नौकरियाँ देने में नस्ली और जेंडर संबंधी अनुपात का ध्यान रखें। सरकार ने क्षेत्रीय स्तर पर इस तरह की नौकरियाँ देने के लिए संख्यात्मक कोटे तय किये थे, जिन्हें पूरा करना अनिवार्य था। शुरू में इस कार्यक्रम ने ज़्यादा विवाद पैदा नहीं किया। लेकिन जैसे ही सत्तर के दशक में सरकारी आदेश नम्बर चार (जिसे बाद में संशोधित करके और व्यापक बना दिया गया) के माध्यम से इसका दायरा बढ़ाया गया, और इसके तहत स्कूल-कॉलेज-विश्वविद्यालय समेत हज़ारों छोटी-बड़ी अमेरिकी संस्थाएँ (अस्पताल, बैंक, ट्रकिंग कम्पनियाँ, इस्पात कारख़ाने, छापेख़ाने, एयरलाइंस वग़ैरह) आ गयीं, वैसे ही एफ़र्मेटिव एक्शन तीखी बहसों और विवादों का स्रोत बन गया।

विवादों का पहला दौर 1972 से 1980 के बीच चला, जिसके केंद्र में जेंडर और नस्ल दोनों का प्रश्न था। कारख़ाने हों, कम्पनियाँ हों या विश्वविद्यालय और कॉलेज हों, सभी जगहों पर एफ़र्मेटिव एक्शन के तहत आरक्षण पर बौद्धिक, सरकारी और क़ानूनी हलक़ों में जम कर बहस हुई। नयी सदी में यह बहस फिर से उभरी। 2003 में अमेरिकी सर्वोच्च न्यायालय ने एफ़र्मेटिव एक्शन के कुछ आयामों पर अपनी मुहर लगायी। इस बार इसके केंद्र में चुनिंदा कॉलेजों में दाख़िले का मुद्दा था। चूँकि कॉलेजों में स्त्रियों को प्रवेश लेने में कोई दिक़्क़त नहीं रह गयी थी, इसलिए इस मुक़ाम पर आ कर एफ़र्मेटिव एक्शन का व्यावहारिक ताल्लुक केवल अफ़्रो-अमेरिकन मूल के नागरिकों और हिस्पानी अल्पसंख्यकों तक रह गया।

सत्तर के दशक में पहले तो विश्वविद्यालयों को लगा कि इस सरकारी आदेश का उनके ऊपर कोई ख़ास संरचनात्मक असर नहीं पड़ेगा। पीएचडी करने वाले काले अमेरिकनों की संख्या न के बराबर होती थी। इसलिए इस संबंध में उन्हें थमाये गये कोटों को पूरा कर पाना व्यावहारिक रूप से असम्भव था। लेकिन जेंडर के संदर्भ में बात ऐसी नहीं थी। स्त्रियाँ बड़े पैमाने पर डिग्रियाँ हासिल कर रही थीं। इस आदेश ने उनके लिए निर्धारित किये गये कोटे पूरा करना लाज़मी कर दिया।

अमेरिकी सार्वजनिक जीवन में एफ़र्मेटिव एक्शन के कारण आये गहरे परिवर्तन का अंदाज़ा इस बात से भी लगाया जा सकता है कि इसी दौरान एंग्लो-अमेरिकी चिंतन ने एक बहुत बड़ी करवट ली। इससे पहले यह दर्शन नैतिक और राजनीतिक मुद्दों से सीधी मुठभेड़ करने से बचता रहता था। न्याय जैसे सवालों पर अवधारणात्मक चर्चाएँ तो बहुत होती थीं, पर उनकी व्याख्या राजनीतिक सिद्धांतों, संवैधानिक व्यवस्थाओं अथवा सामाजिक नीतियों की शक्ल में नहीं की जाती थी। 1971 में जान रॉल्स की रचना *अ थियरी ऑफ़ जस्टिस* के प्रकाशन ने यह सूरत बदल डाली। इसी वर्ष प्रिंसटन युनिवर्सिटी ने *फ़िलॉसफ़ी ऐंड पब्लिक एफ़ेयर्स* का प्रकाशन शुरू किया। ऐसी ही एक पत्रिका *सोशल थियरी ऐंड प्रेक्टिस* भी इसी समय छपनी प्रारम्भ हुई और *इथिक्स* नामक एक पुरानी पत्रिका का दोबारा प्रकाशन होने लगा। समाज-वैज्ञानिक चिंतन की इन पत्रिकाओं में जिस तरह की रचनाएँ प्रकाशित हुईं, उनसे भी एफ़र्मेटिव एक्शन को मोटे तौर पर बल मिला। लेकिन, इस चिंतन ने इन नीतियों के सामाजिक विकास संबंधी सम्भव फलितार्थों पर भी गम्भीरता से ग़ौर करते हुए विपुल समाज-वैज्ञानिक साहित्य को जन्म दिया।

मसलन, थॉमस नैजेल ने अपनी रचना *ईक्वल ट्रीटमेंट ऐंड क्म्पेंसेटरी जस्टिस* और जूडिथ जारविस थॉमसन ने *प्रिफ़रेंशियल हाइरिंग* में माना कि स्त्रियों और अफ़्रो-अमेरिकनों को सार्वजनिक जीवन में कामकाज से और विश्वविद्यालयों में शिक्षा से वंचित रखा गया है। लेकिन इस सहमति के बाद इन दोनों विद्वानों की राय अलग-अलग हो गयी। थॉमसन का दावा था कि नौकरियों और दाख़िलों में विशेष प्रोत्साहन देना एक तरह की इंसाफ़ संबंधी भरपाई मानी जानी चाहिए। दूसरी तरफ़ मैरिट तय करने के प्रचलित तौर-तरीक़ों को छोड़ने का समर्थन करते हुए भी नैजेल का कहना था कि प्राथमिकता देना अतीत की नाइंसाफ़ियों की भरपाई नहीं है, बल्कि वर्तमान में सामाजिक न्याय का प्रयास है। थॉमसन के भरपाई वाले तर्क को अन्य समाज-वैज्ञानिकों ने भी आड़े हाथों लिया। उनका कहना था कि गुज़रे ज़माने की नाइंसाफ़ियों के लिए मौजूदा श्वेतांग युवकों को सज़ा नहीं दी जा सकती, क्योंकि वे उसके दोषी नहीं हैं। इस तर्क के आधार पर कई विद्वानों ने निष्कर्ष निकाला कि विशेष प्रोत्साहन की नीतियाँ इंसाफ़ करने के नाम पर अधिकारों के उल्लंघन का कारण बनती हैं। इनके कारण मैरिट और चाल-चलन को नस्ल के आईने में देखा जाने लगता है। इसके जवाब में एफ़र्मेटिव एक्शन के समर्थक विद्वानों ने कहा कि पुरुषों को नौकरियों में और अन्य क्षेत्रों में जेंडर के आधार पर स्त्रियों की हक़तलफ़ी का लाभ होता रहा है। अगर स्त्रियों को उनके जेंडर के आधार पर विशेष लाभ नहीं दिया जाएगा तो आगे भी उनकी हक़तलफ़ी होती रहेगी। इसी से मिलता-जुलता तर्क जातीय आधार पर दिये जाने वाले विशेष प्रोत्साहन के लिए दिया गया कि श्वेतांगों को कालों की क़ीमत पर लाभ मिलता रहा है। श्वेतांगों के पास बेहतर डिग्रियाँ हैं और कालों के पास कमतर, लेकिन इसका कारण यह है कि गोरों को कालों की तरह सामाजिक-आर्थिक बाधाओं का सामना नहीं करना पड़ा है।

एफ़र्मेटिव एक्शन पर हुई इस बहस में उल्टे भेदभाव (रिवर्स डिसक्रिमिनैशन) का सवाल भी उठा। सत्तर के दशक में यह तर्क दिया गया था कि श्वेतांग पुरुष एफ़र्मेटिव एक्शन के कारण उतना ही खोता है जितना उसने नाजायज़ रूप से भेदभाव वाली नीतियों की वजह से हासिल किया था; और स्त्रियाँ व अफ़्रो-अमेरिकी उतना ही पाते हैं जितना उन्होंने इन नीतियों के कारण खोया था। लेकिन, 1994-95 तक आते-आते ज़मीनी हालात बदल गये। राष्ट्रपति क्लिंटन के ज़माने में जब एफ़र्मेटिव एक्शन की समीक्षा होनी शुरू हुई, तो सवाल कुछ इस तरह से उठा : क्या एक गोरे ख़ान मज़दूर के बेटे को विश्वविद्यालय में केवल इसलिए दाख़िला नहीं मिलना चाहिए कि एक ऐसे अफ़्रो-अमेरिकी छात्र ने भी प्रवेश के लिए अर्ज़ी दी है जिसका पिता न्युरोसर्जन है? क्या उस काले छात्र को गोरे छात्र के मुक़ाबले कहीं ज़्यादा सुविधाएँ और आरामदेह ज़िंदगी नहीं मिली है? क्या यह रिवर्स डिस्क्रिमिनैशन नहीं है?

उल्टे भेदभाव का विरोध करने वाले अरस्तू के इस कथन का उल्लेख करते हैं कि जो समान हैं उनके साथ समान व्यवहार किया जाना चाहिए। इसी जगह रॉल्स द्वारा प्रतिपादित न्याय के सिद्धांत की भूमिका सामने आती है। रॉल्स के तर्क इस बुनियादी अवधारणा पर टिके हैं कि अगर समाज के सबसे ज़्यादा कमज़ोर लोगों के लिए न्याय हासिल करना है तो समानता के कुछ मानकों से हटने के सुचिंतित उपाय करने पड़ेंगे। औपचारिक समानता के कुछ पहलुओं को छोड़ने वाले प्रावधान करने होंगे ताकि ऐतिहासिक रूप से वंचित समूहों को लाभान्वित करने की परिस्थितियाँ पैदा की जा सकें। एफ़र्मेटिव एक्शन की नीति एक ऐसा ही उपाय है।

जातीय और नस्ली अल्पसंख्यकों को दी जा रही विशेष प्राथमिकताओं के इर्द-गिर्द चल रही इस बहस में एक तर्क यह भी दिया जा रहा है कि अगर हमें भविष्य की चिंता है और हम चाहते हैं कि आने वाला समय किसी भी तरह के नस्ली या लैंगिक भेदभाव से मुक्त रहे तो यह रिवर्स डिसक्रिमिनैशन हमें झेल लेना चाहिए। ज़ाहिर है कि सिद्धांत और नैतिकता के आग्रहों से व्यावहारिक और तात्कालिक अंतर्विरोधों और विरोधाभासों को ठंडे बस्ते में नहीं डाला जा सकता। इसलिए अमेरिका में एफ़र्मेटिव एक्शन पर सत्तर के दशक में जो बहस चली थी, वह आज भी पूरे ज़ोर-शोर के साथ जारी है।

देखें : अनुसूचित जातियाँ, अनुसूचित जनजातियाँ, अन्य पिछड़े वर्ग, आरक्षण, आरक्षण और धर्म, आरक्षण : एक इतिहास, आरक्षण : एक बहस, आरक्षण और लोकतंत्र, जान रॉल्स, रॉल्स का न्याय-सिद्धांत, अरस्तू, भारत में स्त्री-आरक्षण-1 और 2, भारतीय संविधान-1 से 8 तक, स्त्री-आरक्षण, सामाजिक न्याय।

संदर्भ

1. बारबरा आर. बर्गमैन (सम्पा.) (1996), *इन डिफेंस ऑफ़ एफ़र्मेटिव एक्शन*, बेसिक बुक्स, न्यूयॉर्क.
2. एम. स्टीवन कान (सम्पा.) (1993), *एफ़र्मेटिव एक्शन ऐंड द युनिवर्सिटी : अ फ़िलॉसॉफ़िकल इनक्वैरी*, टेम्पिल युनिवर्सिटी प्रेस, फ़िलाडेलफ़िया.
3. फ़्रांसिस जे. बेकविद् और ई. टॉड जोंस (सम्पा.) (1997), *एफ़र्मेटिव एक्शन : सोशल जस्टिस ऑर रिवर्स डिसक्रिमिनैशन ?*, प्रोमिथियस बुक्स, एमहर्स्ट, न्यूयॉर्क.
4. थॉमस नैजेल (1973), 'ईक्वल ट्रीटमेंट ऐंड कम्पेंसेटरी डिसक्रिमिनैशन', *फ़िलॉसफ़ी ऐंड पब्लिक एफेयर्स*, अंक 2 (ग्रीष्म).
5. जूडिथ जारविस थॉमसन (1973), 'प्रिफ़रेंशियल हायरिंग', *फ़िलॉसफ़ी ऐंड पब्लिक एफेयर्स*, अंक 2 (ग्रीष्म).

—अभय कुमार दुबे

एरिक हॉब्सबॉम-1
(क्रांतियाँ, पूँजी और साम्राज्य)
(Eric Hobsbawm-1)

एरिक हॉब्सबॉम (1917-2012) को जनपक्षधर वैचारिक आग्रहों, अभिलेखों के उपयोग और इतिहास के अनुशासन को एकांत साधना की गुफ़ा से निकाल कर लोकप्रिय विमर्श की तरह स्थापित करने वाला इतिहासकार माना जाता है। एक बहुकृतिक इतिहासकार के रूप में उनका लेखन औद्योगिक, राजनीतिक क्रांतियों से लेकर सोवियत संघ के पतन को दर्ज करते हुए वैश्वीकरण, लोकतंत्र व आतंकवाद जैसे विषयों की पड़ताल तक फैला हुआ है। उन्होंने मज़दूरों और वंचित वर्गों के बारे में लेबर्स *टर्निंग पाइंट*, *लेबरिंग मैन* तथा *वर्ल्ड ऑफ़ लेबर* जैसी शोधपरक रचनाएँ दीं, तो छद्म नाम से संगीत की जैज़ शैली में निहित विद्रोह और प्रतिरोध के स्वरों का भी विश्लेषण किया। पर इतिहास-लेखन में उनकी ख्याति उन्नीसवीं और बीसवीं सदी की क्रांतियों, साम्राज्य के विस्तार, पूँजी के प्रसार तथा अतिवादी प्रवृत्तियों के गहन और व्यापक विवरणों पर टिकी हैं। इस संबंध में उनकी चार कृतियाँ *द एज ऑफ़ रैवोल्यूशन : युरोप 1785-1848*, *द एज ऑफ़ कैपिटल 1848-1875*, *द एज ऑफ़ एम्पायर 1875-1914*, तथा *एज ऑफ़ एक्सट्रीम्स : द शॉर्ट ट्वेंटियथ सेंचुरी 1914-1991* सबसे उल्लेखनीय मानी जाती हैं।

एरिक हॉब्सबॉम के पिता अंग्रेज़ और माँ ऑस्ट्रियन थीं। उनका जन्म एलेक्ज़ेंड्रिया में हुआ और दो साल बाद

एरिक हॉब्सबॉम (1917-2012)

उनका परिवार वियना चला आया जहाँ उसे मुद्रास्फीति और बेरोज़गारी का सामना करना पड़ा। 1929 में पिता चल बसे और दो साल बाद माँ। हॉब्सबॉम का बचपन रिश्तेदारों के साथ गुज़रा। उन्होंने किंग्स कॉलेज, केम्ब्रिज की छात्रवृत्ति हासिल करने बाद 1951 में पीएचडी की। जीवन के आख़िरी दिनों में हॉब्सबॉम की विशालकाय किताब *हाउ टू चेंज द वर्ल्ड* (2011) प्रकाशित हुई। पुस्तक का उपशीर्षक है *टेल्स ऑफ़ मार्क्स ऐंड मार्क्सिज़म*। साफ़ है कि इसमें मार्क्स और मार्क्सवाद की कहानी कही गयी है। कुल दो खण्डों की इस किताब के पहले खण्ड में मार्क्स और एंगेल्स के लेखन की विशेषताओं को आठ अध्यायों में विवेचित किया गया है। दूसरे खण्ड के आठ अध्यायों में मार्क्स-एंगेल्स की मृत्यु के बाद की मार्क्सवाद की विकास यात्रा को निरूपित किया गया है।

हॉब्सबॉम में इस बात का गहरा बोध था कि इतिहासकार अपने समय और जगह की धारणाओं में गहरे धँसा होता है। लेकिन वे यह भी मानते थे कि उसका मूल काम इन धारणाओं को प्रश्नांकित करना और यह देखना होता है कि ऐसी धारणाओं में तथ्यों और कल्पना का मिश्रण कितना है। वैसे यह दिलचस्प है कि इतिहास-लेखन में प्रतिबद्धताओं को ज़रूरी मानने के बावजूद हॉब्सबॉम इतिहास-दर्शन के सिद्धांतों और बहसों को फ़िज़ूल मानते थे। उनका कहना था कि अभिलेखागारों को खँगाले बिना इतिहास के किसी पहलू या ख़ुद मार्क्सवादी इतिहास पर चिंतन करना एक व्यर्थ की कार्रवाई है। हॉब्सबॉम के अवदान पर समग्रता में विचार किया जाए तो वे एक ऐसे इतिहासकार हैं जो विचारों की ख़ेमेबंदी में नहीं बल्कि प्रतिबद्धताओं में यक़ीन करते हैं। विचारधारा के लिहाज़ से उन्हें इंग्लैंड के मार्क्सवादी इतिहास लेखन की धारा में रखा जाता है। उनकी आत्मकथा *इंटरेस्टिंग टाइम्स* तथा *ऑन हिस्ट्री* जैसी परवर्ती रचनाओं में उनका यह वैचारिक रुझान स्पष्टता से देखा जा सकता है, जहाँ वे वर्ग-चेतना और सामाजिक द्वंद्व के सांस्कृतिक पहलुओं की बारीक़ निशानदेही करते हैं। लेकिन ख़ुद उनकी राय में मार्क्सवादी इतिहास कोई अलग ध्रुव नहीं है और उसे ऐतिहासिक चिंतन व शोध की विरासत से अलग करके नहीं देखा जा सकता। हॉब्सबॉम यह कहने में हिचकते नहीं थे कि ऐतिहासिक शोध के क्षेत्र में मार्क्स को अंतिम आदर्श की तरह नहीं बल्कि एक प्रस्थान बिंदु के तौर पर देखा जाना चाहिए। हॉब्सबॉम अगर अपनी सबसे नज़दीकी विचारधारा के बारे में इतना खुला रवैया अख़्तियार कर सकते हैं तो इससे यही ज़ाहिर होता है कि वे विचारधारा का चकाचौंध पैदा करने के लिए नहीं बल्कि परिघटनाओं और प्रवृत्तियों को ज़्यादा सुग्राह्य बनाने के लिए उपयोग करते हैं। तथ्यों के प्रति उनमें एक निस्संग निष्ठा है जिसे वे अपने वैचारिक रुझान पर हावी नहीं होने देते। उन्हें मार्क्स का इतिहास को देखने का भौतिकवादी नज़रिया इसलिए महत्त्वपूर्ण लगता है, क्योंकि उसके बिना मध्य युग के बाद होने वाले रूपांतरण को सही ढंग से नहीं समझा जा सकता। लेकिन अगर उन्हें मार्क्स में कुछ भी अप्रासंगिक या कमतर लगता है तो वे ठिठकने के बजाय आगे बढ़ जाते हैं। कुछ इसी तरह बीसवीं सदी के इतिहास में वे अमेरिका को ज़्यादा बड़ी भूमिका नहीं देते। इतिहास लेखन में उन्होंने एक अलग दृष्टि अपनाई जो तथ्यों को सर्वोच्च मानती है लेकिन उनके प्रभावों को तात्कालिकता तक सीमित नहीं रखती। वे अपनी पक्षधरता को ज़ाहिर करने में छल या संकोच नहीं करते परंतु उन्हें पूर्वाग्रही नहीं कहा जा सकता।

द एज ऑफ़ रैवोल्यूशन में हॉब्सबॉम दलील देते हैं कि इस काल में घटी क्रांतियों ने उद्योग की जगह पूँजीवादी उद्योग, स्वतंत्रता और समानता के बजाय मध्यवर्ग या बूर्ज्वाज़ी के उदय का मार्ग प्रशस्त किया। इसी तरह इन क्रांतियों के मंथन से निकली आधुनिक अर्थव्यवस्था और राज्य की संरचनाएँ अंत में युरोप और उत्तरी अमेरिका में जाकर सिमट गयीं। इन बदलावों का नेतृत्व इंग्लैंड कर रहा था जहाँ खेती पहले ही बाज़ार से जुड़ चुकी थी और निर्माण उद्योग गाँव-देहात तक फैल गया था। वैचारिक अनुकूलन के लिहाज़ से इंग्लैंड का समाज एक ऐसी स्थिति में खड़ा था जिसमें निजी मुनाफ़े और आर्थिक विकास को राज्य की नीतियों का उच्चतम लक्ष्य मान लिया गया था। खेती की जोत का बड़ा हिस्सा चंद ज़मींदारों के हाथ में आ गया था जिस पर भूमिहीन किसान बँटाईदार के रूप में काम करते थे। खेतों में मज़दूरी करने वाले ये किसान अब खाद्यान्न का उत्पादन जीवन-निर्वाह के बजाय शहरों के बढ़ते बाज़ारों में बिक्री के लिए करने लगे थे। किसानों की आबादी का वह हिस्सा जो खेत-मजदूरी में नहीं खप पा रहा था, ग़ैर-खेतिहर काम ढूँढने के लिए कहीं भी जाने को तैयार रहता था। शुरुआती दौर में खेती से उजड़े ऐसे किसान शहर के व्यापारियों की दुकानों या घरों में काम करते थे। लेकिन नयी तकनीक के आगमन तथा निर्यात व घरेलू बाज़ार के फैलाव से मज़दूरों की एक बड़ी संख्या फ़ैक्ट्रियों में केंद्रित होने लगी थी।

हॉब्सबॉम कहते हैं कि औद्योगिक क्रांति के कारण

ग़रीब-मज़दूरों और औद्योगिक सर्वहारा के सामने जीवन जीने के ये तीन विकल्प बच गये थे कि वे मध्यवर्ग की सोच को अपना लें; अपनी नियति को स्वीकार कर लें या फिर विद्रोह की राह पर जाएँ। पर आम स्थिति ऐसी बन गयी थी कि जिसमें अंततः विद्रोह ही अनिवार्य लगने लगा था। 1848 में फ्रांस, ऑस्ट्रिया, प्रशिया, हंगरी और इटली के कुछ हिस्सों में मज़दूरों, समाजवादी आंदोलन और क्रांतियों का उभार इसी परिघटना की ओर इशारा करता है। पर क्रांतियों का यह विस्फ़ोट अंततः निष्फल सिद्ध हुआ।

प्रतिरोध और क्रांतियों के अवसान की इस समीक्षा हॉब्सबॉम अपनी अगली रचना *द एज ऑफ़ कैपिटल* में भी जारी रखते हैं और यह प्रतिपादित करते हैं कि पूँजी की प्रधानता का यह काल एक प्रवृत्ति के तौर पर क्रांति और बदलाव के पक्ष में न होकर उदार बूर्ज़्वाज़ी की विजय के पक्ष में खड़ा था। क्रांतियों से वंचितों और मज़दूरों को तो कुछ हासिल हुआ नहीं अलबत्ता उसके उलट अर्थव्यवस्था, संस्थाओं और संस्कृति के क्षेत्र में पूँजीवाद का वर्चस्व क़ायम हो गया। इस तरह हॉब्सबॉम यह दलील पेश करते हैं कि उदार बूर्ज़्वाज़ी के इस वर्चस्व के लिए इंग्लैंड की औद्योगिक और फ्रांस की राजनीतिक क्रांति ने ही ज़मीन तैयार की थी। इसमें फ्रांसीसी क्रांति की विशिष्ट भूमिका यह थी कि दरबारी वर्ग के विशेषाधिकारों तथा रोमन कैथॅलिक चर्च की राजनीतिक सत्ता के विरुद्ध बूर्ज़्वाज़ी में एक आम सहमति बन गयी थी। यह वर्ग सेकुलर राज्य और नागरिक स्वतंत्रताओं की हिमायत करता था और चाहता था कि सरकार निजी उद्यमों, करदाताओं तथा सम्पत्तिशाली वर्ग को सुरक्षा की गारंटी दे। इन प्रवृत्तियों की बारीक़ छानबीन के आधार पर ही हॉब्सबॉम यह सूत्रीकरण करते हैं कि पूँजीवाद की वैश्विक विजय को इंग्लैंड और फ्रांस की क्रांतियों ने ही सम्भव बनाया था।

लेकिन शृंखला की अन्य पुस्तक *द एज ऑफ़ एम्पायर* में हॉब्सबॉम यह दिखाते हैं कि उदारवादी बूर्ज़्वाज़ी द्वारा गढ़ी गयी इस व्यवस्था को उन्नीसवीं सदी के आख़िरी तीन दशकों में चुनौती मिलने लगी थी। कुलीन वर्ग और बूर्ज़्वाज़ी दोनों ही यह समझने लगे थी कि समाज का निम्न वर्ग अब आगे उनका समर्थन नहीं करेगा। इस काल में एक तरफ़ निजी उद्यमशीलता को मिली बेलगाम छूट का दायरा सिकुड़ने के साथ उद्योगों पर इंग्लैंड का एकाधिकार भी टूटने लगा था तो दूसरी तरफ़ व्यावसायिक मामलों में सरकारें फिर दख़ल करने लगी थीं और छोटे तथा मँझोले व्यवसायों की जगह भीमकाय निगम लेने लगे थे। बढ़ते उत्पादन और उपभोग के बीच इंग्लैंड, जर्मनी और अमेरिका की राष्ट्रीय अर्थव्यवस्थाएँ प्रचंड प्रतिस्पर्द्धा में फँस कर एक दूसरे के विरुद्ध खड़ी होने लगी थीं। यह होड़, प्रतिस्पर्द्धा और उनसे उपजी कटुता अंततः पहले विश्वयुद्ध का बुनियादी कारण बनी। हॉब्सबॉम की अगली किताब *द एज ऑफ़ एक्सट्रीम्स* वैश्विक ध्वंस की इस पहली घटना से शुरू होकर सोवियत संघ के औपचारिक पतन पर जाकर ख़त्म होती है। गणना करें तो इसमें कुल पचासी वर्षों का लेखा-जोखा है लेकिन हॉब्सबॉम इसे शॉर्ट सेंचुरी का नाम देते हैं। एक ऐसी सदी जो अपनी तयशुदा मियाद से पहले ही ख़त्म हो गयी।

इस रचना में हॉब्सबॉम घटनाओं के विवरण में जाने के बजाय बीसवीं सदी की वृहत्तर प्रवृत्तियों को अनावृत्त करते हैं। मसलन, उन्होंने यहाँ इस बात पर विचार किया है कि साम्यवाद और फ़ासीवाद की चुनौतियों का मुक़ाबला करने के लिए पूँजीवाद को अपने वैचारिक और व्यावहारिक ढाँचे में क्या-क्या बदलाव करने पड़े। उनके अनुसार रूस की अक्टूबर क्रांति और फ़ासीवाद के दबावों के कारण पूँजीवाद को सामाजिक प्रतिबद्धताओं पर ध्यान देना पड़ा। वैश्विक बदलावों को निरूपित करने के इस क्रम में हॉब्सबॉम विश्व-व्यवस्था पर युरोपीय प्रभुत्व के अवसान को एक महत्त्वपूर्ण विभाजक रेखा मानते हैं। उनकी नज़र में यह काम इसलिए सम्भव हुआ था क्योंकि उद्योग-धंधों का प्रसार एक विश्व-व्यापी घटना बन चुकी थी। ध्यान से देखें तो यह पुस्तक-शृंखला इस प्रक्रिया के रूपक की तरह खुलती है। मिसाल के तौर पर शृंखला की पहली पुस्तक *द एज ऑफ़ रेवल्यूशन* जहाँ मुख्यतः इंग्लैंड और फ्रांस की घटनाओं पर केंद्रित है वहीं इस चौथी रचना का फ़ोकस वैश्विक संदर्भों पर है।

देखें : अनाल्स स्कूल, इब्न ख़ाल्दून, एडवर्ड हैलेट कार, एरिक हॉब्सबॉम-1 और 2, ल्यूसियाँ फ़ेब्र, फ़र्नैंद ब्रॉदेल, मार्क्सवादी इतिहास-लेखन, मार्क ब्लॉक, इतिहास और आख्यान।

संदर्भ

1. जे. क्रोनिन (1979), 'क्रियेटिंग अ मार्क्सिस्ट हिस्टीरियोग्राफ़ी : द कंट्रीब्यूशन ऑफ़ हॉब्सबॉम', *रैडिकल हिस्ट्री रिव्यू*, अंक 19.
2. पी. थेन, जी. क्रॉसिक और आर. क्लाउड (सम्पा.) (1984), *द पॉवर ऑफ़ द पास्ट : एसेज़ फ़ॉर एरिक हॉब्सबॉम*, केम्ब्रिज युनिवर्सिटी प्रेस, केम्ब्रिज.
3. एरिक हॉब्सबॉम, *द एज ऑफ़ रैवोल्यूशन : युरोप 1785-1848* (1962), *द एज ऑफ़ कैपिटल 1848-1875* (1975), *द एज ऑफ़ एम्पायर 1875-1914*, तथा *एज ऑफ़ एक्सट्रीम्स : द शॉर्ट ट्वेंटियथ सैंचुरी 1914-1991* (1994), वीडनफ़ील्ड ऐंड निकल्सन, लंदन.

—नरेश गोस्वामी

एरिक हॉब्सबॉम-2

(मार्क्स और मार्क्सवाद की कहानी)

(Eric Hobsbawm-2)

एरिक हॉब्सबॉम का मानना है कि बीसवीं सदी में संचार और परिवहन की सुविधाओं ने दुनिया को मौटे तौर पर काम की एक एकल इकाई में तो तब्दील कर दिया है किंतु उसकी सामाजिक नैतिकता खण्डित हो गयी है। ग़ौरतलब है कि हॉब्सबॉम यहाँ वर्जनाओं के लोप पर अफ़सोस नहीं जता रहे है। उनका आशय ज्ञानोदय के मूल्यों के विखण्डन से है। कई विद्वानों को ज्ञानोदय की समूची परियोजना गौरांग अभिजनों की मर्दवादी आकांक्षा से ज़्यादा कुछ नहीं लगती परंतु हॉब्सबॉम ज्ञानोदय के मूल्यों को मानवीय समाज की रचना के लिए अनिवार्य मानते हैं। उन्हें लगता है कि इन मूल्यों के बिना व्यक्ति अपने मनुष्योचित अधिकारों को हासिल नहीं कर सकता। हॉब्सबॉम के मुताबिक़ बीसवीं सदी के अत्याचारों और अमानवीयताओं से यह साबित हो चुका है कि इन मूल्यों का अभाव मनुष्यता को एक निर्बंध और पाशविक संसार की ओर ठेल देता है। इसलिए वे इतिहास लेखन को मूल्य-निरपेक्ष कर्म नहीं मानते। उनका कहना है इतिहास लेखन में मूल्यों के प्रति चौकस रहना इसलिए ज़रूरी है क्योंकि लोग अपनी राष्ट्रीयता, जातीयता और कट्टरपंथी योजनाओं को जायज़ ठहराने के लिए अतीत का इस्तेमाल कर सकते हैं। लिहाज़ा इतिहासकार को तथ्यों की हिफ़ाजत और इतिहास के राजनीतिक-वैचारिक दुरुपयोग के विरुद्ध मुस्तैद रहना चाहिए।

हॉब्सबॉम अपने इतिहास-लेखन में व्यक्तिगत अनुभवों को जिस तरह विन्यस्त करते हैं वह कई विद्वानों को अनुकरण करने लायक उदाहरण लगता है। उनके लेखन का मूल्यांकन करने वाले कई समीक्षकों के मुताबिक़ हॉब्सबॉम का यह हुनर उनकी आत्मकथा *इंटरेस्टिंग टाइम्स* को ऐतिहासिक रचना बना देता है। अपने रुझान और आग्रहों को घटनाओं के विश्लेषण में गूँथने की यह प्रवृत्ति हॉब्सबॉम की अन्य रचनाओं में भी देखी जा सकती है। उदाहरण के लिए *द एज ऑफ़ कैपिटल* की प्रस्तावना में वे बेलाग ढंग से दर्ज करते हैं कि इस काल की कई बातें उन्हें नापसंद रही हैं। इस क्रम में आगे चल कर वे पूरी साफ़गोई से कहते हैं कि उनकी सहानुभूति उन लोगों के साथ है जिन्हें एक सदी पहले कोई तवज्जो नहीं दी जाती थी। लेकिन अपनी समस्त पक्षधरता के बावजूद हॉब्सबॉम वंचित और मज़दूर वर्ग के विद्रोह का रूमानीकरण करने से बचते हैं। इंग्लैंड में औद्योगिक क्रांति से जन्मी असमानताओं के विरुद्ध उभरे कई स्थानीय विद्रोहों को हॉब्सबॉम क्रांतिकारी राजनीति का पर्याय न मानकर उन्हें पूरी तरह विध्वंसात्मक और आतंकी कार्रवाई मानते हैं। *प्रिमिटिव रिबैल्स* नामक अपनी एक रचना में हॉब्सबॉम उन्नीसवीं और बीसवीं सदी के कई सामाजिक आंदोलनों को मूलतः सुधारवादी मुहिम कहते हैं। उनके अनुसार इन आंदोलनों का नेतृत्व नये समाज का निर्माण करने के बजाय बीते हुए दौर के कुछ ख़ास मूल्यों और प्रथाओं को प्रतिष्ठित करना चाहता था। रॉबिनहुड जैसे चरित्रों की कथित सामाजिक सदाशयता का विश्लेषण करते हुए हॉब्सबॉम इस बात की ओर इशारा करते हैं कि ऐसे चरित्र दमन और ग़रीबी के विरुद्ध किसानों की प्रतिक्रिया की नुमाइंदगी करते थे। इन चरित्रों में सम्पन्नों और उत्पीड़कों से प्रतिशोध लेने की भावना असल में ऐसे तत्त्वों की स्वेच्छाचारिता पर अंकुश लगाने की कार्रवाई थी। हॉब्सबॉम के अनुसार ऐसे चरित्रों और आंदोलनों का एजेंडा बहुत सीमित था। उनका लक्ष्य एक नयी और साफ़-सुथरी दुनिया का निर्माण करना नहीं था। उनकी कुल ख्वाहिश एक ऐसी पारम्परिक व्यवस्था में लौट जाने की थी जिसमें लोगों के साथ ठीक बर्ताव किया जाता हो। इस तरह ऐसे चरित्रों और आंदोलनों के पास न संगठन था और न ही कोई स्पष्ट विचारधारा। लिहाज़ा, हॉब्सबॉम इस निष्कर्ष पर पहुँचते हैं कि उनसे आधुनिक समय के सामाजिक आंदोलन कोई सीख नहीं ले सकते।

हाउ टू चेंज द वर्ल्ड (2011) में 1956 से 2009 तक लेखक द्वारा मार्क्सवाद के सिलसिले में लिखे गये लेखों को थोड़ा बदल कर और कुछ को विस्तारित करके शामिल किया गया है। इसमें मार्क्स-एंगेल्स और मार्क्सवाद की शास्त्रीय परम्परा के लेखकों के अलावा सिर्फ़ ग्राम्शी को शामिल किया गया है। पुस्तक को पढ़ते हुए यह तथ्य दिमाग़ में रखना उपयोगी होगा कि हॉब्सबॉम मार्क्सवाद की लेनिनीय और चीनी परम्परा के प्रति ज़्यादा ही आलोचनात्मक रवैया रखते हैं।

उनकी मान्यता है कि मार्क्सवाद के विकास का 1929 से 1945 तक दौर फ़ासीवाद के विरोध से निर्मित है। इस दौर में पश्चिमी युरोप और अंग्रेज़ी भाषी इलाक़ों में मार्क्सवाद गम्भीर बौद्धिक ताक़त के रूप में उभरा। 1920 में क्रांति की लहर के सुस्त पड़ते ही तीसरे इंटरनैशनल का मार्क्सवाद पश्चिमी बौद्धिकों के लिए उतना आकर्षक नहीं रह गया। उसके मुक़ाबले त्रात्सकीवाद का ज़्यादा आकर्षण दिखायी पड़ा, लेकिन इसका वास्तविक आंदोलन की दुनिया में कोई ख़ास दख़ल नहीं बना। कम्युनिस्ट पार्टियाँ ज़्यादातर तीसरे इंटरनैशनल से प्रभावित थीं और उनके बुद्धिजीवी सदस्य इस स्थिति से असहज महसूस करते थे। इसी कारण पश्चिम में मार्क्सवाद का विकास बहुत कुछ उसकी मुख्य परम्परा से हटकर हुआ। सिर्फ़ साहित्य और कला के क्षेत्र में एक तरह का वामपंथी अंतर्राष्ट्रीय सहकार मौजूद रहा क्योंकि उसमें सैद्धांतिक प्रश्नों से इतर उस समय के आंदोलनों के प्रति भावनात्मक प्रतिबद्धता अभिव्यक्त हुई। इस क्षेत्र में

आधुनिकता को लेकर बहस में आधिकारिक वाम के सामने बौद्धिकों ने समर्पण नहीं किया। अपनी देशी बौद्धिकता से कटे बग़ैर ये बुद्धिजीवी अंतर्राष्ट्रीय वाम संस्कृति के सहभागी बने। फ़ासीवाद विरोध एक ऐसा बिंदु था जिसने दुनिया भर में वामपंथी लेखकों-कलाकारों को एकजुट किया और उनकी स्वीकार्यता बढ़ायी। इसका बड़ा कारण इस दौर की महामंदी (1929-1933) भी थी। पूँजीवादी संकट के मुक़ाबले नियोजित समाजवादी उद्योगीकरण ने सोवियत संघ की लोकप्रियता में इज़ाफ़ा किया और हिटलर को लेकर पूँजीवादी मुल्कों के संदिग्ध रुख के मुक़ाबले उसकी पराजय में रूस की भूमिका ने तो और भी बड़े पैमाने पर उसके प्रशंसक पैदा किये। 1936 में स्पेनी गणतंत्र के समर्थन में उठी लहर न होती तो वह लड़ाई अनजानी ही रह जाती। फ़ासीवाद के विरोध में कम्युनिस्टों की अग्रणी भूमिका ने उन्हें विश्व शांति आंदोलन में अगुआ बना दिया। इसी दौर में मार्क्सवाद का प्रसार पिछड़े मुल्कों ख़ासकर चीन और भारत में हुआ जो आगामी विकास के लिहाज़ से महत्त्वपूर्ण था।

मार्क्सवाद के प्रभाव का आख़िरी दौर हॉब्सबॉम के अनुसार 1945 से 1973 तक है। इस दौर के आते-आते अधिकांश युरोप में समाजवादी और मज़दूर आंदोलनों में मार्क्स के विचार सबसे बड़े प्रेरणा स्रोत हो गये और लेनिन तथा रूसी क्रांति की मार्फ़त बीसवीं सदी की सामाजिक क्रांतियों के लिए चीन से पेरू तक अंतर्राष्ट्रीय दिशा निर्देशक हो गये। दुनिया की एक तिहाई आबादी उन देशों में रहती थी जिनकी सरकारें मार्क्स के विचारों को अपना आधिकारिक मत घोषित करती थीं। इसके अलावा बाक़ी दुनिया में राजनीतिक आंदोलनों के ज़रिये ढेर सारे लोग मार्क्सवाद से जुड़े हुए थे। मानवता को प्रभावित करने के मामले में यह हैसियत पहले सिर्फ़ महान धर्मों के संस्थापकों को प्राप्त थी। इस क्रम में उनके विचारों में काफ़ी बदलाव भी किये गये लेकिन उनके मूल निश्चय ही मार्क्स के चिंतन में मौजूद थे। मज़े की बात यह है कि उनके नाम पर स्थापित सभी शासन उदार लोकतंत्र के विपरीत लक्षणों से युक्त थे। लेकिन मानवता के इतिहास में यह कोई नयी बात नहीं है। बदलाव के सभी प्रस्तोताओं के विचार समय के साथ बदलते हैं। कहने की ज़रूरत नहीं कि ईसाइयत या इसलाम के नाम पर चल रहे शासन इनके विचारों से कितना दूर हैं। आज के ऐडम स्मिथ भी 1886 के ऐडम स्मिथ नहीं हैं। मार्क्स के विचारों का यह दबदबा सौ सालों के व्यापक आंदोलनों का नतीजा है। उनके विचारों का यह प्रभाव पूर्व सामाजिक जनवादी पार्टियों द्वारा उनके प्रभाव से इनकार, सोवियत संघ की बदनामी और स्तालिन के विरुद्ध रूस में ही शासन द्वारा संचालित अभियान के बावजूद बना हुआ है।

हॉब्सबॉम मार्क्सवाद की इस स्थिति के तीन सम्भव कारण गिनाते हैं। पहला यह कि मार्क्स की मृत्यु के बाद से ही यह यथास्थिति के लिए ख़तरनाक मज़बूत राजनीतिक आंदोलनों के साथ और 1917 के बाद ख़तरनाक मानी जाने वाले सत्ताओं के साथ किसी न किसी तरह से जुड़ा रहा है। दूसरे कि मार्क्सवाद यथास्थिति का विरोध करते हुए भी एक बौद्धिक आंदोलन रहा है और सत्तर दशक के बाद यथास्थिति का विरोध करके उसकी जगह नया समाज या कोई आदर्श पुराना समाज बनाने का सपना देखने वाले सभी समाजवाद को ही अपना लक्ष्य घोषित करते रहे हैं। पुराने काल्पनिक समाजवादों में से कोई भी मार्क्स की मृत्यु के एक साल बाद नहीं बचा रह गया था इसलिए समाजवाद की कोई भी आलोचना मार्क्सवाद की ही आलोचना मानी जाने लगी। तीसरा कारण बीसवीं सदी में बुद्धिजीवियों में इसके प्रति ज़बरदस्त आकर्षण रहा है। उच्च शिक्षा में बढ़ोतरी के साथ इनकी संख्या अभूतपूर्व रूप से बढ़ती गयी और उनमें थोक के भाव मार्क्सवादी हुए। बहरहाल 1945 के बाद पच्चीस सालों तक तीन परिघटनाओं का मार्क्सवाद संबंधी बहस पर ख़ास प्रभाव रहा है : 1956 के बाद सोवियत संघ और अन्य समाजवादी देशों के बीच के रिश्ते, तीसरी दुनिया और ख़ासकर लैटिन अमेरिकी देशों की घटनाएँ और, 1960 दशक के अंतिम दिनों में औद्योगिक देशों के छात्रों की हड़तालें और उनका राजनीतिक रूप से क्रांतिकारी रुख पकड़ना। इसी दौर में रूस की घटती लोकप्रियता के बरक्स चीन ख़ासकर माओ का प्रभाव बढ़ा। क्रमशः क्रांति का गुरुत्त्व केंद्र अल्प विकसित देशों या तीसरी दुनिया की ओर खिसकता गया। इन देशों का समाजवाद में रूपांतरण सैद्धांतिक रूप से भी ज़्यादा बड़ा सवाल बनता गया। इस दौर में पहले के दोनों दौरों की तरह कोई अंतर्राष्ट्रीय कम्युनिस्ट केंद्र नहीं उभरा। हॉब्सबॉम अगला दौर वे 1973 से 2000 तक मानते हैं जब उनके मुताबिक़ मार्क्सवाद में उतार आया हालाँकि सदी के अंतिम छोर पर उन्हें फिर से एक उभार दिखायी दिया।

देखें : अनाल्स स्कूल, इब्न ख़ाल्दून, एडवर्ड हैलेट कार, एरिक हॉब्सबॉम-1 और 2, ल्यूसियाँ फ़ेब्र, फ़र्नैंद ब्रॉदेल, मार्क्सवादी इतिहास-लेखन, मार्क ब्लॉक, इतिहास और आख्यान।

संदर्भ

1. एरिक हॉब्सबॉम (1992), *नेशंस ऐंड नैशनलिज़म सिंस 1780 : प्रोग्राम, मिथ, रियल्टी,* वीडनफ़ील्ड ऐंड निकल्सन, लंदन.
2. एरिक हॉब्सबॉम (1997), *ऑन हिस्ट्री,* केम्ब्रिज युनिवर्सिटी प्रेस, केम्ब्रिज.
4. एरिक हॉब्सबॉम (2012), *इंटरेस्टिंग टाइम्स : अ ट्वैंटियथ सेंचुरी लाइफ़,* एबैकस, लंदन.
5. एरिक हॉब्सबॉम (2011), *हाउ टू चेंज द वर्ल्ड : टेल्स ऑफ़ मार्क्स ऐंड मार्क्सिज़म* (दो खण्ड), एबैकस, लंदन.

—**नरेश गोस्वामी**

एरिक फ्रॉम

(Erich Fromm)

जर्मन मनोविश्लेषक और समाजशास्त्री एरिक फ्रॉम (1900-1980) की 1941 में प्रकाशित रचना *एस्केप फ्रॉम फ्रीडम* के बारे में माना जाता है कि अगर उन्होंने अपने जीवन में इसके अलावा एक भी पंक्ति न लिखी होती तो भी केवल इसी किताब के कारण उनका स्थान समाज-विज्ञान के इतिहास में सुरक्षित हो गया होता। नाज़ीवाद की परिघटना का अनूठा विश्लेषण करने वाली इस पुस्तक में फ्रॉम ने दिखाया है कि नाज़ीवाद न तो जर्मनी के अधिनायकवादी पूँजीपतियों की वजह से उभरा, न ही वह हिटलर के मनोरोगों की देन था। इस तरह उन्होंने नाज़ीवाद के बारे में प्रचलित मार्क्सवादी विमर्श को भी नकार दिया और साथ में उसकी मनोविज्ञान आधारित घटाववादी व्याख्या से भी असहमति व्यक्त की। हालाँकि एक मनोवैज्ञानिक के रूप में फ्रॉम फ्रॉयड के विचारों और सूत्रीकरणों की बुनियाद पर ही खड़े हो कर चिंतन करते थे, लेकिन उनका आग्रह रहता था कि फ्रॉयड के विमर्श को दोनों सिरों पर खुले सूत्रीकरणों की तरह पढ़ा जाना चाहिए, ताकि किसी भी तरह के जड़सूत्रवादी रवैये से बचते हुए मनोविज्ञान का आगे विकास किया जा सके। अपने इस दृष्टिकोण के कारण फ्रॉम को हरबर्ट मारक्यूज़े से एक लम्बी बहस में उलझना पड़ा और इसीलिए मनोविज्ञान की दुनिया में उन्हें संशोधनवादी फ्रॉयडियन कहा जाता है। समाजशास्त्री के रूप में उनके ऊपर वेबर का भी प्रभाव था, और मार्क्स का भी। वे शुरुआत में फ्रेंकफ़र्ट स्कूल के भी सदस्य रहे, लेकिन तीस के दशक के आख़िरी दौर में उनके होर्खाइमर और एडोर्नो से कई मुद्दों पर मतभेद हो गये। फ्रॉम एक प्रचुर और लोकप्रिय लेखक थे। उनकी रचनाओं ने असंख्य पाठकों को अपनी ओर आकर्षित किया। उनकी छवि एक ग्लोबल बुद्धिजीवी की थी।

एरिक फ्रॉम का जन्म 29 मार्च, 1900 को फ्रेंकफ़र्ट स्कूल, जर्मनी में हुआ था। उन्होंने हायडलबर्ग विश्वविद्यालय से 1922 में समाजशास्त्र में पीएचडी की। उनके निर्देशक मैक्स वेबर के भाई अल्फ्रेड वेबर थे। इसके बाद फ्रॉम ने मनोविश्लेषक के रूप में प्रशिक्षण प्राप्त किया और पहले बर्लिन और फिर फ्रैंकफ़र्ट में प्रेक्टिस की। बीस और तीस के दशक में उन्होंने फ्रैंकफ़र्ट स्कूल में क्रिटिकल थियरी प्रतिपादित करने वाले विद्वानों के साथ जुड़ कर काम किया। नाज़ीवाद के उभार के कारण इस स्कूल के अन्य विद्वानों की तरह फ्रॉम को भी अमेरिका जाना पड़ा। साठ के दशक में वे मैक्सिको सिटी के अपने नये घर में रहने चले गये जिसके कारण उनका अमेरिकी बौद्धिक जगत से नाता कुछ कम हो गया।

एस्केप फ्रॉम फ्रीडम में एरिक फ्रॉम ने दिखाया कि नाज़ीवाद के आगमन की आहट उन सामाजिक असुरक्षाओं में छिपी हुई थी जो सामंती व्यवस्था टूटने के कारण पैदा हुई थीं और जिन्हें तीस के दशक के राजनीतिक संकट ने बेहद तीव्र कर दिया था। जर्मनी के भीतर प्रथम विश्व-युद्ध की पराजय और आर्थिक मंदी ने मिल कर लोकतांत्रिक संस्थाओं की साख मिट्टी में मिला दी थी। हिटलर ने जब जर्मनों के सामने नस्लवाद, राष्ट्रवाद, सैन्यवाद और सर्वोच्च नेता के प्रति अंध-निष्ठा का विकट आत्मनाशी फ़ार्मूला पेश किया तो उन्हें लगा कि इस तरीक़े से वे अपनी सांस्कृतिक और आर्थिक तबाही से बच सकते हैं। फ्रॉम का यह विश्लेषण इस धारणा पर आधारित था कि व्यक्तिवाद के उभार से पहले का समाज व्यक्ति को सुरक्षाएँ देता था, पर उसका विकास रोक देता था। व्यक्तिवादी समाज के उभार ने समाज को परम्पराओं के बंधनों से मुक्त कर दिया, इनसान को वह स्वतंत्रता नहीं मिल पायी जिसके ज़रिये वह अपनी ख़ुदी को हासिल कर सकता था। व्यक्तिवाद का ऐतिहासिक विकास कई तरह की सम्भावनाएँ खोलता है, लेकिन व्यक्ति अगर अपनी सम्पूर्ण सम्भावनाओं को साकार करने का आंतरिक साहस नहीं जुटायेगा तो उसे अपनी ही स्वतंत्रता से पलायन करके नयी निर्भरताओं की मातहती स्वीकार कर लेनी होगी। नाज़ीवाद के रूप में भी जर्मनों ने स्वतंत्रता से पलायन करने की कोशिश ही की थी।

फ्रॉम की यह कृति अपने ज़माने की बेस्ट-सेलर थी। इसने समाज-विज्ञान की दुनिया में सर्वसत्तावाद पर अनुसंधान की ज़रूरत पर बल दिया। फ्रैंकफ़र्ट स्कूल में फ्रॉम के पूर्व साथी एडोर्नो की 1950 में प्रकाशित रचना *द एथॉरिटेरियन पर्सनैलिटी* इसी सिलसिले की एक और चमकदार कड़ी थी। दरअसल, फ्रॉम की किताब और एडोर्नो की पुस्तक के आधार में वह अनुसंधान था जो वाइमर रिपब्लिक के दौरान बीस और तीस के दशक में फ्रैंकफ़ट स्कूल के नेटवर्क की मदद से जर्मन मज़दूर वर्ग के बीच फ्रॉम द्वारा किया गया था। एडोर्नो ने सर्वसत्तावाद नापने के लिए अपनी रचना में जिस 'एफ़' नामक पैमाने का उपयोग किया है, उसके सूत्रीकरण में फ्रॉम की भूमिका की जानकारी तब हुई जब 1984 में *द वर्किंग क्लास इन वाइमर जर्मनी* का प्रकाशन हुआ।

चूँकि फ्रॉम तीस के दशक में ही फ्रैंकफ़र्ट स्कूल से अलग हो गये थे, इसलिए क्रिटिकल थियरी के प्रतिपादकों में उनकी गिनती नहीं होती। लेकिन उनकी रचना *द सेन सोसाइटी* (1955) आधुनिक समाज की वही आलोचना करती है जिसकी बुनियाद क्रिटिकल थियरी ने डाली थी। उन्होंने विस्तार से विवेचना करते हुए दिखाया कि सामाजिक परिपक्वता हासिल किये बिना होने वाली प्रौद्योगिकीय प्रगति मानवता को एक बार फिर वस्तुओं और बिम्बों की पूजा में धकेल देगी। यह भी एक तरह की मूर्ति-पूजा ही

एरिक फ्रॉम (1900–1980)

होगी जिसके कारण मनुष्य यथार्थ के ज्ञान से वंचित रह जाता है। फ्रॉम की इस कृति ने अमेरिका के बुद्धिजीवियों और रैडिकल कार्यकर्ताओं को गहराई से प्रभावित किया। समझा जाता है कि मारक्यूज़े के नव-वामपंथियों के बीच प्रतिष्ठित होने से बहुत पहले ही इस रचना द्वारा फ्रॉम ने उनके बीच अपनी धाक जमा ली थी। 1955 और 1956 के बीच रैडिकल पत्रिका *डिसेंट* के पृष्ठों पर फ्रॉम और मारक्यूज़े के बीच बहस चली जिसके केंद्र में फ्रॉयडियन सिद्धांत और समकालीन पूँजीवाद में छिपी यूटोपियन सम्भावनाओं से जुड़े विवाद थे। मारक्यूज़े का तर्क था कि पारम्परिक फ्रॉयडियन सिद्धांत में फ्रॉम द्वारा तजवीज़ किया गया संशोधन एक ऐसे नव-फ्रॉयडियन परिप्रेक्ष्य को जन्म देता है जो पर्याप्त रूप से रैडिकल नहीं है। मारक्यूज़े का आरोप था कि यह परिप्रेक्ष्य आधुनिक पूँजीवाद द्वारा पैदा की गयी 'सम्पूर्ण परायेपन' की परिस्थितियों के साथ एक क़िस्म के मनोवैज्ञानिक सामंजस्य की वकालत करता नज़र आता है।इस बहस में फ्रॉम के तरफ़दारों का ख़याल था कि मारक्यूज़ का रैडिकलिज़म अव्यावहारिक है और उससे किसी भी तरह का सकारात्मक समाज-परिवर्तन नहीं निकलेगा। इस बहस के बाद भी फ्रैंकफ़र्ट स्कूल के पैरोकार फ्रॉम को पूँजीवाद के साथ तालमेल बैठाने वाला 'कनफ़र्मिस्ट' चिंतक क़रार देते रहे। नतीजतन उनके विमर्श को क्रिटिकल थियरी से निकले समाजशास्त्र की परम्परा से अलग मान लिया गया।

दिलचस्प बात यह है कि फ्रॉम द्वारा प्रस्तावित संशोधनों के मुक़ाबले मारक्यूज़े फ्रॉयड के सिद्धांत के जिन पहलुओं का बचाव कर रहे थे, वे आगे चल कर समाज-विज्ञान की दुनिया में अपनी साख खो बैठे। फ्रॉम की आलोचना सही साबित हुई। आज फ्रॉयडियन सिद्धांत द्वारा प्रवर्तित इरोज़ और थानाटोज़, स्वप्न-भाषा के सार्वभौम चरित्र और विकास की मनो-सामाजिक अवस्थाएँ जैसे आग्रहों की साख नैंसी शोदॅरौ वग़ैरह के अनुसंधान के बाद ख़त्म हो चुकी हैं। दूसरे, कई विद्वानों का विचार है कि फ्रॉम का आलोचनात्मक समाजशास्त्र फ्रैंकफ़र्ट स्कूल के प्रमुख हस्ताक्षरों द्वारा किये गये अनुसंधानों के मुक़ाबले कहीं ज़्यादा गहन तथ्यात्मक शोध पर आधारित है। इस सिलसिले में सत्तर के दशक की शुरुआत में प्रकाशित फ्रॉम की *सोशल करेक्टर इन अ मैक्सिकन विलेज* और *द ऐनाटॅमी ऑफ़ ह्यूमन डिस्ट्रक्टिवनेस* जैसी रचनाओं का हवाला दिया जाता है।

अपनी कृति *मैन फ़ॉर हिमसेल्फ़* में फ्रॉम ने मनोविज्ञान को नीतिशास्त्रीय बुनियाद देने का आग्रह किया। उनका कहना था कि स्नायु-रोग मुख्यत: मनुष्य की नैतिक विफलता का लक्षण है। इसका उपचार तभी हो सकता है जब एक सक्रिय और प्रभावी जीवन के रास्ते में आने वाली बाधाओं को हटा दिया जाए। इसलिए मनोविज्ञान का सरोकार केवल भ्रांत नैतिकताओं का खण्डन न हो कर आचरण के वस्तुनिष्ठ और वैध मानकों की स्थापना से जुड़ा होना चाहिए। फ्रॉम ने कहा कि दुष्टता मनुष्य की शक्तियों को विकलांग कर देती है, और अपने प्रति जवाबदेही की कमी चरित्रहीनता का द्योतक है। *साइकोऐनालिसिस ऐंड रिलीजन* में फ्रॉम ने फ्रॉम ने दावा किया कि धर्म को विज्ञान से न नहीं बल्कि सर्वसत्तावाद से ख़तरा है। उन्होंने धार्मिक अनुभवों के महत्त्व की पुष्टि उनके प्रचलित रूपों से परे जा कर की। फ्रॉम ने *द फ़ोरगॉटिन लेंग्वेज, आर्ट ऑफ़ लविंग* और *ज़ेन बुद्धिज़्म ऐंड साइकोऐनालिसिस* की रचना भी की। उन्होंने *टू बी ऑर टू हैव* में अस्तित्व के दो रूपों को एक-दूसरे के बरक्स रखा। एक रूप भौतिक समृद्धि, सत्ता और प्रभुत्व से संचालित होने वाला है, और दूसरे की चालक-शक्ति प्रेम, सहभागिता और सृजनशीलता है।

अपनी विद्वत्तापूर्ण कृतियों के अलावा फ्रॉम ने उस ज़माने में पब्लिक इंटलेक्चुअल की भूमिका निभायी जब बुद्धिजीवियों से इस तरह की अपेक्षाएँ नहीं की जाती थीं। वे समाजशास्त्र और मनोविज्ञान को पेशेवर विद्वानों की दुनिया से निकाल कर आम लोगों तक ले गये। उनकी लेखन-शैली में तकनीकी शब्दावली बहुत कम इस्तेमाल की जाती थी। हालाँकि उनकी पुस्तकों की समीक्षा समाज-विज्ञान की पत्रिकाओं में होती थी, लेकिन वे जटिल विचारों को आकर्षक गद्य में पेश करने में माहिर थे। दरअसल, फ्रॉम को पब्लिक सोसियोलॅजी का पितामह कहना ठीक होगा। अमेरिकी समाजशास्त्री डेविड रीज़मैन के पथप्रदर्शक और मित्र फ्रॉम ही थे। ध्यान रहे कि रीज़मैन ने 1950 में *द लोनली क्राउड* जैसी पुस्तक की रचना की थी जो समाजशास्त्र की आज तक सबसे ज़्यादा बिकने वाली पुस्तक मानी जाती है।

देखें : ज़ाक लकाँ, मनोविज्ञान-1 और 2, मनोविश्लेषण, मनोविश्लेषण और नारीवाद, ज़िग्मंड फ्रॉयड-1 और 2.

संदर्भ

1. एरिक फ्रॉम (1941), *एस्केप फ्रॉम फ्रीडम,* हेनरी होल्ट, न्यूयॉर्क.
2. एरिक फ्रॉम (1955), *द सेन सोसाइटी,* होल्ट राइनहार्ट, न्यूयॉर्क.
3. डी. बर्स्टन (1991), *द लीगेसी ऑफ़ एरिक फ्रॉम,* हार्वर्ड युनिवर्सिटी प्रेस, केम्ब्रिज, एमए.
4. एम. मैकलाफ्लिन (1999), 'ऑरिजन मिथ्स इन द सोशल साइंसिज़ : फ्रॉम, द फ्रेंकफ़र्ट स्कूल, एंज द इमरजेंस ऑफ़ क्रिटिकल थियरी', *कनाडियन जर्नल ऑफ़ सोसियोलॉजी,* खण्ड 24, अंक 1.
5. जे. रिचेर्ट (1986), 'दि फ्रॉम मारक्यूज़े डिबेट रिविज़िटेड', *थियरी ऐंड सोसाइटी,* खण्ड 15, अंक 3.

—अभय कुमार दुबे

एलमकुलम मनक्कल शंकरन नम्बूदिरीपाद

(Elamkulam Manakkal Shankaran Namboodiripad)

भारतीय कम्युनिस्ट आंदोलन के सर्वश्रेष्ठ नेताओं में से एक, देश के प्रमुख मार्क्सवादी चिंतक और आधुनिक केरल के निर्माता एलमकुलम मनक्कल शंकरन नम्बूदिरीपाद (1909-1998) की शख़्सियत उच्चस्तरीय सैद्धांतिक कौशल और राजनीतिक सक्रियता के संयोग से बनी थी। दर्शन, सौंदर्यशास्त्र, भाषाशास्त्र, इतिहास, अर्थशास्त्र और राजनीति जैसे विविध अनुशासनों में नब्बे से ज़्यादा उल्लेखनीय पुस्तकों का योगदान करने से लेकर आधी सदी तक कम्युनिस्ट पार्टी की दिशा तय करने वाले ईएमएस का नाम उनके जीवन में ही देश की राजधानी से लेकर केरल के किसी भी मामूली गाँव तक में प्रसिद्ध हो चुका था। उन्हीं के नेतृत्व में चली 'एक्य केरल' मुहिम के कारण आज़ादी के बाद भाषाई आधार पर केरल का गठन हुआ। वे केरल के पहले और देश के पहले ग़ैर-कांग्रेसी मुख्यमंत्री थे। केरल को गठजोड़ राजनीति का अगुआ बनाने में नम्बूदिरीपाद की ही प्रमुख भूमिका थी। आज अगर केरल देश का सर्वाधिक साक्षर और जागरूक प्रांत है तो इसका श्रेय ईएमएस के कार्यकाल में किये गये रैडिकल भूमि और शिक्षा-सुधारों को ही जाता है। 1968 में प्रकाशित नम्बूदिरीपाद की रचना *आत्मकथा* आधुनिक मलयालम की सबसे बेहतरीन गद्य-कृति मानी जाती है। केरल में प्रगतिशील साहित्यिक-सांस्कृतिक आंदोलन की शुरुआत और विकास में उनकी प्रमुख भूमिका थी। मलयाली समाज और राजनीति का गहन अध्ययन करके उन्होंने जाति-समस्या के प्रति द्वंद्वात्मक रवैया अपनाते हुए एक ख़ास तरह की मार्क्सवादी राजनीति का विन्यास तैयार किया। परिणामस्वरूप न केवल कम्युनिस्ट पार्टी को केरल के समाज में अपने क़दम जमाने का मौक़ा मिला, बल्कि पूरे मलयाली समाज में ही आधुनिकीकरण की प्रक्रिया चल निकली।

नम्बूदिरीपाद का जन्म आज के मल्लापुरम ज़िले में पेरिंथलामन्ना तालुक के एलमकुलम गाँव में हुआ था। उनके पिता परमेश्वरन नम्बूदिरीपाद बड़े ज़मींदार थे। युवावस्था में नम्बूदिरीपाद जाति प्रथा के ख़िलाफ़ चलने वाले समाज सुधार आंदोलन की तरफ़ आकर्षित हुए। प्रगतिशील नम्बूदिरी ने युवक संगठन वाल्लुवानाडु योगक्षेम सभा के पदाधिकारी के रूप में उन्होंने जम कर काम किया। जिस ज़माने में ज़्यादातर कम्युनिस्ट सिद्धांतकार भारतीय इतिहास को किताबी मार्क्सवादी खाँचे (आदिम साम्यवाद-दास प्रथा-सामंतवाद-पूँजीवाद) में फ़िट करके देखने की कोशिश कर रहे थे, नम्बूदिरीपाद ने अनूठी मौलिकता का प्रदर्शन करते हुए केरल की सामाजिक संरचना का विश्लेषण 'जाति-जनमी-नेदुवाझी मेधावितम' के रूप में किया। अपनी पहली उल्लेखनीय रचना *केरला : मलयाली कालुडे मातृभूमि* (1948) में ईएमएस ने दिखाया कि सामाजिक संबंधों पर ऊँची जातियाँ हावी हैं, उत्पादन संबंध जनमा यानी ज़मींदारों के हाथों में हैं और प्रशासन की बागडोर नेदुवाझियों यानी स्थानीय प्रभुओं के क़ब्ज़े में है। ईएमएस की निगाह में अधिकांश जनता की ग़रीबी और पिछड़ेपन का कारण यही समीकरण था। अपने इसी विश्लेषण को आधार बना कर नम्बूदिरीपाद ने 1952 में *द नैशनल क्वेश्चन इन केरला,* 1967 में *केरला : यस्टरडे, टुडे ऐंड टुमारो* और 1984 में *केरला सोसाइटी ऐंड पॉलिटिक्स : अ हिस्टोरिकल सर्वे* की रचना की। अपने इसी विश्लेषण के आधार पर ईएमएस ने केरल में जाति-जनमी-नेदुवाझी मेधावितम का गठजोड़ तोड़ने के लिए वामपंथ का एजेंडा भी तैयार किया, जिसके केंद्र में समाज सुधार और जाति-विरोधी आंदोलन था।

ईएमएस ने ज़ोर दे कर कहा कि जातिगत शोषण ने केरल की नम्बूदिरी जैसी शीर्ष ब्राह्मण जाति तक का अमानवीकरण कर दिया है। उन्होंने 'नम्बूदिरी को इनसान बनाओ' का नारा देते हुए ब्राह्मण समुदाय के लोकतंत्रीकरण की मुहिम चलाई। इसी दौरान प्रचलित राष्ट्रवादी रवैये से हटते हुए ईएमएस के नेतृत्व में कम्युनिस्टों ने एक तरफ़ तो जाति-सुधार आंदोलनों और सवर्ण विरोधी आंदोलन को समर्थन दिया, और दूसरी तरफ़ जातिगत दायरे से परे जाते हुए वर्गीय और जन-संगठन खड़े किये। इस

एलमकुलम मनक्कल शंकरन नम्बूदिरीपाद (1909-1998)

तरह कम्युनिस्ट शब्दावली में सामंतवाद विरोधी लोकतांत्रिक जनसंघर्षों की ज़मीन तैयार हुई। ईएमएस ने दक्षिण केरल की ट्रावणकोर और कोचीन रियासतों में सामंतवाद विरोधी संघर्ष और ब्रिटिश शासित इलाक़ों में साम्राज्यवाद विरोधी संघर्ष का संश्रय तैयार किया। जाति-सुधार आंदोलन जब अपनी रैडिकल धार खो कर संकीर्ण दलबंदियों में फँसने लगे तो नम्बूदिरीपाद ने जनांदोलनों और जातिआंदोलनों को अलग-अलग करके देखना शुरू किया। पचास के दशक में उन्होंने पिछड़ी जातियों की जनता और पिछड़े समुदायों से निकले पूँजीपति वर्ग के बीच फ़र्क़ करके ज़बरदस्त बहस छेड़ दी जिसमें अंतत:उन्हीं के निष्कर्षों को मान्यता मिली।

1939 की मालाबार टेनेंसी रिफ़ॉर्म कमेटी की रपट के साथ असहमति जताते हुए ईएमएस ने केरल में कृषि प्रश्न की मौलिक व्याख्या की। परिणामस्वरूप काश्तकारी सुधार के केंद्र में खेतिहर मज़दूरों और छोटे बँटाईदारों को प्रमुखता मिली। इसी दौरान नम्बूदिरीपाद ने *अ शॉर्ट हिस्ट्री ऑफ़ द पीज़ेंट मूवमेंट इन केरल* (1943) की रचना की। 1957 से 1971 के बीच चले कृषि सुधारों के प्रमुख सिद्धांतकार के रूप में नम्बूदिरीपाद को पारम्परिक जनमी प्रणाली (ज़मींदारी) के ख़ात्मे का श्रेय जाता है। भूमि सुधारों के कामयाब होने के बाद बाज़ार की ताक़तों के विस्तार पर भी उनकी निगाह गयी। इसका नतीजा खाड़ी के देशों से भेजी गयी रक़म के कारण ज़मीन की क़ीमतों में आये असाधारण उछाल की मार्क्सवादी व्याख्या में निकला।

कम्युनिस्ट आंदोलन में नम्बूदिरीपाद का पदार्पण कांग्रेस-समाजवादी आंदोलन के रास्ते हुआ था। 1931 में कॉलेज शिक्षा प्राप्त करने के बाद वे कांग्रेस के नेतृत्व में चलने वाले सत्याग्रह में कूद पड़े और जेल-यात्रा की। केरल में कांग्रेस-सोशलिस्ट पार्टी की नींव रखने के बाद 1934 में उसके अखिल भारतीय संयुक्त सचिव बने। केरल प्रदेश कांग्रेस पार्टी के महासचिव के रूप में काम करते समय उनका परिचय मार्क्सवाद से हुआ। 1936 में उन्होंने अपने चार साथियों के साथ मिल कर केरल में कम्युनिस्ट पार्टी की स्थापना की। ज़मींदार परिवार में पैदा होने के कारण नम्बूदिरीपाद ने उत्तराधिकार में मिली अपनी सारी अचल सम्पत्ति पार्टी को सौंप दी।

आज़ादी मिलने से ठीक पहले 1945 में नम्बूदिरीपाद ने *अ करोड़ ऐंड अ क्वार्टर मलयाली* शीर्षक से एक पुस्तिका लिखी। उस समय तक केरल की जनता कोचीन, ट्रावणकोर और मालाबार इलाक़ों में बँटी हुई थी। यह पुस्तिका 'एक्य केरलम' आंदोलन का आधार बनी।1952 में *द नैशनल क्वेश्चन इन केरला* लिख कर नम्बूदिरीपाद ने सारी दुनिया का ध्यान अपनी ओर आकर्षित किया। इस रचना के ज़रिये उन्होंने उपनिवेशवाद विरोधी संघर्ष के दौर में पनपी मलयाली अस्मिता की लोकतांत्रिक दावेदारी पेश की।1957 में हुए केरल विधान सभा के लिए पहले आम चुनाव में नम्बूदिरीपाद के नेतृत्व में कम्युनिस्ट पार्टी ने ज़बरदस्त जीत हासिल की। देश के पहले ग़ैर-कांग्रेसी मुख्यमंत्री की हैसियत से उन्होंने प्रदेश की शिक्षा व्यवस्था को बदल डाला। उनके नेतृत्व में हुए भूमि सुधारों, प्रशासनिक सुधारों, जन-स्वास्थ्य और सार्वजनिक वितरण प्रणाली की पुनर्रचना, न्यूनतम वेतन के प्रावधान और सामाजिक सुरक्षा व्यवस्था ने केरल के समाज की तस्वीर बदलने की शुरुआत कर दी।

नेहरू की केंद्र सरकार ने 1959 में संविधान के अनुच्छेद 356 का विवादास्पद इस्तेमाल करते हुए ईएमएस की सरकार को भंग कर दिया। लेकिन 1967 में सात पार्टियों के गठजोड़ के नेता के तौर पर ईएमएस दोबारा सत्तारूढ़ हुए। इसी के बाद केरल की राजनीति कांग्रेस और कम्युनिस्ट पार्टी के नेतृत्व में चलने वाले दो गठजोड़ों की प्रतियोगिता बनती चली गयी। पहले मुख्यमंत्री और फिर क़रीब डेढ़ दशक तक विधान सभा में विपक्ष के नेता के रूप में नम्बूदिरीपाद ने गठजोड़ राजनीति के व्यवहार और सिद्धांत का पूरा शास्त्र रचा। भारतीय संसदीय राजनीति में आम तौर पर और कम्युनिस्ट आंदोलन में ख़ास तौर पर संयुक्त मोर्चे की रणनीति विकसित करने का पहलू उनके प्रमुख योगदान के तौर पर याद रखा जाएगा। नम्बूदिरीपाद ने विचारधारात्मक रूप से नास्तिक होते हुए भी केरल के मुसलमान और ईसाई समुदायों के साथ जीवंत संवाद बनाये रखने की परम्परा डाली। उनके गठजोड़ में मुसलिम

लीग की मौजूदगी इसकी व्यावहारिक परिणति थी। केरल के प्रमुख लिबरेशन थियोलोजिस्ट और सीरियन चर्च के बिशप के साथ उनकी गहरी दोस्ती थी। नम्बूदिरीपाद की विशद रचना *अ हिस्ट्री ऑफ़ इण्डियन फ्रीडम स्ट्रगल* (1986) धारावाहिक रूप से पार्टी के मुखपत्र में प्रकाशित हुई थी।

1939 में मद्रास प्रांतीय विधान परिषद् के सदस्य का चुनाव जीतने के बाद कम्युनिस्ट-सक्रियता के कारण उन्हें दो बार (1939-42 और 1948-50) भूमिगत जीवन व्यतीत करना पड़ा। नम्बूदिरीपाद 1941 में कम्युनिस्ट पार्टी की केंद्रीय कमेटी के सदस्य चुने गये और 1950 में पोलित ब्यूरो के। पार्टी के भीतर होने वाली बहसों में भाग लेते हुए उन्होंने भारतीय समाज और राज्य के प्रति पार्टी के रवैये का सूत्रीकरण किया। 1962 में उन्हें पार्टी का महासचिव चुना गया। 1964 में पार्टी का विभाजन होने पर वे मार्क्सवादी कम्युनिस्ट पार्टी के साथ गये और सातवीं कांग्रेस में नये दल की केंद्रीय कमेटी और पोलित ब्यूरो की सदस्यता ग्रहण की। 1966 में उन्होंने *इकॉनॉमिक ऐंड पॉलिटिक्स ऑफ़ इण्डियाज़ सोशलिस्टिक पैटर्न* और 1967 में *इण्डिया अंडर कांग्रेस रूल* की रचना की। 1977 में वे माकपा के महासचिव बने और 1992 की चौदहवीं कांग्रेस में ख़राब स्वास्थ्य के कारण पद छोड़ने से पहले लगातार इसी पद पर काम किया। नम्बूदिरीपाद की अन्य महत्त्वपूर्ण रचनाएँ हैं : *द महात्मा ऐंड द इज़्म* (1958), *कांफ़्लिक्ट्स ऐंड क्राइसिस* (1974), *इण्डियन प्लानिंग इन क्राइसिस* (1974), *नेहरू : आइडियॉलॉजी ऐंड प्रेक्टिस* (1988) और अस्सी के दशक में चार खण्डों में प्रकाशित *कम्युनिस्ट पार्टी केरालिथल* (केरल में कम्युनिस्ट पार्टी का इतिहास)। 1998 में देहांत के ठीक पहले ईएमएस *अ हिस्ट्री ऑफ़ कम्युनिस्ट पार्टी ऑफ़ इण्डिया फ्रॉम 1920 टू 1998* पूरी करने में व्यस्त थे। बाद में यह रचना पार्टी के पत्र *देशाभिमानी* में धारावाहिक प्रकाशित हुई।

देखें : कार्ल हाइनरिख़ मार्क्स-1, 2. 3 और 4, नयी सदी में मार्क्सवादी विमर्श-1, 2. 3,4 5, 6, 7, 8 और 9, फ्रेड्रिख़ एंगेल्स, भारत में किसान संघर्ष-2 और 4, कम्युनिस्ट पार्टियाँ-1, 2 और 3, भारतीय इतिहास लेखन-4 और 5, मानवेंद्र नाथ राय, माओ त्से-तुंग, माओवाद और माओ विचार, मार्क्सवाद-1, 2, 3, 4 और 5, मार्क्सवादी समाजशास्त्र, मार्क्सवाद और पारिस्थितिकी, मार्क्सवादी अर्थशास्त्र, समाजवादी वसंत-1, 2, 3, और 4, लेनिनवाद, लियोन ट्रॉट्स्की, लिबरेशन थियोलॅजी, सांस्कृतिक क्रांति, स्तालिन और स्तालिनवाद, सोवियत समाजवाद-1, 2 और 3, व्लादिमिर इलीच लेनिन।

संदर्भ

1. गोविंद पिल्लै (सम्पा.) (प्रकाशन जारी), *ई.एम.एस. सम्पूर्ण कृतिकल* (34 खण्ड), चिंता पब्लिशर्स, ए.के.जी. सेंटर फ़ॉर रिसर्च ऐंड स्टडीज़, तिरुवनंतपुरम.
2. आई.एस. गुलाटी ऐंड टी.एम. थॉमस इसाक (1998), 'ई.एम.एस. नम्बूदिरीपाद : रेवोल्यूशनरी इंटलेक्चुअल', *इकॉनॉमिक ऐंड पॉलिटिकल वीकली*, खण्ड 33, अंक 13.
3. ई.एम.एस. नम्बूदिरीपाद (1984), *केरला : सोसाइटी ऐंड पॉलिटिक्स*, नैशनल बुक सेंटर, नयी दिल्ली.
4. ई.एम.एस. नम्बूदिरीपाद (1984), *द नैशनल क्वेश्चन इन केरला*, पीपुल्स पब्लिसिंग हाउस, मुम्बई.

—अभय कुमार दुबे

एलाट्टुवलापिल श्रीधरन

(Elattuvalapil Sreedharan)

भारत में औपनिवेशिक अंग्रेज़ी शासन की बड़ी विरासतों में रेलवे और लालफ़ीताशाही (अधिकारीतंत्र) का नाम प्रमुखता से लिया जाता है। भारतीय लालफ़ीताशाही को पुरानी लकीर पीटने और उदासीन भाव से काम टालने के लिए भी जाना जाता है, लेकिन कई बार इसी अधिकारी वर्ग से कुछ कुशल, कर्मठ और कारगर व्यक्ति भी निकल आते हैं। भारतीय रेल के एक ऐसे ही अधिकारी एलाट्टुवलापिल श्रीधरन (1932-) हैं, जिन्होंने अपनी प्रतिभा व कुछ नया हासिल करने की ललक से भारत में आम जनता के आवागमन को सुविधाजनक व जनोपयोगी बनाने का काम कर दिखाया। भारतीय रेल-निर्माण के क्षेत्र में एक नये आंदोलन को जन्म देने वाले इंजीनियर और प्रशासक ई. श्रीधरन के नाम कई उपलब्धियाँ दर्ज हैं। उन्होंने ही पहली बार निजी पूँजी की मदद से 'बिल्ड-ऑपरेट-ट्रांसफ़र' का पैटर्न अपना इस क्षेत्र में नयी ज़मीन तोड़ी और देश की विशालतम और जटिलतम परियोजना कोंकण रेलवे का निर्माण रिकॉर्ड समय में पूरा कर दिखाया। यह श्रीधरन के ही प्रबंधकीय कौशल का परिणाम था कि कोलकाता में मेट्रो रेल के निर्माण के तल्ख़ तजुर्बे के बावजूद दिल्ली में अत्याधुनिक मेट्रो रेल नेटवर्क सफलतापूर्वक और बिना किसी बड़ी मुश्किल के बन सका। श्रीधरन की सफलताएँ बताती हैं कि राजनीतिक इच्छा-शक्ति और कुशल अभियांत्रिकी व प्रबंधन की मदद से भारत में भी परियोजना विकसित देशों की तर्ज़ पर कामयाबी से पूरी की जा सकती हैं। कुल मिला कर श्रीधरन विकास और गवर्नेंस के तकनीकशाही मॉडल के प्रतीक बन गये हैं।

12 जून, 1932 को केरल के पलक्कड़ (पालघाट) ज़िले के अंतर्गत एक दूरदराज़ गाँव चलियत्तिरि मेंश्रीधरन का जन्म हुआ। उन्होंने शासकीय अभियांत्रिक महाविद्यालय, काकीनाडा (अब जेएनटीयू) से इंजीनियरिंग में स्नातक की उपाधि प्राप्त की। पढ़ाई के बाद श्रीधरन ने कोझीकोड के

केरल पॉलिटेक्निक में एक व्याख्याता के रूप में काम शुरू किया और कुछ दिनों बाद ही मुम्बई पोर्ट ट्रस्ट में एक प्रशिक्षु अभियंता के पद पर नियुक्त हुए।

श्रीधरन ने 1954 में भारतीय रेल सेवा में क़दम रखा। वर्षों बाद भी श्रीधरन मानते हैं कि रेल सेवा में आने का फ़ैसला उनके जीवन की सबसे महत्त्वपूर्ण घटना थी। 1963 में एक भीषण समुद्री तूफ़ान ने रामेश्वरम को शेष भारत से जोड़ने वाले एकमात्र सम्पर्क सूत्र रेलवे पुल को ध्वस्त कर दिया। रेलवे के उच्च अधिकारियों ने भारत के सबसे दक्षिणी बिंदु पर स्थित इस पुल के पुनर्निर्माण के लिए छह महीने का समय दिया। श्रीधरन के वरिष्ठ अधिकारी ने उन्हें चुनौती देने के लिए इस अवधि को घटा कर केवल तीन महीने कर दिया। अंततः जब काम शुरू हुआ तो श्रीधरन ने सारा काम मात्र 46 दिनों में ही पूरा कर दिया। इसी उपलब्धि ने श्रीधरन के अभियांत्रिकीय ज्ञान व कौशल को अलग पहचान दिलायी। 1970-1975 में श्रीधरन को भारत की पहली भूमिगत रेल कोलकाता मेट्रो की परियोजना की रूपरेखा बनाने का काम दिया गया। 1981 में जब कोचीन शिपयार्ड ने अपने पहले व आधुनिकतम जहाज़ रानी पद्मिनी का निर्माण किया, तब श्रीधरन इस संगठन के प्रबंध निदेशक थे।

30 जून, 1990 को श्रीधरन भारतीय रेल से रिटायर हो गये। अब उन्हें एक संस्थान निर्माता के रूप में अपनी विशिष्ट पहचान बनानी थी। श्रीधरन के साक्षात्कारों से पता चलता है कि कैसे एक राजनीतिक स्वप्नद्रष्टा और व्यावहारिक इंजीनियर ने मिल कर भारतीय रेल के इतिहास में एक स्वर्णिम अध्याय जोड़ा। 1990 में तत्कालीन रेलवे मंत्री जॉर्ज फ़र्नांडीज़ ने श्रीधरन को अपने दो स्वप्न बताये। पहला मुम्बई से मंगलौर तक रेल सम्पर्क का निर्माण करना और दूसरा उत्तर प्रदेश-बिहार की सीमा पर गंडक नदी के ऊपर छितौनी तथा बगहा को जोड़ने वाला एक रेलवे पुल बनाना। इस स्थान पर गंडक नदी का विस्तार बहुत ज़्यादा है और नदी अपने बहाव को भी बदलती रहती है जिससे यहाँ पुल बनाना बहुत कठिन था। आर्थिक रूप से अत्यंत पिछड़े इलाक़े में इस नयी परियोजना से रेलवे को कोई ख़ास आमदनी भी नहीं थी और ऊपर से इस योजना में चार साझीदार थे : उत्तर प्रदेश, बिहार, केंद्रीय जल संसाधन मंत्रालय और भारतीय रेल। श्रीधरन जानते थे केवल एक रेलवे पुल से स्थानीय लोगों को अधिक फ़ायदा नहीं पहुँचेगा। उन्होंने रेल मंत्री को कुछ अधिक खर्च करके रेलवे तथा सड़क दोनों ही पुल एक साथ बनाने को कहा। यह राजनीति का ऐसा असाधारण दौर था जब बिहार के लालू प्रसाद यादव और उत्तर प्रदेश के मुलायम सिंह यादव एक ही ख़ेमे में थे। जॉर्ज को सभी साझेदारों को इसके लिए तैयार करने में आसानी हुई और रेलवे तथा सड़क दोनों ही पुलों का निर्माण एक साथ हो सका। भले ही यह पुल भारतीय रेल के असंख्य निर्माण कार्यों में एक बेहद

एलाट्टुलापिल श्रीधरन (1932-)

छोटा काम था, लेकिन यह श्रीधरन के लोकोपकारी दृष्टिकोण का उल्लेखनीय नमूना बन गया।

मुम्बई से मंगलौर को जोड़ने वाली कोंकण रेलवे स्वतंत्र भारत में रेल-निर्माण की विशालतम और जटिलतम परियोजना है। भौगोलिक दुर्गमता और समुद्र के तटीय इलाक़े में होने के कारण यहाँ पर बड़े पैमाने का निर्माण करना बेहद मुश्किल था। ऐसी परियोजना पूरा करने के लिए श्रीधरन को केवल पाँच साल का समय दिया गया था। भारत में रेल लाइन बिछाने के लिए हर साल एक निश्चित राशि दी जाती है जिसके अनुसार किये गये जोड़-बाक़ी के आधार पर श्रीधरन इस निष्कर्ष पर पहुँचे कि इस दर से तो मुम्बई से मंगलौर पहुँचने में 25-30 साल का समय लग जाएगा। इस समस्या के हल के लिए श्रीधरन ने भारत में पहली बार रेलवे निर्माण में निजी क्षेत्र से पूँजी उठाने का प्रस्ताव दिया जिसे बिल्ड-ऑपरेट-ट्रांसफ़र कहा जाता है। भारत में इतने बड़े नीतिगत परिवर्तन का निर्णय केवल देश का सर्वोच्च राजनीतिक नेतृत्व ही ले सकता है। उस समय मधु दण्डवते भारत के वित्त मंत्री और रामकृष्ण हेगड़े योजना आयोग के उपाध्यक्ष थे और दोनों ही कोंकण रेलवे के निर्माण के पक्षधर थे। शायद इसीलिए ई श्रीधरन के इस अभिनव प्रस्ताव को भी स्वीकार कर लिया गया। कोंकण रेलवे के साथ चार राज्य जुड़े हुए थे। जॉर्ज ने महाराष्ट्र और गोवा के मुख्यमंत्रियों से स्वीकृति प्राप्त कर ली किन्तु कर्नाटक और केरल में यह राजनीतिक कारणों से अटक गयी। इस समय श्रीधरन ने अपने प्रशासकीय संबंधों द्वारा इन राज्यों से स्वीकृति प्राप्त करने में सफलता प्राप्त की। इस परियोजना में भूमि अधिग्रहण के लिए एक बेहद उचित और अनूठी पद्धति अपनायी गयी थी जिसके कारण इस परियोजना

में कभी भी ज़मीन विवाद में नहीं आयी। श्रीधरन ने प्रोजेक्ट प्रबंधन के अपने मॉडल को पूरी परियोजना में लागू किया। उन्होंने ऐसे लोगों को अपने साथ लिया जिनकी ईमानदारी प्रमाणित थी। इस परियोजना में श्रीधरन की टीम को आर्थिक-तकनीकी निर्णय लेने की पूरी आज़ादी थी। कोलकाता में मेट्रो बनाने में हुए हादसों और क़ीमत के कई गुना बढ़ने के बाद ऐसा लगता था कि अब भारत में कोई भी अन्य शहर मेट्रो रेल नहीं लगाएगा। दिल्ली में मेट्रो रेल परियोजना के लिए श्रीधरन को चुना गया और आज सारे विश्व में इसे बहुत उम्दा परियोजना माना जाता है। दिल्ली मेट्रो रेल परियोजना की सफलता से उत्साहित भारत के कई अन्य शहरों ने भी इसे लगाने का फ़ैसला लिया है।

अपने लम्बे सरकारी कार्यकाल में श्रीधरन का भारत के राजनीतिक हुक्मरानों से कई बार टकराव हुआ है। दिल्ली मेट्रो में भारत सरकार सामान्य रेलगाडी के डिब्बे उपयोग में लाना चाहती थी जबकि श्रीधरन मेट्रो ट्रेन के डिब्बे प्रयोग में लाना चाहते थे। बाद में सरकार को ई श्रीधरन का ही सुझाव मानना पड़ा। दूसरी घटना तब हुई जब हैदराबाद में मेट्रो रेल लगाने के लिए दिल्ली मेट्रो रेल कॉरपोरेशन को सलाहकार बनाया गया। सितम्बर, 2008 में श्रीधरन ने भारत के योजना आयोग के उपाध्यक्ष मोंटेक सिंह अहलूवालिया को एक पत्र लिख कर इस परियोजना के बिल्ड-ऑपरेट-ट्रांसफ़र प्रारूप पर आपत्तियाँ उठायीं। अपने पत्र में श्रीधरन ने एक ख़ास कम्पनी को अनैतिक लाभ पहुँचाने का आरोप लगाया जिसके जवाब में आंध्र प्रदेश के कुछ राज्य मंत्रियों ने श्रीधरन पर मानहानि का मुक़दमा ठोकने की चेतावनी भी दे डाली। इसके कुछ ही दिनों के बाद भारत के कॉरपोरेट जगत का सबसे बड़ा सत्यम घोटाला सामने आया। श्रीधरन के पत्र में जिस ख़ास कम्पनी का ज़िक्र था वह इसी सत्यम के मालिक के बेटे की कम्पनी मायटास थी। एक समय तो श्रीधरन को कोंकण रेलवे से अपना बकाया वेतन लेने के लिए न्यायालय की शरण तक लेनी पड़ी थी। दिल्ली उच्च न्यायालय ने सरकार को फटकार लगाते हुए श्रीधरन का बकाया भुगतान करने का आदेश दिया। इन सफलताओं के बावजूद यह भी मानना पड़ेगा कि कुछ विषयों में एक तकनीकीविद् के रूप में श्रीधरन का नज़रिया एकपक्षीय साबित हुआ है। जैसे 2006 में उन्होंने दिल्ली में यमुना नदी की चौड़ाई को कम करके प्राप्त इस भूमि में रिहाइशी मक़ान बनाने का प्रस्ताव दिया था।

दिल्ली मेट्रो रेल परियोजना से सेवानिवृत्ति के बाद श्रीधरन अपने घर केरल चले गये, लेकिन कुछ ही समय में अस्सी वर्षीय श्रीधरन को कोच्चि मेट्रो प्रोजेक्ट का काम देखने को कहा गया। अपनी लगन से एक सामान्य इंजीनियर श्रीधरन भारत में मेट्रो मैन बन चुके हैं और रेल-निर्माण का क्षेत्र उन्हें एक नये आंदोलन के जन्मदाता के रूप में याद रखेगा।

देखें : अब्दुल हमीद, आर.के. तलवार, इला भट्ट, उदारतावादी लोकतंत्र, कमला देवी चट्टोपाध्याय, गिजुभाई बधेका, ग़ैर-कांग्रेसवाद, पी.एस. वारियर, लोकतंत्र, देवकी जैन, धोंडो केशव कर्वे, नीरा देसाई, भारत में प्रातिनिधिक लोकतंत्र, भारत में सार्विक मताधिकार, भारतीय लोकतंत्र का संस्थानीकरण-1, 2 और 3, राज्यों का पुनर्गठन-1, 2 और 3, विक्रम साराभाई, वी.के.आर.वी. राव, विद्याबेन शाह, संस्था, संस्थान और संस्थानीकरण।

संदर्भ

1. मीना शिवदसानी और राजू केन (1998), *कोंकण रेलवे, अ ड्रीम कम ट्रू*, पब्लिक रिलेशंस डिपार्टमेंट, कोंकण रेलवे कॉरपोरेशन लिमिटेड, मुम्बई.
2. अनुज दयाल (2012), *25 मैनेजमेंट स्ट्रेटेजीज़ फ़ॉर डेल्ही मेट्रोज़ सक्सेस : द श्रीधरन वे*, डेल्ही मेट्रो रेल कॉरपोरेशन, नयी दिल्ली.
3. एम. रामचंद्रन (2011), *मेट्रो रेल प्रोजेक्ट्स इन इण्डिया : अ स्टडी इन प्रोजेक्ट प्लानिंग*, ऑक्सफ़र्ड युनिवर्सिटी प्रेस, नयी दिल्ली.

—रवि दत्त वाजपेयी

एंड्रोजिनी

(Androgyny)

समाज-विज्ञान के दायरे में एंड्रोजिनी या पुरुष-नारीत्व का विचार प्रचलित करने का श्रेय पश्चिम में साठ और सत्तर के दशक में हुए नारीवादी विमर्श को जाता है। नारीवादी दृष्टिकोण ने एंड्रोजिनी को हरमाफ्रोडिटिज़्म (उभयलैंगिकता) या बाइसेक्शुअलिटी (द्वि-यौनिकता) से अलग परिभाषित किया है। उभयलैंगिकता दैहिक या सेक्स संबंधी विभेद स्पष्ट न होने की द्योतक मानी जाती है, जबकि द्वि-यौनिकता की अभिव्यक्ति जेंडर संबंधी अस्पष्टता दिखाती है। इन दोनों प्रत्ययों से अलग हट कर पुरुष-नारीत्व का विचार व्यक्ति के मानस में मौजूद पुरुषत्व और स्त्रीत्व के सचेत आयामों की नुमाइंदगी करता है। पुरुषत्व और नारीत्व के बीच की जेंडर संबंधी बहस में इस अवधारणा को नारीवादियों ने जीव-विज्ञान और यूनानी मिथकों से उठाया है। जीवशास्त्री कुछ प्राणियों और वनस्पतियों के लिए एंड्रोजिनिक का इस्तेमाल करते रहे हैं। यूनानी भाषा में एंड्रो का मतलब है पुरुष और जिन का अर्थ है स्त्री। शाब्दिक रूप से इसका अर्थ हुआ एक ही व्यक्ति में स्त्री और पुरुष के प्रजननकारी अंगों का होना। लेकिन नारीवादियों ने इस प्रत्यय का उपयोग सेक्स और जेंडर के बीच अंतर की स्थापना के लिए किया। सेक्स स्त्री और पुरुष के बीच एक स्थायी द्विभाजन की तरफ़ ले जाता है, पर जेंडर के धरातल पर एक ऐसे व्यक्ति

की परिकल्पना की जा सकती है जो न केवल दैहिक अभिव्यक्तियों में पुरुष और स्त्री का मिला-जुला रूप हो, बल्कि गुणों, प्रवृत्तियों और सोच-विचार में भी पुरुष या स्त्री की निर्धारित सेक्स-भूमिकाओं से परे जाता हो।

कुछ भारतीय समाज-विज्ञानियों ने एंड्रोजिनी को अर्धनारीत्व का पर्याय बताया है। यह एक विवादास्पद प्रयास है। हिंदुओं के बीच शिव का अर्धनारीश्वर रूप (जिसमें शिव पार्वती के साथ एकाकार हो जाते हैं) एक धार्मिक दृष्टांत की तरह जाना जाता है। लेकिन, तात्पर्य-ग्रहण की दृष्टि से एंड्रोजिनी और अर्धनारीत्व काफ़ी भिन्न हैं। शिव का भक्त पार्वती समेत उनकी परिक्रमा करने के लिए तैयार नहीं था। उसने शिव और पार्वती के बीच से निकल कर केवल शिव की परिक्रमा करनी चाही। इससे पार्वती नाराज़ हुईं और यह देख कर शिव ने अपना आधा भाग उनके साथ एकाकार कर लिया। ज़ाहिर है कि अर्धनारीश्वर का यह प्रकरण नारीवादी परियोजना में फ़िट नहीं बैठता। यह तो उभयलैंगिकता का उदाहरण अधिक लगता है। यह ज़्यादा से ज़्यादा दो सेक्सों या दो जेंडरों का ऐसा जोड़ लगता है जो किसी भी स्थायी उद्देश्य से वंचित है। भारतीय नारीवादियों ने भी अर्धनारीश्वर के विचार को सामाजिक ज़मीन पर उतरने लायक मानने से इनकार कर दिया है। सृष्टि-रचना में स्त्री-तत्त्व को प्राथमिकता मिलने का विचार भी सामाजिक यथार्थ में अनूदित नहीं होता। ये बातें रूपक बन कर रह जाती हैं।

नारीवादियों ने अर्धनारीत्व के विचार का इस्तेमाल मुख्यत: उस सेक्सिस्ट दृष्टिकोण का विरोध करने के लिए किया जो मानव-प्रकृति को दो सेक्सों में बाँट कर देखता है और दोनों के बीच किसी तरह की एकता देखने के लिए तैयार नहीं है। सेक्सिस्ट क्रिस्म का सांस्कृतिक चिंतन पुरुष और स्त्री की दो श्रेणियाँ बना कर दोनों के लिए अलग-अलग गुणों का निर्धारण कर देता है। इस प्रक्रिया में स्त्री संबंधी गुणों के कमतर और पुरुष संबंधी गुणों के बेहतर होने की स्थापना होती है। नतीजतन प्रभुत्व और अधीनस्थता के संबंध बनते चले जाते हैं। एक आम समझ बन जाती है कि स्त्री को कैसा होना चाहिए और पुरुष को कैसा। धीरे-धीरे यह समझ इतनी कठोर और अपरिवर्तनीय हो गयी है कि स्त्री-जैसे दिखने वाले पुरुष और पुरुष-जैसी दिखने वाली स्त्री को एक सामाजिक विकृति का दर्जा दे दिया गया है। समाज में स्त्रियों को पुरुषों के लिए निर्धारित काम करने की इजाज़त नहीं है। इसी तरह पुरुष जब स्त्रियों के लिए निर्धारित कामकाज करते हैं तो उनका मज़ाक बनाया जाता है।

इस द्विभाजन को तोड़ने के लिए नारीवादियों ने एंड्रोजिनी या अर्धनारीत्व अपनाने का दावा किया। उनका कहना था कि एंड्रोजिनी के ज़रिये मनुष्य को सांस्कृतिक रूप से आरोपित जेंडर-भूमिकाओं से निकलने और अपनी सहजात प्रेरणाओं के अनुसार विकसित होने का मौक़ा मिलेगा। नारीवादियों का यह भी ख़याल था कि एंड्रोजिनी के माध्यम से जेंडर-मुक्त समाज की रचना करने की सम्भावनाएँ भी खुल सकती हैं। नारीवादियों ने दावा किया कि 1895 में प्रकाशित *वुमंस बाइबिल* का आराध्य एंड्रोजेनस है। इसके बाद वर्जीनिया वुल्फ़ अपनी 1928 में प्रकाशित रचना *अ रूम ऑफ़ वंस ओन* में कह चुकी थीं कि लेखक या तो स्त्रैण पुरुष होते हैं या पौरुषपूर्ण स्त्री। वूल्फ़ का विचार था कि हममें से प्रत्येक के भीतर दो प्रधान शक्तियाँ होती हैं जिनमें एक स्त्री होती है और एक पुरुष। दोनों शक्तियों में समरसता होने की सूरत में एक आध्यात्मिक सहयोग और सम्मिलन होता है जिसके गर्भ से प्रबल रचनात्मकता फूटती है।

भारतीय चिंतन-धारा, विशेषकर तंत्र, की एक अवधारणा यहाँ रेखांकित की जा सकती है। इसके अनुसार स्त्री-पुरुष का वजूद, उनका अवचेतन, भाषा और स्मृतियाँ परतदार होता है। स्त्री-तत्त्व के ऊपर पुरुष-तत्त्व, फिर स्त्री-तत्त्व, इस क्रम में सात परतें होती हैं। दोनों बारी-बारी से सतह पर आती हैं, इसलिए तत्त्वत: स्त्री-पुरुष का भेद अनर्गल है। 'परम हंस तत्त्व' की प्राप्ति पर स्त्री-तत्त्व जब बाहर आता है, पुरुष-तत्त्व तब भी अंतर्भुक्त रहता है।

1973 में जून सिंगर ने विख्यात मनोवैज्ञानिक कार्ल युंग द्वारा प्रतिपादित एनिमा और एनिमस के विचारों को खँगाल कर हर पुरुष के भीतर एक स्त्री-आयाम की मौजूदगी का दावा किया जो सांस्कृतिक अनुकूलन के कारण कहीं किसी कोने में अचेत पड़ा रहता है। इसी तरह हर स्त्री के भीतर एक पुरुष आयाम होता है। पुरुष अपने भीतर के एनिमा का दमन करता है, और स्त्री एनिमस का। इसके कारण दोनों में एक-दूसरे की चाह पैदा होती है। इस दमन के कारण ही दोनों के बीच एक-दूसरे के प्रति भय, परस्पर नामसझी और श्रद्धायुक्त विस्मय का जन्म होता है। बाद में अपनी रचना *एंड्रोजिनी* में सिंगर ने एंड्रोजिनी को एक प्राकृतिक, अकुंठ और बंधनहीन सेक्शुअलिटी के तौर पर परिभाषित किया। इससे प्रभावित पुरुष को मर्दानगी दिखाने की ज़रूरत नहीं पड़ती, और न ही ऐसी स्त्री को मासूम या मोहताज़ बनना होता है। एंड्रोजेनस व्यक्ति अपने भीतर मौजूद स्त्रीत्व या पुरुषत्व के पक्षों के दमन में यक़ीन नहीं करता। उसके भीतर इन दो पक्षों के बीच लगातार स्वाभाविक और सहज अन्योन्यक्रिया होती रहती है।

सत्तर के दशक में कैरोलिन हीलबर्न की रचना *टुवड्‌र्स अ रेकग्निशन ऑफ़ एंड्रोजिनी* ने पुरुष-नारी की अवधारणा को नारीवाद के एक लोकप्रिय सांस्कृतिक आदर्श की तरह स्थापित करने की भूमिका निभायी। लेकिन अस्सी के दशक में एंड्रोजिनी के बारे में नारीवादी दावेदारियाँ मंद पड़ती चली गयीं। ज्याँ बेथ्के एल्शटेन ने 'अगेंस्ट एंड्रोजिनी' लिख कर कहा कि नारीवादी विमर्श के बावजूद एंड्रोजिनी का विचार

अपनी मिथकीय संरचना में मुक्त नहीं हो पाया है। उनका दूसरा तर्क यह था कि मनुष्य के भीतर मौजूद लैंगिक विभेद हमेशा से कभी इधर तो कभी उधर झुकता रहा है, पर लैंगिक रूप से मिल कर एक हुई देह नारीवादी विमर्श के तहत मानस की पुनर्रचना करने में विफल रहती है।

एंड्रोजिनी का नारीवादी आदर्श सत्तर के दशक के परे नहीं जा पाया। अस्सी का दशक 'डिफ़रेंस' के सिद्धांतीकरण का साबित हुआ। रैडिकल फ़ेमिनिस्टों ने दावा किया कि पुरुष प्रभुत्व के तले समाज में एंड्रोजिनी का आदर्श कभी धरती पर नहीं उतारा जा सकता। 'एंड्रो' हमेशा 'जिन' के ऊपर हावी रहेगा। इन रैडिकल फ़ेमिनिस्टों का कहना था कि स्त्रियों को स्त्रीपन से बचने की कोई आवश्यकता नहीं है। उल्टे उन्हें स्त्रीपन पर बल देते हुए पुरुषत्व से अपने फ़र्क़ और साहसपूर्वक रेखांकित करना चाहिए। इसी दौर में ब्लैक फ़ेमिनिस्टों ने भी दबाव बनाया और जेंडर के नस्लगत विभेद पर ज़ोर डाला। विखण्डन से प्रभावित नारीवादी भी डिफ़रेंस के विचार को प्रमुखता देते हुए विश्लेषणात्मक श्रेणियों के भीतर विभेदों की तरफ़ इंगित करने लगे। उन्होंने एंड्रोजिनी की आलोचना करते हुए कहा कि यह श्रेणी पुरुषत्व को भी क़ायम रखती है और स्त्रीत्व को भी। इस चक्कर में यह सेक्स-जेंडर आधारित व्यवस्था का विकल्प नहीं पेश कर पाती। दरअसल एंड्रोजिनी जिस द्वैत को ख़त्म करने की कोशिश करती है, उसी में भागीदार बन जाती है।

आज नारीवादी दायरों में एंड्रोजिनी के पैरोकार नहीं पाये जाते। लेकिन इस विचार की प्रच्छन्न रूपों में वापिसी होती रहती है। संकरता का विचार एंड्रोजिनी से मेल खाता है। इसी तरह सीमाओं के अतिक्रमण का विचार भी एंड्रोजिनी के अनुकूल बैठता है। 'मुलायम' मर्द या जेंटल मेल या सम्यक् पुरुष की अवधारणा अस्सी और नब्बे के दशकों में एंड्रोजिनी के विचार की याद दिलाती रही है।

भारतीय नारीवादियों के बीच भी एंड्रोजिनी के इर्द-गिर्द कुछ बहस-मुबाहिसा देखा जा सकता है। नब्बे के दशक में प्रकाशित सूज़न विश्वनाथन की रचना *वुमॅन ऐंड वर्क : फ़्रॉम हाउसवाइफ़ाइज़ेशन टू एंड्रोजिनी* में केरल के मछुआरों की गोलबंदी करने वाली फ़िलोमीना-मैरी का उदाहरण देते हुए एंड्रोजिनी के आदर्श की वकालत करती है। लेकिन मैत्रेयी कृष्णराज को इस बात पर शक है कि एंड्रोजिनी का विचार जेंडर ध्रुवीकरण का विकल्प बन सकता है? वे पूछती हैं कि क्या कोई व्यक्ति क्या अपने भीतर मौजूद स्त्री और पुरुष की प्रवृत्तियों का संतुलन क़ायम कर सकने लायक सामाजिक शून्य की स्थिति हासिल कर सकता है? उनका निष्कर्ष है कि एंड्रोजिनी हासिल करने की कोशिश निरर्थक है। यह आदर्श सम्पत्ति संबंधी अधिकारों, क़ानूनी प्रावधानों, परिवार की प्रणाली और सांस्कृतिक जगत में पुरुष की प्रधानता से सिर टकरा कर नाकाम हो जाएगा।

नारीवाद की बड़ी चुनौती यह है कि वह पुरुष का अतिपुरुष (मैचो मैन, सुपरमैन) में और स्त्री का अतिस्त्री (बार्बी डॉल) में अवमूल्यन न होने दे। दया, सहिष्णुता और ममता आदि मानवीय गुणों पर स्त्रियों का एकाधिकार क्यों कर हो। संसाधनों और अवसरों की तरह मानवीय गुणों की थाती क्यों न सबके लिए खुली रहे।

देखें : अश्वेत नारीवाद, आनंदीबाई जोशी, इसलामिक नारीवाद, गायत्री चक्रवर्ती स्पिवाक, चिपको आंदोलन, जूडिथ बटलर, जेंडर, दलित नारीवाद, देवदासी, देवकी जैन, नारीवाद, नारीवाद की पहली लहर, नारीवाद की दूसरी लहर, नारीवाद की तीसरी लहर, नारीवादी दर्शन, नारीवादी फ़िल्म-सिद्धांत, नारीवादी इतिहास-लेखन, नारीवाद और अर्थशास्त्र, नारीवाद और साम्प्रदायिकता, नैंसी शोदॅरौ, पर्यावरणीय नारीवाद, पब्लिक-प्रायवेट, पश्चिम में नारीवाद-1 और 2, पण्डिता रमाबाई सरस्वती, पितृसत्ता, प्रेम, प्रेम-अध्ययन और नारीवादी दर्शन, भारत में स्त्री-आरक्षण-1 और 2, महादेवी वर्मा, मैरी वूल्सन क्रॉफ़्ट, राजनीतिक दर्शन के नारीवादी आयाम, रमाबाई रानाडे, ल्यूस इरिगरे, स्त्री और साम्प्रदायिकता, स्त्री-श्रम, सम्पत्ति : नारीवादी परिप्रेक्ष्य, सिमोन द बोउवार, स्त्री-आरक्षण, हेलन सिचू।

संदर्भ

1. जून सिंगर (1977), *एंड्रोजिनी,* ऐंडर-डबलडे, न्यूयॉर्क.
2. जॉय डी. ओसोफ्स्की और हॉवर्ड जे. ओसोफ्स्की (1972), 'एंड्रोजिनी एज़ अ लाइफ़ स्टायल', *द फ़ेमिली कोओर्डिनेटर,* खण्ड 21, अंक 4.
3. मैत्रेयी कृष्णराज (1996), 'एंड्रोजिनी : ऐन आल्टरनेटिव टू जेंडर पोलरिटी?' *इकॉनॉमिक ऐंड पॉलिटिकल वीक़ली,* खण्ड 31, अंक 16-17.
4. सूज़न विश्वनाथन, 'वुमॅन ऐंड वर्क : फ़्रॉम हाउसवाइफ़ाइज़ेशन टू एंड्रोजिनी', *इकॉनॉमिक ऐंड पॉलिटिकल वीक़ली,* खण्ड 31, अंक 45-46, 9-16.

—अनामिका

ऐ

ऐडम स्मिथ

(Adam Smith)

दार्शनिक और क्लासिकल अर्थशास्त्र के पितामह ऐडम स्मिथ (1723–1790) पहले अध्येता थे जिन्होंने युरोप में हुए उद्योग और व्यापार के उभार को समझ कर पूँजीवाद को उसका बुनियादी सैद्धांतिक ढाँचा प्रदान किया। लेकिन, स्मिथ का योगदान यहीं तक सीमित नहीं है। सोने और चाँदी जैसी क़ीमती धातुओं की जगह श्रम को किसी राष्ट्र की समृद्धि का आधार क़रार दे कर श्रमिक वर्ग को भविष्य में मिलने वाली वैधता का रास्ता भी उन्होंने ही पहली बार खोला। स्मिथ ने श्रम के विभाजन का सिद्धांत और मूल्य का श्रम-सिद्धांत प्रतिपादित किया। उदारतावादी दार्शनिक डेविड ह्यूम के साथ मिल कर स्मिथ ने अट्ठारहवीं सदी के स्कॉटिश ज्ञानोदय और फ्रांसीसी ज्ञानोदय के बीच पुल का काम किया। स्मिथ के विचारों ने संयुक्त राज्य अमेरिका के संस्थापकों समेत डेविड रिकार्डो, जान स्टुअर्ट मिल, ऑग्युस्त कॉम्त और चार्ल्स डार्विन को भी प्रभावित किया। आम तौर पर स्मिथ को मुक्त बाज़ार के प्रणेता के तौर पर दिखाया जाता है, पर उनका कृतित्व मार्क्स और एंगेल्स जैसे क्रांतिकारी विचारकों से लेकर चोम्स्की जैसे अराजकतावादियों तक के लिए उपयोगी साबित हुआ है।

स्मिथ की विद्वत्ता उस युग की देन थी जब अर्थशास्त्र एक बौद्धिक अनुशासन के रूप में अलग से स्थापित नहीं हुआ था। उसे दर्शनशास्त्र के अध्ययन की एक शाखा की तरह देखा जाता था। स्मिथ ने भी पहले स्काटलैण्ड के ग्लासगो विश्वविद्यालय और फिर इंग्लैण्ड के ऑक्सफ़र्ड विश्वविद्यालय में नीतिशास्त्र का अध्ययन किया। अरस्तू, हॉब्स और लॉक से प्रभावित होने और अपने अध्यापक विख्यात उदारतावादी दार्शनिक फ्रांसिस हचेसन के मार्गनिर्देशन में वे आज़ादी और स्वतंत्र अभिव्यक्ति के मूल्यों की तरफ़ झुकते चले गये। स्मिथ ग्लासगो में ही नीतिशास्त्र के प्रोफ़ेसर बने और *द थियरी ऑफ़ मॉरल सेंटीमेंट्स* की रचना करके अपनी बौद्धिकता का सिक्का जमा लिया। अपनी इस प्रभावशाली कृति में उन्होंने अपने गुरु हचेसन की तरह किसी विशेष तरह की 'नैतिक अनुभूति' या 'नैतिक सार' पर ज़ोर नहीं दिया। न ही वे अपने वरिष्ठ मित्र ह्यूम की तरह उपयोगिता पर बल देते नज़र आये। उन्होंने नयी ज़मीन खोजी और मानवीय नैतिकता को कर्ता और दर्शक अर्थात् व्यक्ति और समाज के अन्य लोगों के बीच परस्पर निर्भरता पर आश्रित क़रार दिया।

इसी पुस्तक में स्मिथ ने पहली बार बाज़ार को 'इनविज़िबिल हैंड' के रूप में कल्पित किया। विश्वविद्यालयीय और निजी हलकों में स्मिथ अपने बालकोचित भुलक्कड़पन के लिए मशहूर थे। बचपन में ही पिता की मृत्यु के बाद माँ द्वारा पाले-पोसे गये आजीवन अविवाहित रहे इस विद्वान का प्रिय शगल अपने आप से बातें करते रहना या मुँह ही मुँह में बुदबुदाते रहना था। अपने अध्ययन कक्ष में कभी-कभी तो वे किसी काल्पनिक सहयोगी से काफ़ी-काफ़ी देर तक मुस्कराते हुए संवाद करते रहते। हालाँकि स्मिथ सुदर्शन व्यक्ति नहीं थे और उनकी ज़ुबान बोलने में कुछ लड़खड़ाती भी थी, पर उनकी शुरुआती व्याख्यानमालाएँ बहुत सफल रहीं और एक अध्यापक के रूप में उनकी ख्याति दूर-दूर तक फैली। बहुत से लोगों ने ग्लासगो विश्वविद्यालय में सिर्फ़ उनके लैक्चर्स सुनने के लिए दाख़िला लिया। उनके छात्रों की नोटिंग्ज़ बताती हैं कि *मॉरल सेंटीमेंट्स* लिखने के बाद स्मिथ का झुकाव उत्तरोत्तर विधिशास्त्र और अर्थशास्त्र की ओर होता चला गया।

इन्हीं दिनों उन्हें युरोप के एक कुलीन परिवार के

ऐडम स्मिथ (1723-1790)

उत्तराधिकारी को ट्यूशन पढ़ाने का प्रस्ताव मिला। प्रोफ़ेसरी छोड़ कर वे यात्राओं पर निकल गये जिसके कारण उन्हें उस युग की बौद्धिक हस्तियों से मुलाक़ात करने का मौक़ा मिला। जिनेवा में दार्शनिक वाल्तेयर और फ्रांस में *इनसाइक्लोपीदी* रचने वाले विद्वानों से मिलने के साथ इसी दौरान उन्होंने आधुनिक अमेरिका के संस्थापकों में से एक बेंजामिन फ्रेंकलिन से भी भेंट की। फ्रांस में ही स्मिथ को प्रकृतिवाद (फ़ीज़ियोक्रेसी) के प्रवक्ताओं से संवाद का अवसर मिला। ये लोग मानते थे कि कृषियोग्य ज़मीन, खेतिहर श्रम और अनाज का व्यापार ही सभी तरह की समृद्धि का असली स्रोत है। यह समझ क़ीमती वस्तुओं और धातुओं के व्यापार पर यक़ीन करने वाली वणिकवादी समझ से भिन्न थी। स्मिथ का मानना था कि अपनी तमाम ख़ामियों के बावजूद प्रकृतिवाद राजनीतिक अर्थशास्त्र के मामले में सत्य के सबसे ज़्यादा नज़दीक है। स्मिथ ने प्रकृतिवाद के आग्रहों का तात्पर्य अपने हिसाब से ग्रहण किया और इस निष्कर्ष पर पहुँचे कि समृद्धि का स्रोत केवल खेतिहर श्रम में नहीं, बल्कि हर तरह के उत्पादन की ख़ातिर किये गये श्रम में निहित है। *मॉरल सेंटीमेंट्स* में वे बाज़ार को अदृश्य हाथ की तरह कल्पित कर ही चुके थे।

1750 में स्मिथ डेविड ह्यूम से मिले जिनकी रचना *ट्रीटाइज़ ऑन ह्यूमन नेचर* के वे पहले से ही प्रशंसक थे। ह्यूम उनसे दस वर्ष वरिष्ठ थे, फिर भी दोनों ने पाया कि उनके बीच व्यापक क़िस्म की वैचारिक एकता है। अपनी यात्राओं से लौटने के बाद स्मिथ को 1751 में फिर से ग्लासगो विश्वविद्यालय में प्रोफ़ेसरी मिल गयी। अगले साल ही नीतिशास्त्र की पीठ खाली हुई जिस पर स्मिथ को आसीन किया गया। उन्होंने अगले दस वर्ष अपनी महानतम पुस्तक *ऐन इनक्वारी इन टू द नेचर ऐंड कॉज़िज़ ऑफ़ द वेल्थ ऑफ़ नेशंस* लिखने में ख़र्च किये। यह पुस्तक 1776 में प्रकाशित होने के बाद इतनी लोकप्रिय साबित हुई कि छह महीनों में ही उसका पहला संस्करण बिक गया। ख़ुद उनके ही शब्दों में यह उनके जीवन की सर्वाधिक संतोषजनक अवधि थी। इस दौरान उन्होंने नैतिकशास्त्र, भाषाशास्त्र, विधिशास्त्र, राजनीतिक अर्थशास्त्र, पुलिस और राजस्व जैसे विषयों पर व्याख्यान दिये।

दिलचस्प बात यह है कि *वेल्थ ऑफ़ नेशंस* के लिए विश्वविख्यात स्मिथ स्वयं *मॉरल सेंटीमेंट्स* को अपनी बेहतर पुस्तक माना करते थे। ऐसे विद्वानों की कमी नहीं है जो इन दोनों रचनाओं को एक-दूसरे की निरंतरता में देखने से इनकार करते हैं। इनका कहना है कि पहली पुस्तक में स्मिथ परस्पर सहानुभूति को नैतिकता के उद्गम के रूप में रेखांकित करते हैं, जबकि दूसरी पुस्तक में वे 'स्व-हित' के सिद्धांत की भूमिका पेश करते हैं कि अपनी और समाज की समृद्धि स्व-हित पर ज़ोर दिये बिना उपलब्ध नहीं हो सकती। इसके विपरीत विद्वानों का एक दूसरा समूह मानता है कि दोनों पुस्तकों में स्मिथ मानवीय प्रकृति के दो भिन्न पहलुओं की चर्चा कर रहे हैं। *मॉरल सेंटीमेंट्स* में वे मनोविज्ञान का सिद्धांत विकसित करते नज़र आते हैं जहाँ व्यक्ति अपने आचरण पर 'निष्पक्ष प्रेक्षक' की सकारात्मक सम्मति की स्वाभाविक कामना कर रहा है, जबकि *वेल्थ ऑफ़ नेशंस* की विषयवस्तु में नैतिकता की भूमिका कम से कम है। वहाँ तो व्यक्ति के सामने समस्या उत्पादन की है जिसका सीधा संबंध निजी हित से है। वहाँ सवाल यह है कि व्यक्ति का निजी हित समाज के हित को प्रोत्साहित कर सकता है या नहीं।

दरअसल, स्मिथ के विचारों में एकता के पहलू काफ़ी हैं। मसलन, *मॉरल सेंटीमेंट्स* में एक जगह वे दिखाते हैं कि किस तरह अमीरों द्वारा किये गये निवेश से ग़रीबों की ग़ैर-इरादतन मदद होती है। यही ग़ैर-इरादतन पहलू ही 'अदृश्य हाथ' की करामात है, जो स्मिथ के मुताबिक़ अराजक और अंसयमित मुक्त बाज़ार से सही मात्रा में सही क़िस्म की वस्तुएँ पैदा करने और संसाधनों के सही आबंटन को अंजाम देने में समर्थ होता है। स्मिथ ने किसी भी तरह के आर्थिक संकेद्रण का विरोध किया, क्योंकि इजारेदारी के कारण ज़मीन, मेहनत और सम्पत्ति की वाजिब क़ीमत का फ़ैसला नहीं हो पाता। वे आम तौर पर 'लैसे फ़ेयर' (इस शब्द का प्रयोग अट्ठारहवीं सदी में पहली बार फ्रांस में हुआ था) यानी सरकार को आर्थिक मामलों से दूर रखने के हिमायती थे।

वेल्थ ऑफ़ नेशंस एक विशाल, आंशिक रूप से मानकीय और मुख्यत: वर्णनप्रधान ग्रंथ है, जिसकी सबसे मशहूर पंक्तियाँ इस प्रकार हैं : 'हमारी मेज़ पर रात का भोजन कसाई, कलार या नानबाई की परोपकारिता के कारण नहीं, बल्कि उनके अपने हित के कारण आता है। हम उनकी इनसानियत को नहीं, बल्कि उनके स्वार्थ को सम्बोधित करते हैं। हम उनसे अपनी आवश्यकताओं के बारे में नहीं बल्कि उनके फ़ायदों के बारे में चर्चा करते हैं।' इस तरह स्मिथ ने नतीजा निकाला कि समाज का हित साधने का इरादा रखने वालों के मुक़ाबले अपना हित साधने से सभी का हित ज़्यादा सध सकता है। श्रम-विभाजन के सिद्धांत का प्रतिपादन करने के लिए स्मिथ ने

पिन बनाने वाले एक मज़दूर का उदाहरण दिया जो अकेले काम करके पूरे दिन में केवल बीस पिनें बना पाता है, जबकि एक पूँजीपति द्वारा भाड़े पर रखे गये दस मज़दूर काम के उपयोगी विभाजन के आधार पर पूरे दिन में 48,000 पिनें बना कर दिखा देते हैं। स्मिथ का दावा था कि इस आधार पर हुए उत्पादन से पूरे समाज में हर व्यक्ति ग़ैर-पूँजीवाद समाज के सबसे धनी व्यक्ति से भी ज़्यादा धनी बन सकता है।

स्मिथ की बौद्धिक उपलब्धियों ने पिछली दो सदियों से ज्ञान के हर क्षेत्र को प्रभावित किया है। लेकिन, उनकी आलोचना भी कम नहीं हुई है। ज़ाहिर है कि उनकी स्थापनाएँ एक काल्पनिक क़िस्म के दोष रहित बाज़ार और दोष रहित राज्य के माहौल में ही सच्ची साबित हो सकती थीं। जोसेफ़ शुमपीटर ने उनके ऊपर ज़बरदस्त प्रहार करते हुए उन्हें कई तरह के सरलीकरणों और सतही अवलोकनों का दोषी ठहराया है। शुमपीटर मानते हैं कि स्मिथ का उथलापन ही उनकी लोकप्रियता का रहस्य है। लेकिन, शुमपीटर के विपरीत ऐडम स्मिथ की आलोचना मार्क्स ने ज़्यादा सकारात्मक ढंग से की है। उन्होंने कहा है कि स्मिथ ने श्रम विभाजन का सिद्धांत अवश्य दिया पर वे उस परायेपन को समझने में असमर्थ रहे जो श्रमिक को उसके उत्पाद से अलग कर देता है। मूल्य का श्रम सिद्धांत देते समय स्मिथ ने जो ग़लतियाँ कीं, मार्क्स ने उन्हें सुधारने पर ज़ोर दिया।

स्मिथ ने अर्थव्यवस्था में राज्य के अहस्तक्षेप की वकालत की थी, पर वे प्रतिरक्षा, सार्वजनिक निर्माण और रक्षा के क्षेत्र राज्य के हाथों में रखने के हिमायती भी थे। स्मिथ के कृतित्व की इन्हीं ख़ूबियों के कारण आज स्थिति यह है कि थैचराइज़ेशन और रेगनोमिक्स के समर्थक भी उनकी सिफ़ारिशों का उपयोग करना चाहते हैं, और संरक्षणवाद के पैरोकार भी उनके उद्धरण देते हैं।

देखें : अर्थव्यवस्था का समाजशास्त्र, आर्थिक जनसांख्यिकी, अल्फ्रेड मार्शल, अमर्त्य कुमार सेन, अंतर्राष्ट्रीय मुद्रा कोष, आधार और अधिरचना, ऑस्कर रायज़ार्ड लांगे, करारोपण, कल्याणकारी अर्थशास्त्र, क्लासिकल अर्थशास्त्र, कार्ल हाइनरिख़ मार्क्स-3, कार्ल मेंगर, कींसियन अर्थशास्त्र, गुन्नार मिर्डाल, जोआन रोबिंसन, जान कैनेथ गालब्रेथ, जान मेनार्ड कींस, जान स्टुअर्ट मिल, जोसेफ़ शुमपीटर, जैव विविधता, ट्रस्टीशिप, डेविड रिकार्डो, ढाँचागत समायोजन कार्यक्रम, थॉमस मन और वणिकवाद, थॉमस रॉबर्ट माल्थस, दक्षता, धन, नियोक्लासिकल अर्थशास्त्र, नीतिशास्त्र और अर्थशास्त्र, निकोलस काल्दोर, नियोजन, नियोजन : मार्क्सवादी विमर्श, पण्य, पण्य-पूजा, पेटेंट, पॉल सेमुअलसन, पियरो स्राफ़ा, पूँजी, प्रतियोगिता, फ्रांस्वा केस्ने और प्रकृतिवाद, फ्रेड्रिख़ वॉन हायक, बहुराष्ट्रीय निगम, बाज़ार, बाज़ार की विफलताएँ, बाज़ार-समाजवाद, बौद्धिक सम्पदा अधिकार, ब्रेटन वुड्स प्रणाली, भारत में बहुराष्ट्रीय निगम, भारत में नियोजन, भारत में पेटेंट क़ानून, भारत में शेयर संस्कृति, भूमण्डलीकरण और पूँजी बाज़ार, भूमण्डलीकरण और वित्तीय पूँजी, भूमण्डलीकरण और वित्तीय उपकरण, मार्क्सवादी अर्थशास्त्र, मिल्टन फ्रीडमेन, मूल्य, राजकोषीय नीति और मौद्रिक नीति, रॉबर्ट ओवेन, विलफ्रेडो परेटो, विश्व व्यापार संगठन, विश्व बैंक, विलियम पेटी, विलियम स्टेनली जेवंस, वैकासिक अर्थशास्त्र, शोषण, साइमन कुज़्नेत्स।

संदर्भ

1. वेरनोन एल. स्मिथ (1998), 'टू फेसेज़ ऑफ़ ऐडम स्मिथ', *सदर्न इकॉनॉमिक जर्नल*, खण्ड 65, अंक 1.
2. कीथ ट्राइब और हिरोशी मिज़ुता (2002), *अ क्रिटिकल बायोग्राफ़ी ऑफ़ ऐडम स्मिथ*, पिकरिंग ऐंड शैटो, लंदन.
3. इयान मैक्लीन और ऐडम स्मिथ (2006), *रैडिकल ऐंड इगेलिटेरियन : ऐन इंटरप्रिटेशन फ़ॉर द ट्वेंटी फ़र्स्ट सेंचुरी*, एडिनबरा युनिवर्सिटी प्रेस, एडिनबरा.
4. जेम्स बुकन (2006), *द ऑथेंटिक ऐडम स्मिथ : हिज़ लाइफ़ ऐंड आइडियाज़*, डब्ल्यू.डब्ल्यू. नॉर्टन ऐंड कम्पनी. लंदन.
5. आर.एच. कैम्पबेल और एस. एंड्रू स्किनर (1985), *ऐडम स्मिथ*, रॉटलेज, न्यूयॉर्क.
6. जोसेफ़ शुमपीटर (1985), *हिस्ट्री ऑफ़ इकॉनॉमिक ऐनालिसिस*, ऑक्सफ़र्ड युनिवर्सिटी प्रेस, लंदन.

—अभय कुमार दुबे

ऐनी बेसेंट

(Annie Besant)

भारत के उपनिवेशवाद विरोधी आंदोलन में होम रूल लीग के प्रमुख संस्थापकों में एक ऐनी बेसेंट (1847-1933) फ़ेबियन समाजवादी, स्त्री-अधिकारों की प्रबल पैरोकार और प्रभावशाली लेखक-वक्ता थीं। भारतवासियों के स्वशासन के साथ-साथ उन्होंने आयरिश स्वशासन का भी समर्थन किया। उन्होंने आधुनिक सेकुलरवाद के प्रमुख संस्थापकों में से एक चार्ल्स ब्रैडलॉफ़ के साथ मिल कर सेकुलर मूल्यों के विकास में उल्लेखनीय योगदान किया। जीवन के आख़िरी चरण में उन्होंने नास्तिकता त्याग कर थियोसोफ़िकल सोसाइटी की शरण ली और 1893 में शिकागो में आयोजित विश्व धर्म संसद में थियोसोफ़ी समाज का प्रतिनिधित्व किया। 1893 में ऐनी बेसेंट भारत पहुँची और फिर भारत की होकर ही रह गयीं। अंग्रेज़ होते हुए भी उन्होंने अंग्रेज़ी राज के ख़िलाफ़ आवाज़ उठायी और भारतीय राष्ट्रीय कांग्रेस की अध्यक्ष भी रहीं। ऐनी बेसेंट गाँधी द्वारा अपनायी गयी सविनय अवज्ञा की रणनीति की आलोचक थीं। 1898 में उन्होंने बनारस में केंद्रीय हिंदू विद्यालय एवं महाविद्यालय की स्थापना की और उस समय के प्रख्यात शिक्षाविदों को एकत्रित किया। भारत में स्काउट आंदोलन की स्थापना का श्रेय भी ऐनी बेसेंट को ही जाता है। 1907 में ऐनी बेसेंट को अंतर्राष्ट्रीय थियोसोफ़िकल समाज का अध्यक्ष बनाया गया। वे जीवन पर्यंत इस पद पर रहीं। ऐनी बेसेंट का कार्यकाल थियोसोफ़िकल सोसाइटी का

ऐनी बेसेंट (1847-1933)

स्वर्णिम युग माना जाता है।

ऐनी बेसेंट ने शुरुआत से ही एक संघर्षपूर्ण और सक्रिय जीवन जिया। उनका जन्म एक अक्टूबर ,1847 को लंदन में हुआ था। उनके पिता विलियम वुड एक डॉक्टर थे और माता एमिली मॉरिस गृहिणी थीं। ऐनी बेसेंट की माँ का पूरा परिवार आयरिश था जबकि उनकी दादी आयरिश और दादा अंग्रेज़ थे। ऐनी बेसेंट को अपने तीन चौथाई आयरिश होने का जितना गर्व था उतना ही आयरलैंड के बजाय इंग्लैंड में पैदा होने का दु:ख भी था। जब ऐनी बेसेंट केवल पाँच वर्ष की थीं, तभी उनके पिता का देहांत हो गया। आमदनी के अभाव में ऐनी की माँ ने अपने घर पर ही स्कूल के बच्चों को आवासीय सुविधा देकर उनकी देखभाल करके धनोपार्जन शुरू किया। इसी दौरान प्रसिद्ध उपन्यासकार कैप्टेन मैरियट की बहन एलेन मैरियट ने ऐनी को अपने साथ रख कर पढ़ाने का प्रस्ताव किया। मैरियट ने बेहद अनोखे तरीक़े से ऐनी को इंग्लिश, फ्रेंच, लैटिन और जर्मन भाषाएँ पढ़ाईं। 1867 में 19 वर्षीय ऐनी ने रेवरेंड फ्रैंक बेसेंट नामक एक युवा पादरी से विवाह किया और जब तक वे तेईस वर्ष की होतीं, उनके दो बच्चे, पुत्र डिग्बी और पुत्री माबेल, हो चुके थे। अपने विवाह के बाद ऐनी ने स्थानीय पत्रिकाओं में लघु कथाएँ लिख कर भेजीं जिनके प्रकाशन पर उन्हें अपने जीवन की पहली कमायी हुई। इसे ईश्वर की कृपा मान कर उन्होंने घुटने टिका कर परमात्मा को इसके लिए बहुत धन्यवाद दिया। लेकिन वे नहीं जानती थीं कि तत्कालीन ब्रिटिश क़ानून के तहत पत्नी की सारी कमायी पर उसके पति का ही अधिकार होता था। यह कमायी भी उनकी नहीं बल्कि उनके पति की थी। अपनी बेटी की गम्भीर बीमारी के दौरान ऐनी बेसेंट का परमेश्वर और उसकी परम दयालुता से यक़ीन उठ गया। भले ही इस बीमारी से उनकी बेटी की जान बच गयी हो लेकिन ऐनी का धर्म के प्रति अंधश्रद्धालु विश्वास टूट चुका था। परिणामस्वरूप उन्होंने धर्म और पारम्परिक धार्मिक विचारों के बारे में स्वतंत्र चिंतन शुरू किया जिसके कारण उनका अपने पति के साथ इतना गम्भीर टकराव हुआ कि 1873 में पति ने उन्हें घर से निकाल दिया। गिरजाघर के संस्कारों के अंतर्गत हुए इस विवाह को तोड़ने के लिए केवल क़ानूनी प्रक्रिया ही एकमात्र रास्ता था और इसमें ऐनी बेसेंट ने अपने पक्ष की जिरह स्वयं ही की। इस संबंध के टूटने के बाद ऐनी बेसेंट का पुत्र डिग्बी पिता के पास और पुत्री माबेल उनके साथ लंदन में रहने लगी। अपनी बेटी और माँ की देखभाल करने और अपनी आजीविका चलाने के लिए उन्होंने कई तरह के श्रमसाध्य और कष्टप्रद काम भी किये।

1874 में ऐनी बेसेंट ने *नैशनल रिफ़ॉर्मर* नामक एक समाचार पत्र देखा जिसमें नैशनल सेकुलर सोसाइटी पर एक लेख प्रकाशित हुआ था। इसे पढ़ने पर उन्हें मालूम हुआ कि इंग्लैंड में स्वतंत्र विचार रखने वाले और लोग भी हैं और उनका कोई संगठन भी है। जल्दी ही ऐनी बेसेंट इस संगठन की सदस्य बन गयीं। उन्होंने इस संगठन के संरक्षक चार्ल्स ब्रैडलॉफ़ से आजीवन मित्रता और सहजीवन का रिश्ता भी क़ायम किया। उन्होंने ब्रैडलॉफ़ के पत्र *नैशनल रिफ़ॉर्मर* में एजेक्स के उपनाम से लेख लिखना शुरू किया और ब्रैडलॉफ़ की व्यस्तता देखते हुए अख़बार के उपसम्पादक का काम भी सँभाल लिया। इसी दौरान ऐनी बेसेंट ने महिला अधिकारों से संबंधित विषयों पर सार्वजनिक व्याख्यान देने शुरू किये। उन्होंने ब्रिटिश संसद (हाउस ऑफ़ कॉमन्स) के चुनाव में चार्ल्स ब्रैडलॉफ़ के लिए चुनाव प्रचार भी किया।

1830 के दशक में एक अमेरिकन चिकित्सक चार्ल्स क्नोव्लटन ने जन्म-नियंत्रण पर एक पुस्तक लिखी थी, जिसे अमेरिका और इंग्लैंड में बिना किसी बाधा के बेचा जा रहा था। 1877 में इंग्लैंड के किसी प्रकाशक ने इस किताब को प्रकाशित करने के दौरान इसमें कुछ आपत्तिजनक तस्वीरें भी जोड़ दीं जिसके कारण उस प्रकाशक को जेल यात्रा करनी पड़ी। चूँकि ब्रैडलॉफ़ और ऐनी की पुस्तकों के प्रकाशक के पास भी क्नोव्लटन की पुस्तक के आपत्तिजनक संस्करण की प्रतियाँ मिली थीं, इसलिए उस प्रकाशक को नैशनल सेकुलर सोसाइटी के काम से हटा दिया गया। लेकिन अभिव्यक्ति की स्वतंत्रता के पक्षधर ब्रैडलाफ़ और ऐनी बेसेंट ने क्नोव्लटन

की पुस्तक द *फ्रूट्स ऑफ़ फ़िलॉसफ़ी* का मुद्रण किया। इस पुस्तक की बिक्री-वितरण के दौरान ब्रैडलॉफ़ और बेसेंट को आपत्तिजनक सामग्री रखने-बेचने के जुर्म में छह महीने की सज़ा दी गयी जो पुनरावेदन याचिका के बाद निरस्त कर दी गयी। इस अदालती मुक़दमे के बाद ऐनी बेसेंट ने जन्म-नियंत्रण पर अपनी एक किताब द *लॉ ऑफ़ पापुलेशन* लिखी जो विख्यात अर्थशास्त्री माल्थस के जनसंख्या संबंधित विमर्श पर आधारित थी। ऐनी बेसेंट ने माल्थस सोसाइटी की स्थापना भी की। किसी स्त्री द्वारा ऐसे विषय पर लिखना बेहद विस्फ़ोटक घटना मानी गयी और इंग्लैंड के मशहूर अख़बार द *टाइम्स* ने भी ऐनी बेसेंट की इस पुस्तक को 'अश्लील, निर्लज्ज, फूहड़' कह कर भर्त्सना की। ऐनी बेसेंट के पूर्व पति फ्रैंक बेसेंट ने इस पुस्तक और धर्म के प्रति ऐनी बेसेंट की अस्वीकृति को आधार बना कर क़ानूनी कार्रवाई की और बेटी को बेसेंट के संरक्षण से छीन लिया।

अपने सामाजिक कार्यों और लेखन-व्याख्यान की ज़िम्मेदारियों के बीच में समय निकाल कर ऐनी बेसेंट ने लंदन विश्वविद्यालय से वनस्पति विज्ञान में बीएससी की उपाधि भी प्राप्त की। एक बहुत लम्बे संघर्ष के बाद 1880 के चुनावों में चार्ल्स ब्रैडलॉफ़ संसद सदस्य बनने में कामयाब रहे। लेकिन वे ईसाई नहीं थे इसलिए संसद सदस्य के रूप में उनका शपथ ग्रहण नहीं हो पाया। उन्हें संसद से ही बाहर निकाल दिया गया। ब्रैडलॉफ़ को संसद में पुनर्स्थापित करने और संसद में आस्था के स्थान पर सेकुलर प्रतिज्ञा लेने की आज़ादी के सार्वजनिक अभियान में ऐनी बेसेंट ने अग्रणी भागीदारी की। इसी दौरान वे वाल्टर क्रेन, एडवर्ड अवेलिंग, जॉर्ज बर्नार्ड शॉ जैसे समाजवादियों के सम्पर्क में आयी। यहीं से ऐनी बेसेंट और ब्रैडलॉफ़ के रास्ते अलग हो गये क्योंकि वे समाजवाद को एक विकृत विदेशी अवधारणा मानते थे। इसके बाद ऐनी बेसेंट सोशल डेमॉक्रैटिक फ़ेडरेशन में शामिल हो गयीं। उन्होंने माचिस बनाने के एक कारख़ाने में फ़ास्फ़ोरस के धुएँ के खतरों और युवा स्त्रियों की न्यूनतम मज़दूरी के बारे में एक लेख प्रकाशित किया और इस फ़ैक्ट्री के कामगारों के साथ हो रहे दुर्व्यवहार को 'गोरों की ग़ुलामी' (वाइट स्लेवरी) के नाम से पुकारा। ऐनी बेसेंट के समर्थन से इस फ़ैक्ट्री के मज़दूरों ने तीन सप्ताह की हड़ताल की जिसके बाद कम्पनी को अपने मज़दूरों की माँगे मानने को बाध्य होना पड़ा। 1889 में ऐनी बेसेंट ने लंदन स्कूल बोर्ड के लिए चुनाव लड़ा और भारी बहुमत से निर्वाचित हुईं। अपने कार्यकाल में उन्होंने स्थानीय स्कूलों में बड़े पैमाने पर सुधार किये और प्राथमिक विद्यालयों में सभी बच्चों के लिए मुफ़्त चिकित्सा परीक्षा के साथ ही कुपोषित बच्चों के लिए नि:शुल्क भोजन का एक कार्यक्रम भी शुरू कराया।

सामाजिक व्यस्तता के बीच बेसेंट को अपने जीवन में मानसिक अशांति और अपूर्णता का एहसास भी बना रहता था। इसी बीच उन्हें एच.पी. ब्लाड्व्स्की की पुस्तक द *सीक्रेट डॉक्ट्रिन* की समीक्षा करने को कहा गया। पुस्तक पढ़ कर ऐनी बेसेंट इतनी प्रभावित हुईं की उन्होंने लेखक से मुलाक़ात की और काफ़ी सोच-विचार के बाद 1889 को थियोसोफ़िकल समाज की सदस्य भी बन गयीं। ऐनी के सारे सहयोगी विशेषकर ब्रैडलॉफ़ और अन्य समाजवादी मित्र अचम्भित रह गये क्योंकि उन्हें विश्वास नहीं हुआ कि पूरी तरह से नास्तिक ऐनी बेसेंट एक दिन किसी धार्मिक संस्था को अपना लेंगी। एक कुशल लेखक व प्रभावशाली वक्ता के रूप में ऐनी बेसेंट थियोसोफ़ी की प्रमुख प्रवक्ता बन गयीं और चल कर सोसाइटी की अध्यक्ष निर्वाचित हुईं।

भारत में ऐनी बेसेंट ने थियोसोफ़िकल समाज से संबंधित सामाजिक, शैक्षणिक और राजनीतिक कार्यों में अहम योगदान दिया। वे अंग्रेज़ी राज से अपनी स्वतंत्रता के लिए संघर्षरत भारतीय आंदोलन की प्रमुख नेता भी बनीं। ऐनी बेसेंट ने भारत के विभिन्न स्थानों पर शैक्षणिक संस्थान स्थापित किये और भारतीय स्त्रियों को शिक्षा प्राप्त करने और सार्वजनिक जीवन में भाग लेने के लिए प्रोत्साहित किया। थियोसोफ़िकल समाज का केंद्र अडयार (मद्रास) में स्थापित करने के बाद उन्होंने यहाँ से समाज की पत्रिका का प्रकाशन शुरू किया। प्राचीन भारतीय ज्ञान के प्रचार-प्रसार के लिए उन्होंने *श्रीमद्भगवतगीता* का अंग्रेज़ी अनुवाद किया। ऐनी बेसेंट के नेतृत्व में थियोसोफ़िकल समाज धार्मिक समूह से आगे बढ़ कर समाज सेवा की संस्था में बदल गया। ऐनी बेसेंट के संरक्षण और मार्गदर्शन में ही जिद्दू कृष्णमूर्ति का दार्शनिक चिंतन निखरा।

ऐनी बेसेंट के जीवन का एक विशिष्ट दौर भारतीय राजनीति में उनकी सक्रियता का था जो 1913 में शुरू हुआ। उन्होंने भारत में स्वशासन की माँग के लिए होम रूल लीग की स्थापना में प्रमुख भूमिका निभायी। ऐनी बेसेंट का मानना था कि भारतीय लोगों की दुर्दशा के लिए विदेशी शासन ज़िम्मेदार है और भारत के पुनरुद्धार के लिए स्व-शाही ही एकमात्र विकल्प है। ऐनी बेसेंट ने दो टुकड़ों में बँटी भारतीय राष्ट्रीय कांग्रेस को पुन: एकीकृत कर दिखाया और 1917 में उन्हें कांग्रेस का अध्यक्ष भी चुना गया था।

इसी दौरान ऐनी बेसेंट ने ब्रिटिश उपनिवेशवाद के विरोध में दो समाचारपत्र भी चलाये और भारतीय पत्रकारों को अंग्रेज़ी शासन के बौद्धिक-लेखकीय विरोध के नये तरीक़े सिखाये। 1917 में ही ऐनी बेसेंट को तीन माह के लिए नज़रबंद किये सविनय अवज्ञा और असहयोग के प्रति अपनी असहमति के कारण ऐनी बेसेंट राजनीतिक गतिविधियों से पीछे हट गयीं। दरअसल, वे गाँधी की राजनीति की कड़ी आलोचक थीं। अपने एक वक्तव्य में उन्होंने चेतावनी दी थी

कि ' जिस दिन भारत की जीत होगी, वह दिन गाँधी के लिए सबसे बड़ी हार का दिन होगा। जिस अराजकता की भावना, क़ानून का निरादर और सविनय अवज्ञा का लोगों में प्रचार किया जा रहा है उसके परिणामस्वरूप भारतीय सरकार के ख़िलाफ़ असंतोष और विद्रोह की भावना रहेगी। गाँधी की सीख भारतीय सरकार के ख़िलाफ़ काम करेगी।'

राजनीति से हटने के बावजूद बेसेंट ने सामाजिक-शैक्षणिक कार्यों में भाग लेना जारी रखा। 20 सितम्बर, 1933 को मद्रास (चेन्नई) में उनका निधन हो गया।

देखें : आनंदीबाई जोशी, अरुणा आसफ़ अली, उपनिवेशवाद विरोधी आंदोलन में स्त्री-नेतृत्व-1 और 2, कमला देवी चट्टोपाध्याय, पण्डिता रमाबाई सरस्वती, महादेवी वर्मा, दुर्गाबाई देशमुख, विजय लक्ष्मी पण्डित, संतोष कुमारी देवी।

संदर्भ

1. ऐनी बेसेंट (1999), ऐन ऑटोबायोग्राफ़ी, थियोसोफ़िकल पब्लिशिंग हाउस, अडयार, चेन्नई.
2. एन. श्री राम (2002), 'डा. ऐनी बेसेंट्स वर्क फ़ॉर एजुकेशन इन इण्डिया', द *थियोसोफ़िस्ट,* खण्ड 124, अंक 1.
3. कैथरीन वेसिंगेर (1988), *ऐनी बेसेंट ऐंड द प्रोग्रेसिव मेसियनिज़म : 1847-1933* (स्टडीज़ इन वुमॅन ऐंड रिलिजन), एडविन मेल्लेन प्रेस, यूके.

—रवि दत्त वाजपेयी

ओ

ओसवाल्ड स्पेंगलर

(Oswald Spengler)

जर्मन इतिहासकार ओसवाल्ड स्पेंगलर (1880–1936) से पहले इतिहासकार अपने अध्ययनों में नगर, राज्य या राष्ट्र के राजनीतिक इतिहास पर ही बल देते थे, लेकिन स्पेंगलर ने सांस्कृतिक पक्ष को महत्त्व दिया। उन्होंने कहा कि इतिहास का अध्ययन नगर, राज्य या राष्ट्र, जाति या सामाजिक संस्था पर निर्भर न रहकर उनकी सभ्यता पर केंद्रित होना चाहिए। उन्होंने सामाजिक-आर्थिक-धार्मिक पक्षों को इतिहास-लेखन की विषय-वस्तु बनाने पर बल दिया और सभ्यता को आधार बनाया। अपने इस सिद्धांत द्वारा स्पेंगलर को काफ़ी ख्याति मिली और वे इतिहास-लेखन को नयी दिशा देने में समर्थ हुए। 1918 में प्रकाशित अपनी किताब *द डिक्लाइन ऑफ़ द वेस्ट* में उन्होंने अपने इस सिद्धांत का प्रतिपादन करते हुए सम्पूर्ण मानव-इतिहास को आठ प्रमुख सभ्यताओं में विभाजित किया। उन्होंने प्रत्येक संस्कृति का जीवन-काल एक हज़ार साल का माना। इसी आधार पर उन्होंने घोषणा की कि पाश्चात्य सभ्यता का अंत होने ही वाला है। स्पेंगलर की इस कृति ने सभी को चौंका दिया। कई आलोचकों ने इस कृति को अटकलों पर आधारित, ग़लतियों से भरी और एक तरह की स्वैरकल्पना क़रार दिया। लेकिन इन आलोचनाओं के बावजूद स्पेंगलर की यह पुस्तक आज तक पश्चिम के आलोचकों को अपनी ओर आकर्षित करती है।

स्पेंगलर का जन्म उत्तरी जर्मनी के ब्लैंकबर्ग में हुआ था। उन्होंने म्यूनिख़, बर्लिन और हेल विश्वविद्यालयों से गणित और विज्ञान की पढ़ाई करने बाद 1904 में अपने दो शोध-पत्र

ओसवाल्ड स्पेंगलर (1880–1936)

रचे जिनमें एक सुकरात-पूर्व दार्शनिक हेराक्लिटस के विमर्श पर था। कुछ दिन तक अध्यापन करने के बाद स्पेंगलर म्यूनिख़ चले गये और लेखन शुरू किया। उन्होंने कविताएँ, नाटक और कहानियों की रचना भी की, पर अंत में वे इतिहास और

राजनीति की तरफ़ मुड़ गये।

स्पेंगलर ने जिस पुस्तक पर काम करना शुरू किया, उसका शीर्षक पहले 'कंज़रवेटिव ऐंड लिबरल' था। पर लिखते-लिखते उसका दायरा बढ़ता चला गया। इस पुस्तक में उन्होंने बेबीलोन, भारतीय, चीन, मिस्र, माया-अज़्टेक, यूनान-रोमन, मागियन (अरबी, सीरियायी, यहूदी, बायज़ंटाइन और इसलामिक) और फॉस्टियन (पश्चिमी) सभ्यता का तुलनात्मक अध्ययन पेश किया। यही पुस्तक द *डिक्लाइन ऑफ़ द वेस्ट* के शीर्षक से प्रकाशित हुई। छपते ही किताब की एक लाख से ज़्यादा प्रतियाँ फटाफट बिक गयीं। इस कामयाबी से उत्साहित हो कर स्पेंगलर ने राजनीति में भाग लेने का फ़ैसला किया। स्पेंगलर के विचार तत्कालीन नाज़ी राजनेताओं को पसंद आये। लेकिन नाज़ियों का सामी-विरोध और हिटलर का नस्लवाद उन्हें नहीं भाया।

स्पेंगलर ने यूरोपीय इतिहासकारों की इतिहास-विषयक दृष्टि की आलोचना करते हुए यूरोप को विश्व-इतिहास का केंद्र मानने की धारणा को भ्रामक बताया। उन्होंने ऐतिहासिक युग को प्राचीन, मध्य और आधुनिक काल में बाँटने से भी असहमति जतायी और कहा कि प्रत्येक शताब्दी के बाद इस तरह का विभाजन असंगत हो जाता है। यूरोपीय इतिहासकारों की यह मनोवृत्ति उनके अहं का प्रतीक है। इसी वजह से स्पेंगलर ने मिस्र और बेबिलोन की सभ्यता को यूनानी सभ्यता के इतिहास की मात्र भूमिका मानने वाले तथा भारत और चीन की गौरवपूर्ण सांस्कृतिक उपलब्धियों को सम्मानपूर्ण ढंग से न देखने वाले इतिहासकारों की भी ज़बरदस्त आलोचना की।

स्पेंगलर के अनुसार विश्व का इतिहास कभी भी रैखिक गति से नहीं चलता, बल्कि वह महान संस्कृतियों का खेल है। संस्कृति एक निश्चित परिक्षेत्र में जन्म लेती है और उस क्षेत्र विशेष में रहने वाले लोगों एवं सामग्रियों पर उसका प्रभाव होता है। प्रत्येक संस्कृति विशिष्ट भावों, संकल्पों, विचारों और जीवन-पद्धतियों से जुड़ी होती है जिनका उत्थान और पतन दोनों होता है। संस्कृतियाँ, जातियाँ, भाषाएँ, सत्य और देवता फल-फूलों की तरह लगते हैं, उनकी शाखाएँ-प्रशाखाएँ निकलती हैं। जिस तरह से वृक्ष के विकास की एक निश्चित सीमा है उसी तरह से संस्कृतियों का उत्थान और उसका पतन भी होता है। हर संस्कृति नयी सम्भावनाएँ लिए जन्म लेती है, प्रौढ़ होती है और विकास करते हुए विनाश को प्राप्त होती है परंतु अपनी पूर्व स्थिति को प्राप्त नहीं करती। स्पेंगलर की मान्यता है कि इतिहास एक अंतहीन निर्माण एवं परिवर्तन का क्रम है जिसमें सजीव रूप अद्भुत रूप से बनते-बिगड़ते रहते हैं।

स्पेंगलर कहते हैं कि ऐतिहासिक तथ्यों को जानने से बेहतर यह जानना है कि उन तथ्यों से क्या हासिल होता है। ऐतिहासिक तथ्यों का मूल्य सिर्फ़ सांकेतिक है। स्पेंगलर के अनुसार यदि हमारे पास दो सभ्यताओं में से किसी एक सभ्यता की अवस्था का ज्ञान है तो दूसरी समानांतर सभ्यता की अवस्था का भी ज्ञान किया जा सकता है, क्योंकि सभी संस्कृतियों के जन्म, विकास और पतन की अवस्थाएँ आधारभूत रूप में एक जैसी ही होती हैं। स्पेंगलर ने समकालीन शब्द की व्याख्या समरूपता के रूप में की और कहा कि ऐतिहासिक संदर्भ में समरूपता के सिद्धांत के आधार पर समकालीनता का अलग एक अर्थ निकलता है। उसके अनुसार वे सारे ऐतिहासिक तथ्य समकालीन हैं जो विभिन्न संस्कृतियों में सापेक्षत: एक साथ घटित होते हैं। समरूपता के इसी सिद्धांत के आधार पर उन्होंने संस्कृतियों के युगों का अध्ययन करके उनका ऐतिहासिक स्वरूप निर्धारित किया।

स्पेंगलर ने संस्कृति को चार कालों में बाँट कर देखा : बसंत, ग्रीष्म, पतझड़ और शिशिर। बसंत से उनका तात्पर्य है धर्मनिष्ठा का काल। इस युग में धार्मिक चेतना का विकास होता है। भारत और यूनान के संदर्भ में इसे क्रमश: वैदिक संहिता काल तथा ओलम्पिक देवताओं का काल माना जा सकता है। ग्रीष्म काल संशय का युग होता है। इसमें सांस्कृतिक आत्मबोध के साथ-साथ एक आलोचनात्मक मनोभाव का भी जन्म होता है। इस युग में विशिष्ट दार्शनिक और आध्यात्मिक सिद्धांतों का प्रतिपादन होता है। भारत में उपनिषदों व युरोप में इसे लूथर और देकार्त का युग माना जा सकता है। संस्कृति का तीसरा काल पतझड़ काल होता है। यह संस्कृति की प्रौढ़ावस्था होती है। यह तर्काधारित बौद्धिक पराकाष्ठा का युग होता है। इसी युग में भारत में बौद्ध धर्म का प्रादुर्भाव हुआ, यूनान में सुकरात व प्लेटो में तार्किक संवाद क़ायम हुए और पश्चिम में बौद्धिक दृष्टिकोण पर आधारित अनेक विश्वकोष लिखे गये। चौथा और अंतिम युग शिशिर का है जिसमें नगरीय सभ्यता विकसित होती है। इस युग में साम्यवादी दर्शन और भौतिकवाद का प्रभाव बढ़ जाता है और विभिन्न वैज्ञानिक सम्प्रदायों का प्रादुर्भाव होता है। यह धार्मिक पराभव का समय होता है। पश्चिम की संस्कृति के संदर्भ में स्पेंगलर ने कहा कि वहाँ अध्यात्मिकता की भावना नि:शेष हो चुकी है। ऐसी परिस्थिति में न तो कुछ उद्भूत हुआ है और न ही हो सकता है। अत: इस संस्कृति का अंत अति निकट है।

स्पेंगलर के मुताबिक़ इस दौर में धर्म-परायणता प्रभावी होने लगती है, लेकिन इस युग में उतनी रचनात्मक शक्ति नहीं रहती जितनी कि संस्कृति की प्रारम्भिक अवस्था में होती है। इससे सिर्फ़ इतना ही होता है जैसे कि कुहरा छँटने के बाद ज़मीन दिखायी देने लगे। इसके बाद संस्कृति बसंतकालीन स्वरूप धारणा करने लगती है। शक्तिशाली आदिम धर्म की दुनिया संहितावाद के रूप में स्पष्ट होने लगती है। धार्मिकता संस्थाओं का रूप लेने लगती है और विभिन्न धार्मिक सम्प्रदाय और संघों की स्थापना होती है।

स्पेंगलर की रचना द *डिक्लाइन ऑफ़ द वेस्ट* का दुनिया की अनगिनत भाषाओं में अनुवाद हुआ। चालीस के दशक में टॉयनबी, सोरोकिन और क्रोबर जैसे विद्वानों ने उनकी इस रचना से प्रभाव ग्रहण किया। स्पेंगलर के विचारों का असर साहित्य पर भी पड़ा। टी.एस. एलियट, एज़रा पाउंड, यीट्स और डब्ल्यू.एच. ऑडेन की रचनाओं पर स्पेंगलर की छाप देखी जा सकती है। एफ़. स्कॉट फ़िट्ज़राल्ड जैसे उपन्यासकार और लुडविग विट्गेंस्टाइन जैसे दार्शनिक भी स्पेंगलर की इसलिए प्रशंसा करते दिखते हैं कि उन्होंने दुनिया भर की संस्कृतियों पर विमर्श करने का रास्ता खोला।

देखें : अनाल स्कूल, अरनॉल्ड जोसेफ टॉयनबी, ल्यूसियाँ फेब्र, फ़र्नैंद ब्रॉदेल, मार्क्सवादी इतिहास-लेखन, मार्क ब्लॉक, इतिहास और आख्यान।

संदर्भ

1. गुरुदेव सिंह (2004), 'स्पेंगलर का संस्कृति-विवेचन', गोविंद चंद्र पाण्डे (सम्पा.) *इतिहास : स्वरूप एवं सिद्धांत,* राजस्थान हिंदी ग्रंथ अकादमी, जयपुर.

2. फ्रैंक वान अल्स्ट (2004), 'बीसवीं शताब्दी : इतिहास लेखन की पाश्चात्य अवधारणाएँ' अनु. : विनय कुमार, गोविंद चंद्र पाण्डे (सम्पा.) *इतिहास : स्वरूप एवं सिद्धांत,* राजस्थान हिंदी ग्रंथ अकादमी, जयपुर.

—अजय कुमार पाण्डेय

औ

औद्योगिक क्रांति-1

(पहला चरण : 1760-1840)

(Industrial Revolution-1)

औद्योगिक क्रांति की शुरुआत अट्ठारहवीं सदी के इंग्लैण्ड में हुई थी। इतिहासकार अरनॉल्ड टॉयनबी ने 1760 से 18 40 तक की अवधि को इंग्लैण्ड में औद्योगिक क्रांति के दौर की संज्ञा दी है। वैसे टॉयनबी से पहले कुछ फ्राँसीसी लेखकों ने भी इस अवधि को औद्योगिक क्रांति का नाम दिया था। आधुनिक इतिहास की प्रमुख चालक शक्ति के तौर पर जाने गये इस घटना-क्रम के कारण ही विश्व भर में आर्थिक उत्पादन खेतिहर और दस्तकारी के दायरे से निकल कर कारख़ाना आधारित मैन्युफ़ैक्चरिंग के दौर में पहुँचा। औद्योगिक क्रांति के कारण ही विज्ञान और प्रौद्योगिकी की व्यावहारिक और बौद्धिक सत्ता स्थापित हुई, और कुल मिला कर सारी दुनिया बुनियादी रूप से बदल गयी। इसके तीन केंद्रीय आयाम थे : प्रौद्योगिकीय, सामाजिक-आर्थिक और सांस्कृतिक। प्रौद्यौगिकीय आयाम की ख़ास बात यह थी कि इस क्रांति के दौरान पहली बार लोहे और इस्पात को उत्पादन के केंद्र में लाया गया। कोयला-भाप-विद्युत जैसी ऊर्जाओं का इस्तेमाल किया गया। श्रम-विभाजन और विशेषज्ञता के आधार पर फ़ैक्ट्री-उत्पादन प्रणाली की रचना हुई। कताई और बुनाई के लिए पॉवरलूम और स्पिनिंग जेनी जैसी मशीनों का आविष्कार हुआ। परिवहन और संचार के क्षेत्र में भाप के इंजिन, जहाज़, बेतार के तार और रेडियो के आविष्कार किये गये। इन तमाम उपलब्धियों के कारण प्राकृतिक संसाधनों के उत्तरोत्तर इस्तेमाल और कारख़ाना आधारित वस्तुओं के निर्माण को अभूतपूर्व गति प्राप्त हुई।

कोयला और भाप जैसी ऊर्जाओं ने अट्ठारहवीं सदी के इंग्लैण्ड में हुई औद्योगिक क्रांति को आवेग प्रदान किया.

औद्योगिक क्रांति के कारण खेती भी मशीनीकरण की तरफ़ बढ़ी जिससे पैदावार में ज़बरदस्त बढ़ोतरी हुई और ग़ैर-खेतिहर आबादी के लिए खाद्यान्न का प्रबंध हो पाया। औद्योगिक उत्पादन के बढ़ने के साथ ही ज़मीन सम्पत्ति का सर्वोच्च्व रूप नहीं रह गयी। सम्पत्ति का पुनर्वितरण हुआ और अंतर्राष्ट्रीय व्यापार में बहुत बढ़ोतरी हुई। उदीयमान औद्योगिक समाज की ज़रूरतों के हिसाब से राजनीति के स्वरूप में भी बदलाव आया। सामाजिक परिवर्तन की गति में ख़ासा इज़ाफ़ा हुआ। शहरीकरण की रफ़्तार तेज़ हुई। कारख़ाना मज़दूरों के रूप में एक नया बहुसंख्यक वर्ग सामने आया जिसने औद्योगिक पूँजी के मालिक वर्ग के सामने राजनीतिक-सामाजिक चुनौती पेश की। पहले खेतिहर और दस्तकारी उत्पादन में लगे श्रमिकों ने मशीन ऑपरेटरों के रूप में अपने हाथ से संसाधनों का द्रुत-प्रयोग होते हुए और नयी रचनाओं को होते हुए देखा, जिससे प्राकृतिक शक्तियों की सत्ता के मुक़ाबले उसके आत्मविश्वास में अभूतपूर्व बढ़ोतरी हुई।

ऐसी बात नहीं कि औद्योगिक क्रांति से पहले मशीनों का प्रयोग न होता हो। पंद्रहवीं सदी में ही प्रिंटिंग प्रेस का

आविष्कार हो चुका था जिसके परिणामस्वरूप साहित्य और सूचना के विस्तार को गति मिली थी। इसी कारण बुद्धिवाद के उदय को भी बल मिला था, जिसका संबंध फ्रांस, स्काटलैण्ड और अमेरिका में घटित हुए ज्ञानोदय काल से है। इसी प्रिंटिंग प्रेस ने प्रोटेस्टेंट सुधारों की सफलता को भी रफ़्तार दी थी। ये सुधार साधारण ईसाइयों को बाइबिल तुरंत उपलब्ध कराने की मान्यता पर आधारित थे। मैक्स वेबर का यह सूत्रीकरण मशहूर है कि मितव्ययता तथा कठोर परिश्रम के प्रोटेस्टेंट मूल्यों ने आगे चल कर औद्योगिक क्रांति को गति प्रदान की।

औद्योगिक क्रांति की विशेषता यह थी कि इसके कारण मध्यकाल से ही चल रहा पूँजीवाद का धीमा विकास रफ्तार पकड़ गया। मशीनों का प्रयोग इस दौरान इतना द्रुत हो गया कि कृषि, विनिर्माण, खनन, परिवहन तथा तकनीक जैसे सभी क्षेत्रों में क्रांतिकारी परिवर्तन होने लगे। सामाजिक, आर्थिक तथा सांस्कृतिक जीवन शैली को प्रभावित करती हुई यह क्रांति कालांतर में पश्चिमी युरोप, उत्तरी अमेरिका और जापान होते हुए सारी दुनिया में फैल गयी। औद्योगिक क्रांति को समझने के दो परिप्रेक्ष्य हैं। पहला; औद्योगिक क्रांति को सुपरिभाषित ऐतिहासिक परिघटना के रूप में देखा जा सकता है, जिसका समय व स्थान निर्धारित है। दूसरा, यह सामाजिक-सांस्कृतिक विकास के एक ऐसे युग की ओर संकेत करती है जो आज तक जारी है। जहाँ तक पहले परिप्रेक्ष्य का सवाल है, औद्योगिक क्रांति प्रारम्भ होने के स्थान (इंग्लैंड) तथा समय (1700 के उतरार्द्ध में) पर काफ़ी मतैक्य है। यहाँ तक कि इसके प्रारम्भ होने का वर्ष 1750 माना जाता है। दूसरा परिप्रेक्ष्य अधिक व्यापक है, जिसके अंतर्गत उन्नीसवीं और बीसवीं सदी में घटित आर्थिक तथा सामाजिक बदलाव को औद्योगिक क्रांति के प्रसार की परिधि में देखा गया है।

1760 से 1840 के बीच में औद्योगिक क्रांति अपने पहले चरण में ज़्यादातर ब्रिटेन में ही सीमित रही। इस दौरान अंग्रेज़ों ने मशीनों, कुशल कर्मचारियों और प्रौद्योगिकी के निर्यात से परहेज़ किया ताकि दूसरे देश उसके समकक्ष न आ सकें। लेकिन यह इजारेदारी ज़्यादा दिन तक न टिक सकी, क्योंकि कुछ अंग्रेज़ पूँजीपतियों ने ही देखा कि इंग्लैण्ड से बाहर के बाज़ारों में मुनाफ़े की अधिक सम्भावनाएँ हैं। विलियम और जॉन कॉकरिल औद्योगिक क्रांति को बेल्जियम ले गये और लीज में मशीनें बनाने की शुरुआत की। इस तरह ब्रिटेन के बाहर बेल्जियम पहला देश बना जहाँ से औद्योगिक क्रांति का युरोप में प्रसार हुआ। इंग्लैण्ड की ही तरह बेल्जियम ने भी लोहे, कोयले और कपड़े को अपनी क्रांति का केंद्र बनाया। ब्रिटेन और बेल्जियम के मुक़ाबले फ्रांस कम उद्योगीकृत था, हालाँकि उसे भी एक औद्योगिक शक्ति माना जाता था। क्रांति के कारण वहाँ राजनीतिक अस्थिरता भी थी, और बड़े पैमाने पर पूँजी निवेश के लिए कोई तैयार नहीं था। जर्मनी के पास काफ़ी कोयला और लोहा था, लेकिन 1870 तक राजनीतिक एकता हासिल करने से पहले वह औद्योगिक क्रांति के दौर में क़दम नहीं रख पाया। लेकिन जैसे ही उसने शुरुआत की, उसकी प्रगति की रफ़्तार का ठिकाना न रहा। पूर्वी युरोप में औद्योगिक क्रांति बीसवीं सदी में ही पहुँची जब सोवियत शैली की पंचवर्षीय योजनाओं के तहत वहाँ भारी उद्योग स्थापित हुए। बीसवीं सदी के मध्य में भारत और चीन जैसे देशों का उद्योगीकरण प्रारम्भ हुआ।

पश्चिमी देशों द्वारा कृषि प्रधान समाज में तकनीकी सूचनाओं के संग्रहण ने इस क्रांति को गति प्रदान की। जहाज निर्माण तथा परिवहन के अविष्कारों ने पार-महानगरीय यात्रा और नये विश्व की खोज में योगदान दिया। इसका विशेष महत्त्व ख़ासतौर पर उत्तरी अटलांटिक क्षेत्रों में व्यापार बढ़ाने में रहा। इसने युरोपीय अर्थव्यवस्था के लिए सोना और चाँदी की प्रचुर उपलब्धता सुनिश्चित की। इसका परिणाम एक दौलतिया वर्ग के उभार के रूप में सामने आया जिसकी तुलना में सापेक्षिक रूप से भूस्वामी कुलीन तंत्र की स्थिति ख़राब हो गयी। इस वर्ग को अपनी आर्थिक स्थिति बेहतर करने के लिए अपनी भूमि की उत्पादकता बढ़ाने के प्रयास करने पड़े।

औद्योगिक क्रांति के अल्पकालिक प्रभाव के अंतर्गत 1850 तक की अवधि को देखा जा सकता है। 1700 के अंत में वस्त्र उद्योग ने जटिल मशीनों के डिजाइन को विशेष प्रोत्साहन दिया। ये मशीनें अकेले मानव श्रम से नहीं चल सकती थीं। इसी के परिणामस्वरूप संगठित कार्य से संबंधित गतिविधियों को एक केंद्रीय शक्ति के स्रोत के साथ जोड़ने के लिए कारख़ाना प्रणाली अस्तित्व में आयी। इसका आधार था भाप का इंजन या पनचक्की। कारख़ाना आधारित उत्पादन के प्रचलन ने विस्तृत श्रम-विभाजन तथा कामगारों की सतर्कतापूर्ण निगरानी की पद्धतियों के लिए रास्ता साफ़ किया। इससे घरेलू उद्योगों, मसलन सूती उद्योग, में तेजी से गिरावट आयी। उत्पादन बढ़ने से मज़दूरों की माँग बढ़ी। कारख़ानों का विकास हुआ और ग्रामीण जनसंख्या का शहरों की तरफ़ तेज़ी से पलायन हुआ। जहाँ 1700 के मध्य तक इंग्लैंड की केवल 15 प्रतिशत जनसंख्या शहरों में रहती थी वहीं 1840 तक इसमें एक तिहाई की वृद्धि हो गयी। तेज़ शहरीकरण का तात्कालिक परिणाम भीड़, प्रदूषण, बीमारी, ग़रीबी, अपराध तथा सामाजिक बुराइयों के रूप में सामने आया। इस प्रकार औद्योगिक क्रांति ने एक प्रकार की अव्यवस्था को जन्म दिया जिसे शहरी नियोजक और प्रशासक रोकने में विफल रहे।

ग़ौरतलब है कि औद्योगिक क्रांति ने एक तरफ़ तो जीवन-शैली को गहराई से प्रभावित करके उसके स्तर को उन्नत किया, दूसरी तरफ़ इसके कारण अत्यधिक आर्थिक अस्थायित्व, कारख़ानों के मजदूरों का ख़स्ताहाल जीवन, भीषण स्थितियों में अत्यधिक काम और कम मजदूरी

के रूप में सामने आया। मज़दूरों के जीवन की तकलीफ़ों को लक्ष्य करके ही कार्ल मार्क्स को यह कहना पड़ा कि पूँजीवाद का विकास सर्वहारा की प्रगतिशील निर्धनता के लिए अपरिहार्य है। मज़दूरों के बढ़ते हुए असंतोष और आंदोलन के मद्देनज़र ब्रिटिश सरकार ने पूँजीपतियों की सहमति से फ़ैक्ट्री-इंस्पेक्टोरेट का गठन किया जिसकी जाँच-रपटों के आधार पर 1830 में फ़ैक्ट्री एक्ट पारित करके काम की दशाओं में कई सुधार किये गये।

देखें : अरनॉल्ड जोसेफ़ टॉयनबी, आधुनिकता, आधुनिकीकरण, आधुनिकतावाद, एकाधिक आधुनिकताएँ, उद्योगीकरण-1 और 2, कार्ल हाइनरिख़ मार्क्स-1, 2, 3, और 4, प्रौद्योगिकी, पूँजीवाद, पैटी बूर्ज्वा, मैक्स वेबर, सर्वहारा, आशिस नंदी-1 और 2, युरोपीय रिनेसाँ, युरोपीय ज्ञानोदय।

संदर्भ

1. ऐडम स्मिथ (1976/1776), *एन इनक्वैरी इनटु द नेचर ऐंड कॉज़ेज़ ऑफ़ द वेल्थ ऑफ़ नेशंस,* क्लैरेंडन प्रेस, ऑक्सफ़र्ड.
2. जी. वीटमॅन (2003), *व्हाट द इंडस्ट्रियल रेवोल्यूशन डिड फॉर अस,* बीबीसी बुक्स, लंदन.
3. अर्नोल्ड टॉयनबी (1908), *लेक्चर्स ऑन द इंडस्ट्रियल रेवोल्यूशन ऑफ़ द एट्टींथ सेंचुरी इन इंग्लैण्ड,* दूसरा संस्करण, लोंगमैन, लंदन.
4. डी. सी. कोलमैन (1992), *मिथ, हिस्ट्री, ऐंड द इंडस्ट्रियल रेवोल्यूशन,* हैम्बलडन प्रेस, लंदन.

—पंकज कुमार झा

औद्योगिक क्रांति-2

(प्रभाव और आलोचनाएँ)

(Industrial Revolution-2)

औद्योगिक क्रांति ने विश्व व्यवस्था में बहुत तेज़ी से तब्दीलियाँ कीं। न केवल आमदनी के आधार पर ऊँच-नीच में इज़ाफ़ा हुआ, बल्कि सारी दुनिया औद्योगिक और ग़ैर-औद्योगिक देशों में बँट गयी। 1840 से 1914 तक सैन्य, तकनीक तथा शक्ति के क्षेत्र में एक असंतुलन पैदा हुआ जिसकी अभिव्यक्ति साम्राज्यवाद अथवा उपनिवेशवाद के रूप में सामने आयी। भूमण्डलीकरण भी औद्योगिक क्रांति का ही एक फलितार्थ है। आज उत्तर-औद्योगिक समाज की चर्चा होती है। औद्योगिक समाज मैन्युफ़ैक्चरिंग और कच्चे माल पर निर्भर था, वहीं उत्तर-औद्योगिक समाज सेवा क्षेत्र के उत्पादनों तथा सूचनाओं की प्रोसेसिंग पर निर्भर करता है। औद्योगिक क्रांति के दीर्घकालिक प्रभाव के अंतर्गत आधुनिक औद्योगिक समाज द्वारा अपनायी जाने वाली जीवन-शैली को देखा जा सकता है। अर्थव्यवस्था और श्रमशक्ति पर उद्योगीकरण के प्रभाव ने तत्कालीन आर्थिक क्रियाओं के रूपांतरण में योगदान किया। औद्योगिक क्रांति की परिघटना ने विद्वानों के बीच एक लम्बी बहस को भी जन्म दिया जिसे 'जीवन-स्तर विवाद' के रूप में जाना जाता है। इस बहस के तहत उन्नीसवीं सदी से ही क्रांति की उपलब्धियों और उसके नुक़सानदेह पहलुओं को लेकर लगातार वाद-विवाद चलता रहा है। इस बहस का आज तक पटाक्षेप नहीं हो पाया है।

श्रम शक्ति का विभाजन तीन क्षेत्रों में हुआ। पहला था प्राथमिक क्षेत्र जिसमें अमूमन ऐसी श्रम शक्ति आती थी जिसका संबंध कृषि तथा खनन से था। 1750 के बाद से बींसवी सदी के आसपास तक इस क्षेत्र में श्रम शक्ति की मात्रा लगातार घटती गयी है। द्वितीय क्षेत्र मूलतः मैन्यूफ़ैक्चरिंग या विनिर्माण से जुड़ा हुआ था जिसका विस्तार बींसवी सदी के दूसरे हिस्से में सर्वाधिक हुआ। बाद के दशक में इसमें तेज़ी से कमी आयी। तीसरा क्षेत्र सेवा क्षेत्र था। उद्योगीकरण के दौर में इस क्षेत्र का बहुत सीमित विकास हुआ, परन्तु आज यह क्षेत्र काफ़ी प्रगति पर है। उद्योगीकरण के कारण 18 50 के आसपास कम्पनी या फ़र्म की संरचना में परिवर्तन आया। इसके अंतर्गत निगम या कॉरपोरेशन का विस्तार हुआ जो भिन्न उत्पादन प्रणाली पर आधारित था। इसके समानांतर व्यक्ति अथवा परिवार आधारित फ़र्म का पतन होने लगा। निगमीकरण का यह फायदा हुआ कि फर्म में कुछ हिस्सेदारों के पास शेयर के रुप में स्वामित्व होता था, जो सीमित देयता के सिद्धांत पर काम करता था। इस रूप में यह औद्योगिक युग की महत्त्वपूर्ण क़ानूनी खोज है। निगम नौकरशाही के उसूल पर काम करता था। इसका आधार शिक्षा व प्रशिक्षण को माना जाता था। इसके कारण विभिन्न कौशल प्राप्त करने की मूल्यवत्ता तेज़ी से बढ़ी। शिक्षा, ख़ास तौर पर इंजीनियरिंग व क़ानून की पढ़ाई की माँग में इज़ाफ़ा हुआ।

उद्योगीकरण के कारण सभी देशों में आबादी से संबंधित बड़े-बड़े परिवर्तन हुए। मृत्यु दर में कमी के साथ-साथ जन्म-दर में भी कमी भी दर्ज की गयी। नहरें, रेल और सड़क बनने से परिवहन व्यवस्था की स्थिति बेहतर हुई। खाद्यान्न का वितरण में सुधार आया। जन-स्वास्थ्य के क्षेत्र में नये आविष्कारों, टीकाकरण आदि ने मृत्यु दर घटाने में योग दिया। लोगों के बीच बड़े परिवार के प्रति अनिच्छा और जन्म-नियंत्रण तकनीकों के उत्तरोत्तर विकास के कारण जन्म-दर में कमी आयी। आबादी के स्तर पर हुए इन परिवर्तनों ने समाज के अधिकतर सदस्यों के जीवन की गुणवत्ता में तेजी से बढ़ोतरी की। जन्म-दर में गिरावट से छोटे परिवार की अवधारणा का उदय हुआ। ब्रिटेन में 1860 में विवाहित जोड़ों में जहाँ 63 प्रतिशत के पाँच या अधिक बच्चे थे, वहीं यह

आँकड़ा 1925 में घटकर 12 प्रतिशत तक पहुँच गया। छोटे परिवार के आकार ने घर-परिवार के भीतर महिलाओं की स्थिति को बदला। महिलाएँ घर से बाहर निकल कर नौकरी करने लगीं जिससे घरेलू जीवन की शृंखलाओं से उनकी मुक्ति की सम्भावनाएँ पैदा हुईं।

तीसरा प्रभाव विचारधारा और राजनीति के रूप में सामने आया। वैचारिक क्षेत्र में उद्योगीकरण एक नयी सेकुलर विचारधारा के उदय का साक्षी बना। इसके तहत मुक्त बाजार पनपा। पूँजीवाद तथा समाजवाद क्रमशः अपने दो सैद्धांतिक जुमलों लोकतंत्र तथा क्रांति के रूप में सामने आये। उद्योगीकरण के कारण लोकतांत्रिक रिपब्लिकनवाद अथवा जन-लोकतंत्र को प्रोत्साहन मिला। इस व्यवस्था के तहत सरकारी प्रणाली के भीतर राजनीतिक निर्णय नागरिकों के बीच से चुने गये निर्वाचित सदस्य लेते हैं। कई औद्योगिक देशों में लोकतांत्रिक समाजवाद के रूप में एक अन्य राजनीतिक प्रवृत्ति का उद्भव हुआ। सोशल डेमॉक्रैटिक पार्टियों ने समाजवाद के कई लक्ष्यों को हासिल करने में कामयाबी हासिल की। सामूहिक रूप से यह लोकोपकारी राज्य की स्थापना का प्रयास था जिसमें सामाजिक सुरक्षा, राज्य पेंशन प्रणाली, बेरोजगारों को भत्ता, राष्ट्रीय स्वास्थ्य देखभाल, सभी स्तरों पर मुक्त शिक्षा का प्रावधान था। राज्य तथा अन्य सरकारी क्रियाओं ने सभी औद्यौगिक समाजों में सरकार के आकार में बढ़ोतरी की। यह वृद्धि कामगारों की संख्या अथवा सकल घरेलू उत्पाद में सरकारी हिस्सेदारी के आधार पर हुई। इस प्रकार बिग-गवर्नमेंट की अवधारणा कल्याणकारी राज्य के विकास के साथ मजबूती से जुड़ गयी।

1825 के बाद (जिस समय औद्योगिक क्रांति अपने शिखर पर थी) इंग्लैण्ड के ही भीतर उसकी आलोचनाएँ मुखर होनी शुरू हुईं। चार्ल्स डिकेंस के उपन्यास *हार्ड टाइम्स* (18 54), एलिज़ाबेथ गास्केल की रचना *नॉर्थ ऐंड साउथ* (18 55) और बेंजामिन डिज़राइली की कृति *साइबिल, ऑर द टू नेशंस* (1845) ने उद्योगीकरण के प्रभावों की संगीन और काली तस्वीर चित्रित की। एंगेल्स के अध्ययन *द कंडीशन ऑफ़ वर्किंग क्लास इन ब्रिटेन* (1845) ने दावा किया कि औद्यौगिक क्रांति से पहले मज़दूर बेहतर हालत में रह रहे थे। ब्रिटिश संसद की चयन समितियों और रॉयल कमीशनों ने भी ऐसे तमाम तथ्य जमा किये जिनसे साबित होता था कि औद्योगिक क्रांति के कारण मज़दूरों के जीवन-स्तर में बेइंतिहा गिरावट आयी। दूसरी तरफ़ 1835 में प्रकाशित एंड्रूू उरी की पुस्तक *फ़िलॉसॅफ़ी ऑफ़ मैन्यु.फ़ैक्चरर्स* तथा जी.आर. पोर्टर की 1850 की रचना *प्रोग्रेस ऑफ़ द नेशन* ने औद्योगिक क्रांति के लाभों पर ज़ोर दिया।

उन्नीसवीं सदी के आठवें दशक से बीसवीं सदी के दूसरे दशक के बीच तक विद्वानों के बीच मानवीय जीवन और समाज पर औद्योगिक क्रांति के प्रभावों को लेकर नकारात्मक नज़रिया ही प्रधान रहा। 1926 में जे.एच. क्लैपहैम ने *इकॉनॉमिक हिस्ट्री ऑफ़ मॉडर्न ब्रिटेन* लिख कर इस विचार को चुनौती दी। क्लैपहैम ने परिणामात्मक विश्लेषण करके दिखाया कि 1790 से 1850 के बीच मज़दूरों के जीवन-स्तर में बढ़ोतरी हुई। आगे चल कर टी.एस. एश्टॅन ने इसी पक्ष को मज़बूत करने वाले तथ्य जमा किये। फ्रेड्रिख़ हायक ने औद्योगिक क्रांति के पक्ष में दलील देते हुए लिखा है कि औद्योगिक क्रांति के ज़माने में आम लोगों को ग़रीबी और बदहाली का सामना ज़रूर करना पड़ा, लेकिन वह दरिद्रता अतीत की बदहालियों से कहीं कम थी। बीसवीं सदी के मध्य में मार्क्सवादी इतिहासकारों एरिक हॉब्सबॉम और ई.पी. थॉमसन ने एक बार फिर तत्कालीन समाज पर औद्योगिक क्रांति के नकारात्मक प्रभावों की चर्चा शुरू की। इन विद्वानों ने मज़दूर वर्ग के रीति-रिवाज़ों और संस्कृति का सवाल भी उठाया और कहा कि उनकी जीवन-दशाओं का आकलन केवल भोजन पर किये जाने वाले ख़र्चे से नहीं किया जा सकता।

देखें : आधुनिकता, आधुनिकीकरण, आधुनिकतावाद, आशिस नंदी-1 और 2, एकाधिक आधुनिकताएँ, उद्योगीकरण-1 और 2, कार्ल हाइनरिख़ मार्क्स-1, 2, 3, और 4, प्रौद्योगिकी, पूँजीवाद, पैटी बूर्ज़्वा, फ्रेड्रिख़ एंगेल्स, मैक्स वेबर, एरिक हॉब्सबॉम-1 और 2, स्त्री-श्रम, सेकुलरवाद, लोकतंत्र, लोकतांत्रिक समाजवाद, सर्वहारा, युरोपीय रिनेसाँ, युरोपीय ज्ञानोदय.

संदर्भ

1. ई.जे. इवांस (2001), द *फ़ोर्जिंग ऑफ़ मॉडर्न स्टेट : अर्ली इण्डिस्ट्रियल ब्रिटेन, 1783-1870*, पियर्सन एजुकेशन, लंदन.
2. पी. फ़्लोरा (1983), *स्टेट, इकॉनॉमी ऐंड सोसाइटी इन वेस्टर्न युरोप, 1815-1975 : अ डेटा हैंडबुक इन टू वॉल्युम्स*, सेंट जेम्स प्रेस, शिकागो.
3. एस. हॉरेल और जी. हम्फ्रीज़ (1992), 'ओल्ड क्वेश्चंस, न्यू डेटा, ऐंड आल्टरनेटिव पर्सपेक्टिव्ज़ : फ़ेमिलीज़ लिविंग स्टैंडर्ड इन द इंडस्ट्रियल रेवोल्यूशन', *जरनल ऑफ़ इकॉनॉमिक हिस्ट्री*, खण्ड 52, अंक 4.

—पंकज कुमार झा

औपनिवेशिक शिक्षा

(मैकाले का विवरण-पत्र, वुड-डिस्पैच, हंटर कमीशन)

(Colonial Education)

थॉमस बेबिंग्टन मैकॉले (1800-1859)

भारत में औपनिवेशक शिक्षा व्यवस्था की शुरुआत 1813 के आज्ञा-पत्र (लाइसेंस) से हुई और 1835 में मैकाले के विवरण-पत्र के आधार पर उसका ढाँचा बना। ईस्ट इण्डिया कम्पनी ब्रिटिश सरकार के जिस आज्ञा-पत्र के आधार पर भारत के साथ अपनी व्यापारिक गतिविधियाँ चलाती थी, उसका नवीकरण हर बीस साल बाद किया जाता था। परिस्थितियों के मुताबिक़ ब्रिटिश सरकार की तरफ़ से इसमें कुछ नयी धाराएँ जोड़ दी जाती थीं। इसी प्रक्रिया के तहत 1793 के आज्ञा-पत्र की समीक्षा 1813 में की गयी। इस समय तक ईस्ट इण्डिया कम्पनी का राजनीतिक प्रभाव इतना फैल चुका था कि वह ख़ुद को मुग़लों के उत्तराधिकारी के तौर पर देखने लगी थी। इसी नयी आत्म-छवि के तहत समीक्षा के दौरान एक पूर्व अफ़सर चार्ल्स ग्रांट के आग्रह को मान्यता दी गयी। ग्रांट का ख़याल था कि ईसाई धर्म तथा आधुनिक ज्ञान-विज्ञान की शिक्षा द्वारा ही भारतीयों का नैतिक पतन रोका जा सकता है। उसकी निगाह में तत्कालीन भारत में एक भी ईमानदार आदमी अप्राप्य था। दूसरी ओर इस राय के विपरीत लॉर्ड मिंटो जैसे कुछ अन्य प्रमुख अधिकारी भी थे जिनकी मान्यता थी कि भारत की शैक्षणिक, सामाजिक एवं धार्मिक संस्थाओं में इतनी ऊर्जा है कि अगर उन्हें प्रोत्साहित किया जाए तो लोगों का धार्मिक-नैतिक विकास हो सकता है। इसलिए आज्ञा-पत्र के संशोधन के समय मिंटो की भी बात का भी ध्यान रखा गया। भारतीयों की शिक्षा-व्यवस्था कम्पनी के संचालकों का नैतिक कर्त्तव्य करार देते हुए इस आज्ञा-पत्र में निर्देश दिया गया कि इस कार्य के लिए प्रत्येक वर्ष एक लाख रुपये ख़र्च किया जाएगा। साथ ही यह निर्देश भी जारी किया गया कि भारतीय जनता के बीच ईसाई धर्म का प्रचार भी किया जाना चाहिए। आगे चलकर इन दोनों निर्देशों का भारतीय शिक्षा तथा समाज पर निर्णायक प्रभाव पड़ा।

अगला नवीकरण 1833 में होने वाला था। इन बीस वर्षों में कम्पनी के अधिकारी यह तय नहीं कर पाये कि एक लाख रुपये की राशि कैसे ख़र्च की जाए। बहसें चलती रहीं, पर ठोस निर्णय नहीं हो पाया कि शिक्षा के ज़रिये भारतवासियों को कम्पनी की सत्ता एवं व्यापार में सहयोगी कैसे बनाया जाए। इस बहस में मुख्यत: दो पक्ष थे। एक था प्राच्यवादियों का पक्ष जो भारतीय भाषाओं में प्राचीन भारतीय ज्ञान की शिक्षा देना चाहते थे। उन्हें भारतवासियों से कोई सहानुभूति नहीं थी बल्कि डर था कि यदि अंग्रेज़ी शिक्षा दी गयी तो अमेरिका की तरह भारत से भी औपनिवेशिक तम्बू उखड़ सकता है। दूसरा पक्ष पाश्चात्यवादी था। उसकी मान्यता थी कि अंग्रेज़ी शिक्षा एवं पश्चिमी ज्ञान ही भारतीयों का उद्धारक होगा। कम्पनी के व्यापारिक एवं प्रशासनिक हित भी इन अंग्रेज़ी शिक्षित लोगों के हाथों में सुरक्षित रहेंगे। ये लोग प्रशासन एवं व्यापार में द्विभाषियों और बिचौलियों की ज़रूरत महसूस करते थे। इसी पृष्ठभूमि में अंग्रेज़ी-ज्ञान और गोरी चमड़ी की सांस्कृतिक और नस्ली श्रेष्ठता से लैस मैकाले ने भारतीय शैक्षिक मंच पर पदार्पण किया। तत्कालीन गर्वनर जनरल विलियम बैंटिक ने मैकाले को बंगाल लोक शिक्षा समिति का प्रधान नियुक्त करके निर्देश दिया कि प्राच्य-पाश्चात्य विवाद को हल किया करके 1813 के आज्ञा-पत्र की धारा 43 की व्याख्या पेश की जाए।

मैकाले ने 2 फरवरी, 1835 ने इस आदेश का पालन करते हुए बैंटिक के सामने अपना प्रतिवेदन प्रस्तुत कर दिया। धारा 43 की व्याख्या करते हुए मैकाले ने दावा किया कि भारतीय साहित्य, भारतीय विज्ञान और शिक्षा-माध्यम (अरबी, फ़ारसी, संस्कृत) की विवेचना करते हुए कहा कि इन प्राच्य रचनाओं में ठेर सारी झूठी, हास्यास्पद एवं अतिश्योक्तिपूर्ण बातें भरी हुई हैं। इसलिए प्राच्य साहित्य पर धन-व्यय करना निरी मूर्खता होगी। मैकाले का कहना था कि वही भारतीय विद्वान हो सकता है जो लॉक के दर्शन एवं मिल्टन की कविताओं

विलियम विल्सन हंटर (1840-1900)

से परिचित हो। इस तरह उन्होंने भारतीय प्राच्य साहित्य के विद्वानों को भी ख़ारिज कर दिया। शिक्षा के माध्यम के बारे में मैकाले का कहना था कि मात्र अंग्रेज़ी भाषा ही उपयुक्त है, क्योंकि वह सभी भाषाओं से अच्छी एवं महत्त्वपूर्ण है।

मैकाले ने ब्रिटिश संसद के इस निर्देश को भी सिरे से खारिज कर दिया जिसमें कहा गया था कि भारतीय प्रजा की शिक्षा-व्यवस्था ईस्ट इंडिया कंपनी को करनी चाहिए। मैकाले का तर्क था कि कम्पनी के पास इतने संसाधन नहीं हैं कि वह चिर-अशिक्षित भारतीय प्रजा को शिक्षा दे सके। दूसरा तर्क यह था कि कम्पनी को ब्रिटिश सरकार इस काम के लिए बाध्य नहीं कर सकती क्योंकि कम्पनी ने कोई शपथ-पत्र इसके लिए दाखिल नहीं किया है। इसके साथ-साथ मैकाले ने एक और नायाब सुझाव दिया जिसे आधुनिक भारतीय शिक्षा के इतिहास में निस्पंदन सिद्धांत (डाउनवर्ड फ़िल्टरेशन थियरी) कहते हैं। इसका मतलब था कि भारतीयों में नक़ल करने की प्रबल प्रवृत्ति है। यदि समाज के उच्च तबक़े को शिक्षित कर दिया जाएगा तो शिक्षा का प्रसार इसी प्रवृत्ति के कारण पूरे समाज में स्वत: हो जाएगा। मैकाले के इस सुझाव को भी बैंटिक ने सहर्ष स्वीकार कर लिया।

मैकाले के विवरण-पत्र में दर्ज लगभग सारे सुझावों को मानते हुए बेंटिंक ने नयी शिक्षा नीति की घोषणा की। पर इसने प्राच्य एवं पाश्चात्य विवाद को और बढ़ा दिया। सम्भवत: बैंटिक को इस विवाद के कारण ही अपने पद से त्यागपत्र भी देना पड़ा। नये गर्वनर जनरल ने अगले चार साल तक इस विवाद का हल खोजने का प्रयास किया। इसके तहत मैकाले के सुझावों में से देशी के प्रति सौतेले रवैये को खारिज कर दिया गया, लेकिन अंग्रेज़ी का स्वाभाविक महत्त्व को स्वीकार किया गया। लेकिन इस तालमेल के बावजूद परम्परागत भारतीय शिक्षा व्यवस्था धीरे-धीरे तिरोहित होती चली गयी। 1844 में लॉर्ड हार्डिंग ने अंग्रेज़ी शिक्षा की ज़ोरदार वकालत की। इस तरह भारतीय शिक्षा व्यवस्था में अंग्रेज़ी स्थापित हो गयी। चूँकि अंग्रेज़ी-शिक्षा रोज़गार की गारंटी देती थी इसलिए कलकत्ता, मद्रास एवं मुम्बई में अंग्रेज़ी-शिक्षा देने वाले विद्यालयों की संख्या तेज़ी से बढ़ी। उच्च वर्ग तथा उच्च-मध्य वर्ग अंग्रेज़ी शिक्षा को प्रतिष्ठा से जोड़ कर उसकी तरफ़ खिंचता चला गया। अंग्रेज़ी-ज्ञान के कारण कुछ भारतीयों को शासन-प्रशासन में सहभागिता मिली। तथा इन्हीं दिनों कुछ नवधनाढ्य अंग्रेज़ी-दाँ वर्ग का भारतीय समाज में उदय भी हुआ।

इसी के साथ-साथ पूरे देश में प्राथमिक, माध्यमिक तथा प्राविधिक विद्यालयों की स्थापना भी धीरे-धीरे की जा रही थी। यह काम कम्पनी के कुछ गिने-चुने उच्च अधिकारियों के निजी प्रयासों से हो रहा था। इसमें टामसन नामक एक उत्साही अधिकारी ने प्राथमिक शिक्षा की आवश्यकता रेखांकित करते हुए कम से कम सम्पूर्ण अविभाजित उत्तर भारत में प्राथमिक शिक्षा का ढाँचा खड़ा किया। कमोबेश उसी ढाँचे पर भारत में आज भी प्राथमिक शिक्षा चल रही है। इसी कारण से टामसन को भारत में प्राथमिक शिक्षा का जनक कहा जाता है।

1853 में एक बार फिर कम्पनी के आज्ञा-पत्र का नवीकरण होने की नौबत आयी। तब तक भारतीय उपनिवेश में शिक्षा की स्पष्ट नीति घोषित नहीं की गयी थी। ब्रिटिश संसद इसके लिए बार-बार कम्पनी पर दबाव बना रही थी। लेकिन कम्पनी के संचालक शिक्षा व्यवस्था के रखरखाव, प्रसार, भारतीय भाषाओं के ग्रंथों के अनुवाद, पुनर्मुद्रण तथा संरक्षण के काम को गम्भीरता से नहीं ले रहे थे। इसी उहा-पोह की स्थिति में कम्पनी ने बोर्ड ऑफ़ डायरेक्टर के प्रधान के रूप में चार्ल्स वुड को भारत भेजा। वुड ने प्राथमिक, माध्यमिक तथा उच्च शिक्षा के लिए जम कर काम किया। चार्ल्स वुड के कारण ही तत्कालीन भारतीय शिक्षा-व्यवस्था की दशा तथा दिशा तय हो सकी। वुड ने उच्च शिक्षा के विकास के लिए लंदन विश्वविद्यालय के मॉडल पर बंगाल, मुम्बई तथा मद्रास में विश्वविद्यालय स्थापित किये गये और आवश्यकतानुसार उन सभी जगहों पर ऐसे ही विश्वविद्यालय स्थापित करने की अनुशंसा की।

वुड-डिस्पैच (1854) ने ही भारत में आधुनिक धर्म-निरपेक्ष शिक्षा की नींव डाली। इस डिस्पैच में स्पष्ट सुझाव दिया गया था कि विद्यालयों में किसी प्रकार की धार्मिक शिक्षा न दी

जाए। विशेष रूप से ईसाई धर्म की शिक्षा के संदर्भ में कहा गया था कि अगर शिक्षा के बहाने धर्म का प्रचार रोका नहीं गया तो भारतीय प्रजा इसके विरुद्ध आवाज़ उठायेगी। शिक्षा में अनुदान प्रणाली का अभिनव प्रयोग भी इसी के सुझावों के आधार पर दिया गया। वुड के डिस्पैच में समय से बहुत पहले यह समझ लिया गया थी कि संसाधनों की कमी को पूरा करने के लिए जनता का सहयोग लेना चाहिए। यह बेहद दूरदर्शी सुझाव था। इसके अतिरिक्त जन-शिक्षा, स्त्री-शिक्षा, प्रादेशिक स्तर पर शिक्षा में प्रबंध एवं प्रशासन के लिए विभाग खोलने, शिक्षा को रोज़गारपरक बनाने, व्यावसायिक शिक्षा (यांत्रिक और चिकित्सकीय शिक्षा) को बढ़ावा देने जैसे सुझाव भी इसमें शामिल थे। वुड के डिस्पैच को आधुनिक भारतीय शिक्षा का मैग्ना-कार्टा (अधिकार-पत्र) इसलिए भी कहा जाता है कि इसमें भारत की परम्परागत देशी शिक्षा, प्राथमिक शिक्षा, माध्यमिक शिक्षा, उच्च शिक्षा तथा व्यावसायिक शिक्षा में सुधार के लिए बहुमूल्य सुझाव दिये थे साथ ही इन सुझावों का कार्यान्वयन भी कराया, जिसके कारण आधुनिक भारतीय शिक्षा के लगभग सभी स्तरों की शैक्षिक नींव पड़ी।

सन् 1857 के विद्रोह के बाद भारत की हुकूमत कम्पनी के हाथ से ब्रिटेन की सम्राज्ञी के पास चली गयी। बदली हुई परिस्थितियों में शासन के अन्य क्षेत्रों के साथ शिक्षा-व्यवस्था में भी परिवर्तन हुए। भारतीय उपनिवेश के लिए सरकार की जवाबदेही हाउस ऑफ़ लॉर्ड्स और हाउस ऑफ़ कामन्स में तत्कालीन विपक्षी दलों के समक्ष थी। यह एक प्रमुख कारण था जिसने भारत में शिक्षा के विकास तथा प्रसार को गति प्रदान की। 1882 में लॉर्ड कैनिंग ने विलियम हंटर की अध्यक्षता में एक आयोग का गठन किया जिसमें सात भारतीयों सहित कुल बीस सदस्य थे। इस आयोग का नाम भारतीय शिक्षा आयोग-182 रखा गया लेकिन अध्यक्ष के नाम पर इसे प्रायः हंटर कमीशन कहा जाता है। इस आयोग का कार्यक्षेत्र निर्धारित करते समय यह निर्देश दिया गया कि वुड-डिस्पेच के क्रियान्वयन की जाँच की जाए। लेकिन कमीशन ने भारतीय शिक्षा व्यवस्था की लगभग सम्पूर्ण जाँच की। आठ माह के अपने अध्ययन का सात सौ पन्नों में प्रतिवेदन प्रस्तुत किया। कमीशन ने वुड-डिस्पैच के सभी सुझावों को महत्त्वपूर्ण तथा आवश्यक बताया— विशेष रूप से प्राथमिक शिक्षा तथा जन शिक्षा संबंधी सभी बिंदुओं पर अधिक बल दिया। इसके अतिरिक्त माध्यमिक शिक्षा, उच्च शिक्षा के लिए विस्तार से सुझाव दिये गये। कमीशन के सदस्यों काने (सम्भवतः पहली बार) समाज के पिछड़े वर्गों, स्त्री-शिक्षा, जनजातीय शिक्षा तथा मुसलिम शिक्षा की तरफ़ ध्यान दिया। आगे चलकर इन सुझावों का कुछ हद तक क्रियान्वयन भी हुआ। केवल जनजातीय शिक्षा संबंधी सुझाव छोड़ दिये गये। इसीलिए आदिवासी आज भी शिक्षा के क्षेत्र में पिछड़े हुए हैं

चार्ल्स वुड

और उन्हें जिसे शिक्षाशास्त्र की भाषा में 'विशेष आवश्यकता समूह' कहा जाता है।

प्राथमिक शिक्षा पर हंटर कमीशन द्वारा ज़ोर दिये जाने का सबसे बड़ा कारण यह था कि 1870 में इंग्लैण्ड में भी प्राथमिक शिक्षा क़ानूनन अनिवार्य एवं निःशुल्क हो गयी थी। इंग्लैण्ड में होने वाले इस शैक्षिक परिवर्तन का दबाव भी था। दूसरी तरफ़ दादाभाई नौरोजी ने कमीशन के सामने प्राथमिक शिक्षा को निःशुल्क एवं अनिवार्य बनाने का व्यक्तिगत प्रस्ताव प्रस्तुत किया था जिसकी अगली कड़ी में गोपालकृष्ण गोखले ने भी तत्कालीन केंद्रीय धारा सभा में 1911 एवं 1912 में दो बार यही प्रस्ताव किया। सरकार ने इसके विपक्ष में यह तर्क दिया कि अभी भारतीय प्रजा प्राथमिक शिक्षा की अनिवार्य परिस्थितियों के लिए मन से तैयार नहीं है। फिर भी इस प्रस्ताव का दूरगामी परिणाम राष्ट्रीय शिक्षा आंदोलन में स्पष्ट दिखायी देता है।

हंटर कमीशन के बाद एक बार फिर शैक्षिक परिवर्तनों की आवश्यकता महसूस की गयी, विशेष रूप से भारतीय विश्वविद्यालयों के संदर्भ में, जिनकी स्थापना लंदन विश्वविद्यालय की तर्ज़ पर किया गया था। 1898 में ही लंदन विश्वविद्यालय का पुनर्गठन किया गया था। ऐसे में भारतीय विश्वविद्यालयों के लिए भी इसकी आवश्यकता महसूस की गयी। इस बात को तत्कालीन वायसराय लॉर्ड कर्ज़न ने

महसूस किया। शिमला में एक शिक्षा सम्मेलन का आयोजन किया गया, जो पंद्रह दिन तक चला, तथा इस सम्मेलन में किसी भारतीय प्रतिनिधि को शामिल नहीं गया था। यहाँ तक कि प्रेस को भी सम्मेलन की ख़बर छापने की मनाही थी। इसे भारतीय शैक्षिक इतिहास में शिक्षा का 'गुप्त सम्मेलन' भी कहा जाता है। कर्ज़न ने 15 दिनों के इस सम्मेलन में 150 प्रस्ताव पारित करके भारतीय शिक्षा में आमूल-चूल परिवर्तन करने का प्रयास किया गया। जो तरीक़ा अपनाया गया उसके ख़िलाफ़ भारतीयों ने कड़ी प्रतिक्रिया की। कर्ज़न द्वारा बंग-भंग की घोषणा करने के कारण और उत्तेजना फैल गयी। आगे चल कर बंग-भंग का निर्णय वापस ले लिया गया और इसके साथ ही शिक्षा-नीति संबंधी विरोध भी धीरे-धीरे ठंडा पड़ने लगा। सम्मेलन को आधार बनाकर लार्ड कर्जन ने 1902 में विश्वविद्यालय आयोग का गठन किया। जिसके सुझावों के आधार पर भारतीय शिक्षा अधिनियम-1904 पारित हुआ।

इसके बाद भारतीय ब्रिटिश सरकार ने 1917 में माइकल सैडलर की अध्यक्षता में एक आयोग का गठन किया जिसका मक़सद कलकत्ता विश्वविद्यालय की पाठ्यचर्या का अध्ययन था। इसके पीछे एक महत्त्वपूर्ण कारण यह पता लगाना था कि विश्वविद्यालय की पाठ्यचर्या में उपनिवेश को ख़तरे में डालने जैसा कोई अध्यापन तो नहीं हो रहा है। आयोग ने कुछ आवश्यक तथा कुछ अनावश्यक सुझाव दिये। जिनमें प्रमुख रूप से माध्यमिक शिक्षा को विश्वविद्यालयी शिक्षा से अलग करना, विश्वविद्यालय के आंतरिक प्रशासन का गठन करना, पूर्णकालिक कुलपति की नियुक्ति करना, विश्वविद्यालय के लिए अध्ययन परिषद् की स्थापना करना, डिग्री कोर्स को एक वर्षीय करना आदि था।

इसी बीच 1915 में भारतीय परिदृश्य में गाँधी का पदार्पण हुआ जिसने शिक्षा-व्यवस्था को अपरोक्ष रूप से प्रभावित किया। इसका प्रत्यक्ष प्रभाव 1937 के वर्धा सम्मेलन में दिखायी दिया। लेकिन लार्डकर्जन के गुप्त शिक्षा सम्मेलन तथा बंग-भंग जैसी ग़लत प्रशासनिक नीति ने, अंग्रेज़ी शिक्षा व्यवस्था की चूलें हिला दी। इसी दौरान कांग्रेस के नेताओं तथा अन्य बुद्धिजीवियों ने एक ऐसी शिक्षा-व्यवस्था की माँग शुरू की जिसका स्वरूप अखिल भारतीय स्तर का हो तथा जिसका संचालन भारतीयों द्वारा, भारतीय आवश्यकताओं को ध्यान में रखकर किया जाय और जो पूर्ण रूप से स्वदेशी हो, उस व्यवस्था में किसी भी रूप में अंग्रेज़ी शिक्षा वर्चस्व न हो। इसी बीच 1919 के इंडिया एक्ट द्वारा शिक्षा का उत्तरदायित्व प्रांतीय शासन पर डाल दिया गया। चूँकि भारत सरकार द्वारा उचित आर्थिक सहायता प्रदान नहीं की गयी जिसके कारण प्रांतीय सरकार लगातार शैक्षिक आपूर्ति के दबाव में बनी रही। इसके बावजूद शिक्षा की राष्ट्रीय माँग के कारण यह अवश्य हुआ कि वाराणसी में काशी हिंदू विश्वविद्यालय, अलीगढ़ मुसलिम विश्वविद्यालय, तिलक महाराष्ट्र विद्यापीठ, गुजरात विद्यापीठ, जामिया मिलिया इस्लामिया आदि विश्वविद्यालयों की स्थापना हुई जो शिक्षा के राष्ट्रीय आंदोलन के परिणाम का प्रतिफल थी। आगे चल कर शिक्षा का एक राष्ट्रीय परिदृश्य के लिए पृष्ठभूमि तैयार हुई।

देखें : गिजूभाई बधेका, धोंडो केशव कर्वे, वर्धा शिक्षा योजना।

संदर्भ

1. अनंद सदाशिव अल्तेकर (1951), *एजुकेशन इन एंशिऐंट इण्डिया,* नंद किशोर ब्रोज, वाराणसी.
2. बी.पी. जौहरी और पी.डी. पाठक (2012), *भारतीय शिक्षा का इतिहास,* अग्रवाल पब्लिकेशंस, आगरा.
3. बी.जी. सिंह (2010), *भारत में शिक्षा का अधिकार एवं प्रारम्भिक शिक्षा,* शारदा पुस्तक भवन, इलाहाबाद.
4. सी.पी.एस. चौहान (2007), *मॉडर्न इण्डियन एजुकेशन,* कनिष्क पब्लिकेशंस, नयी दिल्ली.

—बाल गोविंद सिंह

अं

‘अंग्रेज़ी हटाओ’ आंदोलन

(‘Drive Out English’ Movement)

साठ के दशक के आख़िरी वर्षों में हुआ अंग्रेज़ी विरोधी आंदोलन मुख्यतः उत्तर भारत में केंद्रित घटना थी। कहा इसे हिंदी-आंदोलन भी जाता है, पर इसकी मुख्य माँग अंग्रेज़ी हटाने पर केंद्रित थी। यह दशक संविधान के निर्देशों के अनुसार 1965 में हिंदी को एकमात्र राज-भाषा बनाने के विरुद्ध हुई राजनीतिक लामबंदी का भी दशक था, जिसकी अभिव्यक्ति तमिलनाडु में हिंदी-विरोधी हिंसा में हुई थी। इसकी प्रतिक्रियास्वरूप हिंदीभाषी क्षेत्रों में कुछ ख़ास राजनीतिक प्रवृत्तियों को बल मिला। परिणामस्वरूप साठ के दशक में ‘अंग्रेज़ी हटाओ’ की मुहिम उत्तर-भारत के एक महत्त्वपूर्ण आंदोलन के रूप में राजनीतिक पटल पर उभरी। इसमें संयुक्त सोशलिस्ट पार्टी के नेतृत्व ने अहम भूमिका अदा की, पर सांगठनिक लिहाज़ से इसे एक ‘ग़ैर-दलीय मंच’ की तरह विकसित किया गया। इस मंच पर पहले से चल रहे हिंदी आंदोलन से किसी न किसी रूप में जुड़ी रही तमाम राजनीतिक शक्तियाँ आपसी मतभेदों के बावजूद अंग्रेज़ी को राजकाज की सह-भाषा बनाये रखने के विरोधस्वरूप एक साथ खड़ी हुईं। समाजवादियों के साथ जनसंघ ने भी इस मुहिम में सक्रिय भागीदारी की। राममनोहर लोहिया इस आंदोलन के मुख्य सिद्धांतकार थे। यह ‘ग़ैर-दलीय राजनीतिक’ प्रक्रिया चुनावी गठबंधन के रूप में विकसित हो रही ग़ैर-कांग्रेसवाद की राजनीति के समांतर चल रही थी। माना जा सकता है कि ‘अंग्रेज़ी हटाओ’ की मुहिम ने भी विपक्ष की एकता के लिए ज़मीन साफ़ करने का काम किया होगा।

‘अंग्रेज़ी हटाओ’ की मुहिम की आंदोलनकारी अभिव्यक्ति छात्रों और नौजवानों के जुझारू जुलूसों और आक्रामक रवैये में हुई। शहरों और क़स्बों में अंग्रेज़ी में लिखे बोर्डों पर कालिख पोत दी गयी। यहाँ तक कि कारों पर अंग्रेज़ी अंकों में लिखे हुए उनके नम्बरों को भी नहीं बख़्शा गया। उत्तर प्रदेश में तो कई जगह पुलिस वालों को भी आंदोलनकारियों के कोप का सामना करना पड़ा, क्योंकि उन्होंने कंधे पर यूपीपी लगा रखा था। अंग्रेज़ी के ख़िलाफ़ जम कर नारेबाज़ी होना आम बात हो गयी। 1967-68 के अख़बारों में छपी ख़बरें बताती हैं कि विश्वविद्यालय के परिसरों में ‘हिंदी सैनिक’ संसोपा और जनसंघ की युवा शाखाओं की मदद से संसद में पेश होने वाले राज-भाषा विधेयक के ख़िलाफ़ आम हड़ताल का आह्वान करने निकल पड़े। आंदोलन में आक्रामकता और हिंसा के पुट के कारण *इकॉनॉमिक ऐंड पॉलिटिकल वीकली* जैसी पत्रिका में छपी एक रपट में उसे फ़ासीवादी भी क़रार दिया गया।

बहरहाल, अंग्रेज़ी विरोध की यह प्रवृत्ति साठ के दशक में अचानक नहीं फूट पड़ी थी। इसकी सुगबुगाहट पचास के दशक के उत्तरार्ध से ही चल रही थी। जहाँ तक उपनिवेशवादियों द्वारा भारत पर लादी गयी विदेशी भाषा के रूप में अंग्रेज़ी के विरोध का सवाल है, यह प्रवृत्ति तो बीसवीं सदी की शुरुआत से ही मौजूद थी। इसके सबसे बड़े प्रवक्ता स्वयं गाँधी थे। लेकिन उत्तर भारत के हिंदी-आंदोलन में ‘अंग्रेज़ी हटाओ’ की प्रवृत्ति की शिनाख़्त अलग से करना आवश्यक है। इसके दो कारण हैं। पहला, इसके ज़रिये हिंदी-राष्ट्रीयता के गठन के बारे में चल रही बौद्धिक बहस (जैसे, हिंदी जाति की थीसिस) की सीमाओं के परे जा कर उसके आंतरिक घटकों की पहचान की जा सकी, और उसे

लोकतांत्रिक प्रक्रिया में परिवर्तित करने का राजनीतिक एजेंडा बनाया जा सका। दूसरा, हिंदी-आंदोलन ने इसके ज़रिये ख़ुद को भारतीयता का पर्याय बताने की वर्चस्ववादी दावेदारियों से अपना बौद्धिक-राजनीतिक विच्छेद करने का प्रयास किया। यह अलग बात है कि किसी न किसी रूप में 'अंग्रेज़ी हटाओ' ख़ुद को हिंदी-आंदोलन व हिंदी-राष्ट्रीयता को भारतीयता के मुख्य व केंद्रीय घटक के रूप में स्थापित करने वाली राजनीति से पूरी तरह अलग खड़ा नहीं कर पाया। लेकिन इस सीमा के बावजूद 'अंग्रेज़ी हटाओ' की परिघटना हिंदी आंदोलन में मौजूद वैचारिक प्रवृत्तियों की पहचान व उनके बीच बने संबंधों के कारण भाषा, राष्ट्र व लोकतंत्र के बीच विकसित हुए तनावपूर्ण संबंधों पर नये तरह से रोशनी डालती है। यह देखना महत्त्वपूर्ण होगा कि हिंदी-आंदोलन जिस राष्ट्रीयता का गठन करना चाहता था उसमें आंतरिक संलयन किस तरह हो रहा था। राष्ट्रीयता के निर्माण के लिए यह आंदोलन किस प्रक्रिया की ओर उन्मुख हो रहा था? इस प्रक्रिया में हमें कुछ महत्त्वपूर्ण प्रवृत्तियाँ दिखायी देती हैं, जो हिंदी आंदोलन की राजनीति के लिहाज़ से महत्त्वपूर्ण हैं।

उत्तर-भारत में तमिल, तेलुगु या मराठी के तर्ज़ पर भाषाई राष्ट्रीयता का गठन नहीं हुआ था। हिंदी बनाम उर्दू के विवाद के बरक्स हिंदुस्तानी को राष्ट्रीयता के केंद्र में लाने की कोशिश ज़रूर थी। इस प्रयास के साथ उपनिवेशवाद विरोधी संघर्ष की वह विरासत भी थी जिसने हिंदुस्तानी को अखिल भारतीय राष्ट्रीयता की केंद्रीय भाषाई प्रवृत्ति के तौर पर देखा था। महात्मा गाँधी इस परियोजना के मुख्य सूत्रधार थे और उन्होंने ही 'हिंदी-हिंदुस्तानी राष्ट्रीयता' की राजनीतिक प्रक्रिया को उत्तर-भारत में स्थापित करने का प्रयास किया था। उपनिवेशवाद के ख़िलाफ़ राष्ट्र के सूत्रीकरण के लिए हिंदुस्तानी राष्ट्रीयता का विचार ऐतिहासिक, सामाजिक-सांस्कृतिक साझेपन के रूप में अस्मिता व पहचान का प्रमुख घटक बन कर उभरा था। 'अंग्रेज़ी हटाओ' ने इस सिलसिले में एक नया वैचारिक हस्तक्षेप किया। उसने उपनिवेशवाद विरोधी आंदोलन के रुझान को पकड़ा जिसके तहत भारतीयता को अंग्रेज़ी के विरुद्ध भी परिभाषित किया जाता था। अंग्रेज़ी के बरअक्स भारतीयता को परिभाषित करने से भाषा सांस्कृतिक राष्ट्रवाद की स्वातंत्र्योत्तर परियोजना का मुख्य तत्त्व बन गयी।

हिंदी-आंदोलन को समाज-विज्ञान के हलकों में 'हिंदी' राष्ट्रवाद के रूप में व्याख्यायित किया जाता है। समझा जाता है कि इसकी राजनीतिक-सामाजिक परियोजना हिंदी के आधार पर उत्तर-भारत की राष्ट्रीयता के गठन से संबंधित थी। यह भी कहा जाता है कि यह प्रवृत्ति सभी भाषाओं के ऊपर हिंदी को प्राथमिकता देकर उसे राष्ट्र-भाषा का दर्जा देने की ज़िद करती थी। निस्संदेह ये तमाम पहलू हिंदी-आंदोलन में मौजूद थे। पर इन पहलुओं के साथ भी हिंदी को अंग्रेज़ी के विरोध में परिभाषित करने का आग्रह जुड़ा हुआ था। हिंदी-आंदोलन की इस धारा का नेतृत्व नागरी प्रचारिणी सभा और हिंदी साहित्य सम्मेलन के हाथ में था। आज़ादी के बाद राजनीतिक रूप से जनसंघ ने इनकी पैरवी करने में काफ़ी सक्रिय भूमिका निभायी। इस प्रवृत्ति ने दो पक्षों पर हिंदी आंदोलन की दिशा तय करने की कोशिश की। पहला, इसने उत्तर-भारत के सभी राज्यों में हिंदी को मुख्य राज-भाषा का दर्जा देने की माँग की, जिसका टकराव तत्कालीन राजनीतिक संदर्भ में अल्पसंख्यक भाषाई समुदायों (ख़ासकर उर्दूभाषियों) से हुआ। दूसरी ओर यह भारतीय राष्ट्रवाद के उस पक्ष पर लगातार ज़ोर देती रही जिसे 'भाषाई लोकतंत्र' कहा जा सकता है। हिंदी-आंदोलन के इस पहलू को आम तौर पर अनदेखा किया जाता है।

चाहे वह साहित्य सम्मेलन हो, या साहित्य सम्मेलन से इतर हिंदी की परिभाषा करने का सवाल हो, या हिंदुस्तानी का आंदोलन हो— ये तमाम उद्यम जिस चीज़ के बरअक्स ख़ुद को परिभाषित करने की कोशिश करते हैं, उसे अक्सर छोड़ दिया जाता है। दरअसल, उनकी यह कोशिश हमेशा अंग्रेज़ी के मुक़ाबले परिभाषित होती थी। हिंदी किसी भी क़िस्म की हो— चाहे वह हिंदी साहित्य सम्मेलन वाली हिंदी हो, हिंदी-राष्ट्रवाद वाली हिंदी हो, या हिंदुस्तानी वाली हिंदी हो, उनके बीच में जिस बात पर एकता थी वह था अंग्रेज़ी-विरोध। उसका तर्क भाषाई लोकतंत्र की धारणा पर आधारित था। एक तरफ़ यह काम साहित्य सम्मेलन और जनसंघ कर रहा था, दूसरी तरफ़ इसके पास हिंदुस्तानी के आग्रह के रूप में गाँधी की विरासत थी, तीसरे रूप में इसकी राजनीति अंग्रेज़ी हटाओ की मुहिम के रूप में लोहिया, समाजवादी पार्टी, और एक समय में कुछ हद तक कम्युनिस्टों ने भी की थी।

इसमें एक विरोधाभास था जिसे नज़रअंदाज़ नहीं किया जाना चाहिए। एक लिहाज़ से अंग्रेज़ी-विरोध की लोकतांत्रिक प्रक्रिया भारतीय भाषाओं के विकास की पक्षधर थी। वह चाहती थी कि भारतीय भाषाओं को ज्ञान-विज्ञान के क्षेत्र के साथ-साथ राजनीतिक तंत्र में भी अपनाया जाए। दूसरे लिहाज़ से यह हिंदी के समक्ष बाक़ी भाषाई समुदायों की माँगों को लोकतांत्रिक प्रक्रिया में जगह देने से हिचकती थी। यानी एक स्तर पर कहा जा सकता है कि यह भाषाई लोकतंत्र का आग्रह था, लेकिन दूसरे स्तर पर इसकी कम से कम एक प्रवृत्ति ऐसी थी जो अपने भीतर उन चिंताओं को जगह देने के लिए तैयार नहीं थी जो अन्य भाषाई समुदायों ने पचास और साठ के दशक में व्यक्त की थीं।

देखें : भक्ति आंदोलन-1 और 2, भक्ति-काव्य-1 और 2, भारतेंदु हरिश्चंद्र, भारतेंदु-युग-1 और 2, भाषा नियोजन-1, 2, 3 और 4, भाषा के मार्क्सवादी सिद्धांत, महावीर प्रसाद द्विवेदी-1 और 2, महादेवी वर्मा, मीरांबाई और प्रेमाभक्ति, रामचंद्र शुक्ल-1 और 2, रामविलास शर्मा, रीतिकाल-1 और 2, श्याम सुंदर दास, सम्पर्क भाषा-1, 2, 3 और 4, संविधान सभा में भाषा-विवाद-1, 2

और 3, संत-काव्य, सिद्ध-नाथ परम्परा, सूफ़ीयत और प्रेमाख्यान, हजारी प्रसाद द्विवेदी, हिंदी विरोधी आंदोलन, हिंदी जाति-1, 2 और 3, हिंदी साहित्य का आदिकाल, हिंदी साहित्य का इतिहास, हिंदी साहित्य का इतिहास : नए परिप्रेक्ष्य, हिंदी-जगत और 'लोकप्रिय'-1 और 2, हिंदी नवजागरण।

संदर्भ

1. बिनोद शोगे (1967), *हिंदी टेक्स इट्स टोल, इकॉनॉमिक ऐंड पॉलिटिकल वीकली, खण्ड 3, अंक 4.*
2. नवीन चंद्र (2013), 'निरंतरता और संघर्ष : पचास और साठ के दशकों में हिंदी-आंदोलन', अभय कुमार दुबे (सम्पा.), *हिंदी की आधुनिकता : एक पुनर्विचार* (तीसरा खंड), आईआईएएस-वाणी, नयी दिल्ली.
3. रामविलास शर्मा (2011), *भारत की भाषा समस्या,* राजकमल प्रकाशन, नयी दिल्ली.
4. एम.के. गाँधी (1956), *थॉट्स ऑन नैशनल लैंग्वेज,* नवजीवन पब्लिशिंग हाउस, अहमदाबाद.

— नवीन चंद्र

अंतरंगता

(Intimacy)

अंतरंगता व्यक्तियों के बीच घनिष्ठता से उपजती है। यह घनिष्ठता दो मित्रों के बीच हो सकती है, स्त्री-पुरुष के बीच होती है, माँ-बेटे और भाई-बहिन के बीच भी हो सकती है। घनिष्ठता की परिस्थितियाँ पैदा करने में पारिवारिक जीवन का बहुत बड़ा हाथ है। घरेलू दायरे में साथ-साथ समय गुज़ारने, बच्चे पैदा करने, उनका लालन-पालन करने और एक-दूसरे की देख-रेख करने से अनिवार्यतः व्यक्तिगत घनिष्ठता की ज़मीन तैयार होती है। लम्बे समय के सह-जीवन के ज़रिये लोग शारीरिक और मानसिक रूप से एक-दूसरे का अंतरंग परिचय प्राप्त करते हैं। परिवार के अलावा सहजीवन सम्भव करने वाली अन्य (स्कूल, कॉलेज, फ़ौजी बैरकें और जेल जैसी) जगहों पर भी व्यक्तियों के बीच घनिष्ठता घटित होने की सम्भावना रहती है। लेकिन समाज-विज्ञान में अंतरंगता का जो विमर्श प्रचलित है, वह ज़्यादातर स्त्री-पुरुष के बीच घनिष्ठता का है। इस धरातल पर अक्सर अंतरंगता प्रेम का पर्याय बन जाती है। दूसरी तरफ़ आम तौर पर किसी व्यक्ति के साथ यौन-संबंध होने को अंतरंग संबंध का पर्याय मान लेना अंतरंगता की संकीर्ण समझ है। शारीरिक संबंध से एक-दूसरे के बारे में गहरे परिचय की सम्भावनाएँ खुलती हैं, लेकिन कोई ज़रूरी नहीं कि ऐसा हमेशा हो ही। नियमित यौन-संबंध रखने के बावजूद व्यक्तियों के बीच बहुत कम अंतरंगता पायी गयी है। यहाँ तक कि विवाहित जीवन में भी अंतरंगता का अभाव होता है। एक ही कमरे में रहते हुए और एक ही बिस्तर पर सोने वाले व्यक्ति अलग-अलग दायरों में क़ैद रहते हैं। दूसरे, अंतरंगता की डिग्रियाँ भी हो सकती हैं। मसलन, एक व्यक्ति विभिन्न व्यक्तियों के साथ कम या ज़्यादा अंतरंग हो सकता है, और अंतरंगता एक बार स्थापित होने के बाद ख़त्म भी हो सकती है। परिवार से इतर सामाजिक संस्थाओं, जैसे कॉलेज वग़ैरह में बनने वाली अंतरंगता अपेक्षाकृत कम टिकाऊ होती है। अंतरंगता के प्रश्न पर ज़िग्मंट बाउमैन और एंथनी गिडेंस जैसे विद्वानों ने गहरा विचार-विमर्श किया है।

चूँकि व्यक्तिगत जीवन में अंतरंगता विविध मुक़ामों पर विभिन्न मात्रा में (सघन या विरल) अलग-अलग तात्पर्यों के साथ उपजती है, इसलिए उसके सामाजिक प्रभावों को लेकर विद्वानों में मतभेद हैं। कुछ चिंतकों का विचार है कि दैनंदिन जीवन में अंतरंगता की व्यक्तिगत दावेदारियों ने नागरिक और सामुदायिक एकजुटता और सक्रियता के पहलुओं पर विपरीत प्रभाव डाला है। ये विद्वान मानते हैं कि अंतरंगता के व्यक्तिगत रूपों ने पारिवारिक मूल्यों की उपेक्षा को बढ़ावा दिया है। लेकिन कुछ दूसरे विद्वान विपरीत निष्कर्षों पर पहुँचे हैं। उनके अनुसार अंतरंगता व्यक्तिगत रिश्तों में जिस समानता और लोकतांत्रिक प्रकृति को बढ़ावा देती है, उसके कारण समाज के दूसरे दायरों में भी समानता और लोकतंत्र की संरचनाएँ मज़बूत होती हैं।

समाज-वैज्ञानिक विमर्श ने अंतरंगता के जिस प्रकार को सर्वाधिक प्रमुखता दी है, वह है एक ख़ास तरह की घनिष्ठता जिसके तहत एक व्यक्ति अपने पसंदीदा इनसान के सामने अपने मन के भेद खोल देता है। इसे 'सेल्फ़ डिस्क्लोज़िंग इंटीमेसी' की संज्ञा दी गयी है। ज़ाहिर है कि इस अंतरंगता में दैहिक परिचय का महत्त्व है, पर एक-दूसरे को भीतर से समझने की प्रक्रिया को अधिक रेखांकित किया गया है। मानवीय रिश्तों के अध्येताओं, संबंधवाचक सलाह-मशविरा देने वालों, मनोविश्लेषकों, मनश्चिकित्सकों और यौन समस्याओं का हल सुझाने वालों ने अंतरंगता के इस रूप को काफ़ी विज्ञापित और प्रचारित किया है। इसके तहत पहले यह बताया जाता है कि व्यक्ति को अपने ख़ुद के मनोभावों का पूरा एहसास होना चाहिए। इसके लिए ज़रूरी है कि वह अपने बारे में सुने और बातें करे। अपने ख़याल दूसरों के साथ साझा करते हुए अपने जज़्बात का खुलासा करे ताकि एक बेहतर संबंध क़ायम किया जा सके या टिकाया जा सके। परस्पर स्नेह और देखभाल करने से उपजने वाली व्यवहारगत अंतरंगता के मुक़ाबले सेल्फ़ डिस्क्लोज़िंग इंटीमेसी में दूसरे को अपने

मन में झाँकने की इजाज़त देने या लेने को काफ़ी महत्त्व दिया गया है। ऐसी अंतरंगता के लिए संवाद स्थापित करना आवश्यक है। इसमें सेक्शुअल अंतरंगता भी अहम भूमिका अदा कर सकती है, लेकिन यह कोई आवश्यक या पर्याप्त शर्त नहीं मानी जाती। मानस के धरातल पर अंतरंगता बिना दैहिक अंतरंगता के उपलब्ध करना कठिन नहीं समझा जाता। दूसरी तरफ़ सेक्शुअलिटी के सिद्धांतकारों की मान्यता है कि अगर सेक्शुअलिटी व्यक्ति की इयत्ता का सार है तो फिर सेक्शुअल रिश्ते के ज़रिये उस अंतरंगता को और सघन किया जा सकता है, जो संवाद के माध्यम से विकसित की गयी है।

आत्मीय और गहन संवाद के ज़रिये प्राप्त की गयी अंतरंगता के तात्पर्यों की परस्पर विपरीत व्याख्याएँ की गयी हैं। एंथनी गिडेंस ने 1992 में प्रकाशित अपनी रचना *द ट्रांसफ़र्मेशन ऑफ़ इंटीमेसी* में इसके सकारात्मक और स्वागतयोग्य पहलुओं को उकेरा है। गिडेंस की मान्यता है कि बीसवीं सदी के आख़िरी दौर में अंतरंगता के आधुनिक रूपों में काफ़ी तब्दीली आयी है। यही वह समय था जब सामाजिक परिवर्तन की तेज़ रफ़्तार, जीवन की अनिश्चितता और उसमें निहित जोखिम के एहसास ने लोगों को समझाया कि अब पहले की तरह पारिवारिक जीवन जीने या सेक्शुअल या जेंडर अस्मिताओं के सहारे रहने से काम नहीं चलने वाला है। अब उन्हें अपनी इयत्ता का कहीं अधिक आत्मसचेत आख्यान गढ़ना होगा। इस प्रवृत्ति के कारण लोग 'सेल्फ़ डिस्क्लोज़िंग इंटीमेसी' की तरफ़ और अधिक झुके जिससे उन्हें एक या उससे अधिक सघन निजी संबंधों के दायरे में अपनी जगह तय करने में मदद मिली। यह एक ऐसा समय था जब रिश्तों का बंधन पहले के मुक़ाबले कहीं कमज़ोर होता जा रहा था। संबंध जल्दी-जल्दी टूट रहे थे। परस्पर संतोष उनकी पहली और अंतिम शर्त बन गयी थी। दूसरी तरफ़ संबंधों की प्रकृति अधिक लोकतांत्रिक और समतामूलक होती जा रही थी। इसी तरह सेक्स की प्रकृति भी बदल रही थी। वह परम्पराओं और वर्जनाओं के ख़ाने से निकल कर पहले के मुक़ाबले कहीं तरल हो गया था। स्त्री-पुरुषों के लिए यौनाचरण का मतलब था वह कार्रवाई जिसमें उन्हें आनंद आये, भले ही उसे दूसरे कुछ भी समझते हों। गिडेंस का विमर्श मानता है कि अब भी दीर्घकालीन रिश्तों के लिहाज़ से वैवाहिक संबंध ही सर्वाधिक प्रचलित हैं और माता-पिता के रूप में बच्चों के लालन-पालन के पूर्व प्रचलित रूप ही चलते हैं, पर परिवार और सहजीवन के अन्य रूप भी धीरे-धीरे परवान चढ़ रहे हैं।

अंतरंगता के विमर्श में लैंगिक आयामों पर विशेष ध्यान दिया गया है। मनोवैज्ञानिक और मनोवैश्लेषिक अनुसंधानों से पता चला है कि माँ की भूमिका निभाने के दौरान माँ और बच्चे के बीच बनने वाला संबंध स्त्री को अंतरंगता के लिहाज़ से अधिक टिकाऊ पार्टनर बनाने की तरफ़ ले जाता है। निजी रिश्तों को तोड़ने और किसी न किसी प्रकार चलाते रहने की प्रवृत्ति स्त्री में अधिक पायी जाती है। लिंग आधारित सांस्कृतिक विमर्श, सामाजिक मर्यादाएँ, वर्जनाएँ और अवसरों की उपलब्धता के आयाम भी स्त्री को टिकाऊ अंतरंगता का पैरोकार बनाते हैं। गिडेंस का कहना है कि अंतरंगता की संरचनाओं में हुई हालिया तब्दीली की कमान ज़्यादातर स्त्रियों ने ही सँभाली हुई है। जो स्त्रियाँ पहले टिकाऊ अंतरंगता की तलाश में आत्मत्याग करने के लिए तैयार रहती थीं, वे अब अंतरंगता की अधिक समतामूलक और लोकतांत्रिक ज़मीन तलाश रही हैं। स्त्रियों में भी समलैंगिक स्त्रियाँ और युवतियों ने इस क्षेत्र में विशेष रूप से पहल की है। गिडेंस की इस स्थापना पर नारीवादियों के बीच बहस है। कुछ नारीवादी विद्वानों का तर्क है कि अंतरंगता में रूपांतरण की बागडोर स्त्रियों को थमाते वक्त गिडेंस समाज में व्याप्त लैंगिक भेदभाव और ऊँच-नीच को कम करके आँकते हैं। साथ ही वे इतरलैंगिक सेक्शुअल संस्कृति के प्रचलन को भी काफ़ी-कुछ नज़रअंदाज़ कर देते हैं। लेकिन, कुछ नारीवादी विद्वान गिडेंस से सहमत भी नज़र आते हैं। उनका कहना है कि इतरलैंगिक मानकों से परे जा कर अंतरंग संबंध बनाने की परिघटना ने अपने क़दम बढ़ाने शुरू कर दिये हैं।

गिडेंस के विपरीत कुछ अकादमीशियनों का तर्क है कि इस 'उत्तर-आधुनिक' ज़माने में या तो अंतरंगता की सघनता का क्षय हो गया है, या फिर उसकी सघनता समाज के ज़्यादा काम की नहीं रह गयी है। बेरोकटोक बाज़ारीकरण, उपभोक्ता संस्कृति और चमक-दमक की प्रतियोगिता ने लोगों को आत्मलीन और परायेपन का शिकार बना दिया है। अपने जीवन में अकेले पड़ते लोग अंतरंग रिश्तों के क़ाबिल ही नहीं रह गये हैं। निष्ठावान और ज़िम्मेदार होने का विमर्श घट कर अपने प्रति ज़िम्मेदारी और अपने प्रति निष्ठा में सिमट कर रह गया है। अंतरंगता की निराशाजनक तस्वीर खींचने वाले विद्वानों में बाउमैन और होश्चाइल्ड प्रमुख हैं।

देखें : पुरुषत्व, प्रेम, प्रेम-अध्ययन और नारीवादी दर्शन, फ़िल्म और सेक्शुअलिटी, ब्रह्मचर्य और सेलिबेसी, सेक्शुअलिटी, सेक्शुअलिटी-अध्ययन।

संदर्भ

1. एंथनी गिडेंस (1992), *द ट्रांसफ़र्मेशन ऑफ़ इंटीमेसी*, पॉलिटी प्रेस, केम्ब्रिज.
2. ज़िग्मंट बाउमैन (2003), *लिक्विड लव : ऑन द फ़्रेलिटी ऑफ़ ह्यूमन बोंड*, पॉलिटी प्रेस, केम्ब्रिज.
3. ए. होश्चाइल्ड (2003), द *कमर्शियलाइज़ेशन ऑफ़ इंटीमेट लाइफ़ : नोट्स फ़्रॉम होम ऐंड वर्क*, युनिवर्सिटी ऑफ़ कैलिफ़ोर्निया प्रेस, बर्कले, 2003
4. एल. जेमीसन (1994), 'इंटीमेसी ट्रांसफ़ॉर्म्ड : ए क्रिटिकल लुक एट द प्योर रिलेशनशिप', *सोसियोलॅजी, खण्ड* 33, अंक 4.

— अनामिका

अंतर्राष्ट्रीय मुद्रा कोष

(International Monetary Fund)

अंतर्राष्ट्रीय मुद्रा कोष (आईएमएफ़) भी विश्व बैंक की तरह ब्रेटन वुड्स प्रणाली की देन है। इन दोनों संस्थाओं की स्थापना 1945 में साथ-साथ ही हुई थी। मुद्रा कोष के चार्टर के पहले अनुच्छेद के मुताबिक़ उसका मक़सद इस प्रकार समझा जा सकता है : अंतर्राष्ट्रीय मौद्रिक सहयोग को प्रोत्साहित करना, अंतर्राष्ट्रीय व्यापार के संतुलित विस्तार और वृद्धि के लिए बाधाएँ दूर करना, रोज़गार के उच्चस्तर को प्रोत्साहित करते हुए उसे बनाये रखना, विदेशी मुद्रा पर लगी पाबंदियों को हटाना, राष्ट्रीय और अंतर्राष्ट्रीय समृद्धि को नुक़सान पहुँचाये बिना उन देशों को संसाधन मुहैया कराना जो भुगतान अधिशेष की समस्या से जूझ रहे हों, अपने सदस्य देशों के अंतर्राष्ट्रीय भुगतान अधिशेष में आये असंतुलन की मात्रा और अवधि को घटाना। मुद्रा कोष के इन उद्देश्यों से ज़ाहिर हो जाता है कि उसे एक ऐसी अंतर्राष्ट्रीय अर्थव्यवस्था के रख-रखाव की ज़िम्मेदारी दी गयी है जो मंदी, बेरोज़गारी और व्यापार के ठप होने की उन स्थितियों से बचना चाहती है जिन्होंने तीस के दशक की महामंदी के दौरान विश्व पूँजीवादी व्यवस्था को झकझोर दिया था। आज दुनिया में विनिमय दरें स्थिर नहीं रह गयी हैं और इसीलिए ब्रेटन वुड्स प्रणाली बिखर चुकी है। लेकिन, पूँजीवादी व्यवस्था के लिए आईएमएफ़ और विश्व बैंक जैसी संस्थाओं की प्रासंगिकता बरक़रार है, क्योंकि बदलती हुई विनिमय दरों की स्थिति में मौद्रिक स्थिरता सुनिश्चित करना और भी ज़रूरी लगने लगा है।

सत्तर के दशक तक मुद्रा कोष का काम केवल यह था कि दुनिया की मुद्राओं की विनिमय दर अमेरिकन डॉलर के मुक़ाबले विनिमय तयशुदा रहे। इस दर में अगर एक फ़ीसदी से भी अधिक की तब्दीली आती थी, तो पहले उसके बारे में कोष के सदस्य देशों के बीच विचार-विमर्श होता था। मुद्रा कोष द्वारा क़ायम किये गये इस 'पार वैल्यू सिस्टम' से निवेशकों, कारख़ाना माल के उत्पादकों और संबंधित देशों को काफ़ी फ़ायदा हुआ। इसके कारण न केवल विभिन्न मुद्राओं के वास्तविक मूल्य की साफ़ तौर पर जानकारी रहती थी, बल्कि अंतर्राष्ट्रीय अर्थव्यवस्था की गतिशीलता के बारे में सही-सही पूर्वानुमान भी लगाया जा सकता था। लेकिन, साठ के दशक में जब अमेरिका में मुद्रास्फीति बढ़ी और डॉलर कमज़ोर होना शुरू हो गया तो सारी दुनिया में डॉलरों को सोने में भुनाने की होड़ मच गयी। इस तरह के विनिमय का अधिकार ब्रेटन वुड्स समझौते के तहत उपलब्ध था। सत्तर के दशक तक अमेरिका का स्वर्ण-भंडार दस अरब डॉलर से भी कम का रह गया। अगस्त, 1970 में राष्ट्रपति निक्सन ने एकतरफ़ा कार्रवाई करके डॉलरधारियों से यह अधिकार छीन लिया जिससे ब्रेटन वुड्स प्रणाली ध्वस्त हो गयी। निर्धारित विनिमय दर के बजाय चलायमान विनिमय दर प्रारम्भ हुई।

अंतर्राष्ट्रीय मुद्रा कोष का वाशिंगटन, डीसी स्थित मुख्यालय

ब्रेटन वुड्स प्रणाली ख़त्म हो जाने के बाद मुद्रा कोष अंतर्राष्ट्रीय मौद्रिक व्यवस्था में नक़दी का योगदान करने की ज़िम्मेदारी पर ध्यान दिया। इससे पहले कोष के अपने ख़ज़ाने में ज़्यादा कुछ नहीं होता था। पर भूमिका बदलने पर उसके सदस्य देशों ने उसे आर्थिक रूप से मज़बूत करना शुरू किया। 1976 में हुए अपने जमैका सम्मेलन में कोष ने अपने आर्टीकिल्स ऑफ़ एग्रीमेंट मे संशोधन किया। अस्सी के दशक में मुद्रा कोष की व्यावहारिक भूमिका ने एक और करवट ली जब उसने ऋण संकट से जूझ रहे कम विकसित देशों की अर्थव्यवस्था के प्रबंधन में हस्तक्षेप करना शुरू किया। आईएमएफ़ ने ऐसे ज़रूरतमंद देशों पर अपनी शर्तों का एक पैकेज थोपना शुरू किया जिसके कारण वे अपनी अर्थव्यवस्थाओं में ढाँचागत समायोजन करने पर मज़बूर हो गये। इस प्रक्रिया में कई कम विकसित देशों को तकलीफ़देह सिलसिले से भी गुज़रना पड़ा। मुद्रा कोष का तर्क था कि अंतर्राष्ट्रीय वित्तीय प्रणाली की स्थिरता क़ायम रखने और कम विकसित देशों के लिए क़र्ज़ की राशियाँ मुहैया कराते रहने के लिए ग़रीब देशों को ऋण का भुगतान करते रहना होगा और उसी के मुताबिक़ अपनी आर्थिक नीतियों का पुनर्विन्यास करना होगा। नब्बे के दशक में सोवियत ख़ेमे के बिखराव के बाद मुद्रा कोष ने पूर्व समाजवादी देशों के बाज़ार आधारित अर्थव्यवस्थाओं में संक्रमण की ज़िम्मेदारी उठानी शुरू की।

आईएमएफ़ द्वारा चलाये जाने वाले ढाँचागत समायोजन कार्यक्रम बेहद विवादास्पद साबित हुए हैं। कुछ अर्थशास्त्रियों का तो यहाँ तक कहना है कि इन कार्यक्रमों के कारण राहत

मिलने के बजाय आर्थिक संकट में बढ़ोतरी हो जाती है। दक्षिण-पूर्व एशियाई देशों के मुद्रा संकट के बाद कोष की भूमिका को काफ़ी आड़े हाथों लिया गया है। ख़ास बात यह है कि जब तक कोष अपना आर्थिक कार्यक्रम ग़रीब देशों पर थोपता रहा, उसकी आलोचनाओं को वामपंथी अर्थशास्त्रियों के पूँजीवाद विरोध रवैये का परिणाम बता कर टाला जाता रहा। पर, जब दक्षिण कोरिया और थाईलैण्ड जैसे नव-विकसित देशों की अर्थव्यवस्थाओं को मुद्रा कोष की सलाहें रास नहीं आयी तो मुक्त बाज़ार और भूमण्डलीकरण के समर्थक अर्थशास्त्रियों ने भी आलोचना करनी शुरू कर दी।

मुद्रा कोष ने इन देशों को जो बचाव कार्यक्रम थमाया वह ग़लत समझ पर आधारित था। इसमें ऋणदाताओं और ऋणप्राप्तकर्ताओं के लिए दोहरे मानदण्ड अपनाये गये थे। प्राप्तकर्ताओं पर वित्तीय अनुशासन थोपने वाले कोष ने ऋण देने वालों पर कोई संयम आरोपित न करने का फ़ैसला किया। नतीजे के तौर पर संकटग्रस्त देशों की मुद्राओं और शेयरों की क़ीमत में और गिरावट आयी। जैफ़री साक्श और जॉर्ज सोरोस जैसे अर्थशास्त्रियों और फ़ाइनेंसरों का कहना था कि कोष का फ़ार्मूला महँगी मुद्रा नीति और अपस्फीति (स्टेगफ़्लेशन) का है, जिससे इन देशों की समस्याओं का समाधान नहीं होगा। साक्श ने साफ़ कहा कि इस बचाव कार्यक्रम ने कोष की साख में बट्टा लगा दिया है और अब अगर कोई अर्थव्यवस्था संकट की शिकार हो तो उसे आईएमएफ़ को मदद के लिए आवाज़ नहीं देनी चाहिए।

सोरोस ने तो यहाँ तक कहा कि मुद्रा कोष अंतर्राष्ट्रीय ऋण का निजी क्षेत्र के लिए आबंटन करने लायक भी नहीं रह गया है। इसके लिए एक नयी इंटरनैशनल क्रेडिट इंश्योरेंस कॉरपोरेशन जैसी संस्था बनायी जानी चाहिए जो एक सीमा तक सुरक्षा की गारंटी देते हुए अंतर्राष्ट्रीय ऋण प्रदान करे। कोष के जुड़वाँ भाई विश्व बैंक के मुख्य अर्थशास्त्री जोसेफ़ स्टिगलिट्ज़ का कहना था कि ब्याज दरें बढ़वा कर, सरकारी ख़र्चे में कटौती करवा कर और ऊँचे करों को थोपने का दबाव डाल कर कोष इन देशों को ज़बरदस्त मंदी की ओर धकेल रहा है। 2008 के बाद आये वैश्विक वित्तीय संकट ने तो कोष की नीतियों, उद्देश्यों और उपकरणों कलई खोल दी है। कोष की सलाहों और नियंत्रण के तहत चलने वाले वित्तीय निज़ाम अस्थिरता, गिरावट, राष्ट्रीय और अंतर्राष्ट्रीय विषमता-वर्धन और सट्टेबाज़ी जैसी अनैतिक-अनुत्पादक गतिविधियों में बुरी तरह फँसते जा रहे हैं। इससे लगता है कि अब कोष की पुनर्रचना और नवीकरण का समय आ गया है।

मुद्रा कोष और भारत : भारतीय सार्वजनिक जीवन में मुद्रा कोष की राष्ट्रीय अर्थव्यवस्था में भूमिका को लेकर चर्चा अस्सी के दशक में गर्म हुई। इंदिरा गाँधी की सरकार ने नवम्बर, 1981 में तमाम आलोचनाओं और विरोध को ठुकराते हुए 5.3 अरब डॉलर का ऋण लेने और उसके बदले कोष की कड़ी शर्तें मानने का फ़ैसला किया। 1979 से 1981 के बीच ऑर्गनाइज़ेशन ऑफ़ पेट्रोलियम एक्सपोर्टिंग कंट्रीज़ ने कच्चे तेल के दाम 13 से बढ़ा कर 35 डॉलर कर दिये थे। प्रेक्षकों की मान्यता थी कि भारत इस तेल-संकट का सामना बिना इस क़र्ज़ के भी कर सकता था। उसके विदेशी मुद्रा भंडार की स्थिति भी अच्छी थी और मुम्बई हाई से तेल का उत्पादन धीरे-धीरे ही सही पर होने लगा था। सरकार ने कोष से इस ऋण की केवल दो किस्तें ही लीं और तीसरी अंतिम किस्त (1.8 अरब डॉलर) लेने से इनकार कर दिया।

आईएमएफ़ का दूसरा संदर्भ तब सामने आया जब 1991 में भारतीय अर्थव्यवस्था विदेशी मुद्रा संकट में बुरी तरह फँस गयी। मुद्रा कोष से सात अरब डॉलर का ऋण माँगा गया। कोष और विश्व बैंक ने मिल कर अपनी शर्तें थमायीं जिनका पालन करने के लिए कांग्रेस की अल्पमतीय नरसिंह राव सरकार ने 'कड़े, अलोकप्रिय लेकिन टाले न जा सकने वाले क़दम' उठाने की घोषणा की। यह ढाँचागत समायोजन कार्यक्रम के तहत आर्थिक सुधारों की शुरुआत थी। चार दिन के भीतर-भीतर दो बार में रुपये का बीस फ़ीसदी अवमूल्यन किया गया, आयात पर कई तरह की पाबंदियाँ हटा कर नयी व्यापार नीति का ऐलान किया गया, सरकार ने अपने स्वर्ण-कोष से 46.91 टन सोना बैंक ऑफ़ इंग्लैण्ड को गिरवी रख कर चालीस करोड़ डॉलर का अल्पावधि क़र्ज़ उगाहा, नयी उद्योग नीति घोषित हुई जिसके तहत 18 क्षेत्रों को छोड़ कर बाक़ी सभी उद्योगों को लाइसेंस-कोटा-परमिट प्रणाली से मुक्त कर दिया गया।

आईएमएफ़ के नेतृत्व में चलने वाला यह ढाँचागत समायोजन कार्यक्रम अब भी जारी है। भारतीय अर्थव्यवस्था मोटे तौर से मुद्रा कोष की देख-रेख में ही चल रही है।

देखें : ढाँचागत समायोजन, पेटेंट, ब्रेटन वुड्स प्रणाली, भूमण्डलीकरण : भारतीय अर्थव्यवस्था का, भारत में पेटेंट क़ानून, भारत में बहुराष्ट्रीय निगम, भारत में शेयर संस्कृति, भूमण्डलीकरण, भूमण्डलीकरण का इतिहास-1 और 2, भूमण्डलीकरण और बेरोज़गारी, भूमण्डलीकरण और ग़रीबी, भूमण्डलीकरण और पूँजी बाज़ार, भूमण्डलीकरण और लोकतंत्र, भूमण्डलीकरण और राज्य, भूमण्डलीकरण और राष्ट्रीय सम्प्रभुता, भूमण्डलीकरण और वित्तीय पूँजी, भूमण्डलीकरण और वित्तीय उपकरण, भूमण्डलीकरण के आलोचक, भूमण्डलीकरण के ख़िलाफ़ प्रतिरोध, विश्व बैंक, विश्व व्यापार संगठन।

संदर्भ

1. ई. हेलीनर (1996), *स्टेट्स ऐंड द रिइमरजेंस ऑफ़ द ग्लोबल फ़ाइनेंस : फ्रॉम ब्रेटन वुड्स टू द 1990ज़*, कॉरनेल युनिवर्सिटी प्रेस, इथाका, न्यूयॉर्क.
2. इण्डियन पीपुल्स फ्रंट (1991), *इण्डिया ऐंड द आईएमएफ़ लोन : सोल्ड फ़ॉर अ फ़्यू डॉलर्स मोर*, इण्डियन पीपुल्स फ्रंट, नयी दिल्ली.
3. आर. शैरुफ़्क (1999), *हू वर्ल्ड बैंक ऐंड आईएमएफ़ पॉलिसीज़ वर्क?*, सेंट मार्टिंस प्रेस, न्यूयॉर्क.

4. के. डैनैहर (1994), *50 इयर्स आर इनफ़ : द केस अगेंस्ट द वर्ल्ड बैंक ऐंड इंटरनैशनल मोनेटरी फंड,* साउथ ऐंड प्रेस, लंदन.
5. एल. मैकक्विलन (1999), *इंटरनैशनल मोनेटरी फंड,* हूवर इंस्टीट्यूट प्रेस, वाशिंगटन, डीसी.

—अभय कुमार दुबे

अनुक्रमणिका

अनुक्रमणिका में उल्लिखित रचनाओं (पुस्तकें, लेख, कविताएँ, नाटक और फ़िल्में) के शीर्षकों में ए, ऐन और द का प्रयोग मुख्य शीर्षक के बाद किया गया है। अभिनव गुप्त और मण्डन मिश्र जैसे क्लासिकल नाम प्रथम नाम में दिये गये हैं। चीनी नाम भी प्रथम नाम के रूप में ही हैं। जिन प्रविष्टियों के साथ भारतीय लगा है,उनकी स्वतंत्र प्रविष्टि बनायी गयी है, न कि मुख्य प्रविष्टि की उप-प्रविष्टि के रूप में। प्रविष्टियों के शीर्षक और उनकी पृष्ठ-संख्या विशेष रूप से उभारी गयी है।

अ

आ

इ

ई

उ

ऋ

ए

ऐ

ओ

औ

अं

क

ख

ग

घ

च

छ

ज

झ

ट

ठ

ड

ढ

त

थ

द

ध

न

प

फ

ब

भ

म

य

र

व

श

ष

स

ह

क्ष

त्र

ज्ञ